시편 119

말씀 사모하여 헐떡이는 사람

시편
119

말씀 사모하여
헐떡이는 사람

찰스 브리지스 지음

서문 강 옮김

청교도신앙사

contents

역 자 서 문

먼저 이 책을 번역하여 말씀을 진정 사모하는 우리 한국교회 성도님들과 함께 나누게 하신 하나님 아버지께 우리 주 예수님의 이름으로 감사와 찬양을 드립니다.

이런 가정을 해보았습니다. 만일 시편을 읽지 못한다면 그 영적손실은 얼마나 될까? 가히 측량할 수 없는 큰 손해일 것입니다. 성경은 '진리의 한 몸'이면서도 성경의 각 책들은 그 '한 몸의 지체들'로써 각기 고유한 독특성을 견지하고 있습니다. 그래서 성경의 어느 책이든지 무시하면 마치 '몸'에서 '한 지체'를 떼어내거나 무시하는 것이 됩니다. 그런 의미에서 시편을 무시하면 '한 몸에서 큰 지체를 떼어내는 것'과 무엇이 다를까요? 실로 성경에서 시편이 차지하는 의미는 너무 커서 아무리 강조해도 지나치지 않을 것입니다.

시편은 하나님과 그 사랑하시는 백성들 간에 살아있는 교제의 실제를 예증합니다. 시편은 하나님의 계시의 말씀이면서 아울러 그 말씀에 대한 성도의 반응이 역동적으로 펼쳐져 있습니다. 그 반응은 '하나님께 대한 참 신앙고백'으로 나타납니다. 그러한 신앙고백은 "마음으로 믿어 의에 이르고 입으로 시인하여 구원에 이르게"(롬 10:10) 하시는 하나님의 은혜를 입은 자의 살아있는 반응입니다. 그 신앙고백은 지상의 성도가 만나는 만난(萬難)에서 다양한 형식으로 표현됩니다. 하나님의 구원을 기뻐하고 감사하며 찬미하고, 말씀을 줄기차게 사모하고, 주님께 순종할 결심과 그것을 위한 은혜를 소원하고 간구하는 기도를 부단하게 드리는 것들로 나타납니다. 그 신앙고백자가 살아있기에 자기 내면의 연약과 정욕, 자기 밖의 이웃들과 사회에 만연한 불신앙과 악행들로 인한 아픔의 절규도 나옵니다. 그래서 시편에는 주님의 은혜 안에 서 있는 성도의 견고함과 더불어 연약에서 오는 넘어짐의 실상이 증언되어 있습니다.

여전히 시편에는 오직 하나님의 아들 예수 그리스도를 믿음으로만 구원을 주시는 하나님의 복음의 영광이 진하게 서려 있습니다. 그래서 "주의 말씀을 사모한다."는 표현은 그 복음의 진리와 은혜로 충만해지기를 원하는 성도의 생명 있는 갈망입니다.

그래서 시편에는 '바른 신학(교리), 그 지식을 기초한 믿음으로 말미암아 누리게 하시는 하나님의 구원의 은혜의 방식과 체험, 그 은혜를 받은 자가 부르심에 합당하게 자신을 드리며 순종하는 성도의 경건의 실제'가 녹아 있습니다. 그런 의미에서 시편 119편은 '시편 중의 시편'입니다. 시편 전체의 주제와 내용을 함축적이고 암시적으로 표현한 표제적 성격을 가진 시편은 1편입니다. 그 시편 1편의 확대판이 바로 119편입니다. 시편 1편은 하나님의 택하심과 은혜로 부르심을 받아 '구원에 이른 복된 성도'가 걸어갈 행로를 선명하게 지시합니다. 곧 복 있는 자가 되기 위한 '조건'이 아니라 복 있는 사람이 된 자로서 '마땅한 도리'를 지시합니다. "복 있는 사람은 악인들의 꾀를 따르지 아니하며 죄인들의 길에 서지 아니하며 오만한 자들의 자리에 앉지 아니하고 오직 여호와의 율법을 즐거워하여 그의 율법을 주야로 묵상하는도다."(시 1:1,2) 시편 119편 1,2절은 무어라 합니까? "행위가 온전하여 여호와의 율법을 따라 행하는 자들은 복이 있음이여 여호와의 증거들을 지키고 전심으로 여호와를 구하는 자는 복이 있도다." 그런 다음에 그 '복 있는 사람'

의 행로의 실제를 시편 기자(저자는 다윗으로 보고 있음)가 개인 경건의 실천을 통하여 상세하게 증거하고 있습니다. "내가 주의 계명을 사모하므로 입을 열고 헐떡였나이다."(시 119:131)

이 시편 119편을 바르게 풀어 해석하고 성도들에게 적용하는 일은 누가 해야 할까요? 우선 '성경 전체를 총괄적으로 아는 신학적 지식, 곧 하나님의 영광과 그 구원의 은혜와 진리에 대한 체험적 이해를 가진 자'라야 합니다. 아울러 그 은혜에 합당한 경건을 행하는 자여야 합니다. 이 책을 번역한 역자로서 본인은 저자 찰스 브릿지스(Charles Bridges, 1794-1869) 목사가 그런 자격을 갖추었던 분이라 여겨집니다. 그는 스펄전(C. H. Spurgeon, 1834-1892)보다 40여년 앞선 사역자로서 스펄전 목사가 자기의 멘토 중 한 사람으로 삼을 정도의 신학자와 목회자였습니다. 그는 「Christian Ministry」(익투스에서 「참된 목회」로 번역되어 있다.)라는 목회학에 있어 불후의 명저를 내기도 하였습니다.

이 책은 시편 119편에 나타난 성도의 참된 행보를 잘 풀어내고 있습니다. 참으로 보배로운 책입니다. '바른 신학과 교리, 체험적 은혜, 경건의 실천'이 조화를 이룬 참된 성도의 행보가 무엇인지를 적시하고 있습니다. 개인 경건의 길잡이나 말씀을 중심으로 한 성도들 간의 그룹 토의의 재료로 삼기에 너무나 풍부한 내용들로 가득 차 있습니다.

저자가 머리말에서 밝힌 바에 따르면, 유명한 청교도 주석가 매튜 헨리(Matthew Henry, 1662-1714)의 아버지 필립 헨리(Phillip Henry)는 아들들에게 매일 시편 119편 한 구절씩 묵상하게 하였다고 합니다. 그러면 1년이면 두 번 묵상하게 되는 셈이지요. 전체가 176절이니 말입니다.

우리의 경건은 우리의 종교적 본성을 따른 사변적 산물이 아닙니다. 하나님의 말씀에 철저하게 복종하는 '규범적' 실천입니다. 하나님의 말씀에 '은혜의 샘'이 있고, 그 샘에서 마신 자만이 '하나님의 주신 영적인 갈증을 채우고 말씀이 지시하신 표준을 위하여 일어설 능력을 갖추게' 되는 것입니다.

다시 부연하건대, 믿음은 막연한 대상을 향해 허공을 치는 것과 같지 않습니다. 오직 '기록된 말씀'인 성경으로 여전히 말씀하시는 하나님을 믿고, 그 '기록된 말씀'을 붙잡고 묵상하며 기도하고 행하는 것이 믿음의 행로입니다. 그 행로 속에서 아버지 하나님께서는 아들 예수님으로 말미암아 영광을 드러내시며, 끝까지 믿음을 견고하게 하시는 성령님의 역사를 힘입게 하십니다. 그래서 우리 자신의 연약과 허물로 넘어져 늘 울어도, 그리스도 안에서 성령님으로 말미암아 능력을 주시어 마땅히 행할 바를 따라 약속된 하늘 본향 가는 길을 가게 하시는 아버지의 은혜로 항상 기뻐합니다. 이 책의 지면 어디를 열어 읽어도 독자는 금방 그 기쁨을 맛보게 될 것입니다.

주님께서는 이 책의 출판을 위하여 의인을 예비하여 두셨습니다. 주님께서는 그분의 헌신을 이 책과 함께 기념하게 하실 것을 믿어 의심하지 않으며, 그 행하시는 일에 복에 복을 더하시어 복음의 전파와 그 영광을 위한 지평을 더 넓혀 주시리라 확신합니다. 이 책의 제작과정에서 수고하신 모든 이들의 땀을 주님께서 기억하실 것을 믿습니다.

여전히 이 책의 내용은 여러 독자들의 영혼 속에서 역사하시는 주님의 말씀입니다. 독자 여러분이 이런 책의 보호자와 광포자와 진정한 후원자가 되어 이 땅에 '순전한 복음'의 기치가 계속 펄럭이게 하시기를 주님의 이름으로 우리 아버지 하나님께 기도하나이다. 아멘.

주후 2016년 8월, 입추의 계절에

역자 아룀

저 자 의 머 리 말

성경의 상당 부분은 '그리스도인의 체험'이라는 흥미로운 주제들을 주 내용으로 삼습니다. 예를 들어 구약의 시편과 아가(雅歌), 신약의 서신들 대부분이 그러합니다. 그런 책들은 성경의 다른 책들과 본질적으로는 동일한 성격을 가졌으나, 하나님 섭리의 여러 경륜 속의 다양한 상황과 처지에 따라 독특한 특징을 드러냅니다. 하나님의 창조하심을 따라서 인종이 다양합니다. 물론 다양한 인종이나 사람으로서의 본질적인 특징은 동일합니다. 그러면서도 인종마다 얼굴의 용모나 신장에는 차이가 있습니다. 모든 시대의 그리스도인들은 외양적 조건에 있어서는 차이가 있으나 다 같이 "그리스도의 장성한 분량의 충만한 데까지" 자라는 모습에서 하나님의 권속의 정체성을 드러냅니다. "내가 바위 위에서 그들을 보며 작은 산에서 그들을 바라보니 이 백성은 홀로 살 것이라 그를 여러 민족 중의 하나로 여기지 않으리로다."(민 23:9)

그 점은 당연하게 그러려니 하고 받아들여야 할 것입니다. 타락 이후 인간의 본성은 전혀 달라지지 않았습니다. 영적으로 새롭게 되지 않은 상태에서는 어느 민족 어느 인종에 속하여도 동일한 죄의 사슬에 매여 있습니다. 그러나 하나님의 은혜로 새롭게 되면 그가 어떤 사람이라도 동일한 성령님의 은혜 아래 있게 됩니다. "육으로 난 것은 육이요 영으로 난 것은 영이니."(요 3:6)

그러므로 성경을 통하여 옛 족장들과 모세의 체험을 알고 있는 현대의 신자는 고대 하나님의 사람들의 연약한 모습들 속에서 자신의 초상(肖像)을 발견하게 됩니다. "물에 비치면 얼굴이 서로 같은 것 같이 사람의 마음도 서로 비치느니라."(잠 27:19) 은혜를 힘입고 행하는 현대의 신자가 옛적 하나님의 사람들이 은혜를 힘입고 행한 일들을 보면서 이렇게 고백하지 않을 수 없습니다. "이 모든 일은 같은 한 성령이 행하사 그의 뜻대로 각 사람에게 나누어 주시는 것이니라."(고전 12:11)

이런 관점으로 볼 때 이 책은 구약시대의 신자에게 신약의 복장을 입혀 보는 것을 목적으로 합니다. 구약시대의 신자도 신약시대 이후에 사는 우리와 '동일한 정신을 가지고 동일한 행보를 보인다.'는 관점으로 이 시편을 살피려 한다는 말입니다. '구약 신자의 여러 성품적 특성들을 복음적 기준에 비추어 보면 둘 사이에 완전한 일치가 나타난다.'는 전제를 붙들고 이 시편을 강론하려 합니다. "사랑으로 역사하는 믿음"(갈 5:6)은 복음의 근본적인 특성으로 전인(全人)을 수반합니다. 시편 119편 중에서 하나님께 이르는 오직 유일한 길을 은근히 지시하는 구절들은 41, 88, 132, 135절이고, 그 길에 대한 약속들을 분명히 지시하는 구절들은 25, 32, 49, 74, 169, 170절입니다. 하나님의 깨닫게 하시며 가르쳐주심을 말하는 구절들은 66, 166절입니다.

"사랑으로 역사하는 믿음"의 원리와 그 작용들을 윤곽적으로 그려주는 이 시편의 표현들 중에서 적확성이 떨어져 모호한 표현은 전혀 없습니다. 이 시편은 그리스도인이 갖는 느낌들과 거룩한 행실들을 다양하게 표현하는데, 우리는 거기서 영혼이 하나님과 교제를 누리려면 그 원리의 작용들을 따라야 함을 봅니다. 영혼이 그 원리의 작용들에 섬세하게 복종해야 하나님의 형상을 따라 점진적으로 변한다는 사실도 발견합니다.

하나님을 자기의 분깃으로 삼는(57절) '하나님의 마음에 합한 사람'이 하나님의 백성들과 서로 연합하는 모습(63,79절)을 보입니다. 그리고 그가 하나님의 말씀을 먹고 살아감을 우리는 주목합니다(47,48,97,111절). 또 자기의 구주 하나님의 영광을 위하는 그의 열심(139절), 하나님의 일을 하면서 헌신하고(38절) 자기를 부인하는 모습(62절)도 봅니다. 자기 하나님의 이름을 언제나 고백하며 높일 각오가 되어 있는 모습(45,56,115,172절), 하나님의 책망을 달게 받을 자세(23,69,87,141절), 그 책망에 부응하여 하나님을 섬기는 일에 더욱 밀접하게 대하는 자세(5,78,157절)를 보기도 합니다.

이 시편 기자의 특징들 속에 훗날 그리스도의 교회에 "그러므로 내가 너희에게 권하노니 너희는 나를 본받는 자가 되라."(고전 4:16)고 말한 바울의 모습이 보이지 않습니까? 또한 이 시편 기자의 통찰력을 통하여 하나님의 율법의 범주와 영성을 생각하게 됩니다. "내가 보니 모든 완전한 것이 다 끝이 있어도 주의 계명들은 심히 넓으니이다."(96절) 아울러 기자가 자기 속에 거하는 죄와 끊임없이 투쟁하는 모습을 보기도 합니다. "내가 두 마음 품는 자들을 미워하고 주의 법을 사랑하나이다."(113절) "나는 거짓을 미워하며 싫어하고 주의 율법을 사랑하나이다."(163절) 그리고 기자는 자기 속의 씨름에서 이기기 위하여 기도의 정신을 일깨우는 모습도 드러냅니다. "나는 거짓을 미워하며 싫어하고 주의 율법을 사랑하나이다."(25절) "나의 영혼이 눌림으로 말미암아 녹사오니 주의 말씀대로 나를 세우소서."(28절) 그러면서도 그는 구원하시는 하나님을 확신합니다. "주는 나의 은신처요 방패시라 내가 주의 말씀을 바라나이다."(114절) "잃은 양 같이 내가 방황하오니 주의 종을 찾으소서 내가 주의 계명들을 잊지 아니함이니이다."(176절)

시편 기자의 지난날 행적과 일치하는 것이 성경의 다른 책에 있음을 우리는 놓치지 말아야 합니다. "전에 율법을 깨닫지 못했을 때에는 내가 살았더니 계명이 이르매 죄는 살아나고 나는 죽었도다… 우리가 율법은 신령한 줄 알거니와 나는 육신에 속하여 죄 아래에 팔렸도다… 오호라 나는 곤고한 사람이로다 이 사망의 몸에서 누가 나를 건져내랴 우리 주 예수 그리스도로 말미암아 하나님께 감사하리로다."(롬 7:9,14,24,25)

간단하게 말하여, 자기가 실족하여 넘어져 범죄할 때마다 기자는 즉시 기도하였습니다(145-149절). 그리고 하나님의 은혜를 찬송합니다(164절). 하나님의 계명을 지킬 결심을 하고(5,36,80절), 하나님의 율법을 영원히 항상 지키겠다는 각오를 새롭게 합니다(44,102,112절). 마음을 믿음으로 계발하고(30-32,59,60절), 거룩을 실천하려 하고(106,167,168절), 의(義)에 주리고 목 마르고(20,40,131,174절), 악인들의 행사를 보면 분노하며 주를 두려워하는 마음으로 충일하고(161절), 마음이 굳어지지 않게 하기 위하여 늘 깨어 있고(11,37,133절), 죄를 대항하고 하나님의 명예를 존중합니다. "내가 두려워하는 비방을 내게서 떠나게 하소서 주의 규례들은 선하심이니이다."(39절) 동료 죄인들을 민망하게 여기며 불쌍한 마음을 가지기도 합니다(53,136,158절). 또 자기의 영적인 미각을 견지하려 합니다. "주의 말씀의 맛이 내게 어찌 그리 단지요 내 입에 꿀보다 더 다니이다."(103절) "주의 말씀이 심히 순수하므로 주의 종이 이를 사랑하나이다."(140절) 기자는 정확한 분별력을 원하기도 합니다(98-100,104,129,130절).

그리고 시편 기자의 믿음에 있는 '의존의 단순성'이 보입니다(8,10,86,116,117절). 순종의 '경건한 진지함'(104,128절), 마음의 평강과 안정된 신앙고백(165절), 자기에게 지워진 십자가를 성화(聖化)의 진보로 활용하는 자세(67,71,75절), 믿음으로 세상을 이기는 모습(14,36,72,127,162절)도 엿볼 수 있습니다.

그는 주의 자비하심을 늘 인정하고(64,65,68절), 믿음의 시련을 인내로 이겨내고(81-83,107,123절), 하나님이 명하신 길을 가면서 하늘에 속한 신령한 자유를 누리고(32,45절), 늘 자신이 하나님 앞에 있음을 인식하며 살아갑니다(168절), 하나님 말씀의 살리시는 능력을 힘입고(50,93절), 죄를 억제시키는 말씀의 인도를 따르고 그 힘을 의지하는 모습을 보이기도 합니다(9,24,30,50,101,105절). 자기를 붙들어 주는 하나님 말씀의 능력을 높이기도 합니다(92,143절).

시편 기자가 보인 이상의 거룩한 믿음의 행사들은 나누어 생각할 수도 있고, 이 전체를 '그리스도인의 놀라운 탁월성'을 이루는 요소들로 묶어 볼 수도 있습니다. 하나님이 주신 본보기이신 그리스도의 형상을 닮아가는 믿음의 여정을 마친 종의 초상(肖像)을 그리기 위해 이보다 무엇이 더 필요하겠습니까? "하나님의 사람으로 온전하게 하며 모든 선한 일을 행할 능력"을 주는 하나님의 말씀의 영광을 어떻게 이 보다 더 선명히 나타낼 수 있겠습니까?(딤후 3:16,17)

우리는 앞에서 이 시편이 가진 복음적 성격을 설명하였습니다. 이제는 그것이 어떻게 그리스도인의 실제 체험에 적용될 수 있는지 살펴보겠습니다. 이 시편은 하나님의 일들을 깊이 배우고 오랜 믿음의 삶과 행보 속에서 실천한 사람의 일기(日記, journal)이기도 합니다. 이 시편은 '체험적 신앙의 몸'을 해부학적으로 보여줍니다. 또한 이 시편은 하나님 자녀의 '내면의 실상(interior lineaments)'을 보여주기도 합니다. 그래서 이 시편은 모든 시대의 신자들의 생명이 걸린 경건의 시금석(試金石, touchstone)으로 활용하도록 주신 하나님의 선물입니다. 오늘날과 같이 알맹이가 없는 신앙고백이 난무하는 시대에는 특별하게 긴요해 보이는 시금석입니다. 물론 시금석으로 활용하되 하나님을 확신하는 보장으로나, 조금이라도 하나님이 우리를 받으시는 근거로 활용하지는 말아야 합니다. 다만 우리를 자극하여 "우리의 부르심과 택하심을 굳게 하기 위하여 힘쓰도록" 하는 촉매제로 활용하여야 합니다(벧후 1:10). 우리는 이 시편을 활용하여 나태함을 버리고 자신을 부인하고 하나님께 순종하는 열심을 되찾아야 합니다.

본 강해서의 저자인 저 자신도 이 시편을 연구함으로써 늘 습관적으로 마음을 탐사하는 복음적 진실성의 표준으로 삼고자 하였습니다. 제가 이 시편을 강해하는 중에 독자 그리스도인들에게 제안하는 일도 있을 것입니다. 우리가 행해야 할 매우 중요하고 마땅한 도리에 너무 게으른 것을 지적하며 독려할 것입니다. 그때 여러분은, "나의 달음질이 헛되지 아니하고 수고도 헛되지 아니함으로 그리스도의 날에 내가 자랑할 것이 있게 하려 함이라."(빌 2:16)는 사도의 마음을 이 책의 저자도 가졌다고 생각해 주십시오. 부지런히 기도하는 심령으로 자신의 '상상(想像)의 방'을 조심스럽게 점검하면서 속박을 당한다고 생각하는 것은 금물입니다. 도리어 그 일은 필연적으로 성경적인 확신을 누리는 일을 더욱 견고하게 할 것입니다. "이로써 우리가 진리에 속한 줄을 알고 또 우리 마음을 주 앞에서 굳세게 하리니 이는 우리 마음이 혹 우리를 책망할 일이 있어도 하나님은 우리 마음보다 크시고 모든 것을 아시기 때문이라 사랑하는 자들아 만일 우리 마음이 우리를 책망할 것이 없으면 하나님 앞에서 담대함을 얻고."(요일 3:19-21) 그러므로 이 시편에 나타난 복음의 교훈적인 부분을 하나님 아버지께 순종하는 자녀의 행복한 길의 안내자로 삼고, 우리가 사랑으로 행할 마땅한 도리의 원칙으로 받으며, 매일 우리 영적 진로의 표준으로 삼읍시다. 그렇게 활용함으로 우리 구주를 더욱 전적으로 의존하는 법을 배우게 될 것이고, 우리 기도에 새로운 활력을 얻게 될 것입니다. 그리고 우리를 용서하여 주시며 은혜를 베푸시겠다 약속하신 주님의 말씀은 우리 영혼에 두 배로 보배로울 것입니다.

거룩한 믿음의 생활을 그런 관점들로 바라보는 것이 인간의 최고의 행복을 방해하는 것으로 생각될 수 없습니다.

이 시편은 복을 받으라고 초청하는 그림으로 시작합니다. "행위가 온전하여 여호와의 율법을 따라 행하는 자들은 복이 있음이여."(1절) 그리고 이 시편은 전체에 걸쳐 다른 사람들이 일반으로 받는 몫에 더하여 시련들로 에워싸인 한 사람의 감정들을 묘사합니다. 그러나 이 사람은 분명 '기쁨'이라는 만족스러운 분깃을 소유한 사람이었습니다. "마음의 고통은 자기가 알고 마음의 즐거움은 타인이 참여하지 못하느니라."(잠 14:10) 그러므로 복음적 신앙에 우울한 낙인을 찍고 싶은 자들에 대하여 다음과 같이 평가하지 않을 수 없습니다. "율법의 선생이 되려 하나 자기가 말하는 것이나 자기가 확증하는 것도 깨닫지 못하는도다."(딤전 1:7) 에돔의 자손들은 '가나안 땅에서 나는 포도송이'를 맛본 적이 없습니다. 그러니 그들은 '좋은 땅'을 바르게 평가할 수 없습니다. 그러나 그 땅을 정탐하고 돌아온 자들이 그 땅을 아주 좋게 평가하였습니다. "모세에게 말하여 이르되 당신이 우리를 보낸 땅에 간즉 과연 그 땅에 젖과 꿀이 흐르는데 이것은 그 땅의 과일이니이다."(민 13:27) "공의의 열매는 화평이요 공의의 결과는 영원한 평안과 안전이라."(사 32:17)

이 시편의 구조는 특이합니다. 모두 22부로 나뉘어 있는데, 이는 히브리어 알파벳의 수와 그 순서를 따랐습니다. 각 부 마다 8구절로 되어 있고, 각 부의 첫 문장은 히브리어 알파벳 순서에 해당하는 글자로 시작합니다. 시편 119편 전체는 처음 세 구절과 다른 한 구절을 제외하고 '절규하는 청원(請援)' 형식을 띠고 있습니다. 처음 세 구절은 시편 전체의 서론으로 볼 수 있으며, 중간에 있는 다른 한 구절은 하나님의 사람이 하나님 앞에서 경건치 않은 악인을 책망하는 내용입니다. 마치 시편 기자가 '은신처'에서 하나님과 교제하고 있는데 갑자기 악인이 뛰어 들어와 방해하는 것을 연상시키는 표현이 거기 보입니다. "너희 행악자들이여 나를 떠날지어다 나는 내 하나님의 계명들을 지키리로다."(115절)

여러 구절들의 연관성들을 추적하는 것이 항상 용이하지는 않았습니다.

물론 시편의 여러 구분선을 넘어가지는 않습니다. 시편 기자가 자기 생애의 여러 기간이나 여러 다른 처지들에서 마음을 어떻게 썼는지를 기록하려는 의도를 벗어나지는 않습니다. 그러나 여러 구절들이 하나로 연결되는 사슬의 고리들은 아니라 하더라도, 적어도 여러 진주들을 한 실에 꿰어 놓은 것과 같다 할 것입니다. 그 진주들은 각기 동일한 가치를 지닙니다.

이 시편의 탁월한 특징은 '하나님의 말씀에 대한 사랑'입니다. '하나님의 말씀'이 열 가지나 다양한 이름으로 표현됩니다. 그렇게 다양한 명칭으로 하나님의 말씀을 부르는 것은 하나님의 말씀이 담고 있는 여러 구분되는 속성들 때문입니다. 하나님 말씀의 다중적인 탁월성과 완전성이 다양하고 우아한 표현으로 예증되고 있습니다. 많은 경우 어떤 용어들은 시의 구조와 박자에 맞추려고 변이(變異)되기도 합니다. 다른 곳에서는 하나님의 전체 계시를 위하여 그런 제어를 받지 않고 사용되기도 합니다. 그리하여 이 시편이 가진 한없는 충만함을 생각하면 이 시편의 권위가 더욱 돋보입니다. 그래서 이 시편을 읽고 믿고 사랑하고 시편대로 살아야 할 당위성이 더 강화됩니다.

필자에게 이 시편을 통해 우리의 영적인 유익을 최선으로 도모하는 방식을 제안하라고 요청한다면, 저는 훌륭한 하나님의 사람 필립 헨리(Phillip Henry, 주석가 매튜 헨리의 부친)가 자녀들에게 한 충고를 참고하라고 간청하겠습니다. "너희는 매일 아침 시편 119편의 한 구절씩 묵상하거라. 그러면 1년에 그 시편 전체를 두 번 묵상하는 셈이다. 그렇게 하다 보면 성경의 나머지 책들과 사랑에 빠지게 될 것이다." 필자는 이 저작이 윤곽적인 개요를 제공하는 것을 넘어 매년 묵상하기에 풍부한 양식을 공급하리라는 주제넘은 생각은 하지 않습니다. 다만 독자들로 하여금 성경에서 정말 보배로운 대목으로 시선을 돌리게 하는 용도로 쓰이기를 바랄 뿐입니다. 영적 분별력이 없는 이들에게는 아무런 열매를 맺지 못한다 해도 진지하고 사려 깊은 독자들에게는 "교훈과 책망과 바르게 함과 의로 교육하기에 유익할" 것이라고 확신하는 바입니다(딤후 3:16).

루터는 이 시편을 어찌나 높게 평가하던지 '온 세상을 준다해도 이 시편의 작은 한 부분조차 포기하지 않겠다.'고 했습니다. 카우퍼 감독(Bishop Cowper)은 이 시편에 '거룩한 알파벳(holy Alphabet)'이라는 아름다운 별명을 붙여 주면서 이렇게 말했습니다. "이 시편은 어린이들도 이해할 만큼 명백하고, 가장 지혜롭고 체험이 많은 이들도 매일 양식을 얻을 만큼 풍부하고 교훈적이다." 깊은 체험을 가진 견실한 신학자 헨리 벤(Henry Venn) 목사는 어느 사람에게 쓴 편지에서 이렇게 말한 적이 있었습니다. "제가 아직도 다 끝내지 못한 시편 119편 강해의 목적을 말씀드리고자 합니다. 저는 아직도 성경 중에서 이보다 더 유익을 줄 수 있는 부분을 만난 적이 없습니다. 이 시편에는 기자의 전인(全人)과 내면이 윤곽적으로 묘사되어 있습니다. 우리 가련한 마음이 겪는 여러 가지의 변화와 성령님의 감동하심이 매우 감동적인 방식으로 다루어지고 있습니다. 제 자신의 마음에 기도의 정신이 메말라 있다고 여길 때마다 이 시편으로 돌아가곤 합니다. 그러면 결국 마음의 불이 다시 일어 기도할 수 있게 됩니다. 귀하께서 이 특이한 시편을 통하여 무슨 체험을 하였나요? 귀하께서 성경 읽기에 열심 내며 그 읽은 것을 자신에게 적용하실 줄 믿어 의심하지 않습니다. 성경을 읽으면 귀하의 영혼이 즐거워하고 양식을 섭취하여 힘을 얻고, 또 생각이 제자리로 돌아오는 것을 경험하지 않았습니까?"(헨리 벤의 생애와 서간집에서)

헨리 마틴(Henry Martyn)이 이 시편을 통해 얻은 복락과 그 용도에 대한 인식 역시 동일합니다. "시편 119편의 어떤 부분을 배우면 경건의 힘을 얻는다. 저녁에 시편 119편을 읽음으로 더 자라는 느낌을 받는다. 대개 그 시편 읽기가 '영의 생각'의 구조로 마음을 돌려준다. 내 생각이 어떤 유익하지 못한 것을 생각하면 불만이 들어오기 시작한다. 그러나 시편 119편의 한 대목을 읽으면 다시 회복된다. 참으로 시편 119편은 매우 엄숙하기 이를 데 없다."(그의 일기에서 인용)

이 책의 구성은 주제의 특성상 다양한 형식을 취하고 있습니다. 이 책의 묘사적인 부분은 토론과 개인의 대화의 소재로도 사용될 수 있을 것입니다. 또자기를 점검하거나 때를 따라 하나님께 간구하는데도 사용될 수 있습니다. 자신을 깊이 성찰하거나 경건한 마음의 상태를 유지하기 위한 묵상의 재료로 활용되기도 할 것입니다. 그러면 새로운 피조물로써 성도는 힘을 얻고 더얻어 완전한 데로 나아가는 동력을 공급받을 것입니다.

필자는 '교회의 머리 되신 주님'을 숙고하는 은혜로운 방편으로 독자들에게이 책을 추천합니다. 독자가 이 책을 읽는 동안 자신의 죄됨을 인식하고 하나님의 용서를 구하며, 더 순전한 복락의 원천으로 이끄시는 주님의 은혜를 체험하기를 원합니다. 그래서 용서도 받고 복락도 누리어 교회의 머리되신 주님의이름이 더욱 풍성하고 영화롭게 높여지기를 원합니다.

'주 하나님이시여, 어느 누구나 주의 뜻에 달렸나이다. 주께서 저에 대하여모르시는 것이 없나이다. 그럼에도 불구하고 주께서는 당신의 의를 힘입어 저를 용서하시나이다.'

'주 여호와여, 제가 주님에 대해 바르게 말한 것은 무엇이든지 주님의 백성들로 받게 하시고 제 자신의 것은 무엇이든지 무시하게 하소서.'(어거스틴)

1827년 7월 20일

올드 뉴타운Old Newtown 교구 목사관Vicarge에서

제 16 판 머리말

필자는 그리스도의 교회가 이 책을 뜨겁게 받아들인 일이 순전히 주님 은혜라고 여기며 감사합니다. 교회를 구원하신 구주이시며 친히 하나님이신 주님께 이 모든 영광을 돌려 드리는 바입니다. 부족한 사람에게 동료 죄인들을 '즐겁고 평안한 길'로 인도하는 큰 특권을 주신 주님께 겸손히 엎드려 감사하나이다. 그리고 하나님의 권속들의 영적인 복락을 위하여 섬기는 특권을 갖게 되다니 이 모든 것이 주님의 은혜입니다.

필자는 이 저작을 면밀하게 검토하며 개정하였습니다. 그리하여 문체를 독자들이 더 선명하게 이해하는 데 도움이 되게 고쳤으며, 복음적 진술의 깊이를 더하려고 애를 썼습니다. 그리고 매 지면마다 그리스도의 영광의 광채가 더 밝히 드러나게 하려고 애를 썼습니다. 그리스도께서는 '의의 태양'으로서 하나님의 계시의 영광이시요, 그리스도인을 '충만케 하시는 이의 충만'이십니다. 또한 필자는 '성령님의 역사로 말미암아 그리스도를 아는 지식을 기초로' 세워지는 참된 신앙을 예증하려고 애를 썼습니다. 아울러 그리스도와의 교제에 박차를 가하고 그리스도를 누리는 일에 온전하게 되며, 그리스도로 말미암아 하나님 아버지의 충만을 누리는 일에 힘쓸 것을 독자들에게 주지시키려고 애를 썼습니다.

필자는 그리스도를 믿음으로 말미암아 성도들에게 주어지는 특권이 얼마나 높은 수준인지를 각인시키려고 애를 썼습니다. 그 일을 위하여 '구원의 확신 교리'를 말하는 성경의 진술들을 제시하였습니다. 그 일은 결국 게으른 신자를 일깨워 거룩한 신앙고백에 합당하게 더 열심을 내게 하려는 의도를 가진 것입니다. 동시에 연약하고 두려워하는 신자를 격려하여 자기들이 받은 구원에 대한 더 선명한 이해를 갖게 하려 하였습니다.

이 책이 최근에 태후 전하의 친절한 후원 아래 독일어로 번역되었습니다. 필자는 독자들의 기도를 요청하는 바입니다. 교회들의 영적 생명력을 증진하시려는 웅대한 목적을 가지신 주님께서 이 책이 더 풍성하게 쓰이는 복을 주시옵소서!

1842년 10월 12일

올드 뉴타운Old Newtown 교구 목사관Vicarge에서

제 2 2 판 머 리 말

여러 번의 개정을 거친 이 책이 이렇게 새로운 연판으로 인쇄되어 나오게 되었습니다. 더 많은 이들에게 보급할 목적으로 책 가격을 줄이려고 새 판을 짜서 낸 것입니다. 필자는 하나님 당신의 영광과 교회를 세우시는 하나님의 복된 역사 속에 이 책이 쓰임 받아 더욱 풍성한 열매로 나타나기를 다시 한 번 기도하는 바입니다.

1857년 6월 4일

힌튼 마텔Hinton Martell 교구 목사 사저Rectory에서

1 행위가 온전하여 여호와의 율법을 따라 행하는 자들은 복이 있음이여

2 여호와의 증거들을 지키고 전심으로 여호와를 구하는 자는 복이 있도다

3 참으로 그들은 불의를 행하지 아니하고 주의 도를 행하는도다

4 주께서 명령하사 주의 법도를 잘 지키게 하셨나이다

5 내 길을 굳게 정하사 주의 율례를 지키게 하소서

6 내가 주의 모든 계명에 주의할 때에는 부끄럽지 아니하리이다

7 내가 주의 의로운 판단을 배울 때에는 정직한 마음으로 주께 감사하리이다

8 내가 주의 율례들을 지키오리니 나를 아주 버리지 마옵소서

Psalm 119:1-8

1

복 있는 자의
행로

시편 119:1
"행위가 온전하여
여호와의 율법을 따라 행하는 자들은
복이 있음이여"

시편 전체를 대표한다 할 수 있는 시편 1편은 '복 있는 사람'에 대한 칭송으로 시작합니다. "복 있는 자는…" 너무나 흥미롭고 교훈적인 이 시편 119편도 역시 그렇게 문을 엽니다. "…자들은 복이 있음이여."

그리하여 시편 119편을 통해서 주님께서는 우리를 위로하시고 격려하시며 행복에 이르는 길을 즉각 제시하십니다. 사람들은 방식은 다르나 다 행복을 얻으려고 기를 쓰고 있습니다. 또 누구에게나 갑작스럽게 임할 수 있는 비참에 빠지지 않도록 자신을 지키고 싶어 합니다. 그러나 모든 사람들이 그 비참이 죄의 열매라는 생각을 하지는 않습니다. 진정한 행복에 이르기 위해서는 죄에서 구원받고 다시 죄에 빠지지 않게 자신을 보전해야 하는 데도 말입니다.

이 구절이 묘사하는 '행위 온전한 정결한 성품'을 예수님께서는 나다나엘을 보시며 지적하셨습니다. "보라 이는 참으로 이스라엘 사람이라 그 속에 간사한 것이 없도다."(요 1:47) 사도 바울도 자기에 대하여 설명하면서 "이것으로 말미암아 나도 하나님과 사람에 대하여 항상 양심에 거리낌이 없기를 힘쓰노라."(행 24:16)라고 하였습니다. 죄가 없는 이는 하나도 없습니다. 그러나 "내가 행하는 것을 내가 알지 못하노니"(롬 7:15)라고 진실한 마음으로 탄식하는 사람들이 있습니다. 그들은 그 마음 자세로 '자기들의 행로'를 결정합니다. 곧 "여호와의 율법을 따라" 행한다는 말입니다. 그런 이들은 주님 안에서 힘을 얻습니다. "내가 그들로 나 여호와를 의지하여 견고하게 하리니 그들이 내 이름으로 행하리라."(슥 10:12) 그런 이들은 항상 자기 뒤에서 들리는 음성에 귀를 기울입니다. "너희가 오른쪽으로 치우치든지 왼쪽으로 치우치든지 네 뒤에서 말소리가 네 귀에 들려 이르기를 이것이 바른 길이니 너희는 이리로 가라 할 것이며."(사 30:21) 그들은 하나님의 말씀에 귀를 기울이는 자들입니다.

하나님께서 믿음을 가진 의로운 백성들에게 인(印) 쳐 주신 특권들이 무엇입니까? 죄를 용서하시고 그리스도의 의(義)를 그들에게 전가(轉嫁)하시어 의롭다 선언하셨고(시32:1,2 ; 롬4:6-8), 하나님의 양자(養子)됨과 성도들과 교제하게 하시는 은혜를 허락하시며(요일 1:7), 섭리와 은혜로 보호하여 주시다가(대하16:9 ; 욥1:8,10), 결국 영원한 복락에 대한 영광의 소망을 갖게 하셨습니다. 그래서 "행위가 온전하여 여호와의 율법을 따라 행하는 자들은 복이 있다."는 사실에 대하여 어떤 의구심도 가질 수 없습니다.

현세에서 번영하게 하시고(수1:7,8 ; 딤전5:8 ; 대하17:4,5), 영적으로 충만하며 새롭게 하시고(시 1:2,3), 신령한 지각을 크게 하시고(요 7:17), 구주와 생명의 교제를 누리게 하시고(요 14:23 ; 15:14,15), 마음의 평안을 누리게 하십니다(시119:165 ; 갈6:16 ; 사32:17). 그러다가 영원토록 생명나무 실과를 따먹을 권리를 부여하셨습니다(계 22:14). 성도에게 주신 이러한 특권들의 가치를 어찌 다 헤아릴 수 있습니까.

"여호와의 율법을 따라 행하는 것"이 바로 '유쾌함과 평안에 이르는 길'입니다. 우리는 진실로 말할 수 있습니다. "하나님이 참으로 이스라엘 중 마음이 정결한 자에게 선을 행하시도다."(시 73:1)

우리 자신에게 각자 물어야 합니다. '내 마음의 길이 하나님과 함께하는 길인가? 그 길이 항상 온전하게 정결한 길인가? 불의가 내 마음에서 전혀 인정받지 못하는가? 아니 내 마음의 길이 죄다 하나님께서 항상 미워하시고 슬퍼하시며 버려두신 길은 아닌가?' "하나님이여 나를 살피사 내 마음을 아시며 나를 시험하사 내 뜻을 아옵소서 내게 무슨 악한 행위가 있나 보시고 나를 영원한 길로 인도하소서."(시 139:23,24)

진정 나의 '행위'가 어떠한가? 나의 행위가 그리스도와 연합한 생명의 원리로부터 나온 것인가? 그 생명의 원리만이 영적 생명의 유일한 원천입니다. 우리가 영적으로 처음 살리심을 받을 때에도 그리스도 안에서 받았습니다. 그 후 우리는 그 안에서, 또 그를 따라 행해야 합니다. 오, 내 행위가 견고하고 일관성 있고 진보를 보일 수 있기를 원하나이다. 오, 내 아버지의 음성, "나는 전능한 하나님이라 너는 내 앞에서 행하여 완전하라."(창 17:1)라는 말씀에 항상 귀를 기울이게 하소서.

그러나 사람이 아무리 "그 행위가 온전하다" 할지라도 그 속에 '온전하지 못한 더러움'이 가득하지 않습니까? 아무리 하나님의 법을 따라 그 '행위'가 온전한 일관성을 보인다 하여도 그 속에 일관되지 못한 '만연한 연약함'이 있지 않습니까? 그런 우리를 위하여 복음이 얼마나 은혜로운 선언을 하는지요! "나의 자녀들아 내가 이것을 너희에게 씀은 너희로 죄를 범하지 않게 하려 함이라 만일 누가 죄를 범하여도 아버지 앞에서 우리에게 대언자(代言者)가 있으니 곧 의로우신 예수 그리스도시라."(요일 2:1)

시편 119:2
"여호와의 증거들을 지키고 전심으로
여호와를 구하는 자는 복이 있도다."

단수(單手)로 '증거'(testmony)라고 표현하면 보통 영감된 정경(正經, canon)으로서의 성경 전체를 가리킵니다. 곧 하나님께서 인간들에게 당신의 뜻을 알리신 계시(啓示)의 말씀 전체를 가리킵니다. 그것이 바로 믿음의 표준입니다. "마땅히 율법과 증거의 말씀을 따를지니 그들의 말하는 바가 이 말씀에 맞지 아니하면 그들이 정녕 아침빛을 보지 못하고."(사 8:20) 그런데 복수(複數)로 '증거들'(testmonies)이라 하면 주로 성경의 '교훈적인 대목,' 곧 하나님의 사람이 항상 '신령한 기쁨과 완전한 자유에 이르는 방식'을 알려주는 부분을 가리킵니다. "주께서 명령하신 증거들은 의롭고 지극히 성실하니이다."(시 119:138) "내가 모든 재물을 즐거워함 같이 주의 증거들의 도를 즐거워하였나이다."(14절) "주의 증거들로 내가 영원히 나의 기업을 삼았사오니 이는 내 마음의 즐거움이 됨이니이다."(111절) 어쨌든 이 복은 단순하게 겉으로 순종한다고 주어지는 것이 아닙니다. 하나님의 뜻을 '행하고 싶은 간절함'과 그것을 알려고 늘 애쓰는 실천적인 습관에 걸려 있는 복입니다. 이러한 습관은 하나님의 약속에 감동받음으로 말미암아 나는 것입니다. "또 내 신(神)을 너희 속에 두어 너희로 내 율례를 행하게 하리니 너희가 내 규례를 지켜 행할지라."(겔 36:27) 믿는 자는 "하나님의 증거들을 지키고 전심으로 여호와를 구하는 자"를 견지합니다.

오, 얼마나 많은 이들이 구하고 찾으나 찾지 못하고 헛수고만 합니까! 그 것은 "전심으로 여호와를 구하지 않기 때문"입니다. 세상적인 마음은 나뉘 게 되어 있습니다. "그들이 두 마음을 품었으니 이제 벌을 받을 것이라."(호 10:2) 신앙고백자가 "입으로는 사랑을 나타내어도 마음으로는 이익을 따름 이라."(겔 33:31) 믿음의 바른 자리에서 뒤로 물러가 패역에 빠진 자가 "전심 으로 내게 돌아오지 아니하고 거짓으로 할 뿐이니라."(렘 3:10) 충성되고 정 직한 신자만이 자기 마음을 전체로 주님께 드립니다. "너희는 내 얼굴을 찾 으라 하실 때에 내가 마음으로 주께 말하되 여호와여 내가 주의 얼굴을 찾 으리이다 하였나이다."(시 78:8) 이는 그 사람만이 자기 온 마음을 채워 사 로잡는 대상을 발견하였기 때문입니다. 오로지 하나님 한 분만을 향해 마 음 전부를 집중시킵니다. 그가 천개의 마음을 가졌어도 하나님 한 분은 그 마음을 가득 채우고도 남을 만한 분이십니다. 그 사람은 예수님을 믿음으 로 말미암아 하나님께 나아갈 길을 발견하였습니다. 그 사람은 그런 길 안 에서 계속 찾습니다. 그 온 마음이 하나님의 사랑을 알고 더욱 더 사랑하 는 데 집중되어 있습니다. 그런 마음이어야 복을 누리고 약속을 선용합니 다. "너희가 온 마음으로 나를 구하면 나를 찾을 것이요 나를 만나리라."(렘 29:13)

나는 주저하지 않고 나 자신에게 묻습니다. "하나님의 증거들을 지킬 때 에" 억지로 하는가? 아니면 사랑함으로 하는가? 내 자신의 본성적인 마음에 하나님의 율법을 싫어하고 증오하는 성향이 있음을 압니다. 겉모양으로 주 님을 섬기면 그것으로 되었다는 식의 자기기만에 잘 빠지는 내 자신의 악함 을 생각합니다. 그래서 나는 이렇게 기도하지 않을 수 없는 절박한 처지임을 고백합니다. "내 마음을 주의 증거들에게 향하게 하시고 탐욕으로 향하지 말게 하소서."(36절) "나는 주의 종이오니 나를 깨닫게 하사 주의 증거들을 알게 하소서."(125절) '전심으로' 주를 구하는 자들이 복이 있다면, 나는 어떠한 자세로 주님을 구하고 있는가? 정말 안타깝습니다. 내가 바른 길에서 벗어나는 적이 얼마나 많은지요! 오, 내 영혼아, "여호와와 그의 능력을 구할지어다 그의 얼굴을 항상 구할지어다."(시 105:4)

주여, 저를 탐사하시고 가르치사 제 마음의 길을 주장하시고 붙드소서. 저를 도우사 주님의 은혜의 약속을 따라 간구하게 하소서. "내가 여호와인 줄 아는 마음을 그들에게 주어서 그들이 전심으로 내게 돌아오게 하리니 그들은 내 백성이 되겠고 나는 그들의 하나님이 되리라."(렘 24:7)

시편 119:3

"실로 저희는 불의를 행치 아니하고 주의 도를 행하는도다."

이러한 성향은 결코 선천적으로 주어지지 않습니다. 이전에는 불의(不義) 밖에 행한 것이 없었습니다. 나면서부터 가진 '본성의 샘 근원'[1]에서 나는 것 외에는 다른 물이 섞여 들어온 적이 없었습니다. 그런데 그런 자들에 대하여 본문은 "실로 저희는 불의를 행하지 않는다."고 말합니다. 이전에 그들은 "마음의 원하는 대로 행하여 다른 이들과 같이 본질상 진노의 자녀들"이었고, "악한 행실로 하나님과 원수 되었던" 자들이었습니다(엡 2:2,3 ; 골 1:21). 그러나 이제 저들은 "그리스도 안에서 새로운 피조물"이 되었습니다. "이전 것은 지나갔으니 보라 새 것이 되었도다."(고후 5:17) 정말 지금 그들의 마음

---

1) "여호와께서" - 하나님 앞에서는 "만물이 벌거벗은 것 같이 드러난다."(히 4:13) - "사람의 죄악이 세상에 가득함과 그의 마음으로 생각하는 모든 계획이 항상 악할 뿐임을 보시고,"(창 6:5) 그러나 이 창세기의 진술이 어떤 특정 시대, 곧 인내하시는 하나님께서 더 이상 참아내실 수 없어 진노를 내리셔야 할 정도로 패역한 어느 시대만을 향한 말씀으로 여기지 말아야 한다. 전지전능하신 그 하나님께서 노아 홍수 직후에도 여전히 천명하신 바이다. "여호와께서…이는 사람의 마음이 계획하는 바가 어려서부터 악하리라…"(창 8:21) 그 후 여러 경우에 반복적으로 말씀하셨다. "만물보다 거짓되고 심히 부패한 것은 마음이라…"(렘 17:9 ; 마 15:9).

은 고상한 특권을 부여받은 상태입니다. "죄가 너희를 주장하지 못하리니 이는 너희가 법 아래에 있지 아니하고 은혜 아래에 있음이라."(롬 6:14) "하나님께로부터 난 자마다 죄를 짓지 아니하나니 이는 하나님의 씨가 그의 속에 거함이요 그도 범죄하지 못하는 것은 하나님께로부터 났음이라."(요일 3:9) 전에는 하나님을 싫어하고 대적했지만 이제는 죄를 미워하여 멀리하는 성향으로 바뀌었습니다.

물론 그렇다고 지금 하나님의 백성들이 '죄를 전혀 짓지 않는 완전한 성자(聖者)'라는 말은 아닙니다. '나는 완전하게 되리라.'고 꿈꾸는 것은 비성경적인 자기기만입니다(전 7:20 ; 욥 9:20 ; 빌 3:12 참조).[2] 하늘에 계신 우리의 친구 되시는 예수님께서 끊임없이 대언의 간구를 하시는 이유는 우리의 지상생애가 끝나기 전에는 여전히 '죄가 내주(內住)'하고 있기 때문입니다. 우리 주님께서는 주기도문에서 '일용할 양식' 뿐 아니라 '매일 우리의 잘못을 용서해 주시기를 구하고 시험에 빠지지 않게 하여 주십사.'고 기도하라 가르치셨습니다(마 6:11-13). 그렇습니다. 말하기는 부끄럽지만 사실 우리는 아직 여전히 죄인입니다. 그럼에도 불구하고 하나님을 찬미하리로다! 주께서 우리로 '죄의 길을 따라 행하지 않게 하시고, 죄의 소욕을 이루지 않게' 하심을 인하여 찬미해야 합니다.

이제 우리(믿는 자들) 속에서 '죄의 동작'은 돌이 위로 날아오르는 것 같이 부자연스런 일이 되었습니다. 지금 우리 마음의 상태가 '죄'의 왕을 아주 쫓아내 발을 붙이지 못하게 한 상태는 아니라 할지라도 더 이상 죄는 왕이 아닙니다. 이전에는 '죄의 왕 노릇 아래 즐겁게 순종하는 족속'이었으나 이제는

---

2) "선을 행하고 전혀 죄를 범하지 아니하는 의인은 세상에 없기 때문이로다."(전 7:20)
"가령 내가 의로울지라도 내 입이 나를 정죄하리니 가령 내가 온전할지라도 나를 정죄하시리라."(욥 9:20)
"내가 이미 얻었다 함도 아니요 온전히 이루었다 함도 아니라 오직 내가 그리스도 예수께 잡힌 바 된 그것을 잡으려고 달려가노라."(빌 3:12)

'죄에 대항하고 투쟁하는 포로들'과 같습니다. 이제는 더 이상 죄가 우리 위에 '권세를 부리지' 못합니다.

여기에 복음이 주는 거룩한 자유가 있습니다. 물론 그 자유가 어떤 이가 너스레를 떠는 것같이 "은혜를 더하게 하려고 계속 죄에 거할" 자유는 아닙니다. "그런즉 우리가 무슨 말을 하리요 은혜를 더하게 하려고 죄에 거하겠느냐 그럴 수 없느니라 죄에 대하여 죽은 우리가 어찌 그 가운데 더 살리요."(롬 6:1,2) 그 자유는 지긋지긋하게 따라붙어 우리를 괴롭히던 죄책(罪責)과 정죄함에서의 자유입니다. 그러나 여전히 내주하는 죄에서 자유한 것은 아닙니다. 우리가 전한 뜻으로 그 죄를 아주 쫓아버리려고 하지만 여전히 우리는 마음을 감찰하시는 하나님 앞에서 "우리가 미워하는 그것을 행함이니이다"라고 말할 수밖에 없습니다. 하나님께서는 그에 대하여 우리에게 책임을 물어 정죄하시지는 않습니다. "이제는 그것을 행하는 자가 내가 아니요 내 속에 거하는 죄니라."(롬 7:17)

그럼에도 불구하고 여전히 우리 자신에게 물어야 합니다. 죄에서 우리를 완전하게 구원하신다는 하나님의 약속이 우리에게 꿀같이 달콤한가요? "죄가 너희를 주장하지 못하리니 이는 너희가 법 아래에 있지 아니하고 은혜 아래에 있음이라."(롬 6:14) 우리가 영적인 싸움에서 성공적으로 버티어냄이 그 영적 싸움의 완전한 승리의 보증으로 여겨집니까? 진정 예수님을 찬미하리로다! 주님께서 십자가에 죽으시어 구속(救贖)하심으로 우리를 죄책과 저주에서 완전하게 자유하게 하셨고, 더 나아가 우리가 영화로운 상태로 들어갈 만한 복된 전망을 확보하여 주셨습니다. 그래서 영화로운 상태에 이르면 더 이상, 아니 영원히 그 '지겨운 손님과도 같은 죄'가 우리와 동거할 수 없게 될 것입니다. "무엇이든지 속된 것이나 가증한 일 또는 거짓말하는 자는 결코 그리로 들어가지 못하되 오직 어린 양의 생명책에 기록된 자들만 들어가리라."(계 21:27) 오, 우리는 매일 죄를 십자가에 못 박아 죽임으로 말미암아 우리 영혼 속에 주님의 죽으심의 흔적을 남겨야 합니다. "우리가 알거니와 우리의 옛 사람이 예수와 함께 십자가에 못 박힌 것은 죄의 몸이 죽어 다시는 우리가 죄에게 종 노릇 하지 아니하려 함이니."(롬 6:6) 우리는 사도 바울과 같이 습관을 따라 "새 생명 가운데 행함"으로 말미암아 "주님의 부활의 권능"을 알아가야 합니다(롬 6:4,5 ; 빌 3:10).

시편 119:4
"주께서 명령하사 주의 법도를 잘 지키게 하셨나이다."
(주께서 주의 법도로 명하사 우리로 근실히 지키게 하셨나이다. - 개역한글)

우리는 앞에서 하나님의 사람의 성품을 알아보았습니다. 이제는 하나님께서 당신의 사람들에게 부지런히 순종하라 명하시는 권위에 주목합시다. 하나님의 사람은 하나님의 명령만으로 족합니다. 그 명령이 자기의 뜻과 맞지 않아도 주님이 명하신 것이니 순종합니다. 그 명령의 멍에를 불평할 이유가 있습니까? 하나님의 섭리로 '구약의 경륜 아래 태어난 세대'라도 그 명령에 순종할 마땅한 이유들이 있었습니다. "다만 그들이 항상 이같은 마음을 품어 나를 경외하며 내 모든 명령을 지켜서 그들과 그 자손이 영원히 복 받기를 원하노라."(신 5:29. 참조할 성구는 신 6:17,18 ; 28:1,2)[3] 하물며 '신약의 사랑의 세대'에 속한 우리가 주님의 명하심에 순종할 동기(動機)가 부족할 리가 있겠습니까? 매일 하나님의 긍휼을 힘입어 하나님의 섭리에 감사하면서 이런 질

---

[3] "너희의 하나님 여호와께서 너희에게 명하신 명령과 증거와 규례를 삼가 지키며 여호와께서 보시기에 정직하고 선량한 일을 행하라."(신 6:17,18)
"네가 네 하나님 여호와의 말씀을 삼가 듣고 내가 오늘 네게 명하는 그의 모든 명령을 지켜 행하면 네 하나님 여호와께서 너를 세계 모든 민족 위에 뛰어나게 하실 것이라 네가 네 하나님 여호와의 말씀을 청종하면 이 모든 복이 네게 임하며 네게 이르리니."(신 28:1,2)

문을 우리 자신에게 던져야 합니다. "내게 주신 모든 은혜를 내가 여호와께 무엇으로 보답할까."(시 116:12) 더 풍성한 은혜의 자비하심을 인하여 "산 제사로 하나님께 올려야" 마땅합니다(롬 12:1). "그리스도의 사랑이 우리를 강권하시도다."(고후 5:14) 우리를 사신 그리스도의 피의 대가를 생각하고, 우리 속에 있는 주님의 부요하심을 상기하고, "값으로 산 것이 되었으니 그런즉 너희 몸으로 하나님께 영광을 돌리라."(고전 6:20) 하신 말씀이 합당함을 인식합시다. 우리는 오직 "하나님의 어린양을 볼지어다." 주님께서 겟세마네에서 피땀 흘리시면서 드린 간구와 십자가 위에서 하나님께 버림받고 아픔의 절규를 발하시던 주님의 음성, 운명하시면서 괴로워하시며 발하신 큰 소리의 외침을 들어야 합니다. 우리를 구원하기 위하여 주님께서 지불하신 대가를 늘 상기하자는 말입니다. 그런 다음에 우리 스스로에게 물어야 합니다. '우리가 하나님의 명령에 복종하지 않을 이유가 어디 있는가?'

복음적인 순종의 성경적인 특성은 무엇입니까? 그것은 우리가 '진리를 사랑할 능력'을 갖게 하시는 성령님의 역사입니다(벧전 1:22). '진리를 사랑하는 것'이 하나님께서 목적하신 요지입니다. "곧 창세전에 그리스도 안에서 우리를 택하사 우리로 사랑 안에서 그 앞에 거룩하고 흠이 없게 하시려고 그 기쁘신 뜻대로 우리를 예정하사…"(엡 1:4,5) '진리를 사랑하는지의 여부'가 우리의 신앙이 참된지를 알아보는 유일하고 충분한 시금석입니다(마 12:33 ; 요 14:15,21).[4]

아침에 일어나는 즉시 내게 물어야 할 질문은, "주여, 주께서 제가 무엇하기를 원하시나이까?"입니다(행 22:10). "여호와여 주의 도를 내게 가르치소

---

4) "선한 사람은 그 쌓은 선에서 선한 것을 내고 악한 사람은 그 쌓은 악에서 악한 것을 내느니라."(마 12:35) "너희가 나를 사랑하면 나의 계명을 지키리라… 나의 계명을 지키는 자라야 나를 사랑하는 자니 나를 사랑하는 자는 내 아버지께 사랑을 받을 것이요 나도 그를 사랑하여 그에게 나를 나타내리라."(요 14:15,21)

서 내가 주의 진리에 행하오리니 일심으로 주의 이름을 경외하게 하소서."(시 86:11) 저로 하여금 제게 주신 은사를 다 동원하여 주님의 길을 추적하게 하옵소서. 항상 깨어 있어 주님의 일에 열심을 내게 하옵시고, 제 마음의 생각과 입술과 성미와 소욕을 지키는 파수꾼을 세우시어 "주의 법도를 근실히 지키게" 하옵소서. 아무 것도 그 일을 방해하지 못하게 하소서.

그런데 어째서 주의 '법도'가 내게 무겁게 느껴집니까? 게으름에 빠진 결과는 아닙니까? "내 마음에 불의를 품은 것" 때문은 아닌지요? 아니면 믿음과 합할 수 없는 어떤 원리가 내 속에 들어와 두 주인을 섬기게 되어 주님께 마음을 집중하지 못한 연고가 아닌지요? 오로지 "주님만 온전히 따라야" 마땅한데도 말입니다. 오! 하나님의 '법도들'을 지키려면 '오직 하나님만 생각하는 경건한 진지함'이 있어야 합니다. 오! 하나님을 섬기는 일에 근신하며 헌신하는 마음의 '샘 근원'은 바로 하나님을 향한 뜨겁고 줄기찬 사랑이오니 그것을 제게 주옵소서. 오! "위로부터 난 지혜"를 주옵소서. 그 지혜는 "첫째 성결하고 다음에 화평하고 관용하고 양순하며 긍휼과 선한 열매가 가득하고 편견과 거짓이 없나이다."(약 3:15)

시편 119:5
"내 길을 굳게 정하사 주의 율례를 지키게 하소서."

하나님께서는 우리에게 "네 법도를 근실히 지키라."고 명하였습니다. 그러나 안타까운 것은 우리에게 그럴만한 능력이 있습니까? 사탄은 너희가 연약하니 그리 힘쓰지 않아도 괜찮다는 생각을 불러일으킵니다. 그러나 하나님의 성령께서는 우리의 연약함을 위해 기도하고 믿음을 행사할 정당한 이유를 생각하게 가르치십니다. 이 책을 읽는 독자 여러분의 마음이 하나님께 대하여 바르다면, "하나님의 율법의 선함"을 인정할 것입니다. 또한 "속사람을 따라서 그 율법을 즐거워 할" 것입니다(롬 7:16,22). 5) 그런 사람은 자신의 뜻에 맞추려고 율법의 일점일획이라도 가감(加減)하거나 마음대로 지워버리는 일은 절대 하지 않을 것입니다. 자신이 죄의 길로 가는 것을 용인하고 정당화시키려는 목적으로 그런 시도를 하지 않을 것입니다.

그러나 완전한 거룩의 표준을 목표로 삼고 거기에 이르려고 최선을 다하는 순간 그러기에는 자신이 턱 없이 모자라다고 생각하고 탄식하지 않습니까? 자신 앞에 하나님의 제시하신 길이 열려 있음을 보면서도 행할 능력이 전혀 없다는 느낌을 받지 않느냐는 말입니다. 주님을 위한 일에 자신이 온전히 무능하다는 것을 지각하게 되면, 그 의식을 은혜의 보좌 앞에 나아가는 기회로 삼으세요. 능하게 하시고 새롭게 하시는 성령님의 감동하심을 위하여 늘 깨어 기도하고 응답을 기다리세요. 그 속에서 여러분은 믿음으로 자신의 철저한 무능함과 하나님의 완전한 전능성을 항상 변함없이 인식해야 합니다. "우리가 무슨 일이든지 우리에게서 난 것 같이 생각하여 스스로 만족할 것이 아니니 우리의 만족은 오직 하나님께로부터 나느니라."(고후 3:5) 그리고 그런 자세로 항상 하나님 앞에서 자신을 우리의 영광스러운 머리로 내세우시며, 아버지 하나님의 선하신 뜻을 따라 지금과 이후 말로 표현할 수 없을 정도로 긴박한 순간에 필요한 모든 것을 충분하게 공급하시는 우리 주 예수 그리스도를 바라보세요(골 1:18,19). 우리의 일은 우리 자신의 손에 달렸거나, 우리 '혼자의 힘'으로 해낼 일이 아닙니다. 여호와 하나님께서 충만한 성령의 은혜를 부어주시니(말 2:15)6) 은혜가 부족한 일

---

5) "만일 내가 원하지 아니하는 그것을 행하면 내가 이로써 율법이 선한 것을 시인하노니… 내 속사람으로는 하나님의 법을 즐거워하되."(롬 7:16,22)

6) "그에게는 영이 충만하였으나 오직 하나를 만들지 아니하셨느냐 어찌하여 하나만 만드셨느냐 이는 경건한 자손을 얻고자 하심이라 그러므로 네 심령을 삼가 지켜 어려서 맞이한 아내에게 거짓을 행하지 말지니라."(말 2:15)

은 결코 없을 것입니다. "이는 내 능력이 약한 데서 온전하여짐이라 하신지라."(고후 12:9) "너희가 나를 떠나서는 아무 것도 할 수 없음이라."(요 15:5) "내게 능력 주시는 자 안에서 내가 모든 것을 할 수 있느니라."(빌 4:3) 버려지 같은 야곱이라도 산들을 쳐서 부스러기로 만들 것은 주님께서 "내가 너를 도울 것이라" 말씀하셨기 때문입니다(사 41:14,15).

시편 119편의 5절과 4절을 연관지어 생각할 때, "주의 율례를 지키기에" 자신이 충분하다고 인식하거나, "주의 율례를 지키는 일"을 게을리 할 정당한 구실을 생각하는 어리석음에 빠지지 않고, 정도(正道)를 지키려면 얼마나 면밀한 주의가 필요한지요! 영적인 순종을 주님께 드리려는 시도를 하자마자 대번에 우리 자신의 무능함을 접하게 됩니다. 우리 스스로가 마음속에서 영적인 생명의 첫 고동(鼓動)을 내는 일은 불가합니다. 그것은 우리가 세상을 창조하지 못하는 것과 마찬가지입니다. 그렇다고 우리의 무능을 구실삼아 마땅한 의무에서 면제되었다 여기라는 말이 아닙니다. 죄가 우리의 능력을 빼앗아 버렸다고 해서 하나님께서 우리에게 요구하실 권리를 상실한 것이겠습니까? 종이 술에 취하였다고 주인의 법에서 해방되겠습니까? 사람이 죄 때문에 자기 의무를 감당할 능력을 상실하였다고 그것을 구실로 의무를 이행하지 않아도 된다는 것은 어불성설입니다. 도리어 그 입장이 더욱 더 악화된 셈이지요. 그러니 우리의 연약함이란 '하나님의 법에 굴복할 수 없는 마음'의 문제입니다. 그 마음은 육체적이라서 '하나님과 원수'[7]가 됩니다. 우리가

---

7) 다음의 성구들을 비교하여 보라. "육신의 생각은 하나님과 원수가 되나니 이는 하나님의 법에 굴복하지 아니할 뿐 아니라 할 수도 없음이라."(롬 8:7) "그의 형들이 아버지가 형들보다 그를 더 사랑함을 보고 그를 미워하여 그에게 편안하게 말할 수 없었더라."(창 37:4) "어찌하여 내 말을 깨닫지 못하느냐 이는 내 말을 들을 줄 알지 못함이로다."(요 8:43) "그러나 너희가 영생을 얻기 위하여 내게 오기를 원하지 아니하는도다."(요 5:40) "음심이 가득한 눈을 가지고 범죄 하기를 그치지 아니하고 굳세지 못한 영혼들을 유혹하며 탐욕에 연단된 마음을 가진 자들이니 저주의 자식이라."(벧후 2:14)
이상의 성구들에서 도덕적 무능함을 추적하여 가면 그 근원에 죄를 사랑함과 마음의 완고한 불신앙이 도사리고 있음을 주목하게 된다. 그러니 그 도덕적 무능을 구실로 내세울 수 없다. 이교도들의 경우를 추적하면 여전히 동일하게 고약한 근원을 만나게 된다(롬 1:20-28)

하나님 앞에서 마땅한 바를 행해야 할 책임은 조금도 감해지지 않고 여전히 그대로 남아 있습니다. 우리를 무능하게 하는 것은 우리의 죄와 죄책과 정죄(定罪)입니다.

우리가 하나님의 명령을 들으면, 단번에 우리는 그 명령을 가지고 하늘에 계신 하나님께 가지고 나아가서 간절한 간구를 드릴 수밖에 없습니다. "주 하나님께서 순종하라 요구하신 그 '율례'를 우리 마음에 '기록하여' 주옵소서."라고 간청할 수밖에 없게 된다는 말입니다. "주께서 주의 법도를 명하사 우리로 근실히 지키게 하셨나이다."(4절 - 한글개역) 주님, 우리는 주님이 명하신 바를 마땅히 지켜야 할 당위성 아래 있음을 인정하나이다. 그러나 우리의 불능(不能)을 의식합니다. 주여, 우리를 도우소서. 우리가 주를 우러러 보나이다. "내 길을 굳게 정하사 주의 율례를 지키게 하소서."

어거스틴은 주님께 아뢰었습니다. '주께서 명하실 바가 무엇이든지 원하시는 대로 명하시옵소서.'(Da quod jubes, et jube quod vis.) 마치 복음의 약속들이 충분하고 합당함을 과시하기라도 하듯 그는 주님께 그리 아뢰었습니다. 주께서 명하신 것들을 기도와 함께 하늘로 가져가면, 하늘에 계신 아버지께서는 '소성(蘇醒)하게 하고 인도하는 은혜의 약속들'과 함께 그 명령들을 우리에게 돌려보내십니다. 그렇게 주님께서는 우리를 향한 당신의 목적에 완전히 부합하게 행하십니다. 주님께서 우리에게 명하실 때, 우리 스스로의 힘으로 마음을 돌려 명령을 수행할 수 있으리라 기대하고 명령하시지 않습니다. 도리어 우리가 전적으로 무능함을 인식하여 우리 자신을 주님 앞에 던지게 하시려고 명령하십니다. 주님께서는 당신을 찾아 구하는 자를 기뻐하시며, 구하는 자를 결코 빈손으로 돌려보내지 않으시는 분입니다. 실로 이것이 '경건의 비밀'입니다. 곧 '우리의 의(義) 되신 주님답게' 당신 자신을 의뢰하는 것에 비례하여 거룩을 추구하는 우리의 소욕과 능력을 더해 주실 것입니다.

그리하여 우리의 기도도 더욱 더 힘이 있어집니다.

우리가 마땅히 행할 바를 명하시는 주님께서는 우리의 연약함을 다 아십니다. 자기의 연약함을 느끼는 이는 자기 구주의 권능을 의뢰할 담력을 온전하게 가질 수 있습니다. 그러니 믿음은 복음적 순종의 원리요, 주님 은혜의 약속들은 우리로 마땅하게 행할 일을 하게 하는 능력입니다. 명령받은 즉시 그 은혜의 약속들은 우리의 능력이 됩니다. 그래서 어거스틴은 아뢰었습니다. '무엇이든지 명하소서. 믿음으로 그 명령을 받으리이다(Qoud lex imperat, fides impetrat).'

이러한 관점 속에는 율법을 제정하신 하나님의 지존의 권위, 피조물의 전적 불충분성, 구주 그리스도의 구속(救贖)의 완전성, 곧 '은혜의 하나님의 완전 충분성'이 함께 녹아 있습니다. 우리에게 필요하나 없는 것을 기도로 하나님께 구합니다. 또 우리에게 주시어 갖게 된 것을 인하여 감사합니다. 또 약속된 것을 주실 것을 인하여 주님께 의뢰합니다. 그래서 "우리가 무슨 일이든지 우리에게서 난 것같이 생각하여 스스로 만족할 것이 아니니 우리의 만족은 오직 하나님께로서 났느니라."(고후 3:5) 모든 것이 다 하나님께로부터 나는 것입니다. 그리스도께서 "나는 알파와 오메가요 처음과 마지막이요 시작과 마침이라."(계 22:13) 그래서 '은혜가 왕 노릇하여 이기는' 것입니다. 기초가 은혜 안에 놓여 있습니다. 백성들이 크게 외치는 중에 '머릿돌'이 들어와 내려 앉혀집니다. "큰 산아 네가 무엇이냐 네가 스룹바벨 앞에서 평지가 되리라 그가 머릿돌을 내놓을 때에 무리가 외치기를 은총, 은총이 그에게 있을지어다 하리라 하셨고."(슥 4:7)

구주의 일이 완성되었습니다. 예수님께서 왕관을 쓰시고 영원히 만유의 주(主)가 되셨습니다.

시편 119:6

"내가 주의 모든 계명에 주의할 때에는 부끄럽지 아니하리이다."

주님께서 우리가 순종하되 '근실히 모든 일에' 순종하기를 바라십니다. 계명의 아주 작은 부분들을 별로 중요하지 않게 여기고 무시하는데 아무런 거리낌이 없다면, 그것은 아직도 하나님께서 받으시기에 합당한 순종의 정신을 배우지 못하였다는 것을 입증하는 셈입니다. "그러므로 누구든지 이 계명 중의 지극히 작은 것 하나라도 버리고 또 그같이 사람을 가르치는 자는 천국에서 지극히 작다 일컬음을 받을 것이요 누구든지 이를 행하며 가르치는 자는 천국에서 크다 일컬음을 받으리라."(마 5:19) 하나님께서 하나도 불비(不備)함이 없이 온전한 은혜를 베푸시는 이유는 무엇입니까? 다름 아니라, "주께 합당하게 행하여 범사에 기쁘시게 하고 모든 선한 일에 열매를 맺게 하시며 하나님을 아는 것에 자라게 하려"(골 1:10) 하심입니다. '마음에 품고 있는 한 가지 정욕만 가지고도' 폭군같은 욕심으로 소유에 집착하게 하기에 충분합니다. 다른 이들이 아무리 말려도 소용이 없습니다. 헤롯도 '많은 일을 할 수' 있었습니다. 그러나 음란한 아내를 버리지 않고 계속 품고 있는 것이야말로 죄가 그를 사로잡아 아무도 말릴 수 없는 상태에 이르렀음을 드러낸 것입니다(막 6:12-20). 사울은 아말렉 사람들을 다 죽이고 오직 '한 사람'만 남겨 두었습니다. 바로 그 '한 사람을 살려 둔 것'이 그가 순종하여 행한 모든 일에 부족함이 있음을 드러내었습니다. 결국 그 일로 인하여 왕위를 잃는 대가를 치르고, 하나님의 무서운 진노 아래 들어가게 되었습니다(삼상 15:12-23).

'제어하지 않고 내버려 둔 한 가지 부패'가 온 몸을 지옥으로 끌고 갑니다(막 9:43-48)[8]. 신속하게 순종하지 않고 미루어 두는 것이 결국 경건한 진실

---

8) "만일 네 손이 너를 범죄하게 하거든 찍어버리라 장애인으로 영생에 들어가는 것이 두 손을 가지고 지옥 곧 꺼지지 않는 불에 들어

함을 죽이는 종창(腫脹)으로 작용합니다. '혀 밑에 넣고 굴리는 달콤한 사탕같이' 은밀하게 탐닉하는 것이 있거나, '드릴 것 중에 얼마를 떼어 몰래 감추어 둔 것 같이' 하면(행 5:1,2), 주님께서는 우리가 드리는 헌물을 제물로 받지 않으시고 강도(强盜)가 도적한 것으로 낙인(烙印) 찍으십니다. 어떤 의무를 지킬 때에 대부분 근실하고 진지하고 간절하게 잘 지켰습니다. 그러나 그 속에 '쓴 뿌리가 하나만' 있어도 그것이 전체를 가증하게 만들어 버립니다.

그러므로 나의 신앙고백이 참됨을 증거하는 '근실함'(sincerity)의 인장(印章)이 찍혀 있어야 합니다. 아무리 작은 계명이라도 우리 자신의 힘으로는 '완전한 순종'을 도저히 드릴 수 없습니다. 그렇다 하여도 나의 '소원과 목적'은 '모든 계명을 다 존중하는 것'이 되어야 합니다. '주님, 계명들 중에 큰 계명들만 지키고 작은 계명들은 무시하는 모험을 결코 더 이상은 저지르지 않겠나이다.' 어떤 계명을 어기더라도 다른 계명을 잘 순종하면 계명을 어긴 잘못이 상쇄(相殺) 되리라는 생각은 더 더욱 삼가야 합니다. 참 계명들이 많습니다. 그 많은 계명들은 다 이어져 하나의 사슬을 이룹니다. 그래서 그 모든 계명들이 '단 하나의 율법'을 이룹니다. "누구든지 온 율법을 지키다가 그 하나를 범하면 모두 범한 자가 되나니 간음하지 말라 하신 이가 또한 살인하지 말라 하셨은즉 네가 비록 간음하지 아니하여도 살인하면 율법을 범한 자가 되느니라."(약 2:10,11) 이 말씀을 하신 분이 누구신지 저는 압니다. 신앙을 고백하는 자들이 사람에 대한 의무를 지시하는 둘째 돌판에 기록된 계명을 정말 충실하게 지키는 모습을 보일 수 있습니다(마치 첫 번째 돌판에 기록된 계명들은 예배의식에 관한 것이거나 이제는 더 이상 소용이 없게 되었거나 겉 사람에 관한 규례라도 되는 것 같이 여겨). 그러나 저는 두 돌판에 기록된 십계명 모두를

가는 것보다 나으니라 만일 네 발이 너를 범죄하게 하거든 찍어버리라 다리 저는 자로 영생에 들어가는 것이 두 발을 가지고 지옥에 던져지는 것보다 나으니라 만일 네 눈이 너를 범죄하게 하거든 빼버리라 한 눈으로 하나님의 나라에 들어가는 것이 두 눈을 가지고 지옥에 던져지는 것보다 나으니라 거기에서는 구더기도 죽지 않고 불도 꺼지지 아니하느니라."(막 9:43-48)

주목합니다. 그럴 경우에만 내 속에서 늘 성가시게 말썽을 부리는 부패의 요소들을 정면으로 대응할 수 있습니다. 그래서 나는 "주님을 경외함과 성령의 안위로 행할 수 있기를" 바랍니다(행 9:31). "이로써 우리가 진리에 속한 줄을 알고 또 우리 마음을 주 앞에서 굳세게 하리니."(요일 3:19)

그러나 내가 아무리 엄격하게 행한다 할지라도 내 행위가 하나님께 받아들여지리라는 소망이 어디 있습니까? 오직 "모든 의를 이루시어"(마 3:15) 순종을 아버지 하나님께 드린 분 안에서 밖에는 없습니다. 그분은 내 대신 죽으시어 "율법의 저주에서 우리를 속량하신" 분입니다(갈 3:13). 그분이 아니었다면 내가 회개하고 기도하고 눈물을 흘려도 아무 소용이 없습니다. 그 거룩한 길 안에서만 우리의 행실이 하나님께 가납(嘉納)됨을 인식할 수 있습니다(요일 1:7 ; 2:5 ; 3:21,24). 이 세상의 즐거움에 사로잡힌 마음은 하늘에 속한 기쁨에 대하여 아무 것도 알지 못합니다. 그런 사람에게는 하늘의 기쁨의 밝은 광채가 거룩하지 못한 세상의 분위기 속에서 희미해지고, 신선함이 잦아들고, 생명력이 마르게 됩니다. 하나님께서 지금도 우리를 사랑하신다는 경건한 확신도 자신에게 빠져 영적인 근신을 잃고 은밀한 죄를 즐기거나 은밀한 의무들을 태만히 여기면 반드시 약화되기 마련입니다. 지혜자는 말합니다. "네가 만일 전능자에게로 돌아가면 네가 지음을 받을 것이며 또 네 장막에서 불의를 멀리 하리라… 이에 네가 전능자를 기뻐하여 하나님께로 얼굴을 들 것이라."(욥 22:23,26)

그러니 우리는 '구원의 확신'의 특성을 주의하여 점검해야 합니다. 그것이 단순하고 절대적으로 복음의 약속에만 근거한 것입니까? 하나님의 말씀의 시금석을 견뎌낼 수 있는 것입니까? 살아있는 양심과 영적인 각성과 용의주도한 행실의 산물로 나온 것입니까? 그 구원의 확신 때문에 은혜 위에 은혜를 더하려는 간절함을 가지게 되어 "우리의 부르심과 택하심을 굳게 하고,"

"우리 구주 예수 그리스도의 영원한 나라에 넉넉히 들어감"을 얻게 되었습니까?(벧후 1:5-11) 경건의 길에서 우리가 가진 그리스도인의 담력을 가지고 담대하게 하나님께 이렇게 아뢸 수 있습니까? "내가 주의 증거들에 매달렸사오니 여호와여 내가 수치를 당하지 말게 하소서."(시 119:31) "내 마음으로 주의 율례들에 완전하게 하사 내가 수치를 당하지 아니하게 하소서."(시 119:80)

시편 119:7
"내가 주의 의로운 판단을 배울 때에는
정직한 마음으로 주께 감사하리이다."

"하나님의 의로운 판단"은 하나님 말씀의 계시 전체를 포괄하는 표현입니다. 그 계시를 척도 삼아 우리의 현재 상태를 판단하시고, 나중 최후의 선고도 하실 것입니다. "나를 저버리고 내 말을 받지 아니하는 자를 심판할 이가 있으니 곧 내가 한 그 말이 마지막 날에 그를 심판하리라."(요 12:48) 여기에 비추면 다윗은 자기가 이룩한 업적들이 아무 것도 아니게 보였습니다. 다만 "주의 판단을 배우게 될 때"를 내다보면서 지금은 마치 아무 것도 배우지 못하고 알지 못하는 사람같이 보였습니다. 다윗은 뒤에 가서 소리칩니다. "내가 보니 모든 완전한 것이 다 끝이 있어도 주의 계명들은 심히 넓으니이다."(시 119:96) 바울 사도는 복음과 함께 20여년을 살고 나서 자기 마음의 간절한 소원 한 가지를 말합니다. '그리스도를 알려는 소원'을 항상 견지하였습니다(빌 3:10-14)[9]. 분명하게 말하면 바울 사도는 높은 수준의 업적을 이

---

9) "내가 그리스도와 그 부활의 권능과 그 고난에 참여함을 알고자 하여 그의 죽으심을 본받아 어떻게 해서든지 죽은 자 가운데서 부활에 이르려 하노니 내가 이미 얻었다 함도 아니요 온전히 이루었다 함도 아니라 오직 내가 그리스도 예수께 잡힌 바 된 그것을 잡으려고 달려가노라 형제들아 나는 아직 내가 잡은 줄로 여기지 아니하고 오직 한 일 즉 뒤에 있는 것은 잊어버리고 앞에 있는 것을 잡으려고 푯대를 향하여 그리스도 예수 안에서 하나님이 위에서 부르신 부름의 상을 위하여 달려가노라."(빌 3:10-14)

룩하였음에도 불구하고 그와 같은 겸손한 관점을 항상 견지하였으며, 아직도 다 밝혀지지 않았으나 점점 자기 앞에 진면모를 드러내는 보배의 가치를 아는 것을 아주 큰 것으로 높여 말하였습니다. 그래서 가장 지혜로운 성도들은 '하나님의 학교'에서 졸업하지 않고 항상 배우는 학생들입니다. 그들은 무엇을 '배우더라도' 그 지식을 그들의 '교리의 틀과 정신' 속에 집어 넣었습니다. "하나님께 감사하리로다 너희가 본래 죄의 종이더니 너희에게 전하여 준 바 교훈의 본을 마음으로 순종하여."(롬 6:17) 자기가 안다고 뽐내는 것은 더 배우는 일을 막는 가장 큰 적수요, 아직도 알지 못함을 스스로 입증하는 셈입니다. "만일 누구든지 무엇을 아는 줄로 생각하면 아직도 마땅히 알 것을 알지 못하는 것이요."(고전 8:2) "만일 누가 아무 것도 되지 못하고 된 줄로 생각하면 스스로 속임이라."(갈 6:3)

"내가 의로운 판단을 배울 때에는." 신자로 하여금 이 '거룩한 배움'에 열심내게 하는 동기는 무엇입니까? 사람의 칭찬을 받는 분위기 속에서 살기 위해서입니까? 오히려 "정직한 마음으로 주를 찬송하려고" 그러는 것입니다. 우리 마음이 어두우면 우리 입을 봉한 채 말을 하려 들지 않습니다. 그러나 "주님께서 주님의 판단을 배우는 총명을 열어주시면," 그 다음에는 "내 입술을 열어 주를 찬송하여 전파"하는 일이 이어집니다. "주여 내 입술을 열어 주소서 내 입이 주를 찬송하여 전파하리이다."(시 51:15. 119:27,171도 참조) 실로 하나님께서 자기 백성을 지으신 목적이 바로 그것입니다. "이 백성은 내가 나를 위하여 지었나니 나를 찬송하게 하려 함이니라."(사 43:21) 그것을 위하여 "어두운 데서 불러내어 그의 기이한 빛에 들어가게" 하셨습니다(벧전 2:9). 우리 하나님께서 바로 그런 매일의 틀 속에서 영광을 받으실 것입니다.[10] 주님

---

10) 시편 1편과 23편을 참조하여 보라. 여기서는 '마음의 정직함을 찬미의 예배 속에서 입증된다는 것을 지적하고 있다. 대상 29:13-18을 참조.

을 찬미할 뿐 아니라 우리의 삶 속에서도 여전히 그러한 자세를 견지하여야 합니다. '정직한 마음의 찬미가 거룩한 성품과 행실 속에서도 나타날 것'입니다. (시 116:12-14)

우리는 우리의 찬미가 마음으로 주님의 "의로운 판단들"을 배운데서 '풍성하게' 흘러나오는 것임을 주목해야 합니다. 은밀하게 자신을 높이며 우쭐거리는 심사로 우리 구주에 대하여 말하는 일이 종종 있지 않습니까? 주님을 섬기고 그 명예를 위하는 척 하면서 우리 자신을 드러내지는 않습니까? 이기심은 지상에서 가장 거룩한 찬미라도 더럽힐 수 있습니다. 그 이기심을 극복해야만, 주님을 찬미하는 세계를 향한 갈망을 일깨워 섬김의 불꽃을 능동적으로 밝히고 꺼지지 않게 할 수 있습니다. 그러면 우리가 드리는 헌물에 오염이나 막힘이나 지침이나 한정이 없이 자원하는 마음으로 드리게 될 것입니다. "네 생물은 각각 여섯 날개를 가졌고 그 안과 주위에는 눈들이 가득하더라 그들이 밤낮 쉬지 않고 이르기를 거룩하다 거룩하다 거룩하다 주 하나님 곧 전능하신 이여 전에도 계셨고 이제도 계시고 장차 오실 이시라 하고."(계 4:8)

시편 119:8
"내가 주의 율례들을 지키오리니 나를 아주 버리지 마옵소서."

"내가 주의 율례들을 지키오리다." 이 결심은 "주의 의로운 판단들을 배움"으로 자연스럽게 나오는 열매입니다. 그러나 다윗은 순종이 내포하는 '경건한 진지함'과 '의존의 단순성'을 얼마나 복되게 조화시키는지요! 그는 단호하게 결심하나 자신의 능력을 의지하지 않습니다. 결심하고 나서 즉시로 자신의 힘으로는 그 결심대로 행할 수 없음을 상기합니다. 그러므로 다음 순간, 아니 거의 동시에 그 결심을 기도로 승화시킵니다. "내가 주의 율례들을 지키오리니 나를 아주 버리지 마옵소서."

　오! 그리스도인의 길을 가려할 때 자신을 의뢰하는 일을 얼마나 삼가야 하는지요! 우리가 자신의 힘을 의지하는 여부에 따라서 넘어질 지 나아갈 지가 달려 있습니다. 때에 맞게 징계하시려고 주님께서 영적인 무모함에 우리를 잠시 방임해 두실 수 있습니다. 기도의 응답으로 은혜가 주어졌는데 그만 그 은혜를 신중하게 높이지 않거나, 그 은혜를 근실히 활용하지 않을 수 있습니다. 아가서에서 술람미 여인의 경우가 그러하였습니다. "나의 사랑하는 자가 그 동산에 들어가서 그 아름다운 열매 먹기를 원하노라." 그 여인의 간청에 따라서 그 사랑하는 자가 문을 두드리나 신부는 '잠이 들어' 있습니다. 신부는 기도의 응답을 기대하지도 않았고 기다리지도 않았습니다. 그래서 기도응답이 와도 즐겁지가 않았습니다. 잠들었던 자가 일어났으나 너무 늦게 일어났습니다. 자기 마음으로 진정 사랑하는 사람을 찾으나 벌써 자기를 내버려 두고 가버린 상태였습니다(아 4:16-5:6).

　우리는 시험에 들 때가 있습니다. "그러나 바벨론 방백들이 히스기야에게 사신을 보내어 그 땅에서 나타난 이적을 물을 때에 하나님이 히스기야를 떠나시고 그의 심중에 있는 것을 다 알고자 하사 시험하셨더라." "주의 은혜로 나를 산 같이 굳게 세우셨다"고 생각될 때가 있습니다(시 30:6,7). 우리 주님을 사랑하는 열정이 식어 '촛밀이 차갑게 굳어 버린 것 같을' 때도 있습니다. 주님을 찾는 열심이 희미해질 때도 있습니다(아 3:1-4). 그럴 경우 우리가 잠시 주님께 버림을 받은 것 같이 느끼는 상태로 들어가게 되기도 하는데 놀라지 말아야 합니다.

　우리는 종종 하나님께서 얼굴을 숨기시는 것 같다고 말할 때가 있습니다. 마치 하나님께서 주권적인 행사로 우리에게 그런 상태에 복종하고 있으라 요구하시는 것 같을 때가 있다는 말입니다. 그 경우 원인이 어디에 있는지 곰곰이 생각하게 되는데, 보통 자기 의존이나 방심이나 어떤 욕심을 은밀하게 탐닉하는 일이 원인임을 깨닫게 됩니다. "하나님의 위로와 네게 온유하게 하시는 말씀을 네가 어찌 작다 하느냐."(욥 15:11 - 한글개역) 다윗이 자신의 죄를 회개하며 통회하는 말을 하지 않고 있을 동안에 "괘씸하게 여기시는 하나님의 무거운 손이 자신을 심하게 누르고 있음"을 느꼈습니다. "주의 손이 주야로 나를 누르시오니 내 진액이 빠져서 여름 가뭄에 마름 같이 되었나이다 내가 입을 열지 아니할 때에 종일 신음하므로 내 뼈가 쇠하였도다."(시 32:3,4) 때로 우리 하나님의 음성이 우리의 가는 길을 음침하게 한 적은 없습니까? "네 악이 너를 징계하겠고 네 반역이 너를 책망할 것이라 그런즉 네 하나님 여호와를 버림과 네 속에 나를 경외함이 없는 것이 악이요 고통인 줄 알라 주 만군의 여호와의 말씀이니라."(렘 2:19)

그러나 주님의 영원한 언약은 믿음의 보장을 얼마나 분명하게 천명하고 있습니까! 기도할 용기를 갖게 하는 말씀들이 얼마나 풍성합니까! "주여 나를 아주 버리지 마옵소서!" 다윗은 주님께서 당신의 백성들에 대한 미쁘심을 결코 버리지 않으실 것을 알고 기록하였습니다. 다윗은 세상에서 환난을 당하는 것 보다 잠시라도 자기의 하나님으로부터 분리되는 것을 더 무서워한 사람입니다. 그러면서도 은혜로운 진리를 천명하면서 하나님께 아뢸 수 있었습니다. "내가 회초리로 그들의 죄를 다스리며 채찍으로 그들의 죄악을 벌하리로다 그러나 나의 인자함을 그에게서 다 거두지는 아니하며 나의 성실함도 폐하지 아니하며 내 언약을 깨뜨리지 아니하고 내 입술에서 낸 것은 변하지 아니하리로다."(시 89:32-34)

우리는 은혜의 약속들을 구실로 방심하지 말아야 합니다. 그럼에도 불구하고 은혜의 약속들을 값없이 받았고 주권적인 선포로 확증 받았다는 사실은 확고한 터에 불가분적인 요소입니다. 얼마나 많은 쇠약한 영혼들이 확중하시는 약속의 말씀들을 통하여 확신을 갖고 다시 힘을 얻었는지요! "내가 잠시 너를 버렸으나 큰 긍휼로 너를 모을 것이요 내가 넘치는 진노로 내 얼굴을 네게서 잠시 가리웠으나 영원한 자비로 너를 긍휼히 여기리라 네 구속자 여호와께서 말씀하셨느니라."(사 54:7,8) "내가 그들에게 영생을 주노니 영원히 멸망하지 아니할 것이요 또 그들을 내 손에서 빼앗을 자가 없느니라."(요 10:28) 우리는 자신을 낮추는 겸손한 자세와 주님을 의뢰하는 심령으로 "주 안에서 자랑하는" 법을 배우기 위하여 최선을 다해야 합니다. "내 영혼이 여호와를 자랑하리니 곤고한 자들이 이를 듣고 기뻐하리로다."(시 34:2) "너희 안에서 착한 일을 시작하신 이가 그리스도 예수의 날까지 이루실 줄을 우리는 확신하노라."(빌 1:6) 그리고 위로가 우리에게서 물러가 있는 것 같은 기간에도 우리는 여전히 말해야 합니다. "이제 야곱의 집에 대하여 얼굴을 가리시는 여호와를 나는 기다리며 그를 바라보리라."(사 8:17)

"나를 버리지 마옵소서." 우리가 어둠 속에 있는 것 같은 상황에 처하여 있다고 해서 주님께서 우리를 '아주 버리셨다'라고 결론을 내리는 것은 우리 영혼에 악하고 위험천만한 일입니다. 우리가 아주 황당한 처지에 빠져 있는 상황을 보면서 '우리가 가는 길이 옳지 않은가 보다.'라고 생각하는 것도 마찬가지입니다. 이러한 생활들은 우리가 하나님의 약속대로 인도하심 받고 있음을 보여주는 안내 표지판(hand post)과 같은 역할을 합니다. 다시 말하면 우리가 참고 인내하며 그 길을 믿음으로 가면 영원한 구원을 얻게 될 것을 보여주는 안내 표지판과 같은 구실을 하고 있다는 말입니다. "내가 맹인들을 그들이 알지 못하는 길로 이끌며 그들의 알지 못하는 지름길로 인도하며 암흑이 그 앞에서 광명이 되게 하며 굽은 데를 곧게 할 것이라 내가 이 일을 행하여 그들을 버리지 아니하리니."(사 42:16) 오! 안심하십시오. 하나님께서는 언약을 반드시 이행하신다는 점을 내적으로 확신하고 만족하시기 바랍니다!

"나를 버리지 마옵소서." 하나님께서 '우리를 버려두실 수' 있습니다. 그러나 사울처럼 "아주 버리시지는" 않습니다(시 30:7 ; 삼상 28:6,16). 베드로가 버림받은 것 같을 때가 있었으나 가룟 유다와 같이 "아주" 영원히 버림받은 것은 아니었습니다(마 26:75 ; 27:3-6). 하나님께서 자신을 버린 것 같다는 어떤 불길한 생각이 듭니까? 그렇다면 여러분의 마음은 언제라도 주님을 떠날 준비가 되어 있는 것입니까? 주님께서 다시 돌이키시는 자비를 베풀어주시길 바라는 애통하고 갈한 마음은 전혀 들지 않습니까? "너희가 만일 그를 버리면 그도 너희를 버리시리라."(대하 15:2. 대상 29:9 참조)[11] 그러나 우리가 주님을 버릴 수 있습니까? 여러분이 마음으로 말하십시오. "주께서 원하시는 대로 하시옵소서. 저는 주님을 기다릴 것입니다. 주님의 말씀을 붙쫓고 주님을 따라 십자가로 나아가려 합니다."

주님께서 여러분을 다루시는 여러 방식들을 주목하십시오. 주님의 여러 방식들을 자세히 숙고하시고, 주님의 경륜에 자신을 복종시키세요. 만일 '주님께서 나를 버리신 것 같다.'는 생각이 들어오면, '주님이시여, 저에게 다시 돌아와 주세요.'라고 간청하세요. 오직 여러분을 '잠깐 버려두시기도 하시는' 하나님을 신뢰하십시오. "그가 나를 죽이시리니 내가 희망이 없노라 그러나 그의 앞에서 내 행위를 아뢰리라."(KJV에서는 Though he slay me, yet will I trust in him〈그가 나를 살해하신다 하여도 나는 그를 믿으리라〉)(욥 13:15) "비록 무화과나무가 무성하지 못하며 포도나무에 열매가 없으며 감람나무에 소출이 없으며 밭에 먹을 것이 없으며 우리에 양이 없으며 외양간에 소가 없을지라도 나는 여호와로 말미암아 즐거워하며 나의 구원의 하나님으로 말미

---

11) "내 아들 솔로몬아 너는 네 아버지의 하나님을 알고 온전한 마음과 기쁜 뜻으로 섬길지어다 여호와께서는 모든 마음을 감찰하사 모든 의도를 아시나니 네가 만일 그를 찾으면 만날 것이요 만일 네가 그를 버리면 그가 너를 영원히 버리시리라."(대상 28:9)

암아 기뻐하리로다."(합 3:17,18) 나를 위로하던 것이 물러가고 먹구름이 내게 덮일지라도 주님께 대한 내 소망은 여전히 변하지도 않고, 변할 수도 없습니다. 이러한 간절한 열망, 마음속에 살아있는 이 확신이야말로 우리 속에서 역사하시는 주님의 행사가 아니고 무엇이겠습니까? 주님께서 친히 "그 손으로 하신 일"을 잊을 수 있겠습니까? "여호와께서 나를 위하여 보상해 주시리이다 여호와여 주의 인자하심이 영원하오니 주의 손으로 지으신 것을 버리지 마옵소서."(시 138:8) 하늘과 땅이 사라져 없어지는 것 보다 복음의 신실한 약속들이 파기되는 일이 더 어렵습니다.[12]

---

12) 어거스틴이 이 부분을 자기 나름으로 풀어 바꾸어 썼다. 그것이 하나님께서 자신을 버리신 것 같아서 갈등하는 신자의 경우를 아주 아름답게 예증해 줄 수 있다. "오, 주여, 제 번영의 때에 '내가 요동치 않으리라'고 말하며 교만치 않기 위하여 저를 시험에 들게 하고 싶으면 그리 하세요. 그러나 너무 오래도록 버려두지는 마시옵소서. 주께서 저로 하여금 주님의 도움이 없이는 아무 것도 못한다는 것을 알게 하시려고 저를 그렇게 버려두신 것이라면, '아주 버리지는 마시옵소서.' 아주 버리시면 저는 망할 수밖에 없습니다. 주님께서 선한 의도로 저를 그렇게 버려두심으로 저로 강하게 하셨음을 저는 알고 있나이다. 주님께서 제게서 얼굴을 돌리시면, 저는 그로 인하여 괴로움에 처하게 되나이다. 오, 저를 죽음에 이를 정도까지는 저를 버리지 마옵소서."

9 청년이 무엇으로 그의 행실을 깨끗하게 하리이까 주의 말씀만 지킬 따름이니이다

10 내가 전심으로 주를 찾았사오니 주의 계명에서 떠나지 말게 하소서

11 내가 주께 범죄하지 아니하려 하여 주의 말씀을 내 마음에 두었나이다

12 찬송을 받으실 주 여호와여 주의 율례들을 내게 가르치소서

13 주의 입의 모든 규례들을 나의 입술로 선포하였으며

14 내가 모든 재물을 즐거워함 같이 주의 증거들의 도를 즐거워하였나이다

15 내가 주의 법도들을 작은 소리로 읊조리며 주의 길들에 주의하며

16 주의 율례들을 즐거워하며 주의 말씀을 잊지 아니하리이다

Psalm 119:9-16

2

청년의 경건의
비밀

시편 119:9

"청년이 무엇으로 그의 행실을 깨끗하게 하리이까

주의 말씀만 지킬 따름이니이다."

'자기 행실을 깨끗게 하라'고 촉구하시는 말씀을 특별히 청년에게 주시는 이유는 무엇입니까? 하나님께서는 항상 최선의 것을 요구하시는 의로운 분이시기 때문입니다.

젊은 사람의 마음에 새로운 생각들이 피어오릅니다. 이성(異性)을 향한 첫 사랑이 마음에 느껴질 때가 옵니다. 그런데 그런 시기에 본능과도 같이 죄를 섬기는 쪽으로 마음이 기울어지기 마련입니다. 바로 그것이 사람의 마음이 하나님을 등지고 멀리 떠나있음을 보여주는 가장 애처로운 증거가 아니겠습니까? 타락한 사람이 "자기 형상과 같은 아들을 낳기도 하였으나 그 후 사람들의 마음이 계획하는 바가 어려서부터" 악하였습니다(창 5:3 ; 8:21) "누가 깨끗한 것을 더러운 것 가운데에서 낼 수 있으리이까 하나도 없나이다."(욥 14:4) 안내자 없이 방황하는 것이 얼마나 비참한지요! 그 고통을 절감하기까지는 "나의 아버지여, 아버지는 나의 청년 시절의 보호자이시니이다."(렘 3:4)라고 마음으로 울부짖을 사람이 전혀 없습니다. 하나님의 은혜로 각성되어 집으로 돌아가고 싶은 소욕이 일어날 때마저, 하나님을 떠나 배회하며 오랫동안 즐겨왔던 죄의 오염에 익숙한 습관이 거대한 세력을 형성하여 옳은 길로 나아가지 못하게 막곤 합니다.

"청년이 무엇으로 그 행실을 깨끗하게 하리이까" '청년의 정욕'은 정말 무서운 힘이 있습니다. 그 마음은 금지된 악한 일에 급하게 돌진하여 들어가곤 합니다. 바로 그 점 때문에 "청년이 무엇으로 그의 행실을 깨끗하게 하리이까?"라는 질문을 엄숙하게 던질 필요가 있습니다. 물론 그 질문에 대한 대답은 예비되어 있습니다. 청년은 마땅히 "주의 말씀을 따라 삼가야" 합니다. 요셉이 그러하였습니다. "이 집에는 나보다 큰 이가 없으며 주인이 아무 것도 내게 금하지 아니하였어도 금한 것은 당신뿐이니 당신은 그의 아내임이라 그런즉 내가 어찌 이 큰 악을 행하여 하나님께 죄를 지으리이까?"(창 39:9) 다니엘과 세 친구들이 그러하였습니다(단 1:8-20 ; 3:12-18). 이들은 이교도(異敎徒)의 오염된 분위기 속에서 "자기들의 행실을 깨끗하게" 가졌습니다.

덕망 있던 데오도르 베자(Theodore Beza, 1519-1605)는 자기 나이 16세에 진리를 아는 지식에 이르도록 불러주신 자비하심을 인하여 특별하게 하나님께 감사하였습니다. 그가 그렇게 한 것은 "주의 말씀의 깨끗하게 하는 효력"을 생각하였기 때문일 것입니다. 그래서 그는 70년 이상을 하나님과 동행하면서 "정욕으로 말미암은 세상의 더러움을 피하는데" 힘을 썼습니다.

"자기 행실을 깨끗게 할 수 있는 것"은 오로지 마음을 깨끗하게 함을 통해서만 가능합니다. 부패한 샘 근원이 '쓴 물' 이외에 다른 물을 어떻게 낼 수 있겠습니까? "샘이 한 구멍으로 어찌 단 물과 쓴 물을 내겠느냐 내 형제들아, 어찌 무화과나무가 감람 열매를, 포도나무가 무화과를 맺겠느냐 이와 같이 짠 물이 단 물을 내지 못하느니라."(약 3:11,12) "모든 지킬 만한 것 중에 더욱 네 마음을 지키라. 생명의 근원이 이에서 남이니라."(잠 4:23) 그래서 긴박하게 외쳐 기도할 필요가 있습니다. "하나님이여, 내 속에 정한 마음을 창조하시고 내 안에 정직한 영을 새롭게 하소서."(시 51:10)

"주의 말씀만 지킬 따름이니다." 그러므로 마음을 깨끗게 하는 능력을 가진 "하나님의 말씀"은 얼마나 보배로운지요! 우리 구주 예수님께서는 자신을 '길과 진리와 생명'으로 내세우셨습니다. 그리고 당신과 연합하는 것이 얼마나 높은 특권인지를 과시하셨습니다. 그리고 더 부연하시어 "너희는 내가 일러 준 말로 이미 깨끗하여졌으니."(요 14:6 ; 15:1-3)라고 말씀하셨습니다. 주님께서 대제사장의 기도를 아버지께 드리실 때 우리의 성화(聖化)의 방편으로 '진리'를 제시하시면서 간청하셨습니다. "그들을 진리로 거룩하게 하옵소서 아버지의 말씀은 진리니이다."(요 17:17) 이 점은 우리를 정결하게 하시는 주님의 역사(役事)에 대한 소망을 분명하게 보여줍니다. "주를 향하여 이 소망을 가진 자마다 그의 깨끗하심과 같이 자기를 깨끗하게 하느니라."(요일 3:3) 이와 관련된 하나님의 약속들이 있습니다. "그런즉 사랑하는 자들아, 이 약속을 가진 우리는 하나님을 두려워하는 가운데서 거룩함을 온전히 이루어 육과 영의 온갖 더러운 것에서 자신을 깨끗하게 하자."(고후 7:1) "이로써 그 보배롭고 지극히 큰 약속을 우리에게 주사 이 약속으로 말미암아 너희가 정욕 때문에 세상에서 썩어질 것을 피하여 신성한 성품에 참여하는 자가 되게 하려 하셨느니라."(벧후 1:4)[1] 그렇게 함으로써 머리에서 벗겨져 땅에 떨

---

1) 어거스틴이 자기 회심의 일을 기록한 내용을 보면 이 주제에 대한 아주 놀라운 예증이 있다. 그의 '고백록'(Confessions) 제 7권 11장을 참조하라. 존 오웬(John Owen)이 성도들을 가르칠 목적으로 성령에 관한 가치 있는 저작을 썼는데, 그 내용은 회심 교리에 빛을 던져주고 있다.

어진 '황금 면류관'을 회복합니다. 사람들에게 자기를 지으신 조물주의 '거룩의 표'가 회복됩니다(애 5:16 ; 창 1:27 ; 엡 4:24 참조).[2]

오! 그러나 우리의 행실을 날마다 '씻을' 필요가 있는데도 그렇게 하지 못하는 연약함을 생각할 때 우리 마음이 얼마나 짓눌리는지요! 우리의 행실과 생각과 동기들이 너무나 더럽습니다. 아니, 우리가 드리는 기도와 섬김은 그보다 더 더럽습니다. 그러니 "주의 말씀을 따라 삼갈 것" 뿐입니다. "죄와 더러움을 씻기 위해서 열려진 샘으로 우리를 인도하는 하늘에 속한 그 말씀의 빛을 인하여" 우리는 특별히 감사해야 합니다. "그 날에 죄와 더러움을 씻는 샘이 다윗의 족속과 예루살렘 주민을 위하여 열리리라."(슥 13:1) 또한 같은 하나님의 빛 아래서 날마다 우리를 거룩하게 감동하시는 하나님의 성령님의 역사를 구해야 합니다. "자기 허물을 능히 깨달을 자 누구리요 나를 숨은 허물에서 벗어나게 하소서."(시 19:12) "모든 지킬 만한 것 중에 더욱 네 마음을 지키라 생명의 근원이 이에서 남이니라."(잠 4:23) "하나님이여 내 속에 정한 마음을 창조하시고 내 안에 정직한 영을 새롭게 하소서."(시 51:10)

> 시편 119:10
> "내가 전심으로 주를 찾았사오니
> 주의 계명에서 떠나지 말게 하소서."

"내가 전심으로 주를 찾았사오니." 말씀을 주목하는 것은 정말 중요한 일입니다. 그러나 그 일이 아무리 중요하다 할지라도 간절한 기도가 없이 말

---

2) "우리의 머리에서는 면류관이 떨어졌사오니 오호라 우리의 범죄 때문이니이다."(애 5:16)
"하나님이 자기 형상 곧 하나님의 형상대로 사람을 창조하시되 남자와 여자를 창조하시고."(창 1:27)
"하나님을 따라 의와 진리의 거룩함으로 지으심을 받은 새 사람을 입으라."(엡 4:24)

씀을 주목하는 것만 가지고는 실천적 교리에 결코 이를 수 없습니다. 이것이 주님의 백성들, "여호와를 찾는 족속"의 특성입니다. "이는 여호와를 찾는 족속이요, 야곱의 하나님의 얼굴을 구하는 자로다."(시 24:6) 이 일에 "우리의 온 마음을 기울이는 일"을 게을리 함으로써 우리에게 허락된 믿음의 위로를 얼마나 많이 상실하며 우리의 신앙고백의 영광을 얼마나 희미하게 만듭니까! 죄가 우리 속에서 힘 있게 작용하는데도 불구하고 신령한 일을 추구하는 것을 등한히 하며, 강한 믿음이라도 위기의 때에 반드시 이기고 자신을 견지하기 위해서 필요한 기도를 여러 이유로 등한시 여기고 있습니다. 영혼은 어려움에 쉽게 넘어지고, 생각 없이 내뱉는 불평의 말을 하고도 그 잘못을 크게 생각지 않습니다. 도리어 양심의 소리를 잠재우고 기만적인 평안을 마음속에 이루려는 데에만 열심을 냅니다. 그런 상태로는 주님을 만나지 못할 것입니다. 그런 식으로 주님을 등한히 하는 자들에게 약속이 주어진 것이 아닙니다. 우리가 이런 방종한 상태에 머물러 있는 것으로 만족한다면 영적 성공은 거의 기대하지 않는 편이 나으며, 영적인 즐거움을 전혀 모르는 마음의 상태에 빠지게 됨을 유념해야 합니다.

"내가 전심으로 주를 찾았사오니." 다윗이 주님을 향하여 이렇게 호소할 때의 심정은 그런 상태와 전혀 달랐습니다. 다윗이 그렇게 확신 있게 기도할 수 있었던 것은 자신을 신뢰하는 자신감을 내보이기 위함이 아닙니다. 도리어 진실로 자신의 연약함이 어떤가를 알았기 때문에 바로 이어 드리는 기도를 드리지 않을 수 없었습니다.

"주의 계명에서 떠나지 말게 하소서." 아주 미세한 정도라도 주님을 찾고 싶은 소욕을 따라 구하는 것이야말로 마음속에서 역사하시는 성령님이 주시는 각성의 빛입니다. "작은 일의 날이라고 멸시하는 자가 누구냐 사람들이 스룹바벨의 손에 다림줄이 있음을 보고 기뻐하리라 이 일곱은 온 세상에 두루 다니는 여호와의 눈이라 하니라."(슥 4:10) 매일 목표 하나를 가지고 매진하는 이가 있다 합시다. 그러면 그 목표는 다른 모든 일들과 구별됩니다. "형제들아 나는 아직 내가 잡은 줄로 여기지 아니하고 오직 한 일³⁾ 즉 뒤에 있는 것은 잊어버리고 앞에 있는 것을 잡으려고 푯대를 향하여 그리스도 예수 안에서 하나님이 위에서 부르신 부름의 상을 위하여 달려가노라."(빌 3:13,14)

"내가 전심으로 주를 찾았사오니." 이는 다윗의 또 다른 기도의 정신입니다. "내가 여호와께 바라는 한 가지 일 그것을 구하리니 곧 내가 내 평생에 여호와의 집에 살면서 여호와의 아름다움을 바라보며 그의 성전에서 사모하는 그것이라."(시 27:4) '나의 하나님, 나의 구주시여! 내 전심으로 주를 찾았나이다.' "여호와여, 주의 심판하시는 길에서 우리가 주를 기다렸사오며 주의 이름을 위하여 또 주를 기억하려고 우리 영혼이 사모하나이다 밤에 내 영혼이 주를 사모하였사온즉 내 중심이 주를 간절히 구하오리니 이는 주께서 땅에서 심판하시는 때에 세계의 거민이 의를 배움이니이다."(사 26:8,9)

영혼이 그처럼 주님을 온전히 좇는 자신의 상태를 의식할 때 두려워하는 것이 무엇일까요? 자기가 '주님의 계명을 떠날까봐, 크게 두려워 떱니다. 전심으로 하지 않거나 느슨하게 부주의한 태도일 때에는, 실족함이 눈에 보일 정도까지 드러나지 않을 때까지는 자신이 '주님의 계명을 떠나 방황한다.'는 것을 눈치 채지 못합니다. 그럴 경우 은밀하게 드리는 깊은 기도도 드리지 못하고 서둘러 끝내버릴 것이며, 세상적인 생각들이 들어와도 저항하지 못하며, 보잘 것 없는 시시한 일에 관심을 두느라고 시간을 낭비해도 별로 문제 삼지 않습니다. 그러나 마음이 목표하는 한 가지를 향하여 '전심으로' 기

---

3) 여기서 '오직 한 일'을 자기가 '행한 일'로 오해하는 이가 적지 않아 보인다. 여기서 '오직 한 일'은 '오직 한 가지의 일'이다. NIV의 역문은 But one thing I do, KJV 역문은 but (this) one thing (I do)이다. - 역자 주

울일 때에는 그렇지 않습니다. 방황하는 생각들이 일어나는 것이 자기의 습관이 될까봐 아주 조심합니다. 곁길로 들어서는 첫 걸음도 내딛지 못하게 차단해 버립니다. 그 영혼은 '고초와 재난, 곧 쑥과 담즙'을 기억합니다. "내 고초와 재난 곧 쑥과 담즙을 기억하소서."(애 3:19) 그런 사람은 "삼킬 자를 찾아 두루 다니는 사자"와 먹을 것을 찾아 맹렬하게 쏘다니는 이리떼가 있음을 유념합니다. 이전에 방황하다가 당한 비참을 떠올리면서 목자의 우리(fold)를 이탈하는 것이 얼마나 무서운지를 새롭게 인식합니다. 그리스도의 양떼들은 '경건한 질투심'으로 그 복된 마음의 상태를 견지해야 합니다.

"주의 계명에서 떠나지 말게 하소서." 하늘을 향하여 가는 '오늘'의 믿음의 행로는 '어제 받은 은혜'로 지탱되는 것이 아님을 기억해야 합니다. 겸손하게 하나님을 의뢰하는 기도를 통해 매일 부단히 새롭게 공급되는 은혜를 받아야 합니다. 그래서 시편에서 다윗은 이렇게 기도한 것입니다. 그 기도는 '주의 계명에서 떠나 방황하지 않게 하옵소서.'라는 의미입니다. '주여, 저는 제 마음이 얼마나 쉽게 방황에 빠질 수 있는지를 잘 알고 있나이다. 제 마음의 정서들이 자주 땅 끝을 향하여 두리번거리나이다.' "일심으로 주의 이름을 경외하게 하소서."(시 86:11) '주여, 제 마음의 모든 생각과 모든 소원이 주의 계명과 주님의 이름을 높이는 그 목적만을 향하여 기울어지게 하소서.'

시편 119:11
"내가 주께 범죄하지 아니하려 하여
주의 말씀을 내 마음에 두었나이다."

"범죄하다(sin)"라는 이 짧은 단어 속에 얼마나 무서운 죄책과 비참이 함축되어 있는지요! '죄'는 하나님의 우주 세계에 들어온 가장 큰 저주요, 다른 모든 저주의 어머니입니다! '죄의 책임'은 사람들이 생각하는 것보다 훨씬 더 심각합니다. 지존자시며 주권자이신 하나님 아버지를 대적하여 해(害)를 도모하다니요! 죄가 영향을 미치는 곳은 가정이든 세계든 그 어디든지 비참합니다. 죄의 세력을 영원토록 꺾을 수 없습니다. 때로 죽음의 침상은 지옥의 어떠함과 그 무서운 정경을 어렴풋하게나마 느끼게 해줍니다. "거기에서는 구더기도 죽지 않고 불도 꺼지지 아니하느니라."(막 9:48) 죄의 비참함을 경험하면 그 죄에 대한 무서운 진노가 완전하게 쏟아질 때의 가공스러움을 짐작할 수 있습니다.

"내가 주께 범죄하지 아니하려 하여." 그러므로 이 목표를 세우는 것이야말로 가장 중요한 일입니다! 이 목표를 이루기 위해서 주어진 바른 방편을 채용하는 것은 얼마나 지혜롭습니까! "말씀"이 바로 그 방편입니다. 하나님의 사람이 이전 구절에서 말씀을 '행실을 깨끗하게 하는 안내자'로 언급한 바와 같습니다.

"주의 말씀을 내 마음에 두었나이다." 그저 하나님의 말씀을 마음속에 감추어 두기 위함이 아니라, 영적 안전을 위해서 그 말씀을 항상 활용하려고 마음에 둔 것입니다(마 25:25 ; 시 40:10 ; 출 25:21 ; 욥 22:22 ; 수 1:8). 4) 그러므로 우리가 단순히 '주의 말씀'에 익숙한 것만으로는 유익하지 않습니다. 정중하게 그 말씀을 받아들이고 건전하게 소화시키고 부단히 그 말씀을 존중

---

4) "두려워하여 나가서 당신의 달란트를 땅에 감추어 두었나이다 보소서 당신의 것을 가지셨나이다."(마 25:25)
"내가 주의 공의를 내 심중에 숨기지 아니하고 주의 성실과 구원을 선포하였으며 내가 주의 인자와 진리를 많은 회중 가운데에서 감추지 아니하였나이다."(시 40:10)
"속죄소를 궤위에 얹고 내가 네게 줄 증거판을 궤 속에 넣으라."
"청하건대 너는 하나님의 입에서 교훈을 받고 하나님의 말씀을 네 마음에 두라."(욥 22:22)
"이 율법책을 네 입에서 떠나지 말게 하며 주야로 그것을 묵상하여 그 안에 기록된 대로 다 지켜 행하라 그리하면 네 길이 평탄하게 될 것이며 네가 형통하리라."(수 1:8)

해야 합니다. 우리에게 주어진 보화를 잃을까봐 항상 깨어있는 사람처럼, 죄를 범하지 않으려고 말씀을 우리의 법칙으로 삼아야 합니다. "천국은 마치 밭에 감추인 보화와 같으니 사람이 이를 발견한 후 숨겨 두고 기뻐하며 돌아가서 자기의 소유를 다 팔아 그 밭을 사느니라."(마 13:44)

사탄은 말씀이 마음에 들어오지 못하도록 자주 막습니다. "마음에 뿌려진 말씀을 빼앗아"가기도 합니다. 또한 너무 자주 그 말씀이 마음의 토양에서 "자라지 못하거나, 시들어" 버리게 합니다. 그러나 "착하고 좋은 마음으로 말씀을 지키어 인내로 결실하는 자들"이 있습니다(눅 8:15) "그리스도의 말씀이 너희 속에 풍성히 거하여 모든 지혜로 피차 가르치며 권면하고 시와 찬송과 신령한 노래를 부르며 감사하는 마음으로 하나님을 찬양하고."(골 3:16) 필요할 때 곳간에 저장해 놓은 말씀은 거룩의 원리로 사용하거나, 죄가 침투하지 못하게 막아주는 도구가 됩니다. 말씀의 가치 있는 용도를 잘 알았던 사람이 자기 아들에게 권면하였습니다. "내 아들아, 완전한 지혜와 근신을 지키고 이것들이 네 눈앞에서 떠나지 말게 하라 그리하면 그것이 네 영혼의 생명이 되며 네 목에 장식이 되리니 네가 네 길을 평안히 행하겠고 네 발이 거치지 아니하겠으며 네가 누울 때에 두려워하지 아니하겠고 네가 누운즉 네 잠이 달리로다."(잠 3:21-24. 잠 2:10-15는 참조)

다윗도 동일한 것을 체험하고 우리에게 이 말을 합니다. "사람의 행사로 논하면 나는 주의 입술의 말씀을 따라 스스로 삼가서 포악한 자의 길을 가지 아니하였사오며"(시 17:4) 자기에게 위험이 계속되고 있음을 의식하고 이전에 행했던 바를 회상하며 그 말을 하였을 것입니다. "나의 발걸음을 주의 말씀에 굳게 세우시고 어떤 죄악도 나를 주관하지 못하게 하소서."(시 119:133)

바쁘고 분주하고 시험이 많은 시대 속에서 하나님과 동행하는 방편이 되는 '주의 말씀'의 가치를 어떻게 다 헤아려 말할 수 있겠습니까! 시편 기자는 절규하는 기도를 드리기 위해서 보배로운 말씀을 자료로 삼습니다. 약속의 말씀들은 위로의 양식입니다. "이 말씀은 나의 고난 중의 위로라 주의 말씀이 나를 살리셨기 때문이니이다."(시 119:50) "주의 법이 나의 즐거움이 되지 아니하였더면 내가 내 고난 중에 멸망하였으리이다."(시 119:92) 규칙과 같은 말씀들은 당황스러운 상황에서 빛을 줍니다. "주의 말씀은 내 발에 등이요, 내 길에 빛이니이다."(시 119:105) "너는 마음을 다하여 여호와를 신뢰하고 네 명철을 의지하지 말라 너는 범사에 그를 인정하라 그리하면 네 길을 지도하시리라."(잠 3:5,6) 가르침을 주는 말씀들은 경건한 협의(協議)를 위한 견고한 재료를 제공합니다. "그리스도의 말씀이 너희 속에 풍성히 거하여 모든 지혜로 피차 가르치며 권면하고 시와 찬송과 신령한 노래를 부르며 감사하는 마음으로 하나님을 찬양하고."(골 3:16) 그 모든 말씀들은 오직 한 가지의 목적, 곧 죄에 빠지지 않게 하나님의 사람을 지켜주는 작용을 합니다. 구주의 사랑을 나타내는 '말씀'으로 마음을 지키면 얼마나 놀라운 은혜를 받는지요! 그리고 얼마나 놀라운 동기를 부여하는지요! 세상이 시험할 때마다 '마음에 둔 말씀'의 경고가 얼마나 때에 맞게 효력을 발하는지요! "예수께서 이르시되 손에 쟁기를 잡고 뒤를 돌아보는 자는 하나님의 나라에 합당하지 아니하니라 하시니라."(눅 9:62) 영적인 갈등을 겪을 때에도 그러합니다. 그때 "내게 오는 자는 내가 결코 내쫓지 아니하리라."(요 6:37)는 말씀이 마음에 있게 하십시오. 그러면 불신앙을 방지하는데 얼마나 놀라운 효과를 발하는지요! 그런 표현을 쓰는 것이 허락된다면 저는 세상의 조롱과 핍박을 통해서 움찔하며 뒤로 물러서 의심하는 신자에게 "말씀을 들이대라."라고 말하고 싶습니다. "세상이 너희를 미워하면 너희보다 먼저 나를 미워한 줄을 알라."(요 15:18) 자신의 믿음을 끝까지 견지하지 못할 것이라는 두려움에 빠진 사람들에게는 이 말씀이 적효(適效)합니다. "내가 과연 너희를 버리지 아니하고 너희를 떠나지 아니하리라."(히 13:5) 자기의 죄 때문에 정죄 받을까 두려워 떠는 사람들에게는, "그 아들 예수의 피가 우리를 모든 죄에서 깨끗하게 하실 것이요."(요일 1:7)라는 말씀을 적용해야 합니다.

신자가 마땅히 감당할 의무들에 대해서는 주님께서 하신 말씀으로 경계를 삼아 게으름과 나태함에 빠지지 않도록 해야 합니다. "너희가 나와 함께 한 시간도 이렇게 깨어 있을 수 없더냐 시험에 들지 않게 깨어 기도하라 마음에는 원이로되 육신이 약하도다."(마 26:40,41) "죄로 심히 죄 되게 하려 함이라."(롬 7:13)의 말씀을 유념하려면, 겟세마네 동산에서 슬퍼하시며 고뇌하시던 주님의 모습과 십자가상에서 죽으신 주님의 일을 마음에 두어야 합니다.

"주의 말씀을 내 마음에 두었나이다." 그러나 우리 같은 사람들의 마음속에 '주의 말씀'이 어떻게 들어와 자리 잡겠습니까? 어떻게 주의 말씀이 척박한 토양과 같은 우리 마음에 들어와 '은밀하게 거할 수' 있습니까? 그 마음의 토양 속에 말씀을 심는 것은 전혀 불가능합니다. 성령님의 전능하신 역사를 부지런히 구해야 할 이유가 바로 거기 있습니다. 성령님의 은혜로운 감동으로 채워진 충만함의 정도에 비례하여 영적으로 찾아오는 여러 시험들을 효과적으로 저항할 무장을 갖추기 때문입니다(누가복음 4:1-12에 기록된 우리 예수님의 광야 시험 장면을 함께 비교하여 숙고해 보는 것이 좋습니다).

끝으로 말씀을 마음에 두는 것이 '그리스도인의 성품'과 관련하여 어떠한지 생각해 봅시다. "의를 아는 자들아, 마음에 내 율법이 있는 백성들아, 너희는 내게 듣고 그들의 비방을 두려워하지 말라 사람의 비방에 놀라지 말라."(사 51:7) '그리스도인의 안전'에 대해서는, "그의 마음에는 하나님의 법이 있으니 그의 걸음은 실족함이 없으리로다."(시 37:31) '그리스도인의 행복'에 대해서는, "내가 주의 법을 어찌 그리 사랑하는지요 내가 그것을 종일 묵상하나이다."(시 119:97 - 개역한글) '그리스도인의 승리'에 대하여는, "하나님의 말씀이 너희 안에 거하시며 너희가 흉악한 자를 이기었음이라."(요일 2:14. 엡 4:17 참조) 또한 그리스도인은 모든 경우에 예레미야를 통해 주신 언약의 약속을 마음속에 두고 묵상하면 틀림없이 힘을 얻습니다. "내가 나의 법을 그들의 속에 두며 그들의 마음에 기록하여 나는 그들의 하나님이 되고 그들은 내 백성이 될 것이라 여호와의 말씀이니라."(렘 31:33)

오! 생명을 구원하기 위해서 오른손을 잘라내는 대가를 지불할지라도 '주의 말씀'과 밀착하는데서 조금도 물러서지 말아야 합니다. '주의 말씀'을 탐구하는 빛에 기꺼이 자신을 비추어 볼 심정을 가지고 있는지 스스로 살펴보십시오. 우리의 영적인 안전을 위하여 그보다 더 좋은 시금석이 없습니다. "악을 행하는 자마다 빛을 미워하여 빛으로 오지 아니하나니 이는 그 행위가 드러날까 함이요. 진리를 따르는 자는 빛으로 오나니 이는 그 행위가 하나님 안에서 행한 것임을 나타내려 함이라 하시니라."(요 3:20,21)

시편 119:12
"찬송을 받으실 주 여호와여,
주의 율례들을 내게 가르치소서."

"찬송은 정직한 자들이 마땅히 할 바로다."(시 33:1,2) 찬송은 하나님의 사람들의 특권이자 의무입니다. 그러나 찬미 그 자체로만 놓고 평가한다면 아무리 고상하고 높은 차원에서 찬미를 드린다 한들 그것이 하나님 앞에서 무슨 가치가 있겠습니까? 우리 마음의 생각을 거창한 언어로 장식하고, 모든 상상력을 다 동원하여 그것을 돋보이게 하면, 우리가 보기에 그 찬송의 형식이 놀라워 보일 수 있습니다. 그러나 하나님 앞에서는 우리의 생각들이 가중스러운 벌레를 제물로 드리는 것보다 더 나을게 무엇입니까? 마치 벌레가 자기를 지으신 조물주 앞에 자신의 모습을 드러내며 하나님의 위엄에 대한 생각들을 늘어 놓은들 그것이 얼마나 가련한 것이겠습니까! 벌레가 자기 머리를 처들며 '오, 태양이여! 그대는 넓게 퍼진 우주의 빛과 열을 보내는 원천이로다.'라고 외쳤다면, 차라리 그것이 우리가 우리를 지으신 조물주께 드릴 수 있는 것보다 태양을 향해서 더 높은 찬미를 드린 셈이 되지요. 벌레와 우리 사이는 약간의 비교가 됩니다. 그러나 하나님과 우리 사이는 전혀 비교가 될 수 없습니다. 그런데도 불구하고 분명한 신앙고백으로 드리는 제물이 그 자체로 아무리 무가치하여도 하나님께서는 그것을 멸시하지 않으십니다. 아니, 하나님께서는 그것을 당신 앞에 가져오지 말라고 구박하지 않으시고 오히려 당신 자신을 '이스라엘의 찬송 중에 거하시는 분'으로 계시하셨습니다(시 22:3). 그래서 하나님을 찬송함으로 섬기는 것이 '하나님 앞에서 향기와 같이 올려진다.'는 점을 드러내셨습니다. 아울러 그 찬송을 하나님의 집에서 매일 쉬지 않고 드려야 함을 말씀하셨습니다.

찬송의 참된 가치는 전적으로 신자의 마음 상태에 달려 있습니다. 하나님을 찬송하는 것이 무엇인가를 늘 깊이 생각하기를 좋아하는 철학자의 귀에는 음산하고 메마른 율조(律調)로 들릴 것입니다. 그러나 믿는 자의 귀에는 찬송이 위로와 격려의 원리가 됩니다. 하나님께서 당신이 사랑하시는 아들의 복음 안에서 자신을 나타내주신 그 계시의 말씀을 신자가 어찌 잊을 수 있겠습니까? 그 계시의 말씀이 두려워 떨게 만드는 하나님의 모든 속성을 얼마나 놀랍게 드러내며, 하나님의 미쁘심과 사랑의 모든 영광을 우리 앞에 얼마나 찬란하게 비춰냅니까!

"찬송을 받으실 주 여호와여." 5) 이 찬미의 송가가 선지자의 노래 속에서 불꽃을 일으킵니다. "주와 같은 신이 어디 있으리이까 주께서는 죄악과 그 기업에 남은 자의 허물을 사유하시며 인애를 기뻐하시므로 진노를 오래 품지 아니하시나이다."(미 7:18)

진실로 주 하나님께서는 '스스로 복 되신 분'이십니다. 그리고 당신 자신이 복 되심을 백성들에게 전달하시기를 기뻐하십니다. 그래서 우리는 "주의 율례들을 내게 가르치소서."라고 끊임없이 간구할 담력을 얻습니다. 6) 그래서 우리는 주께서 계시하신 진리와 명하신 교훈들을 가르쳐 주십사하고 끊임없이 간구할 용기를 얻습니다. 그래야 "사랑을 받은 자녀같이 너희는 하나님을 본받는 자가 되라."는 말씀에 합당하게 살 수 있습니다. "그리스도께서 너희를 사랑하신 것 같이 너희도 사랑 가운데서 행하라."(엡 5:1,2)

우리가 그 "주의 율례들을 따라 행하는" 실천적 특권을 행하면, 거기에는 그 실천을 가능하게 하는 신적 광채의 감화가 들어있는 것입니다. 그래서 사람의 가르침은 사람의 마음을 거만하게 하지만, 하나님의 가르침은 사람의 마음을 겸비케 합니다. 사람의 가르침은 우리를 진리로 인도하는듯 하지만 오류로 인도할 수도 있습니다. 그러나 하나님의 가르침은 '거룩하신 자에게서 기름부음을 받은 것'입니다. 그 기름부음을 통해서만 우리가 모든 것을 알 수 있습니다. "너희는 거룩하신 자에게서 기름 부음을 받고 모든 것을 아느니라."(요일 2:20) 사람의 가르침이 우리에게 더 많은 학식을 가져다줄 수는 있습니다. 그러나 하나님의 가르침은 우리를 더 거룩하게 만듭니다. 하나님의 가르침은 우리의 심령을 설득할 뿐 아니라 빛을 가져다줍니다. 마음

---

5) KJV는 Blessed are You, O Lord 〈오, 주여, 주께서는 복되도소이다. 〉" - 역자 주

6) 시편 119:64,68도 동일한 인식과 탄원이 소개된다. "여호와여 주의 인자하심이 땅에 충만하였사오니 주의 율례들로 나를 가르치소서 … 주는 선하사 선을 행하시오니 주의 율례들로 나를 가르치소서."

을 인도하고 의지의 성향을 주장하고 영혼을 그리스도께 인도합니다. "나를 보내신 아버지께서 이끌지 아니하시면 아무도 내게 올 수 없으니 오는 그를 내가 마지막 날에 다시 살리리라 선지자의 글에 그들이 다 하나님의 가르치심을 받으리라 기록되었은즉 아버지께 듣고 배운 사람마다 내게로 오느니라."(요 6:44,45) 연단을 받아 하나님께서 어떠하신 분이신지 아는 사람들은 하나님의 가르침을 찾을 용기를 얻습니다. "여호와는 선하시고 정직하시니 그러므로 그의 도로 죄인들을 교훈하시리로다."(시 25:8) 우리가 바르게 행하고 있음을 보여주는 표증은 언약하신 하나님을 알고 하나님께 나아감을 통해서 특별하게 나타납니다. "주의 진리로 나를 지도하시고 교훈하소서 주는 내 구원의 하나님이시니 내가 종일 주를 기다리나이다."(시 25:5) "주는 나의 하나님이시니 나를 가르쳐 주의 뜻을 행하게 하소서."(시 143:10)

독자 여러분! 하나님을 찬미하고 싶은 열망이 있습니까? 그러면 새롭고 산 길을 자주 찾는 법을 배우십시오. "그 길은 우리를 위하여 휘장 가운데로 열어 놓으신 새로운 살 길이요 휘장은 곧 그의 육체니라."(히 10:20. 히 10:15와 벧전 2:5는 참조) 하나님을 찬미하는 이 거룩한 일에 전념할 때에는 가르침의 방편들로 둘러싸여 있을지라도 자신이 "하나님의 율례"에 대해 얼마만큼 진보하고 있는지 항상 탐문해야 합니다. 하나님의 성품을 더 깊이 인식하기 위해 구하십시오. 자신에게 "하나님의 모든 충만하심으로 충만케 되기까지" 하나님께서 끊임없이 은혜를 부어주시어 그 존엄과 영광을 나타내는 그릇 되기를 사모하십시오(엡 3:19). 하나님의 가르침이 말로 할 수 없이 복 됨을 인식하십시오. 하나님의 가르침을 통해서 삶을 영위하는 법을 배우며, 하나님의 '복 되심'에 참여하는 법을 배워야 합니다.

시편 119:13

"주의 입의 모든 규례들을 나의 입술로 선포하였으며"[7)

　우리는 "주의 말씀을 마음에 두는 것"에 대해서 앞에서 알아보았습니다. 이제는 주의 말씀을 "입술로 선포하는 일"을 알아봅니다. 주 하나님께서 "우리에게 당신의 율례를 가르쳐" 주셨습니다. 그러니 이제 우리는 "주의 입의 모든 규례들(판단들)을 선포해야" 마땅합니다. 그러나 '하나님께 가르치심을 받은 자' 밖에 어느 누가 "주의 입의 모든 규례들(판단들)"을 권능 있게 선포할 수 있겠습니까? 여기서 우리는 우리 구주 예수님을 증거하는 높고 영예로운 특권에 대한 교훈을 받습니다. "생명의 말씀을 밝혀 나의 달음질이 헛되지 아니하고 수고도 헛되지 아니함으로 그리스도의 날에 내가 자랑할 것이 있게 하려 함이라."(빌 2:16) 우리에게 주어진 은사들은 우리가 주님을 섬길 기회들을 갖게 합니다. 그 은사들을 바르게 씀으로 효력이 증대되어야 합니다. "무릇 있는 자는 받아 풍족하게 되고 없는 자는 그 있는 것까지 빼앗기리라."(마 25:29) 그러나 "우리의 입술은 우리의 것이라."고 말하는 세상의 거만한 사람들이 우려됩니다. "그들이 말하기를 우리의 혀가 이기리라 우리 입술은 우리 것이니 우리를 주관할 자 누구리요 함이로다."(시 12:4) 그러나 하나님은 복 되십니다. "너희는 너희 자신의 것이 아니라."(고전 6:19) 우리 입술을 지으신 분이 그 입술로 당신 자신을 찬미하라고 요구할 마땅한 권한을 갖고 계심을 우리는 기꺼이 인정합니다. 하나님께서 창조주로서 마땅한 권리를 갖고 계실 뿐만 아니라, 값을 주고 그 권한을 사기도 하셨습니다. "값으로 산 것이 되었으니 그런즉 너희 몸으로 하나님께 영광을 돌리라."(고전

---

7) KJV 역문(譯文)은 With my lips have I declared all the judgments of thy mouth(내 입술로 주의 입의 모든 판단을 선포하였도다)로 되어 있다. - 역자 주

6:20) 우리의 존재와 우리가 가진 것 모두를 드려 주 하나님께 영광을 드려야 한다는 사실을 납득하기 위해 이보다 더 강력한 이유가 필요합니까?

"주의 입의 모든 규례들을 나의 입술로 선포하였으며." 이 점은 하나님의 권속인 우리가 마땅히 행할 바입니다. 아브라함이 그런 경로를 통해서 자기 후손들을 위한 복을 얻었습니다. "내가 그로 그 자식과 권속에게 명하여 여호와의 도를 지켜 공의와 정의를 행하게 하려고 그를 택하였나니 이는 나 여호와가 아브라함에게 대하여 말한 일을 이루려 함이니라."(창 18:19) 그래서 하늘에 속한 복락은 우리 하나님을 그렇게 높여 드린 데 대한 은혜로운 상급입니다. "이러므로 너희는 나의 이 말을 너희의 마음과 뜻에 두고 또 그것을 너희의 손목에 매어 기호를 삼고 너희 미간에 붙여 표를 삼으며 또 그것을 너희의 자녀에게 가르치며 집에 앉아 있을 때에든지, 길을 갈 때에든지, 누워 있을 때에든지, 일어날 때에든지 이 말씀을 강론하고 또 네 집 문설주와 바깥문에 기록하라. 그리하면 여호와께서 너희 조상들에게 주리라고 맹세하신 땅에서 너희의 날과 너희의 자녀의 날이 많아서 하늘이 땅을 덮는 날과 같으리라."(신 11:18-21) 이는 또한 일반적인 교류의 소재가 되기도 합니다. 그리하여 신령한 열매들을 충분하게 얻습니다. 안드레가 베드로를 예수님께 인도할 때도 그러하였고, 사마리아 여인이 이웃들을 그리스도께 인도할 때도 그러하였습니다(요 1:40-42 ; 4:29,30). 믿지 않는 이웃과 교류할 때 충만한 사랑의 동기로 그런 교류가 진행된다면, 그 이웃들을 위하여 어떻게 힘쓰지 않을 수 있겠습니까? 우리 구주 예수 그리스도를 영화롭게 하고 교회를 덕 있게 세우려는 간절함에 사로잡혀 교류가 이루어진다면 그 이웃들을 위해서 어찌 전력하지 않겠습니까?

그리스도의 은혜와 사랑을 입고도 이웃에게 아무 말도 하지 않는 잘못에 대한 징책은 무섭습니다. 하나님께 신실하지 못함을 드러내는 사람들은 구

주 그리스도의 무서운 선고를 듣고 정말 두려워떨 것입니다. 혼자 있을 때에
나 가정에서나 세상에서 불성실하게 행함으로 말미암아 양심에 가책을 받고
있으면서도 말로는 하나님을 위하여 담대한 모습을 보일 수 있습니다. "그
러면 다른 사람을 가르치는 네가 네 자신은 가르치지 아니하느냐 도둑질하
지 말라 선포하는 네가 도둑질하느냐."(롬 2:21) 그러므로 우리 마음이 '성령
충만' 하기를 구해야합니다(엡 5:18,19). 그렇지 않으면 우리 입술의 말이 '궁
핍을 불러오는 데에만 기여'할 것입니다. "모든 수고에는 이익이 있어도 입술
의 말은 궁핍을 이룰 뿐이니라."(잠 14:23) "말이 많으면 허물을 면하기 어려
우나 그 입술을 제어하는 자는 지혜가 있느니라."(잠 10:19)

　"주의 입의 모든 규례들을 나의 입술로 선포하였으며." 이 주제는 백성들의
'성품'을 예증해주는 역할을 합니다. "의인의 입은 지혜로우며 그의 혀는 정의
를 말하며."(시 37:30) 주님의 백성들의 결심은 이러합니다. "내가 측량할 수
없는 주의 공의와 구원을 내 입으로 종일 전하리이다."(시 71: 15) 주의 백성들
의 기도는 이러합니다. "주여, 내 입술을 열어 주소서 내 입이 주를 찬송하여
전파 하리이다."(시 51:15) 또 주님의 판단들을 우리가 선포하는 것은 주님의
백성들인 우리의 복락입니다. "의인의 입술은 여러 사람을 교육하나 미련한
자는 지식이 없어 죽느니라."(잠 10:21) "온순한 혀는 곧 생명나무이지만 패역
한 혀는 마음을 상하게 하느니라."(잠 15:4)
　구주 예수님은 우리를 격려하는 완전한 본이십니다. "내가 많은 회중 가운
데에서 의의 기쁜 소식을 전하였나이다 여호와여, 내가 내 입술을 닫지 아니
할 줄을 주께서 아시나이다."(시 40:9, 10) 누가복음 4:16-22을 참조해 보십
시오.[8] 사도들은 이러한 구주의 정신을 따라서 경건한 두려움으로 인내하며

---

8) "예수께서 그 자라나신 곳 나사렛에 이르사 안식일에 늘 하시던대로 회당에 들어가사 성경을 읽으려고 서시매 선지자 이사야의 글

자기들을 핍박한 자들에게 대응하였습니다. "우리는 보고 들은 것을 말하지 아니할 수 없다 하니."(행 4:20)

우리의 입술을 주님 말고 다른 어떤 존재를 위해서 쓴다면 그것이 얼마나 잘못된 죄입니까! 우리의 입술을 주님을 위해서 쓰기를 꺼려하는 것은 정말 작지 않은 죄악입니다. 분명히 말하지만 세상적인 화제를 위해서 재잘거리면서도 주님을 위해서 말할 기회들을 등한시 하였던 날들은 잃어버린 날로 간주해야 마땅합니다. 우리가 주님을 입으로 고백하는 것은 지극히 마땅한 일입니다. 그분을 고백해야 할 때에 침묵하는 잘못을 저지르지 않기 위해서 늘 깨어 기도하고 자신을 부인해야할 이유가 정말 많지 않습니까? 만일 우리 주님을 위해 증거할 능력이 부족함을 아파하지 않는다면(시 39:1,2 ; 렘 20:9),[9] 주님의 보배로운 이름을 사모하는 우리의 태도에 진실성이 없거나, 아니면 적어도 그럴 힘이 없음을 드러내는 것이라 여겨야 마땅하지 않겠습니까? 그런 경우 골방으로 들어가 통회하는 기도를 드리는 것보다 더 나은 조처가 없습니다. "주의 종에게 심판을 행하지 마소서."(시 143:2)라고 기도하는 것보다 더 나은 방법이 없습니다.

을 드리거늘 책을 펴서 이렇게 기록된 데를 찾으시니 곧 주의 성령이 내게 임하셨으니 이는 가난한 자에게 복음을 전하게 하시려고 내게 기름을 부으시고 나를 보내사 포로된 자에게 자유를, 눈먼 자에게 다시 보게 함을 전파하며 눌린 자를 자유롭게 하고 주의 은혜의 해를 전파하게 하려 하심이라 하였더라 책을 덮어 그 맡은 자에게 주시고 앉으시니 회당에 있는 자들이 다 주목하여 보더라 이에 예수께서 그들에게 말씀하시되 이 글이 오늘 너희 귀에 응하였느니라 하시니 그들이 다 그를 증언하고 그 입으로 나오는 바 은혜로운 말을 놀랍게 여겨 이르되 이 사람이 요셉의 아들이 아니냐."(눅 4:16-22)

9) "내가 말하기를 나의 행위를 조심하여 내 혀로 범죄하지 아니하리니 악인이 내 앞에 있을 때에 내가 내 입에 재갈을 먹이리라 하였도다 내가 잠잠하여 선한 말도 하지 아니하니 나의 근심이 더 심하도다"(시 39:1,2)
"내가 다시는 여호와를 선포하지 아니하며 그의 이름으로 말하지 아니하리라 하면 나의 마음이 불붙는 것 같아서 골수에 사무치며 답답하여 견딜 수 없나이다."(렘 20:9)

시편 119:14

"내가 모든 재물을 즐거워함 같이
주의 증거들의 도를 즐거워하였나이다."

우리의 즐거움에 대해서 말하는 것은 얼마나 자연스러운 일입니까! 하나
님의 사람은 언제나 "주님의 판단을 선언하고 있어야" 했습니다. 왜냐하면
주님의 판단(규례)이 자기의 '즐거움'이었기 때문입니다. 땅에 속한 기쁨을 멸
시하는 것은 참된 기쁨이 그에게 있었기 때문입니다. 어거스틴은 자기가 회
심할 때를 회상하며 이렇게 말한바 있습니다. "잃어버릴까봐 항상 조마조마
하던 그 세상에 속한 헛된 것들을 즐거워하던 데서 자유하는 순간이 얼마
나 달콤하였던지요! 이제는 그 즐거워하던 것들과 결별한 것이 제 기쁨이 되
었나이다!"(Quas amittere metus erat, jam dimittere gaudium fuit). 10) 어거스틴
은 그 고백을 통해서 거듭나지 않은 상태에 있었던 자신의 모습 이상으로 주
님 말씀의 진실성을 보다 더 강하게 예증할 수 없음을 밝혔습니다. "죄를 범
하는 자마다 죄의 종이라."(요 8:34) "그들에게 자유를 준다 하여도 자신들
은 멸망의 종들이니 누구든지 진 자는 이긴 자의 종이 됨이라."(벧후 2:19) 어
거스틴은 자신이 실제로 '시궁창에서 허우적이던 사람'이었다고 고백하였습
니다. 그때 자신을 가리켜 이렇게 묘사하였습니다. "나는 향기 가득한 침상
에 누워 구르고 있거나, 아니면 가장 값진 향유로 자기 몸에 발라 그윽한 향
기를 맡으며 즐거워하던 시궁창의 벌레였나이다(Volutare in coeno, tanquam
cinnamonis et unguentis pretiosis)." 그러나 말씀이 그의 심령을 찌르고 새로
운 성향과 취향을 그 영혼에 불어 넣은 때가 당도하였습니다. 과거 그렇게

---

10) 그의 「고백록」 제 9권에서 발췌.

'방탕으로 난폭하던' 과거를 회상하는 그의 표현은 얼마나 유쾌하게 변하였는지요! "그 방탕에서 벗어나 활보하니 그 달콤함을 어찌 다 표현할 수 있으리요(Quam suave est istis suaviatibus carere)!" 말로 다 할 수 없는 풍부 가운데 영혼이 비참한 사람보다 "주의 증거의 도를 즐거워하는" 신자의 만족이 훨씬 더 큽니다. "주의 입의 법이 내게는 천천 금은보다 좋으니이다."(시 119: 72) "그러므로 내가 주의 계명들을 금 곧 순금보다 더 사랑하나이다."(시 119:127) 이 땅에서 말로 할 수 없는 큰 부자는 자기 영혼더러 "영혼아, 여러 해 쓸 물건을 많이 쌓아 두었으니 평안히 쉬고 먹고 마시고 즐거워하자."(눅 12:19) 라고 말할 수 있습니다. 그러나 이러한 부요는 모든 사람들의 시선이와 닿을 한계 내에서만 존재합니다. 우리가 이 세상에서 가난하다면 그것은 주님의 섭리입니다. 그러나 은혜에 있어서 가난하면 그것은 순전히 우리의 허물입니다. 그것은 "불로 연단한 금을 사서 부요하게 하라."(계 3:18) 하신 주님의 권고를 멸시한 결과입니다.

이 부요케 하는 몫은 무엇입니까? "지금 것이나 장래 것이나 다 너희의 것이요."(고전 3:22) 지금 현재 누리는 것이나, 아니면 장차 누릴 것에 더 많은 기대를 갖는 것, 다시 말하면 영원한 자비하심이 시간 세계에 속한 복락들에 더 첨가되어 있다는 말씀입니다. 현재와 장래의 부요함 전체를 말합니다. "주의 증거들의 도" 안에 있는 '은혜 언약'으로 말미암아 두 세계에 필요한 복락이 확증되었습니다. 하나님의 자녀가 그러한 보화를 소유하며 앞으로 영광의 기업을 이어받을 소망이 있음에도 불구하고 자기의 창고를 더 부요케 하는데 아무 관심이 없다거나, 그 일에 흥미를 전혀 보이지 않는다면 이상한 것이 아닙니까?

"내가 모든 재물을 즐거워함 같이 주의 증거들의 도를 즐거워하였나이다." '하나님의 증거들의 부요함'은 정말 특이한 성질을 가지고 있습니다. 하나님의 증거들을 최우선에 놓지 않으면 그로 인한 즐거움이 멈추어버리니 말입니다. '하늘에 속한 보화'보다도 세상적인 재산이 늘어나거나 세상에 속한 소원이 성취됨을 실제로 더 즐거워한 적은 없습니까? 우리의 '부요'를 무엇으로 헤아립니까? 은혜 안에서 번성하는 것입니까, 아니면 세상에서 번영하는 것입니까? 하나님을 향하여 부요케 되는 것입니까, 아니면 우리 자신의 욕심을 채워 부요케 되는 것입니까?

그러나 우리가 '주의 증거들을 즐거워하고, 세상이 제공하는 그 어느 것에도 휘둘리지 아니하며 성경의 한 구절이나 한 문자도 상실하고 싶지 않은 간절한 마음'을 가졌다 할지라도, 일반적인 흥미 정도의 태도를 취하는 것에 만족할 수 없습니다. '교리적이고 실천적인, 또는 체험적인 것'[11]을 증거하는 성경의 본문들을 우리 마음속에 특별하게 각인(刻印)시키는 분은 하나님의 성령님이십니다. 오리겐은 그런 성경 본문들을 가리켜 "이것이 내 성경이다." 라고 말하기를 좋아하였습니다. 이 약속, 저 약속의 말씀이 바로 내 것이란 말입니다. 내가 밟는 모든 약속의 땅이 다 내 것입니다. 이러한 보배로운 '증거들'로 우리의 가난한 창고를 채우고 싶지 않습니까? 그리하여 증거들 전체를 온전히 누리는 것이 무엇인지 알고 싶지 않습니까? 이 세상에 있을 동안 '측량할 수 없는 그리스도의 풍성함'을 온전히 누릴 수는 없는 것입니까?

그러나 이 시편 기자인 다윗이 즐거워하였던 것은 '주의 증거들' 자체보다는 "주의 증거들의 도"였습니다. "주의 증거들의 말씀"이 가리키는 하나님께 이르는 길을 즐거워하였다는 말입니다. "예수께서 이르시되 내가 곧 길이요, 진리요, 생명이니 나로 말미암지 않고는 아버지께로 올 자가 없느니라."(요

---

11) 청교도 신앙과 신학의 전통을 보배로 알고 고수하던 이들은 하나 같이 '성경적인 참된 경건은 교리적이고, 실천적이고, 체험적이라.'는 요점을 강하게 부각하고 스스로 견지하였음에 분명하다. 스펄전 목사도 자기 설교에서 자주 '성경적 경건은 교리적이고, 실천적이고, 체험적이라.'는 것을 역설(力說)하였다. 로이드 존스 목사의 모든 설교에서 이 점은 아주 선명하게 드러나 있다. - 역자 주

14:6) "너희가 성경에서 영생을 얻는 줄 생각하고 성경을 연구하거니와 이 성경이 곧 내게 대하여 증언하는 것이니라."(요 5:39) 하나님의 증거의 말씀들은 '거룩한 길'로 인도하며, 십자가의 좁은 길로 인도합니다. "거기 대로가 있어 그 길을 거룩한 길이니라 일컫는바 되리니 깨끗지 못한 자는 지나지 못하겠고 오직 구속함을 입은 자들을 위하여 있게 될 것이라 우매한 행인은 그 길로 다니지 못할 것이며."(사 35:8) 그 길은 우리의 본성의 소원과 성향과는 맞지 않아서 그리스도의 참된 양들 외에는 그리로 들어갈 수 없고, 또 계속 그 길을 갈 수 없습니다.

"주의 증거들의 도"로 행하는 어떤 사람이 의무이자 특권인 바로 그 길이 '유쾌함과 평안을 얻는 길'임을 발견하지 못하겠습니까? 우리의 행복은 시들지 않고 번성할 것입니다. "여호와께서 이와 같이 말씀하시되, 너희는 길에 서서 보며 옛적 길 곧 선한 길이 어디인지 알아보고 그리로 가라 너희 심령이 평강을 얻으리라."(렘 6:16)

시편 119:15
"내가 주의 법도들을 작은 소리로 읊조리며 주의 길들에 주의하며"
('내가 주의 법도를 묵상하며 주의 도에 주의하며' - 개역한글)

우리가 "하나님의 증거들의 도를 즐거워하는 것"은 자연히 "그 증거들을 묵상하는" 습관을 길러낼 것입니다. "내가 주의 법을 어찌 그리 사랑하는지요 내가 그것을 종일 묵상하나이다."(시 119:97 - 개역한글) "오직 여호와의 율법을 즐거워하여 그의 율법을 주야로 묵상하는도다."(시 1:2) 마음의 정서들이 그러하면 생각들도 그에 따라가기 마련입니다. 육신적인 사람은 이런 시편 기자의 결심에 이를 수 없습니다. 그런 사람은 영적인 미각(味覺)을 전혀 갖고 있지 않기 때문에 '신령한 묵상'을 위한 능력을 전혀 소유하지 못합니다. 실로 많은 진지한 그리스도인들이 연약함과 부패를 여전히 지니고 있기에 신령한 묵상을 꺼리는 일이 얼마나 흔합니까! 그런 경우에 그저 "주의 증거들의 도"를 읽는 것만으로 만족합니다. 투쟁이나 자기 연단을 이겨내지 못하고 그만 잘못된 생각에 무릎을 꿇곤 합니다. 곧, '우리는 이런 복된 묵상을 하도록 생각을 끌고 나갈 충분한 능력이 없다.'는 생각에 무릎을 꿇습니다.

그러나 신령한 묵상을 시도해 보면 자신에게 그런 능력이 있는지의 여부를 알게 될 것입니다. 인내하면서 그 일을 계속 해 나아가면 정신적 불안정을 극복하는 승리를 체험하게 될 것이고, 영적으로 어려움이 느껴지면 기도할 마음이 일어나게 될 것입니다. "주여! 저를 도우소서."라고 기도하고 싶어질 것입니다. 이런 묵상의 열매는 금방 드러나게 되어 있습니다. 그 묵상이 "우리 속에 있는 하나님의 은사를 불일 듯하게"(딤후 1:6) 하지 않습니까? 그 묵상이 마음의 힘을 분발시켜 갈등과 저항을 대처하여 겸손한 자세를 갖게 하지 않습니까? 그 외에도, 영혼은 소화 기능이 있어 말씀을 자신에게 유익한 참되고 온당한 영양분으로 흡수합니다. 그러니 우리 마음으로 성경구절한 구절을 곰곰이 생각하면 성경의 여러 장들을 그냥 생각 없이 읽어가는 것보다 훨씬 더 낫습니다. "내가 주의 말씀을 얻어 먹었사오니 주의 말씀은 내게 기쁨과 내 마음의 즐거움이나이다."(렘 15:16)[12] 그래서 마음의 생각이 믿음과 사랑, 기쁨과 능력의 도구가 됩니다.

이 묵상은, '생각을 위해서 안정된 시간뿐만 아니라 하루의 바쁜 일정 속에

---

12) 이 구절에 대해서 혼(Bishop Horne)은 이렇게 주해한다. "마음의 행사로서, 알게 된 진리를 회상하되 되새김하는 짐승들이 먹은 것을 다시 게워 내서 입으로 씹듯이 반추 하는 것이다. 그리하여 영적 양분을 추출하여 섭취하고 삶의 목적을 위해서 마땅하게 적용하는 것이다."

서도 꼬리를 물고 지나가는 거룩한 생각들을 다 포함하는 것'입니다. 이것이 영적 소원의 습관적 흐름을 유지시키고, 마음 속에서 사랑의 화염(火焰)을 일으킵니다. 급기야 시편 기자의 결심이 우리 마음의 생각의 내면적 습관이 됩니다. "내가 주의 법도들을 작은 소리로 읊조리며"

우리 영혼이 예수님의 구원을 알게 되면 우리 묵상의 주제가 부족할 수 있겠습니까? 영광스러운 주제를 마음에 계속 생각하고 있으면 속에서 '뜨거워'지지 않습니까? "내 마음이 내 속에서 뜨거워서 묵상할 때 화가 발하니."(시 39:3) "내 마음에서 좋은 말이 넘쳐 왕에 대하여 지은 것을 말하리니 내 혀는 필객의 붓과 같도다."(시 45:1 - 개역한글) 하나님의 제단에 피어오르는 숯불이 우리 마음이 닿은 것 같은 뜨거움이 일어나지 않겠습니까? 그러니 믿는 자여, 자신의 둔하고 나태한 심령을 꾸짖을지어다. '보배로운 만나'가 땅에 떨어져 있는데도 불구하고 그냥 내버려 둔다고 생각해 보십시오. 그와 마찬가지로 이렇게 마음속에 떠오르는 하늘에 속한 생각들을 즐거워하는 것을 더디 하다니 말이 됩니까? 우리의 연약을 돕는 '특별한 직무를 감당하시는 하늘에서 오신 손님'을 마음속에 모시고 있습니다. "이와 같이 성령도 우리의 연약함을 도우시나니"(롬 8:26) 성령께서는 특별히 '그리스도의 것을 가지고 그것을 우리에게 보여주시는' 직무를 감당하십니다. "그가 내 영광을 나타내리니 내 것을 가지고 너희에게 알리겠음이니라 무릇 아버지께 있는 것은 다 내 것이라 그러므로 내가 말하기를 그가 내 것을 가지고 너희에게 알리리라 하였노라."(요 16:14,15)

그러나 다른 모든 의무와 같이 이렇게 "주의 법도들을 묵상하는 일"도 즐거움이나 유익을 주지 않는 메마른 형식을 취할 수 있습니다. 프랑케 교수(Professor Francke)는 이 부분을 이렇게 주해합니다. "성경의 어떤 장을 그저 눈으로만 읽고 마음의 생각은 주목하지 않은 채 읽어버리고 책을 닫아버리면, 읽었던 것이 즉시 기억에서 사라진다. 그런 경우 성경 전체를 여러 차례 읽어도 우리 자신 속에 경건과 헌신의 정도가 더 높아진 것을 전혀 발견하지 못한다. 놀랄 일이 무엇인가?" 그러니 우리 각자 이렇게 물어야합니다. '내가 말씀으로부터 받은 독특한 체험적 은택이 무엇인가? 기도하는 마음으로 묵상하면서 그 말씀으로 내 마음이 채워지기를 간절히 바라는 심정으로 읽었는가?' 그러나 말씀과 이렇게 교통하는 것은 단순한 '숙고' 자체만을 위한 것이 아니라 결국 '실천'을 목적에 둔 것입니다. "이 율법책을 네 입에서 떠나지 말게 하며 주야로 그것을 묵상하여 그 안에 기록된 대로 다 지켜 행하라 그리하면 네 길이 평탄하게 될 것이며 네가 형통하리라."(수 1:8) "하나님의 법도들을 묵상함으로 말미암아" 하나님의 법도들이 가리키는 길들을 존중하는 법을 배우게 됩니다. "네 발이 행할 길을 평탄하게 하며 네 모든 길을 든든히 하라 좌로나 우로나 치우치지 말고 네 발을 악에서 떠나게 하라."(잠 4:26,27) "주의 인자하심이 내 목전에 있나이다 내가 주의 진리 중에 행하여."(시 26:3) 욥은 말하였습니다. "내 발이 그의 걸음을 바로 따랐으며 내가 그의 길을 지켜 치우치지 아니하였고 내가 그의 입술의 명령을 어기지 아니하고 정한 음식보다 그의 입의 말씀을 귀히 여겼도다."(욥 23:11,12)

시편 119:16
"주의 율례들을 즐거워하며
주의 말씀을 잊지 아니하리이다."

'즐거움'이 '묵상'하도록 우리 마음을 깨우치듯이(14,15절), '묵상의 실천적 습관'이 '즐거움'의 원리를 강화합니다. 그리스도인이 이 즐거움을 누리면(거기서 얻는 것이 아무리 작아 보인다 하여도), 헛되고 텅 빈 세상을 쫓고 그것들을 소유함으로 만족하기보다는 차라리 즐거움을 누리며 살다 그렇게 죽고 싶어집니다. 그것이 '주의 율례들을 즐거워하는' 참된 것이라면, 삶의 전반에 영향을 미칠 것입니다. '주의 율례들'을 통해 사람의 속에서 은밀하게 즐기는 것이 무엇인가를 시험하며, 아직도 육신적인 마음에 감추어진 탐욕을 온전히 밝혀낼 것입니다. "우리가 율법은 신령한 줄 알거니와 나는 육신에 속하여 죄 아래에 팔렸도다."(롬 7:14) "너희는 아직도 육신에 속한 자로다 너희 가운데 시기와 분쟁이 있으니 어찌 육신에 속하여 사람을 따라 행함이 아니리요."(고전 3:3) 주의 법도들은 부패한 모든 성향을 전적으로 십자가에 못 박을 것을 강조하며, 하나님을 섬기기 위해서 자신을 부인하기까지 지체 없이 모든 것을 다 드리라고 요청합니다.

이 정신은 '외식자들의 즐거움'과 많은 차이가 납니다. 외식자들은 '자기 하나님의 길들'은 '알고 있다' 하지만 행하지 못합니다. "그들이 날마다 나를 찾아 나의 길 알기를 즐거워함이 마치 공의를 행하여 그의 하나님의 규례를 버리지 아니하는 나라 같아서 의로운 판단을 내게 구하며 하나님과 가까이 하기를 즐거워하는도다."(사 58:2) 그러므로 외식자들은 '알고자 하는 일'에는 열심이나 '행하는 일'에는 뒷전입니다. 그들은 외적으로 하나님의 법도가 지시하는 모양을 띠는 것으로 만족합니다. 그들은 자기 마음의 '오류를 이해하고 그 은밀한 허물에서 깨끗함을 입을 생각'이 전혀 없습니다. "자기 허물을 능히 깨달을 자 누구리요. 나를 숨은 허물에서 벗어나게 하소서."(시 19:12) 그러므로 우리로 순종케 하는 은혜를 뿜어내는 샘 근원은 그 진실성을 확증하여 드러냅니다. 우리 마음에 있는 사랑의 실체가 우리에게 정해진 의무의 영역 속에서 열매 있고 능동적인 충만함을 띠고 나타날 것입니다.

"주의 율례들을 즐거워하며." 우리는 이렇게 주의 율례들을 즐거워하는지 여부로 그 사람이 하나님의 자녀인지 가늠해볼 수 있습니다. 주의 자녀에게 있어서 순종은 짐이 아니라 '기쁨'입니다. 종들도 하나님의 율례들을 '수행'할 수 있습니다. 그러나 주의 율례들을 '즐거워하는 것'은 아들들에게만 있는 일입니다. 우리는 묻고 싶습니다. 무엇이 '양자(養子) 의식'을 일으킵니까? "너희가 아들이므로 하나님이 그 아들의 영을 우리 마음 가운데 보내사 아빠 아버지라 부르게 하셨느니라."(갈 4:6) 예수 그리스도로 말미암아 우리가 하나님과 더불어 화평한 가운데 있기 때문에 그렇게 '양자의 영'이신 성령께서 와 계셔서 우리 속에서 역사하십니다. "주의 율례들"은 예수 그리스도로 말미암은 화해의 메시지입니다. 그 율례들은 큰 구원에 참여한 자들에게는 즐거움이 됩니다. 기쁨의 원리가 되는 '양자의 영'은 주님께서 받으시기에 '합당한 순종을 내는 샘 근원'입니다.

　분명히 말하면 하나님 아버지의 자녀다운 복 된 길을 따라 하나님을 섬기는 사람들은 '하나님의 말씀'을 망각하기가 쉽지 않습니다. 마음의 정서가 기울어지는 곳에 시선이 머무는 것처럼, 하나님의 말씀의 도를 '기쁨으로' 바라보는 영혼의 눈도 습관적으로 "주의 율례들"을 주목할 것입니다. 이교도들 중에 지혜로운 어떤 한 사람이 이런 말을 했습니다. "자기 재산에 대해 탐욕이 있는 노인이 자기 보화를 묻어둔 곳을 잊었다는 경우를 들어본 적이 없다."(Cicero) "네 보물 있는 그 곳에는 네 마음도 있느니라."(마 6:21) 그 이유는 아주 분명합니다. 그의 마음은 그가 애호하는 곳에 가 있습니다. 경건치 않은 자나 명목상 그리스도인들은 쉽게 하나님의 말씀을 잊게 되는데, 그 이유가 어디 있는지를 그 점이 밝혀줍니다. 그들은 "주님의 율례들을 기뻐함"이 전혀 없습니다. 맛이 없는 것을 '기꺼이 망각해 버리는 일'을 누가 지체하겠습니까? 그러나 '주의 은혜로우심을 맛보고, 주의 증거들의 도에 보화가 있음을 발견하면,' 그 체험의 달콤함을 결코 '잊을 수' 없습니다. 그 체험을 다시 맛보는 곳이 어디인지 금방 잊어버릴 수 없습니다.

어쨌든 그리스도인에게는 "주의 말씀을 잊는 것"이야말로 끊임없는 탄식의 원인이 되며, 때로는 자신을 가장 괴롭히는 시험의 요소가 되기도 합니다. 물론 양심의 가책을 항상 느낀다는 말은 아닙니다. 토마스 보스톤(Thomas Boston)이 무언가 이상하다고 여기며 관찰한 요점이 있습니다. "기억력이 좋지 못한 사람이라도 은혜는 그 사람 속에 선한 마음이 남아있게 한다."

그러나 이를 위하여 은혜의 방편은 반드시 사용해야하며, 또 은혜를 받기 위해 도움을 받을 수 있습니다. 세상 정신에 감염되지 않기 위해 깨어 있음이 가장 중요합니다. 좋은 씨앗이 가시덤불로 인하여 제대로 자라나지 못하는 일이 얼마나 많습니까! "가시 떨기에 뿌려졌다는 것은 말씀을 들으나 세상의 염려와 재물의 유혹에 말씀이 막혀 결실하지 못하는 자요."(마 13:22) 우리 마음이 영적 즐거움으로 항상 새로움을 유지하고 있다면, 불필요하게 세상에 기웃거려 건전치 못한 분위기에 휩싸여 들어가 영적으로 낙담하고 건전치 못한 상태에 빠지지 않도록 극히 조심해야 합니다. 신령한 의무들을 감당하면서 마음에 뜨거움을 누렸던 사람이라도 무심코 건전치 못한 풍토로 갑자기 뛰어드는 한 순간의 실수로 그 뜨거움이 가실 수 있습니다. 우리는 또한 영적 의무들을 감당하면서 얻은 마음의 뜨거움을 보존하는 방편으로 말씀에 항상 주목하라는 권고에 유념해야 합니다. "그러므로 모든 들은 것을 우리가 더욱 간절히 삼갈지니 혹 흘러 떠내려갈까 염려하노라."(히 2:1- 개역한글) "그들은 바 그 말씀이 그들에게 유익하지 못한 것은 듣는 자가 믿음과 결부시키지 아니함이라."(히 4:2) '믿음'의 행사가 없이는 말씀이 '아무 유익도 없다'는 점을 유념해야 합니다. 능동적인 사랑의 습관, "주의 율례들"에 보다 더 습관적인 관심을 기울임으로 나오는 사랑의 습관을 가져야 합니다(15절).

이 모든 일에 성령님의 감동하심을 위한 끊임없는 기도가 동반되어야 합니다. 주님께서 바로 이 점을 위해서 그렇게 분명한 약속을 하신 것입니다. "보혜사 곧 아버지께서 내 이름으로 보내실 성령 그가 너희에게 모든 것을 가르치고 내가 너희에게 말한 모든 것을 생각나게 하리라."(요 14:26) 성령께서 하늘에 속한 신령한 가르침을 주시며 말씀을 생각나게 하실 때, "주의 율례들" 속에서 얼마나 놀라운 '기쁨'을 얻게 되며, 그 말씀을 기억하는 일이 얼마나 복 된지요! 진정 '말씀을 즐거워하며 기억하는 심정'이야말로 얼마나 복 됩니까! 갈수록 그 마음의 정서가 더 강해지고 하나님의 말씀을 기억하고 숙고하는 일을 더 좋아하고, 마음에 진리의 말씀을 두고 하나님과 친밀한 교통을 나누다니 얼마나 놀라운 행복인가요! "우리 조상들 아브라함과 이삭과 이스라엘의 하나님 여호와여, 주께서 이것을 주의 백성의 심중에 영원히 두어 생각하게 하시고 그 마음을 준비하여 주께로 돌아오게 하시오며."(대상 29:18)

17 주의 종을 후대하여 살게 하소서 그리하시면 주의 말씀을 지키리이다

18 내 눈을 열어서 주의 율법에서 놀라운 것을 보게 하소서

19 나는 땅에서 나그네가 되었사오니 주의 계명들을 내게 숨기지 마소서

20 주의 규례들을 항상 사모함으로 내 마음이 상하나이다

21 교만하여 저주를 받으며 주의 계명들에서 떠나는 자들을 주께서 꾸짖으셨나이다

22 내가 주의 교훈들을 지켰사오니 비방과 멸시를 내게서 떠나게 하소서

23 고관들도 앉아서 나를 비방하였사오나 주의 종은 주의 율례들을 작은 소리로 읊조렸나이다

24 주의 증거들은 나의 즐거움이요 나의 충고자니이다

Psalm 119:17-24

후대하여 살게 하시는
하나님

시편 119:17

"주의 종을 후대하여 살게 하소서

그리하시면 주의 말씀을 지키리이다."

이 기도는 다윗의 마음에 관하여 많은 것을 나타냅니다. 이 기도의 내용
과 목적이 77절에서도 반복됩니다. "주의 긍휼히 여기심이 내게 임하사 내
가 살게 하소서 주의 법은 나의 즐거움이니이라." 다윗은 이 기도에 대한 응
답을 분명하게 밝힙니다. "여호와여, 주의 말씀대로 주의 종을 선대하셨나이
다."(시 119:65) "내가 여호와를 찬송하리니 이는 주께서 내게 은덕을 베푸심
이로다."(시 13:6) "내 영혼아, 네 평안함으로 돌아갈지어다 여호와께서 너를
후대하심이로다 주께서 내 영혼을 사망에서, 내 눈을 눈물에서, 내 발을 넘
어짐에서 건지셨나이다."(시 116:7,8) 신자는 다윗과 같이 큰 기대감에 차서
사는 사람입니다. 신자는 스스로 하게 내버려두면 매일 주님을 격동시키며
실족하여 뒤로 물러갑니다. 자신의 힘으로는 도저히 설 수 없습니다. 그러
나 예수 그리스도의 이름과 피와 그 중보기도에 의지할 때 즉각 설 수 있습니

다. 항상 유력한 탄원을 드리는 사람들의 간구를 하나님께서 어찌 물리치시겠습니까? 만일 그리 하신다면, 하나님 자신의 사랑하는 아들을 부인하는 것이나 마찬가지입니다. "그 날에는 너희가 아무 것도 내게 묻지 아니하리라 내가 진실로 진실로 너희에게 이르노니 너희가 무엇이든지 아버지께 구하는 것을 내 이름으로 주시리라 지금까지는 너희가 내 이름으로 아무 것도 구하지 아니하였으나 구하라 그리하면 받으리니 너희 기쁨이 충만하리라."(요 16:23,24) 예수님이야말로 다른 모든 은사를 함께 주시겠다는 언질로 그 자녀들에게 주신 하나님의 최고 선물 아닙니까? "자기 아들을 아끼지 아니하시고 우리 모든 사람을 위하여 내주신 이가 어찌 그 아들과 함께 모든 것을 우리에게 주시지 아니하겠느냐."(롬 8:32) 하나님의 자녀들이 가장 큰 소원을 가지고 하나님께 가까이 나아가서 하늘에 속한 가장 신령한 복락을 받을 것이라고 기대하도록 용기를 주는 또 다른 표증이 필요합니까? 우리는 하나님께 매우 담대한 자세로 나아갈 수 있습니다.[1] 하나님께로부터 응답받을 것을 기대하는 자세가 아무리 담대해도 결코 지나치지 않습니다. 우리가 높고 확실한 터 위에 서 있으니, 하나님께 작은 것만 구하는 자세는 하나님을 모독하고 우리 자신을 궁핍하게 만드는 처사입니다. 그러니 우리는 주님의 명령대로 해야 합니다. "네 입을 크게 열라 내가 채우리라."(시 81:10) 아니, 하나님께서 당신의 '종들을 은혜롭게 대하실 뿐만 아니라 후대하심으로' 대우하실 것을 기대합시다. "나의 하나님이 그리스도 예수 안에서 영광 가운데 그 풍성한 대로 너희 모든 쓸 것을 채우시리라."(빌 4:19)

　　가장 체험이 많은 신자라도 스스로는 처음과 똑같이 궁핍하고 연약하고

---

1) 우리는 아브라함의 생애 이야기 중에서 아브라함이 하나님께 나아가 받아드려 주시는 하나님의 은혜를 받은 아름다운 예를 발견한다. "아브람이 엎드렸더니 하나님이 또 그에게 말씀하여 이르시되"(창 17:3) 루터의 사적인 삶의 기록을 보더라도 그 아름다운 표본이 어느 정도 예증되어 있다. "내가 새벽 전에 부르짖으며 주의 말씀을 바랐사오며 주의 말씀을 묵상하려고 내 눈이 야경이 깊기 전에 깨었나이다."(시 119:147,148)

텅 비고 무능한 존재임을 유념하지 않을 수 없습니다. 그러므로 '풍성한 공급'에 미치지 못하는 어느 것도 자신의 위급 상황을 메울 수 없다는 걸 압니다. '풍성한 공급'이 항상 가까이 있어야 합니다. 기도의 행위는 기도할 능력을 증가시킵니다. 은혜의 보좌는 샘과 같습니다. 블레셋 사람이 이삭에게 하였던 것 같이 완력과 악의로 샘을 막아버려 은혜가 흘러나오지 못하게 할 수 없습니다(창 26:15 참조). "여자가 이르되 주여, 물길을 그릇도 없고 이 우물은 깊은데 어디서 당신이 그 생수를 얻겠사옵나이까."(요 4:11) 우리는 말할 필요가 없습니다. 믿음은 우리로 하여금 "능히 기쁨으로 구원의 우물들에서 물을 길을 수" 있게 할 것입니다(사 12:3) "더 이상 그릇이 없을 때"까지 우리의 빈 그릇들을 다 가져갑시다(왕하 4:3-6 참조). 그렇습니다. 믿는 자여, 그대에게 '풍성한 은혜의 공급'이 있으며, 모든 종류의 모든 필요에 합당한 은혜가 있습니다. 죄를 용서하는 은혜, 영혼을 소생시키시는 은혜, 영혼을 복 되게 하는 은혜를 풍성하게 공급해 주실 것입니다.

'은혜의 보좌' 앞에 나아가 탄원하여 기다린 열매가 무엇이었는지 말해보십시오. 보좌 앞에 나아가 탄원함으로 말미암아 주님을 섬기고 싶은 새로운 헌신의 마음이 용솟음치지 않았습니까? 아울러 "주의 종을 후대하여 살게 하소서 그리하시면 주의 말씀을 지키리이다."라는 간절한 소원 아래서 모든 이기적인 생각이 다 달아나지 않습니까? 그러면 마지못해 하는 마음은 없어지고, 우리를 구속하신 '풍성한' 사랑에 감사하는 마음 밖에 남지 않게 됩니다. 그런 이유로 순종이 쉽고 즐겁고 자연스러워 꼭 순종을 하고 마는 입장에 서게 됩니다. '그리스도의 사랑에 강권하심을 받아' 순종하게 됩니다(고후 5:14). 이제 그 사람이 '살게'되는 것입니다. 그 사람의 동물적 취향을 따라 살거나 허영과 감각적 쾌락을 즐기는 삶을 영위하는 것이 아니라, '그 사람은 살았다.'는 말을 들을 만한 삶을 영위하게 됩니다. 그는 오직 한 가지 목적, "나를 위하여 죽었다가 다신 사신" 그분만을 최고로 생각하고 살아갑니다. "저가 모든 사람을 대신하여 죽으심은 산 자들로 하여금 다시는 저희 자신을 위하여 살지 않고 오직 저희를 대신하여 죽었다가 다시 사신 자를 위하여 살게 하려 함이니라."(고후 5:15) 그 사람은 '살며 주의 말씀을 지켜'나갑니다. 그가 정한 특별한 푯대는 "사는 것이 그리스도니 죽는 것도 유익함이라."(빌 1:21)입니다. 그는 자기의 삶의 가치를 하나님을 섬길 기회를 갖는데서 찾습니다. "나의 간절한 기대와 소망을 따라 아무 일에든지 부끄럽지 아니하고 지금도 전과 같이 온전히 담대하여 살든지 죽던지 내 몸에서 그리스도가 존귀하게 되게 하려 하나니."(빌 1:20) 가장 높은 지위에 있는 천사도 그보다 더 높은 존재의 목적을 알지 못합니다. 하나님의 집에서 가장 작은 종이라도 그 영광스러운 목적 안에서는 가장 복된 상태에 있는 하늘의 시민과 동등한 시민권을 갖고 있다는 사실을 생각하면 얼마나 용기가 나는지요!

시편 119:18
"내 눈을 열어서 주의 율법에서 놀라운 것을 보게 하소서."

'하나님의 말씀을 지키기 위해' 그 말씀이 무엇을 의미하는지 알기 위해 기도해야 마땅하지 않습니까? 무슨 기도를 드려야겠습니까? 내게 '더 쉬운 성경을 주소서.'가 아니라, '내 눈을 열어 성경을 알게 해주소서.'라고 기도해야 합니다. "주의 율법" 말고 어떤 새로운 계시를 보여 주십사하는 기도가 아니라, "주의 율법에서 놀라운 것을 보게 하여 주소서."라는 기도입니다. 다윗은 하나님의 학교에서 '그의 모든 스승보다 더 큰 총명'을 얻었습니다. "내가 주의 증거들을 늘 읊조림으로 나의 명철함이 나의 모든 스승보다 나으며 주의 법도들을 지키므로 나의 명철함이 노인보다 나으니이다."(시 119:99,100) 그러함에도 하나님 앞에 나아갈 때마다 자신은 소경이라는 깊은 의식을 갖고 있었습니다. 아주 오랜 기간에 걸쳐서 최고의 가르침을 받은 자들도 언제나 기꺼이 '예수의 발아래 앉을' 자세를 취합니다(눅 10:39). 자기들은 아직도 배울 것이 많다는 의식을 가지고 그리합니다. 작은 것을 아는 것도 말로 할 수 없는 긍휼입니다. 아울러 그것을 알고도 그것이 작은 것에 불과하다고 느끼는 것도 말로 할 수 없는 자비의 결과입니다. 그래서 우리는 더 많은 것을 알기를 갈망해야 합니다. 하나님께서 우리를 가르쳐주지 않으시면 아무것도 알지 않기로 마음을 먹어야합니다. "하나님의 율법"안에는 '참으로 기이한' 것이 들어 있어 "천사들도 살펴보기를" 원합니다. "이 섬긴 바가 자기를 위한 것이 아니요 너희를 위한 것임이 계시로 알게 되었으니 이것은 하늘로부터 보내신 성령을 힘입어 복음을 전하는 자들로 이제 너희에게 고한 것이요 천사들도 살펴보기를 원하는 것이니라."(벧전 1:12) 구속(救贖)의 계획 자체가 계시로 알려진 것만 해도 정말 기이한 일입니다. 공의(公義)가 긍휼의 방식으로 시행된 것과, 공의를 시행하는 방식 속에서 하나님의 긍휼이 영예롭게 높여진 것이야말로 참으로 기이한 일입니다.[2] 그래서 하나님이 지으신 이성(理性)을 가진 피조물 전체가 그 기이함에 놀라 영원토록 입을 다물지 못할 정도입니다.

그러나 이 '기이한 것들'은 그것을 아는데 정말 깊은 관심을 가진 허다한 무리들에게도 아직 숨겨진 비밀입니다. 그 기이함이 무지하고 무관심한 사람들에게만 '숨겨지는' 것이 아닙니다. 오히려 "지혜롭고 슬기 있는 자들에게는 숨기시고 어린 아이들에게는 나타내시는" 비밀스러운 하나님의 섭리가 있습니다. "그 때에 예수께서 대답하여 가라사대 천지의 주재이신 아버지여 이

---

2) 우리 주 예수 그리스도를 통한 하나님의 구원계획은 하나님의 공의의 엄정성을 조금도 손상하지 않으면서도 하나님의 긍휼에 풍성한 사랑의 완전성을 만족시키는 것이었다. 이 일은 성삼위 하나님의 그 은혜의 영광을 영원히 찬미할 완전한 근거가 되기에 충분하다. - 역자 주

것을 지혜롭고 슬기 있는 자들에게는 숨기시고 어린 아이들에게는 나타내심을 감사하나이다."(마 11:25) 정말 중요한 진리를 실천적으로 인정하는 사람들에게만 그 기이함이 밝혀집니다. 곧 "만일 하늘에서 주신바 아니면 사람이 아무것도 받을 수 없느니라."(요 3:27) 머리로만 아는 지식은 의미도 모른 채 글자를 보고 모방하여 쓰고 있는 어린 아이와 같습니다. 크고 분명한 글자로 인쇄된 책을 읽고 있으나 그 눈이 두꺼운 가림막의 방해를 받는 것과 같습니다. 오! 그러니 '가림막을 치워주세요.'라는 기도가 얼마나 많이 필요한지요.

"내 눈을 열어서 주의 율법에서 놀라운 것을 보게 하소서." 율법을 보지 못하게 눈앞을 가린 그 막을 제거하여 주셔서 저로 율법을 이해할 수 있게 하옵소서. 제 마음에서 비늘을 벗기사 그 말씀을 받게 하소서!

그러나 그리스도인들에게조차 하나님의 말씀이 '인봉된 책'처럼 보일 때가 흔하지 않습니까? 성경에 익숙한 대목들을 읽어 나가지만 그 대목이 가진 빛과 생명과 능력에 대해 더 알아가는 일 없이 그냥 읽어낼 수도 있고, 읽은 내용을 자기 마음에 분명하게 적용하지 않고 그냥 읽을 수도 있습니다. 그렇습니다. 성경을 읽을 때 하나님의 감동하심을 위하여 기도하지 않으면 그럴 수밖에 없습니다. "눈을 열어 기이한 것을 새롭게 보게 하소서."라고 기도할 필요가 있을 뿐 아니라, '보다 영적이고 사람을 변화시키는 그 기이한 교훈을 더 알게 해 주소서.'라고 기도할 필요가 있습니다. 이미 우리가 안 것이라도 그렇게 기도해야 합니다.

자신이 눈멀었다는 의식이 있습니까? "안약(眼藥)을 사서 눈에 발라 보게 하라."(계 3:18)는 주님의 권고를 청종합시다. 하나님의 가르치심의 약속들을 상기해보면 그 자체에 우리를 격려하는 은혜가 들어 있습니다. 바로 이러한 점에서 성령을 은혜로 풍성하게 부어주신다고 약속하신 것입니다. "우리 주 예수 그리스도의 하나님, 영광의 아버지께서 지혜와 계시의 영을 너희에게 주사 하나님을 알게 하시고."(엡 1:17) 그러므로 '계시된 비밀의 기이함'을 아는 더 분명한 통찰력을 갖고 싶으면, 또한 우리 임마누엘 되신 주님의 영광스러운 아름다우심을 보고 싶다면, '하나님께서 이처럼 세상을 사랑하사 독생자를 주신' 하나님 사랑의 측량할 수 없는 범주를 더 알기 원한다면(요 3:16), 아들 그리스도를 움직여 우리의 문제를 기꺼이 담당하시게 한 그 비할 수 없는 사랑의 기이함을 더 알기 원한다면(히 10:5-7), 우리는 매일 매시간 이 중요한 간구를 우리 것으로 삼아 활용해야 합니다. "내 눈을 열어서 주의 율법에서 놀라운 것을 보게 하소서."

시편 119:19
"나는 땅에서 나그네가 되었사오니
주의 계명들을 내게 숨기지 마소서."

하나님 자녀의 지상에서의 신분은 '나그네'입니다. 혼자 떨어져 방황하는 사람이 이러한 고백을 하였다면 그 의미는 약간 달라졌을 것입니다. 그러나 모든 종류의 세상 즐거움에 둘러싸인 사람의 입에서 이 고백이 나왔다면,[3] '땅에서 누리는 최상의 기쁨'도 결국 아무것도 아님이 대번에 드러납니다. 아울러 그 고백은 성경이 말하는 종교가 하늘을 향하고 있음을 드러냅니다.

"나는 땅에서 나그네가 되었사오니." 이 고백은 주님의 백성들의 고백이요, 주님 백성들의 특성과 영광이기도 합니다. 아브라함과 야곱과 다윗과 히브리서 11장에 소개하는 모든 하나님의 사람들이 그러하였습니다(창 23:4 ; 창

---

3) 이 시편의 기자가 다윗임을 저자는 전제하고 이 말을 하고 있다. 다윗은 왕으로서 세상의 모든 즐거움을 누리려면 누릴 수 있는 지위에 있었다. - 역자 주

47:9 ; 시 39:12 ; 히 11:13). 4) 우리는 이 땅에서 영원히 살기를 원하지 않습니다. "내가 생명을 싫어하고 영원히 살기를 원하지 아니하오니 나를 놓으소서 내 날은 헛 것이니이다."(욥 7:16) "이 곳은 너희가 쉴 곳이 아니니 일어나 떠날지어다."(미 2:10) 이런 말씀들을 항상 생각나게 하는 경고의 음성을 우리는 기꺼이 듣습니다. 이것이 특별히 다윗의 특성이기도 하였지만, 다윗이 섬기는 주님의 특성이 아니었나요? 주님께서는 여관에서 태어나셨습니다(눅 2:7) 주님께서는 "인자는 머리 둘 곳이 없다."고 하셨습니다(마 8:20) 또 주리셨고(마 21:18), 다른 이들의 자선에 의존하여 사셨고(눅 8:3), 자기 백성에게 배척을 받으셨습니다(요 1:11). "불쌍히 여길 자를 바라나 없고 긍휼이 여길 자를 바라나 찾지 못하였나이다."(시 69:20) 그래서 주님께서도 "나는 땅에서 나그네가 되었다."고 말씀하시는 것이 옳지 않았습니까?

"나는 땅에서 나그네가 되었사오니." 이 구절은 정말 흥미롭게 여러 관점의 그리스도인의 모습을 드러냅니다. 그리스도인은 자기 본토 친척 집에서 떠나 있습니다(히 11:9,10). 정해진 거처가 없습니다(대상 29:15). 세상에서 어떤 특별한 분깃이 없습니다. "우리의 시민권은 하늘에 있는지라."(빌 3:20) 본향을 향하여 가는 길목에서 '나그네'가 겪는 모든 불편을 감수해야 합니다(행 14:22 ; 히 10:34). 그리스도인의 조건이 바로 그러합니다! 그리고 하나님의 말씀은 그리스도인의 길을 바르게 가르쳐주고 안전하게 보호해주고 그 길을 가도록 용기를 북돋아주는 모든 것을 포함합니다. 그리스도인에게는 안내자와 보호자와 동료가 필요한데, 그 모든 것을 하나님의 말씀이 내포하고 있습니다. "그것이 내가 다닐 때에 너를 인도하며 네가 잘 때 너를 보호하며 네가 깰 때 너와 더불어 말하리니."(잠 6:22)

---

4) "나는 당신들 중에 나그네요 우거한 자니 청컨대 당신들 중에서 내게 매장지를 주어 소유를 삼아 나로 내 죽은 자를 내어 장사하게 하시오."(창 23:4)

"주의 계명들을 내게 숨기지 마소서." 이 기도는 자기가 나그네임을 아는 자가 드릴 가장 합당한 기도입니다. 하나님의 말씀과 친하면 여러 친구들과 좋은 모사들을 두는 것과 같습니다. 하나님의 말씀은 빛과 기쁨과 능력과 양식과 갑옷을 갖추고 있으며, 하늘 본향을 향하여 가는 길목에서 그리스도인에게 필요한 어떤 것이라도 제공합니다.

그리스도인이 가져야 할 '나그네(순례자)의 정신(pilgrim-spirit)'이야말로 그 그리스도인 영혼의 고동(鼓動)입니다. 우리 모두 영원을 목적에 두고 여행하는 중입니다. 세상적인 정신은 '땅에 자기 집을 두고' 있습니다. '나그네의 정신'만이 세상적인 정신에 빠지지 않게 우리를 지켜줍니다. 세상적인 정신을 가지면 이렇게 말하고 싶어집니다. "여기에 있는 것이 좋다. 하나님께서 원하시는 대로 하늘에 계시게 하고, 나는 '금생에서 내 몫을' 가지면 그것으로 만족하다." 그들은 "주의 제물로 배를 채우고 자녀로 만족하고 그들의 남은 산업을 그들의 어린아이들에게 물려주는 자니이다."(시 17:14. 눅 6:24 ; 12:19,20 ; 16:25는 참조) 하나님의 자녀는 '땅에서 나그네'입니다. 하늘이 그리스도인의 모국(母國)입니다. "오직 위에 있는 예루살렘은 자유자니 곧 우리 어머니라."(갈 4:26) 그리스도인의 구주와 친족과 거처와 소망과 본향이 다 하늘에 있습니다(엡 3:15 ; 1:3,11,6 ; 마 25:34 ; 요 14:3 ; 골 3:1 ; 빌 3:20 ; 고후 5:1-6). [5] 그리스도인은 '결코 작은 도성의 시민'이 아니라, "시온산과 살아계신 하나님의 도성인 하늘의 예루살렘"의 시민입니다(히 12:22) 그러므로 그의 성품 뿐만 아니라 그의 정서도 '나그네의 정서'입니다. 마음과 영혼 속에서 '장차 올 것을 찾고 있으며 여기에

---

5) "만일 땅에 있는 우리의 장막집이 무너지면 하나님께서 지으신 집 곧 손으로 지은 것이 아니요 하늘에 있는 영원한 집이 우리에게 있는 줄 아나니 과연 우리가 여기 있어 탄식하며 하늘로부터 오는 우리 처소로 덧입기를 간절히 사모하노니 이렇게 입음은 벗은 자들로 발견되지 않으려 함이라 이 장막에 있는 우리가 짐 진 것 같이 탄식하는 것은 벗고자 함이 아니요 오직 덧입고자 함이니 죽을 것이 생명에게 삼킨바 되게 하려 함이라 곧 이것을 우리에게 이루게 하시고 보증으로 성령을 우리에게 주신 이는 하나님이시니라 그러므로 우리가 항상 담대하여 몸에 거할 때에는 주와 따로 거하는 줄을 아노니."(고후 5:1-6)

는 영구한 도성이 없다.'는 사실을 생각하면 얼마나 힘이 납니까! "우리가 여기는 영구한 도성이 없고 오직 장차 올 것을 찾나니."(히 13:14) 실로 이 세상을 우리의 본향으로 부를 수도 없고 부르고 싶지도 않습니다. 세상에서 우리의 분깃을 받는 것보다 그렇지 않는 것이 훨씬 더 나음을 압니다. 그러나 독자 여러분은 '땅에서 본향에 있는 것 같은 느낌'을 가져 그리스도인으로서 가져야 할 바른 성품과 영원한 소망을 잊은 적이 한번도 없습니까? 항상 '땅에서 나그네'로 살고 말하고 행동합니까? 땅에 속한 것들을 즐기는 중에 그것들에 대한 애착을 버리고 마치 우리의 보화가 하늘에 있는 것처럼 행동하고 말하고 살아가는 모습을 늘 보이고 있습니까? 세상 사람들과의 교제 속에서 우리가 장차 가게 될 것이라고 고백하는 본향의 향기를 행실 속에서 풍기고 있습니까? 우리의 정서 속에서 세상이 주도권을 잡고 있습니까?

갈보리의 십자가를 매일 우리가 묵상할 대상이 되도록 하십시오. 그리스도의 십자가는 우리가 부단하게 '자랑할' 근거입니다. 그런 경우에만 세상이 우리에게 '십자가에 못 박혀 죽은' 대상이 될 것입니다. "그리스도로 말미암아 세상이 나를 대하여 십자가에 못 박히고 내가 또한 세상에 대하여 그러하니라."(갈 6:14)

우리는 지금 아무도 나그네가 될 수 없는 하늘의 본향을 향하여 계속 전진해 나가고 있음을 잊지 맙시다. 하늘 본향에서는 모든 거민이 다 '한 가족'의 일원이며, '영원한 한 집'에 거하게 됩니다. 우리의 머리이신 은혜의 주님께서 말씀하셨습니다. "내 아버지 집에 거할 곳이 많도다 그렇지 않으면 너희에게 일렀으리라 내가 너희를 위하여 거처를 예비하러 가노니."(요 14:2)

시편 119:20

"주의 규례들을 항상 사모함으로 내 마음이 상하나이다."

이 마음의 강렬한 감정은 "내 눈을 열어주소서," "주의 계명을 내게서 숨기지 마소서."라고 기도드린 응답으로 주어졌습니다. 복 되게도 눈이 열려 그 은혜의 응답에 관심이 있는 사람은 계시의 말씀을 충만히 입기 위해 '갈망'하지 않겠습니까? 이 강렬한 마음의 숙원과 더 밝은 경륜 아래 있었던 라오디게아 교회를 대조해보십시오. 라오디게아 교회는 "차지도 아니하고 뜨겁지도 아니한" 상태였습니다(계 3:15). 우리의 상태가 그런 라오디게아 교회의 상태와 매우 흡사하지 않습니까? 다윗의 이러한 깊은 정서를 가진 믿음의 열망뿐만 아니라 변함없는 일관성을 주목하십시오. 그것은 단 한 순간에 환희에 찬 감정이 아니라 하나의 습관이었습니다. 일관성을 갖고 꾸준히 "항상 사모하는" 상태였습니다. 그러한 마음의 상태를 누림으로 은혜로운 시기와 행복한 순간들이 자주 찾아왔으면 얼마나 좋겠습니까! 그러나 안타깝습니다! 그저 그런 상태가 몇 순간에 지나지 않습니다. 어째서 여러 날, 또는 여러 달, 여러 해에 그와 같은 상태를 유지하지 못하는 것입니까? 우리가 무엇을 목적하여 간절히 사모하면, 그것은 바닥이 드러나지 않고 계속 마음의 욕구를 분출해내는 샘이 됩니다. '영혼의 갈망'은 그 목적하는 바를 결코 놓칠 리 없습니다. 그러므로 '평소의 숙원(宿願)'은 자리 잡은 습관이 될 것입니다. 그래서 그것이 하나님의 자녀들이 살고 번영하게 하는 요소(要素)가 되는 것입니다.

이 일관성은 우리 신앙고백의 진정성을 만족할만하게 가늠하는 시금석입니다. 환난(患難) 때에 다른 모든 자원(資源)은 바닥이 드러나지만, "주의 규례들(판단들)"은 빛이 납니다. 죄인을 향하여 불쾌히 여기시는 주님의 낯빛을 생각하면 두려워 어쩔 줄 몰라 양심의 가책에 시달릴 때에도 그러합니다. "여호와여, 그들이 환난 중에 주를 앙모하였사오며 주의 징벌이 그들에게 임할 때 그들이 간절히 주께 기도하였나이다."(사 26:16) 그러나 마음의 흥분은 가시고 본래의 완고한 상태로 돌아오곤 합니다. 또한 새롭다는 의식 때문에 강한 자극을 느끼기는 하지만 잠시 있다 사라지는 인상일 경우가 흔합니다. "요한은 켜서 비취는 등불이라 너희가 한 때 그 빛에 즐거이 있기를 원하였거니와."(요 5:35) 이것은 그리스도인의 마음 구조와는 전혀 다릅니다. 그리스도인은 '항상' 소원을 멈추지 않고 탐구를 계속합니다. 자신의 궁핍을 알고 "주의 규례들(판단들)"을 하나의 규범이나 훈련 교재로, 자신을 받쳐주고 지탱해주는 지주(支柱)로 삼습니다.

이러한 습관은 진정 중요합니다. 영혼이 생명력을 가지고 더 자라나고 있는지를 시험하는 시금석이 바로 그것입니다. 우리가 사랑하는 친구가 있다면, 그 친구와는 '간헐적' 교제만으로는 만족하지 못합니다. 그 친구와 교제하는 것이 생활의 중심이 됩니다. 그 친구를 만나려면 그 친구가 늘 잘 가는 곳으로 가서 찾습니다. 그 친구가 없으면 허전합니다. 그가 다시 돌아왔으면 좋겠다는 생각을 가지고 간절히 기다립니다. 바로 이것이 '예수님과의 교제를 갈망하는 영혼'의 모습 아닙니까? 기도를 위해서 어떤 정해진 분량의 시간을 써도 주님께 가까이 있다는 생각이 들지 않아 허전할 수 있습니다. '항상' 주님을 찾아 '갈망'합니까? 우리가 주님을 만나기 쉬운 곳에서 "주의 규례들을 항상 사모함으로" 주님을 기다립니까? "여호와여, 주의 심판하시는 길에서 우리가 주를 기다렸사오며 주의 이름을 위하여 또 주를 기억하려고 우리 영혼이 사모하나이다."(사 26:8 ; 64:5) 세상 일에 사로잡히다 보면 영적인 행사들에 전념하지 못할 때가 있습니다. 그런 경우 주님의 한 마디 말씀을 묵상하기 위해 잠시 여가를 내려고 애를 씁니까? 잠깐 동안이라도 주님의 얼굴을 바라보고자 합니까? 우리가 그저 겉으로나 간헐적인 자세로 의무를 감당하는 차가운 습관에 길들여졌다는 사실을 상기할 때 마음이 부끄러워 어쩔 줄 모르지 않습니까?

영적인 소원의 수준이 이렇게 낮아진 이유는 어디 있습니까? 은혜의 보좌 앞에 가까이 나아가는 삶을 영위하고 있습니까? 성령의 감화를 위해서 기도하는 일을 게을리 하지 않았습니까? 천박하고 헛되고 세상적인 정신에 빠지지 않았습니까?

활기 넘치는 믿음의 성장을 저해하는 면에서 그보다 더 나쁜 것이 없습니다. 불신앙의 작용을 저항할 힘이 너무 미약하지 않습니까? 이런 모습 자체가 우리의 영적 민감성이 현저하게 떨어졌음을 분명히 보여줍니다. 은혜의 나라의 법칙은 "너희 믿음대로 되라."이기 때문입니다(마 9:29).

실로 은혜는 만족할 줄 모르는 원리입니다. 무엇이 즐거우면 웬만큼 하는 것으로 족하지 않습니다. 더 하고 싶은 마음이 없어지는 것이 아니라 구미가 당겨 그 즐거움을 더 맛보고 싶어지기 마련입니다. 그런데도 불구하고 영적으로 낮은 수준을 유지하며 사는 것에 만족을 느낀다면 복음의 위로에 대하여 예민한 관심이 전혀 없음을 드러내는 셈입니다. 우리가 알고 소원하여 작은 것을 맛보고 거기서 만족하면, 작은 것 밖에는 누리지 못합니다. 그럴 경우 우리는 가나안 땅 변경에 있는 사람처럼 살아가게 됩니다. 마땅히 증거할 말을 하지 못하고 말입니다. 사실은 이렇게 증거해야 마땅합니다. "과연 그 땅에 젖과 꿀이 흐르는데 이것은 그 땅의 과일이니이다."(민 13:27) 그러한 자세는 기쁨에 차서 왕성하게 복음을 높이는 것이 아닙니다. 오히려 그리스도인의 신앙고백의 영광을 모호하게 하고, 그 신앙에 부가적으로 주어진 특권들의 행복을 흐릿하게 만드는 것입니다.

여기 시편 119편 20절에 표현된 성도의 "간절한 열망"을 우리가 감히 갖지 못할 것이라고 여기지 말아야 합니다. 또는 그와 같은 열망의 상태가 갑자기 나타나거나 어떤 흥분 상태에서 주어질 것처럼 여겨서도 안 됩니다. 오히려 그런 열망의 자세는 겸손히 인내하면서 주님을 끝까지 기다리는 길 속에서 얻어짐을 믿고 바라야 합니다. 우리 자신이 여전히 냉담하고 마음의 갈피를 잃어버림을 인하여 탄식할 수 있습니다. 그럼에도 불구하고 주님을 기다리는 그 힘은 우리가 알아차릴 수 없는 방식으로 주어질 것입니다. 그리고 갈등하는 동안에도 믿음은 지탱될 것입니다. 그래서 우리 영혼이 '주님 안에서' 자랑거리를 얻게 될 것입니다. 심지어 즐거움이 솟구쳐 오르던 일이 멈춰 잦아들었다 할지라도 말입니다. 어쨌든 하나를 소원하면 또 다른 것을 소원하게 되고, 그러다 보면 점점 더 그 강도가 높아져 충만함에 이르게 될 것입니다. 그리하여 우리의 거대한 목적이 점점 더 가까이 보일 것입니다.

모든 일들 속에서 이웃들에게 미온적인 우리 자신의 자세를 고백함으로 만족하는 자리에 들어가지 않게 조심해야 합니다. 다시 말하면 '주님 앞에 우리의 마음을 쏟아놓는 일'은 하지 않은 채 이웃에게만 그리 말하면 되는 식으로 생각하지 말라는 것입니다. 우리의 영화로운 머리 되신 주님은 은혜로 충만하신 분이라서 "그 남은 바 죽게 된 것을 굳게" 하실 수 있습니다. 우리가 전에 '죄와 허물로 죽어 있었을 때' 우리를 '처음 살리신' 것과 같이 말입니다. 가련하고 메마르고 열매 없는 영혼들에게 희망을 주는 격려의 약속들이 풍성합니다. "내가 그들의 반역을 고치고 기쁘게 그들을 사랑하리니 나의 진노가 그에게서 떠났음이니라 내가 이스라엘에게 이슬과 같으리니 그가 백합화 같이 피겠고 레바논 백향목 같이 뿌리가 박힐 것이라 그의 가지는 퍼지며 그의 아름다움은 감람나무와 같고 그의 향기는 레바논 백향목 같으리니."(호 14:4-6) 이와 같은 약속이 주어진 목적이 무엇이겠습니까? 믿음으로 통회(痛悔)하며 감히 다시 '하나님께 우리의 사정을 아뢸 때' '우리 입에 채울 논거(論

據)들'이 되게 하려고 주신 약속들이 아니겠습니까? "그가 큰 권능을 가지시고 나와 더불어 다투시겠느냐?" 아니지요. 오히려 "그가 그 권능을 우리에게 넣으실" 것입니다. "그 앞에서 호소하며 변백할 말을 입에 채우고 내게 대답하시는 말씀을 내가 알고 내게 이르시는 것을 내가 깨달으리라 그가 큰 권능을 가지시고 나로 더불어 다투실까 아니라 도리어 내 말을 들으시리라 거기서는 정직자가 그와 변론할 수 있은즉 내가 심판자에게서 영영히 벗어나리라."(욥 23:4-6) 그래서 우리는 다시 "넓혀진 마음으로 주의 계명들의 길로 달려 나가게" 될 것입니다(시 119:32).

시편 119:21
"교만하여 저주를 받으며
주의 계명들에서 떠나는 자들을
주께서 꾸짖으셨나이다."

성경에 제시된 여러 악인들의 삶의 내력을 주목하여 보십시오. 창세기 4:5,13-16이 말하는 가인, 출애굽기 14:15-31이 말하는 애굽의 바로 왕, 에스더 7:7-10이 말하는 하만, 다니엘 4:29-33이 말하는 느부갓네살, 사도행전 12:21-23이 말하는 헤롯을 주목해 보십시오. 그들은 "하나님의 책망과 저주를 받은 거만한 자들"을 대표합니다. 하나님께서는 그런 이들의 사람됨을 싫어하십니다. "여호와께서 미워하시는 것, 곧 그의 마음에 싫어하시는 것이 예닐곱 가지니 곧 교만한 눈과 거짓된 혀와 무죄한 자의 피를 흘리는 손과 악한 계교를 꾀하는 마음과 빨리 악으로 달려가는 발과 거짓을 말하는 망령된 증인과 및 형제 사이를 이간하는 자이니라."(잠 6:16-19) 하나님께서는 그들이 드리는 제물을 혐오하십니다(눅 18:11,12,14). 하나님께서는 멀리서도 "교만한 자"를 아십니다(시 138:6). 하나님께서는 교만한 자를 물리치십니다(벧전 5:5 ; 잠 3:34). "그의 팔로 힘을 보이사 마음의 생각이 교만한 자들을 흩으셨고."(눅 1:51) 특히 그들은 신령한 체 하면서 자신들을 긴 옷으로 치장하지만 하나님 앞에서 그들은 정말 혐오스러운 존재들입니다. "사람에게 이르기를 너는 네 자리에 섰고 내게 가까이 하지 말라 나는 너보다 거룩함이라 하나니 이런 자들은 내 코의 연기요 종일 타는 불이로다."(사 65:5) "바리새인은 서서 따로 기도하여 이르되 하나님이여, 나는 다른 사람들 곧 토색, 불의, 간음을 하는 자들과 같지 아니하고 이 세리와도 같지 아니함을 감사하나이다."(눅 18:11) 이러한 죄는 하나님의 사랑하는 백성들도 가장 경계해야할 가증스러운 죄입니다. 다윗과 히스기야는 하나님의 교회에서 가르치심을 받은 일꾼들이었습니다(삼하 24:1-15 ; 왕하 20:12-18 ; 대하 32:31). 적어도 그들은 그런 죄로 하나님의 책망을 받을 일을 해서는 안된다는 교육을 받은 사람들입니다. "여호와 우리 하나님이여, 주께서는 그들에게 응답하셨고 그들의 행한 대로 갚기는 하셨으나 그들을 용서하신 하나님이시니이다."(시 99:8) "지금 우리는 교만한 자가 복 되다 하며 악을 행하는 자가 번성하며 하나님을 시험하는 자가 화를 면한다 하노라 함이라."(말 3:15) 그러나 그렇게 훈련 받은 하나님의 사람들이라도 교만한 상태에 빠지게 되면 '하나님의 저주' 아래 들어갈 것이 분명합니다. 그럴 경우에 "주의 날이 그들에게 임하여 그들을 낮추게 될 것이고," "하나님의 진노의 풀무불로 그들을 태우시는 고통을 가하실" 것입니다(사 2:12-17 ; 말 4:1). [6]

---

[6] "대저 만군의 여호와의 한 날이 모든 교만자와 거만자와 자고한 자에게 임하여 그들로 낮아지게 하고 또 레바논의 높고 높은 모든 백향목과 바산의 모든 상수리 나무와 모든 높은 산과 모든 솟아오른 작은 산과 모든 높은 망대와 견고한 성벽과 다시스의 모든 배와 보든 아름다운 조각물에 임하리니 그 날에 자고한 자는 굴복되며 교만한 자는 낮아지고 여호와께서 홀로 높임을 받으실 것이요."(사 2:12-17)
"만군의 여호와가 이르노라 보라 극렬한 풀무불 같은 날이 이르리니 교만한 자와 악을 행하는 자는 다 초개 같을 것이라 그 이르는 날이 그들을 살라 그 뿌리와 가지를 남기지 아니할 것이로되."(말 4:1)

"교만하여 저주를 받으며 주의 계명에서 떠나는 자들." 교만은 '주의 계명들에서 떠나 오류를 범하는' 모든 사람들에게 영향을 미칩니다. 그럼에도 불구하고 의심할 여지없는 '의로우신' 재판장께서는 '연약하여 오류에 빠지는 일들'과 '고집을 부리고 고의적으로 악을 행하는 것' 사이의 차이를 구분하여 다른 종류로 보실 것입니다. "자기 허물을 능히 깨달을 자 누구리요 나를 숨은 허물에서 벗어나게 하소서."(시 19:12) "내가 40년 동안 그 세대로 말미암아 근심하여 이르기를 그들은 마음이 미혹된 백성이라 내 길을 알지 못한다 하였도다."(시 95:10) 하나님의 사람은 "잃은 양 같이 내가 방황하오니 주의 종을 찾으소서 내가 주의 계명들을 잊지 아니함이니이다."(시 119:176)라고 고백합니다. 이 고백은 '책망과 저주를 받는 사람들' 속에서는 나올 수 없는 전혀 다른 성격의 고백입니다. "주의 율례들에서 떠나는 자는 주께서 다 멸시하셨으니 그들의 속임수는 다 허무하나이다."(시 119:118)

우리는 교만을 하나님께서 어떻게 보시는지를 보여주는 이 구절의 표현에 놀라지 말아야 합니다. 교만의 죄악처럼 하나님 보시기에 가증스러운 것은 없습니다. 교만은 마치 우리가 하나님의 머리에서 왕관을 취하여 자기 머리에 쓰는 것과 같은 형국입니다. 교만은 사람이 자신을 스스로 신으로 만드는 것이며, 모든 것을 자신으로부터 시작하여 행동하고 자신을 위해서 행하는 것입니다. 이 교만의 원리는 우리의 행복을 파멸시키는 무서운 것입니다. 그런데 그 교만의 원리는 '교만의 악한 영향을 미워하고 혐오하는' 사람들의 마음에서마저 뿌리를 내리고 싹을 틔우고 꽃을 피우고 열매를 맺기까지 합니다. 뱀의 속임수를 통해서 나타난 교만은 그 아비인 마귀를 닮았습니다. 그 교만의 원리는 항상 작용하고 있습니다. 언제라도 틈만 있으면 범사에 자신을 투입시키려고 벼르고 있습니다. 이런 모양으로 나타난 교만은 제어한다고 다되는 것이 아닙니다. 또 다른 모습으로 일어나기 때문입니다. 이제 이런 모양의 교만이 사라졌다고 생각하고 있는데, 예기치 못한 순간에 그것이 아직도 남아있는 것을 발견하곤 합니다. 교만의 원리는 모든 것을 자양분 삼아 자랄 수 있습니다. 심지어 하나님께서 주신 가장 훌륭한 은사들도 활용하여 자신을 키울 수 있습니다. 성령님의 은혜마저도 그리할 수 있습니다. 그러므로 성도가 아무리 하나님께 가까이 하는 삶을 살았다 할지라도, 또한 하나님의 얼굴의 광채의 비취심을 받고 큰 은혜를 입었다 할지라도, 이 유혹이 미치는 한계에서 벗어났다고 생각지 말아야합니다.

바울은 스스로 그 교만이 영향력을 행사하는 범주 밖에 있는 것처럼 보였을 때가 가장 위험한 처지였음을 고백합니다. 은혜와 능력을 매순간마다 공급하시는 기적과 같은 하나님의 역사가 아니고는 바울 자신도 '마귀의 덫'에서 자유롭지 못했습니다. "여러 계시를 받은 것이 지극히 크므로 너무 자만하지 않게 하시려고 내 육체의 가시 곧 사탄의 사자를 주셨으니 이는 나를 쳐서 너무 자만하지 않게 하려 하심이라."(고후 12:7)

실로 구원의 계획 전체는 사람의 교만을 낮추기 위해 의도된 것이라 할 수 있습니다. 예수 그리스도의 십자가의 속죄의 피로 말미암은 값없는 선물임을 드러내는 것이 전체 구원의 계획입니다. 그래야 사람이 타락한데서 회복하여 하나님의 총애를 다시 받습니다. 그러므로 사람이 자신을 겸비케 하는 십자가의 교리를 저항하는 것이야말로 얼마나 혐오스러운 '교만'입니까! 그 교리로부터 흘러나오는, 믿음의 삶이 요구하는 겸비한 자세를 거부하고 거만하다니요! 이 구원에 겸비하게 하는 교리는 믿는 자에게 소망의 확실한 '터'가 되나, 믿지 않는 자들에게는 '거쳐 넘어져 망하게 하는 돌'입니다. "어찌 그러하냐 이는 그들이 믿음을 의지하지 않고 행위를 의지함이라 부딪힐 돌에 부딪혔느니라 기록된바 보라, 내가 걸림돌과 거치는 바위를 시온에 두노니 그를 믿는 자는 부끄러움을 당하지 아니하리라 함과 같으니라."(롬 9:32,33)

"그러므로 믿는 너희에게는 보배이나 믿지 아니하는 자에게는 건축자들이 버린 그 돌이 모퉁이 머릿돌이 되고 또한 부딪치는 돌과 걸려 넘어지는 바위가 되었다 하였느니라."(벧전 2:7,8) 구원의 방편에 관해서도 역시 같은 원리가 적용됩니다. 백성들의 '죄'를 담당하시려고 '종의 형체를 취하신' 하나님의 아들 앞에서 감히 교만이 그 머리를 쳐들 수 있겠습니까?(빌 2:5-8) "보라, 그의 마음은 교만하며 그 속에서 정직하지 못하나 의인은 그의 믿음으로 말미암아 살리라."(합 2:4)

죄인, 아니 성도가 교만해 질 수 있습니까? 사람이 주권적인 은혜로 모든 것을 거저 받았음에도 불구하고 그렇게 많은 시간을, 또한 그렇게 많은 자비하심의 은혜를 남용하고 하나님의 성령을 그처럼 근심시킴으로 마음을 무신론과 불신앙과 이기심으로 그렇게 가득 채우다니 있을 수 있는 일입니까? 결코 그럴 수 없습니다. 우리 속에 교만이 들어있다는 것 자체가 매일 우리 자신을 가장 깊이 낮추어야 할 이유가 되어야 합니다. 하나님의 은혜를 힘입고 그 점을 유념하면 우리 마음속에서 교만을 제압하는 효과적인 방도가 됩니다. 교만이 작용하는 방식 자체가 부패를 제압하는 도구가 될 수 있으며, 우리 대적 원수가 가진 무기로 그 원수를 대처할 수 있을 것입니다. 이 저주받은 원리를 완전하게 파괴시키지는 못한다 할지라도, 그 원리의 부패성을 쳐다보면서 우리가 더 깊이 애통하면 우리의 영적 진보를 방해하는 그 교만의 원리를 제압할 것입니다.

우리 주님께서 우리를 다루시는 목적이 얼마나 복된지요! "내 하나님 여호와께서 이 사십 년 동안에 네게 광야 길을 걷게 하신 것을 기억하라 이는 너를 낮추시며 너를 시험하사 네 마음이 어떠한지 그 명령을 지키는지, 지키지 않는지 알려 하심이라… 네 조상들도 알지 못하던 만나를 광야에서 네게 먹이셨나니 이는 다 너를 낮추시며 너를 시험하사 마침내 네게 복을 주려 하심이었느니라."(신 8:2,16) 주님께서 은혜롭게 의도하신 바들을 헛되게 만들지 마십시오. 주님께서 무너뜨리셨던 것들을 다시 세우지 맙시다.

주님, 우리로 하여금 이전보다 더 자세를 낮추는 걸 좋아하게 하소서. 아니, 주님 앞에서 우리 자신을 무한히 더 낮추게 하소서! 오, 주여, "사람 중에 높임을 받는 그것은 하나님 앞에 미움을 받는 것이니라."(눅 16:15) 하신 주님의 말씀을 항상 기억하도록 가르치소서. 우리를 가르치시어 주님을 복되다 찬미하게 하소서. 우리 마음에 이 가증스러운 교만을 구주의 십자가 앞에 굴복시키실 뜻으로 예리하고 고통스러운 연단을 주시는 아버지의 행사를 찬미하게 가르치소서!

시편 119:22
"내가 주의 증거를 지켰사오니
비방과 멸시를 내게서 떠나게 하소서."

"교만하여 하나님의 책망 아래 있는 자들"은 통상적으로 하나님의 백성들을 대적하는 모습을 드러냅니다. 그들은 하나님의 백성들을 "비방하고 멸시하기"를 즐거워합니다. 그렇게 그들이 발끈하는 이유는, '하나님의 백성들이 하나님의 증거를 지킴으로 말미암아 자기들의 게으름이 정죄 당하고 있다.'고 느끼기 때문입니다. "믿음으로 노아는 아직 보이지 않는 일에 경고하심을 받아 경외함으로 방주를 준비하여 그 집을 구원하였으니 이로 말미암아 세상에 정죄하고 믿음을 따르는 의의 상속자가 되었느니라."(히 11: 7) 어쨌든 하나님의 증거를 지키는 자들이 교만한 자들로부터 이렇게 훼방과 멸시를 받는 일이야말로 결의에 차고 구별되고 일관성 있는 신앙 고백을 위해서 지불해야 할 대가로 여겨야 마땅합니다. 그러나 모세는 세상의 '모든 보화보다도 그 몫'을 더 가치 있는 것으로 여겼습니다(히 11:24-26). 우리 주님께서도 자신에게 쏟아지는 '비방'을 멸시하셨습니다. "그는 그 앞에 있는 기쁨을 위하여 십자가를 참으사 부끄러움을 개의치 아니하시더니."(히 12:2) 주님께서 갈보리로 가시는 길목에서 오직 십자가의 고통만 참아 내셨습니까? 주님께서 걸으신 그 걸음, 걸음마다 십자가의 고통이 주어졌습니다. 예수님께서 만난 십자가는 "고난과 훼방과 멸시"의 모든 형태를 띠고 예수님을 눌러대었습니다. 죄악된 세상의 분위기를 호흡하면서 매일 십자가를 감당하셔야 했습니다. "죄인들이 이같이 자기에게 거역한 일을 참으신 일을 생각하라."(히 12:3) '빠져나갈 문'이 없이 고난을 당하심으로써 "비방과 멸시"의 절정에 이르신 주님을 주목하십시오. 우리가 감히 "그의 치욕을 짊어지고 영문 밖으로 그에게 나아가는 일"을 주저할 수 있겠습니까?(히 13:12,13)

그러나 이걸 생각해 보십시오. 우리가 사랑하고 귀하게 여겼던 자들이 우리를 시험하고, 우리가 사랑하고 싶고 또 우리를 존귀하게 여겨 주었으면 하고 바라는 자들로부터 그런 모진 시험이 주어졌다고 생각해 보십시오. 정말 그것은 가장 참아내기 힘든 혹독한 시련입니다. 우리가 그런 경우에 처한다면 다윗의 본을 따라서 우리의 사정을 주님 앞에 아뢰는 것이 낙심치 않기 위한 유일한 방책입니다. **"비방과 멸시를 내게서 떠나게 하소서."**

아마도 '멸시'는 '비방(훼방)'보다 더 참아내기가 힘들 것입니다. 우리 원수들은 진짜 우리의 됨됨이보다 우리를 더 낮게 평가합니다. 그러니 멸시가 우리에게 주어지면 통렬한 아픔으로 다가옵니다. 그럼에도 불구하고 "억울하게 고통 받는데서 구원해 주십사"하는 탄원의 기도를 드리면(시 119:134과 같이), 의심할 여지없이 모종의 응답이 주어질 것입니다. 물론 그 응답은 의로운 것입니다. '비방이 제거되거나, 아니면 그 비방을 능히 견디어내게 하는' 은혜를 베풀어 주시던지 할 것입니다. "이것이 내게서 떠나가게 하기 위하여 내가 세 번 주께 간구하였더니 나에게 이르시기를 내 은혜가 네게 족하도다 이는 내 능력이 약한 데서 온전하여짐이라 하신지라 그러므로 도리어 크게 기뻐함으로 나의 여러 약한 것들에 대하여 자랑하리니 이는 그리스도의 능력이 내게 머물게 하려 함이라."(고후 12:8,9) 분명 하나님의 영광과 우리 자신의 영혼의 번영을 위한 결과가 도출될 것입니다.

그러나 그 고통에서 '피하여 나오는 길'이 세상으로 돌아가는 길이 되지 않도록 조심해야 합니다. 믿음이 충실하지 못한 사람들은 언제나 그 경로로 돌아갈 준비가 되어 있습니다. 그들은 자신들의 양심의 강력한 지시를 따라 행동할 엄두를 내지 못합니다. 그런 사람들은 하나님의 말씀의 원리에 따라 자신들의 행실을 결정하겠다는 확고한 자세로 그 친구들을 대면할 엄두를 내지 못합니다. 그런 일이 어려워 보입니다. 아니 아예 불가능해 보입니다. 그들은 "세상을 이기는 것"이 무엇인지 알지 못합니다(요일 5:4,5). 그래서 그러한 사람들은 자기들의 이마에 하나님의 인(印)침이 주어지는 것을 참아낼 수 없습니다. "이 사람들은 … 어린 양이 어디로 인도하던지 따라가는 자며."(계 14:4) 그들은 하나님의 자녀의 신분을 확고하게 견지하지 못합니다.

어쨌든 그런 식으로 우리에게서 "비방"이 떠나기를 원하느니 차라리 "비방과 멸시"의 가장 무거운 무게로 압박당하는 편이 훨씬 낫습니다. 십자가를 도피하려는 갈망은 불신앙이 충만한 마음의 상태를 드러내는 것이고, 결국 그러한 방식은 우리 길에 어려움을 열 배나 더 증가시키는 셈입니다. 하나님의 음성을 기뻐하지 않고 세상적인 정신으로 불평을 늘어놓는 일마다 곁길로 빠집니다. 그것은 생명으로 인도하는 좁고 협착한 길로부터 벗어나 더 넓고 광활한 곳으로 나아가는 단계며, 우리의 신앙 고백이 믿을만하지 못함을 드러내는 것입니다. 결국 연약한 자의 길에 거친 돌을 가져다 놓는 셈이 됩니다. 그 일로 인하여 약속된 안식에 실제로 들어가지 못하지는 않는다 할지라도 적어도 '그와 같은 모양'을 띠게 만들 것입니다. "그러므로 우리는 두려워할지니 그의 안식에 들어갈 약속이 남아 있을지라도 너희 중에는 혹 이르지 못할 자가 있을까 함이라."(히 4:1)

그러나 우리에게 주어진 십자가의 무게가 정말 우리가 감당할 정도를 넘어갑니까? 우리를 위해 십자가를 지신 주님께서 분명히 당신을 위해 우리에게 주어진 십자가를 능히 감당하게 하실 것입니다. 주님께서 우리를 붙들어주시는 은혜를 의지하면 우리는 주저 앉을 수 없습니다. 정말 달콤한 거래가 아닐 수 없습니다. 죄의 짐이 제거되고 주님이 십자가에 매이게 하는 이 달콤한 거래를 보십시오. 우리에게 남은 것은 훨씬 더 가벼운 "비방과 멸시"의 십자가입니다. 그것은 우리가 주님의 제자임을 드러내는 표지와도 같습니다. "누구든지 나를 따라오려거든 자기를 부인하고 자기 십자가를 지고 나를 따를 것이니라."(마 16:24) 만일 우리를 박해하는 세상 가운데서 '주의 계명을 지켰다'는 양심의 증거를 갖고 있다면(시편 119:61,69,87,95,110), 그것은 우리가 아버지의 특별한 사랑을 받은 자녀임과 내주하시는 위로와 보장의 성령께서 함께 하신다는 증거입니다(요 14:15-18, 21-23). 여기서 우리는 우리를 압도하는 무게로 '우리에게서 제거될 것'이라는 소망의 표징을 봅니다. 또한 하나님의 교회에서 우리 구주 예수님의 은혜를 찬미하며 "주님의 멍에는 쉽고 그 짐은 가볍다"고 증거할 수 있는 소망의 확증을 이 22절에서 갖게 됩니다(마 11:30).

시편 119:23
"고관들도 앉아서 나를 비방하였사오나
주의 종은 주의 율례들을 작은 소리로 읊조렸나이다."

다윗은 "여호와의 말씀은 순결함이여 흙 도가니에 일곱 번 단련한 은 같도다."(시 12:6)라 증거할 수 있었습니다. 다윗은 자신같이 주님의 말씀을 시험해 보았던 사람이 없었을 정도로 고난을 당한 사람입니다. 분명한 것은 주의 말씀의 신실함과 달콤함과 붙잡아주시는 은혜를 그보다 더 체험한 사람은 아무도 없었습니다. 사울과 그의 "고관들이 앉아서 다윗을 비방"하였습니다. 그러나 그에게는 그들이 탈취해갈 수 없는 자원(資源)이 있었습니다. "내가 너희에게 주는 것은 세상이 주는 것 같지 아니하니라."(요 14:27) 복 되신 우리 구주께서는 아버지와 교제하시면서 아버지께서 맡기신 일을 감당하시기를 기뻐하셨습니다. 특히 "고관들이 앉아서 당신을 비방할 때에도" 아버지께서 맡기신 일을 하는 즐거움을 누리셨습니다(요 11:47, 54-57 참조). 하나님의 신실한 종 다윗은 그와 유사한 시련의 처지에서 "주의 율례들을 묵상함으로써" 영적인 양식을 섭취하여 힘을 얻었습니다. "내 속에 근심이 많을 때에 주의 위안이 내 영혼을 즐겁게 하시나이다 율례를 빙자하고 잔해를 도모하는 악한 재판장이 어찌 주와 교제하리이까 그들이 모여 의인의 영혼을 치려하며 무죄한 자를 정죄하여 피를 흘리려 하나 여호와는 나의 요새시요 나의 하나님은 내가 피할 반석이시라."(시 94:19-22) 주님은 하나님의 능력을 의지하여 능히 "하나님의 뜻대로 고난을 받고, 선을 행하는 가운데서 자기 영혼을 미쁘신 창조주께 의탁"할 수 있었습니다(벧전 4:19).

애굽에 있던 이스라엘 자손들(출 1:10), 바벨론의 다니엘(단 6:4), 초대 교회의 그리스도의 제자들(마 10:17,18 ; 행 4:27-29)은 여러 차례 '이 동일한 환난'을 몸소 겪었습니다. 하나님께서 그 환난을 그들에게 허락하시기를 기뻐하신 것은 "하나님의 나라가 이 세상에 속하지 않았음"을 보여주시고(요 18:36), 당신의 백성들이 세상을 의지하지 못하게 떼어 내시려 하심이었습니다. 또한 세상 앞에 하나님의 이름을 더 온전히 증거하게 하시려고 그리하십니다(마 10:18). 시편 119편 23절은 또 다른 이유를 암시합니다. 백성들이 세상의 세력과 갈등할 때, 말씀으로 그들을 위로하고 붙잡아주시어 그 체험을 한 백성들이 하나님의 말씀을 더 보배롭게 여기게 하신 것입니다.

회심한지 얼마 되지 않는 그리스도인들이 하나님의 말씀을 자기 삶의 현장에서 적용하는데 익숙지 않아 조롱하는 자들의 조소를 받고 함께 욕설로 대응하는 위험에 처하기가 십상입니다. 성경을 '묵상'하는 습관은 그들로 하여금 하나님께서 함께 계시어 자기 영혼들에게 '영과 생명의 말씀'을 하고 계심을 인식하게 할 것입니다. 그러므로 보배로운 책인 성경을 정확하게 잘 소화하여 친숙해지는 것이 중요함을 아무리 높이 추켜 세워도 지나치지 않습니다. 그리스도인이 갈등할 때 하나님의 말씀은 '성령의 검'입니다(엡 6:17). 그 성령의 검을 계속 사용함으로써 녹이 슬지 않고 항상 빛나게 보존한다면, 성령의 검인 말씀을 휘두를 때마다 믿음의 승리를 얻지 못할 때가 없을 것입니다. 핍박받아 쇠약해진 영혼을 주의 말씀이 강력하게 지원하기에 선한 군사는 늘 하나님께 감사하며 용기를 내어 항상 싸울 수 있습니다. "그 곳 형제들이 우리 소식을 듣고 압비오 광장과 트레이스 타베르네까지 맞으러 오니 바울이 그들을 보고 하나님께 감사하고 담대한 마음을 얻으니라."(행 28:15) 하나님께서는 말씀을 자기 백성의 분깃으로 남겨놓으셨습니다. 백성들은 그리스도 안에서 누리는 몫으로 말미암아 가장 풍성하게 균형을 맞추는 삶을 삽니다. "이것을 너희에게 이르는 것은 너희로 내 안에서 평안을 누리게 하려 함이라 세상에서는 너희가 환난을 당하나 담대하라 내가 세상을 이기었노라."(요 16:33) (이 전체를 아름다운 광경을 예로 기억하십시오 ; 행 16:22-25 참조). 그러므로 이 구절의 하반부가 어렵게 보인다 할지라도, 이 말씀을 통해서 주의 백성들에게 약속된 기업은 하나님의 종이라면 어느 누구라도 받기를 주저하지 않습니다. 아니, 그 기업을 물려받고도 감사하지 않는 일이란 결코 있을 수 없습니다.

시편 119:24

"주의 증거들은 나의 즐거움이요

나의 충고자이니이다."

역경 중에 있을 때에 '위로와 지도'보다 무엇이 더 필요하겠습니까? 다윗은 이 두 복을 다 소유하고 있었습니다. 다윗이 곤란 중에 '주의 율례들'을 묵상하니 그 열매로 '율례들'이 다윗에게 '기쁨'을 주었습니다. 어찌할 바를 모르는 상황에서 '그 율례들'이 다윗의 '충고자(謀士)'가 되었습니다. 그래서 그는 땅에 속한 최상의 기쁨이 제한받는다 할지라도 '그 기쁨'을 양보하고 싶지 않았습니다(시 119:14,97,103,127과 시 4:7을 참조). 주님의 "율례들이 그의 모사"가 되어 그의 길을 어찌나 지혜롭게 안내하였던지 "고관들이 앉아서 그를 비방하였을지라도" 저희가 다윗에게서 '어떤 흠이나 트집거리'를 찾지 못했습니다(삼상 18:14 ; 시 101:2 ; 단 6:4,5). 하나님의 증거들은 진실로 다윗에게 있어서 '하나님의 뜻을 알려주는 모사들'과 같았습니다. 자기 앞에 놓인 하나님의 책 속에 들어있는 법칙을 따라서 자신이 처신할 입장을 정하였습니다. 그는 마치 정말 경험 많은 모사에게 자기의 갈 길을 안내받고 있는 것처럼, 혹은 하나님의 선지자들을 통해서 하나님의 입으로부터 나오는 말씀을 받고 있는 것처럼 보였습니다(삼하 7:4,5 ; 16:23 참조). 마치 왕이나 신하가 다 같이 하나님의 뜻을 알고 있는 것 같았습니다. 사울에게는 그의 신하, 고관들이 있었습니다(23절). 그러나 다윗에게는 "주님의 증거들"이 있었습니다. 두 사람 중에 '길을 안내할 유익한 지혜'를 갖춘 사람이 누구였습니까? 다윗이 왕이 되었을 때에도 "하나님의 증거들을 자기의 참모들"로 삼지 않을 수 없었습니다. "그가 왕위에 오르거든 이 율법서의 등사본을 레위 사람 제사장 앞에서 책에 기록하여 평생에 자기 옆에 두고 읽어 그의 하나님 여호와 경외하기를 배우며 이 율법의 모든 말과 이 규례를 지켜 행할 것이라 그리하면 그의 마음이 그의 형제 위에 교만하지 아니하고 이 명령에서 떠나 좌로나 우로나 치우치지 아니하리니 이스라엘 중에서 그와 그의 자손이 왕위에 있는 날이 장구하리라."(신 17:18-20) 다윗은 자기가 이 땅에서 번영하게 된 많은 부분이 바로 그 '모사들(하나님의 증거들)'의 음성에 부단히 귀를 기울인데서 기인함을 인정한 것입니다. "다윗이 다메섹 아람의 수비대를 두매 아람 사람이 다윗의 종이 되어 조공을 바치니라 다윗이 어디로 가든지 여호와께서 이기게 하시니라… 다윗이 에돔에 수비대를 두되 온 에돔에 수비대를 두니 에돔 사람이 다 다윗의 종이 되니라 다윗이 어디를 가든지 여호와께서 이기게 하셨더라."(삼하 8:6,14) 다윗이 죽음의 병상에서 솔로몬에게 이 주제에 대해 강력한 충고를 할 수 있었던 것은 의심할 여지없이 자기가 체험한 것을 회상하였기 때문입니다. "네 하나님 여호와의 명령을 익혀 그 길로 행하여 그 법률과 계명과 율례와 증거를 모세의 율법에 기록된 대로 지키라 그리하면 네가 무엇을 하던지 어디로 가든지 형통할지라."(왕상 2:3)

이와 같이 어두운 세상에서 사방에 마귀가 시험하는 덫을 가득 가설(架設)해 놓았으니 우리에게는 무엇보다도 건전하고 지혜로운 충고가 필요합니다. 그러나 우리 모두는 우리 속에 악한 '모사'를 데리고 다닙니다. 그 악한 모사의 말에 청종하는 것은 참으로 어리석은 일입니다. "자기 마음을 믿는 자는 미련한 자요, 지혜롭게 행하는 자는 구원을 얻을 자니라."(잠 28:26) 하나님께서는 확실한 모사로 하나님의 말씀을 우리에게 주셨습니다. "미련한 자는 자기 행위를 바른 줄로 여기나 지혜로운 자는 권고를 듣느니라."(잠 12:15)

자, 하늘에서 보내주신 이 모사를 대동하고 있는 특권이 귀하다는 것을 알겠습니까? 그 모사의 말에 청종하여 우리를 바꾸어 나가면 '우리의 기쁨'은 더 증가되기 마련입니다. 그러나 모사의 말에 관심을 두지 않으면 이 복락을 차버리는 셈입니다. '말씀을 자기 기쁨'으로 삼는 사람은 언제나 그 말씀이 '자기의 모사'가 됨을 발견할 것입니다.

그러나 하나님의 율례의 말씀을 단순히 호기심만 가지고 읽어 내리면 결단코 그 말씀이 주는 거룩한 기쁨이나 그 뜻의 비밀을 체험하지 못할 것입니다. 하나님의 지도하심이 필요하다는 것을 의식하지 못하고 우리 자신의 마음이 가리키는 데로 자주 치우쳐 넘어갑니다. 그런 경우 우리 자신의 경험을 의존하거나, 날마다 만나는 사소한 경우들에 비추어 생각하기 마련입니다. 그러나 그리스도인은 믿음의 사람이요, 자기 행보를 항상 믿음으로 정해야 합니다. 하나님의 증거를 늘 습관적으로 사용하고 매일 같이 친숙한 사람들은 하늘가는 길목에서 만나는 음침한 골짜기에서 구름 기둥과 불기둥을 만나게 될 것입니다(민 9:15-23) 그 사람에게는 말씀이 '우림과 둠밈'이 될 것이며(민 27:21), 말씀이 틀림없는 '모사'가 되어 그의 길을 지도할 것입니다.

그러나 때로 양심과 죄악적인 정욕 사이에서가 아니라, 의무와 의무 사이에서 갈등이 일어나 당황할 때가 있습니다. 만일 양심과 죄악적 정욕 사이에서 갈등이 일어나면 그리스도인의 진지함으로 걸어야 할 바른 길을 찾아 정하게 될 것입니다. 그러나 의무와 의무 사이에서 갈등이 일어날 경우에는 다릅니다. 다시 말하면 이 의무와 저 의무를 동시적으로 수행할 경우에 한쪽의 당위성이 훼손을 입을 때가 있습니다. 그럴 경우에 하나님의 말씀이 두 의무 사이에서 어느 것이 더 중요하고, 그 맥락 속에서 어떤 것을 택해 의존해야 하는가를 결정해줄 것입니다. 섭리적으로는 이 길이 옳아 보입니다. 그런데 그와 유사한 과거의 어떤 시점에서 주의 백성들에게 내리어졌던 계시의 안내는 그것과 달랐습니다. 우리의 위대하신 모범자의 일상생활이 우리 앞에 빛을 비춰어줍니다.

여기서 우리가 크게 중요하게 여겨야할 문제는, 말씀이 권고를 받는 대로 마음을 쓰는 습관을 계발하는 것입니다. "어린 아이 같이 단순히 의존하는 심정으로 여호와를 경외함으로 행하며."(시 25:12, 14 ; 시 25:4,5,9 ; 144:8) 우리 자신의 마음에서 뜻을 취하려는 우상 숭배적인 습관에서 멀어지면 '현저하게' 오류를 범할 수는 없습니다. 여기에 '마음 내키는 것과 약속 사이에 취해야 할 합당한 길'이 있습니다. 육체의 성급한 성향을 극히 조심하고, 하나님의 영광을 항상 최고의 과제로 삼으며, 하나님의 은혜로운 약속에 겸손하게 복종하는 것입니다.

우리가 취한 노선이 무언가 온전치 못할 경우에는 말씀에 문제가 있는 것이 아니라 우리의 불분명한 인식의 문제가 있는 것입니다. 우리에게 더 분명한 원칙이 모자라거나 더 분명한 인도가 없어서라기보다는 더 분명한 식별 능력을 가진 눈이 필요하기 때문입니다. 만일 우리가 마땅히 행할 정확한 경로를 온전히 분별할 수 없다면(세상 자체는 이를 분별하기 위해서 기억되어야 할 책들을 가질 수 없다), 우리가 기준으로 삼아야 할 것이 무엇인지는 결정할 수 있을 것입니다. 곧 마음의 가장 세밀한 행동까지 점검받을 수 있는 표준을 정해야 한다는 말입니다. "그러니 너희가 먹든지 마시든지 무엇을 하든지 다 하나님의 영광을 위하여 하라."(고전 10:31) "또 무엇을 하든지 말에나 일에나 다 주 예수의 이름으로 하고 그를 힘입어 하나님 아버지께 감사하라."(골 3:17) 또한 연약한 중에도 우리가 마땅히 가질 마음 자세는 정할 수 있습니다. 그것은 우리의 행로를 하나님의 뜻에 비추어보려는 마음가짐입니다. "눈은 몸의 등불이니 그러므로 네 눈이 성하면 온몸이 밝을 것이요, 눈이 나쁘면 온몸이 어두울 것이니 그러므로 네게 있는 빛이 어두우면 그 어두움이 얼마나 더하겠느냐."(마 6:22,23)

우리 마음의 진지함이 조금이라도 모자라거나(삼상 28:6 ; 겔 14:2-4), 자기를 의뢰하는 것을 조금이라도 용납하면(잠 3:5,6), 반드시 하나님께로부터 오는 빛과 지도의 은택이 오는 길목을 차단해버릴 것입니다. 그 점을 꼭 기억해야합니다. 우리는 알지도 못하는 사이에 '우리가 피운 불꽃과 횃불 가운데로' 들어가곤 합니다. "너희가 다 너희의 불꽃 가운데로 들어가며 너희가 피운 횃불 가운데로 걸어갈 지어다."(사 50:11) 우리 생각에는 하나님의 인도하심을 구하였고, 그 인도하시는 길로 행하고 있으려니 단정 지었습니다. 그러나 하나님의 인도하심을 구하는 행동이나 그 일을 위한 준비과정에서 우리의 동기와 성향을 엄격하게 검증하고 진실성의 여부를 유의 깊게 탐사하였습니까? 여러분의 마음을 십자가의 도를 배우는 학교에서 연단 받게 하였습니까? "하나님 아는 것을 대적하여 높아진 것을 다 무너뜨리고 모든 생각을 사로잡아 그리스도에게 복종하게" 하였습니까?(고후 10:5) 하나님의 입의 말씀의 안내를 받으려하기 전에 자신이 목표하는 것에 이미 마음이 사로잡히지는 않았습니까?(예레미야 42장 참조)

오! 하늘의 뜻이라고 생각하고 어떤 목표를 향하여 신중하게 행하였는데 결국 그것이 우리 자신의 성향을 따른 것이 된다면 어떻겠습니까? 그러니 우리가 얼마나 조심해야 합니까! 과거 경험 속에 남겨진 거짓된 얼마나 많은 자국들이 우리의 마음을 따른 결과임이 얼마나 여실히 드러났는지요! 하나님의 뜻을 따른다 하면서 게으름을 따라간 것입니다. "우리가 그들의 양식을 취하고는 어떻게 할지를 여호와께 묻지 아니하고."(수 9:14) "여호와께서 이르시되 패역한 자식들은 화 있을진저 그들이 계교를 베푸나 나로 말미암지 아니하며 맹약을 맺으나 나의 영으로 말미암지 아니하고 죄에 죄를 더하도다." "그들이 바로의 세력 안에서 스스로 강하려하며 애굽의 그늘에 피하려하여 애굽으로 내려갔으되 나의 입에 묻지 아니하였도다 그러므로 바로의 세력이 너희의 수치가 되며 애굽의 그늘에 피함이 너희의 수욕이 될 것이라."(사 30:1-3) 겸손과 청결함과 거룩함을 쫓는 심령을 가지면 어찌할 바를 모르는 상황이 우리에게 벌어지지 않으니, 주께서 그 길을 지도하시기에 부족하겠습니까!

살아있는 자든지 죽은 자든지 인간적인 뜻을 합당치 않게 의존하면, 주의 입의 말씀이 주는 충만한 감화를 크게 저해합니다. "너희는 인생을 의지하지 말라 그의 호흡은 코에 있나니 셈할 가치가 어디 있느냐."(사 2:22) 인간적인 뜻이 아무리 가치 있게 보이고, 말씀과 아무리 친밀하게 조화를 이루는 것처럼 보일지라도 반드시 잊지 않아야할 것이 있습니다. 그렇게 좋아 보이는 인간적인 뜻이 주님의 말씀은 아니라는 사실입니다. 인간적인 뜻은 항상 오류가 있습니다. 그러므로 무엇보다 그 인간적인 뜻을 온전히 신뢰하고 따르지는 말아야 합니다. 하나님의 계시의 말씀만 온전히 의지하는 것이 정당한 처사입니다. 하나님의 말씀을 우리의 '모사'로 삼는 것은 무엇입니까? '참 유일하신 지혜로운 하나님을 모사'로 모시는 것이 아니겠습니까? 역경의 때에 우리는 겸손과 기도와 배우려는 정신으로 성경을 탐사합니다. 그때 우리는 마치 하늘로부터 지금 당장 주어지는 계시를 청종하듯이, 주님을 온전히 의지하여 우리의 길을 지도하시기를 바랍니다. 물론 긴급한 때를 맞을 때마다 새로운 계시가 우리에게 주어져야 한다든지, 또는 하늘로부터 오는 음성을 들어야한다는 말은 아닙니다. 우리 하나님 아버지께서 이 복된 말씀을 우리에게 주신 것으로 이미 충분합니다. "주의 말씀은 내 발의 등이요, 내 길의 빛이니이다."(시 119:105) "대저 명령은 등불이요, 법은 빛이요, 훈계의 책망은 곧 생명의 길이라."(잠 6:23)

그러면 저는 이런 질문을 던지고 싶습니다. 우리에게 직접적으로 말씀하시는 하나님의 지도하심이 무엇입니까? 아직 각성하지 않은 죄인의 상태라면, 죄에서 돌이키라고 지도하십니다. "너는 그들에게 말하라. 주 여호와의 말씀이니라. 나의 삶을 두고 맹세하노니 나는 악인이 죽는 것을 기뻐하지 아니하고 악인이 그의 길에서 돌이켜 떠나 사는 것을 기뻐하노라. 이스라엘 족속아, 돌이키고 돌이키라. 너희 악한 길에서 떠나라. 어찌 죽고자 하느냐 하셨더라."(겔 33:11) 하나님의 말씀은 구주께 나아오라고 죄인을 지도합니다. "오라, 너희 모든 목마른 자들아, 물로 나오라 돈 없는 자도 오라 너희는 와서 사먹되 돈 없이, 값없이 와서 포도주와 젖을 사라."(사 55:1) "명절 끝날, 곧 큰 날에 예수께서 서서 외쳐 이르시되 누구든지 목마르거든 내게로 와서 마시라."(요 7:37)

또한 하나님의 말씀은 하나님을 기다리라고 지도합니다. "그런즉 너의 하나님께로 돌아와서 인애와 정의를 지키며 항상 너의 하나님을 바랄지어다."(호 12:6) 믿음을 이미 고백한 사람이면서도 경건의 모양만 띠고 졸고 있는 상태라면, 말씀은 그 진상을 밝혀줍니다. "내가 말하기를 나는 부자라 부요하여 부족한 것이 없다하나 네 곤고한 것과 가련한 것과 가난한 것과 눈 먼 것과 벌거벗은 것을 알지 못하는도다."(계 3:17)

하나님의 말씀은 그리스도의 모든 완전 충분성 안에서 나를 가르칩니다. "내가 너를 권하노니 네게서 불로 연단한 금을 사서 부요하게 하고 흰 옷을 사서 입어 벌거벗은 수치를 보이지 않게 하고 안약을 사서 눈에 발라 보게 하라."(계 3:18) 하나님의 말씀은 외식의 위험을 경고합니다. "예수께서 먼저 제자들에게 말씀하여 이르시되 바리새인들의 누룩, 곧 외식을 주의하라."(눅 12:1) 은혜로 말미암아 하나님의 자녀가 되었다면, 침륜에 빠져 뒤로 물러가 있는 상태에서 회복하라고 아버지께서 권고하시는 말씀을 들어야합니다. "너는 가서 북을 향하여 이 말을 선포하여 이르라 여호와께서 이르시되 배역한 이스라엘아, 돌아오라. 나의 노한 얼굴을 너희에게로 향하지 아니하리라 나는 긍휼히 있는 자라 노를 한없이 품지 아니하느니라 여호와의 말씀이니라 너는 오직 네 죄를 자복하라 이는 네 하나님 여호와를 배반하고 네 길로 달려 이방인들에게로 나아가 모든 푸른 나무 아래로 가서 네 목소리를 듣지 아니하였음이라 여호와의 말씀이니라."(렘 3:12,13) 하나님의 말씀은 갈수록 더 깨어 있어야 함을 촉구합니다. "그러므로 우리는 다른 이들과 같이 자지 말고 오직 깨어 정신을 차릴지라."(살전 5:6) "너는 일깨워 그 남은 바 죽게 된 것을 굳건하게 하라 네 하나님 앞에 온전한 것을 찾지 못하였노니."(계 3:2) 또한 하나님의 말씀은 하나님의 은혜의 충만함 속에 견고한 확신을 강화시키라 말합니다. "너희는 여호와를 영원히 신뢰하라. 주 여호와는 영원한 반석이심이로다."(사 26:4)

또한 하나님의 말씀은 하나님의 사랑의 미쁘심을 신뢰하는 마음을 더 강화시키라 요구합니다. "또 아들들에게 권하는 것 같이 너희에게 권면하신 말씀도 잊었도다. 일렀으되 네 아들아, 주의 징계하심을 경히 여기지 말며 그에게 꾸지람을 받을 때에 낙심하지 말라. 주께서 그 사랑하시는 자를 징계하시고 그가 받아들이시는 이들마다 채찍질하심이라 하였으니."(히 12:5,6) 이처럼 은혜로 말미암아 하나님의 자녀가 된 사람들은 늘 감사할 이유를 갖게 됩니다. "나를 훈계하신 여호와를 송축할지라. 밤마다 내 양심이 나를 교훈하도다."(시 16:7) 내가 가는 모든 과정에서 하나님께서 말씀으로 지도하신 것을 끝까지 확신함으로써 하나님 아버지를 영화롭게 하기를 원하나이다. "주의 교훈으로 나를 인도하시고 후에는 영광으로 나를 영접하시리니."(시 73:24)

25 내 영혼이 진토에 붙었사오니 주의 말씀대로 나를 살아나게 하소서

26 내가 나의 행위를 아뢰매 주께서 내게 응답하셨사오니 주의 율례들을 내게 가르치소서

27 나에게 주의 법도들의 길을 깨닫게 하여 주소서 그리하시면

　　내가 주의 기이한 일들을 작은 소리로 읊조리리이다

28 나의 영혼이 눌림으로 말미암아 녹사오니 주의 말씀대로 나를 세우소서

29 거짓 행위를 내게서 떠나게 하시고 주의 법을 내게 은혜로이 베푸소서

30 내가 성실한 길을 택하고 주의 규례들을 내 앞에 두었나이다

31 내가 주의 증거들에 매달렸사오니 여호와여 내가 수치를 당하지 말게 하소서

32 주께서 내 마음을 넓히시면 내가 주의 계명들의 길로 달려가리이다

4

진토에 붙은 영혼을
회복하소서

시 119:25
"내 영혼이 진토에 붙었사오니
 주의 말씀대로 나를 살아나게 하소서."

하나님의 자녀에게 있어서 죄는 결코 하찮은 문제가 아닙니다. 그의 마음
을 가장 무겁게 짓누르는 슬픔입니다. 다윗이 그러하였습니다. "내 죄악이
내 머리에 넘쳐서 무거운 짐 같으니 내가 감당할 수 없나이다."(시 38:4) 위대
한 사도 바울이 또한 그 사실을 발견하였습니다. "오호라, 나는 곤고한 사
람이로다 이 사망의 몸에서 누가 나를 건져내랴."(롬 7:24) 다윗과 사도 바울
의 탄식에 충분한 공감을 하지 않는 신자가 어디 있겠습니까? "영혼이 진토
(塵土)에 붙은" 상태에 있으면서도 고통을 전혀 느끼지 못한다면, 그것은 죄
인의 가장 악한 표지입니다. 곧, 죄 가운데서 죽었음을 드러내는 표지입니
다. 하나님께 대하여 죽은 상태를 드러내는 셈이죠. 하나님의 자녀임을 보
여주는 만족스러운 증거는 무엇입니까? "자기 마음의 재앙을 깨닫고"(왕상
8:38), 자신의 비참을 느끼며, 복음의 처방을 믿고 자신에게 적용하는 것이

아니겠습니까? "오호라, 나는 곤고한 사람이로다 이 사망의 몸에서 누가 나를 건져내랴 우리 주 예수 그리스도로 말미암아 하나님께 감사하리로다 그런즉 내 자신이 마음으로는 하나님의 법을, 육신으로는 죄의 법을 섬기노라."(롬 7:24,25)

"내 영혼이 진토에 붙었사오니." "진토(塵土)"는 세상의 몫입니다. 세상에 속한 사람들은 더 이상 선해지기를 원하지 않습니다. 그런데 하나님의 사람의 영혼이 계속해서 "진토에 달라붙어 있어야 한다."는 것은 정말 기이하고 누추한 일입니다. 하나님의 사람이 여전히 가지고 있는 그의 악한 본성의 영향과 자아도취와 자기 의지, 그리고 사람의 칭찬을 귀하게 여겨 그 칭찬을 받기 위해 애를 쓰는 본성의 영향이 그렇습니다. 그래서 하나님의 사람은 자기에게 항상 달라붙어 있는 '진토' 자체를 인하여 자신을 혐오합니다. 만일 자신을 혐오하는 그런 성향이 전혀 없다면, 그 사람 속에 새롭게 변화시키는 원리가 존재하는지 의심해봐야 합니다. 하나님의 사람은 자기가 마땅히 어떠한 사람이 되어야하는지를 알고 있습니다. 그는 '천사들이 날개를 타고 위로 올라가는' 복락의 영광을 맛보았습니다. "오직 여호와를 앙망하는 자는 새 힘을 얻으리니 독수리가 날개 치며 올라감 같을 것이요, 달음박질하여도 곤비하지 아니하겠고 걸어가도 피곤하지 아니하리로다."(사 40:31) 그러나 위로 올라가려는 모든 시도는 그를 잡아 끌어내리는 무게로 말미암아 방해를 받습니다. 신자에게 있어서 자기 영혼이 '진토에 붙어 있는 것'은 너무나도 고통스럽습니다. 그저 가끔이 아니라 계속 자기 영혼을 짓누르니 견딜 수 없습니다. 한순간에 아래로 급히 내려 꽂혔다가 다시 위로 치솟아 올라가는 종달새처럼 괴롭히는 정도가 아닙니다. 오히려 '흙을 식물(食物)로 삼는 뱀' 같이 그를 고통스럽게 합니다(사 65:25). 그래서 하늘로부터 난 그 영적인 사람의 영혼은 비참하게 아래로 깊이 떨어진 것처럼 느껴집니다.

여름날 마른 땅에서 이는 흙먼지가 눈을 가리고 사물을 바라보는 전망을 흐리게 합니다. 그런데 영혼이 진토에 붙은 상황은 구주를 바라보는 눈을 얼마나 어둡게 하여 그 영광스러운 전망을 감추겠습니까! 곤비한 순례길을 행할 때 그 시야 앞에 분명한 지평선을 볼 수 있게 하고 지친 영혼을 소생케 하는 것은 주님을 바라보는 영광스러운 시선인데 말입니다!

이 탄식은 절망의 언어가 아니라 자신을 낮추며 갈등에서 벗어나고자 하는 사람의 언어입니다. 바로 그 문제를 주님께 아뢰는 신자를 주목하십시오. "저는 생명력도, 힘도 없이 진토에 누워 있습니다. 오! '내가 온 것은 양으로 생명을 얻게 하고 더 풍성히 얻게 하려는 것이라.'(요 10:10)고 말씀하시던 구주시여, 저를 소생시켜 주옵소서. 제게 당신의 생명력을 불어 넣으셔서 제가 진토에서 일어나 주님을 온전히 붙좇게 하옵소서." 자기 영혼을 소생케 하는 은혜를 간구하는 이 부르짖음은 믿음의 행사입니다. 우리는 주님 앞에 나아가 아뢸 때 언약을 내세워 호소합니다. 믿음은 약속을 부여잡는 손과 같습니다.

"주의 말씀대로 나를 살아나게 하소서." "주의 말씀"이 실패할 수 있습니까? 언약을 지키시는 하나님의 조약(條約)들에서 일점일획을 떼어내는 것 보다 "천지가 없어지는 것"이 더 쉽습니다.' "또 약속하시는 이는 미쁘시니."(히 10:23) "천지는 없어지겠으나 내 말은 없어지지 아니하리라."(눅 21:33) 이 근거를 부여잡은 사람은 '하나님과 겨루어 이긴 왕자'입니다. "그가 이르되 네 이름을 다시는 야곱이라 부를 것이 아니요, 이스라엘이라 부를 것이니 이는 네가 하나님과 및 사람들과 겨루어 이겼음이니라."(창 32:28)

그러나 명목상으로만 믿음을 고백하는 사람의 특성은 그와 얼마나 다른지요! 겉으로는 똑같은 신앙고백을 서슴없이 하나 그 마음의 겸비함과 기도하는 심정과 믿음은 없이 하는 것입니다. "내 영혼이 진토에 붙었사오나이다."라는 탄식을 듣는 것보다 더 일반화 된 일이 없습니다. 세상은 우리를 제압하는 능력이 있습니다. 그래서 뜨거운 마음을 버리고 영적인 일에 대하여 힘없이 죽은 자 같게 할 수 있습니다. 자기가 영적인 일에 대해서 이처럼 생명력을 잃고 죽은 상태에 있다는 탄식은 간구로 하나님과 씨름하는 사람에게서 나오는 것이 아닙니다. 오히려 나태한 자기만족에 빠져 있다가 나옵니다. 탄식은 그 사람이 하나님 앞에 좋은 마음의 상태를 가지고 있다는 증거입니다.

병든 환자가 병에서 벗어나 회복의 단계로 들어서는 것은 병든 자의 탄식이 아니라 의사의 처방으로 말미암습니다. 일반적으로 병이 나면 그 병의 불행에 대해서 탄식하거나 호전되기를 바라는 소원만으로 우리의 상태가 더 나아지리라는 기대를 하지 않습니다. 하나님 앞에서 진정 통회하는 심정을 가지고 있음을 보여주는 표징은 죄를 고백하는 자체가 아니라 위대한 의사이신 주님의 처방을 의뢰하는 것입니다. 마음은 없이 겉으로 탄식하는 모양은 새 마음으로 영적인 민감성을 되찾은 것과는 전혀 상관이 없습니다. 참된 기도는 하나님 그분의 음성, 곧 "우리를 위해서 간구하시는 성령의 음성"이라 할 수 있습니다. 정말 이 진리는 얼마나 우리를 위로하고 격려합니까? "이와 같이 성령도 우리의 연약함을 도우시나니 우리는 마땅히 기도할 바를 알지 못하나 오직 성령이 말할 수 없는 탄식으로 우리를 위하여 친히 간구하시느니라 마음을 살피시는 이가 성령의 생각을 아시나니 이는 성령이 하나님의 뜻대로 성도를 위하여 간구하심이니라."(롬 8:26,27)

어떤 사람은 마음으로 하나님께 진정 아뢸 수 없을 때 마땅히 드려야하는 기도를 포기하거나 미루려고 합니다. 그러나 그것은 "사탄의 깊은 것을 알지 못하는" 데서 나온 것으로 사탄을 이롭게 할 뿐입니다. "소생하게 하시는 하나님의 은혜"는 우리가 마땅히 하나님께 기도할 근거는 되지 못하다. 그 일이 하고 싶지 않은 것은 우리 자신의 연약함이라기보다는 우리 자신의 죄입니다. 그러니 우리는 죄에 빠지지 말고 죄를 대항해야 합니다. 우리의 영적인 진로를 방해하는 우둔함을 보고 애통하며, '매순간 우리에게 필요한 도움'을 위해서 부지런히 기다려야 합니다. 하나님께서는 은혜를 당신 손에 가지고 계시면서, 그 기뻐하시는 대로 은혜를 나누어주시고, 매일 주님을 의뢰하도록 하십니다. "그러므로 나의 사랑하는 자들아, 너희가 나 있을 때뿐 아니라 더욱 지금 나 없을 때에도 항상 복종하여 두렵고 떨림으로 너희 구원을 이루라 너희 안에서 행하시는 이는 하나님이시니 자기의 기쁘신 뜻을 위하여 너희에게 소원을 두고 행하게 하시나니."(빌 2:12,13) 은혜를 따라서 행하면 믿음의 습관이 강해집니다. 기도하면 기도를 더 할 수 있도록 도움을 주십니다. 문이 닫혀 있으면 "두드리라 그러면 열릴 것이라."는 주님의 말씀을 기억하십시오(마 7:7,8). 분명히 말하지만 그 문이 열릴 때까지 믿음으로 인내하면서 기다리는 사람에게 오래지 않아 그 문이 열리게 될 것입니다.

'주여, 저로 하여금 제 신앙고백의 성격을 조밀하게 점검하게 하옵소서.'라고 우리는 기도해야 합니다. 습관적으로 초지일관 죄를 이기기 위해서 투쟁하고 있습니까? 힘 있게 활동하는 은혜의 역사를 따라 실천하는 것이 더 나은데도 불구하고 자신의 상태만 바라보고 탄식하는 것에만 머물러 열매 없는 상태에 빠질 때는 없습니까? "내 영혼이 진토에 붙었음"을 발견하고 마땅히 "살아나게 하시는 하나님의 은혜"를 끈질기게 간구함으로 '천국을 침노해야' 마땅한데도(마 11:12), 그저 '하나님 앞에 엎드려 있기만' 하지는 않습니까?(수 7:10) 하나님의 말씀을 확신함으로 내 기도의 힘을 얻습니까? 오! 우리는 마땅히 기억해야 합니다. '주 여호와를 기다리는 사람들'은 그처럼 오랫동안 붙어 있었던 '진토'를 털어버리고 하늘의 본향을 소유한 자답게

"독수리처럼 날개치고 올라갈 것이라."는 사실을 말입니다. "오직 여호와를 앙망하는 자는 새 힘을 얻으리니 독수리가 날개치며 올라감 같을 것이요 달음박질하여도 곤비하지 아니하겠고 걸어가도 피곤하지 아니하리로다."(사 40:31)

"내 영혼이 진토에 붙었사오니 주의 말씀대로 나를 살아나게 하소서."

이 시편 기자는 이 기도에서 이렇게 탄원하고 있습니다.

"오, 주님, '제 영혼이 진토에 붙어 있다.'는 사실을 보다 깊이 부끄러워하게 하소서. 주님의 '살리시는 성령님'으로 말미암아 제게 새로운 감동을 불어넣으소서. 저를 도우사 약속의 말씀을 붙잡고 하나님께 간구하게 하소서. 오! 제 자신의 죄악됨을 날마다 새롭게 보게 하여 주님 앞에 자신을 낮추고 엎드리게 하시고, 날마다 시간마다 구주를 제 영혼에 더 보배로운 품으로 느끼게 저를 주장하소서. 아무리 제 마음으로 섬긴다 할지라도 저 스스로는 더러운 존재입니다. 오직 주님의 피 뿌리심이 멈춰지지 않고 주님의 중보 기도가 쉬지 않고 드려지니 저는 주님 앞에 확신을 갖게 되오며, 그 은혜는 제 기도 속에 섞여 있는 죄악이 저를 정죄하는 것을 고착시키지 못하게 합니다. 오, 복 되신 구주시여! 당신의 영원한 공력(功力)이 저를 덮고 제가 드리는 제물을 존귀하게 만들며, 죄로 범한 하나님의 공의(公義)를 주님의 공력이 만족시키며, 소멸하는 불을 토하는 그 공의를 제어하나이다. 그것만이 주님께 무릎 꿇고 있는 저를 소멸시키는 불로부터 지켜내나이다."

시 119:26

"내가 나의 행위를 아뢰매
주께서 내게 응답 하셨사오니
주의 율례들을 내게 가르치소서."

"**내가 나의 행위를 아뢰매.**" 신자가 '하나님과 동행하는 일의 단순함과 경건한 진지함'을 이 시편 기자는 어찌 그리 아름답게 묘사하였는지요! 그는 하나님 앞에 자기의 모든 사정을 아룁니다. 죄로 가득한 '자기 행로와 어려움과 자기 행실 모두를' 다 하나님께 드러내어 말씀드립니다. "무릇 나는 내 죄과를 아오니 내 죄가 항상 내 앞에 있나이다."(시 51:3) "여호와여, 나의 원수들로 말미암아 주의 공의로 나를 인도하시고 주의 길을 내 목전에 곧게 하소서."(시 5:8) "아침에 나로 하여금 주의 인자한 말씀을 듣게 하소서. 내가 주를 의뢰함이니이다 내가 다닐 길을 알게 하소서 내가 내 영혼을 주께 드림이니이다… 주는 나의 하나님이시니 나를 가르쳐 주의 뜻을 행하게 하소서 주의 영은 선하시니 나를 공평한 땅에 인도하소서."(시 143:8,10) 우리 모든 염려와 필요를 하나님 아버지께 아뢰는 것은 우리의 특권입니다. 그럴 때 하나님께서는 우리를 사랑하심으로 불쌍히 여기시고 우리를 지도하시고 능력으로 우리를 견고하게 붙드십니다.

아버지께 자신의 속마음을 털어 놓음으로 후련함을 얻고 싶지 않은 사람이 어디 있겠습니까. 우리 자신을 하나님께 온전히 드러내 보이는 것, 하나님 앞에 꾸밈 없이 우리 죄의 행실을 다 밝히는 것이야말로 안식에 이르는 확실하고 신속한 방식입니다.

"**내게 응답하셨사오니.**" "내가 입을 열지 아니할 때에 종일 신음하므로 내 뼈가 쇠하였도다."(시 32:3) 이 말은 무엇입니까? 순전한 믿음에서 난 참된 참회의 목소리를 억누르고 울며 슬퍼하며 탄식하는 마음이 무시하였다는 것입니다. 이 때 회개하는 자녀의 소리가 들리지 않았습니다. "주의 열성과 주의 능하신 행동이 이제 어디 있나이까?"(사 63:15) 그러나 그의 입술에서 참된 회개의 소리가 발해졌습니다. 아니 참회하려는 뜻을 마음에 처음 품게 되었습니다. "내가 이같이 말하여 기도하며 … 여호와 앞에 간구할 때"(단 9:20), 은혜로 용서하시는 하나님의 온전한 자비하심이 즉시 주어집니다. 하늘로부터 징조가 있어 임금이신 아버지께서 참회하는 영혼을 향해 사랑을 알리라 보내신 천사가 보입니다. "내가 이르기를 내 허물을 여호와께 자복하리라 하고 주께 내 죄를 아뢰고 내 죄악을 숨기지 아니하였더니 곧 주께서 내 죄악을 사하셨나이다."(시 32:5. 삼하 12:13과 렘 3:12,13 참조[1]) 오! "허물의 사함을 받고 자신의 죄가 가려진 복"을 받은 그런 사람이 하나님 아버지의 인애하심보다 더 잘 증거할 수 있는 것이 무엇이겠습니까?(시 32:1 ; 눅 15:18-22 ; 잠 28:13 참조)

그러나 용서하시는 하나님의 방식과 친숙해지기 위해서 '자신의 행실을 하나님께 서슴없이 고할' 필요가 얼마나 많은지요! '우리의 대제사장께서 하늘에 들어가시지 않았다면,' 하나님 앞에 우리가 설 일을 생각할 때 얼마나 무섭겠습니까! 그분 앞에 만물이 벌거벗은 것처럼 죄가 다 드러납니다. 우리의 대제사장 없이 그분 앞에 우리가 서야하다니 얼마나 끔찍한 일이었겠습니까! 그 때 우리는 '아담처럼 우리의 악행을 숨기거나 우리의 죄악을 우리 자신의 품에 감출 수 있는 방법'을 생각해내지 않을 수 없을 것입니다. "내가 언

---

1) "다윗이 나단에게 이르되 내가 여호와께 죄를 범하였노라 하매 나단이 다윗에게 말하되 여호와께서도 당신의 죄를 사하셨나니 당신이 죽지 아니하려니와."(삼하 12:13)
"너는 가서 북을 향하여 이 말을 선포하여 이르라 여호와께서 이르시되 배역한 이스라엘아 돌아오라 나의 노한 얼굴을 너희에게로 향하지 아니하리라 나는 긍휼이 있는 자라 노를 한없이 품지 아니하느니라 여호와의 말씀이니라 너는 오직 네 죄를 자복하라 이는 네 하나님 여호와를 배반하고 네 길로 달려 이방인들에게로 나아가 모든 푸른 나무 아래로 가서 내 목소리를 듣지 아니하였음이라 여호와의 말씀이니라."(렘 3:12,13)

제 다른 사람처럼 내 악행을 숨긴 일이 있거나 나의 죄악을 나의 품에 감추었으며."(욥 31:33) 그러나 '우리의 행실'이 아무리 더럽고 굽어있어 스스로 보기에도 가증하다 할지라도, 여전히 하나님 앞에 우리의 모든 행실을 '담대하게' 아뢸 용기를 갖습니다. 하나님께서 우리의 기도를 즉시 들어주시며, 경우에 맞는 은혜를 베풀어주실 것이라는 확신을 가지고 그리 할 담력을 갖게 되었습니다(히 4:13- 16).

자, 이처럼 진지하고 천진한 심정으로 하나님께 나아감으로 행복한 열매를 얻게 되면, 하나님의 자비하심에 합당한 의무를 이행해야 합니다. "내가 하나님 여호와께서 하실 말씀을 들으리니 무릇 그의 백성, 그의 성도들에게 화평을 말씀하실 것이라 그들은 다시 어리석은 데로 돌아가지 말지로다."(시 85:8) 그래서 우리는 끊임없이 주님의 '가르치심'의 은혜를 위하여 기도할 필요가 있습니다. 우리로 악한 행실에서 바른 길로 돌아서게 하였던 하늘에 속한 인도하심은 그 이후로도 우리의 행복 하나 하나에 필요합니다. "여호와여, 주의 도를 내게 가르치소서 내가 주의 진리에 행하오리니 일심으로 주의 이름을 경외하게 하소서."(시 86:11) 시편 기자는 이렇게 기도합니다. "내가 나의 무지와 죄악 됨, 하나님 앞에서 행한 내 삶의 모든 모습을 아뢰었나이다. 그럼으로써 내 아버지의 용서하시는 자비를 구하였고, 가르치시는 성령님의 감동하심을 구하였고, 돕는 은혜를 구하였나이다. 그랬더니 주께서 내게 응답하셨나이다. 이제까지 제게 하셨던 것처럼 계속 하옵시고, 저로 하여금 주님을 더 알도록 가르쳐 주옵소서."

외식자도 이러한 방식으로 기도할 수는 있습니다. 그러나 그 사람은 결단코 자기 마음을 열지 않으며, 하나님 앞에 '자기의 행실을 아뢰지' 않습니다. 우리는 진정 하나님께 대하여 진실합니까? 우리의 '전능하신 친구' 되시는 주님과 교제하는 일이 재미없다는 식으로 행동한 적이 얼마나 흔합니까? 심지어 '하나님 앞에 우리의 행실을 아뢰면서도, 그 결과에 대해서는 확신하지 못한 상태에 머물러 버리는 일'이 얼마나 잦습니까! 그래서 우리의 기도 응답을 고대하지 않습니다. 기도 응답은 줄기찬 믿음의 행사 속에서 주어질 것입니다. 그러니 그런 자세의 기도에는 응답이 오지 않습니다. 우리가 세상에 살 때 필요한 복락을 하나님께 구하면 하나님께서는 신령한 것으로 우리에게 응답하실 수 있습니다. "침상에 누운 중풍병자를 사람들이 데리고 오거늘 예수께서 그들의 믿음을 보시고 중풍병자에게 이르시되 작은 자야, 안심하라 네 죄 사함을 받았느니라."(마 9:2)2) 이 시련에서 구원하여 주십사하고 간절히 바랐더니 그 시련을 견뎌낼 '충분한 은혜'를 주시는 경우도 있습니다. "이것이 내게서 떠나가게 하기 위하여 내가 세 번 주께 간구하였더니 나에게 이르시기를 내 은혜가 네게 족하도다 이는 내 능력이 약한 데서 온전하여짐이라 하신지라."(고후 12:8,9) 주님께서는 지혜로우사 그런 방식으로 은혜롭게 응답하십니다.

"주께서 내게 응답하셨사오니." 이러한 주님의 자비로운 처사가 얼마나 달콤한지요. 그 자비하심이 '기도하면 받은 줄로 믿으라.'는 새겨진 문구와 함께 선명하게 우리에게 임한 것이죠. 그 자비하심은 다시 기도할 용기를 일으킵니다. "여호와께서 내 음성과 내 간구를 들으시므로 내가 그를 사랑하는도다 그의 귀를 내게 기울이셨으므로 내가 평생에 기도하리로다."(시 116:1,2) 우리의 불가피한 연약함이나(롬 7:21), 탄식할 수밖에 없는 우리의 우둔함이나(막 14:38,40), 방황하기를 잘하는 우리의 가증스러운 모습이나(시 119:113), 어그러진 길로 나아가기를 잘하는 우리의 성향이나(시 86:11), 불신

---

2) 그 사람이 중풍 병에서 낫기 위하여 예수님께 왔으나 예수님께서는 그에게 '죄 사함'이라는 신령한 은혜를 허락하셨다. 이것이 우리를 다루시는 하나님의 방식의 진수이다. 우리는 당장 우리 자신에게 필요한 것을 주십사고 하나, 주님께서는 우리에게 영혼의 진정한 필요를 보게 하시고 그것을 구하게 하시고 거기서 자기 자신의 영광을 나타내신다. - 역자 주

앙에 빠지는 우리의 오류(막 9:22,24) 등, 그 어느 것도 기도를 못하게 차단할 수는 없습니다.

우리 마음이 '불의'를 싫어한다면, 우리는 항상 주님의 음성을 들을 수 있습니다. "내가 진실로, 진실로 너희에게 이르노니 너희가 무엇이든지 아버지께 구하는 것을 내 이름으로 주시리라 지금까지는 너희가 내 이름으로 아무 것도 구하지 아니하였으나 구하라 그리하면 받으리니 너희 기쁨이 충만하리라."(요 16:23,24)3)

시편 119:27
"나에게 주의 법도들의 길을 깨닫게 하여 주소서
그리하시면 내가 주의 기이한 일들을 작은 소리로 읊조리리이다."

하늘의 빛을 바라며 계속 울부짖는 하나님의 사람을 주목하십시오. "주의 율례들을 내게 가르치소서. 나에게 주의 법도들의 길을 깨닫게 하여 주소서." 이렇게 주님께 울부짖을 필요성과 용기가 무엇인지 명백해졌습니다. 어느 누가 자신의 '행실을 깨닫도록' 가르침 받습니까? 바른 길을 따라 삶을 영위하는 사람이면 그가 누구든지 주께서 그것을 보여주지 않으시겠습니까? "감사로 제사를 드리는 자가 나를 영화롭게 하나니 그의 행위를 옳게 하는 자에게 내가 하나님의 구원을 보이리라."(시 50:23)

하나님의 성령께 가르치심을 받지 않는 사람도 하나님 말씀의 많은 부분

---

3) 프린스턴 신학교의 조나단 에드워드(Jonathan Edwards) 총장의 「결심문(Resolutions)」은 그 위대한 사람의 됨됨이를 보여주며, 그리스도인의 진정성에 대한 교훈적 예를 아주 훌륭하게 드러내 보입니다. 그의 '결심문' 일부를 들어보십시오. "내 평생에 사는 날 동안 이 방식으로 나 자신을 연단하기로 결심하노라. 곧 항상 내 행실을 하나님께 아뢰고 내 영혼을 하나님 앞에 활짝 열어 놓는 방식을 견지하려한다. 나의 모든 죄와 시험과 어려움들과 슬픔과 두려움과 소망, 그리고 내 마음속에 일어나는 소원과 모든 것을 … 또한 나의 모든 환경을 하나님께 아뢰리라. 시편 119편에 대한 토머스 맨튼(Thomas Manton)의 27 번 째 설교를 따라서 말이다."(결심문 제 65항)

을 비평하기도 하고, 더 나아가 분명하게 강해할 수도 있습니다. 그러나 그런 마음에서는 본문에 기록된 기도가 나올 수 없습니다. 의심할 여지없이 기도를 게을리 하는 데서는 허황된 공상과 거짓되고 비성경적인 교리가 나오기 마련입니다. 거칠고 연단되지 아니한 마음은 그러한 교리들을 너무 성급하게 받아드립니다. 그런 이들은 "나에게 주의 법도들의 길을 깨닫게 하소서." 라고 겸손하고 단순하게 구하는 대신, 자기 이해를 의존하고 육신의 생각으로 허망하게 부풀어 올라 "머리되신 주님을 붙들지" 않습니다. "아무도 꾸며낸 겸손과 천사 숭배를 이유로 너희를 정죄하지 못하게 하라. 그가 그 본 것에 의지하여 그 육신의 생각을 따라 헛되어 과장하고 머리를 붙들지 아니하는지라."(골 2: 18,19) 그런 사람들도 신령한 지식의 파편들을 여기 저기서 끌어 모을 수는 있습니다. 그러나 그러한 지식의 파편들이 "믿음에 거하고 터 위에 굳게 선"(골 1:23) 것일 수 없습니다. 그들은 어떻게 해야 자기들이 안전한 땅에 설 것인지 전혀 알지 못합니다. 그들은 "무식하고 굳세지 못하여 다른 성경과 같이 그것도 억지로 풀다가 스스로 멸망에" 이릅니다(벧후 3:16). 정말이지 주권적인 하나님의 은혜로 그들을 붙잡아 주지 않으시면 그리됩니다.

반면에 위로부터 주어지는 하나님의 가르침은 가장 단순한 진리를 아는 바른 지식과 불가분의 관계임을 결코 잊지 마십시오. 무식과 선입견은 총명을 흐리게 합니다. 영적인 일들은 '영적으로 분별되기' 때문입니다(고전 2:14). 하나님의 교리들은 하나님께서 비추어주시는 빛으로만 깨달을 수 있습니다. "진실로 생명의 원천이 주께 있사오니 주의 빛 안에서 우리가 빛을 보리이다."(시 36:9) 하늘에 속한 신령한 가르침을 받으면 보다 깊고 보다 신비로운 진리들(반드시 이해할 필요가 있는 진리들)이 보다 초보적인 교리들처럼 선명하게 인식됩니다. "기록된 바 하나님이 자기를 사랑하는 자들을 위하여 예비하신 모든 것은 눈으로 보지 못하고 귀로 듣지 못하고 사람의 마음으로 생각하지도 못하였다 함과 같으니라 오직 하나님이 성령으로 이것을 우리에게 보이셨으니 성령은 모든 것, 곧 하나님의 깊은 것까지도 통달하시느니라… 우리가 세상의 영을 받지 아니하고 오직 하나님으로부터 온 영을 받았으니 이는 우리로 하여금 하나님께서 우리에게 은혜로 주신 것들을 알게 하려 하심이라."(고전 2:9,10,12) 하나님께서 당신 자신을 알리시려고 신령한 계시를 주신 일은 놀라운 일입니다. "우리 주 예수 그리스도의 하나님, 영광의 아버지께서 지혜와 계시의 영을 너희에게 주사 하나님을 알게 하시고 너희 마음의 눈을 밝히사 그의 부르심의 소망이 무엇이며 성도 안에서 그 기업의 영광의 풍성함이 무엇이며 그의 힘의 위력으로 역사하심을 따라 믿는 우리에게 베푸신 능력의 지극히 크심이 어떠한 것을 너희로 알게 하시기를 구하노라. 그의 능력이 그리스도 안에서 역사하사 죽은 자들 가운데서 다시 살리시고 하늘에서 자기의 오른편에 앉히사…"(엡 1:17-20)

주의 말씀의 도(道)를 이해하는 면에서 진보에 진보를 거듭해야 합니다. "우리가 다 하나님의 아들을 믿는 것과 아는 일에 하나가 되어 온전한 사람을 이루어 그리스도의 장성한 분량이 충만한 데까지 이르리니."(엡 4: 13) 그리스도를 아는 지식의 작은 진보라도(그리스도를 아는 지식이 큰 날에는 밝히 드러나겠지만), 땅에 속한 학문 분야의 지식에서 가장 높이 오른 것보다 무한히 더 가치 있습니다.

진정 이 '신령한 지식 안에서 자라는 것'은 얼마나 중요한 일입니까! "오직 우리 주 곧 구주 예수 그리스도의 은혜와 그를 아는 지식에서 자라 가라."(벧후 3:18) 그런 지식을 이론적으로만 생각하면 영적으로 자라지 않고 항상 멈춰 있습니다. 신령하고 실천적인 지식은 항상 진보합니다. 구원을 위해 필요한 신령한 지식은 상대적으로 아주 작아도 됩니다. 그러나 그리스도 안에 있는 위로와 확고한 믿음의 상태에 들어가려면 많은 지식이 필요합니다. 너무 비좁아서 찾기를 꺼려하는 '주의 법도의 길'을 분명하게 분별하기 위해서는 지식이 많이 필요합니다. 정말 그런 경지에 이르려면 많은 어려움을 통과해야 합니다. 그 목표를 항상 견지하는 것은 너무나도 중요한 일입니다. 이 시편 기자가 어째서 '주님의 법도의 길을 깨닫기를 간절히' 원했겠습니까? 그것을 다른 사람들에게 권하기 위해서, '주님의 기이한 일들을 말해주기' 위해서입니다. 물론 이렇게 말하는 시편 기자가 자기 성취라는 목적에 깊이 빠져서 만족하고 있다면 정말 가증스러운 일입니다! 그러나 시편 기자는 그렇게 말하고 있지 않습니다. 시편 기자는 자기로 말미암아, 자기 안에서 다른 이들이 하나님의 거룩하심과 영화로우심을 더 보게 되기를 간절히 원하고 있습니다. "나로 말미암아 하나님께 영광을 돌리니라."(갈 1: 24) "이같이 너희 빛이 사람 앞에 비치게 하여 그들로 너희 착한 행실을 보고 하늘에 계신 너희 아버지께 영광을 돌리게 하라."(마 5:16) 주님께 순종하고 주님을 찬미함으로 말미암아 내 자신이나 다른 사람들이 함께 영적인 진보를 할 수 있게 하옵소서!

우리는 흔히 신앙적인 대화를 하다가 제지를 당하는 일로 불만을 품곤 합니다. 그러나 "주의 법도의 길을 깨닫게 하소서."라는 기도의 '제단 숯불로 입술을 지지게' 될 것입니다. "독사의 자식들아, 너희는 악하니 어떻게 선한 말을 할 수 있느냐 이는 마음에 가득한 것을 입으로 말함이라."(마 12:34) "무릇 더러운 말은 너희 입 밖에도 내지 말고 오직 덕을 세우는 데 소용되는 대로 선한 말을 하여 듣는 자들에게 은혜를 끼치게 하라."(엡 4:29) 겸손한 자세로 배우려는 단순한 자세가 총명의 빛을 얻게 하며, 마음의 감동이 '입술을 열어주며' 우리가 가진 모든 지체가 다 합하여 하나님을 섬기고 찬미하게 할 것입니다.

시편 119:28
"나의 영혼이 눌림으로 말미암아 녹사오니
주의 말씀대로 나를 세우소서."

'사자 같은 마음을 가진' 다윗이 이 기도를 통해서 '아주 녹아내리고' 있음
을 표현하고 있습니다(삼하 17:10 ; 수 7:5 ; 시 107:26 참조)4). 신령한 사람에
게는 기쁨뿐만 아니라 슬픔도 무한하시고 영원하신 하나님과 대면하여 나
온 것이기에 그 깊이를 헤아려 알기가 어렵습니다. "주께서 침묵하신다고 누
가 그를 정죄하며 그가 얼굴을 가리신다면 누가 그를 뵈올 수 있으랴."(욥
34:29) 이 세상의 삶 속에서 만나는 시련은 일반적인 용기를 가지고도 버텨낼
수 있습니다. 그러나 전혀 상황이 다를 때가 있습니다. "전능자의 화살이 내
게 박히매 나의 영이 그 독을 마셨나니 하나님의 두려움이 나를 엄습하여 치
는구나."(욥 6:4) "사람의 심령은 그의 병을 능히 이기려니와 심령이 상하면
그것을 누가 일으키겠느냐."(잠 18:14)
　　"나의 영혼이 눌림으로 말미암아 녹사오니." 그리스도인들이 "그 영혼이 눌
림으로 말미암아 녹아 있을 때" 그 상황을 누가 부러워 하겠습니까? 그러나
그처럼 영혼이 눌림을 인하여 녹아 있는 기간이 '잠시뿐'임을 기억해야 합니
다. 환란의 때에 그 점을 '반드시' 기억해야 합니다. 그리스도인은 결국 "예
수 그리스도께서 나타나실 때에 칭찬과 영광과 존귀를 얻게 될" 것입니다(벧
전 1:6,7) "그의 노여움은 잠깐이요, 그의 은총은 평생이로다 저녁에는 울음

---

4) "비록 그가 사자 같은 마음을 가진 용사의 아들일지라도 낙심하리니 이는 이스라엘 무리가 왕의 아버지는 영웅이요 그의 추종자들
도 용사인 줄 앎이니이다."(삼하 17:10)
"아이 사람이 그들을 삼십육 명쯤 쳐죽이고 성문 앞에서부터 스바림까지 쫓아가 내려가는 비탈에서 쳤으므로 백성의 마음이 녹아 물
같이 된지라."(수 7:5)
"그들이 하늘로 솟구쳤다가 깊은 곳으로 내려가나니 그 위험 때문에 그들의 영혼이 녹는도다."(시 107:26)

이 깃들일지라도 아침에는 기쁨이 오리로다."(시 30:5) 슬퍼 낙담하는 기간만큼 그리스도인들의 의미가 더 생생하게 느껴지고, 그리스도인들의 확신의 터가 더 선명하게 드러나 보일 때가 없습니다. 그리스도인들은 자기 속에 내주하는 죄가 여러 가지로 모양을 바꾸어 세력을 부리는 것에 대해 탄식합니다. 그러나 그들이 탄식하는 모습 자체가 그들 속에 내주하는 은혜의 강력한 능력을 보여주는 증거입니다. 그들 마음에 있는 믿음의 원리가 불신앙을 큰 짐으로 여기게 하는 것이 아니겠습니까? 그들이 눈물을 흘리며 투쟁하게 만든 것이 그들 속에 있는 소망이 아니면 무엇이겠습니까? 자기들 속에서 느껴지는 냉담한 자세를 슬픔의 소재가 되게 하는 것이 바로 하나님을 향한 사랑이 아니겠습니까? 겸손이 아니면 무엇이 그들로 하여금 자기들의 교만을 혐오하게 만들겠습니까? 그들 마음속에 있는 감사 충만의 은밀한 샘이 자기들 마음이 감사로 충만하지 못한 것을 부끄럽게 여기게 만드는 것이 아니겠습니까? 그러므로 "눌림을 인하여 내 영혼이 녹는다."는 것은 의식의 깊은 곳에 하나님의 강력이 작용하고 있음을 드러내는 것입니다. 그 능력이 그들로 하여금 끝까지 포기하지 않고 투쟁하게 붙들어 줍니다. 그러니 믿는 자는 경건치 않은 악인들이 매우 번영하는 것을 보면서 마음에 무거움을 느끼는 순간에도 하나님께 이런 기도를 드리고 싶은 마음이 일어납니다. "내 마음이 악한 일에 기울어 죄악을 행하는 자들과 함께 악을 행하지 말게 하시며 그들의 진수성찬을 먹지 말게 하소서."(시 141:4)

세상적인 기쁨보다 경건한 슬픔이 훨씬 더 낫고 훨씬 더 복되다고 말할 수 있습니다. 그리스도인은 비참한 중에서도 자기의 소망을 다른 것과 맞바꾸고 싶어하지 않습니다. 비록 그 마음이 자주 불신앙으로 말미암아 모호해지고 두려움의 구름이 낄 때가 있어도 '세상 나라들과 그 모든 영광'을 위하여 복음 안에 있는 소망을 내어주지 않습니다. "마음의 고통은 자기가 알고 마음의 즐거움은 타인이 참여하지 못하느니라."(잠 14:10)5) 물론 그러한 환란 중에서의 고통은 예리합니다. 자애로우시고 은혜로우신 하나님 아버지께서도 죄를 불쾌하게 여기십니다. "내가 주께만 범죄하여 주의 목전에 악을 행하였사오니 주께서 말씀하실 때에 의로우시다 하고 주께서 심판하실 때에 순전하시다 하리이다."(시 51:4) 죄가 생각나면 하나님을 사랑하는 사람의 마음이 '찔림'을 당합니다. "내가 다윗의 집과 예루살렘 주민에게 은총과 간구하는 심령을 부어 주리니 그들이 그 찌른 바 그를 바라보고 그를 위하여 애통하기를 독자를 위하여 애통하듯 하며 그를 위하여 통곡하기를 장자를 위하여 통곡하듯 하리로다."(슥 12:10) 죄가 우리를 구원하신 주님으로 하여금 피를 흘리게 만들었습니다. 죄는 그리스도인의 영혼 안에 내주하면서 위로의 성령님을 근심케 합니다. "하나님의 성령을 근심하게 하지 말라 그 안에서 너희가 구속(救贖)의 날까지 인(印)치심을 받았느니라."(엡 4:30 - 개역한글) 하나님께서는 그리스도인이 애통하기를 기대하십니다. 그리스도인은 애통할 충분한 이유가 있음을 느낍니다.

"나의 영혼이 눌림으로 말미암아 녹사오니." 하나님 아버지께서 필요하다 여기시어 징계 받는 자녀마다 고통의 울부짖음을 보일 때가 종종 있습니다. 그리스도인의 마음에서 세상이 왕 노릇하지는 못하지만 아주 추방된 것은 아닙니다. 아직도 세상에 속한 많은 찌끼가 마음에 남아 있습니다. 너무나 매력적으로 보이는 세상에 속한 기쁨을 일으키는 자원(資源)들을 원통하게 여겨야 마땅합니다. 십자가를 지고 연단을 받는 사람이 "나의 영혼이 눌림으로 말미암아 녹사옵니다."라고 울부짖게 만드는 것이 바로 그것입니다. 그러나

---

5) "어떤 선한 사람이 병상에 누워있는데 다른 이가 그에게 물었다. '당신이 알기에 가장 평안한 날은 언제였던가?' 그랬더니 이렇게 울부짖었다. '오, 제게 애곡하는 날을 주옵소서. 제게 다시 그 우는 날을 주시옵소서. 제가 지금까지 알았던 날들 중에서 가장 기쁨에 충만한 때가 바로 그 날들이었기 때문입니다.'"-Brookes의 전집에서

그 영혼이 속에서 눌릴 때에도 하나님의 자녀는 자기가 하나님께 사랑을 받고 있음을 잊을 수가 없습니다. 자기가 구원을 받았음을 잊을 수가 없으니 말입니다. 자기에게 베풀어주신 하나님의 주권적인 긍휼을 생각하기만 해도, 경건한 슬픔의 눈물과 기쁨의 눈물이 함께 흐릅니다.

"주의 말씀대로 나를 세우소서." "눌림을 인하여 녹는 일"은 우리를 멈추게 하지 않고 도리어 은혜의 보좌 앞에 무릎을 꿇고 믿음으로 울부짖는 데까지 나아가게 합니다. "나를 세우소서."라고 기도하게 합니다. 이 목적을 위해서 "무거움에 짓눌려 녹는" 일을 하나님께서 허락하시는 것입니다. 그럴 경우 자신의 결심과 의지의 능력으로 버팁니까, 아니면 은혜의 습관으로 버팁니까? 주님께서 순간마다 계속 은혜를 공급하시지 않으면 우리는 모두 나약해져 기진하고 맙니다. 전능하신 능력을 가지신 하나님께 무슨 짐이나 감당키 어려운 난제가 있겠습니까? "버러지 같은 너 야곱아, 너희 이스라엘 사람들아, 두려워하지 말라 나 여호와가 말하노니 내가 너를 도울 것이라 네 구속자는 이스라엘의 거룩한 이이니라 보라, 내가 너로 이가 날카로운 새 타작기로 삼으리니 네가 산들을 쳐서 부스러기를 만들 것이며 작은 산들을 겨 같이 만들 것이라."(사 41:14,15)

"주의 말씀대로." 이 어구는 시편 119편에서 끊임없이 반복됩니다. "주의 말씀"은 은혜를 구하는 탄원의 기도가 성공한다는 특별한 보증입니다. "내 영혼이 진토에 붙었사오니 주의 말씀대로 나를 살아나게 하소서."(시 119:25) "여호와여 주의 말씀대로 주의 인자하심과 주의 구원을 내게 임하게 하소서."(41절) "내가 전심으로 주께 간구하였사오니 주의 말씀대로 내게 은혜를 베푸소서."(58절) 주님의 말씀이 우리에게 무엇을 확증합니까? "네가 사는 날을 따라서 능력이 있으리로다."(신 33:25) 욥은 말하였습니다. "그가 큰 권능을 가지시고 나와 더불어 다투시겠느냐 아니로다 도리어 내 말을 들으시리라."(욥 23:6) 다윗은 자신에게서 그 점을 발견하였습니다. "내가 간구하는 날에 주께서 응답하시고 내 영혼에 힘을 주어 나를 강하게 하셨나이다."(시 138:3) 사도 바울도 그와 같은 약속과 성취를 받았습니다. "나에게 이르시기를 내 은혜가 네게 족하도다 이는 내 능력이 약한 데서 온전하여짐이라."(고후 12:9) 이스라엘의 하나님께서는 여전히 '자기 백성에게 권능을 주시는 하나님'이 아니십니까? "하나님이여 위엄을 성소에서 나타내시나이다 이스라엘의 하나님은 그의 백성에게 힘과 능력을 주시나니 하나님을 찬송할지어다."(시68:35) "사람이 감당할 시험 밖에는 너희가 당한 것이 없나니 오직 하나님은 미쁘사 너희가 감당하지 못할 시험 당함을 허락하지 아니하시고 시험 당할 즈음에 또한 피할 길을 내사 너희로 능히 감당하게 하시느니라."(고전 10:13)

우리 자신이 무능함을 절실하게 느껴 하나님의 능력을 전적으로 의지하는 단순한 마음상태일 때가 있습니다. 그때야말로 "눌림을 인하여 녹는 그 영혼"이 가장 특별하게 세움을 받고 견지함을 받는 때입니다. "근심이 사람의 마음에 있으면 그것으로 번뇌하게 되나 선한 말은 그것을 즐겁게 하느니라."(잠 12:25) 복음의 '선한 말씀'이 우리 영혼을 얼마나 소생케 합니까! 그런 말씀들은 기름 부음을 받은 구세주께서 "그 재를 대신하며 희락의 기름으로 그 슬픔을 대신하며 찬송의 옷으로 그 근심을 대신하게"(사 61:3) 하십니다. 그리고 "학자들의 혀를 내게 주사 나로 곤고한 자를 말로 어떻게 도와 줄 줄을 알게 하시는"(사 50:4) 은사를 베푸십니다.

주님께서 친히 "마음은 밀랍 같아서 내 속에서 녹은" 일을 겪으셨다는 사실을 주목하는 일은 진정 적지 않은 용기를 줍니다(시 22:14) 예수님께서는 당신께 전가된 백성들의 죄책으로 인한 말로 다 할 수 없는 무게로 말미암아 심히 놀라시며 슬퍼하셨습니다. 또한 그 쓰디 쓴 시험의 고난을 통해서 '시험 받는 자들을 능히 도우실 수' 있게 되셨습니다(막 14:33 ; 히 2:18). 주님께서는 신실한 주님의 종인 다윗처럼 친히 자기가 지으신 피조물에 의해 가장 비통한 고뇌의 순간을 맞으시면서도 "아버지의 말씀을 따라" 힘을 얻으셨습니다. "천사가 하늘로부터 예수께 나타나 힘을 더하더라."(눅 22:43. 고후 12:8,9 참조) 머리 되신 주님께 그러한 신실한 지원이 주어졌습니다. 이것이 바로 주님의 지체된 모든 사람이 고통을 겪을 때 무엇을 누리게 될지 보증하는 가장 확실한 표징입니다. "그리스도의 고난이 우리에게 넘친 것 같이 우리가 받는 위로도 그리스도로 말미암아 넘치는도다."(고후 1:5)

"주의 말씀대로." 복된 말씀이 그리스도의 지체들 모두에게 필요한 것을 공급할 것입니다. 주님의 말씀이 그들의 영혼을 소생시키시는 은혜와 그들을 인도하는 빛, 그들이 누릴 위로, 그들을 능력 있게 해줄 힘을 공급할 것입니다.

"주의 말씀대로 나를 세우소서."[6] '주여, 낙담하지 말게 저를 지켜주옵소서.' 낙담은 주님의 이름을 불명예스럽게 하는 죄요, 내 영혼을 연약하게 만드는 것입니다. '주여, 제가 비록 여러 시험을 받아 그 무게를 느껴야할 때가 종종 있을지라도 믿음의 능력을 끊임없이 행사하게 하시어 제 영혼에게 훈계할 수 있게 하옵소서.' "내 영혼아 네가 어찌하여 낙망하며 어찌하여 내 속에서 불안하여 하는고 너는 하나님을 바라라 나는 내 얼굴을 도우시는 내 하나님을 오히려 찬송하리로다."(시 42:11 - 개역한글)

---

6) 흠정역 성경은 Strengthen thou me according unto thy word〈주의 말씀대로 나를 강하게 하소서.〉

시편 119:29

"거짓 행위를 내게서 떠나게 하시고
주의 법을 내게 은혜로이 베푸소서."

"거짓 행위를 내게서 떠나게 하시고." 마음의 원리로든 행실로든 협착하고
좁은 길에서 벗어나는 모든 행사는 다 '거짓 행위의 길'입니다. 그 길로 행하
는 사람마다 '자기 속임수의 재를 먹는' 셈입니다. 하나님의 사람이 죄의 영
향을 그처럼 열심히 탄핵해야 한다는 것이 이상하게 보입니까? '불 가운데서
끄집어낸 부지깽이'에는 여전히 불티가 있을 가능성이 있습니다. 하나님의
교회 안에서 가장 오래 믿은 사람이라도 방심하면 어느 순간 이전 죄의 사슬
에 포로가 될 수 있습니다. 이 사람 다윗이 과거에 자기가 부끄러운 죄에 빠
졌던 것을 회상하면 자연스럽게 "거짓 행위를 내게서 떠나게 하소서"라고 기
도할 마음이 일지 않았겠습니까? '복음을 믿는다'고 고백할 때조차도 우리
는 "그리스도의 은혜로 우리를 부르신 이를 속히 떠나 다른 복음을 따를 수"
있습니다(갈 1:6) 또 우리의 체계 속에 그릇된 교리가 들어와 자리를 잡을 수
있습니다. 교리적 오류는 우리의 일관성 없는 행실 속에서 자연스럽게 그 열
매가 드러나기 마련입니다. 죄된 정욕의 원리와 자기 의(義)의 원리와 세상을
따르는 원리들, 매일 십자가를 지는 데서 뒷걸음질 치게 하는 모든 원리들이
우리 심령에 들어올 수 있습니다. 그것을 아는 사람은 "거짓 행위를 내게서
떠나게 하소서."라는 기도가 아주 자연스러운 일입니다.

　"거짓 행위를 내게서 떠나게 하시고." 이상의 그릇된 길들을 '거짓 행위의 길
들'로 부르는 것은 아주 정당합니다. 그 길들은 일의 본질상 불가능한 것을
할 수 있다고 약속합니다. 그 약속에 속아 그 길을 따르는 자들은 자연히
어떻게 됩니까? "거짓되고 헛된 것을 숭상하는 모든 자는 자기에게 베푸신

은혜를 버렸사오나"(욘 2:8) 우리가 이런 잘못된 '길들'을 추적해보고 그 원천이 어디이며, 그것이 누구로부터 비롯되었나를 추적하는 것은 결코 손해가 아닙니다. "너희는 너희 아비 마귀에게서 났으니 너희 아비의 욕심을 너희도 행하고자 하느니라."(요 8:44) 마귀의 첫 번째 거짓말은 아주 성공적이었고 하와를 유혹하는 방편이었습니다. 마귀는 "그의 간교함으로" 하와를 속였습니다(창 3:1-6 ; 고후 11:3). 여전히 마귀는 자기 마음대로 부릴 수 있는 세상 전역을 통해 사람을 죽이는 동일한 일을 계속 자행하며, '불순종에 눈먼 자녀들'을 속입니다. "큰 용이 내쫓기니 옛 뱀 곧 마귀라고도 하고 사탄이라고도 하며 온 천하를 꾀는 자라 그가 땅으로 내쫓기니 그의 사자들도 그와 함께 내쫓기니라."(계 12:9) "그 중에 이 세상의 신이 믿지 아니하는 자들의 마음을 혼미하게 하여 그리스도의 영광의 복음의 광채가 비치지 못하게 함이니 그리스도는 하나님의 형상이니라."(고후 4:4) "그 때에 너희는 그 가운데서 행하여 이 세상 풍조를 따르고 공중의 권세 잡은 자를 따랐으니 곧 지금 불순종의 아들들 가운데서 역사하는 영이라."(엡 2:2) 그리하여 사탄은 여전히 하나님을 잘못 생각하게 만드는 무서운 기만술을 펼쳐 눈먼 사람들로 하여금 "생수의 근원을 버리고 터진 웅덩이"를 택하게 만들고 있습니다(렘 2:13).

"주의 법을 내게 은혜로이 베푸소서." 주의 율법을 아는 '은혜로운 지식'이야 말로 이 악한 길을 '떠나게'하는 유일한 방편입니다. 다윗은 왕으로서 율법을 등사하여 가지고 있었습니다. "그가 왕위에 오르거든 이 율법서의 등사본을 레위 사람 제사장 앞에서 책에 기록하여 평생에 자기 옆에 두고 읽어 그의 하나님 여호와 경외하기를 배우며 이 율법의 모든 말과 이 규례를 지켜 행할 것이라."(신 17:18,19) 다윗은 그 율법이 자기의 심령에 부각되기를 원하였습니다. 율법책을 그저 눈앞에 두는 것만이 아니라 마음에 각인(刻印)되기를 원하였다는 말입니다. 일반의 물리적 지식은 모든 사람에게 공통적인 유익을 줍니다. 그러나 주님의 백성들은 '은혜로운 지식'을 주시겠다는 하나님의 '언약의 복락'을 받은 자들입니다. "또 주께서 이르시되 그 날 후에 내가 이스라엘 집과 맺을 언약은 이것이니 내 법을 그들의 생각에 두고 그들의 마음에 이것을 기록하리라 나는 그들에게 하나님이 되고 그들은 내게 백성이 되리라."(히 8:10) 이 경우에만 율법이 효력 있는 성결의 원리가 됩니다.

이전과 같이 율법은 하나님을 믿지 않는 악인들에게는 여전히 원수처럼 작용합니다. 그들의 양심에 가책의 빛을 던지기 때문입니다. 그러나 하나님의 종인 다윗에게는 율법이 기쁨이었습니다. 율법은 다윗으로 하여금 하나님의 뜻을 알게 하여 그의 행실을 지도하였습니다. 그처럼 진리는 "거짓 행위"를 없앱니다. 그럼으로써 그 사람의 마음에서 벨리알 대신 그리스도께서 왕 노릇 하십니다.

우리는 마음을 그런 경로로 지킬 수 있습니다. 마음이 잘못되면 그 다음의 모든 생각과 행실이 방황하기 마련입니다. "모든 지킬 만한 것 중에 더욱 네 마음을 지키라 생명의 근원이 이에서 남이니라."(잠 4:23) 여기저기 두리번거리거나 배회하거나 종잡을 수 없는 쓸데없는 말을 하는 그 모든 것이 하나님을 떠나 제멋대로 구는 마음에서 흘러나오는 것입니다. 그러나 율법을 우리의 원칙으로 삼고 성령님의 인도하심을 받으면 안전하고 복된 길로 행하게 붙들립니다.

"주의 법을 내게 은혜로이 베푸소서." 이 말씀은 '주의 법의 거룩한 특성을 보다 더 선명하게 깨닫게 하소서'라는 내용의 기도입니다. '주의 율법을 범하려는 유혹을 느끼는 즉시 더 민첩하게 발을 빼며, 그 율법의 정신을 더욱 충실하게 존중하며, 그 율법의 인도하심에 더욱 철저하게 순응하게 하소서.'

시편 119:30

"내가 성실한 길을 택하고

주의 규례들을 내 앞에 두었나이다."

"내가 성실한 길을 택하고." 우리 앞에 두 기로가 있을 뿐입니다. '거짓의 길'
과 '진리의 길' 두 길 뿐이란 말입니다. 하나님께서 말씀의 빛으로 우리를 '진
리의 길'로 인도하십니다. 사탄은 여러 시험을 통해서 '거짓된 길'로 가도록
우리를 부추깁니다. 사람은 본성적으로 '거짓의 길'을 택하기 마련입니다. 주
님께서 그 백성의 마음속에서 역사하셔야만 '진리의 길'을 택하는 일이 일어
납니다. 주님의 역사는 그 백성을 향하신 주님의 영원하고 특별한 사랑의 인
침입니다. 주님께서 우리로 '진리의 길'을 보도록 가르쳐 주십니다. "여호와
여, 주의 도를 내게 보이시고 주의 길을 내게 가르치소서."(시 25:4. 시 32:8과
사 48:17은 참조[7]) 주님의 은혜로 우리가 진리의 길을 '택할' 능력을 갖게 됩니
다. "주의 권능의 날에 주의 백성이 거룩한 옷을 입고 즐거이 헌신하니 새벽이
슬 같은 주의 청년들이 주께 나오는도다."(시 110:3. 사 44:3-5은 참조[8]) 그런
하나님의 은혜를 받은 사람이 이후의 행로에서 자신이 처음 가졌던 마음의
결심을 바꿀 이유를 발견한 사람이 있었습니까? 마리아가 '좋은 편을 택한'
것을 후회했습니까? "마리아는 이 좋은 편을 택하였으니 빼앗기지 아니하리
라."(눅 10:42) 깊이 숙고하고 견실한 분별력을 가졌던 사람은 성급하게 아

---

7) "내가 네 갈 길을 가르쳐 보이고 너를 주목하여 훈계하리로다."(시 32:8)
"너희의 구속자시요 이스라엘의 거룩하신 이이신 여호와께서 이르시되 나는 네게 유익하도록 가르치고 너를 마땅히 행할 길로 인도하
는 네 하나님 여호와라."(시 48:17)

8) "나는 목마른 자에게 물을 주며 마른 땅에 시내가 흐르게 하며 나의 영을 네 자손에게, 나의 복을 네 후손에게 부어 주리니 그들이
풀 가운데서 솟아나기를 시냇가의 버들 같이 할 것이라 한 사람은 이르기를 나는 여호와께 속하였다 할 것이며 또 한 사람은 야곱의
이름으로 자기를 부를 것이며 또 다른 사람은 자기가 여호와께 속하였음을 그의 손으로 기록하고 이스라엘의 이름으로 존귀히 여김
을 받으리라."(사 44:3-5)

무릇게나 자기의 길을 가기가 쉽지 않았습니다. 그 사람이 자기 행로의 방식에 대해서 이렇게 우리에게 일러줍니다. "내게 유익하던 모든 것을 그리스도를 위하여 다 해로 여길뿐더러."(빌 3:7) 그는 20년간의 체험을 후회거리로 삼는 대신 자기의 결심을 더욱 굳게 하는 데 사용하였습니다. 그는 더욱 힘 있는 표현으로 자기의 결심을 되풀이합니다. "또한 모든 것을 해로 여김은 내 주 그리스도 예수를 아는 지식이 가장 고상하기 때문이라 내가 그를 위하여 모든 것을 잃어버리고 배설물로 여김은 그리스도를 얻고 그 안에서 발견되려 함이니."(빌 3:8) 고대의 한 교부는 같은 정신으로 자신에 관하여 이렇게 말한 바 있습니다. "내게 어떤 소유나 건강이나 신용도나 학식이 있다 하더라도, 가장 바람직한 모든 것을 자신의 품성 속에 다 갖고 계시는 그리스도를 위하여 해로 여길 수만 있다면 그것으로 나는 만족한다."(totus desiderabilis, et totum desiderabile.)

"**내가 성실한 길을 택하고.**" 29절에서 기자는 "거짓 행위를 내게서 떠나게 하시고 주의 법을 내게 은혜로이 베푸소서."라는 기도를 표현하였습니다. 그 말씀을 30절과 연결해 보면 신자의 마음의 성향을 잘 예증해줍니다. 신자는 죄와 사탄과 자신의 마음의 기만성을 알므로 "거짓 행위를 내게서 떠나게 하소서."라고 기도할 마음이 우러납니다. 여기서 기자는 "내가 성실한 길(진리의 길)을 택하였사옵니다."라는 표현으로 자기의 결심을 나타내었습니다. "거짓 행위가 내게서 떠나길" 원하는 진지한 소원을 가졌다는 사실 자체가 이미 "진리의 길(성실한 길)을 택하였음"을 분명하게 입증합니다. 또한 그런 진지한 소원을 가진 사람은 "진리의 성령께서 친히 진리의 길 되신 주님께 우리를 인도하셨다."는 사실을 분명하게 드러냅니다(요 16:13,14). 진실로 예수님은 하나님께 이르는 참되고 유일한 길이십니다(요 14:6). 그리스도인은 자기 앞에 놓인 모든 길들 중에서 하나님께 큰 영광이 되고 구주를 드높이고 하나님의 성령을 존귀케 하는 길, 또한 자기 자신의 영혼의 구원을 확보해주는 길을 택해야 합니다. 그리스도인은 '이 길을 택함으로 어찌되든 이 길 말고는 다른 길은 없다.'는 생각으로 길을 택해야 합니다. 아니, 내가 그 길을 택함으로 죽을지라도, 그 길에서 벗어나지 않을 각오를 해야 합니다. 하나님의 영광을 발견하는 일이 너무나도 놀랍습니다. 그 영광을 발견한 사람은 하늘의 영광 자체를 분명히 본 것과 거의 같다 할 수 있습니다.

그러나 그 길을 실제 가다보면 울퉁불퉁하여 가기가 거칠고 좁은 경우가 흔합니다. 우리는 경건치 않은 세상 사람들의 패역과 맞서야 할뿐 아니라, 믿음은 가졌다 하나 우리 동기를 항상 이해할 수 없는 형제들의 의심 앞에도 설 수 있어야 합니다. 우리 마음이 하나님께 정직하면 어떤 경우에도 흔들리지 않을 것이며, 일단 결심이 서면 어떤 대가라도 지불할 각오가 생기는 법입니다. "너희 중의 누가 망대를 세우고자 할진대 자기의 가진 것이 준공하기까지에 족할는지 먼저 앉아 그 비용을 계산하지 아니하겠느냐"(눅 14:28) "내가 달려갈 길과 주 예수께 받은 사명 곧 하나님의 은혜의 복음을 증언하는 일을 마치려 함에는 나의 생명조차 조금도 귀한 것으로 여기지 아니하노라."(행 20: 24)

"주의 규례들을 내 앞에 두었나이다." 우리가 진리의 길을 택한 결심이 날마다 견고해지기 위하여 우리의 생명과 빛과 은혜의 보고를 잊지 말아야합니다. '우리 앞에 주의 규례들(판단들)을 두도록' 합시다. 우리는 항상 배워야 할 새로운 어떤 교훈을 만나게 됩니다. 또 우리가 이행해야 할 새로운 의무와 우리가 피해야 할 어떤 새로운 함정도 항상 우리 앞에 있기 마련입니다. 그러므로 항상 하나님의 법도를 따라 근신하며 행해야 합니다. "무릇 이 규례를 행하는 자에게와 하나님의 이스라엘에게 평강과 긍휼이 있을지어다."(갈 6:16. 빌 3:12는 참조) 우리 길을 밝히시고 힘을 북돋아주시는 질투하시는 하나님께서 우리의 행사를 감찰하십니다. 또한 악인들은 우리가 선한 행실을 '중단하기를' 간절히 바라며 지켜보고 있습니다. 연약한 그리스도인들이 우리의 일관성 없는 행실을 보고 넘어질 수 있습니다. 이미 견고하게 선 그리스도인들이라도 우리의 일관성 있는 신앙고백의 실천적 모습을 봄으로써 더욱 확고한 믿음의 자세를 견지하게 될 것입니다. 복음은 이처럼 엄격하고 정확한 행실을 위한 모든 자원을 제공합니다. 하나님께서는 그것을 위해서 필요한 모든 것을 허락하십니다. 하나님께서 순종을 명하시면 그 순종에 필요한 은혜를 주시어 행하게 하십니다. "우리 안에서 행하시는 하나님"(빌 2:12,13 ; 사 26:12)께서는 우리에게 능력을 주시어 하나님 자신을 위해서 일하게 하십니다. 하나님께서 필요한 자원을 더 주시기를 바라고 겸손히 구하라고 우리에게 말씀하십니다. 그리고 이미 주신 것을 부지런히 활용하여 하나님의 영광을 드러내라 하십니다. 그러면 마땅히 우리가 순종해야 할 일을 위해서 필요한 도움을 주시겠다고 맹세로 약속하셨습니다. "두려워하지 말라 내가 너와 함께 함이라 놀라지 말라 나는 네 하나님이 됨이라 내가 너를 굳세게 하리라 참으로 너를 도와주리라 참으로 나의 의로운 오른손으로 너를 붙들리라."(사 42:10) "내가 그들에게 나 여호와를 의지하여 견고하게 하리니 그들이 내 이름으로 행하리라 나 여호와의 말이니라."(슥 10:12)

"주의 규례들을 내 앞에 두었나이다." 사실이 그러하니 내가 택한 것이 무엇인가 묻고 싶어집니다. 내가 택한 것은 영원히 존재함을 기억하고 싶습니다. 먼저 나를 택하신 하나님의 은혜로 말미암아 '내가 진리의 길(성실한 길)을 택하였다면,' 실제 삶의 행실 속에서 매일 눈에 띄는 모습으로 믿음의 실천을 하나님 앞에 보이면 그 효력이 반드시 열매를 맺는 방향으로 나아갈 것입니다. 하나님의 말씀이 그것을 약속합니다. "범죄하지 아니하려하여 내 마음에 하나님의 말씀을 두는 것"은 훌륭한 일입니다(시 119:11) 또한 '내 앞에 주의 규례들을 놓아 내 길을 안내할 이정표로 삼는다면,' 그 또한 훌륭한 일입니다. 다시 말하면 하나님의 말씀의 지도를 따라 일을 해 나가고, 말씀의 지원을 받아 내 영역을 보충하는 것이 훌륭한 일입니다. "이 율법책을 네 입에서 떠나지 말게 하며 주야로 그것을 묵상하여 그 안에 기록된 대로 다 지켜 행하라 그리하면 네 길이 평탄하게 될 것이며 네가 형통하리라."(수 1:8)

시편 119:31
"내가 주의 증거들에 매달렸사오니
여호와여 내가 수치를 당하지 말게 하소서."

"내가 주의 증거들에 매달렸사오니." 우리는 방금 하나님의 사람의 '선택'을 알았습니다. 그리고 진리의 길을 따라서 행동할 때 어떤 원칙을 가져야 하는지도 알았습니다. 이제 우리는 그런 행동을 끝까지 인내하면서 지켜나가는 모습을 봅니다. '처음에는 진리의 길'을 선택하고 그 다음에는 그 길에 매달렸습니다. 그는 "내 영혼이 진토에 붙었사오니"라고 탄식하였습니다(29절). 그러면서도 그는 "내가 주의 증거들에 매달렸사옵니다."라고 말하기 원합니다. 그럼으로써 다윗은 그리스도인의 두 마음을 상세하게 묘사한 사도 바울의 논리를 잘 예증해 주었습니다. 회심한 아프리카의 성도 어거스틴은 사도 바울이 그리스도인의 두 마음을 상세하게 기술하였다고 말한 바 있습니다. "내 속사람으로는 하나님의 법을 즐거워하되 내 지체 속에서 한 다른 법이 내 마음의 법과 싸워 내 지체 속에 있는 죄의 법으로 나를 사로잡는 것을 보는도다 오호라 나는 곤고한 사람이로다 이 사망의 몸에서 누가 나를 건져내랴 우리 주 예수 그리스도로 말미암아 하나님께 감사하리로다 그런즉 내 자신이 마음으로는 하나님의 법을 육신으로는 죄의 법을 섬기노라."(롬 7:22-

25) 어거스틴은 자신의 마음속에서 일어나는 이 갈등을 그림을 그리듯이 상세하게 묘사합니다. "오, 나의 하나님, 제 속에서 존재하기 시작한 새로운 의지로 말미암아 제가 주님을 사랑하고 싶나이다! 아직은 내 이전 의지를 극복할 수는 없지만 내 속에 있기 시작한 그 새로운 의지가 내 속에서 계속 존재함으로 오직 확실하고 유일한 달콤함이 무엇인가를 드러낼 것을 확신하나이다. 옛 사람의 의지와 새 사람의 의지 둘이 제 속에 있나이다. 하나는 육적이요, 다른 하나는 신령한 의지로써 그들끼리 서로 상반되어 싸우니 내 영혼이 찢어지나이다. 제가 읽었던 것을 제 체험으로 이해하였나이다. '육체는 성령을 거스르고 성령은 육체를 거스른다.'는 말씀대로입니다. 제 자신이 양편에 걸려 있습니다. 그러나 제 자신 속에서는 제가 정죄한 것보다 제가 인정한 것을 편들고 있나이다. 왜냐하면 대부분 내가 기꺼이 원하던 것을 할 때에 많은 힘이 들었기 때문입니다."(어거스틴의 '고백록' 제 3권, 제 5장. 어거스틴의 고백을 로마서 7: 15- 20과 견주어 볼 것)

어찌되었든 하나님의 자녀는 가장 고통스러운 갈등 가운데서도 자기가 확신하는 바를 붙잡습니다. 하나님의 자녀는 자기가 짓는 죄에 대해 혐오감을 가집니다. 자기의 연약함 때문에 원치 않게 불명예스럽게 해드린 구주를 사랑하고 있습니다. 그리고 자기 모든 죄와 무가치함에도 불구하고 하나님의 권속 중에 속한 권리를 두려움 없이 내세웁니다.

독자여, 진지하게 자신에게 물어보십시오. '어떻게 내가 그리스도인이 되었는가? 내 혈통과 받은 교육과 내 결심과 의지로 그리 된 것인가?' 만일 은혜로 말미암아 '성실한 진리의 길'을 택할 수 있게 되었다면 확고하게 '그 길을 부여잡으십시오. 그렇지 않다면 차라리 그 길을 선택하지 않는 것이 더 나을 뻔한 일이 됩니다. "예수께서 이르시되 손에 쟁기를 잡고 뒤를 돌아보는 자는 하나님의 나라에 합당하지 아니하니라."(눅 9:62) "너희가 내 말에 거하면 참으로

내 제자가 되고."(요 8:31) "의의 도를 안 후에 받은 거룩한 명령을 저버리는 것
보다 알지 못하는 것이 도리어 그들에게 나으니라."(벧후 2:21) 그러나 우리 믿
음을 끝까지 견지케 하시는 하나님의 은혜를 찬미하나이다! '쟁기를 손에 잡
도록' 하신 분이 확고하고 견실한 믿음의 자세로 그 태도를 끝까지 견지하게
하실 것입니다. "여호와께서 나를 위하여 보상해 주시리이다 여호와여 주의 인
자하심이 영원하오니 주의 손으로 지으신 것을 버리지 마옵소서."(시 138:8)

"굳건한 마음으로 주와 함께 머물러 있는 일"(행 11:23)은 부단한 투쟁을
통해서 지켜질 수 있습니다. 그 길이 멀어서 가려면 많은 힘이 소진됩니다.
"백성이 호르산에서 출발하여 홍해 길을 따라 에돔 땅을 우회하려 하였다
가 길로 말미암아 백성의 마음이 상하니라."(민 21:4) 그 길을 따라가는 행로
의 속도가 느립니다. 성가시게 하는 시련이 끊임없이 주어집니다. 그런 시험
을 받을 때마다 자신이 '성실한 진리의 길'을 선택한 동기가 어디 있는지를 되
돌아 보아야 합니다. 그 선택이 주님의 빛과 인도하심 아래서 나오지 않았습
니까? 바로 그 이유 때문에 "주의 증거들에 매달리게" 된 것입니다. 처음에는
하나님의 길들이 유쾌하지 않았으며, 그리스도께서 사랑스럽지 않았으며,
하늘이 소원할만한 놀라운 것이 아니었습니까? 처음에 그 길을 가야겠다고
결심했을 때보다 그 '선택'을 존중하여 끝까지 고집해야할 더 많은 이유를
만나지 못하였습니까? 여러분이 스스로 그 길을 완전히 이해하지 못한 채 결
심을 하였을 수 있습니다. 그러나 이제 '그 길을 맛보았습니다.' "너희가 주
의 인자하심을 맛보았으면 그리하라."(벧전 2:3) 여러분은 체험을 통해서 그
길이 옳다는 것을 인증(認證) 받았습니다. 이제 면류관을 쓸 날이 점점 가까
이 온다는 사실을 생각하면 더 즐겁지 않습니까?

낙담하여 뒤로 물러간 자들이여! "하나님께서 너희에게 광야가 되었느
냐, 캄캄한 땅이 되었느냐?"(렘 2:31) 하나님을 따라가는 길에서 여러 시련

을 겪었다고 '사탄이 더 좋은 상전이어서 그에게로 돌아가련다.' 라고 말하겠습니까? '세상은 가장 행복한 길이다. 그러니 나는 그 길을 따라갈 것이다.' 이것은 아버지를 버리고 대신 살인자를 택하는 것입니다. "내 백성이 두 가지 악을 행하였나니 곧 그들이 생수의 근원되는 나를 버린 것과 스스로 웅덩이를 판 것인데 그것은 그 물을 가두지 못할 터진 웅덩이들이니라."(렘 2:13) 오! 그런 식으로 행하면 반드시 후회할 날이 오지 않겠습니까? 때가 너무 늦기 전에 회개할 수 있는 은혜를 주시옵소서! 정말 경각간에 극심한 위험의 순간에 친구가 되어 주시고, 부지깽이를 불타는데서 끄집어내듯이 여러분을 황급히 건져내신 분이 누구신지 숙고하십시오. 그분의 사랑스러운 여러 증거들을 숙고하십시오. 자신을 낮추시어 사람이 되시고 "질고를 아는 사람"(사 53:3)으로 십자가에서 여러분이 당해야 할 하나님의 영원한 저주를 대신 담당하시고 고뇌하시다 죽으신 분이 누구신지 숙고하십시오(갈 3:13). 피조물인 여러분이 무한히 빚을 진 분께 어떤 충성의 섬김으로 보답해야 할지 생각하는 보은의 마음을 가져야 마땅하지 않습니까? 그리스도의 값비싼 구속(救贖)의 역사에 마음을 붙이고 끝까지 흔들리지 말아야 합니다(마 16:23 ; 눅 12:50 ; 히 12:2,3) 그런 것을 생각해볼 때 **"내가 주의 증거들에 매달렸사오니"**라는 시편 기자와는 달리 흔들리는 모습을 보인다면 정말 부끄러운 일이죠.

"여호와여 내가 수치를 당하지 말게 하소서." 믿는 자들이여! 여러분이 성실한 길을 택하도록 결심하였으나 여러분 자신의 힘으로 한 것이 아닙니다. 그리스도를 부인하느니 차라리 죽는 편을 택하겠다고 한 시간 전에 선언했던 사람이 맹세와 저주의 말로 그리스도를 부인하였던 사실을 생각해보십시오(마 26:35,74). 그러니 주님의 증거들에 매달리겠다는 결심을 하는 즉시 "오, 주여, 나로 수치를 당케 마소서." 라고 기도하는 법을 배우십시오. "저 혼자 두지 마소서. 그리 아니하시면 제 자신에게 수치가 될 뿐 아니라 주님의 교회에 거침돌이 될 것입니다."라고 기도해야 합니다. "내가 주의 율례들을 지키오리니 나를 아주 버리지 마옵소서."(시 119:8) 자신이 연약하다는 깊은 의식 속에서 주님을 의뢰하는 것이야말로 믿음을 견지하는 원리입니다. 주님께서는 당신의 충성스러운 종의 기도를 결코 닫지 아니하실 것입니다. 오히려 약속하셨습니다. "내 백성이 영원히 수치를 당하지 아니하리로다."(욜 2:27) 그러므로 여러분이 "홀연히 길을 가기 위해서" 주님의 약속을 견고히 붙들어야합니다.

시편 119:32
"주께서 내 마음을 넓히시면
내가 주의 계명들의 길로 달려 가리이다."

이 말씀은 하나님의 길을 기뻐하는 그리스도인의 모습을 아주 찬란하게 그려주고 있습니다. 만일 우리가 '하나님의 계명들의 길을 선택하였다면,' 그리고 '그 길에 밀접할 수' 있었다면, 분명히 우리는 기쁨으로 그 길을 계속 '달려가기를' 소원할 것입니다. 그리고 그 길을 더 신속하게 가고 싶을 것입니다. 우리가 걷고 있으면 '달리고' 싶어 할 것입니다. 처음 시작할 때에 가졌던 이유를 계속 그 길로 내달아가면서도 항상 견지할 것입니다. 그래서 그 길을 가야할 필연성, 이점과 즐거움이 박차를 가하여 끝까지 달려가게 할 것입니다. 우리가 어디까지 이르렀든지 더 나아가고 싶어 할 것이며, 또 기도하면서 계속 행해나갈 것입니다. 더 민첩한 걸음으로 나아갈 수 있게 해주십사하고 기도할 것입니다. 그러면 불만이나 낙담하는 일은 없을 것입니다. 기드온과 함께한 300명이 요단강에 이르러 건널 때 '비록 피곤하나 추격하는' 모습을 보인 것과 같습니다. "기드온과 그와 함께 한 자 삼백 명이 요단강에 이르러 건너고 비록 피곤하나 추격하며."(삿 8:4) 언제나 그러해야 합니다. 바로 그 자세가 거룩한 사도의 본을 따르는 것입니다. "형제들아, 나는 아직 내가 잡은 줄로 여기지 아니하고 오직 한 일 즉 뒤에 있는 것은 잊어버리고 앞에 있는 것을 잡으려고 푯대를 향하여 그리스도 예수 안에서 하나님이 위에서 부르신 부름의 상을 위하여 달려가노라."(빌 3:13,14) 그러나 그리스도인의 영적 진보의 본과 비밀을 사도 바울에게서만 발견하는 것이 아닙니다. "이러므로 우리에게 구름과 같이 둘러싼 허다한 증인들이 있으니." 더 나아가 "믿음의 주요, 또 온전하게 하시는 이인 예수를 바라보자."(히 12:1,2) 믿음은 생명의 원리요, 매일 생명의 활동을 공급합니다. 믿음은 '믿음의 조성자'요, '믿음의 완성자' 되시는 주님을 바라보게 합니다. '우리의 믿음을 온전케 하는 자'로 그리스도를 바라보게 합니다.

이것이 즉각적인 우리의 의무이며 특권이며 행복이며 능력입니다. 우리는 바로 그 요점에서부터 달리기를 시작해야합니다. "너희도 상을 받도록 이와 같이 달음질하라."(고전 9:24)

"주께서 내 마음을 넓히시면." 이러한 영적 활력이 흘러나오는 통로를 더 집중적으로 주목해봅시다. 그 통로는 '넓혀진 마음'입니다. 이런 마음의 감동이 없이 어떻게 우리가 "하나님의 계명들의 길"로 달려갈 수 있겠습니까? 그 길의 범위와 정도는 좁은 마음으로는 도저히 감당해나갈 수 없는 분량입니다(시 119:96). 풍성한 '보고(寶庫)'에서 '극상품 물건들'을 풍부하게 꺼내오기 위해서는 '지식의 큰 보배'가 있어야 합니다. "하나님이 솔로몬에게 지혜와 총명을 심히 많이 주시고 또 넓은 마음을 주시되 바닷가의 모래 같이 하시니."(왕상 4:29) "선한 사람은 그 쌓은 선에서 선한 것을 내고 악한 사람은 그 쌓은 악에서 악한 것을 내느니라."(마 12:35) 진실로 영적인 '지식'은 '은혜를 더 많게 얻기 위한' 원리입니다. "하나님과 우리 주 예수를 앎으로 은혜와 평강이 너희에게 더욱 많을지어다."(벧후 1:2) "주께 합당하게 행하여 범사에 기쁘시게 하고 모든 선한 일에 열매를 맺게 하시며 하나님을 아는 것에 자라게 하시고."(골 1:10) 하나님께서 총명을 주셔서 견고한 이해를 가짐으로 알게 된 신령한 진리들이 마음을 강력하게 감동시킵니다. 그리스도인의 특권 역시 이 중요한 목적을 크게 진전시킵니다. 우리가 침체에 빠져 있을 때 우리는 '말할 수 없을 정도로' 괴롭습니다. "주께서 내가 눈을 붙이지 못하게 하시니 내가 괴로워 말할 수 없나이다."(시 77:4) 어떤 때에는 우리의 넉넉한 정신과 생명력을 가지고 있음에도 우리 자신의 마음을 쏟아낼 수 없기도 합니다. 그러나 "우리로 화목하게 하신 우리 주 예수 그리스도로 말미암아 하나님 안에서 또한 즐거워하는"(롬 5:11) 때에는 우리의 심령이 활력을 되찾습니다. 마치 달리는 마차 바퀴에 기름을 치는 것과 같고, 또는 하나님께 감사와 찬미를 올리는 높은 심령을 가지고 '독수리가 날개치며 올라감 같은' 상태에 이르게 됩니다. "오직 여호와를 앙망하는 자는 새 힘을 얻으리니 독수리가 날개치며 올라감 같을 것이요."(사 40:31)

"주께서 내 마음을 넓히시면." 여기 시편 기자가 말하는 '마음을 넓히는 것'과 '재능을 넓히는 것'은 전혀 별개의 문제입니다. 말은 아주 유창하게 하지만 신령한 삶 속에서 나오지 않는 경우가 아주 흔합니다. 말은 그럴듯하게 하면서도 심령으로는 '하나님의 계명의 길을 즐거워하는 것'과 전혀 연관이 없는 경우가 매우 흔합니다. 말만 앞세우는 것은 가짜 은혜를 나타냅니다. 이것은 사람들 앞에서 자신이 믿음 있음을 드러내기는 하나, 은밀한 신앙의 표현은 아닙니다. 죄의 멍에가 그 어깨 위에 매어져 있고, 그렇게 자신을 속이는 자는 재주 좋게 가식적으로 속이는 무리 속에 들어있습니다. 그러니 마지막 날에 밝혀지고, "주님 앞에서 쫓겨나 영원한 멸망의 심판"을 당하게 될 것입니다(마 17:22,23 ; 살후 1:9)

그런 사람에게서는 영적 원리를 거의 찾아보기가 힘듭니다. 그 사람의 행로의 시작부터 양심의 가책이 그를 붙잡아 은혜의 보좌 앞에 나가는 것을 아주 어렵게 만듭니다. 불신앙이 영혼을 가두어 버립니다. "눌린 자를 자유롭게 하시는" 구주께서 세상에 알려지게 될 때를 지시하는 이사야의 예언은 무어라 합니까? "선지자 이사야의 글을 드리거늘 책을 펴서 이렇게 기록된 데를 찾으시니 곧 주의 성령이 내게 임하셨으니 이는 가난한 자에게 복음을 전하게 하시려고 내게 기름을 부으시고 나를 보내사 포로된 자에게 자유를, 눈먼 자에게 다시 보게 함을 전파하며 눌린 자를 자유롭게 하고 주의 은혜의 해를 전파하게 하려 하심이라 하였더라."(눅 4:17-19) 그 때가 되어 말씀이 지시하는 바가 이루어지고 있는데도 사망의 몸은 여전히 무겁고 얽매이기 쉽게 하는 모든 것을 동원하여 영혼을 짓누릅니다.

불신앙도 여전히 작용하며, 복음의 여러 개념들을 이해하지 못하도록 방해하고, 과거를 회상함으로 고통스럽게 하는 방식으로 주님을 의뢰하지 못하고 멀찍이 떨어지게 합니다. 다른 말로, 자유롭지 못하고 두려워하는 종의 심령을 갖게 합니다. 이러한 제약을 느끼는 영혼은 정말 고통스럽습니다.

하나님의 은총이 얼마나 바람직한지를 알기 시작한 영혼은 여전히 하나님을 존귀케 해드리고 싶은 간절한 욕구를 느낍니다. "주님의 은혜로우심을 충분히 맛본" 사람은 "여호와께서 내게 주신 은혜를 무엇으로 보답할까?"(시 116:12) 라는 질문이 떠오릅니다. 그런데 여전히 자기 속에 '자유롭지 못하고 얽매여 있는 심령'의 영향이 남아있음을 보고 괴로워합니다. 주님의 길에 대한 조명을 덜 받은 상태에서는 아주 무거운 종의 정신을 가졌을 때보다 더 큰 괴로움을 느낍니다. 여전히 율법주의적인 정신이 그를 떠나지 않고 따라다닙니다. 그리스도인이 자신의 영적 진보에 대하여 만족하느냐 불만을 가지느냐에 따라 '자기 심령 속에서 느끼는 위로'에 기복(起伏)이 있다면 이는 은밀하게 '육체를 신뢰'함을 드러내는 것입니다. 그처럼 은밀하게 육체를 신뢰하는 것이야말로 '예수 그리스도 안에서 기뻐하는' 일을 크게 방해합니다. 사실 '예수 그리스도를 기뻐하는 것'이 마음을 넓혀주는 데도 말입니다. "하나님의 성령으로 봉사하며 그리스도 예수로 자랑하고 육체를 신뢰하지 아니하는 우리가 곧 할례파라."(빌 3:3) "내가 이미 얻었다 함도 아니요, 온전히 이루었다 함도 아니라 오직 내가 그리스도 예수께 잡힌바 된 그것을 잡으려고 달려가노라 푯대를 향하여 그리스도 예수 안에서 하나님이 위에서 부르신 부름의 상을 위하여 달려가노라."(빌 3:12,14)

"내가 주의 계명들의 길로 달려가리이다." 그처럼 죄와 불신앙과 '자기 의(義)'의 족쇄로 말미암아 우리는 몹시 괴롭힘을 당하며 우리 앞에 당한 경주를 경주'하는데도 방해를 받습니다. 그래서 등불이 희미해지고 우리의 믿음이 그 대상을 바라보는데 지장을 받습니다. 주님을 믿는데 기쁨을 느끼지 못하고 오히려 기진하게 됩니다. 또 주님께 순종하는 일이 달갑지 않습니다. 자기 부인의 덕을 참아낼 수 없으며 십자가가 무겁게 느껴집니다. 말하자면 "마음에 갇혀서" 나갈 수 없게 됩니다. "주께서 내가 아는 자를 내게서 멀리 떠나게 하시고 나를 그들에게 가증한 것이 되게 하셨사오니 나는 갇혀서 나갈 수 없게 되었나이다."(시 88:8) 그리되면, 믿음의 걸음이 아주 느려집니다. 또한 마음의 소원이 희미해지고 소망이 잦아들어 더 이상 인내하며 경주를 진행할 수 없을 것 같이 느낍니다. 자주 넘어짐으로 낙담에 빠지곤 합니다. 세상을 의존하는 마음도 생깁니다. 죄가 올무를 놓고 우리를 사로잡으려 합니다. 그리하여 "달음질을 잘 하더니 누가 너희를 막아 진리를 순종하지 못하게"(갈 5:7) 하는 형국을 맞게 됩니다.

바로 이러한 서글픈 악 때문에 우리는 자연스럽게 그에 대한 처방이 무엇인지 찾게 됩니다. 먼저 알아야 하는 것은 이것이 '배도(背道, apostasy)가 아니라 뒤로 물러가 넘어짐(backsliding)'이라는 점입니다.

그러므로 그 처방은 더 넓은 영역에까지 비치는 빛과, 더 충만한 사랑의 확신을 내포한 '하나님 말씀의 약조(約條, engagement)'에 있습니다. 우리 마음이 좁아진 것은 '하나님 안에서'가 아니라 '우리 자신의 심정'에서입니다. 어리석은 부자도 소출이 많아 자기 창고를 더 넓혀야하겠다고 마음먹었는데(눅 16:19), 하물며 우리가 영적인 것을 위하여 '장막터를 넓혀야겠다' 마음먹는 것은 얼마나 더 당연한 일입니까. 그래야만 하나님을 위해 더 많은 방(房)을 만들고, 하나님께서 더 충만하게 당신 자신을 우리에게 나타내 주시리라는 기대를 할 수 있을만한 더 넓고 담대한 마음을 얻을 수 있습니다. 그릇이 없어 그릇에 채울 기름이 더 이상 나오지 않게 만들지 마십시오. "그릇에 다 찬지라 여인이 아들에게 이르되 또 그릇을 내게로 가져오라 하니 아들이 이르되 다른 그릇이 없나이다하니 기름이 곧 그쳤더라."(왕하 4:6) 끊임없이 이런 간구를 하나님께 올리십시오. "주께서 내게 복을 주시려거든 나의 지역을 넓히시고 주의 손으로 나를 도우소서."(대상 4:10) 어떤 이유로든 우리는 "나는 쇠잔하였고 나는 쇠잔하였나이다." 라고 울부짖어야 마땅합니다(사 24:16). 믿음으로 기도하면서 주님을 사랑하고 섬기고 찬미할 더 기운 찬 능력을 주실 것을 기대합시다. 옥문이 다시 열리고 옥에 있는 죄수들에게 '나오라' 명령이 발해질 때까지 쉬지 말아야 합니다. "나오라 하며 흑암에 있는 자에게 나타나라 하리라 그들이 길에서 먹겠고 모든 헐벗은 산에도 그들의 풀밭이 있을 것인즉."(사 49:9)

주님께서 다시 우리에게 한 번 더 빛을 비추어주실지 누가 알 것이며, 우리의 족쇄를 한 번 더 풀어주시고 우리의 힘을 더 새롭게 해주실지 누가 알겠습니까.

거듭해서 우리가 상기해야하는 것은 모든 활동의 처음부터 하나님과 함께

해야 한다는 점입니다. "마음의 경영은 사람에게 있어도 말의 응답은 여호와께로부터 나오느니라."(잠 16:1)

"내가 주의 계명의 길들로 달려가리이다." 어떻게 달려가야 합니까? 자신의 힘으로가 아니라 "하나님의 선한 손에 도우심을 입어"(스 7:9) 달려가며, 마음을 '넓혀' 가야 합니다. 시편 기자는 '주께서 나를 위해서 역사하지 않는 한 나는 아무런 노력을 기울이지 않을 것입니다.'라고 말하지 않고, 도리어 "주께서 내 마음을 넓히시면 내가 주의 계명들의 길로 달려가리이다."라고 말합니다. 연약함을 게으름의 구실로 삼지 않습니다. 오히려 우리의 연약을 인하여 소생케 하시는 하나님의 은혜를 구합니다. 술람미 여인으로 상징된 교회는 마땅히 "저를 인도하소서 우리가 주를 따라가겠나이다."라고 말합니다. "왕이 나를 그의 방으로 이끌어 들이시니 너는 나를 인도하라 우리가 너를 따라 달려가리라."(아 1:4)

'효과적인 부르심(effective calling)'이 '달려가는 것'을 이끌어낼 것입니다. "주의 권능의 날에 주의 백성이 거룩한 옷을 입고 즐거이 헌신하니 새벽이슬 같은 주의 청년들이 주께 나오는도다."(시 110:3) "주의 영이 계신 곳에는 자유가 있느니라."(고후 3:17) 그리스도인의 힘과 성공의 비밀은 하나님의 사랑 속에서 '마음이 넓어지는 데' 있습니다.

그러니 푯대를 향하여 서둘러 출발하여 계속 정진하며 '참고 인내하여 끝에' 도달합시다. 솔로몬의 아가(雅歌)에 표현된 외침처럼 복된 놀람의 기쁨에 거하기를 기대할 수 있습니다. "부지중에 내 마음이 나를 내 귀한 백성의 수레 가운데에 이르게 하였구나."(아 6:12) 시편 기자는 전에 경건한 슬픔 때문에 심각해졌습니다. 그러나 이제 주님의 은혜로 거룩한 기쁨을 가져 능동적이 되기를 원합니다. "근심하지 말라 여호와로 인하여 기뻐하는 것이 너희의 힘이니라."(느 8:10) 그리되면, 그리스도께서 강권하시는 사랑의 능력 아래서 수고하고 애를 써도 곤비함이 없이 달려갈 각오를 할 수 있습니다. '쇠약해지지 않고 위를 향하여 진군해' 나아갈 각오를 할 수 있습니다. 자신의 행보를 자신의 힘으로 평가하지 않고 오히려 "성령으로 말미암아 너희 속사람을 능력으로 강건하게 하시는"(엡 3:16) 하나님을 우러러 봅니다

하나님의 응답을 기다리면서 부지런히 씨름하며 받게 되는 복된 열매여! 하나님 안에서 기뻐하고, 하나님과 동행할 힘을 얻고, 그를 아는 지식을 더해가고, 하나님과 교제하는 분량을 더하고, 하나님 안에 더 확신하는 마음이 넘치게 되는 일이 바로 그런 기도의 복된 열매입니다.

33 여호와여 주의 율례들의 도를 내게 가르치소서 내가 끝까지 지키리이다

34 나로 하여금 깨닫게 하여 주소서 내가 주의 법을 준행하며 전심으로 지키리이다

35 나로 하여금 주의 계명들의 길로 행하게 하소서 내가 이를 즐거워함이니이다

36 내 마음을 주의 증거들에게 향하게 하시고 탐욕으로 향하지 말게 하소서

37 내 눈을 돌이켜 허탄한 것을 보지 말게 하시고 주의 길에서 나를 살아나게 하소서

38 주를 경외하게 하는 주의 말씀을 주의 종에게 세우소서

39 내가 두려워하는 비방을 내게서 떠나게 하소서 주의 규례들은 선하심이니이다

40 내가 주의 법도들을 사모하였사오니 주의 의로 나를 살아나게 하소서

Psalm 119:33-40

5
주의 말씀을
주의 종에게 세우소서

시편 119:33
"여호와여, 주의 율례들의 도를 내게 가르치소서
내가 끝까지 지키리이다."

우리가 죄의 길에 있으면 어떤 가르침도 소용이 없습니다. 아담 이후 우리 모든 인생들은 "많은 꾀를 내었습니다."(전 7:29) "우리는 다 양 같아서 그릇 행하며 각기 제 길로 갔거늘."(사 53:6) 경건치 않은 악인들은 '주의 도리 알기'를 바라지 않습니다. "그러할지라도 그들은 하나님께 말하기를 우리를 떠나소서 우리가 주의 도리 알기를 바라지 아니하나이다."(욥 21:14) 그런 마음이 하나님의 심판을 불러옵니다. "육신의 생각은 하나님과 원수가 되나니 이는 하나님의 법에 굴복하지 아니할 뿐 아니라 할 수도 없음이라."(롬 8:7)

"여호와여 주의 율례들의 도를 내게 가르치소서." 하나님의 자녀들에게는 이 기도가 여전히 유용합니다. 내면적으로 가르쳐주시는 주님의 은혜가 아닌 객관적 계시만으로는 소용이 없습니다. 신적(神的) 교사인 성령께서 당신의 법칙을 해석하고 적용하십니다. 말씀이 아무리 명백하다 할지라도 그 말씀을 깨닫기 위해서는 마음의 어둠이 제거되어야 합니다. 사람의 시력이 망가져 있으면 아무리 밝은 빛을 비추어도 사물을 분간할 수 없습니다. 소경은 대낮에도 볼 수 없습니다.

우리가 하나님께 가르침을 받지 않으면 영적으로 아무것도 알지 못합니다. 하나님께 배운 만큼 하나님의 가르침의 필요성을 더 인식하게 되며, 말로 다 할 수 없이 귀한 복락을 위하여 울부짖고 싶은 간절한 욕구가 더해집니다. 소경은 아무리 평탄하고 곧은 길이라도 아주 복잡하고 굴곡진 길에서와 똑같이 누군가의 인도를 받아야합니다. 그처럼 우리는 위로부터 오는 빛의 비췸이 필요합니다. "하나님의 깊은 것들"을 알기 위해서만 그 빛이 필요한 것이 아닙니다. 가장 초보의 진리들을 받아들일 때에도 그 빛이 필요합니다. 우리가 교만이나 사변을 부추기기 위해서 지식 자체를 원하는 것이 아닙니다. 실천적 감화를 위해서 이 지식을 필요로 하는 것입니다. 아무리 중요한 진리를 발견하였다 할지라도 그 진리에 우리 자신을 복종시켜 '믿음의 순종'으로 나아가게끔 자신을 제어하지 않는다면 무슨 소용이 있겠습니까?

여기 시편 기자는 그리스도인의 실천과 관련하여 가져야 할 모든 생각의 맥락이 고요한 한 가지 목적을 향하고 있음을 보여줍니다. 그 점은 '주의 모든 율례들'이 신적 기원을 가지고 있음을 드러내는 결정적인 증거입니다. 우리의 행실을 통제하기 위한 모든 분명한 가르침들은 다 '주의 율례들'을 진술하는 모든 문장(文章) 속에서 흘러나옵니다. 이는 그 율례들을 여러 문장으로 표현하신 하나님의 무한하신 지혜를 분명히 드러내며, 하나님의 사람들이 지켜야할 실천적 의무에 대해 모든 면을 세밀하게 생각하시는 하나님의 영원하신 지성(知性)을 드러냅니다. 아울러 시편 기자는 지상에 있는 사람들이 일상의 모든 경우에 말씀을 적용하는 신적인 능력과 기름 부으심을 받았음을 분명하게 드러내고 있습니다. 실로 하나님의 마음이 아니면 어떤 지성이 그처럼 광대한 교훈 체계를 '주의 율례들'이라는 작은 용기 안에 용해시켜 넣을 수 있었겠습니까?

이런 모든 것을 감안할 때 주님의 가르침은 우리 순종의 샘 근원이 됩니다. 우리가 이해하지 못하는 길을 어떻게 '지킬 수' 있습니까? 주의 율례들의 매우 신령한 아름다움과 달콤함으로 말미암아 제어되며 인도받는 마음이 아니면 어떻게 "주의 율례들의 길을 배웠다" 할 수 있겠습니까? 우리는 이런 행로를 통해서 구주와의 연합을 인식하게 됩니다. "그의 계명을 지키는 자는 주 안에 거하고 주는 그의 안에 거하시나니 우리에게 주신 성령으로 말미암아 그가 우리 안에 거하시는 줄을 우리가 아느니라."(요일 3:24) "누구든지 그의 말씀을 지키는 자는 하나님의 사랑이 참으로 그 속에서 온전하게 되었나니."(요일 2:5) 그럼으로써 하나님 앞에서 우리의 확신이 정당함을 확증 받게 됩니다. "사랑하는 자들아, 만일 우리 마음이 우리를 책망할 것이 없으면 하나님 앞에서 담대함을 얻고"(요일 3:21)

"여호와여 주의 율례들의 도를 내게 가르치소서 내가 끝까지 지키리이다." 신자가 가장 마음을 써야 하고 또 그만큼 많은 신경을 쓰게 하는 것이 있습니다. 무엇입니까? '은혜로 참아내며 견뎌내는 문제(perseverance of grace)'입니다. 신자라 할지라도 불신앙적인 생각이 너무 자주 일어나니 참으로 안타깝습니다. '주님의 가르치심'이 '성도의 견인의 원리'입니다. 그것이 바로 '생명의 빛'(요일 1:4 ; 8:12), 생각을 깨우쳐주고 마음을 소생시키는 빛입니다. 그러므로 우리가 이 감동 아래에서 삶을 영위하면 "주의 계명들의 길을 끝까지 달려가는 일"에 실패할 수 없습니다. "너희는 주께 받은바 기름 부음이 너희 안에 거하나니 아무도 너희를 가르칠 필요가 없고 오직 그의 기름 부음이 모든 것을 너희에게 가르치며 또 참되고 거짓이 없으니 너희를 가르치신 그대로 주 안에 거하라."(요일 2:27) 그 목적은 바로 수고에 대한 상급의 면류관입니다. 믿음을 견지케 하시는 하나님의 복을 통해 우리의 영적 대적들을 반드시 이기리라는 희망과 영광에 동참할 수 있는 소망이 있음을 인쳐줍니다. "이기는 자와 끝까지 내 일을 지키는 그에게 만국을 다스리는 권세를 주리니."(계 2:26) 우리의 영광스러운 머리이신 주님을 의뢰하지 않고 기도도 하지 않고 갖는 마음의 확신은 가장 무모한 주제넘음에 불과합니다. 그러나 '잘 정돈되고 확실한 언약', 곧 '구원과 우리의 모든 소원이기도 한 그 언약'은 '주의 율례의 도'를 끝까지 지키도록 우리를 붙잡아줍니다. "내가 그들에게 복을 주기 위하여 그들을 떠나지 아니하리라 하는 영원한 언약을 그들에게 세우고 나를 경외함을 그들의 마음에 두어 나를 떠나지 않게 하고."(렘 32:40) "그러나 그 날 후에 내가 이스라엘 집과 맺을 언약은 이러하니 곧 내가 나의 법을 그들의 속에 두며 그들의 마음에 기록하여 나는 그들의 하나님이 되고 그들은 내 백성이 될 것이라 여호와의 말씀이니라."(렘 31:33) "내 집이 하나님 앞에 이같지 아니하냐 하나님이 나와 더불어 영원한 언약을 세우사 만사에 구비하고 견고하게 하셨으니 나의 모든 구원과 나의 모든 소원을 어찌 이루지 아니하시랴"(삼하 23:5)

> 시편 119:34
> "나로 하여금 깨닫게 하여 주소서
> 내가 주의 법을 준행하며 전심으로 지키리이다."

"나로 하여금 깨닫게 하소서." 버나드(Bernard)는 '자신을 선생으로 삼는 자는 어리석다.'고 말하였습니다. 버나드보다 더 큰 이가 말씀하십니다. "자기의 마음을 믿는 자는 미련한 자요, 지혜롭게 행하는 자는 구원을 얻을 자니라."(잠 28:26) 자기가 알지 못하는 것을 가르칠 수 없습니다. 사람은 하나님과 그 율법에 관해서 아무것도 알지 못합니다. 그러므로 지혜의 시작은 자신의 무지함을 알아채고 자신의 총명을 신뢰하지 않고 "나로 하여금 깨닫게 하소서."라는 기도를 마음 깊이 드리는 데 있습니다.

'신령한 총명'은 예수 그리스도의 선물입니다. "너희는 거룩하신 자에게서 기름 부음을 받고 모든 것을 아느니라."(요일 2:20) "또 아는 것은 하나님의 아들이 이르러 우리에게 지각을 주사 우리로 참된 자를 알게 하신 것과 또한 우리가 참된 자 곧 그의 아들 예수 그리스도 안에 있는 것이니 그는 참 하나님이시요 영생이시라."(요일 5:20) 예수 그리스도께서는 신령한 총명의 샘이신 당신 자신께로 우리를 인도하십니다. "예수께서 또 말씀하여 이르시되 나는 세상의 빛이니 나를 따르는 자는 어둠에 다니지 아니하고 생명의 빛을 얻으리라."(요 8:12) 이 '총명'은 단순히 지성적으로 무엇인가를 알아보거나 사변적(思辨的)으로 아는 것과는 전혀 다릅니다. 그 총명은 하나님과 동행하는 데 있어서 신령한 활동의 샘 근원입니다. "이로써 우리도 듣던 날부터 너희를 위하여 기도하기를 그치지 아니하고 구하노니 너희로 하여금 모든 신령한 지혜와 총명에 하나님의 뜻을 아는 것으로 채우게 하시고."(골 1:9) 그리하여 우리의 순종이 억지가 아니라 아버지를 향한 자녀의 전심어린 즐거움의 행사가 될 수 있는 것입니다.

"내가 주의 법을 준행하며 전심으로 지키리이다." 우리는 '하나님의 율법을 끝까지' 지키기 위할 뿐만 아니라 '매일 전심으로 끝까지 지키기'를 간절히 소원합니다. 하나님 아버지를 향한 우리의 마땅한 도리입니다. 그러니 마땅히 하나님과 동행하는 일의 성격을 매우 정확하게 공부해야 합니다. 아울러 '마음, 전심으로' 섬기지 않는 것을 하나님께서는 가증스럽게 여기심을 기억해야 합니다(사 1:11-15 ; 호 10:2 ; 행 5:1-10[1]). 온전하게 마음을 드리지 않으

---

1) "여호와께서 말씀하시되 너희의 무수한 제물이 내게 무엇이 유익하뇨 나는 숫양의 번제와 살진 짐승의 기름에 배불렀고 나는 수송

면 그것이 나중에 하나님을 배반하는 일로 점차 발전하게 될 것입니다. 우리가 지금 하나님을 위해서 '마음을 더 전심으로 기울이기'를 추구하고 있습니까? 그러면 이 기도가 우리 마음의 필요를 적당하게 잘 표현한 것이죠. 겸손하고 결연한 자세로 간구하는 자의 입에서 나오는 합당한 기도가 바로 그것입니다. 우리가 부단히 그 은혜를 받고 있지 않으면 이전에 받았던 것만으로는 충분치 못합니다. 받은 후에 또 다시 구해야합니다. 영혼이 여기서 구하는 것을 부분적으로라도 받지 않았다면 아직은 이 기도가 주께 상달되지 못한 것입니다. 본성을 따라 행하는 거듭나지 못한 사람은 '자기 꾀로 지혜로운' 사람입니다. 그래서 그 사람은 하나님의 가르치심이 절실하게 필요하다는 생각을 전혀 하지 못합니다.

"내가 주의 법을 준행하며 전심으로 지키리이다." 그러나 우리 거듭난 자들은 성경의 교리들과 '예수님 안에 있는 진리'에 대한 분명한 이해만으로 만족하지 말아야합니다. "나로 하여금 깨닫게 하여 주소서."라고 기도하는 데서 멈추지 않는 시편 기자의 생각을 주목해야 합니다. 그는 이 교리들을 믿을 뿐 아니라 "전심으로 준행할 수 있게" 하여주십사하고 기도합니다. 매일 마땅한 도리를 준행하면서 그런 울부짖는 기도를 끊임없이 반복해야 합니다. 그 기도를 우리의 은혜로우신 아버지께서는 결코 질려하지 않으십니다.

그런데 우리는 그 응답이 주어졌는데도 모르고 지나칠 때가 얼마나 많은

아지나 어린 양이나 숫염소의 피를 기뻐하지 아니하노라 너희가 내 앞에 보이러 오니 이것을 누가 너희에게 요구하였느냐 내 마당만 밟을 뿐이니라 헛된 제물을 다시 가져오지 말라 분향은 내가 가증히 여기는 바요 월삭과 안식일과 대회로 모이는 것도 그러하니 성회와 아울러 악을 행하는 것을 내가 견디지 못하겠노라 내 마음이 너희의 월삭과 정한 절기를 싫어하나니 그것이 내게 무거운 짐이라 내가 지기에 곤비하였느니라 너희가 손을 펼 때에 내가 내 눈을 너희에게서 가리고 너희가 많이 기도할지라도 내가 듣지 아니하리니 이는 너희의 손에 피가 가득함이라."(사 1:11-15)
"그들이 두 마음을 품었으니 이제 벌을 받을 것이라 하나님이 그 제단을 쳐서 깨뜨리시며 그 주상을 허시리라."(호 10:2)
"베드로가 이르되 너희가 어찌 함께 꾀하여 주의 영을 시험하려 하느냐 보라 네 남편을 장사하고 오는 사람들의 발이 문 앞에 이르렀으니 또 너를 메어 내가리라 하니 곧 그가 베드로의 발 앞에 엎드러져 혼이 떠나는지라 젊은 사람들이 들어와 죽은 것을 보고 메어다가 그의 남편 곁에 장사하니."(행 5:9,10)

지요! 어떤 분명한 천상에 속한 광선이 예기치 못하게 우리의 심령 속에 들어오기도 합니다. 어떤 예기치 못한 상황이 섭리적으로 우리 앞에 주어져 어떻게 해야 할지 당황스러워 애를 먹고 있을 때 태양 광선처럼 우리 앞에 응답의 빛이 주어지기도 합니다! 또한 양심이 우리 속에서 얼마나 자주 속삭이는지요! 어두워 길을 잘 분간하지 못하여 혼돈스러운 때에 맞는 암시가 이 기묘한 기도의 응답으로 주어질 경우가 얼마나 많은지요. 관찰력 있는 하나님의 자녀는 그것들을 지켜보고 알아차립니다. "지혜 있는 자들은 이러한 일들을 지켜보고 여호와의 인자하심을 깨달으리로다."(시 107:43) 신령한 '총명'이 늘어나면 일관성 있게 잘 정돈된 품행 속에서 그 진실이 드러나지 않을 수 없을 것입니다! "너희 중에 지혜와 총명이 있는 자가 누구냐 그는 선행으로 말미암아 지혜의 온유함으로 그 행함을 보일지니라."(약 3:13) 그러니 지식이 그 쓸모 때문에 가치가 있다면, 하나님께서 가르쳐 주시기를 위하여 드리는 기도의 결과로 주어진 실천적 지식의 한 광선은 '사변적 신앙'이 최고조에 이른 경우보다 훨씬 더 높이 추앙받아야 합니다. 사변적인 신앙은 단순히 인간적 가르침에서 흘러나올 뿐입니다.

시편 119:35
"나로 하여금 주의 계명들의 길로 행하게 하소서
내가 이를 즐거워함이니이다."

"나로 하여금 주의 계명들의 길로 행하게 하소서." 우리는 '하나님의 계명들의 길'을 모를 뿐 아니라 그 안에서 '행하는' 능력도 없습니다. 그러므로 우리에게는 이중적 지원이 필요합니다. 우리의 지성이 조명을 받아야하고 우리의 마음이 강권함을 받아야합니다. 그렇지 않으면 겸손하게 자신을 낮추어 가야할 '그 길'에 대한 우리의 지식이 오히려 그 길을 가지 못하게 우리를 잡아 끌 것입니다. 그러나 하나님 은혜의 완벽한 감화 아래서 하나님의 계명의 길의 아름다움을 분간할 총명이 주어지면 영혼은 가장 뜨거운 열정으로 그 계명의 길에 근접하게 됩니다. 자신이 무능하다는 인식이 있으면 위를 쳐다보기 마련입니다. "나로 하여금 주의 계명들의 길로 행하게 하소서." 중풍병자에게 "일어나 네 침상을 들고 네 집으로 가라."고 하신 주님께서 그 영혼을 향하여 '주목하라'라는 살리시는 능력의 말씀을 하십니다. 그래서 그 영혼은 '무엇을 얻을까하여' 주님을 바라보게 됩니다. "그러나 인자가 세상에서 죄를 사하는 권능이 있는 줄을 너희로 알게 하려 하노라 하시고 중풍병자에게 말씀하시되 일어나 네 침상을 가지고 집으로 가라 하시니."(마 9:6. 행 3:4,5 는 참조) "모든 것이 하나님께로서 났으며."(고후 5:18) "너희 안에서 행하시는 이는 하나님이시니 자기의 기쁘신 뜻을 위하여 너희에게 소원을 두고 행하게 하시나니."(빌 2:13)

이 하나님의 역사를 인정하는 것은 기쁨에 찬 일입니다. 이 사실을 알게 하시는 분은 오직 하나님이십니다. 인간의 본성적인 성향은 "육신의 생각은 하나님과 원수가 되나니 이는 하나님의 법에 굴복하지 아니할 뿐 아니라 할 수도 없음이라."(롬 8:7) 새롭고 살아있는 성향이 사람 속에서 일어나려면 전능한 능력이 부어져야 합니다. "주는 나의 하나님 여호와이시니 나를 이끌어 돌이키소서 그리하시면 내가 돌아오겠나이다."(렘 31:18) **"나로 하여금 주의 계명들의 길로 행하게 하소서."**

우리가 이 길로 인도함을 받게 될 때 갈수록 그 길로 행하는 우리의 걸음이 빨라지고 민첩해지기를 원해야합니다. "주 여호와는 나의 힘이시라 나의 발을 사슴과 같게 하사 나로 나의 높은 곳에 다니게 하시리로다."(합 3:19) 그

'길'은 육신의 눈에는 별로 매력이 없습니다. 육신적인 눈에 일그러진 씨앗 속에서는 그 길에서 만나는 모든 어려움들만 바라보게 됩니다. 그래서 그 어려움을 능히 극복하게 하는 즐거움의 요소들이 전혀 보이지 않습니다. 그러나 "바라는 것들의 실상이요, 보지 못하는 것들의 증거"인(히 11:1) '믿음'을 행사해 보십시오. 그리고 우리 그리스도인의 고유한 성품을 드러내어 "믿음으로 행하고 보는 것으로 행하지 않아" 보십시오(고후 5:7). 눈에 보이지 않는 것들을 분별해 내는 우리의 시각이 더 분명해질 것이고, 그러한 것들을 즐거워하는 것이 더 영화롭게 될 것입니다. "나로 하여금 주의 계명들의 길로 행하게 하소서."라는 기도가 갈수록 더 간절해질 것입니다.

"내가 이를 즐거워함이니이다." 우리는 이 길로 행하는 것만으로 만족하지 말아야합니다. 그 길 안에서 '즐거움'을 얻기를 추구해야합니다. 즐거움은 우리 믿음의 골자입니다. "하나님은 즐겨 내는 자를 사랑하시느니라."(고후 9:7) 순종하되 억지로가 아니라 즐거워하는 순종을 받아들이십니다. 하나님께 순종하는 것을 최고의 특권으로 여기는 사람의 섬김을 하나님은 사랑하십니다. 그런 사람의 마음은 주님의 계명의 첩경들 속에서 "자기의 길을 달려가는 장사처럼" 즐거워합니다(시 19:5 ; 112:1). 간절한 기도와 기쁨에 차 자원하는 심정의 순종이 번성하는 그리스도인의 특징입니다. "이스라엘은 자기를 지으신 이로 말미암아 즐거워하며 시온의 주민은 그들의 왕으로 말미암아 즐거워할지어다."(시 149:2) 그는 하나님을 섬기는 것을 사랑하고 그 일을 '완전한 자유'로 여깁니다. 또한 사랑과 긍휼과 은혜의 법칙을 사랑합니다.

하나님의 자녀라면 이러한 특성을 지녀야한다는 말씀을 듣고 자기 정죄감에 빠져서 회개하며 괴로워할까요? 그 사람은 자신 안에 그러한 표증이 없음을 발견합니다. 그래서 너무 성급하게 자신은 하나님의 권속이 아니라는 결론을 내리기도 합니다. 그러나 그러한 슬픔이 속에 있다는 것은 하나님의 계명의 길들에 대한 사랑과 '즐거움'을 안다는 표증이 됩니다. 지금까지 자신이 그 길로 행하지 못한 것을 생각하고 이제 매일 '나로 하여금 주의 계명들의 길로 행하게 하소서.'라고 기도하게 됩니다. 자신이 '하나님의 계명들을 행할' 능력이 없이 연약하다는 의식 때문에 다윗은 그 기도를 드렸을 것입니다. 가련하게 두려워 떨면서 회개하는 여러분도 자신의 연약함을 알고 그 기도를 드려야합니다. 이러한 의식을 갖고 은혜의 보좌 앞에 나아간다면, 머지 않아 평안의 응답을 받게 될 것이고, '즐겁고 의연한 마음으로 길을 계속' 가게 될 것입니다.

"**내가 이를 즐거워함이니이다.**" '하나님의 마음에 합하여 그 길로 행하기를 기뻐하는 사람'에게 '주님의 계명의 길들을 즐거워하는 것'이 따르게 됩니다. 뿐만 아니라 하나님 계명의 길을 즐거워하는 것이야말로 다윗의 후손이신 우리 주님의 형상(形象)의 진수이기도 합니다. 그분은 이 길을 먼저 달려가셨습니다. 그분은 아버지 하나님을 이렇게 증거했습니다. "나의 하나님이여, 내가 주의 뜻 행하기를 즐기오니 주의 법이 나의 심중에 있나이다."(시 40:8) "이에 내가 말하기를 하나님이여, 보시옵소서 두루마리 책에 나를 가리켜 기록된 것과 같이 하나님의 뜻을 행하러 왔나이다 하셨느니라."(히 10:7) 그래서 우리 주님께서는 제자들에게 이렇게 말씀하실 수 있었습니다. "내게는 너희가 알지 못하는 먹을 양식이 있느니라… 나의 양식은 나를 보내신 이의 뜻을 행함이요 그의 일을 온전히 이루는 이것이니라."(요 4:32,34) 그 기쁨이 얼마나 깊었던지 "제자들보다 앞서 예루살렘으로" 가셨습니다. 예루살렘에는 '피의 세례'라는 끔찍한 일이 기다리고 있었음에도 아랑곳하지 않으셨습니다. "예루살렘으로 올라가는 길에 예수께서 그들 앞에 서서 가시는데 그들이 놀라고 따르는 자들은 두려워하더라 이에 다시 열두 제자를 데리시고 자기가 당할 일을 말씀하여 이르시되 보라 우리가 예루살렘에 올라가노니 인자가 대제사장들과 서기관들에게 넘겨지매 그들이 죽이기로 결의하고 이방인들에게 넘겨주겠고."(막 10:32,33) "나는 받을 세례가 있으니 그것이 이루어지기까지 나의 답답함이 어떠하겠느냐."(눅 12:50) 하나님 아버지를 사랑하셔서 꺼뜨릴 수 없는 마음의 열기로 '어찌할 바를' 모르셨습니다.

시편 119:36
"내 마음을 주의 증거들에게 향하게 하시고
탐욕으로 향하지 말게 하소서"

그러나 무엇이 우리로 하여금 '하나님의 계명들의 길로 가게' 만듭니까? 하나님의 전능한 사랑의 능력이 신적이고 거룩한 접촉과 함께 우리의 의지를 효과적으로 바꾸어 "주님의 증거들에게 향하게" 합니다. 우리가 자원하는 심정을 갖게 하는 하나님의 능력의 날이 바로 하나님의 사랑의 때입니다. "주의 권능의 날에 주의 백성이 거룩한 옷을 입고 즐거이 헌신하니 새벽이슬 같은 주의 청년들이 주께 나오는도다."(시 110:3 ; 겔 16:8 ; 호 11:4)
"내 마음을 주의 증거들에게 향하게 하시고." 자기 속에 하나님의 계명들을 즐거워하지 못하게 하는 성향을 의식하는 모든 사람은 '내 마음을 하나님의 계명들로 기울어지게 하소서.'라는 기도를 드릴 필요를 깊이 느낄 것입니다. 사람의 본성은 자신에게 기울어지고, 자기 자신에 빠져 스스로를 살찌우는 수천가지 형태의 탐심과 즐거움으로 나아가게 합니다. 그리하여 하나님을 향한 사랑을 훼손시킵니다. 자신들을 '쉽게 넘어지게 하는 죄'가 있음에도 불구하고, 다른 사람들에게서 그런 것이 발견되면 금방 정죄하고픈 마음을 가집니다. 마음이 세상을 붙쫓고 있을 때에는 세상이 바로 우리의 분깃인 것처럼 여겨집니다. 그러나 바로 그때가 우리 주님의 권고에 '주목해야 할' 가장 큰 이유가 될 때이며, 삼가 '탐심'을 물리쳐야할 때입니다. "삼가 모든 탐심을 물리치라 사람의 생명이 그 소유의 넉넉한 데 있지 아니하니라."(눅 12:15) 우리가 자신에게 있는 어떤 고유한 탁월성을 통해서 세상적인 만족을 얻을 때, 사실 하나님의 자리에 그 세상적인 즐거움을 놓기 쉽습니다. 그러니 그 때야말로 "내 마음을 주의 증거들에게 향하게 하시고 탐욕으로 향하지 말게 하소서." 라고 특별하게 기도할 때입니다.

'탐욕'처럼 주님의 뜻을 거역하는 원리는 없을 것입니다. 사람의 마음속에 탐욕이 들어오면 순종을 내팽개칩니다. 하나님을 향한 사랑과 세상을 사랑하는 것이 공존할 수 없기 때문입니다. "이 세상이나 세상에 있는 것들을 사랑하지 말라 누구든지 세상을 사랑하면 아버지의 사랑이 그 안에 있지 아니하니."(요일 2:15) 돈을 섬기려는 욕심 자체가 하나님을 믿지 못하는 마음이 충만함을 드러내는 증거입니다. "한 사람이 두 주인을 섬기지 못할 것이니 혹 이를 미워하고 저를 사랑하거나 혹 이를 중히 여기고 저를 경히 여김이라 너희가 하나님과 재물을 겸하여 섬기지 못하느니라."(마 6:24) 우리는 재물을 사랑하는 것이 하나님의 율법에 정면으로 대항하게 하여 죽음에 이르게 하는 무서운 영향력을 주목합니다. 발람은 이런 성향에 깊이 빠져 하나님과 정면으로 충돌하는 자기의 의지를 세우는 미친 짓을 하였습니다(민 22:15-21 ; 벧후 2:14-16). 아합도 탐욕의 시험을 받아 사람을 죽였습니다(왕상 21:1-13) 다윗도 그런 성향으로 기울어졌을 때, 시험을 받아 살인과 간음을 자행하였습니다(삼하 11:2-17). 아간도 시험을 받아 도둑질 하였습니다(수 7:21). 가룟 유다는 동료들의 것을 훔쳤고, 자기 선생님을 팔았습니다(요 12:6 ; 마 26:14-16) 게하시와 아나니아도 시험을 받아 거짓말을 하였습니다(왕하 5:20-26 ; 행 5:28).

정말 이러한 일은 우리에게 익숙한 것이면서도 보기가 고통스럽습니다. 하나님의 나라에 속한 좋은 씨앗들이 처음에 움이 틀 때에는 풍성한 수확을 기대할 만큼 왕성한 모습을 보였는데 그만 '잡초들의 무성함으로 방해를 받아 결국 열매 맺지 못하게 되는 일'이 얼마나 흔합니까! "세상의 염려와 재물의 유혹과 기타 욕심이 들어와 말씀을 막아 결실하지 못하게 되는 자요."(막 4:19)

마태복음 19:21, 22에 나오는 부자 청년이 그러하였고, 디모데후서 4:10에서 언급된 데마의 경우가 그러하였습니다. 그러므로 주님의 여러 비유들(눅 12:16-21 ; 16:14,19), 주 하나님의 섭리(마 6:25-31), 하나님의 약속들(마 6:33 ; 14: 9,10 ; 사 33:15,16 ; 벧전 5:7), 주님께서 제자들에게 가르쳐주신 여러 교훈들(마 16:24 ; 19:27-29 ; 눅 14:33), 주님께서 타일러 가르쳐주신 교훈의 말씀(고전 7:29-31 ; 빌 4:5), 주님께서 친히 이 세상 위로를 거부하시고 궁핍에 처하는 모습을 보여준 모본(마 8:20), 이 모든 것들은 탐욕을 사랑하는 파멸의 원리를 대항하여 주어진 것들입니다.

그리스도의 사랑의 능력이 마태와 삭개오를 재물 사랑하는 데서 건져내었습니다(마 9:9 ; 눅 19:1-10). 그리스도의 사랑의 권능이 "그들의 마음을 돌이켜 하나님의 증거를 향하게" 하였습니다. 오늘날도 그것이 여전히 사람의 마음을 세상과 죄와 자기 자신으로부터 그리스도께 향하게 하는 동일한 능력을 갖고 있지 않습니까? 그러니 하나님의 약속의 사랑을 의존하고(히 13:5), 그의 '증거들'을 즐거워하는 법을 배우십시오. 그러면 세상 염려가 주님께 온전히 던져진바 될 것이고, 그러면 세상이 현란한 광채의 모습을[2] 띠고 우리 앞에 나타나지 못할 것입니다. "그들에게 이르시되 삼가 모든 탐심을 물리치라 사람의 생명이 그 소유의 넉넉한 데 있지 아니하니라."(눅 12:15)

---

2) 누가복음 12:15의 말씀과 누가복음 12:11-21을 비교하여 보라.

이러한 믿음의 삶, 곧 하늘에 계신 구주와 연합하여 삶을 영위하는 일은 오직 효력있는 원리 하나만이 주장하는 삶입니다. 그리스도와 함께 살리심을 받은 자들은 세상적인 것들에 대한 애착을 자제하고, '위에 있는 것들을 향하여 자신의 마음을 기울일' 것입니다. 그런 사람들만이 "땅에 있는 지체, 곧 악한 정욕과 우상숭배인 탐심"을 죽일 것입니다(골 3:1-5).

우리는 세상적인 위안에 안주하고 싶어합니다. 주님께서 우리를 다루시는 방식에 불만을 갖는 우리의 본성을 제어할 능력이 우리에게 있습니까? 또 "탐욕을 부리지 말라."는 예레미야를 통해 주신 하나님 말씀을 상기할 때 "자신을 위해서 모든 탐욕을 부리고 싶어하는" 우리의 열심을 제어할 능력이 있습니까? "이는 그들이 가장 작은 자로부터 큰 자까지 다 탐욕을 부리며 선지자로부터 제사장까지 다 거짓을 행함이라."(렘 6:13)

그러한 성향이 행동으로 드러나거나 남이 눈치 챌 정도의 행위로 발각되지 않을지라도, 신앙생활에 치명적인 파멸을 가져온다는 것을 잊지 맙시다. "부하려 하는 자들은 시험과 올무와 여러 가지 어리석고 해로운 욕심에 떨어지나니 곧 사람으로 파멸과 멸망에 빠지게 하는 것이라."(딤전 6:9)[3] 이 말씀은 신앙고백자들을 향한 무서운 경고입니다! "돈을 사랑함이 일만 악의 뿌리가 되나니 이것을 탐내는 자들은 미혹을 받아 믿음에서 떠나 많은 근심으로써 자기를 찔렀도다."(딤전 6:10) 사도 바울은 이어서 하나님의 사람들에게 정말 중요한 권면을 하고 있습니다. "오직 너 하나님의 사람아, 이것들을 피하고 의와 경건과 믿음과 사랑과 인내와 온유를 따르며."(딤전 6:11) 주님께서 여러분을 사랑하시면, 결단코 여러분을 그냥 방치해 두지 않으실 것입니다. 그러나 여러분이 '삼가 탐심을 물리치지 않으면' 주님께서도 여러분을 아끼지

---

3) 부자가 되려고 마음을 기울이는 것 자체가 주님으로부터 멀어지는 것을 의미한다.

않으실 것입니다. 그러므로 밖에서 우리를 시험하고 속에서 죄의 정욕이 일어나더라도, "나그네와 행인" 같은 자세로 항상 "내 마음을 주의 증거들에게 향하게 하시고 탐욕으로 향하지 말게 하소서."라는 깊이 각인된 기도와 함께 전진해 나아가십시오. 주님께서는 정당한 권리로 우리의 전체를 요구하십니다. "내 아들아, 네 마음을 내게 주며."(잠 23:26)

시편 119:37
"내 눈을 돌이켜 허탄한 것을 보지 말게 하시고
주의 길에서 나를 살아나게 하소서."

하나님의 사람은 탐욕에 빠지는 시험을 아주 불쾌하게 여겨 그 시험에서 가능한 한 가장 멀리 떨어지기를 기도합니다. 그는 자기 마음이 그런 데로 기울어지지 않도록 해 주십사하고 기도합니다. 그는 '자기의 눈이 허탄한 것을 보지 않게 되기를' 바랍니다. 시선을 지키는 것은 '마음을 지키는' 큰 방편입니다. "이스라엘 자손에게 명령하여 대대로 그들의 옷단 귀에 술을 만들고 청색 끈을 그 귀의 술에 더하라 이 술은 너희가 보고 여호와의 모든 계명을 기억하여 준행하고 너희를 방종하게 하는 자신의 마음과 눈의 욕심을 따라 음행하지 않게 하기 위함이라."(민 15:38,39) "내가 내 눈과 약속하였나니 어찌 처녀에게 주목하랴."(욥 31:1) 사탄은 우리 주변에 있는 모든 대상물들에 자신의 독을 주입하여 사람을 유혹할 불을 일으킬 연료를 충만하게 채웠습니다. 그래서 한순간이라도 마음을 지키지 못하면 사탄이 도둑질해 갑니다. 본래 마음은 본성적으로 악으로 기울어지기 쉽고 헛된 것을 갈망하는 성향이 있습니다. '허영'은 '세상에 있는 모든 것, 육신의 정욕과 안목의 정욕과 이생의 자랑'을 다 포함합니다. 그 모든 것이 다 죄입니다. "이는 세상에 있는 모든 것이 육신의 정욕과 안목의 정욕과 이생의 자랑이니 다 아버지께로부터 온 것이 아니요, 세상으로부터 온 것이라."(요일 2:16) 다윗의 아들 전도자(설교자) 솔로몬은 좋은 위치에 서서 이 세상의 탁월하다는 전 영역을 한꺼번에 내려다 볼 수 있는 시야(視野)를 가지고 세상에 속한 모든 것을 판단한 후 이렇게 선언하였습니다. "헛되고 헛되며 헛되고 헛되니 모든 것이 헛되도다."(전 1:1,2 ; 2:11 ; 12:8)

우리는 방금 '전도양양한 믿음의 길'을 막아서 무너뜨리는 욕심, 곧 다른 것들을 향한 욕심을 언급한 바 있습니다. 주님께서 제자들에게 엄숙하게 경고하시며 '진실한 신앙고백'에 해가 됨을 지적하셨습니다. "너희는 스스로 조심하라 그렇지 않으면 방탕함과 술취함과 생활의 염려로 마음이 둔하여지고 뜻밖에 그 날이 덫과 같이 너희에게 임하리라."(눅 21:34) 어떤 사람들은 마치 자기들은 시험을 전혀 받을 것 같지 않다는 식으로 행합니다. 자기들은 어떤 위험도 당하지 않으리라는 허망한 확신을 가지고 벼랑 끝을 걷는 모험을 감행합니다. 그러나 그러한 확신은 심각한 타락의 벼랑을 의지하는 것입니다. "교만은 패망의 선봉이요, 거만한 마음은 넘어짐의 앞잡이니라."(잠 16:18) "죄가 너희를 주장하지 못하리니."(롬 6:14) 라는 약속을 의지하는 민감한 마음을 가진 하나님의 자녀는 죄를 지을 모든 상황에서 물러서야만 그 약속의 영광을 누릴 수 있음을 압니다. 그는 "육체로 더럽힌 옷까지도" 미워합니다. "또 어떤 자를 불에서 끌어내어 구원하라 또 어떤 자를 그 육체로 더럽힌 옷까지도 미워하되 두려움으로 긍휼히 여기라."(유 1:23)

시편 기자는 연약한 자신의 육신적 감각과 속기를 잘하는 자기 마음을 부추기는 일이 얼마나 많은지 기억하고 이런 기도를 드렸습니다(잠 23:33 ; 수 7:21 참조). 그는 계속 이런 기도를 드립니다. "내 마음을 주의 증거들에게 향하게 하시고 탐욕으로 향하지 말게 하소서."

"내 눈을 돌이켜 허탄한 것을 보지 말게 하시고." 아마 다윗은 자기 생애 끝자락에서 자기가 죄를 지은 상황을 상기하면서 이 기도를 드려야 할 절실한 필요를 재인식하였을 것입니다. "저녁 때에 다윗이 그의 침상에서 일어나 왕궁 옥상에서 거닐다가 그 곳에서 보니 한 여인이 목욕을 하는데 심히 아름다워 보이는지라."(삼하 11:2) 자신의 연약과 부패를 의식하는 사람 중에 이 기도가 매일 시험받는 자기의 상황에는 걸맞지 않다고 생각하는 사람이 있겠습니까? 정말 우리는 기도할 뿐 아니라 항상 깨어 있어야 합니다. 기도하지 않으면서 자신이 깨어있다 하는 것은 기만입니다. 기도는 한다면서 깨어 조심하지 않는 것도 자기기만입니다.

"내 눈을 돌이켜 허탄한 것을 보지 말게 하시고." 이 기도를 하면서 자기 눈과 약속하여 "허탄한 것을 보지 않겠다."는 결심[4]을 하지 않는 것은 마치 "자기 품에 불을 품고" 있으면서 "데지 않기를 바라는" 것과[5] 같습니다. 불을 품에 품고 있으면서 타지 않게 해 달라고 기도하였으니 말입니다. 만일 우리가 "시험에 들게 하지 마옵소서"라고 기도한다면 "시험에 들지 않으려고 깨어 조심해야" 합니다(마 6:13 ; 26:41)[6] 우리의 기도가 진실한지 입증되는 때는 조심하여 시험의 상황과 경우들을 피하려는 자세를 견지할 때입니다. 죄를 무서워하는 마음 역시 시험에 들어 죄에 빠질까 두려워하는 것으로 실체를 드러냅니다. "네가 만일 음식을 탐하는 자이거든 네 목에 칼을 둘 것이니라."(잠 23:2) 잔에 번쩍이는 포도주를 무서워하여 멀리 피해야 합니다. "포도주는 붉고 잔에서 번쩍이며 순하게 내려가나니 너는 그것을 보지도 말지

---

4) "내가 내 눈과 약속하였나니 어찌 처녀에게 주목하랴."(욥 31:1)

5) "사람이 불을 품에 품고서야 어찌 그의 옷이 타지 아니하겠으며 사람이 숯불을 밟고서야 어찌 그의 발이 데지 아니하겠느냐."(잠 6:27,28)

6) "우리를 시험에 들게 하지 마시옵고 다만 악에서 구하시옵소서."(마 6:13)
"시험에 들지 않게 깨어 기도하라 마음에는 원이로되 육신이 약하도다 하시고."(마 26:41)

어다 그것이 마침내 뱀 같이 물것이요 독사 같이 쏠 것이며."(잠 23:31,32)

우리가 '허탄한 것을 따르지' 않아도 "허탄을 보는 것"만으로도 해가 되는 이유는 무엇입니까? 하와가 금단의 실과를 "보았을 때" 그 실과를 따야겠다고 생각하지는 않았을 것입니다. 그것을 땄을 때 먹으리라 생각하지 않았을 수도 있습니다. 죄의 시작은 '물이 스미는 것'과 같습니다. 일단 물이 스밀 틈이 생기는 일이 계속 진행되면 그 앞에 있는 모든 것을 무너뜨립니다. "여자가 그 나무를 본즉 먹음직도 하고 보암직도 하고 지혜롭게 할 만큼 탐스럽기도 한 나무인지라 여자가 그 열매를 따먹고 자기와 함께 있는 남편에게도 주매 그도 먹은지라."(창 3:65) "다투는 시작은 둑에서 물이 새는 것 같은즉 싸움이 일어나기 전에 시비를 그칠 것이니라."(잠 17:14) '미혹 당한 우리 어머니' 이후에 죄로 이끌리는 눈을 갖지 않는 이가 누구입니까?[7]

존 번연(John Bunyan)의 「천로역정(Pilgrim's Progess)」에 나오는 순례자들이 '허영(Vanity Fair)'의 도시를 통과해야 했는데, 그 도시는 사방에 그들을 유혹하며 시험하는 것들이 널려 있었습니다. 그들이 그 도시를 통과할 때에는 눈과 귀를 막고 빠른 걸음으로 지나가면서 "내 눈을 돌이켜 허탄한 것을 보지 말게 하소서."라고 울부짖어 기도해야 했습니다. 너무 자주 빈둥거리면서 게슴츠레한 눈을 가지고 결국 허탄한 것들을 탐하기 시작하는 이들을 향한 책망의 말씀이 있습니다. 우리 그리스도인들은 그런 "허탄한 것들"에 대하여 '죽은 자들'입니다. "위의 것을 생각하고 땅의 것을 생각하지 말라 이는 너희가 죽었고 너희 생명이 그리스도와 함께 하나님 안에 감추어졌음이

---

7) 성경에 등장하는 이들 중에 허탄한 것을 바라봄으로 죄를 짓게 된 자들을 소개하면 이러하다. 롯의 아내(창 19:26), 세겜 사람들(창 34:2), 보디발의 아내(창 39:7), 아간(수 7:21), 삼손(삿 16:1) 등이다. 하나님의 마음에 합한 다윗도 그런 잘못을 범하였다(삼후 11:2). "네 마음에 그의 아름다움을 탐하지 말며 그 눈꺼풀에 홀리지 말라."(잠 6:25). "나는 너희에게 이르노니 음욕을 품고 여자를 보는 자마다 마음에 이미 간음하였느니라."(마 5:28) "음심이 가득한 눈을 가지고 범죄하기를 그치지 아니하고 굳세지 못한 영혼을 유혹하며 탐욕에 연단된 마음을 가진 자들이니 저주의 자식이라."(벧후 2:14).

라"(골 3:2,3)

그러면 어떻게 해야 가장 효과적으로 "내 눈을 돌이켜 허탄한 것을 보지 않을 수" 있나요? 그저 물러나서 묵상이나 하고 가만히 있으면 됩니까? 합법적으로 세상과 연결되어 있는 모든 선(線)을 끊어 버려야 합니까? 아닙니다. 도리어 예수님의 초월적인 아름다우심을 바라보는 우리 눈을 가리지 않고 항상 마음으로 우러러 봐야 합니다. 그것이 "내 눈을 돌이켜 허탄한 것을 보지 않는" 가장 눈부신 방법입니다. "극히 값진 진주의 영롱하고 우아한 빛깔"을 알아보는 눈은 세상이 자랑하는 '가장 값비싼 진주들'의 광채를 무색하게 합니다. "극히 값진 진주 하나를 발견하매 가서 자기의 소유를 다 팔아 그 진주를 사느니라."(마 13:46) 예수님의 초월적인 아름다우심을 보는 눈은 우리로 하여금 세상의 유혹에 대하여 죽게 하며, 위에서 부르신 부름의 상을 얻기 위하여 달려 나가게 합니다. 그것이 바로 우리의 목표 아닙니까?

"주의 길에서 나를 살아나게 하소서." 우리가 특별한 자비로 말미암아 여러 각종 시험들에 빠지지 않게 보호받는 것만으로는 충분하지 않습니다. 우리는 "살아나서" 보다 더 풍성한 생명력을 가지고 활기차고 기쁘게 "주의 길"에서 헌신하기를 원해야 합니다. 그리스도인의 행로의 비밀은 '단순성(simplicity)'과 '부지런함(diligence)'입니다. 사도 바울은 자기가 추구할 목적을 "한 가지 일"이라는 표현으로 이렇게 진술하였습니다. "형제들아 나는 아직 내가 잡은 줄로 여기지 아니하고 오직 한 일(this one thing I do) 즉 뒤에 있는 것은 잊어버리고 앞에 있는 것을 잡으려고 푯대를 향하여 그리스도 예수 안에서 하나님이 위에서 부르신 부름의 상을 위하여 달려가노라."(빌 3:13,14)

성령께서 "허탄한 것을 바라볼 마음의 소원"을 주신 적이 없습니다. 모든 화려한 꽃길로 단장된 세상은 황량한 광야입니다. 그리스도와 하늘만이 우리가 소원할 오직 유일한 대상입니다. "오직 의롭게 행하는 자, 정직히 말하는 자, 토색한 재물을 가증히 여기는 자, 손을 흔들어 뇌물을 받지 아니하는 자, 귀를 막아 피 흘리려는 꾀를 듣지 아니하는 자, 눈을 감아 악을 보지 아니하는 자, 그는 높은 곳에 거하리니 견고한 바위가 그의 요새가 되며 그의 양식은 공급되고 그의 물은 끊어지지 아니하리라 네 눈은 그의 아름다운 가운데에서 보며 광활한 땅을 눈으로 보겠고."(사 37:15-17) 시험을 피하여 달아나며 하나님의 길에서 행하기를 소원하는 자들에게 주어진 약속들의 보배로움이여!

시편 119:38
"주를 경외하게 하는 주의 말씀을 주의 종에게 세우소서."

우리는 "주의 길에서 살아나는 불신앙"의 압제로 쇠미해질 때가 자주 있습니다. 그 때 다시 나의 마음의 원기를 회복하는 자원은 무엇입니까? 오직 "약속의 말씀"뿐입니다. 주여! "주의 말씀을 주의 종에게 세우소서. 저는 주의 종으로 주님을 경외하며 헌신하여 살기를 원하나이다." "여호와를 경외함이 지혜의 근본이라."(시 111:10) "여호와를 경외함이 네 보배니라."(사 33:6) 그러합니다. "여호와를 경외하는 자에게는 견고한 의뢰가 있나니 그 자녀들에게 피난처가 있으리라."(잠 14:26) 또한 그것은 "생명의 샘"입니다(잠 14:27) 그러니 주님을 경외하는 일에 전심으로 헌신한 자는 얼마나 지혜롭고 부요하고 안전하고 복된지요! 하나님의 총애를 입은 자(시 33:18), 하나님의 은밀한 사랑을 소유한 자(시 25:14), 하나님의 은혜로 가르침을 받는 자(시 25:12), 하나님의 자비의 언약을 가진 자(시 103:7)는 진실로 복이 있습니다.

구약성경의 약속들은 일반적으로 하나님을 경외하는 것과 연관되어 있습니다. 신약성경의 약속들이 믿음과 연관되어 있는 것처럼 말입니다. 그러나 사실 그 원리는 작용에 있어서 동일합니다. 우리는 믿음으로 말미암아 하나 님의 죄사하심과 그 나라의 특권들을 이해합니다. 그런데 바로 그 믿음이 경 건하고 경외하는 심정으로 아버지 하나님을 향한 두려움을 나타냅니다(시 130:4 ; 렘 33:8,9 ; 호 3:5 ; 히 12:28 비교 참조) 8).

"주를 경외하게 하는 주의 말씀을…" "하나님을 경외함에 자신을 드리는 것"이 하나님의 종의 특성을 함축합니다. 우주에서 그것이 가장 고상한 영예 이며, 하늘의 본질적 기쁨의 정체입니다. "그러므로 그들이 하나님의 보좌 앞 에 있고 또 그의 성전에서 밤낮 하나님을 섬기매 보좌에 앉으신 이가 그들 위 에 장막을 치시리니."(계 7:15. 22:3은 참조) 순종하기로 마음을 정하되, 경외 함이 가득하고 사랑하며 자원하는 심정으로 그리 정한 것입니다. 여호와와 연합하여 자신을 드려 섬기고 그 이름을 사랑하기로 작정한 자가 바로 하나 님의 종입니다. "또 여호와와 연합하여 그를 섬기며 여호와의 이름을 사랑하 며 그의 종이 되며 안식일을 지켜 더럽히지 아니하며 나의 언약을 굳게 지키 는 이방인마다 내가 곧 그들을 나의 성산으로 인도하여 기도하는 내 집에서 그들을 기쁘게 할 것이며."(사 56:6,7)

'그러하옵니다. 은혜로우신 주 여호와여, 저는 주님을 벗어나 자유하기보 다 주님의 종이 되기로 마음을 정하였나이다. 오직 영원히 주의 종이 되려 하 오니 죄의 결박에서 풀어 주소서. 내 마음은 방심하기 쉽사오니 당신의 결박

---

8) "그러나 사유하심이 주께 있음은 주를 경외하게 하심이니이다."(시 130:4)
"내가 그들을 내게 범한 그 모든 죄악에서 정하게 하며 그들이 내게 범하며 행한 모든 죄악을 사할 것이라 이 성읍이 세계 열방 앞에서 나의 기쁜 이름이 될 것이며 찬송과 영광이 될 것이요 그들은 내가 이 백성에게 베푼 모든 복을 들을 것이요 내가 이 성읍에 베푼 모든 복과 모든 평안으로 말미암아 두려워하며 떨리라."(렘 33:8,9)
"그 후에 이스라엘 자손이 돌아와서 그들의 하나님 여호와와 그들의 왕 다윗을 찾고 마지막 날에는 여호와를 경외하므로 여호와와 그 의 은총으로 나아가리라."(호 3:5)
"그러므로 우리가 흔들리지 않는 나라를 받았은즉 은혜를 받자 이로 말미암아 경건함과 두려움으로 하나님을 기쁘시게 섬길지니 또 는 감사하자."(히 12:28)

으로 저를 묶으소서.' "여호와여 나는 진실로 주의 종이요 주의 여종의 아들 곧 주의 종이라 주께서 나의 결박을 푸셨나이다."(시 116:16)

"주의 종에게 세우소서." 시편 기자는 이 표현을 통하여 "나는 주님을 경외하는 일에 전적으로 헌신된 자니이다."라는 고백을 하고 있습니다. 내 마음의 소원과 결심과 성품이 온전히 그 일에 집중되어 있나이다. 그러니 제가 말씀의 약속들에 참여하는 권리를 가졌음을 천명하게 하옵소서. 주님의 말씀의 약속들은 풍요하고 은혜롭고 "지극히 크고 보배롭습니다."(벧후 1:4). 그렇습니다. 그 약속들이 모두 다 바로 저의 것이니이다. "하나님의 약속은 얼마든지 그리스도 안에서 예가 되니 그런즉 그로 말미암아 우리가 아멘 하여 하나님께 영광을 돌리게 되느니라."(고후 1:20) 주의 모든 말씀 하나 하나를 죄를 이기는 저의 힘이 되게 세워주시고, 그리스도를 아는 지식의 진보를 위하여 세우시어 그 사랑을 체험하고 형상을 본받게 하옵시고, 결국 주님을 믿는 제 믿음으로 말미암아 영생하게 하옵소서. 그 권리가 제게 주어진 것을 당당하게 내세우게 하옵소서.

하나님을 경외함이 나로 하여금 죄 짓지 않게 지켜주고 나의 습관적인 행실이 되는 정도가 어떠합니까? 어느 정도까지 지켜 줍니까?(창 39:9 ; 느 5:17 ; 잠 16:6 ; 잠 23:17) 다윗은 하나님의 약속들을 신뢰하는 것을 구실로 자신을 경계하여 조심하는 일을 소홀히 하기는커녕 오히려 "하나님을 두려워하며 경외하는 일에 자신을 온전하게" 드렸습니다. 구원의 확신이 바른 근거 위에 서 있다면, 반드시 거룩한 두려움을 동반하기 마련입니다. 그가 바르게 감동받았음은 "주의 말씀만 경외하는 가운데" 서 있는 모습으로 드러납니다(시 119:161). 아울러 죄에 대한 혐오감이 더욱 강해지고, "성령님을 근심시키는 것"을 아주 큰 일로 여겨 삼갑니다. 그래서 하나님을 아버지로 모시고 두려워하는 것이 거룩한 담대함을 이끌어냅니다. 그 담대함이 하나님을 두려워하고 경외하는 마음을 더욱 강화시킵니다. 그래서 담대함과 거룩한 두려움의 상호 작용을 통하여 주님의 말씀에 더욱 바싹 붙좇게 합니다.

"주를 경외하게 하는 주의 말씀을 주의 종에게 세우소서." 구원의 확신이라는 그리스도인의 특권이 신약시대에만 국한되지 않았음을 주목하는 것은 흥미롭습니다. 다윗이 "주의 말씀을 주의 종에게 세우소서."[9]라고 탄원할 수 있었던 것은 단련된 믿음의 터 위에 견고하게 서 있었기 때문입니다. 그리스도 안에서 하나님과 그 약속들을 향해 이런 직설적인 믿음을 보인다 해도 결코 지나친 확신이라 할 수 없습니다. 하나님의 약속들은 교회 전체를 향하여 주어졌습니다. 그래서 우리 각자가 그 약속의 말씀에 함께 참여하게 하신 것입니다. 하나님께서는 친히 인치시고 손수 기록하신 말씀을 당신 앞에 가지고 나와 탄원하는 우리의 기도를 듣기 좋아하십니다. "너는 나에게 기억이 나게 하라 우리가 함께 변론하자 너는 말하여 네가 의로움을 나타내라."(사 43:26) "우리는 미쁨이 없을지라도 주는 항상 미쁘시니 자기를 부인하실 수 없으시리라."(딤후 2:13)

주님께서 우리의 체험 속에 "주님의 말씀을 세우신" 방식을 주목하면 우리는 얼마나 힘이 나는지요! 매일 주 하나님께서는 당신의 약속을 이루어 나가십니다. 말씀 하나 하나가 다 정한 때가 있습니다. 모든 말씀을 다른 말씀에 대한 담대한 확신을 더 갖도록 용기를 북돋습니다. "그가 이같이 큰 사망에서 우리를 건지셨고 또 건지실 것이며 이후에도 건지시기를 그에게 바라노라."(고후 1:10) "주께서 내 곁에 서서 나에게 힘을 주심은 나로 말미암아

---

9) 다윗이 이 간구를 드리며 권리로 하나님께 졸라대는 것 같은 양상을 보이는 것을 주목하라. "여호와 하나님이여 이제 주의 종과 종의 집에 대하여 말씀하신 것을 영원히 세우셨사오며 말씀하신 대로 행하사 사람이 영원히 주의 이름을 크게 높여 이르기를 만군의 여호와는 이스라엘의 하나님이라 하게 하옵시며 주의 종 다윗의 집이 주 앞에 견고하게 하옵소서… 주 여호와여 오직 주는 하나님이시며 주의 말씀들이 참되시나이다 주께서 이 좋은 것을 주의 종에게 말씀하셨사오니 이제 청하건대 종의 집에 복을 주사 주 앞에 영원히 있게 하옵소서 주 여호와께서 말씀하셨사오니 주의 종의 집이 영원히 복을 받게 하옵소서 하니라.(삼하 7:25,26,28,29) 동일한 담대함의 표현이 구 후에도 발견된다. "주의 종에게 하신 말씀을 기억하소서 주께서 내게 소망을 가지게 하셨나이다.(시 119:49)

선포된 말씀이 온전히 전파되어 모든 이방인이 듣게 하려 하심이니 내가 사자의 입에서 건짐을 받았느니라 주께서 나를 모든 악한 일에서 건져내시고 또 그의 천국에 들어가도록 구원하시리니 그에게 영광이 세세무궁토록 있을 지어다 아멘."(딤후 4:18,19)10) 어떤 부분에서 성취된 말씀은 전체를 위한 보증과 같습니다. 그래서 하나님의 미쁘심을 알아 볼 때가 반드시 도래할 것이라는 확신을 갖게 됩니다. "내가 지존하신 하나님께 부르짖음이여 곧 나를 위하여 모든 것을 이루시는 하나님께로다."(시 52:2) 하나님이 약속하신 것을 근거로 하나님의 말씀이 '영원히 굳게 세워질' 것입니다(히 6:17,18). 그러므로 우리 하나님의 말씀을 의뢰하는 데 대한 확신이 인침을 받습니다. 만일 하나님께서 한 말씀을 이루셨다면, 분명 다른 말씀도 이루실 것이라는 확신이 서는 것입니다.

"주의 말씀을 주의 종에게 세우소서." 이것이 바로 믿음의 행사요 능력이기도 합니다. 나는 하나님께 나의 궁핍을 가지고 갑니다. 아울러 '하나님의 약속의 말씀'을 제출합니다. 주께서 저를 보배로운 당신의 피로 값주고 사셨습니다. 그래서 저는 주님의 것이 되었습니다. 제 마음을 온전히 주님 당신께 복종하게 하셨나이다. 그러니 이제 "제 마음은 주님을 경외하는 일"에 온전히 헌신합니다. 주님의 언약은 저에게 성화(聖化)에 필요한 모든 것을 공급하는 자원이 되었으며, 제가 낮아지고 징계를 받아도 이제와 영원히 저의 위로가 되었나이다. **"주의 말씀을 주의 종에게 세우소서."** 주님의 말씀을 제 안에서 이루어지게 하옵소서. "저는 주님을 경외하는 일에 전심을 다하는 주의 종이니이다."

---

10) "너희가 아직도 깨닫지 못하느냐 떡 다섯 개로 오천 명을 먹이고 주운 것이 몇 바구니며."(마 16:9) 이 말씀을 위의 문맥과 비교하여 보라.

시편 119:39
"내가 두려워하는 비방을 내게서 떠나게 하소서
주의 규례들은 선하심이니이다."

"내가 두려워하는 비방을 내게서 떠나게 하소서." 우리가 두려워할 이유가
전혀 없고 도리어 자랑스럽게 여겨야 할 '비방'이 있습니다. 그것은 복음의 주
요한 특권들 중에 하나입니다(마 5:10-12). "그리스도를 위하여 너희에게 은혜
를 주신 것은 다만 그를 믿을 뿐 아니라 또한 그를 위하여 고난도 받게 하려
하심이라."(빌 1:29) 그런 비방은 우리 신앙고백의 진실성을 보여주는 영예로
운 표지입니다(행 5:41 ; 24:5 ; 28:22. 히 13:3과 벧전 4:12-16은 참조).

그러나 다윗이 두려워한 것은[11] 자기의 하나님의 이름에 욕을 돌리는 '비
방'이었습니다. 다윗은 정말 염려하면서 끈질긴 기도를 드렸습니다. 이런 '비
방'을 두려워하는 것이 바로 주도면밀하게 깨어있는 사람의 특성입니다. 그
는 자기를 붙들어 주시는 전능하신 이의 손에 습관적으로 의탁합니다. "나
를 붙드소서 그리하시면 내가 구원을 얻고 주의 율례들에 항상 주의하리이
다."(시 119:117) 주님을 경외하며 두려움을 가진 사람은 그런 기도를 끊임없
이 드립니다. 우리는 보통 복음을 대적하는 원수들이 얼마나 악독하게 활동
하며 우리를 대적하는지를 깊이 숙고하지 않습니다. 그들은 우리 영혼의 활
동을 멈추게 하려고 '항상' 힘쓰고 있습니다. "나는 무리의 비방과 사방이 두
려워함을 들었나이다 그들이 이르기를 고소하라 우리도 고소하리라 하오며

---

11) "이 일로 말미암아 여호와의 원수가 크게 비방할 거리를 얻게 하였으니 당신이 낳은 아이가 반드시 죽으리이다 하고."(삼하
12:14) 사울이 자기에게 주어지는 '비방'을 강하게 부인하였던 적이 있었다. "사울이 이르되 내가 범죄하였을지라도 이제 청하옵나니
내 백성의 장로들 앞과 이스라엘 앞에서 나를 높이사 나와 함께 돌아가서 내가 당신의 하나님 여호와께 경배하게 하소서 하더라."(삼
상 15:30) 그러나 이 두 사람이 유사한 시험을 당하여 만난 경우들이 그 원리에 있어서는 얼마나 다른지! 다윗은 두려워 어쩔줄을 몰
랐다. 자기의 수치스런 범죄로 인하여 하나님의 이름이 비방을 당하지 않아야 한다는 염려 때문이었다. 그러나 사울은 자기 자신의
평판에만 관심이 있었다.

내 친한 벗도 다 내가 실족하기를 기다리며 그가 혹시 유혹을 받게 되면 우리가 그를 이기어 우리 원수를 갚자 하나이다."(렘 20:10) 이런 경우가 아니라도 우리가 성질을 부리거나 부덕한 행실의 일관성 없는 태도로 말미암아 "비방"을 받지 않도록 언제나 조심해야 합니다. 자신의 연약함을 모르는 이들이나, 자신이 하나님께 등을 돌리고 뒤로 물러가거나 은혜를 배반할 성향이 있음을 부단하게 의식하지 못하여 자신이 보배로운 이름으로 불리는 것이 어떠한지 유념하지 못하는 이들은 이 다윗의 기도가 필요하지도 않고 시의적절하지도 않다고 생각할 것입니다. "내가 두려워하는 비방을 내게서 떠나게 하소서."

갈등을 겪고 있는 그리스도인은 이 기도가 자기에게 해당되는 기도라고 여길 수 있습니다. 때로 사탄은 그리스도인을 현혹하여 세상과 타협하도록 유도하는 일에 성공하기도 하고, 시험하여 그리스도인으로 하여금 하나님의 자녀가 되기에 합당한 조건을 자기 자신 속에서 찾게하여 결국 이제까지 하나님께 대하여 가지고 있던 담대한 확신을 쇠약하게 하기도 합니다. 이때 사탄은 이런 모든 암시를 던져 그리스도인으로 하여금 자신의 마음의 변덕스러운 실상을 주목하여 안달하게 만듭니다. "형제들을 참소하는" 사탄은 그리스도인에게 자신을 광명한 천사로 보이게 만들고, 그가 실족하여 넘어져 범죄하였던 여러 경우들이 기록된 '검은 목록들'을 들이댑니다. 사실 그리스도인이 과거에 실족한 그 모든 경우들은 사탄의 작전이 성공한 경우들입니다. 존 번연(John Bunyan)은 「천로역정」에서 아볼리온이 가장 맹렬한 공격을 퍼부을 때 무슨 '비방들'을 쓰는지 낱낱이 열거하였습니다. 사탄이 「천로역정」의 주인공 '그리스도인'과 혈안이 되어 싸울 때 '낙심의 늪(Slough of Despond)'으로 밀어 넣는 공격을 감행합니다. 어떻게 해서든 그리스도인이 정로를 벗어나게 하려고 안달합니다. 임금이신 그리스도께서 지금 자기와 함께하신다는 정당한 근거에 대한 확신을 흐리게 하거나 하늘의 도성에 이르를 그의 모든 소망을 다 꺾어 버리려 애를 씁니다. 그리스도인은 그런 사탄의 참소를 모른 척하거나 변명하려 들지 않습니다. 그는 사탄이 참소하는 일들이 다 사실임을 알고 있습니다. 그 외에도 더 많은 허물이 자기에게 있음을 알고 있습니다! 그러나 그는 다음의 말씀도 진리임을 알고 있습니다. "율법이 들어온 것은 범죄를 더하게 하려 함이라 그러나 죄가 더한 곳에 은혜가 더욱 넘쳤나니."(롬 5:20) "그 아들 예수의 피가 우리를 모든 죄에서 깨끗하게 하실 것이요."(요일 1:7)

믿는 이들이여! 여러분이 마음으로 갈등할 때 그것을 이길 수 있는 유일하고 효과적인 처방을 기억하십시오. "모든 것 위에 믿음의 방패를 가지고 이로써 능히 악한 자의 모든 불화살을 소멸하고."(엡 6:16) 여러분이 죄로 말미암아 전복당한 일을 생각하면 죄가 밉지 않습니까? 죄의 권세에서 벗어나기를 간절하게 열망하지 않습니까? 여러분이 지은 죄악들의 책임과 오염을 생각할 때마다 자신을 주님 앞에 겸손하게 낮추고 복음을 다시 새롭게 견고히 붙잡으십시오. 그러면 "어린 양의 피로 이길" 것입니다(계 12:9-11). 승리는 십자가로부터만 오게 되어 있습니다. 자기 죄 용서와 능력과 위로를 위하여 십자가를 바라보는 영혼은 하나님께 "주여, 내가 두려워하는 비방을 내게서 떠나게 하소서."라고 탄원하지 않을 수 없습니다. 그 탄원의 기도는 하나님께 용납되는 기도입니다.

하나님의 은혜를 버리고 뒤로 물러가 침륜에 빠졌거나 배도적인 행위를 한 것을 하나님 앞에 자백하면 죄책을 묻지 않으시고 용서하여 주시는 하나님 은혜의 깊이의 기이함이여! 그래서 누구나 다 "주의 규례들은 선함이니이다."[12]라고 아뢰지 않을 수 없습니다. 주님께서 우리를 타이르듯이 말씀

---

12) 이 대목의 KJV역은 Thy judgments are good〈주의 판단은 선하시나이다〉라고 되어 있음 - 역자 주

하시다니 얼마나 감동적입니까! "나 여호와가 이와 같이 말하노라 너희 조상들이 내게서 무슨 불의함을 보았기에 나를 멀리하고 가서 헛된 것을 따라 헛되이 행하였느냐."(렘 2:5) "내 백성아 내가 무엇을 네게 행하였으며 무슨 일로 너를 괴롭게 하였느냐 너는 내게 증언하라."(미 4:3) "네 번제의 양을 내게로 가져오지 아니하였고 네 제물로 나를 공경하지 아니하였느니라 나는 제물로 말미암아 너를 수고롭게 하지 아니하였고 유향으로 말미암아 너를 괴롭게 하지 아니하였거늘."(사 43:23) 정말 하나님께서 우리를 괴롭게 하신 적이 전혀 없었습니다! 우리 구주와 그분의 행사와 그분이 우리를 위하여 지불하신 일을 생각하면 어찌 감히 불평할 수 있겠습니까! 도리어 우리 자신이 깨어있지 않고 둔하고 게으르며 뒤로 물러가 배반하기를 잘하는 성향을 인하여 불평해야 합니다. 그래서 우리는 믿는다고 하지만 허물로 인하여 우리에게 쏟아지는 "비방" 때문에 겸손한 자세를 가져야 하지요.

하여간, 우리는 믿음에 부합하지 않는 일관성 없는 행위로 인하여 주어지는 "모든 비방을 두려워하며" 그리스도의 이름으로 끊임없이 부르짖어야 합니다. "내가 두려워하는 비방을 내게서 떠나게 하소서." 아니 그 '비방'을 "우리 불의에 대한 하나님의 판단으로 받아야" 합니다. "나도 그들에게 대항하여 내가 그들을 그들의 원수들의 땅으로 끌어갔음을 깨닫고 그 할례 받지 아니한 그들의 마음이 낮아져서 그들의 죄악의 형벌을 기쁘게 받으면 내가 야곱과 맺은 내 언약과 이삭과 맺은 내 언약을 기억하며 아브라함과 맺은 내 언약을 기억하고 그 땅을 기억하리라."(레 26:41,42) 그리고 우리 불의에 대한 "주님의 규례들(판단들)의 선하심"을 상기하면서도, 우리는 여전히 은혜로우신 우리 주님으로부터 가장 좋은 것들이 주어질 것을 바라고 고대하는 담대한 믿음을 행사해야 합니다.

시편 119:40

"내가 주의 법도들을 사모하였사오니

주의 의로 나를 살아나게 하소서."

자 보십시오! 마음을 감찰하시는 하나님께 호소하는 시편 기자의 심정
을 보십시오. "내가 주의 법도들(precepts)13)을 사랑하는 줄 주께서 아시나
이다."(요 21:17은 참조) 주님의 '법도들의 선함'을 마음 깊이 의식하는 사람은
마땅히 "주님의 법도들을 사모하게" 되어 있습니다. 14) 신앙고백자는 하나님
의 약속들을 '사모'합니다. 그래서 자주 그 약속들을 의뢰하여 망상을 마음
에 갖는 경우가 생깁니다. 왜냐하면 하나님의 약속들에 대한 오해로 만족
하지 못할 소망을 쌓기 때문입니다. 물론 낙담 중에 있을 때에 주님의 약속
을 의지하여 "주님의 법도들에 순종하고," 그 순종의 길에서 주님의 약속들
이 성취될 것을 기대하는 것, 그것이야말로 신자의 특권이요, 안전이라고 생
각해야 합니다. 그러나 신앙고백자가 아무리 힘을 다하여 순종하여도 그가
오르는 경지는 '주님의 법도들과 문자적 의미의 일치' 일뿐입니다. 그는 내적
인 심령으로 즐겁게 "주의 법도들을 사모하는 것"에 대하여 아무것도 모릅
니다. 신앙고백자를 홀로 두면 그런 주님의 법도들, 또는 교훈들 중 많은 부
분이 어렵다고 불만을 갖기 마련입니다. "제자 중 여럿이 듣고 말하되 이 말
씀은 어렵도다 누가 들을 수 있느냐"(요 6:60) 그리스도인은 가장 어렵고 고
통스러운 주님의 "교훈들(법도들)"을 즐거워할 선한 이유를 제시할 수 있습니
다. 실로 가장 깊이 회개할 때야말로 "주님의 존전에서 새롭게 하심을 얻는"

---

13) 우리말 개역개정이나 개역한글은 각각 '법도들,' '법도'라고 번역하고 있으나 KJV나 NIV에서는 precepts(교훈, 훈계)로 번역하고
있다. - 역자 주

14) 로마서 7:12에서 사도는 "이로 보건대 율법은 거룩하고 계명도 거룩하고 의로우며 선하도다."라고 말하고 있다. 그런데 7:22에서
는 "내 속사람으로는 하나님의 법을 즐거워하되."라고 말하고 있음을 염두에 두라.

때입니다. 그 때야말로 가장 달콤한 때입니다.[15] 죄의 즐거움에 빠지는 것이 어떠하다 해도 죄를 죽여 이김으로 말미암아 궁극적으로 주어지는 즐거움을 도저히 따라 잡을 수 없습니다.[16]

"내가 주의 법도들을 사모하였사오니." 우리 구주의 '훈계(법도)'는 열매를 항상 보장합니다. 주님께서는 자신의 훈계를 따르고자 하는 자들에게 자기를 부인하고 매일 자기 십자가를 지라고 명령하셨습니다(눅 9:23). 왜냐하면 주님의 건전한 훈육을 따라 가려면 우리 스스로의 완고한 의지를 버려야 하기 때문입니다. 그러면 죄의 권능이 제어당하고, 마음의 교만이 사그라집니다. 그러면 우리의 행복이 견고하고 영구한 기초 위에 확정되어 서 있는 셈입니다. 구약시대나 신약시대나 주님의 '법도(훈계)'를 어기면 약속이 파기되기 때문에 하나님께서는 우리에게 엄격하게 그 법도에 일관된 순종을 요구하십니다. 그리스도인은 하나님의 엄격성을 크게 찬미합니다. 그리스도인에게는 주님의 법도를 지키는 것이 무거운 것이 아니라 어기는 것이 무거운 것입니다.

"내가 주의 법도들을 사모하였사오니." 이것이 바로 하나님 자녀의 특성입니다. 이것이야말로 영혼이 살아있음을 보여주는 '영혼의 고동'이라 할 수 있습니다. 이것이 바로 우리가 하늘에 합당한 열매를 맺고 있음을 보여주는 표지입니다.

시험의 폭풍이 불어 닥치거나 나태함의 늪에 빠져 영혼이 제 기능을 발휘

---

15) "그러므로 너희가 회개하고 돌이켜 너희 죄 없이 함을 받으라 이같이 하면 새롭게 되는 날이 주 앞으로부터 이를 것이요."(행 3:19) 루터는 진실로 회개할 때마다 언제나 달콤하였다고 말한다. 옛 성도가 표현한 것과 같다. "이것이 바로 고마운 회개이며, 그 일은 하나님의 사랑으로부터 시작된 일이다."

16) 다윗이 하나님의 은혜에 감사하여 생생하게 표현한 것을 보라. 먼저는 하나님을 향하여 그 은혜의 영광을 표현하고, 그 다음에는 하나님께서 적용하도록 지정하시어 주신 도구를 크게 높인다. 다른 말로 하여, 정말 합당하지 못한 부당한 복수를 삼가게 자기를 제어한 아비가일을 크게 높인다. "다윗이 아비가일에게 이르되 오늘 너를 보내어 나를 영접하게 하신 이스라엘의 하나님 여호와를 찬송할지로다 또 네 지혜를 칭찬할지며 또 네게 복이 있을지로다 오늘 내가 피를 흘릴 것과 친히 복수하는 것을 네가 막았느니라."(삼상 25:32,33)

하지 못하고 마비된 것 같을 때가 있습니다. 그 때에는 '마음의 숨은 사람'의 동작(動作)이 보이지 않습니다. 그런 음울한 시간들 속에서는 하나님 앞에서 입이 닫히고 마음이 둔해집니다. "주께서 내가 눈을 붙이지 못하게 하시니 내가 괴로워 말할 수 없나이다."(시 77:4) 그런 때에도 하나님 보좌 앞으로 받으실만한 향연(香煙)이 올려지고 있습니다. 우리는 "우리의 연약을 돕는 이," 곧 우리 대신 향을 피우시는 능하신 분을 모시고 있습니다. "이와 같이 성령도 우리의 연약함을 도우시나니 우리는 마땅히 기도할 바를 알지 못하나 오직 성령이 말할 수 없는 탄식으로 우리를 위하여 친히 간구하시느니라."(롬 8:26) 우리 속에 계신 대언자(Advocate)께서 우리의 아뢸 바가 무엇인지 아시고 작성하시어(히 9:24 ; 계 8:3,4) 위에 계신 아버지 하나님께 간구를 올리니, 그 간구가 성취되리라는 확실한 보장을 우리가 갖는 것입니다. "그는 자기를 경외하는 자들의 소원을 이루시며 또 그들의 부르짖음을 들으사 구원하시리로다."(시 145:19)

"내가 주의 법도들을 사모하였사오니." 이 '사모함'은 힘 있게 역사하는 은혜의 조짐이기도 합니다. 그러나 아무리 열정적인 소원도 소원하는 대상의 위대함에 비추어 보면 정말 격에 맞지 않습니다. 아무리 열정적으로 대상을 소원한다 해도 육체의 부패의 영향으로 짓눌려 있습니다(롬 7:18-24 참조)[17]. 그리고 마음이 없는 외식을 우리 주님께서 참으로 미워하십니다. "네가 이같이 미지근하여 뜨겁지도 아니하고 차지도 아니하니 내 입에서 너를 토하여 버리리라."(계 3:16) 그러니 우리가 그런 '사모하는 열정을 가지고 있는' 것 자

---

17) "내 속 곧 내 육신에 선한 것이 거하지 아니하는 줄을 아노니 원함은 내게 있으나 선을 행하는 것은 없노라 내가 원하는 바 선은 행하지 아니하고 도리어 원하지 아니하는 바 악을 행하는도다 만일 내가 원하지 아니하는 그것을 하면 이를 행하는 자는 내가 아니요 내 속에 거하는 죄니라 그러므로 내가 한 법을 깨달았노니 곧 선을 행하기 원하는 나에게 악이 함께 있는 것이로다 내 속사람으로는 하나님의 법을 즐거워하되 내 지체 속에서 한 다른 법이 내 마음의 법과 싸워 내 지체 속에 있는 죄의 법으로 나를 사로잡는 것을 보는도다 오호라 나는 곤고한 사람이로다 이 사망의 몸에서 누가 나를 건져내랴."(롬 7:18-24)

체로 만족할 것입니까? 나태한 마음으로 신앙을 고백하는 것과 불만있는 자세들은 보기에도 좋지 않고 열매도 없습니다. 물러서지 않고 끈질기게 은혜의 보좌로 돌진하여 나가게 하소서. "세례 요한의 때부터 지금까지 천국은 침노를 당하나니 침노하는 자는 빼앗느니라."(마 11:2)

"주의 의로 나를 살아나게 하소서." '제가 주님의 의를 의지하여 아뢰나이다. 주님께서는 내 영혼의 생명을 다시 소성시키겠다는 의로운 약속을 하셨나이다. 저는 당신의 흠 없는 의를 더 선명히 이해하기를 사모하나이다. 주님의 의로 제 기쁨이 살아나게 하시고, 저의 순종에 힘을 더하게 은밀한 교통을 더욱 활발하게 하시고, 주님의 의로 저의 그리스도인으로서의 행보가 더욱 활기있게 하소서.'

그런 성도의 '사모함'은 성도의 영혼을 '살리시려 베푸시는 은혜'를 위하여 주님이 부어주시는 마음입니다. 그 '사모함'은 '자기를 죽이는 게으른 자의 소원'과 전혀 다릅니다. "게으른 자의 욕망이 자기를 죽이나니 이는 자기의 손으로 일하기를 싫어함이니라."(잠 21:25) 그런 성도의 간절한 '사모함'을 하나님께서 잊으실 리 없습니다. "또 여호와를 기뻐하라 그가 내 마음의 소원을 네게 이루어 주시로다."(시 37:4) 오, 주여 기대감을 더 넓혀주시고, 복락을 더욱 풍성하게 부어주소서. 그래서 주님께서 우리 속에 두신 생수의 샘이 용솟음치게 하는 마음으로 '주님의 법도들을 더욱더 열렬히' 사모하게 하옵소서. "내가 주는 물을 마시는 자는 영원히 목마르지 아니하리니 내가 주는 물은 그 속에서 영생하도록 솟아나는 샘물이 되리라."(요 4:14) "나를 믿는 자는 성경에 이름과 같이 그 배에서 생수의 강이 흘러나오리라 하시니."(요 7:38)

그러나 우리는 이런 질문을 받을 수 있습니다. '마땅한 도리를 행하려면 힘이 들고 기진하여 나중에는 마지못해 하는 일이 될 수 있는데, 그러한 자세는 어떻게 은혜의 원리와 실제의 조화를 이룰 수 있는가?' 겉으로는 도리를 행하고 있는 것처럼 보여도 마음은 없을 수 있습니다. 도리를 지켜도 우리 인격의 전부를 주장하지 못하고 부분에만 영향을 줄 수 있습니다. 또 그런 도리를 행하는 것이 간헐적인 모습일 수 있습니다. 우리는 그런 자세를 슬퍼하고 제어해야 합니다. 그런 마음의 부패한 본성의 영향력에도 불구하고 그리스도인으로서 우리가 마땅한 의무의 길에서 물러서지 않고 나아가면, 갈등 속에서도 '은혜가 왕 노릇하여' 모든 장애와 대적을 극복하고 궁극적인 승리를 영광스럽게 맞게 합니다.

그러나 사방에서 우리가 지은 죄악들을 생각나게 하는 것들이 있어 우리로 겸손한 마음을 가지게 합니다. 우리는 부지런히 자신에게 물어야 합니다. '내가 정말 습관적으로 의에 주리고 목마른 상태에 있는가?' 주님, 아무리 최선을 다해 제 사모하는 마음이 더 커진다 하여도 만족할 수 없으니, 하늘로부터 오는 완전한 만족에 대한 사모함이 내 마음에 더욱 넘치게 하소서. "나는 의로운 중에 주의 얼굴을 뵈오리니 깰 때에 주의 형상으로 만족하리이다."(시 17:15)

정말 우리가 감히 그런 기대를 할 수 있다니 얼마나 놀라운 일입니까! 하나님께서 얼마나 무한하시고 얼마나 영원히 복되신 분입니까! 그러나 사람이 '최선의 상태에 있다' 하는 것은 무엇입니까? "주께서 나의 날을 한 뼘 길이만큼 되게 하시매 나의 일생이 주 앞에는 없는 것 같사오니 사람은 그가 든든히 서 있는 때에도 진실로 모두가 허사뿐이니이다."(시 39:5) 흙에 속한 버러지와 같은 죄의 사람으로 하나님의 진노 아래 있는 인생이 감히 하나님의 형상을 따라서 변화된다니요! 우리가 그런 소망을 갖는 것은 너무나 격에 맞지 않아 보이지요. 그러니 만일 그런 소망이 실제로 이루어지려면 어떤 일이 반드시 있어야 하겠지요. 그 모든 일을 주도적으로 이끌어가는 특권이 먼저 우리에게 주어지고 그것은 너무나 영광스럽습니다. 그 완전한 충만은 얼마나 확실히 보장된 것입니까! "우리가 다 수건을 벗은 얼굴로 거울을 보는 것 같이 주의 영광을 보매 그와 같은 형상으로 변화하여 영광에서 영광에 이르니 곧 주의 영으로 말미암음이니라."(고후 3:18) "사랑하는 자들아 우리가 지금은 하나님의 자녀라 장래에 어떻게 될지는 아직 나타나지 아니하였으나 그가 나타나시면 우리가 그와 같을 줄을 아는 것은 그의 참 모습 그대로 볼 것이기 때문이니."(요일 3:2)[18]

영광이 우리에게 계시되었도다! 우리에게 그 영광이 주입되었도다! 그래서 우리가 신분에 걸맞는 존재로 변하게 되었도다! 우리의 영혼을 덧없이 있다가 사라지는 그림자로 채우지 말고 거대하고 극한 영원한 영광으로 채울지어다! "우리가 잠시 받는 환난의 경한 것이 지극히 크고 영원한 영광의 중한 것을 우리에게 이루게 함이니."(고후 4:17)

이런 우리에게 약속된 기업이 가진 특성을 생각해 보세요. 확실하고 사라지지 않아 항상 완전한 만족을 주지요. 여기에 비교하면 세상과 그 가진 모든 영화란 텅 빈 거품에 불과할 뿐입니다.

---

18) 저자는 우리가 그리스도 예수님을 믿음으로 말미암아 우리에게 주어진 영광의 특권, 곧 하나님의 자녀로 하늘의 영광의 기업을 물려받기에 합당한 자로 세우셨다는 것을 의중에 두고 있음에 분명하다. 우리의 본성으로는 완전한 죄인이요 본질상 하나님의 진노의 자녀다. 그러나 하나님께서 그리스도 우리 주님 안에서 우리에게 베푸신 은혜와 특권은 무슨 말로도 다 표현해 낼 수 없을 정도로 영광스럽다. 그 특권이 내포하는 것을 이루실 보배로운 약속을 받은 자들이 바로 참된 그리스도인들이다. 지금 우리의 상태는 누추해 보이지만 주어진 신분적 특권으로 말미암아 그리스도의 형상을 본받은 영화로운 사람으로 서게 될 것이다. 그러니 그 소망은 이루어질 수 없이 마음으로 꿈꾸어 보기만 하는 희망사항이 아니라 확실하게 실현될 보장이다. - 역자 주

41 여호와여 주의 말씀대로 주의 인자하심과 주의 구원을 내게 임하게 하소서

42 그리하시면 내가 나를 비방하는 자들에게 대답할 말이 있사오니

　내가 주의 말씀을 의지함이니이다

43 진리의 말씀이 내 입에서 조금도 떠나지 말게 하소서 내가 주의 규례를 바랐음이니이다

44 내가 주의 율법을 항상 지키리이다 영원히 지키리이다

45 내가 주의 법도들을 구하였사오니 자유롭게 걸어갈 것이오며

46 또 왕들 앞에서 주의 교훈들을 말할 때에 수치를 당하지 아니하겠사오며

47 내가 사랑하는 주의 계명들을 스스로 즐거워하며

48 또 내가 사랑하는 주의 계명들을 향하여 내 손을 들고

　주의 율례들을 작은 소리로 읊조리리이다

Psalm 119:41

6

주의 말씀을 따라
자유롭게 걸어가는 사람

시편 119:41

"여호와여 주의 말씀대로
주의 인자하심과 주의 구원을 내게 임하게 하소서."

다윗의 기도 속에 드러난 '깊은 염려'와 '큰 소원'과 '단순한 믿음'의 특징을 보십시오. 다윗은 자신이 죄인임을 알고 있습니다. 그래서 그는 자신이 늘 주님의 인자하심이 필요한 존재임을 의식합니다. 그것도 '풍성한 인자하심' 말입니다. "하나님이여 주의 인자를 따라 내게 은혜를 베푸시며 주의 많은 긍휼을 따라 내 죄악을 지워 주소서."(시 51:1) 매 순간 그는 주님의 인자하심에 목말라 있습니다. 그 인자하심은 주님이 주시는 '구원' 안에서만 주어짐을 알고 있습니다. 그 인자하심은 오직 "주의 말씀을 따라" 베풀어짐도 알고 있습니다. 우리는 그리스도를 통해서만 공의로우시고 거룩하신 하나님을 알게 됩니다. 그리스도 안에서 우리는 "의로우시면서 구원을 베푸시는 주 하나님"을 봅니다. "나 외에 다른 신이 없나니 나는 공의를 행하며 구원을 베푸는 하나님이라."(사 45:21) "진실로 그의 구원이 그를 경외하는 자에게 가까우니 영광이 우리 땅에 머무르리이다 인애와 진리가 같이 만나고 의와 화평이 서로 입맞추었으며 나 외에 다른 이가 없느니라."(시 85:9,10) "곧 이 때에 자기의 의로우심을 나타내사 자기도 의로우시며 또한 예수를 믿는 자를 의롭다 하려 하심이라"(롬 3:26)

그러므로 '구원'에 대한 뚜렷한 이해 없이 '인자(mercy, 긍휼)'에 대하여 일반인들이 갖는 관점들은 그 출발부터 주제넘습니다. 정당한 근거에 입각한 믿음에 속한 것이 아닙니다. 알지 못하는 하나님과 무슨 교통을 생각할 수 있겠습니까? 분노하시는 하나님과 무슨 상호 교제가 있겠습니까? "너는 하나님과 화목하고 평안하라 그리하면 복이 네게 임하리라."(욥 22:21)

"주의 인자하심과 주의 구원을 내게 임하게 하소서." 이 기도를 드리는 것이 시의적절하지 못할 순간이 있겠습니까? 이런 기도의 필요성을 절감하지 않을 정도로 행복하거나 마음의 안정을 유지할 수 있습니까? 구원받은 죄인, 곧 "사랑하시는 자 안에서 그 형상을 본받기 위하여 하나님의 자녀로 받아들여진" 죄인으로 행하며 주님을 섬기는 일에 자신을 온전하게 헌신한 사람은 하나님의 나라를 위하여 인침을 받은 자입니다. 이 기도가 매일 뜨는 태양과 같아야 합니다. 이 기도가 마음에 늘 살아있게 하십시오. "주님의 인자하심"을 위하여 울부짖는 기도를 끊임없이 드리십시오. 특별하게 '주님의 모든 인자하심'의 면류관과 인침으로써의 '주님의 구원'을 위하여 그 기도를 드려야 합니다.

"주의 구원을 내게 임하게 하소서." 때로 영적인 시야가 가린다는 것을 의식하기를 갈망하는 사람, 곧 자신이 '주님의 구원에 참여하였다'는 의식을 갈망하는 사람은 특별하게 이 기도를 드려야합니다. 정말 "주의 구원이 내게 임해야" 합니다. 그렇지 않으면 내가 주님의 구원에 스스로 이르는 일은 결코 없습니다.

시편 기자는 주님의 구원에 대한 일반적인 이해를 원하는 게 아닙니다. '저는 주님의 구원에 대한 묘사 자체만으로는 만족할 수 없나이다. 실제로 주의 인자하심과 주의 구원을 내게 임하게 하소서. 그래야 제가 주님의 인자하심과 주님의 구원을 제 것으로 외치며 즐거워할 수 있나이다! 저는 다른 이들에게 주님의 구원이 임하는 것을 보나이다. 그러나 저보다 주님의 구원이 더 필요한 이가 누구겠습니까? 주님의 구원을 제게 임하게 하소서. 저를 굽어보시고 제게 자비를 베푸소서.' "주의 이름을 사랑하는 자들에게 베푸시던 대로 내게 돌이키사 내게 은혜를 베푸소서."(시 119:132) "여호와여 주의 백성에게 베푸시는 은혜로 나를 기억하시며 주의 구원으로 나를 돌보사 내가 주의 택하신 자가 형통함을 보고 주의 나라의 기쁨을 나누어 가지게 하사 주의 유산을 자랑하게 하소서."(시 106:4,5)

　자, 우리는 이 '구원'의 확신을 진실로 추구합니까? 이 구원이 현세에서 어떤 능력을 가지고 있는지 진실로 인식하기를 기대합니까? 죄와 사탄과 세상과 육신의 생각에서 우리를 건져내고 "그리스도 예수님 안에서 모든 신령한 복으로 복 주시는 하나님의 구원의 능력"을 진실로 맛보고 싶냐는 말입니다. 하나님과 믿음의 시련과 인내를 우리의 영적 유익을 위하여 허용하십니다.

　믿음의 시련과 인내가 우리를 위해서 제정된 것이라면, 결국 마지막 때에는 하나님께서 우리에게 광범위하게 베풀어주신 은혜의 경륜을 통해서 주어진 체험의 풍성한 창고를 보게 될 것입니다. 주님의 길을 가면서 우리 자신은 전혀 위안을 느끼지 못했지만 여전히 주님의 길을 배반치 않도록 우리를 지키신 놀라운 은혜의 경륜, 은밀하게 힘을 공급해 주심으로써 우리를 붙잡아 주셨던 그 은혜의 경륜이 바로 우리 속에 계신 성령님의 역사가 아니면 무엇이겠으며, 하나님께서 우리 속에 시작하신 일을 마치실 것을 보여주는 표지가 아니면 무엇이겠습니까? 하나님께서는 절망케 하는 모든 것들을 극복하고 능히 "성령 안에서 무시로 끊임없이 기도하도록" 능력을 주셨습니다. 그 것이 바로 그 기도에 대한 응답임이 틀림없습니다. 물론 우리의 시각으로는 그 기도가 하나님께 열납되지 못한 것으로 보였습니다. 하나님을 기다리면 서 세상적인 위안 속에서는 우리의 안식을 전혀 발견할 수 없었습니다. 바로 그 점이 주님께서 친히 우리 영혼에 만족과 영원한 분깃이 될 것임을 보여주 는 확증의 표지입니다.

하나님의 사랑을 분별하여 즐거워하는 사람 중에 그 신적 지혜를 찬미하 지 않을 자가 누구입니까? 하나님께서는 우리와 함께 택하신 자들에게 똑같 은 경로를 가게 하시어 결국 기쁨에 이르게 하셨습니다. 울며 씨를 뿌리는 시 간이 기쁨의 수확을 가져오는 일에 실패한 적이 언제였습니까? "눈물을 흘 리며 씨를 뿌리는 자는 기쁨으로 거두리로다 울며 씨를 뿌리러 나가는 자는 반드시 기쁨으로 그 곡식 단을 가지고 돌아오리로다."(시 126:5,6)

"주의 말씀대로." 정말 믿음의 터를 잊지 말아야 합니다. "주의 말씀대로, 주의 말씀을 따라서" 주님의 구원을 기다리는 사람들에게 정말 구원은 은 혜로 온전하며 영원토록 임할 것입니다. "여호와여 우리가 주께 바라는 대 로 주의 인자하심을 우리에게 베푸소서."(시 33:22) "나의 영혼이 주의 구원 을 사모하기에 피곤하오나 나는 주의 말씀을 바라나이다."(시 119:81) "주께 서 기쁘게 공의를 행하는 자와 주의 길에서 주를 기억하는 자를 선대하시거 늘."(사 64:5)

많은 사람들이 영적인 즐거움의 너무 낮은 수준에 머무르며 만족합니다. 하나님 아버지의 비밀 속에 거하면서 하나님의 사랑의 미소를 즐거워할 수 있는데도 불구하고 아버지의 집에서 멀리 떨어져 살고 있다면 전혀 위안이 될 수 없습니다. 이러한 삶의 실상이 하나님의 주권적인 경륜 때문에 불가피 하다고 생각하지 마십시오. 실상의 근원을 추적해 보면 하나님을 향한 우리의 소원이 부족하고 믿음과 기도와 부지런함이 모자란 데 그 원인이 있음을 알게 됩니다. 하늘에 속한 신령한 감화가 우리에게 얼마나 무한히 필요한지 인식하지 못합니까? 그것을 추구할 은혜로운 담력을 어디다 두었습니까? 그 길 위에 돌무더기가 쌓여가지 않습니까? 하나님의 긍휼은 우리가 담대히 나 가도록 길을 말끔하게 닦아놓았습니다. "왕후 에스더가 뜰에 선 것을 본즉 매우 사랑스러우므로 손에 잡았던 금(金) 규를 그에게 내미니 에스더가 가까 이 가서 금 규 끝을 만진지라."(에 5:2)

　간절한 기도는 분명한 응답을 불러옵니다. 그리고 그 복락은 말로 다 할 수 없이 놀랍습니다. "여호와여 주의 말씀대로 주의 인자하심과 주의 구원을 내게 임하게 하소서."

　시편 119:42
　"그러하시면 내가 나를 비방하는 자들에게 대답할 말이 있사오리니
　내가 주의 말씀을 의지함이니라."

　시편 기자가 방금 앞에서 말한 '구원'이 무엇입니까? 전적으로 하나님의 긍 휼의 선물로써 죄와 사망과 지옥에서 구속하시고 용서해주시고 하나님과 더 불어 화평케 하시고 아들로 받아들여 주신 것입니다. 거기에 신령한 복락을 끊임없이 전달해 주시는 일이 포함됩니다. 하나님께서 우리에게 주실 수 있 는 모든 것, 또는 우리에게 필요한 모든 것이 바로 그 구원 안에 들어있습니 다. 우리는 이 땅에서 받을 수 있는 모든 것을 그 구원 안에서 받았습니다. 이후에 하늘에서 우리가 온전히 받을 수 있는 모든 것을 그 구원 안에서 받 은 셈입니다. 자 이러한 구원이 우리에게, 곧 우리 마음에 임한다면, 그 구원 은 "우리를 비방하는 자들에게 대답할 말"을 항상 갖추게 할 것입니다. 세상

은 우리에게 '십자가의 능욕'과 같은 '비방'을 퍼붓습니다. "만군의 여호와 앞에서 그 명령을 지키며 슬프게 행하는 것이 무엇이 유익하리요."(말 3:14)

우리가 구원을 기뻐하여 세상의 즐거움과 위안과 평판을 싫어버린 것을 무엇이 메꿀 수 있습니까? 명목상의 신앙고백자는 그 질문에 아무 답을 제시할 수 없습니다. 구원에 대해서 듣기는 하였지만 구원이 '그 사람에게 임한 적이' 없었기 때문입니다. 그러나 진실로 믿는 자는 항상 대답할 준비를 합니다. '나는 주님의 구원 안에서 죄 용서와 평안을 얻었도다. 그러한 것은 세상이 주는 것과 같은 평안이 아니라 또 그 평안은 세상이 빼앗아갈 수 있는 것이 아니다. 그러므로 나는 십자가 밖에서는 살지 않는 것을 나의 행복으로 여기고 넘치는 환난 중에서도 그리스도의 위로와 같은 위안은 전혀 없다고 증거하노라.'

다윗의 가문에 시련이 닥쳤을 때 아마 그런 '비방'을 들었을 것입니다. 그때 다윗은 이렇게 대답하였습니다. "내 집이 하나님 앞에 이같지 아니하냐 하나님이 나와 더불어 영원한 언약을 세우사 만사에 구비하고 견고하게 하셨으니 나의 모든 구원과 나의 모든 소원을 어찌 이루지 아니하시랴."(삼하 23:5)

그러나 세상의 비방보다 훨씬 더 큰 '비방'이 있습니다. 큰 참소자 사탄이 하나님에 대한 나쁜 생각들을 암시하며, 우리의 죄책과 무가치함과 무능함과 우리가 당하는 곤고하고 어려운 문제들을 우리 앞에 정면으로 들이댑니다. 영적으로 버림받은 것과 같은 때에 이런 시험은 얼마나 격렬하게 우리를 괴롭힙니까! 그런 때에 신자가 자기의 영혼을 "구원자 이스라엘의 하나님 진실로 스스로 숨어계시는 하나님"께 의탁하지 않는다면(사 45:15), "자기를 비방하는 자들에게 대답할 말"을 준비할 수 없습니다. 그리스도인으로서 어려운 시기를 지날 때, 주님으로부터 큰 은혜를 받은 많은 사람들을 더 열거하지 않더라도 욥이 겪었던 상황이나 해를 헤만이 당했던 일만 생각해도 좋을 듯합니다. "내 마음이 이런 것을 만지기도 싫어하나니 꺼리는 음식물 같이 여김이니라."(욥 6:7) "하나님이여 침묵하지 마소서 하나님이여 잠잠하지 마시고 조용하지 마소서 무릇 주의 원수들이 떠들며 주를 미워하는 자들이 머리를 들었나이다 그들이 주의 백성을 치려 하여 간계를 꾀하며 주께서 숨기신 자를 치려고 서로 의논하여 말하기를 가서 그들을 멸하여 다시 나라가 되지 못하게 하여 이스라엘의 이름으로 다시는 기억되지 못하게 하자 하나이다."(시 83:1-4)

그러므로 우리의 평화와 안위를 위해서 뿐만 아니라 "주의 인자하심과 주의 구원"을 뚜렷하게 인식하기를 기도하는 것은 정말 중요합니다. 그래서 우리가 모든 공략을 방어하고 다음과 같은 도전의 말씀을 내던질 수 있는 능력을 갖출 필요가 있습니다. "나의 대적이여 나로 말미암아 기뻐하지 말지어다 나는 엎드러질지라도 일어날 것이요 어두운 데에 앉을지라도 여호와께서 나의 빛이 되실 것임이로다."(미 7:8)

공로 없이 베풀어주신 은혜가 나를 구원하였고, 흠 없는 하나님의 의가 나를 가리며, 전능하신 팔이 나를 붙잡고, 영원한 영광이 나를 기다립니다. 그런데 누가 나를 정죄하겠습니까? "그리스도 예수 우리 주 안에 있는 하나님의 사랑에서 누가 우리를 끊으리요?"(롬 8:33-39)

"내가 주의 말씀을 의지함이니이다." 우리 대적 원수를 향하여 이 담대한 대응을 하지 않는다면, 하나님의 가장 약한 자녀가 손을 뻗어 붙잡을 것이 무엇이란 말입니까? "내가 주의 말씀을 의지함이니라."라는 단순하고 겸비한 믿음의 행사보다 더 특이하고 거룩하고 더 견실한 그리스도인의 체험은 없습니다. 믿음은 온전하고 전능하신 주님의 권능 안에서 구원을 우리의 것이 되게 합니다. 그러므로 "말씀"을 신뢰하는 것이 우리로 하여금 대답할 말을 준비하게 할 것입니다. "너희 마음에 그리스도를 주로 삼아 거룩하게 하고 너희 속에 있는 소망에 관한 이유를 묻는 자에게는 대답할 것을 항상 준비하되 온유와 두려움으로 하고."(벧전 3:15) "너를 치려고 제조된 모든 연장이 쓸모가 없을 것이라 일어나 너를 대적하여 송사하는 모든 혀는 네게 정죄를 당하리니 이는 여호와의 종들의 기업이요 이는 그들이 내게서 얻은 공의니라 여호와의 말씀이니라."(사 54:17)

그러나 '하나님의 구원'에 대한 매우 빈약한 이해 때문에 그리스도인으로서의 담대함이 제대로 발휘되지 못할 때가 얼마나 흔합니까! 복음에 대한 분명하고 온전한 관점은 우리가 감당할 무거운 책임을 효과적으로 수행하는데 있어서 필요 불가결한 것입니다. 복음에 대한 희미한 관점은 분명 '자기와의 불신앙'이 그 속에 들어있음을 의미합니다. 그것은 우리가 하나님의 구원에 개인적으로 참여할 근거에 대한 이해를 모호하게 만들고, 복음 안에 있는 하나님의 전능하신 능력을 확고히 붙잡지 못하게 방해합니다. 그 차가움과 형식성이 그리스도인이 가질 수 있는 담대함의 힘을 죽여 버립니다. 그러므로 복음의 전적인 은혜와 충만함과 거룩성과 특권들에 대한 명료한 깨달음을 주십사하고 하나님께 기도해야 할 필요가 얼마나 많은지요! 그 일에 지체하지 않고 민첩하게 나아가는 것이 얼마나 필요한지요! 그래서 우리는 하나님 나라의 국경을 넘어 변두리에 머물러 있는 것으로 만족하지 말아야 합니다.

우리가 하나님의 나라에 속해 있는지 아닌지에 대한 의식이 명확하지 않아 흔들리는 일이 없어야 합니다. 우리의 상태가 은혜 위에 은혜를 더 받아 '하나님의 나라의 부요한 위로와 영원한 모든 즐거움에 넉넉히 들어감을 얻는 상태'에 이르러야 합니다(벧후 1:5-11).

시편 119:43
"진리의 말씀이 내 입에서 조금도 떠나지 말게 하소서
내가 주의 규례를 바랐음이니이다."

우리는 자신을 위해서만이 아니라 교회와 세상을 위해서 우리가 복음에 참
여하였다는 의식을 분명히 가져야 합니다. 그러기 위해서 '근면'해야 합니다.
구원에 대한 확신이 부족한 것은 스스로에게도 손실일 뿐 아니라 그리스도
인으로서의 우리의 가치를 훼손합니다. 그래서 우리의 애씀이 '비방하는 자'
의 공격을 막아내는데 힘도 없어지고, 우리 형제의 "약한 손을 강하게 하며
떨리는 무릎을 굳게 하여주는" 데에도 힘이 없어집니다. "너희는 약한 손을
강하게 하며 떨리는 무릎을 굳게 하며 겁내는 자들에게 이르기를 굳세어라,
두려워하지 말라, 보라 너희 하나님이 오사 보복하시며 갚아 주실 것이라
하나님이 오사 너희를 구하시리라 하라."(사 35:3,4)
  "진리의 말씀이 내 입에서 조금도 떠나지 말게 하소서." 위선의 잘못이나 그
리스도의 사랑을 강권하는 원리의 부족은 "진리의 말씀"을 발설하지 못하게
막고, '하나님의 성도'다운 성품을 희미하게 만듭니다(시 149:10-12 참조1)). 그
리스도의 이름을 증언하는 '증인'으로서의 역할도 모호하게 만듭니다. "나 여
호와가 말하노라 너희는 나의 증인, 나의 종으로 택함을 입었나니 이는 너희
가 나를 알고 믿으며 내가 그인 줄 깨닫게 하려 함이라 나의 전에 지음을 받
은 신이 없었느니라 나의 후에도 없으리라."(사 43:10)
  우리의 불신실함을 인하여 주님께서 당신의 이름을 더 이상 말하지 못하게
하는 벌을 주실 수도 있습니다. 이처럼 무서운 하나님의 판단의 두려움과 보

---

1) "여호와여 주께서 지으신 모든 것들이 주께 감사하며 주의 성도들이 주를 송축하리이다 그들이 주의 나라의 영광을 말하며 주의
업적을 일러서 주의 업적과 주의 나라의 위엄 있는 영광을 인생들에게 알게 하리이다."(시 145:10-12)

배로운 기회들을 상실한 데 대한 애통함이 "진리의 말씀이 조금도 내게서 떠나지 말게 하소서"라는 기도를 하도록 마음을 격동시킵니다. 이 기도는 "진리의 말씀이 내 마음 속에서 떠나지 않게 해 주십사"하는 내용일 뿐만 아니라, "내 입으로 항상 내 구주를 고백할 준비를 하게 하옵소서."라는 내용을 담고 있습니다.

이 가치 있는 기도가 그리스도를 부인하지 못하도록 우리를 지켜줍니다. 우리는 세상적인 정신으로 사람들과 교제하며 말씀의 제약을 벗어난 삶의 습관과 행실에 몰입하려는 경향이 너무 강합니다. 그러므로 우리는 이렇게 기도해야 합니다. '오 주여, 그리스도인의 책임이 얼마나 막중한지를 더 깊이 인식하게 하옵시고, 마음으로 믿고 더 고백하게 하여 주옵소서(롬 10:9,10 참조)2) 마음속에 있는 능동적 원리를 실천하게 하옵소서.'

우리 속에 있는 원리가 활동을 중단하고 휴면 상태에 있어도 만족하려 합니까? 그런 상황에 세상에서 하나님을 증언할 교회가 존재하겠습니까? 우리를 위해서 "십자가의 부끄러움을 개의치 않으신" 주님을 담대하게 고백하는 자리에서 물러설 것입니까? "믿음의 주요 또 온전하게 하시는 이인 예수를 바라보자 그는 그 앞에 있는 기쁨을 위하여 십자가를 참으사 부끄러움을 개의치 아니하시더니 하나님 보좌 우편에 앉으셨느니라."(히 12:2)

"진리의 말씀이 내 입에서 조금도 떠나지 말게 하소서." 이 기도는 우리 자신의 간증만으로는 부족함을 시사하지 않습니까? 언제 말할지, 또 무엇을 말할지를 아는 지혜가 정말 필요합니다. "잠잠할 때가 있고 말할 때가 있으며"(잠 3:7) "그러므로 이런 때에 지혜자가 잠잠하나니 이는 악한 때임이니라."(암 5:13) 그러나 우리가 십자가에 대해서 "잠잠하고 입을 열지" 않아야

---

2) "네가 만일 네 입으로 예수를 주로 시인하며 또 하나님께서 그를 죽은 자 가운데서 살리신 것을 네 마음에 믿으면 구원을 받으리라 사람이 마음으로 믿어 의에 이르고 입으로 시인하여 구원에 이르느니라."(롬 10:9,10)

합니까? "내가 잠잠하여 선한 말도 발하지 아니하니 나의 근심이 더 심하도다 내 마음이 내 속에서 뜨거워서 묵상할 때에 화가 발하니."(시 39:2,3 - 개역한글) 마음속에 주님의 긍휼에 대한 개인적인 이해가 모자라면 자원하는 마음으로 고백하고 싶은 생각이 없어집니다. 자원하는 마음으로 고백하지 못하는 이유를 다른 데서 찾고 있습니까? '진짜 이유를 속에 감추어두는 나의 성미 때문에, 신중하게 조심하는 성격이라서 드러내놓고 말하지 못한다.'는 식으로 자신을 기만하지 않습니까?

사도는 "내가 믿었으므로 말하였다."(고후 4:13)라고 합니다.

오! 침묵을 지키며 진리의 말씀을 입 밖으로 '발설'하지 못하느니 차라리 더 듬거리더라도 주님을 고백하는 것이 낫습니다. 우리가 주님을 위해서 전부를 말할 수 없더라도 할 수 있는 분량대로 말합시다.[3] 그 증언이 어눌할지라도 한마디 말에 전능하신 하나님의 능력을 담고 있다면 쇠미한 심령을 도울 수 있습니다. 우리 마음이 깨어 있어 주어진 기회들을 활용하려는 능동적인 자세를 갖추고 있다면, 세상을 살아가는 동안 예기치 않게 많은 기회들이 주어질 것입니다. 땅에 속한 일반적인 대화의 주제들이 하늘에 속한 진리를 전달하는 통로가 되는 경우가 흔합니다. 그래서 세상에 있는 사람들과 교제를 갖는 경우들이 야곱의 사닥다리와 같을 수 있습니다. 그 사닥다리의 밑은 땅에 닿았고 꼭대기는 하늘에 미쳤습니다.[4]

---

3) '하나님의 종들은 자기에게 속해있는 것이 가장 작은 알갱이라도 무한한 가치를 가지고 있음을 매우 잘 분별합니다.'(J. T. Nottidge 목사의 「체험적인 신앙고백의 보배로운 가치」라는 책에 나오는 한 서신에서)

4) 창세기에 나오는 말씀을 들어 보십시오. "꿈에 본즉 사닥다리가 땅 위에 서 있는데 그 꼭대기가 하늘에 닿았고 또 본즉 하나님의 사자들이 오르락내리락하고."(창 28:12) 우리가 이웃들을 찾아 방문하는 기회를 맞을 때나 또는 다른 이웃들이 우리를 찾아 대면하는 경우를 활용하려는 이유가 무엇입니까? '주님, 저는 모인 무리의 유익을 도모할 어떤 것을 떨어뜨리고 싶나이다. 그 경우들 속에 스쳐지나가는 것 속에서 주님께 대해서 더 많은 것을 알리고, 주님을 위해서 더 많은 일이 행해질 수 있도록 무엇인가를 떨어뜨리고 싶습니다. 만나는 사람들과 대화할 때에 정중한 모습을 보여 그들의 환심을 사려고 하는 것은, 그 일로 말미암아 그들을 향한 제 목적을 이룰 더 유리한 고지를 확보하기 위함입니다. 사람들과 대화함을 통해서 내게 가까이 있는 사람들의 시야에 사랑스러우신 그리스도를 더 돋보이게 할 고지를 차지하려고 특별하게 애를 쓰고 있나이다.' -「목사 후보생과 목회자」(Student and Pastor) 74,75면에서 그 저자 Cotton Mather의 말

오! 하나님 임재의 뚜렷한 의식이 없을지라도 하나님을 위해서 더듬거리는 몇 마디 말이 양심의 짐을 얼마나 가볍게 합니까! 그러나 하나님을 위해서 힘 있고 설득력 있는 말을 하고 싶으면, "마음에 가득한 것을 입으로 말함이라."(마 12:34)는 주님의 말씀의 법칙을 따라야 할 것입니다. 힘 있고 기탄없이 말할 수 있는 경우는 시편 45편 기자의 마음 상태일 경우에만 가능하다는 말씀입니다. "내 마음이 좋은 말로 왕을 위하여 지은 것을 말하리니 내 혀는 글솜씨가 뛰어난 서기관의 붓끝과 같도다 왕은 사람들보다 아름다워 은혜를 입술에 머금으니 그러므로 하나님이 왕에게 영원히 복을 주시도다."(시 45:1,2)

우리는 "진리의 말씀이 내 입에서 조금도 떠나지 말게 하소서."라는 간구를 하나님과 함께 일하는 그리스도인의 표현으로 보아야 합니다. 연단받은 탁월한 한 신자가 이런 말을 하였습니다. "입으로 말한 그 말씀이 나지막한 어조로 말하면 주목받지 못할 것 같지만, 실상은 가장 복된 이 책에 기록된 가장 복된 말씀 중 하나다. 내가 전에 손해를 보아 모든 것을 포기하고, '불행이여 네가 내 운명이로다.'라고 말하고 싶을 때가 있었다. 낙담과 패역 사이에서 투쟁하며 마음이 너무 굳어지고 차가워지고 주님을 복되신 구속주로 우러러 볼 용기를 잃고 있었지만, 그분은 내 영혼의 싸움을 보시며 불쌍히 여기실 것이라는 생각이 불쑥 들어왔다. 그 생각이 내가 처한 상황에서 날 지켜주었고, 절망하는 것을 멈추어 내일까지만 기다려보자는 마음을 먹게 하였다. 그런데 하루가 지나기 전에 복음의 은혜와 영광에 속한 무엇인가를 알게 되었다. 그런 일이 우리에게는 얼마나 잦은가."

하나님의 사람인 시편 기자가 자기의 체험에서 배운 바를 따라 뭐라고 충고하는지요. "자신의 죄를 후회하면서 아무리 깊은 비탄에 잠겨있을지라도 주님께 감사하는 것을 결코 잊지 말라. 크게 넘어져 수치심으로 압도당하여 감히 얼굴을 들 수 없다는 생각이 들더라도, 주님께서는 당신의 진리의 말씀을 우리 입에서 빼앗기지 않게 하신다. 그러니 그것을 인하여 하나님께 감사할 방도를 궁구해내는 데 실패하지 말라. 주님께서는 그대를 깊은 절망의 벼랑에 머물도록 내버려두지 않으시고 어떤 소망의 가지에 매달려 있게 하셨음을 반드시 생각해야 한다. 겉으로는 고요해 보여도 절망의 깊은 벼랑을 보고 있는 자들이 얼마나 많은가."(Nottidge)

시편 기자가 드린 기도는 바로 앞줄에서 표현된 믿음의 동일한 확신에서 나왔습니다. **"내가 주의 규례를 바랐음이니이다."**(내가 주의 판단들 속에서 소망을 가졌기 때문이옵니다). 그런 심령으로 하나님께 나아가면 받아주십니다. 주님께서 보시기에 가장 좋은 때에 가장 좋은 방식으로 우리를 소생시키시고 위안을 주신다는 확신이 그 기도 속에 보입니다.

시편 119:44
"내가 주의 율법을 항상 지키리이다
영원히 지키리이다."

구세주를 영화롭게 하고 싶은 강렬한 소원을 표현하는 많은 말들을 이 짧은 구절 속에 함축시키느라 시편 기자의 영혼이 얼마나 고심했는지 엿볼 수 있습니다. 실로 주님께서 우리에게 돌아오시고, 벙어리의 입술을 여시고, 주님의 말씀을 그 입에 다시 넣어주시는 '은혜'를 우리의 심령에 넣어 주십니다. 그리하여 자원하는 심령으로 마땅한 바를 새롭게 의식하는 지각을 가지게 됩니다. 이 시편 기자가 그런 은혜를 입었습니다. 이런 새로운 각오로 주님을 찬미하고 주님을 섬기겠다는 생각이 드는 일은 우리가 현재 누리는 특권일 뿐만 아니라, 하늘에 속한 분깃을 미리 맛보는 것이기도 합니다. 하늘에 가면 더 이상 '우리 입에서 말씀이 떠나는 일'은 없을 것이고 "주의 기이한 일들을 영원토록" 말하게 될 것입니다(시 119:27).

우리의 순종의 일관성이나 순종의 범위는 늘 부족합니다. 그래서 그것이 항시 우리의 짐이 되고 슬픔이 됩니다. 그래야 마땅합니다. 우리 마음이 하나님의 영광을 위해서 깨어있는 한 그래야 합니다. 더 나은 하늘 세계에서 그 부족이 해소되고 완전하게 되리라 전망하며 기쁨에 차서 기대하는 것은 좋습니다. 하늘에서는 우리의 정서가 가장 합당한 방식으로 복을 받아 하나님께 온전한 순종을 드릴 수 있을 것입니다. 그때에는 우리의 힘을 조금도 분산시키지 않고 하나님의 일에 집중하여 드릴 것입니다. 그때에 "우리가 주의 율법을 항상, 영원히, 끝없이" 지킬 것입니다.

우리가 일단 '하나님의 보좌' 앞에 이르면 "그의 성전에서 밤낮 하나님을 섬기게" 될 것입니다(계 7:15) 죄도 없고 일관성을 상실하는 일도 없을 것이며, 지치지도 않고 끝까지 항상 그 상태를 유지할 것입니다! 우리는 지금 하늘에 대해서 말하고 있습니다. 오! 거기에 살 수만 있다면! 거기에 거하면서 사랑의 하나님을 진정으로 사랑하며 영원토록 섬기는 영광이여! 여기 지상에서는 온종일 순종의 길을 견지하고 거룩한 섬김을 하나님께 드린다 해도 오염으로 얼룩진 부분이 있기 마련입니다. 그래서 이 지상에서는 달콤한 순간들은 어찌나 쉽게 물러가 버리는지요. 그러나 거기 하늘에서 영원토록 하나님을 섬길 때에는 "무엇이든지 속된 것이나 가증한 일 또는 거짓말 하는 일"이 전혀 없을 것입니다. "무엇이든지 속된 것이나 가증한 일 또는 거짓말 하는 자는 결코 그리로 들어가지 못하되 오직 어린 양의 생명책에 기록된 자들만 들어가리라."(계 21:27)

바로 이 점이 '말로 할 수 없는 영광으로 충만한'이라고 수식될 수 있는 하늘의 기쁨과 존귀함을 선명하게 드러냅니다. "예수를 너희가 보지 못하였으

나 사랑하는도다 이제도 보지 못하나 믿고 말할 수 없는 영광스러운 즐거움으로 기뻐하니."(벧전 1:8)

그러니 '하나님의 율법'을 지키기를 간절히 소원하는 우리 마음의 힘과 일관성을 통해서 주님께서 우리를 하늘에 합당한 자로 만들고 계시다는 소망을 담대하게 가질 수 없겠습니까? 지상에서 하나님을 섬기는 것이 지루하게 느껴지는 사람에게는 하늘 그 자체가 진정한 기쁨이 될 수 없다는 것이 분명하지 않습니까? 그런 사람은 자기 본성을 따라서, 또는 필연적으로 스스로 그 하늘에 참여하지 못한 자의 반열에 서 있습니다. 그런 사람은 하늘을 사랑하는 마음이 전혀 없으며, 하늘에 대한 흥미가 없고, 하늘의 즐거움에 동참할 능력이 없습니다. "불의를 행하는 자는 그대로 불의를 행하고 더러운 자는 그대로 더럽고 의로운 자는 그대로 의를 행하고 거룩한 자는 그대로 거룩하게 하라."(계 22:11)

하늘에 속한 은혜의 아버지시여! 우리가 누구이며 어떠한 존재이기에 우리 죄악된 성향을 바꾸어 아버지의 은혜를 받기에 합당한 성향으로 만드시는지요? 또한 우리의 의지를 믿음으로 '순종'하도록 제압하시고, "주의 율법을 항상 영영히 끝없이 지키게 될" 그 복된 때를 기대하게 허락하시다니요! 이 소망에 비추어 현재 지상에서의 우리의 순종이 얼마나 복된 것인지를 느끼게 하소서! 당신의 영광을 위해서 '우리를 값으로 사신' 아버지께서 우리 마음속에 좌정하사 왕 노릇 하시며, 우리의 입술을 지켜주옵소서. 우리 각자의 이마에 주님의 인을 받을 수 있게 하옵소서. 우리 속에 주님의 소유인을 찍으시고 우리가 마땅히 주님께 매어있는 존재임을 드러내시옵소서. 그 하나님은 "내가 속한 바 내가 섬기는 하나님"이십니다(행 27:23).

시편 119:45
"내가 주의 법도들을 구하였사오니
자유롭게 걸어갈 것이오며."

믿음을 견지하는 것뿐만 아니라 '자유함'은 우리 영혼을 사랑하시는 주님
의 긍휼의 열매입니다. 물론 그 자유는 우리가 하고 싶은 대로 하는 자유,
죄를 짓는 자유가 아니라, 성결 곧 우리가 마땅히 해야 할 바를 할 자유입니
다. 우리가 원하는 대로 죄를 짓는 자유는 자신의 의지의 쇠사슬에 매어있는
것이고, 우리가 마땅히 해야 하는 도리를 따르는 성결의 자유는 '하나님의
사랑'의 쉬운 멍에를 메는 격입니다.

어거스틴은 자기의 '고백록'에서 이렇게 말하였습니다. '내가 다른 사람의
쇠사슬에 매인 것이 아니라 제 자신의 의지라는 쇠사슬에 매어 있었습니다.
저의 원수에게 제 의지를 내어주었고, 그 원수가 사슬을 만들어 그것으로 나
를 묶었나이다.'(고백록 제8장 6항) 이교도 세네카는 '신을 섬기는 것이 왕 노
릇하는 것이라.'고 하였습니다.

다윗은 분명히 이렇게 하나님을 섬기면서 왕의 자유가 무엇인지를 발견하
였습니다. '주의 법도들'은 그에게 억지로 부여된 것이 아니었습니다. 오히려
다윗은 '주의 법도들을 구하였습니다. "금 곧 많은 순금보다 더 사모할 것이
며 꿀과 송이꿀보다 더 달도다."(시 19:10)

"내가 주의 법도들을 구하였사오니." 하나님의 법도는 경건치 않은 자들에
게는 가시와 울타리로 막혀 있는 것처럼 보이나 사실은 왕이 '자유롭게' 행보
할 큰 길입니다. 하나님의 자녀는 바로 그 길을 걸어가면서 마음의 즐거움
과 양심의 기쁨을 누립니다. "내가 주의 법도들을 구하였사오니 자유롭게 걸
어갈 것이오며." 바로 거기서 마음이 자유로워지고 넓어지게 됩니다. 그리고

그 길에서 해가 그 길을 따라 운행하는 것 같이 자연스러운 행동이 나옵니다. "해는 그의 신방에서 나오는 신랑과 같고 그의 길을 달리기 기뻐하는 장사 같아서."(시 19:5) 그러니 '주의 법도들'을 온전히 즐거워하며 걸어가는 일이 얼마나 놀랍겠습니까! "주는 영이시니 주의 영이 계신 곳에는 자유가 있느니라."(고후 3:17) "그들이 여호와의 도를 노래할 것은 여호와의 영광이 크심이니이다."(시 138:5) "여호와께서 그들을 자기 백성의 양 떼 같이 구원하시리니 그들이 왕관의 보석 같이 여호와의 땅에 빛나리로다 그의 형통함과 그의 아름다움이 어찌 그리 큰지 곡식은 청년을, 새 포도주는 처녀를 강건하게 하리라."(슥 9:16,17)

이교도 세네카는 말했습니다. '힘이 넘칠 때 신을 섬기면 왕 노릇하는 셈이다.' 여성 순교자인 아가타(Agatha)는 빼어난 가문의 명예를 하락시키고 비천한 직임으로 자신을 낮추었다고 비난을 받고 있었습니다. 그때 그녀가 한 대답을 들어보십시오. "우리의 고상함은 바로 여기에 있다. 곧 우리가 그리스도의 종들이라는 사실이다."

"내가 주의 법도들을 구하였사오니 자유롭게 걸어갈 것이오며." 우리가 '주의 법도'에 순종하는 것을 우리의 의무로, 또는 '주의 법도들을 구하는 것'을 우리의 특권으로 여기고 행하고 있습니까? 율법의 엄격성과 육체의 부패라는 실상을 보고 탄식하고 있습니까? 우리 자신의 마음의 '법들'이 짐입니까? 우리가 '죄의 종'입니까, 아니면 '성결의 종'입니까? 믿음을 쉽게 만드는 오직 한 가지 방법은 항상 믿음 안에 있는 것입니다. 영적인 활력의 증가나 그리스도인의 '자유'의 건전성은 하나님의 법도의 모든 노선을 견지하고 그것을 위해서 자기를 부인하고 따르는 데에서만 발견됩니다. "그러므로 예수께서 자기를 믿은 유대인들에게 이르시되 너희가 내 말에 거하면 참으로 내 제자가 되고 진리를 알지니 진리가 너희를 자유롭게 하리라… 그러므로 아들이 너희

를 자유롭게 하면 너희가 참으로 자유로우리라."(요 8:31,32,36)

우리의 생각과 행동들과 동기들과 마음의 소원과 애착이 전체적으로 하나님을 향하여 거침없이 흐르게 해야 합니다. 바로 그것이 우리 마음에 주님의 사랑이 완전하고 항거할 수 없게 하는 영향력이 됩니다.

"자유롭게 걸어갈 것이오며." 우리의 눈이 열리고 분별력이 분명하게 형성되고 우리의 양심이 바르게 말하게 하면 요점은 분명해집니다. 곧 죄는 우리를 노예로 만들고 성결은 자유를 준다는 것이 분명하게 드러날 것이라는 말입니다(요 8:34). 죄인이 죄를 지으면서 물 만난 고기처럼 즐거워하면서 여러 끈에 묶여 살 수 있습니다. 죄인 스스로 볼 때에는 자신에게 넓은 길이 열려져 있는 것처럼 보이겠지만, 실상 그는 '갇혀있고' 나올 수 없습니다. 그를 압제하는 폭군이 어찌나 강한지 자신의 힘으로는 어찌할 도리가 없습니다. 한 이교도의 고백을 들어보세요. '내가 보기에는 상황을 더 좋게 만드는 것처럼 보이나 실상은 더 나쁜 길로 가고 있도다.' 모든 죄는 다 잔인한 상전의 압제 아래 있는 사람을 새롭게 묶는 사슬이 됩니다. "우리도 전에는 어리석은 자요 순종하지 아니한 자요 속은 자요 여러 가지 정욕과 행락에 종 노릇 한 자요 악독과 투기를 일삼은 자요 가증스러운 자요 피차 미워한 자였으나."(딛 3:3)

그러나 주님의 계명들은 정반대가 되어 사람들을 자유롭게 합니다. 주님께서 친히 선언하셨습니다. 주님의 모든 종들이 한결같이 증언하였습니다. 주님의 계명들은 '항상 우리의 유익을 위한다'고 말입니다. "여호와께서 우리에게 이 모든 규례를 지키라 명령하셨으니 이는 우리가 우리 하나님 여호와를 경외하여 항상 복을 누리게 하기 위하심이며."(신 6:24) "나의 멍에를 메고 내게 배우라 그리하면 너희 마음이 쉼을 얻으리니 이는 내 멍에는 쉽고 내 짐은 가벼움이라 하시니라."(마 11:29,30) "그의 계명들은 무거운 것이 아니로다."(요일 5:3)

"자유롭게 걸어갈 것이오며." 진정 주님을 섬기는 것이 완전한 자유입니다(영국교회 공예배서는 그 점을 분명하게 밝힙니다). 거룩한 사람과 의무의 끈에 매여 사는 삶이 자유로운 삶입니다. "우리가 원수의 손에서 건지심을 받고 종신토록 주의 앞에서 성결과 의로 두려움이 없이 섬기게 하리라 하셨도다."(눅 1:74,75) "여호와여 나는 진실로 주의 종이요 주의 여종의 아들 곧 주의 종이라 주께서 나의 결박을 푸셨나이다."(시 116:16)

두 주인을 섬기면 반드시 시험이 오고, 그로 인하여 정죄감이 들기 마련입니다. 부패하고 패역한 성향은 끝까지 '욕심'을 채우려 할 것입니다. "육체의 소욕은 성령을 거스르고 성령은 육체를 거스르나니 이 둘이 서로 대적함으로 너희가 원하는 것을 하지 못하게 하려 함이니라."(갈 5:17) 욕심에 빠지지 않으려고 갈등을 겪고 더 나아가 '모든 생각을 사로잡아 그리스도께 복종케' 하려고 부단히 애를 쓰면(고후 10:5), 우리의 자유가 확립됩니다. 물론 우리 마음이 자유를 항상 누리는 것은 아닐지라도 말입니다. 우리 자신을 주님께 묶어 매는 '새로운 사슬'마다 우리로 하여금 더 많은 자유를 누리게 합니다. 버나드(Bernard)는 '그리스도와 함께 하면 적어도 뒤통수를 맞는 일은 결단코 없을 것이다.'라고 말하였습니다. "그들에게 자유를 준다 하여도 자신들은 멸망의 종들이니 누구든지 진 자는 이긴 자의 종이 됨이라."(벤후 2:19)

하나님께서 우리에게 자유를 주시려고 치르신 무한한 대가를 기억해야 합니다. 그리고 우리가 어떤 극도의 위험에서 구원을 받았는지 생각해야 합니다. 하나님께서 "자기 피로 값 주고 사신" 영혼들인 우리는 하나님의 자녀로서 하나님 나라의 상속자들이 되었습니다. 그러니 늘 하나님의 은혜에 감사하면서 살아야 할 처지에 있습니다. 육체가 연약하였고, "율법이 육신으로 말미암아 연약하여"(롬 8:3) 우리 자신의 힘으로는 죄의 멍에에서 우리를 건져낼 수 없었습니다. 바로 그때 그리스도께서 "죽었다가 다시 살아나셨으니 곧 죽은 자와 산 자의 주가 되려 하심이라."(롬 14:9) "우리가 원수의 손에서 건지심을 받고 종신토록 주의 앞에서 성결과 의로 두려움이 없이 섬기게 하리라 하셨도다."(눅 1:74,75) 우리가 섬기던 다른 모든 '주인'들의 결박을 벗어버리고 전적으로 하나님의 '법도'에 드리게 되었을 때 진정 "자유롭게" 걸어갑니다. "여호와 우리 하나님이시여 주 외에 다른 주들이 우리를 관할하였사오나 우리는 주만 의지하고 주의 이름을 부르리이다."(사 26:13)[5] "나와 내 백성이 무엇이기에 이처럼 즐거운 마음으로 드릴 힘이 있었나이까 모든 것이 주께로 말미암았사오니 우리가 주의 손에서 받은 것으로 주께 드렸을 뿐이니이다."(대상 29:14)

시편 119:46
"또 왕들 앞에서 주의 교훈들을 말할 때에
수치를 당하지 아니하겠사오며."

주의 법도들 안에서 '자유롭게 걸어가는 자'는 자연히 주의 법도들을 '말할 때' 담대합니다. 바벨론 왕 앞에서 진리를 흔들림 없이 증거하던 다니엘의 세 친구의 행동을 여기에 비추어 생각해보십시오. (단 3:16-18). 오순절 이전과 이후의 사도들, 특히 베드로가 보여준 심령의 차이를 주목해보십시오. 마태복음 26:56,69,75에서 보여주는 베드로의 정신과 사도행전 2-4장에서 드러나

---

5) 주께 자신을 온전히 드려 복종하는 행동을 하는 사람이 마음으로 누리는 완전한 자유에 대한 한 예증을 고대 로마 역사의 한 일화에서 얻을 수 있다. 콜라티아(Collatia) 사람들이 로마군에 무조건적인 항복을 위한 협상을 벌이고 있었다. 로마 군대의 대표로 에브리투스라는 사람이 콜라티아의 대표에게 물었다. '콜라티아 사람들은 주권을 가지고 있는가?' 그렇다는 대답이 떨어지자 또 다른 질문이 이어졌다. '그렇다면 콜라티아 사람들이여 당신들 전체, 도시나 밭이나 우물들이나 당신 수하에 있는 모든 것들, 신전이나 당신의 모든 가정의 가재도구들이나 신전에 있는 것이나 각 개인의 소유로 되어 있는 소유 모두를 다 내 손, 곧 로마 백성들의 권세에 이양하겠는가?' 콜라티아의 대표는 '우리는 모든 걸 다 드리겠나이다.'고 대답했다. 이에 로마군의 대표는 '그렇다면 내가 여러분을 받아들이겠다'고 말했다. (Levi. 제 1권에서) 그처럼 나를 주님께 온전하게 넘겨 줄 수만 있다면 얼마나 좋겠는가! '모든 멍에에서 풀려나 어디에도 매이지 않는 상태에서 내 자신을 주님께 드리겠나이다. 제게 속한 모든 것, 예외 없이, 남겨둠 없이 당신의 발 아래 드리나이다.

는 베드로의 정신을 대조하고 비교해보십시오. 동일한 사람이 그렇게 달라질 수 있는지 정말 믿겨지지 않을 정도입니다. 그러나 그 난점은 예수님께서 미리 예언하신 말씀으로 말미암아 풀려집니다. "나를 믿는 자는 성경에 이름과 같이 그 배에서 생수의 강이 흘러나오리라 하시니 이는 그를 믿는 자들이 받을 성령을 가리켜 말씀하신 것이라(예수께서 아직 영광을 받지 않으셨으므로 성령이 아직 그들에게 계시지 아니하시더라)."(요 7:38,39)

산헤드린 공회 앞에 선 스데반의 모습을 보십시오.(행 6:14) 벨릭스와 베스도와 아그립바 앞에서의 바울의 모습을 주목해보십시오. (행 24-26장) "하나님이 우리에게 주신 것은 두려워하는 마음이 아니요 오직 능력과 사랑과 절제하는 마음이니."(딤후 1:7) 위대한 사도 바울이 세계의 수도라 할 수 있는 로마를 향하여 나아갑니다. 모든 대적과 멸시 앞에서 자기 생명이 경각간에 달려 있을 때에도 담대하게 증거하며 자신의 할 말을 하는 모습을 주목하십시오. "그러므로 나는 할 수 있는 대로 로마에 있는 너희에게도 복음 전하기를 원하노라 내가 복음을 부끄러워하지 아니하노니 이 복음은 모든 믿는 자에게 구원을 주시는 하나님의 능력이 됨이라 먼저는 유대인에게요 그리고 헬라인에게로다."(롬 1:15,16)

사도는 동일하게 단호한 자세로 믿음 안에서 아들된 디모데에게 권합니다. "그러므로 너는 내가 우리 주를 증언함과 또는 주를 위하여 갇힌 자 된 나를 부끄러워하지 말고 오직 하나님의 능력을 따라 복음과 함께 고난을 받으라."(딤후 1:8)

그러나 얼마나 많은 사람들이 '사람을 두려워하여' 올무에 걸리는지요! "사람을 두려워하면 올무에 걸리게 되거니와 여호와를 의지하는 자는 안전하리라."(잠 29:25)

많은 선한 군사들이 포문 앞에서도 기가 꺾이지 않고 단호한 자세를 보였으나, 십자가의 부끄러움 앞에서는 겁쟁이가 되어 뒤로 물러가 구주의 이름을 입에 올리는 것조차 부끄러워 얼굴이 빨개집니다. 요나처럼 십자가를 보고 움찔 뒤로 물러섬으로 말미암아 양심의 찔림과 하나님의 찌푸리신 얼굴을 대하느니, 차라리 불이 타는 용광로나 사자 굴로 들어가 인자되신 주님을 섬기는 것이 훨씬 낫습니다. 인자되신 그리스도께서 '우리로 하여금 그와 같은 용기를 갖도록' 힘을 주시기를 바랍니다. (단 3:16-18 ; 4:16-22 ; 욘 1:1-15)

신앙을 고백하는 그리스도인이여! 경건치 않은 자들의 비웃음과 조롱에 맞서 예수님을 증거할 각오가 되어 있습니까? 우리가 '인자되신 그리스도 때문에' 왕들과 통치자들 앞에 인도함을 받는 것은 흔하지 않습니다(눅 22:12 ; 막 13:9). 그러나 선입견을 가지고 우리를 보는 친척들이나 조소하는 이웃의 적대감에 대처할 때에도 하나님의 도우심과 강한 믿음은 적지 않게 필요합니다.

젊은 사람들이여! 그대들은 성경을 부끄럽게 여기거나 자신이 구주 예수님을 믿고 있다는 사실을 사람들 앞에서 민망히 여기는 위험에 처하기 십상입니다. '사람을 두려워하는' 올무에 걸려 자신의 믿음대로 행하지 못하고 타협하거나, 그리스도를 비방하는 무서운 형국을 보고 자신의 영원한 몫을 희생시키고 싶은 유혹을 받을 수 있습니다. 그러나 여러분을 위해서 본디오 빌라도를 향하여 선한 증언을 하신 '그리스도'를 기억하십시오(딤전 6:13). 어떤 사람의 이름만 들어도 무서워 비방을 받을까 겁내고 마음에서 사랑과 감사하는 심정으로 감당해야 할 모든 의무를 부끄러워합니까? 전에 사탄을 섬기던 때를 잊었습니까? 사탄을 섬길 때와 같이 그리스도를 위해서도 담대하지 못하겠습니까? 전에 '자신의 부끄러움을 자랑하던' 여러분이 이제는 여러분의 '영광을 부끄러워'할 참입니까? 오, 주님을 말씀을 들어보십시오. "누구든지 이 음란하고 죄 많은 세대에서 나와 내 말을 부끄러워하면 인자도 아버지의 영광으로 거룩한 천사들과 함께 올 때에 그 사람을 부끄러워하리라."(막

8:38)

이 말씀을 자주 생각하십시오. 그리스도께서 아버지의 영광으로 거룩한 천사들과 오실 그날을 생각하십시오. 그날에 주님의 왼편에 서서 '두려워 떨' 믿지 않는 이들의 신세가 어떠할지 생각해보십시오. 그들의 영원한 운명이 어떠한지 생각해보십시오. "그러나 두려워하는 자들과 믿지 아니하는 자들과 흉악한 자들과 살인자들과 음행하는 자들과 점술가들과 우상 숭배자들과 거짓말하는 모든 자들은 불과 유황으로 타는 못에 던져지리니 이것이 둘째 사망이라."(계 21:8)

이 세상에서 잠깐 옥에 갇히는 일을 지옥에 들어가는 것과 어떻게 비교할 수 있겠습니까? 정말 떨며 기도할 필요가 얼마나 많은지요! 만일 여러분이 주님을 믿기로 단호하고 단순한 결심을 한 상태라면, '그리스도의 사랑'이 여러분을 강권할 것입니다(고후 5:14). 그리하여 마지못해 차가운 마음으로 주님을 섬기지 않게 하실 것입니다. 여러분의 구주를 향하여 담대한 마음으로 고백하고 어느 곳에도 매이지 않고 "죽기까지 충성"을 다하게 할 것입니다. "네가 죽도록 충성하라 그리하면 내가 생명의 관을 네게 주리라."(계 2:10)

곧바로 정로(正路)로 걸어가지 않고 조금이라도 빗나가면 그리스도를 '부끄러워 할' 여지가 그 속에 들어 있는 셈입니다. '그리스도에 대한 증언과 그리스도의 길과 그 사랑'을 위해서 말할 것이 얼마나 많습니까! '사람을 두려워하는 것의 영향력'이 여러분을 장악할 위험에 처하거든 능력을 주십사하고 주님을 우러러 보십시오. 스데반에게 능력을 주셨던 것처럼 여러분에게 능력을 주실 것입니다. "내가 너희의 모든 대적이 능히 대항하거나 변박할 수 없는 구변과 지혜를 너희에게 주리라."(눅 21:15 ; 행 6:10) 그래서 여러분도 그들과 같이 능력을 힘입어 "많은 증인들 앞에서 선한 증언"을 하게 될 것입니다(딤전 6:12)

시편 119:47

"내가 사랑하는 주의 계명들을 스스로 즐거워하며."

믿는 자가 하나님의 도에 대해서 다른 사람들에게 잘 말할 수 있고 심지어 하나님의 백성들을 비방하는 것을 인내로 참아낼 수 있다 합시다. 그럼에도 불구하고 자신의 마음은 차갑고 둔감한 상태에 있다면, 그 신자는 여전히 가련한 상태로 주님의 위안을 충분히 누리지 못하는 셈입니다. 그러면 어째서 그런 사람이 믿음의 능동적 행사를 위해 자신을 일깨우지 못할까요?

"내가 사랑하는 주의 계명들을 스스로 즐거워하며." 육적인 마음을 가진 사람에게는 새롭게 된 영혼들의 즐거움의 소재가 도리어 짐이 됩니다. "육신의 생각은 하나님과 원수가 되나니 이는 하나님의 법에 굴복하지 아니할 뿐 아니라 할 수도 없음이라."(롬 8:7) 영적으로 새롭게 된 사람은 다른 것에서는 '즐거움'을 느낄 수 없습니다. 만일 복음이 마음을 '죄악의 즐거움'에서 떼어낸다면, 그것은 보다 고상해지고 거룩해지며 인내하는 성품으로 즐거워하는 대상을 위해 여지를 주기 위함입니다.[6] 사탄은 대개 세상이 '쾌락'이라고 부르는 매력적인 마술과 같은 것들로 유혹하면서 물어뜯습니다. 그러나 그가 자기를 섬기게 할 때 오직 즐거움만 선사하던가요? '죄악의 즐거움' 말고 다른 즐거움은 없나요? "재물을 즐거워함 같이 주의 증거들의 도를 즐거워하고 주의 계명들을 순금보다 더 사랑할 수" 있는 사람의 체험은 무엇을 의미합니까?(시 119:14,127) 우리 하나님 아버지 집의 '살진 송아지'는 먼 나라의 '쥐엄 열매'에 결코 비할 바가 아니지요(눅 15:13-24).

성결의 즐거움은 육감적인 즐거움보다 더 심오합니다. "주께서 내 마음에

---

[6] 고대의 Joseph Alleine라는 아주 훌륭한 사람이 자기 아내에게 이렇게 말했다고 한다. "나는 관능적이고 육욕적인 본성을 가진 생명체계를 가지고 있소. 그러나 세상이 알지 못하고 맛보지도 않은 영적인 고상한 인생이 있소."

두신 기쁨은 그들의 곡식과 새 포도주가 풍성할 때보다 더하니이다."(시 4:7) 성도의 즐거움은 거짓되고 오염되고 죽은 기쁨이 아닙니다. 세상적인 사람은 오직 그런 종류의 기쁨만 알고 있습니다. 그래서 그런 기쁨만 찾습니다. 그러나 성도의 기쁨은 "영생하도록 살아 역사하는 하나님의 말씀"을 통하여 생수의 샘에서 분출하여 나오는 것입니다. 그 기쁨은 세상적인 샘에서는 전혀 나오지 않습니다. 세상의 샘에서 그런 것이 나오기를 바라는 것은 마치 폐허가 된 광야나 고독한 병상에서 그런 것을 기대하는 것이나 마찬가집니다. "비록 무화과나무가 무성하지 못하며 포도나무에 열매가 없으며 감람나무에 소출이 없으며 밭에 먹을 것이 없으며 우리에 양이 없으며 외양간에 소가 없을지라도 나는 여호와로 말미암아 즐거워하며 나의 구원의 하나님으로 말미암아 기뻐하리로다."(합 3:17,18)

세상 사람들은 하나님을 믿는 믿음이 무엇을 앗아가는지에 대하여만 신경을 씁니다. 그 믿음이 무엇을 주느냐는 거의 알지 못합니다.[7] 제대로 알았다면 우리를 어리석다 하지 않고 도리어 자신들의 눈먼 상태를 아파했을 것입니다. "이러므로 주 여호와께서 이와 같이 말씀하시니라 보라 나의 종들은 먹을 것이로되 너희는 주릴 것이니라 보라 나의 종들은 마실 것이로되 너희는 갈할 것이라 보라 나의 종들은 기뻐할 것이로되 너희는 수치를 당할 것이라 보라 나의 종들은 마음이 즐거우므로 노래할 것이로되 너희는 마음이 슬프므로 울며 심령이 상하므로 통곡할 것이며"(사 65:13,14)

"내가 사랑하는 주의 계명들을 스스로 즐거워하며." 영혼이 집중적으로 사랑하고 만족해야 하는 것은 "주님의 계명들"입니다. "주의 계명들을 즐거워

---

7) Cyprian은 자기가 쓴 어떤 서신에서 그리스도를 믿는 믿음이 보이는 우울한 자세에 대하여 가진 거짓된 관점을 극복하는 것이 크게 어렵다고 하였다. 그 우울의 원인이 복음 자체에 있는 것이 아니라 자기 자신에게 있다는 것을 거의 의식하지 않고 그 말을 한다. 그러나 그 우울의 원인이 무엇인지를 마태복음 6:23이 잘 설명해 주고 있다. "눈이 나쁘면 온 몸이 어두울 것이니 그러므로 네게 있는 빛이 어두우면 그 어둠이 얼마나 더하겠느냐."

하는 일"은 얼마나 자연스러운 일입니까! "주의 계명들을 태만히 여긴" 잘못을 인하여 자신이 '먼지와 재를 무릅쓰고 자신을 미워하는' 바로 그 때에도 사실은 우리가 "주의 계명들"을 사랑하고 즐거워하고 있는 것입니다. 우리가 마음으로 '이런 종류의 즐거움을 느끼고 누리기 시작하기까지는' 하나님께서 우리 마음을 얻은 것이 아닙니다. 이 즐거움을 제어하는 우리 마음의 우둔함 때문에 탄식하나요? 우리를 죄에서 구원하시는 구속적(救贖的) 사랑을 더 깊이 인식하기 위하여 애써야 합니다. 이것이 바로 은혜에 감사하여 순종하고 거룩해지며 즐거워하는 우리 마음의 샘이 될 것입니다.

우리의 탄식을 기도로 승화시킵시다. 그러면 주님께서 신속하게 우리 기도를 찬미로 바꾸어 주실 것입니다. 삼가 모든 일에 조심하여 예수 그리스도와의 교제를 방해하지 못하게 합시다. 주님으로부터 멀리 떨어지면 영적으로 누리는 즐거움이 그만큼 줄어들게 되어 있습니다. "그들이 주의 집에 있는 살진 것으로 풍족할 것이라 주께서 주의 복락의 강물을 마시게 하시리이다 진실로 생명의 원천이 주께 있사오니 주의 빛 안에서 우리가 빛을 보리이다."(시 36:8,9)

시편 119:48
"또 내가 사랑하는 주의 계명들을 향하여 내 손을 들고
주의 율례들을 작은 소리로 읊조리리이다."

다윗은 자기가 하나님의 길들과 말씀을 사랑하고 즐거워하는 열정을 제대로 담을 표현을 찾느라고 고심한 것 같습니다. 여기서 그는 "내 손을 든다."는 표현을 씁니다. 그 표현은 자기가 갈망하는 어떤 대상을 온 마음으로 환영함을 나타낼 때 쓰는 몸짓입니다. "이러므로 나의 평생에 주를 송축

하며 주의 이름으로 말미암아 나의 손을 들리이다."(시 63:4) "주를 향하여 손을 펴고 내 영혼이 마른 땅 같이 주를 사모하나이다."(시 143:6) 또한 다른 측면에서 보면, "내가 사랑하는 주의 계명들을 향하여 내 손을 들어" 그 '주님의 계명을 지키고 그 안에서 살도록 도와주시기를 간절하게 바라는 마음'을 표현하고 있을 수도 있습니다. "내가 주의 지성소를 향하여 나의 손을 들고 주께 부르짖을 때에 나의 간구하는 소리를 들으소서."(시 28:2)

하여간 다윗의 자세를 우리 자신과 비교하니 참으로 부끄럽습니다! 안타깝습니다! 우리는 얼마나 자주, 성령님의 감동을 소홀히 여겨 거룩한 주님의 길에서 '손을 들지 않고' 손을 내리는지요! 그리고 주님을 향한 적은 분량의 사랑에도 금방 만족하고, 심령이 민감하게 "의에 주리고 목마른" 상태가 아닌데도 크게 놀라지 않습니다. 생명과 힘을 다하여 기도할 수도 없고, 하나님의 말씀을 들어도 위로와 유익을 얻지 못합니다. 또한 힘을 내어 '선을 행하고 하나님과 교제하는 일'을 못하여도 감각이 없습니다. 열심히 하나님을 사랑하거나 영적인 즐거움으로 묵상하지도 못합니다. 불굴의 결심으로 십자가를 참아낼 각오도 빠져 있습니다. 그래서 영혼이 하늘에 속한 교통과 능동적으로 헌신할 능력을 상실한 채 있습니다. 이렇게 생명력을 잃고 영적으로 병들어 있는 상태에서 안주할 것입니까?

우리는 영적 침체에서 벗어나기 위하여 투쟁하며 은혜를 주십사고 하나님께 울부짖어야 합니다. 하나님 앞에 우리 자신의 곤고함과 무능함과 죄악적인 상태를 아뢰십시오. 그래서 주님께서 우리를 돌아보시어 소생시키는 은혜를 허락하시기를 바라야 합니다.

우리는 하나님의 언약을 부여잡고 그 언약대로 우리를 불쌍히 여겨 달라고 간구해야 합니다. 하나님께 지존하신 이름을 상기하시게 하여 우리를 질고에서 건지실 일에 관심을 가지게 해 드리십시오.[8] 그리하여 우리가 우둔하고 부패하고 육적인 상태에 머물러 있게 내버려 두지 마시고 살리시는 은혜로 다시 새롭게 하시기를 구하십시오. 오 신앙고백자들이여, 여러분을 깨워달라고 주 하나님께 간구하십시오! 장차 하늘의 영광에 대한 소망을 가졌다 하면서 그 영광을 미리 맛보기를 구하지 않고 차갑게 잠든 마음의 상태로 만족한다면, 정말 하늘이 여러분의 것인지에 대한 의문을 가질 수 밖에 없습니다. 하지만, 하늘의 영광을 정말 기뻐하고 즐거워한다면 "주님의 규례들을 습관적으로 묵상하는 일"로 그 정체를 드러낼 것입니다. "오직 여호와의 율법을 즐거워하여 그 율법을 주야로 묵상하는 자로다."(시 1:2) "내 손을 들고 주의 유례들을 작은 소리로 읊조리리이다."

그러면 마음의 호흡은 어떤 양식으로 모습을 드러낼까요? "내가 주의 법을 어찌 그리 사랑하는지요 내가 그것을 종일 작은 소리로 읊조리나이다."(시 119:97) 성령님의 모든 은혜가 오직 하나님의 말씀을 묵상하는 것 안에 나타납니다. 믿음의 원리란 그 영혼이 하나님의 약속의 말씀을 의존하는 것이 아니면 무엇이겠습니까? 경건한 두려움이란 영혼이 두려워 떠는 것이 아닙니까? 거룩한 두려움은 하나님이 위협하시는 말씀 앞에서 두려워떠는 지각이 아니면 무어란 말입니까? "내 육체가 주를 두려워함으로 떨며 내가 또 주의 심판을 두려워하나이다."(시 119:120) 무엇을 소망합니까? 하나님의 영광을 더 알기 원하는 것이 아니겠습니까? 하나님을 사랑하고 바라는 심정은 구주를 갈망하고 사모하며, 말로 다 할 수 없는 하나님의 복락들을 간절히 바라는 것 아닙니까?

---

8) 이표현을 오해하지 말아야 한다. 하나님께서 마치 우리의 사정을 모르시는 것같으니 알려드리라는 의미가 아니다. 하나님께서는 우리가 믿음으로 당신께 나아와서 우리의 사정을 아뢰며 긍휼과 은혜를 구하기를 바라신다. 그 점을 사람의 예대로 표현한 것이다. - 역자 주

그래서 하나님의 말씀에 대한 신령한 묵상을 떠나서는 은혜의 감동을 생각할 수 없다는 것입니다. 성령님의 가르치심 속에서 하나님 말씀의 숨은 내용을 끌어내어 영혼에 밝히 제시하는 것이 바로 신령한 묵상의 비밀입니다. 우리 속에 하나님께서 그리스도 안에서 주신 생명의 원리와 정서들은 바로 하나님 말씀의 내용을 의지하여 행사됩니다.

그러나 그 일이 하나의 추상적인 의무의 방식이라면, 하나님의 말씀을 묵상하여도 아무 유익을 기대할 수 없습니다. 묵상이 기도와 깊이 어우러져야 합니다. 그렇지 않으면 묵상은 메마르고 사변적인 연구일 뿐 아무 것도 아닌 것으로 추락할 것입니다. 분명한 실천적 적용이 없으면 그 묵상 자체로는 아무런 덕을 세우지 못합니다. 그런 식으로는 묵상의 중요한 목적에 이르지 못하여 만족을 누리지 못하고, 하나님의 마음을 분별하는 지각을 얻을 수 없고, 복음의 풍성한 자원을 활용하는 데 이르지 못합니다.

성경을 '묵상'은 하지 않고 그저 읽기만 하는 이유는 무엇입니까? 성경을 사랑하지 않기 때문입니다. 배고픈 사람이 음식을 대하는 것처럼 말씀으로 나아가지 않고, 수전노가 자기 보물을 아끼는 것과 같이 하나님의 말씀을 대하지도 않습니다. 그로 인하여 우리가 받는 영적 손실은 막대합니다. 우리의 머리에만 머무는 피상적인 지식이 실천적으로 아무런 영향을 미치지 못합니다. 그것이 '정말 우리에게 유익하다'는 것을 아는 것은 '우리가 그것을 탐구할 때'만입니다. "볼지어다 우리가 연구한 바가 이와 같으니 너는 들어 보라 그러면 네가 알리라."(욥 5:27)

하나님의 말씀을 묵상하는 일을 매일의 과제로 삼으십시오. 하나님의 말씀을 읽는 것이 내 영혼에 양식이 되며, 하나님의 말씀을 묵상함으로 기도할 제목을 찾으며, 우리 행실의 지침을 받습니까?

기도하면서 성경을 연구하면 비생산적일 수가 없을 것입니다. 많은 이들은 성경을 그런 식으로 연구하지 않습니다. 성경을 기도하면서 연구하면 지성이 열매를 맺기에 합당한 기반이 됩니다. 그래서 "시절을 따라 과실을 맺을" 것입니다(시 1:2,3). 하나님의 말씀을 정당하게 묵상하면 사랑의 불이 일어납니다. "내 마음이 내 속에서 뜨거워서 작은 소리로 읊조릴 때(묵상할 때)에 불이 붙으니."(시 39:3) "자유롭게 하는 온전한 율법을 들여다보고 있는 자는 듣고 잊어버리는 자가 아니요 실천하는 자니 이 사람은 그 행하는 일에 복을 받으리라."(약 1:25)

우리가 조심해야 할 것은 은밀한 죄에 빠져 영혼 안에 있는 신앙의 뿌리가 훼손당하는 일입니다. 아무리 대단한 기독교 의식(儀式)들에 참여해도 마음으로 하나님을 믿는 믿음과 사랑의 순전함과 그리스도를 순전하게 섬기는 일에 열심내지 않으면 우리를 영적으로 새롭게 하는 일은 일어나지 않습니다. 그러니 그리스도인은 "하나님의 율례들에 즐거운 마음으로 헌신하는" 힘을 얻어야 합니다. "내가 오늘날 너희에게 증거한 모든 말을 너희 마음에 두고 너희 자녀에게 명하여 이 율법의 모든 말씀을 지켜 행하게 하라 이는 너희에게 허사가 아니라 너희의 생명이니."(신 32:46,47)

그러나 하나님의 말씀 중에 골라서 순종하는 것은 하나님의 뜻에 순종이 아니라 우리의 의지에 순종하는 셈입니다. 우리는 "주의 모든 계명들에" 우리의 손을 들어야 합니다. 하나님의 말씀을 묵상한다고 하나 마음이 실천으로까지 나아가지 않으면 사변적인 것이 되며, 그런 사변적인 기쁨은 지나가는 그림자에 불과합니다.

우리가 행할 마땅한 모든 도리들을 행하기 위하여 주님의 인자하심으로 나아가는 믿음을 행사합시다. 그리고 하나님 사랑의 강권함을 따라 "살아 있는 제사"로 하나님께 예배하기를 원합니다. "그러므로 하나님의 인자하심과 준엄하심을 보라 넘어지는 자들에게는 준엄하심이 있으니 너희가 만일 하나님의 인자하심에 머물러 있으면 그 인자가 너희에게 있으리라 그렇지 않으면 너도 찍히는 바 되리라… 너희가 전에는 하나님께 순종하지 아니하더니 이스라엘이 순종하지 아니함으로 이제 긍휼을 입었는지라."(롬 11:22,30) "그러므로 형제들아 내가 하나님의 모든 자비하심으로 너희를 권하노니 너희 몸을 하나님이 기뻐하시는 거룩한 산 제물로 드리라 이는 너희가 드릴 영적 예배니라."(롬 12:1)

49 주의 종에게 하신 말씀을 기억하소서 주께서 내게 소망을 가지게 하셨나이다

50 이 말씀은 나의 고난 중의 위로라 주의 말씀이 나를 살리셨기 때문이니이다

51 교만한 자들이 나를 심히 조롱하였어도 나는 주의 법을 떠나지 아니하였나이다

52 여호와여 주의 옛 규례들을 내가 기억하고 스스로 위로하였나이다

53 주의 율법을 버린 악인들로 말미암아 내가 맹렬한 분노에 사로잡혔나이다

54 내가 나그네 된 집에서 주의 율례들이 나의 노래가 되었나이다

55 여호와여 내가 밤에 주의 이름을 기억하고 주의 법을 지켰나이다

56 내 소유는 이것이니 곧 주의 법도들을 지킨 것이니이다

주의 법도 지킴을
자기 소유로 하는 사람

시편 119:49
"주의 종에게 하신 말씀을 기억하소서
주께서 내게 소망을 가지게 하셨나이다."

무엇이 믿음입니까? '하나님의 말씀 위에 서 있는 소망'입니다. 믿음의 정당한 근거는 '말씀'입니다. 믿음의 대상은 '우리에게 소망을 갖게 하신 분'입니다.

"주의 종에게 하신 말씀을 기억하소서." 그분은 친히 하신 '말씀'을 잊지 않으셨고 잊을 수도 없습니다. 그러나 주님께서는 자기 종들에게 그 말씀을 상기시켜 달라고 명하십니다. "예루살렘이여 내가 너의 성벽 위에 파수꾼을 세우고 그들로 하여금 주야로 계속 잠잠하지 않게 하였느니라 너희 여호와로 기억하시게 하는 자들아 너희는 쉬지 말며 또 여호와께서 예루살렘을 세워 세상에서 찬송을 받게 하시기까지 그로 쉬지 못하시게 하라."(사 62:6,7)

그리 명하신 것은 종들이 믿음으로 부지런하고 인내하게 하려 하심입니다. "소망이 더디 이루어지면 그것이 마음을 상하게 하거니와."(잠 13:12) 그렇게 소망이 더디 이루어질 때가 흔합니다. 그러나 하나님께서 가장 정확한 때를 모르셔서 쓸데없이 지연시키시는 분이 아니십니다. "이 묵시는 정한 때가 있나니."(합 2:3) "그러나 여호와께서 기다리시나니 이는 너희에게 은혜를 베풀려 하심이요."(사 30:18) 하나님께서 말씀하신 것을 망각하시거나 마음을 바꾸어 변덕을 부리시거나 말씀하신 것을 이루실 능력이 없으셔서가 아닙니다. (시 111:5 ; 말 3:6 ; 삼하 15:29)

우리는 부단히 하나님의 약속을 들고 하나님께 아뢰어야 합니다. "주의 종에게 하신 말씀을 기억하소서." 그렇게 하는 것이 하나님의 약속들을 바르게 활용하는 방식입니다. 바로 그것이 '하나님 앞에서 호소하며 변론할 때에 내 입을 채울 논증'입니다(욥 23:4). 그렇게 겸손한 믿음과 간절함으로 하나님의 말씀을 하나님 앞에 제출하며 호소할 때, 하나님의 약속의 말씀이 불변하는 사랑의 복된 실체임이 드러날 것입니다.

하나님의 섭리의 여러 경우들이나 성령님의 독특한 행사가 어떤 말씀을 특별하게 여러분의 영혼에 보배로운 것이 되게 한 적이 없습니까? 그 말씀들은 하나님께서 여러분을 위해서 미리 만들어 놓으신 것 같아 보였죠. 여러분이 '하나님께 기억나게 해드려야 할' 장래의 어떤 시련의 때를 위해서 쌓아둔 것처럼 말입니다. "너는 나에게 기억이 나게 하라 우리가 함께 변론하자 너는 말하여 네가 의로움을 나타내라."(사 43:26) 믿음을 행사하여 다음과 같은 말씀을 적용해 보십시오. "내게 오는 자는 내가 결코 내쫓지 아니하리라."(요 6:37)

그런 다음에 자신이 죄인으로서 그 약속의 말씀에 해당되는 장본인임을 아뢰십시오. "주여, 저는 주님의 이 말씀 안에서 소망을 가지나이다. 주님의 말씀 속에서 주께서 내게 소망을 가지게 하셨나이다. 종에게 하신 말씀을 기억하소서." 그리하여 그 기도와 약속의 터를 잡는 것입니다. 그 기도는 우세한 논증이 되어 하늘로 올려집니다. 이제는 어느 것도 의심할 것이 없습니다.

다만 하나님께서 정하신 최선의 때와 방식 속에서 기도로 올린 약속이 실증될 것만 남았습니다.[1]

또 다른 경우를 살펴봅시다. 하나님께서 자신을 믿는 자들의 후손의 하나님으로 자처하셨습니다. 하나님께서 세우신 성례적(聖禮的) 규례가 바로 이 약속의 인침입니다. "내가 내 언약을 나와 너 및 네 대대 후손 사이에 세워서 영원한 언약을 삼고 너와 네 후손의 하나님이 되리라… 너희 중 남자는 다 할례를 받으라 이것이 나와 너희와 너희 후손 사이에 지킬 내 언약이니라."(창 17:7,10. 행 2:38,39 참조)

믿는 자는 자기 자녀들이 규례를 지키게 하여 하나님의 미쁘심에 대한 믿음을 행사하게 합니다. 믿는 자는 '매일' 이 약속을 가리키며 "주의 종에게 하신 말씀을 기억하소서 주께서 내게 소망을 가지게 하셨나이다."라고 아룁니다. 어거스틴은 자기의 어머니가 그렇게 하였다고 말하였습니다. 바로 이것이 '하나님께서 친히 손으로 쓰신 것을 하나님께 가져가는' 방식입니다. 하나님께서 당신의 말씀을 기억하지 못하시겠습니까? 하나님께서 믿음을 연단하시기 위해서 오랫동안 지체하시는 것처럼 보일 수도 있습니다. "우리는 미쁨이 없을지라도 주는 항상 미쁘시니 자기를 부인하실 수 없으시리라."(딤후 2:13) 믿음은 눈에 보이는 대로 하지 않고 하나님께서 약속하신 말씀을 신뢰합니다.

우리가 "하나님의 말씀에 소망을 두어" 우리를 넘어지게 하는 죄를 극복하고 이긴 적은 없습니까? 바로 이 점 때문에 동일한 시험을 받고서도 "주께서 하신 말씀을 기억하소서."라고 울부짖을 용기를 담대히 가질 수 있습니다.

---

1) 야곱이 자신이 처한 극한 상황 속에서 약속의 말씀을 정확히 그런 식으로 활용하고 있다(창 32:9,10,12 ; 31:3,13 ; 28:13-15) 야곱의 기도 방식이 바로 이 시편 기자의 탄원과 동일하지 않은가. "주의 종에게 하신 말씀을 기억하소서 주께서 내게 소망을 가지게 하셨나이다." 시편 119편 38절의 "주를 경외하게 하는 주의 말씀을 주의 종에게 세우소서."라는 기도와 이 기도를 비교하여 보라.

"그가 이같이 큰 사망에서 우리를 건지셨고 또 건지실 것이며 이 후에도 건지시기를 그에게 바라노라."(고후 1:10)

주님께서 '우리를 위해서' 큰일들을 행하셨습니다. 바로 이 점이 우리에게 계속 긍휼을 베풀어주실 것이라는 확증적 보장이 아닙니까? "주는 나의 도움이 되셨음이라 내가 주의 날개 그늘에서 즐겁게 부르리이다."(시 63:7)

하나님의 말씀 전체를 우리 삶의 법칙으로 받을 각오를 하면 약속의 말씀을 우리 영혼을 향한 하나님의 특별한 메시지로 받을 수 있습니다. 우리의 삶의 법칙으로써 성경 전체가 기도의 날을 세워주며, '약속하신 하나님'을 바라보게 하며 그의 약속을 숙고하게 하지 않습니까? 하나님의 말씀은 분명한 방향이나 의미 없이 공중에 그저 매달려 있지 않고 하나님의 자녀요, 종인 우리 개인에게 말씀하십니다. 이것이 바로 믿음의 삶의 체험과 위안입니다. 이것이 하나님을 향한 삶의 진정한 비밀을 열어줍니다. 그래서 결국 죽음의 병상을 영예로운 간증의 장소로 만들어 지상의 생애를 끝맺게 합니다.

"보라 나는 오늘 온 세상이 가는 길로 가려니와 너희의 하나님 여호와께서 너희에게 대하여 말씀하신 모든 선한 말씀이 하나도 틀리지 아니하고 다 너희에게 응하여 그 중에 하나도 어김이 없음을 너희 모든 사람은 마음과 뜻으로 아는 바라 너희의 하나님 여호와께서 너희에게 말씀하신 모든 선한 말씀이 너희에게 임한 것 같이 여호와께서 모든 불길한 말씀도 너희에게 임하게 하사 너희의 하나님 여호와께서 너희에게 주신 이 아름다운 땅에서 너희를 멸절하기까지 하실 것이라."(수 23:14,15)

"이 말씀은 나의 고난 중의 위로라
주의 말씀이 나를 살리셨기 때문이니이다."

다윗은 기도할 때 '약속의 말씀'을 하나님께 상기시켜드리며 탄원하는 용기를 가졌습니다. 그것은 '다윗이 과거 곤란을 당했을 때에 그 방법으로 위안 받은 것'을 회상한 데서 나왔습니다. 하나님의 사람에게 곤란한 문제가 전혀 없는 것이 아닙니다. 다만 하나님의 사람들은 위로의 원천이신 하나님으로부터 흘러나오는 위로를 받습니다. 진정 하나님의 위로와 같은 위로는 없습니다. 그 하나님의 위로를 빼면 아무것도 없습니다.

"내 속에 근심이 많을 때에 주의 위안이 내 영혼을 즐겁게 하시나이다."(시 94:19) "찬송하리로다 그는 우리 주 예수 그리스도의 하나님이시요 자비의 아버지시요 모든 위로의 하나님이시며 우리의 모든 환난 중에서 우리를 위로하사 우리로 하여금 하나님께 받는 위로로써 모든 환난 중에 있는 자들을 능히 위로하게 하시는 이시로다."(고후 1:3,4)

진정 하나님의 위로는 강력합니다. 그 기초나 영향력에 있어서 그러합니다. "이는 하나님이 거짓말을 하실 수 없는 이 두 가지 변하지 못할 사실로 말미암아 앞에 있는 소망을 얻으려고 피난처를 찾은 우리에게 큰 안위를 받게 하려 하심이라."(히 6:18)

또한 그 위로는 나아갈 길을 위해서만이 아니라 실제로 고난의 압박을 받는 중에서도 우리를 붙들어주며, 가장 무서운 재난의 궁핍에도 온전히 걸맞는 지원을 주는 위로입니다. "그리스도의 고난이 우리에게 넘친 것 같이 우리가 받는 위로도 그리스도로 말미암아 넘치는도다."(고후 5:5) 그러므로 우리는 그러한 때에 아무런 지원을 받지 못한 채 고아처럼 버려둠을 당하지 않습니다. 지독한 환난의 잔을 들이마시지 않으면 안 될 때에도 그냥 그대로 버려 두지 않으십니다. 가장 비통한 슬픔의 순간에도 우리를 향하여 매일 매시마다 시행되는 하나님의 자애로우심에 놀라 입을 벌리지 않을 수 없을 때가 얼마나 많습니까? 우리는 항상 우리의 곤란에 딱 들어맞는 어떤 말씀을 갖고 있습니다. 그런 상황은 말씀이 없이는 도저히 이해할 수 없는 상황입니다.

"이 말씀은 나의 고난 중에 위로라." "때에 맞는 말이 얼마나 아름다운고."(잠 15:23)[2] 사람의 천 마디 말보다 마음에 각인된 하나님의 한 마디 말씀이 훨씬 더 분별력 있는 생동감을 주입합니다. 그러므로 말씀은 곤란 중에서도 하나님의 함께하심을 확증시켜 줍니다.

"야곱아 너를 창조하신 여호와께서 지금 말씀하시느니라 이스라엘아 너를 지으신 이가 말씀하시느니라 너는 두려워하지 말라 내가 너를 구속하였고 내가 너를 지명하여 불렀나니 너는 내 것이라 네가 물 가운데로 지날 때에 내가 너와 함께 할 것이라 강을 건널 때에 물이 너를 침몰하지 못할 것이며 네가 불 가운데로 지날 때에 타지도 아니할 것이요 불꽃이 너를 사르지도 못하리니."(사 43:1,2)

가장 혹독한 시련 속에서 연단하실 때 하나님께서 끊임없는 긍휼과 자비를 보내주십니다. "여호와께서 이르시되 내가 애굽에 있는 내 백성의 고통을 분명히 보고 그들이 그들의 감독자로 말미암아 부르짖음을 듣고 그 근

---

2) Samuel Rutherford의 편지 속에 이러한 대목이 발견된다. "저는 당신에게 다른 사람이 이러한 경우를 만났으면 누리지 못할 특권을 보여드리겠습니다. 하는 일이 잘 되고 세상의 기쁨으로 충만한 사람 있습니다. 그는 자녀들도 많고 친구들도 좋은 처지에 있는 사람들입니다. 하나님의 말씀은 그러한 사람들을 가르치기 위해서도 기록되었습니다. 그럼에도 불구하고 곤란 중에 있는 당신을 위해서도 기록되었습니다. 주님께서는 당신으로부터 많은 자녀들을 데려가셨습니다. 주님께서는 다른 방식으로 당신을 단련하셨습니다. 하나님의 말씀의 어떤 대목이나, 어떤 특별한 약속들을 바로 이 특별한 방식으로 기록한 것입니다. 지금 당신이 다른 사람들처럼 이 세상에서 좋은 분깃을 누리고 있었더라면 그 말씀은 결코 당신의 것이 되지 않았을 것입니다. 하나님께서 다른 사람들에게가 아니고 당신에게 어떤 성경 말씀을 기록하여 주셨다면, 그것은 적지 않은 위로입니다. 이 성경 대목을 읽어 보시고 하나님께서 당신 가문 전체의 식구들에게 한 통의 편지를 보낸 친구처럼 생각하십시오. 그 편지 속에서 그 집안에서 자기가 가장 사랑하는 식구들의 이름으로 하나하나 열거하며 각자에게 무엇인가 말하는 친구처럼 하나님을 생각하십시오."

심을 알고… 너는 가서 이스라엘의 장로들을 모으고 그들에게 이르기를 여호와 너희 조상의 하나님 곧 아브라함과 이삭과 야곱의 하나님이 내게 나타나 이르시되 내가 너희를 돌보아 너희가 애굽에서 당한 일을 확실히 보았노라."(출 3:7,16)

또한 하나님의 말씀은 우리의 영원한 선을 확증해줍니다. "우리가 알거니와 하나님을 사랑하는 자 곧 그의 뜻대로 부르심을 입은 자들에게는 모든 것이 합력하여 선을 이루느니라."(롬 8:28)

그러니 우리가 말씀에 대해서 말할 때 "이 말씀은 나의 고난 중의 위로라"고 말해야 하지 않겠습니까? 구세주의 사랑이 바로 이 통로를 통해서 사방으로 흘러갑니다. 그리하여 '이 위로'가 아니었다면 "쇠미하게" 되었거나(시 27:13) "곤란 중에 망했을"(시 119:92) 자들에게 생명을 주고 새 힘과 능력을 줍니다. 이것이 바로 성경을 기록하여 우리에게 주신 목적입니다. "무엇이든지 전에 기록된 바는 우리의 교훈을 위하여 기록된 것이니 우리로 하여금 인내로 또는 성경의 위로로 소망을 가지게 함이니라."(롬 15:4)

환난 당한 성도에게 하나님의 말씀은 때로 위로의 능력으로 작용하였습니다. 그리하여 그 환난이 성도를 시험하는 데까지 나아가지 못하게 하였고, 나중에 그 환난 때를 생각하고 하나님께 감사하게 됩니다.

"주의 말씀이 나를 살리셨기 때문이니이다." 첫째로 말씀은 생명이 됩니다. 그런 다음에 '위로'가 됩니다. '살리시는 권능'을 느꼈던 자들만이 그 말씀의 위로를 인식할 수 있습니다. 죄 가운데 죽어 있을 때 말씀이 여러분을 "살리셨다면"(약 1:18 ; 벧전 1:23) 하나님께 감사하십시오. 고통 속에 침잠되어 있을 때에 다시 그 말씀이 여러분을 소생시켰다면 그로 인해 감사하십시오. "나의 영혼이 주의 구원을 사모하기에 피곤하오나 나는 주의 말씀을 바라나이다 나의 말이 주께서 언제나 나를 안위하실까 하면서 내 눈이 주의 말씀을

바라기에 피곤하니이다."(시 119:81,82)

그러나 말씀이 여러분을 위해서 그처럼 은혜롭게 역사한다할지라도 말씀 자체가 내면적 능력을 가졌다고는 생각지 마십시오. 말씀이 구주를 드러내니 그 말씀이 생명샘과 위안이 됩니다. 다시 말해 말씀이 주님을 증거하니 이스라엘의 위로가 되는 것입니다. "너희가 성경에서 영생을 얻는 줄 생각하고 성경을 연구하거니와 이 성경이 곧 내게 대하여 증언하는 것이니라."(요 5:39) "예루살렘에 시므온이라 하는 사람이 있으니 이 사람은 의롭고 경건하여 이스라엘의 위로를 기다리는 자라 성령이 그 위에 계시더라."(눅 2:25)

말씀이 '우리의 모든 환난 중에 위로'가 됩니다. "그들의 모든 환난에 동참하사 자기 앞에 사자로 하여금 그들을 구원하시며."(사 63:9)

말씀은 '우리를 위한 족한 은혜'를 주어 우리를 붙드는 일에 결코 실패하는 법이 없습니다(고후 12:9).

그러나 성령님 없이 말씀만 있어도 안되고, 말씀 없이 성령만 있어도 안됩니다. 성령께서 말씀으로 말미암아 역사하십니다. 성령께서는 먼저 말씀에 생명을 불어넣으십니다. "살리는 것은 영이니 육은 무익하니라 내가 너희에게 이른 말은 영이요 생명이라."(요 6:63) 그런 다음에 성령께서 말씀으로 말미암아 영혼을 소생시키십니다. 말씀 자체는 도구입니다. 성령께서 전능하신 행사를 하시는 장본인이십니다. 그래서 그 일은 주님의 일입니다. 우리 혼자 하도록 내버려두시는 일이 하나도 없습니다. 우리는 자신을 죽이고 오직 하나님만 찬미해야 합니다.

시편 119:51

"교만한 자들이 나를 심히 조롱하였어도
나는 주의 법을 떠나지 아니하였나이다."

경건치 않은 세상의 조롱은 '여러 환난들' 가운데 하나입니다. 그 환난 중
에서 우리는 말씀의 위안을 인식하게 됩니다. 경건하게 살고자 하는 사람
은 어떤 예외도 없이 경건치 않은 세상에게 조롱받는 시련에 처하기 마련입니
다. "무릇 그리스도 예수 안에서 경건하게 살고자 하는 자는 박해를 받으리
라."(딤후 3:12) "비방을 받은즉 권면하니 우리가 지금까지 세상의 더러운 것
과 만물의 찌꺼기 같이 되었도다."(고전 4:13)

"교만한 자들이 나를 심히 조롱하였어도." 다윗은 왕이었지만 경건치 않은
세상의 조롱을 면하지 못하였습니다. 그는 지혜롭고 신중한 사람이라 불필
요한 허물을 보기가 쉽지 않은 사람이었습니다. 그러니 그 사람의 성품과 지
위 모두가 일반인들의 존경을 받을만하다 말할 수 있었습니다. 그런데도 불
구하고 다윗마저도 '교만한 자들의 조롱'을 피하지 못하였습니다. 그는 하
나님께 대한 신앙 고백과 섬김의 실제 때문에 그러한 조롱을 받았습니다.

"그러나 내가 넘어지매 그들이 기뻐하여 서로 모임이여 불량배가 내가 알
지 못하는 중에 모여서 나를 치며 찢기를 마지아니하도다 그들은 연회에서
망령되이 조롱하는 자 같이 나를 향하여 그들의 이를 갈도다."(시 35:15,16)
"여호와여 우리에게 은혜를 베푸시고 또 은혜를 베푸소서 심한 멸시가 우리
에게 넘치나이다 안일한 자의 조소와 교만한 자의 멸시가 우리 영혼에 넘치
나이다."(시 123:3,4)

"나는 주의 법을 떠나지 아니하였나이다." 이전에도 그랬거니와 지금도, 아
니 앞으로도 언제나 그러할 것입니다. 그리스도의 교리를 믿고 복음의 엄격

한 계명들에 순종하면 반드시 우리는 불신자와 세상적인 정신을 가진 사람들의 비웃음을 사게 되어 있습니다. 그러나 마음이 하나님께 대해 바르다면, '교만한 자의 조롱'이 우리로 하여금 '하나님의 율법에서 물러나도록' 하는 효력을 보이기보다는 오히려 하나님의 복음의 계명에 더 밀착하도록 강화시켜줍니다. 다윗은 미갈의 '통렬한 조소'를 받고 '나는 하나님 편에 서겠다.'는 더 강력한 결심으로 대응하였습니다(삼하 6:20-22 참조)[3]

다윗은 하나님을 높임으로 사람들의 조소를 받는 것을 자기의 영광과 의무와 기쁨으로 간주했습니다. 진정 믿는 자가 아니고는 어느 누구도 십자가를 참아낸다는 것이 무엇인가를 알 턱이 없습니다. 또한 참된 신자가 아니고는 그 십자가를 참아낼 자가 없습니다. 십자가는 사람의 진실성 여부를 알아보는 여러 시금석 중 하나입니다. 이 시금석을 적용하면 '보배로운 것과 누추한 것'을 가려내는 일이 가능합니다. 또한 자기 자신을 신뢰하는 거짓된 신앙고백자의 가면을 벗기어 설 자리를 없애버리기도 합니다. 오, 겉으로 보기에는 '예수 그리스도의 선한 군사'처럼 보이는 신앙고백자들이 얼마나 많습니까! 그러나 위험의 때에는 자기들의 진상을 드러냅니다. 그 때 자신을 신뢰하는 열매 밖에는 따지 못하여 어쩔 줄을 모르게 됩니다!

"나는 주의 법을 떠나지 아니하나이다." 그러므로 영적 전투에 임하려 하는 자들에게 있어서 하나님의 말씀으로 잘 무장하는 것은 정말 중요합니다. 다윗은 그 무장으로 '교만한 자들의 조롱' 가운데서도 든든히 버텼습니다. 그렇게 무장해야만 그리스도인이 된지 얼마 안 된 이들도 경건치 않은 세상 사람들의 조소에 겁을 내어 멈칫하거나 지지 않습니다. 그리스도의 말씀이 우

---

3) "다윗이 자기의 가족에게 축복하러 돌아오매 사울의 딸 미갈이 나와서 다윗을 맞으며 이르되 이스라엘 왕이 오늘 어떻게 영화로우신지 방탕한 자가 염치 없이 자기의 몸을 드러내는 것처럼 오늘 그의 신복의 계집종의 눈앞에서 몸을 드러내셨도다 하니 다윗이 미갈에게 이르되 이는 여호와 앞에서 한 것이니라 그가 네 아버지와 그의 온 집을 버리시고 나를 택하사 나를 여호와의 백성 이스라엘의 주권자로 삼으셨으니 내가 여호와 앞에서 뛰놀리라 내가 이보다 더 낮아져서 스스로 천하게 보일지라도 네가 말한 바 계집종에게는 내가 높임을 받으리라 한지라."(삼상 6:20-22)

리 속에 풍성히 거하여 모든 지혜(골 3:16) 가운데 있으면, 여러 경우에 합당한 준비를 하게하며, 사람들이 비방하는 환경 가운데서 의를 위하여 고난을 받기까지 자신을 받쳐줄 것입니다. 그러니 말씀들 속에서 의를 위하여 고난을 받는 이들에게 적용되는 약속과 격려의 지원을 잘 알고 있으면 좋을 것입니다.[4]

무엇보다도 친히 큰 고난을 당하신 주님을 생각하십시오. 그 가슴 저미는 시련을 온유하게 참아내셨습니다. "나는 벌레요 사람이 아니라 사람의 비방거리요 백성의 조롱 거리니이다 나를 보는 자는 다 나를 비웃으며 입술을 비쭉거리고 머리를 흔들며 말하되 그가 여호와께 의탁하니 구원하실 걸, 그를 기뻐하시니 건지실 걸 하나이다."(시 22:6-8) "욕을 당하시되 맞대어 욕하지 아니하시고 고난을 당하시되 위협하지 아니하시고 오직 공의로 심판하시는 이에게 부탁하시며."(벧전 2:23) 또 그분의 긍휼의 여기심과 기도를 생각해보십시오. "이에 예수께서 이르시되 아버지 저들을 사하여 주옵소서 자기들이 하는 것을 알지 못함이니이다 하시더라."(눅 23:24)

이런 모든 점을 감안하면 폭풍 가운데 피할 피난처가 어디인가를 발견하게 됩니다. "주는 포학자의 기세가 성벽을 치는 폭풍과 같을 때에 빈궁한 자의 요새이시며 환난 당한 가난한 자의 요새이시며 폭풍 중의 피난처시며 폭양을 피하는 그늘이 되셨사오니."(사 25:4)

명목상의 신앙고백자는 이 피난처를 알지 못합니다. 또 폭풍을 피할 갑옷

---

4) 주님께서는 누가복음 6:22,23에서 무어라 하셨는가? "인자로 말미암아 사람들이 너희를 미워하며 멀리하고 욕하고 너희 이름을 악하다 하여 버릴 때에는 너희에게 복이 있도다 그 날에 기뻐하고 뛰놀라 하늘에서 너희 상이 큼이라 그들의 조상들이 선지자들에게 이와 같이 하였느니라." 이 주님의 축복의 말씀은 주님께 가장 큰 은총을 받은 종들, 곧 사도들의 당한 일에 해당된다. "사도들은 그 이름을 위하여 능욕 받는 일에 합당한 자로 여기심을 기뻐하면서 공회 앞을 떠나니라."(행 5:41) 특별히 바울 사도의 경우를 주목해보라. "그러므로 내가 그리스도를 위하여 약한 것들과 능욕과 궁핍과 박해와 곤고를 기뻐하노니 이는 내가 약할 그 때에 강함이라."(고후 12:10) "나는 이제 너희를 위하여 받는 괴로움을 기뻐하고 그리스도의 남은 고난을 그의 몸된 교회를 위하여 내 육체에 채우노라."(골 1:24) 데살로니가 교회의 성도들의 경우를 주목하라. "또 너희는 많은 환난 가운데서 성령의 기쁨으로 말씀을 받아 우리와 주를 본받은 자가 되었으니."(살전 1:6) 히브리 그리스도인들의 경우도 보라. "너희가 갇힌 자를 동정하고 너희 소유를 빼앗기는 것도 기쁘게 당한 것은 더 낫고 영구한 소유가 있는 줄 앎이라."(히 10:34)

을 소유하지 못합니다. 그래서 "말씀으로 인하여 환난이나 박해가 일어날 때"에 바로 넘어집니다. (막 4:17)

그리스도인이여, 여러분의 하나님께서 여러분을 인정하시는 그것으로 만족하십시오. 하나님께서 그리스도 안에서 여러분을 하나님의 가족으로 받아들이셨고, 당신의 형상으로 여러분에게 인을 쳐주셨고, 성령님으로 말미암아 여러분을 보증해 주셨고, 하나님 나라를 상속 받을 자로 인 쳐주지 않으셨습니까? '하나님으로부터 오는 이 영예'만으로도 '교만한 자들의 조롱'을 상쇄시키기에 충분하지 않습니까? 아니, 그 영예는 받는 조롱을 상쇄시키고도 남을 만한 훨씬 더 넉넉한 영광을 부여합니다. 때가 되면 '사람들의 비방이 온 지면에서 그칠 것'입니다. 그때에 주께서 '아버지 앞과 천사들 앞에서 백성들의 이름'을 부를 것입니다. 성도들이 세상을 심판할 것이고, 정직한 자들이 세상 사람들을 다스릴 것입니다.

이러한 '소망'을 가지고도, "경건치 않은 죄인들이 우리를 거슬러 한 모든 악한 말"을 상쇄하는 데서 그치지 않고 무한히 더 나아감을 믿지 않는다면, 우리가 어떻게 그리스도인일 수 있습니까?(사 25:8 ; 계 3:5 ; 고전 6:2 ; 시 49:14 ; 유 14,15) 영적 싸움의 무기들은 다 하나님의 무기고(武器庫)에서 반출된 것입니다. 우리는 은혜를 의존하여 예수님의 본을 따라 순례길에서 만나는 모든 조롱을 무릅쓰고 '이 길이 바로 승리의 길'이라 여겨야 합니다. 그 길로 행하면 영원한 면류관을 받아쓸 것을 알고 끝까지 진행해야 합니다.

시편 119:52

"여호와여 주의 옛 규례들을 내가 기억하고

　스스로 위로하였나이다."

　시편 기자는 하나님께서 당신의 백성들을 다루시는 여러 방식들을 자주 묵
상하였습니다. "내가 옛날 곧 지나간 세월을 생각하였사오며… 곧 여호와
의 일들을 기억하며 주께서 옛적에 행하신 기이한 일을 기억하리이다 또 주의
모든 일을 작은 소리로 읊조리며 주의 행사를 낮은 소리로 되뇌이리이다."(시
77:5,11,12). "내가 옛날을 기억하고 주의 모든 행하신 것을 읊조리며 주의 손
이 행하는 일을 생각하고."(시 143:5) 하나님께서는 자기 백성들이 '혀의 채찍'
으로 고생할 때 그 백성들을 붙잡아 주시기도 하셨습니다. "네가 혀의 채찍
을 피하여 숨을 수가 있고 멸망이 올 때에도 두려워하지 아니할 것이라."(욥
5:21)

　"여호와여 주의 옛 규례들을 내가 기억하고." 이런 경우들을 성경에 기록해
놓으신 것은 이후 시대의 하나님의 백성들에게 용기를 주려하심이었습니다
(시 44:1-3 ; 73:3-8 ; 105:5,6 ; 145:4 ; 욜 1:3) 우리는 어떤 일이 일어나면 그것을
우리 나름의 생각으로 상상하며 결론 내리는 버릇이 있습니다. 다시 말하면,
우리에게 어떤 일이 일어나면 '왜 우리를 시험하려고 이와 같은 일이 일어났
는가?' 생각하면서 이상히 여기는 버릇이 있습니다. 그러나 주님께서 옛 백성
들을 어떻게 판단하셨는지를 생각해보면, 말씀을 통해서 우리 자신을 위로
할 수 있습니다. "사랑하는 자들아 너희를 연단하려고 오는 불 시험을 이상
한 일 당하는 것 같이 이상히 여기지 말고."(벧전 4:12)

　"너희는 믿음을 굳건하게 하여 그를 대적하라 이는 세상에 있는 너희 형
제들도 동일한 고난을 당하는 줄을 앎이라."(벧전 5:9) "그리스도의 고난이

우리에게 넘친 것 같이 우리가 받는 위로도 그리스도로 말미암아 넘치는도다."(고후 1:5) 또한 그들은 '교만한 자들의 동일한 조롱'을 받았고, 그런 가운데서도 하나님의 미쁘심으로 말미암아 동일한 지원을 체험하였습니다.

그럼에도 불구하고, 우리는 하나님께서 "옛 백성들을 어떻게 판단하셨는지"를 보여주는 기록으로 넘치는 성경 말씀 속에서 하나님의 자비하심과 은혜로운 지혜를 충분히 숙고하지 않습니다. 하나님의 백성들 중에 어떤 사람들은 하나님의 교훈의 말씀에 집중하고, 다른 이들은 교리적인 부분에 집중하며, 어떤 이들은 계시 부분에 집중합니다. 그러면서 성경의 역사적(歷史的) 기록들을 유념하지 않습니다. 사실은 그 역사적 기록들이 위의 요소들을 온전하게 함축하면서도 주님의 백성들을 가장 훌륭하게 받쳐주는 위로의 근거들을 제공합니다. 하나님의 계시를 기록한 '적은 분량의 책 성경'에 그처럼 많은 부분들을 역사적 기록에 할애한 성경 저자(성령님)의 중요한 의도를 언제나 유념하는 것은 가치가 있습니다. "무엇이든지 전에 기록된 바는 우리의 교훈을 위하여 기록된 것이니 우리로 하여금 인내로 또는 성경의 위로로 소망을 가지게 함이니라."(롬 15:4)

그 목적을 위해서 이러한 방편을 사용한다면 참으로 놀라우며, 그렇게 성경을 부지런히 연구하는 사람은 충분한 증거를 감당할 것입니다. 그러므로 성경에서 보다 영적인 부분이라 여겨지는 대목에 우리의 관심을 집중시키느라 역사적 부분을 소홀히 하는 것은 성경에 대한 영적 이해가 부족함을 보여주는 서글픈 표증입니다. 아울러 그런 자세 때문에 가장 가치 있는 교훈과 가장 풍성한 위로를 빼앗깁니다. "믿음과 인내를 통해서 약속을 기업으로 받았던" 사람들의 본을 통해서 '인내'의 열매를 더 풍성하게 가질 수 있는 탁월한 방편을 빼앗기는 셈입니다. 하나님께서 시대마다 백성들에게 나타내셨던 미쁘심을 모르니 위로의 은택도 그만큼 받지 못하게 됩니다. '성도들의 인내'와,

성도들을 위한 하늘에 속한 지원을 베푸시는 하나님의 행사가 어떤 복된 결말을 맺는지 아는 것은 정말 중요합니다. 그러면 우리의 '소망'을 역동적으로 만드는 은택을 만나게 됩니다. 그러나 성경의 역사적 기록들을 외면하면 그런 은택을 상실하게 됩니다. 5)

그러니 우리는 과거에 대한 성경의 기록에 무관심하지 말아야 합니다. 성경의 예언적 부분뿐만 아니라 역사적 부분도 기록한 성경 기자들은 자기를 위해서가 아니라 우리를 위하여 섬긴 것임을 분명하게 드러냅니다. "이 섬긴 바가 자기를 위한 것이 아니요 너희를 위한 것임이 계시로 알게 되었으니 이것은 하늘로부터 보내신 성령을 힘입어 복음을 전하는 자들로 이제 너희에게 알린 것이요 천사들도 살펴 보기를 원하는 것이니라."(벧전 1:12)

이 주제를 실증해주는 한 두 경우를 살펴봅시다. 홍수 사건과, 평원에 존재하던 소돔과 고모라의 멸망에 대한 기록을 보전하신 것이 교회들에게 교훈의 본보기를 제시하시려는 하나님의 의도가 아니겠습니까? 노아의 여덟 식구를 구원하시고 의로운 롯을 건지신 주께서 "경건한 자는 시험에서 건지시고 불의한 자는 형벌 아래에 두어 심판 날까지 지키신다."는 사실을 교회가 알게 하려 하심입니다(벧후 2:5-9).

'옛적 하나님의 백성들에 대한 하나님의 판단을 기억하는 것'이 시험받는 하나님의 백성들에게 얼마나 놀라운 '위로'의 원천이 됩니까! 하나님께서 애굽 사람들을 둘러엎으시고 옛 백성들을 구원하셨던 놀라운 역사를 생각해 보십시오. 교회가 확신의 근거로 이와 같은 역사적 사실을 회상하는 경우가 얼마나 흔합니까! 우리와 유사한 시련을 당했던 옛 백성들이 처한 환경 속

---

5) 주께서 옛 백성들에게 행하신 판단을 회상함으로써 "교회 성도들의 입에 새 노래를 넣어주시고 하나님께 감사하게 하였던" 경우를 생각해 보라. "여호와여 주는 나의 하나님이시라 내가 주를 높이고 주의 이름을 찬송하오리니 주는 기사를 옛적에 정하신 뜻대로 성실함과 진실함으로 행하셨음이라."(사 25:1. 25:2-4 참조)

에서 미쁘심과 사랑을 나타내셨던 하나님의 행사를 회상하면 힘을 얻어 확신을 가질 수 있습니다. 그래서 교회는 '여호와의 팔'이 옛적 백성들에게 무엇을 하셨는지를 되돌아봄으로써, 피로 값 주고 사신 당신의 백성들에게 어떠하시며 무엇을 하실 것인지를 미루어 생각할 수 있습니다. "여호와의 팔이여 깨소서 깨소서 능력을 베푸소서 옛날 옛시대에 깨신 것 같이 하소서 라합을 저미시고 용을 찌르신 이가 어찌 주가 아니시며 바다를, 넓고 깊은 물을 말리시고 바다 깊은 곳에 길을 내어 구속 받은 자들을 건너게 하신 이가 어찌 주가 아니시니이까 여호와께 구속 받은 자들이 돌아와 노래하며 시온으로 돌아오니 영원한 기쁨이 그들의 머리 위에 있고 슬픔과 탄식이 달아나리이다."(사 51:9-11)

하나님께서도 친히 옛적에 그 백성들을 구원하신 일을 우리로 생각나게 하시어 현실 속에서 용기와 힘을 잃지 말라 격려하십니다. "이르시되 네가 애굽 땅에서 나오던 날과 같이 내가 그들에게 이적을 보이리라 하셨느니라."(미 7:15) 교회가 옛적에 하나님께서 행하신 일을 회상한다는 것은 믿음과 하나님께 대한 감사의 마음과 신령한 복락들에 대한 기대를 하나님께 보여드리는 셈입니다. "다시 우리를 불쌍히 여기서서 우리의 죄악을 발로 밟으시고 우리의 모든 죄를 깊은 바다에 던지시리이다."(미 7:19)

성경의 역사적 대목들을 이렇게 적용하면 정말 얼마나 놀라운 유익이 있는지요! '옛적 백성들에 대한 주님의 판단을 회상'하면 '위로'를 얼마나 많이 끌어낼 수 있는지요! 하나님의 '판단'을 회상하면 하나님께서 우리를 향하여 어떻게 행하실지 추정할 수 있지요. 또 동일한 지원을 우리에게 주실 것이라는 생각을 하게 됩니다. 우리의 영혼을 다루어 오신 하나님의 행사를 회상해 봄으로써 "여호와의 모든 길은 그의 언약과 증거를 지키는 자에게 인자와 진리로다."(시 25:10)라는 확신을 갖게 되지 않습니까? 그러므로 성경과 체험을 통해서 확신의 정당한 근거를 얻게 됩니다. "우리가 알거니와 하나님을 사랑하는 자 곧 그의 뜻대로 부르심을 입은 자들에게는 모든 것이 합력하여 선을 이루느니라."(롬 8:28)

시편 119:53
"주의 율법을 버린 악인들로 말미암아
내가 맹렬한 분노에 사로잡혔나이다."[6]

'주의 옛 규례들을 기억하는 일'이 하나님 백성들 자신들에게는 '위로'를 주지만, 한편으로는 경건치 않은 자들에 대한 연민의 아픔을 불러일으킵니다. 실로 세상의 조건을 바라보며 뭔가 느끼고 반추하는 마음의 자세를 가진 사람들은 동정심과 염려를 드러내지 않을 수 없습니다! "또 아는 것은 우리는 하나님께 속하고 온 세상은 악한 자 안에 처한 것이며."(요일 5:19)

"주의 율법을 버린 악인들로 말미암아." 진실로 온 세상이 멸망에 처하여 있습니다. 사람들은 하나님의 형상을 훼손하고 하나님의 면전을 떠나 있습니다. "하나님의 율법을 아는 나는 공포심이 일어나 어찌할 바를 모르겠습니다! 하나님 율법을 버린 그들을 보옵소서." 하나님께서 세상을 존재케 했는데도 세상은 그렇게나 철저하게 "하나님의 율법을 버렸나이다." 그러니 하늘로부터 비취는 그 많은 빛과 사랑이 소용 없게 되었습니다! 세상에 속한 마음을 가진 사람은 누군가가 제지하려들면 참지 않습니다. 하나님 사랑의 강권으로 세상의 성향을 바꾸려 해도 그 사랑을 받아들이지 못하고 배척합니다. 그런 세상에서 여러분은 신자입니까? 그렇다면 하나님 율법의 명예가

---

6) 이 구절을 Ainsworth 는 "불붙은 공포심이 나를 사로잡았나이다."라고 번역하였으며, 70인역에서는 "마음이 낙담하고 쇠미함이 나를 사로잡았나이다."라고 번역하였다.

훼손당하는 데도 별일 아닌 것 같이 태평할 수 있습니까? 여러분이 신자라면, 하나님의 율법을 거역하는 모든 행실들이 여러분의 심장을 때리는 것같이 느껴질 것입니다. 여러분이 믿는 자입니까? 그렇다면 모든 사람을 자신의 형제처럼 생각할 것입니다. 여러분 주위의 수많은 사람들이 멸망으로 인도하는 넓은 길로 몰려감을 보며 애통해야 마땅합니다. 그들은 자신의 속임수에 빠져 비참하게 멸망해 갑니다. 사방을 둘러보면 마치 하나님께서 보좌에서 물러나신 것 같아 보입니다. 하나님의 손으로 지으신 피조물들이 자신들의 영혼을 살해하고 있으니 말입니다.

자신의 영원한 영광에 대하여 번민하는 사람은 하나님의 명예에 매우 민감한 관심을 가지지 않을 수 없습니다. 그러느라 "하나님의 율법을 버린 악인들"을 보면 비교적 냉담한 자세를 가질 수 있습니다. 그러나 허다한 무리들이 멸망으로 내닫는 모습이 우리에게 별로 중요하지 않다면 정말 잘못된 것입니다! 그들이 멸망으로 치닫고 있습니다. 그들은 세례를 받아 그리스도의 이름을 달고는 있고 복음적 은혜의 방편에 참여한다고 하면서도 여전히 멸망의 길로 나아가고 있습니다. 그런 일을 작은 일로 볼 수는 없습니다.

"내가 맹렬한 분노에 사로잡혔나이다." 그렇다고 '공포의 감정'에 굴복하여 그들을 위해 우리가 할 수 있는 모든 역량을 멈추어 버려야 한다는 말은 아닙니다. 우리가 그들에게 어떤 의무나 수고를 기울이거나 기도를 할 필요가 없습니까?(행 17:16-18) 수많은 영혼들이 말로 다 할 수 없는 고통의 구덩이를 향해 무서운 속도로 내달아 가는 모습을 보다니요! 그들이 눈멀고 각성하지 못하고 경고를 듣지 못한 채 멸망을 향하여 달려가는 것을 그냥 보고만 있다니요! 우리가 불에 데인 선명한 자국을 보기만 해도 공포스럽다면, 그들을 보며 장작개비를 불에서 끄집어내려고 안간힘을 써야 하지 않겠습니까?

우리 자신이 회심하지 못한 상태로 가증스러운 처지에 있던 때를 잊었습니까? 그 상태에서는 전능하신 하나님의 진노와 공의의 세력이 우리를 대적하며 무서운 뇌성을 발하셨습니다. "원수 갚는 것이 내게 있으니 내가 갚으리라 하시고 또 다시 주께서 그의 백성을 심판하리라 말씀하신 것을 우리가 아노니."(히 10:30) "그들이 실족할 그때에 내가 보복하리라."(신 32:35)

오! 구주의 사랑과 영혼들을 향한 사랑이 우리 마음속에서 더욱 강력한 영향력으로 왕 노릇한다면, 우리가 작은 그릇의 수고의 영역에서라도 훨씬 더 힘을 기울여 열심을 내야하지 않겠습니까! 사탄의 모든 나라가 전능하신 하나님의 아들 그리스도께 정복되어 복종할 때까지 그 일을 위해 간구해야 합니다. 그날이 올 때까지 우리 간구의 폭을 얼마나 더 크게 넓혀야 하겠습니까!

다윗의 심령이 부분적으로만 새롭게 된 상태에서도 악인들을 생각하며 '공포심'에 떨었다면, "거룩하고 악이 없고 더러움이 없고 죄인에게 떠나 계시고 하늘보다 높이 되신" 그리스도께서 받으신 고난의 깊이가 어떠했겠으며 마음의 상함이 어떠했겠습니까? "이러한 대제사장은 우리에게 합당하니 거룩하고 악이 없고 더러움이 없고 죄인에게서 떠나 계시고 하늘보다 높이 되신이라."(히 7:26) 주님께서는 "악을 차마 보시지 못하는 순결한 눈"을 가지고 계십니다(합 1:13 ; 시 5:5 참조). 그런데 죄악된 세상과 33년 동안 계속 접촉하셨던 주님의 마음의 상함이 정말 어떠했겠습니까? "죄 있는 육신의 모양"을 입으신 주님께서 자신을 낮추시어 죄인들을 구원하신 그 사랑에 대해서 우리가 무슨 말을 하리요! 그분은 "죄인들을 받으시고 죄인들과 함께 음식을 잡수신" 분이십니다(눅 15:2).

오, 복되신 성령님이시여! 우리에게 '그리스도 예수 안에 있는 마음'을 더 많이 갖도록 부어 주시어 우리 눈에 하나님의 법이 갈수록 더 보배롭게 보이게 하시고, '만군의 주 여호와를 위한 열심'이 더 지극해질 수 있게 하옵소서! 성령님의 은혜로우신 감화로 우리를 도우시어 죄인들을 위해서 하나님께 나아가 탄원하게 하시고, 죄인들의 문제를 하나님과 더불어 논의하고 간구하게 하소서!

시편 119:54
"내가 나그네 된 집에서
주의 율례들이 나의 노래가 되었나이다."

순례길을 행하는 그리스도인이여, 하늘을 향하는 여러분의 지친 행로에 "이방 땅에서 여호와의 노래를 부름으로" 힘을 얻어 나아가십시오(시 137:4). '하나님의 율례들'을 여러분의 손과 마음속에 새김으로 행하는 발걸음 하나 하나마다 시편 23편을 노래함으로 나아가십시오. "여호와는 나의 목자시니 내게 부족함이 없으리로다 그가 나를 푸른 풀밭에 누이시며 쉴 만한 물가로 인도하시는도다 내 영혼을 소생시키시고 자기 이름을 위하여 의의 길로 인도 하시는도다 내가 사망의 음침한 골짜기로 다닐지라도 해를 두려워하지 않을 것은 주께서 나와 함께 하심이라 주의 지팡이와 막대기가 나를 안위하시나이다 주께서 내 원수의 목전에서 내게 상을 차려 주시고 기름을 내 머리에 부으셨으니 내 잔이 넘치나이다 내 평생에 선하심과 인자하심이 반드시 나를 따르리니 내가 여호와의 집에 영원히 살리로다."(시 23:1-6)

"내가 나그네 된 집에서." 당신의 목숨을 여러분을 위해서 내려놓으시고 친히 여러분에게 필요한 것을 공급하시며 지키시며 보호하시는 역할을 자원하신 미쁘시고 변함없으신 친구께 이 노래를 부르는 것은 얼마나 즐거운지요! 이러한 노래를 부르면 여러분 행로에서 만나는 고통이 완화되고, 그 길에서 만나는 많은 불편을 감수하게 됩니다. 그리고 이 세상은 '나그네 된 사람이 잠깐 머무는 집'일 뿐이지 본향은 아니라는 것과, "안식할 때가 하나님의 백성에게 남아 있다."(히 4:9)는 사실을 회상하면, 순례길 끝까지 믿음과 인내를 견지하도록 힘을 줄 것입니다.

"주의 율례들이 나의 노래가 되었나이다." '율법을 버린 악인들'과 '순례길을 행하는 그리스도인'은 얼마나 크게 대조가 됩니까! 그리스도인은 하나님의 법을 매일 자기 노래의 주제로 삼으며 매일 위로의 원천으로 삼습니다. 그 렇습니다. "주의 율례들"이 경건치 않은 자들에게는 무거운 멍에와 짐이 되 지만, 주님의 참된 종에게는 유쾌함의 자원입니다. 그 율례들을 통해서 주시 는 생명에 속한 감화로 힘을 얻고 양육을 받는 그리스도인의 길은 더 쉬워 지고 형통합니다. 주님의 율례를 아는 우리의 지식과 기쁨은 주님 앞에서 우 리의 진정한 상태를 결정적으로 드러내는 시금석이 될 것입니다.

"나의 노래." 그러나 우리에게 용기를 주는 노래는 나그네 정신과 연관되어 있음이 중요합니다. 우리가 지금은 본향에 있지 않음을 잊지 마십시오. "그 러므로 우리가 항상 담대하여 몸으로 있을 때에는 주와 따로 있는 줄을 아 노니."(고후 5:6) 우리는 본향을 향하여 나아가는 복된 나그네일 뿐입니다. 지상에서는 영구한 거처를 전혀 가질 수 없습니다. "우리가 여기에는 영구한 도성이 없으므로"(히 13:14) 안식도 없습니다. 우리는 더 나은 본향을 사모합 니다(히 11:10,14,16). 우리는 본향을 바라보면서 나아갑니다. "그 마음에 시 온의 대로가 있는 자는 복이 있나이다."(시 84:5) 매일 우리는 본향에 더 가까 이 나아갑니다. "또한 너희가 이 시기를 알거니와 자다가 깰 때가 벌써 되었 으니 이는 이제 우리의 구원이 처음 믿을 때보다 가까웠음이라."(롬 13:11)

이러한 정신 속에 "나그네 된 집에서 주의 율례들이 나의 노래"가 되는 것입 니다. 여기서 '부동산 양도증서'를 가진 사람의 행실이 보입니다. 불확실하고 별로 값도 나가지 않는 부동산의 양도증서가 아닙니다. '헤아릴 수 없을 정 도의 가치를 가진 기업'의 증서인데, 그것이 우리에게 양도되었습니다. "우리를 거듭나게 하사 산 소망이 있게 하시며 썩지 않고 더럽지 않고 쇠하지 아니하는 유업을 잇게 하시나니 곧 너희를 위하여 하늘에 간직하신 것이라."(벧전 1:3-5) 지상에서 우리는 그것을 취득하기 위한 분명한 지침을 가지고 있어 결코 헤맬 수 없습니다. "주의 말씀은 내 발에 등이요 내 길에 빛이니이다."(시 119:105) 지상에서 우리는 이미 본향에 이른 동료 순례자들의 본을 통해서 자극을 받습니다(히 6:11,12). 우리도 그들이 나아간 진로를 따라 가면서 그 길을 가도록 많은 격려를 받으며, 본향에 더 가까이 나가도록 밝혀주는 무용담들을 듣습니다.

그러니 나그네로서 가져야 할 합당한 자세를 잊도록 우리 마음을 우둔하게 하고 생각을 야비하게 하는 세상의 영향에 대항하여 항상 경계심을 놓지 말아야 합니다. 그런 경계심이 얼마나 지당한지요. 시온을 향하여 나가는 순례의 진보를 계속 견지하기 위해서는 그 길을 가고 싶어 하지 않는 게으르고 나태한 본성의 반감과 습관적으로 계속 싸워야 합니다. 이 일이 얼마나 불가피한지요!

독자 여러분! 여러분은 나그네의 순례자의 삶을 시작했습니까? 그렇다면 그 길을 가는 여러분의 마음을 시원하게 하고 북돋아 주는 것이 무엇입니까? '한 노래'를 부르지 않고 순례자가 된다는 것은 지루하고 무겁고 무미건조해 보이는 일입니다. 우리의 '노래'의 곡조를 조율하는 것이 무엇입니까? 오직 '주의 율례들'을 복되게 체험하는 것이 아니겠습니까? "너희가 주의 인자하심을 맛보았으면 그리하라."(벧전 2:3) 주님께서 그처럼 여러분의 입에 '새 노래 곧 하나님께 올릴 찬송'을 넣어두셨다면 더욱 그리해야 합니다(시 40:3) 오! 방심하거나 나태하여 하늘을 바라보게 하는 이 정신을 빼앗기지 않도록 조심하십시오. 여러분의 입술이 둔하여 그 노래를 부르지 못하는 상태가 되지 않도록 조심하십시오. 여러분이 어디를 가든지 '여러분보다 앞서 가신' 그분에 대한 묵상이 항상 살아있게 하십시오. "그리로 앞서 가신 예수께서 멜기세덱의 반차를 따라 영원히 대제사장이 되어 우리를 위하여 들어 가셨느니라."(히 11:20) 그분은 우리를 위해서 처소를 예비하러 가셨습니다. 그 소망을 잃지 마십시오. "내 아버지 집에 거할 곳이 많도다 그렇지 않으면 너희에게 일렀으리라 내가 너희를 위하여 거처를 예비하러 가노니 가서 너희를 위하여 거처를 예비하면 내가 다시 와서 너희를 내게로 영접하여 나 있는 곳에 너희도 있게 하리라."(요 14:2,3)

여러분은 이 소망을 붙잡고 노래의 음조를 높이십시오. "하나님이여 내 마음을 정하였사오니 내가 노래하며 나의 마음을 다하여 찬양하리로다."(시 108:1) "내가 여호와를 항상 송축함이여 내 입술로 항상 주를 찬양하리이다."(시 34:1) 그렇게 함으로써 여러분의 순례길을 주의 법도를 노래하면서 계속 진행할 수 있습니다. "그들이 여호와의 도를 노래할 것은 여호와의 영광이 크심이니이다."(시 138:5) 그리고 이 땅에서 시작한 그 노래는 저 위 찬미의 세계 속에서도 결단코 멈춰지지 않고 계속 될 것입니다. "네 생물은 각각 여섯 날개를 가졌고 그 안과 주위에는 눈들이 가득하더라 그들이 밤낮 쉬지 않고 이르기를 거룩하다 거룩하다 거룩하다 주 하나님 곧 전능하신 이여 전에도 계셨고 이제도 계시고 장차 오실 이시라."(계 4:8)

시편 119:55
"여호와여 내가 밤에 주의 이름을 기억하고
주의 법을 지켰나이다."

"내가 밤에 주의 이름을 기억하고." 이 하나님의 사람은 하나님의 법도 안에서 어떻게 살았습니까? 낮에는 하나님의 법도가 순례자의 노래가 되었습니다. 밤에는 그것이 행복한 묵상 재료가 되었습니다. "골수와 기름진 것을 먹음과 같이 나의 영혼이 만족할 것이라 나의 입이 기쁜 입술로 주를 찬송하되 내가 나의 침상에서 주를 기억하며 새벽에 주의 말씀을 작은 소리로 읊조릴 때에 하오리니."(시 63:5,6)

진실로 밤에 깨어 있는 순간을 하나님과 함께 보낼 수만 있다면 밤의 흑암은 더 이상 우리에게 흑암이 아니라 낮과 같이 빛납니다. 시련을 만났던 많은 신자들이 안정치 못하고 고통스러워 밤을 지새울 때 바로 이 말씀이 그의 육체의 건강과 안정을 위한 가장 훌륭한 의약품보다 더 좋은 원기 회복제가 된다는 것을 발견했습니다.

"그러므로 여호와께서 그의 사랑하시는 자에게는 잠을 주시는도다."(시 127:2) 환난을 겪는 어느 날 밤 주님의 손이 심하게 누른다고 느낀다면, '주님을 기억함' 속에서 우리를 붙잡는 견고하며 결코 쇠미하지 않는 손은 발견하지 못합니까? 하나님께서 우리를 부드러운 손길로 돌보신다는 살아있는 인상이나, 하나님께서 변함없이 미쁘신 분이시며, 정하신 은혜로운 뜻을 신비롭게 이루신다는 사실을 잠깐 잊으면 어떤 일이 일어납니까? 우리 마음을 어둡게 덮는 좌절감이 일어나지 않습니까?

"여호와여 내가 밤에 주의 이름을 기억하고 주의 법을 지켰나이다." 하나님의 약속의 말씀 속에서 분명히 드러나고 사랑의 경륜 속에서 확증되는 것은 하나님의 이름을 기억함이 마치 무덤에서 벌떡 일어나는 것과 같은 일이라는 것입니다. 이것이 '의인을 위하여 뿌려진 빛'입니다(시 97:11).

"정직한 자들에게는 흑암 중에 빛이 일어나나니 그는 자비롭고 긍휼이 많으며 의로운 이로다."(시 112:4) 그것이 바로 완전히 지혜로우신 주 하나님의 성품을 주목하는 것이요, 우리를 안전하게 지키시는 전능하신 주님의 성품을 생각하는 것이요, 우리를 긍휼히 여기시고 붙잡아 주시는 완전한 자비를 갖추신 주 하나님의 성품을 주목하는 것입니다. 그 일은 또한 주 하나님을 '자기 자식을 불쌍히 여기는 아버지'처럼 보는 자세요(시 103:13), '그 사랑이 끊어지지 아니하는 친구'로(잠 17:17), '형제보다 친밀한 친구'로 주님을 생각하는 것입니다(잠 18:24) 깨어있지 못했거나 죄의 정욕에 빠져 실족함으로 영혼이 흑암 속으로 들어가면 침체의 기간을 만나게 됩니다. 그런 경우 "주의 이름을 기억하는 것"이 마음을 더 무겁게 누르더라도, 그것이 주님의 위로로 나가는 길을 엽니다. 주님의 위로를 기억하면 우리가 돌아갈 길이 마련되어 있음을 보여줍니다. "여호와께서 기다리시나니 이는 너희에게 은혜를 베풀려 하심이요."(사 30:18)

우리가 아버지께 돌이켜 첫 걸음을 떼어놓자마자 뒤로 물러가 실족하였던 자녀들에게 긍휼을 베푸실 마음이 얼마나 충만한지를 발견하게 될 것입니다(눅 15:20-24) "그의 노염은 잠깐이요 그의 은총은 평생이로다 저녁에는 울음이 깃들일지라도 아침에는 기쁨이 오리로다."(시 30:5)

하나님께서 당신의 이름을 계시하여 주신 여러 사례들을 생각해 보십시오. 환난의 가장 어두운 밤을 맞은 당신의 백성들을 붙잡아 주시는데 대해 우리가 상상하는 것보다 얼마나 더 충만한 교훈을 발견하는지요!

"여호와께서 구름 가운데에 강림하사 그와 함께 거기 서서 여호와의 이름을 선포하실새 여호와께서 그의 앞으로 지나시며 선포하시되 여호와라 여호와라 자비롭고 은혜롭고 노하기를 더디하고 인자와 진실이 많은 하나님이라 인자를 천대까지 베풀며 악과 과실과 죄를 용서하리라 그러나 벌을 면제하지는 아니하고 아버지의 악행을 자손 삼사 대까지 보응하리라."(출 34:5-7) 하나님께서 당신의 이름을 그렇게 계시하신 것이 우리가 하나님을 신뢰하게 하심임을 의심할 수 있습니까? "여호와의 이름은 견고한 망대라 의인은 그리로 달려가서 안전함을 얻느니라."(잠 18:10) "여호와여 주의 이름을 아

는 자는 주를 의지하오리니 이는 주를 찾는 자들을 버리지 아니하심이니이다."(시 9:10)

그러나 고난 받으시던 주님께서는 버림받는 밤중과 같은 때에 여호와 하나님의 이름을 기억하셨어도 도움을 받지 못한 것처럼 보였습니다. "내 하나님이여 내가 낮에도 부르짖고 밤에도 잠잠하지 아니하오나 응답하지 아니하시나이다 이스라엘의 찬송 중에 계시는 주여 주는 거룩하시니이다."(시 22:2,3)

우리의 위로의 원천이신 주님을 경험하면 시험 받으셨던 구주께서 시험받는 당신의 백성들이 동일한 지원을 의지하게 하심을 발견합니다. "너희 중에 여호와를 경외하며 그의 종의 목소리를 청종하는 자가 누구냐 흑암 중에 행하여 빛이 없는 자라도 여호와의 이름을 의뢰하며 자기 하나님께 의지할지어다."(사 50:10)

하나님 복음의 주요한 원리들이 '주 하나님의 이름을 기억'하는 데에 다 수반되어 있습니다. 기억은 창고와 같습니다. 그 창고 속에 우리의 지식의 알곡을 쌓아 놓습니다. '믿음'없이 돌이켜 생각하는 것은 어두운 그림자를 마음에 떨어지게 하는 것에 불과합니다. 그러나 우리 하나님께서 친히 우리와 관련되어 당신 자신이 누구신가를 성경에 선언하신 바로 그분임을 확신합니다. 하나님의 이름을 우리에게 알리시거나 하나님의 이름을 우리로 기억하도록 하실 때에 유일한 중보자로 세우신 하나님의 사랑하시는 아들 또한 그렇게 생각하는 것은 얼마나 합당합니까!

"본래 하나님을 본 사람이 없으되 아버지 품 속에 있는 독생하신 하나님이 나타내셨느니라."(요 1:18 ; 14:6. 마 12:27 참조) 여기에 실천적 신앙의 샘이 있습니다. 우리가 '주님의 이름을 기억할 때' 주님의 법도를 지킬 것입니다. 마땅히 주님 앞에서 행할 도리에 대한 바른 지각이 우리로 하여금 하늘에 속한 사고방식과 자신을 드리는 바른 헌신으로 근면하게 푯대를 향해 몰아가도록 촉구할 것입니다. 성령의 비추심을 받아 하나님을 아는 지식을 갖고 행동하게 되면, 단순한 의무감이 아니라 순종이 특권이라는 의식으로 순종하게 될 것입니다.

시편 119:56
"내 소유는 이것이니
곧 주의 법도들을 지킨 것이니이다."

신자 여러분, 여러분이 '주의 율례들을 노래하고 주의 이름을 기억'하는 것은 어떤 경로를 통해서입니까? "주의 법도들을 지킴으로 이것이 내 소유가 되는" 경로를 통해서입니다. 이 방식으로 세상을 향하여 '주의 계명들을 지키면 큰 상급을 얻는다.'고 말할 수 있습니다. "또 주의 종이 이것으로 경고를 받고 이것을 지킴으로 상이 크니이다."(시 19:11) "공의의 열매는 화평이요 공의의 결과는 영원한 평안과 안전이라."(사 32:17)

그리스도인이여, 여러분의 증언이 분명하고 결정적인 것이 되게 하십시오. 여러분이 주님을 섬기며 하루를 드리는 그 행복을 일만 세계가 갖지 못하게 만드십시오. "아버지와 그의 아들 예수 그리스도와의 교제" 가운데서 누리는 충만한 기쁨이 바로 이런 길에서 체험되지 않습니까? "나의 계명을 지키는 자라야 나를 사랑하는 자니 나를 사랑하는 자는 내 아버지께 사랑을 받을 것이요 나도 그를 사랑하여 그에게 나를 나타내리라."(요 14:21. 요일 1:3,4 ; 3:24는 참조)

'믿음의 순종'으로 하나님과 보다 친밀히 동행한다면, 세상이 그런 믿음을 보고 우울하고 낙담을 가져다주는 종교라고 감히 우리를 비난하지 못할 것입니다. 환난이 많은 세상 가운데서 복된 소망의 권리를 누가 가질 수 있겠습니까? 하나님의 은혜 가운데서 믿음의 순종을 추구하는 사람이 아니겠습니까? 믿음을 행사하여 자기 하나님의 뜻에 순종하고 하나님의 법을 즐거워하는 것을 떠나면 이 은총을 누가 누릴 수 있겠습니까? "여호와의 교훈은 정직하여 마음을 기쁘게 하고 여호와의 계명은 순결하여 눈을 밝게 하시도다."(시 19:8) 하나님의 계명을 순종하는데서 선행이 나올 뿐만 아니라 달콤함과 마음의 만족을 얻습니다. 그 길에서 하나님의 영광을 아는 특권을 얻을 뿐만 아니라 하나님과 교제하고 싶은 마음을 더 얻게 됩니다. 마음의 여러 지각들이 좋아하는 대상을 만나는 즉시 활기가 생기는 믿음의 행사 속에서 영혼은 유쾌해집니다.

다윗은 자기 영혼을 다루시는 하나님의 여러 방식에 대한 새로운 관점으로 자기의 영적 체험의 보고(寶庫)를 더욱 풍성하게 합니다. 그 방식을 주목해 봅시다. 다윗이 기도를 드리니 응답을 받습니다. 그러면 위로는 그만큼 커지죠. 다윗은 바로 그것을 자기 영혼의 격려를 위해서 뿐만이 아니라 하나님의 교회가 활용하도록 이 시편에 기록해 놓았습니다. 우리는 이 점에서 그를 본받아야 합니다. 우리도 다윗처럼 말할 수 있을 때가 흔할 것입니다. '내 소유는 이것이니 내가 누렸던 위로는 이것이다. 곤란 중에 나를 너그럽게 하시는 하나님의 붙드심을 경험했다. 하나님께서 나를 사랑하심을 놀랍게 드러낸 경우가 이러하다. 그래서 이러한 확신을 견지할 수 있었다. 내가 주의 법도들을 지켰기 때문에 그런 것들이 내 소유가 되었던 것이다.'

"내 소유는 이것이니." 그는 희망한다는 것이 아닙니다. 그는 '지금 존재하는 생명의 약속'을 말하고 있습니다. 하나님은 그 약속을 통해서 다음과 같이 비난하는 사람들의 비방이 아무것도 아님을 분명하게 하셨습니다. "너희가 말하기를 하나님을 섬기는 것이 헛되니 만군의 여호와 앞에서 그 명령을

지키며 슬프게 행하는 것이 무엇이 유익하리요."(말 3:14)

"내 소유는 이것이니 곧 주의 법도들을 지킨 것이니이다." 다윗은 자기 공로를 자랑하는 것이 아니라 하나님의 은혜의 경륜을 말하는 것뿐입니다. 성도가 섬기는 수준이 가련하다 할지라도 상급을 주시는 것은 '받을 만한 자격이 없는 자들에게 베푸시는 자비'일 뿐입니다. "주여 인자함은 주께 속하오니 주께서 각 사람이 행한 대로 갚으심이니이다."(시 62:12) "무릇 이 규례를 행하는 자에게와 하나님의 이스라엘에게 평강과 긍휼이 있을지어다."(갈 6:16)

그것은 그 사람이 행한 일의 가치 때문에 주어지는 자비가 아니라 약속의 미쁘심 때문에 주어지는 것입니다. 율법의 요구를 완벽하게 지키는 사람은 존재하지 않습니다. "무릇 율법 행위에 속한 자들은 저주 아래에 있나니 기록된 바 누구든지 율법책에 기록된 대로 모든 일을 항상 행하지 아니하는 자는 저주 아래에 있는 자라 하였음이라."(갈 3:10) 다만 주님의 은혜를 힘입고 복음적인 완전을 위해서 끊임없이 위에서 부르신 부름의 상을 위하여 달려갈 수 있습니다. "내가 이미 얻었다 함도 아니요 온전히 이루었다 함도 아니라 오직 내가 그리스도 예수께 잡힌 바 된 그것을 잡으려고 달려가노라… 푯대를 향하여 그리스도 예수 안에서 하나님이 위에서 부르신 부름의 상을 위하여 달려가노라."(빌 3:12,14)

이러한 그리스도인의 확신이 없는 경우에는 '확신을 갖지 못하게 하는 어떤 한 가지 이유가 있지 않은가?'라는 의문을 던지고 검증하는 것이 얼마나 중요한지요! 그 원인이 무엇이겠습니까? "이방인들이 그의 힘을 삼켰으나 알지 못하고 백발이 무성할지라도 알지 못하는도다."(호 7:9) "하나님이 나를 보호하시던" 지난 세월이 얼마던가요? "나는 지난 세월과 하나님이 나를 보호하시던 때가 다시 오기를 원하노라."(욥 29:2)

골방에서 주님과 은밀히 교제하고, 집에 있을 때에 주님께서 나와 함께 하셨고, 식탁에 있을 때 주님께서 나와 함께 더불어 잡수셨고, 매일의 세상 삶의 여러 경우에서 주님께서 나와 동행하시던 그 때가 언제였습니까? 지난 몇 달 동안 그런 일들이 내게 없지 않았습니까? 믿음있는 하나님의 사람들이 하나님의 사랑을 말하면서 '내 소유는 이것이라'고 하는 말을 들을 때에 기쁨으로 그 말을 환영하고 그들과 함께 감사하는 것이 내게 부족하다면 어떠하겠습니까? 원인을 추적해보면 나의 불충스러운 행보를 만날 것입니다. '주의 법도에 순종하지 못했기 때문에 이것이 나의 소유가 되지 못했구나'라고 말하지 않을 수 없을 것입니다. '내가 유의하여 깨어 있지 못하고 자신의 정욕에 빠져 있었구나!' '주여, 내가 하나님의 사랑을 가볍게 여겼나이다. 또한 성령님을 근심시켰나이다. 옛적 선한 길을 찾기를 잊었었나이다.' "여호와께서 이와 같이 말씀하시되 너희는 길에 서서 보며 옛적 길 곧 선한 길이 어디인지 알아보고 그리로 가라 너희 심령이 평강을 얻으리라."(렘 6:16)

오, 내 자신의 길을 세밀하게 관찰하여 허점을 발견하고, 하나님께 나아갈 근거와 능력의 근원이 되는 예수님의 구속(救贖)의 완전한 효력이 얼마나 부단하게 필요한지를 깨달아야 합니다. 그래야만 우리의 영혼이 치료받고 소생함을 입어 헌신의 열정을 드높이고 예민한 양심을 갖게 되고 행실을 삼가게 됩니다. 그리하여 이 시편 기자의 은혜로운 고백이 우리의 것이 될 때까지 결코 쉬지 않겠다는 결심을 하게 될 것입니다. 동시에 우리의 팔의 힘과 부지런함과 성결이 바로 이 은총으로 우리를 밀어 넣었다고 자랑하기보다, 우리가 이룬 업적이 다 주님의 은혜인 줄 알고 예수님의 발 앞에서 예수님을 주로 높이게 될 것입니다.

57 여호와는 나의 분깃이시니 나는 주의 말씀을 지키리라 하였나이다

58 내가 전심으로 주께 간구하였사오니 주의 말씀대로 내게 은혜를 베푸소서

59 내가 내 행위를 생각하고 주의 증거들을 향하여 내 발길을 돌이켰사오며

60 주의 계명들을 지키기에 신속히 하고 지체하지 아니하였나이다

61 악인들의 줄이 내게 두루 얽혔을지라도 나는 주의 법을 잊지 아니하였나이다

62 내가 주의 의로운 규례들로 말미암아 밤중에 일어나 주께 감사하리이다

63 나는 주를 경외하는 모든 자들과 주의 법도들을 지키는 자들의 친구라

64 여호와여 주의 인자하심이 땅에 충만하였사오니 주의 율례들로 나를 가르치소서

8

여호와는
나의 분깃

시편 119:57
"여호와는 나의 분깃이시니
나는 주의 말씀을 지키리라 하였나이다."

인간은 의존적 존재로서 그 몫을 누구로부터 받아 소유해야 합니다. 인간은 혼자 스스로 살 수 없습니다. 어쨌든 자기 소유라고 주장할 수 있는 것이 있어야 합니다. 그런데 그렇게 주장하는 소유물이 좋아야 합니다. 또 그 주어진 분깃이 커야 합니다. 채워질 용량과 분량이 크기 때문입니다. 만족할 만한 분깃을 갖지 못하면 텅 비고 곤고한 존재로 남습니다. 그러나 어디서 어떻게 그런 분깃을 얻겠습니까? "여러 사람의 말이 우리에게 선을 보일 자 누구뇨 하오니 여호와여 주의 얼굴을 들어 우리에게 비추소서."(시 4:6) 그러니 무가치한 죄인의 분깃으로 자신을 내놓으신 주님의 선하심이 얼마나 놀라운지요! 그래서 우리가 주님을 우리의 소유로 주장할 수 있게 되었습니다. 주님께서 자신을 우리에게 전체로 온전히 넘겨주셨고 우리의 행복을 위해서 당신의 완전하심을 다 활용하도록 내어맡기셨으니 그 어인 사랑입니까! "나

는 너의 하나님이 되리라."고 하셨습니다. (렘 31:33)

"여호와는 나의 분깃이시니." 분명히 모든 좋은 것이 최고로 선하신 그분 안에 집중되어 있습니다. 그분은 세상에서 필요한 복락, 영적인 복락, 영원한 복락 모두의 근원이십니다. 그런데 "금생에서의 자기 분깃"을 누리는 일만 택하는 죄인의 어리석음과 미친 짓과 죄책을 무엇으로 묘사할 수 있습니까?

"여호와여 이 세상에 살아 있는 동안 그들의 분깃을 받은 사람들에게서 주의 손으로 나를 구하소서 그들은 주의 재물로 배를 채우고 자녀로 만족하고 그들의 남은 산업을 그들의 어린 아이들에게 물려주는 자니이다."(시 17:14) 마치 하나님께서 지상에 계시지 않는 것처럼, 하나님께 나갈 길도 없고 하나님 안에서 얻는 행복도 없다는 식으로 금생에서 자기에게 주어진 분깃으로만 만족하다니 참으로 어리석습니다. 사람들의 마음속에 그러한 광기(狂氣)가 발견된다는 사실은 하나님을 떠난 인간의 실상을 가장 극명하게 드러내주는 예증입니다.

그러나 '하나님의 친 백성'이라는 자들이 "두 가지 악, 곧 생수의 근원을 떠난 것과 터진 웅덩이에 자신들을 위해서 물을 저축하는 악을 행하였다는 것" 역시 하늘도 무섭게 놀랄만한 일입니다(렘 2:12,13)

하나님께서 당신의 사랑하는 아들 안에서 당신을 나타내지 않으셨다면, 하나님을 '우리의 분깃'으로 알 수도 누릴 수도 없었습니다. 하나님을 알고 하나님을 즐거워하는 우리가 금생에서 자기들의 좋은 것을 다 받아 내세에서는 아무 것도 받을 것이 없는 자들을 부러워할 수 있겠습니까? "아브라함이 이르되 얘 너는 살았을 때에 좋은 것을 받았고 나사로는 고난을 받았으니."(눅 16:25) "그러나 화 있을진저 너희 부요한 자여 너희는 너희의 위로를 이미 받았도다 화 있을진저 너희 지금 배부른 자여 너희는 주리리로다 화 있을진저 너희 지금 웃는 자여 너희가 애통하며 울리로다."(눅 6:24, 25) 하나님의 자녀가 무엇을 누릴는지 생각해보면 세상적인 정신에 사로잡힌 자들의 분깃이 얼마나 보잘 것이 없는지 더 극명하게 드러날 수 밖에 없습니다. "여호와여 이 세상에 살아 있는 동안 그들의 분깃을 받은 사람들에게서 주의 손으로 나를 구하소서 그들은 주의 재물로 배를 채우고 자녀로 만족하고 그들의 남은 산업을 그들의 어린 아이들에게 물려 주는 자니이다 나는 의로운 중에 주의 얼굴을 뵈오리니 깰 때에 주의 형상으로 만족하리이다."(시 17:14,15)

어리석은 부자는 자기 영혼에게 "내 영혼아 여러 해 쓸 물건을 많이 쌓아 두었도다 평안히 쉬고 먹고 마시고 즐거워하자."라고 말하였습니다. 그러나 하나님께서는 "어리석은 자여 오늘 밤에 네 영혼을 도로 찾으리니."라고 말씀하셨습니다(눅 12:19,20). 어거스틴은 이런 기도를 드렸습니다. "주여, 내게 당신 자신을 주소서!"

그러니 믿는 자는 소리칩니다. "하늘에서는 주 외에 누가 내게 있으리요 땅에서는 주 밖에 내가 사모할 이 없나이다."(시 73:25) "내 영혼아 네 평안함으로 돌아갈지어다 여호와께서 너를 후대하심이로다."(시 116:5-7)

다른 곳에서 믿는 자는 자신에게 이러한 고백을 합니다. "내 심령에 이르기를 여호와는 나의 기업이시니 그러므로 내가 그를 바라리라 하도다."(애 3:24) 신자는 이 땅에서 하나님 이름의 진실성을 입증하기라도 하듯이 '하나님을 향하여' 얼굴을 듭니다. "이에 네가 전능자를 기뻐하여 하나님께로 얼굴을 들 것이라."(욥 22:26)

"여호와는 나의 분깃이시니." 분명히 온 세상은 그리스도인의 이러한 확신이 어떤 위로를 주는지 그 가치를 가늠할 수 없습니다. 하나님의 백성들이 영원토록 그렇게 빈곤한 상태에 있다는 것은 불가능합니다. 하나님 자신의 완전하심이 썩어 없어지는 것만큼이나 불가능합니다. 분깃은 일반적으로 즐거움을 주는 원천만이 아니라 안식과 만족을 포함합니다. 그리하여 그밖에 다른 것을 바라는 소원을 갖지 않아도 되는 상태를 포함합니다. 주님을 '분 깃' 자체로 여기지 않으면 그 자녀들마저도 주님을 결코 즐거워할 수 없습 니다. 주님을 다른 무엇보다 더욱 좋은 정도가 아니라 모든 것을 대신할 분 깃으로 모셔야 합니다. 다른 대상물들을 그에 수반하여 사랑할 수도 있습 니다. 그러나 주님 아닌 어떤 다른 대상을 향하여 "그 전체가 사랑스럽구 나."(아 5:16)라는 말을 해서는 안 됩니다.

"이는 친히 만물의 으뜸이 되려 하심이요."(골 1:18)

주님께서는 그분 자신의 본체(本體)로 하나님과 동등 되십니다. 그러나 우 리의 마음의 사랑을 받는 대상으로서도 아버지와 동등 되십니다. "나와 아 버지는 하나이니라."(요 10:30)

우리 마음의 보좌 위에 앉으신 주님을 밀어내고 다른 어떤 것이 들어오게 허 용하는 순간 낙담과 불만스러운 소욕에 문을 여는 셈입니다. 주님을 우리의 분깃으로 받아들인다면 주님을 '우리의 왕'으로 모셔야 합니다.

여기에 그리스도인의 정체성의 요점이 있습니다. '주님을 자기의 분깃'으로 삼고 '주님의 말씀을 자기의 법칙'으로 삼는 것이 바로 그것입니다. '하늘에 속한 분깃'을 향유하는 데서 거룩한 헌신을 위한 얼마나 놀라운 에너지가 흘 러나옵니까! 주 하나님께서는 우리 자신을 기뻐하심으로 우리에게 마음의 소원을 주십니다. "또 여호와를 기뻐하라 그가 네 마음의 소원을 네게 이루 어 주시리로다."(시 37:4)

주 하나님께서 주신 거룩한 소원마다 주 하나님을 섬기는 일로 그 정체성 을 드러냅니다. 우리가 어떤 사람이든 어떤 소유를 가지고 있든 모든 것이 다 주님의 것입니다. 우리는 기꺼이 주님께서 우리의 모든 것을 다 주장할 권 세를 가지셨음을 기쁘게 인정하며, 모든 것을 주님의 일에 사용되도록 기꺼이 드립니다. 그렇게 함으로써 우리가 주님의 구원에 동참함을 증거합니다. 그리스도께서 "온전하게 되셨은즉 자기에게 순종하는 모든 자에게 영원한 구원의 근원"이 되셨기 때문입니다(히 5:9).

이 책을 읽는 독자여! 자신에게 물어보시기 바랍니다. 하나님을 이렇게 분깃으로 선택하는데 신중하게 생각하고 조금도 미련없이 자원하는 마음으로 한 일인가? 이런 결정을 후회하지 않고 계속 존중하며 견지할 것을 결심하였는가? 죽음이 올지라도 하나님을 분깃으로 삼는 이 즐거움에서 나를 떼어내지 못하게 할 것이라고 결심했는가? 내가 진정 하나님을 구주로뿐만 아니라 주권자로도 받아 기꺼이 모시고 있는가?

"이스라엘에게 회개함과 죄 사함을 주시려고 그를 오른손으로 높이사 임금과 구주로 삼으셨느니라."(행 5:31)

오! 그리스도 전체를 내 '분깃'으로 삼겠노라! 오, 주님께서 내 온 마음을 사로잡도록 허락하겠노라! 오, 주님 외에 그 어느 것도 내 것이라 부르지 않겠노라!

라이튼(Leighton)은 베드로전서 1:2의 주석에서 이렇게 말합니다. "하나님의 사랑의 자석에 달라붙은 마음은 거룩한 두려움으로 떨고 있으면서도 확정된 믿음으로 하나님을 우러러 본다. 그것은 선택한 백성이 소유한 사랑을 가리킨다. 사랑하는 사람은 그가 먼저 사랑 받았음을 확신할 수 있다(요일 4:19). 그리스도 안에서 하나님을 자기의 기쁨과 분깃으로 선택한 사람은 하나님께서 먼저 자기를 택하시어 하나님을 즐거워하며 영원토록 하나님 안에서 행복해지게 하셨다는 확신 있는 결론을 내릴 수 있다."

시편 119:58
"내가 전심으로 주께 간구하였사오니
주의 말씀대로 내게 은혜를 베푸소서."

주님을 자신의 '분깃'으로 삼고 즐거워하는 사람은 자연히 주님의 '은혜'를 '자기 영혼의 생명,' 아니 생명보다 더한 것으로 여기기 마련입니다. "그의 노염은 잠깐이요 그의 은총은 평생이로다 저녁에는 울음이 깃들일지라도 아침에는 기쁨이 오리로다."(시 30:5) "골수와 기름진 것을 먹음과 같이 나의 영혼이 만족할 것이라 나의 입이 기쁜 입술로 주를 찬송하되."(시 63:5)

"내게 은혜를 주옵소서." "우리가 주의 말씀을 지키리이다."라고 말한다면, 여전히 "주님의 은혜"를 귀중히 여겨야 할 것입니다. 그 은총을 받아야 주님의 길에서 힘을 얻고 용기를 낼 수 있습니다. 우리는 '주님의 은총을 온 마음을 다하여 존중'할 것입니다. 그 은총이 우리에게 무한히 필요함을 느끼듯이, 그 은총을 위해서 야곱과 같은 심령으로 씨름하겠다고 결심한 것 처럼 해야 합니다. "당신이 내게 축복하지 아니하면 가게 하지 아니하겠나이다."(창 32:26) 그리스도의 피로 말미암아 '하나님의 은혜로 인도함을 받는 것'이 얼마나 말로 할 수 없는 행복인가요. 그 사실을 알기만 한다면 얼마나 좋겠습니까? "이제는 전에 멀리 있던 너희가 그리스도 예수 안에서 그리스도의 피로 가까워졌느니라."(엡 2:13) "그러므로 우리가 믿음으로 의롭다 하심을 받았으니 우리 주 예수 그리스도로 말미암아 하나님과 화평을 누리자 또한 그로 말미암아 우리가 믿음으로 서 있는 이 은혜에 들어감을 얻었으며 하나님의 영광을 바라고 즐거워하느니라."(롬 5:1,2)

우리가 이렇다면 하나님의 은혜를 아는 지각을 얼마나 높이 평가할 것이며, 우리 하나님 아버지의 얼굴빛을 얼마나 빛내겠습니까! 매일 이 원천에서 솟아나는 은혜로 즐거워하는 일은 결코 질리지 않을 일입니다. 그것은 마치 우리에게 햇빛과 같아서 매일 새롭고 상승되는 유쾌함으로 빛날 것입니다. "그뿐 아니라 이제 우리로 화목하게 하신 우리 주 예수 그리스도로 말미암아 하나님 안에서 또한 즐거워하느니라."(롬 5:11)

"주의 말씀대로 내게 은혜를 베푸소서." 우리가 진실로 구하는 그 '은혜의 원천'은 '긍휼(mercy)'입니다. '긍휼'이라는 단어는 우리가 기대해도 될 근거를 제시합니다. "주의 말씀대로 나를 긍휼히 여기소서."(개역한글) 우리는 죄인으로서 이 '은총'이 필요합니다. 우리는 믿음의 폭과 같이 기도의 폭 또한 아무리 넓혀도 헛되지 않을 것이라는 확신 속에서 그 '은총'을 간구합니다. 나태함과 불충스러운 생각으로 근면한 마음을 버리고 하나님으로부터 '마음 전부'를 떼어내는 일은 우리 영혼이 햇빛을 받지 못하게 가립니다. 그러나 그리스도의 피는 여전히 뒤로 물러가 넘어진 자에게 돌아올 길을 열어 놓습니다. 말하자면 그 사람이 땅 끝까지 헤매는 생활을 했다 할지라도 그리스도의 피는 돌아올 길을 열어줍니다. "그러나 네가 거기서 네 하나님 여호와를 찾게 되리니 만일 마음을 다하고 뜻을 다하여 그를 찾으면 만나리라."(신 4:29)

"내가 전심으로 주께 간구하였사오니." 주님을 구하는 일에 '전심'하면, 그것은 주님의 마음이 우리에게 분명히 돌아왔음을 보여주는 인침입니다. "내가 기쁨으로 그들에게 복을 주되 분명히 나의 마음과 정성을 다하여 그들을 이 땅에 심으리라."(렘 32:41)

독자들이여! 만일 여러분이 하나님의 자녀이면 여러분에게 있어서 '하나님의 은혜'는 필요하고 유익한 한 가지가 될 것입니다. 다른 일에 자신을 거는 모험을 안 할 것입니다. "헛된 생명의 모든 날을 그림자 같이 보내는 일평생에 사람에게 무엇이 낙인지를 누가 알며 그 후에 해 아래에서 무슨 일이 있을 것을 누가 능히 그에게 고하리요."(전 6:12) 그러나 하나님의 은혜에 대해서는 단호한 결심을 할 것입니다. 하나님의 은혜를 받고 싶어하는 장엄하고 견줄 데 없는 소원이 여러분의 마음을 채우게 될 것입니다. 그것이 여러분에게는 일만 세계에서의 분깃처럼 여겨질 것입니다. 그밖에 다른 어느 것도 여러분을 만족시키지 못할 것입니다. 여러분이 하나님의 자녀이면서도 그 복락을 누리지 못할 수도 있습니다. 하나님의 은혜가 없이도 만족한다면 그런 상태인 셈이죠.

만일 우리의 주권적인 하나님께서 그 지혜로 은혜를 잠깐 여러분에게서 거두시는 것처럼 보여도 그 섭리에 복종하면서도 하나님의 은혜를 '간절히' 구할 것입니다. 우리의 어리석음이나 분별없음을 징계하시는 의로운 처사로 은혜를 잠깐 거두시는 것처럼 보일 때에 하나님의 자녀는 언약에 근거하여 더욱 더 격렬하게 은혜를 간구하며 울부짖게 될 것입니다. "만일 그의 자손이 내 법을 버리며 내 규례대로 행하지 아니하며 내 율례를 깨뜨리며 내 계명을 지키지 아니하면 내가 회초리로 그들의 죄를 다스리며 채찍으로 그들의 죄악을 벌하리로다 그러나 나의 인자함을 그에게서 다 거두지는 아니하며 나의 성실함도 폐하지 아니하며 내 언약을 깨뜨리지 아니하고 내 입술에서 낸 것은 변하지 아니하리로다."(시 89:30-34)

이 언약에 근거하여 "주의 말씀대로 나를 긍휼히 여기소서."(한글개역)라고 더욱 더 울부짖을 것입니다.

시편 119:59

"내가 내 행위를 생각하고

주의 증거들을 향하여 내 발길을 돌이켰사오며."

"내가 내 행위를 생각하고." '하나님의 말씀을 지키겠다.'는 시편 기자의 결심은 아무 생각 없이 성급하게 충동적으로 나온 것이 아닙니다. 깊은 생각에서 나온 결심입니다. 자신의 '이전 행로'에 대하여 많이 생각한 결과로 나온 결심입니다. '자기들의 행위를 진지하게 생각함' 없이 세상을 살아가다 영원 세계로 들어가는 사람들이 얼마나 많은지요! 허다한 사람들이 세상을 위해서 살다가 하나님을 모른 채 죽어갑니다! 이것이 허다한 인생들의 역사입니다. 그런 인생들의 상태가 어떠한지 진리의 말씀 속에 태양 광선처럼 선명하게 기록되어 있습니다. "악인들이 스올로 돌아감이여 하나님을 잊어버린 모든 이방 나라들이 그리하리로다."(시 9:17) "네가 사는 곳이 속이는 일 가운데 있도다 그들은 속이는 일로 말미암아 나를 알기를 싫어하느니라 여호와의 말씀이니라."(렘 8:6)

"내가 내 행위를 생각하고." '깊이 반성하는 것'을 추방해버리는 것이 생각 없는 세상의 파멸적인 특성입니다. 아마 진지한 생각을 한 번이라도 한다면 그것이 하나님께는 그 영혼이 새로 태어나는 것과 같을 것입니다. 하늘을 향하여 첫 발을 들여놓는 셈이겠죠. 어떤 사람이 은혜의 능력에 사로잡히게 된다면, 그는 사망의 잠에서 깨어나 엄숙하고 진지한 여러 생각들로 접어 들어가는 것입니다.

"내가 어떤 사람인가?[1] 나는 어디에 있는가? 나는 어떠한 사람이었는가?

---

1) 고대의 한 철학자가 '네 자신을 알라'라고 말한 것이 격언이 되어 수많은 사람들의 찬사를 받고 있다. 그러나 하나님의 계시의 빛으로 자기 자신을 비춰보고 실증 받지 않는다면 그 격언이 얼마나 무의미한 말이 되겠는가!

나는 지금껏 무엇을 해왔는가? 나는 한 영혼을 가졌고, 그 영혼은 나의 영원한 전체'이다. 그런데 구주 없이 존재하는 영원은 방황하고 완전히 실패한 영원이다. 영원 속에서 영혼의 행복을 위한 나의 전망은 무엇인가? 내 앞에 허영의 세계, 텅 빈 허영이 자리 잡고 있다. 알지 못하는 무섭기 짝이 없는 영원이 놓여있다. 내 안에 각성된 영혼이 나로 하여금 진노하시는 하나님과 그 안에 있는 자들을 집어삼키는 지옥을 상기하도록 하는구나. 각성된 양심이 내 안에 있도다. 그대로 있다가는 나는 멸망한다. 앞으로 나가도 멸망할 것이고, 내가 잘못하여 누를 끼친 하나님 아버지께 돌아간다 해도 멸망할 수밖에 없다."

열왕기하 7:4의 말씀을 들어 보고 이런 각성된 사람의 생각과 비교해 보십시오. "만일 우리가 성읍으로 가자고 말한다면 성읍에는 굶주림이 있으니 우리가 거기서 죽을 것이요 만일 우리가 여기서 머무르면 역시 우리가 죽을 것이라 그런즉 우리가 가서 아람 군대에게 항복하자 그들이 우리를 살려 두면 살 것이요 우리를 죽이면 죽을 것이라."

그래서 각성한 사람은 결심을 하게 됩니다. "내가 일어나 가리라. (누가복음 15:18에서 탕자가 취한 행동) 모든 난관과 좌절케 하는 모든 요건을 이겨내 결국 내 아버지의 집에 당도하리라." 그처럼 하나님의 자녀로서 탕자와 같은 자리에 있던 사람마다 '돌이켜 제 정신을 차리게' 됩니다. 탕자가 보여준 각성된 생각은 하나님께 돌아가는 첫 걸음과 같은데, 그것이 회개의 전체 내용을 수반합니다. "이에 스스로 돌이켜 이르되 내 아버지에게는 양식이 풍족한 품꾼이 얼마나 많은가 나는 여기서 주려 죽는구나."(눅 15:17)

"주의 증거들을 향하여 내 발길을 돌이켰사오며." 방황하던 사람이 자기의 행위를 생각하고 "주의 증거들을 향하여" 발길을 돌이킵니다. 그리고 놀라 기뻐하면서 모든 장애가 제거되는 것을 목격합니다. 또한 그가 가는 길이 구주의 피로 표시되어 있고, 이 길에서 본향으로 돌아오는 자녀를 환영하시는 하나님 아버지의 미소 짓는 얼굴을 만납니다. 이 '돌이킴'은 참된 믿음의 실천적 행사입니다. 그리고 자기가 행했던 범과들을 생각하고 거기서 돌이켰기 때문에 그는 분명히 죽지 않고 살게 됩니다.

"그가 스스로 헤아리고 그 행한 모든 죄악에서 돌이켜 떠났으니 반드시 살고 죽지 아니하리라."(겔 18:28) 그러나 '하나님의 길로 접어드는' 첫 번째 걸음 뿐 아니라 이어지는 모든 걸음걸음마다 신중하게 생각하고 실천하는 일이 필요합니다. 그렇게 함으로써 매일 '자신의 마음과 교통하는' 습관을 형성할 것입니다. "너희는 떨며 범죄하지 말지어다 자리에 누워 심중에 말하고 잠잠할지어다."(시 4:4) 그것이 없이는 무질서와 혼동으로 우리의 걸음은 비틀거릴 것입니다. 아마 다윗은 '하나님의 길'에서 자기의 발이 얼마나 멀리 벗어났는지를 알지 못하다가 자기 상태를 진지하게 생각하고 나서 자기 영혼을 깨우친 것 같습니다.

하나님으로부터 마음이 이격되는 일은 아주 눈치 채지 못하게 일어날 수 있습니다! 하나님께 마음을 돌이키는 데까지 이르기 위해서는 잠시 잠깐 생각하거나 간헐적인 몇 가지 결심만으로는 어림도 없습니다. 어떤 사람이 진지하고 열심히 하나님께 돌아가려고 여러 해 동안 투쟁을 했는데도 열매가 없을 수 있습니다. 반면에 예수님의 능력과 사랑을 믿는 단순한 믿음의 행위가 즉시로 그를 하나님께 돌이킬 것입니다. 그래서 "내 행위를 생각하고" 있을 때 하나님께 돌아가는 길 되시는 그리스도 안에서 생각해야 합니다. 그러면 "하나님의 증거들"의 길에서 확신과 기쁨을 가지고 행하게 될 것입니다. 이러한 단순함 속에서 자기를 각성시키시는 성령님의 세미한 음성을 듣게 될 것입니다. 그 일이 하나님으로부터 은밀히 마음을 뗀 데서 돌이키는 초기 단계를 특징짓습니다. "너희가 오른쪽으로 치우치든지 왼쪽으로 치우치든지 네 뒤에서 말소리가 네 귀에 들려 이르기를 이것이 바른 길이니 너희는 이리로 가라 할 것이며."(사 30:21)

그 사람은 감사한 마음으로 징계의 회초리를 달게 받을 것입니다. 방황하던 자녀들을 당신 자신께로 돌이키기 위해 제정된 주님의 도구인 징계의 매를 달게 받는다는 말입니다. 사람들은 주님을 등지고 '자기들의 발을 돌이키는' 일에 너무나 익숙하기에, 끊임없이 '속이는 활 같이' 빗나가는 행동을 합니다(시 78:57). 또한 사람들은 자기들의 죄악적 본성의 성향으로 말미암아 하나님이 평소의 부르실 때는 귀를 막습니다. 그래서 하나님께서는 그들의 영혼을 사랑하시고 언약하신대로 미쁘시게 행하시는 가운데서 당신의 무거운 손으로 타격을 가하시어 분별없는 삶의 행로에 어정거리는 자들을 사로잡아 당신께로 돌이키시는 강권적 행사를 자주 하십니다.

그런 상태에 있는 자들을 위해 드려질 가장 합당한 기도는 바실(Basil)의 기도입니다. "주님의 십자가로 저를 인도할 십자가를 제게 주시옵소서. 제 자신의 어떠함에도 불구하고 주님께서 나를 이기시고 구원하소서!"

시편 119:60
"주의 계명들을 지키기에 신속히 하고
지체하지 아니하였나이다."

"내가 계명들을 지키기에 신속히 하고." 죄를 뉘우치기는 하나 그것이 피상적이라면, '의무감을 가져야겠다'는 생각은 하지만 '그렇게 하지 않으면 안되겠다'는 강권적 의식은 갖지 못합니다. 그런 경우 '신속하게 나아가는 대신' 따지고 의구심을 가지며, 생각하며 머무릅니다. 그러나 죄에 대한 참된 깨우침은 그런 모든 핑계들을 불식시키며 구실을 들어 지체하려는 생각을 말끔히 정리합니다. 그런 경우 결심하고 이행하는데 시간이 걸리지 않을 것입니다. '사느냐 죽느냐, 영원히 사느냐 영원히 죽느냐?'는 문제는 논란의 여지가 없이 너무나 명백하기에 지체할 틈이 전혀 없습니다.

"보라 내가 오늘 생명과 복과 사망과 화를 네 앞에 두었나니 곧 내가 오늘 네게 명령하여 네 하나님 여호와를 사랑하고 그 모든 길로 행하며 그의 명령과 규례와 법도를 지키라 하는 것이라 그리하면 네가 생존하며 번성할 것이요 또 네 하나님 여호와께서 네가 가서 차지할 땅에서 네게 복을 주실 것임이니라 그러나 네가 만일 마음을 돌이켜 듣지 아니하고 유혹을 받아 다른 신들에게 절하고 그를 섬기면 내가 오늘 너희에게 선언하노니 너희가 반드시 망할 것이라 너희가 요단을 건너가서 차지할 땅에서 너희의 날이 길지 못할 것이니라 내가 오늘 하늘과 땅을 불러 너희에게 증거를 삼노라 내가 생명과 사망과 복과 저주를 네 앞에 두었은즉 너와 네 자손이 살기 위하여 생명을 택하고."(신 30:15-19)

보배로운 많은 영혼들이 '더 편리한 때'를 기다리다가 구원을 받지 못하였습니다. "바울이 의와 절제와 장차 오는 심판을 강론하니 벨릭스가 두려워하여 대답하되 지금은 가라 내가 틈이 있으면 너를 부르리라 하고."(행 24:25) 그런 '틈'은 결단코 오지 않습니다. 현재 주어진 기회를 고의적으로 무시하는 처사는 하나님을 격동시켜 그런 기회를 멀리 옮겨 놓게 만듭니다. 오늘이 하나님께서 주신 때입니다. 수많은 영혼들이 내일을 기다리다 망합니다. 내일은 또 다른 세계입니다. "오랜 후에 다윗의 글에 다시 어느 날을 정하여 오늘이라고 미리 이같이 일렀으되 오늘 너희가 그의 음성을 듣거든 너희 마음을 완고하게 하지 말라 하였나니."(히 4:7) 결심이 아무리 진지하고 죄의 깨달음이 아무리 진지하다 할지라도 잘 간수하고 즉시 시행하는 데로 나아가지 않으면, "아침 구름이나 쉬이 없어지는 이슬"과 같을 것입니다. "이러므로 그들은 아침 이슬 같으며 쉬이 사라지는 이슬 같으며 타작마당에서 광풍에 날리는 쭉정이 같으며 굴뚝에서 나는 연기 같으니라."(호 6:4)

불의의 결박이 여러분 자신의 끈보다 훨씬 강하다는 사실을 금방 알게 될 것입니다. '내 죄에 대한 뉘우침을 그냥 내버려두어도 자라겠지' 하면, 그 죄에 대한 각성은 금방 힘을 잃을 것입니다. 마치 블레셋 사람들이 삼손을 시험하여 결박하였던 '새 활줄로 쓰는 마르지 않은 푸른 칡 일곱 가닥'과 같을 것입니다. 삼손이 힘을 쓰니 그 일곱 가닥이 삼실같이 힘없이 끊어졌습니다 (삿 16:7-9 참조).

지체하는 것이 그처럼 위험하다면, 그 문제가 영원과 관계된 것이라면 말해서 무엇하겠습니까? 그러므로 죄에 대한 각성이 일어나기 시작했다면 즉시로 그 각성의 영향에 자신을 복종시키십시오. 세상적이고 죄악적인 소욕의 어느 것이라도 만져지면, 그 순간 즉각적으로 그것을 십자가에 못 박으십시오. 구세주를 향한 좋은 정서가 피어오르거든 즉시로 그 정서가 소리를 내도록 허락하십시오. 어떤 은혜라도 마음속에서 꿈틀거리거든 그 은혜를 즉시 붙잡고 마땅한 도리로 나아가십시오. 그렇게 하는 것이야말로 마음속에서 지금도 살아 역사하시는 성령님의 역사를 포착하여 붙잡는 오직 유일한 최선의 방책입니다.

현재 주어진 이점을 활용해서 지금까지 도저히 극복할 수 없는 것처럼 보였던 난제들을 극복할 획기적 전기(轉機)를 이룰 수 있음을 누가 알겠으며, 그렇게 하는 것이 하늘가는 길목에서 더 방해를 받지 않고 견실히 순례길을 행진해 나갈 전기를 이룩할 수 있음을 누가 알겠습니까?

"신속히 하고 지체하지 아니하였나이다." '신속한' 대응을 무시한 결과로 죄의 각성이 건전한 회심으로 정착되기까지 오랫동안 그 세력이 들쭉날쭉하는 양상을 보이는 경우가 혼합니다. '지체하지 않고 신속하게' 즉시 움직이는 것이 영적 생명의 원리의 특성입니다.

탕자의 결심도 그러하였습니다. 결심이 서자 금방 행동으로 옮겼습니다. "내가 일어나 내 아버지께로 가리라." 그런 다음 그는 "즉시 일어나 아버지께로" 갔습니다(눅 15:18-20). 마태가 '나를 따르라'는 주님의 음성을 듣고 "모든 것을 버리고 일어나 따르니라."(눅 5:27,28. 마 4:18-22) 뽕나무에 올라가 있던 삭개오에게 주님께서 "삭개오야 속히 내려오라 내가 오늘 네 집에 유하여야 하겠다."고 말씀하셨습니다. 그가 "급히 내려와 즐거워하며 영접하거늘"(눅 19:5,6. 갈 1:15,16에서 바울의 경우도 참조)

아! 여러분이 영원한 소망을 높게 평가하고 임박할 진노에서 달아나고 싶고, 여러분 앞에 있는 소망의 피난처로 도망치고 싶다면, 죄의 각성이 일어나는 초기를 신속하게 활용하십시오. 그것이 영혼에 찾아오는 '영원한 낮'의 첫 번째 여명(黎明)일 수 있습니다. 마음을 각성하시는 성령님의 첫 번째 방문일 수 있습니다. 초기에 죄의 각성을 놓치지 말고 유념하여 주목하십시오. 믿음의 기도로 그 각성을 더 힘 있게 키우십시오. 그 각성이 실천적 경건으로 나아가도록 적극 활용하십시오.

"망령되고 허탄한 신화를 버리고 경건에 이르도록 네 자신을 연단하라."(딤전 4:7) "성령을 소멸하지 말며."(살전 5:19) 성령님의 역사의 불꽃을 세상의 대적이 끄지 못하게 하십시오. 은혜의 연료가 모자라 불이 꺼지는 일이 없게 하십시오. 불티가 불로 살아나지 못하고 그냥 사그라지거나 활동력을 멈추는 일이 없게 하십시오. "그러므로 내가 나의 안수함으로 네 속에 있는 하나님의 은사를 다시 불 일듯하기 위하여 너로 생각하게 하노니."(딤후 1:6)

모든 동작과 모든 행사가 은혜 위에 은혜를 더하게 하십시오. 우리가 하면 할수록 우리가 할 수 있음을 더 많이 발견할 것입니다. 꼬부라진 손이라도 구주의 말씀에 순종하고 그분의 은혜에 의지하여 손을 펼 때마다, 영적 능력을 공급받지 못하는 일이 결코 없을 것입니다. "그 사람에게 이르시되 네 손을 내밀라 하시니 내밀매 그 손이 회복되었더라."(막 3:5)

성공적인 행동은 언제나 마음에 힘을 더하여 결국 뒤이어 나오는 성공을 이끌어내고 그런 일이 계속 되면 자원하는 경건의 능동적 습관을 형성합니다. 그래서 주님께서는 우리에게 일을 착수하도록 역사하시는 것입니다. 그러므로 생각하고, 결심하고, 돌이키십시오. "신속히 하고 지체하지 마십시오." 여러분이 하나님이 원하는 대로 신속하게 움직이길 원합니다. "우리가 여호와의 이름으로 너희에게 축복한다."(시 129:8)

신앙을 고백하는 자들이여! 여러분이 영원을 진정한 현실로 믿고 있는데도 하늘과 지옥 사이에서 머뭇거리고 싶습니까? 진실로 살아있고 깨어있다면, '임박한 진노'를 피하고 여러분 앞에 있는 소망을 붙잡으려고 피난처로 도망하기 위하여 취할 행동처럼 빨라야 할 것이 어디 있겠습니까?(마 3:7 ; 히 5:18) 하나님께서 여러분의 마음을 감동하시어 하나님과의 이 교제가 갖는 달콤함을 느끼게 하시기만 하면, 그런 특권을 즉시 구하고 누리는 것을 후회할 리가 없지요.

하나님의 법도들에 '마음 깊이' 참여하려고 일찍 자신을 깨우쳤다면, 내가 얼마나 더 놀라운 지식과 체험과 위안을 누렸을까요. 그리고 하나님을 얼마나 더 존귀하게 해드렸을까요! 내 이웃 동료 죄인들에게 얼마다 더 유익을 끼쳤을까요! 육체의 즐거움과 게으른 삶에 빠져 지내는 한 날 한 날이 그만큼 하나님과 우리 자신의 행복과 영원에 대하여 손해를 보는 날임을 기억하십시오.

믿는 자에게 한 말씀들입니다. 주의 법도로 돌이켜 자신을 회복하는 데 씻어버려야 할 의심이나 행동에 옮기지 못하고 가만히 있으려는 생각이 있습니까? '서둘러 신속히' 그 일에 마음을 쏟으십시오. 속죄의 피에 '서둘러' 나아가십시오. '목자의 음성'을 들으려고 깨어 있으십시오(요 10:27). 그 음성이 책망의 음성이라도 잘 들으려 하십시오. 믿음의 습관에 있어서 민첩함은 가장 중요한 일입니다. 그 일에 지체하는 것은 양심에 위배됩니다. 죄를 깨닫는 복락, 하나님께 죄를 고하시면 용서하시고 받아 주실 것이라는 위로어린 의식, 주님을 자원함으로 섬기는 복된 정신이 더디고 미루는 잘못에 먹혀버립니다.

오늘 죄를 깨달음으로 좋은 마음을 가졌는데 어려운 일을 구실로 마음의 요구를 거부하면, 내일은 더 어렵게 될 것입니다. '지체의 열매'는 자기 부인을 위해서 더 큰 대가와, 더 무거운 슬픔의 짐과, 하나님을 섬김에 있어서 갈수록 더 약해지는 것으로 나타날 것입니다. 그러므로 높이 계시고 만유의 머리되신 그리스도로부터 빛이 내려 비치는 것을 항상 고대하고, 은혜의 감화가 심령 속에서 흘러넘치기를 항상 끊임없이 고대해야 합니다. 단순하고 활력있는 믿음이 주님 안에 있는 사랑과 기쁨과 즐거움과 기꺼이 수고하고 어려움을 인내하려는 자원하는 마음을 일으켜 여러분을 신속하게 소생시킬 것입니다. 그리하여 다시 한 번 하나님의 법도들을 자신의 영혼에 '유쾌함과 평안'을 가져다주는 것으로 삼을 것입니다.

시편 119:61
"악인들의 줄이 내게 두루 얽혔을지라도
  나는 주의 법을 잊지 아니하였나이다."

우리에게 하나님의 복음의 쉬운 일을 배제시키고 복음적 사랑의 이유를 설명해 주십사하고 하나님께 되묻는 경향이 있지 않습니까? 하나님의 참된 사랑이 그 사람의 마음을 장악하면 웬만한 손실을 감수할 각오를 하며, 친애하는 가까운 이들과 절연할 각오도 하게 됩니다. 사랑하시는 이가 자기를 사랑하시기에 자기가 본 손해보다 훨씬 더 많은 것을 주실 수 있다는 사실을 알고서 말입니다. "아마샤가 하나님의 사람에게 이르되 내가 백 달란트를 이스라엘 군대에게 주었으니 어찌할까 하나님의 사람이 말하되 여호와께서 능히 이보다 많은 것을 왕에게 주실 수 있나이다 하니라."(대하 25:9) "욥의 곤경을 돌이키시고 여호와께서 욥에게 이전 모든 소유보다 갑절이나 주신지라."(욥 42:10)

"하나님의 계명들을 지키겠다."는 우리의 결심은 금방 시험대에 오르게 될 것입니다. 육신에 찾아온 어떤 시련으로 말미암아 십자가와 같은 고난에서 멈칫 물러서는지, 아니면 그것을 위해서 자신을 준비시킬 방도를 궁구하는지 드러나게 될 것입니다. 다윗이 당한 이러한 시련을 문자 그대로 아는 사람들이 우리 중에 아주 희소합니다.

다윗과 그의 사람들이 가족들을 떠났다가 사흘 만에 시글락에 돌아왔는데 아말렉 사람들이 거기에 있는 여자들과 자녀들을 사로잡아 간 사실을 알게 됩니다. 다윗과 그와 함께 한 백성들은 울 기력이 없도록 소리를 높여 울었습니다(삼상 30:1-4). 그러나 그런 시련을 다윗이 어떠한 생각으로 되돌렸는지를 주목하고 거기서 배워야 할 교훈이 있습니다. 이 교훈은 '하늘에 보물을 쌓아두었다.'고 고백하는 모든 사람들에게 정말 중요한 의미입니다. 오직 연단된 믿음만이 곤고한 때에 우리를 지탱하여 줌을 가르쳐주는 교훈입니다. 이 믿음만이 우리를 능하게 하여 우리에게 주어진 하늘의 분깃을 즉시 생각나게 하며, 거기에 우리가 참여하였음을 확신하게 하고 우리 하나님의 법을 기억하게 만들 것입니다.

"악인들의 줄이 내게 두루 얽혔을지라도 나는 주의 법을 잊지 아니하였나이다." 다윗이 '하나님의 법을 잊었다면' 그 일을 당한 다윗 앞에 어떤 것도 위로가 되지 못했을 것입니다. 그러나 그의 믿음은 준비되어 있었습니다. '눈에 보이지 않는 영원한 것들'을 마음에 확증적으로 인식하는 믿음이 그에게 있었습니다(고후 4:18 ; 히 11:1). 사도가 이러한 시련을 어떤 방식으로 평가하는지 주목하십시오. 그는 자신이 당한 손실을 견뎌낼 뿐 아니라, 하늘에 있는 더 나은 분깃을 즐거워하면서 그 시련을 아주 망각해버립니다.

"또한 모든 것을 해로 여김은 내 주 그리스도 예수를 아는 지식이 가장 고상하기 때문이라 내가 그를 위하여 모든 것을 잃어버리고 배설물로 여김은 그리스도를 얻고 그 안에서 발견되려 함이니."(빌 3:8,9)

그와 같은 시련들을 당할 때 생각이 어떤 방향으로 기울어지는지를 보면 그 사람의 마음의 진정한 성향을 분명하게 알 수 있습니다. 우리가 신령하고 하늘에 속한 분깃을 소유하고 있는 게 사실이라면, "악인의 줄에 두루 얽히는 손실"을 당하더라도 우리의 분깃을 견고하게 붙잡을 것입니다. 다윗은 앞에서 지적한 참화를 만나 "크게 다급하였으나 그의 하나님 여호와를 힘입고 용기를" 얻었습니다(삼상 30:6). 욥은 그와 같은 모진 시련을 만날 때 "땅에 엎드려 하나님께 경배" 드렸습니다(욥 1:13-17,20). 우리가 잃어버린 복락은 우리가 여전히 보유하고 있는 복락에 비하면 깃털에 불과합니다. 하나님의 섭리는 하나님의 자녀들을 위한 풍성한 보고입니다. 그들의 소망(현재 그들이 누리는 특권을 말하는 것이 아니라)은 효과적으로 궁극적 손실로부터 그들을 보전할 것입니다. 세상의 모든 것을 노략 당한다 할지라도 말입니다.

"예수께서 이르시되 내가 진실로 너희에게 이르노니 나와 복음을 위하여 집이나 형제나 자매나 어머니나 아버지나 자식이나 전토를 버린 자는 현세에 있어 집과 형제와 자매와 어머니와 자식과 전토를 백 배나 받되 박해를 겸하여 받고 내세에 영생을 받지 못할 자가 없느니라."(막 10:29,30)

초대 교회 그리스도인들은 "악인들의 줄에 두루 얽혀" 자기들의 것을 탈취해 가는 고통을 당하였습니다. "너희가 갇힌 자를 동정하고 너희 소유를 빼

앗기는 것도 기쁘게 당한 것은 더 낫고 영구한 소유가 있는 줄 앎이라."(히 10:34)

믿음으로 말미암아 우리가 당하는 시련을 얘기하면서 그 믿음을 갖기 꺼려할 이유가 거의 없습니다. 하나님 때문에 세상을 버리고, 하늘의 법도를 위해서 죄를 섬기는 것을 포기하면, 살아있을 때나 죽을 때나 영원 세계에서 조금도 후회할 이유가 없습니다.

그리스도인이 아무리 어두운 세월을 보낸다 할지라도, 경건치 않은 자들의 가장 밝은 날보다 만 배나 더 밝은 세월을 보내고 있는 것입니다. 면류관에 대한 소망이 있는 자는 십자가의 부끄러움을 능히 참아낼 수 있고, 면류관을 위해서 거룩하게 지원하시는 하나님의 행사를 무한한 찬미의 소재로 인식할 것입니다.

그러나 어려움을 만났을 때에 저 가련한 세상 숭배자들은 얼마나 외롭습니까! 복음의 피난처의 완전한 충분함을 알지 못하니 하나님께서 은혜롭게 찾아오심으로 말미암은 인도를 받지 못합니다. 그러니 하나님께 속히 달아나는 대신 자기가 숨을 곳으로 도망가고 싶어질 것입니다. 그들의 곤고한 처지는 마음의 마땅치 못한 패역으로 인해 더 심하게 악화됩니다. 그런 마음은 구주의 사랑의 입김이 서린 말씀을 청종하기를 거절합니다. 주님께서는 그들이 당신께로 와서 쉬기를 원하시는 데도 말입니다. 주님 그분이 그들에게 확실하고 평안이 충만하고 영원한 안식인데도 말입니다. "수고하고 무거운 짐 진 자들아 다 내게로 오라 내가 너희를 쉬게 하리라."(마 11:28)

이 점을 유념하여 그들이 자기 영혼을 인내와 믿음으로 주님의 복된 십자가 앞에 던지도록 설득할 수만 있다면 얼마나 좋겠습니까!

"너희 염려를 다 주께 맡기라 이는 그가 너희를 돌보심이라."(벧전 5:7) 그 말씀대로 하면, 존 번연의 「천로역정」에 나오는 '그리스도인(Christian)'이 발견한 바와 같은 일을 만나게 될 것입니다. '그리스도인'이 주님의 말씀을 따라 자신을 맡기니 자기의 '죄의 짐'이 등에서 떨어져 나갔습니다. 일단 이 '죄의 짐'을 버리면, 전에는 참아낼 수 없었던 다른 짐들도 비교적 가벼워집니다. 모든 것, 죄와 염려와 고통의 문제를 예수님께 던져 버릴 수 있는 그리스도인의 특권을 누림으로써 버리게 될 것입니다. 그리스도 없이 아무 것도 없는 상태를 하나님의 백성이 누리는 그 풍성한 자원과 대조해 보십시오. 우리는 이중적 하늘을 가지고 있습니다. 지상에서의 하늘과, 저 위 하늘세계에서의 하늘입니다. 지상에서는 태양빛 속에 있는 하늘이요, 저 위에서는 '해가 전혀 필요 없는 도성'의 하늘입니다. "그 성은 해나 달의 비침이 쓸 데 없으니 이는 하나님의 영광이 비치고 어린 양이 그 등불이 되심이라."(계 21:23)

거기서 우리가 누리는 기쁨은 구름 한 점의 방해도 없이 완전하게 영원히 누리는 기쁨입니다. 그러니 우리의 분깃은 두 세계를 다 아우릅니다. 우리가 현재 누리는 기쁨을 '어느 누구도' 빼앗아 갈 수 없습니다. "지금은 너희가 근심하나 내가 다시 너희를 보리니 너희 마음이 기쁠 것이요 너희 기쁨을 빼앗을 자가 없으리라."(요 16:22)

우리는 하늘에 보물을 쌓아두었습니다.

"오직 너희를 위하여 보물을 하늘에 쌓아 두라 거기는 좀이나 동록이 해하지 못하며 도둑이 구멍을 뚫지도 못하고 도둑질도 못하느니라."(마 6:20)

그리스도인이여! 여러분의 믿음이 눈에 보이지 않는 것들의 실상을 인식합니까? 피상적 이해의 눈으로 와 닿는 실체들은 오직 '눈에 보이는 잠깐 있는 것들'입니다. 그러나 여러분이 인식하는 실체는 '눈에 보이지 않는 영원한 것들'입니다. "우리가 주목하는 것은 보이는 것이 아니요 보이지 않는 것이니 보이는 것은 잠깐이요 보이지 않는 것은 영원함이라."(고후 4:18)

기억하십시오. 만일 여러분이 지상에 있는 모든 것을 다 도적맞는다 할지라도 여러분의 보물은 결코 해를 입지 않습니다. 여러분은 항상 이렇게 말할 수 있습니다. "내게는 모든 것이 있고 풍부한지라."(빌 4:18 ; 고후 6:10)

여러분의 주위에 있는 모든 사람들이 거지 같이 생활할지라도 하나님을 의뢰하고 정말 훌륭한 삶을 영위할 수 있습니다. 여러분은 하나님의 법도를 기억하는 것이 소멸되지 않는 자원이라고 고백합니다. "주의 법이 나의 즐거움이 되지 아니하였더면 내가 내 고난 중에 멸망하였으리이다."(시 119:92)

시편 119:62
"내가 주의 의로운 규례들로 말미암아
밤중에 일어나 주께 감사하리이다."

"밤중에 일어나 주께 감사하리이다." 거룩한 즐거움의 또 다른 행사는 주님의 길로 행하는 것입니다. 주님께서 주신 분깃은 이 거룩한 시편 기자에게 항상 만족이었으며, 그는 새로운 기쁨으로 매일 그 분깃을 먹고 살았습니다. 고통스럽게 억누르고 제어하며 자신을 죽이지 않으면 가만 두지 않겠다는 위협 때문에 하는 척 한 적이 한 번도 없었습니다. 특별한 섬김을 하나님께 드리면서 그것을 자신의 의로 삼아 '이래서 하나님께서 내게 은혜를 베푸셔야 한다.'는 식으로 말할 마음은 더 더욱 없었습니다. 하늘에 속한 일에 부지런한 그의 자세는 '성령 충만한' 마음에서 즉각적으로 솟아나는 것이었습니다. "술 취하지 말라 이는 방탕한 것이니 오직 성령으로 충만함을 받으라."(엡 5:18)

아침저녁으로 '매일 일곱 번씩' 예배를 드려도 그에게는 충분치 않았습니다. "내가 날이 밝기 전에 부르짖으며 주의 말씀을 바랐사오며 주의 말씀을 조용히 읊조리려고 내가 새벽녘에 눈을 떴나이다…주의 의로운 규례들로 말미암아 내가 하루 일곱 번씩 주를 찬양하나이다."(시 119:147,148,164)) 그는 오직 찬미를 하려고 "밤중에 일어나곤" 하였습니다. 그러나 시편 기자인 다윗은 때로 이러한 시간들을 주체할 수 없는 슬픔 속에서 보내야 했습니다. "내가 하나님을 기억하고 불안하여 근심하니 내 심령이 상하도다 주께서 내가 눈을 붙이지 못하게 하시니 내가 괴로워 말할 수 없나이다."(시 77:3,4)

자, 이제는 그 시간들이 찬양을 누리는 특권으로 바뀌었습니다.

"**밤중에 일어나 주께 감사하리이다.**" "낮에는 여호와께서 그의 인자하심을 베푸시고 밤에는 그의 찬송이 내게 있어 생명의 하나님께 기도하리로다."(시 42:8) "나를 지으신 하나님은 어디 계시냐고 하며 밤에 노래를 주시는 자가 어디 계시냐고 말하는 자가 없구나."(욥 35:10) 시편 기자는 주님께서 매일 긍휼을 베푸시는 것을 자주 생각하고 '밤중에 일어나 감사의 마음을 불러일으키는 습관'이 있었던 것 같습니다.

"하나님이여 주의 생각이 내게 어찌 그리 보배로우신지요 그 수가 어찌 그리 많은지요 내가 세려고 할지라도 그 수가 모래보다 많도소이다 내가 깰 때에도 여전히 주와 함께 있나이다 ."(시 139:17,18) 정말 감동적인 본이 되는 그들 속에도 특별히 "고달픈 밤이 내게 작정되었구나 내가 누울 때면 말하기를 언제나 일어날까, 언제나 밤이 갈까 하며 새벽까지 이리 뒤척, 저리 뒤척" 할 때가 있습니다(욥 7:3,4). 그래도 "성도들은 영광중에 즐거워하며 그들의 침상에서 기쁨으로 노래" 합니다(시 149:5). 우리는 이처럼 시련을 만날 때 내면적으로 어떠한 기쁨을 누리는지를 살펴볼 수 있습니다. "밤중에" 그 발에 족쇄가 채워져 있었던 바울과 실라는 '기도하며 하나님께 찬미를' 올려드렸습니다(행 16:24,25). "**내가 주의 의로운 규례들로 말미암아 밤중에 일어나 주께 감사하리이다.**"

우리는 우리 신앙생활의 영성이 부족함을 자주 탄식합니다. 우리 영혼이 하늘을 향하여 솟구쳐 오를 때 우리 몸이 막은 적이 얼마나 많습니까? 밤에 하나님과 교제하려고 해도 졸려서 하지 못하는 경우가 얼마나 많습니까! '육신의 연약'이 '성령께서 주시는 자원하는 마음'을 제어하는 경우가 얼마나 많습니까!

"시험에 들지 않게 깨어 기도하라 마음에는 원이로되 육신이 약하도다 하시고."(마 26:41)

우리의 체질이 약함으로 인하여 그러한 모든 일이 용인된다 할지라도 육체를 쳐서 복종시키려고 '항상 벼르고 있는 자세'에서 얼마나 많이 동떨어져 있습니까? "내가 내 몸을 쳐 복종하게 함은 내가 남에게 전파한 후에 자신이 도리어 버림을 당할까 두려워함이로다."(고전 9:27)

우리는 하늘에 속한 것들로 마음을 깨워 즐거워하는 일을 얼마나 부지런히 추구합니까? 하나님을 섬기기 위해서 육체를 부인할수록 그 일의 즐거움은 더욱 더 상승하며 그 일이 얼마나 영광스러운 특권인지를 인식하는 정도도 높아집니다. 그럴 때 우리 "영혼이 진토에 붙어있음"을 인하여 자주 애통하는 대신(시 119:25) 도리어 우리는 "독수리의 날개 치며 올라감 같을" 것입니다.(사 40:31) 그래서 지상에서도 우리 영적인 눈을 들어 "하나님과 어린양의 보좌 앞에 우리 자리를 펴게" 될 것입니다. 하나님께서 우리에게 주신 은혜를 행사하며 우리 위로를 진작시키기 위해서 자기를 부인하는 역동적 행사가 끼치는 영향이 그 정도입니다. 오! 우리의 기도가 열렬하면 열렬할수록 복락의 열매는 그만큼 더 많아지며 '천가 하는 찬미의 일'에 더 풍성한 기쁨으로 부요하게 될 것입니다(Richard Baxter).

하나님을 찬양할 주제는 언제나 우리 앞에 있습니다. 지상에서 하늘에 속한 노래의 주제를 끊임없이 생각해 낼 수 있습니다. 그 주제는 바로 '예수님과 그의 사랑'입니다. "큰 음성으로 이르되 죽임을 당하신 어린 양은 능력

과 부와 지혜와 힘과 존귀와 영광과 찬송을 받으시기에 합당하도다 하더라."(계 5:12)

그러니 "밤중에 일어나 주께 감사하며 찬양하는 일"이야말로 잠에 골아 떨어져 있는 것보다 훨씬 더 달콤할 것입니다. 아니 '밤이 낮으로 변하는 것 같을 일'입니다. "주의 의로운 규례(판단)들로 말미암아" 구주의 영광 가운데서 나타났으니, 그것이 우리의 마음을 채우기에 충분합니다. 그래서 우리 마음은 밤에도 낮과 같이 밝아집니다.

"하나님의 종 모세의 노래, 어린 양의 노래를 불러 이르되 주 하나님 곧 전능하신 이시여 하시는 일이 크고 놀라우시도다 만국의 왕이시여 주의 길이 의롭고 참되시도다 주여 누가 주의 이름을 두려워하지 아니하며 영화롭게 하지 아니하오리이까 오직 주만 거룩하시니이다 주의 의로우신 일이 나타났으매 만국이 와서 주께 경배하리이다 하더라."(계 15:3,4)

주님이시여! 제 마음의 선율(旋律)을 조정하시어 주님을 찬미케 하옵소서! 그리하시면 그 복된 일을 위해 합당치 않은 시간이 하나도 없을 것입니다. 잠자는데서 빼내 온 시간이 지치지 않는 하늘 천사들의 찬미에 이를 예표가 될 것입니다(계 4:8).

시편 119:63
"나는 주를 경외하는 모든 자들과
주의 법도들을 지키는 자들의 친구라"

주님을 기다리는 일을 사랑하는 자들은 자연히 "주를 경외하는 모든 자들과 주의 법도들을 지키는 자들의 친구가 되기" 마련입니다. '주님을 경외하는 것'과 '주님의 법도를 지키는 것'은 동일한 성품이 드러나는 두 특징입니다.

"여호와의 인자하심은 자기를 경외하는 자에게 영원부터 영원까지 이르며 그의 의는 자손의 자손에게 이르리니 곧 그의 언약을 지키고 그의 법도를 기억하여 행하는 자에게로다."(시 103:17,18) 부모의 은혜를 생각하고 늘 효성을 드리는 자녀는 기꺼이 순종의 열매를 드립니다. 주님의 백성들도 그러합니다. 주님과 연합한 사람은 실상 바로 그런 사람들과 연합한 상태입니다. 때로 이 세상의 세련되고 지적인 사람들의 교제 모임이 우리의 본성적인 취향에 더욱 더 친근해 보일 수가 있습니다. 그러나 거기에서 우리의 마음에 꺼림직한 느낌을 받아야 마땅하지 않습니까? 우리가 그리스도인이라면 마땅하게 "분명하게 말하여 여기에는 하나님을 두려워함이 없구나."라고 말해야지요. "아브라함이 이르되 이곳에서는 하나님을 두려워함이 없으니."(창 20:11) 내가 그리스도인이라면 마땅히 "주님을 미워하는 이들을 내가 사랑해야 하는가?"라는 의문을 가져야 합니다. "하나니의 아들 선견자 예후가 나가서 여호사밧 왕을 맞아 이르되 왕이 악한 자를 돕고 여호와를 미워하는 자들을 사랑하는 것이 옳으니이까."(대하 19:2) 우리들이 이 세상의 어느 정도는 세상과 가까이 접촉하지 않을 수 없습니다. 그러니 하루 일과를 끝내고 밤에는 우리 마음이 어떠한지 깊이 세심하게 살펴야 합니다. 정말 오늘 사람들과의 교제가 내 영혼에 새 힘을 주는 것이어서 신령한 일들에 내 마음이 고취되었는가? 그 일로 인하여 내 마음이 깨어 있도록 더 자극을 받았는가? 아니면 정반대로 '기도의 정신'을 꺼버려 하나님과 교제하는 일을 등한시하는 쪽으로 작용하지 않았는가? 예의를 갖추어 그 그리스도인을 만나기는 했지만 '마음이 하나 되어 만난 것'이 아니면 하나님과 동행하는 영적인 행보는 아니었다는 말이 됩니다. 하나님과 교제한다 함은 "빛 가운데서 행한다."는 것입니다. 전체로 보면 교제는 자연스런 흐름입니다. 하나님과 교제함으로 주어지는 효력과 열매는 '성도의 교제'로 나타납니다. "우리가 보고 들은 바를 너희에게도 전함은 너희로 우리와 사귐이 있게 하려 함이니 우리의 사귐은 아버지와 그의 아들 예수 그리스도와 더불어 누림이라 … 우리가 그에게서 듣고 너희에게 전하는 소식은 이것이니 곧 하나님은 빛이시라 그에게는 어둠이 조금도 없으시다는 것이니라 만일 우리가 하나님과 사귐이 있다 하고 어둠에 행하면 거짓말을 하고 진리를 행하지 아니함이거니와 그가 빛 가운데 계신 것 같이 우리도 빛 가운데 행하면 우리가 서로 사귐이 있고 그 아들 예수의 피가 우리를 모든 죄에서 깨끗하게 하실 것이요."(요일 1:3-7)

우리가 하나님 앞에서 행할 마땅한 도리나 섭리의 인도가 "자기 눈앞에 하나님을 전혀 두려워하지 않는" 이들과의 접촉을 피할 수 없게 만들 수 있습니다. 그런 경우에 신앙적으로 마음에 들지 않는다는 식으로 시무룩하고 무례한 습관을 따라 그들을 불쾌하게 대하지는 말아야 합니다. "마지막으로 말하노니 너희가 다 마음을 같이하여 동정하며 형제를 사랑하며 불쌍히 여기며 겸손하며.'(벧전 3:8) 그러나 그들이 어떤 매력이 있더라도 우리가 사귈 최상의 친구로 삼지는 말아야 합니다. 그들과 교제하는 것은 "옛 지계석을 옮기는 일"과 같습니다. "네 선조가 세운 옛 지계석을 옮기지 말지니라."(잠 22:28) 우리와 하나님을 두려워하지 않는 이들 사이의 경계선을 망각하지 말아야 합니다. 만일 그 경계선을 범하면 정말 위험한 상황에 들어가는 셈입니다. 우리 마음의 본성이 아주 자연스럽게 하늘을 향하여 불꽃같이 올라가고, 다른 모든 것들을 같은 방향으로 몰아간다고 합시다. 그런 경우에는 순례길에서 누구를 동반자로 선택하느냐의 문제가 그리 중요하지 않습니다. 그러나 이 세상에 속한 사람들과의 교제가 우리 심령을 죽은 자 같이 굳게 한다면 문제는 다릅니다. 아무리 그들의 재능이 뛰어나고 그들의 관심거리가 아무리 유익해 보인다 해도 말입니다. 우리가 방금 하나님과 교제하는 높은 특권으로 생명력이 넘쳐났더라도, 불신자들의 모임에 자유롭게 참여하여 즐기면 우리의 영적인 능력은 쇠미해지고 다시 이전의 싸늘한 심령 상태로 되돌아갈 것입니다. 그러므로 "하나님을 경외하는 자들"과 교제를 누리는 특권의 가치를 낮게 평가하는 것은 하나님 앞에서 무섭게 책망을 받을 일입니다. 그뿐 아니라 우리의 영혼을 아주 해롭게 합니다.

그러니 우리가 그리스도인임을 부끄럽게 여기지 않는다면, 다른 그리스도인들과 교제하며 동행하는 것을 꺼리지 말아야 합니다. 심지어 그들의 성품이 불쾌하게 하더라도 다음의 요점을 유념해야 합니다. 그들이 우리가 다른 무엇과 비교할 수 없고 형언할 수 없을 정도로 사랑하시는 이의 형상을 지녔다는 사실 말입니다. 그들은 우리의 영원한 집에서 우리의 '친구들'이 될 것입니다. 그러니 지상에서도 우리는 그들을 우리 형제로 여겨야 합니다. 같은 주님을 모신 가운데서 다른 그리스도인들과 교제하는 일은 얼마나 달콤하고 얼마나 거룩하며 얼마나 하늘에 속한 일입니까!

우정에 있어서 "의인이 네 이웃보다 더 낫다."고 선언하신 분의 판단을 따르지 않으렵니까?(잠 12:26) [2] "철이 철을 날카롭게 하는 것 같이 사람이 그의 친구의 얼굴을 빛나게 하느니라."(잠 27:17) 철 연장이 무디어지면, 날을 갈아야 할 가장 좋은 이유가 생긴 셈이지요. "철 연장이 무디어졌는데도 날을 갈지 아니하면 힘이 더 드느니라 오직 지혜는 성공하기에 유익하니라."(잠 10:10) 확고한 믿음을 구축한 하나님의 종들은 참된 친구와 마음을 같이 할 때 주어지는 신선한 유쾌함을 인정할 것입니다(삼상 23:16 ; 시 16:3 ; 행 27:15 ;

---

2) 우리말 개역개정이나 개역한글의 잠언 12:26 역문은 이러하다. "의인은 그 이웃의 인도자가 되나 악인의 소행은 자기를 미혹하게 하느니라." 그러나 KJV 역문은 The righteous [is] more excellent than his neighbour: but the way of the wicked seduceth them〈의인이 그 이웃 보다 더 낫다. 그러나 악인의 길은 그들을 속이느니라.〉이다. 그런데 NIV 역문은 A righteous man is cautious in friendship, but the way of the wicked leads them astray〈의인은 우정으로 친구를 조심케 한다. 그러나 악인의 길은 그들을 방황하게 이끈다.〉 - 역자 주

롬 1:11, 12, ; 고후 7:6,7 참조3)).

"나는 주를 경외하는 모든 자들과 주의 법도들을 지키는 자들의 친구라." 실로 참된 믿음의 친구들과의 마음의 연합은 하늘의 지혜를 전달받는 통로임이 하나님의 말씀 속에 기록되어 있습니다. "지혜로운 자와 동행하면 지혜를 얻고 미련한 자와 사귀면 해를 받느니라."(잠 13:20) 그것은 시온 백성의 성품의 특성이기도 합니다. "여호와여 주의 장막에 머무는 자 누구오며 주의 성산에 사는 자 누구오니이까… 그의 눈은 망령된 자를 멸시하며 여호와를 두려워하는 자들을 존대하며."(시 15:1,4) 이러한 마음의 자세는 자기가 구주 앞에 있음을 드러내는 분명한 표징임을 하나님의 말씀은 지적하고 있습니다. "그들이 서로 이야기하며 문의할 때에 예수께서 가까이 이르러 그들과 동행하시나… 그들이 서로 말하되 길에서 우리에게 말씀하시고 우리에게 성경을 풀어 주실 때에 우리 속에서 마음이 뜨겁지 아니하더냐 하고."(눅 24:15,32) 그러한 마음의 자세를 가진 자들은 큰 날에 주님이 기억하셔서 특별한 인침의 상을 얻게 될 것입니다.

"그 때에 여호와를 경외하는 자들이 피차에 말하매 여호와께서 그것을 분명히 들으시고 여호와를 경외하는 자와 그 이름을 존중히 여기는 자를 위하여 여호와 앞에 있는 기념 책에 기록하셨느니라 만군의 여호와가 이르노라 나는 내가 정한 날에 그들을 나의 특별한 소유로 삼을 것이요 또 사람이 자기를 섬기는 아들을 아낌같이 내가 그들을 아끼리니."(말 3:16,17)

---

3) "사울의 아들 요나단이 일어나 수풀에 들어가서 다윗에게 이르러 그에게 하나님을 힘 있게 의지하게 하였는데."(삼상 23:16)
"땅에 있는 성도들은 존귀한 자들이니 나의 모든 즐거움이 그들에게 있도다."(시 16:3)
"그 곳 형제들이 우리 소식을 듣고 압비오 광장과 트레이스 타베르네까지 맞으러 오니 바울이 그들을 보고 하나님께 감사하고 담대한 마음을 얻으니라."(행 28:15)
"내가 너희 보기를 간절히 원하는 것은 어떤 신령한 은사를 너희에게 나누어 주어 너희를 견고하게 하려 함이니 이는 곧 내가 너희 가운데서 너희와 나의 믿음으로 말미암아 피차 안위함을 얻으려 함이라."(롬 1:11,12)
"그러나 낙심한 자들을 위로하시는 하나님이 디도가 옴으로 우리를 위로하셨으니 그가 온 것뿐 아니요 오직 그가 너희에게서 받은 그 위로로 위로하고 너희의 사모함과 애통함과 나를 위하여 열심 있는 것을 우리에게 보고함으로 나를 더욱 기쁘게 하였느니라."(고후 7:6,7)

시편 119:64

"여호와여 주의 인자하심이 땅에 충만하였사오니
주의 율례들로 나를 가르치소서."

사람의 행복을 위하여 하나님께서 예비하신 것이 얼마나 충만합니까! 하나님께서 처음 창조하신 세계에도 '인자하심이 충만'했습니다. 하나님께서 창조하신 세계도 하나님의 공급이 없으면 부족함으로 공허함을 아셨습니다. 모든 피조물의 기능마다 원활한 작용을 위하여 공급이 필요했습니다. 공급이 없으면 당장 고통이 찾아왔습니다. 그래서 하나님께서는 모든 것들을 위하여 필요한 것들을 공급하시는 책임을 감당하셨습니다. 하나님께서 필요를 너무나 완전하게 공급하셔서 부족한 데가 하나도 없었습니다.

그러나 죄로 인하여 배역한 지금의 지상 세계 사방에서 보이는 참상은 정말 말로 다 할 수 없습니다! 그럼에도 불구하고 "주의 인자하심이 땅에 충만"합니다. "여호와여 주께서 하신 일이 어찌 그리 많은지요 주께서 지혜로 그들을 다 지으셨으니 주께서 지으신 것들이 땅에 가득하니이다."(시 104:24) "너희는 천지를 지으신 여호와께 복을 받는 자로다 하늘은 여호와의 하늘이라도 땅은 사람에게 주셨도다."(시 115:15,16)

섭리 속에서 하나님께서 우리에게 필요를 공급하시는 것을 묵상하면 믿음이 힘을 얻습니다. 그리하여 믿음으로 사는 것이 얼마나 놀라운 영적 특권들을 누리게 하는지 기대감으로 충만하게 합니다. "주의 공의는 하나님의 산들과 같고 주의 심판은 큰 바다와 같으니이다 여호와여 주는 사람과 짐승을 구하여 주시나이다 하나님이여 주의 인자하심이 어찌 그리 보배로우신지요 사람들이 주의 날개 그늘 아래에 피하나이다 그들이 주의 집에 있는 살진 것으로 풍족할 것이라 주께서 주의 복락의 강물을 마시게 하시리이다."(시

36:6-8) 주님께서 모든 피조물들에게 본성과 조건에 따라 복락들을 크게 베푸시는 것을 보며, 주님의 법도와 살리시는 말씀의 빛의 영적 복락을 소원하나이다. 내 영혼이 복되게 존재하기 위하여 그 영적인 복락들이 합당하고 필요합니다. [4]

나는 무지한 죄인이오니 "내가 깨닫지 못하는 것을 내게 가르치소서."(욥 34:32) "주의 율례들로 나를 가르치소서." 주님께서 마땅히 행할 길로 그 율례를 제게 지정해 주셨으며, 영광에 이르는 길로 그것을 주셨나이다. 그러나 주님의 은혜의 도움이 아니고는 그 길을 전혀 발견할 수 없나이다. 그러니 어떻게 그 길로 행할 수 있겠사옵니까?

실로 주님의 백성들의 마음은 주님 자신을 더욱 더 계속 부어주셔야 하는 그릇입니다. 결국 우리가 "하나님의 모든 충만하신 것으로 충만하게 되는 날까지" 그리해 주셔야 하는 존재입니다. (엡 3:19)

모든 좋은 것은 특성과 분량에 따라서 나누어 가져야 하는 성질이 있습니다. 그래서 "주의 선하심과 인자하심이 온 우주에" 배어 있습니다. 그 선하심과 인자하심이 자연스럽고 풍성하게, 그러면서 은혜로 모든 피조물들에게 전달되어 있습니다. "주는 선하사 선을 행하시오니 주의 율례들로 나를 가르치소서."(시 119:68)

여기에 적용된 이 실마리를 활용하는 법을 아는 사람은 믿는 자들뿐입니다. 믿는 사람은 사방에서 하나님의 '인자하심'을 보고 자기 속에 영혼이 필요로 하는 '인자하심'의 보증이나 실마리로 여깁니다. 현재 타락한 상태에

---

4) "다윗이 이 시편에서 하나님의 법도들을 깨닫기 위하여 얼마나 자주 기도하는지 주목하라. 그리고 그 기도를 어떤 상황 속에서 드리고 있는지를 주목하라. 그 주목은 매우 가치가 있다. 물론 다윗은 당시 거의 모든 다른 이들 보다 하나님의 거룩한 말씀과 훨씬 더 친밀하고 익숙해 있었던 것으로 보인다. 그러나 그는 하나님의 가르치심만이 자기로 하여금 능히 성경을 바르게 이해하게 할 수 있음을 알았다. 그런 은혜만이 자기로 하여금 삶의 과정 중에서 만나는 여러 다양한 경우들에 그 보편적인 원칙들을 바르게 적용할 수 있게 함을 알았다." - Scott

있는 세상은 교만하고 불만어린 인생의 비참을 통하여 참상을 보일 뿐 '주의 인자하심'을 보이지는 않습니다. 그런 실상을 본 세상의 앞잡이들은 이런 세상을 창조하신 하나님을 원망하고픈 생각이 들 수 있습니다. 그러나 믿는 자는 죄가 하나님의 무한하고 영원한 진노의 대상임을 알기에 하나님의 선하심의 행사의 흔적이 아무리 적어 보여도 받을 자격이 없는 인생에게 베풀어진 "주의 인자하심"으로 봅니다. 그러니 하나님이 주장하시는 만사(萬事)와 온 우주에서 "주의 인자하심"을 보며 "주의 인자하심이 땅에 충만하나이다." 라고 말하는 것은 전혀 이상한 일이 아닙니다. 우리가 먹는 음식, 의복, 우리의 거처, 우리의 생활을 위한 모든 편의들을 하나님의 선하심의 표현으로만 생각하지 말아야 합니다. "주의 인자하심의 표현들"로 보아야 합니다.

하나님께서 우리를 돌보실 책임이 있다고 주장할만한 권리를 다 박탈당한 것이 인생입니다. 그러니 우리는 어떤 경우에도 불만을 정당하게 표출할 만한 근거가 있을 수 없습니다. 그것은 마치 이런 모든 복락들을 위로와 즐거움의 기회가 아니라 고통의 빌미로 삼는 것과 같습니다.

그런데도 "주의 인자하심으로 충만한 땅"에 사는 인생이 하나님을 대적하는 마음으로 손을 들고, 인자하심으로 베푸시고 보존하시는 모든 기능들을 하나님을 대적하는 일에 쓰다니 정말 이상하지 않습니까? 하나님을 격동시키는 악한 소행에도 불구하고 하나님께서 인생들을 향하여 인내하시며 좀처럼 격동하지 않으신다는 것 또한 정말 이상한 일 아닙니까? 하나님께서 우리에게 쏟아 부어주시는 인자하심의 수를 다 헤아릴 수 없으며, 그 다양함을 다 열거할 수 없지 않습니까! 우리가 보기에는 별로 중요할 것 같지 않은 우리의 머리털, 우리가 앉은 불쾌하고 더러워진 자리, 몸의 질병까지도 하나님께서 세심하게 돌보시다니요! "너희에게는 머리털까지 다 세신 바 되었나니."(마 10:30) 몸의 모든 관절, 생각하는 이지(理智)의 모든 기능들, 마음의 모든 정서들, 의지의 모든 능력들을 건강하게 지키시고, 우리의 행복을 위해 활동하기에 필요한 모든 것을 제공하시는 하나님의 인자하심이여! 실로 우리의 행복을 치명적으로 저해할 수 있는 방향으로 그런 기능들이 작동하거나 작용하지 못하게 늘 지키시는 하나님의 인자하심이여!

그러니 자연스럽게 하나의 의문이 제기됩니다. 영적인 생각을 하는 사람은 항상 그런 의문이 끊임없습니다. '이런 모든 주님의 자비하심이 흘러나오는 출처는 어디인가?' 그런 의문에 답을 하는 일은 정말 즐거운 일입니다. 실로 '누구 안에서' 우리가 "하늘에 속한 모든 신령한 복"(엡 1:3)을 받는가? 우리가 세상에서 살아갈 때 필요한 위로가 흘러오는 통로가 '누구인가?' 바로 그 '누구'를 마음에 묵상하는 것이 정말 즐거운 일입니다! 세상에 흘려진 모든 피 중에서 가장 '보배로운 피'를 지불하고 사신 그 '인자하심'이 우리 눈에 실로 아름답도다! '십자가에 못박히신 우리의 친구'되시는 이의 못자국에서 흘린 피가 모든 '인자하심마다' 칠해졌도다!

우리가 사랑하는 어떤 믿음의 친구로 말미암아 "주님의 인자하심"을 숙고할 수 있게 되면 정말 기쁨은 더 상승됩니다. 우리를 위하여 사랑하시는 마음으로 "하나님의 인자하심"을 자기 피로 그렇게 아낌없이 사신 '우리의 친구'을 생각하면 인자하심을 기뻐하는 것이 두 배로 상승되어야 하지 않겠습니까? 그분은 우리에게 이렇게 풍성한 인자하심을 베푸셨습니다. 그분은 모든 것과 함께 자신을 주셨습니다.

우리가 이 하나님의 인자하심에 대하여 들었습니까? 매 순간 바로 그 인자하심이 필요하다는 생각을 합니까? 그러면 우리는 마땅히 값없이 나아갈 열려진 길로 은혜의 보좌 앞에 담대히 나아가야 하지 않겠습니까? 벤하닷의 종들이 이스라엘 왕께 한 것 같이 자기가 죄인임을 알면서도 믿음으로 참 임금이신 우리 주 예수 그리스도께 나아갑시다. "그의 신하들이 그에게 말하되 우리가 들은즉 이스라엘 집의 왕들은 인자한 왕이라 하니 만일 우리가 굵은 베로 허리를 동이고 테두리를 머리에 쓰고 이스라엘의 왕에게로 나아가면 그가 혹시 왕의 생명을 살리리이다 하고 그들이 굵은 베로 허리를 동이고 테두리를 머리에 쓰고 이스라엘의 왕에게 이르러 이르되 왕의 종 벤하닷이 청하기를 내 생명을 살려 주옵소서 하더이다 아합이 이르되 그가 아직도 살아 있느냐 그는 내 형제이니라."(왕상 20:32, 33)

하나님께서 우리를 받아 주시는 것은 벤하닷의 종들이 아합에게 보인 '모험적 담대함'과 같은 것 때문이 아닙니다. 오직 하나님의 확실한 약속에 근거하여 받아 주십니다. "아버지께서 내게 주시는 자는 다 내게로 올 것이요 내게 오는 자는 내가 결코 내쫓지 아니하리라."(요 6:37)

65 여호와여 주의 말씀대로 주의 종을 선대하셨나이다

66 내가 주의 계명들을 믿었사오니 좋은 명철과 지식을 내게 가르치소서

67 고난 당하기 전에는 내가 그릇 행하였더니 이제는 주의 말씀을 지키나이다

68 주는 선하사 선을 행하시오니 주의 율례들로 나를 가르치소서

69 교만한 자들이 거짓을 지어 나를 치려 하였사오나 나는 전심으로 주의 법도들을 지키리이다

70 그들의 마음은 살져서 기름덩이 같으나 나는 주의 법을 즐거워하나이다

71 고난 당한 것이 내게 유익이라 이로 말미암아 내가 주의 율례들을 배우게 되었나이다

72 주의 입의 법이 내게는 천천 금은보다 좋으니이다

Psalm 119:65-72

9

고난당한 것이
내게 유익이라

시편 119:65
"여호와여 주의 말씀대로
주의 종을 선대하셨나이다."

믿는 자가 자기 마음을 표현하는 것도 때에 맞게 해야 합니다. 다른 말로 하면, 믿음을 고백할 때와 기도할 때와 찬미할 때가 있다는 말입니다. 이 시 편은 거의 하나님의 사람의 신앙고백과 기도로 이루어져 있습니다. 그럼에도 간간히 하나님의 긍휼(인자하심)을 감사한 마음으로 아뢰며 찬미하는 심정이 드러납니다. 시편 기자는 "주의 종을 후대하여 살게 하소서."(시 119:17)라고 기도했습니다. 여기 65절에서는 아마도 그 기도에 응답하신 하나님의 은혜를 아뢰고 있는 것 같습니다. **"여호와여 주의 말씀대로 주의 종을 선대하셨나이다."** 우리 중에 시편 기자 같은 표현을 매일 하지 않아도 될 사람이 있겠습니까? 우리가 하나님의 의도를 몰라서 애를 먹는 시련의 때에도, 하나님의 판단을 더 분명하게 의뢰하고 하나님의 미쁘심과 사랑을 단순하게 의지하면 어찌 될까요? 스스로 참지 못함과 불신앙에 대하여 책망하고 주님을 의뢰하

도록 자신을 촉구하게 될 것입니다.[1]

야곱은 시련을 통해서 얻은 체험으로 말미암아 주님께서 자신을 다루시는 방식에 대한 성급한 관점을 바꾸었습니다. 정말 화를 낼 수 있는 급박한 순간을 맞았을 때에 야곱이 어찌하였습니까? 죽었다고 생각한 자기 아들 요셉을 떠올렸고, 다른 아들마저 죽을 위험에 처하여 있다는 생각을 하였습니다. 그러니 마음에 시험을 받아 "이는 다 나를 해롭게 함이로다."(창 42:36)라고 하였습니다. 그의 날에 끼었던 구름이 걷히기 시작하고 이제 훤히 밝아지는 것과 같을 때에 어떻게 하였다고 성경은 말합니까? " 그들이 또 요셉이 자기들에게 부탁한 모든 말로 그에게 말하매 그들의 아버지 야곱은 요셉이 자기를 태우려고 보낸 수레를 보고서야 기운이 소생한지라 이스라엘이 이르되 족하도다 내 아들 요셉이 지금까지 살아 있으니 내가 죽기 전에 가서 그를 보리라 하니라."(창 42:27,28) 그리고 그의 석양빛이 한 점 구름도 없이 하늘에서 빛날 때에 자기 사랑하는 아들 요셉의 "아들들에게 축복하는" 믿음의 행위를 봅니다. "믿음으로 야곱은 죽을 때에 요셉의 각 아들에게 축복하고."(히 11:21) 이전에 참지 못하고 안달하던 죄 된 모습을 얼마나 말끔히 청산하였던지요! "그가 요셉을 위하여 축복하여 이르되 내 조부 아브라함과 아버지 이삭이 섬기던 하나님, 나의 출생으로부터 지금까지 나를 기르신 하나님, 나를 모든 환난에서 건지신 여호와의 사자께서 이 아이들에게 복을 주시오며 이들로 내 이름과 내 조상 아브라함과 이삭의 이름으로 칭하게 하시오며 이들이 세상에서 번식되게 하시기를 원하나이다."(창 48:15,16) 이는 분

---

1) "만일 참으로 안되게도 모든 것을 잃어버렸거나 시련을 당하거나 병들었을 때나 근심으로 마음이 무겁고 이웃의 일관성 없음 때문에 어쩔 줄 모르게 되는 일이 있다고 합시다. 그런 경우라도 제가 확신하기에는 하늘에 계신 아버지께서 질투하심으로 귀하에게 매를 드신 경우로 보는 것이 좋습니다. 하늘의 아버지께서 귀하가 사랑하는 것들과 다투시는 것이지요. 그것들이 수백만 가지가 된다 해도 하나님 아버지께서는 귀하의 온전한 사랑을 혼자 독차지하고 싶으셔요. 하나님과 하늘만 사랑하게 주장하시는 것입니다. 귀하가 하나님의 모든 매를 용서한다면(이런 말을 사용해도 좋을지 모르지만), 귀하를 괴롭혀서라도 고치시려는 여러분의 아버지가 보낸 어떤 사자에게라도 대항하여 '해가 지도록 분을 품지 마세요.'" - Rutherford 의 '목회 서신들(letters)'

명히 하나님의 은혜에 감사하는 마음을 토로한 것입니다. "여호와여 주의 말씀대로 주의 종을 선대하셨나이다."

우리 믿는 자들 중에 어느 누가 불신앙의 의심을 숨겨 두었다는 것이 말이 되는 것입니까? 하나님께서 언제 약속을 바꿔 거짓말 하셨습니까? '묵시(默示)'는 결국 이루어지지 않았던가요? 그 '묵시가 거짓말'이 된 적이 있었나요? "이 묵시는 정한 때가 있나니 그 종말이 속히 이르겠고 결코 거짓되지 아니하리라 비록 더딜지라도 기다리라 지체되지 않고 반드시 응하리라."(합 2:3) 맹세로 하신 약속을 이행하지 않으셨나요? '우리의 강력한 위로의 근거'가 되는 "이 두 가지 변치 못할 사실"을 갖게 하시려고 맹세하신 약속을 이루지 않으시던가요? "하나님은 약속을 기업으로 받는 자들에게 그 뜻이 변치 아니함을 충분히 나타내시려고 그 일에 맹세로 보증하셨나니 이는 하나님이 거짓말을 하실 수 없는 이 두 가지 변치 못할 사실을 인하여 앞에 있는 소망을 얻으려고 피하여 가는 우리로 큰 안위를 받게 하려 하심이라."(히 6:17,18)

하나님께서 '완전한 신뢰'를 갖지 못하신 분으로 인정한다면, '하나님께서 거짓말하는 인생과 같아서 뜻을 정하신 후에 후회하는 분이라.'는 거짓된 원리를 인정하는 셈입니다. 만일 그것이 사실이라면, 전체적인 영적 구조가 흔들려 버리고, 하나님의 약속을 붙잡는 것을 희미하게 하며, 현재의 위로를 파괴하고, 장래에 대한 불길한 예감을 갖게 만들어 버립니다. 그러나 "여호와의 산에서 준비되리라."(창 22:14)는 믿음으로 인내하며 기다리는 것이 합당합니다. 왜냐하면 모든 것이 우리를 대적하는 것처럼 보이는 바로 그 순간도 "모든 것을 합력하여 선을 이루시는" 하나님의 손아래 있기 때문입니다(롬 8:28). 그러니 우리가 허다한 시험들로 압박을 받고, 발등에 떨어진 불이 더 급해 보이더라도, "믿음으로 시련이 불로 연단하여도 없어질 금보다 더 존귀하고 영광스럽다."는 것이 결국 밝혀지고 말 것입니다. "그러므로 너희가 이

제 여러 가지 시험으로 말미암아 잠깐 근심하게 되지 않을 수 없으나 오히려 크게 기뻐하는도다 너희 믿음의 확실함은 불로 연단하여도 없어질 금보다 더 귀하여 예수 그리스도께서 나타나실 때에 칭찬과 영광과 존귀를 얻게 할 것이니라."(벧전 1:6,7)

그러니 우리가 열매 맺게 하시려고 아버지의 학교에서 연단받게 하실 때(히 12:11), "여호와여 주의 말씀대로 주의 종을 선대하셨나이다."라는 우리의 간증에 새로운 인(印)을 쳐야하지 않겠습니까? 그런데 우리의 시련이 끝날 때까지 그 간증을 미룰 이유가 어디 있습니까? '압박을 받는 중'에도 그런 간증을 해야 마땅하지 않습니까? "고난당한 것이 내게 유익이라 이로 말미암아 내가 주의 율례들을 배우게 되었나이다."(시 119:71) "여호와여 내가 알거니와 주의 심판은 의로우시고 주께서 나를 괴롭게 하심은 성실하심 때문이니이다."(75절) "아무 것도 염려하지 말고 오직 모든 일(심지어 환난마저도)에 기도와 간구로, 너희 구할 것을 감사함으로 하나님께 아뢰라."(빌 4:6) 믿음은 많은 이들을 능하게 했습니다. 그 믿음은 우리로 "불 가운데서도 하나님을 영화롭게" 할 수 있게 합니다. "그러므로 너희가 동방에서 여호와를 영화롭게 하며 바다 모든 섬에서 이스라엘 하나님 여호와의 이름을 영화롭게 할 것이라."(사 24:15) 심지어 징계의 채찍을 맞아 아프기 그지없을 때에도 "주께서 우리를 선대하셨다."고 고백해야 합니다.

이 고백의 정당성을 인정하지 않는다면, 여러 시련을 만났을 때 다른 말로 치달아 갑니다. '주여, 주께서 당신의 종을 박대하셨나이다. 주께서 당신의 말씀을 지키지 않으셨나이다.' 야곱처럼 순간 불신앙으로 참지 못하는 마음에서 말을 토하여 냈듯이, 잠시라도 누추한 의심의 마음을 가진다면, 내 양심이 가만히 있지 않을 것입니다.

"아니, '흑암의 권세에서 나를 건져 내사 기이한 빛 가운데로 들어가게 하신' 주님의 은혜는 어찌하려는가? 죄의 노예로서 사망에 잡혀 있었던 나를 구원하시어 자유와 생명의 영광스런 상태로 인도하신 주님은 잊고 불평하다니 말이 되는가? 그렇게 큰 값을 지불하고 구속받은 사람으로서 '그리스도 예수 안에 있는 하나님의 모든 약속들'에 참여한 내가 아버지의 뜻에 불만을 가지고 불평하다니 말이 되는가?(고후 1:20) 또 '그리스도와 함께 한 하나님의 상속자'가 된 자가 어떻게 내 하나님 아버지의 뜻에 불만을 품고 투덜거릴 수 있는가?(롬 8:17) 안타깝도다! 내 마음이 그렇게 미련하고 약하고 배은망덕한 생각을 하다니. 주여! 저는 겸손하고 감사한 마음으로 주님께서 제게 베푸신 은혜를 높이고 싶나이다. '여호와여 주의 말씀대로 주의 종을 선대하셨나이다.'"

그러나 주님께서 우리를 선대하신 사실을 아뢰어 높이는 이 존귀하고 힘을 주는 일을 게을리 하다니, 참으로 우리가 얼마나 큰 죄인인가를 드러내 줍니다. 지금까지 우리의 장래를 위해서 선대하신 일들을 세어본다면, 그 수가 너무나 엄청나서 놀라게 될 것입니다. "하나님이여 주의 생각이 내게 어찌 그리 보배로우신지요 그 수가 어찌 그리 많은지요 내가 세려고 할지라도 그 수가 모래보다 많도소이다 내가 깰 때에도 여전히 주와 함께 있나이다."(시 139:17,18) 주님께서 우리를 어떻게 선대하셨는지 헤아려 기억하는 일은 참으로 귀합니다. 우리를 향해 베푸신 긍휼, 곧 일반은총만이 아니라 영혼을 위해서 베풀어주신 모든 특별은총을 회상하면, 그것은 "예수 그리스도로 말미암아" 향기(香氣)로 피어오르게 됩니다. "그러므로 우리는 예수로 말미암아 항상 찬송의 제사를 하나님께 드리자 이는 그 이름을 증언하는 입술의 열매니라."(히 13:15) "내 영혼아 여호와를 송축하라 내 속에 있는 것들아 다 그의 거룩한 이름을 송축하라 내 영혼아 여호와를 송축하며 그의 모든 은택을 잊지 말지어다."(시 103:1,2)

시편 119:66
"내가 주의 계명들을 믿었사오니
좋은 명철과 지식을 내게 가르치소서."

만일 내 영혼을 다루시는 하나님의 긍휼어린 처사를 아는 지각이 둔하면, "좋은 명철[2]과 지식을 내게 가르치소서."라고 기도해야 합니다. 분명하고 원만한 이해력을 주시어 "여호와의 모든 길은 그의 언약과 증거를 지키는 자에게 인자와 진리로다."(시 25:10)라고 고백할 수 있도록 기도해야 합니다. 아니면 하나님의 지혜와 미쁘심 때문에 하나님의 모든 경륜이 옳다는 확신을 더욱 명확하게 가지고 주님 앞에서 모든 행로의 걸음마다 이 간구를 드릴 필요가 있음을 철저하게 인식해야 합니다. 실로 이 기도는 그리스도인 신앙의 단순성과 합리성을 예증합니다. 그리스도인의 신앙은 항상 주님께 가장 적합한 복락을 바라고 구하고 기대하는 것입니다. 무지한 죄인에게 "좋은 명철과 지식" 만큼 더 귀한 복이 무엇이겠습니까? 그 '지식'이란 우리 자신과 우리 구주를 아는 지식, 그리고 순종의 방법을 아는 지식을 가리킵니다. '좋은 명철(판단력)'이란 바로 그 지식을 가치 있는 목적을 위하여 적용하는 지혜입니다. 우리 지성의 두 기둥과 같은 '지식'과 '선한 판단력'은 서로 중요하게 얽혀 있고 상호 의존적입니다. '지식'은 보편적 진리를 분별하는 사변적(思辨的)인 요소입니다. '판단'은 그 지식을 우리 마음과 행실에 적용하는 실천적 부분입니다. 그런데 이 '선한 판단과 지식'을 주는 곳은 그리스도의 학교 밖에 없습니다. 다른 학교에서는 이런 신령한 요소들을 전혀 줄 수 없습니다. 성령님만이 이 '선한 판단과 지식'을 가르치실 수 있습니다. 솔로몬도 스스로 그 '선

---

2) 이 단어가 KJV 영역본에서는 'good judgement(선한 판단력)'으로 되어 있다 -역자 주

한 판단과 지식'을 구하였습니다. "누가 주의 이 많은 백성을 재판할 수 있 사오리이까 듣는 마음을 종에게 주사 주의 백성을 재판하여 선악을 분별하 게 하옵소서."(왕상 3:9) 바울도 자기 사람들을 위하여 이런 간구를 하였습니 다. "내가 기도하노라 너희 사랑을 지식과 모든 총명으로 점점 더 풍성하게 하사 너희로 지극히 선한 것을 분별하며 또 진실하여 허물없이 그리스도의 날까지 이르고."(빌 1:9,10) "이로써 우리도 듣던 날부터 너희를 위하여 기도 하기를 그치지 아니하고 구하노니 너희로 하여금 모든 신령한 지혜와 총명 에 하나님의 뜻을 아는 것으로 채우게 하시고."(골 1:9) 솔로몬과 바울 두 사 람 다 우리를 '선한 판단과 지식'의 유일한 원천이시요 주체이신 하나님께 향 하게 합니다.[3]

어떤 그리스도인들이라도 모자람이 있기 마련입니다. 미지근한 정서는 눈 멀고 무딘 판단력과 연관이 있습니다. 그래서 믿음이 있다고 하나 가볍고, 남 앞에 신앙고백도 분명히 하지 못하고 실천력도 모자란 경우가 흔합니다. 성 경이라는 광대한 밭이 있어도 좁은 범주의 지식만으로 만족하여, 기독교 국 가이면서도 우리가 누리는 특권과 아주 밀접한 관계가 있는 진리의 전 체계를 포착하지 못합니다. 마음을 당혹하게 하는 많은 문제 앞에서 의심을 떨쳐 버 리지 못하고 좌절하고 두려워합니다. 마음이 차갑고 앞으로 나아가지 못하

---

3) "대저 여호와는 지혜를 주시며 지식과 명철을 그 입에서 내심이며."(잘 2:6) "하나님이 우리에게 주신 것은 두려워하는 마음이 아니 요 오직 능력과 사랑과 절제하는 마음이니."(딤후 1:7) 종교개혁자들 중의 한 사람에 대하여 다음과 같은 일이 기록으로 남아 있다. 공적인 논쟁을 통해 허물을 들추어내려 하는 자들이 아무리 해도 책잡을 수 없게 잘도 피해 나갔다. 그래서 그 사람의 친구가 그 사람 이 공론(公論) 시에 참조하려고 손에 들고 있는 종이에 쓴 노트를 보자고 졸라대었다. 그 친구는 그 사람이 무엇을 써가지고 와서 읽 고 있다고 여기고 있었다. 자기의 적수들의 논증을 대항하여 대답할 말을 미리 준비해 왔을 것이라고 상상하였던 것이다. 그런데 그의 손에 든 종이에 쓴 내용을 보고 깜짝 놀라지 않을 수 없었다. 거기에는 "더 많은 빛을 주세요. 주님, 더 많은 빛을, 더 많은 빛을(More light, Lord, more light, more light)." 이 짧은 절규 속에 함축되어 있는 기도의 참된 정신이 정말 얼마나 충실한지! 그런 절규가 성 공하지 못할 수도 있는가? '너희 중에 누구든지 지혜가 부족하거든 모든 사람에게 후히 주시고 꾸짖지 아니하시는 하나님께 구하라 그리하면 주시리라.'(약 1:5) Greenham 에게 어떤 사람이 어떤 중요한 문제에 대한 자문을 구하러 왔다. 그는 말하였다. '선생, 나는 말할 줄도 들을 줄도 모릅니다. 왜냐하면 우리가 기도하지 않았기 때문입니다. 저나 당신이나 거듭나지 않은 상태의 자연인의 수준에 서는 나는 말하고 당신은 들을 수도 있습니다. 그러나 그런 상태에서 우리가 하나님의 자녀로 말하고 듣고 하며 서로 협의할 준비가 되어 있지 않습니다."(Greenham 의 Works, p. 19)

고 주춤거리고 행실에도 힘이 없습니다. 그런 연약함은 성경적인 체계를 정확하고 온전하게 이해하지 못한데서 비롯됩니다.

"내가 주의 계명들을 믿었사오니 좋은 명철과 지식을 내게 가르치소서." 이 기도는 하나님의 자녀들 중에서 마음이 유약하고 민감한 사람에게 특별하게 해당되는 기도입니다. 지나치게 소심한 양심(scrupulous conscience)이 도리어 병이 될 때도 흔합니다. 그의 양심이 안정된 평안과 고요한 마음의 상태를 흔들어 아주 어지럽게 만들고야 맙니다.[4] 양심의 기능도 사람의 다른 모든 능력과 더불어 타락으로 인하여 피해를 보았습니다. 그러므로 양심도 지성과 정직과 능력 등 인간의 모든 기능들과 더불어 그릇된 상태로 작용하기 쉽습니다. 시력(視力)이 나쁘면 바라보는 대상들을 구분하지 못하기도 합니다. 서로 충돌하는 것 같이 보이는 도리들 중에 느낌이 좋거나 자기 성향에 맞는 것을 선호하게 됩니다. 그래서 순서상 먼저 할 도리가 아니고 나중에 할 것인데도 그것을 먼저 할 일로 여기게 됩니다. 판단력을 행사하기 보다는 감정을 앞세워 일을 처리하게 되지요. 그래서 단순하게 주님의 '율법과 증거'에 비추어 바로 행동하기 보다는 자기 마음에 와 닿는 것을 본능적으로 선택하여 행하게 되지요. 그리하여 중요한 원리는 제쳐 두고 별로 중요하지도 않은 사소한 문제에 매달리는 일이 일어납니다. "누가 철학과 헛된 속임수로 너희를 사로잡을까 주의하라 이것은 사람의 전통과 세상의 초등학문을 따름이요 그리스도를 따름이 아니니라."(골 2:8) 죄의 내면적인 원리를 죽

---

4) Bishop Taylor 가 말한 것은 깊은 관찰에서 얻은 결론이다. "양심의 가책은 신발 안에 들어 있는 작은 돌멩이와 같다. 그런 상태에서 발을 디디면 상처가 난다. 만일 그 돌멩이를 신발에서 빼내지 않으면 앞으로 나갈 수 없다. 고통이 지나고 여러 의심들이 다 풀렸는데도 양심의 가책은 여전히 하나의 고통스런 의심으로 남아 있다. 군대의 본대(本隊)가 깨지고 말끔하게 청산되었다 할 때에도 양심의 가책은 울타리 뒤에 매복하여 남아 있는 잔당과 같다. 양심이 그런 방식대로 교육을 받고 긴장하여 행동을 못하게 하면, 작고 사소한 의심이나 쓸데없는 두려움 때문에 처음부터 순례의 길을 방해하고, 그 순례의 길로 진행하는 것도 방해한다. 그리고 순례 길의 종국에서도 안식하지 못하게 방해한다." 이런 양심의 지독함에 대한 생생한 묘사를 원하거든 Calvin의 「기독교강요」 제 3권 제 19장 7-11항을 참조하라.

이는 일을 부단하게 추구하기보다 범죄의 외적인 행동들에 더 관심을 가집니다. 그래서 의복이나 외모에 신경을 써 다른 세상 사람들과는 다르게 행동하는 것에 더 민감해집니다. 사실은 기질적으로 세상을 따라가는 보편적인 원리나, 겉으로는 전혀 그런 것 같지 않음에도 불구하고 행동 속에 숨어 있는 내면에 대하여 더 신경을 써야 합니다. 세상과 구별되는 정신의 문제가 중요한데도 그런 것에 대하여는 전혀 아랑곳하지 않습니다.

세상과 구별되는 정신은 어떤 신앙고백자들의 생각처럼 그렇게 협소한 영역에만 영향을 미치는 것이 아닙니다. 그리스도인의 자유는 더 광범위한 영역에 걸쳐 존재하며 영향을 미칠 수 있습니다. 이점에 대한 이해를 돕기 위하여 다음의 말씀을 숙고해 보세요. "그러므로 우상의 제물을 먹는 일에 대하여는 우리가 우상은 세상에 아무 것도 아니며 또한 하나님은 한 분 밖에 없는 줄 아노라… 그러나 이 지식은 모든 사람에게 있는 것은 아니므로 어떤 이들은 지금까지 우상에 대한 습관이 있어 우상의 제물로 알고 먹는 고로 그들의 양심이 악하여지고 더러워지느니라."(고전 8:4,7)

이런 오해 때문에 전혀 본질적이지 않은 것들을 근본적으로 중요한 것들과 구분하지 못하고, 주변에 속한 사소한 것들과 불법적인 것들을 구별해 내는 일을 못하게 됩니다. 말씀에서 직설적으로 금하는 것과 허용하는 것에 대한 오해로 생긴 협소한 관점 때문에 그런 일이 일어난다는 말입니다. 5)

그러므로 하나님의 말씀의 빛에 의지하지 않고 양심을 믿으면 안 됩니다. 그래서 "좋은 명철(판단력)과 지식을 내게 가르치소서."라고 기도하는 일이 정말 중요합니다.

이 기도를 통한 마음의 정서의 표출에는 분명한 이유가 있으며, 그런 일은

---

5) "아주 사소한 것들에 비추어 행동을 달면 양심을 다스리시는 것이 아니라 양심을 혼란에 빠뜨린다." - Bishop Taylor

전혀 제한받을 일이 아닙니다. 지적으로는 사악한 속임수가 들어오는 경로를 차단하려는 바른 의도와 열심이 있지만 정말 내가 바른 길을 정확하게 찾았는지에 대한 지나친 우려로 끊임없이 애를 먹기도 합니다. 그래서 기쁘게 믿음의 행로를 가는 일이 실질적인 방해를 받습니다. 이런 식의 병적인 민감성을 배격하려면 무진 애를 써야 합니다.

그런 식의 민감성은 협소한 길을 더욱 더 협소하게 합니다. 또한 영혼 속에 있는 은혜의 역사를 약화시킵니다. 그런 민감성은 보통 자기의(自己義)를 내세우려는 것과 연관되어 있습니다. 그런 민감성을 내버려두면 하나님을 완고한 분으로 오해하게 하는 여러 가지 그릇된 생각들로 사람을 몰아갑니다. 그래서 하나님을 기쁘게 섬기지 못하게 막아 버리고, 지금 마땅히 해야 할 일에 부적합한 사람으로 만들어 버립니다. 그런 안 좋은 여러 가지보다 더욱 악한 열매는 죄를 더 확대하여 많아지게 한다는 점입니다. 이렇게 말하는 의도를 더욱 분명하게 밝히자면, 이런 민감성은 하나님의 율법을 행동으로 범하는 것 외에 여러 다른 종류의 죄들을 부가적으로 유발시킨다는 말입니다. 어떤 특별한 국면에서라도 양심의 지시를 따르지 않으면 죄가 됩니다. 외적인 행동 자체가 하나님의 율법에서 허용되더라도 양심이 속에서 꺼림칙하다면 죄가 된다는 말입니다. 그러므로 외적으로는 선을 행하고 있어도 죄를 지을 수 있습니다. 겉으로는 율법의 허용 범위 내에서 행동할 뿐 아니라 복음의 자유에 걸맞게 행동하면서도 속으로는 죄를 지을 수 있다는 말입니다.

실로 소심한 양심의 굴레 아래서 필연적으로 죄를 짓는 서글픈 사슬에 얽혀있는 참상이 가련합니다. 그런 식으로 '그릇된 개념에 터를 잡은 양심의 지시'가 그 사람 속에서 권세를 잡고 있는 형국입니다. [6] 양심의 제안들에 귀를

---

6) 이와 관련하여 로마서 14:14의 말씀을 참조하라. "내가 주 예수 안에서 알고 확신하노니 무엇이든지 스스로 속된 것이 없으되 다만 속되게 여기는 그 사람에게는 속되니라." '깨끗하다'는 분명한 하나님의 언질이 있음에도 불구하고 그 사람이 '속되다'고 여기면 그 것이 '속된 것이 된다.'는 말이다. 사도행전 10:9-13과 디모데전서 4:3-5를 참조하라. 그러니 잘못된 개념을 근거로 한 양심이 '더럽다'

기울이는 것은 "그리스도께서 우리로 자유하게 하시려고 주신 자유"를 대항하여 죄를 짓는 것이 될 수 있습니다. 성경은 우리에게 주신 자유 안에 '굳게 서라.'고 명합니다. "그리스도께서 우리를 자유롭게 하려고 자유를 주셨으니 그러므로 굳건하게 서서 다시는 종의 멍에를 메지 말라"(갈 5:1) "이제는 너희가 하나님을 알 뿐 아니라 하나님이 아신 바 되었거늘 어찌하여 다시 약하고 천박한 초등학문으로 돌아가서 다시 그들에게 종노릇 하려 하느냐 너희가 날과 달과 절기와 해를 삼가 지키니."(갈 4:9,10)

인간적인 어떤 권위도 양심의 굴레에서 벗어날 수 없습니다. 양심의 소리에 거역하는 것은 '하나님의 대리인'에 불순종하는 것입니다. 그러므로 양심을 거역하는 것은 적어도 '제한적으로' 하나님께 불순종이 됩니다. 어떤 일을 양심이 정죄한다 합시다. 그러면 그 일 자체는 죄가 아니라도 양심이 정죄하였으니 죄가 되는 것입니다.[7]

그릇되고 소심한 양심의 악의 근원을 추적하면 병적인 기질이 도사리고 있는 경우가 흔합니다. 아니면 본성적으로 약하고 왜곡된 이해나, 잘못된 선입견이 일찌기 그 사람의 마음을 장악하여 좋지 않은 영향을 끼쳤음이 드러나기도 합니다. 혹은 믿음의 단순한 행사가 부족하거나 믿음의 내용에 대한 지각이 부족한 경우에도 그런 양상이 나타납니다. 여러 경우에서 믿음이 약하기는 하나 진실할 수는 있습니다. 있는 그대로 보면 죄인데, 그 죄는 유약함의 죄라서 불쌍하게 여겨야 할 경우가 있습니다. 그런 사람들을 보면 우리는 동정심을 가지고 인내하면서 그들을 위하여 기도하고 도와야 합니다.

하면 만지지 말아야 한다. 복음이 어떤 것의 사용을 허용하는데도 '나는 그것을 사용하지 않겠다.'하면 사실은 그리스도인의 자유에 위배되는 것이다. 그러나 그의 양심이 그것을 거부하면 양심에 따라야 한다. 그런 식으로 그의 무지(無知)가 그 자신으로 하여금 죄를 짓는 기회를 만든 셈이다.

7)로마서 14:20-23을 이와 관련하여 참조하라. "음식으로 말미암아 하나님의 사업을 무너지게 하지 말라 만물이 다 깨끗하되 거리낌으로 먹는 사람에게는 악한 것이라 고기도 먹지 아니하고 포도주도 마시지 아니하고 무엇이든지 네 형제로 거리끼게 하는 일을 아니함이 아름다우니라 네게 있는 믿음을 하나님 앞에서 스스로 가지고 있으라 자기가 옳다 하는 바로 자기를 정죄하지 아니하는 자는 복이 있도다 의심하고 먹는 자는 정죄되었나니 이는 믿음을 따라 하지 아니하였기 때문이라."

그런데 많은 경우 생각지도 않은 고의적인 무지와 거짓된 수치가 그 병의 원인으로 드러나기도 합니다. 아니면 깊이 뿌리박힌 관점에 고질적으로 집착하는 경우도 만날 수 있습니다. 그런 이들에게는 정신 차리게 지적해 주어야 합니다. 더 소심하고 예민한 양심의 소유자들이 그들을 다루는 우리의 태도를 보고 상처 받는 일을 무릅쓰고라도 해야 할 일입니다. 그렇게 하면 양편 모두에게 유익할 수 있습니다. 여기서 양편이란, 알아볼 의향도 없이 무식한 상태에 만족하면서 양심으로 죄를 짓는 경우와 연약함 때문에 흔히 소심함으로 빠져 들어가는 경우를 말합니다.

둘의 양심은 빛을 받아 깨우침을 받아야 합니다. 두 경우 다 '범사에 옳은 것이 무엇인지 판단하는 총명'을 받아야 합니다. 그것을 얻기 위하여 두 경우 모두 '성경을 상고(詳考)하는 일'에 더욱 열심을 내야하며, "제사장의 입에서 나오는 율법"을 구해야 합니다.[8] 무엇보다도 시편 기자와 같이 간절한 기도를 드려야 합니다. "좋은 명철과 지식을 내게 가르치소서."

그렇게 하여 "좋은 판단력과 지식"을 얻게 되면, 하나님 앞에서 반드시 해야 할 도리는 무엇이고(what is imperative) 본질이 아닌 주변적인 일이 무엇인지(what is indifferent) 구분할 수 있습니다. 그리고 합법적인 일이 무엇이고(what is lawful), 편법적인 것이 무엇인지(what is expedient)를 구별할 수 있게 됩니다.

"믿음을 따라 하지 아니하는 것은 다 죄니라."(롬 12:23) 하였으니, 마음에서 미심쩍어 양심이 꺼림칙하게 여기는 의심을 제거할 오직 유일한 방책은 믿음을 증가시키는 것입니다. 하나님께서 정당한 근거를 분명하게 가르쳐 주

---

8) "제사장의 입술은 지식을 지켜야 하겠고 사람들은 그의 입에서 율법을 구하게 되어야 할 것이니 제사장은 만군의 여호와의 사자가 됨이거늘."(말 2:7) 초대교회의 본을 참조하라. "어떤 사람들이 유대로부터 내려와서 형제들을 가르치되 너희가 모세의 법대로 할례를 받지 아니하면 능히 구원을 받지 못하리라 하니 바울 및 바나바와 그들 사이에 적지 아니한 다툼과 변론이 일어난지라 형제들이 이 문제에 대하여 바울과 바나바와 및 그 중의 몇 사람을 예루살렘에 있는 사도와 장로들에게 보내기로 작정하니라."(행 15:1,2)

신다는 확신이 더해져야 한다는 말입니다. 9) "그러나 이 지식은 모든 사람에게 있는 것은 아니므로 어떤 이들은 지금까지 우상에 대한 습관이 있어 우상의 제물로 알고 먹는 고로 그들의 양심이 악하여지고 더러워지느니라."(고전 8:7) 모든 이들에게 권면하는 말씀을 들으십시오. "오직 우리 주 곧 구주 예수 그리스도의 은혜와 그를 아는 지식에서 자라 가라 영광이 이제와 영원한 날까지 그에게 있을지어다."(벧후 3:18) 실로 병적인 소심함이 다른 외부적인 요인에서 온 것이 아닌 이들이 보이는 좋은 징후들이 있습니다. 반면에 고의적인 무지로 그릇되고 소심한 양심을 가진 이들이 보이는 안 좋은 징후들도 있습니다. 그러나 두 경우 다 하나님 앞에서 동일한 정죄를 받습니다. 왜냐하면 두 경우 모두 "좋은 명철(판단력)과 지식"을 얻을 방도를 부지런히 찾지 않으면 어느 누구도 그것을 구할 만큼 진실했다는 평가를 받을 수 없기 때문입니다. 그러므로 소심한 양심의 소유자가 자기가 만날 목사들이나 체험 있는 그리스도인들과의 개인적인 교제를 싫어하여 뒤로 물러간다면(반드시 참여해야 하는 곳에서도 그리한다면), 그들은 연약함으로 인해 생긴 병중이 아니라 더 배우려는 자세가 없는 나태와 무지의 소산임이 분명합니다.

소심한 양심의 소유자들을 우리가 받되, '그들의 연약과 함께' 받을 마음이 있어야 합니다. "믿음이 연약한 자를 너희가 받되 그의 의심하는 바를 비판하지 말라."(롬 14:1 - 개역한글). "우리 강한 자가 마땅히 연약한 자의 약점을 담당하고 자기를 기쁘게 하지 아니할 것이라."(롬 15:1) 또 그들에게 더 큰 열심과 겸비함과 기도를 통하여 악한 굴레에서 벗어날 수 있음을 알려 주고 격려해 주어야 합니다. 자기들이 마땅하게 걸어야 할 길에 대하여 선명한 이

---

9) 로마서의 말씀을 이와 관련하여 참조하라. "어떤 사람은 이 날을 저 날보다 낫게 여기고 어떤 사람은 모든 날을 같게 여기나니 각각 자기 마음으로 확정할지니라."(롬 14:5) "의심하고 먹는 자는 정죄되었나니 이는 믿음을 따라 하지 아니하였기 때문이라 믿음을 따라 하지 아니하는 것은 다 죄니라."(롬 14:23)

해가 없어 마음에 의구심이 있으면, 그들은 어떤 행동을 해도 불안하고 만족이 없습니다. 그러므로 우리는 그들에게 그 길이 선명하게 인식되기까지 하나님께 구하고 기도하고 응답을 기다리라고 일러주어야 합니다. 그런 다음에 그들에게 양심에 따라 행동하라 말해 주어야 합니다. 양심이 정죄하는 일은 아무 것도 허용하지 않게 하고 양심이 요구하는 바는 어느 것도 태만히 여기지 말라고 가르쳐야 합니다. 실수가 발견된다면(반드시 발견되기 마련), 그 원인이 양심의 지시를 너무 맹목적으로 따른 데 있지 않습니다. 양심이 빛을 받아 바른 길에 대한 선명한 시야를 확보하는 일에 더 세심한 신경을 쓰지 못한 데 있습니다. 그 점을 그들에게 일러주어야 합니다. 그러나 보편적으로는 주님의 말씀이 법칙으로 적용되어야 합니다. "네 눈이 성하면 온 몸이 밝을 것이요."(마 6:22)[10]

소심한 양심(scrupulous conscience) 외에도, '빛을 덜 받은 양심(imperfectly enlightened conscience)'도 동일하게 저평가되어야 합니다. 흔히 그런 양심은 죄악의 원천을 자극하여 그칠 새 없는 감정의 변이를 촉발합니다. 그런 감정의 변화는 몸의 건강을 해치고 수시로 시험의 영향을 받습니다. 연약함으로 말미암아 짓는 죄들과 도락(道樂)에 빠져 짓는 죄악들이 함께 어우러져서 습관적으로 마땅하게 행해야 할 도리를 범하는 일들을 유발합니다. 그런 죄악들 중 일부는 알면서도 행하는 일들입니다. 무지하거나 우발적으로 짓는 죄 역시 정죄 받는 것이 마땅합니다. 그런데 회개하며 자복하고 믿음과 사랑으로 깨어있는 자세를 별로 중요하게 여기지 않습니다. 그래서 그 사람 속의 복음은 복음을 주신 은혜로운 주님께서 정하신 목표와는 정반대의 방

---

10) 잠언 24:5도 참조하라. "지혜 있는 자는 강하고 지식 있는 자는 힘을 더하나니." Richard Baxter는 이 경우에 대하여 유사한 관점을 보여주었다(Christian Directory 제 1권 2장). 몰라서 부지중에 지은 죄를 속하는 제사에 대한 규례는 이 경우를 하나님께서 어떻게 보시는지를 엿보게 한다(레위기 4장). 그리스도인이 서로 연합하고 서로를 참아 용납해야 하는데, 그것이 자주 깨어진다. 그런 일이 무지함에서 기인하니 이 문제를 상세하게 다루는 것이 정당하게 필요하다.

향으로 작용하게 됩니다. 이와 관련하여 이사야의 말씀을 들어 보세요. "무릇 시온에서 슬퍼하는 자에게 화관을 주어 그 재를 대신하며 희락의 기름으로 그 슬픔을 대신하며 찬송의 옷으로 그 근심을 대신하시고 그들이 의의 나무 곧 여호와께서 심으신 그 영광을 나타낼 자라 일컬음을 받게 하려 하심이라."(사 61:3) 그 사람 속에서는 복음이 아름다움을 대신하여 재가 되고, 희락의 기름을 대신하여 슬픔이 되고, 찬미의 예복을 대신하여 근심이 되게 합니다.

이 악이 "사망에 이르게 하는 죄"는 아니라도, "해 아래에서 지독한 악(sore evil)"은 분명합니다(전 5:1). 그런 악은 흔히 그 장본인이 "좋은 명철(판단력)과 지식을 내게 가르치소서."라고 기도할 기회를 갖게 하기도 합니다. 단순한 믿음으로 민감한 양심을 갖게 하시는 하나님의 복을 받을 수 있습니다. 그래서 쓸데없이 소심한 양심이나 빛이 없어 길을 찾지 못하는 양심의 당혹함에서 벗어날 수 있습니다. 내 마음이 정죄하지 않을 일로 나를 정죄하는 일을 결코 허용해서는 안 됩니다.

그러나 안타깝습니다! 우리에게 이 "좋은 명철과 지식"이 얼마나 필요한지 아는 지각이 너무나 희미하여 마음에 세력을 얻지 못하니 말입니다. 우리는 더 깊은 간절함으로 이 가치 있는 복락들을 주십사하고 하나님께 울부짖고, 열심을 내며 인내하면서 응답을 기다려야 합니다. 신적인 지혜는 보배입니다. 그 지혜는 남에게 주어도 줄어 들지 않습니다. 우리는 궁핍을 채우고도 남을 만큼 풍부하게 "믿음의 충만한 확신"에 이르기를 구할 수 있습니다. 이 믿음은 하나님 계시의 말씀 전체를 다 포용합니다. "하나님의 약속들만이 아니라 하나님의 계명들 전체"를 다 받습니다. 그래서 그것이 순종의 원리를 형성합니다. 하나님의 계명을 성경에서 규정하는 그대로 믿을 수 없습니까? "이로 보건대 율법은 거룩하고 계명도 거룩하고 의로우며 선하도다."(롬

7:12) 우리의 "속사람으로는 하나님의 법을 즐거워할 수" 없습니까?

이사야 선지자는 말하였습니다. "주께서 기쁘게 공의를 행하는 자와 주의 길에서 주를 기억하는 자를 선대하시거늘 우리가 범죄하므로 주께서 진노하셨사오며 이 현상이 이미 오래 되었사오니 우리가 어찌 구원을 얻을 수 있으리이까."(사 64:5) 하나님 계명들의 완전함을 생각하고, 정당성을 인정하고 사랑하고 그 안에서 살아감으로써 "복음을 아는 지식 안에서 장성한 분량"에 이르고, "지각을 사용하므로 연단을 받아 선악을 분별"할 수 있습니다(엡 4:13 ; 히 5:14).

시 119:67
"고난당하기 전에는 내가 그릇 행하였더니
이제는 주의 말씀을 지키나이다."

주님께서 기도의 응답으로 "좋은 명철과 지식"을 가르쳐 주시면, 우리는 외적인 번영을 소원하기보다는 멀리하게 됩니다. 그러나 하나님이 허용하심으로 그리스도인들이 유혹당하는 분위기에 던져지게 되었다 합시다. 그 때 그리스도인은 예배 때에 늘 암송하며 드리던 기도가 정말 자신의 궁핍을 가장 잘 표현하였다고 느낄 것입니다. 부요할 때마다 우리는 기도해야 합니다. "선하신 주님이시여, 우리를 구하소서!" 우리가 부요한 때야말로 우리를 시험하는 원수 마귀에게 큰 힘이 주어집니다. 그래서 원수의 세력이 막강함을 알고는 두려움에 처하여 연약해지고 맙니다. 하나님 사람들의 마음이 완고해지는 사례들에 대한 기록이 많아서 깜짝 놀라게 됩니다. 부요한 때에 주님의 사람들의 마음에 교만해지고 세상적인 정신이 들어와 그들의 영혼에 큰

영향을 끼쳐 죽은 자 같이 되는 일이 잦았습니다.[11]

그래서 우리로 경계하게 하시려고 경건치 않은 이들의 운명을 성경에 명백하게 기록하셨습니다. "그들이 여호와를 향하여 악을 행하니 하나님의 자녀가 아니요 흠이 있고 삐뚤어진 세대로다."(신 32:5) "네가 평안할 때에 내가 네게 말하였으나 네 말이 나는 듣지 아니하리라 하였나니 네가 어려서부터 내 목소리를 청종하지 아니함이 네 습관이라."(렘 22:21) 로마서의 말씀이 양심에게 말하여 자책의 통렬한 고통을 느끼면 정말 얼마나 정신차리게 됩니까! "너희가 그 때에 무슨 열매를 얻었느냐 이제는 너희가 그 일을 부끄러워하나니." 자 그 꽃길이 결국 어디로 인도합니까? "이는 그 마지막이 사망임이라."(롬 6:21) "그들이 어찌하여 그리 갑자기 황폐되었는가 놀랄 정도로 그들은 전멸하였나이다 주여 사람이 깬 후에는 꿈을 무시함 같이 주께서 깨신 후에는 그들의 형상을 멸시하시리이다."(시 73:19,20) " 어리석은 자의 퇴보는 자기를 죽이며 미련한 자의 안일은 자기를 멸망시키려니와."(잠 1:32)

우리 주님께서 당신의 백성들이 세상에 있는 동안에 무슨 일을 당할지를 미리 일러 주셨습니다. "세상에서는 너희가 환난을 당하나 담대하라."(요 16:33) "우리가 하나님의 나라에 들어가려면 많은 환난을 겪어야 할 것이라."(행 14:22) "아무도 이 여러 환난 중에 흔들리지 않게 하려 함이라 우리가 이것을 위하여 세움 받은 줄을 너희가 친히 알리라."(살전 3:3) 우리가 세상에서 이런 일을 당하게 허용하시는 것은 하나님의 사랑과 지혜의 소산입니다. 하나님께서 방탕한 자녀들을 당신께로 이끄시려고 은혜의 매를 들어 등줄기를 때리시는 것입니다. 하나님께서는 이 지혜로운 훈육(訓育)으로 그들을 지키시어 독이 들어 있는 육신의 미끼의 달콤함에 매혹당하지 않게 하십니다.

---

11) 성경의 역사적인 기록들을 참조하라. 역대기상 21:1-4 ; 열왕기상 1-8장의 내용 중에 등장하는 솔로몬의 경우, 역대하 26:16의 웃시야 왕, 역대하 32:25-32에서 히스기야 왕의 경우를 보라. 그 경우들이 금방 우리 마음에 떠오르게 된다.

그리하여 영원토록 솟아나는 희락의 샘 근원이신 당신만을 향하여 우리 마음이 기울어지게 하십니다.

백성들 모두에게 바로 이 한 가지 방식을 쓰십니다. 하나님의 모든 백성들이 한 학교에서 배우게 하십니다. 모든 자녀들이 여러 다양한 형태의 내적인 갈등이나 외적인 고통거리들을 만나 환난을 겪어 그 속에서 하나님의 능력을 알게 됩니다. 그래서 하나님의 사람들 모두는 환난의 때가 하나님의 사랑을 맛보는 때임을 압니다. 그리하여 자기들에게 주어진 고통들이 헛된 것이 아니었다는 증거를 제시합니다.

악하기 그지없었던 므낫세도 환난 중에서 주님께 간구하였습니다. "그가 환난을 당하여 그의 하나님 여호와께 간구하고 그의 조상들의 하나님 앞에 크게 겸손하여 기도하였으므로 하나님이 그의 기도를 받으시며 그의 간구를 들으시사 그가 예루살렘에 돌아와서 다시 왕위에 앉게 하시매 므낫세가 그 제서야 여호와께서 하나님이신 줄을 알았더라."(대하 33:12)[12] 하나님께서는 환난을 만난 에브라임이 탄식하는 것을 들으셨습니다(렘 31:18,19). 또한 이스라엘이 "죄를 뉘우치고 주님의 얼굴을 구하는 것"을 보셨습니다(호 5:15 ; 6:1,2) 사람이 방황하며 허망한 곳에서 쓸쓸한 고독의 자리를 박차고 일어나 회개하며 하나님 아버지의 집을 우러르는 것을 귀하게 보십니다. 마치 그의 마음을 유혹하여 그 집을 떠나게 했던 즐거움이 이제는 자기 영혼에 쓰게 느껴져 돌이켜 아버지의 집을 바라보던 탕자와 같아지는 모습을 주목하십니다 (눅 15:16,17)

---

12) 이와 관련하여 바벨론 왕 느브갓네살의 경우를 참조하라. 그가 하나님의 징치로 "소처럼 풀을 뜯어 먹고 하늘의 이슬을 젖고 머리털이 독수리 털과 같이 자라고 손톱은 새발톱과 같이 되었다가" 다시 하나님의 자비와 능력으로 회복되었을 때에 그가 증거한 내용을 들어 보라. "그 때에 내 총명이 내게로 돌아왔고 또 내 나라의 영광에 대하여도 내 위엄과 광명이 내게로 돌아왔고 또 나의 모사들과 관원들이 내게 찾아오니 내가 내 나라에서 다시 세움을 받고 또 지극한 위세가 내게 더하였느니라 그러므로 지금 나 느브갓네살은 하늘의 왕을 찬양하며 칭송하며 경배하노니 그의 일이 다 진실하고 그의 행하심이 의로우시므로 교만하게 행하는 자를 그가 능히 낮추심이라."(단 4:33-37)

그러니 그리스도인은 아버지 하나님께서 자신을 하늘을 향하게 하시고 하늘을 위하여 준비하게 하시는 방편이 무엇인가 말할 수 있습니다. 처음에는 어째서 자기에게 그런 환난이 주어졌는지 이유를 몰랐습니다. "무릇 징계가 당시에는 즐거워 보이지 않고 슬퍼 보이나 후에 그로 말미암아 연단 받은 자들은 의와 평강의 열매를 맺느니라."(히 12:11) 그것은 양심의 문제가 아니라 믿음의 문제입니다. 그러나 뒤돌아 생각하니 하나님께서 자신을 인도하신 길이 얼마나 선명하고 자기에게 베푸신 은택이 얼마나 존귀한지를 알게 됩니다. "고난당하기 전에는 내가 그릇 행하였더니 이제는 주의 말씀을 지키나이다."

시편 기자가 무엇을 말합니까? '내가 전에는 주님의 말씀을 귀하게 여긴 적이 없었나이다. 실로 누가 나를 보고 주님의 말씀을 아는 사람이라고 말할 수 없을 정도로 살았나이다. 환난이 와서 그 말씀의 깊이를 알게 하기까지는 말씀의 위로가 무엇인지 전혀 알지 못하였나이다. 주님의 말씀이 저를 향하여 주어진 줄을 전혀 알지 못하였나이다. 그러나 이제는 알았나이다.'

그러나 이 특별한 긍휼에도 불구하고 자비로운 주님의 의도를 살리지 못하거나, 허망한 영화와 세상 사랑하는 정신과 죄가 여전히 우리 속에서 전횡적으로 주도권을 잡고 있다면, 그 죄책의 무거움이 얼마나 더 가중되겠습니까! 아! 죄인들이 '하나님의 전능하신 손' 아래 겸손하게 복종하지 않거나, 환난을 당하고도 마음이 정화(淨化)되지 않거나, 그것으로 자기를 고치는 기회로 삼지 않으면(습 3:2), 그것은 엄청난 하나님의 징벌을 받을 것을 미리 보여주는 조짐입니다. "너희가 어찌하여 매를 더 맞으려고 패역을 거듭하느냐."(사 1:5)

하늘에 계신 아버지시여! 당신의 가련하고 유약하고 실수를 잘 하는 자녀인 저를 이 무서운 멸망의 포구에서 건져 주옵소서! 아버지께서 쾌히 베풀어 주신 번영이 도리어 저의 저주거리가 되지 않게 하옵소서. 아버지께서 뜻이 있어 제 잔에 함께 섞어 놓으신 십자가와 환난의 가시마다 제 구주되신 그리스도의 형상을 더 본받는 쪽으로 작용하게 하옵시고, 제 마음이 방황하지 않도록 날마다 지켜 주옵소서. 아버지의 거룩한 길들이 더욱 사랑스럽게 보이고 아버지의 말씀이 제 영혼에 더욱 아름답게 보이게 하소서. 제가 더 이상 영원히 방황하지 않을 저 복된 하늘의 본향을 내다보면서 마음이 즐거움으로 넘치게 하옵소서. 거기서는 "아버지의 말씀을 지킴" 안에서 영원한 행복을 누리리이다!'

시편 119:68
"주는 선하사 선을 행하시오니
주의 율례들로 나를 가르치소서."

징계는 하나님의 '선하심(goodness)'의 특별한 경우인데, 복된 효력을 생각하면 자연스럽게 하나님의 성품과 그 경륜의 '선하심'을 총체적으로 고백하게 될 것입니다. 우리를 향한 하나님의 섭리와 은혜로운 처사를 침착하게 판단하면 미약한 지각이라도 주 하나님의 얼굴 모습이 연상됩니다. 믿음의 눈으로 우리를 보시면서 미소를 지으시는 얼굴을 인식하게 된다는 말입니다. 그러므로 과거 지난 일과 현재의 일을 믿음으로 관조(觀照)하면 "주 하나님은 선하시니이다."라고 찬미하고픈 마음이 일어날 것입니다.

"주는 선하사 선을 행하시오니." 이는 믿음의 표현이자(히 11:6), 담대한 확신의 표명이며(느 1:7), 간청의 내용입니다(시 25:7 ; 86:5). 그리고 체험으로 맛본 단맛을 표현하는 진술입니다. 그 단 맛이 양심의 율법주의적인 엄격함을 제어하고, 하나님을 완고하게 보는 모독적인 생각들을 잠재우고, 하나님을 역동적으로 즐거워하는 힘을 불어 넣습니다. 진정 하나님은 참으로 선하심니다. '선하심'은 하나님의 참되고 진실한 성품이라는 말입니다. 정말 하나님은 선하십니다. "너희는 여호와의 선하심을 맛보아 알지어다 그에게 피하는 자는 복이 있도다."(시 34:9) "주와 같은 신이 어디 있으리이까 주께서는 죄악과 그 기업에 남은 자의 허물을 사유하시며 인애를 기뻐하시므로 진노를 오래 품지 아니하시나이다."(미 7:18)

진정 하나님은 선하십니다. '선하심'은 하나님의 본질 자체입니다. 하나님의 '선하심'은 최고도의 선입니다. 하나님의 모든 이름들은 바로 이 '선하심'이라는 별명에 다 함축되었다 할 수 있습니다. [13] 하나님의 모든 행사들은 '선하심'의 분출입니다. 선하심의 혜택을 입는 대상에 따라서 다양한 명칭들로 구분되는 것 뿐이지요. 하나님께서 공로 없이 선을 베푸시면 '은혜'입니다. 행한 바대로 하였거나 저주를 받았어야 마땅한 사람에게 행복을 부여하시면, 그것을 가리켜 '자비(mercy, 긍휼)'라고 합니다. 하나님의 노를 격동하는 자에게 인내하시는 경우는 '오래 참으심'이라고 표현합니다. 당신의 약속을 지키시는 경우 '진리'라고 합니다. 곤고를 당한 사람을 불쌍히 여기시면 그것을 가리켜 '불쌍하게 여기심(pity)'이라고 합니다. 곤궁한 자에게 필요를 공급하시면 '풍성함'이라고 합니다. 무죄한 사람을 주고하시는 경우를 '의'라고 합니다. 회개하는 사람을 용서하시는 때에는 그것을 '자비'라고 합니다. 이와 같이 모든 것이 바로 이 '선하심'이라는 성품에 종합되어 있습니다. 어떤 존재도 하나님처럼 베풀 수 없습니다.

"주는 선하사 선을 행하시오니." 하나님을 생각하면 금방 선하심이 생각나는 것 같이, 하나님의 선하심을 생각하면 즉시 갖고 계신 것들을 '후히 나

---

13) 하나님께서 모세의 기도, "주의 영광을 내게 보이소서."라는 기도의 응답으로 이 '선하심'을 분명하게 계시하셨다. "여호와께서 이르시되 내가 내 모든 선한 것을 네 앞으로 지나가게 하고 여호와의 이름을 네 앞에 선포하리라 나는 은혜 베풀 자에게 은혜를 베풀고 긍휼히 여길 자에게 긍휼히 베푸느니라."(출 33:18,19) 하나님께서는 당신의 그 '선하심'이 하나님의 성품을 구성하는 한 속성의 일부가 아니라 하나님의 모든 완전하심들을 응축하고 있음을 보여주신 것이다.

누어 주심(diffusiveness)'이 생각납니다. 만일 하나님이 선하지 않으시면 하나님은 더 이상 하나님이 아니십니다. 또한 당신이 가지고 계신 부요를 후히 나누어 주심이 없으신다면, 하나님은 더 이상 선하신 분은 아니십니다. 하나님께서는 필연적으로 선합니다. '선하심'의 속성은 선을 행하는 데로 기울어지는 강한 성향을 의미합니다. 선하신 속성을 가진 하나님께서는 그 선을 베푸실 대상을 찾으시거나 선을 베푸실 대상을 만드시는 성향을 갖고 계십니다. 선하신 하나님께서는 선하심을 보여주실 대상을 향하여 마음이 기울어지십니다. '선하심'의 속성 그 자체를 갖고 계신 것으로 만족하지 않습니다. 하나님께서는 당신의 '선하심'을 나타낼 대상을 보시고 어떻게 해야 그 대상에게 유익할지를 결정하십니다.

이와 같이 하나님은 본질상 선하십니다. 하나님의 본질적인 성품은 정지되어 있지 않고 활동적입니다. 하나님께서는 당신의 본질적인 성품상 부단하게 활동하십니다. "주께서 선하사 선을 행하시오니."[14]

사람이 친구에게는 고마운 마음을 얼마나 쉽게 표현합니까! 그런데도 매일 자기 하나님을 향하여 내키지 않는 정서를 갖는데 대한 분명한 이유를 가진 것 같이 행동하지 않는 자가 누구입니까? 매일 아침 하나님의 선하심이 선명하게 드러난 경우들을 헤아려도 그 수를 다 셀 수 없습니다. 특별히 아침에 우리의 필요를 채워주시는 하나님의 선하심을 보여주는 무수한 사례들을 더듬어 보고 회상하는 것은 정말 달콤한 일입니다. 다른 무엇보다 필요를 채워주시는 원천만이 아니라 그 은혜를 부어주실 때 쓰시는 도구도 주목해야 합니다.

언약의 사랑을 바라보는 관점이 생기면, 하나님의 선하심이 "예수 그리스

---

14) Charnock의 저작집 제 1권 1장 p. 581, 585,599을 참조하라. 다른 모든 것을 완성하여 영화롭게 하는 하나님의 완전한 속성의 영광에 대한 또 다른 정미한 관점을 보려면 Howe의 저작집 제 8권(1822년에 편집한) 제 8장 p. 107-114를 참조하라.

도의 얼굴에서" 더없이 밝게 빛나게 합니다(고후 4:2). 자기가 뒤로 물러가 침륜에 빠졌음을 의식하면, 성령님의 감동으로 '하나님의 선하심'을 다시 숙고하게 됩니다. 그러면 그것이 '우리로 회개케 하시려고' 하나님께서 지정하신 방편이라는 것이 드러납니다. "혹 네가 하나님의 인자하심이 너를 인도하여 회개하게 하심을 알지 못하여 그의 인자하심과 용납하심과 길이 참으심이 풍성함을 멸시하느냐."(롬 2:4) 그러므로 우리가 아무 것도 볼 수 없을 때에도 기다려야 합니다. 우리가 보는 눈을 얻게 되면, 이제까지 보지 못하였던 곳에서 무엇인가를 찾습니다. 그 속에 '선하심'이 다 섞여 있음을 발견하자마자 참된 기쁨을 얻고, 그 기쁨은 말로 다 할 수 없이 순전하고 영원합니다.

"주의 율례들로 나를 가르치소서." 우리를 둘러싼 모든 것들 속에서 우리를 행복하게 하는 자료들이 다양한 형태로 나타납니다. 마치 모래알이나 이슬방울처럼 무수합니다. 그러나 하늘에서 주시는 '가르침'이 없다면 그러한 것들이 우리를 더 비참하게 하고 더 정죄 받게 하는 소재가 됩니다. 주님께서 우리에게 주시는 것만으로는 충분하지 못합니다. 주님께서 "우리에게 당신의 율례들을 가르치셔야" 합니다. 하나님의 진리들은 '하나님의 가르치심'을 통해서만 이해됩니다. 가장 오래 배운 학자와 같은 다윗은 자기에게 이 가르침이 필요함을 인식하여 그것을 구하는 일에 가장 열심이었습니다. "세상에는 여호와의 인자하심이 충만하도다."(시 33:5) 실로 그러합니다. 그런데 우리는 그것을 완전히 무시하고 지나칠 수 있습니다. 주님의 인자하심과 선하심이 십자가 고통의 모양을 띤 여러 형태로 보일 수 있습니다. 그 여러 형태들을 바로 주님의 선하심을 비추어내는 것으로 여겨야 합니다.

우리는 '십자가'라는 말만 들어도 거기에 수반된 고통 때문에 거부감이 있습니다. 하물며 그 십자가를 진다고 생각하면 더욱 그렇습니다. 우리는 주님의 선하심에 대하여 대화를 나눕니다. 그러나 십자가를 말하면서는 불만을 표출합니다. 우리는 대놓고 시련을 싫어한다고 말하지는 않습니다. 그저 우리를 스쳐 지나가는 십자가에 대하여는 그러합니다. 그러나 그런 종류의 십자가가 아닌 다른 십자가가 있습니다. 곧 하나님의 의지나 지혜를 택하고 내 의지와 지혜를 죽이는 십자가가 있다는 말입니다.

그러므로 "주의 율례로 나를 가르치소서."라고 기도할 필요가 있지 않습니까? 그래야 인자하심의 여러 형태들이 엉켜있는 상황에서 지각을 가지고 인자하심의 다양한 경우를 우리에게 유익하게 활용할 수 있습니다. 시편 기자는 그 기도와 탄원을 앞에서 두 번이나 드렸습니다. "찬송을 받으실 주 여호와여 주의 율례들을 내게 가르치소서."(12절) "여호와여 주의 인자하심이 땅에 충만하였사오니 주의 율례들로 나를 가르치소서."(64절) "여호와는 선하시고 정직하시니 그러므로 그의 도로 죄인들을 교훈하시리로다."(시 25:8) 그런데도 시편 기자는 새로운 간절함과 열심을 가지고 그 간구를 새롭게 드립니다. 우리도 인자하심의 다른 모든 형태들이 자취를 감춘 것 같아도 오직 하나의 영광의 형태를 환영하며 이 간구를 새롭게 드리도록 합시다. "하나님이 세상을 이처럼 사랑하사 독생자를 주셨으니 이는 그를 믿는 자마다 멸망하지 않고 영생을 얻게 하려 하심이라."(요 3:16)

이 인자하심의 형식 자체 속에 완전하고 무한하신 하나님의 선하심을 비추어내는 반사경이 들어 있습니다. 그것이야말로 하나님의 선하심을 완전한 지성적 형식으로 보여준 유일한 경우라서 아무도 그것을 다른 것으로 남용하지 못하게 합니다. 그 말씀을 들으며 "주께서는 선하사 선을 행하시나이다."라는 말 말고 무슨 다른 말을 할 수 있겠습니까? 하나님께 오직 "주의 율례들로 나를 가르치소서."라고 기도하며 응답을 기다리는 것 외에 무엇을 원하겠습니까? 하나님을 보여주는 계시의 말씀을 내게 가르치소서. 하나님의 아들을 아는 지식을 내게 가르치소서. 그렇게 기도해야 합니다. 왜냐하면

"영생은 곧 유일하신 참 하나님과 그가 보내신 자 예수 그리스도를 아는 것"이기 때문입니다(요 17:3).

시 119:69
"교만한 자들이 거짓을 지어 나를 치려하였사오나
나는 전심으로 주의 법도들을 지키리이다."

주님께서 우리에게 선을 행하신다면, 사탄도 우리에게 악을 행할 것을 각오해야 합니다. 사탄은 거짓말쟁이요 거짓의 아버지로서 자기의 성품대로 행동합니다(요 8:44). 그래서 하나님 자녀들의 마음에 "거짓을 지어" 그들을 칠 준비를 항상 하고 있습니다. 그러나 하나님께서는 항상 깨어 계시며 섭리로 모든 것을 주관하시어 궁극적으로 당신의 교회의 선(善)을 위하십니다. 십자가의 고통은 진실하지 못한 자들을 놀라게 하여 정로에서 벗어나 다른 길로 가게 합니다. 그러나 하나님 백성들의 굳건한 믿음은 놀라운 능력과 승리를 기이하게 보여줍니다. 우리가 불같은 시험을 당할 때에 위로와 격려를 제공하는 진정한 기쁨의 근원은 어디에 있습니까? 마음의 시선을 눈에 보이는 감각의 대상에 주지 말고 우리의 생명이시요 본(本)이신 예수님께 집중하는 데 있습니다. 그 이유는 무엇입니까? 고난 받으시는 그리스도의 형상을 본받게 하는 모든 시험마다 우리로 하여금 그리스도를 향하여 눈을 들게 하고 그리스도의 지원(支援)을 받게 하기 때문입니다.

"교만한 자들이 거짓을 지어 나를 치려 하였사오나." 예수 그리스도께도 그런 일을 하였습니다. "대제사장들과 온 공회가 예수를 죽이려고 그를 칠 거짓 증거를 찾으매 거짓 증인이 많이 왔으나 얻지 못하더니 후에 두 사람이 와서 이르되 이 사람의 말이 내가 하나님의 성전을 헐고 사흘 동안에 지을 수 있다 하더라 하니."(마 26:59-61) "제자가 그 선생보다, 또는 종이 그 상전보다 높지 못하나니 제자가 그 선생 같고 종이 그 상전 같으면 족하도다 집주인을 바알세불이라 하였거든 하물며 그 집 사람들이랴."(마 10:24,25) "너희가 피곤하여 낙심하지 않기 위하여 죄인들이 이같이 자기에게 거역한 일을 참으신 이를 생각하라."(히 12:3)

"교만한 자들이 거짓을 지어 나를 치려 하는 일"은 언제나 일어나지요? 세상 사랑하는 정신이나 교만, 내면의 기질과 일관성 없이 겉으로 드러난 행보가 아니라면, 무엇이 복음의 원수들의 입을 열게 하며 "진리의 도가 비방을 받게" 하겠습니까?(벧후 2:2) 그런 이들이 때로 그리스도의 이름으로 우리들 중 몇몇을 치며 '입에 담지 못할 악'으로 괴롭게 하는 일을 하지 않습니까? 그런 일은 정말 안타깝습니다. 완전한 '거짓' 아니겠습니까? "나로 말미암아 너희를 욕하고 박해하고 거짓으로 너희를 거슬러 모든 악한 말을 할 때에는 너희에게 복이 있나니."(마 5:11) "만일 네 손이나 네 발이 너를 범죄하게 하거든 찍어 내버리라 장애인이나 다리 저는 자로 영생에 들어가는 것이 두 손과 두 발을 가지고 영원한 불에 던져지는 것보다 나으니라."(마 18:7)

세상이 그리스도를 비방해도, 우리는 요동하지 않고 믿는 도리를 굳게 잡아야 합니다. 왜냐하면 "약속하신 이는 미쁘시기" 때문입니다(히 10:23). 만일 그리스도께서 약속은 하셨지만 그 약속을 이행하는 면에서 믿을 만하지 못하면, 십자가를 지는 것과 같은 고난이 찾아올 때 일관성 있게 참아낼리가 없습니다. 하나님과 세상을 겸하여 섬김으로 마음이 분열되어 있는 사람은 그 마음이 오류로 인하여 더러워지고 뒤로 물러가는 자로 발견됩니다. "그들이 두 마음을 품었으니 이제 벌을 받을 것이라 하나님이 그 제단을 쳐서 깨뜨리시며 그 주상을 허시리라."(호 10:2) "이 모든 일이 있어도 그의 반역한 자매 유다가 진심으로 내게 돌아오지 아니하고 거짓으로 할 뿐이니라 여호와

의 말씀이니라."(렘 3:10)

"전심으로 주의 법도들을 지키는 사람"만이 신앙고백을 드높이고, 그런 믿음만이 경건하지 않은 세상을 놀라게 하며, 하나님의 약속들의 온전한 범주를 인식하게 합니다. 그런 '전심'만이 즐거움의 물결을 영혼 속에 조수처럼 들입니다. 하나님의 큰 원수 사탄이 쉬지 않고 일을 벌여 우리를 대적하고 거짓을 지어 악인들이 우리를 미워하게 합니다. 그러나 "전심으로 주의 법도들을 지키는 이들의 마음"은 그런 악한 원수의 모든 악독을 용솟음치는 즐거움의 물결로 이겨내게 합니다.

그러나 믿는 자들이여, 잊지 말아야 합니다. 우리에게 교만한 자들의 악의에 찬 대적으로 보이는 징표들이 있다면 어떻게 해야 할까요? 하나님 아버지께서 우리를 사랑하시어 징계하시는 사랑의 매로 받아야 합니다. 아버지의 징계의 열매는 매일 죄를 죽이는 일로 나타납니다. 징계의 때에 우리는 고난을 이기게 하는 복음의 은혜의 역사를 맛보고, 그리스도의 형상을 따라 자랍니다. 징계로 말미암아 우리는 어떤 방해도 받지 않는 사랑으로 충만한 영원한 나라에 합당한 자로 점진적으로 자라게 됩니다.

시편 119:70
"그들의 마음은 살져서 기름덩이 같으나
나는 주의 법을 즐거워하나이다."

"그들의 마음은 살져서 기름덩이 같으나." 이 대목은 "거짓을 지어 믿는 자들을 치는 교만한 자들"의 완고한 마음의 상태를 얼마나 무섭게 묘사합니까! 그런데 이 대목의 묘사는 두드러지게 교만한 자들의 마음 상태만을 그린 것이 아닙니다. 하나님께 고의로 대항하여 거역하는 특징을 보이는 모든 죄인의 마음 상태를 보여줍니다. 전능하신 이의 공의로운 매를 맞은 그들의 마음이 어찌나 무감각한지 산같이 무거운 죄의 무게와 죄책감이 전혀 느껴지지 않으니 참 안타까운 일입니다! 그들의 마음은 "화인(火印) 맞아" 하나님께 버림받았습니다(딤후 4:2). 그러므로 느낌도 없고 자극도 없습니다. "그들이 감각 없는 자가 되어 자신을 방탕에 방임하여 모든 더러운 것을 욕심으로 행하되."(엡 4:19) 단순한 말의 능력으로도 부드러워지지 않습니다. 하나님의 섭리의 매와 경륜을 통해 깨달음을 얻어도 겸손해지지 않습니다. 그래서 모든 영들을 심판하시는 마지막 추수 때까지 그 상태로 포기된 상태입니다!

그러나 그들이 양심의 소리를 막으려고 해도 소용 없습니다. 지옥을 없애 버릴 정도의 능력과 계책이 있다면 몰라도 말입니다. 그들을 향한 하나님의 무서운 심판만 남았습니다. 그 하나님의 진노는 마치 "잠들었던 거인이 포도주로 원기를 돋운 다음에 깨어 일어나는 일"과 같을 것입니다. "그의 대적들을 쳐 물리쳐서 영원히 그들에게 욕되게 하셨도다."(시 78:66) 그 진노의 세력은 영원 세계에서는 열 배나 무서울 것입니다. 잠시 진노의 세력을 막아 제어하는 것 같아 보여도 금방 힘을 잃고 맥이 풀릴 것입니다. 복음의 빛과 성령의 역사들을 거역하는 고의적인 악독은 사랑의 하나님으로부터 법정적 포기의 메시지를 듣지 않을 수 없습니다. "여호와께서 이르시되 가서 이 백성에게 이르기를 너희가 듣기는 들어도 깨닫지 못할 것이요 보기는 보아도 알지 못하리라 하여 이 백성의 마음을 둔하게 하며 그들의 귀가 막히고 그들의 눈이 감기게 하라 염려하건대 그들이 눈으로 보고 귀로 듣고 마음으로 깨닫고 다시 돌아와 고침을 받을까 하노라."(사 6:9,10)

그러니 우리가 늘 암송하는 공기도의 내용을 하나님께 울부짖어 올리지 않을 수 없습니다. "마음의 완고함과 주의 말씀과 계명을 멸시하는 생각에서 우리를 건져 주옵소서!"(공기도의 탄원 대목에 있음) 그런데 그 사람에게서 부드러운 마음이 나온다 함은 은혜의 주님께서 그들에게 접촉하셨음을 보여 주는 첫 번째 표지입니다. 그 때는 마음이 둔하여 감각을 잃었음을 알고 자기 죄를 깊이 회개하고 완악함을 제거할 방책을 찾게 됩니다. 제롬(Jerome)은 친구에게 보낸 편지에서 이렇게 말하였습니다. "어느 것을 보아도 내 마음이 슬픔을 느끼지 못하는 것보다 더 슬픈 것이 없다(Nothing makes my heart sadder, than that nothing makes it sad)." 그러나 "자기 마음에 재앙을 깨닫고"(왕상 8:38) 그 실상을 고백하고 겸손하게 기도할 때가 있습니다. 바로 그 때를 위하여 마치 죽은 자 가운데서 살아나는 것 같은 '새 마음'을 주실 것이라는 하나님의 약속이 있습니다. "또 새 영을 너희 속에 두고 새 마음을 너희에게 주되 너희 육신에서 굳은 마음을 제거하고 부드러운 마음을 줄 것이며."(겔 36:26)

이 약속의 은택을 누리는 자는 "주의 법을 즐거워" 합니다. 때로 이것이 본성적 부패의 압도적인 세력으로 하여금 "사망에서 생명으로 옮겨진" 변화를 만족스럽게 증거하는 증인이 되게 합니다.

그리스도인이여! 그대는 매일 경건치 않은 이들의 곤고한 상태를 목격하면서 '나도 그런 상태였는데 나를 거기서 살리신 하나님의 사랑'을 생각하고 겸손해지지 않습니까? 나같이 비열한 존재를 영광의 하나님께서 사랑하시다니 그 주권적 은혜의 기이함이여! "긍휼이 풍성하신 하나님이 우리를 사랑하신 그 큰 사랑을 인하여 허물로 죽은 우리를 그리스도와 함께 살리셨고(너희는 은혜로 구원을 받은 것이라)."(엡 2:4,5) 감각이 없는 내 마음을 살리시고 "주의 법을 즐거워하게 하여" 하나님의 사랑하시는 아들의 형상을 본받아 나아가게 하시다니, 그 전능하신 능력의 영광이여! "나의 하나님이여 내가 주의 뜻 행하기를 즐기오니 주의 법이 나의 심중에 있나이다 하였나이다."(시 40:8) 나는 자신을 깊이 혐오하나이다. 일만 사람이 마음을 하나로 결속해도 나로 하여금 값없이 베풀어주신 하나님의 사랑을 다시 인식하게 하기는 어림도 없음을 나는 아나이다. 오! "내게 주신 모든 은혜를 내가 여호와께 무엇으로 보답할까."(시 116:12)

아직도 사망의 잠을 자는 이들을 위하여 기도하십시오. 사망의 상태에서 살리심을 받은 나의 복을 크게 자랑하십시오. 나로 하여금 생명을 가지고 숨 쉬게 하고 심장의 고동이 뛰게 하고 느끼게 하고 활동하게 하는 것이 무엇입니까? "생기야 사방에서부터 와서 이 죽음을 당한 자에게 불어서 살아나게 하라 하셨다 하라."(겔 37:9)

"그들의 마음은 살져서 기름덩이 같으나 나는 주의 법을 즐거워하나이다." 시편 기자의 이 고백을 우리의 것으로 삼읍시다. 매일 자신을 검증하는 도구로 사용하기도 하고, 육신의 본성 가운데서 영적인 무감각에 처해 있다가 "하나님의 율법을 즐거워하는" 새로운 마음의 상태로 들어오게 하신 하나님의 은혜의 영광을 찬미하는 이유로 사용하기도 합시다. 이 말씀을 우리를 검증하는 도구로 삼으면, 새롭게 된 영혼들에게도 마음을 새롭게 변화시켜 부드럽게 하시는 하나님 은혜의 감동이 얼마나 긴요한지 새롭게 인식하게 됩니다. "죄의 유혹으로 완고하게 되는 일"의 원인이 되는 우리의 본래 성품을 생각해 보십시오(히 3:13). 그것은 "기름덩이 같이" 살져서 느끼지 못하고 진리에 대한 인상(印象)을 가질 수 없습니다. 하나님과 절연(絶緣)된 상태의 마음이 그러합니다. 오, 주여! 제 마음이 하루 한 시간도 마음을 녹이는 하나님의 사랑의 힘을 상실하지 않게 하옵소서. 그 힘이 저로 하여금 처음 느낌을 갖게 하며 하나님 사랑의 강권함을 거절하지 못하게 하였나이다.

시편 119:71

"고난 당한 것이 내게 유익이라
이로 말미암아 내가 주의 율례들을 배우게 되었나이다."

내가 경건치 않은 이들과 어떤 차이가 있는지 생각해 봅시다. 본래 나는 천성적으로 아무 것도 느낄 수 없었으나 은혜의 감화를 받고 변하였습니다. 그래서 이전에는 "이상한 일"로 여겨[15] 등한시 했던 "하나님의 법"을 즐거워하게 되었습니다. 이렇게 내 마음을 부드럽게 하는 변화의 일을 '고난의 학교(school of affliction)'에서 겪었습니다. 그러니 주님, 저로 하여금 감사히 고백하게 하옵소서. **"고난당한 것이 내게 유익이라."**

주님께서 세우신 학자들이 아니면 아무도 이 학교의 교훈의 은택을 알 수 없습니다. 그 학교에서 처음 받는 수업은 주로 마음을 때리고 찌르는 말씀의 권능을 맛보는 내용입니다. 그런데 바로 그 과목이 즐거운 선(善)을 이룹니다(행 2:37-41 ; 16:27-34).[16] 그 후에 주어지는 모든 특별 과목들은 아마도 이 '고난의 학교'에서 배울 것입니다. "혹시 그들이 족쇄에 매이거나 환난의 줄에 얽혔으면 그들의 소행과 악행과 자신들의 교만한 행위를 알게 하시고 그들의 귀를 열어 교훈을 듣게 하시며 명하여 죄악에서 돌이키게 하시나

---

15) "내가 그를 위하여 내 율법을 만 가지로 기록하였으나 그들은 이상한 것으로 여기도다."(호 8:12)

16) "그들이 이 말을 듣고 마음에 찔려 베드로와 다른 사도들에게 물어 이르되 형제들아 우리가 어찌 할꼬 하거늘 베드로가 이르되 너희가 회개하여 각각 예수 그리스도의 이름으로 세례를 받고 죄 사함을 받으라 그리하면 성령의 선물을 받으리니 이 약속은 너희와 너희 자녀와 모든 먼 데 사람 곧 주 우리 하나님이 얼마든지 부르시는 자들에게 하신 것이라 하고 또 여러 말로 확증하며 권하여 이르되 너희가 이 패역한 세대에서 구원을 받으라 하니 그 말을 받은 사람들은 세례를 받으매 이 날에 신도의 수가 삼천이나 더하더라."(행 2:37-41)
"간수가 자다가 깨어 옥문들이 열린 것을 보고 죄수들이 도망한 줄 생각하고 칼을 빼어 자결하려 하거늘 바울이 크게 소리 질러 이르되 네 몸을 상하지 말라 우리가 다 여기 있노라 하니 간수가 등불을 달라고 하며 뛰어 들어가 무서워 떨며 바울과 실라 앞에 엎드리고 그들을 데리고 나가 이르되 선생들이여 내가 어떻게 하여야 구원을 받으리이까 하거늘 이르되 주 예수를 믿으라 그리하면 너와 네 집이 구원을 받으리라 하고 주의 말씀을 그 사람과 그 집에 있는 모든 사람에게 전하더라 그 밤 그 시각에 간수가 그들을 데려다가 그 맞은 자리를 씻어주고 자기와 온 가족이 다 세례를 받은 후 그들을 데리고 자기 집에 올라가서 음식을 차려 주고 그와 온 집안이 하나님을 믿으므로 크게 기뻐하니라."(행 16:27-34)

니."(욥 36:8-10)

이와 관련하여 루터(Luther)의 말을 들어 보십시오. "고난을 당하기 전에
는 하나님 말씀의 의미를 안 적이 없었다. 그 이후 나는 항상 고난이야말로
내 가장 훌륭한 몽학선생들 중에 하나라고 여겨왔다."[17] 이 가르침은 사람
을 거룩하게 하시려고 지게 하시는 십자가와 악에 대한 징치로 지게 하시는
십자가를 구별합니다. 그리고 많은 어려운 본문을 설명하고, 많은 보배로운
약속들을 인칩니다. 징계의 매가 말씀의 깊은 의미를 해설하여 줍니다. 신적
교사이신 성령께서 두 십자가 모두를 효과적으로 적용하여 가르쳐주십니다.

그러나 이 '연단'의 문제를 논의하기 위해 이 말씀의 의미와 신령한 복락에
속한 많은 것을 미루어 두어야겠습니다. 하나님의 약속이 어떤 상황에서 주
어졌는지를 알지 못한 채 하나님의 약속을 경험하여 아는 일이 어떻게 가능
하겠습니까? 예를 들어, 고통의 날에 은혜로운 말씀이 담고 있는 충만한 자
비하심을 어떻게 이해하겠습니까? "환난 날에 나를 부르라 내가 너를 건지리
니 네가 나를 영화롭게 하리로다."(시 50:15)

"이로 말미암아 내가 주의 율례들을 배우게 되었나이다." 단순히 사람이 이
말씀의 교훈을 가르쳐 주는 것 보다 이렇게 체험적으로 이 말씀을 배우는 것
이 얼마나 더 낫습니까! 우리는 성경이라는 복된 책을 더 분명하게 이해하고
관심을 갖게 하시는 하나님의 은혜를 기도로 구하여야 합니다. 또한 말씀의
능력이 우리 마음에 더욱 깊이 체험될 수 있는 은혜를 기도로 구할 때 우리도

---

17) 그는 어느 날 자기 친구(Justin Jonas)에게 보낸 편지에서 그 전날 아침에 있었던 이상한 시험을 언급하였다. "조나 박사, 나는
그 시험을 받은 날을 표해 두어야겠어. 나는 어제 그 학교에서 수업을 받은 셈이지." 그는 어느 저작에서 '고난(affliction)'을 '그리스
도인들의 신학'이라고 정확하게 지적하였다. 같은 견해를 저 학식있고 연단을 받은 하나님의 성도 프랑스 사람이 피력하였다. Revet
박사는 자기 생애의 고난의 마지막 날들에 대하여 하나님께 이렇게 아뢰었다. "주님께서 저를 찾아오신 이 열흘 동안은 제가 살았던
이전 50년 동안 제가 행한 일 보다 더 큰 일을 하게 하셨나이다. 주님께서 저로 하여금 제 자신을 돌아보게 하셨나이다. '제가 고난
을 당하기 전에는 방황하며' 살았나이다. 그러나 이제 하나님의 학교에서 친근하게 배우게 되었나이다. 저는 참으로 많은 시간을 허비
하면서 책들을 읽어 다른 박사들이 가르치는 바를 들었습니다. 그러나 그들과는 다른 방식으로 저를 가르치셨습니다."(Middleton's
Biog. Evan. iii. 248)

알지 못하는 사이에 우리를 징계하시는 하나님 아버지의 사랑의 매를 주십사 하고 간구하는 셈이라는 것도 알아야 합니다. 왜냐하면 하나님께 "사랑의 징계의 매를 맞는 사람"이 바로 "주의 율례를 배우는 사람"이기 때문입니다. 18)

베드로는 변화산상에 있을 때에, "주여 우리가 여기 있는 것이 좋사오니 우리가 초막 셋을 짓되 하나는 주를 위하여, 하나는 모세를 위하여, 하나는 엘리야를 위하여 하사이다."라고 아뢰었습니다. 여기 안위와 즐거움과 밝은 해를 누리며 거하자고 제안한 것입니다. 그러나 그리스도의 생애와 역사를 거룩하게 기록한 누가는 이렇게 부연합니다. "자기가 하는 말을 자기도 알지 못하더라."(눅 9:33) 다윗이 "고난당한 것이 내게 유익이라."고 판단한 것은 베드로의 말보다 더 낫습니다. 우리는 주님의 음성에 귀를 기울이지 않는 잘못을 얼마나 자주 범합니까. 소알 성으로 급히 달려 나가지 않고 멈추어 서서 놓고 온 소돔을 뒤돌아보는 일이 얼마나 잦은지요! 창세기 19:17-23의 말씀을 참조하십시오. 그러다가는 우리의 자유를 만끽하느라고 금방 멸망 길로 들어서게 됩니다. 안타깝습니다! "생활의 염려로 마음이 둔하여져"(눅 21:34) 기도의 정신을 꺼버리는 경우가 얼마나 잦은지요. 우리가 합법적으로 누릴 위로라며 너무 과하게 여기거나, 기독교 신앙고백에 걸맞지 않은 혈기를 내거나 육체의 부적절한 자신감으로 인하여 때에 맞게 드려야 할 기도의 영이 꺼져 버리곤 합니다. 우리 마음이 믿음의 정진을 멈추고 그렇게 뒤로 물러가려는 때에, 우리를 은혜롭게 연단하시는 주님의 방식을 우리에게 베푸시는 최상의 자비로 여겨야 합니다. 주님께서는 그 은혜로 말미암아 십자가와 같은 고난의 짐을 지게 하시어 **"주님의 율례를 배우게"** 하십니다.

---

18) 시편 94:12의 말씀을 주목해 보라. "여호와여 주로부터 징벌을 받으며 주의 법으로 교훈하심을 받는 자가 복이 있나니." 이 구절의 70인경 헬라역본을 보면, '징계를 달게 받는 것'을 표현하는 어휘로 παιδια를 채용하였다(70인경 히브리서 12:5에서도 그 어휘를 채용하였다). 그 점이 주목할 만하다. 그 어휘는 문자 그대로 어린이가 유익한 지식을 배우기 위해서 훈련받는 교육과정을 나타낼 때 쓰인다. 그런데 어린이가 교육을 받을 때 징계가 없이는 그 교육효과가 거의 나타나지 않는다. 그러니 그 어휘는 어린이가 보통 교육에 직접 참여하여 훈련 받는 것을 가리킨다.

"고난당한 것이 내게 유익이라 이로 말미암아 내가 주의 율례들을 배우게 되었나이다." 빛을 받지 못한 사람에게는 이 말씀의 논리가 억지 소리로 들릴 것입니다. 그런 사람은 '고난'을 오직 슬픔거리로만 여길 것입니다. "여러 가지 시험을 만나거든 온전히 기쁘게 여기라."(약 1:2)라고 하셨는데도 말입니다. 그런 사람은, '내가 고난당한 것이 내게 전혀 유익이 없다. 주님의 증거는 선하지 않고 악하다.'라는 식의 반응을 보일 것입니다. 우리가 앞에서 지적한 바와 같이, 하나님의 자녀들도 징계의 매로 예리한 아픔을 겪을 때 항상 말씀을 붙드는 것은 아닙니다. 사람들이 일반적으로 생각하는 '행복의 그림'은 고통에서 완전하게 자유로운 상태입니다. 그러나 성경이 말하는 행복은 그런 것이 아닙니다. "볼지어다 하나님께 징계 받는 자에게는 복이 있나니 그런즉 너는 전능자의 징계를 업신여기지 말지니라."(욥 5:17) 고통이 다 제거되어 환난이 지나가면 하나님의 판단이 얼마나 진리인지 밝혀지게 됩니다. "야곱의 불의가 속함을 얻으며 그의 죄 없이함을 받을 결과는 이로 말미암나니 곧 그가 제단의 모든 돌로 부숴진 횟돌 같게 하며 아세라와 태양상이 다시 서지 못하게 함에 있는 것이라."(사 27:9) 따라서 우리의 참된 행복을 무너뜨린 것이 아니라 더욱 안전하고 견고하게 구축해 준 결과를 맞게 하신 하나님을 찬미하게 됩니다!

그러니 우리는 참된 '선(善)'의 표준을 우리의 망상이나 욕심에 따르지 말고 정반대의 것을 따라서 결정해야 합니다. '모든 좋은 것'을 약속하시는 하나님의 말씀이 이루어지는 것은 '고난의 잔이 가득 참'을 통해서입니다. "젊은 사자는 궁핍하여 주릴지라도 여호와를 찾는 자는 모든 좋은 것에 부족함이 없으리로다… 의인은 고난이 많으나 여호와께서 그의 모든 고난에서 건지시는도다."(시 34:9,10) 현재의 악이 '합력하여 궁극적인 선'을 이룰 수 있습니다. "우리가 알거니와 하나님을 사랑하는 자 곧 그의 뜻대로 부르심을 입은 자들에게는 모든 것이 합력하여 선을 이루느니라."(롬 8:28) "이스라엘의 하나님 여호와께서 이와 같이 말씀하시니라 내가 이 곳에서 옮겨 갈대아인의 땅에 이르게 한 유다 포로를 이 좋은 무화과 같이 잘 돌볼 것이라."(렘 24:5) 하나님께서 우리에게 당신의 방식대로 하시게 하십시오. "여호와의 말씀이니라 너희를 향한 나의 생각을 내가 아나니 평안이요 재앙이 아니니라 너희에게 미래와 희망을 주는 것이니라."(렘 29:11) "도리어 내가 이 말을 하므로 너희 마음에 근심이 가득하였도다 그러나 내가 너희에게 실상을 말하노니 내가 떠나가는 것이 너희에게 유익이라 내가 떠나가지 아니하면 보혜사가 너희에게로 오시지 아니할 것이요 가면 내가 그를 너희에게로 보내리니."(요 16:6,7) 하나님께서 언약하신 것을 가지고 하나님의 약속을 해석합시다(창 32:10-12 참조)[19] 하나님의 목적에 따라서 하나님이 이루시는 방편을 해석해야 합니다. "보라 인내하는 자를 우리가 복되다 하나니 너희가 욥의 인내를 들었고 주께서 주신 결말을 보았거니와 주는 가장 자비하시고 긍휼히 여기시는 이시니라."(약 5:11) 그러니 우리는 주님의 매를 맞고 아프다고 파리해질 것이 아니라 그 징계의 매가 바르게 선용되기를 간절히 바랄 것입니다.

여러분이 이 고난의 학교에서 이미 배운 교과목들을 후회합니까? 아니면 너무 비싼 대가를 치르고 샀다는 생각이 듭니까? 여러분이 죄를 진실로 회개하느라고 마치 피를 흘리는 것 같은 고통을 겪은 나머지 몸도 상하여 의사에게 치료를 받아야 할 정도가 된 것이 슬픕니까? 그런 방식 말고 달리 하나님의 사랑을 아는 부요한 지식을 얻을 수는 없었습니까? 아니면 하나님의

---

19) "나는 주께서 주의 종에게 베푸신 모든 은총과 모든 진실하심을 조금도 감당할 수 없사오나 내가 내 지팡이만 가지고 이 요단을 건넜더니 지금은 두 떼나 이루었나이다 내가 주께 구하오니 내 형의 손에서, 에서의 손에서 나를 건져내시옵소서 내가 그를 두려워함은 그가 와서 나와 내 처자들을 칠까 겁이 나기 때문이니이다 주께서 말씀하시기를 내가 반드시 네게 은혜를 베풀어 네 씨로 바다의 셀 수 없는 모래와 같이 많게 하리라 하셨나이다."(창 32:10-12)

뜻에 순종하도록 그처럼 은밀한 방식으로 연단받은 것이 후회스럽습니까? 예수님처럼 마음을 써야 합니다. "그가 아들이시면서도 받으신 고난으로 순종함을 배워서."(히 5:8) 무엇 때문입니까? "오히려 너희가 그리스도의 고난에 참여하는 것으로 즐거워하라 이는 그의 영광을 나타내실 때에 너희로 즐거워하고 기뻐하게 하려 함이라."(벧전 4:13) 하나님께 감사하는 마음으로 그리스도를 본받는다는 증거와 열매로 순종함을 배우게 하시려고 그리 하신 것입니다.

주님께서는 우리를 모든 환난과 고난 중 가장 큰 것에서 구원하십니다. 곧 고난 중에 아주 길을 잃어버리는 악에서 우리를 건지신다는 말입니다. 여로보암의 일을 주목하세요. "여로보암이 이 일 후에도 그의 악한 길에서 떠나 돌이키지 아니하고 다시 일반 백성을 산당의 제사장으로 삼되 누구든지 자원하면 그 사람을 산당의 제사장으로 삼았으므로 이 일이 여로보암 집에 죄가 되어 그 집이 땅 위에서 끊어져 멸망하게 되니라."(왕상 13:33,14) "이 아하스 왕이 곤고할 때에 더욱 여호와께 범죄하여."(대하 28:22) "예루살렘아 너는 훈계를 받으라 그리하지 아니하면 내 마음이 너를 싫어하고 너를 황폐하게 하여 주민이 없는 땅으로 만들리라."(렘 6:8) "자주 책망을 받으면서도 목이 곧은 사람은 갑자기 패망을 당하고 피하지 못하리라."(잠 29:1) 고난당할 때에 두려워 떨며 회개하고, 깨어 기도하며, "자기들을 치시는 자에게로" 돌아오십시오.(사 9:13)

오, 영원한 아버지 하나님의 보좌 주위에 둘러선 헤아릴 수 없이 많은 이들 중에서 한 사람이라도, "고난(환난)당한 것이 내게 유익이라 이로 말미암아 내가 주의 율례들을 배우게 되었나이다."라고 고백하지 않을 이가 있겠습니까? "장로 중 하나가 응답하여 나에게 이르되 이 흰 옷 입은 자들이 누구며 또 어디서 왔느냐 내가 말하기를 내 주여 당신이 아시나이다 하니 그가 나에게 이르되 이는 큰 환난에서 나오는 자들인데 어린 양의 피에 그 옷을 씻어 희게 하였느니라."(계 7:13,14)

시편 119:72
"주의 입의 법이 내게는 천천 금은보다 좋으니이다."

다윗은 이와 같이 '환난(고난)'의 유익을 주님 앞에 아뢸 수 있었습니다. 그러면서 "하나님의 율례들" 속에 "천천 금은보다 더 좋은 것이 있다."는 것을 배웠습니다. 실로 다윗은 "하나님의 입의 법"의 아주 적은 부분을 가지고 있으면서도 더불어 이 세상 보화의 큰 부분을 가진 자였습니다. 그는 빛을 받아 그런 것을 판단할 수 있는 지각을 가지고 있었습니다. 그런데 우리가 이 "주님의 입의 법"의 중요한 용도와 특권들을 알 목적으로 '다윗의 시편'[20]을 연구하고, '천천 금은'의 참된 가치를 발견하기 위해서 다윗의 아들 솔로몬이 기록한 '전도서(Ecclesiastes)'를 함께 연구한다고 합시다. 특히 전도서 5:9-20과 6:1,2를 연구한다고 합시다. 그러면 성령님의 가르치심으로 우리는 천천 금은의 진정한 가치를 판단하게 될 것입니다. 이렇게 생각해 봅시다. 땅의 면적이 너무나 작아 당장 보기에는 수에 칠 가치가 없겠지만, 땅의 표면을 조금 파 내려가니 그 아래 보배로운 가치를 지닌 광석이 무궁무진하게 묻혀 있음이 밝혀졌다고 합시다. 그러면 그 작은 땅은 "천천 금은"의 가치가 나간다고 평가되겠지요? 다윗의 고백이 값으로 따지기 힘들 정도의 가치가 있는 이유가 바로 이 때문입니다.

믿는 자들이여, 여러분은 수전노가 자기의 '천천 금은'의 가치를 헤아리고

---

20) 흔히 구약 시편을 '다윗의 시'라고 부르기도 한다. - 역자 주

기뻐하는 것보다 더한 즐거움으로 "주의 법이 내게는 좋으니이다."라고 큰 소리로 외쳐 고백할 수 있겠습니까? 여러분의 창고에 쌓인 '천천 금은'을 세어 보는 헛된 일을 위해 수고한 이후에, 그 옆에 단 하나의 명사형으로 표현된 가치, 곧 "측량할 수 없는 그리스도의 풍성함(the unsearchable riches of Christ)"(엡 3:8)을 놓아 보십시오. 다윗이 알게 된 "주의 입의 법"이 그와 같습니다. 그것은 "감추인 보화를 가진 밭"이요, "극히 값진 진주 하나"가 들어 있는 보고(寶庫)입니다(마 13:44-46).

그러므로 여러분에게 "천천 금은"을 주어도 '성경 한 면'을 내어 주지 마십시오. 여러분은 '실체(substance)'를 가지고 있습니다. 다른 모든 것은 그에 비하면 곁가지에 불과합니다. 우리 구주께서 말씀하십니다. "나는 정의로운 길로 행하며 공의로운 길 가운데로 다니나니 이는 나를 사랑하는 자가 재물을 얻어서 그 곳간에 채우게 하려 함이니라."(잠 8:20,21) '성경을 자세하게 연구'하는 큰 이유는 바로 "성경이 그리스도를 증거"하기 때문입니다. "너희가 성경에서 영생을 얻는 줄 생각하고 성경을 연구하거니와 이 성경이 곧 내게 대하여 증언하는 것이니라."(요 5:39) 죄인은 오직 한 가지, 구주가 필요합니다. 믿는 자의 오직 한 가지 소원은 "그리스도를 알고 얻는 것" 뿐입니다. "또한 모든 것을 해로 여김은 내 주 그리스도 예수를 아는 지식이 가장 고상하기 때문이라 내가 그를 위하여 모든 것을 잃어버리고 배설물로 여김은 그리스도를 얻고 그 안에서 발견되려 함이니."(빌 3:8,9) 그러므로 우리 믿는 자들은 오직 하나만 보는 '청결한 마음의 눈'으로 오직 한 요점만을 주목하며 이 복된 책 성경을 연구합니다. "우리가 다 수건을 벗은 얼굴로 거울을 보는 것 같이 주의 영광을 보매…"(고후 3:18) 어느 수학자가 주님의 영광의 값을 계산해 낼 수 있겠습니까? 믿는 자에게는 주님의 영광이 지상의 모든 보화와 비교할 수 없이 '더 좋습니다.'

"주의 입의 법이 내게는 천천 금은보다 좋으니이다." 그리스도인이여, 하나님의 책을 최고로 즐거워한다고 간증하십시오. 여러분은 많은 지성적 관심과 견고한 교훈을 바라고 이 책을 겉핥기식으로 읽었습니다. 그러나 구주의 계시와 계명과 약속과 길 안에서 발견한 기쁨이 이렇게 소리쳐 외치게 합니다. "여호와를 경외하는 도는 정결하여 영원까지 이르고 여호와의 법도 진실하여 다 의로우니 금 곧 많은 순금보다 더 사모할 것이며 꿀과 송이꿀보다 더 달도다."(시 19:9,10) 그렇습니다. 실로 그리스도 예수님께 집중되어 있는 성경의 모든 약속과 선언은 다 진주와 같습니다. 하나님의 말씀인 성경은 이러한 보배롭고 값진 진주들로 가득 차 있습니다. 가장 좋고 가장 큰 보배를 다 가진 자들이 정말 가장 큰 부자라고 한다면, 세상을 다 소유한 자들도 가장 탁월한 부자라고 할 수는 없습니다. 오로지 하나님의 말씀을 모두 마음에 소유한 자들이 가장 큰 부자입니다. "그리스도의 말씀이 너희 속에 풍성히 거하여 모든 지혜로 피차 가르치며 권면하고 시와 찬송과 신령한 노래를 부르며 감사하는 마음으로 하나님을 찬양하고."(골 3:16) 하늘에 속한 이런 보화로 부요한 자들이 바로 진정한 의미의 실질적인 소유를 가진 자들입니다.

정말 그렇습니다. 이 세상의 보화 보다도 "주의 입의 법이 좋다."는 것이 하나님의 율법의 가치에 대한 바른 평가입니다. 다윗에게도 그러하였는데 우리 각자 '내게도' 그러한지 자문해야 합니다. 내가 최고의 가치로 여겨 선택할 것이 바로 "주의 입의 법"입니다. 하나님의 법이 가진 최상의 가치를 말하지만 깊은 생각 없이 입으로만 고백하는 이들이 얼마나 많습니까. 그런 이들은 세상에 있는 별로 가치가 없는 것에 대한 관심을 끊지 못하고 머뭇거립니다. 그러니 우리 스스로에게 물어야 합니다. '정말 세상의 모든 이익보다 하나님의 입의 법을 더 낫게 여기는 일이 몸에 배었는가? 모든 이기적인 생각을 버릴 각오가 되어 있는가?[21] 그렇게 하는 것만이 마음을 하나님의 책에 더 가까이 하는 방법이라 여겨 그렇게 할 준비가 되어 있는가?'

하나님의 사람 다윗의 이 선언에 찬성할 수 있다면 그리스의 수학자요 물리학자인 아르키메데스(Archimedes, B.C 287(?)-212)보다 더 영광스런 발견을 한 것입니다. 세상에는 큰 부(富)를 소유했음에도 불구하고 그것으로 인한 마음의 즐거움이 전혀 없는 사람들이 있습니다. 그들은 실상 거지입니다. 그런데 교회 안에도 손에 성경은 들고 있지만 그 속에 있는 '측량할 수 없는 풍성'에 대한 속 깊은 관심은 없는 이들을 더 자주 발견합니다.

또 어떤 이들은 하나님의 입에서 나온 '전체 율법'이나 계시 전체가 다 가치 있다고 여기지 않습니다. 어떤 부분을 지나치게 높여 나머지 부분은 평가 절하하곤 합니다. 그러나 우리가 꼭 기억해야 할 것은 "성경 전체가 하나님의 영감으로 주어졌다."는 사실입니다. "모든 성경은 하나님의 감동으로 된 것으로 교훈과 책망과 바르게 함과 의로 교육하기에 유익하니 이는 하나님의 사람으로 온전하게 하며 모든 선한 일을 행할 능력을 갖추게 하려 함이라."(딤후 3:16,17)

오! 하잘 것 없는 것으로 만족하고 안연해 하지 않도록 조심하세요. 기도와 열심은 '새 것과 옛 것' 모두를 새롭게 하며 더 밝고 빛나게 할 것입니다. 건성으로 겉만 핥고 지나가면 정말 의미가 없습니다. 땅 밑을 파고 들어가면 그 땅이 가진 부요를 만나게 됩니다. 그러나 땅의 어떤 광맥도 한없이 무궁무진하지는 않습니다. 우리가 기도와 묵상을 통하여 매일 정금 한 조각을 모으기만 해도 정말 부자가 될 것입니다. 그러나 여러분이 '하나님의 법도'

---

21) 유대의 랍비가 '회당이 없는' 어느 곳에 정착하면 돈을 벌 수 있겠다는 유혹을 받았을 때 바로 이 구절의 말씀을 생각하고 이겨냈다고 한다(Poli Synopsis - in loco) 하물며 그리스도인이라고 하면서 '자기 거주의 경계'를 정할 때에 항상 구주 예수님의 법칙을 주목하지 않으면 마땅히 책망을 받아야 한다. "너희는 먼저 그의 나라와 그의 의를 구하라 그리하면 이 모든 것을 너희에게 더하시리라."(마 6:33)

안에서 진보하고 평안을 누리는 것을 귀하게 여기면, 다른 말로 그리스도인으로서 온전함을 이루려는 목적에서 시선을 떼지 않는다면 파멸을 가져오는 생각을 내던지게 됩니다. 그런 자세는 연약한 자들을 격려합니다. "작은 일의 날이라고 멸시하는 자가 누구냐 사람들이 스룹바벨의 손에 다림줄이 있음을 보고 기뻐하리라 이 일곱은 온 세상에 두루 다니는 여호와의 눈이라 하니라."(슥 4:10) 그런 자세를 견지하면 '적은 지식만 가지고도 천국에 가는 데는 충분하다.'는 것을 구실로 삼아 게으름을 피우는 거짓된 생각도 불식하게 됩니다. "게으른 자는 마음으로 원하여도 얻지 못하나 부지런한 자의 마음은 풍족함을 얻느니라."(잠 13:4)

주여, 저를 도우사 주님의 입에서 나오는 '법'을 귀하게 여기게 하소서. "이러므로 우리가 하나님께 끊임없이 감사함은 너희가 우리에게 들은 바 하나님의 말씀을 받을 때에 사람의 말로 받지 아니하고 하나님의 말씀으로 받음이니 진실로 그러하도다 이 말씀이 또한 너희 믿는 자 가운데에서 역사하느니라."(살전 2:13) 주의 입에서 나오는 주의 법을 제 마음에 기록하소서. 매일 감춰진 보배를 발굴해 내게 하소서. 그리하여 저로 부요하게 하시고, 지금 이 땅에서도 하늘에 속한 복락을 소유하고 싶은 바람과 관심이 저를 사로잡게 하소서.

73 주의 손이 나를 만들고 세우셨사오니 내가 깨달아 주의 계명들을 배우게 하소서

74 주를 경외하는 자들이 나를 보고 기뻐하는 것은 내가 주의 말씀을 바라는 까닭이니이다

75 여호와여 내가 알거니와 주의 심판은 의로우시고

주께서 나를 괴롭게 하심은 성실하심 때문이니이다

76 구하오니 주의 종에게 하신 말씀대로 주의 인자하심이 나의 위안이 되게 하시며

77 주의 긍휼히 여기심이 내게 임하사 내가 살게 하소서 주의 법은 나의 즐거움이니이다

78 교만한 자들이 거짓으로 나를 엎드러뜨렸으니 그들이 수치를 당하게 하소서

나는 주의 법도들을 작은 소리로 읊조리리이다

79 주를 경외하는 자들이 내게 돌아오게 하소서 그리하시면 그들이 주의 증거들을 알리이다

80 내 마음으로 주의 율례들에 완전하게 하사 내가 수치를 당하지 아니하게 하소서

Psalm 119:73-80

주의 손으로
나를 만드셨사오니

시편 119:73

"주의 손이 나를 만들고 세우셨사오니
내가 깨달아 주의 계명들을 배우게 하소서."

　기이하고 광대한 우주 속에서 하나님의 가장 고상한 최고의 걸작은 사람입니다. 성삼위 각 위께서 사람을 창조하시는 일을 위하여 회합을 가지셨습니다. "하나님이 이르시되 우리의 형상을 따라 우리의 모양대로 우리가 사람을 만들고."(창 1:26) 하나님께서 지으신 모든 피조물마다 전부 하나님의 손자국이 있습니다. 그러나 '하나님의 형상'을 지닌 피조물은 사람뿐입니다. 우리는 피조 세계의 모든 곳에서 하나님의 발자국을 발견합니다. 그런데 사람 속에서는 하나님의 얼굴을 봅니다. 영광스러운 신성(神性, Godhead) 안에 계신 '영원한 실존자'(Eternal subsistent) 각 위께서 하나가 되시어 흙의 티끌을 향한 계획과 실행을 진행하셨습니다!

　사람은 그렇게 지음을 받았습니다. 그런 식으로 사람은 자신의 조상격인 흙에서 일으킴을 받았습니다. 그리하여 변변찮은 재료(材料)로부터 살아있는 성전(聖殿), 신적인 영광의 거처, 하나님으로 충만한 존재로 승화되었습니다.

사람이 처음 눈을 떠서 새롭게 창조된 세상을 처음 본 바로 순간, 주 하나님께서는 당신을 섬기도록 사람을 구별하시어 그 생명에 필요한 것을 계속 공급받게 하셨습니다. 사람의 몸은 그의 영혼이 거하는 장막으로 아주 적당하였습니다. 사람의 몸은 "하나님의 손으로 신묘막측하게" 지어졌습니다. "내 형질이 이루어지기 전에 주의 눈이 보셨으며 나를 위하여 정한 날이 하루도 되기 전에 주의 책에 다 기록이 되었나이다."(시 139:16)

그러므로 이 '완전한 아름다움'을 깊이 숙고하는 자들이 그 생각을 위에 계신 하나님께 올리는 것은 아주 자연스런 일입니다. "내가 주께 감사하옴은 나를 지으심이 심히 기묘하심이라 주께서 하시는 일이 기이함을 내 영혼이 잘 아나이다 내가 은밀한 데서 지음을 받고 땅의 깊은 곳에서 기이하게 지음을 받은 때에 나의 형체가 주의 앞에 숨겨지지 못하였나이다 내 형질이 이루어지기 전에 주의 눈이 보셨으며 나를 위하여 정한 날이 하루도 되기 전에 주의 책에 다 기록이 되었나이다."(시 139:14-16) **"주의 손이 나를 만들고 세우셨사오니."**

그러니 사람이 먹고 자고, 그러다가 결국 죽기 위하여 지음받았다고 상상할 수 있겠습니까? 생명을 가진 존재로 장대한 행보에 대하여 생각하자마자 영원한 침묵의 세계로 내려가게 되다니요. 당연히 우리는 하나님께 이런 질문을 던지지 않을 수 없습니다. "주께서 모든 사람을 어찌 그리 허무하게 창조하셨는지요."(시 89:47)

그러나 사망의 잠에서 막 깨어난 사람은 자기를 지으신 하나님의 목적을 아는 바른 지식의 빛을 받게 됩니다. 내가 하나님의 손으로 지음 받은 존재임을 자각하면, 하나님과의 관계와 그에 따라 행동할 책임감을 갖게 될 것입니다. 그리고 이 관계를 하나님 앞에 아뢰며 빛과 생명과 사랑을 간구하고 싶어질 것입니다. "제가 주님의 피조물이기는 하나 저를 새롭게 지으시지 않으시면 저는 주님을 섬길 수 없나이다. 제가 영적인 존재로 서게 하소서. 내 본성으로는 주님을 영화롭게 할 능력이 없습니다. 주께서 제 형질을 신묘막측하게 지으셨습니다. 그러나 죄가 그 모든 것을 망가뜨렸습니다. 저로 '그리스도 예수 안에 지으심을 받은' 영적인 존재가 되게 하소서." "우리는 그가 만드신 바라 그리스도 예수 안에서 선한 일을 위하여 지으심을 받은 자니."(엡 2:10) "내가 깨달아 주의 계명들을 배우게 하소서." 여기서 '깨달음'은 '영적인 지식을 갖는 것'을 의미합니다. '주의 계명들을 배우는 일'은 '내 안에 정직한 영을 새롭게 하는 것'과 연관됩니다. "하나님이여 내 속에 정한 마음을 창조하시고 내 안에 정직한 영을 새롭게 하소서."(시 50:10)

그러나 거듭나지 않고 본성적으로 행하는 자연인은 이 기도의 필요를 전혀 느끼지 못합니다. 정말 못 느낍니다. 그는 자신의 지혜를 믿고 거만합니다. 그는 하나님의 증거를 받을 수 없습니다. 그 증거가 자기 지혜를 믿는 그를 낮춥니다. 그런데도 그는 "멸망하는 짐승같이" 알지 못합니다. "존귀하나 깨닫지 못하는 사람은 멸망하는 짐승 같도다."(시 39:20) "이 세상에서 지혜 있는 줄로 생각하거든 어리석은 자가 되라 그리하여야 지혜로운 자가 되리라."(고전 3:18) 자연인은 이러한 하나님의 증거를 받을 수 없습니다.

그러나 사람이 그리스도 안에서 새로운 피조물이 되어 자신의 새로운 존재를 알게 되면 자주 간절하게 이 기도를 드릴 것입니다. "주의 손이 나를 만들고 세우셨사오니 내가 깨달아 주의 계명들을 배우게 하소서." 그리고 하늘을 향하여 나가는 걸음걸음마다 이 '신령한 지혜와 총명'이 필요함을 갈수록 더 느끼게 될 것입니다.

하늘에서 부르는 찬송은 우리 창조의 목적을 상기하게 합니다. "우리 주

하나님이여 영광과 존귀와 권능을 받으시는 것이 합당하오니 주께서 만물을 지으신지라 만물이 주의 뜻대로 있었고 또 지으심을 받았나이다 하더라."(계 4:11) 이 찬송과 조화를 이루기 위하여 우리는 "여호와께서 온갖 것을 그 쓰임에 적당하게 지으셨다."(잠 16:4)[1]고 인정해야 합니다. "내 이름으로 불려지는 모든 자 곧 내가 내 영광을 위하여 창조한 자를 오게 하라 그를 내가 지었고 그를 내가 만들었느니라."(사 43:7) 하나님께서 "우리를 예수 그리스도로 말미암아 새롭게 지으셨다."는 사실을 상기하면(엡 3:9 ; 골 1:16 ; 요 1:1-3), 구속(救贖)의 장대한 사역(事役)과 그로 인한 새로운 창조를 떠올리게 됩니다. 우리를 당신의 형상을 따라 창조하신 하나님께서 그 형상이 망가졌을 때 우리 안에 있는 하나님께 속한 고유성을 상실시키지 않으려고 당신의 당연한 권리에 새로운 인(印)을 치셨습니다. 다시 말하면 "자기 피로 값 주고 사셨다."는 말입니다.

오, **"주의 계명들을 배우도록"** 강권하는 이 필연적인 동기에 대하여 무디지 않게 하옵소서. "너희 몸은 너희가 하나님께로부터 받은 바 너희 가운데 계신 성령의 전인 줄을 알지 못하느냐 너희는 너희 자신의 것이 아니라 값으로 산 것이 되었으니 그런즉 너희 몸으로 하나님께 영광을 돌리라."(고전 6:19-20)

시편 119:74
"주를 경외하는 자들이 나를 보고 기뻐하는 것은
내가 주의 말씀을 바라는 까닭이니이다"

믿는 이에게 하나님의 사람을 보는 것은 얼마나 힘이 나는 일입니까! 그로

---

1) KJV에서는 이 대목을 The LORD hath made all [things] for himself〈주께서 만물을 자신을 위하여 지으셨다〉로 번역하고 있다. - 역자 주

인하여 자기 마음이 새로워지니 얼마나 귀한 일입니까! 하나님의 사람의 믿음이 삶에서 드러나는 것을 보는 다른 믿는 이는 얼마나 큰 만족을 얻으며, 얼마나 격려를 받습니까! 그래서 믿음의 사람에게 주어지는 하나님의 선하심은 모든 이의 기쁨과 위안이 됩니다. 하나님과의 친밀한 교제로 우리가 빛을 받아 주위의 모든 이들에게 비추다니 얼마나 흥분이 됩니까! 심지어 하나님을 신실하게 믿는 사람의 모습은 우리가 시험을 받을 때에도 정말 큰 위안을 줍니다. 우리도 하나님의 말씀 안에서 능히 자신을 견지할 수 있다는 소망을 가지게 되고, 그 소망은 우리의 영혼만이 아니라 주님의 다른 모든 백성들의 거처가 됩니다.

낙담하는 많은 그리스도인은 다윗 같이 "내가 후일에는 사울의 손에 붙잡히리니."라는 두려움의 압박을 받습니다. 그런데 하나님의 말씀에 소망을 두었던 어떤 사람은 같은 종류의 시련을 당하고도 낙담하지 않고 도리어 기쁘게 여겼다는 것을 듣습니다. 그와 같이 주님께서는 우리가 당하는 갈등으로 절망하지 않게 하시려고 다윗이 당한 갈등들을 성경에 기록해 놓으셨습니다. "우리가 너의 승리로 말미암아 개가를 부르며 우리 하나님의 이름으로 우리의 깃발을 세우리니 여호와께서 네 모든 기도를 이루어 주시기를 원하노라."(시 20:5) "내가 산 자들의 땅에서 여호와의 선하심을 보게 될 줄 확실히 믿었도다 너는 여호와를 기다릴지어다 강하고 담대하며 여호와를 기다릴지어다."(시 27:13,14)

그래서 그는 환난을 당하면서도 자신의 체험에 대한 역사적 기록이 다른 이들을 위로할 것이라는 생각에 위로를 받았습니다. "내 영혼이 여호와를 자랑하리니 곤고한 자들이 이를 듣고 기뻐하리로다 나와 함께 여호와를 광대하시다 하며 함께 그의 이름을 높이세."(시 34:2,3) "새 노래 곧 우리 하나님께 올릴 찬송을 내 입에 두셨으니 많은 사람이 보고 두려워하여 여호와를 의지하리로다."(시 40:3) "내 영혼을 옥에서 이끌어 내사 주의 이름을 감사하게 하소서 주께서 나에게 갚아 주시리니 의인들이 나를 두르리이다."(시 142:7) "내가 노래로 하나님의 이름을 찬송하며 감사함으로 하나님을 위대하시다 하리니 이것이 소 곧 뿔과 굽이 있는 황소를 드림보다 여호와를 더욱 기쁘시게 함이 될 것이라 곤고한 자가 이를 보고 기뻐하나니 하나님을 찾는 너희들아 너희 마음을 소생하게 할지어다."(시 69:30-32)

이런 관점으로 보면, '시험의 키질을 당하나 믿음이나 소망의 가장 작은 알갱이도 땅에 떨어뜨리지 않는' 믿음의 사람은 주님의 미쁘심을 기념하는 기념비로 우뚝 서 있어 연약한 자들의 손에 강한 힘을 줍니다. "보라 내가 명령하여 이스라엘 족속을 만국 중에서 체질하기를 체로 체질함 같이 하려니와 그 한 알갱이도 땅에 떨어지지 아니하리라."(암 9:9) 그리하여 "너희는 약한 손을 강하게 하며 떨리는 무릎을 굳게 하며 겁내는 자들에게 이르기를 굳세어라 두려워하지 말라 보라 너희 하나님이 오사 보복하시며 갚아 주실 것이라 하나님이 오사 너희를 구하시리라 하라."(사 35:3,4) '두려워하며 믿음이 적은' 이들이 그런 믿음의 사람을 볼 때 기뻐하고 그로 인하여 하나님께 감사하고 용기를 얻습니다. "그 곳 형제들이 우리 소식을 듣고 압비오 광장과 트레스 타베르네까지 맞으러 오니 바울이 그들을 보고 하나님께 감사하고 담대한 마음을 얻으니라."(행 28:15)

그러니 이 말씀은 우리가 낙담하지 않게 지켜주는 얼마나 놀라운 동기가 됩니까! 우리의 불신앙 때문에 이미 '넘어져 있는' 자들을 망하게 하지 않고 도리어 그들의 담대한 확신을 붙들어 주고 위로를 주는 것은 대단한 특권입니다. 이 말씀은 그 특권을 향유하도록 우리에게 도전하는 놀라운 말씀입니다. 그러니 연약한 자와 곤고한 자가 주님의 학교에서 훈련을 받아 배운 자들의 모임을 귀하게 여기고 찾는 것이 얼마나 중요한지요!

믿는 자들이여! 그대들은 하나님의 미쁘심에 대해 낙망한 형제들에게 무엇을 말해야 합니까? "주님께 둔 소망이 부끄러움을 당한 적이 없었다."는 것을 말해야하지 않겠습니까? "소망이 우리를 부끄럽게 하지 아니함은 우리에게 주신 성령으로 말미암아 하나님의 사랑이 우리 마음에 부은바 됨이니."(롬 5:5) '예수님이 나의 기초석, 단련되고 확실한 기초석입니다.'라고 자신의 체험을 연약한 형제들에게 말할 수 없을까요? "그러므로 주 여호와께서 이같이 이르시되 보라 내가 한 돌을 시온에 두어 기초를 삼았노니 곧 시험한 돌이요 귀하고 견고한 기촛돌이라 그것을 믿는 이는 다급하게 되지 아니하리로다."(사 28:16) 여러분은 그들에게 말해 주어야 합니다. 주님께서 그들의 죄를 짊어지셨으니 그들의 질고와 슬픔도 지실 것을 보여주어야 합니다. '내가 믿음으로 그분을 시험해 보았는데, 정말 그런 분이셨다.'라고 말해 주어야 합니다. "그는 실로 우리의 질고를 지고 우리의 슬픔을 당하였거늘 우리는 생각하기를 그는 징벌을 받아 하나님께 맞으며 고난을 당한다 하였노라."(사 53:4)

오! 그러니 힘을 내어 그리스도를 더 알아 가십시오. 그분 안에 있는 소망이 더 견고해지게 하세요. 그리해야 여러분을 보는 다른 이들의 마음에 기쁨을 일으킬 수 있어요. "우리가 환난 당하는 것도 너희가 위로와 구원을 받게 하려는 것이요 우리가 위로를 받는 것도 너희가 위로를 받게 하려는 것이니 이 위로가 너희 속에 역사하여 우리가 받는 것 같은 고난을 너희도 견디게 하느니라."(고후 1:6)

그러나 오 나의 하나님이시여! 내 주위에 있는 이들에게 당신의 영광스러운 빛을 그렇게 조금 밖에 나눠주지 못한 것을 생각하면 부끄럽기 짝이 없나이다. 두려워 떠는 어떤 가련한 죄인이 내가 기뻐하던 과거를 생각하고 내 입술에서 구주 예수님에 관해 무엇인가를 듣고 싶은 소망이 있었는데, 그만 아량이 좁고 차갑고 둔한 모습을 보고 얼마나 실망을 하였겠나이까! 오! 나로 하여금 성령 충만하게 하시고 하늘에 속한 도리의 체험이 많게 하시어 주님께 나아오기를 두려워하는 모든 이들을 초청하여 "주께서 내 영혼을 위하여 행하신 것"을 선포하게 하소서."(시 116:16) 2). 그래서 그들이 말하게 하소서. "사람들이 넘어져도 다시 일으켜 세우시는 주님의 은혜가 있도다." "사람들이 너를 낮추거든 너는 교만했노라고 말하라 하나님은 겸손한 자를 구원하시리라."(욥 22:29)

시편 119:75
"여호와여 내가 알거니와 주의 심판은 의로우시고
주께서 나를 괴롭게 하심은 성실하심 때문이니이다"

이는 그리스도인의 자백입니다. 하나님의 경륜(經綸, dispensation)에 대하여 완전히 만족하는 자백입니다. 또한 이 진술은 그리스도인의 담대한 확신입니다. 자신의 영혼에 힘을 불어넣고 하나님의 교회의 모든 성도들에게 힘을 주는 놀라운 고백입니다.

"내가 알거니와 주의 심판(judgements)은 의로우시고." 여기서 '주의 심판(판단)'은 믿는 자들을 다루시는 주님의 처사를 가리킵니다. 여기서는 죄를 향하여 법적으로 저주하시는 하나님의 처사가 아니라 죄를 징계하시는 공의로운 처사를 가리킵니다. "하나님의 집에서 심판을 시작할 때가 되었나니 만일 우리에게 먼저 하면 하나님의 복음을 순종하지 아니하는 자들의 그 마지

---

2) KJV 역본은 이 욥기 22:29를 이렇게 읽고 있다. When [men] are cast down, then thou shalt say, [There is] lifting up; and he shall save the humble person. 〈너는 말할 것이라 사람들이 넘어져 나동그라질 때 일으켜 세움이 있도다 주께서는 겸손한 자를 구원하시리라. 〉 -역자 주

막은 어떠하며."(벧전 4:17) 하나님께서는 그들의 분량에 따라서 지혜롭게 판단하시어 일을 처리하실 것입니다. "여호와여 나를 징계하옵시되 너그러이 하시고 진노로 하지 마옵소서 주께서 내가 없어지게 하실까 두려워하나이다,"(렘 10:24) "주께서 백성을 적당하게 견책하사 쫓아내실 때에 동풍 부는 날에 폭풍으로 그들을 옮기셨느니라."(사 27:8)

시편 기자는 이 표현을 통하여 주님의 판단 전체 뿐 아니라 자기에게 특별히 신실하신 하나님의 판단을 언급합니다. 그는 육신의 본성으로가 아니라(육신적인 본성은 정반대의 판결을 내릴 것이다.) 하나님의 말씀으로 판단하여 그리 말하고 있습니다. "그는 반석이시니 그가 하신 일이 완전하고 그의 모든 길이 정의롭고 진실하고 거짓이 없으신 하나님이시니 공의로우시고 바르시도다."(신 32:4) 아울러 자신의 체험도 진술합니다. "여호와여 주는 의로우시고 주의 판단은 옳으니이다."(시 119:37) "여호와께서는 그 모든 행위에 의로우시며 그 모든 일에 은혜로우시도다."(시 145:17) 그 점은 의심할 여지가 없습니다. 부인하기는 더욱 불가합니다. '주여, 주께서 일을 처리하여 나가시는 원칙들이 주님의 완전한 공의와 지혜로 합당함을 저는 아나이다. 그리고 주께서 때때로 제게 여러 고난들을 부과하시는 이유를 알고 있나이다. 저로 하여금 주님 안에서 영원한 복을 누리게 하시겠다는 은혜롭고 신실한 약속을 이루시려는 줄 저는 아나이다.'

오, 고난이 가져오는 복된 열매여! '주님의 목적'을 알게 될 때 우리에게 주어진 고난은 복된 열매를 맺게 됩니다. 주님께서 우리를 불쌍히 여기시고 인자로 대하심을 알면 고난은 복을 가져오는 통로가 됩니다. 진정 '우리를 향하신 주님의 생각들은 평안'이지 악한 것이 아닙니다. "보라 인내하는 자를 우리가 복되다 하나니 너희가 욥의 인내를 들었고 주께서 주신 결말을 보았거니와 주는 가장 자비하시고 긍휼히 여기시는 이시니라."(약 5:11) "여호와의 말씀이니라 너희를 향한 나의 생각을 내가 아나니 평안이요 재앙이 아니니라 너희에게 미래와 희망을 주는 것이니라."(렘 29:11) '성도들의 인내와 믿음'은 어렵지만 하나님의 섭리 속에 들어있는 신비로운 줄기들을 파악하면 정말 위로를 받습니다.

"주의 심판은 의로우시고." 가장 예리한 징계의 채찍을 당하고 있는 하나님의 자녀는 하나님의 의로우심을 인정해야 합니다. 우리에게 은혜로 베푸시는 상급은 항상 우리가 행한 것 보다 더 많습니다. "우리의 악한 행실과 큰 죄로 말미암아 이 모든 일을 당하였사오나 우리 하나님이 우리 죄악보다 형벌을 가볍게 하시고 이만큼 백성을 남겨 주셨사오니."(스 8:13) "지혜의 오묘함으로 네게 보이시기를 원하노니 이는 그의 지식이 광대하심이라 하나님께서 너로 하여금 너의 죄를 잊게 하여 주셨음을 알라."(욥 11:6) "살아 있는 사람은 자기 죄들 때문에 벌을 받나니 어찌 원망하랴."(애 3:39) 주님의 징계의 예리한 채찍에 맞는 일은 실로 고통스럽습니다. 그러나 지옥의 고통만큼은 아닙니다. 원망하여도 자신을 원망하고 제멋대로 다닌 것을 후회해야 합니다.

"여호와여 내가 알거니와 주의 심판은 의로우시고." 누가 하나님의 지혜를 의심할 수 있습니까? 가만히 두면 사람을 죽이는 병의 원인을 제거하느라 살을 베어 수술하는 의사를 보고 잔인하다고 덤비는 자가 있겠습니까? 누가 폐부를 찌르는 주님의 의로운 심판을 인정하지 않을 수 있습니까? 주님께서 우리로 죄를 버리게 하고 세상을 단념하게 하시고 당신과 친밀하게 하시려고 부과하시는 징계가 고통스럽다 합시다. 그럴 때에 주님의 의와 진리를 감사함으로 인정하는 일 말고 다른 무슨 일을 하겠습니까? 불신앙은 책망을 받아야 합니다. 만일 우리가 "하나님께서 우리에게 은혜 베푸시기를 잊으셨는가?" 하는 의심에 빠져 있다면, 우리는 "이는 나의 잘못이라." 고백해야 합니다. "주께서 영원히 버리실까, 다시는 은혜를 베풀지 아니하실까… 또 내가 말하기를 이는 나의 잘못이라."(시 77:7-10) 하나님의 완전한 공의와 지혜와 우리의 사정을 친히 아심을 확신하는 이러한 자세는 합당한 자세로 침묵을 지키라는 하나님의 지시에 복종하게 합니다. "아론의 아들 나답과 아비후가 각기 향로를 가져다가 여호와께서 명령하시지 아니하신 다른 불을 담아 여호와 앞에 분향하였더니 불이 여호와 앞에서 나와 그들을 삼키매 그들이 여호와 앞에서 죽은지라 모세가 아론에게 이르되 이는 여호와의 말씀이라 이르시기를 나는 나를 가까이 하는 자 중에서 내 거룩함을 나타내겠고 온 백성 앞에서 내 영광을 나타내리라 하셨느니라 아론이 잠잠하니."(레 10:1-3)

욥은 유사한 경륜 아래서 이렇게 말할 수 있었습니다. "이르되 내가 모태에서 알몸으로 나왔사온즉 또한 알몸이 그리로 돌아가올지라 주신 이도 여호와시요 거두신 이도 여호와시오니 여호와의 이름이 찬송을 받으실지니이다."(욥 1:21) "그가 이르되 그대의 말이 한 어리석은 여자의 말 같도다 우리가 하나님께 복을 받았은즉 화도 받지 아니하겠느냐 하고 이 모든 일에 욥이 입술로 범죄하지 아니하니라."(욥 2:10) 같은 시련을 만난 엘리가 어린 사무엘의 말을 듣고는 "이는 여호와이시니 선하신 대로 하실 것이니라 하니라."(삼상 3:18)라고 했습니다. 다윗도 자신의 애타는 심령을 낮은 소리로 토로하였습니다. "내가 잠잠하고 입을 열지 아니함은 주께서 이를 행하신 까닭이니이다."(시 39:9) "또 다윗이 아비새와 모든 신하들에게 이르되 내 몸에서 난 아들도 내 생명을 해하려 하거든 하물며 이 베냐민 사람이랴 여호와께서 그에게 명령하신 것이니 그가 저주하게 버려두라 혹시 여호와께서 나의 원통함을 감찰하시리니 오늘 그 저주 때문에 여호와께서 선으로 내게 갚아 주시리라 하고."(삼하 16:11,12) 수넴 여인은 자기 아들의 죽은 것을 인하여 어찌할 바를 모를 지경이었지만 엘리사에게 나아갔습니다. 그때 엘리사가 "아이가 평안하냐"고 물었습니다. 그때 여인은 "평안하다"고 대답하였습니다.

그것은 믿음의 온유한 인종(忍從)이었습니다(왕하 4:26). 히스기야는 하나님의 왕적인 권위로 자기를 매우 쳐서 흙으로 돌아가게 하시는 행사에 입 맞추었습니다. "히스기야가 이사야에게 이르되 당신이 이른 바 여호와의 말씀이 좋소이다 하고 또 이르되 내 생전에는 평안과 견고함이 있으리로다 하니라."(사 39:8) 하나님의 백성들이 징계를 받을 때에 이런 식의 언어 공식을 보입니다. "여호와여 내가 알거니와 주의 심판은 의로우시고."

"주께서 나를 괴롭게 하심은 성실하심 때문이니이다." 주님의 백성들은 징계를 만날 때에 같은 방식으로 말합니다. 주님의 공의로우심을 안다고 할 때 단순히 본성으로 아는 것을 말합니다(출 9:27 ; 삿 1:7 ; 대하 12:6).[3] 그러나 믿음은 그보다 더 나아가 하나님의 미쁘심을 말합니다. 다윗은 하나님께서 합당하게 보시는 대로 자기에게 행하신 일이 정당하다고 인정합니다. 그뿐 아니라 자기에게 괴로움을 허락하시는 것도 하나님의 성실하심으로 말미암았다고 말하고 있습니다. '주께서 나를 괴롭게 하심도 하나님의 사랑과 같은 맥락의 일이라.'고 말하지 않습니다. 도리어 하나님의 사랑의 열매와 일치한다고 말합니다. 하나님께서 의롭다는 선언만으로는 충분하지 못합니다. 하나님을 찬미할 이유가 얼마나 많습니까! 불만을 입으로 토로하지 않는 것만으로는 충분하지 않습니다. '하나님의 성실과 사랑'의 표징들이 우리에게 얼마나 도전을 줍니까! 그러합니다. 우리를 위해서 지정하여 부과하시는 시련은 다름 아니라 하나님의 영원한 조약들을 성실하게 이행하시려는 맥락에서 난 것입니다. 우리가 괴로운 일을 당할 때에 바로 그 동인(動因)을 붙들

---

3) "바로가 사람을 보내어 모세와 아론을 불러 그들에게 이르되 이번은 내가 범죄하였노라여호와는 의로우시고 나와 나의 백성은 악하도다."(출 9:27)
"아도니 베섹이 이르되 옛적에 칠십 명의 왕들이 그들의 엄지손가락과 엄지발가락이 잘리 고 내 상 아래에서 먹을 것을 줍더니 하나님이 내가 행한 대로 내게 갚으심이로다 하니라 무리가 그를 끌고 예루살렘에 이르렀더니 그가 거기서 죽었더라."(삿 1:7)
"이에 이스라엘 방백들과 왕이 스스로 겸비하여 이르되 여호와는 의로우시다 하매."(대하 12:6)

어야 합니다. 물론 눈에 보이는 차원에서 그 동인(動因)을 추적할 수 없습니다. 눈에는 보이지 않지만 그것을 믿는 사람은 특권을 누리는 자입니다. 그리하여 육체에 많은 괴로움을 주는 여러 경우를 허락하시는 하나님의 이유를 발견할 수 있습니다. (시 89:30-32 ; 신 8:16 ; 시 107:43) 4)

우리는 우리 영혼을 회복하시고 가르치시며 믿음의 정로를 벗어나 넘어져 있는 자를 치료하시는 하나님의 은혜의 능력만을 주목해야 합니다(시 119: 67,71 ; 호 2:6,7,14). 5) 하나님의 은혜는 우리는 죄를 계속 씻어냅니다. 6) 그러니 이렇게 말해야 합니다. "이래도 하나님의 성실하심이 영광스럽게 드러나지 않았다고 하겠느냐?"

블레셋 사람들은 삼손의 수수께끼를 알아맞힐 수 없었습니다. "삼손이 그들에게 이르되 먹는 자에게서 먹는 것이 나오고 강한 자에게서 단 것이 나왔느니라 하니라 그들이 사흘이 되도록 수수께끼를 풀지 못하였더라."(삿 14:14) 그와 같이 세상은 그리스도인이 당하는 시련이 열매를 풍성하게 맺는다는 사실을 조금도 이해할 수 없습니다. 그러니 세상이 그리스도인이 믿는

---

4) "만일 그의 자손이 내 법을 버리며 내 규례대로 행하지 아니하며 내 율례를 깨뜨리며 내 계명을 지키지 아니하면 내가 회초리로 그들의 죄를 다스리며 채찍으로 그들의 죄악을 벌하리로다."(시 89:30-32)
"네 조상들도 알지 못하던 만나를 광야에서 네게 먹이셨나니 이는 다 너를 낮추시며 너를 시험하사 마침내 네게 복을 주려 하심이었느니라."(신 8:16)
"지혜 있는 자들은 이러한 일들을 지켜보고 여호와의 인자하심을 깨달으리로다."(시 107:43)

5) "고난당하기 전에는 내가 그릇 행하였더니 이제는 주의 말씀을 지키나이다."(시 119:67)
"고난당한 것이 내게 유익이라 이로 말미암아 내가 주의 율례들을 배우게 되었나이다."(시 119:71)
"그러므로 내가 가시로 그 길을 막으며 담을 쌓아 그로 그 길을 찾지 못하게 하리니 그가 그 사랑하는 자를 따라갈지라도 미치지 못하며 그들을 찾을지라도 만나지 못할 것이라 그제야 그가 이르기를 내가 본 남편에게로 돌아가리니 그 때의 내 형편이 지금보다 나았음이라 하리라…그러므로 보라 내가 그를 타일러 거친 들로 데리고 가서 말로 위로하고"(호 2:6,7,14)

6) "야곱의 불의가 속함을 얻으며 그의 죄 없이함을 받을 결과는 이로 말미암나니 곧 그가 제단의 모든 돌을 부서진 횟돌 같게 하며 아세라와 태양상이 다시 서지 못하게 함에 있는 것이라."(사 27:9)
"보라 내가 너를 연단하였으나 은처럼 하지 아니하고 너를 고난의 풀무 불에서 택하였노라."(사 48:10)
"내가 그 삼분의 일을 불 가운데에 던져 은 같이 연단하며 금 같이 시험할 것이라 그들이 내 이름을 부르리니 내가 들을 것이며 나는 말하기를 이는 내 백성이라 할 것이요 그들은 말하기를 여호와는 나의 하나님이시라 하리라."(슥 13:9)
"무릇 내게 붙어 있어 열매를 맺지 아니하는 가지는 아버지께서 그것을 제거해 버리시고 무릇 열매를 맺는 가지는 더 열매를 맺게 하려 하여 그것을 깨끗하게 하시느니라."(요 15:2)

은혜의 주 하나님께서 마라의 쓴 물보다 더 단 이유를 어떻게 알겠습니까! "마라에 이르렀더니 그 곳 물이 써서 마시지 못하겠으므로 그 이름을 마라라 하였더라 백성이 모세에게 원망하여 이르되 우리가 무엇을 마실까 하매 모세가 여호와께 부르짖었더니 여호와께서 그에게 한 나무를 가리키시니 그가 물에 던지니 물이 달게 되었더라."(출 15:23-25) 십자가와 같은 고통을 주는 시련이 그리스도인에게는 죄의 벌이 아니라 죄를 치료하는 데 활용되는 이유를 세상이 어찌 알겠습니까!

그러므로 그리스도인은 조금도 편향되지 않습니다. 그리스도인은 주님께서 약속을 변개하셨는지의 여부에 대해 전혀 관심을 가질 필요가 없다고 느끼게 됩니다. 그리스도인은 주님께서 자비롭게 자기를 위해서 의도하신 계획들이 다른 방식으로는 이루어질 수 없기에 이렇게 하신다는 것을 기꺼이 인정하게 됩니다. 오히려 시련 중에서 하나님이 자기를 사랑하신다는 달콤한 표징들을 만나게 됩니다. 외적으로 번영할 때 그런 표징들을 만났더라면 기쁜 마음으로 하나님의 은혜에 감사하는 일은 없었을 것입니다.

이 가련한 세상이 제공하는 안일한 것을 탐닉하며 안연히 사는 자들이여, 그대들이 누리는 몫을 보고 그리스도인이 크게 시기할 줄 아는가? 장래 어느 날 그대들은 그리스도인의 몫이 부러워 어쩔 줄을 모를 때를 맞이하게 될 것이로다!

세상의 풍부는 날마다 가치가 낮아지며, 세상의 보배는 갈수록 맛을 잃어갑니다. 영원이 바로 눈앞에 보일 때 세상의 풍부와 보배들이 무슨 의미가 있겠으며 얼마나 초라하겠습니까!

반면에 환난은 우리 아버지 하나님의 사랑의 표징으로써 우리가 예수님의 형상을 더 본받게 하며, 하나님의 나라와 그 섬김을 위해서 더 준비하게 합니다. "주께서 그 사랑하시는 자를 징계하시고 그가 받아들이시는 아들마다 채찍질하심이라 하였으니."(히 12:6) "무릇 내가 사랑하는 자를 책망하여 징계하노니 그러므로 네가 열심을 내라 회개하라."(계 3:19)

그것이 우리에게 구하라 요구하지 않으시고 주시는 주님의 복입니다.[7] 우리는 고난을 우리에 대한 하나님의 위협으로 받지 말아야 합니다. "의와 평강의 열매를 맺게"될 것을 인하여 감사해야 합니다. "무릇 징계가 당시에는 즐거워 보이지 않고 슬퍼 보이나 후에 그로 말미암아 연단 받은 자들은 의와 평강의 열매를 맺느니라."(히 12:11) 하나님의 때와 방식 속에서 고난이 열매를 맺게 되었을 때에, 우리는 겸손하고 감사한 마음으로 "하나님의 심판이 의로우시고 나를 괴롭게 하심은 나를 고치시려는 성실하심 때문이라."고 인정하게 될 것입니다.

시 119:76
"구하오니 주의 종에게 하신 말씀대로
주의 인자하심이 나의 위안이 되게 하시며."

무엇이라고요! 시편 기자가 자기를 때린 그 손에서 위안을 찾다니요! 이것이 바로 참된 믿음의 자세입니다. "그가 나를 죽이시리니 내가 희망이 없노라 그러나 그의 앞에서 내 행위를 아뢰리라."[8] 나를 망하게 하려고 들려진 것처럼 보이는 바로 그 팔이 내게 구원의 팔이 될 것입니다.

앞의 여러 구절에서 고난(환난, affliction)에 대해서 말했습니다(67,71,75절).

---

7) "그리스도를 위하여 너희에게 은혜를 주신 것은 다만 그를 믿을 뿐 아니라 또한 그를 위하여 고난도 받게 하려 하심이라."(빌 1:29) 베이컨 경(Lord Bacon)은 이에 대하여 이렇게 주를 달았다. "구약시대에 하나님께서 복을 주실 때에는 외적인 번영을 주셨다. 그러나 신약시대에는 역경을 복으로 주셨다. 신약의 복은 더 큰 복이며, 하나님의 은총에 대한 더 분명한 계시다." - Essay of Adversity

8) KJV역은 이 본문을 이렇게 읽는다. Though he slay me, yet will I trust in him : but I will maintain mine own ways before him(그가 나를 죽이실지라도 나는 여전히 주를 의뢰하리니 주님 앞에 내 길을 여전히 유지하리라) - 역자 주

시편 기자는 이제 고난이 주는 고통을 완화시켜 주십사하고 기도합니다. 무슨 종류의 완화일까요? 그는 사도 바울 같이 "내게서 떠나가게 하기 위하여" 기도한 것이 아닙니다. 정말 아닙니다. 그는 고난 중에서도 자기를 받혀 주신 하나님의 여러 지원들에 대해서 반복하여 감사하였습니다. 그가 고난으로 말미암아 받는 은택도 여러 차례 아뢰었습니다. 그런 시편 기자의 마음이 고난의 분량에 자신을 온전하게 순응하게 하였습니다. "여호와여 나를 징계하옵시되 너그러이 하시고 진노로 하지 마옵소서 주께서 내가 없어지게 하실까 두려워하나이다."(렘 10:24) 주님을 믿는 믿음을 계속 견지하였습니다.

"주의 인자하심이 나의 위안이 되게 하시며." 그가 필요로 구하는 것은 다만 자기 영혼을 향하신 하나님의 긍휼어린 인자하심이 변치 않았음을 의식하게 해주십사하는 것입니다. 그래서 그는 오직 하나님의 은혜의 자비하심을 근거로 다발적으로 일어나는 여러 시련들에 순응하고, 시련들 속에서도 위안을 기대합니다. 실로 이러한 보배로운 도움이 없이 오래 지속되는 고난 속에서는 순전을 견지하기가 어렵습니다. 인내함으로 불평을 잠재울 수는 있습니다. 그러나 하나님께서 자기를 계속 사랑하신다는 의식만이 쇠미해지는 것을 막을 수 있습니다.

성결은 우리의 섬김이요, 고난은 우리 경건의 연습이요, '위안'은 우리에게 은혜로이 베푸시는 하나님의 상급입니다. 태양이 지면 세상의 모든 촛불을 동원하여도 결코 낮을 만들어 내지 못합니다. 가장 밝은 비전의 환상적 소망감에 부풀어 있어도 하나님의 사랑에 대한 인식이 빠지면 내게 온 세상을 다 주어도 영혼을 절대 소성케 하지 못합니다.

실로 내 영혼은 내가 어디 있으며 무엇을 소유하느냐는 문제 삼지 않습니다. 모든 규례를 완전하게 새롭게 하더라도 주님께서 우리를 만나 '그 인자하심으로 위안을 주지 않으시면,' 마치 갈한 땅에 물이 전혀 없는 처지와 같습니다. 압살롬이 바로 그런 경우입니다. 다윗은 압살롬이 왕인 자기 얼굴을 보지 않는다는 조건으로 그술에서 예루살렘에 있는 자기 집으로 이주하여 살도록 허락하였습니다(삼하 14:23,24). 우리를 시원하게 하는 진정한 원천이 허락되지 않으면, 주님께서 다른 것을 우리에게 주시어 풍성히 누리게 하신들 무슨 만족이 있겠습니까? 세상 정신에 빠진 사람들은 "우리에게 선을 보일 자가 누구인가?"라고 묻습니다. 그리스도인은 그 질문에 대한 답을 기도로 승화시킵니다. "여러 사람의 말이 우리에게 선을 보일 자 누구뇨 하오니 여호와여 주의 얼굴을 들어 우리에게 비추소서."(시 4:6) "**주의 인자하심이 나의 위안이 되게 하소서.**"

주님의 인자하심은 모든 참된 선을 누리게 하며, 모든 기대하던 선(善)의 장소를 공급합니다. 그 복은 결코 싫증나지 않으며 다함도 없습니다. 그 복은 항상 새로운 맛으로 세상적인 쾌락에 대한 갈증을 소멸합니다. 우리 구주께서 말씀하셨습니다. "이 물을 마시는 자마다 다시 목마르려니와 내가 주는 물을 마시는 자는 영원히 목마르지 아니하리니 내가 주는 물은 그 속에서 영생하도록 솟아나는 샘물이 되리라."(요 4:13,14) "또 여호와를 기뻐하라 그가 네 마음의 소원을 네게 이루어 주시리로다."(시 37:4)

그러나 독자들이여, 여러분은 이 안위를 진실로 알고 싶습니까? 그러면 여러분의 하나님께 이르는 오직 단 하나의 길로만 나아가기를 추구하십시오(요 14:6). 사랑의 하나님이 비쳐 보이는 오직 유일한 거울인 "예수 그리스도의 얼굴"에 있는 하나님을 깊이 숙고하시기를 바랍니다. "어두운 데에 빛이 비춰라 말씀하셨던 그 하나님께서 예수 그리스도의 얼굴에 있는 하나님의 영광을 아는 빛을 우리 마음에 비추셨느니라."(고후 4:6) "생수의 근원"을 버리고 사람이 만든 터진 웅덩이에 만족하지 않도록 조심하십시오(렘 2:13). 또한 이 하나님의 위안을 최상으로 높이는 법을 배워야 합니다. 무엇을 소유하게 되었다 해서 만족하지 마십시오. 적은 분량의 위안을 가지고도 충분하다 여기며 만족하지 말아야 합니다. 오히려 매일 새롭게 되기를 소원하고, 내일은 오늘보다 더 새롭고 더 달콤한 안위로 마음의 시원함을 누릴 것을 목표로 삼아야 합니다.

그러나 어떤 이들은 다윗의 체험을 보면서 오늘날에는 그런 행복에 이르기를 기대하는 것이 어렵다는 식으로 생각하는 것 같습니다. 그래서 우울하고 침체된 상태로 시무룩하게 지내면서 자기와 다른 이들에게 동등하게 주어진 특권들을 누리기를 거부합니다. 그러나 그런 마음의 상태는 하나님을 지극히 모독하는 것입니다.

그러니 우리는 약속의 말씀이 우리에게도 해당되는 줄 알고 간절하게 하나님의 은혜를 탄원하여야 합니다. "구하오니 주의 종에게 하신 말씀대로 주의 인자하심이 나의 위안이 되게 하소서." 하나님의 약속의 말씀들 하나하나를 가리키며 주님께서 손으로 쓰시고 인을 치신 '그 말씀대로 나의 위안이 되게 하소서.'라고 기도해야 합니다. 구주께서 말씀하셨습니다. "네 믿음대로 될지어다."9) "왕이 그 머리카락에 매이었구나."(아 7:5) "네 눈이 나를 놀라게

---

9) "이에 예수께서 그들의 눈을 만지시며 이르시되 너희 믿음대로 되라 하시니."(마 9:29) 필자는 어거스틴의 모친 모니카의 기도문을 접하고 하나님의 말씀의 약속들을 믿음으로 받아 간절하고 단순하게 하나님께 탄원하는 소재로 삼은 그녀의 아름다운 본에 너무 감동되었다. 자 여기에 그녀의 기도문을 소개한다. "주여, 이 약속들이 어떤 이들에게는 선을 이루어 주었는데 어째서 제게는 아니어야 하나이까? 저는 주리고 목마르고 궁핍하고 기다리옵니다. 주님의 손으로 쓰신 말씀을 기다리나이다. 제자들과 마지막 저녁을 드시면서 당신의 손으로 이 말씀에 확인 도장을 찍으셨나이다. 저는 제가 주님의 말씀이 허락하는 것을 얻기까지, 주님의 은혜에 감사하며 그 은혜로 능한 자가 되기까지 쉬지 않고 끈질기게 기도하겠나이다. 주께서 비천한 여종의 기도를 들어 주지 않으시면 저는 아주 잃어버린 자가 되어 망한 자가 됨을 깨달았나이다. 주께서 제 기도를 들으시고 구하는 바를 허락하시면, 저는 제 자신과 제 마음을 익히 알아 제 자신을 자랑할 것은 아무 것도 없고 오직 주님만 전적으로 자랑할 것이옵니다. 그리고 영원토록 주님의 은혜의 풍성함만 기리며 광대하다 말할 것을 결심하나이다. 주님의 약속들은 주님의 뜻하심을 보여주는 계시의 말씀이나이다. 그리고 주님의 말씀들은 우리 기도의 재료들로 우리에게 하사하셨나이다. 저는 이 간구를 올리면서 매일 주님의 말씀들을 주님 앞에 도로 가져가겠다고 결심하나이다. 주께서 그 말씀들을 존중하시고 친히 제 영혼에 '진리의 하나님'으로 나타나기를 원하나이다. 저의 외식 때문에 지옥에 떨어져 무서운 불에 타지 않을까 오랫동안 두려워하던 가련한 존재였던 제가 이제는 영원토록 당신의 품에서 안전하고 행복하게 살 것을 믿나이다. 저는 주님을 기다리기로 결심하고 제 영혼을 이렇게 당신께 맡기나이다. 주께서 '심판의 하나님'이심을 제게 확증하여 주셨나이다. 주께서 심판을 약속하셨나이다. 주께서 그런 약속을 하실 때 주께서 의도하신 것을 드러내셨나이다. 주께서 '심판의 하나님'이실 것을 드러내셨나이다. 주께서는 그 약속들을 이루어 당신의 영광을 드러내실 때와 장소를 아시나이다. 주께서는 '나를 믿고 기다리는 자들은 복이 있다'고 선언하였나이다. 오, 제가 주님을 기다리나이다. 당신의 약속하신 그 복을 소망하고 주목하며 기다리나이다."

하니 돌이켜 나를 보지 말라 네 머리털은 길르앗 산기슭에 누운 염소 떼 같고."(아 6:5) "그들의 가는 마을에 가까이 가매 예수는 더 가려 하는 것 같이 하시니 그들이 강권하여 이르되 우리와 함께 유하사이다 때가 저물어가고 날이 이미 기울었나이다 하니 이에 그들과 함께 유하러 들어가시니라."(눅 24:28,29)[10]

불신앙의 수건이 아니라면 우리 하늘 아버지의 자비하신 얼굴에 머금은 청결하고 영원한 미소를 보지 못하게 가리는 것이 무엇이겠습니까! 오! 진정 우리가 깊이 생각할 제일의 대상이요 항상 우러를 대상은 오직 하나님 아버지십니다. 하나님께서 우리로 즐겁고 만족스럽게 하는 생수를 영원토록 솟아나게 하는 샘이시며, 우리 소원의 제일의 대상입니다. 우리 마음의 소원들 중에서 다른 것은 다 그 한 가지 소원에 복속되고 흡수될 뿐입니다.

주 예수님이시여! 주님의 인자하신 온유함을 더 새롭게 누리기를 구하나이다. 저는 잊지 아니하겠나이다. 주님께서 자비하심과 온유하심으로 하늘에서 이 땅에 내려오셨고, 그 마음으로 모진 십자가의 죽으심을 참아내시어 보혈로 저를 씻으셨나이다. 그 자비하심으로 주님 사랑을 보여주는 여러 아름다운 표징들로 저를 찾아 오셨나이다. 오, 저의 모든 날들을 "주의 인자하심이 나의 위안이 되게 하시는" 날들이 되게 하시며, 평생 주님을 섬기되 아버지의 사랑에 감사하는 자녀의 심정으로 자격 없는 자에게 베푸신 은혜에 보답하게 하소서.

---

10) 창세기 32:26-29와 아가 4:16의 초청의 말씀을 비교 참조하라. "북풍아 일어나라 남풍아 오라 나의 동산에 불어서 향기를 날리라 나의 사랑하는 자가 그 동산에 들어가서 그 아름다운 열매 먹기를 원하노라."(아 4:16) 그 초청을 즉시로 받은 자에게 베풀어진 잔치 상이 아가 5:1에 묘사되어 있다. "내 누이, 내 신부야 내가 내 동산에 들어와서 나의 몰약과 향 재료를 거두고 나의 꿀송 이와 꿀을 먹고 내 포도주와 내 우유를 마셨으니 나의 친구들아 먹으라 나의 사랑하는 사람 들아 많이 마시라."

시편 199:77

"주의 긍휼히 여기심이 내게 임하사 내가 살게 하소서
주의 법은 나의 즐거움이니이다."

하나님의 사람에게 있어서 죄는 결코 가벼운 고통이 아닙니다. 그러므로
주님께서 자비를 베푸시는 것이 그에게는 결코 보통의 복이 아닙니다. 주님
의 긍휼히 여기심의 복을 아무리 많이 누리고 구하여도 충분하다 할 수 없습
니다. 그래서 하나님의 사람은 그 복을 반복적으로 부르짖습니다. 하나님께
서 자비하심으로 하나님의 사람을 죄와 비참에서 이끌어 내셨습니다. 신자
는 주님의 긍휼하심에 붙들려 살며, 주님께서 끝까지 긍휼하심을 거두지 않
으시리라는 확신을 가지고 있습니다. "여호와께서 나를 위하여 보상해 주시
리이다 여호와여 주의 인자하심이 영원하오니 주의 손으로 지으신 것을 버
리지 마옵소서."(시 138:8) 하나님께서 주시는 모든 복락은 다 긍휼히 여기심
(인자하심)으로 주어집니다. "우리를 비천한 가운데에서도 기억해 주신 이에
게 감사하라 그 인자하심이 영원함이로다 우리를 우리의 대적에게서 건지신
이에게 감사하라 그 인자하심이 영원함이로다 모든 육체에게 먹을 것을 주
신 이에게 감사하라 그 인자하심이 영원함이로다 하늘의 하나님께 감사하
라 그 인자하심이 영원함이로다."(시 136:23-25) 복음의 법칙에 따라서 매우
조심스럽게 행하는 이도 주님의 긍휼을 필요로 합니다. "무릇 이 규례를 행
하는 자에게와 하나님의 이스라엘에게 평강과 긍휼이 있을지어다."(갈 6:16)

택한 백성들은 '긍휼의 그릇'으로 그 아구까지 긍휼로 충만한 자들입니다.
"또한 영광 받기로 예비하신 바 긍휼의 그릇에 대하여 그 영광의 풍성함을
알게 하고자 하셨을지라도 무슨 말을 하리요."(롬 9:23) 결국 영광의 면류관
도 긍휼이 풍성하신 하나님의 손에서 받습니다. "그 때에 임금이 그 오른편

에 있는 자들에게 이르시되 내 아버지께 복 받을 자들이여 나아와 창세로부터 너희를 위하여 예비된 나라를 상속받으라."(마 25:34)

하나님의 독특한 성품은, 하나님의 자비하심이 '긍휼히 여기심이 깃들인 자비하심'이라는 점입니다. "긍휼을 따라 내 죄악을 지워 주소서."(시 51:1) "우리 조상들의 죄악을 기억하지 마시고 주의 긍휼로 우리를 속히 영접하소서 우리가 매우 가련하게 되었나이다."(시 79:8) 그 자비하심은 아버지가 자식을 불쌍히 여김 같은 것입니다. "아버지가 자식을 긍휼히 여김 같이 여호와께서는 자기를 경외하는 자를 긍휼히 여기시나니."(시 103:11) 애타는 마음으로 불쌍하게 여기시기도 합니다. "에브라임이여 내가 어찌 너를 놓겠느냐 이스라엘이여 내가 어찌 너를 버리겠느냐 내가 어찌 너를 아드마 같이 놓겠느냐 어찌 너를 스보임 같이 두겠느냐 내 마음이 내 속에서 돌이키어 나의 긍휼이 온전히 불붙듯 하도다."(호 11:8) "에브라임은 나의 사랑하는 아들 기뻐하는 자식이 아니냐 내가 그를 책망하여 말할 때마다 깊이 생각하노라 그러므로 그를 위하여 내 창자가 들끓으니 내가 반드시 그를 불쌍히 여기리라 여호와의 말씀이니라."(렘 31:20)

탕자가 아버지께 돌아갈 때에 쫓아내시는 무서운 아버지의 얼굴은 아닐지라도 책망하시는 눈빛을 만날 것이라고 생각하였습니다. 그러나 아들을 불쌍하게 여기는 아버지가 그의 죄들을 묻어 버리셨을 뿐 아니라, 죄를 고백하는 아들의 고백도 깊은 바다 속에 던져 버리듯 하셨습니다. 그리고 집을 떠난 일에 대해서 아무런 책임도 묻지 않으시고 환영하여 주셨습니다(눅 15:20-24).

하나님의 자녀들이 아버지 하나님의 긍휼이 풍성하신 인자를 생각하면 '무엇을 먹을까, 무엇을 마실까, 무엇을 입을까' 하는 염려가 합당하지 못하다는 생각을 자연스럽게 하게 됩니다(마 6:25-24).

하나님께서는 아버지로서 자녀된 믿음의 사람들에게 '징계'도 하십니다.

"너는 사람이 그 아들을 징계함 같이 네 하나님 여호와께서 너를 징계하시는 줄 마음에 생각하고."(신 8:5) 또 자녀들이 행한대로 고통을 당하게도 하십니다. "광야에서 약 사십 년간 그들의 소행을 참으시고."(행 13:8). 또한 사람이 자기를 섬기는 자기 자녀를 아끼듯이 하나님께서도 그리하십니다. "만군의 여호와가 이르노라 나는 내가 정한 날에 그들을 나의 특별한 소유로 삼을 것이요 또 사람이 자기를 섬기는 아들을 아낌 같이 내가 그들을 아끼리니."(말 3:17) 또 하나님 아버지께서는 자녀 각자를 향한 주권적 행사를 통해서 존중하십니다. "내가 말하기를 내가 어떻게 하든지 너를 자녀들 중에 두며 허다한 나라들 중에 아름다운 기업인 이 귀한 땅을 네게 주리라 하였고 내가 다시 말하기를 너희가 나를 나의 아버지라 하고 나를 떠나지 말 것이니라 하였노라."(렘 3:19) 하나님께서는 더욱 친밀하게 말씀하셨습니다. "어머니가 자식을 위로함 같이 내가 너희를 위로할 것인즉 너희가 예루살렘에서 위로를 받으리니."(사 66:13) "여인이 어찌 그 젖 먹는 자식을 잊겠으며 자기 태에서 난 아들을 긍휼히 여기지 않겠느냐 그들은 혹시 잊을지라도 나는 너를 잊지 아니할 것이라."(사 49:15)

그런데도 우리는 "주 하나님의 긍휼히 여기심이 우리에게 임하지 않는 한" 은택에 대해 합당한 이해를 전혀 하지 못합니다. 긍휼히 여기심을 모든 백성들에게 고루 분배해 주시는 하나님의 행사 속에 우리의 분깃도 있음을 당당히 믿어야 할 것입니다. "여호와여 주의 말씀대로 주의 인자하심과 주의 구원을 내게 임하게 하소서."(시 119:41) 하나님을 찬미하리로다! 그 길이 우리에게 열려 있습니다.

"주의 긍휼히 여기심이 내게 임하사 내가 살게 하소서." 우리가 진리를 단순하게 외치기만 해서는 열매가 없습니다. 기름부음을 받은 불타는 심정으로 말하지 않으면 열매가 없습니다. 하나님의 긍휼히 여기심을 우리에게 적용해야 생명이 있습니다. 단순히 신령한 존재만을 제시하는 것이 아니라, 그것을 내 삶의 생명으로 삼아 살아있는 경건과 기쁨의 이유로 적용해야합니다. 삶의 모든 영역과 모든 방면에서 매 시간 하나님을 의지하고 하나님을 위해서 영위하는 삶의 원리로 삼아야 합니다. 그리하면 내 연약함이 주님 안에서 능력이 됩니다. "내가 그들로 나 여호와를 의지하여 견고하게 하리니 그들이 내 이름으로 행하리라 나 여호와의 말이니라."(슥 10:12) 이것이 진실로 바로 "생명 안에서 왕 노릇"하는 것입니다(롬 5:17). 그리하여 갈수록 그 원리의 영예와 존귀함이 더 높은 단계로 상승되고, 탁월함과 행복의 더 깊은 경지로 나아가는 삶의 영광을 누리게 되는 것입니다.

우리는 우리의 생명을 유지시키는 샘물이 풍성하게 항상 솟아나는 것을 잊지 말아야 합니다. "그리스도 안에 생명이 있었으니."(요 1:4) "도둑이 오는 것은 도둑질하고 죽이고 멸망시키려는 것뿐이요 내가 온 것은 양으로 생명을 얻게 하고 더 풍성히 얻게 하려는 것이라."(요 10:10) 그러므로 생명의 원천이신 그리스도와 살아있는 연합 없이 참 생명은 존재할 수 없습니다.

그러나 이 신령한 원리의 영향이 느껴질 때까지 그리스도를 믿는 소망은 포기할 것입니까? 이는 마치 포도 열매를 맺을 때까지는 포도나무에 붙어 있지 않겠다고 하는 것이나 마찬가지입니다. 포도나무에 붙어 있지 않으면 절대로 열매를 맺을 수 없고 말라갈 뿐입니다. "내 안에 거하라 나도 너희 안에 거하리라 가지가 포도나무에 붙어 있지 아니하면 스스로 열매를 맺을 수 없음 같이 너희도 내 안에 있지 아니하면 그러하리라 나는 포도나무요 너희는 가지라 그가 내 안에 내가 그 안에 거하면 사람이 열매를 많이 맺나니 나를 떠나서는 너희가 아무 것도 할 수 없음이라 사람이 내 안에 거하지 아니하면 가지처럼 밖에 버려져 마르나니 사람들이 그것을 모아다가 불에 던져 사르느니라."(요 15:4-6)

그러므로 우리는 '반드시' 그리스도로부터 생명을 받아야 하는 것이지 우리가 생명을 그리스도께 가지고 가는 것이 아닙니다. 믿음은 우리를 그리스도 안에 접붙입니다. "믿음으로 말미암아 그리스도께서 마음에 계시는 것"이 영혼의 생명이 되며, 그런 영혼이 하나님의 길에서 활동력을 갖게 됩니다. "내가 그리스도와 함께 십자가에 못 박혔나니 그런즉 이제는 내가 사는 것이 아니요 오직 내 안에 그리스도께서 사시는 것이라. 이제 내가 육체 가운데 사는 것은 나를 사랑하사 나를 위하여 자기 자신을 버리신 하나님의 아들을 믿는 믿음 안에서 사는 것이라."(갈 2:20) "또 내 영을 너희 속에 두어 너희로 내 율례를 행하게 하리니 너희가 내 규례를 지켜 행할지라."(겔 36:27)

그러므로 이 생명은 "하나님의 법을 즐거워함"을 통해서 자신의 정체를 드러낼 것입니다. 우리는 복음의 표면적인 의미에만 만족하지 말아야합니다. 표면적인 믿음은 메마르고 열매를 내지 못하여 영적으로 아무 쓸모가 없습니다. 오직 우리는 감춰진 보배를 탐색하고, 참된 생명과 위안을 길어내야 합니다.

"주의 법은 나의 즐거움이니이다." 이 "즐거움"은 은혜의 보좌 앞에 나아가설 구실을 만들어 줍니다. "주님, 이것이 제 영혼에 접붙여진 당신의 생명의 열매와 활력이오니, 그 생명을 소중히 길러 주소서. 저로 하여금 당신의 긍휼을 따라 살게 하소서. 제가 주님의 법을 즐거워함이 아버지의 자녀로 저를 받아 주신 증거라고 감히 진술하나이다. 그러므로 제 탄원과 간구를 새롭게 드리고자 하나이다. 제가 살아 존재만 하는 것이 아니라 생명의 활력을 누리게 하소서. 그래서 제게 있는 생명이 하늘의 영원한 생명과 복락의 시작과 조짐이 되게 하소서."

시편 119:78
"교만한 자들이 거짓으로 나를 엎드러뜨렸으니
그들이 수치를 당하게 하소서
나는 주의 법도들을 작은 소리로 읊조리리이다."

하나님께서 교회사를 열기 위해서 강림하실 때에 친히 처음 예언하신 말씀은 여자의 후손에 대한 말씀입니다. "내가 너로 여자와 원수가 되게 하고 네 후손도 여자의 후손과 원수가 되게 하리니 여자의 후손은 네 머리를 상하게 할 것이요 너는 그의 발꿈치를 상하게 할 것이니라 하시고."(창 3:15) 그 예언의 말씀이 성취되는 과정으로 역사가 이어져 왔습니다. "용이 여자에게 분노하여 돌아가서 그 여자의 남은 자손 곧 하나님의 계명을 지키며 예수의 증거를 가진 자들과 더불어 싸우려고 바다 모래 위에 서 있더라."(롬 12:17) 이와 같이 "뱀의 후손과 여자의 후손 사이의 투쟁"이 세상의 성격과 역사의 과정 전체를 주도적인 특성이 되어 왔습니다. "불의한 자는 의인에게 미움을 받고 바르게 행하는 자는 악인에게 미움을 받느니라."(잠 29:27)

다윗은 자기 원수들이 수치를 당하게 해 주십사하고 기도하였습니다. 그런데 그들이 망하기를 갈망하는 복수 정신이 아니고 하나님을 섬기는 자기의 길이 더 훤하게 열리기를 바라는 마음에서 그런 기도를 드렸습니다. "사람의 박해에서 나를 구원하소서 그리하시면 내가 주의 법도들을 지키리이다."(시 119:134) 그리고 그들을 징치하시어 궁극적으로 그들이 주님의 구원을 받는 데로 나아가게 하기 위하여 그런 기도를 드린 것입니다. "여호와여 그들의 얼굴에 수치가 가득하게 하사 그들이 주의 이름을 찾게 하소서."(시 83:16)

그러니 그의 기도는 분개하는 마음보다 긍휼어린 자비의 심정의 표현입니다. 불멸하는 영혼의 복락에 대한 관심 때문에 울었다는 사실로부터 그 점이 충분히 입증됩니다. "주의 율법을 버린 악인들로 말미암아 내가 맹렬한 분노에 사로잡혔나이다."(시 119:53) "그들이 주의 법을 지키지 아니하므로 내 눈물이 시냇물같이 흐르나이다."(시 119:136) "주의 말씀을 지키지 아니하는 거짓된 자들을 내가 보고 슬퍼하였나이다."(시 119:158) 온유하시고 긍휼하신 구주의 입술에서도 동일한 정신의 기도가 나왔습니다. "그들이 쓸개를 나의 음식물로 주며 목마를 때에는 초를 마시게 하였사오니 그들의 밥상이 올무가 되게 하시며 그들의 평안이 덫이 되게 하소서 그들의 눈이 어두워 보지 못하게 하시며 그들의 허리가 항상 떨리게 하소서."(시 69:21-23) 무서운 탄핵을 받아야 할 대상들을 향하신 주님의 간절하고 민망한 동정심의 발로를 만나기도 합니다. "예루살렘아 예루살렘아 선지자들을 죽이고 네게 파송된 자들을 돌로 치는 자여 암탉이 그 새끼를 날개 아래에 모음 같이 내가 네 자녀를 모으려 한 일이 몇 번이더냐 그러나 너희가 원하지 아니하였도다."(마 23:37)

"교만한 자들이 거짓으로 나를 엎드러뜨렸으니 그들이 수치를 당하게 하소서." 다윗의 기도를 이끌어간 것은 오직 하나님의 영예를 존중하는 정신이었습니다. 원수들이 자기를 대적하여 악독을 부리는 것이 하나님을 대항한 적의(敵意)의 발로임을 알았습니다. 그들은 다윗이 아니라 다윗 안에 계시는 하나님을 미워하고 박해했습니다. 하나님의 종으로서 다윗은 이렇게 기도할 수 있었습니다. "여호와여 내가 주를 미워하는 자들을 미워하지 아니하오며 주를 치러 일어나는 자들을 미워하지 아니하나이까 내가 그들을 심히 미워하니 그들은 나의 원수들이니이다."(시 139:21,22)

멸시받는 구주를 따르는 자들은 교만한 자들의 못된 심술로 지독한 괴롭힘을 당할 각오를 하고 있어야 합니다. 그러나 구주를 따르는 자들은 구주와 같이 까닭 없이 그들로부터 괴롭힘을 당한다고 증언할 수 있습니다. "부당하게 나의 원수된 자가 나로 말미암아 기뻐하지 못하게 하시며 까닭 없이 나를 미워하는 자들이 서로 눈짓하지 못하게 하소서."(시 35:19) "까닭 없이 나를 미워하는 자가 나의 머리털보다 많고 부당하게 나의 원수가 되어 나를 끊으려 하는 자가 강하였으니 내가 빼앗지 아니한 것도 물어 주게 되었나이다."(시 69:4) "그러나 이는 그들의 율법에 기록된 바 그들이 이유 없이 나를 미워하였다 한 말을 응하게 하려 함이라."(요 15:25) 그 때에 구주의 말씀은 그들에게 얼마나 힘을 줍니까! "나로 말미암아 너희를 욕하고 박해하고 거짓으로 너희를 거슬러 모든 악한 말을 할 때에는 너희에게 복이 있나니 기뻐하고 즐거워하라 하늘에서 너희의 상이 큼이라 너희 전에 있던 선지자들도 이같이 박해하였느니라."(마 5:11,12)

독자 여러분, 경건치 않은 세상이 주는 시련을 당한 적이 없습니까? 교만한 조소와 경건치 않은 자들의 멸시와 푸대접을 당하고 속으로 분개하여 어쩔 줄 몰랐던 일은 없었습니까? 그럴 때마다 '인내로 영혼을 억제하며' 여러분의 사정을 전능하신 친구인 주님께 아룀으로 구주의 본을 앞에 세워 놓고 본받지 않았습니까? "나는 제비 같이, 학 같이 지저귀며 비둘기 같이 슬피 울며 내 눈이 쇠하도록 앙망하나이다 여호와여 내가 압제를 받사오니 나의 중보가 되옵소서."(사 38:14) "내가 알거니와 여호와는 고난당하는 자를 변호해 주시며 궁핍한 자에게 정의를 베푸시리이다 진실로 의인들이 주의 이름에 감사하며 정직한 자들이 주의 앞에서 살리이다."(시 140:12,13)

기억하십시오. 구주께서 여러분의 사정을 하나님 아버지께 아뢰고 계심을 기억하십시오. "하물며 하나님께서 그 밤낮 부르짖는 택하신 자들의 원한을 풀어 주지 아니하시겠느냐 그들에게 오래 참으시겠느냐 내가 너희에게 이르노니 속히 그 원한을 풀어 주시리라 그러나 인자가 올 때에 세상에서 믿음을 보겠느냐 하시니라."(눅 18:7,8)

"나는 주의 법도들을 작은 소리로 읊조리리이다." 시련의 때에 어디로 가야 할지, 무엇을 해야 할지 배워야 합니다. 갈 방향을 알고 지원을 받기 위해서 하나님의 말씀으로 가십시오. 하나님의 법도를 묵상하십시오. 역경이 닥치면 흔히 마음이 급해져 단순한 믿음의 심지를 놓치기 쉽습니다. 그러나 굳건하고 단순하게 믿음을 실천하는 연습을 해야 합니다. 우리의 마음을 아름답게 하나님의 말씀에 고정시키고, 현재 긴급한 상황 속에서 말씀이 지시하는 방향을 잡고 말씀이 주는 용기를 얻으십시오. 우리의 원수들은 육체의 힘으로 우리를 대적합니다. 우리는 하나님의 말씀의 갑주를 입고 그들을 대항합니다. 그 갑주는 얼마나 놀랍고 보배로운지요! 우리의 평안을 깨뜨리려는 원수의 모든 수작을 대항할 능력과 피할 길과 위안을 줍니다. "높음이나 깊음이나 다른 어떤 피조물이라도 우리를 우리 주 그리스도 예수 안에 있는 하나님의 사랑에서 끊을 수 없으리라."(롬 8:39)

시 119:79
"주를 경외하는 자들이 내게 돌아오게 하소서
그리하시면 그들이 주의 증거들을 알리이다."

믿는 자가 세상에서 고통을 당할 때에 주님의 백성들로부터 오는 도움을 요청하는 기도를 드릴 수도 있습니다. 우리 아버지 하나님의 가족들을 보는 것만으로도 기운이 납니다. 같은 믿음의 사람들은 우리의 교제의 대상일 뿐 아니라 도움도 줍니다. 그리스도의 몸의 지체마다 은사를 골고루 지혜롭게 나누어 주신 분이 그리스도이십니다. 각자 은사가 있습니다. 그것으로 서로 도와 다른 여러 지체들을 세워주고 동정심을 가지고 위로하게 하셨습니다. "각 사람에게 성령을 나타내심은 유익하게 하려 하심이라."(고전 12:7) "오직 사랑 안에서 참된 것을 하여 범사에 그에게까지 자랄지라 그는 머리니 곧 그리스도라 그에게서 온 몸이 각 마디를 통하여 도움을 받음으로 연결되고 결합되어 각 지체의 분량대로 역사하여 그 몸을 자라게 하며 사랑 안에서 스스로 세우느니라."(엡 4:15,16)

그리스도인들이 서로 관심을 보이지 않고 멀리 떨어져 걷는 모습을 보는 고통스런 일이 흔합니다. 서로 냉담하고 초연하고 형제애를 버리고 분리되어 있는 모습이 참 안됐습니다. 그런 때에 자기 백성들 전체의 마음을 주장하시는 분께 기도하지 않겠습니까? 주님을 두려워하고 그 증거를 아는 모든 이들의 마음을 돌리시어 형제들을 돌아보게 하시기를 위하여 기도하지 않겠습니까? 모르드개의 영예는 무엇입니까? "유다인 모르드개가 아하수에로 왕의 다음이 되고 유다인 중에 크게 존경받고 그의 허다한 형제에게 사랑을 받고 그의 백성의 이익을 도모하며 그의 모든 종족을 안위하였더라."(에 10:3)

초대교회 시절의 데메드리오를 기억하십시오. "데메드리오는 뭇 사람에게도, 진리에게서도 증거를 받았으매 우리도 증언하노니 너는 우리의 증언이 참된 줄을 아느니라."(요삼 1:12) "날마다 마음을 같이하여 성전에 모이기를 힘쓰고 집에서 떡을 떼며 기쁨과 순전한 마음으로 음식을 먹고 하나님을 찬미하며 또 온 백성에게 칭송을 받으니 주께서 구원 받는 사람을 날마다 더하게 하시니라."(행 2:46,47)

크리소스톰(Chrysostom)이 "교회는 작은 하늘이로다."라고 기뻐 소리쳐 외친 것과 같습니다. 그러니 교회의 지체들은 서로에게 말할 수 있습니다. "보라 형제가 연합하여 동거함이 어찌 그리 선하고 아름다운고."(시 133:1)[11] 이

---

11) 탁월한 필립 헨리(Phillip Henry)의 법칙은 진실로 가장 훌륭한 보편율이다. 그야말로 그리스도의 행실 속에서 가장 일관성 있게 적용하고 계발할 원칙이다. "하나님의 백성들 전체가 동의하는 일들에는 열심을 다하려 한다. 하나님의 백성들이 서로 다른 의견을 표출하는 다른 것들에 대해서는 하나님께서 내게 주신 빛을 따라 행하되, 다른 이들도 하나님께서 그들에게 주신 빛을 따라서 행하고 있으려니 하는 사랑의 마음으로 행할 것이다."(Life, Williams' Edition)

교도를 믿는 이웃들이 이런 우리의 모습을 보면 경외심을 가지고 이렇게 고백할 수밖에 없을 것입니다. "이 그리스도인들이 어떻게 서로 사랑하는 지를 보라."

안타깝습니다! 우리의 예루살렘이 더 이상 '잘 짜여진 성읍'의 모습을 보이지 못하게 되었습니다(시 122:3). 형제와 형제를 나누는 중간에 막힌 벽들이 너무 많아 이제는 '완전한 아름다움'의 처소인 우리의 시온에 거하는 자가 희귀하게 되었습니다. "믿는 무리가 한마음과 한 뜻이 되어" 살던 그 성읍이 그리되었습니다. 선입견과 오해가 욥과 그 친구들을 나누었습니다. "너희는 돌이켜 행악자가 되지 말라 아직도 나의 의가 건재하니 돌아오라."(욥 6:29) 로마교회의 지체들의 연합에 해를 끼친 것도 오래 참는 마음의 부족 때문입니다(롬 14장과 15장1-7절의 내용 참조) 오래 참음의 결핍은 가장 친밀한 사이인 바울과 바나바도 갈라지게 하였습니다. 고린도교회의 형제애에 영향을 끼친 것은 감성(感性)의 다양성이었습니다. "형제들아 내가 우리 주 예수 그리스도의 이름으로 너희를 권하노니 모두가 같은 말을 하고 너희 가운데 분쟁이 없이 같은 마음과 같은 뜻으로 온전히 합하라 내 형제들아 글로에의 집 편으로 너희에 대한 말이 내게 들리니 곧 너희 가운데 분쟁이 있다는 것이라 내가 이것을 말하거니와 너희가 각각 이르되 나는 바울에게, 나는 아볼로에게, 나는 게바에게, 나는 그리스도에게 속한 자라 한다는 것이니."(고전 1:10-12)

그 후 이어지는 전체 교회사에도 그런 일이 있었습니다. 구속주의 기도에 대한 충만한 응답과, 복음의 신적 기원의 장대한 발로가 세상에 여전히 드러나야 합니다. "아버지여, 아버지께서 내 안에, 내가 아버지 안에 있는 것 같이 그들도 다 하나가 되어 우리 안에 있게 하사 세상으로 아버지께서 나를 보내신 것을 믿게 하옵소서."(요 17:21) 초대교회 기독교의 고유한 특성은 '성도의 교통'에 있습니다. 그리고 그 특성은 초대교회 이후 성도들의 신앙고백의 조항이 되어 왔습니다. 그러니 우리가 초대교회의 표준으로 돌아가는 정도에 비례하여 서로 간의 친밀한 교제의 결속력이 강화될 것입니다. 우리는 서로 '한 몸의 지체들'이기 때문입니다(고전 12:12-27). "서로 돌아보아 사랑과 선행을 격려하며."(히 10:24) "서로 짐을 지라."(갈 6:2 ; 5:13) "그러므로 그리스도께서 우리를 받아 하나님께 영광을 돌리심과 같이 너희도 서로 받으라."(롬 15:7)

그리스도인이 자기 부인의 정신이 부족하다면 "평안의 매는 줄로 성령이 하나 되게 하신 것을 힘써 지키라."(엡 4:3)는 권면에 반하게 됩니다. 형제들 중에는 우리 자신과 비교하여 "믿음이 연약한 자들"이 있음을 인정해야 합니다. 우리는 연약한 자들에게 '걸려 넘어지게 하는 거치는 반석'과 같은 역할을 할 수도 있습니다. 그래서 사도는 명한 것입니다. "믿음이 연약한 자를 너희가 받되 그의 의견을 비판하지 말라."(롬 14:1) 연약한 자들에게 우리의 관점을 본받으라고 억지를 부림으로 "자기를 기쁘게 하지 않도록" 조심해야 합니다. "믿음이 강한 우리는 마땅히 믿음이 약한 자의 약점을 담당하고 자기를 기쁘게 하지 아니할 것이라."(롬 15:1)

사랑을 빌미로 '믿음의 파선'을 불러오는 일은 정말 역겹습니다. 성경의 진리를 부인하지 말아야 합니다. 그럼에도 불구하고 일단은 진리를 앞으로 끌어내지 않고 잠잠히 있어야 할 때가 있습니다. 사도는 말하였습니다. 주 예수님 안에서 알고 확신하는 일이 있었습니다. "내가 주 예수 안에서 알고 확신하노니 무엇이든지 스스로 속된 것이 없으되 다만 속되게 여기는 그 사람에게는 속되니라."(롬 14:14) 그러면서도 그는 연약한 자에게 더 선명한 빛이 주어지기까지는 그 사람의 양심이 미숙하게 알고 있는 것을 용납할 셈이었습니다. 교회의 연합을 위태롭게 하는 것보다 그 편이 더 낫다고 여겼습니다. 사도는 자신에게 합법적이라도 그것이 구주께서 사랑하시는 연약한 형제의 안전을 저해한다면 그 자유를 쓰지 않을 셈이었습니다(롬 14:15,16 ; 고전 8:13 ; 빌 3:15,16 비교 참조)

그러므로 그리스도인이 사랑으로 판단하는 곳에서는 "우리 주 예수 그리스도를 변함없이 사랑하는 자들"을 만나게 됩니다(엡 6:24 ; 요일 3:14 참조) 그러니 우리는 주님을 사랑하는 자들에게 우리 마음을 주고 그들을 우리와 하나 된 형제로 받아야 합니다. 그들의 모든 연약함에도 불구하고 예수님께서 그들을 "나의 형제"라 부르시기를 부끄러워하지 않으셨습니다(히 2:11,12) 우리는 그들을 하나님을 두려워하고 그 증거들을 안 자들로 여기고 보살필 마음을 언제나 가져야 합니다.

그러면 믿는 자가 주님의 백성들의 모임과 도움을 많이 감안한다고 해서 믿는다고 하면서도 여전히 세상과 너무 밀착하여 있는 이들을 책망하는 일도 멈추어야 합니까? 분명하게 말하여, 독실한 열정을 보이는 이들이 사랑스러운 친화력은 있는데 구주의 형상을 본받는 자세는 없다면, 그들은 하늘에 속한 즐거움의 풍미를 거의 갖고 있지 못한 자들입니다. 사실은 그 하늘에 속한 풍미가 하나님의 자녀들로 하여금 친밀하고 거룩하게 하나님과의 교통에 하나가 되게 묶는 끈입니다.

주님의 참된 자녀들 속에 있는 많은 연약함들을 보면서 그들을 가까이 하기 싫어하는 자세 때문에 좋은 것이 망가지게 하는 세상적인 정신의 영향은 보지 못합니까? 사실 그들의 외적인 모습 때문에 그들 속에 있는 그리스도의 형상이 가려졌습니다. 그 점을 유념하지 않고 연약한 형제를 대하기 꺼려하는 것 자체에 세상적인 정신의 영향이 보입니다.

우리는 하나님을 두려워하면서도 하나님을 아는 지식을 함께 가지고 있는 그리스도인으로서 온전한 자세를 주목해야 합니다. 하나님을 아는 지식이 있다고 하면서도 하나님을 두려워하는 마음이 없다면 그것은 자기 확신일 것입니다. 반면에 두려움은 있으나 지식은 없다면 그것은 노예적인 정신입니다. 그러나 하나님의 증거들을 아는 지식이 하나님이 행하시는 길들을 아는 것과 연결 되면, 그것은 하나님의 사람들의 성품을 사랑의 정신의 틀 속에 넣고 변화시킵니다. 그래서 그들을 영적으로 성숙한 '아버지'로 세워 연약한 자들과 경험이 부족한 이들을 복음 안으로 안내하게 할 것입니다. "아비들아 내가 너희에게 쓰는 것은 너희가 태초부터 계신 이를 알았음이요."(요일 2:13)

그러니 생각해 보세요. 우리가 연약한 자들의 부족함 때문에 그들과 교제하는 특권을 누리지 못하는 자들이 되어야겠습니까? 연약한 자들이 우리와 가까이 하고 싶은 마음을 막아야겠습니까? 연약한 자들과 교제하는 것은 우리가 신적인 교훈과 은혜를 더 단순하게 믿게 하고, 하늘에 있는 우리 아버지의 집에 대한 복된 기대감을 더 갖게 하려고 하나님의 지정하신 방편입니다. 아버지의 집에서 모든 이들이 화평과 사랑으로 조화를 이룰 것입니다. 그런데 그 좋은 방법을 포기하겠습니까? 존 하웨(John Howe)가 이에 대하여 무어라 했는지 들어 봅시다.

"우리가 하늘에 갈 때 하나님의 진리와 그를 아는 지식을 함께 가지고 갈 것이다. 하나님과 우리 구속주 앞에 영혼의 정결과 헌신의 열심과 하나님 주신 사랑과 기쁨을 그대로 가지고 하늘에 갈 것이다. 여기 지상에서 그런 덕의 요소들이나 어떤 것이든지 탁월하고 영원한 것들이 우리 영혼 안에 자리를 잡기 시작하였다면, 여기서 시작한 그것들이 거기 하늘에서는 완전하게 될 것이다. 하늘에 갈 때에도 다투는 마음을 가지고 갈 것이며, 분노를 가지고 갈 셈인가? 시기심과 억울한 심정과 증오심을 함께 가지고 갈 셈인가? 우리는 힘써 우리 자신을 벗고, 하늘에 가지고 가지 못할 모든 것들이나 우리의 순례길 마지막에는 전혀 무익한 것들에 대한 애착심을 단호하게 잘라내야 한다. 그래서 영원한 나라에 '넉넉히 들어감을 방해하거나 저해하는 것'이

하나도 없게 해야 한다."(Howe's Works vol 4. p. 126-127)

밀너(Milner)는 버나드(Bernad)와 그 시대의 이단들로 정죄 받은 이들 사이에 서로 주고받는 선입견들을 아름답게 지적하였습니다. "성도들이 더 이상 서로를 오해하지 않게 될 것이라는 점이 하늘의 더 없는 여러 행복들 중에 하나이다."(Milner's History of the Church, iii. 384)

> 시 119:80
> "내 마음으로 주의 율례들에 완전하게 하사
> 내가 수치를 당하지 아니하게 하소서."

"교만한 자들의 패역"이 수치를 당하게 될 것은 너무나 확실합니다(78절). 다윗은 이들이 당할 수치에 자신이 연루되지 않으려는 예방책으로 자기 "마음이 완전하게 됨"을 위하여 기도하고 있습니다. 그 마음은 건전한 원리로 충만하고 말씀의 본에 맞추어진 마음입니다. "하나님께 감사하리로다 너희가 본래 죄의 종이더니 너희에게 전하여 준 바 교훈의 본을 마음으로 순종하여."(롬 6:17) 그 마음은 마치 율법이 지시하는 대로 하나님을 위하여 합당한 희생제물을 드리는 것과 같은 마음입니다(레 22:22,23 ; 말 1:8 참조).[12]

다윗은 하나님의 가르치심을 바라는 기도를 자주 드렸습니다. "찬송을 받으실 주 여호와여 주의 율례들을 내게 가르치소서…주께서 내 마음을 넓히시면 내가 주의 계명들의 길로 달려가리이다…여호와여 주의 인자하심이 땅

---

12) "너희는 눈 먼 것이나 상한 것이나 지체에 베임을 당한 것이나 종기 있는 것이나 습진 있는 것이나 비루먹은 것을 여호와께 드리지 말며 이런 것들은 제단 위에 화제물로 여호와께 드리지 말라 소나 양의 지체가 더하거나 덜하거나 한 것은 너희가 자원제물로는 쓰려니와 서원제물로 드리면 기쁘게 받으심이 되지 못하리라."(레 22:22,23)
"만군의 여호와가 이르노라 너희가 눈 먼 희생제물을 바치는 것이 어찌 악하지 아니하며 저는 것, 병든 것을 드리는 것이 어찌 악하지 아니하냐 이제 그것을 너희 총독에게 드려 보라 그가 너를 기뻐하겠으며 너를 받아 주겠느냐."(말 1:8)

에 충만하였사오니 주의 율례들로 나를 가르치소서…주는 선하사 선을 행하시오니 주의 율례들로 나를 가르치소서."(시 119:12,33,64,68). 이제는 "내 마음으로 주의 율례들에 완전하게 하여주시기를" 위하여 간청하고 있습니다. 정말 "믿음과 착한 양심을 버림으로 믿음에 파선한 자들"이 얼마나 많습니까(딤전 1:19)! 하나님께서 요구하시는 영성(靈性)에 무식하고 그저 외적인 순종이면 다 되었다는 식으로 생각하는 이들이 많습니다. 그들은 자신들이 율법을 깨닫지도 못하고도 "살아 있는 자들"이라고 착각합니다(롬 7:9). 또 자신들은 "율법의 의로는 흠이 없는 자"라고 여깁니다(빌 3:6). 어떤 이들은 외적인 행실 보다는 약간 더 깊이 들어간 모습을 보이나 상한 심령의 '단순성과 경건한 진실성'이 부족하여 구주 예수님을 사랑하는 것이나 그 은혜를 의존하는 정도가 부족합니다. 그래서 영원한 자신들의 위치에 대해서 혼란을 보입니다. 말하자면 '그 문제의 뿌리'가 그들 속에 안착되어 있지 못한 상태입니다.[13] 견고하지 못한 신앙고백자는 아름다운 열매를 맺은 것 같이 보여 분별이 없는 자의 시각에는 좋아 보입니다. 그러나 보다 더 면밀하게 검증해 보면 뿌리의 핵심에 해충(害蟲)이 있는 것과 같은 형국입니다. 그래서 나중에는 믿음의 외적인 행동에까지 그 심각성이 드러나 보일 지경에 이릅니다.[14] 그러한 신앙은 다 말라 오그라들어 활동력을 잃어버린 형식주의에 불과하며, 살아있는 것을 흉내 낸 것에 불과합니다.

---

13) "이로 말미암아 불꽃이 그루터기를 삼킴 같이, 마른 풀이 불 속에 떨어짐 같이 그들의 뿌리가 썩겠고 꽃이 티끌처럼 날리리니 그들이 만군의 여호와의 율법을 버리며 이스라엘의 거룩하신 이의 말씀을 멸시하였음이라."(사 5:24)
"에브라임아 내가 네게 어떻게 하랴 유다야 내가 네게 어떻게 하랴 너희의 인애가 아침 구름이나 쉬 없어지는 이슬 같도다."(호 6:4)
"돌밭에 뿌려졌다는 것은 말씀을 듣고 즉시 기쁨으로 받되 그 속에 뿌리가 없어 잠시 견디다가 말씀으로 말미암아 환난이나 박해가 일어날 때에는 곧 넘어지는 자요."(마 13:20,21)
14) "여호와께서 사무엘에게 이르시되 그 용모와 신장을 보지 말라 내가 이미 그를 버렸노라 나의 보는 것은 사람과 같지 아니하니 사람은 외모를 보거니와 나 여호와는 중심을 보느니라."(삼상 16:7)
"예수께서 이르시되 너희는 사람 앞에서 스스로 옳다 하는 자이나 너희 마음을 하나님께서 아시나니 사람 중에 높임을 받는 그것은 하나님 앞에 미움을 받는 것이니라."(눅 16:15)

안타깝도다! 그리스도를 구주로 받아들인다 해놓고 마음은 재물을 하나님으로 섬기는 경우가 얼마나 혼합니까! 주님의 법도를 향해 자원하는 마음 없이 그저 억지로 마지못하여 믿고 행하는 척 하는 것뿐입니다! 매일 고착된 형식으로 신령한 행사를 하는 것 같아도 그 중심은 '육신의 생각'을 따를 가능성이 얼마든지 있습니다! 장소를 바꾸거나 모인 사람들의 수가 바뀌거나 환경이 바뀐다고 그 자체로 마음이 변하는 일은 없음을 유념하는 것은 얼마나 중요한지요! 사울 왕의 경우를 보세요. "사울도 선지자들 중에 있느냐"하는 말을 들을 정도로 예언하는 일이 있었습니다. 그러나 사울의 사람됨은 여전하였습니다. 하나님께서 그에게 '다른 마음(another heart)'을 주셨으나 그 마음은 '새로운 마음(new heart)'은 아니었습니다(삼상 10:9-12). 죄가 억제되었으나 죄가 십자가에 못 박힌 것은 아닙니다. 사울은 조상들 중 하나와 같이 "여호와의 앞을 떠나"(창 4:16) 갔습니다. 그리고 망하였고 "하나님의 율례들을 버리고" 비참하게 배도하였습니다.

신앙고백, 하나님을 아는 지식, 은사들, 감정들, 특권들이 "마음을 온전하게 하는 데" 소용되겠지요? 우리는 가룻 유다의 경우를 예로 들 필요가 있습니다. 그는 그리스도 주님을 따르는 제자였고, 주님과 친밀한 교제를 나누는 삶을 영위하였습니다. 그에게 주어진 모든 특권들을 다 누렸습니다. 믿음에 속한 모든 특권들에도 불구하고 다 버리고 "제 곳으로" 갔습니다(행 1:25). 그는 불쌍하기 그지없는 자기기만의 희생물이 되었습니다. 발람도 여기서 언급할 필요가 있습니다. 그는 "눈이 열려있는" 사람이었고, "하나님의 말씀을 들은" 사람이었습니다. 또한 전능자의 환상도 본 사람이었습니다. 육안으로 주님이 약속하신 기업의 선함을 주목할 수 있었습니다. 멀리 떨어진 지평선 위에 떠서 "야곱의 별과 왕의 규"를 은근히 비춰주는 빛을 볼 수도 있었습니다. 그런데도 그는 "불의의 삯을 사랑하던" 자였습니다."(민 24:2-

5,17 ; 벧후 2:15) 아나니아와 삽비라의 경우까지 말할 필요가 있겠습니까?(행 5:1-10) 사도 바울과 그 일행의 복음 사역을 끝까지 함께 하지 못한 알렉산더 (행 19:33-34 ; 딤전 1:20 ; 딤후 4:14), 데마(골 4:14 ; 빌 1:24 ; 딤후 4:10)도 말해서 무엇하겠습니까? 한 때 하나님의 교회 안에서 궁창에 빛나는 별과 같이 반짝이던 자들이었으나 배도의 길을 걸었던 자들의 결말에 대해서 말하는 것이 우리로 하여금 다윗처럼 기도할 힘을 얻기 위해서 필요하겠습니까? "내 마음으로 주의 율례들에 완전하게 하사"

믿음의 외적 고백으로만 '참 포도나무의 가지'인 모양을 보이는 경우를 생각하면 얼마나 비참합니까! "무릇 내게 붙어 있어 열매를 맺지 아니하는 가지는 아버지께서 그것을 제거해 버리시고 무릇 열매를 맺는 가지는 더 열매를 맺게 하려 하여 그것을 깨끗하게 하시느니라… 사람이 내 안에 거하지 아니하면 가지처럼 밖에 버려져 마르나니 사람들이 그것을 모아다가 불에 던져 사르느니라."(요 15:2,6)

외식(外飾, hypocrisy)은 사람의 내면에 자리하고 있습니다. 그것이 내면의 보좌에 앉아서 외적인 행실들을 명하되, 외식이 목적하는 바를 이루기에 가장 그럴 듯한 모양새를 내도록 행하라 명합니다. 그러니 정직한 그리스도인은 자기 마음의 '건전성'을 검증하도록 빛과 도움을 청하는 기도를 가장 먼저 합니다. "하나님이여 나를 살피사 내 마음을 아시며 나를 시험하사 내 뜻을 아옵소서 내게 무슨 악한 행위가 있나 보시고 나를 영원한 길로 인도하소서."(시 139:23,24)

성품과 행실의 변화는 전혀 없는데 '마음으로 믿는다'라고 한다면, 거기에 참되고 견실한 행사가 있을 수 있습니까?

말씀의 능력을 검증해 보니 세상적이고 무익한 것을 추구하는 마음이 발견되었다 합시다. 결국이 어떠하겠습니까? "만일 가시와 엉겅퀴를 내면 버림을 당하고 저주함에 가까워 그 마지막은 불사름이 되리라."(히 6:8) '은밀한 불의'를 품고 있으면 어찌 됩니까? "내가 나의 마음에 죄악을 품었더라면 주께서 듣지 아니하시리라."(시 66:18) 칭찬을 듣고 좋은 평판을 듣는 것을 최우선에 두고 경건을 이익의 소재로 삼는 마음이라면 어떠하겠습니까?(왕하 10:16 ; 요12:43 ; 요 12:43 ; 6:26 ; 딤전 6:5)[15] 자기 십자가를 지는 것은 꺼려하며 오직 다른 목적들을 이루는 데만 정신이 팔린 그런 마음이 주님의 율례 안에서 온전한 마음이겠습니까? 천만에요.

"내 마음으로 주의 율례들에 완전하게 하사." 여러분은 자신이 진실로 하나님을 믿으며, 하나님을 자신의 최고봉으로 여기고 늘 바라며, 그분께 전적으로 순종할 마음을 가진 자신의 실상을 발견하였습니까? 그러한 "완전한 마음"의 증거들을 귀하게 여기고 높이십시오. 그 증거들로 인하여 하나님께 감사하십시오. 그 증거들은 여러분 마음속에 계신 전능하신 성령님의 역사(役事)의 결과들입니다. 그 증거들은 다윗으로 하여금 "내 마음으로 주의 율례들에 완전하게 하소서."라고 기도하게 하신 성령님의 인도하심을 따라 기도한 응답으로 주어졌을 것입니다.

여러분의 마음을 생명력 넘치는 상태로 유지하기 위해서 은혜의 모든 방편들을 부지런히 활용하십시오. 매일 쉬지 말고, 포도나무 되신 예수님 안에 거하여 그 충만한데서 생명과 건강한 생명에 필요한 자원을 받으십시오. "내 안에 거하라 나도 너희 안에 거하리라 가지가 포도나무에 붙어 있지 아니하면 스스로 열매를 맺을 수 없음 같이 너희도 내 안에 있지 아니하면 그

---

15) "이르되 나와 함께 가서 여호와를 위한 나의 열심을 보라 하고 이에 자기 병거에 태우고."(왕하 10:16)
"그들은 사람의 영광을 하나님의 영광보다 더 사랑하였더라."(요 12:43)
"예수께서 대답하여 이르시되 내가 진실로 진실로 너희에게 이르노니 너희가 나를 찾는 것은 표적을 본 까닭이 아니요 떡을 먹고 배부른 까닭이로다."(요 6:26)
"마음이 부패하여지고 진리를 잃어 버려 경건을 이익의 방도로 생각하는 자들의 다툼이 일어나느니라."(딤전 6:5)

러하리라 나는 포도나무요 너희는 가지라 그가 내 안에, 내가 그 안에 거하면 사람이 열매를 많이 맺나니 나를 떠나서는 너희가 아무 것도 할 수 없음이라."(요 15:4,5)

하나님의 말씀과 많이 씨름하십시오. 하나님의 말씀을 사랑하는 것을 목적으로 삼으시고, 말씀이 가진 성결성과 실천의 영향력을 사랑하십시오. 내적으로 썩는 것을 가장 두렵게 여기십시오. 체험되는 진리에 대한 메마르고 진액이 없는 개념을 가장 두려워해야 합니다. 여러분의 신앙고백의 나무 뿌리에 부단하게 물을 주십시오. "너는 일깨어 그 남은 바 죽게 된 것을 굳건하게 하라 내 하나님 앞에 네 행위의 온전한 것을 찾지 못하였노니."(계 3:2)

특별하게 '여러분 자신의 마음과 교제'하십시오 "자리에 누워 심중에 말하고 잠잠할지어다(commune with your own heart upon your bed, and be still)."(시 4:4) 여러분의 마음에 질투심을 갖고 깨어 감시하십시오. 여러분의 마음은 혼자 힘으로 무언가 하려는 성향이 있으니 조심하십시오. 자기 마음이 스스로 은혜롭고 선하다는 망상에 젖어 들기 쉬우니 조심하십시오. 그런 망상은 마음이 '건전하지 못하다.'는 확실한 증표에 불과합니다. "하나님의 아들을 믿는 믿음 안에서 살고 있지 않다."는 증표라는 말입니다. "내가 그리스도와 함께 십자가에 못 박혔나니 그런즉 이제는 내가 사는 것이 아니요 오직 내 안에 그리스도께서 사시는 것이라 이제 내가 육체 가운데 사는 것은 나를 사랑하사 나를 위하여 자기 자신을 버리신 하나님의 아들을 믿는 믿음 안에서 사는 것이라."(갈 2:20)

여러분이 내린 판단이 주님 앞에서 옳은지 검증하십시오. 여러분의 선택, 습관적인 행태를 검증하십시오. 건전치 못한 것이 발견되는 즉시 "속이고 고의적인 악한 마음"의 질병을 위해서 하나님께서 주권적으로 처방해주신 치료약, 곧 그리스도의 보배 피를 적용하십시오.

이런 반론이 제기될 수 있습니다. '이런 경계심을 가진 경건의 행사들이 그리스도인의 구원의 확신을 저해하는 것은 아닌가?' 천만에요. 경건의 행사들이 육신적 안일에 빠지는 것을 효과적으로 방지하여 줄 것입니다. 또한 우리의 매일의 행보 속에서 우리 마음의 민감성과 활동성과 용의주도함을 증가시켜 줄 것입니다. 하늘에 속한 특권들을 누리지 못하게 저해하기는커녕 우리 마음에 평강의 기반을 정착시켜 줄 것입니다. "내가 주의 모든 계명에 주의할 때에는 부끄럽지 아니하리이다."(시 119:6) "이는 우리 마음이 혹 우리를 책망할 일이 있어도 하나님은 우리 마음보다 크시고 모든 것을 아시기 때문이라 사랑하는 자들아 만일 우리 마음이 우리를 책망할 것이 없으면 하나님 앞에서 담대함을 얻고."(요일 3:20,21)

우리의 구원의 확신을 진실로 저해하는 것은 '경박하고 부주의한 마음 자세'입니다. 건전하지 못한 신앙고백자는 하나님의 자녀가 된 자의 진정한 정신에 대하여 아는 것이 하나도 없습니다. 그런 사람이 하나님의 자녀가 하늘 아버지의 품에 자신을 맡기는 거룩하고 가족적인 친밀함에 대해서 어찌 알겠습니까? 교회 안에서 명목상의 신자의 위치에 있다면, 그는 하나님의 우주 앞에서 "수치를 당하게" 될 것입니다. "땅의 티끌 가운데서 자는 자 중에서 많은 사람이 깨어나 영생을 받는 자도 있겠고 수치를 당하여서 영원히 부끄러움을 당할 자도 있을 것이며."(단 12:2) "그 동안에 무리 수만 명이 모여 서로 밟힐 만큼 되었더니 예수께서 먼저 제자들에게 말씀하여 이르시되 바리새인들의 누룩 곧 외식을 주의하라 감추인 것이 드러나지 않을 것이 없고 숨긴 것이 알려지지 않을 것이 없나니."(눅 12:1,2)

'건전한 마음'은 "수치를 당하지 않을 소망"과 연관됩니다. 다른 말로 하면 성경적인 확신으로 충만한 복락입니다. "소망이 우리를 부끄럽게 하지 아니함은 우리에게 주신 성령으로 말미암아 하나님의 사랑이 우리 마음에 부은 바 됨이니."(롬 5:5) 왜냐하면 마음은 "그리스도의 피 뿌리심으로 말미암아" 건전하게 되기 때문입니다. 그렇게 마음이 "악한 양심에서 벗어나 정결하게 되면" 믿음의 확신으로 지성소에 나아갈 담력을 얻습니다. "그러므로 형제들아 우리가 예수의 피를 힘입어 성소에 들어갈 담력을 얻었나니 그 길은 우리를 위하여 휘장 가운데로 열어 놓으신 새로운 살 길이요 휘장은 곧 그의 육체니라 또 하나님의 집 다스리는 큰 제사장이 계시매 우리가 마음에 뿌림을 받아 악한 양심으로부터 벗어나고 몸은 맑은 물로 씻음을 받았으니 참 마음과 온전한 믿음으로 하나님께 나아가자."(히 10:19-22)

우리와 화해하신 하나님께 나아가 교제하는 복된 특권이여! 모든 순간마다 구주께서 우리 영혼에 친밀하게 하시며, 주님의 다시 오심의 영광의 소망을 견지하게 하십니다. 믿음으로 충일한 소망을 가지고 바라던 모든 것이 완성되는 날이 바로 그리스도의 재림의 날입니다. "이로써 사랑이 우리에게 온전히 이루어진 것은 우리로 심판 날에 담대함을 가지게 하려 함이니 주께서 그러하심과 같이 우리도 이 세상에서 그러하니라."(요일 4:17)

81 나의 영혼이 주의 구원을 사모하기에 피곤하오나 나는 주의 말씀을 바라나이다

82 나의 말이 주께서 언제나 나를 안위하실까 하면서 내 눈이 주의 말씀을 바라기에 피곤하니이다

83 내가 연기 속의 가죽 부대 같이 되었으나 주의 율례들을 잊지 아니하나이다

84 주의 종의 날이 얼마나 되나이까 나를 핍박하는 자들을 주께서 언제나 심판하시리이까

85 주의 법을 따르지 아니하는 교만한 자들이 나를 해하려고 웅덩이를 팠나이다

86 주의 모든 계명들은 신실하니이다 그들이 이유 없이 나를 핍박하오니 나를 도우소서

87 그들이 나를 세상에서 거의 멸하였으나 나는 주의 법도들을 버리지 아니하였사오니

88 주의 인자하심을 따라 나를 살아나게 하소서 그리하시면 주의 입의 교훈들을 내가 지키리이다

11

주의 구원을 사모하여 피곤한 내 영혼을 보소서

시편 119:81
"나의 영혼이 주의 구원을 사모하기에 피곤하오나
나는 주의 말씀을 바라나이다."

복음이 가져다주는 구원은 구약 시대 하나님의 자녀들에게 변치 않는 믿음의 대상이자 소망입니다.

구약의 교회는 자라나는 소망 속에서 오랫동안 승리를 거두었습니다. 마치 하나님께서 약속하신 복락 전부를 이미 받은 것처럼 말입니다. "그 날에 말하기를 이는 우리의 하나님이시라 우리가 그를 기다렸으니 그가 우리를 구원하시리로다 이는 여호와시라 우리가 그를 기다렸으니 우리는 그의 구원을 기뻐하며 즐거워하리라 할 것이며."(사 25:9) "내가 여호와로 말미암아 크게 기뻐하며 내 영혼이 나의 하나님으로 말미암아 즐거워하리니 이는 그가 구원의 옷을 내게 입히시며 공의의 겉옷을 내게 더하심이 신랑이 사모를 쓰며 신부가 자기 보석으로 단장함 같게 하셨음이라."(사 61:10) 이는 그들이 살아 있는 동안에 기쁨이 되었고, 그들의 임종의 때에 힘과 위안이 되었습니다.

죽음을 앞둔 야곱은 "여호와여 나는 주의 구원을 기다리나이다."라고 자신의 믿음을 표현하였습니다. (창 49:18)

"이스라엘의 노래 잘하는 자"(삼하 23:1) 다윗은 가문의 미래에 대한 불길하고 어두운 전망이 드리웠을 때에도 하나님의 구원을 사모하여 그 영혼이 쇠미해 있었습니다. 그런 가운데서 드린 마지막 기도의 음성은 참으로 하나님의 구원하심을 갈구했습니다. 그가 남긴 마지막 말이 우리에게 얼마나 큰 힘이 되는지요! "내 집이 하나님 앞에 이같지 아니하냐 하나님이 나와 더불어 영원한 언약을 세우사 만사에 구비하고 견고하게 하셨으니 '나의 모든 구원과 나의 모든 소원'을 어찌 이루지 아니하시랴."(삼하 23:5)

의롭고 경건한 노인 시므온은 복음이 임했음을 깨닫고 "눈이 주의 구원을 봄으로써" 이제 "평안히 떠날" 준비가 되었다고 말했습니다. (눅 2:28-30,25)

옛 믿음의 선조들이 가졌던 감동의 본을 따라 우리 역시도 그러한 하늘의 감화 아래 살아가야 하지 않겠습니까? 어떠한 말이나 체험이 그 느낌을 설명하는 데 온전하겠습니까? 우리의 기쁨을 가로막는 어떠한 근심도, 구원을 향한 영혼의 열망을 막을 수 없습니다. 구주가 아니고서는 그 어떤 것도 우리에게 만족을 줄 수 없습니다. '천하만국과 그 영광'을 주겠다는 유혹도 구원을 향한 열망 안에서 그 힘을 상실할 것입니다(마 4:18). 오히려 그런 유혹을 받으면 영혼은 더욱 울부짖을 것입니다. "내 영혼에게 나는 네 구원이라 이르소서."(시 35:3) "여호와여 주의 말씀대로 주의 인자하심과 주의 구원을 내게 임하게 하소서."(시 119:41)

설령 구원에 대한 소망이 아주 작은 자라도, "나는 이 세상의 부요함을 소유한 자보다 더 부요한 자라."고 말할 수 없습니까? 그러면 하나님께서 얼굴을 가리시는 것 같이 보일 때에도 다른 곳을 바라보지 않을 것입니다. 날이 바뀌고 달과 해가 바뀌어 지나간다 해도 그분 곁에 머무르며 "긍휼을 베풀어 주실 때까지 그분을 기다릴" 것입니다. "하늘에 계시는 주여 내가 눈을 들어 주께 향하나이다 상전의 손을 바라보는 종들의 눈 같이, 여주인의 손을 바라보는 여종의 눈 같이 우리의 눈이 여호와 우리 하나님을 바라보며 우리에게 은혜 베풀어 주시기를 기다리나이다."(시 123:1,2) "이제 야곱의 집에 대하여 얼굴을 가리시는 여호와를 나는 기다리며 그를 바라보리라."(사 8:17) "내가 여호와께 범죄하였으니 그의 진노를 당하려니와 마침내 주께서 나를 위하여 논쟁하시고 심판하시며 주께서 나를 인도하사 광명에 이르게 하시리니 내가 그의 공의를 보리로다."(미 7:9)

"나의 영혼이 주의 구원을 사모하기에 피곤하오나." 내 입술을 열고 세상이 주는 최고의 기쁨으로 가득찬 잔을 억지로 마시게 할지라도 내 영혼은 실망하여 뱉어내며 말할 것입니다. "나는 주의 말씀을 바라는도다."(시 130:5) 내가 "소망으로 구원을 얻었으니"(롬 8:24) 구주의 발 아래에서 마지막 때까지 "소망의 인내"(살전 1:3)로 기다릴 것입니다. 나는 "이 소망의 풍성함에 이르기를"을 바랍니다(히 6:11). 영원한 생명에 대한 기쁨의 소망과 하늘의 유업을 향한 열심으로 오시리라 하신 주님께 "주 예수여 오시옵소서."라고 목소리를 높여 외칠 것입니다(계 22:20).

오, 우리가 입은 갑주에 소망의 투구가 있음은 얼마나 고귀하고 중요합니까! "구원의 투구"는 맹렬한 전투 가운데서 날아오는 수많은 "악한 자의 불화살"로부터 우리의 머리를 보호해 줄 것입니다. "구원의 투구와 성령의 검 곧 하나님의 말씀을 가지라."(엡 6:17) "우리는 낮에 속하였으니 정신을 차리고 믿음과 사랑의 호심경을 붙이고 구원의 소망의 투구를 쓰자."(살전 5:8)

어둔 그늘이 진 것 같을 때가 있습니다. 그 때는 믿음의 눈으로 보아도 호시탐탐 시험할 기회를 노리는 원수가 보이지 않고, 하나님의 자녀로 산 위에서 노래를 불러도 가망이 없어 보이고 소망이 거의 남아 있지 않은 것 같고,

가물거리는 촛불로는 무덤 안과 같은 어둠을 몰아낼 수 있는 기미가 보이지 않습니다. 그런 때에도 "낮에는 여호와께서 그의 인자하심을 베푸시고 밤에는 그의 찬송이 내게 있어 생명의 하나님께 기도"하리로다(시 42:8).

환난과 시험의 바람이 거세게 불 때 자기를 가누지 못하는 영혼이 임박한 위험을 내다보며 두려워 떨고 있습니다. 그 위험한 순간에 소망은 "튼튼하고 견고한 닻"을 부여잡게 합니다(히 6:19). 그리하여 일촉즉발의 위기의 순간, "깊은 바다가 서로 부르며 주의 모든 파도와 물결이 나를 휩쓰는" 그 절박한 순간, 전혀 예기치 못한 그러나 주님이 보시기에 최선의 때에 우리가 소원하는 항구에 이르는 "넉넉히 들어갈 통로"가 열립니다(벧후 1:11 ; 시 107:30).1)

우리를 붙잡아 줄 것은 오직 구원의 소망뿐입니다. 우리 마음의 개념에 따라서 하나님을 생각하면, 반드시 인내하지 못하고 아주 불신앙적인 행동으로 나아갈 것입니다. 그러나 하나님 주신 성품으로 우리의 소망은 생기를 얻습니다. 하나님의 주신 성품은 그처럼 놀라운 사랑과 지혜와 온화함을 주시는 은혜로 말씀 안에서 빛을 말합니다. 고통이 무겁게 짓누르며 마음의 소원에 대한 응답이 지연될 때, 하나님의 사람들 중에서 가장 강한 자라도 그 힘이 부치게 됩니다. 하지만 영혼의 힘이 쇠잔해지는 일은 있을 수 있어도, 소멸되는 일은 결코 일어나지 않습니다.

우리는 우리가 보고 느끼는 것이 아닌 말씀에 드러난 하나님의 약속을 의지하는 사람들입니다. 하나님께서 역사하시면 이는 반드시 성취됩니다. 어려워 보이다 못해 불가능할 것 같아 보여도 반드시 성취될 것입니다. 따라서 우리는 "바랄 수 없는 중에 하나님의 약속을 바라고 믿은" 우리의 조상 아브

---

1) "우리가 이 소망을 가지고 있는 것은 영혼의 닻 같아서 튼튼하고 견고하여 휘장 안에 들어 가나니."(히 6:19)
"주의 폭포 소리에 깊은 바다가 서로 부르며 주의 모든 파도와 물결이 나를 휩쓸었나이다."(시 42:7)
"이같이 하면 우리 주 곧 구주 예수 그리스도의 영원한 나라에 들어감을 넉넉히 너희에게 주시리라."(벧후 1:11)
"그들이 평온함으로 말미암아 기뻐하는 중에 여호와께서 그들이 바라는 항구로 인도하시는도다."(시 107:30)

라함이 가졌던 확고한 믿음 위에 굳건히 서야 합니다. "아브라함이 바랄 수 없는 중에 바라고 믿었으니 이는 네 후손이 이같으리라 하신 말씀대로 많은 민족의 조상이 되게 하려 하심이라."(롬 4:18)

그와 같이 말씀은 영원을 위한 믿음의 확실한 모험의 보장입니다. 말씀에 하나님의 영광과 미쁘심의 기이하고 신비로운 인상이 새겨져 있습니다. 그리고 말씀은 하나님의 능력과 유쾌하게 하시는 은택을 전달합니다. 그래서 믿는 자는 시험 당하는 형제들을 돕기 위하여 말씀의 효력을 체험한 자신의 경험을 제시하지 않을 수 없습니다. "내가 산 자들의 땅에서 여호와의 선하심을 보게 될 줄 확실히 믿었도다(그렇게 믿지 않았더라면 나는 쇠미하여졌도다.) 너는 여호와를 기다릴지어다 강하고 담대하며 여호와를 기다릴지어다."(시 27:13,14)

시편 119:82
"나의 말이 주께서 언제나 나를 안위하실까 하면서
내 눈이 주의 말씀을 바라기에 피곤하니이다."

믿음을 가진 삶 가운데서 말씀으로 소망을 견지하고 있는 성도라 할지라도, "소망이 더디 이루어지면" 그것이 "마음을 상하게" 할 수 있습니다.(잠 13:12) 그러나 그리스도인으로서 여러분은 여전히 하나님의 약속을 최고로 여기며, 확실한 믿음으로 신뢰해야 합니다. 지금 당장 일어나는 현상들로 인해 용기를 잃지 마십시오. 빛나는 햇살은 구름 뒤에 있습니다. "이 묵시는 정한 때가 있나니 그 종말이 속히 이르겠고 결코 거짓되지 아니하리라 비록 더딜지라도 기다리라 지체되지 않고 반드시 응하리라."(합 2:3) "주의 약속은 어떤 이들이 더디다고 생각하는 것 같이 더딘 것이 아니라"(벧후 3:9)

하지만 우리는 그 약속이 빨리 이루어지기를 바랍니다. "그들이 이르기를 그는 자기의 일을 속속히 이루어 우리에게 보게 할 것이며 이스라엘의 거룩한 이는 자기의 계획을 속히 이루어 우리가 알게 할 것이라 하는도다."(사 5:19) "그러므로 주 여호와께서 이같이 이르시되 보라 내가 한 돌을 시온에 두어 기초를 삼았노니 곧 시험한 돌이요 귀하고 견고한 기촛돌이라 그것을 믿는 이는 다급하게 되지 아니하리로다."(사 28:16)

우리가 보기에 약속이 이루어지지 않는 것 같이 보이는 이유는, '하나님께서 우리 때와 방식과 방편대로 일을 이루셔야 한다.'는 고집에서 나온 참지 못하는 성미의 결과입니다. "그들이 돌이켜 하나님을 거듭거듭 시험하며 이스라엘의 거룩하신 이를 노엽게 하였도다."(시 78:41) 하나님께서 우리에게 약속을 더 디 이루시는 이유를 보여주지 않으셔도 믿음을 행사해야 합니다. 우리가 보기에 하나님의 약속과 섭리가 서로 맞아 들어가지 않아 보이거나, 하나님의 완전하심에 비추어 볼 때 나타난 하나님의 경륜이 서로 조화롭지 않아 보일 수 있습니다. 그런 경우에도 믿음을 행사해야 합니다. "여호와여 내가 주와 변론할 때에는 주께서 의로우시니이다 그러나 내가 주께 질문하옵나니 악한 자의 길이 형통하며 반역한 자가 다 평안함은 무슨 까닭이니이까."(렘 12:1)

그러나 우리는 그런 의문을 주께 맡기고 오직 하나님을 바라야 합니다. "이르시기를 너희는 가만히 있어 내가 하나님 됨을 알지어다 내가 뭇 나라 중에서 높임을 받으리라 내가 세계 중에서 높임을 받으리라 하시도다."(시 46:10) 결국 믿음으로 참고 기다리면 두 배의 이익을 얻는다는 것을 알게 될 것입니다. 기도를 드려도 금방 응답이 없고 눈에 보이는 위안도 거두어 가시는 것 같을 때에도, 하나님께서는 중요한 복락들을 우리에게 주신 사실을 알게 될 것입니다. 더 궁극적으로는 일관성이 없어 보이게 베푸신 긍휼 속에서 하나님께서는 우리가 하나님께 더욱 온전히 복종하게 하시려는 목적을 갖고 계셨음을 알게 될 것입니다. 그렇습니다. 주님께서 정하신 최선의 때에 비추어 보면 그 복락이야말로 훨씬 더욱 더 달콤하게 보입니다. 기다리는 시간 동안 지치고 피곤할 수 있어도 그 시간은 정말 고귀합니다. 그 시간의 한 점도 잃어버린 시간이 아닙니다. 하나님께서는 은밀하게 우리를 붙드시어 믿음과 인내를 잃지 않게 하십니다. 그래서 그 길에서 인내하며 피곤한 걸음을 옮길 때마다 말로 할 수 없는 즐거움을 누리게 하십니다.

주님의 말씀이 이루어지를 고대하느라 우리의 눈이 피곤할 때에도, 여전히 주님께 복종하며 기쁨으로 소망의 기대를 견지함으로 평강을 누립니다. 주님의 손이 보이지 않을 때가 가장 참기 힘든 고통의 시기이기는 하나, 그 때야말로 마음을 강퍅하게 하거나 조심성 없이 행동하고 게으름을 피울 때가 아니라 주님께서 다시 오심을 더욱 강렬하게 바라야할 때입니다. 왜냐하면 어둔 밤 별들이 태양을 대신하여 빛을 발하는 것 같이, 외적인 위안들, 또는 신앙의 외적인 의무들이 하나님의 때를 기다리는 영혼들에게 하나님의 손이 보이지 않는 것 같은 때를 이겨내며 하나님을 기다리게 하는 역할을 하기 때문입니다.

우리가 결코 잊지 말아야 할 것은, 하나님과 죄인 사이를 갈라 놓은 진정한 동인(動因)이 제거되었다는 사실입니다. 예수님의 피로 말미암아 하나님께 나아갈 길이 열렸습니다. "그러므로 형제들아 우리가 예수의 피를 힘입어 성소에 들어갈 담력을 얻었나니 그 길은 우리를 위하여 휘장 가운데로 열어 놓으신 새로운 살 길이요 휘장은 곧 그의 육체니라."(히 10:19,20) 그러니 우리는 '그 길'에서 하나님이 우리에게 얼굴을 돌리시기를 기다립니다. 그 길에서 우리는 "주께서 언제나 나를 안위하실까?"라고 부르짖는 기도의 응답을 풍성하게 받을 것입니다. 물론 하나님의 주권으로 때와 기한과 위안의 분량을 결정하시지만, 보편적인 법칙은 "너희 믿음대로 되라"(마 9:29)입니다.

"내 눈이 주의 말씀을 바라기에 피곤하니이다." 불신앙이 위로를 가리거든 얼른 예수님을 증거하는 '말씀'으로 우리의 시선을 돌려야 합니다. 위로의 근거는 오직 예수님 안에만 있습니다. 위안을 더욱 더 확신 있게 기대할수록 계속 인내함으로 기다려야 합니다. 그 기다림이 결코 헛되지 않을 것입니다. 죄는 반드시 책망을 받을 것입니다. "만일 그의 자손이 내 법을 버리며 내 규례대로 행하지 아니하며 내 율례를 깨뜨리며 내 계명을 지키지 아니하면 내가 회초리로 그들의 죄를 다스리며 채찍으로 그들의 죄악을 벌하리로다."(시 89:30-32)

하나님께서는 당신 자녀의 영혼의 회복과 용납을 보장하셨습니다. 우리가 얻을 것은 겉치레뿐인 기만적인 위안이 아니라 약속의 말씀에 근거한 건전한 위안입니다. 그 위안은 통회(痛悔)와 평안과 사랑과 승리와 연결됩니다.

복음은 지옥의 형벌이 죄에 대한 응분의 대가요 천국은 값으로 산 것임을 보여줍니다. 그래서 복음은 죄의 각성(conviction)과 믿음을 조합시키고 있습니다. 참으로 믿음이 없는 죄의 각성은 율법적인 슬픔을 가져오며, 죄의 각성 없는 확신은 복음을 빙자한 주제넘음입니다.

바울의 체험은 그 두 가지를 하나로 연합시킨 복된 실례입니다. 둘이 갈등하는 바로 그 순간처럼 구원의 확신 안에서 더욱 견고히 서는 일은 결코 없습니다. 이와 관련하여 로마서 7:14-25의 말씀과 로마서 8:33-39의 말씀을 서로 비교하여 보십시오.

"우리가 율법은 신령한 줄 알거니와 나는 육신에 속하여 죄 아래에 팔렸도다 내가 행하는 것을 내가 알지 못하노니 곧 내가 원하는 것은 행하지 아니하고 도리어 미워하는 것을 행함이라 만일 내가 원하지 아니하는 그것을 행하면 내가 이로써 율법이 선한 것을 시인하노니 이제는 그것을 행하는 자가 내가 아니요 내 속에 거하는 죄니라 내 속 곧 내 육신에 선한 것이 거하지 아니하는 줄을 아노니 원함은 내게 있으나 선을 행하는 것은 없노라 내가 원하는 바 선은 행하지 아니하고 도리어 원하지 아니하는 바 악을 행하는도다 만일 내가 원하지 아니하는 그것을 하면 이를 행하는 자는 내가 아니요 내 속에 거하는 죄니라 그러므로 내가 한 법을 깨달았노니 곧 선을 행하기 원하는 나에게 악이 함께 있는 것이로다 내 속사람으로는 하나님의 법을 즐거워하되 내 지체 속에서 한 다른 법이 내 마음의 법과 싸워 내 지체 속에 있는 죄의 법으로 나를 사로잡는 것을 보는도다 오호라 나는 곤고한 사람이로다 이 사망의 몸에서 누가 나를 건져내랴 우리 주 예수 그리스도로 말미암아 하나님께 감사하리로다 그런즉 내 자신이 마음으로는 하나님의 법을 육신으로는 죄의 법을 섬기노라." "누가 능히 하나님께서 택하신 자들을 고발하리요 의롭다 하신 이는 하나님이시니 누가 정죄하리요 죽으실 뿐 아니라 다시 살아나신 이는 그리스도 예수시니 그는 하나님 우편에 계신 자요 우리를 위하여 간구하시는 자시니라 누가 우리를 그리스도의 사랑에서 끊으리요 환난이나 곤고나 박해나 기근이나 적신이나 위험이나 칼이랴 기록된 바 우리가 종일 주를 위하여 죽임을 당하게 되며 도살 당할 양 같이 여김을 받았나이다 함과 같으니라 그러나 이 모든 일에 우리를 사랑하시는 이로 말미암아 우리가 넉넉히 이기느니라 내가 확신하노니 사망이나 생명이나 천사들이나 권세자들이나 현재 일이나 장래 일이나 능력이나 높음이나 깊음이나 다른 어떤 피조물이라도 우리를 우리 주 그리스도 예수 안에 있는 하나님의 사랑에서 끊을 수 없으리라."(롬 7:14-25 ; 8:33-39)

우리는 넘치는 기쁨을 가지고 있을 때와 같이 고통과 씨름하면서도 우리의 확신을 유지할 수 있습니다. 겸손하고 인내하는 심령을 통하여 주님을 영화롭게 합니다. 버나드(Bernard)의 결심에서 그 요점을 봅니다. "주님 저는 주께서 명하시지 않는 한 주님을 결코 떠나지 않을 것입니다." 사람의 모양으로 나타난 하나님과 씨름하던 족장 야곱의 참된 심령을 인해서도 주님은 영광을 받으셨습니다. "당신이 내게 축복하지 아니하면 가게 하지 아니하겠나이다."(창 32:26)

때로 우리에게 "해가 없어 울고 있는 것" 같을 때가 있습니다. "나는 햇볕에 쬐지 않고도 검어진 피부를 가지고 걸으며 회중 가운데 서서 도움을 부르짖고 있느니라."(욥 30:28) 그리고 "갇혀서 나올 수 없는 것" 같을 때가 있습니다. "주께서 내가 아는 자를 내게서 멀리 떠나게 하시고 나를 그들에게 가증한 것이 되게 하셨사오니 나는 갇혀서 나갈 수 없게 되었나이다."(시 88:8) 우리의 소원과 기대감 때문에 마음이 줄어들어 주님을 위하여 일을 거의 못하는 지경에 이를 때가 있습니다. 그럴 때에 우리 영혼은 기쁨이 거의 없고, 하나님의 교회에서도 자신이 아무런 쓸모도 없어 보일 때가 있습니다. 그러한 때에 우리가 견지할 분명한 도리와 특권은 무엇입니까? "야곱의 집에 대하여 얼굴을 가리시는 여호와를 나는 기다리며 그를 바라보리라"(사 8:17) 이는 우리에게 주어진 분명한 도리며 은혜입니다. "이제 야곱의 집에 대하여 얼굴을 가리시는 여호와를 나는 기다리며 그를 바라보리라."(사 8:17) "그러나 여호와께서 기다리시나니 이는 너희에게 은혜를 베풀려 하심이요 … 그를 기다리는 자마다 복이 있도다."(사 30:18) [2] 하나님께서 때를 지연시키시는 것은 은혜 베푸시기를 꺼려하시기 때문이 아니라, 우리가 받을 준비를 하게 하려 하심입니다.

시편 119:83
"내가 연기 속의 가죽 부대 같이 되었으나
주의 율례들을 잊지 아니하나이다."

이 얼마나 애절하고 비참한 모습입니까! 오랫동안 지속되는 고통으로 인

---

[2] 이에 대하여 어거스틴이 한 말을 들어 보라. "명예를 구하여도 얻지 못할 수도 있다. 부자가 되려고 힘써도 가난을 벗어나지 못할 수도 있다. 쾌락에 심취하여 보려고 해도 많은 슬픔을 몫으로 받을 수 있다. 그러나 우리 하나님께서 그 최상의 선하심으로 말씀하신다. '나를 찾고 만나지 못한 자가 누구며, 나를 소원하고 나를 얻지 못한 자가 누구인가? 나를 사랑하였다가 나로부터 배신을 당한 자가 누구인가? 나는 자를 찾는 자와 함께 있다. 나를 소원하는 자는 이미 나를 소유하고 있도다. 나를 사랑하는 자는 내가 저를 사랑하는 줄을 분명하게 확신해도 좋다. 내게 오는 길은 멀지도 않고 험난하지도 않도다.'"

해 그는 인내와 소망뿐 아니라, 자신의 몸까지 "말라버린" 상태입니다. "마음의 즐거움은 양약이라도 심령의 근심은 뼈를 마르게 하느니라."(잠 17:22) 그는 젊은 시절 "빛이 붉고 눈이 빼어나고 얼굴이 아름다웠던" 사람이었습니다.(삼상 16:12) 그런데 지금은 연기 속에 걸려 있는 가죽부대와 같이 주름진 모습입니다(수 9:4 ; 마 9:17) 징계로 맞은 흔적이 비천한 몸에 남아 있습니다.3) 징계의 채찍에 몸은 야위어도 영혼은 힘을 얻습니다. 그러나 오래 지속되는 징계의 결과로 그런 유익을 얻을 것이라고 여기면서 기대하는 것이 자연스럽습니까? 사울은 오랜 기간의 시련을 벗어나 회복하려고 마귀에게 돌아가 버렸습니다. "사울이 여호와께 묻자오되 여호와께서 꿈으로도, 우림으로도, 선지자로도 그에게 대답하지 아니하시므로 사울이 그의 신하들에게 이르되 나를 위하여 신접한 여인을 찾으라 내가 그리로 가서 그에게 물으리라 하니 그의 신하들이 그에게 이르되 보소서 엔돌에 신접한 여인이 있나이다."(삼상 28:6,7) 불신앙적인 나라가 멍에를 벗기 위해 회복의 기회를 얻으려 합니다. "여호와가 이르노라 너희가 완악한 말로 나를 대적하고도 이르기를 우리가 무슨 말로 주를 대적하였나이까 하는도다 이는 너희가 말하기를 하나님을 섬기는 것이 헛되니 만군의 여호와 앞에서 그 명령을 지키며 슬프게 행하는 것이 무엇이 유익하리요."(말 3:13,14) "너희가 말로 여호와를 괴롭게 하고도 이르기를 우리가 어떻게 여호와를 괴롭혀 드렸나이까 하는도다 이는 너희가 말하기를 모든 악을 행하는 자는 여호와의 눈에 좋게 보이며 그에게 기쁨이 된다 하며 또 말하기를 정의의 하나님이 어디 계시냐 함이니라."(말 3:13,14 ;

---

3) 다음의 말씀들을 서로 대조하여 보라. "주께서 죄악을 책망하사 사람을 징계하실 때에 그 영화를 좀먹음 같이 소멸하게 하시니 참으로 인생이란 모두 헛될 뿐이니이다."(시 39:11) "내가 잊어버린 바 됨이 죽은 자를 마음에 두지 아니함 같고 깨진 그릇과 같으니이다."(시 31:12) "내 날이 연기 같이 소멸하며 내 뼈가 숯 같이 탔음이니이다."(시 103:3) 교회사에 타나났던 그 무서운 비참상을 보라. "이제는 그들의 얼굴이 숯보다 검고 그들의 가죽이 뼈들에 붙어 막대기 같이 말랐으니 어느 거리에서든지 알아볼 사람이 없도다."(애 4:8) "굶주림의 열기로 말미암아 우리의 피부가 아궁이처럼 검으니이다."(애 5:10) 구주의 고난도 함께 생각하여 보라. "내 힘이 말라 질그릇 조각 같고 내 혀가 입천장에 붙었나이다 주께서 또 나를 죽음의 진토 속에 두셨나이다."(시 22:15) "전에는 그의 모양이 타인보다 상하였고 그의 모습이 사람들보다 상하였으므로 많은 사람이 그에 대하여 놀랐거니와."(사 52:14)

2:17) 선한 사람도 불과 몇 시간의 시련으로 하나님을 거슬러 불평합니다. 아니 자기의 불평이 마땅하다고 항변합니다. "하나님이 벌레를 예비하사 이튿날 새벽에 그 박 넝쿨을 갉아먹게 하시매 시드니라 해가 뜰 때에 하나님이 뜨거운 동풍을 예비하셨고 해는 요나의 머리에 쪼이매 요나가 혼미하여 스스로 죽기를 구하여 이르되 사는 것보다 죽는 것이 내게 나으니이다 하니라 하나님이 요나에게 이르시되 네가 이 박넝쿨로 말미암아 성내는 것이 어찌 옳으냐 하시니 그가 대답하되 내가 성내어 죽기까지 할지라도 옳으니이다 하니라."(욘 4:7-9)

하나님의 사람 다윗은 어떻게 처신하였습니까? 자기 영혼이 쇠미해지고 있음을 알고는 말씀을 소망함으로 깊은 데로 가라앉는 것을 방지하였습니다. "나의 영혼이 주의 구원을 사모하기에 피곤하오나 나는 주의 말씀을 바라나이다."(시 119:81) 계속 이어지는 고통 가운데서 자신이 했던 이전의 고백을 회상하며 자신의 마음을 붙잡고 있습니다. "교만한 자들이 나를 심히 조롱하였어도 나는 주의 법을 떠나지 아니하였나이다… 악인들의 줄이 내게 두루 얽혔을지라도 나는 주의 법을 잊지 아니하였나이다… 나의 생명이 항상 위기에 있사오나 나는 주의 법을 잊지 아니하나이다… 내가 미천하여 멸시를 당하나 주의 법도를 잊지 아니하였나이다."(시 119:51,61,109,141) "이 모든 일이 우리에게 임하였으나 우리가 주를 잊지 아니하며 주의 언약을 어기지 아니하였나이다 우리의 마음은 위축되지 아니하고 우리 걸음도 주의 길을 떠나지 아니하였으나 주께서 우리를 승냥이의 처소에 밀어 넣으시고 우리를 사망의 그늘로 덮으셨나이다."(시 49:17-19)

"주의 율례들을 잊지 아니하나이다." 그리스도인들이여, 하늘나라로 가는 다른 길이 여러분에게 주어질 거라 기대하지 마십시오. 십자가를 질 각오를 하십시오. 다윗과 같을 수가 있습니다. 그가 질 십자가는 무거웠고, 그것을 지는 고통의 기간이 길었습니다. 여러분은 믿음의 연단을 위한 경우라서 더 오래 참아야 하는 갈등을 수반할 수도 있습니다. 그 때 '죄를 지어 피할 길'을 마련하기보다는 고난으로 인해 수척해지는 편을 택하겠다는 결심을 한다면, 그것은 여러분 안에 주님의 은혜가 있다는 증거입니다. 또 그것은 주님께서 여러분을 향하여 신실하신 사랑을 보여주는 증거입니다. "사람이 감당할 시험 밖에는 너희가 당한 것이 없나니 오직 하나님은 미쁘사 너희가 감당하지 못할 시험 당함을 허락하지 아니하시고 시험 당할 즈음에 또한 피할 길을 내사 너희로 능히 감당하게 하시느니라."(고전 10:13)

　하나님께서 여러분 안에 "그리스도의 고난이 넘치게 하여 몸에 예수의 흔적을 갖게" 하심으로 여러분과 그리스도의 관계를 얼마나 존귀하게 드러내고 계신지를 생각하십시오. "그리스도의 고난이 우리에게 넘친 것 같이 우리가 받는 위로도 그리스도로 말미암아 넘치는도다."(고후 1:5) "이 후로는 누구든지 나를 괴롭게 하지 말라 내가 내 몸에 예수의 흔적을 지니고 있노라."(갈 6:17) "오히려 너희가 그리스도의 고난에 참여하는 것으로 즐거워하라 이는 그의 영광을 나타내실 때에 너희로 즐거워하고 기뻐하게 하려 함이라."(벧전 4:13) 그것이 아니라면 결코 깨달을 수 없었을 우리 지존자의 긍휼을 알게 되지 않았습니까? 스스로는 "마른 땅에서 나온 뿌리 같아서 고운 모양도 없고 풍채도 없고 우리가 보기에 흠모할 만한 아름다운 것이 없고 멸시를 받아 사람들에게 버림받으신"(사 53:2,3) 우리의 대제사장 그리스도의 긍휼을 다른 방식으로는 알지 못하였을 것입니다. 그러다가 인생을 마쳤더라면 어찌 되었을까요?(사 53:2,3)

　친히 시험을 받아 고난당하신 구주의 동정심은 고난 받는 자기 백성들에게 얼마나 놀라운 버팀목이 되는지요! "우리에게 있는 대제사장은 우리의 연약함을 동정하지 못하실 이가 아니요 모든 일에 우리와 똑같이 시험을 받으신 이로되 죄는 없으시니라."(히 4:15) "그가 시험을 받아 고난을 당하셨은즉 시험 받는 자들을 능히 도우실 수 있느니라."(히 2:18)

"내가 연기 속의 가죽 부대 같이 되었으나 주의 율례들을 잊지 아니하나이다." 다윗을 주목하세요. 오래 계속되는 시련 속에서 "주의 율례들을 잊지 아니하고" 늘 기억하였던 자세를 주목하세요. 그 자세는 하나님께서 다윗과 늘 함께 하신 얼마나 결정적인 증거이며, 하나님 말씀의 지탱하는 능력을 보여주는 얼마나 뚜렷한 증표인가요! 다윗보다 더 광범위한 성경으로 복을 받은 우리가 다윗이 누린 영적 지원을 끌어내지 못한다면, 우리가 믿는 마음으로 기도하며 겸손하게 성경을 연구하지 않았다는 이야기 밖에 되지 않습니다. 우리가 성경을 그리스도의 계시로 알고 단순하게 상고하지 않고, 그리스도의 영광을 주목하며 그리스도를 아는 지식 안에서 자라기를 힘써야 합니다. 그것이 아니면 지원을 말씀 속에서 끌어낼 도리가 없습니다. "너희가 성경에서 영생을 얻는 줄 생각하고 성경을 연구하거니와 이 성경이 곧 내게 대하여 증언하는 것이니라."(요 5:39) 이런 자세로 "주의 율례들을 잊지 아니함으로" 받는 위안에 대하여 할 말을 가져야 하는 것이 우리의 책무입니다. 하나님의 율례들을 기억하지 않고 다른 것을 의존하는 이들은 "애굽의 그늘을 의지하는 자들이 수치와 혼돈"에 빠졌던 것과 같습니다. "여호와께서 이르시되 패역한 자식들은 화 있을진저 그들이 계교를 베푸나 나로 말미암지 아니하며 맹약을 맺으나 나의 영으로 말미암지 아니하고 죄에 죄를 더하도다 그들이 바로의 세력 안에서 스스로 강하려 하며 애굽의 그늘에 피하려 하여 애굽으로 내려갔으되 나의 입에 묻지 아니하였도다 그러므로 바로의 세력이 너희의 수치가 되며 애굽의 그늘에 피함이 너희의 수욕이 될 것이라."(사 30:1-3) 그래서 "하나님의 율례들을" 상고하는 우리를 붙잡아 주시는 감동이 무엇인지 더 많이 말할 수 있어야 합니다.

욥의 이야기는 시련과 그 시련으로 말미암아 욥이 거룩하게 된 성화(聖化)의 열매를 결정적으로 함께 예증합니다. 사탄의 시험에 먹이감이 되어 "재 가운데 앉아서 질그릇 조각을 가져다가 몸을 긁고 있었던" 욥이 얼마든지 "내가 연기 속의 가죽 부대 같이 되었도다."라고 불평하였어도 나무랄 수는 없었을 것입니다. 그러나 시험을 당하면서도 그는 "우리가 하나님께 복을 받았은즉 화도 받지 아니하겠느냐?"라고 말하며 자기 아내를 통해 일하는 훼방자를 능히 대항했고, 모든 것을 신실하신 하나님의 손에 온전히 의탁할 수 있었습니다. 이는 "주의 율례들을 잊지 않겠다."는 믿음에 근거한 것이 아니겠습니까? "사탄이 이에 여호와 앞에서 물러가서 욥을 쳐서 그의 발바닥에서 정수리까지 종기가 나게 한지라 욥이 재 가운데 앉아서 질그릇 조각을 가져다가 몸을 긁고 있더니 그의 아내가 그에게 이르되 당신이 그래도 자기의 온전함을 굳게 지키느냐 하나님을 욕하고 죽으라 그가 이르되 그대의 말이 한 어리석은 여자의 말 같도다 우리가 하나님께 복을 받았은즉 화도 받지 아니하겠느냐 하고 이 모든 일에 욥이 입술로 범죄하지 아니하니라."(욥 2:7-10)

"(나는) 주의 율례들을 잊지 아니하나이다." 이 결심어린 확신은 실로 우리 영혼을 사랑하시는 하나님의 사랑을 의지하는 용기를 가졌다는 징표입니다. 왜냐하면 우리 마음에 하나님께서 당신의 약속을 기록하지 않으셨다면, 우리는 결코 "주의 율례들을 기억하지 못하였을 것"이기 때문입니다. "하나님께서 우리의 마음에 언약을 새기시지 않으셨다면," 하나님의 율례를 기억하는 것은 불가능한 일입니다(렘 31:31-34).[4] 실로 우리가 낙담하며 불평하느니(사 49:14)[5] "나는 주의 율례들을 잊지 아니하나이다."라고 결심하는 것이 우리 하나님을 얼마나 더욱 높이는 일이 되는지요!

---

4) "여호와의 말씀이니라 보라 날이 이르리니 내가 이스라엘 집과 유다 집에 새 언약을 맺으리라 이 언약은 내가 그들의 조상들의 손을 잡고 애굽 땅에서 인도하여 내던 날에 맺은 것과 같지 아니할 것은 내가 그들의 남편이 되었어도 그들이 내 언약을 깨뜨렸음이라 여호와의 말씀이니라 그러나 그 날 후에 내가 이스라엘 집과 맺을 언약은 이러하니 곧 내가 나의 법을 그들의 속에 두며 그들의 마음에 기록하여 나는 그들의 하나님이 되고 그들은 내 백성이 될 것이라 여호와의 말씀이니라 그들이 다시는 각기 이웃과 형제를 가리켜 이르기를 너는 여호와를 알라 하지 아니하리니 이는 작은 자로부터 큰 자까지 다 나를 알기 때문이라 내가 그들의 악행을 사하고 다시는 그 죄를 기억하지 아니하리라 여호와의 말씀이니라."(렘 31:31-34)

5) "오직 시온이 이르기를 여호와께서 나를 버리시며 주께서 나를 잊으셨다 하였거니와."(사 49:14)

그러므로 우리는 아주 작은 시험을 당했을 때 교만한 마음으로 시무룩한 모습을 보이지 않도록 깨어 조심해야 합니다. 동료들의 냉담함이나 여러분을 적대시하는 사람들의 불친절함, 더 나아가 하나님의 섭리를 이해하지 못하여 겪는 여러 가지 미미한 시험이 있을 때마다 의기소침해 하지 마십시오. 그 이름과 성품에 "변함도 없으시고 회전하는 그림자도 없으신" 하나님을 오해하는 강퍅한 생각을 내버려 두는 것이야말로 얼마나 악한 일인지요! "온갖 좋은 은사와 온전한 선물이 다 위로부터 빛들의 아버지께로부터 내려오나니 그는 변함도 없으시고 회전하는 그림자도 없으시니라."(약 1:17) 길고 고통스러운 시험의 때에 확고한 믿음은, 실로 "굴 가운데서 여호와를 영화롭게 하는" 일입니다. "그러므로 너희가 동방에서 여호와를 영화롭게 하며 바다 모든 섬에서 이스라엘의 하나님 여호와의 이름을 영화롭게 할 것이라."(사 24:15) 눈에 보이는 위로의 소망이 모두 사라졌을 때, 인내함으로 믿음을 끝까지 지켜내는 것만큼 하나님을 영화롭게 하는 일은 없습니다.

우리가 '강한 믿음으로 하나님을 영화롭게 하는 것'은 '불신앙으로 하나님의 약속을 의심하지 않고 소망 가운데서 믿음을 견지하는 것'입니다. "아브라함이 바랄 수 없는 중에 바라고 믿었으니 이는 네 후손이 이같으리라 하신 말씀대로 많은 민족의 조상이 되게 하려 하심이라 그가 백 세나 되어 자기 몸이 죽은 것 같고 사라의 태가 죽은 것 같음을 알고도 믿음이 약하여지지 아니하고 믿음이 없어 하나님의 약속을 의심하지 않고 믿음으로 견고하여져서 하나님께 영광을 돌리며."(롬 4:18-20)

시편 119:84,85
"주의 종의 날이 얼마나 되나이까
나를 핍박하는 자들을 주께서 언제나 심판하시리이까

주의 법을 따르지 아니하는 교만한 자들이

나를 해하려고 웅덩이를 팠나이다."

오래 계속되는 혹독한 시험 속에서도 초지일관 담대한 결심으로 "주의 율
례들을 잊지 아니하나이다."라고 하면서도, 우리의 고충은 하나님께 아뢰어
야 합니다. "주의 종의 날이 얼마나 되나이까?" 그 말은 "핍박하는 자들이 맹
렬하게 우리를 누르고 있는 환난의 날들이 얼마나 되나이까?"라는 말입니
다. 하나님을 원망하는 일은 아주 나쁜 불신앙이요, 하나님을 모독하는 처
사입니다. 6) 그러나 하나님께 나의 고충을 아뢰는 것은 하나님께서 택한 백
성들의 표지입니다. 그들은 밤낮 하나님께 부르짖습니다. 비록 하나님께서
그들에게 오래 참으시는 것 같이 보일지라도 말입니다. "하물며 하나님께서
그 밤낮 부르짖는 택하신 자들의 원한을 풀어 주지 아니하시겠느냐 그들에
게 오래 참으시겠느냐."(눅 18:7) "나의 영혼도 매우 떨리나이다 여호와여 어
느 때까지니이까."(시 6:3) "여호와 우리 주여 주의 이름이 온 땅에 어찌 그리
아름다운지요 주의 영광이 하늘을 덮었나이다 주의 대적으로 말미암아 어린
아이들과 젖먹이들의 입으로 권능을 세우심이여 이는 원수들과 보복자들을
잠잠하게 하려 하심이니이다."(시 8:1,2)

그리스도인들이여! 이 방식을 배우십시오. 교만한 자들의 불법적인 간계가
드러날 때 여러분이 피할 곳을 잊지 마십시오. 그리스도 안이 여러분이 피할
요새입니다. "주는 내가 항상 피하여 숨을 바위가 되소서 주께서 나를 구원
하라 명령하셨으니 이는 주께서 나의 반석이시요 나의 요새이심이니이다."(시

---

6) "요나가 매우 싫어하고 성내며 여호와께 기도하여 이르되 여호와여 내가 고국에 있을 때에 이러하겠다고 말씀하지 아니하였나이까
그러므로 내가 빨리 다시스로 도망하였사오니 주께서는 은혜로우시며 자비로우시며 노하기를 더디하시며 인애가 크시사 뜻을 돌이켜
재앙을 내리지 아니하시는 하나님이신 줄 내가 알았음이니이다 여호와여 원하건대 이제 내 생명을 거두어 가소서 사는 것보다 죽는
것이 내게 나음이니이다 하니."(욘 4:1-3)

71:3) 그래서 여러분이 당하는 고통은 주께서 지정하신 일을 하게 됩니다. 곧 여러분을 주님께 데려다 주어 그분께 귀 기울이며 복되신 주님의 본을 따르게 합니다. 그래서 억울한 고통이 여러분의 손에 복수의 칼을 쥐어주는 대신 여러분 자신과 여러분의 억울함을 "공의로 심판하시는 분께" 맡기도록 합니다. "욕을 당하시되 맞대어 욕하지 아니하시고 고난을 당하시되 위협하지 아니하시고 오직 공의로 심판하시는 이에게 부탁하시며."(벧전 2:23)

그리스도인이 인내하는 참된 방식은 라이톤(Robert Leighton) 대주교가 탁월하게 관찰했습니다. "그리스도인으로서 인내하는 가장 바람직한 방법은 타오르는 격렬한 복수심에 빠지지 않게 자신의 마음을 지켜 잠잠케 하고, 하나님께 나아가 하나님께서 원하시는 대로 행하시게 모든 것을 그분의 손에 맡기는 것이다."

자신들을 위해 무엇인가를 할 힘을 가졌다면 스스로 복수했을 터인데, 그럴 힘이 없어 어쩔 수 없이 저주의 기도를 올리면서 하나님께서 대신 앙갚음 해주시기를 호소한다 합시다. 그러한 방식은 모든 것을 하나님의 판단에 온전히 의탁함으로 잠잠히 기다리는 거룩한 방식과는 전혀 차원이 다릅니다. 그것은 진정 최선이 아닙니다. 그러한 마음의 자세로 하나님께 부르짖는 것은 실로 그분의 영광을 떨어뜨리는 불경건한 일입니다. 이는 하나님을 우리의 분노를 대신 이행할 종이나 해결사쯤으로 만들어버리는 일에 지나지 않습니다. 우리는 우리의 조급함과 불만에 근거해 하나님의 공의를 바라보는 실수를 범하곤 합니다. 만약 악인의 계획이 형통하여, 소멸되지 않은 그들의 불의함이 여러분에게 닥친다면, 여러분은 차라리 절망하는 듯 그 문제를 내려놓을 준비를 하십시오. 그리고는 모든 격노를 누그러뜨리고 여러분 역시 하나님의 공의 앞에서 빚진 자라는 사실을 기억하는 경건한 생각을 하십시오. 어떠한 일이 일어나든지, 하늘에 계신 의로운 재판장께서 가장 합당한 때에 공의의 심판을 행하실 것이라는 확신을 여러분의 마음에 새겨야 합니다.

"주의 법을 따르지 아니하는 교만한 자들이 나를 해하려고 웅덩이를 팠나이다." 시편 기자는 통상적인 자기의 방식대로 여전히 율법을 사랑하는 자기의 열심을 표현하고 있습니다. 그런데 이 본문에서 그는 "하나님의 율법을 따르지 아니하는 교만한" 대적들이 자신을 잡으려고 구덩이를 판 일을 호소하고 있습니다. "그들이 까닭 없이 나를 잡으려고 그들의 그물을 웅덩이에 숨기며 까닭 없이 내 생명을 해하려고 함정을 팠사오니."(시 35:7) 그러면서도 앞에서 말한 그런 심령을 지키고 있습니다.

이 말씀은 하나님께서 제단 아래서 울부짖는 죽임당한 자들의 울부짖음을 들어주심을 보여줍니다.[7] "환난을 받게 하는 자들에게는 환난으로 갚으시고 환난을 받는 너희에게는 우리와 함께 안식으로 갚으시는 것이 하나님의 공의시니."(살후 1:6,7) 우리 중에 어떤 이들은 '참혹한 조롱'이나 채찍질과 같은 육체적인 핍박을 받는 이들의 고통에 대하여 거의 모릅니다. "또 어떤 이들은 조롱과 채찍질뿐 아니라 결박과 옥에 갇히는 시련도 받았으며."(히 11:36)

그러한 '고난'을 치르지 않게 하신 긍휼의 하나님께 감사하십시오. "너는 그리스도 예수의 좋은 병사로 나와 함께 고난을 받으라."(딤후 2:3) 그럼에도 우리는 영적 전투를 위해 갑주를 입어야 합니다. 우리 중에 어느 누구도 "그리스도 안에서 경건하게 살 결심"을 하면서 '박해'는 받지 않으리라는 기대는 하지 말아야 합니다. "무릇 그리스도 예수 안에서 경건하게 살고자 하는 자는 박해를 받으리라."(딤후 3:12) 우리는 다 같이 그리스도를 위해 치러야 할 '고난을 위한 비용을 계산하고 내가 거기서 견뎌낼 수 있을까'를 미리 점검

---

7) "다섯째 인을 떼실 때에 내가 보니 하나님의 말씀과 그들이 가진 증거로 말미암아 죽임을 당한 영혼들이 제단 아래에 있어 큰 소리로 불러 이르되 거룩하고 참되신 대주재여 땅에 거하는 자들을 심판하여 우리 피를 갚아 주지 아니하시기를 어느 때까지 하시려 하나이까 하니 각각 그들에게 흰 두루마기를 주시며 이르시되 아직 잠시 동안 쉬되 그들의 동무 종들과 형제들도 자기처럼 죽임을 당하여 그 수가 차기까지 하라 하시더라."(계 6:9-11)

해야 합니다. "너희 중의 누가 망대를 세우고자 할진대 자기의 가진 것이 준 공하기까지에 족할는지 먼저 앉아 그 비용을 계산하지 아니하겠느냐."(눅 14:28) 아무런 결심도 없고 영적인 활기란 전혀 찾아 볼 수 없는 마음의 자세 로는 그리스도 안에서 살아가는 경건의 능력과 탁월함을 맛볼 수 없습니다. 그저 자신이 매우 불편해한다는 것만을 보여 줄 뿐입니다.

그러나 여러분이 만약 그리스도의 복음이 가진 광대한 풍성함의 본질을 깨 닫고 능력과 기쁨의 실체를 온전히 느끼기만 한다면, 여러분은 그 보화를 빼 앗기지 않으려고 교만한 자들의 악한 핍박 앞에 담대히 나아가 목숨마저도 아끼지 않을 것입니다. 우리가 그리스도께 모든 것을 드리기에는 지나치게 풍요롭고, 세상의 시각으로 그리스도의 멸시받은 제자가 되기에는 너무 높 은 자리에 있다 합시다. 그 때 하나님께서 우리의 부요함을 거두어 가버리시 고 우리 앞에 교만한 자들이 파놓은 구덩이가 있게 허용하신다 해도 전혀 이 상한 일이 아닙니다. 하나님께서 그런 우리에게 긍휼을 베푸신다면 오히려 그것이 기이한 일입니다. 이 세상이 우리에게 '광야나 캄캄한 땅'이 되게 하신 것은 그것을 방편 삼아 하나님의 자녀들인 우리로 하여금 우리의 분깃이신 하나님께 돌아가게 하려 하심입니다. 그리고 우리가 의지할 자원인 하나님 의 말씀과, 한 백성들인 우리의 동료들과 영원한 안식처인 하늘로 우리의 시 선을 돌리려는 하나님의 지혜가 그 일에 깃들어 있습니다.

시편 119:86
"주의 모든 계명들은 신실하니이다
그들이 이유 없이 나를 핍박하오니 나를 도우소서."

지속되는 환난 속에서 하늘을 우러르는 우리의 안력(眼力)이 쇠미해지고 기도의 음성은 날로 힘을 잃어가고, 이러다가 애통함으로 우리의 생이 마쳐지는 것은 아닌가 하며 하나님의 신실하심에 의구심이 일어날 수도 있습니다. 바로 그러한 때에 "낙심한 자들을 위로하시는"(고후 7:6)[8] 주님께서는 자기 백성들에게 주신 "주의 모든 계명들이 신실함"을 믿음 있는 자들에게 선명하게 인식하게 하십니다. 이 진리를 상기함으로 우리는 "우러르며 우리 머리를 들 수" 있으며, "우리의 길을 견지하며 나아갈 수" 있습니다. '즐거워하지는 못하나' 적어도 겸손하게 인내하며 확신은 가질 수 있습니다. 믿음과 소망을 견지하는 중에 끝내 "우리를 사랑하시는 이로 말미암아 넉넉히 이길 것이라."(롬 8:37)는 확신 말입니다.

구약의 역사(歷史)는 급박한 위기 속에서 가졌던 믿음의 순전함에 어떠한 상급이 주어졌는지를 자주 언급합니다.[9] 아사의 팔이 "야곱의 전능자 이스라엘의 반석인 목자의 손을 힘입었을 때", 그의 "활은 굳세어"졌습니다. "요셉의 활은 도리어 굳세며 그의 팔은 힘이 있으니 이는 야곱의 전능자 이스라엘의 반석인 목자의 손을 힘입음이라."(창 49:24) 그런데 아사가 그 후에 "사람을 믿으며 육신으로 그의 힘을 삼고 마음이 여호와에게서 떠났을 때"(렘 17:5-8)[10] 삼손

---

8) "그러나 낙심한 자들을 위로하시는 하나님이 디도가 옴으로 우리를 위로하셨으니."(고후 7:6)

9) 역대하 14:10-12에서 아사의 경우와, 대하 20:1-30에서 여호사밧의 경우가 그런 사례들이다. "아사가 마주 나가서 마레사의 스바다 골짜기에 전열을 갖추고 아사가 그의 하나님 여호와께 부르짖어 이르되 여호와여 힘이 강한 자와 약한 자 사이에는 주밖에 도와 줄 이가 없사오니 우리 하나님 여호와여 우리를 도우소서 우리가 주를 의지하오며 주의 이름을 의탁하옵고 이 많은 무리를 치러 왔나이다 여호와여 주는 우리 하나님이시오니 원하건대 사람이 주를 이기지 못하게 하옵소서 하였더니 여호와께서 구스 사람들을 아사와 유다 사람들 앞에서 치시니 구스 사람들이 도망하는지라."(대하 14:10-12)
"그 후에 모압 자손과 암몬 자손들이 마온 사람들과 함께 와서 여호사밧을 치고자 한지라 어떤 사람이 와서 여호사밧에게 전하여 이르되 큰 무리가 바다 저쪽 아람에서 왕을 치러 오는데 이제 하사손다말 곧 엔게디에 있나이다 하니 여호사밧이 두려워하여 여호와께로 낯을 향하여 간구하고 온 유다 백성에게 금식하라 공포하매 유다 사람이 여호와께 도우심을 구하려 하여 유다 모든 성읍에서 모여서 여호와께 간구하더라 여호사밧이 여호와의 전 새 뜰 앞에서 유다와 예루살렘의 회중 가운데 서서 이르되 우리 조상들의 하나님 여호와여 주는 하늘에서 하나님이 아니시니이까 이방 사람들의 모든 나라를 다스리지 아니하시나이까 주의 손에 권세와 능력이 있사오니 능히 주와 맞설 사람이 없나이다…그 노래와 찬송이 시작될 때에 여호와께서 복병을 두어 유다를 치러 온 암몬 자손과 모압과 세일 산 주민들을 치게 하시므로 그들이 패하였으니 곧 암몬과 모압 자손이 일어나 세일 산 주민들을 쳐서 진멸하고 세일 주민들을 멸한 후에는 그들이 서로 쳐죽였더라…이방 모든 나라가 여호와께서 이스라엘의 적군을 치셨다 함을 듣고 하나님을 두려워하므로 여호사밧의 나라가 태평하였으니 이는 그의 하나님이 사방에서 그들에게 평강을 주셨음이더라."

10) "여호와께서 이와 같이 말씀하시느니라 무릇 사람을 믿으며 육신으로 그의 힘을 삼고 마음이 여호와에게서 떠난 그 사람은 저주를

같이 "약해져서 다른 사람과 같이" 되고 맙니다(삿 16:7 ; 대하 16:7)[11]

정말 그러합니다. 아무리 과거에 하나님의 능력을 힘입었다 해도 매일 습관적으로 주님을 의뢰하지 않으면 우리는 전적으로 무능해지고 모든 영적 전투에서 패배하여 나동그라지지 않을 수 없습니다.

우리가 영적으로 번영하는 최상의 길은 우리의 사정을 주님의 손에 맡기고 곤고한 중에서도 단순하게 주님의 도우심을 바라고 하나님을 우러르는 것입니다. "주의 모든 계명들은 신실하니이다 그들이 이유 없이 나를 핍박하오니 나를 도우소서. 저는 곤고하고 외롭사오나 주님의 진리가 제 방패가 되나이다."

믿음의 형제들이여, 이것이 바로 영적 싸움에서 악한 자의 공격을 저항하는 오직 유일한 길입니다. 여러분이 "믿음의 방패"없이 영적 전투에 나선다면, 악한 자의 "불화살"은 여러분이 입은 갑주의 벌어진 틈 사이에 꽂혀 치명적인 상처를 입힐 것입니다. "모든 것 위에 믿음의 방패를 가지고 이로써 능히 악한 자의 모든 불화살을 소멸하고."(엡 6:16)

하지만 믿음의 대상이신 하나님을 아는 분명한 지식이 없다면, 어찌 그분을 신뢰하며 도움을 기대할 수 있겠습니까? 우리의 끝없는 죄악으로 말미암아 우리의 적이 되어버린 하나님을 믿는 믿음 안에서 안식을 누린다거나, 그분의 도우심을 기대한다는 것은 불가능한 일입니다.

하나님의 도우심은 반드시 그분과의 화목이 전제되어야 합니다. 그리스도의 죽으심을 통해 화목을 이루지도 않은 사람들이 기도한다면, 그것은 자신들의 간구를 듣지도 받지도 응답도 안 하시는 하나님께 울부짖는 셈입니다.

받을 것이라 그는 사막의 떨기나무 같아서 좋은 일이 오는 것을 보지 못하고 광야 간조한 곳, 건건한 땅, 사람이 살지 않는 땅에 살리라 그러나 무릇 여호와를 의지하며 여호와를 의뢰하는 그 사람은 복을 받을 것이라 그는 물 가에 심어진 나무가 그 뿌리를 강변에 뻗치고 더위가 올지라도 두려워하지 아니하며 그 잎이 청청하며 가무는 해에도 걱정이 없고 결실이 그치지 아니할 같으리라."(렘 17:5-8)

11) "삼손이 그에게 이르되 만일 마르지 아니한 새 활줄 일곱으로 나를 결박하면 내가 약해져서 다른 사람과 같으리라."(삿 16:7)
"그 때에 선견자 하나니가 유다 왕 아사에게 나와서 그에게 이르되 왕이 아람 왕을 의지하고 왕의 하나님 여호와를 의지하지 아니하였으므로 아람 왕의 군대가 왕의 손에서 벗어났나이다."(대하 16:7)

그러나 "화평" 그 자체이시며 하나님께 나아갈 유일한 길이신 그리스도께서 계시고 우리가 그분을 의뢰하는 믿음이 떨어지지 않는 한, 시험과 환난이 어떤 경우로 변할 수 있습니까? 주님의 은혜의 보좌에서 환난을 이길 위안을 항상 받는 것은 아닙니다. 왜냐하면 우리의 짐을 하나님께 가지고 나아갔다가 그 짐을 도로 가지고 나오는 일이 너무 잦기 때문입니다.

오! 기억하십시오! 예수님께 나아간다는 것은, 믿을만하고 이미 검증된 신실한 친구에게 나아가는 것임을 말입니다. 그분을 의지하는 것 자체가 승리입니다. "선한 싸움"은 "믿음"의 싸움입니다. "믿음의 선한 싸움을 싸우라 영생을 취하라 이를 위하여 네가 부르심을 받았고 많은 증인 앞에서 선한 증언을 하였도다."(딤전 6:12) 우리는 우리의 대적과 싸워 능히 굴복시킬 수 있습니다. "나를 도우소서"와 같은 짧은 기도라 할지라도, 전능자의 능력을 우리 편으로 끌어들일 것입니다. 전능하신 힘이 우리와 함께 하실 것입니다.

그러나 육적인 힘으로 영적 전투에 나서는 것은 지푸라기 하나로 거인을 쓰러뜨리려는 것과 같습니다. 모든 시험은 신실하신 구주의 도우심을 체험적으로 맛보게 합니다. 그분은 실로 영광스러운 구원자이십니다. '가만히 서서' 경이로운 그분의 행사를 바라보며 그분을 찬양하는 일 외에 모든 시도를 중단하십시오. "모세가 백성에게 이르되 너희는 두려워하지 말고 가만히 서서 여호와께서 오늘 너희를 위하여 행하시는 구원을 보라 너희가 오늘 본 애굽 사람을 영원히 다시 보지 아니하리라."(출 14:13)

시편 119:87
"그들이 나를 세상에서 거의 멸하였으나
나는 주의 법도들을 버리지 아니하였사오니."

왜 그들이 그를 아주 멸하지 못하였습니까? 그것은 "여호와의 눈이 온 땅을 두루 감찰하사 전심으로 자기에게 향하는 자들을 위하여 능력을 베푸셨기" 때문입니다(대하 16:9). "진실로 사람의 노여움은 주를 찬송하게 될 것이요 그 남은 노여움은 주께서 금하시리이다."(시 76:10) 어째서 우리의 영적인 대적들이 지상에서 우리를 다 멸하지 못하였습니까?

사탄이 우리를 "밀 까부르듯 하려고" 안달하였습니다. 그러나 구주께서 말씀하셨습니다. "내가 너를 위하여 네 믿음이 떨어지지 않기를 기도하였노니 너는 돌이킨 후에 네 형제를 굳게 하라."(눅 22:21,32) "내가 그들에게 영생을 주노니 영원히 멸망하지 아니할 것이요 또 그들을 내 손에서 빼앗을 자가 없느니라."(요 10:28) 신앙이 지속된다는 것은, 흔들릴수록 굳게 붙잡으며 안전하게 하시는 주님의 은혜를 의존하는 믿음이 살아있다는 증거입니다. 끝없이 지속되는 고통이나 격렬한 핍박도 우리를 하나님의 길에서 돌아서게 할 수는 없습니다. "내가 연기 속의 가죽 부대 같이 되었으나 주의 율례들을 잊지 아니하나이다."(시 119:83)

"나는 주의 법도들을 버리지 아니하였사오니." '하나님의 법도들을 버리느니' 차라리 이 세상에서 우리의 마음을 사로잡는 모든 소중한 것들을 버리는 것이 낫습니다.

아무리 깊은 애정의 관계라도, 설령 그것이 부모에 대한 사랑이라도 우리가 기억할 것은 이것입니다(복음의 영향력은 사람들과의 관계에 대한 바른 지각을 증가시킵니다). "아버지나 어머니를 나보다 더 사랑하는 자는 내게 합당하지 아니하다."(마 10:37)고 말씀하신 분을 기억하십시오. 우리는 기만당하고 있어도 알지 못하는 신앙고백자와는 달리 복음을 위한 '환난과 핍박의 비용'을 계산하였습니다. 그 결산은 하늘에 계신 상전에 대한 우리의 사랑과 애착을 더욱 강화시키는 쪽으로 우리를 몰아갔습니다. 거짓 신앙고백자는 계산을 잘 하지 못하였습니다. "그 속에 뿌리가 없어 잠시 견디다가 말씀으로 말미암아 환난이나 박해가 일어날 때에는 곧 넘어지는 자요."(마 13:21) 우리가 잃은 것 보다 무한히 훨씬 더 나은 몫을 하늘에서 얻지 않을까요? 아니 복음 안에서 이미 그 분깃을 얻지 않았나요? "또 내 이름을 위하여 집이나 형제나 자매나 부모나 자식이나 전토를 버린 자마다 여러 배를 받고 또 영생을 상속하리라."(마 19:29)

그러므로 우리가 시험을 받아 하나님의 법도들을 등한시 하거나, 법도를 즐거워하며 그 안에서 살아가지 못할 때에, 우리 각자의 마음을 달아 볼 시금석과 같은 질문들이 여기 있습니다.

"무엇을 주고 하나님의 법도들을 바꾸겠는가? 하나님의 은총을 상실하게 되면 그 빈자리를 세상의 호의와 칭찬이 메울 수 있겠는가? 가장 큰 위안을 앞세우기 위해서 '모든 것을 잃어버리는 고통'을 감수할 수 없는가?[12] 하나님의 법도들 중에 하나를 버리느니 차라리 목숨을 버리자는 각오를 할 수 없겠는가?[13] 내가 매일 하나님의 법도를 따르기 위해 항상 십자가를 지는 것 같은 고통을 감수해야 할 때, 당신이 명하신 것을 위해서 능력을 공급하시겠다고 약속하신 구주께 나 자신을 단순하게 던질 수는 없겠는가?"

악인들은 영적인 환난의 시험을 받는 우리에게 위협을 그치지 않고 도리어 땅에서 우리를 거의 소멸해 버리려고 하였습니다. 그러나 그 "역경의 산에서" 하나님께서는 당신을 얼마나 자주 드러내셨습니까! "아브라함이 그 땅 이름을 여호와 이레라 하였으므로 오늘날까지 사람들이 이르기를 여호와의 산에

---

12) "또한 모든 것을 해로 여김은 내 주 그리스도 예수를 아는 지식이 가장 고상하기 때문이라 내가 그를 위하여 모든 것을 잃어버리고 배설물로 여김은 그리스도를 얻고,"(빌 3:8)

13) "내가 달려갈 길과 주 예수께 받은 사명 곧 하나님의 은혜의 복음을 증언하는 일을 마치려 함에는 나의 생명조차 조금도 귀한 것으로 여기지 아니하노라."(행 20:24)

서 준비되리라 하더라."(창 22:14)

우리 각자는 '여호와 이레, 여호와 닛시'라고 새겨진 여러 에벤에셀의 돌들을 가지고 시온에 이르는 길을 주목해야 합니다. "모세가 제단을 쌓고 그 이름을 여호와 닛시라 하고."(출 17:15) "내 원수가 나를 이기지 못하오니 주께서 나를 기뻐하시는 줄을 내가 알았나이다 주께서 나를 온전한 중에 붙드시고 영원히 주 앞에 세우시나이다."(시 41:11,12)

이는 우리를 붙들어 주시는 은혜에 대한 얼마나 놀라운 증거입니까! 무능한 신자라도 적의 섬뜩한 전열 앞에서 물러서지 않고 대항하는 일이 어떻게 가능하겠습니까? "내게 능력 주시는 자 안에서 내가 모든 것을 할 수 있느니라."(빌 4:13) 이 말씀은 사도들 뿐 아니라 그리스도 안에서 어린아이와 같은 자들도 의지할 만한 위대한 참 진리의 말씀이 아닙니까?

그렇습니다. 우리가 "주 안에서와 그 힘의 능력으로 강건하여" 진다면, 우리는 어둠의 "통치자들과 권세"에 능히 맞서 싸울 수 있습니다. "끝으로 너희가 주 안에서와 그 힘의 능력으로 강건하여지고 마귀의 간계를 능히 대적하기 위하여 하나님의 전신 갑주를 입으라 우리의 씨름은 혈과 육을 상대하는 것이 아니요 통치자들과 권세들과 이 어둠의 세상 주관자들과 하늘에 있는 악의 영들을 상대함이라."(엡 6:10-12)

시편 119:88
"주의 인자하심을 따라 나를 살아나게 하소서
그리하시면 주의 입의 교훈들을 내가 지키리이다."

우리가 주님의 교훈들 안에서 견고한 자세를 유지하려면 계속적으로 우리 영혼이 소성함을 받을 필요가 있습니다. "긍휼이 풍성하신 하나님이 우리를 사랑하신 그 큰 사랑을 인하여 허물로 죽은 우리를 그리스도와 함께 살리셨고(너희는 은혜로 구원을 받은 것이라)."(엡 2:4,5) 그러나 동일한 주님의 인애하심을 따라 매일 영적으로 새롭게 되지 않으면 "남은 것들이 죽게 될" 것입니다. "너는 일깨어 그 남은 바 죽게 된 것을 굳건하게 하라 내 하나님 앞에 네 행위의 온전한 것을 찾지 못하였노니."(계 3:2) 우리가 하나님께 올리는 기도의 호흡마다 거룩한 하나님의 감동이 흘러나오기 마련입니다. "주의 인자하심을 따라 나를 살아나게 하소서."

"우리를 소생하게 하소서 우리가 주의 이름을 부르리이다."(시 80:18) 찬미할 때 동일한 감동을 받습니다. 그것이 없으면 우리는 벙어리가 됩니다. 하나님의 거룩하신 은혜 안에 있는 모든 기도의 호흡마다 다음과 같은 간구가 흘러나와야 합니다. "내 영혼을 살게 하소서 그리하시면 주를 찬송하리이다."(시 119:175) 찬미의 행사마다 동일한 신적 감화가 있어야 합니다. 만일 그러한 것이 없으면 우리는 벙어리가 됩니다. 모든 신령한 은혜의 행사마다 우리의 신적 머리이신 주님이 명하시는 음성이 있어야 합니다. "북풍아 일어나라 남풍아 오라 나의 동산에 불어서 향기를 날리라 나의 사랑하는 자가 그 동산에 들어가서 그 아름다운 열매 먹기를 원하노라."(아 4:16)

피조물은 먼지 가운데 누우며, 모든 영광은 하나님께 돌려집니다. "우리가 무슨 일이든지 우리에게서 난 것 같이 스스로 만족할 것이 아니니 우리의 만족은 오직 하나님으로부터 나느니라."(고후 3:5)

우리 영혼이 어떤 때에는 살아난 기쁨으로 마땅한 도리를 위해서 분발합니다. 그러다가 다시 영혼이 부패의 권세 아래로 떨어져 사슬에 묶인 것 같으면 미미하게라도 살았다는 기미조차 보기 힘든 상태로 빠지기도 합니다. 어째서 그러합니까? 우리 생명의 원천은 항상 동일합니다. "이는 너희가 죽었고 너희 생명이 그리스도와 함께 하나님 안에 감추어졌음이라."(골 3:3) 그러나 육체의 소욕이 그리스도 안에 있는 생명의 활동을 방해합니다. "육체의 소욕은 성령을 거스르고 성령은 육체를 거스르나니 이 둘이 서로 대적함으로 너희가 원하는 것을 하지 못하게 하려 함이니라."(갈 5:17)

그렇게 되어 영적 나태함에 빠져 우리의 영적인 감각이 마비되고, 기도가 멀어지고, 영적인 것들을 혐오하게 되는 것입니다! 이런 것들은 그 자체로는 큰 죄로 여겨지지 않을 수 있으나, 사실 그리스도 안에서 쌓인 풍성한 은혜를 점점 더 등한시 여기게 하는 악한 것들입니다. 그리스도 안에 풍성한 은혜가 우리의 생명을 위할 뿐 아니라 평강과 희락과 능력을 위해서 쌓여 있습니다.

이와 같이 영적 나태함이나 불신앙만큼 은혜의 공급을 가로막는 것은 없습니다. 오! 자리를 떨치고 일어나 영혼을 '살아나게' 하시는 은혜를 간구하십시오! 그러면 우리는 풍요로운 열매를 거둘 수 있게 될 것입니다.

때로는 자기 스스로를 의지함으로 영혼의 힘을 무력화시키곤 합니다. 우리는 마음의 확고한 결단이나 다양한 은혜의 방편들을 활용하는 일을 더하며 죽어 있는 영혼이 회복되기를 기대합니다. 물론 이런 방편들을 부지런히 활용해야 합니다. 그러나 은혜의 성령님의 감동하심이 없이 모든 종류의 방편들이나 도구나 모든 종류의 도움들 자체로는 이미 죽어 있는 것임을 알아야 합니다. "살리는 것은 영이니 육은 무익하니라…"(요 6:63)

시편에 기록되어 있는 다윗의 기도에는 한결같이 하나님을 위하여 살기를 원하는 간절한 소원이 깊이 채색되어 있습니다. 이 소망이 나타나 있습니다. 다윗에게는 영적인 힘과 활기의 쇠퇴가 죽은 것이나 다름없이 느껴졌습니다. 그래서 그는 그토록 부단히 깨어 부르짖었던 것입니다.

여러분은 그의 입술의 증거가 여러분의 것이 되길 원하십니까? 하나님을 섬기는 일에 여러분이 부족하다는 것을 비통하게 여기십니까? 오! 우리 자신의 유익을 위해서, 우리 주님의 이름을 위해서, 교회와 세상을 위하여, 우리의 간구들이 주님께 향기처럼 올라가게 해야 합니다. "나를 살아나게 하소서." 나의 나태한 마음을 살리소서. 내 안에 있는 거룩한 불씨가 새롭게 불길을 일으키게 하소서. 그리고 주님을 위해서 제 모든 것이 살아나게 하소서. 내 하나님의 은혜의 보좌 앞에서 살아나 활기를 얻게 하소서. 그러면 모든 것이 활기를 되찾으리이다. 우리가 마땅히 행할 의무가 무엇인지 깊이 느끼게 될 것이고 실천적으로 그 도리를 인식하게 될 것이니이다.

여기에 주어진 기도 제목은 우리 의무의 방향과 하나님의 입의 증거를 보여주는데, 우리의 마땅한 책무들을 행할 힘을 더합니다. 그러니 우리가 읽고 듣는 모든 말씀마다 하나님의 입술에서 바로 나온 말씀으로 읽고 듣게 하소서. "에훗이 그에게로 들어가니 왕은 서늘한 다락방에 홀로 앉아 있는 중이라 에훗이 이르되 내가 하나님의 명령을 받들어 왕에게 아뢸 일이 있나이다 하매 왕이 그의 좌석에서 일어나니."(삿 3:20) 주님의 말씀은 얼마나 놀라운 경외심과 복종심을 요구합니까! 하나님의 말씀을 들을 때 마다 우리의 집중과 겸손함과 믿음의 자세를 보이게 하소서. 그리하여 우리 각자가 이렇게 말할 준비가 되게 하소서. "여호와여 말씀하옵소서 주의 종이 듣겠나이다."(삼상 3:9,10)[14]

---

14) "엘리가 사무엘에게 이르되 가서 누웠다가 그가 너를 부르시거든 네가 말하기를 여호와여 말씀하옵소서 주의 종이 듣겠나이다 하라 하니 이에 사무엘이 가서 자기 처소에 누우니라 여호와께서 임하여 서서 전과 같이 사무엘아 사무엘아 부르시는지라 사무엘이 이르되 말씀하옵소서 주의 종이 듣겠나이다 하니."(삼상 3:9,10)

89 여호와여 주의 말씀은 영원히 하늘에 굳게 섰사오며

90 주의 성실하심은 대대에 이르나이다 주께서 땅을 세우셨으므로 땅이 항상 있사오니

91 천지가 주의 규례들대로 오늘까지 있음은 만물이 주의 종이 된 까닭이니이다

92 주의 법이 나의 즐거움이 되지 아니하였더면 내가 내 고난 중에 멸망하였으리이다

93 내가 주의 법도들을 영원히 잊지 아니하오니 주께서 이것들 때문에 나를 살게 하심이니이다

94 나는 주의 것이오니 나를 구원하소서 내가 주의 법도들만을 찾았나이다

95 악인들이 나를 멸하려고 엿보오나 나는 주의 증거들만을 생각하겠나이다

96 내가 보니 모든 완전한 것이 다 끝이 있어도 주의 계명들은 심히 넓으니이다

Psalm 119:89-96

12

주의 말씀은
영원히 굳게 섰사오며

시편 119:89,90,91

"여호와여 주의 말씀은 영원히 하늘에 굳게 섰사오며

주의 성실하심은 대대에 이르나이다

주께서 땅을 세우셨으므로 땅이 항상 있사오니

천지가 주의 규례들대로 오늘까지 있음은

만물이 주의 종이 된 까닭이니이다."

그리스도인은 인간의 본성적 영역의 한계를 훨씬 넘어선 시야를 가집니다. 피조물 가운데 역사하시는 하나님의 섭리를 바라보는 그리스도인의 관점은 하나님께서 가지신 신적 속성, 특별히 변치 않으시는 하나님의 신실하심에 대한 시각을 확장시킵니다.

사실 멸망 받을 피조물의 존재 자체가 모든 세대를 향한 하나님의 성실을 드러내는 증거입니다. 세상은 자신들을 지으신 창조주를 배역하고 자신들을 존재하게 하신 하나님의 거대한 목적에서 떨어져 있습니다. 그럼에도 불구하고도 세상이 그 존재를 유지할 수 있으니 하나님의 신실하심에 의한 것이 아니면 무엇입니까? "땅이 있을 동안에는 심음과 거둠과 추위와 더위와 여름과 겨울과 낮과 밤이 쉬지 아니하리라."(창 8:22)

그리스도인의 묵상(contemplation)과 철학자들의 사고(思考)는 얼마나 다릅니까! 그리스도인의 묵상은 그저 차갑고 사변적인 감상이 아닙니다. 도리어 그리스도인의 묵상은 하나님의 신실하심을 드러내는 분명한 계시에 의존한 확고한 믿음의 소산입니다. 그래서 그리스도인은 자기 영혼을 하나님 말씀의 확실한 불변성 위에 세웁니다. "내가 전부터 주의 증거들을 알고 있었으므로 주께서 영원히 세우신 것인 줄을 알았나이다… 주의 말씀의 강령은 진리이오니 주의 의로운 모든 규례들은 영원하리이다."(시 119:152,160)

잠시 있다 없어지는 사람의 아름다움이라는 영광과, 하나님의 모든 약속들의 견고한 기초와 하나님 자녀들의 소망과 전망을 대조하면 정말 얼마나 극명한 비교가 됩니까! "말하는 자의 소리여 이르되 외치라 대답하되 내가 무엇이라 외치리이까 하니 이르되 모든 육체는 풀이요 그의 모든 아름다움은 들의 꽃과 같으니 풀은 마르고 꽃이 시듦은 여호와의 기운이 그 위에 붊이라 이 백성은 실로 풀이로다 풀은 마르고 꽃은 시드나 우리 하나님의 말씀은 영원히 서리라 하라."(사 40:6-8) 베드로전서 1:24,25는 이 말씀을 인용합니다. "그러므로 모든 육체는 풀과 같고 그 모든 영광은 풀의 꽃과 같으니 풀은 마르고 꽃은 떨어지되 오직 주의 말씀은 세세토록 있도다 하였으니 너희에게 전한 복음이 곧 이 말씀이니라."

'불신앙'은 우리 '악한 마음'의 대표적인 특징입니다. "형제들아 너희는 삼가 혹 너희 중에 누가 믿지 아니하는 악한 마음을 품고 살아 계신 하나님에게서 떨어질까 조심할 것이요."(히 3:12) 사람은 자신이 믿을 대상과 가치를 선택합니다. 자기가 기쁘게 여기는 것 이상을 믿으려 하지 않습니다.

그러나 하나님의 거룩한 위협이 약속하신 동일한 말씀에 근거하다니 정

말 무시무시한 일입니다. "천지는 없어지겠으나 내 말은 없어지지 아니하리라."(눅 21:33) [1]

우리에게 하나님의 신실하심에 대한 증거가 더 필요합니까? 권능의 말씀으로 창조된 지구를 보십시오. "그가 말씀하시매 이루어졌으며 명령하시매 견고히 섰도다."(시 33:9) "이는 하나님의 영광의 광채시요 그 본체의 형상이시라 그의 능력의 말씀으로 만물을 붙드시며 죄를 정결하게 하는 일을 하시고 높은 곳에 계신 지극히 크신 이의 우편에 앉으셨느니라."(히 1:3) 어떻게 "땅을 아무것도 없는 곳에 매다셨는지" 보십시오. (욥 26:7) 마치 언제라도 떨어질 수 있는 것처럼 말입니다. 하지만 땅은 "흔들리지" 않으며,(시 24:2 ; 93:1 ; 104:5 ; 148:6) "영원히 있도록" 하셨습니다(전 1:4) 이것은 불신앙자들의 조롱에도 불구하고 우리 믿음을 격려합니다. "이르되 주께서 강림하신다는 약속이 어디 있느냐 조상들이 잔 후로부터 만물이 처음 창조될 때와 같이 그냥 있다 하니."(벧후 3:4) "땅이 있을 동안에는 심음과 거둠과 추위와 더위와 여름과 겨울과 낮과 밤이 쉬지 아니하리라." 이 말씀은 만물에 대한 언약의 상징이며(창 8:22), 다윗의 자손에 대한 언약의 증표입니다(렘 31:35,36 ; 33:20,21,25,26). [2]

그러므로 모든 영적인 관점은 영원히 변치 않으시는 하나님의 "맹세"와, 백

---

1) "이런 일이 되기를 시작하거든 일어나 머리를 들라 너희 속량이 가까웠느니라 하시더라 이에 비유로 이르시되 무화과나무와 모든 나무를 보라 싹이 나면 너희가 보고 여름이 가까운 줄을 자연히 아나니 이와 같이 너희가 이런 일이 일어나는 것을 보거든 하나님의 나라가 가까이 온 줄을 알라 내가 진실로 너희에게 말하노니 이 세대가 지나가기 전에 모든 일이 다 이루어지리라 천지는 없어지겠으나 내 말은 없어지지 아니하리라."(눅 21:28-33)

2) "여호와께서 이와 같이 말씀하셨느니라 그는 해를 낮의 빛으로 주셨고 달과 별들을 밤의 빛으로 정하였고 바다를 뒤흔들어 그 파도로 소리치게 하나니 그의 이름은 만군의 여호와니라 이 법도가 내 앞에서 폐할진대 이스라엘 자손도 내 앞에서 끊어져 영원히 나라가 되지 못하리라 여호와의 말씀이니라."(렘 31:35,36)
"여호와께서 이와 같이 말씀하시나니 너희가 능히 낮에 대한 나의 언약과 밤에 대한 나의 언약을 깨뜨려 주야로 그 때를 잃게 할 수 있을진대 내 종 다윗에게 세운 나의 언약도 깨뜨려 그에게 그의 자리에 앉아 다스릴 아들이 없게 할 수 있겠으며 내가 나를 섬기는 레위인 제사장에게 세운 언약도 파할 수 있으리라…여호와께서 이와 같이 말씀하시나니 내가 주야와 맺은 언약이 없다든지 천지의 법칙을 내가 정하지 아니하였다면 야곱과 내 종 다윗의 자손을 버리고 다시는 다윗의 자손 중에서 아브라함과 이삭과 야곱의 자손을 다스릴 자를 택하지 아니하리라 내가 그 포로된 자를 돌아오게 하고 그를 불쌍히 여기리라."(렘 33:20,21,25,26)

성들을 구원하시는 안위하심을 보여줍니다. 그렇습니다. 우리가 이 땅 위에서 있는 모든 때에 그러합니다. "이는 내게 노아의 홍수와 같도다 내가 다시는 노아의 홍수로 땅 위에 범람하지 못하게 하리라 맹세한 것 같이 내가 네게 노하지 아니하며 너를 책망하지 아니하기로 맹세하였노니 산들이 떠나며 언덕들은 옮겨질지라도 나의 자비는 네게서 떠나지 아니하며 나의 화평의 언약은 흔들리지 아니하리라 너를 긍휼히 여기시는 여호와께서 말씀하셨느니라."(사 54:9,10)

이 광대한 우주에 있는 모든 만물은 "속히 달리는 말씀"을 따르는 그분의 종들입니다(삿 5:20 ; 시 148:8 ; 147:15 , 참조 욥 37:12 ; 사 48:13).[3] "그들의 길을 다니는 별들," "그의 말씀을 따르는 불과 우박과 눈과 안개와 광풍," "땅과 육지 표면에 있는 자들"이 주 하나님의 종들입니다.

그런데 자기를 지으신 창조주의 자녀요(신 32:6) 하나님의 형상을 따라 지음 받아(창 1:27 ; 5:1) 오직 하나님의 영광을 위할 존재가 되어야 할(사 43:7) 인생이 창조주 하나님을 배반한 패역자가 되고 말았습니다. 인생의 아버지 하나님으로서 인생에 관하여 다음과 같은 호소를 하셔야만 했다니 정말 마음이 아픕니다. "하늘이여 들으라 땅이여 귀를 기울이라 여호와께서 말씀하시기를 내가 자식을 양육하였거늘 그들이 나를 거역하였도다."(사 1:2)

우주 자연세계가 은혜를 비유적으로 나타내지 않습니까? 정말 우주 자연은 사방 각처에서 하나님의 성실하심을 힘 있게 보이고 있지 않습니까? "내가 말하기를 인자하심을 영원히 세우시며 주의 성실하심을 하늘에서 견고히 하시리라 하였나이다."(시 89:2) 하나님께서 하신 약속이 소멸되지 않는 한,

---

3) "불과 우박과 눈과 안개와 그의 말씀을 따르는 광풍이며...그의 명령을 땅에 보내시니 그의 말씀이 속히 달리는도다."(시 148:8)
"그의 명령을 땅에 보내시니 그의 말씀이 속히 달리는도다."(시 147:15)
"그는 감싸고 도시며 그들의 할 일을 조종하시느니라 그는 땅과 육지 표면에 있는 모든 자들에게 명령하시느니라."(욥 37:12)
"과연 내 손이 땅의 기초를 정하였고 내 오른손이 하늘을 폈나니 내가 그들을 부르면 그것들이 일제히 서느니라."(사 48:13)

그 언약의 맹세가 우리를 실망시키겠습니까? 어째서 그분이 마음을 바꾸려 하시겠습니까? 영원 전부터 미리 내다보시고 미리 아시는 분께서, 지금 아무 것도 보지 못하거나 알지 못하신다고 생각하십니까? 변치 않으시는 신실하심보다 하나님의 구원하심을 확신하게 만드는 것이 무엇이란 말입니까?(말 3:6 ; 히 6:17,18 ; 7:21-25)⁴⁾

이 말씀이 하나님께서 친히 하신 말씀임을 입증할 수 있다면, 저는 그분의 존재에 의문을 제기하지 않는 것 같이 그 말씀에도 더 이상 이의를 제기하지 않을 것입니다. 하나님의 말씀이 땅에서는 실패한 것 같이 보일 수 있습니다. 그러나 그 말씀은 "영원히 하늘에 굳게" 섰습니다. 땅에서 세워진 지상 왕들의 법령들은 변화무쌍한 지상의 모든 다양성과 연약함에 노출되어 언제라도 바뀔 수 있고 무력화될 수 있습니다. 그 칙령들은 제정한 자들이나 후계자들에 의하여 폐지될 수도 있고, 사멸될 수도 있습니다. '메대 바사의 법으로 왕의 칙령'은 변개되지 못하게 되어 있었지만(단 6:8)⁵⁾ 그 칙령의 공허한 소리는 오래 전에 망각의 바다로 사라져 버렸습니다.

지상에서 '확정된 말'은 "의복 같이 낡아지고" 소멸되었습니다. 반면에 "하늘에 굳게 선 말씀"은 우주의 모든 심대한 여러 변화에도 끄덕하지 않는 하나님의 보좌 같이 여전히 남아 있습니다. 그래서 그 말씀은 영원하고 흔들리지 않습니다. 신자의 소망의 근거나 불신자의 공포의 근거가 하나입니다. 그

---

4) "나 여호와는 변하지 아니하나니 그러므로 야곱의 자손들아 너희가 소멸되지 아니하느니라."(말 3:6)
"하나님은 약속을 기업으로 받는 자들에게 그 뜻이 변하지 아니함을 충분히 나타내시려고 그 일을 맹세로 보증하셨나니 이는 하나님이 거짓말을 하실 수 없는 이 두 가지 변하지 못할 사실로 말미암아 앞에 있는 소망을 얻으려고 피난처를 찾은 우리에게 큰 안위를 받게 하려 하심이라"(히 6:17,18)
"그들은 맹세 없이 제사장이 되었으되 오직 예수는 자기에게 말씀하신 이로 말미암아 맹세로 되신 것이라 주께서 맹세하시고 뉘우치지 아니하시리니 네가 영원히 제사장이라 하셨도다) 이와 같이 예수는 더 좋은 언약의 보증이 되셨느니라 제사장 된 그들의 수효가 많은 것은 죽음으로 말미암아 항상 있지 못함이로되 예수는 영원히 계시므로 그 제사장 직분도 갈리지 아니하느니라 그러므로 자기를 힘입어 하나님께 나아가는 자들을 온전히 구원하실 수 있으니 이는 그가 항상 살아 계셔서 그들을 위하여 간구하심이라."(히 7:21-25)

5) "그런즉 왕이여 원하건대 금령을 세우시고 그 조서에 왕의 도장을 찍어 메대와 바사의 고치지 아니하는 규례를 따라 그것을 다시 고치지 못하게 하옵소서 하매."(단 6:8)

것은 결코 변하지 못하게 확증되었습니다. "너희는 하늘로 눈을 들며 그 아래의 땅을 살피라 하늘이 연기 같이 사라지고 땅이 옷 같이 해어지며 거기에 사는 자들이 하루살이 같이 죽으려니와 나의 구원은 영원히 있고 나의 공의는 폐하여지지 아니하리라."(사 51:6)

우리는 하나님의 신실하심만큼이나 미리 아심에 대하여 주목해야 합니다. 영원 전부터 영원까지 "주님의 말씀은 하늘에 굳게 섰습니다." 이 아름다운 피조물인 인생이 손상당하기 전, 아니 인생이 존재하라 명하시기 전에 하나님께서는 인생의 파멸을 미리 아셨고 그것을 치료할 처방을 아셨습니다. "죽임을 당한 어린 양의 생명책에 창세 이후로 이름이 기록되지 못하고 이 땅에 사는 자들은 다 그 짐승에게 경배하리라."(계 13:8) "그는 창세전부터 미리 알린 바 되신 이나 이 말세에 너희를 위하여 나타내신바 되었으니."(벧전 1:20) 이 시점에 '택한 백성들'이 정해졌으며(엡 1:4), "주의 말씀은 영원히 하늘에 굳게" 섰습니다. "아버지께서 내게 주시는 자는 다 내게로 올 것이요 내게 오는 자는 내가 결코 내쫓지 아니하리라."(요 6:37)

땅과 지옥이 서로 충돌하며 공존하여 있는 듯한 이 땅 위에 주님의 나라를 세울 것이라는 '칙령'이 선포되었습니다. "내가 나의 왕을 내 거룩한 산 시온에 세웠다 하시리로다 내가 여호와의 명령을 전하노라 여호와께서 내게 이르시되 너는 내 아들이라 오늘 내가 너를 낳았도다 내게 구하라 내가 이방 나라를 네 유업으로 주리니 네 소유가 땅 끝까지 이르리로다."(시 2:6-8)

그러니 "이스라엘 집의 잃어버린 양"과(마 15:24) 그들과 함께 "이 우리에 들지 아니한 다른 양"까지(요 10:16) 데리고 돌아오시는 위대하신 역사가,[6] 우리 기도의 외적인 열심과 지혜, 인간적인 노력에 의지하지 않고 "하늘에 영원히

---

6) "예수께서 대답하여 이르시되 나는 이스라엘 집의 잃어버린 양 외에는 다른 데로 보내심을 받지 아니하였노라 하시니."(마 15:24) "또 이 우리에 들지 아니한 다른 양들이 내게 있어 내가 인도하여야 할 터이니 그들도 내 음성을 듣고 한 무리가 되어 한 목자에게 있으리라."(요 10:16)

굳게 선 말씀"에 따른 것이라는 사실 속에 우리를 격려하는 얼마나 놀랍고 복된 위로가 있는지요! "여호와의 말씀이니라 구속자가 시온에 임하며 야곱의 자손 가운데에서 죄과를 떠나는 자에게 임하리라 여호와께서 이르시되 내가 그들과 세운 나의 언약이 이러하니 곧 네 위에 있는 나의 영과 네 입에 둔 나의 말이 이제부터 영원하도록 네 입에서와 네 후손의 입에서와 네 후손의 후손의 입에서 떠나지 아니하리라 하시니라 여호와의 말씀이니라."(사 59:20,21) "내가 나를 두고 맹세하기를 내 입에서 공의로운 말이 나갔은즉 돌아오지 아니하나니 내게 모든 무릎이 꿇겠고 모든 혀가 맹세하리라 하였노라."(사 45:23)

시편 119:92
"주의 법이 나의 즐거움이 되지 아니하였더면
내가 내 고난 중에 멸망하였으리이다."

말씀의 도우심은 그 기초만큼이나 확실합니다. 고난 속에서 다른 모든 방도가 수포로 돌아갔을 때 확실한 본질의 진가를 드러냅니다. 다윗은 장차 오실 위대한 구주의 모형으로서 질고의 사람이었습니다. "여호와여 다윗을 위하여 그의 모든 근심한 것을 기억하소서."(시 132:1 - 개역한글) 다윗은 거의 죽었다 생각될 때가 종종 있었습니다. 그러나 그는 언제나 자기가 섬기는 하나님의 법에 의하여 지탱되었습니다. 이러한 고난의 시간들 속에서 시험을 당한 거짓 신자들이 내팽개쳐진 일이 얼마나 많은지!

그러나 시험을 통하여 믿음의 진가가 드러난 그 사람, 핍박의 '역경을 견뎌낸' 사람은 "그리스도 예수의 선한 군사"(딤후 2:3)로서 자기의 신앙고백을 버리느니 차라리 "세상에서 멸해질" 각오가 되어 있는 사람입니다. 바로 그 사람은 구주께서 "높여 그 원수로 하여금 그를 이겨 기뻐하지 못하게 하실" 사람입니다(시 30:1) 구주의 나라의 확정된 법칙은 "나를 존중히 여기는 자를 내가 존중히 여기는" 것입니다(삼상 2:30). "네가 나의 인내의 말씀을 지켰은즉 내가 또한 너를 지켜 시험의 때를 면하게 하리니 이는 장차 온 세상에 임하여 땅에 거하는 자들을 시험할 때라."(계 3:10)

"주의 법이 나의 즐거움이 되지 아니하였더면." 하나님의 법은 우리로 하여금 하나님의 신성(神性, Godhead)에 대한 모든 완전함에 분명한 관심을 갖게 하며, 하나님의 언약의 모든 조항에 참여할 분명한 길을 제시합니다. 가중되는 환난으로 근심하며 낙담될 때 하나님의 율법이 즐거움이 되다니 세상은 꿈도 꾸지 못할 기이한 일이 아닙니까? 평소에는 믿는 자의 본색이 세상 사람들의 눈에 보이지 않을 수 있습니다. 그러나 환난의 때가 오면 하나님의 법이 믿는 자에게 무엇을 해줄 수 있는지 분명하게 입증합니다. 아울러 만일 그 하나님의 법이 없었다면 그가 얼마나 가련하게 버림받은 존재가 되었을지도 보여줍니다. 고난의 때에 우리의 벗들은 아무 것도 해줄 수가 없습니다. 그들은 그저 지켜보고, 안타까워하고, 기도할 수 있을 뿐입니다. 그들이 고난당하는 자의 "마음에 닿도록" 말할 수는 없습니다. 이 일은 하나님만이 하시는 고유한 특권입니다. "너희는 예루살렘의 마음에 닿도록 말하며 그것에게 외치라 그 노역의 때가 끝났고 그 죄악이 사함을 받았느니라 그의 모든 죄로 말미암아 여호와의 손에서 벌을 배나 받았느니라 할지니라 하시니라."(사 40:2) "그러므로 보라 내가 그를 타일러 거친 들로 데리고 가서 말로 위로하고…"(호 2:14)

이러한 하나님의 지원이 없었다면 요나는 아마 환난 중에서 망했을 것입니다. "지옥과 같은" 물고기 뱃속에 들어 있던 그는 하나님께 멀리 버려둠을 당하던 다윗의 깊은 체험을 회상하였던 것 같습니다. 다윗의 입에서 나온 언어를 요나 자신의 어둡고 가공스러운 조건을 묘사한 것으로 받자 빛과 소망의 광선이 자기가 갇힌 감옥의 벽에 비취는 것을 보았습니다.[7] 실로 하나님의 말씀의 지원과 위안이 없는 죄인은 시련의 때에 어떻게 자신을 지탱하는지 이해가 안갑니다. 우리는 "뼈를 깎는 고통을 겪으니 차라리 숨이 막히는 것과 죽는 것을 택하려"하는 심정을 의아하게 여기지 않습니다(욥 7:15). 이와 관련하여 사도를 통하여 주신 말씀을 참조하십시오. "하나님의 뜻대로 하는 근심은 후회할 것이 없는 구원에 이르게 하는 회개를 이루는 것이요 세상 근심은 사망을 이루는 것이니라."(고후 7:10)

"주의 법이 나의 즐거움이 되지 아니하였더면." 하나님의 율법으로부터 '지원'을 받으려면 반드시 하나님의 율법이 "나의 즐거움"이 되어야 합니다.[8] 그렇습니다. 하나님의 이름을 기뻐한다는 것은 당연히 우리 믿음에 관한 문제입니다. 믿지 않는 것으로부터 견고한 기쁨을 가진다는 것이 가능한 일입니까? "내가 산 자들의 땅에서 여호와의 선하심을 보게 될 줄 확실히 믿었도다."(시 27:13) 우리가 고통 속에서 율법의 지원을 인식하고 싶은 것처럼, 번영할 때에도 하나님의 율법이 우리의 기쁨일 수는 없습니까? 형식에 불과한 섬김은 아무런 힘도 발휘하지 못합니다. 의무감에서 겉치레로 행하면서 하나님의 율례가 주는 위로를 맛볼 자가 누구입니까?

정말 하나님의 율법은 반드시 진실한 마음으로 읽어야 합니다. 그런 다음에 그 율법의 말씀을 정중하게 받아야 합니다. 그 율법을 받고 부지런히 그 말씀이 무엇을 의미하는지 상고하고, 간절하게 율법을 따라서 기도해야 합

---

7) "이르되 내가 받는 고난으로 말미암아 여호와께 불러 아뢰었더니 주께서 내게 대답하셨고 내가 스올의 뱃속에서 부르짖었더니 주께서 내 음성을 들으셨나이다."(욘 2:3)
"주의 폭포 소리에 깊은 바다가 서로 부르며 주의 모든 파도와 물결이 나를 휩쓸었나이다."(시 42:7) 요나서의 70인경을 참조하면 요나가 자기가 버려진 것 같은 상황을 묘사하는 다윗의 표현들을 분명하게 회상하고 있는 것을 선명하게 드러내고 있다.

8) 여기서는 즐거움의 모든 외양적인 방식 보다 내면의 깊은 즐거움을 말한다.

니다. 그러면 그 율법이 수고하고 무거운 짐진자들을 그들의 현재와 영원한 안식이신 주님께 안내할 것입니다.[9]

사나운 폭풍 가운데 던져진 영혼은 하나님의 말씀에 닻을 던질 것입니다. "주의 종에게 하신 말씀을 기억하소서 주께서 내게 소망을 가지게 하셨나이다."(시 119:49) 하나님의 성령께서 스스로 적용하신 하나의 약속의 말씀이 일천 세계보다 더 가치가 있습니다. 하나님의 약속은 모두 하나의 지팡이입니다. 그 지팡이에 의지하는 믿음을 갖는다면, 우리는 능히 죄와 염려와 시험의 온갖 무게를 지탱할 수 있습니다.

그러면 '고난(affliction)'은 하나님께서 우리에게 지정하신 분깃입니까? "사람은 고생을 위하여 났으니 불꽃이 위로 날아가는 것 같으니라."(욥 5:7) (물론 하나님의 자녀는 거듭났으니 두 번 태어난 셈임) 모든 인간적인 지원이 다 떨어질 때를 대비하여 이 무한한 보고(寶庫)에서 얻은 것을 비축하는 것이 얼마나 중요한 일입니까! 우리가 하늘에 속한 능력으로 공급을 받으면 육체의 연약과 피곤함을 극복하고 견뎌낼 것입니다.

그 보고의 풍성함은 다름 아닌 "그리스도의 풍성함"입니다(엡 3:8 ; 요 5:39). 그분의 인격(사 53:1,2), 성품(사 53:9), 사명(사 53:4,5,12), 생애(사 53:3), 고난(사 53:7,8), 죽으심(사 53:9), 부활과 영광(사 53:10,12), 그분의 약속과 힘 주심, 그리고 그 복되신 분으로부터 흘러나오는 소망의 풍성함이여! 그분의

---

9) "수고하고 무거운 짐 진 자들아 다 내게로 오라 내가 너희를 쉬게 하리라." (마 11:28) 하나님께서 이 보배로운 말씀으로 영적 곤비함의 깊은 동굴에 있는 어떤 사람의 마음을 열고 그를 인도하여 내적인 기쁨의 빛 속으로 인도하여 들이셨다. 그런 후에 그 거룩한 사람은, "내게 이 위안을 주는 성경을 빼앗기느니 차라리 먹을 것과 마실 것과 빛과 공기와 땅과 내 목숨 전부를 빼앗기는 편을 택하겠다."고 말했다. 이 이야기를 들려주는 거널(Gurnal)이 아름답게 지적한 바대로 그 거룩한 사람의 말을 옮겨 본다. "단 한 개의 약속의 말씀이라도 믿음의 손으로 만져 빛나는 옥수수 알갱이 같이 그리스도의 성령님으로 말미암아 적용되어 주리고 목말라 애타는 영혼에게 만족을 주는 기쁨의 양식을 제공할 수 있다면, 성경전체에 대하여 우리가 어떤 가치를 부여해야겠는가! 오, 성경전서는 모든 방면에서 이같이 간곡한 약속들로 꽉 채워져 있도다."(엡 4:17에 대한 Gurnal의 주석에서) 루터(Martin Luther)가 아주 잘 지적하였다. "나는 내 주님과 언약하였다. 주님께서 내게 환상이나 꿈이나 천사들을 보내시지 않기로 약속하였다. 그러나 나는 이 성경이라는 한 가지 선물로 대 만족이다. 성경은 이생과 다가올 내세에 필요한 모든 것을 풍성하게 가르치고 공급한다."

모든 것을 여러분과 가장 친밀한 것으로 삼으십시오. 10) 오! 모든 기쁨의 이유와 모든 도우실 능력으로 가득 찬, 우리가 찾아 나서야 할 보화의 집이여!11)

시편 119:93
"내가 주의 법도들을 영원히 잊지 아니하오니
주께서 이것들 때문에 나를 살게 하심이니이다."

"내가 주의 법도들을 영원히 잊지 아니하오니(아니하겠나이다.)" 참 놀라운 감동을 주는 결심입니다! 깊은 고통 속에서도 말씀의 능력을 통해 영혼이 소생하는 복된 열매를 거두는 것, 이것이 정답입니다. 그는 이미 이 경이롭고 초자연적인 효력을 주님께 아뢴 바 있습니다. "이 말씀은 나의 고난 중의 위

---

10) 이사야 53장 한 장 속에 그리스도의 생애 전체가 윤곽적으로 그려져 있으니 그 말씀을 익히시라.

11) "모든 성도 중에 지극히 작은 자보다 더 작은 나에게 이 은혜를 주신 것은 측량할 수 없는 그리스도의 풍성함을 이방인에게 전하게 하시고."(엡 3:8)
"너희가 성경에서 영생을 얻는 줄 생각하고 성경을 연구하거니와 이 성경이 곧 내게 대하여 증언하는 것이니라."(요 5:39)
"우리가 전한 것을 누가 믿었느냐 여호와의 팔이 누구에게 나타났느냐 그는 주 앞에서 자라나기를 연한 순 같고 마른 땅에서 나온 뿌리 같아서 고운 모양도 없고 풍채도 없은즉 우리가 보기에 흠모할 만한 아름다운 것이 없도다."(사 53:1,2)
"그는 강포를 행하지 아니하였고 그의 입에 거짓이 없었으나 그의 무덤이 악인들과 함께 있었으며 그가 죽은 후에 부자와 함께 있었도다."(사 53:9)
"그는 실로 우리의 질고를 지고 우리의 슬픔을 당하였거늘 우리는 생각하기를 그는 징벌을 받아 하나님께 맞으며 고난을 당한다 하였노라 그가 찔림은 우리의 허물 때문이요 그가 상함은 우리의 죄악 때문이라 그가 징계를 받으므로 우리는 평화를 누리고 그가 채찍에 맞으므로 우리는 나음을 받았도다...그러므로 내가 그에게 존귀한 자와 함께 몫을 받게 하며 강한 자와 함께 탈취한 것을 나누게 하리니 이는 그가 자기 영혼을 버려 사망에 이르게 하며 범죄자 중 하나로 헤아림을 받았음이니라 그러나 그가 많은 사람의 죄를 담당하며 범죄자를 위하여 기도하였느니라."(사 53:4,5,12)
"그는 멸시를 받아 사람들에게 버림 받았으며 간고를 많이 겪었으며 질고를 아는 자라 마치 사람들이 그에게서 얼굴을 가리는 것 같이 멸시를 당하였고 우리도 그를 귀히 여기지 아니하였도다."(사 53:3)
"그가 곤욕을 당하여 괴로울 때에도 그의 입을 열지 아니하였음이여 마치 도수장으로 끌려 가는 어린 양과 털 깎는 자 앞에서 잠잠한 양 같이 그의 입을 열지 아니하였도다 그는 곤욕과 심문을 당하고 끌려 갔으나 그 세대 중에 누가 생각하기를 그가 살아 있는 자들의 땅에서 끊어짐은 마땅히 형벌 받을 내 백성의 허물 때문이라 하였으리요."(사 53:7,8)
"그는 강포를 행하지 아니하였고 그의 입에 거짓이 없었으나 그의 무덤이 악인들과 함께 있었으며 그가 죽은 후에 부자와 함께 있었도다."(사 53:9)
"여호와께서 그에게 상함을 받게 하시기를 원하사 질고를 당하게 하셨은즉 그의 영혼을 속건제물로 드리기에 이르면 그가 씨를 보게 되며 그의 날은 길 것이요 또 그의 손으로 여호와께서 기뻐하시는 뜻을 성취하리로다...그러므로 내가 그에게 존귀한 자와 함께 몫을 받게 하며 강한 자와 함께 탈취한 것을 나누게 하리니 이는 그가 자기 영혼을 버려 사망에 이르게 하며 범죄자 중 하나로 헤아림을 받았음이니라 그러나 그가 많은 사람의 죄를 담당하며 범죄자를 위하여 기도하였느니라."(사 53:10,12)

로라 주의 말씀이 나를 살리셨기 때문이니이다."(시 119:50)

다윗은 여기서 말씀을 도구적인 차원에서 더 선명하게 언급합니다. '효력'의 차원에서가 아니라 '도구적인 동인(動因)'의 차원에서 언급하고 있다는 말입니다. "주께서 이것들 때문에 나를 살게 하심이니이다(주께서 주의 법도들을 가지고 나를 살리심이니이다 - With them thou hast quickened me)."

말씀의 진술 자체에 능력이 있었다면, 그 능력의 효력이 반드시 즉각적으로 따라 와야 합니다. 우리는 말씀의 영향력이 제한을 받는다고 슬퍼할 이유가 없습니다. 그리스도인들이여, 외양적으로 여러분에게 주어진 특권들이 얼마나 많습니까! 그럼에도 생명에 이르지 못하다니요. 남이 복을 받지도 못하게 하고 자신도 구원받는 일이 없다면 그게 말이 됩니까? 정말 그런 일은 있어서도 안 되는데, 어떻게 된 것인지 그 모든 특권들이 가치없어 졌습니다. 누가복음 4:25, 26의 말씀을 이와 대조해 보십시오. "내가 참으로 너희에게 이르노니 엘리야 시대에 하늘이 삼 년 육 개월간 닫히어 온 땅에 큰 흉년이 들었을 때에 이스라엘에 많은 과부가 있었으되 엘리야가 그 중 한 사람에게도 보내심을 받지 않고 오직 시돈 땅에 있는 사렙다의 한 과부에게 뿐이었으며."(눅 4:25,26)

"너희 안에서 행하시는 이는 하나님이시니 자기의 기쁘신 뜻을 위하여 너희에게 소원을 두고 행하게 하시나니."(빌 2:13) 여기서 하나님께서는 어떤 처방된 율법을 따라서가 아니라 "자기의 기쁘신 뜻"을 따라서 행하게 하십니다. 그러므로 은혜는 방편으로 말미암아 오는 것이지 그 방편 자체를 통해서 오지 않습니다. 전능하신 하나님께서 생명의 원천이십니다. 말씀은 하나님의 손에 들린 도구입니다. 그래서 말씀이 "살아" 있습니다(히 4:12). 말씀이 마음을 녹이는 효력이 있습니다(렘 23:29) 또한 말씀이 마음을 끄는 매력을 가지는 것입니다(마 11:28). 그러니 우리는 마땅히 물을 수밖에 없습니다. '어떤 능력의 반석이기에 그런 마음이 생겼는가?'

"주님의 법도들(precepts)"은 그것들을 소유한 '행위자들(agents)'이 없이는 아무 작용도 하지 못합니다. '그 법도들'은 주님께서 원하시는 자들을 "살리실 때" 쓰시는 '통상적인 경로(ordinary course)'입니다(고전 3:7 ; 요 5:21 ; 롬 10:17).[12]

"주의 법도들"이 우리를 새롭게 하실 때 쓰시는 통로임을 아직도 발견하지 못하였습니까? 분명하게 말하면 우리는 "주의 법도들을 잊지 않겠다."는 우리의 목적을 고수해야 합니다. '하나님의 말씀'이라는 나무에 붙어 있는 '여러 잎사귀들'은 '하나님을 아는 지식'이라는 나무의 잎사귀들도 되지만 '생명 나무'의 잎사귀들도 됨을 잊어서는 안 됩니다. 진정 '하나님의 말씀에 들어 있는 하나님의 법도들'은 우리의 나아갈 길을 밝히 비춰주기도 하고, 매일의 역사(役事)와 진보를 위해 생명력을 공급하기도 합니다.

예수님께서 말씀하셨습니다. "내가 너희에게 이른 말은 영이요 생명이라."(요 6:63) 우리가 주님의 법도들을 묵상하고 순종하는 일에 가장 열심을 내었을 바로 시절이 가장 거룩한 안위를 누렸던 시절이었습니다.

반면에 자기들이 세상에서 누리는 잠깐의 이익들과 관련된 모든 일들을 정확하게 해내는 세상에 속한 사람들은 하나님의 진리를 마음에 두는 일에는 정말 미온적입니다. 하나님의 진리를 마음에 두는 일에는 자기들의 기억이 부족하다는 구실을 댑니다. 그러나 자기들이 중요하게 여기는 세속의 일에 대해서는 어찌나 정확한 기억력을 발휘하는지 놀랍습니다. 그런 이들은 주님의 법도들을 견지함으로부터 오는 은택을 받은 적이 없었고, 그 법도들로 살리심을 받은 적이 없으니 그 법도들을 망각하는 것이 이상한 일이겠어요? 하나님의 말씀이 그들에게는 가치가 없습니다. 그들은 하나님의 말씀에 대한 책임

---

12) "그런즉 심는 이나 물주는 이는 아무 것도 아니로되 오직 자라게 하시는 이는 하나님뿐이니라."(고전 3:7)
"아버지께서 죽은 자들을 일으켜 살리심 같이 아들도 자기가 원하는 자들을 살리느니라."(요 5:21)
"그러므로 믿음은 들음에서 나며 들음은 그리스도의 말씀으로 말미암았느니라."(롬 10:17)

도 전혀 인정하지 않습니다. 또 말씀을 잘 아는 것도 아닙니다. 하나님의 말씀에 대한 애착이 전혀 없어 하나님의 말씀이 거할 틈이 없습니다. 그러니 기억 속에 말씀이 남아 있을 리가 거의 없지요.

"내가 주의 법도들을 영원히 잊지 아니하오니." 이 결심은 완전한 자의 언어가 아니라 진지한 자의 언어입니다. 하나님의 자녀는 주님의 법도들을 망각하는 자신의 모습을 의식하고 겸손해집니다. 이 의식이 하나님 아버지의 용서와 긍휼을 구하며 예수님께 시선을 고정하게 만듭니다. 자신의 연약함에도 불구하고 하나님께서 용납하여 주시고 긍휼을 계속 베푸신다는 사실을 새롭게 의식하게 되면 하나님의 말씀을 기억하려는 습관을 위해 더욱 분발하게 됩니다.

그러니 자신의 능력으로는 하나님의 일들을 정확하게 기억하고 보존하는 것이 불가능하다는 것을 아는 사람은, 기억 속에 남아 있는 것들로 말미암아 오는 은택 보다는 마음에 끼쳐진 인상(印象)으로 말미암아 얻는 은택을 크게 여겨야 합니다. 말씀이 섬광(閃光)같이 이지(理智)를 통해서 빛을 쏘아 충격을 주고는 사라져 버립니다. 그 일로 인하여 마음이 녹아졌을 수도 있습니다. 번쩍 빛을 내고 사라지는 섬광이 헤매기 쉬운 길에 천상의 광선(光線)을 쏟아 부었을 수도 있습니다.

우리로 하여금 죄를 깨닫게 하고 갈 길을 알게 하고 용기를 주는 말씀이 무엇이라도 우리에게 임하면, 거기에 바로 '결심의 인(印)'을 찍으십시오. "내가 주의 법도들을 영원히 잊지 아니하겠나이다." 우리가 시험을 당할 때에 바로 우리를 일깨우는 신호를 보내는 표시용(標識用, signal use)으로 사용될 수 있습니다. 전에 그 일에 감동하게 하셨던 성령께서 다시 같은 경우에 감동하실 수 있습니다. 혹시 그 전과 동등한 능력이 느껴지지 않더라도 과거에 주셨던 은혜를 상기하는 것은 시의적절하고, 마음에 힘을 주게 될 것입니다.

시편 119:94

"나는 주의 것이오니 나를 구원하소서

내가 주의 법도들만을 찾았나이다."

　가장 초라한 신자라도 이런 특징이 그 성품에 찍혀 있다면 얼마나 고귀하
고 영예롭습니까! 그런 사람은 구주께서 남에게 빼앗길 수 없는 소유입니다.
"너희는 그리스도의 것이요 그리스도는 하나님의 것이니라."(고전 3:23) 그런
이는 그리스도의 분깃이며(신 32:9), 그의 손으로 "지으신 자"요(엡 2:10), 자
기 피로 값 주고 사신 자요(시 74:2 ; 행 20:28 ; 고전 6:19,20), 사랑하심으로 얻
은 승리입니다(사 53:10-12 ; 눅 11:21-22). [13]

　그 사람은 아버지께서 그리스도께 주신 자이며(요 6:37 ; 10:29 ; 17:6-11),
"부르심을 받은 자 곧 하나님 아버지 안에서 사랑을 얻고 예수 그리스도를
위하여 지키심을 받은 자"(유 1)입니다. 그의 성품은 "주님의 법도들을 찾고 있
다."는 데서 드러납니다. 정말이지 우리가 '무엇을 섬기느냐'를 보면 우리가
'누구를 섬기고 있는지'가 드러납니다. "내가 속한 바 곧 내가 섬기는 하나님

---

13) "너희는 그리스도의 것이요 그리스도는 하나님의 것이니라."(고전 3:23)
"여호와의 분깃은 자기 백성이라 야곱은 그가 택하신 기업이로다."(신 32:9)
"우리는 그가 만드신 바라 그리스도 예수 안에서 선한 일을 위하여 지으심을 받은 자니 이 일은 하나님이 전에 예비하사 우리로 그 가
운데서 행하게 하려 하심이니라."(엡 2:10)
"옛적부터 얻으시고 속량하사 주의 기업의 지파로 삼으신 주의 회중을 기억하시며 주께서 계시던 시온 산도 생각하소서."(시 74:2)
"여러분은 자기를 위하여 또는 온 양 떼를 위하여 삼가라 성령이 그들 가운데 여러분을 감독자로 삼고 하나님이 자기 피로 사신 교회
를 보살피게 하셨느니라."(행 20:28)
"너희 몸은 너희가 하나님께로부터 받은 바 너희 가운데 계신 성령의 전인 줄을 알지 못하느냐 너희는 너희 자신의 것이 아니라 값으
로 산 것이 되었으니 그런즉 너희 몸으로 하나님께 영광을 돌리라."(고전 6:19-20)
"여호와께서 그에게 상함을 받게 하시기를 원하사 질고를 당하게 하셨은즉 그의 영혼을 속건제물로 드리기에 이르면 그가 씨를 보게
되며 그의 날은 길 것이요 또 그의 손으로 여호와께서 기뻐하시는 뜻을 성취하리로다 그가 자기 영혼의 수고한 것을 보고 만족하게 여
길 것이라 나의 의로운 종이 자기 지식으로 많은 사람을 의롭게 하며 또 그들의 죄악을 친히 담당하리로다 그러므로 내가 그에게 존귀
한 자와 함께 몫을 받게 하며 강한 자와 함께 탈취한 것을 나누게 하리니 이는 그가 자기 영혼을 버려 사망에 이르게 하며 범죄자 중
하나로 헤아림을 받았음이니라 그러나 그가 많은 사람의 죄를 담당하며 범죄자를 위하여 기도하였느니라."(사 53:10-12)
"강한 자가 무장을 하고 자기 집을 지킬 때에는 그 소유가 안전하되 더 강한 자가 와서 그를 굴복시킬 때에는 그가 믿던 무장을 빼앗
고 그의 재물을 나누느니라."(눅 11:21,22)

의 사자가 어제 밤에 내 곁에 서서 말하되."(행 27:23) "순종함을 받는 자의 종이 되는 줄을 너희가 알지 못하느냐."(롬 6:16) "여호와께서 자기를 위하여 경건한 자를 택하신 줄 너희가 알지어다."(시 4:3) "육신의 생각은 하나님과 원수가 되나니 이는 하나님의 법에 굴복하지 아니할 뿐 아니라 할 수도 없음이라"(롬 8:7,8) "육신에 있는 자들"은 하나님의 율례를 구할 수조차 없습니다.

그러므로 우리에게 있는 새롭고 영적인 성향은 주 하나님께서 우리와 함께 하신다는 눈에 보이는 도장(圖章)이요 표지입니다.

진실로 우리의 구주께서는 자기 소유인 백성들을 강탈당하지 않는 분입니다. 주님의 백성들은 주님 안에서 구원 받아 세상과 지옥이 손대지 못하는 영역으로 옮겨졌습니다. 그럼에도 그들은 항상 주님을 의존해야 합니다. 아직도 죄인들이 매일 그들로 이전보다 더 죄 짓게 격동하고 있습니다. 그러므로 주님의 백성들은 매일 새 힘을 얻어 보호를 받아야 하고, 새롭게 정결함을 입고 하나님의 은혜를 받아야 합니다.

주님께서 우리와 함께 하시고 늘 관심을 가지고 계시다는 사실이 주님의 자비하심을 끌어내는 데 얼마나 강력한 구실이 됩니까! 사람도 자기 자녀들과 보물과 자기 보석들은 세심하게 간수하지 않습니까? "또 다시 내가 그를 의지하리라 하시고 또 다시 볼지어다 나와 및 하나님께서 내게 주신 자녀라 하셨으니."(히 2:13) "세계가 다 내게 속하였나니 너희가 내 말을 잘 듣고 내 언약을 지키면 너희는 모든 민족 중에서 내 소유가 되겠고."(출 19:5) "만군의 여호와가 이르노라 나는 내가 정한 날에 그들을 나의 특별한 소유로 삼을 것이요 또 사람이 자기를 섬기는 아들을 아낌 같이 내가 그들을 아끼리니."(말 3:17)

하나님께서 주권적인 사랑으로 나를 사서 주님의 소유가 되게 하셨나이다. "대저 나는 여호와 네 하나님이요 이스라엘의 거룩한 이요 네 구원자임이라 내가 애굽을 너의 속량물로, 구스와 스바를 너를 대신하여 주었노라 네가 내 눈에 보배롭고 존귀하며 내가 너를 사랑하였은즉 내가 네 대신 사람들을 내어 주며 백성들이 네 생명을 대신하리니."(사 43:3,4)

"나는 주의 것이오니 나를 구원하소서." 주께서 나를 구원하셨나이다. "주께서 내 생명을 사망에서 건지셨음이라 주께서 나로 하나님 앞, 생명의 빛에 다니게 하시려고 실족하지 아니하게 하지 아니하셨나이까?"(시 56:13) 죄를 사랑하는 성향, 매일의 죄책과 죄의 권세, 잘 속는 미련한 마음과 그 외에 주께서 보시기에 내 영혼에 올가미를 씌우려는 모든 악에서 나를 구원하소서. 내가 주의 것이 아니라면, "주의 법도들만 찾으려하는" 소원과 갈망이 어디서 나겠습니까? 내가 주님과 교통하는 특권적인 순간들이 무엇을 의미하나이까? 주님의 형상을 본받으려는 이 갈망이 무엇을 의미하나이까? 주여, 나는 주님의 행사, 나로 하여금 주의 것을 삼으신 주님의 주권적인 행사에 의존하여 겸손하게 청구하오니 들어 주소서. "나를 구원하소서." 주께서 나를 가까이 하사 구원하시어 자비롭게 저와 함께 하셨나이다. 영원토록 주님의 자비 가운데 거하게 하소서. "나는 주의 것이오니 나를 구원하소서."

하나님의 아들께서 하늘에서 이 땅에 내려오신 목적이 오직 "나를 구원하려 하심"이었다는 사실이 이런 간구를 드리는 일에 얼마나 항거할 수 없는 힘을 줍니까! 하나님의 아들 우리 구주께서 말씀하셨습니다. "내가 하늘에서 내려온 것은 내 뜻을 행하려 함이 아니요 나를 보내신 이의 뜻을 행하려 함이니라 나를 보내신 이의 뜻은 내게 주신 자 중에 내가 하나도 잃어버리지 아니하고 마지막 날에 다시 살리는 이것이니라."(요 6:38,39) 주님께서 당신의 일을 마치려 하실 때에 그 목적에 대하여 이렇게 증거 하실 수 있었습니다. "내게 주신 아버지의 이름으로 그들을 보전하고 지키었나이다 그 중의 하나도 멸망하지 않고 다만 멸망의 자식뿐이오니(다만 멸망의 자식만 빼고)."(요 17:12 ; 18:9)

그러나 어떤 이들은 구원을 부르짖으면서도 당연한 영적 의무를 게을리 함으로 자신들의 간구를 헛되게 합니다. "하나님의 법도들을 구하는 것만으로" 우리에게 선한 유익이 있습니까? 정말 주님의 법도들의 길로 행하기를 사랑하십니까?

하나님께서 우리를 사랑하심은 하나님의 자녀의 특권을 주심으로 확증되었습니다. 그 특권 속에 하나님의 창조와 구속(救贖)과 하늘에 속한 부르심의 모든 복락이 집중되어 있습니다. 우리의 마음이 그 사랑의 음성을 청종하기까지 하나님 앞에 우리의 탄원을 올리는 것을 멈추지 마십시오. "야곱아 너를 창조하신 여호와께서 지금 말씀하시느니라 이스라엘아 너를 지으신 이가 말씀하시느니라 너는 두려워하지 말라 내가 너를 구속하였고 내가 너를 지명하여 불렀나니 너는 내 것이라."(사 43:1) "야곱아 이스라엘아 이 일을 기억하라 너는 내 종이니라 내가 너를 지었으니 너는 내 종이니라 이스라엘아 너는 나에게 잊혀지지 아니하리라 내가 네 허물을 빽빽한 구름 같이, 네 죄를 안개 같이 없이하였으니 너는 내게로 돌아오라 내가 너를 구속하였음이니라."(사 44:21,22) 주님께서 말씀하십니다. "내가 이 말씀을 내 앞에 제출하며 드리는 네 탄원을 존중히 여겼노라. 이 말씀을 따라 드리는 탄원을 들었노라."

"나는 주의 것이오니 나를 구원하소서."[14]

시편 119:95
"악인들이 나를 멸하려고 엿보오나
나는 주의 증거들만을 생각하겠나이다."

'나는 신자로서, 하나님의 소유로서 안위와 하나님의 보호하심 안에 있는

---

14) 시편 143:12와 86:2에서도 동일한 탄원을 드리게 우리에게 강권하고 있다. "나는 주의 종이오니 나를 깨닫게 하사 주의 증거들을 알게 하소서."(시 119:125)

사람 아닙니까? 그럼에도 사탄의 도구인 죄인들과 불경건한 자들의 핍박은 멈추지 않을 것임을 나는 알고 있습니다.' 시편 기자는 이미 이러한 시련을 언급하며, 자신의 피난처로 나아갔습니다. "교만한 자들이 거짓으로 나를 엎드러뜨렸으니 그들이 수치를 당하게 하소서 나는 주의 법도들을 작은 소리로 읊조리리이다… 그들이 나를 세상에서 거의 멸하였으나 나는 주의 법도들을 버리지 아니하였사오니… 주는 나의 은신처요 방패시라 내가 주의 말씀을 바라나이다 너희 행악자들이여 나를 떠날지어다 나는 내 하나님의 계명들을 지키리로다."(시 119:78,87 ; 참조 119:114,115)

실로 믿는 자의 행복의 특성은 항상 그러합니다. 경건치 않은 자들의 대적을 견디면서 하나님의 말씀 속에서 피난처를 찾습니다. 하나님의 말씀이 안전한 곳이라 가르쳐주는 피난처로 숨습니다. 세상은 하나님을 대적하는 모든 일을 하도록 부추기고 하나님의 백성들 중에 보이는 하나님의 형상을 핍박하는 데 혈안이 되어 있습니다. 그러나 이점이야말로 하나님과 세상이 서로 화해할 수 없을 정도로 다름을 보여주는 결정적인 증거입니다! 그럼에도 말씀은 우리에게 확실한 방어책을 보여 줍니다. 우리 영혼이 "사자들 중에 있는 것 같아도"(시 72:4) 세상이 우리를 보고 놀랄만한 증언을 할 수는 없습니까? "나의 하나님이 나의 하나님이 이미 그의 천사를 보내어 사자들의 입을 봉하셨으므로 사자들이 나를 상해하지 못하였사오니"라고 증거할 수 있습니다. (단 6:22) 우리는 바람과 파도 소리를 듣습니다. 그러나 폭풍우에게 잠잠하라 명하시어 고요하게 하시는 그분의 음성도 듣습니다. "예수께서 깨어 바람을 꾸짖으시며 바다더러 이르시되 잠잠하라 고요하라 하시니 바람이 그치고 아주 잔잔하여지더라."(마 4:39)

시련을 만났을 때 하나님의 말씀을 통하여 영적 지원을 받은 이 체험은 하나님의 약속의 말씀을 아름답게 예증합니다. "그러므로 주 여호와께서 이같이 이르시되 보라 내가 한 돌을 시온에 두어 기초를 삼았노니 곧 시험한 돌이요 귀하고 견고한 기촛돌이라 그것을 믿는 이는 다급하게 되지 아니하리로다."(사 28:16) 악한 자가 그를 멸하기를 호심 탐탐 노리고 있더라도 그 사람은 결코 흔들리지 않을 것입니다. "오직 그만이 나의 반석이시요 나의 구원이시요 나의 요새이시니 내가 흔들리지 아니하리로다."(시 62:6) 그런 사람은 고난의 때에 당황하여 자신의 안위를 위해 나름의 수단(하나님의 인도하심을 구하기보다는 인간적인 노력이나 방편들을 의지하려는)을 강구하는 대신, 묵묵히 하나님께 모든 것을 맡기고 '자기 영혼을 인내로' 지킨 사람입니다. 그들은 "흉한 소문을 두려워하지 아니함이여 여호와를 의뢰하고 그의 마음을 굳게 정하는" 사람입니다(시 112:7).

라이톤(Leigthon)이 시편 112:5의 말씀을 본문으로 삼은 설교문 중 일부를 여기에 인용합니다.

"이 신뢰는 하나님의 말씀에 근거한 것입니다. 말씀은 하나님의 전능하심과 모든 충분하심과 선하심을 계시합니다. 그리고 당신 자신을 영혼의 거처로 제공하여 자기에게 와서 쉬라 명하십니다. 하나님의 진리와 신실하심은 하나님의 지혜와 능력과 선하심을 터놓고 드러냅니다. 다른 의지할 것들을 모두 버리고 말씀을 따라 모든 것을 주님께 거는 모험을 하는 모든 자들에게 거처로 자신을 드러내신 분이 하나님이십니다. '그의 증언을 받는 자는 하나님이 참되시다는 것을 인쳤느니라.'(요 3:33) 주님의 증언을 받는 자는 자신이 하나님의 사람이 되었음과 자기의 분깃과 특권이 보호받음을 확증한 것입니다. '너희가 굳게 믿지 아니하면 너희는 굳게 서지 못하리라.'(사 7:9)"

"주의 증거들만을 생각하겠나이다." 이것은 "주의 증거들"이 주는 위안을 끌어내기 위하여 주님의 증거들을 생각함을 의미합니다. 영혼은 반드시 "흙도가니에 일곱 번 단련한 은 같은"(시 12:6) 하나님의 증거들에 친밀하게 밀착되어 있어야 합니다. 이 심령의 구조 안에서 시편 기자는 다음과 같이 결심합니다. "어떤 곤고한 일들, 당황스러운 일들, 시련의 일들을 만나도 '나는 주의 증거들만 생각하겠나이다.'"

실로 우리는 복된 선언을 하신 주님의 미쁘심을 생각해야 합니다. "너희 머리털 하나도 상하지 아니하리라."(눅 21:18) "나의 기름 부은 자를 손대지 말며…"(시 105:15) "너희를 범하는 자는 그의 눈동자를 범하는 것이라."(슥 2:8) 우리는 이 보호의 갑주를 입고 '악인들이 우리를 멸하려고 호시탐탐 기회를 엿보고 있다.'는 "흉한 소문"을 들을지라도 결코 두려워하지 않아야 합니다(시 112:7). "그는 흉한 소문을 두려워하지 아니함이여 여호와를 의뢰하고 그의 마음을 굳게 정하였도다."(시 112:7) 설령 우리가 무너진다 하여도 "주의 증거들은 결코 무너질 수 없음"을 알고 있습니다. 참으로 우리의 반석은 완전합니다. "여호와의 정직하심과 나의 바위 되심과 그에게는 불의가 없음이 선포되리로다."(시 92:15) 그러므로 "군대가 나를 대적하여 진 칠지라도 내 마음이 두렵지 아니하며 전쟁이 일어나 나를 치려할지라도 나는 여전히 태연하리로다."(시 27:3)

그러므로 우리는 이러한 결심을 실행에 옮겨야 합니다. "악인으로부터 건짐을 받아 살아도 '주를 위하여 살고,' 그들의 덫에 걸려 죽게 되어도 '주를 위하여 죽을' 것이다(롬 14:8). 나는 주의 말씀만을 생각할 것이다. '내가 결코 너희를 버리지 아니하고 너희를 떠나지 아니하리라.'는 말씀대로 하나님께서 나에 대해 가지신 모든 목적을 성취하시리라는 믿음에 거할 것이다(히 13:5) '주께서 심지가 견고한 자를 평강하고 평강하도록 지키시리니 이는 그가 주를 신뢰함이니이다.'(사 26:3)"

시편 119:96

"내가 보니 모든 완전한 것이 다 끝이 있어도
주의 계명들은 심히 넓으니이다."

하나님의 증거들을 분별하는 깊은 통찰력은 그 증거들을 깊이 숙고한 결과입니다. 이 세상이 탁월하다 자랑하는 것들과 하나님의 증거의 말씀들을 비교하여 무게를 달아 보십시오. 그리고 세상과 하나님의 말씀의 길이를 서로 견주어 재보십시오. 그러면 어느 것이 완전한지 그 결말을 알게 될 것입니다. 완전한 것 앞에 다른 것은 사라질 것입니다.

이 세상은 경험과 관찰이라는 재료를 통해서 탁월성을 자랑하려 합니다. 우리는 세상이 경험하고 관찰한 것들 중에서 완전하다는 것의 결말을 봅니다. 몇 가지만이 아니라 모든 완전하다는 것의 끝을 봅니다. 그 끝은 만족스럽지 못합니다. 세상에서 '완전하다는 것'이 우리에게 닥치는 크고 위급한 환난, 곧 '죽음'과 '하나님의 심판'과 '영원 세계'의 문제에 대해서는 전혀 도움을 주지 못합니다. 세상이 '가장 알차다'고 자랑하는 것도 속을 들여다보면 꽉 차지 않았습니다.

세상이 '이것이 지혜라'며 내 놓는 것도 도리어 근심을 더합니다. "지혜가 많으면 번뇌도 많으니 지식을 더하는 자는 근심을 더하느니라."(전 1:18) 세상이 '정말 맛있고 즐겁다' 하며 내놓는 모든 것들도 그것들을 누린 자들의 입에서는 실망의 탄식 밖에 내지 못합니다. 예루살렘 왕 솔로몬은 말합니다. "내 눈이 원하는 것을 내가 금하지 아니하며 무엇이든지 내 마음이 즐거워하는 것을 내가 막지 아니하였으니." 그래서 원하는 것들을 다 누려 보았습니다. 그 후에 그는 뭐라 하였습니까? "다 헛되어 바람을 잡는 것이며 해 아래에서 무익한 것이로다."(전 2:10,11) 세상이 주는 가장 좋은 것들을 맛보아도 만족은 '잠시' 뿐입니다.

사람이 태어나면 그 영혼은 영원히 존재하게 됩니다. 그러므로 영혼을 영원히 만족시킬 분깃을 가져야 합니다. 세상이 가진 여러 휘황찬란한 눈부신 유행들도 다 지나갑니다. "이 세상도, 그 정욕도 지나가되 오직 하나님의 뜻을 행하는 자는 영원히 거하느니라."(요1 2:17) 세상이 제공하는 최선의 것들 모두가 금방 꺼지는 거품과 사라지는 그림자에 불과합니다. 세상에서 최고의 부와 영예와 즐거움을 마음껏 누려 보십시오. 그것들이 우리를 위해서 끝내 무엇을 해 줄 수 있습니까? "모든 것이 헛되도다."(전 1:2) "전도자가 이르되 헛되고 헛되며 헛되고 헛되니 모든 것이 헛되도다."(전 1:2) "세상 물건을 쓰는 자들은 다 쓰지 못하는 자 같이 하라 이 세상의 외형은 지나감이니라."(고전 7:31)

그것들이 주는 최고의 시험은 본향으로 돌아가고자 하는 소망을 갖거나 느끼기도 전에, 우리의 마음을 하나님으로부터 격리시켜 가장 먼 곳에 떨어뜨려 놓는 것입니다. 하나님의 전능하신 능력이 아니면 죄인을 돌이킬 방법이 없습니다. 그렇다면 하나님과 격리된 사람이 스스로 "평안함으로 돌아가는 것"은 불가능한 일입니다. 사실상 그가 할 수 있는 일이라곤 자신의 비참함 가운데서 멸망당하길 기다리는 것뿐입니다.

세상의 공허함과 하나님의 계명이 가진 완전함을 비교해보십시오. 하나님과 우리의 이웃과 우리 자신에 대해 감당해야 할 영적 직무들이 우리 앞에 있습니다. 하나님께서 우리에게 주신 명령과 금지 조항에 대해 우리는 단 하나라도 누락시키거나 제외할 수 없습니다. 하나님께서는 무지함이나 나약함, 태만함 따위로 변명하지 못하게 하셨습니다. 이는 범죄한 모든 인류에게 뿐 아니라, 하나님께서 돌보시는 모든 것에 미치는 명령입니다. 이것이 우리가 그 '끝'을 결코 볼 수 없는 완전함입니다.

새로워진 모든 영적 지각은 끝이 보이지 않는 광대한 영역을 보게 함으로써, 의심 가득한 우리의 입을 다물게 하고, 겸허한 심령으로 '주의 계명들은 심히 넓으니이다'라고 고백하지 않을 수 없게 할 것입니다. 하나님의 모든 계명은 어떠한 이음새도 찾아 볼 수 없을 정도로 하나의 형태를 이룹니다. 어떠한 작은 조각도 본질 전체에서 분리되어 떨어져나가는 일은 일어나지 않습니다.

성소의 모든 휘장이 여러 개의 고리로 연결되어 있고, 방주를 덮는 덮개가 하나의 조각만으로 이루어지지 않았기 때문에, 아주 미세한 균열이나 틈이라도 본질 전체를 무너뜨릴 수 있습니다. 그러므로 아주 작은 것 하나라도 하나님의 율법의 완전함을 이루는데서 제외될 수 없습니다.

"누구든지 온 율법을 지키다가 그 하나를 범하면 모두 범한 자가 되나니 간음하지 말라 하신 이가 또한 살인하지 말라 하셨은즉 네가 비록 간음하지 아니하여도 살인하면 율법을 범한 자가 되느니라."(약 2:10,11)

우리에게 요구되는 영적 의무 자체가 하나님의 완전함을 그대로 말해줍니다. 분노의 얼굴로 상대를 바라보는 것이 곧 살인이며(마 5:21,22 ; 요1 3:15), 음란한 욕망이 곧 간음입니다. (마 5:27) "죄악의 걸림돌"과(겔 14:7) "탐욕"과(엡 5:5), 마음속에 우상을 두는 미련한 자의 "생각"(잠 24:9 ; 23:7)이 마음으로 죄를 품는 것을 시작합니다. 거기에 구체적인 계획을 세워 실행하기에 이르고, 하나님의 심판대 앞에서 유죄를 선고 받아 결국 사망에 이르는 것입니다.

"옛 사람에게 말한 바 살인하지 말라 누구든지 살인하면 심판을 받게 되리라 하였다는 것을 너희가 들었으나 나는 너희에게 이르노니 형제에게 노하는 자마다 심판을 받게 되고 형제를 대하여 라가라 하는 자는 공회에 잡혀가게 되고 미련한 놈이라 하는 자는 지옥 불에 들어가게 되리라."(마 5:21,22)

"그 형제를 미워하는 자마다 살인하는 자니 살인하는 자마다 영생이 그 속에 거하지 아니하는 것을 너희가 아는 바라."(요일 3:15)

"또 간음하지 말라 하였다는 것을 너희가 들었으나."(마 5:27)

"이스라엘 족속과 이스라엘 가운데에 거류하는 외국인 중에 누구든지 나를 떠나고 자기 우상을 마음에 들이며 죄악의 걸림돌을 자기 앞에 두고 자기를 위하여 내게 묻고자 하여 선지자에게 가는 모든 자에게는 나 여호와가 친히 응답하여."(겔 14:7)

"너희도 정녕 이것을 알거니와 음행하는 자나 더러운 자나 탐하는 자 곧 우상 숭배자는 다 그리스도와 하나님의 나라에서 기업을 얻지 못하리니."(엡 5:5)

"미련한 자의 생각은 죄요 거만한 자는 사람에게 미움을 받느니라…대저 그 마음의 생각이 어떠하면 그 위인도 그러한즉 그가 네게 먹고 마시라 할지라도 그의 마음은 너와 함께 하지 아니함이라"(잠 24:9)

그렇다면, 우리가 끝을 알 수도 없는 율법의 광대함을 어찌 감당하겠습니까! 그렇습니다. 그리스도의 복음(요 6:28,29 ; 요1 3:23)의 광대함만이 그 모든 것을 이루게 합니다(롬 3:22).

"그들이 묻되 우리가 어떻게 하여야 하나님의 일을 하오리이까 예수께서 대답하여 이르시되 하나님께서 보내신 이를 믿는 것이 하나님의 일이니라 하시니."(요 6:28,29)

"그의 계명은 이것이니 곧 그 아들 예수 그리스도의 이름을 믿고 그가 우리에게 주신 계명대로 서로 사랑할 것이니라."(요일 3:23)

"곧 예수 그리스도를 믿음으로 말미암아 모든 믿는 자에게 미치는 하나님의 의니 차별이 없느니라."(롬 3:22)

우리는 우리를 대신하여 시내산에서 주어진 엄중한 요구를 만족시키고, 율법의 저주를 대신 받으시기 위해 이 땅에 오신 분을 알고 있습니다. (갈 4:4,5 ; 3:13)

"때가 차매 하나님이 그 아들을 보내사 여자에게서 나게 하시고 율법 아래에 나게 하신 것은 율법 아래에 있는 자들을 속량하시고 우리로 아들의 명분을 얻게 하려 하심이라…그리스도께서 우리를 위하여 저주를 받은 바 되사 율법의 저주에서 우리를 속량하셨으니 기록된 바 나무에 달린 자마다 저주 아래에 있는 자라 하였음이라."(갈 4:4,5 ; 3:13)

하나님의 율법의 광대하심은 우리가 감당할 수 없는 광대함을 채우시는 사랑으로 귀결됩니다. 하나님의 언약, 곧 그리스도의 복음으로 말미암아 율법의 공포는 사라지게 되었습니다. 이제 우리는 방종함으로부터의 벗어나 하나님의 법, 곧 율법의 광활함과 정결함과 율법이 주는 영적 직무의 광범위함으로 걸어가는 좁은 길을 사모하게 되었습니다. 율법의 엄정함 앞에서 복종하려고 안간힘을 쓰거나, 우리에게 주어질 처벌이 보다 가벼워지기를 바라지 않아도 되는 것입니다.

여러분! 여러분이 율법의 영적 광대함을 배우게 되었다면(이는 주일 학교에서 가르치고 배우는 가장 첫 단계의 수업임), 하나님 앞에서 여러분의 영적 지각과 모습은 완전히 변화될 것입니다.

여러분은 "주와 같은 이는 없나이다"라며 "하나님께 감사하는" 마음을 갖게 될 것입니다. 이제 여러분은 "가슴을 치며 이르되 하나님이여 불쌍히 여기소서 나는 죄인이로소이다"라고 고백하게 될 것입니다. (눅 18:9-13)

"또 자기를 의롭다고 믿고 다른 사람을 멸시하는 자들에게 이 비유로 말씀하시되 두 사람이 기도하러 성전에 올라가니 하나는 바리새인이요 하나는 세리라 바리새인은 서서 따로 기도하여 이르되 하나님이여 나는 다른 사람들 곧 토색, 불의, 간음을 하는 자들과 같지 아니하고 이 세리와도 같지 아니함을 감사하나이다 나는 이레에 두 번씩 금식하고 또 소득의 십일조를 드리나이다 하고 세리는 멀리 서서 감히 눈을 들어 하늘을 쳐다보지도 못하고 다만 가슴을 치며 이르되 하나님이여 불쌍히 여기소서 나는 죄인이로소이다 하였느니라."(눅 18:9-13)

여러분은 이전에 아마도 "율법의 의로는 흠이 없는 자"가 되고자 했을 것입니다. 그러나 이제 여러분은 새롭게 변화된 분별력 안에서 "내게 유익하던 것을 내가 그리스도를 위하여 다 해로 여기기를" 자랑스러워 할 것입니다.

"열심으로는 교회를 박해하고 율법의 의로는 흠이 없는 자라 그러나 무엇이든지 내게 유익하던 것을 내가 그리스도를 위하여 다 해로 여길뿐더러."(빌 3:6,7)

여러분은 한 때 사실상 죽었음에도 불구하고 스스로 '살았다'고 여겼을 것입니다. 그러나 여러분의 마음에 "계명이 이르고", 여러분의 영혼이 영적인 일과 죄를 깨달으면서, 여러분이 산 것은 곧 '죽음'이 되었습니다. "전에 율법을 깨닫지 못했을 때에는 내가 살았더니 계명이 이르매 죄는 살아나고 나는 죽었도다."(롬 7:9)

복음으로 인도하는 율법, 곧 죽음을 생명으로 바꾸는 복된 복음이여!

"내가 율법으로 말미암아 율법에 대하여 죽었나니 이는 하나님에 대하여 살려 함이라."(갈 2:19)

율법의 멍에를 그리스도의 복된 자리로 바꾸는 것이 바로 복음의 능력입니다. 이전에 우리는 죄를 깨닫지 못했기에 그리스도의 복음도 알지 못하였습니다. 다른 모든 것이 심판대 앞에 설 우리의 죄를 드러내기 위한 빛을 비출 때, 오직 한 분만이 우리의 양심을 부드럽게 어루만져주셨습니다. 감당할 수 없는 율법의 광대함을 깨닫지 못하면 복음 안에서 기쁨을 찾을 수 없습니다.

이제 여러분은 즉시 깨어나게 하고 변화하게 하는 진리의 거울 앞에 섰습니다. 하나님께 영광을 돌리십시오! 여러분은 지금 참된 분별력을 갖게 되었습니다. 최고의 가치로 여겼던 여러분 자신의 행위로 말미암은 의를 버리고, 믿음으로 말미암은 최상의 의를 들어 올리십시오. 그러면서 한 편에서는 여러분의 죄를, 다른 편에서는 하나님의 계명의 완전함을 보게 될 것입니다.

97 내가 주의 법을 어찌 그리 사랑하는지요 내가 그것을 종일 작은 소리로 읊조리나이다

98 주의 계명들이 항상 나와 함께 하므로 그것들이 나를 원수보다 지혜롭게 하나이다

99 내가 주의 증거들을 늘 읊조리므로 나의 명철함이 나의 모든 스승보다 나으며

100 주의 법도들을 지키므로 나의 명철함이 노인보다 나으니이다

101 내가 주의 말씀을 지키려고 발을 금하여 모든 악한 길로 가지 아니하였사오며

102 주께서 나를 가르치셨으므로 내가 주의 규례들에서 떠나지 아니하였나이다

103 주의 말씀의 맛이 내게 어찌 그리 단지요 내 입에 꿀보다 더 다니이다

104 주의 법도들로 말미암아 내가 명철하게 되었으므로 모든 거짓 행위를 미워하나이다

주의 법도들을 배운
이들의 품격

시편 119:97

"내가 주의 법을 어찌 그리 사랑하는지요
내가 그것을 종일 작은 소리로 읊조리나이다."

이 하나님의 사람을 주목해 보세요. 자기가 갈망하는 것을 적당하게 표현할 수 없어 안타까워함을 은근히 드러내고 있습니다. 그럼으로써 하늘에 속한 영광을 알고 기뻐하는 느낌이 어떠한지 표현하고 있습니다. 그는 자기마음에 용솟음치는 하나님의 감동을 말하지 않고 입을 다물고 가만히 있을수가 없어 보입니다. "내가 주의 법을 어찌 그리 사랑하는지요!"

이 체험은 영적 품격을 가진 매우 독특한 것입니다. 신앙을 가졌다는 고백자들이 하나님의 율법을 읽고 이해하고 '외적으로' 복종할 수는 있습니다. 그러나 정말 '하나님을 믿고 경외하는 자들만' 하나님의 법을 사랑합니다. 그런 이들은 주의 법 안에서 살아갑니다. 마치 그것 없이는 살 수 없는 것 같이말입니다. 믿음 있다고 고백하면서도 정작 그 마음의 진실성이 없는 사람에

---

1) Martin은 그의 '일기(Journals)'에서, "시편 119편에 나오는 이들의 엄숙한 진지함을 진정으로 누리는 기쁨을 가졌다." 말하였다.

게 "하나님의 법"은 양심의 가책을 무마시키는 용도로 쓰입니다. "오늘까지 모세의 글을 읽을 때에 수건이 그 마음을 덮었도다."(고전 3:15) "마음을 덮는 수건"이 그들의 모든 영적 분별력을 둔하게 했고, 그 결과 영적 즐거움을 막아 버렸습니다.

그러나 하나님의 자녀에게 "하나님의 법(율법)"은 먹을 양식이고 치료하는 약이며 빛과 위로입니다. 곧 하나님의 법이 하나님의 자녀들에게는 "죽은 자 가운데서 살아나게 하는 것"입니다. 말씀 안에 있는 훈계의 법은 그들의 마음 안에서 "자유하게 하는 법"이요, 곧 사랑의 법입니다(약 1:25) 이전에 하나님의 율법에 순종한 것은 종의 두려움으로 한 일입니다. 그러나 하나님의 사랑의 강권함이 가져온 효과는 얼마나 다른지요! 그는 하나님의 사랑의 강권함을 따라 기쁨에 차서 '주의 법'의 모든 조항을 응시합니다. 말할 수 없는 기쁨으로 '주의 법의 모든 특징'을 깊이 주목합니다. 전에는 '주의 법'이 자기를 옥죄는 사슬이었습니다. 그러나 이제 '주의 법'은 자기의 자유요 훈장 (ornament)입니다. 그는 이제 이전의 그가 아닙니다. "이전 것은 지나갔으니 보라 새 것이 되었도다."(고후 5:17)

하나님의 율법을 사랑할 선한 이유가 무엇인지 생각해보십시오. 하나님의 율법은 우리를 가장 '사랑하시는 친구'의 편지입니다. 그 편지는 결코 가볍게 볼 수 없습니다. 우리 가슴에 품어야 하고 마음에 가장 친밀하게 새겨야 할 편지입니다. '그 편지'가 '곤궁에서 빠져 나갈 구출의 길(relief)'을 제시합니다. 그 구원이 없었으면 양심은 결코 영원히 죽지 않는 벌레에 쏘이는 아픔을 계속 겪었을 것입니다. "곧 하나님께서 그리스도 안에 계시사 세상을 자기와 화목하게 하시며 그들의 죄를 그들에게 돌리지 아니하시고 화목하게 하는 말씀을 우리에게 부탁하셨느니라."(고후 5:19)

"주의 법(율법)"에서 우리는 하나님의 영광을 보되, 하나님의 이름을 나타내는 다른 어떤 호칭에서 보다 하나님의 영광을 더 많이 봅니다. "내가 주의 성전을 향하여 예배하며 주의 인자하심과 성실하심으로 말미암아 주의 이름에 감사하오리니 이는 주께서 주의 말씀을 주의 모든 이름보다 높게 하셨음이라."(시 138:2) "이는 이제 교회로 말미암아 하늘에 있는 통치자들과 권세들에게 하나님의 각종 지혜를 알게 하려 하심이니."(엡 3:10) "이제는 우리 구주 그리스도 예수의 나타나심으로 말미암아 나타났으니 그는 사망을 폐하시고 복음으로써 생명과 썩지 아니할 것을 드러내신지라."(딤후 1:10)

전에는 "주의 법(율법)"이 교회에 그리스도를 비추어주는 거울이었습니다. 그러나 이제 영적인 눈을 가진 사람은 '주의 율법'의 모든 방면에서 그리스도를 분별해 냅니다. 2)

독자 여러분, 여러분은 '주의 율법'이 '그리스도를 증거하기에' 그 율법을 사랑합니까? 주의 율법을 통하여 그리스도를 아는 지혜를 가르치시는 성령님의 은혜를 위하여 기도합니까? 그러하다면 그것은 다음에 대한 증거입니다. 곧, 여러분이 "주께로 돌아가 그 수건이 벗겨져 수건을 벗은 얼굴로 거울을 보는 것 같이 주의 영광을 본다."는 증거입니다(고후 3:15-18). 3)

여러분이 하나님의 율법을 사랑한다면, 그 율법 전체를 사랑하게 될 것입

---

2) "너희가 성경에서 영생을 얻는 줄 생각하고 성경을 연구하거니와 이 성경이 곧 내게 대하여 증언하는 것이니라."(요 5:39) Theron and Aspasio, or a series of Letters upon the most important and interesting Subjects(가장 중요하고 흥미있는 주제들에 관하여 여러 사람들에게 보낸 편지 모음집)의 저자로 교회 안에서 널리 알려진 James Hervey 목사를 아는가? 그 사람은 고전 분야에서 결코 무시할 수 없는 상당한 성공을 거두었고, 하나님의 말씀의 영광스런 보고로 말미암아 자기 영혼을 누구보다 풍요롭게 한 사람이었다. 그런 사람의 증언을 들어보라. "내게 히스기야에게와 같이 내 인생의 수한이 15년만 더 길어진다면, 나는 더 자주 은혜의 보좌 앞에 나아갔을 터인데. 그래서 내 공부를 새롭게 할 수 있는 기회가 주어진다면, 내가 이룩한 그 하잘 것 없는 연구물들 ─ 고대(古代)의 역사들과 웅변가들과 시인들에 대한 연구물들 ─ 을 집어 던지고 진리의 성경에 집중할 터인데. 크게 분발하여 내 구주되신 신적 스승의 발아래 앉는 열심을 더욱 크게 가지고 '예수 그리스도와 그 십자가에 못 박힌 것 외에는 아무 것도 알지 아니하기로' 하였을 터인데. 이 지혜의 열매는 살았을 때에 평강이요, 죽을 때에 위안이요, 죽은 다음에는 영원한 구원이로다. 나는 이 지혜를 추적하고 찾으련다. 신,구약 성경의 그 특이하고 기쁨을 주는 전 분야를 발굴하여 찾으련다."

3) "오늘까지 모세의 글을 읽을 때에 수건이 그 마음을 덮었도다 그러나 언제든지 주께로 돌아가면 그 수건이 벗겨지리라 주는 영이시니 주의 영이 계신 곳에는 자유가 있느니라 우리가 다 수건을 벗은 얼굴로 거울을 보는 것 같이 주의 영광을 보매 그와 같은 형상으로 변화하여 영광에서 영광에 이르니 곧 주의 영으로 말미암음이니라."(고후 3:15-18)

니다. 율법의 특권과 함께 율법의 의무들도 사랑하게 될 것입니다. 언제나 주의 율법을 사랑할 것입니다. "주의 규례들을 항상 사모함으로 내 마음이 상하나이다."(시편 119:20) 심지어 여러분 자신의 뜻과 방식을 훼방하는 것 같아 보일 때에도 그 율법을 사랑할 것입니다. 하나님의 율법 전체는 빛과 사랑이요, 지혜와 성실입니다.

율법을 사랑하는 영혼은 그 사랑하는 율법을 향하여 집중하게 되어 있습니다. 그래서 주야로 율법을 묵상합니다. "복있는 사람은 … 그의 율법을 주야로 묵상하는도다."(시 1:2) 율법을 여러분 손으로 가질 수 없어도 여러분의 영혼이 풍요로운 상태에 있다면, 그 율법이 '여러분의 마음에 숨어' 있음을 발견할 것입니다. 여러분의 마음에 율법을 가장 보배로운 보물로 여기게 된다는 말입니다. 그러면서 질리지 않는 입맛으로 매일 먹는 일용할 양식처럼 하나님의 율법을 먹으며 살아갑니다. 오, "주의 법"은 가장 뜨겁게 온 마음을 다해 사랑할 얼마나 놀라운 가치가 있습니까! 하나님의 율법을 가장 깊이 연구하는 사람들이 가장 겸손한 사람들입니다. 자기들이야말로 율법의 넓이를 감당할 만큼의 역량이 되지 않는다는 것을 인식하고 있기 때문입니다.

자신이 하나님과 화해하였다는 의식을 가진 사람만이 하늘에 속한 정신을 가질 수 있습니다. 하나님과 화해하지 않은 죄인이 율법에 관심을 가질 수 있습니까? 하나님과의 화목을 이루지 못한 죄인이 온통 자신을 정죄하는 내용으로 가득 찬 하나님의 율법에 관심을 가지려 하겠습니까? 이 점은 경건치 않은 불신앙자들이 하나님을 대적하는 적의(敵意)를 가진 이유를 설명해 줍니다. "이스라엘의 왕이 여호사밧 왕에게 이르되 아직도 이믈라의 아들 미가야 한 사람이 있으니 그로 말미암아 여호와께 물을 수 있으나 그는 내게 대하여 길한 일은 예언하지 아니하고 흉한 일만 예언하기로 내가 그를 미워하나이다 여호사밧이 이르되 왕은 그런 말씀을 마소서."(왕상 22:8)

그러나 계발(啓發)은 그리스도인의 굳건한 믿음을 위한 중요한 원리 중 하나입니다. 그것이 없는 것이 기만의 원천이 되어 왔습니다. "불의의 모든 속임으로 멸망하는 자들에게 있으리니 이는 그들이 진리의 사랑을 받지 아니하여 구원함을 받지 못함이라 이러므로 하나님이 미혹의 역사를 그들에게 보내사 거짓 것을 믿게 하심은."(살후 2:10,11) 그리고 복음에 입각하여 하나님의 율법 사랑하는 정신을 행사함으로써 성경 진리를 보는 더 깊은 통찰력과 더 많은 영적인 분별력을 가지게 될 것입니다. 뜨거운 정서(情緒)는 재능이나 외양적인 지식보다 훨씬 더 영향력이 있습니다.

"내가 주의 법을 어찌 그리 사랑하는지요 내가 그것을 종일 작은 소리로 읊조리나이다(묵상하나이다)." "주의 법을 사랑하고 거룩하게 묵상하는 일"은 우리의 성품 전체에 영향을 끼칠 것입니다. 하늘에 속하고 기도할 재료가 될 만한 것들로 우리 마음을 가득 채울 것입니다. 지상에서 하는 모든 일들을 하면서 달콤한 향을 느끼게 하고, 섭리로 허락하시는 일용할 여러 좋은 것들을 거룩하게 활용하게 할 것입니다. "하나님께서 지으신 모든 것이 선하매 감사함으로 받으면 버릴 것이 없나니 하나님의 말씀과 기도로 거룩하여짐이라."(딤전 4:4,5) 그렇게 "하나님의 율법을 사랑하고 묵상하는" 사람은 하루 종일 하나님의 임재를 의식합니다. 그 사람은 번영하여 자기에게 허락된 모든 좋은 것들을 하나님의 법에 합당하게 활용할 당위성을 발견할 것입니다(시 1:3 ; 수 1:7,8).[4] 그러한 실천은 교회 안에서 우리의 쓸모를 확장시킬 것입니다. "이 모든 일에 전심전력하여 너의 성숙함을 모든 사람에게 나타나게

---

4) "그는 시냇가에 심은 나무가 철을 따라 열매를 맺으며 그 잎사귀가 마르지 아니함 같으니 그가 하는 모든 일이 다 형통하리로다."(시 1:3)
"오직 강하고 극히 담대하여 나의 종 모세가 네게 명령한 그 율법을 다 지켜 행하고 우로나 좌로나 치우치지 말라 그리하면 어디로 가든지 형통하리니 이 율법책을 네 입에서 떠   나지 말게 하며 주야로 그것을 묵상하여 그 안에 기록된 대로 다 지켜 행하라 그리하면 네 길이 평탄하게 될 것이며 네가 형통하리라."(수 1:7,8)

하라."(딤전 4:15)

그래서 하나님의 사람들은 세상에 속한 이들마저도 칭찬하지 않고는 배길 수 없는 완전함과 반듯함, 친화력을 소유한 사람으로 평가받곤 합니다. 물론 세상에 속한 자들이 그들과 같이 되고자 할 마음은 갖지 않겠지만 말입니다.

주여! 제 마음에 "주님의 법을 최상으로 사랑하는" 마음을 불어 넣어 주소서. 제 마음에 "주님의 법"을 새겨 주시되, 새로운 법을 새겨주소서. 곧 "그리스도 예수 안에 있는 생명의 성령의 법"(롬 8:2) 그 '주님의 새 법'을 사모한 나머지 항상 그 법을 묵상하게 하시고, 묵상함으로 '주님의 새 법'을 사랑하고 즐거워하는 마음이 더 커지게 하소서! 그리하여 '주님의 새 법'이 하늘에 속한 기쁨과 거룩한 행실(conversation)을 항상 뿜어내는 원천임을 알리소서!

> 시편 119:98-100
> "주의 계명들이 항상 나와 함께 하므로
> 그것들이 나를 원수보다 지혜롭게 하나이다.
> 내가 주의 증거들을 늘 읊조리므로
> 나의 명철함이 나의 모든 스승보다 나으며.
> 주의 법도들을 지키므로 나의 명철함이 노인보다 나으니이다."

"하나님의 율법을 사랑하고 매일 묵상하는 일"에 진력함으로 다윗이 거두어들인 풍성한 열매여! 다윗은 '섬세함'으로 원수들보다 더 지혜로워졌고, '믿음의 도리들(doctrines)'에서 자기의 선생들보다, '체험'에 있어서는 노인(老人)들보다 더 지혜로웠습니다(잠 1:1,4). [5] 그러면서도 그는 선지자로서 자기

---

5) "다윗의 아들 이스라엘 왕 솔로몬의 잠언이라 이는 지혜와 훈계를 알게 하며 명철의 말씀을 깨닫게 하며 지혜롭게, 공의롭게, 정의롭게, 정직하게 행할 일에 대하여 훈계를 받게 하며 어리석은 자를 슬기롭게 하며 젊은 자에게 지식과 근신함을 주기 위한 것이니."(잠 1:1,4)

에게 주어진 특이한 은사들에 대하여는 말하지 않고, 대신 일상적인 방편을 통하여 얻은 하나님을 아는 지식에 대하여 말합니다. 그는 여기서 자신이 이룩한 업적들을 자랑하지 않습니다. 도리어 자기를 향하시고 자기 속에서 일하시는 하나님의 은혜를 높입니다. '주께서 주의 계명들을 통하여 저를 더 지혜롭게 하셨나이다.'(잠 2:6 ; 약 1:17 참조) 6)

믿음 때문에 박해받는 이들이 하나님의 말씀을 통해 얻은 지혜가 그들을 박해하는 자들이 세상 학식에서 얻은 지혜보다 얼마나 더욱 탁월합니까! 그러함에도 하나님께 '유효한 가르침을 받은 이들'은 '매일' 하나님을 배울 필요가 있습니다. 그들이 하나님을 의지하며 하나님의 말씀에서 자문을 구하면 실로 지혜롭습니다. 그러나 자기의 지혜를 의지하고 자신의 꾀로 돌아서게 되면 말씀에서 벗어나게 되어 자기 어리석음으로 범죄자가 됩니다. 다윗이 블레셋 아기스 왕 앞에서 자신의 정체를 숨겼을 때나(삼상 27장), 음욕에 빠져 자신을 방임하였을 때나(삼하 11장), 교만하여 나라의 인구조사를 명하였을 때(삼하 29장) 원수들보다 더 지혜로웠습니까? 오, 하나님의 자녀들마저 죄의 길에서 자신을 속이는 일이 잦다니 얼마나 안타까운지요!

그렇다면 다윗은 어떻게 하나님께서 주시는 지혜를 가질 수 있었습니까? 방대한 책을 읽는 습관이나 선천적으로 뛰어난 지능을 가졌기 때문이 아니라, 부단히 하나님의 율례를 묵상하였기 때문입니다. 7) 그런데 우리가 이 방편을 활용하려면 일단 하나님의 증거의 말씀을 단순하게 받아들이는 것이 절대적으로 중요합니다. 하나님을 믿는 것이 옳다는 확신은 우리 평안과 불

---

6) "대저 여호와는 지혜를 주시며 지식과 명철을 그 입에서 내심이며."(잠 2:6)
"온갖 좋은 은사와 온전한 선물이 다 위로부터 빛들의 아버지께로부터 내려오나니 그는 변함도 없으시고 회전하는 그림자도 없으시니라."(약 1:17)

7) 하나님께서는 왕이 어떻게 해야 할지를 모세를 통하여 미리 지시해 놓으셨다. "그가 왕위에 오르거든 이 율법서의 등사본을 레위 사람 제사장 앞에서 책에 기록하여 평생에 자기 옆에 두고 읽어 그의 하나님 여호와 경외하기를 배우며 이 율법의 모든 말과 이 규례를 지켜 행할 것이라."9신 17:18,19)

가분해적이며, 그 확신 속에서만 빛을 받지 못한 선생들의 영향을 저항할 수 있습니다. 그런데 그런 확신은 성경의 최상의 권위에 철저하게 복종하지 않고서는 얻을 수 없습니다. 또 오래 전 고대인들의 격언(格言)을 받아들인 세상에 속한 잘못된 교훈들을 저항하려면 그런 확신이 있어야 합니다.

진지하게 그리스도인의 길을 가는 이들, 특히 초보자로 그 길을 막 시작한 이들 중에 다수가 다른 이들이나 자기의 마음에 떠오르는 회의주의(懷疑主義, scepticism) 때문에 방해를 받습니다. 성경을 믿음 없이 단지 육신적인 지혜에 비추어 연구하던 이전의 습관 때문에 수많은 이들이 장애를 겪습니다. 아니면 다른 인간적인 교훈의 시각으로 성경을 연구합니다. 성경을 연구하여 확신을 얻으려면 마음의 겸비함과 믿음의 단순성을 하나님께 구하는 기도가 필요합니다. 하나님의 은혜의 감동을 받아야만 영광에 이르는 길을 분별합니다. 하나님께서 무한하게 자신을 낮추시어 그 길을 아주 평이하게 보이게 하시어, "바보라도 그가 믿는 자라면 그 길을 실수 없이 따라 갈 수 있게" 하셨습니다(사 35:8). 하나님의 말씀을 늘 주목하며 마음속에 그 말씀을 두고 삶을 영위하면, 그가 비록 세상 학식은 약하여도 "온전하게 되어 모든 선한 일을 행할 능력을 갖추게" 됩니다(딤후 3:17).

말씀을 사모하여 묵상했던 다윗의 습관이 우리 그리스도인의 영적 진보를 위하여 진수가 되는 유익을 준다는 것이 판명될 것입니다. "혈육과 의논하는" 자들은 지도할 '모사(謀士, counsellor)'를 항상 모실 수 없지만(갈 1:16 참조), 하나님의 말씀으로부터 지혜를 구하는 우리는 최고의 '모사를 늘 모시고' 있습니다. 그분은 우리가 무엇을 해야 하며 무엇을 기대해야 할지를 늘 가르쳐 주십니다. 다윗은 "주의 법도들을 지킴으로 총명을 발견"하였습니다. 다윗의 주님께서는 동일한 빛의 길을 지목하여 주십니다. "사람이 하나님의 뜻을 행하려 하면 이 교훈이 하나님께로부터 왔는지 내가 스스로 말함인지 알리라."(요 7:17) "주께서 기쁘게 공의를 행하는 자와 주의 길에서 주를 기억하는 자를 선대하시거늘…"(사 64:5. 요14:21-23 참조) 8) 진실로 주님의 길은 빛과 기쁨과 사랑의 길들입니다.

자 이제 돌이켜 이런 질문을 던져 봅시다. '매일 내가 하나님의 말씀을 무슨 용도로 쓰는가? 말씀을 그저 대충 훑어보는 것에 만족하고 있지 않은가? 하나님의 말씀을 늘 곁에 두기를 원하는가? 하나님의 말씀의 감화가 항상 현재 영향을 미치며 말씀대로 실천하기를 원하는가? 하나님 말씀을 마치 귀한 손님을 맞이하는 것처럼 여기는가? 우리에게 하나님의 말씀이 기쁨의 동반자요 안내자인가?'

"내가 주의 증거들을 늘 읊조리므로." "말씀을 먹으십시오!" 여러분이 주의 말씀을 '얻을 때' 그것이 여러분에게 '기쁨과 마음의 즐거움'이 될 것입니다. "만군의 하나님 여호와시여 나는 주의 이름으로 일컬음을 받는 자라 내가 주의 말씀을 얻어 먹었사오니 주의 말씀은 내게 기쁨과 내 마음의 즐거움이오나."(렘 15:16) 말씀을 묵상하고 먹으면, '말씀의 위대한 주인공'이신 예수님의 이름이 더 보배롭게 보일 것이고, 예수님을 향한 사랑에 불이 붙을 것입니다. "내 마음이 내 속에서 뜨거워서 작은 소리로 읊조릴 때에 불이 붙으니…"(시 39:3) 여러분의 믿음의 견인이 더욱 확고해질 것입니다. "고관들도 앉아서 나를 비방하였사오나 주의 종은 주의 율례들을 작은 소리로 읊조렸나이다."(시 119:23) "악인들이 나를 멸하려고 엿보오나 나는 주의 증거들만을 생각하겠나이다."(시 119:95) 말씀을 묵상하면, 여러분의 마음에서 찬미의 정신이 되살아 날 것입니다. "골수와 기름진 것을 먹음과 같이 나의 영혼이 만족할 것이

---

8) "나의 계명을 지키는 자라야 나를 사랑하는 자니 나를 사랑하는 자는 내 아버지께 사랑을 받을 것이요 나도 그를 사랑하여 그에게 나를 나타내리라 가룟인 아닌 유다가 이르되 주여 어찌하여 자기를 우리에게는 나타내시고 세상에는 아니하려 하시나이까 예수께서 대답하여 이르시되 사람이 나를 사랑하면 내 말을 지키리니 내 아버지께서 그를 사랑하실 것이요 우리가 그에게 가서 거처를 그와 함께 하리라."(요 14:21-23)

라 나의 입이 기쁜 입술로 주를 찬송하되 내가 나의 침상에서 주를 기억하며 새벽에 주의 말씀을 작은 소리로 읊조릴 때에 하오리니."(시 63:5,6)

그리하여 여러분의 생각이 하나님의 증거들과 친밀하여 계속 접촉할 것이며, 보배로운 이 책에서 마치 벌집에서 떨어지는 송이꿀같이 달콤한 진액을 얻어 매일 여러분의 마음에 위로와 새 힘을 주는 은혜를 공급받게 될 것입니다. 9)

여러분의 마음이 하나님의 말씀을 가까이하고 끊임없이 묵상하도록 하시고, 그 소중한 책으로부터 말로 할 수 없는 탁월함을 얻어내십시오. 벌집에서 꿀이 떨어지는 것과 같이 여러분의 마음에 위로와 힘을 가져다 줄 것입니다.

시편 119:101

"내가 주의 말씀을 지키려고
발을 금하여 모든 악한 길로 가지 아니하였사오며."

다윗의 지혜는 실천적이었습니다. 단순하게 이지적이거나 사변적인 성격을 지닌 지혜가 아니었습니다. 다윗은 그 지혜에서 "주의 법도를 지키는 법"을 배웠습니다. "발을 금하여 모든 악한 일로 가지 아니하였사오며." 사람으로 하여금 진보하게 하는 지혜는 양심을 더욱 예민하게 하고 행실을 조심하게 함으로써 참된 본질을 드러내지 않습니까? 입으로는 믿음이 있다고 하나 실상 마음이 하나님에게서 먼 사람은 지옥갈까 두려워합니다. 그러나 하나님의 참

---

9) 루터는 항상 말씀을 묵상함으로 얻는 유익을 다음과 같이 증거하며 우리에게 권면한다. "우리가 택한 어느 구절이든지 그 구절에 멈추어 서라. 그런 후에 그 구절을 나무로 보고, 그 나무의 큰 가지를 흔들어 보라. 가능한 세계 흔들어 보라. 그러면 적어도 어떤 과실이 떨어질 수 있게 하라." 루터가 하는 다음의 말을 더 유심히 들어 보라. 이런 양식의 일이 처음에는 무언가 어려워 보일 것이다. 또 그렇게 떨어진 과실이 처음에는 조금이라도 씹을 만한 것이 된다는 생각이 전혀 일어나지 않을 것이다. 그럼에도 참고 해 보라. 그리고 그 나무의 다른 가지들을 더 흔들어 보라. 여러분의 영혼이 정말 하나님의 은혜를 바라고 목말라하고 주려 다면, 하나님의 성령께서 그냥 굶주린 채로 보내지 않을 것이다. 결국 성경에 있는 그 단 하나의 그 짧은 구절 속에 맛있는 과실의 풍성함이 들어 있음을 발견하게 하실 것이다. 그래서 그 '한 구절 나무' 그늘 아래에 앉아 있는 것을 정말 기뻐하게 될 것이다. 그리고 마치 과실이 주렁주렁 달린 나무 아래 있는 것 같이 거기를 떠나지 않고 거하게 될 것이다."

자녀는 죄를 두려워합니다. 외식적인 신앙고백자는 '외적으로 나타나는 악한 행실'을 삼갑니다. 그러나 하나님의 참 자녀는 죄를 사랑하는 것에 대하여 십 자가에 못 박혀 죽은 자가 되기를 추구합니다. 겉으로 드러나는 실제적인 행 실만이 아니라 행실의 이면에 있는 동기를 관찰해야 합니다. 그래야만 말씀 을 지킬 수 있습니다. 그들이 과연 하나님의 말씀을 지키는지, 겉으로 나타나 는 행실 뿐 아니라 마음속까지 살펴보십시오. 우리가 "선에 속하기 위하여 악 을 미워하지" 않습니까?(롬 12:9) "악은 어떤 모양이라도 버리라."(살전 5:22) 그렇지 않으면 알지 못하는 사이에 죄의 분위기로 끌려 들어갑니다. "그 육체 로 더럽힌 옷까지도 미워하되 두려움으로 긍휼히 여기라."(유 23) 죄로 오염되 는 것을 죽음보다 더 두려워합니까? 자기기만을 당하는 것은 얼마나 더 무서 운 것입니까! 우리는 주님께 간청할 필요가 있습니다. "내게 무슨 악한 행위가 있나 보시고 나를 영원한 길로 인도하소서."(시 139:24) 마음을 감찰하시는 하 나님 앞에서 정직한 행보를 유지하려면 참으로 얼마나 크고 넘치는 은혜의 공 급과 성령님의 기름 부으심이 필요합니까! "그의 앞에 완전하여 나의 죄악에서 스스로 자신을 지키기" 위하여 얼마나 큰 은혜가 필요합니까! 그러기 위하여 우리는 하나님의 약속의 말씀들을 의뢰하고, 복음의 능력 안에서 "하나님을 두려워하는 가운데서 거룩함을 온전히 이룰 수 있도록 우리 마음을 지키시는" 하나님의 크신 은혜의 역사를 늘 사모해야 합니다(고후 7:1).

그러나 믿음을 가졌다고 하나 방종하고 부주의한 자세로 "말씀을 지키는 일"에 대하여 말하는 것을 들을 때 얼마나 두렵습니까! 마음이 "말씀을 지키 는 일"의 거룩함을 느끼지 못하면서 어떻게 하나님의 말씀을 지키겠다는 것입 니까? "말씀을 지키기" 위하여 반드시 죄와 떨어져야 합니다. 그것이 바로 "말 씀을 지키는 일"의 독특한 아름다움입니다. "말씀을 지키는 일"과 '죄'는 도저 히 서로 공존할 수 없습니다. 모든 점에서 둘은 서로 충돌합니다. 그래서 죄를 사랑하는 것을 던져 버린 곳에 하나님을 사랑하는 마음이 접붙인 바 됩니다.

그러나 우리는 "모든 악한 길로" 기울어지기 쉬운 성향이 강하기 때문에 이런저런 '굽은 길'로 가지 않으려면 반드시 전능하신 이의 은혜의 능력이 우리에게 작용해야 합니다. 잠시 육체의 생각이 앞서 행보를 조금이라도 흩뜨리거나 잠시 방종하여 죄를 지으면 우리의 순례길은 앞으로 나아갔던 자리에서 다시 뒤로 물러나게 됩니다. 우리에게 그런 일이 얼마나 흔합니까! 그러는 동안 "말씀을 지키는 일"의 복된 특권은 상실되고 맙니다. 영적인 도리들이 전에는 '제일의 기쁨의 소재'였는데 그 시절에는 그들에 대한 즐거움이 줄어든 것을 느끼게 됩니다.

무슨 이유로 그렇게 되었는지요? 우리 마음속에 하나님의 원수를 맞아들이고 품어 은혜의 하나님을 격동시키지 않았습니까? 아니 하나님께서 싫어하시는 것을 즐거워하며 그 편이 되지 않았습니까? 그래서 하나님께서 우리에게 비추신 빛이 가려져 희미하게 되고, 하나님의 위로하시는 감화가 소멸되지 않았습니까? 죄를 사랑하고 죄의 권세 아래 복종하는 것과 하나님의 위로는 서로 공존할 수 없습니다. 그러니 그럴 때 하나님의 위로들을 기대할 수 없습니다. 왜냐하면 하나님 말씀의 거룩함은 일관성 있는 그리스도인의 행보 속에서만 신령하게 이해되고 체험적으로 누릴 수 있기 때문입니다. 그럼에도 불구하고 하나님의 "말씀을 지키는 일"은 참으로 복되기에 "주의 말씀을 지키는 일"에 대한 기대 자체만으로도 "모든 악한 길"로 가지 않게 하는 원리로 작용할 수 있습니다.

죄를 삼가는 일을 방해하고 속박하는 것이 있습니까? 오! 없습니다. 죄는 영혼을 노예로 삼습니다. 따라서 죄로부터 구원받는다는 것은 '완전한 자유'를 의미합니다. 물론 무의식적으로나 고의적으로 지은 죄들로 인하여 양심이 괴로울 때 '율법주의적인 제어'가 별 효력이 없음이 드러납니다. 사람이 유일한 구원의 길을 아예 모르거나 안다 해도 완전히 모를 때는 보다 더 각별히 행함으로써 양심의 부담을 제거하려는 바람이 생깁니다. 그러나 그가 양심의 짐을 그리스도의 십자가 밑에 모아 놓고 자기를 구원하시는 구주 예수님만 바라보게 되면, 비로소 안전하고 효력 있는 근거들에 입각한 결심을 형성할 수 있습니다. 오! 갈보리를 부단하게 주목하게 하여 주십사하고 구하는 것이 얼마나 필요한지요! 죄는 예수님의 십자가 아래가 아니라면 어느 곳에서든 살아날 것입니다. 그리스도의 십자가에서 영혼을 살리고 새롭게 힘을 주는 거룩과 통회(痛悔)와 사랑의 샘이 솟아오릅니다. 오, 주여 나로 하여금 바로 그 십자가 아래서 살게 하시고 거기서 죽게 하소서.[10]

복되신 주여! 제가 "주의 말씀을 지키고 싶어 한다."는 것을 아십니다. 저로 하여금 '그리스도 안에 거하게 하시어' 매 순간 거룩하게 하시는 성령님의 도우심을 받게 하소서. 제가 구주되신 주님을 즐거워하는 동안에 곧은길에서 이탈하려는 제 마음의 조짐을 매일 더 민감하게 알아차리게 하소서! 제가 바른 길을 가고 있는지 늘 살피게 하소서! "예수님을 바라보오니" 저로 하여금 빛과 은혜를 누리게 하소서! "주의 말씀을 지키려고 발을 금하여 모든 악한 길로 가지 않도록" 매일 제게 은혜를 주소서!

시편 119:102
"주께서 나를 가르치셨으므로
내가 주의 규례들에서 떠나지 아니하였나이다."

---

10) 어거스틴(Augustine)이 한 말을 들어 보라. "어떤 악한 생각이 나를 공략할 때에 나는 그리스도의 상처들을 향한다. 내 육신이 나를 넘어뜨려 내동댕이칠 때에 나는 구주의 상처들을 상기함으로써 다시 일어난다. 정욕으로 내 마음이 불타오르면 어떻게 하나? 나는 그리스도의 수난을 묵상함으로써 그 불을 끈다. 그리스도께서 우리를 위하여 죽으셨다. 그리스도의 죽으심으로 말미암아 치료되지 않을 정도로 지독한 것은 없다."

"내가 주의 말씀을 지키려고 발을 금하여" 죄를 짓지 않았다면, 그리고 "내가 하나님의 규례(판단)을 떠나지 아니하였다면," 모든 영광을 오직 주님께만 돌려야 합니다. 오, 내 영혼아! 너도 놀라지 않느냐? 확실하지 않은 상념들과 사탄의 대적들과 세상의 영향력과 본을 따라 주님의 규례들을 떠날 성향이 아주 농후한데 너는 주님의 길을 떠나지 않고 고수하다니 어떻게 된 것인가? "내가 그들에게 복을 주기 위하여 그들을 떠나지 아니하리라 하는 영원한 언약을 그들에게 세우고 나를 경외함을 그들의 마음에 두어 나를 떠나지 않게 하고."(렘 32:40) "그러나 그 날 후에 내가 이스라엘 집과 맺을 언약은 이러하니 곧 내가 나의 법을 그들의 속에 두며 그들의 마음에 기록하여 나는 그들의 하나님이 되고 그들은 내 백성이 될 것이라 여호와의 말씀이니라."(렘 31:3) "너희는 주께 받은 바 기름 부음이 너희 안에 거하나니 아무도 너희를 가르칠 필요가 없고 오직 그의 기름 부음이 모든 것을 너희에게 가르치며 또 참되고 거짓이 없으니 너희를 가르치신 그대로 주 안에 거하라."(요일 2:27)

"주께서 나를 가르치셨으므로." 우리가 우리의 부패한 성향을 의식하는 동안 하나님의 가르치심에 겸손하게 감사하게 하소서. 사람의 가르침은 영혼으로 그리스도인의 진보에 한 걸음도 이르게 할 힘이 없습니다. 위에서 난 가르침은 '생명의 빛'입니다. "예수께서 또 말씀하여 이르시되 나는 세상의 빛이니 나를 따르는 자는 어둠에 다니지 아니하고 생명의 빛을 얻으리라."(요 8:12) 그 가르침은 빛을 제공할 뿐 아니라 빛을 활용할 원리도 줍니다. 그 가르치심은 앞에서 지적한 교훈을 다시 지적하여 평이하게 보이게 합니다. 그뿐 아니라 배울 마음과 복종할 은혜를 나누어 줍니다. "주의 규례들(판단들)"의 아름다움과 즐거움과 평안과 거룩함을 안 이상 자연히 "주의 규례들" 안에서 행할 수밖에 없습니다.

오, 우리가 생명과 빛의 '샘 근원'에 더 가까이 할수록 하나님의 행사를 인정하고 높이는 일이 얼마나 잦아지겠습니까! "진실로 생명의 원천이 주께 있사오니 주의 빛 안에서 우리가 빛을 보리이다."(시 36:9) 반면에 교리와 실천이 "주의 규례들"에서 이탈하려는 성향을 계속 보인 이유가 어디 있는지를 추적하여 보면, 우리 자신의 지혜를 따르거나 인간적인 가르침을 의존하는 것이 얼마나 여지없이 발견됩니까! "여호와께서 이와 같이 말씀하시니라 무릇 사람을 믿으며 육신으로 그의 힘을 삼고 마음이 여호와에게서 떠난 그 사람은 저주를 받을 것이라."(렘 17:5) 인간적 설득에 영향을 받아 죄를 떠나는 일은 결코 일어나지 않을 것입니다. 반면에 마음에 "주께서 나를 가르치셨다."는 증거를 갖고 있는 한 주님을 떠나는 일은 결코 없을 것입니다.

독자 여러분, 믿음의 순례길을 진행하여 가면서 "하나님의 규례들(판단들)"을 어떤 방식으로 자신에게 적용하는 습관을 가졌나요? "주를 경외함과 성령의 위로"(행 9:31) 가운데 일관성 있고 꾸준한 진보가 있었습니까? 자신의 고집으로 하나님의 길에서 떠나는 일은 없었다면, 그것은 "사사로운 지혜를 버린"(잠 23:4) 복된 열매였습니다. 그것은 예수님께서 친히 말씀하신 대로입니다. "선지자의 글에 그들이 다 하나님의 가르치심을 받으리라 기록되었은즉."(요 6:45) 하늘에 속한 이 가르침을 받은 마음을 가진 자는 진정 자기가 궁핍하여 위로가 필요함을 의식하고 구주께 나아가니 얼마나 즐거운 일입니까! 주님께서 친히 말씀하신 바와 같습니다. "아버지께 듣고 배운 사람마다 내게로 오느니라."(요 6:45. 사 54:13참조) 기억하십시오. 하나님을 떠나지 못하게 하는 최상의 덕과 분별력은, "주께서 나를 가르치사 하나님께 이르는 길을 알게 하셨다."는 의식입니다. 물론 그 길은 길 되시고 목적되시는 그리스도 안에 거하는 것입니다. 주님의 가르치심이 여러분과 함께 거할 것입니다. "너희는 처음부터 들은 것을 너희 안에 거하게 하라 처음부터 들은 것이 너희 안에 거하면 너희가 아들과 아버지 안에 거하리라."(요일 2:24) "너희는 주께 받은바 기름 부음이 너희 안에 거하나니 아무도 너희를 가르칠 필요가 없고 오직 그의 기름 부음이 모든 것을 너희에게 가르치며 또 참되고 거짓이 없으니 너희를 가르치신 그대로 주 안에 거하라."(요일 2:27)

"내가 주의 길에서 떠나지 아니하였나이다." 주님의 가르치심이 빛과 사랑으로 여러분을 사로잡을 것이며, 넉넉히 이기는 능력으로 주님의 판단들을 즐거워하고 그 판단들에 대항할까봐 두려워하는 마음을 갖게 할 것입니다. 그러면 그것이 시험의 때에 자신을 안전하게 지키는 방책으로 효력을 나타낼 것입니다.

주님을 떠나는 처음 단계가 무엇인지 생각해 보세요. 은밀한 기도를 게을리하고 진실한 말씀의 맛이 약해지고 부지런한 자세를 버리고 느슨해지고 경건의 향기를 상실하게 되는 것이 아닙니까. 그러므로 주님의 가르치심을 상실하지 않았는지 주의 깊에 살펴야 합니다. 주님이 가르쳐주시는 교훈들에 친숙한지 자신을 탐문해 보십시오. 우리를 가르치시느라 징계하시는 주님의 사랑을 높이는 것을 잊지 마세요. 다윗은 자기를 사랑하시어 교정하시려고 내리신 주님의 징계의 복을 인식하였습니다. "고난당하기 전에는 내가 그릇 행하였더니 이제는 주의 말씀을 지키나이다."(시 119:67) 하나님께서는 자녀들이 당신의 규례들(판단들)을 떠나지 못하게 하시려고 아주 자주 가르침의 매를 드시는 것입니다.

주여! 저를 손으로 인도하사 매일 "주의 규례들" 안에서 진보가 있게 하소서. '끈질기게 뒤로 물러가려는 성향'을 따르지 않도록 제 발을 금하소서. 모든 인간의 가르침은 "주의 규례들에서 떠나지 못하게" 할 효력이 전혀 없습니다. 오직 "주께서 나를 가르치심" 외에는 그런 효력을 낼 것이 없습니다. 주님께서 저를 계속 가르쳐 주시지 않으면, 은혜도 못 받고 체험도 못 합니다. 주님의 가르치심이 아니면 어떤 조치도 저를 안전하게 지켜주지 못할 것입니다.

시편 119:103

"주의 말씀의 맛이 내게 어찌 그리 단지요

내 입에 꿀보다 더 다니이다."

하나님의 자녀가 아니고는 어느 누구도 이런 표현을 쓸 수 없습니다. 왜
냐하면 다른 이들은 영적 미각(味覺)(spiritual taste)을 전혀 갖고 있지 않기
때문입니다. 다윗이 하나님의 말씀 속에서 보이는 다양한 모습들은 한결같
이 즐거운 정서를 띠고 있습니다. 하나님께서 엄위로 명하신 계명들을 존중
하며 경외합니다. "주의 증거들은 놀라우므로 내 영혼이 이를 지키나이다…
고관들이 거짓으로 나를 핍박하오나 나의 마음은 주의 말씀만 경외하나이
다."(시 119:129,161) 말씀의 부요함은 그의 사랑을 불러일으키기에 충분했
습니다. "주의 입의 법이 내게는 천천 금은보다 좋으니이다… 그러므로 내
가 주의 계명들을 금 곧 순금보다 더 사랑하나이다."(시 119:72,127) "여호와
를 경외하는 도는 … 금 곧 많은 순금보다 더 사모할 것이며 꿀과 송이꿀보
다 더 달도다."(시 19:10) 또한 그 달콤함은 그의 기쁨을 격동시켰습니다. 말
씀이 가진 거룩한 빛은 그의 마음을 하나님과 친밀하게 하니, 다윗의 영혼은
자연스럽게 말씀에 애착을 느끼게 되었습니다.[11]

복음을 머리로만 아는 것은 얼마나 메마른 것입니까! 거듭나지 못한 사람
들도 복음의 보배로운 진리들에 대해서 말하거나 논의할 수 있습니다. 그러
나 그런 이들은 복음의 진리를 양식으로 삼아 새 힘을 얻을 정도로 그 진미
(眞味)를 맛본 적이 없습니다. 꿀의 맛을 한 번도 보지 못한 사람에게는 꿀을

---

11) "주께서 나를 가르치셨으므로 내가 주의 규례들에서 떠나지 아니하였나이다."(시 119:102) 비교적 분량이 짧은 시편 56편에서 다
윗은 세 번이나 하나님의 말씀과 그 말씀을 주신 하나님을 찬미하고 있다. "내가 하나님을 의지하고 그 말씀을 찬송할지라 내가
하나님을 의지하였은즉 두려워하지 아니하리니 혈육을 가진 사람이 내게 어찌하리이까…내가 하나님을 의지하여 그의 말씀을 찬송하
며 여호와를 의지하여 그의 말씀을 찬송하리이다."(시 56:4,10)

향한 그 어떤 최고의 찬사로도 꿀의 달콤함을 이해시켜 줄 수가 없습니다. "내 아들아 꿀을 먹으라 이것이 좋으니라 송이꿀을 먹으라 이것이 네 입에 다니라 지혜가 네 영혼에게 이와 같은 줄을 알라 이것을 얻으면 정녕히 네 장래가 있겠고 네 소망이 끊어지지 아니하리라."(잠 24:13,14)

"주의 말씀의 맛이 내게 어찌 그리 단지요." 그러니 영적 체험만이 사람에게 영적 이해력(spiritual intelligence)을 줄 수 있습니다. 우리가 맛보았으면 그것을 남에게 뜨겁게 권할 수 있습니다. "너희는 여호와의 선하심을 맛보아 알지어다 그에게 피하는 자는 복이 있도다."(시 34:9) 사람이 하나님의 선하심을 맛보아 알게 되면, 지상에 속한 가장 달콤한 기쁨도 밋밋하고 싱겁고 심지어 쓰기까지 할 것입니다.

말로 형용할 수 없는 말씀의 달콤함이 과연 무엇인지 여러분은 궁금하지 않습니까?(시 19:10 ; 욥 23:12)[12] 이는 "쏟은 향 기름 같은" 이름이 아닙니까? "네 기름이 향기로워 아름답고 네 이름이 쏟은 향 기름 같으므로 처녀들이 너를 사랑하는구나."(아 1:3) 또한 그것은 "그리스도를 아는 지식의 냄새"가 아닙니까? 그 향기가 하늘의 호흡이 배어 있는 성경의 모든 지면에서 사람의 영혼을 소성케 합니다. "항상 우리를 그리스도 안에서 이기게 하시고 우리로 말미암아 각처에서 그리스도를 아는 냄새를 나타내시는 하나님께 감사하노라."(고후 2:14)

영적 각성으로 눈을 뜬 죄인은 이렇게 말할 수 있습니다. "하나님이 세상을 이처럼 사랑하사 독생자를 주셨으니 이는 그를 믿는 자마다 멸망하지 않고 영생을 얻게 하려 하심이라."(요 3:16) 그런 사람만 "주의 말씀의 맛이 내게 어찌 그리 단지요 내 입에 꿀보다 더 다니이다."라고 말할 수 있지 않겠습

---

12) 금 곧 많은 순금보다 더 사모할 것이며 꿀과 송이꿀보다 더 달도다."(시 19:10)
"내가 그의 입술의 명령을 어기지 아니하고 정한 음식보다 그의 입의 말씀을 귀히 여겼도다."(욥 23:12)

니까? 지친 영혼이 "수고하고 무거운 짐진 자들은 다 내게로 오라"하는 초청의 말씀을 들으면 사랑스런 주님의 호흡의 달콤함을 느끼지 않겠습니까?(마 11:28. 잠 16:24 참조 비교)

진정 누가 갈등하고 시험받는 영혼에게 보배로운 말씀의 달콤함을 할 수 있나요? 자기를 택하신 하나님의 주권과 자기를 지키시는 변치 않으시는 하나님의 성실하심, 영생을 선물로 주신 전능하신 하나님의 뜻과 그 권세를 지친 영혼들에게 말해 줄 사람이 누구입니까? "내가 그들에게 영생을 주노니 영원히 멸망하지 아니할 것이요 또 그들을 내 손에서 빼앗을 자가 없느니라."(요 10:28)

믿는 자는 "마음 문을 두드리시며 나와 더불어 교제하자."고 초청하시는 구주의 음성을 어떤 방식으로 들어야 합니까?(계 3:20) 하나님의 사랑에 감복하여 뜨겁게 주님을 다시 사랑하는 것이 아닙니까? "왕의 모든 옷은 몰약과 침향과 육계의 향기가 있으며 상아궁에서 나오는 현악은 왕을 즐겁게 하도다."(시 45:8)

"내 입에 꿀보다 더 다니이다." 그러나 말씀을 읽고 들어도 그 '달콤함'을 전혀 느끼지 못한 때가 있지 않습니까? 입맛이 떨어져 밥을 먹어도 맛이 없고 오히려 밥이 싫을 때가 있는 것 같이[13] 영적으로도 그런 때가 있습니다. 말씀을 읽어도 믿음이 없이 건성으로 읽고, 은혜를 받고자 하는 소원도 없고, 말씀을 적용하지도 않습니다. 육감적인 것들과 접촉함으로 영적 지각이 둔하여져 결국 무감각해질 때가 있다는 말입니다. "배부른 자는 꿀이라도 싫어하고 주린 자에게는 쓴 것이라도 다니라."(잠 27:7)

그러나 말씀을 듣고, 읽고, 배우는 사람들 중 대다수가 말씀 가운데서 어

---

13) 바르실래가 다윗 왕에게 한 말을 들어 보라. "내 나이가 이제 팔십 세라 어떻게 좋고 흉한 것을 분간할 수 있사오며 음식의 맛을 알 수 있사오리이까 이 종이 어떻게 다시 노래하는 남자나 여인의 소리를 알아들을 수 있사오리이까 어찌하여 종이 내 주 왕께 아직도 누를 끼치리이까."(삼하 19:25)

떠한 달콤함도 느끼지 못한다는 것을 생각하면 얼마나 우울해집니까! '바르실래'의 말과 같이, 그들은 "좋고 흉한 것을 분간할 수 있는" 영적 분별력이 없습니다. 세상정신으로 가득 차 있거나 자기 자랑으로 가득하고, 피조물이 주는 위로를 향유함으로 배불러 영적으로 기만당하고 있으며, 가슴 속에 자기를 해롭게 할 부패를 기르고 있으며, 형식이 그 심중에 박혀 있습니다. 그러니 하나님께 속한 것들에 이런 자들의 구미가 당길 리 없습니다. 그런 이들은 "죄와 허물로 죽어" 있습니다. 그러나 하나님의 말씀의 진미를 알고 그것을 찾아 "주리고 목말라 하는 이들"에게 그 말씀이 얼마나 단지요! 먹으나 만족이 없습니다. 마셔도 다시 마시고 싶어집니다. 우리는 "갓난아기들 같이 주님의 은혜로우심을 맛보며," "순전한 말씀의 젖을 사모하여 구원에 이르도록 자라기를" 원합니다(벧전 2:1,2). [14]

　우리는 영적 즐거움을 방해하여 천사들이 주는 음식도 하찮은 떡으로 여겨 싫어하게 하는 육신의 방종을 지극히 경계해야 합니다. [15] 현실이 우리에게 주는 달콤함으로 만족하며 안주하지 말고 매일 저 높은 신령한 복을 향한 마음의 소원을 고쳐하여 새롭게 하여야 할 것입니다. [16] 이 체험이 우리 속에서 '말씀이 하늘에 기초를 두고 있음을 증거하는 증인'이 되어야 하지 않겠어요? "우리가 너희 믿는 자들을 향하여 어떻게 거룩하고 옳고 흠 없이 행하였는지에 대하여 너희가 증인이요 하나님도 그러하시도다."(살전 2:10) 말씀이 미치는 복된 감화가 우리에게 평안과 거룩함과 기쁨과 힘을 주고 안식을

---

14) "그러므로 모든 악독과 모든 기만과 외식과 시기와 모든 비방하는 말을 버리고 갓난아기들 같이 순전하고 신령한 젖을 사모하라 이는 그로 말미암아 너희로 구원에 이르도록 자라게 하려 함이라 너희가 주의 인자하심을 맛보았으면 그리하라."(벧전 2:2,3)

15) "그들에게 만나를 비 같이 내려 먹이시며 하늘 양식을 그들에게 주셨나니 사람이 힘센 자의 떡을 먹었으며 그가 음식을 그들에게 충족히 주셨도다."(시 78:24,25) 그러나 그들 이스라엘 사람들은 무어라 하였는가? "백성이 하나님과 모세를 향하여 원망하되 어찌하여 우리를 애굽에서 인도해 내어 이 광야에서 죽게 하는가 이 곳에는 먹을 것도 없고 물도 없도다 우리 마음이 이 하찮은 음식을 싫어하노라 하매."(민 21:5)

16) '그대 성경이 나의 애인이로다.'(Castae deliciae meae sunt Scripturae tuae) - Augustine

주되 사람이 줄 수 있는 힘을 무한히 초월하여 주는데, 어떤 사람이 와서 '이 것은 사람의 말이요 속임수를 퍼뜨리는 거야.'라고 한다고 해서 그 사람 말을 따라 가겠습니까?

오로지 영적 기준이자 영혼의 박동(搏動)이라 할 수 있는 "말씀을 즐거워하는 정도"를 거룩한 생활의 진보와 퇴보를 보여주는 정확한 표지로 삼으십시오. 우리의 영적 건강이 증진 될수록 주님의 말씀이 우리 미각에 '갈수록 더 달게' 느껴지게 될 것입니다. 그러나 영적 건강이 나빠지면 대번에 우리가 말씀을 바라고 사랑하고 그 말씀의 즐거움을 느끼는 정도가 그와 비례하여 낮아지게 될 것입니다.

> 시편 119:104
> "주의 법도들로 말미암아 내가 명철하게 되었으므로
> 모든 거짓 행위를 미워하나이다."

말씀의 즐거움을 말한 시편 기자는 이제 말씀의 유익과 그 단맛과 연관된 교훈을 말합니다. 잠언의 말씀과 같습니다. "곧 지혜가 네 마음에 들어가며 지식이 네 영혼을 즐겁게 할 것이요 근신이 너를 지키며 명철이 너를 보호하여."(잠 2:10,11) "마음이 지혜로운 자는 명철하다 일컬음을 받고 입이 선한 자는 남의 학식을 더하게 하느니라."(잠 16:21) 그는 앞에서 이미 말씀의 유익, 또는 '유익한 열매'를 얻기 위해서 죄를 피해야 함을 언급한 바 있습니다. "내가 주의 말씀을 지키려고 발을 금하여 모든 악한 길로 가지 아니하였사오며."(시 119:101) 이제 다루려는 '말씀을 통해서 얻는 유익의 열매'와 앞에서 말한 '말씀의 즐거움'은 서로 긴밀하게 연관되어 있습니다. 사람의 가르침은 가르치는 사람이 가진 '이해력(understanding)'을 배우는 사람에게 전달해 줄니다. 하나님의 가르치심도 성경을 열어 줄 뿐 아니라 '성경을 이해할 이해력'을 열어 줍니다. 그래서 성경이 지니고 있는 생명의 열기를 마음으로 느끼게 합니다. 17) 그래서 "그리스도 도의 초보원리들을 배운" 우리는 "온전한 데로 나아가게" 될 것입니다(히 6:1,2). 18) 더 나아가 "그리스도의 은혜와 그를 아는 지식에서 자라게" 될 것입니다(벧후 3:18). 19)

그리스도인이 된 지 오래 되지 않아 충분하게 가르침을 받지 못한 사람들에게서 일관성 없는 자세가 많이 보입니다. 그러나 "주의 법도들로 말미암아 내가 명철하게 되면," 더 일관성 있고 꾸준하게 행하며 "빛 가운데 거하는" 법을 배우게 됩니다. 이런 정신과 분위기 속에서 부단하게 "모든 거짓 행위"를 용납하지 않고 미워하는 마음이 솟아오릅니다. 그런 거짓 행위들은 그가 사랑하는 하나님을 거스르는 것입니다.

하나님을 거스르는 "모든 거짓 행위들"은 수천의 교활한 경로를 타고 들어옵니다. "모든 거짓 행위들"이 그렇게 여러 경로를 통해서 들어오나 결국 '하나의 무서운 종국'을 맞이합니다. 흔히 사람들은 그 사실을 너무 늦게 깨닫습니다. 그러나 그 때에는 이미 그 깨달음이 유익이 되지 못합니다. "두렵건대 마지막에 이르러 네 몸, 네 육체가 쇠약할 때에 네가 한탄하여."(잠 5:11) "그 후에 남은 처녀들이 와서 이르되 주여 주여 우리에게 열어 주소서 대답하여 이르되 진실로 너희에게 이르노니 내가 너희를 알지 못하노라 하였느니라."(마 25:11,12) 교리적으로 우리가 너무나 빗나가 있을 수 있습니다. 교회

---

17) "이에 그들의 마음을 열어 성경을 깨닫게 하시고...그들이 서로 말하되 길에서 우리에게 말씀하시고 우리에게 성경을 풀어 주실 때에 우리 속에서 마음이 뜨겁지 아니하더냐 하고."(눅 24:45,32)

18) "그러므로 우리가 그리스도의 도의 초보를 버리고 죽은 행실을 회개함과 하나님께 대한 신앙과 세례들과 안수와 죽은 자의 부활과 영원한 심판에 관한 교훈의 터를 다시 닦지 말고 완전한 데로 나아갈지니라."(히 6:1,2)

19) "오직 우리 주 곧 구주 예수 그리스도의 은혜와 그를 아는 지식에서 자라 가라 영광이 이제와 영원한 날까지 그에게 있을지어다."(벧후 3:18)

나 여러 규례들이나 회개나 기도들을 예수님 자리에 놓으려는 사상 때문에 그리 됩니다. 하나님께서 친히 '시온에 놓으신 생수의 근원'이신 예수님 대신 '다른 샘'을 파려고 합니다. 오, "이러한 거짓된 행위를 죽도록 미워하는" 영적 총명이 얼마나 필요한지요! 죄악된 세상의 여러 길들에 대해서 우리가 어떻게 생각해야 마땅하겠습니까? 행복을 위해서 오랫동안 그렇게 철석같이 믿어 왔는데 그것이 그렇게 무서운 기만이라니! 자기가 보화를 찾았다고 생각하나 나중에 보니 겉만 번쩍거린 잡동사니여서 자기를 부요하게 하기는커녕 좌절의 고통에 들어가게 하는 것이라니! 그런 길들을 "거짓된 길(행위)"이라고 부르는 것이 마땅합니다. 그 길들을 따라 가는 이들에 대해서 성경이 뭐라 말합니까? "이것이 바로 어리석은 자들의 길이며 그들의 말을 기뻐하는 자들의 종말이로다."(시 49:13)

그들이 '죄악의 낙(樂)' 이라 불리는 꽃길에서 흩날리는 꽃잎 속에 있을 수 있습니다. 그러나 그들이 가는 길은 '험하고,' 그들의 마침은 결국 '멸망'입니다(잠 13:5 ; 마 8:12 ; 빌 3:19). [20]

그 길을 간 자들에게, "과거 당신네들이 그 길에서 방황하였는데 그것들에 대해 무게 있고 권위 있는 평결을 받아 보기 위해 몇 가지 질문을 던질 테니 답해 보라." 하십시오.

"그 길들을 회상하니 어떠한가?"

"헛되고 무익함(unprofitableness)이로다."

"그 길들을 지금 어떤 마음으로 보는가?"

"부끄러운 것(shame) 뿐일세."

---

20) "선한 지혜는 은혜를 베푸나 사악한 자의 길은 험하니라"(잠 13:15)
"그 나라의 본 자손들은 바깥 어두운 데 쫓겨나 거기서 울며 이를 갈게 되리라."(마 8:12)
"그들의 마침은 멸망이요 그들의 신은 배요 그 영광은 그들의 부끄러움에 있고 땅의 일을 생각하는 자라."(빌 3:19)

"그 길들을 계속 고수하면 어떤 영원한 내세를 맞게 되겠는가?"

"사망(death)이외에 무슨 미래가 있겠는가?"

"너희가 그 때에 무슨 열매를 얻었느냐 이제는 너희가 그 일을 부끄러워하나니 이는 그 마지막이 사망임이라."(롬 6:21)

그러니 "모든 거짓된 행위"는 피하고 버릴 뿐 아니라 "미워해야" 합니다. 정직한 길에서 벗어나 "모든 거짓된 행위(길들)"로 들어가게 되는 일마다 아무리 즐거워도 "피 흘리기까지 대항해야" 합니다. "너희가 죄와 싸우되 아직 피 흘리기까지는 대항하지 아니하고 또 아들들에게 권하는 것 같이 너희에게 권면하신 말씀도 잊었도다 일렀으되 내 아들아 주의 징계하심을 경히 여기지 말며 그에게 꾸지람을 받을 때에 낙심하지 말라."(히 12:4,5)

그러나 나는 스스로에게 묻습니다. "내가 내 자신의 마음의 거짓된 길들'을 간파했는가? 나를 자주 넘어지게 하는 죄들을 찾아내기까지는 영적인 일을 이룬 것이 거의 없는 셈이로다. 겉으로 드러난 행실에서 믿음의 견인을 보이는 것으로 만족하지 말자. 죄는 억제하기는 하는데 죄를 죽이지는 않는 자세로 하지 말아야 한다. 잠시 죄를 떠나 있다고 해서 만족하지 말고, 죄를 영원히 버려야 하도다. 죄를 마치 사랑하는 자와 헤어지는 식으로 대하지 말라. 사랑하는 자와 헤어지면서 '평안한 때에 틈이 있으면 너하고 다시 새롭게 친숙해지리라.'는 소망을 가지고 헤어지는 경우가 있다(행 24:25).[21] 그러나 죄와는 그런 식으로 해서는 안 된다. 뱀이 바울을 물었을 때 뱀을 흔들어 불 속에 떨어뜨린 것 같이 해야 한다(행 28:5). 죄는 혐오하며 단호하게 떼내야 한다. '내가 주의 법도들로 말미암아 내가 명철하게 되었으므로' 엄숙하고

---

21) "바울이 의와 절제와 장차 오는 심판을 강론하니 벨릭스가 두려워하여 대답하되 지금은 가라 내가 틈이 있으면 너를 부르리라 하고."(행 24:25)

간절한 권면의 음성을 청종해야 마땅하지 않는가! '오! 내가 미워하는 이 가증한 일을 행하지 말라!'(렘 44:4)[22] 오, 주여 제 마음에서 '이를 뽑아내듯이, 제 오른 팔을 잘라내듯이' 죄를 버리게 하옵소서(마 5:29). 오, 더 민감한 양심이라는 더 높은 복을 주옵소서. '악은 그 모양이라도' 보면 움찔 뒤로 물러서게 하시고(살전 5:22), 저를 기쁘게 하는 어떤 방식으로 일을 처리하지 않게 하소서. 오직 그런 방식은 거짓되고 더럽히며 저를 망하게 하는 것으로 알고 미워하게 하소서. 제 눈동자를 생각합니다. 눈동자는 제 몸에서 가장 민감한 기관입니다. 그래서 조금만 타격을 가해도 상처가 생기나이다. 먼지 하나만 들어가도 따끔거려 그것을 씻어내지 않으면 참지 못하게 되어 있나이다. 제 양심도 그렇게 되게 하소서. 그리하여 아주 미세한 죄가 접근해도 금방 알아차리게 하소서. '성령님을 근심시킬까' 두려워하며 그 죄를 저항하게 하소서. 죄 된 것은 생각뿐이라도 복되신 위로자시며 온유한 친구이신 성령님을 근심하게 하나이다. 저는 '모든 거짓 행위를 미워하나이다.' 그래서 거짓 행위를 벗어나기 위해서 애를 쓰는 것이 그리스도인의 용기 중에서 가장 높은 증거가 되나이다. 제 양심이 죄를 대항하는 자세를 견지하는 것 보다 '그리스도 예수의 좋은 병사'(딤후 2:3)가 되기 위한 더 좋은 준비가 없는 줄 아나이다. 하나님을 믿지 않고 불성실하게 행함으로 죄책감에 시달리는 것보다 차라리 가장 큰 고난을 당하는 편이 낫지 않겠습니까?"

"주여, 내 눈과 마음과 발과 길을 복되신 당신께로만 돌리게 하소서. 제 마음에 당신의 사랑을 넘치게 부어 주시어 날마다 죄를 짓지 않기 위해서 깨어 있게 하시고, 죄를 매일 슬퍼하여 저항하게 하시고, 죄를 십자가에 못 박게 하소서."

---

22) "내가 나의 모든 종 선지자들을 너희에게 보내되 끊임없이 보내어 이르기를 너희는 내가 미워하는 이 가증한 일을 행하지 말라 하였으나."(렘 44:4)

105 주의 말씀은 내 발에 등이요 내 길에 빛이니이다

106 주의 의로운 규례들을 지키기로 맹세하고 굳게 정하였나이다

107 나의 고난이 매우 심하오니 여호와여 주의 말씀대로 나를 살아나게 하소서

108 여호와여 구하오니 내 입이 드리는 자원제물을 받으시고 주의 공의를 내게 가르치소서

109 나의 생명이 항상 위기에 있사오나 나는 주의 법을 잊지 아니하나이다

110 악인들이 나를 해하려고 올무를 놓았사오나 나는 주의 법도들에서 떠나지 아니하였나이다

111 주의 증거들로 내가 영원히 나의 기업을 삼았사오니 이는 내 마음의 즐거움이 됩이니이다

112 내가 주의 율례들을 영원히 행하려고 내 마음을 기울였나이다.

14

내 발에 등과
내 길에 빛이여

시편 119:105
"주의 말씀은 내 발에 등이요 내 길에 빛이니이다"

광야에 있던 이스라엘은 어둔 밤에 이동할 때 불기둥의 인도를 받았습니다(출 13:21,22).[1] 하나님께서는 불기둥을 통하여 그들의 길을 제시하신 것만이 아닙니다. 그들의 발걸음 하나하나를 세심하게 간섭하시고 보호하셨습니다(민 9:15-23).[2]

이 본문은 길이 어둡고 험할 때 말씀을 자기의 등과 빛으로 삼는 자의 행로

---

1) "여호와께서 그들 앞에서 가시며 낮에는 구름 기둥으로 그들의 길을 인도하시고 밤에는 불 기둥을 그들에게 비추사 낮이나 밤이나 진행하게 하시니 낮에는 구름 기둥, 밤에는 불 기둥이 백성 앞에서 떠나지 아니하니라."(출 13:21,22)

2) "성막을 세운 날에 구름이 성막 곧 증거의 성막을 덮었고 저녁이 되면 성막 위에 불 모양 같은 것이 나타나서 아침까지 이르렀으되 항상 그러하여 낮에는 구름이 그것을 덮었고 밤이면 불 모양이 있었는데 구름이 성막에서 떠오르는 때에는 이스라엘 자손이 곧 행진하였고 구름이 머무는 곳에 이스라엘 자손이 진을 쳤으니 이스라엘 자손이 여호와의 명령을 따라 행진하였고 여호와의 명령을 따라 진을 쳤으며 구름이 성막 위에 머무는 동안에는 그들이 진영에 머물렀고 구름이 성막 위에 머무는 날이 오랠 때에는 이스라엘 자손이 여호와의 명령을 지켜 행진하지 아니하였으며 혹시 구름이 성막 위에 머무는 날이 적을 때에도 그들이 다만 여호와의 명령을 따라 진영에 머물고 여호와의 명령을 따라 행진하였으며 혹시 구름이 저녁부터 아침까지 있다가 아침에 그 구름이 떠오를 때에는 그들이 행진하였고 구름이 밤낮 있다가 떠오르면 곧 행진하였으며 이틀이든지 한 달이든지 일 년이든지 구름이 성막 위에 머물러 있을 동안에는 이스라엘 자손이 진영에 머물고 행진하지 아니하다가 떠오르면 행진하였으니 곧 그들이 여호와의 명령을 따라 진을 치며 여호와의 명령을 따라 행진하고 또 모세를 통하여 이르신 여호와의 명령을 따라 여호와의 직임을 지켰더라."(민 9:15-23)

를 지시합니다. 그렇습니다. 등이 꺼지면 흑암이 왕 노릇하듯이, 말씀을 가르치시는 성령님께서 함께 하지 않으시면 우리는 영적으로 바로 그런 상태로 들어갑니다. 말씀을 읽을 때에, 그 말씀 속에서 우리 마음의 총명과 체험과 섭리로 주어진 우리의 길을 위한 빛을 얻지 못하면 결코 만족하지 말아야 합니다. 매일 쉬지 않고 영적으로 깨어 말씀을 통하여 빛을 받고 그 빛을 자기에게 적용시키려 하였다면, 우리가 가는 길이 복잡하다고 그렇게 자주 불평하지 않았을 것입니다. 영적 행보 속에서 우리는 틀림없는 주님의 인도하심을 따라서 우리 나아갈 길을 결정하였을 것입니다. 그러나 주제넘게 그 일을 게을리 하면 옛적 이스라엘 같이 대번에 고통을 겪게 될 것입니다. "그들이 그래도 산꼭대기로 올라갔고 여호와의 언약궤와 모세는 진영을 떠나지 아니하였더라 아말렉인과 산간지대에 거주하는 가나안인이 내려와 그들을 무찌르고 호르마까지 이르렀더라."(민 14:44,45).

하지만 우리가 영적 은혜의 근원으로부터 나오는 참된 빛의 인도를 받고 있는지 그 진위를 파악하기 어려울 때가 있습니다. '하나님의 약속을 우리가 생각하는 방식대로 우리 현안(懸案)의 필요에 맞게 적용시키는 것 같을 때가 있다.'는 말입니다. 그러면 그것이 '말씀을 등불' 삼은 일인지, 아니면 자기 목적을 위하여 자신을 '광명의 천사'로 가장하는 자로부터 온 속임수가 아닌지의 여부를 어떻게 결정해야 합니까? 또 '내 양심을 압박하는 위협적인 생각'이 '형제를 참소하는 마귀'의 음성인지 나를 하늘을 향해 인도하시는 성령님의 경고인지 어떻게 구분합니까? 먼저 자신의 마음의 상태를 주목해야 합니다. 어떤 뚜렷한 죄에 빠져 살고 있거나 정해진 나의 의무를 게을리 하는 삶을 영위하고 있지는 않은지 살펴야 합니다. 내 심령이 방심하거나 내 행보가 견실하지 못한지를 살펴야 합니다. 만일 그렇다면 위로하시는 하나님의 약속의 말씀은 내게 맞는 것이 아닙니다. 그 말씀이 마음을 흥분시켜 약간의 기쁨을 유발한다 하여도 그 말씀을 내게 바로 적용시키는 일은 정당하지 않습니다.

"주의 말씀은 내 발에 등이요." 이런 경우 "하나님의 말씀의 등"은 위로의 빛보다는 죄를 깨닫게 하는 각성의 빛을 쏠 것입니다. 그 이유를 말씀드립니다. 주권자 하나님께서 기뻐하실 때와 장소에서 위로를 말씀하실 수 있습니다. 그러나 앞의 경우에는 하나님께서 언약하신대로 우리를 다루실 것을 각오해야 합니다. 뒤로 물러가 침륜에 빠지는 백성들에게 위로가 아니라 징계를 하신다는 언약의 조항대로 하신다는 말입니다. "만일 그의 자손이 내 법을 버리며 내 규례대로 행하지 아니하며 내 율례를 깨뜨리며 내 계명을 지키지 아니하면 내가 회초리로 그들의 죄를 다스리며 채찍으로 그들의 죄악을 벌하리로다."(시 89:30-32)

그러나 자기의 죄를 깨닫고 통회하는 경우에 주시는 격려의 말씀은 나의 나아갈 길을 지시하고 격려하는 "하나님의 등불"로 받기를 꺼려하지 말아야 합니다. 그런 감정의 상태에 있는 자기 백성들을 회복하고 인도하겠다는 약속의 말씀을 분명하게 하신 분이 하나님이시기 때문입니다. "내가 그의 길을 보았은즉 그를 고쳐 줄 것이라 그를 인도하며 그와 그를 슬퍼하는 자들에게 위로를 다시 얻게 하리라."(사 57:18)

그러니 우리는 약속의 말씀의 조항들과 그 성격을 유심히 관찰해야 합니다. "높고 거룩한 곳에" 계시는 하나님께서 친히 "통회하고 마음이 겸손한 자와 함께" 하시겠다고 하셨습니다. "지극히 존귀하며 영원히 거하시며 거룩하다 이름하는 이가 이와 같이 말씀하시되 내가 높고 거룩한 곳에 있으며 또한 통회하고 마음이 겸손한 자와 함께 있나니 이는 겸손한 자의 영을 소생시키며 통회하는 자의 마음을 소생시키려 함이라."(사 57:15) 그러니 자기 마음이 양심의 가책을 느껴 겸손한 마음을 갖기 시작하거든 자연스럽게 자비하시고 항상 깨어 계시는 하나님 아버지께서 보내신 약속의 말씀을 생각하는 것이 좋습니다.

"주의 말씀은 내 발에 등이요 내 길에 빛이니이다." 우리가 약속의 말씀 속에서 주님을 보는 독특하고 체험적인 관점을 가지게 되면, 주님을 더욱 사랑하게 되고 주님의 미쁘심과 사랑을 신뢰할 용기를 더 얻게 됩니다. 이런 경우는 분명 위로부터 온 빛임에 분명합니다. "하나님의 약속은 얼마든지 그리스도 안에서 예가 되니 그런즉 그로 말미암아 우리가 아멘 하여 하나님께 영광을 돌리게 되느니라."(고후 1:20) 약속의 말씀의 의도와 내가 정한 목표가 서로 맞아 들어간다 합시다. 그래서 그 약속의 말씀이 지금 내가 주님 앞에서 마땅히 감당해야 할 도리를 위해 힘을 내도록 도전하고 용기를 준다 합시다. 그 때 "주의 말씀이 내 발의 등"으로 작용하여 내 길을 인도하고 있음을 의심할 수 없습니다.

예를 들어서 여호수아의 경우를 생각해 봅시다. 그에게 "내가 너를 떠나지 아니하며 버리지 아니하리라."(수 1:5)라는 약속의 말씀이 주어졌습니다. 그가 그 말씀을 받을 때에 '현안의 필요를 따라 맞추어 주시겠다.'는 말로 곡해(曲解)할 수 없었습니다. 같은 약속이 역시 교회에도 주어졌습니다. 그 말씀을 어떻게 적용해야 할지 분명합니다. 그 말씀은 시간이 지나면 다 없어질 세상적이며 감각적인 것들에 지나친 집착을 말라고 경계함과 더불어 용기를 내어 온전히 하나님만을 의지하라는 의도입니다. "돈을 사랑하지 말고 있는 바를 족한 줄로 알라 그가 친히 말씀하시기를 내가 결코 너희를 버리지 아니하고 너희를 떠나지 아니하리라 하셨느니라."(히 13:5)

더 나아가, 말씀이 이끌어내는 실질적인 효과는 우리로 하여금 분별력을 갖게 합니다. 그리하여 인간적 상상이나 근거 없는 짐작 등으로 만들어낼 수 있는 거짓된 망상을 하나님이 인도하시는 빛으로 착각하지 않게 합니다.

로마로 가는 바다의 여정에서 만난 난국에서 바울 사도는 '배에 탄 사람들이 하나도 죽지 않고 다 살아남을 것이라.'는 확고한 주님의 약속을 받았습니다(행 27:24). 그 약속을 의지하여 사도는 안전을 위해 모든 방도들을 활용했고 그 약속의 결과가 드러났습니다(행 27:31).

　히스기야는 병상에서 죽음을 기다리다가 생명을 연장시켜 주신다는 하나님의 확약을 받았습니다. 그 약속도 히스기야에게 실천적인 열매를 맺게 하였습니다. 약속을 받은 히스기야가 자기의 병 낫기를 위하여 정하여 주신 방편을 주밀하게 활용했다는 말입니다. "너는 가서 히스기야에게 이르기를 네 조상 다윗의 하나님 여호와께서 이같이 말씀하시기를 내가 네 기도를 들었고 네 눈물을 보았노라 내가 네 수한에 십오 년을 더하고 … 이사야가 이르기를 한 뭉치 무화과를 가져다가 종처에 붙이면 왕이 나으리라 하였고."(사 38:5,21)

　에스라와 유다인들은 자신들을 보호하시겠다는 하나님의 보편적인 약속의 보장에 의지하여 "금식하며 그들의 하나님께 간구하였고" 응답 받았습니다. "그 때에 내가 아하와 강 가에서 금식을 선포하고 우리 하나님 앞에서 스스로 겸비하여 우리와 우리 어린 아이와 모든 소유를 위하여 평탄한 길을 그에게 간구하였으니 이는 우리가 전에 왕에게 아뢰기를 우리 하나님의 손은 자기를 찾는 모든 자에게 선을 베푸시고 자기를 배반하는 모든 자에게는 권능과 진노를 내리신다 하였으므로 길에서 적군을 막고 우리를 도울 보병과 마병을 왕에게 구하기를 부끄러워 하였음이라 그러므로 우리가 이를 위하여 금식하며 우리 하나님께 간구하였더니 그의 응낙하심을 입었느니라."(스 8:21-23)

　이상의 예와 성경에 나오는 여러 경우에 사람들 속에서 근면과 단순함과 기도의 정신을 끌어내어 능력을 드러냄으로 그 적용된 말씀이 하나님의 인도임을 드러내었습니다. 만약 신적인 기원이 아닌 다른 줄기에서 온 안전의 확신이었다면 그것은 게으름과 부주의함과 주제넘음을 도출하였을 것입니다. 그런 경우 어둡고 복잡한 상황 속에서 말씀이 '내 발의 등이 되고 내 길에 빛'이 되어 '나의 발을 평안의 길로 인도할 것이라.'는 주제넘는 생각에 빠질 수 있지 않겠습니까?

다른 본질에서 비롯된 안전에 대한 믿음이 나태와 부주의와 헛된 기대를 낳는 점을 감안한다면, 흑암과 곤경 속에서 영혼을 소생케 하시는 말씀이 "우리의 발을 평강의 길로 인도하시는" 하나님의 등불이라는 확신을 갖지 않을 수 있겠습니까?

동일한 기준을 말씀의 위협적인 요점들에 적용하여 보겠습니다. 깨어 하나님과 겸손하게 동행하는 중에서 만난 위협들은 즉시 영혼의 큰 원수인 마귀의 암시로 생각해야 합니다. 원수는 언제나 하나님의 자녀들이 하나님을 신뢰하지 못하게 하고 낙담하게 하려고 벼르고 있습니다. 내가 스스로를 의뢰하여 자기도취에 빠져있을 때 경고하는 말씀을 '하나님의 말씀의 빛'으로 주목하며 지체하지 말고 자신에게 적용해야 합니다. 그러한 경우에는 두려운 마음으로 자신을 점검하는 것이 좋습니다. "내가 내 몸을 쳐 복종하게 함은 내가 남에게 전파한 후에 자신이 도리어 버림을 당할까 두려워함이로다."(고전 9:27) 경고의 말씀을 대항하여 자기의 불안정한 상태를 변명하지 말아야 합니다. 도리어 그 말씀으로 '자신의 마음을 깊이 탐구하여' 더 깨어져서 더 겸손히 기도하는 것이 마땅합니다. "대저 명령은 등불이요 법은 빛이요 훈계의 책망은 곧 생명의 길이라."(잠 6:23) 그래서 주의 말씀을 "하늘을 향하여 나아가는 나의 행보 하나 하나를 지도하는 등불" 삼아야 합니다.

그러면 하나님의 신실한 종들마저 한 길로 가지 못하고 여러 갈래 길로 잘못 접어들었던 일은 어찌된 영문이냐고 묻고 싶겠지요? 말씀은 선명한 빛을 발하는데 말씀의 빛을 가장 많이 받았다는 사람들의 마음에도 여전히 어둠이 존재합니다. 영적으로 전혀 오점이 없는 완전한 분별력을 소유한 사람은 하나도 없습니다. 따라서 오류에 빠질 가능성은 항상 존재합니다. 말씀의 빛은 호기심을 가진 자들을 위한 것이 아니라 배우려는 사람들을 위한 것이고, 흠을 잡아내기 위한 것이 아니라 믿음의 사람들을 만족하게 하는 역할을 합니다.

여기에 목회의 직무(職務)가 첨가됩니다. 목회직은 그리스도인들을 가르치고 세우기 위하여 주님께서 은혜로 베푸신 규례(規例)입니다(말 2:7 ; 엡 4:11-14).[1] 그 규례의 목적은 목사로 하여금 성도들을 주관하게 하려 함이 아니라 말씀의 빛으로 판단하여 인도하게 하려 함입니다(고후 1:24 ; 벧전 5:3 ; 고후 13:10 ; 엡 4:13 ; 살전 3:10).[2]

그러니 이 규례를 존중하는 것이 빛의 길을 따르는 것입니다. 규례를 무시하면 자기 고집대로 하면 미숙한 판단과 모든 악에 노출될 것입니다. "때가 이르리니 사람이 바른 교훈을 받지 아니하며 귀가 가려워서 자기의 사욕을 따를 스승을 많이 두고 또 그 귀를 진리에서 돌이켜 허탄한 이야기를 따르리라."(딤후 4:3,4)

주여, 저의 매일의 행보는 하늘을 향하든지 지옥을 향하든지 둘 중 하나입

---

1) "제사장의 입술은 지식을 지켜야 하겠고 사람들은 그의 입에서 율법을 구하게 되어야 할 것이니 제사장은 만군의 여호와의 사자가 됨이거늘."(말 2:7)
"그가 어떤 사람은 사도로, 어떤 사람은 선지자로, 어떤 사람은 복음 전하는 자로, 어떤 사람은 목사와 교사로 삼으셨으니 이는 성도를 온전하게 하여 봉사의 일을 하게 하며 그리스도의 몸을 세우려 하심이라 우리가 다 하나님의 아들을 믿는 것과 아는 일에 하나가 되어 온전한 사람을 이루어 그리스도의 장성한 분량이 충만한 데까지 이르리니 이는 우리가 이제부터 어린 아이가 되지 아니하여 사람의 속임수와 간사한 유혹에 빠져 온갖 교훈의 풍조에 밀려 요동하지 않게 하려 함이라."(엡 4:11-14)

2) "우리가 너희 믿음을 주관하려는 것이 아니요 오직 너희 기쁨을 돕는 자가 되려 함이니 이는 너희가 믿음에 섰음이라."(고후 1:24)
"맡은 자들에게 주장하는 자세를 하지 말고 양 무리의 본이 되라."(벧전 5:3)
"그러므로 내가 떠나 있을 때에 이렇게 쓰는 것은 대면할 때에 주께서 너희를 넘어뜨리려 하지 않고 세우려 하여 내게 주신 그 권한을 따라 엄하지 않게 하려 함이라."(고후 13:10)
"우리가 다 하나님의 아들을 믿는 것과 아는 일에 하나가 되어 온전한 사람을 이루어 그리스도의 장성한 분량이 충만한 데까지 이르리니."(엡 4:13)
"주야로 심히 간구함은 너희 얼굴을 보고 너희 믿음이 부족한 것을 보충하게 하려 함이라."(살전 3:10)

니다. 오, 주님의 말씀이 가르치시는 길에서 벗어나는 악에서 구하소서. 저로 하여금 믿음과 신중함과 청결함을 위하여 부단히 연습하게 하시되, 주님 말씀의 빛을 활용하는 가운데서 그리 하게 하소서.

시편 119:106
"주의 의로운 규례들을 지키기로
맹세하고 굳게 정하였나이다."

하나님의 말씀으로 인도하시는 복락에 거하면 자연스럽게 우리의 결심에 큰 힘을 얻습니다. 시편 기자는 단순한 결심만으로는 너무 약하다는 듯이 거기에 맹세를 덧붙입니다. 아니, 맹세도 충분하지 않은듯이 확고한 결심으로 맹세를 재차 반복합니다. "맹세하고 굳게 정하였나이다."[3] '나와 하나님 사이에는 오직 하나 밖에 없을 것이니이다. 그 하나는 내 것이 아니라 나의 하나님의 것이니이다.'

자신의 연약함을 너무 의식한 나머지 병적으로 겁먹는 그리스도인들은 이 엄숙한 맹세의 조약을 보고는 지레 뒤로 물러섭니다. 또는 자신이 경솔하게 정하고 자신의 힘으로 지키려고 정한 의무들로 양심의 부담을 가진 그리스도인들도 있을 것입니다.[4] 그러나 자원하는 마음으로 주님께 헌신하는 일

---

3) KJV 역문은 이 부분을 이렇게 읽는다. I have sworn, I will perform it(내가 맹세하였사옵고 내가 그것을 반드시 이행하겠나이다). - 역자 주

4) 피어스 목사(Mr. Pearce)의 전기 작가는 그가 처음 각성 받아 마음의 변화가 일어날 때의 일을 이렇게 기술하고 있다. "그는 필립 다드릿지(Pillip Doddridge)의 「신앙의 발생과 성장(Rise and Progress of Religion)」을 읽고 그 책의 제 17장이 권하는 양식을 따라서 주님께 헌신하기로 결심하였다. 그 17장에 묘사된 '언약의 형식'을 자신의 것으로 받기로 하였다. 그리고 엄숙하고 감동적인 방식으로 자신을 그 언약에 묶어 매기 위하여 자신의 피로써 그 언약에 서명한다. 그러나 그 후 그 언약을 지키지 못하자 가장 큰 곤고함에 빠져 거의 절망하다시피 된다. 그는 자기가 하나님 앞에 한 언약을 재고하면서 자기의 결심의 힘을 바리새인적인 방식으로 의존하여 자신을 저주한 것 같음을 알게 된다. 그래서 그 언약이 적힌 종이를 가지고 자기 아버지 집 꼭대기로 올라가서 작게 여러 조각으로 찢어 거기서 바람에 날린다. 그러나 그가 그렇게 함으로써 자기가 마땅하게 주님께 드려야 할 바를 무효화시킨 것은 아니었다. 오히려 그는 자신은 더 이상 못 믿을 존재임을 의식하고 오로지 '그리스도의 피'만 의존하게 되었다."(Fuller가 쓴 Life of Pearce의 3, 4면) 이 경우를 우리는 언약의 여러 조항들의 복잡하게 얽혀 있는 성질을 보여주는 실례로 생각하지 말아야 한다. 도리어 언약의 여러

은 하나님을 기쁘시게 하는 즐거운 섬김입니다. 아사의 날에 그러하였습니다. 그러한 결단의 맹세가 '아사 왕 제 십오 년 셋째 달'에 있었습니다. "또 마음을 다하고 목숨을 다하여 조상들의 하나님 여호와를 찾기로 언약하고 이스라엘 하나님 여호와를 찾지 아니하는 자는 대소 남녀를 막론하고 죽이는 것이 마땅하다 하고 무리가 큰 소리로 외치며 피리와 나팔을 불어 여호와께 맹세하매 온 유다가 이 맹세를 기뻐한지라 무리가 마음을 다하여 맹세하고 뜻을 다하여 여호와를 찾았으므로 여호와께서도 그들을 만나 주시고 그들의 사방에 평안을 주셨더라."(대하 15:12-15) 하나님의 율법 아래서 한 '서원'은 그들이 마땅하게 하나님께 이행해야 할 의무이면서 동시에 하나님께서 기뻐하시며 받아들일 만한 것이었습니다. "모세가 이스라엘 자손 지파의 수령들에게 말하여 이르되 여호와의 명령이 이러하니라 사람이 여호와께 서원하였거나 결심하고 서약하였으면 깨뜨리지 말고 그가 입으로 말한 대로 다 이행할 것이니라."(민 30:1) "네 하나님 여호와께 서원하거든 갚기를 더디 하지 말라 네 하나님 여호와께서 반드시 그것을 네게 요구하시리니 더디면 그것이 네게 죄가 될 것이라 네가 서원하지 아니하였으면 무죄하리라 그러나 네 입으로 말한 것은 그대로 실행하도록 유의하라 무릇 자원한 예물은 네 하나님 여호와께 네가 서원하여 입으로 언약한 대로 행할지니라."(신 23:21-23)

그러한 언약과 서원의 정신은 "자유롭게 하는 온전한 율법"(약 1:25) 아래서 결코 하찮은 것이 아닙니다. 진지한 생각 끝에 하나님을 향한 거룩한 약속을 하되 더욱 엄숙한 마음의 결심을 경우에는 복음을 거스르지 않습니다. 오히려 그 일은 하나님께서 친히 명하신 것으로 드러납니다. [5] 성경에서 하

조항들을 감당할 때 주밀하고 단순하게 해야 함을 보여주는 실례로 받아야 한다. 이 주제에 대하여 주목할 만한 요점 몇 가지를 알아보려면 존 뉴톤(John Newton)이 쓴 「그림쇼의 생애(Life of Grimshawe)」 16-18면을 참조하라.

5) 이사야 19:21의 말씀과 44:5의 말씀을 대조 비교하여 보라. "여호와께서 자기를 애굽에 알게 하시리니 그 날에 애굽이 여호와를 알고 제물과 예물을 그에게 드리고 경배할 것이요 여호와께 서원하고 그대로 행하리라."(사 19:21) "한 사람은 이르기를 나는 여호와께

나님의 백성들을 어떤 사람으로 묘사합니까? 가장 기쁨에 찬 특권으로, 또한 매일 믿음을 새롭게 하는 헌신의 행위로 서로를 권면하는 이들로 묘사되어 있습니다. "여호와의 말씀이니라 그 날 그 때에 이스라엘 자손이 돌아오며 유다 자손도 함께 돌아오되 그들이 울면서 그 길을 가며 그의 하나님 여호와께 구할 것이며 그들이 그 얼굴을 시온으로 향하여 그 길을 물으며 말하기를 너희는 오라 잊을 수 없는 영원한 언약으로 여호와와 연합하라 하리라."(렘 50:4,5)

그럼에도 불구하고 우리는 생각이 모자란 그리스도인이 여러 가지의 서원을 함부로 함으로 자기 양심을 얽어매는 일을 하지 않도록 경계시켜야 합니다. 예를 들어 '기도하는 일을 위하여 하루를 여러 시간으로 쪼개어 실행하겠다'는 식이나, '항상 이것을 하지 말아야 한다'거나, 아니면 특별한 행사를 위하여 의무감을 자신에게 지워 자신을 얽어매는 일을 삼가게 해야 합니다. 사소한 일들에 서원함으로 결국 서원이 의도하는 엄숙한 깊이를 약하게 만드는 일도 삼가야 합니다.

그런 일들을 위하여 그리스도인이 가져야 하는 단순함을 원리로 삼아야 합니다. 하나님을 향한 우리의 언약은 하나님께서 우리에게 하신 언약의 조항에 기초한 것이어야 합니다. 우리의 신실함이 아니라 하나님의 신실함을 확신의 기반으로 삼아야 합니다. 베드로는 자신의 미쁨을 의존하여 예수님께 언약을 하였으나 실패하였습니다. "베드로가 이르되 내가 주와 함께 죽을지언정 주를 부인하지 않겠나이다 하고 모든 제자도 그와 같이 말하니라."(마 26:25)

우리가 하나님께 마땅하게 자신을 드려야겠다는 결심 자체에 힘이 있는 것

속하였다 할 것이며 또 한 사람은 야곱의 이름으로 자기를 부를 것이며 또 다른 사람은 자기가 여호와께 속하였음을 그의 손으로 기록하고 이스라엘의 이름으로 존귀히 여김을 받으리라."(사 44:5)

470 시편 119 말씀 사모하여 헐떡이는 사람

이 아닙니다. 우리 자신을 포기하고 주님을 의존하지 않으면 결국 그러한 결심은 낙담을 낳고 더 깊은 죄에 사로잡히게 할 뿐입니다.

그러니 주님께 자신을 드리겠다는 결심이 중요하다고 해서 깊은 생각 없이 불쑥 무슨 결심과 서원을 한 일 자체를 정당하다고 둘러댈 수 없습니다. 입다는 조심성 없이 성급하게 서원한 일에 얽히게 되었다면(삿 11:35), 다윗은 하나님을 섬기는 일에 '완전한 자유'를 누린 사람으로 대조됩니다. 그는 결심한 일을 이행하려고 자기 영혼을 하나의 결박으로 묶었으나 '신중하게 숙고하고 지혜로운 충고를 받은 후에' 그리 한 것입니다. "내게 주신 모든 은혜를 내가 여호와께 무엇으로 보답할까 내가 구원의 잔을 들고 여호와의 이름을 부르며 여호와의 모든 백성 앞에서 나는 나의 서원을 여호와께 갚으리로다."(시 116:12-14) 우리가 하나님을 향해 한 서원이 있습니까? 세례 받을 때의 서약이나 교회에서의 견진(堅振, confirmation)[6]이나 성례식의 서약의 조항들로 우리 영혼을 묶는 일이 여기에 해당되는지요? 서원한 일을 망각할 우려가 있으니 때로 다시 더 엄숙한 서약을 하는 것이 좋지 않을까요? 더 엄숙한 서약 조항의 덫에 얽매이지 않고 우리의 의무를 안전하게 감당할 수 없나요? 하나님께 대한 언약을 새롭게 하면 그 기간에는 악한 길로 다니지 않게 되고, 우리 영혼을 깨우쳐 하나님을 더 잘 섬기게 되지 않을까요?

실로 우리는 헤아릴 수 없이 많은 실족을 용서받기 위하여 '그리스도의 피 뿌림'이 날마다 필요합니다. 또한 더 헌신적으로 하나님을 향한 우리의 의무를 감당하기 위해 은혜의 성령님이 날마다 필요합니다(창 35:1 ; 27:20-22 ; 벧

---

6) 견진은 로마 캐토릭 교회에서 정한 7대 성례(聖禮) 중 하나로, 세례(영세)를 받음으로 교회의 지체가 된 사람이 어느 기간이 지난 후에 자신의 믿음이 견고해졌다는 확신이 들 때에 주교를 통하여 안수를 받게 하여 그 믿음의 확실성을 인쳐 주는 규례이다. 성인들의 경우는 본래 영세를 받고 나서 바로 뒤이어 견진성사를 하게 하였으나 신자들이 늘어나고 주교의 수가 적어 밀려 나중에 받게 하였다 한다. 그러나 개신교에서는 성경을 기본으로 세례와 성찬 이외의 다른 성례는 인정하지 않는다. 다만 영국 국교회인 성공회에서는 '세례와 성찬'을 '큰 성례'로 보고 강조는 하나, 천주교의 다른 다섯 성례를 '작은 성례'라는 식으로 인정한다. 그러니 성공회에서도 '견진성사'를 인정하고 시행한다. - 역자 주

후 1:9). 7)

그리스도의 역사와 성령님을 의존할 때 이러한 거룩한 예식들이 우리에게 평안과 기쁨을 일깨워 주는 역할을 하기도 합니다. 그리하여 하나님의 은총을 누리던 시절을 뒤돌아보게 되기도 합니다. 그러므로 우리가 하나님과 맺은 언약의 조항들을 항상 어기고 떠나 계속 악한 죄를 범한다 해도(렘 8:5), "아버지 앞에서 우리에게 대언자가 있으니 곧 의로우신 예수 그리스도시라."(요일 2:1,2)라고 믿는 것은 월권이 아닌 특권입니다. 필요한 은혜를 위하여 "내 은혜가 네게 족하도다."(고후 12:9)라고 말씀하신 분이 계십니다. 우리를 위하여 죽으신 그분은 우리에게 얼마나 큰 관심을 가지고 계신지를 보여주는 결코 적지 않은 증거를 보여 주셨습니다. 그러니 "우리에 관한 것을 완전하게 하시고"(시 138:8), "우리의 모든 일도 우리를 위하여 이루시고"(사 26:12), "자기의 기쁘신 뜻을 위하여 우리에게 소원을 두고 행하게 하실"(빌 2:13) 분을 신뢰하지 않을 수 있습니까?

'사탄의 사자'가 우리를 공격하여 '넘어뜨릴 수' 있습니다. '네 결박을 끊었으니 이제는 전보다 너를 더 해하리라.'는 식으로 위협할 수도 있습니다. 그러나 예수님은 우리가 연약하여, 심지어 우리의 교만으로 짓는 죄들 때문에 죽으신 것이 아닙니까? 우리가 실족하여 넘어질 때마다 신랑 되신 주님과 우리 사이의 '혼인 언약'이 무효가 됩니까? 우리가 허약하여 넘어지거나 뒤로 물러가 미끄러질 때마다 하나님과 우리의 언약이 깨지는 것이 결코 아닙니다. 우리의 미쁨이 이 언약의 기초입니까? "언약의 피"(히 13:20)는 넘어질 수

---

7) "하나님이 야곱에게 이르시되 일어나 벧엘로 올라가서 거기 거주하며 네가 네 형 에서의 낯을 피하여 도망하던 때에 네게 나타났던 하나님께 거기서 제단을 쌓으라 하신지라."(창 35:1).
"야곱이 서원하여 이르되 하나님이 나와 함께 계셔서 내가 가는 이 길에서 나를 지키시고 먹을 떡과 입을 옷을 주시어 내가 평안히 아버지 집으로 돌아가게 하시오면 여호와께서 나의 하나님이 되실 것이요 내가 기둥으로 세운 이 돌이 하나님의 집이 될 것이요 하나님께서 내게 주신 모든 것에서 십분의 일을 내가 반드시 하나님께 드리겠나이다 하였더라."(창 27:20-22)
"이런 것이 없는 자는 맹인이라 멀리 보지 못하고 그의 옛 죄가 깨끗하게 된 것을 잊었느니라."(벧후 1:9)

밖에 없는 우리의 신실하지 못함을 내다 본 하나님의 대비(對備, provision)가 아닙니까? 뒤돌아서 다시 죄에 빠지는 것을 섭리적으로 활용하시어 하나님을 더 단순하게 의뢰하는 일을 굳게 하시지 않습니까? 그 연약함을 통하여 하나님 앞에서 더 신중하고 겸비하도록 주장하지 않으십니까?

우리의 양심 문제를 생각하여 봅시다. 성경에서 그리스도인을 묘사할 때, 미리 예상하지 못하였던 어떤 책무를 감당하는 일정 기간의 특별한 헌신과 관계없이 묘사하고 있습니다. 능동적으로 하나님을 영화롭게 할 기회를 미리 예측하는 차원에서 그리스도인을 묘사한 것도 아닙니다. 그렇다고 그런 식의 묘사가 그리스도인의 책임을 무마시킵니까? 절대로 아닙니다. 최고로 중요한 의무에 자신을 복종시키는 것을 함축하여 그리스도인을 규정하고 있습니다. 당연히 그렇게 그리스도인을 규정합니다. 그러므로 그리스도인을 규정한 그 내용이 어떤 간섭 때문에 손상될 수는 없습니다.

자원함으로 드리는 제물을 제단에 드리지 않는 일은 결코 가볍게 취급될 문제가 아닙니다. 하나님을 섬길 때 육체의 간교한 탐욕이 끼어들지 못하게 각별한 주의를 기울여야 합니다. 더 즉각적이고 더 엄숙하게 자신을 드리는 특권을 상실하지 않도록 두 배의 부지런함이 요구됩니다. 율법주의적인 의무감을 배격하지만 복음이 주는 자유를 육체의 방종으로 오인하지 말아야 합니다. 우리는 단순하고 기꺼운 마음으로 자신을 부인하고 오직 주님만 섬기는 일에 매진해야 합니다. 주 우리 하나님께서 '선한 일을 기뻐하심을 보여주는 표증'을 내려 주시지 않으실 리가 없습니다.

그러니 동료 그리스도인들이여, 나와 함께 "너희는 오라 잊을 수 없는 영원한 언약으로 여호와와 연합하라."(렘 50:5)는 말씀에 복종합시다. 하나님을 망각하는 일은 결코 없어야 합니다. 각자 하나님께 복종하는 우리의 자세를 새롭게 해야 합니다. "여호와여 나는 진실로 주의 종이요 주의 여종의 아들 곧 주의 종이라 주께서 나의 결박을 푸셨나이다."(시 116:16) 오, 결코 느슨해지지 않는 사랑의 결박으로 저를 당신께 묶어 매소서! 모든 자들 중에서 가장 작은 자요 비열하고 가련한 저를 능하게 하시어 주님 당신을 섬기는 일에 쓰시다니요! 제 마음과 뜻을 다 기울여 오직 영원히 제 자신을 주님께만 드립니다. 오직 구하오니 "주님의 쓰심에 합당한 그릇"이 되게 하옵소서!

시편 119:107
"나의 고난이 매우 심하오니
여호와여 주의 말씀대로 나를 살아나게 하소서."

이 거룩한 성도가 하나님과의 언약을 지키려고 애를 쓰던 그 시절은 매우 깊은 고난의 시기였던 것 같습니다. 순종함으로 하나님의 말씀을 지키겠다는 결의를 하였으니 하나님께서 자기의 탄원에 반드시 응답하실 거라는 담대한 확신을 갖게 된 것입니다. "여호와여, 주의 말씀대로 나를 살아나게 하소서."

우리가 당하고 있는 고통거리를 하나님의 귀에 쏟아 놓도록 허락받은 것은 정말 큰 특권입니다. 하나님께서는 우리의 고통에 동참하시어 우리를 동정하실 수 있는 완전한 능력을 가지신 분입니다. "이는 그가 우리의 체질을 아시며 우리가 단지 먼지뿐임을 기억하심이로다."(시 103:14) 아니, 하나님께서 친히 환난을 부여하셨습니다. "내가 잠잠하고 입을 열지 아니함은 주께서 이를 행하신 까닭이니이다."(시 39:9) 그보다 더 유념할 일은 주님께서 친히 '우리의 고난에 동참하시는 분'이라는 것입니다. "그들의 모든 환난에 동참하사 자기 앞의 사자로 하여금 그들을 구원하시며 그의 사랑과 그의 자비로 그들을 구원하시고."(사 63:9) "그가 시험을 받아 고난을 당하셨은즉 시험받는 자들을 능히 도우실 수 있느니라."(히 2:18)

하늘에 계신 우리의 '친구'되시는 분께 우리의 마음을 털어 놓습니다. 우리를 그렇게까지 위하시는 분은 아무도 없습니다. 그분, 우리의 하늘 친구 되신 분께 하듯 우리 자신의 모든 것을 아뢸 수 있는 사람은 아무도 없습니다. 환난의 때에 모든 종류의 궁핍과 슬픔과 무거운 짐들을 다 싸가지고 그분께 가면 특별한 위로를 얻습니다. 환난의 고통 중에서도 안위하며 우리의 부족과 슬픔과 모든 무거운 짐을 한 데 모아 그분께 드립니다.

믿음의 사람들이 고난 중에 받은 위로는 세상에 속한 이들의 경우와 아주 큰 대조를 이룹니다. 그들은 매우 깊은 고난의 때에 영혼이 '사망에 가까운 것'을 알지만 피난처가 없습니다. 그러니 그들은 금방이라도 자신의 근심으로 터질 것 같습니다. "세상 근심은 사망을 이루는 근심"입니다. "하나님의 뜻대로 하는 근심은 후회할 것이 없는 구원에 이르게 하는 회개를 이루는 것이요 세상 근심은 사망을 이루는 것이니라."(고후 7:10) 그런 '세상 근심'은 완화되지도 않고 위로를 받지도 못합니다.

주님의 백성들이 반드시 '고난 받아야 할 필요'가 있습니다. "그러므로 너희가 이제 여러 가지 시험으로 말미암아 잠깐 근심하게 되지 않을 수 없으나 오히려 크게 기뻐하는도다 너희 믿음의 확실함은 불로 연단하여도 없어질 금보다 더 귀하여 예수 그리스도께서 나타나실 때에 칭찬과 영광과 존귀를 얻게 할 것이니라."(벧전 1:6,7)

'영적인 성전(聖殿)'을 짓는데 쓰임 받은 돌들 중에 망치로 다듬지 않은 돌이 없습니다. 다듬지 않은 돌들은 성전에서 들어갈 자리를 얻지 못합니다. 정금도 반드시 용광로에서 제련을 거칩니다. 포도나무도 많은 열매를 맺게 하려면 반드시 가지치기를 해야 합니다. "무릇 내게 붙어 있어 열매를 맺지 아니하는 가지는 아버지께서 그것을 제거해 버리시고 무릇 열매를 맺는 가지는 더 열매를 맺게 하려 하여 그것을 깨끗하게 하시느니라."(요 15:2)

성도들 각자가 받는 연단의 분량은 무한하게 다양합니다. 그러나 육신의 정욕의 뿌리가 얼마나 깊은지 그것을 제어하려면 많은 고난이 자주 주어져야 합니다. "여러 계시를 받은 것이 지극히 크므로 너무 자만하지 않게 하시려고 내 육체에 가시 곧 사탄의 사자를 주셨으니 이는 나를 쳐서 너무 자만하지 않게 하려 하심이라."(고후 12:7)

그러나 환난의 고통을 완화시켜 주시는 하나님은 누구십니까? 그분은 우리에게 부과할 연단의 분량이 얼마인지 정확하게 아시는 분입니다. "하나님은 사람을 심판하시기에 오래 생각하실 것이 없으시니."(욥 34:23) 그분은 "우리의 체질을 아시며"(시 103:13,14), 자기의 기쁘신 뜻대로 자식을 징계하는 육신의 아버지와는 달리 "우리를 불쌍히 여기시고 우리의 유익을 위하여" 징계하시는 아버지십니다. "그들은 잠시 자기의 뜻대로 우리를 징계하였거니와 오직 하나님은 우리의 유익을 위하여 그의 거룩하심에 참여하게 하시느니라."(히 12:10)

그리고 우리가 환난 받을 때에 다음과 같이 생각하면 마음의 고통이 줄어듭니다. 곧 우리가 받는 환난이 어떠해도 우리의 됨됨이에 비하면 무한히 가벼운 것이라는 점입니다. "우리의 악한 행실과 큰 죄로 말미암아 이 모든 일을 당하였사오나 우리 하나님이 우리 죄악보다 형벌을 가볍게 하시고 이만큼 백성을 남겨 주셨사오니."(스 9:13) 또 우리가 영원히 받을 영광에 비하면 아무리 큰 고난도 "가볍고 잠시 지나가는 것"입니다. "우리가 잠시 받는 환난의 경한 것이 지극히 크고 영원한 영광의 중한 것을 우리에게 이루게 함이니."(고후 4:17) 고난을 참아 견딤으로 주어지는 위로는 고통이 제거됨으로 누리게 될 위안보다 훨씬 더 크다는 사실을 기억해야 합니다. "이것이 내게서 떠나가게 하기 위하여 내가 세 번 주께 간구하였더니 나에게 이르시기를 내은혜가 네게 족하도다 이는 내 능력이 약한 데서 온전하여짐이라 하신지라 그러므로 도리어 크게 기뻐함으로 나의 여러 약한 것들에 대하여 자랑하리니 이는 그리스도의 능력이 내게 머물게 하려 함이라 그러므로 내가 그리스도를 위하여 약한 것들과 능욕과 궁핍과 박해와 곤고를 기뻐하노니 이는 내가 약한 그 때에 강함이라."(고후 12:8-10) 결국 받는 연단의 시련을 인하여 고통의 무게보다 훨씬 '더 무거운 위로'의 열매를 받게 됩니다. "너를 인도하여 그 광대하고 위험한 광야 곧 불뱀과 전갈이 있고 물이 없는 간조한 땅을 지나게 하셨으며 또 너를 위하여 단단한 반석에서 물을 내셨으며 네 조상들도 알지 못하던 만나를 광야에서 네게 먹이셨나니 이는 다 너를 낮추시며 너를 시험하사 마침내 네게 복을 주려 하심이었느니라."(신 8:15,16) "여호와의 말씀이니라 너희를 향한 나의 생각을 내가 아나니 평안이요 재앙이 아니니라 너희에게 미래와 희망을 주는 것이니라."(렘 29:11)

우리의 받는 환난의 시련이 고난 받으신 주님의 형상을 본받는 것이니 크게 높여 자랑할 거리가 아닌가요? "오히려 너희가 그리스도의 고난에 참여하는 것으로 즐거워하라 이는 그의 영광을 나타내실 때에 너희로 즐거워하고 기뻐하게 하려 함이라."(벧전 4:13) 우리는 어느 날 환난의 시련들 속에 하나님 아버지가 보내신 사랑의 사자(使者)와 같은 '사령장(辭令狀)'이 들어 있는 것을 반드시 발견할 것입니다. 그리고 우리 주님께서 주신 "결말"을 아주 확실하게 받을 것입니다. 우리 주님께서는 "긍휼히 여기심과 자비하심이 너무 충만한 분"이라는 사실을 보여주는 결말을 보게된다는 말입니다. "보라 인내하는 자를 우리가 복되다 하나니 너희가 욥의 인내를 들었고 주께서 주신 결말을 보았거니와 주는 가장 자비하시고 긍휼히 여기시는 이시니라."(약 5:11) "욥이 그의 친구들을 위하여 기도할 때 여호와께서 욥의 곤경을 돌이키시고 여호와께서 욥에게 이전 모든 소유보다 갑절이나 주신지라 이에 그의 모든 형제와 자매와 이전에 알던 이들이 다 와서 그의 집에서 그와 함께 음식을 먹고 여호와께서 그에게 내리신 모든 재앙에 관하여 그를 위하여 슬퍼하며 위로하고 각각 케쉬타 하나씩과 금 고리 하나씩을 주었더라."(욥 42:10-12)

지금 당장 환난 당하지 않을 수도 있습니다. 매우 큰 고난이 지금 주어지지 않을 수도 있습니다. 그러나 선한 군사는 전쟁이 멈춘 시간에도 자기의 무기를 빛나게 닦습니다. 그와 같이 믿음의 싸움을 위하여 우리의 무장을 새롭게 정비하는 것은 의무이자 지혜입니다. "이스라엘 왕이 대답하여 이르되 갑옷 입는 자가 갑옷 벗는 자 같이 자랑하지 못할 것이라."(왕상 20:11) 왜냐하면 "악인들은 변하지 않고 하나님을 경외하지 아니하기" 때문입니다(시 55:19).

그리스도인의 삶 속에서 계속 변화하면 '겸손하게 하나님과 동행할 필요'를 생각나게 합니다. 그래야 준비되지 않은 정신에 빠져 거룩한 십자가의 복락을 상실하는 위험에 처하지 않을 수 있습니다. "사람아 주께서 선한 것이 무엇임을 네게 보이셨나니 여호와께서 네게 구하시는 것은 오직 정의를 행하며 인자를 사랑하며 겸손하게 네 하나님과 함께 행하는 것이 아니냐."(미 6:8)

주님의 사랑하시는 자녀들 중에 얼마나 많은 하나님의 자녀들이 에브라임의 이름을 가졌습니까! "이름을 에브라임이라 하였으니 하나님이 나를 내가 수고한 땅에서 번성하게 하셨다 함이었더라."(창 41:52) 때로 그들은 현재의 좋은 것들을 너무 의식한 나머지 환난이 와서 그 좋은 것들을 상실할까봐 무서워하는데, 아직 체험이 없는 미숙한 신앙고백자들이 환난이 올까 겁내는 것보다 더 무서워하기도 합니다.

큰 번영은 큰 환난만큼 견디기가 어렵습니다. 어떤 이들은 철저한 신앙고백으로 다른 이들의 높은 평가를 받았고 또 자신들도 만족하게 여겼습니다. 그러나 '역경의 날을 맞으면 그 힘이 작고 미약함'을 드러내고 맙니다 "네가 만일 환난 날에 낙담하면 네 힘이 미약함을 보임이니라.”(잠 24:10 ; 욘 4:5-9[8]) 참조) 그리하여 연단의 학교에서 거의 배운 적이 없는 사람 같이 흔들리고 당황하고 부서지는 모습을 보입니다. 주님께서 우리를 살리시기 위해서 찌르는 채찍으로 정신을 차리게 하여 지방같이 둔한 마음을 갖지 않고 낙심하지 않게 하시는 은혜를 주실 필요가 있습니다.

그 징계의 채찍이 법적으로 벌을 부과하는 것이 아니라 아버지께서 사랑하시어 주시는 것임을 알면 그 아픔을 참을 수 있을 것입니다. “아들들에게 권하는 것 같이 너희에게 권면하신 말씀”을 잊지는 않았습니까?(히 12:5)

“주여, 나를 살아나게 하소서! 그리하여 겸손히 엎드려 주의 깊게 들으려는 마음의 자세로 주의 거룩한 십자가의 복된 진리에 귀를 기울이게 하소서. 여호와여, 나를 살아나게 하소서! 주의 손의 치심으로 내가 낙심하지 않게 하소서.”(시 39:10 ; 38:1-3)[9]

그 기도대로 하나님께서 우리를 감동하시어 조급한 심령으로 하나님을 범하는 죄를 짓지 않게 우리를 건져 주실 것입니다. 그러면 우리는 낙심하지 않는 겸손함과 원망 없는 기꺼운 마음의 자세로 하나님의 징계를 받을 것입니다. 우리를 치시는 막대기 앞에서 두려워 떨면서도 훈계하시는 그분의 음성에 귀를 기울일 것입니다. 믿음을 동반한 두려움은, 우리로 하여금 하나님의 치시는 손이 가하는 고통과 약속하신 긍휼의 은혜 안에서 누리는 평안을

---

8) “요나가 성읍에서 나가서 그 성읍 동쪽에 앉아 거기서 자기를 위하여 초막을 짓고 그 성읍에 무슨 일이 일어나는가를 보려고 그 그늘 아래에 앉았더라 하나님 여호와께서 박넝쿨을 예비하사 요나를 가리게 하셨으니 이는 그의 머리를 위하여 그늘이 지게 하며 그의 괴로움을 면하게 하려 하심이었더라 요나가 박넝쿨로 말미암아 크게 기뻐하였더니 하나님이 벌레를 예비하사 이튿날 새벽에 그 박넝쿨을 갉아먹게 하시매 시드니라 해가 뜰 때에 하나님이 뜨거운 동풍을 예비하셨고 해는 요나의 머리에 쪼이매 요나가 혼미하여 스스로 죽기를 구하여 이르되 사는 것보다 죽는 것이 내게 나으니이다 하니라 하나님이 요나에게 이르시되 네가 이 박넝쿨로 말미암아 성내는 것이 어찌 옳으냐 하시니 그가 대답하되 내가 성내어 죽기까지 할지라도 옳으니이다 하니라.”(욘 4:5-9)

9) “주의 징벌을 나에게서 옮기소서 주의 손이 치심으로 내가 쇠망하였나이다.”(시 39:10) “여호와여 주의 노하심으로 나를 책망하지 마시고 주의 분노하심으로 나를 징계하지 마소서 주의 화살이 나를 찌르고 주의 손이 나를 심히 누르시나이다 주의 진노로 말미암아 내 살에 성한 곳이 없사오며 나의 죄로 말미암아 내 뼈에 평안함이 없나이다.”(시 38:1-3)

동시에 느끼게 할 것입니다(미 7:8,9).[10]

심연의 고통에 처한 우리를 지탱해주는 최고의 방편은, "주의 말씀대로 살아나게 하시기를" 간구하는 것입니다. 연단 받은 하나님의 자녀들 중에 누가 하나님의 징계 중 작은 부분이라도 잘못된 것을 발견한 적이 있었습니까? "다만 이뿐 아니라 우리가 환난 중에도 즐거워하나니 이는 환난은 인내를, 인내는 연단을, 연단은 소망을 이루는 줄 앎이로다."(롬 5:3,4) 어떤 의미입니까? "소망이 우리를 부끄럽게 하지 아니함은 우리에게 주신 성령으로 말미암아 하나님의 사랑이 우리 마음에 부은바 됨이니."(롬 5:5)

이상의 모든 것이 바로 우리가 기도드리면 응답하시는 하나님의 은혜의 방식입니다. "우리에게 여러 가지 심한 고난을 보이신 주께서 우리를 다시 살리시며 땅 깊은 곳에서 다시 이끌어 올리시리이다 나를 더욱 창대하게 하시고 돌이키사 나를 위로하소서."(시 71:20,21) 그러한 환난의 시련처럼 나중에 돌아보며 주님의 위로에 감사할 것이 무엇입니까? 설령 육체는 고통스러웠어도 우리의 심령을 부수고 의지를 꺾어 하나님과 동행하는 삶을 살려는 순전함을 강화시켜주는 환난의 시련 같은 것이 무엇이란 말입니까?

시편 119:108

"여호와여 구하오니 내 입이 드리는 자원제물을 받으시고
주의 공의를 내게 가르치소서."

하나님의 신실한 종이 자신 전체를 헌신하여 드린 첫 열매는 106절에서 표

---

10) "나의 대적이여 나로 말미암아 기뻐하지 말지어다 나는 엎드러질지라도 일어날 것이요 어두운 데에 앉을지라도 여호와께서 나의 빛이 되실 것임이로다 내가 여호와께 범죄하였으니 그의 진노를 당하려니와 마침내 주께서 나를 위하여 논쟁하시고 심판하시며 주께서 나를 인도하사 광명에 이르게 하시리니 내가 그의 공의를 보리로다."(미 7:8,9)

현되었습니다. "주의 의로운 규례들을 지키기로 맹세하고 굳게 정하였나이다." 그런 그가 이제 환난 중에서 드릴 수 있는 유일한 제물은 무엇이었을까요? 여기 108절에서 그 제물을 드리고 있습니다. 그는 107절에 자기를 살려달라는 기도에 대한 하나님의 응답에 감사하는 마음을 여기 108절에서 표현하고 있습니다. "여호와여 구하오니 내 입이 드리는 자원제물을 받으소서."

그는 하나님께서 자기가 드리는 제물을 받으실 것을 잘 알았습니다. 왜냐하면 구약시대의 여러 제물들은 죄를 속(贖)하는 '오직 유일한 제물'을 모형적으로 상징할 뿐 아니라 하나님의 백성들의 영적인 예배를 모형적으로 그려주기도 하기 때문입니다. 시편 51:16,17과 말라기 3:3과 빌립보서 4:18, 그리고 히브리서 13:15,16과 베드로전서 2:5의 말씀을 참조하며 비교하여 보십시오.[11]

그리스도의 대속의 은혜를 받은 사람들에게는 "다시 속죄하는 제사"가 필요치 않습니다. "우리가 진리를 아는 지식을 받은 후 짐짓 죄를 범한즉 다시 속죄하는 제사가 없고."(히 10:26)

이제 우리가 하나님께 드려야 하고 그 안에서 기쁨을 누릴 제사는 이것입니다. 곧, "말씀을 가지고 여호와께로 돌아와서 아뢰기를 모든 불의를 제거하시고 선한 바를 받으소서 우리가 수송아지를 대신하여 입술의 열매를 주께 드리리이다."(호 14:2)

---

11) "주께서는 제사를 기뻐하지 아니하시나니 그렇지 아니하면 내가 드렸을 것이라 주는 번제를 기뻐하지 아니하시나이다 하나님께서 구하시는 제사는 상한 심령이라 하나님이여 상하고 통회하는 마음을 주께서 멸시하지 아니하시리라."(시 51:16,17)
"그가 은을 연단하여 깨끗하게 하는 자 같이 앉아서 레위 자손을 깨끗하게 하되 금, 은 같이 그들을 연단하리니 그들이 공의로운 제물을 나 여호와께 바칠 것이라."(말 3:3)
"내게는 모든 것이 있고 또 풍부한지라 에바브로디도 편에 너희가 준 것을 받으므로 내가 풍족하니 이는 받으실 만한 향기로운 제물이요 하나님을 기쁘시게 한 것이라."(빌 4:18)
"그러므로 우리는 예수로 말미암아 항상 찬송의 제사를 하나님께 드리자 이는 그 이름을 증언하는 입술의 열매니라 오직 선을 행함과 서로 나누어 주기를 잊지 말라 하나님은 이 같은 제사를 기뻐하시느니라."(히 13:15,16)
"너희도 산 돌 같이 신령한 집으로 세워지고 예수 그리스도로 말미암아 하나님이 기쁘게 받으실 신령한 제사를 드릴 거룩한 제사장이 될지니라."(벧전 2:5)

"자원하는 제물을 받으시고." 하나님은 "자원하는 제물"이 아니면 받지 않으십니다. 하나님께서 율법의 규례를 지켜 제사를 드리게 하던 시절에도 그런 예배를 드리게 하셨습니다(민 29:39 ; 신 16:10 ; 대하 31:14 ; 암 4:5).[12] 그러니 그리스도의 복음 안에서는 더욱 그러합니다(롬 12:1 ; 고후 5:14,15 ; 8:5).[13] 그런데 제사 드리는 사람 자신이 하나님께서 받으실 만하기까지는 그가 제물을 드려도 결코 받지 않으십니다. 하나님께서는 먼저 아벨의 '인격'을 받으셨고, 그 다음에 '그의 제물'을 받으셨습니다. "아벨은 자기도 양의 첫 새끼와 그 기름으로 드렸더니 여호와께서 아벨과 그의 제물은 받으셨으나 가인과 그의 제물은 받지 아니하신지라 가인이 몹시 분하여 안색이 변하니."(창 4:4,5)

그러나 우리의 인격이 하나님께서 받으실 만한 '그리스도의 의(義)의 두루마기'를 입고 있으면, 또 "영 단번에 하나님께 희생제물로 드리신 예수 그리스도의 몸"이 하나님 앞에서 우리를 "온전하게 하였다면"(히 10:10,14),[14] 우리는 하나님 앞에 어떠한 존재입니까? 우리의 예배(섬김)가 아무리 더럽고 연약에 휩싸여 있고 모든 면에서 거의 쓸모가 없어 보여도, 형언하기 어려울 정도

---

12) "너희가 이 절기를 당하거든 여호와께 이같이 드릴지니 이는 너희의 서원제나 낙헌제로 드리는 번제, 소제, 전제, 화목제 외에 드릴 것이니라."(민 29:39)
"네 하나님 여호와 앞에 칠칠절을 지키되 네 하나님 여호와께서 네게 복을 주신 대로 네 힘을 헤아려 자원하는 예물을 드리고."(신 16:10)
"또 예루살렘에 사는 백성을 명령하여 제사장들과 레위 사람들 몫의 음식을 주어 그들에게 여호와의 율법을 힘쓰게 하라 하니라."(대하 31:14)
"누룩 넣은 것을 불살라 수은제로 드리며 낙헌제를 소리내어 선포하려무나 이스라엘 자손들아 이것이 너희가 기뻐하는 바니라 주 여호와의 말씀이니라."(암 4:5)

13) "그러므로 형제들아 내가 하나님의 모든 자비하심으로 너희를 권하노니 너희 몸을 하나님이 기뻐하시는 거룩한 산 제물로 드리라 이는 너희가 드릴 영적 예배니라."(롬 12:1)
"그리스도의 사랑이 우리를 강권하시는도다 우리가 생각하건대 한 사람이 모든 사람을 대신하여 죽었은즉 모든 사람이 죽은 것이라 그가 모든 사람을 대신하여 죽으심은 살아 있는 자들로 하여금 다시는 그들 자신을 위하여 살지 않고 오직 그들을 대신하여 죽었다가 다시 살아나신 이를 위하여 살게 하려 함이라."(고후 5:14,15)
"우리가 바라던 것뿐 아니라 그들이 먼저 자신을 주께 드리고 또 하나님의 뜻을 따라 우리에게 주었도다."(시 8:5)

14) "이 뜻을 따라 예수 그리스도의 몸을 단번에 드리심으로 말미암아 우리가 거룩함을 얻었노라… 그가 거룩하게 된 자들을 한 번의 제사로 영원히 온전하게 하셨느니라."(히 10:10,14)

로 거룩하신 하나님은 그 속에서 "어떠한 허물"도 보시지 않습니다. "야곱의 허물을 보지 아니하시며 이스라엘의 반역을 보지 아니하시는도다 여호와 그들의 하나님이 그들과 함께 계시니 왕을 부르는 소리가 그 중에 있도다."(민 23:21) 다른 어떤 방도로도 하나님이 열납하기에 순전한 제물은 존재하지 않습니다. 반면에 그리스도의 희생제물 안에서는 어떤 제물도 '죄가 섞여 있어 받지 않겠다.'며 하나님께서 거절하실 제물은 하나도 없습니다.

우리가 아무리 최선으로 헌신하여도 그 속에 오염과 비뚤어진 부분이 있기 마련입니다. 그러나 하나님께서 그런 헌신도 영원히 받으시기에 합당하게 풍성하고 만족할만한 장치를 하늘에 마련해 두셨습니다. "또 다른 천사가 와서 제단 곁에 서서 금향로를 가지고 많은 향을 받았으니 이는 모든 성도의 기도와 합하여 보좌 앞 금 제단에 드리고자 함이라 향연이 성도의 기도와 함께 천사의 손으로부터 하나님 앞으로 올라가는지라."(계 8:3,4) 우리의 대제장이시며 중보자이신 주님으로 말미암아 우리의 모든 무가치함이 해소되었을 뿐 아니라, 담대한 믿음과 확신을 가질 용기를 얻게 되었습니다. "그러므로 우리에게 큰 대제사장이 계시니 승천하신 이 곧 하나님의 아들 예수시라 우리가 믿는 도리를 굳게 잡을지어다 우리에게 있는 대제사장은 우리의 연약함을 동정하지 못하실 이가 아니요 모든 일에 우리와 똑같이 시험을 받으신 이로되 죄는 없으시니라 그러므로 우리는 긍휼하심을 받고 때를 따라 돕는 은혜를 얻기 위하여 은혜의 보좌 앞에 담대히 나아갈 것이니라."(히 4:14-16) "또 하나님의 집 다스리는 큰 제사장이 계시매 우리가 마음에 뿌림을 받아 악한 양심으로부터 벗어나고 몸은 맑은 물로 씻음을 받았으니 참 마음과 온전한 믿음으로 하나님께 나아가자."(히 10:21,22)

우리가 주목한 바와 같이, 다윗의 섬김은 사랑으로 가득 찬 심령에서 우러나온 '자원하는 제물'이었습니다. 마지못한 마음을 억누를 필요가 전혀 없었습니다. 그의 간구에는 기쁨이 넘쳤습니다. 그는 억지로 자신의 무릎을 꿇지 않습니다. 하나님 앞에서 기꺼운 마음으로 섬겼던 그와 같은 마음을 제게도 주옵소서. 하나님께서 그의 섬김을 사랑하지 않았습니까? "각각 그 마음에 정한 대로 할 것이요 인색함으로나 억지로 하지 말지니 하나님은 즐겨 내는 자를 사랑하시느니라."(고후 9:7) 자원하는 심령에서 우러나는 그의 사랑을 본받을 만하지 않습니까?(엡 2:4,5) "긍휼이 풍성하신 하나님이 우리를 사랑하신 그 큰 사랑을 인하여 허물로 죽은 우리를 그리스도와 함께 살리셨고(너희는 은혜로 구원을 받은 것이라)."(엡 2:4,5) 귀하신 우리의 구주께서 기쁨과 즐거움으로 당신 자신을 기꺼이 내어놓으시지 않았습니까! "나의 하나님이여 내가 주의 뜻 행하기를 즐기오니 주의 법이 나의 심중에 있나이다 하였나이다."(시 40:9) "믿음의 주요 또 온전하게 하시는 이인 예수를 바라보자 그는 그 앞에 있는 기쁨을 위하여 십자가를 참으사 부끄러움을 개의치 아니하시더니 하나님 보좌 우편에 앉으셨느니라."(히 12:2) 아낌없이 주신 주님의 사랑이 우리 삶의 본질이자 이유가 되어야 하지 않겠습니까! "그리스도의 사랑이 우리를 강권하시는도다 우리가 생각하건대 한 사람이 모든 사람을 대신하여 죽었은즉 모든 사람이 죽은 것이라 그가 모든 사람을 대신하여 죽으심은 살아 있는 자들로 하여금 다시는 그들 자신을 위하여 살지 않고 오직 그들을 대신하여 죽었다가 다시 살아나신 이를 위하여 살게 하려 함이라."(고후 5:14,15)

주님께서 우리를 위해 자신의 목숨을 버려 우리로 자유를 얻게 하셨는데 우리는 그분께 마지못한 마음을 드려야겠습니까? 주님께서 우리를 위해 당신의 피를 기꺼이 뿌리셨는데, 우리는 입술의 찬양을 거두어 들여야겠습니까? 오! 나의 하나님! 주의 전능하신 힘의 역사하심으로 나를 살리시고, "주의 권능의 날에 즐거이 헌신"하게 하소서! "주의 권능의 날에 주의 백성이 거

룩한 옷을 입고 즐거이 헌신하니 새벽이슬 같은 주의 청년들이 주께 나오는 도다."(시 110:3)

복되신 예수님이시여! 뜨겁게 사모하는 헌신의 세찬 물결이 제 속에 흘러 넘치게 하소서. 저는 어느 누구도 아닌, 주님의 것이 되겠나이다. '나는 주님의 사랑에 사로잡힌바 되었고, 오직 주만을 섬기겠노라.'고 세상에 선포하겠나이다! 나의 보잘 것 없는 섬김을 친히 가납하여 주시는 놀라운 은혜여! 사실 제가 드려야 할 것이 이미 주님의 것이 아니니이까? "백성들은 자원하여 드렸으므로 기뻐하였으니 곧 그들이 성심으로 여호와께 자원하여 드렸으므로 다윗 왕도 심히 기뻐하니라… 나와 내 백성이 무엇이기에 이처럼 즐거운 마음으로 드릴 힘이 있었나이까 모든 것이 주께로 말미암았사오니 우리가 주의 손에서 받은 것으로 주께 드렸을 뿐이니이다… 나의 하나님이여 주께서 마음을 감찰하시고 정직을 기뻐하시는 줄을 내가 아나이다 내가 정직한 마음으로 이 모든 것을 즐거이 드렸사오며 이제 내가 또 여기 있는 주의 백성이 주께 자원하여 드리는 것을 보오니 심히 기쁘도소이다."(대상 29:9,14,17)

주님께서 더 가르쳐 주십사 기도하는 것을 잊지 말게 하소서! 주의 인도하심으로 가장 순전한 섬김을 드릴 수 있도록 주의 율례를 내게 가르치소서! 내가 "하나님의 모든 뜻 가운데서 완전하고 확신있게" 설 때까지 주의 길을 더 확실히 깨달아 알게 하시고, 주를 향한 사랑이 더욱 커지게 하시고, 나의 순종이 더욱 완전해지게 하소서! "그리스도 예수의 종인 너희에게서 온 에바브라가 너희에게 문안하느니라 그가 항상 너희를 위하여 애써 기도하여 너희로 하나님의 모든 뜻 가운데서 완전하고 확신있게 서기를 구하나니."(골 4:12)

시편 119:109,110

"나의 생명이 항상 위기에 있사오나

나는 주의 법을 잊지 아니하나이다

악인들이 나를 해하려고 올무를 놓았사오나

나는 주의 법도들에서 떠나지 아니하였나이다."

"나의 생명이 항상 위기에 있사오니."

건강이 악화되거나 어떠한 위험에 직면하면, 본문의 말씀을 특별하게 주목하게 됩니다(삿 12:3과 욥 13:4를 비교 참조). 15) 다윗은 사람들의 주목을 받는 공생애 초기부터 줄곧 원수의 공공연한 위험과 간교한 모략에 시달려야 했습니다(삼상 19:5 ; 28:21 ; 삼상 18:10,11 ; 19:9,10). 16) 그는 사냥 당하고 있는 "산의 메추라기"와도 같았고(삼상 26:20)17), 자신을 잡으려고 원수들이 쳐놓은 올무에 걸릴 뻔 한 적이 한 두 번이 아니었습니다(삼상 18:1 ; 19:11-17). 그일라 사람들과 십 사람들이 다윗이 있는 곳을 사울에게 가르쳐 주어 죽을 뻔하기도 하였습니다(삼상 23:11,12,19 ; 26:1) 또한 "나와 죽음의 사이는 한 걸음 뿐이라."고 자인하지 않을 수 없었고(삼상 20:3), 또 "내가 후일에는 사울의 손에 붙잡히리라."고 말하고픈 유혹을 받기도 하였습니다(삼상 27:1). 18)

---

15) "나는 너희가 도와주지 아니하는 것을 보고 내 목숨을 돌보지 아니하고 건너가서 암몬 자손을 쳤더니 여호와께서 그들을 내 손에 넘겨주셨거늘 너희가 어찌하여 오늘 내게 올라와서 나와 더불어 싸우고자 하느냐 하니라."(삿 12:3)
"내가 어찌하여 내 살을 내 이로 물고 내 생명을 내 손에 두겠느냐."(욥 13:14)

16) "그 이튿날 하나님께서 부리시는 악령이 사울에게 힘 있게 내리매 그가 집 안에서 정신 없이 떠들어대므로 다윗이 평일과 같이 손으로 수금을 타는데 그 때에 사울의 손에 창이 있는지라 그가 스스로 이르기를 내가 다윗을 벽에 박으리라 하고 사울이 그 창을 던졌으나 다윗이 그의 앞에서 두 번 피하였더라."(삼상 18:10,11)
"사울이 손에 단창을 가지고 그의 집에 앉았을 때에 여호와께서 부리시는 악령이 사울에게 접하였으므로 다윗이 손으로 수금을 탈 때에 사울이 단창으로 다윗을 벽에 박으려 하였으나 그는 사울의 앞을 피하고 사울의 창은 벽에 박힌지라 다윗이 그 밤에 도피하매."(삼상 19:9,10)

17) "그런즉 청하건대 여호와 앞에서 먼 이 곳에서 이제 나의 피가 땅에 흐르지 말게 하옵소서 이는 산에서 메추라기를 사냥하는 자와 같이 이스라엘 왕이 한 벼룩을 수색하러 나오셨음이니이다."(삼상 26:20)

18) "다윗이 그 마음에 생각하기를 내가 후일에는 사울의 손에 붙잡히리니 블레셋 사람들의 땅으로 피하여 들어가는 것이 좋으리로다

나중에 다윗은 자신의 왕좌와 목숨을 훔치려는 아들의 손을 피해야만 했습니다(삼하 15:13,14¹⁹⁾ ; 17:1-3).

"나는 주의 법을 잊지 아니하나이다." 어떤 위험에도 불구하고 하나님의 율법과 법도에 밀착하여 충성하는 다윗의 마음을 흔들어 대지는 못하였습니다. "그들이 나를 세상에서 거의 멸하였으나 나는 주의 법도들을 버리지 아니하였사오니."(시 119:87)

이 땅에 오셨던 우리 주님의 생애는 어떠하였습니까? 원수들의 증오와 갖은 모략, 이를 위한 그들의 결속 등으로 주님의 생명은 '언제나 위기에' 처해 있었습니다. "헤롯과 빌라도가 전에는 원수였으나 당일에 서로 친구가 되니라."(눅 23:12) 그러나 광포한 사자와 날뛰는 개와 으르렁 대는 늑대와 같은 그들에게 둘러싸여서도 주님은 마음의 평온과 고요함을 견지하고 계셨으니 얼마나 놀랍습니까! "개들이 나를 에워쌌으며 악한 무리가 나를 둘러 내 수족을 찔렀나이다…내 생명을 칼에서 건지시며 내 유일한 것을 개의 세력에서 구하소서."(시 22:16,20,21) "그가 곤욕을 당하여 괴로울 때에도 그의 입을 열지 아니하였음이여 마치 도수장으로 끌려가는 어린 양과 털 깎는 자 앞에서 잠잠한 양 같이 그의 입을 열지 아니하였도다."(사 53:7) 주님의 신실한 제자들은 분량에 차이는 있을 수 있으나 다 이와 같은 심령의 자세를 가지기 마련입니다. 이는 결코 본성에서 나는 용기가 아닙니다. 도리어 하나님의 선물이신 '능력의 성령께서 능하게 하심'으로 주님의 법도의 길에서 행하여 "악한 날에 원수를 능히 대적하고 모든 일을 행한 후에 서게" 하시려고 주어진 마

사울이 이스라엘 온 영토 내에서 다시 나를 찾다가 단념하리니 내가 그의 손에서 벗어나리라 하고."(삼상 27:1)

19) "전령이 다윗에게 와서 말하되 이스라엘의 인심이 다 압살롬에게로 돌아갔나이다 한지라 다윗이 예루살렘에 함께 있는 그의 모든 신하들에게 이르되 일어나 도망하자 그렇지 아니하면 우리 중 한 사람도 압살롬에게서 피하지 못하리라 빨리 가자 두렵건대 그가 우리를 급히 따라와 우리를 해하고 칼날로 성읍을 칠까 하노라."(삼하 15:13,14)

음입니다(딤후 1:7 ; 엡 5:17). 20)

자, 이제 성경에 나오는 하나님의 종들이 겪었던 시련들 속에서 이 확신이 어떤 모습으로 드러났는지 살펴봅시다. 먼저 사도 바울을 주목합니다. 그는 "성령이 각 성에서 내게 증언하여 결박과 환난이 나를 기다린다 하신다."고 하면서 "주 예수의 이름을 위하여 결박당할 뿐 아니라 예루살렘에서 죽을 것도 각오하였노라."(행 20:23,24 ; 21:13)라고 말하였습니다. 그는 "환난이나 곤고나 박해나 기근이나 적신이나 위험이나 칼"이 당도하였음을 알고 있었습니다. 계속되는 위험을 스스로 감지하였음에도 불구하고, 진정한 그리스도의 용사답게 믿음의 승리를 확신하였습니다. 그런 확신으로 자신과 함께 환난 중에 있는 성도들에게 이렇게 외칠 수 있었습니다. "누가 우리를 그리스도의 사랑에서 끊으리요 환난이나 곤고나 박해나 기근이나 적신이나 위험이나 칼이랴 기록된 바 우리가 종일 주를 위하여 죽임을 당하게 되며 도살당할 양 같이 여김을 받았나이다 함과 같으니라 그러나 이 모든 일에 우리를 사랑하시는 이로 말미암아 우리가 넉넉히 이기느니라."(롬 8:35-37) 그를 움츠러들게 할 것은 아무 것도 없었습니다. 진정 아무 것도 그가 등 돌리고 도망치게 할 수 없었습니다. 아무 것도 그의 마음에서 하나님을 향한 사랑을 빼앗을 수 없었습니다. 그가 붙잡고 있었던 원리와 그 어느 것에도 위축되지 않음이 시련의 때에 드러났습니다. 물론 본성의 마음의 힘으로가 아니라 '자기를 사랑하시는 이'로 말미암은 것이었습니다. "그러나 이 모든 일에 우리를 사랑하시는 이로 말미암아 우리가 넉넉히 이기느니라."(롬 8:37)

다윗이 이러한 두려움 없는 믿음의 자세로 **"나의 생명이 항상 위기에 있사오나 나는 주의 법을 잊지 아니하나이다."**라고 말한 것 아닙니까?

---

20) "하나님이 우리에게 주신 것은 두려워하는 마음이 아니요 오직 능력과 사랑과 절제하는 마음이니."(딤후 1:7)
"그러므로 하나님의 전신 갑주를 취하라 이는 악한 날에 너희가 능히 대적하고 모든 일을 행한 후에 서기 위함이라."(엡 6:13)

다니엘의 삶의 이야기는 하나님의 자녀들에게 배도(背道)를 유도하려는 은밀한 간계가 전혀 힘을 쓰지 못함을 다시 보여줍니다. 대적 원수들이 '그를 고발할 근거를 찾으려' 많은 시도를 하였으나 실패하였습니다. 그러자 그들은 '하나님의 율법'을 덫으로 사용하여 그를 사로잡으려 했습니다. "그들이 이르되 이 다니엘은 그 하나님의 율법에서 근거를 찾지 못하면 그를 고발할 수 없으리라 하고."(단 6:5) 이에 이 숭고한 믿음의 영웅은 "전에 하던 대로 하루 세 번씩 무릎을 꿇고 기도하며 그의 하나님께 감사를" 올렸습니다(단 6:6-10). 21) '의롭고 좁은 길'에서 한 발자국이라도 벗어날까 두려워하는 것에 비하면 그의 앞에 있는 사자 굴은 두려움의 대상도 될 수 없었습니다(눅 12:4,5). 22) 그에게 있어서 천 번 죽음을 당하는 것 보다 더 나쁘게 여기고 무서워 피할 것은 죄짓는 일이었습니다.

다윗이 "나의 생명이 항상 위기에 있사오나 나는 주의 법을 잊지 아니하나이다."라고 그렇게 분명하게 말할 수 있었던 것도 바로 그 때문이었습니다.

그러나 다윗이 만일 '아히도벨의 모략(謀略)'을 하나님께 여쭈어 받은 '신탁(神託)의 말씀'으로 받아 하나님의 일을 위해서 이용하였다고 가정해 보세요. 그러면 하나님의 교회를 대적하여 '미련함'과 손을 잡은 것이 되고(삼하 15:31 ; 16:23 ; 17:14), 23) 교회의 위대한 머리시요 보호자이신 주님께서 항상

---

21) "이에 총리들과 고관들이 모여 왕에게 나아가서 그에게 말하되 다리오 왕이여 만수무강 하옵소서 나라의 모든 총리와 지사와 총독과 법관과 관원이 의논하고 왕에게 한 법률을 세우며 한 금령을 정하실 것을 구하나이다 왕이여 그것은 곧 이제부터 삼십일 동안에 누구든지 왕 외의 어떤 신에게나 사람에게 무엇을 구하면 사자 굴에 던져 넣기로 한 것이니이다 그런즉 왕이여 원하건대 금령을 세우시고 그 조서에 왕의 도장을 찍어 메대와 바사의 고치지 아니하는 규례를 따라 그것을 다시 고치지 못하게 하옵소서 하매 이에 다리오 왕이 조서에 왕의 도장을 찍어 금령을 내니라 다니엘이 이 조서에 왕의 도장이 찍힌 것을 알고도 자기 집에 돌아가서는 윗방에 올라가 예루살렘으로 향한 창문을 열고 전에 하던 대로 하루 세 번씩 무릎을 꿇고 기도하며 그의 하나님께 감사하였더라."(단 6:6-10)

22) "내가 내 친구 너희에게 말하노니 몸을 죽이고 그 후에는 능히 더 못하는 자들을 두려워하지 말라 마땅히 두려워할 자를 내가 너희에게 보이리니 곧 죽인 후에 또한 지옥에 던져 넣는 권세 있는 그를 두려워하라 내가 참으로 너희에게 이르노니 그를 두려워하라."(눅 12:4,5)

23) "그 때에 아히도벨이 베푸는 계략은 사람이 하나님께 물어서 받은 말씀과 같은 것이라 아히도벨의 모든 계략은 다윗에게나 압살롬에게나 그와 같이 여겨졌더라."(삼하 16:23)
"어떤 사람이 다윗에게 알리되 압살롬과 함께 모반한 자들 가운데 아히도벨이 있나이다 하니 다윗이 이르되 여호와여 원하옵건대 아

깨어 지키시는 은혜를 받은 대표적인 사람 중에 하나인 다윗의 입장은 무엇이 되었겠습니까! "나 여호와는 포도원지기가 됨이여 때때로 물을 주며 밤낮으로 간수하여 아무든지 이를 해치지 못하게 하리로다."(사 27:3)

이와 같이 하나님께서 원수들의 간계를 뒤엎으심으로 그 백성이 하나님을 의지하여 견고히 서게 하실 것입니다. "진실로 사람의 노여움은 주를 찬송하게 될 것이요."(시 76:10) 또 하나님께서는 세상의 지혜 있는 자들로 하여금 자기 꾀에 빠지게 하실 것입니다(욥 5:3 ; 고전 3:19).[24]

그러나 역경의 날은 교회에는 '위험한 때'입니다. "많은 사람이 연단을 받아 스스로 정결하게 하며 희게 할 것이나 악한 사람은 악을 행하리니 악한 자는 아무것도 깨닫지 못하되 오직 지혜 있는 자는 깨달으리라."(단 12:10) 어려운 때에 견고하게 서서 하나님의 율법과 법도를 부여잡고 충격을 이길 수 있었습니까? 여러분은 하나님의 법도와 율례를 부단히 견지하는 가운데 환난의 고통을 견뎌왔습니까? "교만한 자들이 나를 심히 조롱하였어도 나는 주의 법을 떠나지 아니하였나이다."(시 119:51,69) "너희가 십 일 동안 환난을 받으리라 네가 죽도록 충성하라 그리하면 내가 생명의 관을 네게 주리라."(계 2:10) 그 때야말로 순전한 믿음이 말로 다 할 수 없는 가치를 발할 때입니다.

다윗이 그런 환난 가운데서 여호와 하나님을 자신의 하나님으로 모실 수 있는 복락을 누릴 수 있었습니다. 어두운 구름이 모여 흑암을 이루고, 영적으로 낙심하게 하는 일들에 온통 둘러싸여 있어도 믿음은 여러분을 지키며

히도벨의 모략을 어리석게 하옵소서 하니라."(삼하 15:31)
"압살롬과 온 이스라엘 사람들이 이르되 아렉 사람 후새의 계략이 아히도벨의 계략보다 낫다 하니 이는 여호와께서 압살롬에게 화를 내리려 하사 아히도벨의 좋은 계략을 물리치라고 명령하셨음이더라."(삼하 17:14)

24) "내가 미련한 자가 뿌리 내리는 것을 보고 그의 집을 당장에 저주하였노라."(욥 5:3)
"이 세상 지혜는 하나님께 어리석은 것이니 기록된 바 하나님은 지혜 있는 자들로 하여금 자기 꾀에 빠지게 하시는 이라 하였고."(고전 3:19)

모든 풍성함을 가져다 줄 것입니다. "백성들이 자녀들 때문에 마음이 슬퍼서 다윗을 돌로 치자 하니 다윗이 크게 다급하였으나 그의 하나님 여호와를 힘입고 용기를 얻었더라."(삼상 30:6)

다윗의 하나님이 곧 우리의 하나님이 아니십니까? 하나님은 우리에게 "나타나 도우시는" 분이시며(시 42:11), 우리를 인도하시고(시 48:14), 우리를 구원하시는(시 68:20) 하나님 아닙니까?[25] 다윗이 가진 이 확신이 우리의 것이 될 때까지 쉬지 말아야 합니다. "내가 두려워하는 날에는 내가 주를 의지하리이다."(시 56:3)

그러나 참된 그리스도인을 검증하고 확고하게 세워주는 십자가와 같은 고난은 가짜 신앙고백자를 겨와 같이 날려 버릴 것입니다. 믿음의 견실한 원리가 아니고는 어느 것도 박해를 견디거나 올무를 벗어나게 할 수 없습니다. "돌밭에 뿌려졌다는 것은 말씀을 듣고 즉시 기쁨으로 받되 그 속에 뿌리가 없어 잠시 견디다가 말씀으로 말미암아 환난이나 박해가 일어날 때에는 곧 넘어지는 자요."(마 13:20,21) "벧엘에 한 늙은 선지자가 살더니 그의 아들들이 와서 이 날에 하나님의 사람이 벧엘에서 행한 모든 일을 그에게 말하고 또 그가 왕에게 드린 말씀도 그들이 그들의 아버지에게 말한지라 그들의 아버지가 그들에게 이르되 그가 어느 길로 가더냐 하니 그의 아들들이 유다에서부터 온 하나님의 사람의 간 길을 보았음이라 그가 그의 아들들에게 이르되 나를 위하여 나귀에 안장을 지우라 그들이 나귀에 안장을 지우니 그가 타고 하나님의 사람을 뒤따라가서 상수리나무 아래에 앉은 것을 보고 이르되 그대가 유다에서 온 하나님의 사람이냐 대답하되 그러하다 그가 그 사람에게

---

25) "내 영혼아 네가 어찌하여 낙심하며 어찌하여 내 속에서 불안해 하는가 너는 하나님께 소망을 두라 나는 그가 나타나 도우심으로 말미암아 내 하나님을 여전히 찬송하리로다."(시 42:11)
"이 하나님은 영원히 우리 하나님이시니 그가 우리를 죽을 때까지 인도하시리로다."(시 48:14)
"하나님은 우리에게 구원의 하나님이시라 사망에서 벗어남은 주 여호와로 말미암거니와."(시 68:20)

이르되 나와 함께 집으로 가서 떡을 먹으라 대답하되 나는 그대와 함께 돌아가지도 못하겠고 그대와 함께 들어가지도 못하겠으며 내가 이곳에서 그대와 함께 떡도 먹지 아니하고 물도 마시지 아니하리니 이는 여호와의 말씀이 내게 이르시기를 네가 거기서 떡도 먹지 말고 물도 마시지 말며 또 네가 오던 길로 되돌아가지도 말라 하셨음이로다 그가 그 사람에게 이르되 나도 그대와 같은 선지자라 천사가 여호와의 말씀으로 내게 이르기를 그를 네 집으로 데리고 돌아가서 그에게 떡을 먹이고 물을 마시게 하라 하였느니라 하니 이는 그 사람을 속임이라 이에 그 사람이 그와 함께 돌아가서 그의 집에서 떡을 먹으며 물을 마시니라."(왕상 13:11-19)

많은 사람들이 그리스도를 따르고 싶어 합니다. 그러나 하나님의 백성들은 십자가를 지고 범사에 그리스도를 따라야 합니다. 그런데도 많은 이들이 십자가로 나아가게 하는 길 아닌 다른 길에서 자기들의 명예를 얻으려고 합니다. 두려워 할 것은 이러한 엉거주춤한 마음의 자세입니다. 우리 주님께서 그러하셨듯이 분개함으로 그런 정신을 물리쳐야 마땅합니다. 그런 자세는 '하나님께 속한 향기'가 아닙니다. 그것은 사탄의 음성입니다. 사탄은 육신적 평안의 베개를 베고 자게 해주겠으며 꽃길을 걷게 하겠다고 약속합니다. 그러나 그가 약속하는 바로 그 길은 사망의 잠을 자게하고 기만당하고 결국 파멸을 맞는 길입니다. "베드로가 예수를 붙들고 항변하여 이르되 주여 그리 마옵소서 이 일이 결코 주께 미치지 아니하리이다 예수께서 돌이키시며 베드로에게 이르시되 사탄아 내 뒤로 물러 가라 너는 나를 넘어지게 하는 자로다 네가 하나님의 일을 생각하지 아니하고 도리어 사람의 일을 생각하는도다 하시고."(마 16:22,23)

고난의 때 일수록 우리 모두가 더욱 손에 쥐고 있어야 할 것, 곧 우리에게 실질적인 도움을 줄 수 있는 진정한 본질은 바로 살아있는 믿음에서 나오는 참된 확신입니다. 영원한 세계를 매우 가까이 느껴 본 적이 없는 사람들은 우리 '육체와 마음이 쇠잔해 질 때 흔들리지 않도록 만세 반석 위에 마음을 굳게 세우기 위해' 무엇이 필요한지 도저히 감을 잡을 수가 없습니다. "내 육체와 마음은 쇠약하나 하나님은 내 마음의 반석이시요 영원한 분깃이시라."(시 73:26)

그러므로 깨어 있어야 합니다! "내 생명이 경각에 달렸고 이제 곧 몸을 떠나 나를 판단하실 재판장 앞에 서려하네."라고 외치게 될 때가 얼마나 빨리 당도할지 우리는 모르기 때문입니다. "그러므로 깨어 있으라 집 주인이 언제 올는지 혹 저물 때일는지, 밤중일는지, 닭 울 때일는지, 새벽일는지 너희가 알지 못함이라 그가 홀연히 와서 너희가 자는 것을 보지 않도록 하라."(막 13:35, 36)

"허리에 띠를 띠고 등불을 켜고 서 있으라 너희는 마치 그 주인이 혼인 집에서 돌아와 문을 두드리면 곧 열어 주려고 기다리는 사람과 같이 되라 주인이 와서 깨어 있는 것을 보면 그 종들은 복이 있으리로다 내가 진실로 너희에게 이르노니 주인이 띠를 띠고 그 종들을 자리에 앉히고 나아와 수종들리라."(눅 12:35-37)

시편 119:111
"주의 증거들로 내가 영원히 나의 기업을 삼았사오니
이는 내 마음의 즐거움이 됨이니이다."

값으로 따질 수 없이 존귀한 성경이여!
"주의 증거들" 하나님의 증거들과 교리로 선포된 하나님의 뜻, 백성들에게 마땅한 도리를 증거하고 또 백성들에게 주어진 특권을 알게 하여 격려하는 말씀들이여! 다윗은 요동하고 낙심케 하는 환난 가운데서 "주의 증거들"의

가치를 알게 되었습니다. 진정한 자기 영혼의 거처가 바로 "주의 증거들"임을 알게 되었던 것입니다. "나의 생명이 항상 위기에 있사오나 나는 주의 법을 잊지 아니하나이다 악인들이 나를 해하려고 올무를 놓았사오나 나는 주의 법도들에서 떠나지 아니하였나이다."(시 119:109,110)

그러나 다윗이 어떻게 자기가 그 "주의 증거들"에 참여할 권리가 있다고 주장할 수 있었습니까? 그 권리를 돈을 주고 산 것도 아니고 공덕(功德)으로 산 것도 아닌데 "내 기업(基業, heritage)"이라고 주장하였습니다. 그것은 아브라함의 자손으로서 "약속을 따라 상속자"가 되었기 때문이었습니다. "너희가 그리스도의 것이면 곧 아브라함의 자손이요 약속대로 유업을 이을 자니라."(갈 3:29) 약속에 포함된 모든 것, '주 하나님 자신'과 주님의 모든 약속 전체가 "내 분깃"이라고 그는 주장하였습니다. "여호와는 나의 산업과 나의 잔의 소득이시니 나의 분깃을 지키시나이다."(시 16:5)

사람들은 땅에 속한 유업을 보여 이렇게 말합니다. '이 땅과, 이 재물과, 이 나라가 나의 것이로다.' 그러나 하나님의 자녀는 우주와 시간 세계와 영원 세계와 하나님과 무한한 완전하심들을 보면서 말합니다. "이 모든 것들이 다 내 것이로다." "그런즉 누구든지 사람을 자랑하지 말라 만물이 다 너희 것임이라 바울이나 아볼로나 게바나 세계나 생명이나 사망이나 지금 것이나 장래 것이나 다 너희의 것이요."(고전 3:21,22) '내 기업은 지상에 있는 그 어느 유업보다 더 확실하도다.' 우리를 향하신 하나님의 모든 약속은 "영원한 언약의 피 뿌리심"으로 그 복락이 확실할 것을 보장하는 인침을 받았습니다.

그러나 그것이 약속 때문에 내 기업이 된 것만은 아닙니다. 내 자신의 이지적 선택으로 "주의 증거들로 내가 영원히 나의 기업을 삼았사오니." 나의 기업으로 삼은 것이 복입니다. 그러나 복락 중의 복락은 "주의 증거들을 선하게 활용하고 적용하여 내 자신의 것으로 만드는" 것입니다. 그리하여 미성년자가 자라 어른이 되면 조상에게서 물려받은 유업을 소유하는 것 같이, 주님의 증거들을 내 기업으로 삼아 의지하고 그 안에서 살면 주님의 증거들이 내 보배와 내 분깃이 됩니다.

사람이 자기가 운영하는 기업으로 말미암아 이름이 알려지듯이, 나로 하여금 주님의 증거들을 기업으로 삼는 자들이 사람들에게 알려지게 하소서. 사람들이 나의 행실을 주목하고 살피다가 '저 사람은 세상을 행복으로 삼는 자가 아니라 성경을 붙잡는 것을 행복으로 삼는 자라.'고 말하게 하소서(고후 3:1-3). 26) 또 이렇게 외치게 하소서. '여기 나의 기업이 있도다. 이로 말미암아 난 왕처럼 살 수 있고, 세상의 모든 보화를 가진 것보다 더 부요한 삶을 영위할 수 있게 되었도다. 모든 것이 다 바닥이 나도 내 자원은 결코 떨어지지 않도다(합 3:17,18 ; 시 73:26). 27) 세상의 모든 기업은 사라져도, 나의 분깃은 영원할 것이로다.' 28)

오, 주여! 저로 하여금 이 보배로운 기업을 평가 절하하지 못하게 하소서. '약속의 상속자들'에게는 '강력한 위로'를 누릴 특권이 주어졌습니다. "하나님은 약속을 기업으로 받는 자들에게 그 뜻이 변하지 아니함을 충분히 나타내시려고 그 일을 맹세로 보증하셨나니 이는 하나님이 거짓말을 하실 수 없는 이 두 가지 변하지 못할 사실로 말미암아 앞에 있는 소망을 얻으려고 피난처를 찾은 우리에게 큰 안위를 받게 하려 하심이라."(히 6:17,18) "그리스도

---

26) "우리가 다시 자천하기를 시작하겠느냐 우리가 어찌 어떤 사람처럼 추천서를 너희에게 부치거나 혹은 너희에게 받거나 할 필요가 있느냐 너희는 우리의 편지라 우리 마음에 썼고 뭇 사람이 알고 읽는 바라 너희는 우리로 말미암아 나타난 그리스도의 편지니 이는 먹으로 쓴 것이 아니요 오직 살아 계신 하나님의 영으로 쓴 것이며 또 돌판에 쓴 것이 아니요 오직 육의 마음 판에 쓴 것이라."(고후 3:1-3)

27) "비록 무화과나무가 무성하지 못하며 포도나무에 열매가 없으며 감람나무에 소출이 없으며 밭에 먹을 것이 없으며 우리에 양이 없으며 외양간에 소가 없을지라도 나는 여호와로 말미암아 즐거워하며 나의 구원의 하나님으로 말미암아 기뻐하리로다."(합 3:17,18)
"내 육체와 마음은 쇠약하나 하나님은 내 마음의 반석이시요 영원한 분깃이시라."(시 73:26)

28) "그러므로 모든 육체는 풀과 같고 그 모든 영광은 풀의 꽃과 같으니 풀은 마르고 꽃은 떨어지되 오직 주의 말씀은 세세토록 있도다 하였으니 너희에게 전한 복음이 곧 이 말씀이니라."(벧전 1:24,25)

와 함께 한 상속자"에게 허락된 영원히 변치 않는 여호와 하나님의 사랑을 생각하면 승리의 개선가 아닌 무슨 말이 어울리겠습니까?[29]

"이는 내 마음의 즐거움이 됨이니이다." 다윗은 여기서 자기 기업을 생각할 때 가장 먼저 마음에 나타나는 정서가 '즐거움'이었다고 말합니다. 그 말은 '주의 증거들을 자기 영혼을 만족하게 하는 영원한 기업으로 삼기까지'는 진정한 만족을 누릴 수 없었다는 것입니다.

믿는 독자 여러분, 여러분의 기업의 약속들이 헛소리가 아님을 세상에 보여 준다면, 하나님이 보증하시고 그 약속들을 즐거워하게 하시는 은혜를 주고 계심을 세상에 보여 주라 강권할 필요가 있나요? 정말 주님의 약속들의 빛을 실제의 삶 속에 적용하는 것이 하늘에 속한 복락이요 분깃이라는 것을 세상에 보여 주어야 마땅하지요.

그런데 여러분의 마음이 잠시 세상에 보이는 것들에 휘둘려 세상의 보배들 속에 실질적 가치가 있다는 상상을 하는 쪽으로 이끌린 나머지, 참으로 탁월한 기업의 고귀한 특권과 기업의 영원성에 대한 의식을 망각한다면 말이 되겠습니까? 잠시 번지르르하게 번쩍이다가 사라지는 헛된 것들, 또 현재 누리는 것들을 하늘에 속한 기업을 바라보듯이 본다면, 그런 자세는 정말 어리석

---

29) "자녀이면 또한 상속자 곧 하나님의 상속자요 그리스도와 함께 한 상속자니 우리가 그와 함께 영광을 받기 위하여 고난도 함께 받아야 할 것이니라 생각하건대 현재의 고난은 장차 우리에게 나타날 영광과 비교할 수 없도다 피조물이 고대하는 바는 하나님의 아들들이 나타나는 것이니 피조물이 허무한 데 굴복하는 것은 자기 뜻이 아니요 오직 굴복하게 하시는 이로 말미암음이라 그 바라는 것은 피조물도 썩어짐의 종 노릇 한 데서 해방되어 하나님의 자녀들의 영광의 자유에 이르는 것이니라 피조물이 다 이제까지 함께 탄식하며 함께 고통을 겪고 있는 것을 우리가 아느니라 그뿐 아니라 또한 우리 곧 성령의 처음 익은 열매를 받은 우리까지도 속으로 탄식하여 양자 될 것 곧 우리 몸의 속량을 기다리느니라 우리가 소망으로 구원을 얻었으매 보이는 소망이 소망이 아니니 보는 것을 누가 바라리요 만일 우리가 보지 못하는 것을 바라면 참음으로 기다릴지니라 이와 같이 성령도 우리의 연약함을 도우시나니 우리는 마땅히 기도할 바를 알지 못하나 오직 성령이 말할 수 없는 탄식으로 우리를 위하여 친히 간구하시느니라 마음을 살피시는 이가 성령의 생각을 아시나니 이는 성령이 하나님의 뜻대로 성도를 위하여 간구하심이니라 우리가 알거니와 하나님을 사랑하는 자 곧 그의 뜻대로 부르심을 입은 자들에게는 모든 것이 합력하여 선을 이루느니라 하나님이 미리 아신 자들을 또한 그 아들의 형상을 본받게 하기 위하여 미리 정하셨으니 이는 그로 많은 형제 중에서 맏아들이 되게 하려 하심이니라 또 미리 정하신 그들을 또한 부르시고 부르신 그들을 또한 의롭다 하시고 의롭다 하신 그들을 또한 영화롭게 하셨느니라 그런즉 이 일에 대하여 우리가 무슨 말 하리요 만일 하나님이 우리를 위하시면 누가 우리를 대적하리요 자기 아들을 아끼지 아니하시고 우리 모든 사람을 위하여 내주신 이가 어찌 그 아들과 함께 모든 것을 우리에게 주시지 아니하겠느냐 누가 능히 하나님께서 택하신 자들을 고발하리요 의롭다 하신 이는 하나님이시니 누가 정죄하리요 죽으실 뿐 아니라 다시 살아나신 이는 그리스도 예수시니 그는 하나님 우편에 계신 자요 우리를 위하여 간구하시는 자시니라."(롬 8:17-34)

은 것에 지나지 않지요!

우리는 '세상에 속한 이들'이 하늘에 속한 약속의 기업의 보배로움을 섬뜩할 정도로 냉담하게 대하는 이유를 쉽게 설명할 수 있습니다. 그들은 에서가 자기의 장자권(長子權)을 매우 하찮은 것과 맞바꾸는 것과 같은 자세를 취합니다. "음행하는 자와 혹 한 그릇 음식을 위하여 장자의 명분을 판 에서와 같이 망령된 자가 없도록 살피라."(히 12:16) "야곱이 죽을 쑤었더니 에서가… 이르되 내가 죽게 되었으니 이 장자의 명분이 내게 무엇이 유익하리요 야곱이 이르되 오늘 내게 맹세하라 에서가 맹세하고 장자의 명분을 야곱에게 판지라 야곱이 떡과 팥죽을 에서에게 주매 에서가 먹으며 마시고 일어나 갔으니 에서가 장자의 명분을 가볍게 여김이었더라."(창 25:29-34)

그들은 하나님의 약속의 기업에 참여할 권리가 전혀 없습니다. 그들은 "이 세상에 살아 있는 동안 그들의 분깃을 받은" 사람들입니다(시 17:14). "자신들의 위로를 이미 받은" 사람들인 것입니다(눅 6:24).[30] 그러나 그들이 현세에서 받은 모든 것을 다 쓰고 난 뒤 영원한 세계에 대해 하나도 준비된 것이 없는 무서운 궁핍의 실상 앞에 서게 될 때가 얼마나 금방 다가옵니까! "다 없앤 후 그 나라에 크게 흉년이 들어 그가 비로소 궁핍한지라."(눅 15:14) 그들은 하늘의 기업에 참여할 권한이 전혀 없기 때문에 그것을 인하여 어떤 기쁨도 느낄 수 없습니다. 그러니 그들은 하늘의 기업을 냉랭한 시선으로 무시해 버릴 만큼 하찮은 일쯤으로 여기기 마련입니다. 그들이 하늘의 기업으로부터 소망을 둘 만한, 사모할 만한 탁월함을 발견하지 못하는 것은 전혀 이상한 일이 아닙니다.

세상적인 마음을 가진 자들이 하늘에 속한 보화와 무슨 교통을 나누겠습

---

30) "여호와여 이 세상에 살아 있는 동안 그들의 분깃을 받은 사람들에게서 주의 손으로 나를 구하소서 그들은 주의 재물로 배를 채우고 자녀로 만족하고 그들의 남은 산업을 그들의 어린 아이들에게 물려 주는 자니이다."(시 17:14)
"그러나 화 있을진저 너희 부요한 자여 너희는 너희의 위로를 이미 받았도다."(눅 6:24)

니까? 그러니 신령한 빛이 두꺼운 어둠의 마음속을 뚫고 들어가 하늘에 속한 위안의 자원이 될 수 있겠습니까? 눈과 마음이 세상의 중심을 향해 고정되어 있는 사람에게 하나님의 자녀가 갖는 유업이 주는 영적 유익을 깨달아 즐거 워한다는 것은 무엇과 같습니까? 깊은 땅 속 동굴에 살면서 거기에 강렬한 태양 빛이 들어오길 기대하는 것만큼이나 불가능한 일입니다.

세상에 속한 이들은 세상의 어둠과 어려움 때문에 영적인 일에 열심내지 못 한다고 핑계 대겠지요. 하찮은 일들에 열심 내며 영적인 일에는 인색한 이들 에게 솔직하게 말하라 하세요. 이 세상의 멸망하는 것들이 쌓인 창고들을 뒤 져 긁어 모으려고 들인 수고에 비해 측량할 수 없는 부요가 감춰진 광산(鑛 山)을 채굴하려고 들인 경건의 분량이 얼마나 적었는지를 솔직하게 자백하 라 하세요.

오, 내 영혼아! 내가 진정 이 복된 기업을 차지한 사람이라고 주장할 수 있 다면, 영적으로 비참한 자들이 황금을 가졌다고 부러워하지 말지어다. 도리 어 나를 그런 이들과 '다르게 하는' 은혜를 찬미할지어다. 그 은혜가 나에게 훨씬 더 행복하고 훨씬 더 부요한 '기업'을 주는도다. 이 다함이 없는 보고(寶 庫)를 통해서 날마다 풍부해지기를 바랄지어다. 그래서 내가 가난한 자요 아무것도 가진 것이 없을지라도 "모든 것을 가진 자라" 자랑할지어다. "근심 하는 자 같으나 항상 기뻐하고 가난한 자 같으나 많은 사람을 부요하게 하 고 아무 것도 없는 자 같으나 모든 것을 가진 자로다."(고후 6;10) 말씀 속에 있는 빛과 위로와 평안과 힘을 가진 풍성한 기업을 넘치는 기쁨의 이유로 삼 을지어다. 내 마음이 그 기업 무를 자에게 요구되는 도리에 충실하고 그 기 업의 특권들을 더 알기 위한 경건의 연습에 더욱 더 매진할지어다.

시편 119:112

"내가 주의 율례들을 영원히 행하려고

내 마음을 기울였나이다."

시편 기자는 자신에게 주어진 특권을 기뻐하고 즐겨 왔습니다. 이제 그는 자신에게 주어진 마땅한 도리들에 주목합니다. 하루가 아니라 **"영원히 행할"** 도리를 주목합니다. 그가 자신의 일을 어디서부터 시작하는지 주목하십시오. 그는 눈이나 귀나 혀가 아니고 "생명의 근원이 나오는 곳"인 마음에서부터 출발합니다. "모든 지킬 만한 것 중에 더욱 네 마음을 지키라 생명의 근원이 이에서 남이니라."(잠 4:23)

"내가 주의 율례들을 영원히 행하려고 내 마음을 기울였나이다." "주의 율례들을 행하려고 내 마음을 기울이는 일"은 세상을 창조하는 것만큼이나 대단한 하나님의 역사(役事)입니다. "악에 익숙한 우리가 선을 행할 수 있다."고 생각하는 것은 "구스인이 그의 피부를, 표범이 그의 반점을 변하게 할 수 있다."고 말하는 것과 같기 때문입니다(렘 13:23). 다윗은 여기서 자신의 힘으로 행동하며 본성적인 자기 마음의 정서들을 주장하여 하나님의 율례로 향하게 할 수 있다는 의미로 말하지 않습니다. 오직 그가 자주 토하여 낸 기도(36, 37절에서와 같은[31])를 통해서 성령님을 의존하여 자기 영혼의 모든 원리를 조정함으로 마음을 기울이겠다고 말합니다.

우리가 마땅히 행할 바를 해야 합니다. 그러나 하나님께서 우리로 능하게 해 주셔야만 마땅한 바를 할 수 있습니다. 영국국교회가 견지하는 39개 신앙조항 중 제 10조항이 말하는 바와 같습니다. "하나님께서는 우리의 본성

---

31) "내 마음을 주의 증거들에게 향하게 하시고 탐욕으로 향하지 말게 하소서 내 눈을 돌이켜 허탄한 것을 보지 말게 하시고 주의 길에서 나를 살아나게 하소서."(시 119:36, 37)

을 제어하시어 우리로 선한 의지를 가지게 하시고, 우리가 그 선한 의지를 가질 때에 우리와 함께 일하시되, 우리 밖에서나 우리를 대적하여 일하지 않으시고 우리를 통하여 우리와 함께 우리로 말미암아 일하신다." 우리를 육체의 본성에 빠지지 않게 지켜 보호하시는 은혜가 가장 먼저 영혼에 매우 강렬한 인상을 끼칩니다. 그런 다음에 하나님을 따를 수 있도록 보조적인 은혜를 주십니다. "에브라임이 스스로 탄식함을 내가 분명히 들었노니 주께서 나를 징벌하시매 멍에에 익숙하지 못한 송아지 같은 내가 징벌을 받았나이다 주는 나의 하나님 여호와이시니 나를 이끌어 돌이키소서 그리하시면 내가 돌아오겠나이다."(렘 31:18)

실로 하나님의 은혜의 도움을 받지 못하면 우리가 세운 목적들이 미약해지고, 목적을 이루려는 우리의 결심도 희미해집니다. 그러나 '은혜를 사모하며 기다리는' 그리스도인에게는 새 힘을 주시어 "독수리의 날개 치며 올라감 같게 하시고 걸어가도 피곤치 않게" 하십니다(사 40:31). "그리스도를 떠나서는 우리가 아무 것도 할 수 없다"고 의식하는 것(요 15:5)[32]은 "내게 능력 주시는 자 안에서 내가 모든 것을 할 수 있느니라."(빌 4:13)[33]고 확신하는 것과 같은 진리입니다.

우리에게 이미 주어진 은혜가 있어도 그 은혜를 계속 공급받기 위하여 지속적으로 주님을 의지해야 합니다. 우리는 자원하는 마음과 즐거움으로 그분께 마음을 돌림으로 하나님의 율례를 항상 행할 결심을 굳혀야 합니다.

이것이 바로 죽은 영혼을 살리시어 활동하게 하시는 하나님의 방식입니다. 하나님께서 말로 할 수 없이 달콤한 느낌을 주시어 그 영혼을 달래시며, 항

---

32) "나는 포도나무요 너희는 가지라 그가 내 안에, 내가 그 안에 거하면 사람이 열매를 많이 맺나니 나를 떠나서는 너희가 아무 것도 할 수 없음이라."(요 15:5)

33) 빌립보서 4:13의 KJV 역은 "나를 능하게 하시는 그리스도로 말미암아 내가 모든 것을 할 수 있노라(I can do all things through Christ which strengthenth me)." - 역자 주

거할 수 없는 능력으로 영혼을 주장하시어 하나님 자신께로 이끄십니다.

그 목적을 두고 우리의 발을 뗄 때 마다 하나님을 대적하며 게으름과 불신앙에 머물게 하려는 우리의 육신의 본성과 투쟁이 벌어질 것입니다. 그러나여린 마음으로 기도를 드리며 통회하며 영적인 은혜를 간구할 때 마다 우리를 도우시고 붙잡으시는 은혜의 성령님의 감화를 베풀어주시니 얼마나 용기가 나는지요! "이와 같이 성령도 우리의 연약함을 도우시나니 우리는 마땅히기도할 바를 알지 못하나 오직 성령이 말할 수 없는 탄식으로 우리를 위하여친히 간구하시느니라."(롬 8:26) "주의 구원의 즐거움을 내게 회복시켜 주시고자원하는 심령을 주사 나를 붙드소서."(시 51:12) 그렇게 끊임없는 성령의 이끄심은 우리의 견인(堅忍)의 원천이 될 것입니다.

하늘을 향해 나아갈 마음을 주셨던 바로 그 손이 우리가 영원을 향하여떼는 걸음마다 항상 도우실 것입니다. 믿는 자도 '나는 한 발자국도 떼기가힘들어요.'라고 말하지 않을 수 없을 때가 있습니다. '그런데 나 같은 자가감히 어떻게 매일 벌어지는 영적 싸움을 견뎌내어 끝까지 그 길을 갈 수 있다는 희망을 가질 수 있나요?' 그러나 여러분의 믿음의 순례길 첫 걸음을 시작하게 하신 이가 전능하신 분이 아니셨나요? 바로 그 하나님께서 그 후 이어지는 힘겨운 단계들마다 지원하시겠다고 맹세하지 않으셨나요?

의심하지 마세요. "또 약속하신 이는 미쁘시니 우리가 믿는 도리의 소망을움직이지 말며 굳게 잡고."(히 10:23) "너희 안에서 착한 일을 시작하신 이가그리스도 예수의 날까지 이루실 줄을 우리는 확신하노라."(빌 1:6) 이런 확신을 가지고 계속 나아가십시오. "항상 복종하여 두렵고 떨림으로 너희 구원을 이루라 너희 안에서 행하시는 이는 하나님이시니 자기의 기쁘신 뜻을 위하여 너희에게 소원을 두고 행하게 하시나니."(빌 2:13,13)

113 내가 두 마음 품는 자들을 미워하고 주의 법을 사랑하나이다

114 주는 나의 은신처요 방패시라 내가 주의 말씀을 바라나이다

115 너희 행악자들이여 나를 떠날지어다 나는 내 하나님의 계명들을 지키리로다

116 주의 말씀대로 나를 붙들어 살게 하시고 내 소망이 부끄럽지 않게 하소서

117 나를 붙드소서 그리하시면 내가 구원을 얻고 주의 율례들에 항상 주의하리이다

118 주의 율례들에서 떠나는 자는 주께서 다 멸시하셨으니 그들의 속임수는 허무함이니이다

119 주께서 세상의 모든 악인들을 찌꺼기 같이 버리시니

그러므로 내가 주의 증거들을 사랑하나이다

120 내 육체가 주를 두려워함으로 떨며 내가 또 주의 심판을 두려워하나이다

두 마음을 극복하는
사람의 행로

시편 119:113
"내가 두 마음 품는 자들을 미워하고
주의 법을 사랑하나이다."

타락은 사람의 정서들을 흩어 놓았습니다. 하나님께서 처음 사람을 창조
하실 때 사람의 마음에 있는 사랑의 정서는 '하나님과 그 율법을 위하고 죄
는 미워하게' 만드셨습니다. 그러나 지금 사람은 미워해야 할 것은 사랑하
고 사랑해야 할 것은 미워합니다(요 3:19 ; 롬 1:32 ; 6:12 ; 욥 21:14 ; 시 14:1 ; 롬
8:7).[1)]

하나님의 은혜의 역사는 그렇게 뒤틀려진 정서들을 제자리로 돌아오게 하

---

1) "그 정죄는 이것이니 곧 빛이 세상에 왔으되 사람들이 자기 행위가 악하므로 빛보다 어둠을 더 사랑한 것이니라."(요 3:19)
"그들이 이같은 일을 행하는 자는 사형에 해당한다고 하나님께서 정하심을 알고도 자기들만 행할 뿐 아니라 또한 그런 일을 행하는
자들을 옳다 하느니라."(롬 1:32)
"그러할지라도 그들은 하나님께 말하기를 우리를 떠나소서 우리가 주의 도리 알기를 바라지 아니하나이다."(욥 21:14)
"어리석은 자는 그의 마음에 이르기를 하나님이 없다 하는도다 그들은 부패하고 그 행실이 가증하니 선을 행하는 자가 없도다."(시
14:1)
"육신의 생각은 하나님과 원수가 되나니 이는 하나님의 법에 굴복하지 아니할 뿐 아니라 할 수도 없음이라."(롬 8:7)

고, 그 정서들이 겨냥할 대상을 바르게 정하게 만들어줍니다. '헛된 생각들을 미워하고 하나님의 법을 사랑하게' 합니다. 시편 기자가 말하는 바가 그것입니다. "내가 두 마음 품는 자들을 미워하고 주의 법을 사랑하나이다." 사람들 중에 자기의 허망한 생각들에 대한 책임의식을 갖는 이는 거의 없습니다. 도리어 사람들은 그 허망한 생각이 너무나 하찮은 것이라서 하나님 앞에 엄정한 결산서에 수록되지 않을 것 같이 여깁니다.

그러나 사람에게 빛이 비춰어 각성하게 되면 그 영혼은 자기 생각들을 양심에 비추어 살피는 법을 배우게 됩니다. 그리고 자기 생각들 속에 죄의 씨앗이 들어 있다는 것을 알게 됩니다(창 6:5 ; 잠 23:1 ; 24:9).[2] 그에 대한 근본적인 치료법은 무엇일까요?

"두 마음."[3] 주님의 은혜로 새롭게 하심을 받지 못한 이들의 본성에서 자연스럽게 나는 것이 바로 '두 마음(헛된 생각들)'입니다. '자기 마음의 부패를 알고' 하나님과 동행하는 그리스도인다운 행보가 보이는 '진정한 영성'을 아는 사람 치고 '두 마음'의 파괴적인 영향 때문에 부단히 탄식하지 않을 자가 누구입니까? 하나님의 자녀는 "하나님 아는 것을 대적하여 높아진 것을 다 무너뜨리고 모든 생각을 사로잡아 그리스도에게 복종하게" 되기를 갈망합니다(고후 10:5). 그러나 그는 "내 지체 속에 한 다른 법이 내 마음의 법과 싸우는 것"도 압니다(롬 7:23). 아울러 "선을 행하기 원하는 나에게 악이 함께 있는 것"을 봅니다(롬 7:21). 그는 "흐트러짐이 없이 주를 섬기고" 싶어합니다(고전 7:35). 그런데도 자기가 하나님과 거룩한 언약관계임을 망각하지 않을 때가 없을 정도입니다. 죄가 자기 영혼의 섬세한 조직 속속히 파고들어 있는

---

2) "여호와께서 사람의 죄악이 세상에 가득함과 그의 마음으로 생각하는 모든 계획이 항상 악할 뿐임을 보시고."(창 6:5)
"대저 그 마음의 생각이 어떠하면 그 위인도 그러한즉 그가 네게 먹고 마시라 할지라도 그의 마음은 너와 함께 하지 아니함이라."(잠 23:1)
"미련한 자의 생각은 죄요 거만한 자는 사람에게 미움을 받느니라."(잠 24:9)

3) KJV에서는 이를 'vain thoughts(헛된 생각들)'로 번역하고 있다. - 역자 주

것 같고, "헛된 생각들"의 구름이 일어나 하나님과 교제하며 함께 걷는 거리마다 어둡게 합니다. 그도 "하나님이여 내 마음이 확정되었고 내 마음이 확정되었사오니 내가 노래하고 내가 찬송하리이다."(시 57:7)라고 말하고 싶습니다. 그러나 금방 자기 마음의 정서들이 제자리를 벗어나 '미련한 자와 같이 눈을 땅 끝에 두며 방황하고 있음을' 발견합니다. "지혜는 명철한 자 앞에 있거늘 미련한 자는 눈을 땅 끝에 두느니라."(잠 17:24) 마치 자기 영혼이 겨냥할 거룩한 신적 매력을 지닌 대상이 없는 양 두리번거립니다.

우리는 세상에 속한 사람들의 말을 듣지 않아야 합니다. 세상적인 마음에 빠져서 자기에게 주어진 짐이 무겁다고 불평하는 하나님의 종의 말도 듣지 않아야 합니다. 그런 하나님의 종이 사람들이 위급할 때 써야 할 마음과 생각의 집중력이 중요하고 깊다 하여 세상의 염려로 향하게 한다 합시다. 실로 계략을 쓰는 대적 원수는 이런 방향으로 흐르는 마음의 집중력을 방해하기보다는 도와줄 것입니다. 그리하여 영혼으로 하여금 세상의 염려거리에 비하여 훨씬 더 긴박하고 중요한 영원의 주제들을 주목하지 못하게 할 것입니다. 우리가 항시 유념해야 할 것이 이것입니다. '하나님의 아들들이 와서 여호와 앞에 서면' 반드시 '사탄도 그들 가운데 서게' 된다는 사실입니다. "하루는 하나님의 아들들이 와서 여호와 앞에 섰고 사탄도 그들 가운데에 온지라."(욥 1:6)

"두 마음(헛된 생각들)"은 하나님과 교제하는 우리의 영적 행보를 부단하게 방해합니다. 이 시험의 '간교함'과 그에 수반되는 '특별한 위험'을 감지하였습니까? 이 문제를 다룰 때, 겉으로 드러나는 뻔뻔한 범죄를 불러오는 원인이 되는 유혹의 문제부터 다룸이 마땅합니다. 하나님을 모독하고 마음을 더럽게 하는 생각들이 우리 속에서 자리를 잡으면 '마음에 쉼'이 전혀 없게 됩니다. 그러나 이런 시험들 중에 어느 것도 우리 생각 속에서 끊임없이 일어나 세력을 부리는 모든 생각들만큼 제어하기 곤란하지는 않을 것입니다. 실제로 아직은 그 자체가 죄는 아니나 우리 영혼을 제어하여 하나님과 교제하지 못하게 영향을 끼치는 어떤 생각들이 있다면, 바로 그것들을 우리가 가장 미워해야 할 대상으로 여겨야 합니다. 바로 그것이 "포도원을 허는 작은 여우들"입니다. "우리를 위하여 여우 곧 포도원을 허는 작은 여우를 잡으라 우리의 포도원에 꽃이 피었음이라."(아 2:5) 그 '생각들'이 본질적으로 영적일 수도 있으나 그 성향이 '허망할' 수 있습니다. 그 이유는 이러합니다. 그 '생각들'은 큰 원수 사탄이 치밀한 계산속에서 의도한 것이라서 지금 바로 감당해야 할 바른 도리에서 우리 마음을 떼어내는 성향을 가지고 있습니다. 그러니 그런 생각들은 우리의 현재 영적 상황에 전혀 어울리지 않습니다. 누구나 그런 경험이 있습니다. 경우에 합당하지 않고 때에 맞지 않은 주제에 대하여 심각하게 생각해 본 경험이 다 있습니다. 그 생각들의 귀추들을 따라가 보면 '두 마음(허망한 생각)'이 들어 있습니다. 곧 '광명의 천사'를 가장한 원수의 '은밀한 부추김'으로 '두 가지 일을 마음에 두고 있으니' 생각이 갈려 둘 중 하나도 제대로 해내지 못하고, 결국 아무 것도 못하게 되지요.[4]

그러니 언제든지 그런 일이 마음에 일어나면 매우 조심해야 합니다. 곧, 마

---

[4] 그린험(Greenham)의 저작들은 체험적인 주제들에 대한 청교도 저작들 중에서 가장 체험적인 저작들에 속한다 할 수 있다. 그는 마음의 생각들이 여러 가지로 일어날 때에 그것들을 시험할 시금석을 제시하였다. "이 생각들이 과거의 내 어떤 죄를 생각나게 하여 나를 겸비하게 하고, 그런 허물에도 불구하고 은혜를 베푸신 하나님의 은혜에 감사하게 하고, 또 지금의 자기의 위치에 합당한 교훈을 얻게 하는 식으로 마음을 유도하는가? 그렇다면 그 생각들을 하나님께 속한 것으로 받으라. 그러나 마음에 일어나는 생각들이 '내 마음을 현재 감당할 도리에서 떼어 내' 다른 주제들을 향하려 한다면, 그 생각들을 일으킨 원천을 의심하고 내 허리를 묶고 기도하여 그 생각들을 다스릴 힘을 더 크게 얻기를 바라야 한다." 거룩한 묵상 시에 마음에 일어나는 여러 가지의 생각들로 마음이 갈리는 일에 설명해 달라는 요청을 받고 그는 이렇게 말하였다. "우리가 거룩한 행사를 시작하려 할 때 먼저 기도로 마음을 준비시키고 거룩해야 한다. 그런데 그러한 일이 부족하면 마음이 집중되지 않고 갈린다. 그런 경우 주님께서 그 주제님음에 대하여 책망하시되, '그 일을 네 자신의 힘만 의지하여 하려느냐.'고 하신다. 또 그렇게 마음이 집중되지 못하고 여러 가지의 생각들로 인하여 갈리게 되는 다른 경우가 있다. 선한 것을 생각하거나 악을 저지르려는 보편적인 목적만 가지고 있을 뿐 어떤 특별한 대상을 향하여 마음을 쏟고 있지 않는 상태일 수 있다. 그런 경우는 우리 마음의 일부는 묵상하면서도 여전히 다른 문제들에 대하여 마음을 쓰니 생각들이 정돈되었다가도 금방 흩어진다. 그러니 제기된 어떤 한 가지 일에 온전하고 진지하게 집중하지 못하게 된다. 다만 하나님을 모독하는 생각들이 마음에 일어나 괴롭다면, '그러한 생각들을 두려워하지는 말고 혐오하라.'고 권하고 싶다."

음에 '불의한 생각이 일어나 세력을 부리거나,' 세상이 갖은 모양을 바꾸어 가면서 우리 마음을 장악하여 힘을 쓰거나, 정욕을 수반한 상상이 계속적이지는 않으나 '불쑥 불쑥 찾아 들어' 우리 마음을 자극한다고 합시다. 그러면 마음에 들어와 자리를 잡을 기회를 호시탐탐 노리던 '허망한 생각들(두 마음)'이 '우리를 주장할 아주 좋은 기회를 포착'했다고 여기고 긴장해야 합니다. 그 생각들은 어찌나 모질게 쉬지 않고 일을 하는지 그들에게는 '안식일'도 없습니다. 우리 마음에서 세력을 부리려고 호시탐탐 기회를 노리다가 결국 목적을 달성하려 합니다.

이런 시험을 계속 당하다 보면 '내가 하나님의 자녀.'는 의식을 분명하게 견지하기가 쉽지 않습니다. 그러나 어떤 경우에도 자기가 하나님의 자녀라는 의식을 갖는 것은 진실한 그리스도인의 선명한 표지입니다. 허망한 생각들은 하나님 앞에서 지극히 혐오스럽습니다. "미련한 자의 생각은 죄요 거만한 자는 사람에게 미움을 받느니라."(잠 24:9) 또 우리 영혼에 큰 해를 줍니다(아 2:15). 우리의 새로운 성품과 배치됩니다. "내 속사람으로는 하나님의 법을 즐거워하되."(롬 7:22) 그런 생각들이 우리 마음에 일어나 자리 잡는 것을 완전하게 차단하지는 못한다 해도, 일부러 불러들여 즐기고 우리 마음에 '기숙(寄宿)하게' 해서는 안 됩니다. "예루살렘아 네 마음의 악을 씻어 버리라 그리하면 구원을 얻으리라 네 악한 생각이 네 속에 얼마나 오래 머물겠느냐."(렘 4:14)

이런 악한 생각들을 적극적으로 미워해야 한다는 자체가 그 생각들이 새롭게 하심을 입은 우리 마음의 제안이 아니라 마음의 평안을 저해하려는 원수가 주입한 것이라는 충분한 증거입니다. 그런 '허망한 두 마음을 가진 생각들'은 새로움을 입은 우리 마음을 주도하는 성향이나 의지와 배치됩니다. 그러므로 우리는 이렇게 말할 수 있습니다. "만일 내가 원하지 아니하는 그것을 하면 이를 행하는 자는 내가 아니요 내 속에 거하는 죄니라."

그런 "허망한 두 마음에 속한 생각들"로 괴로워하고 투쟁한다는 것은 우리 속에 두 마음이 거한다는 것을 입증합니다. 환영할만한 손님이나 사랑하는 가족이 아니라 '강도와 도적'으로 거하고 있는 것입니다. 그런 생각들에 빠져 즐기는 것이 바로 우리의 죄의 실상을 구성합니다. 그런 생각들이 우리 마음에 거처를 정하면 언제라도 우리가 시험에 들 수 있다고 여겨야 합니다. 그래서 우리는 그것들을 저항하기 위하여 항상 겸손한 자세로 주님을 의지할 이유를 갖게 됩니다.

그런 생각들이 일어난다는 것 자체는 우리의 연약함을 드러내는 것이지 우리가 불의함을 드러내는 것은 아닙니다. 그러므로 그런 생각들이 일어나는 것 자체로는 우리 양심을 저해할 자국을 남기지는 않습니다. 그러나 우리가 죄의 극악성과 마땅한 도리의 범주를 아는 지각이 자라면 자랄수록 '허망한 두 마음에 속한 생각들'이 얼마나 악한지를 알게 되고, 그것들에 대항할 의식을 더 갖게 됩니다.

우리가 최선을 기울여 주님을 섬기면서도 허망한 생각들이 일어나 마음에 영향을 끼쳐 마음을 오염시킴으로 탄식하는 경우에도, 여전히 우리는 "자기를 섬기는 아들을 아낌같이 우리를 아끼시는 하나님"을 신뢰하고 있음을 확신할 수 있습니다. "만군의 여호와가 이르노라 나는 내가 정한 날에 그들을 나의 특별한 소유로 삼을 것이요 또 사람이 자기를 섬기는 아들을 아낌같이 내가 그들을 아끼리니."(말 3:17) 하나님은 우리 기도들의 파편들을 모아서 받아 주시는 인자를 베푸시는 분입니다.

그러나 이런 불순한 생각들이 일어나는 것 자체가 하나님께 정죄 받는 것은 아니라도 그 악을 제어하기 위하여 아주 깊고 면밀한 자세를 가져야 합니다. 허망한 생각들이 우리 마음에 끼치는 인상 자체를 지워낼 수는 없어도 반드시 잊지 않고 기억해야 할 것이 있습니다. 우리 구주께서 바로 그 생각들이 내는 죄악 때문에 십자가에 못 박히셨다는 것입니다. 여기에 자신을 미워하게 하며 정신을 차리고 싸워서 이기게 하는 원리가 있습니다. 이 고질병이 자리하고 있는 마음을 갈보리에서 흘리신 주님의 피로 계속 씻어야 합니다. 부패의 샘을 정화(淨化)하지 않으면 그 샘에서 나는 물은 반드시 쓰기 때문입니다(왕하 2:19-22 ; 렘 4:14).[5] 마음을 부지런히 살펴야 합니다. "모든 지킬 만한 것 중에 더욱 네 마음을 지키라 생명의 근원이 이에서 남이니라."(잠 4:23) "선한 사람은 그 쌓은 선에서 선한 것을 내고 악한 사람은 그 쌓은 악에서 악한 것을 내느니라."(마 12:35) 그러니 선한 것을 내도록 마음을 채워야 합니다. 주님 앞에서 분명하고 마땅한 도리를 위하여 불굴의 자세를 견지하면서 "기도로 깨어 있어야" 합니다. "시험에 들지 않게 깨어 기도하라 마음에는 원이로되 육신이 약하도다 하시고."(마 26:41) 시험은 처음부터 단호하게 배격하여 잠시라도 발을 붙이지 못하게 해야 합니다. 시험은 하나님을 섬기는 우리의 행사를 더럽혀서 하나님을 경배하기 보다는 모독하는 처사가 되게 합니다. 사탄이 우리 마음에 던진 암시를 시작으로 "두 마음(허망한 생각들)"을 계속 주입하려 들것입니다. 그리하여 마음의 갈피를 잃게 만들어 자기가 주장하는 위치에 서게 하여 하나님을 가까이 따라가려는 우리의 행보가 점점 처지게 할 것입니다. 그러므로 우리가 원하는 만큼은 아니라도 할 수 있는 한 그 시험을 막아야 합니다. 허망한 생각들이 꼬리를 물고 일어나 우리를 괴롭힌다면, 그 생각들을 사로잡아 복종하게 하지는 못하여도 저항

---

5) "그 성읍 사람들이 엘리사에게 말하되 우리 주인께서 보시는 바와 같이 이 성읍의 위치는 좋으나 물이 나쁘므로 토산이 익지 못하고 떨어지나이다 엘리사가 이르되 새 그릇에 소금을 담아 내게로 가져오라 하매 곧 가져온지라 엘리사가 물 근원으로 나아가서 소금을 그 가운데에 던지며 이르되 여호와의 말씀이 내가 이 물을 고쳤으니 이로부터 다시는 죽음이나 열매 맺지 못함이 없을지니라 하셨느니라 하니 그 물이 엘리사가 한 말과 같이 고쳐져서 오늘에 이르렀더라."(왕하 2:19-22)
"예루살렘아 네 마음의 악을 씻어 버리라 그리하면 구원을 얻으리라 네 악한 생각이 네 속에 얼마나 오래 머물겠느냐."(렘 4:14)

의 자세를 취하는 변화는 꾀해야 합니다. 마음에 이는 허망한 생각들을 보며 탄식하며 눈물을 흘리며 하나님의 은혜를 갈망해야 합니다. 단순한 믿음의 확신으로 하나님께 자신을 던지며 기도해야 합니다. "주여 나의 모든 소원이 주 앞에 있사오며 나의 탄식이 주 앞에 감추이지 아니하나이다."(시 38:9) "나의 유리함을 주께서 계수하셨사오니 나의 눈물을 주의 병에 담으소서 이것이 주의 책에 기록되지 아니하였나이까."(시 56:8)

마음을 정하지 못하고 유리하나 여전히 하나님 앞에서 마땅한 도리를 감당하는 편이 그 도리를 버리고 아예 떠나는 것 보다 훨씬 낫습니다. 어떤 도리라도 흠 없이 감당하기 전에는 감당한 것이 아니라는 식의 구실을 대면서 게을리 하면, 다른 모든 의무도 그런 식으로 게을리 할 것은 불 보듯 뻔합니다. 그렇게 되면 결국에는 하나님을 예배하는 일이 아예 폐지될 것입니다.

영적 싸움에서 승리한 경우들을 살펴보면, 자신의 마음을 익히 알아 시험 받을 때 어떤 성향을 보이는지 잘 분별하여 대처했음을 발견합니다. 그리고 시험이 강력한 힘을 발휘하는 특별한 환경과 상황들에서 우리 마음이 어떤 방향으로 기울어지는지 잘 관찰하여 대처하였을 때 영적 싸움에서 성공하였음을 발견합니다. 마음의 성향을 잘 관찰하여 대처하고 사탄이 시험하기 위하여 들어오는 문들을 두 배로 더 단속하면 이깁니다. 전에는 그 문들로 원수가 아무 저항을 받지 않고 편하게 들락거리곤 하였습니다.

우리는 다윗의 체험을 통하여 제시된 효과적인 방법을 잊지 말아야 합니다. "내가 주의 법을 사랑하나이다." 다윗의 마음의 본성에는 창조주로서의 하나님 보다는 법을 제정하여 주신 분으로서의 하나님을 대항하는 것이 들어 있습니다. 하나님께서 당신의 뜻을 가리키는 법을 주셨는데 그것을 미워하고 대적하는 본성이 있었다는 말입니다. "육신의 생각은 하나님과 원수가 되나니 이는 하나님의 법에 굴복하지 아니할 뿐 아니라 할 수도 없음이라."(롬 8:7) 그런데 바로 그 본성의 원수를 정복하는 은혜의 능력이 다윗에게 있었습니다. '나는 두려워하는 마음으로만 주의 법을 지키는 것이 아니라 주의 법을 사랑하나이다.'

그러니 다윗은 탁월한 표현으로 놀라운 요점을 지적하고 있습니다. '거룩한 주의 법을 사랑하는 자는 허망한 두 마음을 미워하지 않을 수 없나이다.' 율법은 하나님의 형상이 투영된 것이기에 하나님을 향한 애정에서 비롯된 생각들은 사랑하는 하나님의 형상을 마음에 각인시키기 마련입니다. 하나님을 묵상하는 일이 즐거워 그 생각들이 더욱 더 굳어집니다. 그러니 구주를 사랑하는 마음이 날개를 단 듯 더 커지지 않을 수 없습니다. 이 때 우리 마음이 세상을 흘끔거리며 쳐다보던 일을 버리고 우리가 소원하는 대상을 향하여 비상을 시작하겠지요? 그리하여 사랑의 교제가 잦아지면 마음에 즐거움이 정착되고 모든 죄악의 정서를 혐오함으로 공격하고 저항하는 힘이 더 강해지지 않겠습니까? 그런 방식으로 "주의 법을 사랑함"이 새롭게 된 사람의 전인적인 힘을 분발시켜 '영적 악'을 미워하고 싸워 결국 이기게 되겠지요.

그럼에도 불구하고 우리 마음을 오염시키는 본성의 요소는 옛 사람이 완전하게 죽기까지는 남아 작용할 것입니다. 옛 사람이 원리적으로 십자가에 못 박혀 죽었음에도 무서운 힘을 가지고 덤비며 마지막까지 적대적인 세력을 부리려 할 것입니다. 그것을 우리가 '죄 중에서 잉태되어' 본성이 본래부터 부정(不淨)하였음을 상기시키는 기념물로 남아 있게 내버려 두십시오 (시 51:5). 6) 그것을 역이용하여 우리의 믿음을 분발케 하여 "무엇이든지 속된 것이나 가증한 일 또는 거짓말하는 자는 결코 그리로 들어가지 못하는"(계 21:27) 나라에 대한 소망을 더욱 견고히 합시다. 그 나라에서는 "두 마음(허

---

6) "내가 죄악 중에서 출생하였음이여 어머니가 죄 중에서 나를 잉태하였나이다."(시 51:5)

망한 생각들)"과 하나님과 우리 사이를 이간질하는 것은 무엇이든지 영원히 발견되지 않을 것입니다. 죄악적인 본성의 요소를 보며 우리를 값없이 은혜로 의롭다 하신 하나님의 복음의 영광을 더욱 더 기뻐하고, 매일 매 순간 "죄와 더러움을 씻는 열려진 샘"으로 신속히 나아갑시다(슥 13:1). 하늘에서 우리를 위하여 중보의 기도를 하시는 주님의 은혜로 말미암아 우리의 섬김에 묻어 있는 더러움을 정결하게 하시어 완전한 것처럼 받으시는 하나님 아버지의 영광을 더 기뻐합시다.

얼마나 복됩니까! 예수님께서는 우리가 우리 자신을 위하여 기도하는 것 같이 하지 않으십니다. 예수님의 대언의 기도는 우리처럼 곁길로 벗어나는 적이 없습니다. 기도하다 다른 생각의 방해를 받는 일도 없습니다. 우리 스스로는 죽어 있어 기도할 수도 없고, 죄가 많아 감히 기도할 만한 자격이 없습니다. "두 마음(허망한 생각들)" 가운데 어찌나 잘 헤매는지 우리의 기도가 바람에 흩어집니다. 이런 여러 요소들이 함께 작용하여 우리의 기도는 하늘까지 올라가지 못합니다. "내가 괴로워 말할 수 없나이다."(시 77:4)라고 고백하지 않을 수 없습니다. 그러나 우리를 위하여 대언하시는 분이 항상 계십니다. 하늘로부터 그분에 대한 말씀이 들려와 우리를 격려합니다. "이는 내 사랑하는 아들이요 내 기뻐하는 자라 하시니라."(마 3:17) 우리는 그런 소망과 동기와 용기를 가지고 "기도에 항상 힘써야" 합니다(롬 12:12). '기도해야' 기도할 마음이 일어나 기도할 수 있습니다. 우리는 쉬지 않고 끈질기게 주님께 간구하여야 합니다. 전능하신 주님의 사랑이 매 순간 죄와 사탄이 사로잡으려고 덤비는 우리 마음을 붙잡아 주십사하고 말입니다. 동시에 하나님을 섬기되 순전함으로 하나님의 거룩한 법을 섬겨 나아가는 우리의 행로를 방해하는 모든 것을 미워해야 합니다. 주님 앞에 견고한 확신을 가져야 합니다. 그러면 우리가 온전한 평강과 흔들리지 않는 위로 안에 있게 될 것입니다.

시편 119:114
"주는 나의 은신처요 방패시라
내가 주의 말씀을 바라나이다."

우리는 원수가 쉬지 않고 우리 영혼을 노리는 간악함을 알았습니다. 원수는 하나님의 사람인 우리가 정로를 벗어나 고통 속에 들어가게 할 방도를 구상하여 은밀하게 추진합니다. 그가 자기의 '은밀한 장소'로 얼마나 금방 달려가는지를 우리는 알아야 합니다. 그런 원수를 대항하여 우리의 안전을 지키는 주요한 원리가 여기에 있습니다. 곧, 자신의 힘만 의지하여 애를 쓰거나 분발하는 것만으로는 안 되고 '믿음으로' 해야 합니다. 즉시 예수님께로 달려가십시오. "여호와여 나를 내 원수들에게서 건지소서 내가 주께 피하여 숨었나이다."(시 143:9) "여호와의 이름은 견고한 망대라 의인은 그리로 달려가서 안전함을 얻느니라."(잠 18:10)

그렇습니다. 그 '신성하신 인자(人子)시여!' "그 안에는 신성의 모든 충만이 육체로 거하시고"(골 2:9) "또 그 사람은 광풍을 피하는 곳, 폭우를 가리는 곳 같을 것이며 마른 땅에 냇물 같을 것이며 곤비한 땅에 큰 바위 그늘 같으리니."(사 32:2)

"주는 나의 은신처요 방패시라." 예수님은 우리의 "은신처"가 되시기 위하여 흉포한 '훼방자'의 공격에 자신을 노출시키셨습니다. 율법을 어기면 그 율법은 어긴 자들에게 무서운 저주가 되어 끈질기게 따라 다닙니다. '죄인'은 죽어야 마땅합니다. 그러나 "주는 나의 은신처요 방패시라." 주께서 나를 율법의 저주에서 나를 구속하셨고, 나를 위한 저주가 되셨습니다. "그리스도께서 우리를 위하여 저주를 받은 바 되사 율법의 저주에서 우리를 속량하셨으니 기록된 바 나무에 달린 자마다 저주 아래에 있는 자라 하였음이라."(갈 3:13)

마귀가 쏘는 불화살은 사방 어디서도 날아 올 수 있습니다. 그러나 지금까지 나를 안전하게 지키신 주님의 은혜를 생각하면 감사의 찬미를 올리지 않을 수 없습니다. "주는 포학자의 기세가 성벽을 치는 폭풍과 같을 때에 빈궁한 자의 요새이시며 환난당한 가난한 자의 요새이시며 폭풍 중의 피난처시며 폭양을 피하는 그늘이 되셨사오니."(사 25:4) 우리의 "은신처"된 주님께서 세상의 세력이 우리를 해하지 못하게 보호하여 주십니다. 우리 구주께서 친히 말씀하셨습니다. "이것을 너희에게 이르는 것은 너희로 내 안에서 평안을 누리게 하려 함이라 세상에서는 너희가 환난을 당하나 담대하라 내가 세상을 이기었노라."(요 16:33)

우리 스스로는 큰 원수를 대적하여 이길 능력이 없습니다. 그러나 우리 주님께서 우리를 당신의 상처 난 옆구리로 인도하시어 거기에 우리를 숨기십니다. 우리는 '어린양의 피'로 참소자 마귀를 이깁니다. "또 우리 형제들이 어린 양의 피와 자기들의 증언하는 말씀으로써 그를 이겼으니 그들은 죽기까지 자기들의 생명을 아끼지 아니하였도다."(계 12:11) 우리를 참소하는 자들의 공격이 어디서 오더라도 대응할 준비가 되어 있습니다. "누가 능히 하나님께서 택하신 자들을 고발하리요 의롭다 하신 이는 하나님이시니 누가 정죄하리요 죽으실 뿐 아니라 다시 살아나신 이는 그리스도 예수시니 그는 하나님 우편에 계신 자요 우리를 위하여 간구하시는 자시니라."(롬 8:34,25) 죽음의 공포가 밀려 와도 우리의 "은신처" 되신 주님께서 감싸 주십니다. "자녀들은 혈과 육에 속하였으매 그도 또한 같은 모양으로 혈과 육을 함께 지니심은 죽음을 통하여 죽음의 세력을 잡은 자 곧 마귀를 멸하시며 또 죽기를 무서워하므로 한평생 매여 종 노릇 하는 모든 자들을 놓아 주려 하심이니."(히 2:14,15) 마지막까지 우리를 괴롭게 할 원수의 찌르는 칼을 막아 우리 입으로 감사의 찬송을 발할 준비가 되어 있습니다. "사망아 너의 승리가 어디 있느냐 사망아 네가 쏘는 것이 어디 있느냐 사망이 쏘는 것은 죄요 죄의 권능은 율법이라 우리 주 예수 그리스도로 말미암아 우리에게 승리를 주시는 하나님께 감사하노니."(고전 15:55-57) 악의에 찬 사탄은 '꺼져가는 심지'를 끄려고 무진 애를 쓰지만 꺼지지 않으며, 다시 회복될 가망이 전혀 보이지 않던 '상한 갈대'도 꺾이지 않습니다.

"주는 나의 은신처요 방패시라." 성경에는 하나님께서 우리가 위험에 처하지 않게 보호하시는 완전성이 그림을 그리듯이 묘사되어 있습니다. "아브람아 두려워하지 말라 나는 네 방패요 너의 지극히 큰 상급이니라."(창 15:1) "여호와여 주는 나의 방패시요 나의 영광이시요 나의 머리를 드시는 자이시니이다."(시 3:3) "여호와여 주는 의인에게 복을 주시고 방패와 같은 은혜로 그를 호위하시리이다."(시 5:12) "모든 것 위에 믿음의 방패를 가지고 이로써 능히 악한 자의 모든 불화살을 소멸하고."(엡 6:16) 우리에게 고통거리가 오지 않게 미리 방지하시거나, 고통이 우리에게 밀려왔다 할지라도 그것이 우리를 해하지 못하게 하시는 주님을 찬미합니다. "은신처"가 어떤 한 장소에만 한정되어 있으면 그것은 불완전한 피난처일 것입니다. 그러나 "나의 방패 되시는 주님"은 우리가 위험에 처하거나 원수의 공격을 받으면 어디서라도 역사하십니다. 그래서 우리 영혼을 겨냥하여 날린 사탄의 '불화살을 능히 소멸'할 수 있습니다.

"주는 나의 은신처요" '은신처'라는 말 속에 '은밀함'의 개념이 들어 있습니다. "주께서 그들을 주의 은밀한 곳에 숨기사 사람의 꾀에서 벗어나게 하시고 비밀히 장막에 감추사 말다툼에서 면하게 하시리이다."(시 31:20) 그래서 믿는 자의 삶은 세상이 이해하지 못하는 '감춰진 삶'입니다. "이는 너희가 죽었고 너희 생명이 그리스도와 함께 하나님 안에 감추어졌음이라."(골 3:3) 믿는 자들과 세상에 속한 불신자들이 일상에서는 서로 섞여 삽니다. 믿는 자가 겉으로는 사람에게 노출된 삶이지만 사실 "주님의 장막의 은밀한 곳에" 거하고 있습니다. "여호와께서 환난 날에 나를 그의 초막 속에 비밀히 지키시고 그의 장막 은밀한 곳에 나를 숨기시며 높은 바위 위에 두시리로다."(시 27:5) 그러니 자기를 에워싸고 있는 위험 속에서도 저항할 수 없는 능력의 보호를 받고 있습니다. "그 날에 유다 땅에서 이 노래를 부르리라 우리에게 견고한 성읍이 있음이여 여호와께서 구원으로 성벽과 외벽으로 삼으시리로다."(시 27:5) 세상에 속한 사람들은 믿는 자들의 초지일관하는 자세에 놀라곤 합니다. 그들을 흔들어 대려고 별의 별 방도를 다 써도 소용이 없으니 말입니다. 세상 사람들은 "자기를 경외하는 자들과 함께 하시는 주님의 친밀함"을 알 턱이 없습니다. "여호와의 친밀하심이 그를 경외하는 자들에게 있음이여 그의 언약을 그들에게 보이시리로다."(시 25:14)

믿는 자가 하나님의 완전충분하심을 어떻게 알았습니까? 하나님께서 그를 영원히 사랑하시어 위와 주위와 그 아래서 받쳐 주시는 것을 알았기 때문이 아닙니까? "주는 나의 은신처요 방패시라." 그래서 믿는 자는 원수의 나라 한복판에서도 높은 데 거합니다. 그를 지키기 위하여 공급되는 장비가 반석과 같이 견고합니다. "그는 높은 곳에 거하리니 견고한 바위가 그의 요새가 되며 그의 양식은 공급되고 그의 물은 끊어지지 아니하리라."(사 33:16)

그러나 우리가 이 "은신처"와 친밀합니까? 우리는 그 "은신처"를 어떻게 발견하였습니까? 그 안에서 발견되고 그 안에 거하려고 각별하게 세심한 노력으로 경주합니까? "은신처"의 장벽 안에 있으면 "악한 자가 만지지도" 못합니다(요일 5:18). 그런데도 그 장벽 바깥으로 나가 원수의 공격에 노출되는 모험을 감행할 것입니까? 그럴 경우 우리의 부주의가 얼마나 큰 손해인지를 뼈아프게 상기하는 일을 만날 것입니다.

그러니 우리는 "우리의 방패"를 자랑하고 그것을 앞세워 달려가야 합니다. 그러면 항상 안전할 것입니다. 기억할 것은 '모든 다른 은신처'는 물들이 흘러 들어가 넘쳐 거기 숨은 자들을 곤란케 한다는 사실입니다. "그러므로 주 여호와께서 이같이 이르시되 보라 내가 한 돌을 시온에 두어 기초를 삼았노니 곧 시험한 돌이요 귀하고 견고한 기촛돌이라 그것을 믿는 이는 다급하게 되지 아니하리로다 나는 정의를 측량줄로 삼고 공의를 저울추로 삼으니 우박이 거짓의 피난처를 소탕하며 물이 그 숨는 곳에 넘칠 것인즉."(사 28:16,17) 다른 모든 방패는 힘이 없습니다. 그러니 우리에게 안전한 방패를 알려주는 말씀이 바로 우리 소망의 견고한 보장이 됩니다. 그러므로 사랑의 보자기에 싸여 감춰진 죄인마다 이렇게 선언할 준비가 되어 있어야 합니다. **"내가 주의 말씀을 바라나이다."**

시편 119:115
"너희 행악자여 나를 떠날지어다
나는 내 하나님의 계명을 지키리로다."

"은신처시요 방패이신 주님" 안에 피하여 숨어 있으면 안전하고 고요합니다. 다윗은 자기의 '평강'을 저해하려는 원수들의 모든 악한 시도들을 멸시하며 **"너희 행악자여 나를 떠날지어다."**라고 외칩니다. 그는 자기의 가장 복된 이익을 방해하려는 행악자들의 목적을 알았습니다. 하나님을 섬기려는 자기의 결심을 흔들어대려는 그들의 영향력을 무서워하였습니다. 실로 그러한 행악자들의 회는 항상 하나님을 즐거워하고 섬기며 예배하는 일을 방해하기 마련입니다. "두 사람이 뜻이 같지 않은데 어찌 동행하겠으며."(암 3:3) 원리가 다른 두 사람이 어떻게 하나님과 교제하는 행보를 함께 견지하겠습니까? 하나님을 향하여 적대감을 가진 세상의 표준과 행실을 추구하는 자가 하나님을 경외하는 자와 어찌 동행하겠습니까? "한 사람이 두 주인을 섬기지 못할 것이니 혹 이를 미워하고 저를 사랑하거나 혹 이를 중히 여기고 저를 경히 여김이라 너희가 하나님과 재물을 겸하여 섬기지 못하느니라."(마 6:24) "간음한 여인들아 세상과 벗된 것이 하나님과 원수됨을 알지 못하느냐 그런즉 누구든지 세상과 벗이 되고자 하는 자는 스스로 하나님과 원수 되는 것이니라."(약 4:4) 초대교회 그리스도인들이 받은 권면은 오늘 우리에게 더 필요합니다. "또 여러 말로 확증하며 권하여 이르되 너희가 이 패역한 세대에서 구원을 받으라 하니."(행 2:40)

그러므로 하나님과 교제한다는 것은 경건하지 않은 이들과 단호하게 갈라서는 일을 수반합니다. 우리는 "은신처 되시며 방패 되시는 언약의 하나님" 안에서 안전하게 거하며 예수 그리스도의 선한 군사로 행악자들의 악행에 대처하며 그들의 유혹에 단호하게 대항하여야 합니다. "또 네가 많은 증인 앞에서 내게 들은 바를 충성된 사람들에게 부탁하라 그들이 또 다른 사람들을 가르칠 수 있으리라."(딤후 2:3)

그렇다고 은둔자나 금욕주의자처럼 샐쭉하며 냉소적인 자세로 살라는 것이 아닙니다. 우리는 공손하고 예의 바르고 자비한 모습을 보이라는 주님의 권면을 받은 자들입니다. "마지막으로 말하노니 너희가 다 마음을 같이하여 동정하며 형제를 사랑하며 불쌍히 여기며 겸손하며."(벧전 3:8) 외인들(믿지 않는 이들)에게 지혜롭고 사려 깊은 사람으로 비춰져야 합니다. "외인에게 대해서는 지혜로 행하여 세월을 아끼라."(골 4:5) "범사에 우리 구주 하나님의 교훈을 빛나게 하려 함이라."(딛 2:10)

어떤 때에는 "그리스도를 위하여 영혼들을 얻으려고" 말씀이 권하는 정도보다 더 힘 있게 나아가기도 하였습니다. 그러나 때로는 상황들을 핑계로 정로에서 벗어나거나 뒤로 물러가고 싶은 유혹을 받기도 합니다. 우리가 그리스도께 영혼들을 인도하려는 오직 한 가지만 염두에 두고 그 영혼들의 수준에 맞추려 들 수가 있다는 말입니다. 그러다가 하나님의 영광을 무시하거나 우리의 신앙고백과 어긋나게 행동할 수 있습니다. 그런 경우에는 담대하고 단호한 자세를 가져야 합니다. "너희 행악자들이여 나를 떠날지어다 나는 내 하나님의 계명들을 지키리로다."

이 결심은 '드러내 놓고 하나님을 모독하는 행악자들로 하여금 우리 믿음을 받아들이게 하겠다.'는 좋은 의도를 구실로 그들과의 관계에 미련을 두는 자기 기만적인 자세를 조금도 용납하지 않습니다. 양심을 속이지 않고 그런 전략을 성공시키려면 아주 대단한 주의와 순전함이 필요합니다. 그런 일은 세상적인 정신에 빠져드는 일을 방지할 특별한 조치가 있어야 합니다. 세상에 속한 사람들을 만나야 하고 또 그들에게 초청을 받게 되었다 합시다. 어떻게 해서든지 그들을 인도하여 주님을 믿게 해야겠다는 자비로운 의도를 가졌다 합시다. 그런 경우 하나님께서 예레미야 선지자에게 명하신 원리에 입각해서만 그 일을 추진해야 합니다. "그들은 네게로 돌아오려니와 너는 그들에게로 돌아가지 말지니라."(렘 15:19)

우리의 이웃을 기쁘게 하고 호감을 주려는 일은 오직 한 가지의 목적 때문입니다. 곧 이웃의 "선을 이루고 덕을 세우도록" 하려는 목적입니다. "우리 각 사람이 이웃을 기쁘게 하되 선을 이루고 덕을 세우도록 할지니라."(롬 15:2) 이 목적과 한계를 무시하는 경우마다 자기 자신을 만족하게 하는 동기로 일하고 있다는 충분한 증거를 보는 셈입니다. 그런 경우에는 '자기 십자가를 지고 오직 범사에 주님의 이름을 고백하는' 그리스도인의 성품의 독특한 표지가 흐려져 있음이 분명합니다.

때로 양심의 갈등을 겪으면서 위험이 내 앞에 있다는 것을 의식하지 않을 수 없습니다. 그래서 두려워 떠는 심령으로 이런 질문을 스스로에게 던지게 됩니다. '어떻게 하면 내 믿음을 상실할 위험이 없이 세상을 따라갈 수 있을까?' 이 질문이 담고 있는 위선과 자기 기만성에 대하여 언급할 필요도 없이 다른 형식으로 반문함으로 그 질문에 대한 답을 대신하는 것이 낫습니다. '생명을 좌우하는 원리는 없는 상태에서 어느 정도까지 세상과 구별될 수 있을까?' 우리 마음이 세상으로 기울어져 발걸음을 떼어 놓을 때 우리 마음의 움직임을 세밀하게 살펴야 합니다. 그 때 마음이 의지하는 논리의 허망함을 간파해야 합니다. 양심이 우리를 각성하려고 처음 발하는 소리에 귀를 기울여야 합니다. 그 소리가 미약하더라도 거의 하나님의 뜻을 암시할 것입니다.

우리가 자주 시험에 빠져 경험하였던 바와 같이, 세상을 따라가면서 우리가 진정으로 소원하던 목적을 이룬 적이 없었음을 잊지 마십시오. 세상과의 타협이 '우리 스스로 보기에 좋아 보일 수' 있습니다. 그러나 그런 방식으로는 세상에 속한 사람들에게 주님을 믿도록 하는데 어떤 진보도 이룩한 적이 없었습니다. 우리가 부주의하거나 겁을 내거나 세상의 압도적인 흐름에 편승하게 되면, 세상 사람들의 사회에서 우리 입술로 주님의 이름을 힘 있고 집중력 있는 자세로 증거한 적이 거의 없었음을 겪어 보지 않았습니까?

그러니 그러한 편의적 방도로는 다른 이들이 우리와 같은 믿음을 갖게 하기는 커녕, 그들의 비위를 건드리지 않으려고 우리 자신을 그들에게 맞추는 일만 하게 됩니다. 그들의 모임에서 우리 믿음이 유별나게 보이지 않는 것만으로 만족해야 할 뿐입니다. 불신자들의 취향과 습관과 삶의 자세에 순응하여 사실상 그들의 그릇된 행실의 표준을 인정한 것 밖에 되지 않지요. 그래서 그들로 하여금 자기들의 상태가 아무런 문제가 없다는 식으로 자만하게 합니다. 그래서 그들은 자기들의 표준이 성경이 분명히 요구하는 수준에 거의 근접하였다는 거짓된 생각을 갖게 됩니다.

'복음에 대하여 전혀 마음이 없는 이들'에게 그런 식으로 복음을 권하는 일의 궁극적인 결과는 무엇입니까? 오직 우리의 양심만 올무에 걸립니다. 반면에 우리가 전도하려는 그들은 자기들이 가진 모든 원리들을 하나도 바꾸지 않고 그대로 있을 뿐입니다.

우리는 분명히 알아야 합니다. 그런 방식은 성경이 선명하게 계시하고 선포한 것과 정면으로 배치된다는 점을 분명하게 해야 합니다. 그런 방식은 우리의 위대하신 구주를 불신하는 결정적인 성격을 담고 있습니다. '주님을 미워하는 이들을 사랑하면서도' 주님께 대한 우리의 사랑이 충실하게 이행될 수 있습니까? "하나니의 아들 선견자 예후가 나가서 여호사밧 왕을 맞아 이르되 왕이 악한 자를 돕고 여호와를 미워하는 자들을 사랑하는 것이 옳으니이까 그러므로 여호와께로부터 진노하심이 왕에게 임하리이다."(대하 19:2) '세상에서 하나님도 없이 습관적이고 고의적으로 하나님을 대항하는 모의를 자행하는 이들'의 모임에서 즐거움을 누리면서도 동시에 죄를 미워하는 일을 능동적으로 힘 있게 해낼 수 있습니까?(엡 2:12) 하나님을 잊어버린 자들이 아닌 누구를 '악인'이라고 부릅니까? "악인들이 스올로 돌아감이여 하나님을 잊어버린 모든 이방 나라들이 그리하리로다."(시 9:17) "악인은 그의 교만한 얼굴로 말하기를 여호와께서 이를 감찰하지 아니하신다 하며 그의 모든 사상에 하나님이 없다 하나이다."(시 10:4) 우리가 시험에 뛰어드는 모험을 자행하면서 자신의 연약함을 깊이 체험하였다고 말하는 것이 가당치 않지요. 우리가 세상과 불필요하게 접촉하면서 '그래도 나는 아무 해를 당하지 않겠다.' 하는 것이 마치 "사람이 숯불을 밟고서도 자기 발이 데지 않겠다." 하는 것이나 마찬가지 아닙니까? "사람이 숯불을 밟고서야 어찌 그의 발이 데지 아니하겠느냐."(잠 6:28) 더 적합하고 안전한 길을 버리고 대신 미끄러운 길을 택하는 것은 상식선의 신중함을 포기한 것 아닙니까? 자기를 즐겁게 하고 싶어서 고의적으로 세상과 타협하는 것이 결코 해가 되지 않는다는 것이

말이 됩니까? 그렇게 하는 것이 사도들에게는 위험한 일이었지만 우리에게
는 덜 위험하다고 생각하는 것입니까?(마 26:51,59-75) 우리가 주밀하게 하지
않고 대담한 척 하면 용기가 더 생깁니까? 성경을 우리가 행할 마땅한 도리
를 결정하는 정확하고 틀림없는 척도로 생각하지 않고 대신 우리 마음을 공
평한 판단자로 여긴다 합시다. 그 결과는 우리 자신이나 교회에 영향을 미
치기 마련입니다. 그 영향은 적극적으로 해가 되거나 그렇지 않다 할지라도
유익은 절대 주지 못합니다. '악행하는 자들'과 교제하는 일이 '우리 하나님
의 계명들을 지키는 일'에 장애가 됨을 느끼지 못하였습니까? 물론 그렇게 해
도 그들이 제안하는 방식으로 대놓고 행동하지 않을 수 있습니다. 또는 우
리의 이해와는 달리 그들의 꾀를 인정하는 것으로 나타나지 않을 수 있습니
다. 그렇다 할지라도 바람직하지 못한 영향력을 죽이는 일에 아무런 효과가
없음을 느끼지 못하였습니까? 이런 분위기 속에서 기도의 영이 아무런 해도
입지 않습니까? 악행자들이 좋아하는 것을 맛보는 일이 얼마나 위험한지 느
끼지 못하였습니까? 그들의 삶의 자세와 일반적인 행실의 정신을 그대로 받
아 맛보는 것이 얼마나 위험한지 몰랐느냐는 말입니다. 그들의 정신이 우리
의 외적인 신앙고백에 어떤 오점도 남기지 않는 것 같으나, 알지 못하는 사이
에 하나님을 향한 가장 선한 정서들을 깎아 내리는 일이 반드시 일어나게 되
어 있습니다. 그리고 복음이 요구하는 대로 '주님 편에 서서' 분명한 결단을
내리지 못하고 세상과 타협함으로 주어지는 해로움을 깊이 생각해본 적이
없었습니까?7) 하나님의 거룩하신 대의(大義)를 위하여 헌신하겠다고 서약하

---

7) "이에 모세가 진 문에 서서 이르되 누구든지 여호와의 편에 있는 자는 내게로 나아오라 하매 레위 자손이 다 모여 그에게로 가는지
라."(출 36:26)
"여호와의 사자의 말씀에 메로스를 저주하라 너희가 거듭거듭 그 주민들을 저주할 것은 그들이 와서 여호와를 돕지 아니하며 여호와
를 도와 용사를 치지 아니함이니라 하시도다."(삿 5:23)
"나와 함께 아니하는 자는 나를 반대하는 자요 나와 함께 모으지 아니하는 자는 헤치는 자니라."(마 12:30)

여 놓고 그렇게 할 수 있다니요. 특별하게 구별된 백성들로서 하나님 사람들의 영적인 품격을 그런 식으로 흐려 놓는 일이 어찌 옳은 일이겠습니까?[8]

우리가 하나님의 섭리 속에서 "행악자들"과 관계하지 않으면 안 될 때에는 겸손하면서도 기도로 깨어 있는 심령으로 해야 안전합니다. 그렇게 하면 그것이 우리가 져야할 십자가로 느껴지기는 하나 올무는 되지 않으리라 봅니다. "메섹에 유하며 게달의 장막 중에 머무는 것이 내게 화로다 내가 화평을 미워하는 자와 함께 오래 거주하였도다."(시 120:5,6) 그러나 그들의 정신을 따라 연합하지는 마십시오. 다윗은 '거룩한 결심'으로 "너희 행악자들이여 나를 떠날지어다."라고 말합니다. 다윗이 섬기는 주님께서 어느 날 그들 행악자들에게 "나를 떠나가라"고 말씀하실 것입니다. "또 왼편에 있는 자들에게 이르시되 저주를 받은 자들아 나를 떠나 마귀와 그 사자들을 위하여 예비된 영영한 불에 들어가라."(마 25:41) 그들은 그리스도의 마음에 합하지 않고 하늘의 거룩한 총회와 본질적으로 맞지 않는 자들입니다.

이 세상에 속한 자들은 빛의 자녀들과 진정한 교제를 할 수 없습니다. 마치 빛과 어둠이 교제할 수 없듯이 말입니다. "너희는 믿지 않는 자와 멍에를 함께 메지 말라 의와 불법이 어찌 함께 하며 빛과 어둠이 어찌 사귀며."(고후 6:14) 그리스도인과 세상 사람들과의 차이는 하늘과 지옥의 차이같이 큽니다. "내 아버지께 복 받을 자들이여 나아와 창세로부터 너희를 위하여 예비된 나라를 상속받으라."(마 25:34) "저주를 받은 자들아 나를 떠나 마귀와 그 사자들을 위하여 예비된 영영한 불에 들어가라."(마 25:41) 이 둘의 차이를 무엇과 비교하면 좋겠습니까. 엄숙한 날에 그 차이가 영원히 고착될 것입니다. 그 차이는

---

8) "내가 바위 위에서 그들을 보며 작은 산에서 그들을 바라보니 이 백성은 홀로 살 것이라 그를 여러 민족 중의 하나로 여기지 않으리로다."(민 23:9)
"세상 중에서 내게 주신 사람들에게 내가 아버지의 이름을 나타내었나이다 그들은 아버지의 것이었는데 내게 주셨으며 그들은 아버지의 말씀을 지키었나이다."(요 17:6)

지금도 눈에 보이게 나타납니다. 우리가 그들에게서 떠나야 합니다. 그렇지 않으면 우리가 하나님을 떠나게 됩니다. 우리는 그들과 하나님 두 편을 다 아우를 수가 없습니다. 세실(Cecil) 목사가 지적하듯이, 세상이 하나님을 모독하는 누추한 일에서 벗어나는 것은 불가능합니다. 세상의 정신을 가지고는 하나님과의 교제를 유지할 수 없습니다. 우리는 세상과 분리하느냐 하나님과 나뉘느냐 중 하나를 택해야 합니다. 세상과 하나님 둘 중 어느 편이 우리에게 더 맞습니까?

교제는 우리가 하늘에서 누리는 행복의 요소 중 하나가 될 것입니다. "그러나 너희가 이른 곳은 시온 산과 살아 계신 하나님의 도성인 하늘의 예루살렘과 천만 천사와 하늘에 기록된 장자들의 모임과 교회와 만민의 심판자이신 하나님 및 온전하게 된 의인의 영들과 새 언약의 중보자이신 예수와 및 아벨의 피보다 더 나은 것을 말하는 뿌린 피니라."(히 12:22-24) 우리가 이 땅에 있을 때 영원히 함께 있을 이들과 교제해야 마땅하지 않겠습니까? 우리가 세상을 떠날 때에 우리가 거할 장소만 바뀌는 것이지 우리와 함께 하던 무리들을 떠나는 것은 아닙니다. 그들을 하늘에서 다시 만나게 될 것이기 때문입니다. 그러니 우리 하늘 아버지의 사랑의 음성을 듣는 은혜를 구해야 합니다. "그러므로 너희는 그들 중에서 나와서 따로 있고 부정한 것을 만지지 말라 내가 너희를 영접하여 너희에게 아버지가 되고 너희는 내게 자녀가 되리라 전능하신 주의 말씀이니라 하셨느니라."(고후 6:17,18)

시편 119:116

"주의 말씀대로 나를 붙들어 살게 하시고
내 소망이 부끄럽지 않게 하소서."

시편 기자는 경건치 않는 자들의 회(會)를 싫어하고 오직 하나님께 밀착하려는 결심이 자기 확신에서 난 것이 아님을 천명하고 싶어 하였습니다. 그래서 이전에 여러 번 그랬던 것 같이,[9] 여기서도 자신을 '하나님의 붙들어 주시는 은혜'에 맡깁니다. "행악하는 자들아 떠나라"고 명하는 것 자체만으로 만족하지 않습니다. 하나님께서 자기에게 은혜를 베푸시기를 간절하게 탄원하고 있습니다. 장애를 없애는 것만으로 만족하지 않고 자기를 붙들어 주시는 은혜를 베풀어주시기를 하나님께 간청합니다. 오, 우리에게 항상 그 은혜가 얼마나 긴박하게 필요한지요! 모든 상황마다 시험거리를 제공합니다. 특별히 조건이 변하면 그 때마다 반드시 우리를 시험하는 것이 있습니다. 우리 속에는 어떤 것이 있습니까? 물같이 안정되지 못하고 늘 변하지 않습니까? 하나님의 보좌 앞에서 섬기는 가장 높은 지위의 천사장도 주 하나님의 붙들어 주심으로 서 있습니다. 그래서 그도 주님의 가족 중에 가장 미약한 자들과 합세하여 다음과 같이 아룁니다. "나의 나 된 것은 오직 하나님의 은혜로다." 하물며 매일 갈등과 시험에 우겨쌈을 당하고 자신의 연약함 때문에 넘어질 것을 늘 걱정해야 하는 우리의 입장에서는 "때를 따라 돕는 은혜를 얻기 위하여 은혜의 보좌 앞에 나갈"(히 4:16) 필요가 얼마나 많겠습니까!

---

9) 시편 119:8,31에서도 같은 구조가 보인다. "내가 주의 율례들을 지키오리니 나를 아주 버리지 마옵소서."(8절) "내가 주의 증거들에 매달렸사오니 여호와여 내가 수치를 당하지 말게 하소서."(31절) 시편 17:4,5도 비교해 보라. "사람의 행사로 논하면 나는 주의 입술의 말씀을 따라 스스로 삼가서 포악한 자의 길을 가지 아니하였사오며 나의 걸음이 주의 길을 굳게 지키고 실족하지 아니하였나이다." "하나님이 범죄한 천사들을 용서하지 아니하시고 지옥에 던져 어두운 구덩이에 두어 심판 때까지 지키게 하셨으며."(벧후 2:4) 찬송시인 William Cowper의 찬송시 중에서 이렇게 노래한 대목이 있다. '능력을 하나님 안에서만 찾는 자는 지혜로우니 자기 힘만 의뢰한 천사도 연약해 졌느니라.'

하나님께 드리는 우리의 탄원은 "주의 말씀대로" 드리는 기도입니다. "네 문빗장은 철과 놋이 될 것이니 네 사는 날을 따라서 능력이 있으리로다."(신 33:25) "두려워 말라." 이것이 바로 나를 붙드시는 하나님의 언어입니다. "두려워 말라 내가 너와 함께 함이니라 놀라지 말라 나는 네 하나님이 됨이니라 내가 너를 굳세게 하리라 참으로 너를 도와 주리라 참으로 나의 의로운 오른손으로 너를 붙들리라."(사 41:10) 우리에게 선하심으로 약속하시고 믿음의 손으로 꽉 붙잡을 힘을 주시며 인도하시는 하나님을 찬미하리로다!

내게 하나님의 약속이 필요한 이유는 무엇입니까? 하나님의 은총 속에서 발견되고 누리는 삶을 알기 위해서입니다. "그 노염은 잠깐이요 그 은총은 평생이로다 저녁에는 울음이 기숙할지라도 아침에는 기쁨이 오리로다."(시 30:5) 그 약속을 따라 진지하게 살아가는 것 말고 무엇이 가치있으며, 그 외에 이름을 걸만한 것이 무엇이겠습니까? 그러므로 "생명을 얻고 더 풍성하게 얻게 하시는"(요 10:10) 주님께 우리는 매 순간 그것을 위하여 부르짖어야 합니다. 주님의 은혜에 붙들려 주님의 임재를 의식하며 살아갈수록 그리스도인의 소망은 더욱 확실하게 보입니다. 시편 기자는 말합니다. 내가 바로 앞에 하나님의 말씀 속에서 그것을 표현하였다. 또한 내가 "주는 나의 은신처요 방패라"(시 119:114) 자랑하였도다. 그럼에도 나는 자신의 무능함을 의식하니 간절하게 기도하지 않을 수 없도다. **"주의 말씀대로 나를 붙들어 살게 하시고 내 소망이 부끄럽지 않게 하소서."**

그렇습니다. 예수님은 죄인의 소망입니다. 자기 영혼의 피난처로 알고 소망의 예수님께로 도망쳐 은신해야 합니다. 그래서 예수님 안에 있는 우리의 소망을 "튼튼하고 견고한 영혼의 닻 같다."고 하는 것입니다(히 6:18,19). 곤란에 처한 교회가 '이스라엘의 소망'이신 하나님께 탄원하며, 하나님의 이름을 기억하며 자기가 하나님께 소망을 둔 것이 부끄럽지 않게 하시기를 구합니다. "이스라엘의 소망이시요 고난 당한 때의 구원자시여 어찌하여 이 땅에서 거류하는 자 같이, 하룻밤을 유숙하는 나그네 같이 하시나이까."(렘 14:8) 교회의 모든 지체들이 이렇게 탄원함으로써 결국 확신 있는 믿음의 말을 하게 되어야 합니다. 곧, "내가 의뢰한 자를 내가 안다."고 해야 합니다(딤후 1:12). 이런 확신을 가질만 한 견고한 근거가 없습니까? "시온에 단련한 반석을 기초석"으로 삼지 않았습니까? 그 반석은 수천 번도 더 단련 받았고, 하나님만이 아니라 수천만의 죄인들도 시험해 본 결과 '확실한 기촛돌'임이 드러났습니다. "그러므로 주 여호와께서 이같이 이르시되 보라 내가 한 돌을 시온에 두어 기초를 삼았노니 곧 시험한 돌이요 귀하고 견고한 기촛돌이라 그것을 믿는 이는 다급하게 되지 아니하리로다."(사 28:16) 그러나 여전히 "우리가 소망의 확신과 자랑을 끝까지 굳게 잡고," "우리가 시작할 때에 확실한 것을 끝까지 견고히 잡고 있으면"(히 3:6,14), 시편 기자가 드린 기도를 쉬지 말고 드려야 합니다. "주의 말씀대로 나를 붙들어 살게 하소서."

다윗이 자기의 연약함에 놓여져 있었다면 "내가 놀라서 말하기를 주의 목전에서 끊어졌다 하였사옵니다."(시 31:22)라고 말하며 '그의 소망이 부끄러운 것'이 되었을 것입니다. 여러 가지 시련이 한꺼번에 몰려와 다급할 때에도 다윗은 은혜에 붙잡혀 "하나님 여호와를 힘입고 용기를 얻었더라."라고 했습니다(삼상 30:6). "내 힘이 강할 때에도" 나 혼자 내버려 두면 당장 얼마나 연약하고 무능한 자가 되는지요! 단 한 순간도 내 구원이 내 힘으로 계명을 지키는 일에 달려 있지 않게 하신 하나님의 긍휼이 얼마나 놀랍습니까! 그러니 내가 나를 의뢰하는 데서 벗어나기 위하여 얼마나 간절하게 기도해야 할까요! 능력을 얻으려고 믿음으로 전능하신 분께 간다는 것은 얼마나 즐거운 일입니까! 내가 겪는 영적 갈등이 내는 결과는 확실합니다. 자기 백성들 안에 '숨겨진 생명'의 창시자시며 그 생명을 항상 붙잡아 주는 이가 누구십니까! 그 생명은 하나님 자신의 생명의 일부입니다. 그러니 그 생명이 망할 수 없습니다. 훼방자 원수는 가련하고 유약하고 쇠미해가는 영혼이 "주의 말씀대로 붙들림을 받고 있어" 더 이상 자기의 악의(惡意)가 통하지 않는 범주에 안전하게 서있는 것을 보면 달아납니다. "너희는 말세에 나타내기로 예비하신 구원을 얻기 위하여 믿음으로 말미암아 하나님의 능력으로 보호하심을 받았느니라."(벧전 1:5) 그렇다고 언제나 내 연약이 저절로 강하게 된다는 말은 아닙니다. 도리어 내 연약을 더욱 의식하게 될 수록 영원하신 무한 능력자를 더 단순하게 의존할 것이라는 말입니다. 그래서 사도 바울은 자기 연약을 자랑한다고 말한 것입니다. "나의 여러 약한 것들에 대하여 자랑하리니 이는 그리스도의 능력이 내게 머물게 하려 함이라."(고후 12:9)

시편 119:117
"나를 붙드소서 그리하시면 내가 구원을 얻고
주의 율례들에 항상 주의하리이다."

시편 기자는 자기 궁핍과 위험이 어떤지 알기에 유일한 피난처를 "부단하게 계속 기도하는 일" 외에 다른 데서 찾을 수 없음을 고백합니다. "소망 중에 즐거워하며 환난 중에 참으며 기도에 항상 힘쓰며."(롬 12:12) 나는 '나를 붙잡아 주시는 아버지의 도우심'을 얻고자 계속 부르짖고 부르짖나이다. 내 자신이 연약하다는 것을 의식할 뿐 아니라 내 앞에 있는 미끄러지기 쉬운 위험을 감지하니, 어느 순간에나 안전하려면 "붙들어 주시는 미쁘신 하나님"을 의뢰하는 길 밖에 없음을 아나이다. 수를 헤아리기 어려울 정도로 여러 방도로 나를 시험하고, 그 시험마다 영향력이 가히 섬뜩할 정도입니다. 일단 시험에 들면 속임수에 빠지고 가면에 속고 의식이 무디어 집니다. 그런 경우 자신의 연약과 방종이 표현하기 어려울 정도니 순례의 행보 속에서 늘 기도하지 않을 수 없습니다. "나를 붙드소서. 그리하시면 내가 구원을 얻고."

우리는 "나는 거의 넘어질 뻔하였고 나의 걸음이 미끄러질 뻔하였으니"(시 73:2) 라고 말해야 할 때가 얼마나 잦았습니까! 그러나 그 때 마다 "여호와여 나의 발이 미끄러진다고 말할 때에 주의 인자하심이 나를 붙드셨사오며."(시 94:18) 라고 말하게 하신 하나님을 찬미합니다.

옛적 구약시대의 교회를 묘사한 그림이 얼마나 아름다운가요! "그의 사랑하는 자를 의지하고 거친 들에서 올라오는 여자가 누구인가 너로 말미암아 네 어머니가 고생한 곳 너를 낳은 자가 애쓴 그 곳 사과나무 아래에서 내가 너를 깨웠노라."(아 8:5) 다윗은 이렇게 주님을 의지하는 상태에 대하여 너무 익숙하게 잘 알고 있었기 때문에 갈등을 통하여 얻은 확신을 정말 애정 어리게 표현할 수 있었습니다. "나의 영혼이 주를 가까이 따르니 주의 오른손이 나를 붙드시거니와."(시 63:8) 다윗은 어린 시절부터 하나님의 돌보심을 알았기에 지금 믿음의 용기를 가질 수 있습니다. 하나님의 돌보심이 부단하게 하나님께 올리는 그의 찬송 제목이 되었습니다. "내가 모태에서부터 주를 의지하였으며 나의 어머니의 배에서부터 주께서 나를 택하셨사오니 나는 항상 주를 찬송하리이다."(시 71:6) 그러니 다윗이 자기의 남은 순례길, 아니 영원을 내다보면서 하나님께서 자기 영혼을 지키시리라 확신하는 것은 전혀 이상한 일이 아닙니다. "내가 항상 주와 함께 하니 주께서 내 오른손을 붙드셨나이다 주의 교훈으로 나를 인도하시고 후에는 영광으로 나를 영접하시리니."(시 73:23,24) 실로 영적인 이해가 더 생동감이 있을수록 주 하나님의 섭리, 아니 그 은혜의 여러 역사들을 통하여 주 하나님을 더욱 더 인식하게 될 것입니다. "나의 모든 길과 내가 눕는 것을 살펴보셨으므로 나의 모든 행위를 익히 아시오니."(시 139:3) "나 여호와는 포도원지기가 됨이여 때때로 물을

주며 밤낮으로 간수하여 아무든지 이를 해치지 못하게 하리로다."(사 27:3)

"나를 붙드소서." 이처럼 미끄러지기 쉬운 길에서 주님께서 어떻게 당신의 백성들을 '붙들어' 주시는지요? "우리가 다 그(예수님)의 충만한 데서 받으니 은혜 위에 은혜러라."(요 1:16) "이제 내가 육체 가운데 사는 것은 나를 사랑하사 나를 위하여 자기 자신을 버리신 하나님의 아들을 믿는 믿음 안에서 사는 것이라."(갈 2:20)

우리를 붙들어 주시는 은혜는 우리 속에 내주하시는 보혜사 성령님으로 말미암습니다. 보혜사 성령께서는 우리가 위험한 길에서 필요한 능력과 모든 자원을 그리스도의 무한한 생명의 샘에서 퍼 올려 공급하십니다. 성령님의 신적 감화로 말미암아 하나님의 섭리의 경륜들이 우리 하나님을 가까이하게 늘 인도하시고 지키시는 방편이 됩니다. 세상에서 번영하여 내 영혼 보기에 좋고 세상의 여러 끈을 더 강화시켜 준다면, 항상 지키시는 주님의 인자하심을 의뢰할 필요가 없나요? 그런 번영의 날에 나를 낮추시고 안일에 빠지지 않게 나를 주장하시도록 주님을 의지할 필요가 있지 않나요?

육신적으로 즐겁고, 세상이 나를 높이 평가하여 주고, 교회에서도 나에 대하여 '좋은 소문'이 나면, 그것이 나를 미혹하여 덫에 걸리는 통로가 될 수 있습니다. 그럴 경우 하나님께서는 나로 하여금 십자가를 지고 '낮아짐의 골짜기'로 가게 인도하실 것입니다.

여기에 불안한 행보, 곧 전능하신 이의 팔에 의존하는 것을 게을리 하는 은밀한 죄악이 숨어 있습니다! 자신을 의뢰하는 위험을 감추는 것이 얼마나 두려운 일입니까! 자신의 힘만 의뢰하고 서는 것이 정말 불가능하다는 것을 금방 알아차리게 될 것입니다. 솔로몬의 산보다 더 강한 산이 없어 보였을 때가 있었습니다. 그러나 그 때에 자기가 매우 '어리석었던' 일을 묘사했습니다. '자기 마음을 의뢰하자마자 자기의 산이 얼마나 급히 옮겨지게 되었는지'를 묘사합니다. "내가 형통할 때에 말하기를 영원히 흔들리지 아니하리라 하였도다 여호와여 주의 은혜로 나를 산 같이 굳게 세우셨더니 주의 얼굴을 가리시매 내가 근심하였나이다."(시 30:6,7) "자기의 마음을 믿는 자는 미련한 자요 지혜롭게 행하는 자는 구원을 얻을 자니라."(잠 28:26) 열왕기상 11장 1절에서 10절까지의 말씀을 찾아 읽어 보십시오. 거기 보면 솔로몬의 마음이 이방 여인들에게 빼앗겨 이방 신들을 따르게 되었습니다. "솔로몬이 마음을 돌려 이스라엘의 하나님 여호와를 떠나므로 여호와께서 그에게 진노하시니라 여호와께서 일찍이 두 번이나 그에게 나타나시고 이 일에 대하여 명령하사 다른 신을 따르지 말라 하셨으나 그가 여호와의 명령을 지키지 않았으므로 여호와께서 솔로몬에게 말씀하시되 네게 이러한 일이 있었고 또 네가 내 언약과 내가 네게 명령한 법도를 지키지 아니하였으니 내가 반드시 이 나라를 네게서 빼앗아 네 신하에게 주리라."(왕상 11:9-11)

베드로는 미련한 마음으로 주님의 팔을 의지하지 않고 혼자서 물위를 걸을 수 있다고 생각했습니다. 그러나 자신의 연약과 위험을 의식하는 순간 바른 마음으로 돌아왔고 "주여 나를 구원하소서."라고 외쳤습니다(마 14:28-30). 바로 그 위험의 순간에 주님께서 그를 건져 주신 것이 그의 주제넘음을 책망하는 효과를 가져왔더라면 베드로에게 나을 뻔하였습니다. 그랬더라면 우리는 그 사람의 입술에서 나는 근거 없는 자신감을 나타내는 말을 듣지 않았을 것입니다. "다 버릴지라도 나는 그리하지 않겠나이다… 내가 주와 함께 죽을지언정 주를 부인하지 않겠나이다."(막 14:29,31) 정말 속임수에 빠진 가련한 제자여! 그대는 크게 넘어질 벼랑에 서 있도다. "교만은 패망의 선봉이요 거만한 마음은 넘어짐의 앞잡이니라."(잠 16:18) 그럼에도 불구하고 그는 영원히 가라앉지 않게 붙잡힘을 받았습니다. 은혜로우신 구주께서 말씀하셨으니 말입니다. "시몬아, 시몬아, 보라 사탄이 너희를 밀 까부르듯 하려고 요구하였으나 그러나 내가 너를 위하여 네 믿음이 떨어지지 않기를 기도하였노니 너는 돌이킨 후에 네 형제를 굳게 하라."(눅 22:31,32)

우리는 전능하신 친구의 미쁘신 간구로 말미암아 '붙잡힘'을 받고 있습니다. 그분의 기도는 우리의 기도 같이 약하지 않습니다. 우리는 뒤로 물러가 계속 넘어짐에도 불구하고 "그는 쇠하지 아니하며 낙담하지 아니하시는" 분이십니다(사 42:4). 위험의 상황에서 시험을 받아 미끄러지기 쉬운 처지에 있어도 우리에게 올무를 놓아 넘어지게 하려는 세상이 우리를 어떻게 하지 못하도록 '안전히' 거하게 하십니다. 그분은 우리 속에 있는 속임수에 귀를 잘 기울이는 본성에 아주 빠지지 않게 보호하시고, 살아 있을 때나 죽을 때에나 영원히 안전하게 거하게 하실 것입니다. 그러니 우리는 주제넘음이 아닌 믿음으로 언약을 의지하여 용기를 가져야 합니다. 그리고 항상 겸손하게 깨어 있어 근면하여야 합니다. 그러면 주님께서 지정하신 길 안에서 "당신의 백성들인 성도들의 걸음"을 안전하게 지키실 것입니다.

그러므로 우리는 잊지 말아야 합니다. 우리 혼자 내버려 두면 언제나 넘어져 실족하기 쉽습니다. 언약하신 하나님과의 관계에 충실하면 그것이 "우리를 넘어지지 않게" 지켜줄 것입니다. 우리의 위로를 위하여 상기할 요점은 '내가 믿음으로 서 있다' 할 때에도 항상 "높은 마음을 품지 말고 도리어 두려워하라."(롬 11:20)는 권면의 말씀을 유념해야 한다는 것입니다. 하나님을 향하여 항상 "믿음으로 서 있어야" 합니다. 그러나 나 자신을 향하여는 항상 넘어질 위험을 생각하고 두려워해야 합니다. 빛은 밝은 광선만으로나 음침한 광선만으로 이루어지지 않습니다. 그 둘이 동시에 작용합니다. 그렇듯이 그리스도인에게 베풀어주시는 하나님의 은혜도 서로 반대되는 요소들이 함께 작용합니다. 그래야 '그 은혜가 완전하여 부족함이 전혀 없는' 것입니다. 그러므로 소망이 두려움과 조합을 이룰 때에 복음적인 참된 확신을 이끌어

냅니다. 그 확신 속에서만 우리는 하나님과 안전하고 친밀한 동행을 계속할 수 있습니다. 그러니 자신감이 넘치는 사람은 자신을 믿지 않는 법을 배우게 하고, 두려움에 찬 사람에게는 용기를 주어 구주를 믿는 법을 익히게 해야 합니다. 두 경우 모두 '필요한 때에 맞게 은혜와 도움을 주신다.'는 것을 확신하면서 견고한 결심으로 나아가게 됩니다. "그리하시면 내가 구원을 얻고 주의 율례들에 항상 주의하리이다."

"주의 율례들"의 요구대로 자신을 부인하여 "육체와 마음의 원하는 것"으로 기울어지려는 성향을 거부해야 할 상황에 처한다 합시다. 그런 경우에 "주의 율례들"을 지킬 일에 대한 확신으로 하나님을 모셔야 합니다. "주의 율례들"을 날마다 행실의 법칙으로 삼는 일을 사모해야 하며, "주의 율례들"이 우리 영혼의 하늘에 속한 행복의 요소라고 여기고 사모해야 합니다.

시편 119:117, 118
"주의 율례들에서 떠나는 자는 주께서 다 멸시하셨으니
그들의 속임수는 허무함이니이다
주께서 세상의 모든 악인들을 찌꺼기 같이 버리시니
그러므로 내가 주의 증거들을 사랑하나이다."

"주의 율례들"을 지키려는 시편 기자의 결심은, "주의 율례들에서 떠나는 자들"에 대한 하나님의 판단을 주목함으로 더욱 견고해 졌습니다. 그와 같이 주님께서는 우리에게 "주의 율례들에서 떠나는 것"이 어떤 대가를 치러야 하는지 배우게 하셨습니다. "의인이 악인의 보복 당함을 보고 기뻐함이여 그의 발을 악인의 피에 씻으리로다 그 때에 사람의 말이 진실로 의인에게 갚음이 있고 진실로 땅에서 심판하시는 하나님이 계시다 하리로다."(시 58:10,11)

"밤에 내 영혼이 주를 사모하였사온즉 내 중심이 주를 간절히 구하오리니 이는 주께서 땅에서 심판하시는 때에 세계의 거민이 의를 배움이니이다."(시 26:9) "내가 여러 나라를 끊어 버렸으므로 그들의 망대가 파괴되었고 내가 그들의 거리를 비게 하여 지나는 자가 없게 하였으므로 그들의 모든 성읍이 황폐하며 사람이 없으며 거할 자가 없게 되었느니라 내가 이르기를 너는 오직 나를 경외하고 교훈을 받으라 그리하면 내가 형벌을 내리기로 정하기는 하였지만 너의 거처가 끊어지지 아니하리라 하였으나 그들이 부지런히 그들의 모든 행위를 더럽게 하였느니라."(습 3:6,7)

그러므로 감사하는 마음으로 기뻐하면서 "주의 율례들에 항상 주의하는 것"은 그 사람의 성품의 특성이 무엇인지를 드러내는 표지이기도 합니다. "여호와께서 백성을 사랑하시나니 모든 성도가 그의 수중에 있으며 주의 발 아래에 앉아서 주의 말씀을 받는도다."(신 33:3) 하나님을 미워하는 원수들은 그리스도로 말미암아 하나님께서 그 뜻을 완전하게 이루시어 이기실 때에 "발판 같이 주님께 밟힘을 당할" 것입니다. "여호와께서 내 주께 말씀하시기를 내가 네 원수들로 네 발판이 되게 하기까지 너는 내 오른쪽에 앉아 있으라 하셨도다."(시 110:1) "그 왕들을 여호수아에게로 끌어내매 여호수아가 이스라엘 모든 사람을 부르고 자기와 함께 갔던 지휘관들에게 이르되 가까이 와서 이 왕들의 목을 발로 밟으라 하매 그들이 가까이 가서 그들의 목을 밟으매."(수 10:23) 그들은 긍휼 없는 심판을 당하게 될 것입니다.[1] 그러나 하나님의 친 백성들은 그리스도와 함께한 하나님의 상속자들로 높임을 받았습니다(롬 8:17). 하나님께서는 그들을 지금도 "또 함께 일으키사 그리스도 예수

---

[1] "이르되 그를 내려던지라 하니 내려던지매 그의 피가 담과 말에게 튀더라 예후가 그의 시체를 밟으니라."(왕하 9:33)
"나의 대적이 이것을 보고 부끄러워하리니 그는 전에 내게 말하기를 네 하나님 여호와가 어디 있느냐 하던 자라 그가 거리의 진흙 같이 밟히리라 그것을 내가 보리로다."(미 7:10)
"또 너희가 악인을 밟을 것이니 그들이 내가 정한 날에 너희 발바닥 밑에 재와 같으리라 만군의 여호와의 말이니라."(말 4:3)

안에서 함께 하늘에" 앉히셨습니다(엡 2:6). 그들은 주님의 손의 아름다운 영광의 면류관이 되고 하나님의 손에서 왕관이 될 것입니다. "너는 또 여호와의 손의 아름다운 관, 네 하나님의 손의 왕관이 될 것이라."(사 62:3) "그 때에 의인들은 자기 아버지 나라에서 해와 같이 빛나리라 귀 있는 자는 들으라."(마 13:43) 반면에 경건치 않은 이들은 보배로운 정금에 붙어 있는 '찌끼같이 제하여' 질 것입니다. "사람들이 그들을 내버린 은이라 부르게 될 것은 여호와께서 그들을 버렸음이라."(렘 6:30) 하나님께서 자기 백성들을 징계로 다스려 온전하게 서게 하려 하실 때에도 금에 붙어 있는 찌끼를 제함과 같은 일을 하실 수 있습니다. 그러나 악인들은 "철장으로 부수어 가루로" 만드십니다. "네가 철장으로 그들을 깨뜨림이여 질그릇 같이 부수리라 하시도다."(시 2:9)[2]

이 구별은 태초부터 존재해 왔습니다. 사람들이 낳은 첫 두 자식들을 다루시는 하나님의 행사로부터 시작하여(창 4:4,5 ; 히 11:4), 에녹과 노아와 아브라함을 택하신 일 속에서 그런 구별이 있었습니다(창 5:22-24 ; 히 11:5 ; 창 7:1 ; 창 12:1-3). 그들을 경건치 않은 악인들의 세계에서 불러내시어 "주인의 쓰임에 합당한 존귀한 그릇으로" 구별하셨습니다(딤후 2:21). 이어지는 세대에서 하나님께서는 애굽으로 하여금 이스라엘을 자기들과 구별하여 대우하신다는 것을 알게 하셨습니다. "그러나 이스라엘 자손에게는 사람에게나 짐승에게나 개 한 마리도 그 혀를 움직이지 아니하리니 여호와께서 애굽 사람과 이스라엘 사이를 구별하는 줄을 너희가 알리라 하셨나니."(출 11:7) 이스라엘을 '열방 중에 들어 있는 한 나라로 보지 않으시고 오직 홀로 거하는 족속으로' 보신 분이 하나님이십니다. "내가 바위 위에서 그들을 보며 작은 산에서

---

2) "내가 영원히 다투지 아니하며 내가 끊임없이 노하지 아니할 것은 내가 지은 그의 영과 혼이 내 앞에서 피곤할까 함이라 그의 탐심의 죄악으로 말미암아 내가 노하여 그를 쳤으며 또 내 얼굴을 가리고 노하였으나 그가 아직도 패역하여 자기 마음의 길로 걸어가도다 내가 그의 길을 보았은즉 그를 고쳐 줄 것이라 그를 인도하며 그와 그를 슬퍼하는 자들에게 위로를 다시 얻게 하리라."(사 57:16-18)

그들을 바라보니 이 백성은 홀로 살 것이라 그를 여러 민족 중의 하나로 여기지 않으리로다."(민 23:9) 하나님께서는 이스라엘을 지으시되, "내가 나를 위하여 지었나니 나를 찬송하게" 하려 하셨습니다(사 43:21) .

하나님께서는 성품에 있어서도 세상에 속한 이들과 경건한 이들이 서로 차이나게 하셨습니다. "또 아는 것은 우리는 하나님께 속하고 온 세상은 악한 자 안에 처한 것이며 또 아는 것은 하나님의 아들이 이르러 우리에게 지각을 주사 우리로 참된 자를 알게 하신 것과 또한 우리가 참된 자 곧 그의 아들 예수 그리스도 안에 있는 것이니 그는 참 하나님이시요 영생이시라."(요일 5:19,20) 그 둘이 걷는 행로도 다르게 하셨습니다. "악인의 길은 여호와께서 미워하셔도 공의를 따라가는 자는 그가 사랑하시느니라."(잠 15:9) 마음이 생각하는 방식에 있어서도 둘이 서로 다르게 하셨습니다. "육신을 따르는 자는 육신의 일을, 영을 따르는 자는 영의 일을 생각하나니."(롬 8:5) 무엇을 경영하느냐도 다릅니다. "악인의 제사는 여호와께서 미워하셔도 정직한 자의 기도는 그가 기뻐하시느니라."(잠 15:8) 특권도 다릅니다. "대저 패역한 자는 여호와께서 미워하시나 정직한 자에게는 그의 교통하심이 있으며 악인의 집에는 여호와의 저주가 있거니와 의인의 집에는 복이 있느니라."(잠 3:32,33) 또한 그 둘의 전망도 다릅니다. "땅의 티끌 가운데에서 자는 자 중에서 많은 사람이 깨어나 영생을 받는 자도 있겠고 수치를 당하여서 영원히 부끄러움을 당할 자도 있을 것이며."(단 12:2)

심판 날에 그 구분은 완전해지고 다른 쪽으로 이동할 가능성이 완전하게 배제되어 영원까지 이르게 될 것입니다. "인자가 자기 영광으로 모든 천사와 함께 올 때에 자기 영광의 보좌에 앉으리니 모든 민족을 그 앞에 모으고 각각 구분하기를 목자가 양과 염소를 구분하는 것 같이 하여 양은 그 오른편에 염소는 왼편에 두리라… 그들은 영벌에, 의인들은 영생에 들어가리라 하

시니라."(마 25:31-33)3)

그러나 악인들의 성품을 주목해 보십시오. 그들은 "주의 율례들을 떠나" 오류를 범합니다. 무지로 말미암아 "주의 율례들"을 생각하지 않습니다. 그들의 마음은 완고합니다. "내가 사십 년 동안 그 세대로 말미암아 근심하여 이르기를 그들은 마음이 미혹된 백성이라 내 길을 알지 못한다 하였도다."(시 95:10) "교만하여 저주를 받으며 주의 계명들에서 떠나는 자들을 주께서 꾸짖으셨나이다."(시 119:21) 그들은 "주여 우리가 알지 못하오니 알게 하여 주소서."라고 말하지 않습니다. 오히려 "그들은 하나님께 말하기를 우리를 떠나소서 우리가 주의 도리 알기를 바라지 아니하나이다."라고 말합니다(욥 21:14). 그들이 "주의 율례들"을 마음에 두지 않는 것은 연약함에서 비롯된 것이 아니라 '불신앙'으로 말미암았습니다. 지식이 부족한 결과가 아니라 죄를 사랑하여 나온 것입니다. 고의적이고 저주를 자초하는 악행입니다. 그러므로 그들을 가리켜 "땅에 속한 악인들(the wicked of the world)"로 낙인찍은 것은 정당한 일이며, 하나님의 영원한 분노의 대상이 되어 '영원한 불의 보응'을 받는 것이 합당합니다.

"악인들이 스올로 돌아감이여 하나님을 잊어버린 모든 이방 나라들이 그리하리로다."(시 9:17) 이 말씀은 그들에 대한 무서운 하나님의 경고 아닙니까? 교만한 자들에게는 이런 경고가 주어졌습니다. "만군의 여호와가 이르노라 보라 용광로 불 같은 날이 이르리니 교만한 자와 악을 행하는 자는 다 지푸라기 같을 것이라 그 이르는 날이 그들을 살라 그 뿌리와 가지를 남기지

---

3) "손에 키를 들고 자기의 타작 마당을 정하게 하사 알곡은 모아 곳간에 들이고 쭉정이는 꺼지지 않는 불에 태우시리라."(마 3:12)
"둘 다 추수 때까지 함께 자라게 두라 추수 때에 내가 추수꾼들에게 말하기를 가라지는 먼저 거두어 불사르게 단으로 묶고 곡식은 모아 내 곳간에 넣으라 하리라."(마 13:30)
"그 때에 여호와를 경외하는 자들이 피차에 말하매 여호와께서 그것을 분명히 들으시고 여호와를 경외하는 자와 그 이름을 존중히 여기는 자를 위하여 여호와 앞에 있는 기념책에 기록하셨느니라 만군의 여호와가 이르노라 나는 내가 정한 날에 그들을 나의 특별한 소유로 삼을 것이요 또 사람이 자기를 섬기는 아들을 아낌같이 내가 그들을 아끼리니 그 때에 너희가 돌아와서 의인과 악인을 분별하고 하나님을 섬기는 자와 섬기지 아니하는 자를 분별하리라."(말 3:16-18)

아니할 것이로되."(말 4:1) 세상에 속한 자들에게는 이런 경고가 주어졌습니다. "또 내가 내 영혼에게 이르되 영혼아 여러 해 쓸 물건을 많이 쌓아 두었으니 평안히 쉬고 먹고 마시고 즐거워하자 하리라 하되 하나님은 이르시되 어리석은 자여 오늘 밤에 네 영혼을 도로 찾으리니 그러면 네 준비한 것이 누구의 것이 되겠느냐 하셨으니."(눅 12:20,21) "그 날 밤에 갈대아 왕 벨사살이 죽임을 당하였고."(단 5:30) 외식하는 위선자들에게는 어떤 경고가 주어졌습니까? "마음이 경건치 아니한 자들은 분노를 쌓으며 하나님이 속박할지라도 도움을 구하지 아니하나니."(욥 36:13)

그래서 믿음 있는 자는 세상이 아무리 무질서하게 보여도 그 속에서 역사하시는 하나님의 의롭고 거룩하고 지혜로운 통치를 분별합니다. "구름과 흑암이 그를 둘렀고 공의와 정의가 그의 보좌의 기초로다."(시 97:2) '악인들'이 득세하여 이기고 의인들이 그들에게 짓밟히는 것 같이 보이더라도 항상 그 상태가 유지되지 않을 것입니다. 그 종국은 무엇입니까? "죄의 삯은 사망이요."(롬 6:31) "그러므로 악인들은 심판을 견디지 못하며 죄인들이 의인들의 모임에 들지 못하리로다."(시 1:5)

"그들의 속임수는 허무함이니라." 참으로 악인들의 상태가 얼마나 무섭고 절망적입니까! "악한 사람들과 속이는 자들은 더욱 악하여져서 속이기도 하고 속기도 하나니."(딤후 3:13) 그들은 자기들끼리 서로 믿음을 주고 받으며 마음으로 자축(自祝)하며 이를 것입니다. "이 저주의 말을 듣고도 심중에 스스로 복을 빌어 이르기를 내가 내 마음이 완악하여 젖은 것과 마른 것이 멸망할지라도 내게는 평안이 있으리라."(신 29:19)

우리의 마땅한 도리는 무엇입니까? 자기중심의 육체적인 생각은 이렇게 말할 것입니다. '가만히 있어요. 내버려 두세요.' 다시 말하면 그들로 망하게 내버려 두라는 식으로 말할 것입니다. 신실하지 못하고 게으르며 나태한 우리의 태도 때문에 "그리스도께서 위하여 죽은 자들"을 멸망하게 할 것입니까?[4] 성경은 무어라 말합니까? 양심은 무어라 합니까? 아니, 인간의 상식에 비추어 보아도 어떻게 하는 것이 옳습니까? "크게 외치라 목소리를 아끼지 말라."(사 57:1) 사망의 잠을 자는 자들이여 깨어 일어날지어다. "보라 지금은 은혜 받을 만한 때요 보라 지금은 구원의 날이로다."(고후 6:2) 즉시로 기도를 올리며, 불 가운데 타고 있는 나무를 끄집어내듯이 황급하게 외쳐야 합니다. "여호와께서 사탄에게 이르시되 사탄아 여호와께서 너를 책망하노라 예루살렘을 택한 여호와께서 너를 책망하노라 이는 불에서 꺼낸 그슬린 나무가 아니냐."(슥 3:2) "또 어떤 자를 불에서 끌어내어 구원하라 또 어떤 자를 그 육체로 더럽힌 옷까지도 미워하되 두려움으로 긍휼히 여기라."(유 23)

"주께서 세상의 모든 악인들을 찌꺼기 같이 버리시니." 황금에 섞여 있는 '찌끼를 제함 같은 심판'을 당하는 것이 얼마나 무서운 일입니까! 사울 왕을 보세요(삼상 28:5-25 참조). 그가 교만함으로 음울한 낙담에 빠져 스스로 더욱 완고하게 하는 방향으로 나아가게 내버려 두시는 하나님의 심판은 정말 무섭습니다. 하나님께서 이스라엘 사람들의 무서운 운명에 대하여 경고하시는 말씀이 얼마나 두렵습니까! "여호와의 말씀이 내게 임하여 이르시되 인자야 이스라엘 족속이 내게 찌꺼기가 되었나니 곧 풀무불 가운데에 있는 놋이나 주석이나 쇠나 납이며 은의 찌꺼기로다 그러므로 주 여호와께서 이와 같이 말씀하셨느니라 너희가 다 찌꺼기가 되었은즉 내가 너희를 예루살렘 가운데로 모으고 사람이 은이나 놋이나 쇠나 납이나 주석이나 모아서 풀무불 속에 넣고 불을 불어 녹이는 것 같이 내가 노여움과 분으로 너희를 모아 거기에 두고 녹이리라."(겔 22:18-20)

---

4) "만일 음식으로 말미암아 네 형제가 근심하게 되면 이는 네가 사랑으로 행하지 아니함이라 그리스도께서 대신하여 죽으신 형제를 네 음식으로 망하게 하지 말라."(롬 14:15)

"내가 주의 증거들을 사랑하나이다." 주 하나님의 공의로운 처사가 우리로 하여금 "주의 율례들"을 얼마나 사랑하게 하는지요! 만일 하나님의 진리가 그렇게 분명하게 나타났고, 진리와 함께 하나님의 주권에 대한 인식을 그렇게 분명히 보이셨는데도 "주의 율례들에 주의하지 않으면," 악인들 못지않은 악행입니다! 이에 더하여 생각해 보십시오. 하나님께서 죄를 주목하지 않으시고 당신의 말씀을 어기는 것도 엄격히 판단하지 않으신다면, 하나님 말씀의 거룩함에 대한 두려운 의식을 갖지 않을 것입니다. 하나님의 말씀이 가진 그 거룩함이 우리로 하여금 그 말씀을 최상으로 존귀하고 사랑하게 만듭니다. "주의 말씀이 심히 순수하므로 주의 종이 이를 사랑하나이다."(시 119:140)

시편 119:120
"내 육체가 주를 두려워함으로 떨며
내가 또 주의 심판을 두려워하나이다."

실로 하나님의 공의는 무시무시한 두려움의 주제입니다. 공의의 심판에서 벗어나 안전한 영역에 있는 자들에게도 공의는 정말 두렵기 한이 없습니다. 믿는 자들은 '세상에 속한 악인들'에게 부어지는 공의의 타격을 목격하면서 울부짖지 않을 수 없습니다. "내 육체가 주를 두려워함으로 떠나이다."[5] 그래서 옛적 구약 시대의 거룩한 사람들이 "주의 심판"이 시행되는 곳에서 어떻게 표현할 수 없을 정도로 두려워 떨었던 것입니다. 다윗은 웃사가 주님의 치심으로 즉사하는 것을 목도하고는 그 일이 바로 자기에게 일어날 것 같은

---

[5] 홀스리 감독(Bishop Horsley)은 '가공할 두려움으로 오싹해 진다.'고 말하였다. 그는 '사실 그 하나님의 공의의 심판의 두려움의 실상을 그렇게 에둘러 표현할 수 밖에 없다.'고 하였다.

두려운 느낌을 가졌습니다(삼하 6:6-9).[6] 욥의 말을 들어 보세요. "나는 하나님의 재앙을 심히 두려워하고 그의 위엄으로 말미암아 그런 일을 할 수 없느니라."(욥 31:23)

이처럼 선지자들은 하나님의 심판의 두려움에 대한 강한 의식이 있었습니다. "내가 들었으므로 내 창자가 흔들렸고 그 목소리로 말미암아 내 입술이 떨렸도다 무리가 우리를 치러 올라오는 환난 날을 내가 기다리므로 썩이는 것이 내 뼈에 들어왔으며 내 몸은 내 처소에서 떨리는도다."(합 3:16) "슬프고 아프다 내 마음속이 아프고 내 마음이 답답하여 잠잠할 수 없으니 이는 나의 심령이 나팔 소리와 전쟁의 경보를 들음이로다."(렘 4:19) "벨드사살이라 이름한 다니엘이 한동안 놀라며 마음으로 번민하는지라 왕이 그에게 말하여 이르기를 벨드사살아 너는 이 꿈과 그 해석으로 말미암아 번민할 것이 아니니라 벨드사살이 대답하여 이르되 내 주여 그 꿈은 왕을 미워하는 자에게 응하며 그 해석은 왕의 대적에게 응하기를 원하나이다."(단 4:19)

그러니 하나님께서 당신의 거룩한 성품을 드러내시기 위하여 원수들을 "밟아 찌꺼기 같이 제하여 버리리" 오실 때가 있습니다. 그 때 한 쪽에서는 하나님 백성들을 사랑하심을 나타내십니다. 그때 회심하여 "주는 나의 은신처라"(시 119:114)고 고백하며 안전하게 피하는 자들은 서서 '비유를 베풀어' 이렇게 외치지 않을 수 없습니다. "하나님이 이 일을 행하시리니 그 때에 살 자가 누구이랴."(민 24:23) 하나님의 자녀들은 하늘 아버지의 분노를 존중합니다. 그들은 분노하시는 하나님 아버지를 뵈오며 무서운 두려움에 빠지지 않을 수 없습니다. "하나님께는 두려운 위엄이 있느니라."(욥 37:22) 그들이 악인들에 대한

---

6) "그들이 나곤의 타작 마당에 이르러서는 소들이 뛰므로 웃사가 손을 들어 하나님의 궤를 붙들었더니 여호와 하나님이 웃사가 잘못함으로 말미암아 진노하사 그를 그 곳에서 치시니 그가 거기 하나님의 궤 곁에서 죽으니라 여호와께서 웃사를 치시므로 다윗이 분하여 그 곳을 베레스웃사라 부르니 그 이름이 오늘까지 이르니라 다윗이 그 날에 여호와를 두려워하여 이르되 여호와의 궤가 어찌 내게로 오리요."(삼하 6:6-9)

하나님의 심판이 임하는 것을 보면 "두려워함으로 떠는" 경건이 그들을 무거운 타격을 받지 않게 지켜 준다는 것을 알게 됩니다. 두려워 떨기를 거절하는 자들은 그 무거운 하나님의 타격을 느끼지 않을 수 없습니다. 그러나 "주의 심판을 두려워하는" 자들은 안전하게 거할 것입니다. "오직 너는 똑똑히 보리니 악인들의 보응을 네가 보리로다."(시 91:8) 선지자 하박국은 말하였습니다. "내가 들었으므로 내 창자가 흔들렸고 그 목소리로 말미암아 내 입술이 떨렸도다 무리가 우리를 치러 올라오는 환난 날을 내가 기다리므로 썩이는 것이 내 뼈에 들어왔으며 내 몸은 내 처소에서 떨리는도다."(합 3:16)

"자기 백성을 구원하시려 오심"을 보여주는 여러 표징이 보일 때에도 여전히 '정말 두렵기 한이 없어 떨 수 밖에 없는' 여러 표지들을 동반합니다. 하나님의 음성이 땅의 기초까지 흔들어 놓을 것 같습니다. "주께서는 경외 받을 이시니 주께서 한 번 노하실 때에 누가 주의 목전에 서리이까 주께서 하늘에서 판결을 선포하시매 땅이 두려워 잠잠하였나니 곧 하나님이 땅의 모든 온유한 자를 구원하시려고 심판하러 일어나신 때에로다."(시 76:7-9)[7]

"내 육체가 주를 두려워함으로 떨며 내가 또 주의 심판을 두려워하나이다."

---

7) 구주의 영광이 복음서 기자인 요한 사도에게 나타남으로 요한은 당시 자기가 처한 상황에서 특별한 위로를 받고 힘을 얻었다. "내가 볼 때에 그의 발 앞에 엎드러져 죽은 자 같이 되매 그가 오른손을 내게 얹고 이르시되 두려워하지 말라 나는 처음이요 마지막이니 곧 살아 있는 자라 내가 전에 죽었었노라 볼지어다 이제 세세토록 살아 있어 사망과 음부의 열쇠를 가졌노니."(계 1:17,18) 다니엘 10:8-19의 말씀도 참조 비교하여 보라. "그러므로 나만 홀로 있어서 이 큰 환상을 볼 때에 내 몸에 힘이 빠졌고 나의 아름다운 빛이 변하여 썩은 듯하였고 나의 힘이 다 없어졌으나 내가 그의 음성을 들었는데 그의 음성을 들을 때에 내가 얼굴을 땅에 대고 깊이 잠들었느니라 한 손이 있어 나를 어루만지기로 내가 떨었더니 그가 내 무릎과 손바닥이 땅에 닿게 일으키고 내게 이르되 큰 은총을 받은 사람 다니엘아 내가 네게 이르는 말을 깨닫고 일어서라 내가 네게 보내심을 받았느니라 하더라 그가 내게 이 말을 한 후에 내가 떨며 일어서니 그가 내게 이르되 다니엘아 두려워하지 말라 네가 깨달으려 하여 네 하나님 앞에 스스로 겸비하게 하기로 결심하던 첫날부터 네 말이 응답 받았으므로 내가 네 말로 말미암아 왔느니라 그런데 바사 왕국의 군주가 이십일 일 동안 나를 막았으므로 내가 거기 바사 왕국의 왕들과 함께 머물러 있더니 가장 높은 군주 중 하나인 미가엘이 와서 나를 도와주므로 이제 내가 마지막 날에 네 백성이 당할 일을 네게 깨닫게 하러 왔노라 이는 이 환상이 오랜 후의 일임이라 하더라 그가 이런 말로 내게 이를 때에 내가 곧 얼굴을 땅에 향하고 말문이 막혔더니 인자와 같은 이가 있어 내 입술을 만진지라 내가 곧 입을 열어 내 앞에 서 있는 자에게 말하여 이르되 내 주여 이 환상으로 말미암아 근심이 내게 더하므로 내가 힘이 없어졌나이다 내 몸에 힘이 없어졌고 호흡이 남지 아니하였사오니 내 주의 이 종이 어찌 능히 내 주와 더불어 말씀할 수 있으리이까 하니 또 사람의 모양 같은 것 하나가 나를 만지며 나를 강건하게 하여 이르되 큰 은총을 받은 사람이여 두려워하지 말라 평안하라 강건하라 강건하라 그가 이같이 내게 말하매 내가 곧 힘이 나서 이르되 내 주께서 나를 강건하게 하셨사오니 말씀하옵소서."

"두려워 떠는 것"이 하나님 자녀의 특성임을 알아보려면 악인들이 "하나님을 조롱하는 것"과 비교하여 보면 됩니다. "너희가 말로 여호와를 괴롭게 하고도 이르기를 우리가 어떻게 여호와를 괴롭혀 드렸나이까 하는도다 이는 너희가 말하기를 모든 악을 행하는 자는 여호와의 눈에 좋게 보이며 그에게 기쁨이 된다 하며 또 말하기를 정의의 하나님이 어디 계시냐 함이니라."(말 2:17) "먼저 이것을 알지니 말세에 조롱하는 자들이 와서 자기의 정욕을 따라 행하며 조롱하여 이르되 주께서 강림하신다는 약속이 어디 있느냐 조상들이 잔 후로부터 만물이 처음 창조될 때와 같이 그냥 있다 하니."(벧후 3:3,4) "그 때에 내가 등불로 예루살렘에서 찌꺼기 같이 가라앉아서 마음속에 스스로 이르기를 여호와께서는 복도 내리지 아니하시며 화도 내리지 아니하시리라 하는 자를 등불로 두루 찾아 벌하리니."(습 1:12)

사람들은 "하나님을 두려워하여 떠는" 대신 감히 "목을 세우고 방패를 들고 하나님께 달려드는"(욥 15:26) 악을 행합니다. 이렇게 "완악한 말로 하나님을 대적하는" 악인들의 모습을 목격하는 하늘의 천군 천사들이 깜짝 놀라지 않을 수 없지요. 악인들이 겸비한 척 하면서 다음과 같은 천사들의 노래를 따라 하는 것은 정말 모순입니다. "주여 누가 주의 이름을 두려워하지 아니하며 영화롭게 하지 아니하오리까 오직 주만 거룩하시니이다 주의 의로우신 일(심판)이 나타났으매"(계 15:4)

구약시대에 한 악인은 "두려워함으로 떠는 정신"의 옅은 그림자만 보였는데도 그에 대한 하나님의 심판이 미루어진 경우가 있습니다. 악한 아합 왕의 경우입니다. "아합이 이 모든 말씀을 들을 때에 그의 옷을 찢고 굵은 베로 몸을 동이고 금식하고 굵은 베에 누우며 또 풀이 죽어 다니더라 여호와의 말씀이 디셉 사람 엘리야에게 임하여 이르시되 아합이 내 앞에서 겸비함을 네가 보느냐 그가 내 앞에서 겸비하므로 내가 재앙을 저의 시대에는 내리지 아니하고 그 아들의 시대에야 그의 집에 재앙을 내리리라 하셨더라."(왕상 21:27-29) 또 하나님께서 회개하는 니느웨 사람들을 용서해 주셨습니다(욘 3:5-10). 그리고 주님께서는 '참 마음으로 겸손과 온유함'을 보인 요시야로 백성들이 당할 무서운 재난에 동참하지 않게 하셨습니다. "내가 이곳과 그 주민을 가리켜 말한 것을 네가 듣고 마음이 연약하여 하나님 앞 곧 내 앞에서 겸손하여 옷을 찢고 통곡하였으므로 나도 네 말을 들었노라 여호와가 말하였느니라."(대하 34:27) 마음을 낮추고 온유하게 하는 것은 두려우신 하나님의 은총의 표지들로 항상 존중을 받을 것입니다. "나 여호와가 말하노라 내 손이 이 모든 것을 지었으므로 그들이 생겼느니라 무릇 마음이 가난하고 심령에 통회하며 내 말을 듣고 떠는 자 그 사람은 내가 돌보려니와."(사 46:2)

그리스도를 믿는 자들이여! 여러분이 "형벌이 있는 두려움"에서 구원받은 것을 인하여 기뻐해야 합니다(요일 4:18).[8] 그럼에도 불구하고 하나님의 성품과 심판에 대한 경외어린 거룩한 두려움을 소중하게 여기는 것은 좋습니다. 그 두려움이 주제넘은 죄악에 빠지지 못하게 여러분을 지켜주는 매우 효력 있는 보호자 역할을 할 것이기 때문입니다(시 19:13).[9] 상상해 보세요. 만일 하나님께서 불변하는 언약으로 여러분을 대하지 않으셨다면 하나님의 두려운 "심판"이 영원히 여러분의 몫이 되었겠다고 상상해 보시란 말입니다. 그 생각만으로도 건전한 두려움과 확증된 구원의 확신이 어울려 여러분을 지켜줄 것입니다. 생각해 보세요. 불이 꺼지지 않고 타는 무저갱의 참상을 상상만 하여도 하나님의 은혜가 아니었으면 어찌되었을까 연상이 되어 두려워 떨지 않을 수 없습니다. 하나님께서 영원한 사랑의 강한 끈으로 나를 요동

---

8) "사랑 안에 두려움이 없고 온전한 사랑이 두려움을 내쫓나니 두려움에는 형벌이 있음이라 두려워하는 자는 사랑 안에서 온전히 이루지 못하였느니라."(요일 4:18)

9) "또 주의 종에게 고의로 죄를 짓지 말게 하사 그 죄가 나를 주장하지 못하게 하소서 그리하면 내가 정직하여 큰 죄과에서 벗어나겠나이다."(시 19:13)

하지 않게 '만세반석'에 묶어 놓지 않으셨으면 어떻게 되었겠습니까! 그러면 나는 영원한 무저갱에 끝도 없이 거하게 되었을 게 뻔하지요! 하나님의 은혜뿐 아니라 섭리가 나를 그렇게 만세반석에 단단하게 묶어 놓지 않았다면, 분명 나도 다른 배도자 같이 하나님의 손을 놓쳐 참아낼 수 없는 멸망의 구덩이로 떨어졌을 게 뻔합니다.

오! 주 하나님이시여, "내 육체가 주를 두려워함으로 떨며 내가 또 주의 심판을 두려워하나이다." 10)

그와 같이 '하나님의 심판을 무섭게 생각하고 두려워함'은 구원받은 사람들이 갖지 말아야 할 '노예적인 지옥의 공포'가 아닙니다. 하나님께서 성도들을 부르신 것은 '하나님을 경외하게' 하시려 함입니다. "너희 성도들아 여호와를 경외하라(두려워하라)11) 그를 경외하는 자에게는 부족함이 없도다."(시 34:9) 성도들의 두려움은 '노예적인 굴레'이기보다 가장 강한 구원의 확신과 조화를 이룹니다. 하박국은 자기 나라에 임할 하나님의 판단이 두려웠으나 여전히 구원에 대한 기쁨을 잃지 않습니다(합 13:16-18).12) 성도들이 하나님의 심판을 두려워하는 것은 구원을 확신함으로 맺히는 열매입니다. "그러므로 우리가 흔들리지 않는 나라를 받았은즉 은혜를 받자 이로 말미암아 경건함과 두려움으로 하나님을 기쁘시게 섬길지니."(히 12:28)

---

10) Henry Martyn이 이 주제에 대하여 체험적으로 이해한 것을 들으면 정말 놀랍다! "내가 밤에 기도를 하고 있었는데, 그때 나는 죄인들을 지옥에 던지시는 '하나님의 심판'을 아주 가까이 보는듯하여 두려워 어쩔 줄을 모르게 되었다. 그래서 '내 육체가 하나님의 심판을 두려워하게' 되었다. 지옥에서 당할 고통의 확실성을 증거한 하나님의 거룩한 말씀들이 전에는 느껴보지 못했던 방식으로 내게 다가왔다. 나는 날래게 도망쳐 예수 그리스도께로 나아갔다. 마치 지옥의 불꽃이 나를 집어 삼킬 것 같은 기세로 내게 다가온 듯 느꼈기 때문이다. 오! 그리스도께서 실로 나를 구원하실 것이다. 그렇지 않으면 나는 망한다." - 그의 일기(Journals)에서.

11) 우리말 개역개정의 '두려워하라'가 영어로는 fear(두려워하라)이다. - 역자 주

12) "내가 들었으므로 내 창자가 흔들렸고 그 목소리로 말미암아 내 입술이 떨렸도다 무리가 우리를 치려 올라오는 환난 날을 내가 기다리므로 썩이는 것이 내 뼈에 들어왔으며 내 몸은 내 처소에서 떨리는도다 비록 무화과나무가 무성하지 못하며 포도나무에 열매가 없으며 감람나무에 소출이 없으며 밭에 먹을 것이 없으며 우리에 양이 없으며 외양간에 소가 없을지라도 나는 여호와로 말미암아 즐거워하며 나의 구원의 하나님으로 말미암아 기뻐하리로다."(합 3:16-18)

그러므로 성도가 하나님의 심판을 두려워함은 즉시로 순종과 성도의 견인 (堅忍)의 원리로 작용합니다. "그러므로 우리는 두려워할지니 그의 안식에 들어갈 약속이 남아 있을지라도 너희 중에는 혹 이르지 못할 자가 있을까 함이라."(히 4:1) 또 그 두려움은 자신이 하나님 앞에서 정말 죄인으로 연약하고 무가치하다는 의식으로 발전하여 하나님 앞에 자신을 낮추게 합니다. 그러니 그 두려움은 우리를 가르치는 가장 훌륭한 연단의 동기로 작용합니다. 그것은 우리의 완고한 육체적 생각에 재갈을 물려 하나님 받으시기 합당하게 섬기게 하는 것으로 작용합니다. 하나님께서는 사랑 가운데서 그리스도로 말미암아 우리와 화해하신 하나님이시지만 여전히 거룩하시어 "소멸하시는 불"이심을 상기함으로 그렇게 됩니다. "그러므로 우리가 흔들리지 않는 나라를 받았은즉 은혜를 받자 이로 말미암아 경건함과 두려움으로 하나님을 기쁘시게 섬길지니 우리 하나님은 소멸하는 불이심이라."(히 12:29, 29)

이렇게 우리가 하나님을 향하여 거룩한 두려움과 근신의 자세를 견지하면, 하나님을 최상의 권위로 알고 가장 작은 계명도 소홀하게 여기지 않는 법을 배우게 될 것입니다. 정말 고의로 하나님께 죄를 범할까 두려워하게 될 것입니다. 하나님을 근심케 하지 않을까 크게 두려워하는 것은 회개하지 않는 상태에서 지옥을 두려워하는 것 보다 훨씬 더 실질적으로 작용할 것입니다.

'복음'이 주는 자유를 방종의 도구로 여기는 자들은 이 말이 무슨 뜻인지 이해하지 못할 것입니다. 그러나 겸손한 신자는 '주 하나님을 두려워하는 것'이 '성령님의 위로'와 얼마나 밀접하게 연관되어 있는지를 잘 알고 있습니다. "그리하여 온 유대와 갈릴리와 사마리아 교회가 평안하여 든든히 서가고 주를 경외함과 성령의 위로로 진행하여 수가 더 많아지니라."(행 9:31) "그 여자들이 무서움과 큰 기쁨으로 빨리 무덤을 떠나 제자들에게 알리려고 달음질할새."(마 28:8) 그 두려움은 꾸준한 거룩함으로 진보하고 하늘을 위해 자신을 준비하는 것과 한 줄기입니다.

121 내가 정의와 공의를 행하였사오니 나를 박해하는 자들에게 나를 넘기지 마옵소서

122 주의 종을 보증하사 복을 얻게 하시고 교만한 자들이 나를 박해하지 못하게 하소서

123 내 눈이 주의 구원과 주의 의로운 말씀을 사모하기에 피곤하나이다

124 주의 인자하심대로 주의 종에게 행하사 내게 주의 율례들을 가르치소서

125 나는 주의 종이오니 나를 깨닫게 하사 주의 증거들을 알게 하소서

126 그들이 주의 법을 폐하였사오니 지금은 여호와께서 일하실 때니이다

127 그러므로 내가 주의 계명들을 금 곧 순금보다 더 사랑하나이다

128 그러므로 내가 범사에 모든 주의 법도들을 바르게 여기고 모든 거짓 행위를 미워하나이다

16

박해 중에서도
하나님의 보증을 믿는 사람

시편 119:121,122
"내가 정의와 공의를 행하였사오니
나를 박해하는 자들에게 나를 넘기지 마옵소서
주의 종을 보증하사 복을 얻게 하시고
교만한 자들이 나를 박해하지 못하게 하소서."

하나님께서 우리 마음에 당신의 대리인, 곧 '내면의 재판장'을 두시어 우리의 모든 생각과 감정과 행위를 인지하게 하시고, 나아가 그 속성을 분별하여 선고(宣告)하게 하셨다는 것을 생각하면 엄숙하기 그지없습니다. 이 법정은 그 사람이 누구냐, 시간과 장소가 어디냐, 상황이 어떠하냐에 무관하게 모든 사유(事由)를 심리합니다. 그래서 법적 행위를 하는 다른 경우들과는 구별되어 보일 수 있습니다. 이 법정에서는 증거가 없어 범죄가 드러나지 않고 묻혀 버리는 일은 도저히 일어날 수 없습니다. 세상에 있는 어떤 권세도 이 법정에서 주어지는 즉각적인 선고를 방해할 수 없습니다. "서로 혹은 고발하여 혹은 변명하는" 일이 아무리 치열하게 벌어져도 일단 이 법정에서 선고를 내리면 그것은 무한한 의미를 가집니다.

　자기 의를 드러내고 지각이 없는 사람은 무식하게도 "하나님께 감사하게도 나는 깨끗한 양심을 가지고 있어요."라는 식으로 말하기 좋아합니다. 그러나 각성한 죄인은 양심의 고발을 받으면 자기의 죄상을 인정합니다. 양심의 가책에 자신이 대응하려 들지 않습니다. 하나님을 찬미하리로다! 그 때 하나님의 복음의 계시가 양심을 향해 예수님의 피 뿌림을 선고합니다. 그래서 양심의 공격을 잠잠하게 하여 죄인 앞에서 평안의 길을 엽니다! 이제 "예수님으로 말미암아" 하나님께 나아가는 새로운 산 길이 났으니, 보좌에 앉아있는 양심이 평안을 말하고 하나님의 용납을 선포합니다. 아직도 연약의 죄가 남아있어 모든 생각과 소욕과 행위를 더럽힘에도 불구하고 그렇게 선포합니다. 해에 흑점(黑點)이 있어도 해가 밝게 빛나는 것을 막지 못합니다. 그러하듯이 피 뿌림을 받은 이들의 양심에 여전히 연약의 죄악들이 있더라도 그들 마음에 힘 있게 비취는 빛을 막지는 못합니다(히 10:19-22).[1]

　양심을 깨끗하게 하는 것은 그리스도인의 정직과 연관되어 있습니다. "사랑하는 자들아 만일 우리 마음이 우리를 책망할 것이 없으면 하나님 앞에서 담대함을 얻고."(요일 3:21) 이 '양심의 증거'는 자주 '교만한 자들의 지속되는 박해'로 고난 받는 주님의 백성들의 즐거움이었습니다. 그들은 거룩하시고 마음을 감찰하시는 하나님 앞에서 거침없이 양심에 호소할 수 있었습니다.[2] "우리가 세상에서 특별히 너희에 대하여 하나님의 거룩함과 진실함으로 행하되 육체의 지혜로 하지 아니하고 하나님의 은혜로 행함은 우리 양심이 증언

---

1) "그러므로 형제들아 우리가 예수의 피를 힘입어 성소에 들어갈 담력을 얻었나니 그 길은 우리를 위하여 휘장 가운데로 열어 놓으신 새로운 살 길이요 휘장은 곧 그의 육체니라 또 하나님의 집 다스리는 큰 제사장이 계시매 우리가 마음에 뿌림을 받아 악한 양심으로부터 벗어나고 몸은 맑은 물로 씻음을 받았으니 참 마음과 온전한 믿음으로 하나님께 나아가자."(히 10:19-22)

2) 성경에 나오는 다음 인물들의 경우를 살펴보라. 사무엘(삼상 12:3-5), 느헤미야(느 13:14,22), 욥(욥 10:7), 다윗(시 7:3-6 ; 18:20-24 ; 26:1-6), 바울(롬 9:1), 다른 여러 사도들(살전 2:10)의 경우들을 살펴보라.

하는 바니 이것이 우리의 자랑이라."(고후 1:12) 심지어 그들이 이제 지상의 삶을 마감하고 위대하신 하나님 앞에 최종적으로 회계(會計)할 때가 왔음을 감지하였을 때 어찌 하였습니까? 이제 자기들은 전능하신 재판장의 엄격하고 오류 없는 감찰하심 앞에 서게 되었다고 여기며 주춤거렸어야 할 텐데도 그렇게 하지 않고 떳떳하게 양심에 호소할 정도였습니다(사 38:1-3). [3]

"내가 정의와 공의를 행하였사오니." 이 양심의 증거가 우리의 영적인 위로에 얼마나 큰 영향력을 끼칠지를 주목하십시오. 다윗은 이 시편을 기록할 당시 박해를 받고 있었습니다. 사실 그런 박해는 하나님의 자녀에게 있어서는 전혀 새로운 시험거리가 아닙니다(벧전 4:12 ; 딤후 3:12). 사탄이 하나님의 허용하심에 따라 찌르는 도구를 가지고 있는 한 그런 박해는 그치지 않을 것입니다. 그러나 하나님께 기도하면서 자기가 공의롭게 행하였다는 사실을 아뢰일 수 있는 복락이 얼마나 큽니까! "내가 정의와 공의를 행하였사오니 나를 박해하는 자들에게 나를 넘기지 마옵소서." 우리 마음과 양심이 이런 호소에 찬동할 수 있습니까? 나도 하나님 앞에 이렇게 아뢸 수 있게 하옵소서. 나를 압제하는 박해자에게 넘기지 마소서. "교만한 자들이 나를 박해하지 못하게 하소서." 그들에게 내 양심을 들이대게 하소서. 내 의로움을 알리소서. "여호와는 그를 악인의 손에 버려두지 아니하시고 재판 때에도 정죄하지 아니하시리로다."(시 37:33) "내가 주를 바라오니 성실과 정직으로 나를 보호하소서."(시 25:19)

사람과 사람 사이의 의(義)의 법칙에서 조금 이탈하는 것이 허용되었다 합시다. "그러므로 무엇이든지 남에게 대접을 받고자 하는 대로 너희도 남을 대접하라 이것이 율법이요 선지자니라."(마 7:12) 이 황금률을 조금 어기었다 합시

---

3) "그 때에 히스기야가 병들어 죽게 되니 아모스의 아들 선지자 이사야가 나아가 그에게 이르되 여호와께서 이같이 말씀하시기를 너는 네 집에 유언하라 네가 죽고 살지 못하리라 하셨나이다 하니 히스기야가 얼굴을 벽으로 향하고 여호와께 기도하여 이르되 여호와여 구하오니 내가 주 앞에서 진실과 전심으로 행하며 주의 목전에서 선하게 행한 것을 기억하옵소서 하고 히스기야가 심히 통곡하니."(사 38:1-3)

다. 그러면 세상이 나를 경건치 않다고 비난하였을 것입니다. 왜냐하면 그들은 내가 불의한 자인 것을 알았기 때문입니다. 그때 하나님의 위로가 내게 적게 주어진다 하여도 조금도 의아하게 생각하지 않게 하소서. "하나님의 위로와 은밀하게 하시는 말씀이 네게 작은 것이냐."(욥 15:11) "내가 나의 마음에 죄악을 품었더라면 주께서 듣지 아니하시리라."(시 66:18) 내가 의의 법칙을 벗어나 행동했다면, 주님의 격려의 표증이 주어질 것을 기대하지 말게 하소서. 아간의 범죄가 드러나 그가 백성의 진 밖으로 옮겨지고, 여호수아의 요청에 따라서 아간 자신이 하나님께 범죄 하였음을 자백하였습니다. "여호수아가 아간에게 이르되 내 아들아 청하노니 이스라엘의 하나님 여호와께 영광을 돌려 그 앞에 자복하고 네가 행한 일을 내게 알게 하라 그 일을 내게 숨기지 말라."(수 7:19). 삭개오는 사람에게 잘못한 것을 네 배로 돌려주겠다 하였습니다(눅 19:8). 이런 후에야 하나님의 긍휼이 이스라엘에게 주어졌음을 기억하십시오.

"내가 정의와 공의를 행하였사오니." 다윗의 이 기도가 바리새인의 교만과 같은 기풍을 지녔다고 여기지 말아야 합니다(눅 18:11,12).[4] 다윗은 자기의 '공로(功勞)'를 말한 것이 아닙니다. 다만 하나님의 대의를 위해 의를 좇았음을 주장하는 것입니다. 자기가 무죄함을 말하는 것이 아니라 자기가 추구하는 대의(大義)의 의로움을 역설하고 있는 것입니다. 사람 앞에서 정직하여도 하나님 앞에서는 여전히 죄인임을 항상 느꼈습니까? 의식적으로 최고의 정직함을 유지하는 것과 가장 깊은 복음적 겸손의 자세를 취하는 것은 전혀 어긋나지 않습니다. 바리새인과 정직한 신자 사이의 차이는 무한합니다. 바리새인은 득의양양 오직 자신의 의를 내세우며 뽐냅니다. 그러나 믿는 자는 세리가 하나님의 긍휼만 바라고 기도하였던 그 정신을 항상 가지고 있습니다(눅

---

4) "바리새인은 서서 따로 기도하여 이르되 하나님이여 나는 다른 사람들 곧 토색, 불의, 간음을 하는 자들과 같지 아니하고 이 세리와도 같지 아니함을 감사하나이다 나는 이레에 두 번씩 금식하고 또 소득의 십일조를 드리나이다 하고."(눅 18:11,12)

18:13). 5) 신자는 자신의 궁핍함을 깊이 인식하고 간구합니다. "주의 종을 보증하사 복을 얻게 하시고."6)

시편 기자는 말합니다. "세상에 속한 사람들이 아무리 예리한 눈을 가지고 있더라도 내 외적인 신앙고백에 흠이 있음을 간파하는 것은 도저히 불가하나이다. 그러나 '여호와여 주께서 죄악을 지켜보실진대 주여 누가 서리이까.'(시 13:3) 주님께 갚아야 할 빚은 점점 쌓여 가니 갚을 희망은 점점 더 멀어지나이다. 내가 주님께 마땅히 갚아야 할 빚을 갚을 때까지 '나를 박해하는 자들에게' 넘기시면 그 빚을 갚을 희망은 점점 더 멀어지나이다. 그러나 보시옵소서. '학대자의 분노가 어디 있느냐?'하셨나이다. 보증자가 나서시고 빚이 청산되었고, 속량(贖良)하셨으니 이제 죄인은 자유하나이다!" 하늘로서 음성이 나서 말하였습니다. "하나님이 그 사람을 불쌍히 여기사 그를 건져서 구덩이에 내려가지 않게 하라 내가 대속물을 얻었다 하시리라."(욥 33:24)

그렇습니다. '하나님의 아들께서 친히 외인을 위한 보증자가 되시어' 대신 매를 맞으셨습니다. "타인을 위하여 보증이 되는 자는 손해를 당하여도."(잠 11:15) 친히 그분이 자신의 피로써 무한한 대가를 치르시어 "나를 박해하는 자들," 곧 '죄와 사탄과 세상과 지옥'으로부터 건지셨습니다. 그리스도께서 지불하신 값을 꼼꼼히 정확하게 계산한 것입니다. "그가 곤욕을 당하여 괴로울 때에도 그의 입을 열지 아니하였음이여 마치 도수장으로 끌려가는 어린 양과 털 깎는 자 앞에 잠잠한 양 같이 그의 입을 열지 아니하였도다."(사 53:7) 유다가 베냐민을 대신하여 볼모로 잡혔듯이 그리스도께서는 하나님 아버지

---

5) "세리는 멀리 서서 감히 눈을 들어 하늘을 쳐다보지도 못하고 다만 가슴을 치며 이르되 하나님이여 불쌍히 여기소서 나는 죄인이로소이다 하였느니라

6) 한 죄인의 성품 속에서 나오는 자기 정직에 대한 담대한 증언을 주목하라.
"나는 나의 완전함에 행하오리니 나를 속량하시고 내게 은혜를 베푸소서."(시 26:11)
"내 하나님이여 이 일로 말미암아 나 하나님의 전과 그 모든 직무를 위하여 내가 행한 선한 일을 도말하지 마옵소서… 내가 또 레위 사람들에게 몸을 정결하게 하고 와서 성문을 지켜서 안식일을 거룩하게 하라 하였느니라 내 하나님이여 나를 위하여 이 일도 기억하시옵고 주의 크신 은혜대로 나를 아끼시옵소서."(느 13:14,22)

앞에서 우리를 대신하여 서셨습니다. "내가 그를 위하여 담보가 되오리니 아버지께서 내 손에서 그를 찾으소서 내가 만일 그를 아버지께 데려다가 아버지 앞에 두지 아니하면 내가 영원히 죄를 지리이다."(창 43:9) 바울이 오네시모가 빌레몬에게 빚진 것이 있으면 대신 갚겠다고 한 것 같이, 주님께서는 아버지 하나님의 법정 앞에 서서 우리를 대신하여 탄원할 각오를 하셨습니다. "그가 만일 네게 불의를 하였거나 네게 빚진 것이 있으면 그것을 내 앞으로 계산하라 나 바울이 친필로 쓰노니 내가 갚으려니와."(빌 18,19)

"주의 종을 보증하사 복을 얻게 하시고." 이 주제를 항상 우리 마음에 떠올려야 합니다. 예수님께서 우리의 보증이 되시어 괴로움 당하시는 것을 싫어하지 않으셨으니 참으로 좋습니다. "타인을 위하여 보증이 되는 자는 손해를 당하여도 보증이 되기를 싫어하는 자는 평안하니라."(잠 11:15) 만일 주님께서 우리 대신 그 막대한 대가를 지불하기 거절하셨다면, 하나님의 심판대 앞에 어떻게 서겠습니까? 주님께서 자기를 사랑하는 자들만을 위해서 보증자가 되셨다 해도, 우리는 할 말이 전혀 없습니다. 그러나 나의 보증자가 나를 당신의 멍에 아래로 인도하시어 종으로 삼으셨으니 하나님의 보좌 앞에 당당하게 나아갈 수 있는 것입니다. "주의 종을 보증하사 복을 얻게 하시고."[7] 교만하여 나를 압제하는 자들에게서 지금부터 영원까지 구원하여 주소서.

우리에게는 그런 보증자가 매 순간 필요하지 않습니까? 주님께서 우리의 보증자가 되시어 완전하게 임무를 마치셨으니 항상 들을 필요가 있지 않습니까? 그리고 담대하게 이렇게 말해야하지 않겠어요? "그러므로 이제 그리스도 예수 안에 있는 자에게는 결코 정죄함이 없나니."(롬 8:1)

---

7) 이사야 38:14의 말씀을 보라. "나는 제비 같이, 학 같이 지저귀며 비둘기 같이 슬피 울며 내 눈이 쇠하도록 앙망하나이다 여호와여 내가 압제를 받사오니 나의 중보가 되옵소서." 이 본문의 원어를 보면 "보증자가 되소서." "나를 위하여 대가를 담당하소서 (undertake for me)."이다. 여기 시편 119:122의 "교만한 자들이 나를 박해하지 못하게 하소서."라는 의미와 같다. "내가 압제를 받사오니 나의 중보가 되옵소서." "내 눈이 주의 구원과 주의 의로운 말씀을 사모하기에 피곤하나이다."(시 119:123)

시편 119:123
"내 눈이 주의 구원과 주의 의로운 말씀을
사모하기에 피곤하니이다."

시련 중에 있는 신자여, 그대의 눈이 피곤하기 시작하나요? 그대보다 구속
주께서 먼저 그리하셨습니다. 그대의 보증자께서 그대가 서야할 자리에 대
신 서서 말로 할 수 없이 무거운 그대의 죄의 짐을 지시면서, 그대의 영혼을
가격해야 마땅한 무한한 공의의 무서운 매를 그대로 담당하셨습니다. 그래
서 우리 주 예수 그리스도께서도 이렇게 부르짖지 않을 수 없었습니다. "내
가 부르짖음으로 피곤하여 나의 목이 마르며 나의 하나님을 바라서 나의 눈
이 쇠하였나이다."(시 69:3) 그러니 희망을 잃은 백성들을 권고하시는 보증자
의 말씀을 들을지어다. 그분이 먼저 버림을 받으시어 희망이 없는 상태까지
처하셨습니다. "주 여호와께서 학자들의 혀를 내게 주사 나로 곤고한 자를
말로 어떻게 도와 줄 줄을 알게 하시고 아침마다 깨우치시되 나의 귀를 깨
우치사 학자들 같이 알아듣게 하시도다… 너희 중에 여호와를 경외하며 그
의 종의 목소리를 청종하는 자가 누구냐 흑암 중에 행하여 빛이 없는 자라도
여호와의 이름을 의뢰하며 자기 하나님께 의지할지어다."(사 50:4,10)
　"내 눈이 주의 구원… 사모하기에 피곤하니이다." 우리의 "보증자께서 우리
의 복을 위해서 간구하신다."는 사실을 의심하지 말아야 합니다. 물론 "모든
묵시는 정한 때"가 있는 법입니다(합 2:3). "하물며 하나님께서 그 밤낮 부르
짖는 택하신 자들의 원한을 풀어 주지 아니하시겠느냐 그들에게 오래 참으
시겠느냐 내가 너희에게 이르노니 속히 그 원한을 풀어 주시리라."(눅 18:7,8)
"주의 구원"은 모든 것을 함축한 영구한 복락입니다. 그러니 "그 구원을 사
모할 만한 가치"가 충분하지 않습니까?

"주의 의로운 말씀을 사모하기에 피곤하니이다." 여기서 '은혜의 말씀'을 "의로운 말씀"으로 변형시켜 표현한 것은 실로 놀랍습니다! 하나님께서는 은혜의 약속을 통해서 자신을 우리에게 묶어 놓으셨습니다. 그 약속은 '예' 해놓고 '아니오'가 아니라, 언제나 "예와 아멘" 뿐입니다. "하나님의 약속은 얼마든지 그리스도 안에서 예가 되니 그런즉 그로 말미암아 우리가 아멘 하여 하나님께 영광을 돌리게 되느니라."(고후 1:20,21) 진정 '하나님의 약속의 말씀'은 하나님께서 친히 '인(印)을 치신' 말씀입니다. 누가 하나님의 약속들을 시험하겠습니까? "보라 나는 오늘 온 세상이 가는 길로 가려니와 너희의 하나님 여호와께서 너희에게 대하여 말씀하신 모든 선한 말씀이 하나도 틀리지 아니하고 다 너희에게 응하여 그 중에 하나도 어김이 없음을 너희 모든 사람은 마음과 뜻으로 아는 바라."(수 23:14) "그의 증언을 받는 자는 하나님이 참되시다는 것을 인쳤느니라."(요 3:33) 우리가 그리스도인으로서 실제로 경험하는 다변적인 상황 속에서도 우리의 소망은 확실하다고 생각하면 실로 힘을 얻습니다. 물론 우리가 항상 그 소망을 붙잡고 즐거워하지는 못합니다. 그러나 우리의 구원이 우리가 소망의 위로를 누리는 정도에 달려 있지 않습니다. 우리가 죄의식으로 말미암아 진토에 붙은 것 같을지라도, 영광의 비전을 보며 "셋째 하늘에 끌려 올라간 것"같은 기쁨을 소유하게 됩니다. 그것이 바로 우리가 구원의 복락에 참여하게 되었다는 확증이 아니겠습니까?

그러므로 우리의 희망이 꺼져버린 것 같을 때에 마음내키는 대로 하지 않는 경건한 열심을 가지고, 하나님에 대한 잘못된 원망에 빠지지 않도록 조심합시다. 하나님을 믿지 않는 마음은 마음의 상처를 치료하지도 못하고 우리를 깨우쳐 기도하게도 못합니다. 또한 우리를 권하여 하나님의 은혜에 거하게 하지도 못합니다. 그런 잘못된 생각은 복음의 긍휼을 의지하지 못하게 합니다. 실로 불만을 품는 것은 겸손이 아닙니다. 기도한다고 하면서 기다리지 않는 것도 겸손이 아닙니다. 하나님께서 우리에게 걷게 하신 믿음의 길은 낮같이 명료합니다. 그러니 할 수 있는 한 계속 믿어야 합니다. 주 하나님을 기다리세요. 이것이 바로 하나님을 믿고 의뢰하는 행위이며, 하나님을 바라는 소망의 행위입니다. 또한 인내함으로 하나님의 때를 기다려야 합니다. 우리 주 예수님께서 구주로서 하나님 아버지께 버려지는 '고뇌'의 시간에 "더 간절하게 기도하신 것"을 기억하십시오. "예수께서 힘쓰고 애써 더욱 간절히 기도하시니 땀이 땅에 떨어지는 핏방울 같이 되더라."(눅 22:44) 여러분이 용서를 구하고 있는 죄악들 때문에 자신을 책망하십시오. 그러나 하나님께서 과거에 베푸신 자비하심을 인하여서는 하나님을 찬미하십시오. 현재로서는 다시 과거의 자비하심을 더 이상 맛보지 못할 것 같다는 생각이 들더라도 그리하십시오. 주님께서 다시는 여러분을 보시지 않을 수 있겠습니까? 전혀 불가능한 일입니다! "그러나 여호와께서 기다리시나니 이는 너희에게 은혜를 베풀려 하심이요 일어나시리니 이는 너희를 긍휼히 여기려 하심이라 대저 여호와는 정의의 하나님이심이라 그를 기다리는 자마다 복이 있도다."(사 30:18) "네가 나를 여호와인 줄을 알리라 나를 바라는 자는 수치를 당하지 아니하리라."(사 49:23) 정말 그러합니다! 하나님께서 여러분을 사랑하심을 보여주는 외적인 증거를 거두어 가신 것 같을지라도 여러분 마음에 잃어버린 복락을 사모하는 간절한 열망에 불을 붙이지 않으셨습니까? "하나님이여 진실로 주는 스스로 숨어 계시는 하나님이시니이다."(사 45:15) 여전히 하나님은 "구원자 이스라엘의 하나님"이십니다.

하나님께서 약속하신 것을 더디 이루시어 우리가 의문을 갖게 되어도, 하나님께서 우리가 알기를 바라시는 것이 있습니다. 하나님께서는 결코 "당신의 의로운 말씀"을 잊으신 적이 없다는 사실입니다. 도리어 믿음의 선물을 주신 자들을 연단하시는 지혜롭고 효력 있는 방식입니다. 그것이 바로 '믿음의 연단'입니다. 그러나 그 연단으로 믿음이 없어지는 것이 아닙니다. "너희 믿음의 확실함은 불로 연단하여도 없어질 금보다 더 귀하여 예수 그리스도께서 나타나실 때에 칭찬과 영광과 존귀를 얻게 할 것이니라."(벧전 1:7)

그러므로 복음이 주는 충만한 위로는 인내와 겸손으로 주님을 기다림으로 얻어지는 열매입니다. 마음에서 일어나는 불신앙과 참지 못함과 싸워 어린 아이 같이 복종하고 의존하는 마음의 상태를 불러오게 하는 것이 바로 복음적인 위로입니다. 하나님의 구원을 간절히 사모하는 마음을 표현하는 이 시편 기자는 분명 자기도 알지 못하는 사이에 약속을 소유한 사람임을 드러냅니다. 그는 자기의 영적 시야를 '죄의 즐거움과 세상의 부요들'이 가리는 것 같을 때에도 자기의 소망을 포기하고 싶지 않았습니다. 비록 그 순간에는 아버지의 얼굴이 부분적으로 가려진 것 같아도, 그는 게으른 신앙자와 같이 그냥 "얼굴을 묻고 엎드려" 있는 것으로 만족하지 않았습니다(수 7:10).[8] 바로 그 사실을 주목하는 것이 중요합니다. "내 눈이 주의 구원과 주의 의로운 말씀을 사모하기에 피곤하니이다." 그는 눈을 들어 "의의 태양"이 발하는 빛을 포착하려고 합니다. 그는 오늘날 하나님과 친밀하게 동행하는 모든 그리스도인들이 알고 있는 바를 알고 있었습니다. 인내하며 하나님을 기다리는 사람은 자기 마음의 소원하는 모든 것을 받는 놀라운 때를 맞게 된다는 사실 말입니다.[9]

그러나 우리가 소원하는 것을 기대하면서 확신에 차서 "주의 의로운 말씀"을 의존하여 간구할 수 있습니까? 우리가 기대하는 바가 하나님의 약속과

---

8) 여호수아가 (아간의 불의 때문에) 아이 성에서 크게 패한 후에 하나님께 아뢰며 기진하여 절망 중에 있을 때에 하나님께서 그에게 하신 말씀을 들어 보라. "여호와께서 여호수아에게 이르시되 일어나라 어찌하여 이렇게 엎드렸느냐."(수 7:10) - 역자 주

9) George Foxe 는 코벤트리에서 순교한 Robert Glover 목사가 순교하기 전 2,3일간의 자세에 대하여 말해준다. "자기가 틀림없이 순교할 것을 내다보면서 자기 친구 한 사람에게 자기를 위하여 간구하되, 하나님의 얼굴빛을 비추어 주시기를 바라는 기도를 부탁하였다. 그런데 화형당하는 날 자기 눈앞에 화형대가 멀직감치 보일 때까지는 그 마음은 캄캄하였다. 그런데 그 화형대가 눈에 보이기 시작하는데 갑자기 그의 영혼이 위로의 충만함을 입어 '그가 임하시도다! 임하시도다!'하면서 손뼉을 치며 기쁨을 표현하지 않을 수 없었다. 마치 그의 모습은 불 병거를 타고 하늘로 올라가는 것 같아 잔인한 죽음을 거의 의식하지 못하는 것 같았다. 그것이 바로 '주의 구원과 주의 의로운 말씀을 사모하기에 피곤한 사람'에게 힘찬 위로가 아닌가!' - Foxe's Acts and Monuments, 1555.

맞아 들어가 하나님으로 하여금 "그 약속의 말씀을 기억나게" 하실 수 있습니까? "너는 나에게 기억이 나게 하라 우리가 함께 변론하자 너는 말하여 네가 의로움을 나타내라."(사 43:26) 그러나 우리는 "하나님의 뜻"대로 기도하지 않을 수도 있습니다(요일 5:14 ; 약 4:3). 10) 그래서 어리석게 "하나님을 원망"할 수 있습니다(욥 1:22). 마치 하나님께서 "의로운 말씀"을 하시고도 그것을 반드시 지키시겠다고 약속하신 적은 없어서 믿을 만하지 못한 분이라고 어리석게 원망할 수 있습니다.

그러나 우리의 간구가 하나님의 약속의 말씀과 부합하고, 우리가 믿음과 인내심으로 하나님의 뜻에 복종하는 자세를 견지한다면, 우리가 구하는 것이 이루어지지 않을 수 있다는 생각을 조금이라도 해서는 안 됩니다. 이루어지지 않을 수 없습니다. 주님께서 우리를 건져주시든 아니든 기도하고 기다리는 일은 멈추지 말아야 합니다. 구하는 것이 거절된다 할지라도 하나님께 구한 것을 하나님께서 받지 않으시는 일은 없다는 확신을 견지하는 태도는 복된 것입니다. 그런 경우 구주를 바라보는 살아있는 관망이 아직도 있다는 말입니다. 그리고 "주의 의로운 말씀"이 여전히 이렇게 말할 것입니다. "전에 그들에게 이르시기를 이것이 너희 안식이요 이것이 너희 상쾌함이니 너희는 곤비한 자에게 안식을 주라."(사 28:12) "주 여호와 이스라엘의 거룩하신 이가 이같이 말씀하시되 너희가 돌이켜 조용히 있어야 구원을 얻을 것이요 잠잠하고 신뢰하여야 힘을 얻을 것이어늘 너희가 원하지 아니하고."(사 30:15) 이 "주의 의로운 말씀"은 의심이나 두려움을 반대합니다.

우리는 각자 기준에 자신의 마음을 달아 보아야 합니다. 정말 내가 하나

---

10) "그를 향하여 우리가 가진 바 담대함이 이것이니 그의 뜻대로 무엇을 구하면 들으심이라."(요일 5:15)
"너희는 욕심을 내어도 얻지 못하여 살인하며 시기하여도 능히 취하지 못하므로 다투고 싸우는도다 너희가 얻지 못함은 구하지 아니하기 때문이요."(약 4:3)

님의 나타나심을 갈망하는가? 분명 내가 이미 알고 있는 것으로 만족한다면 그리스도의 깊은 사랑을 조금 밖에 모르는 것입니다. 더욱 더 사모하는 마음을 위하여 간절하게 기도할 필요가 있습니다. 그리고 하나님의 임재 의식이 더 충만하기를 기도해야 합니다. 만일 믿음이 죽지는 않았다 해도 생명력과 활기는 잃을 수 있습니다. 그러므로 부지런히 인내하면서 하나님을 기다리고, 아울러 게으름과 완고함을 벗어나아야 합니다. 그러면 "주의 의로운 말씀"이 위로한다는 진리를 발견하게 될 것입니다. "의인을 위하여 빛을 뿌리고 마음이 정직한 자를 위하여 기쁨을 뿌리시는도다."(시 97:11)

> 시편 119:124,125
> "주의 인자하심대로 주의 종에게 행하사
> 내게 주의 율례들을 가르치소서
> 나는 주의 종이오니 나를 깨닫게 하사
> 주의 증거들을 알게 하소서."

"주의 인자하심"에 대한 의식이 생기고 "주의 율례들을 배우고 누리는" 특권을 가지게 된다 합시다. 그러면 그것은 주의 종이 "피곤할 정도로 사모하고, 주의 확실한 의로운 말씀을 의뢰하며 기다려 온 그 구원"이 가까움을 보여주는 전조입니다. 하나님의 모든 종들은 매일 두 가지 소원, 곧 "주의 인자하심대로 나에게 행하여 주시고, 내게 주의 율례들을 가르쳐 주소서."라는 간구를 올립니다. 그 둘은 서로 긴밀하게 연관되어 있습니다. "주의 인자하심"을 더 깊이 의식하면 할수록 "주의 율례들"에 대해 더 강하게 집착하게 됩니다. "내게 주신 모든 은혜를 내가 여호와께 무엇으로 보답할꼬 내가 구원의 잔을 들고 여호와의 이름을 부르며 여호와의 모든 백성 앞에서 나는 나의 서원을 여호와께 갚으리로다."(시 116:14) 한편 "주의 율례들을 영적으로 더 배우면 배울수록" 죄의식이 더 깊어지고 겸손하게 되어 "주의 인자하심"의 필요를 더욱 크게 의식하게 됩니다. "내가 돌이킨 후에 뉘우쳤고 내가 교훈을 받은 후에 내 볼기를 쳤사오니 이는 어렸을 때의 치욕을 지므로 부끄럽고 욕됨이니이다 하도다."(렘 31:19)

"주의 인자하심." 시편 기자는 아룁니다. '주의 인자하심이 특별하게 필요한 죄인이 있다면 주의 종인 제가 바로 그런 죄인입니다.' 왜냐하면 신앙고백자가 의무들을 대단히 훌륭하게 감당할 때보다 가장 파리한 상태에서 간절하게 주님의 인자하심을 소원하는 신앙고백자의 아름다운 모습을 더 풍성하게 보시는 분이 하나님이시기 때문입니다. 신앙고백자들이 명백한 허물을 보이며 섬길 때나, '세상에 악인들이 내 놓고 범죄하는 경우'보다, 이 시편 기자 다윗이 죄를 범할 때에 죄성의 도발적 성격이 훨씬 더 크게 드러났습니다. 그래서 시편 기자는 하나님께 가장 친근한 자세를 보이는 순간마저 자기 마음의 동기와 생각과 정서를 정밀하게 탐사하려 하였습니다. 자기가 하나님께 예물을 드릴 때조차도 주님께서 베푸신 모든 자비와 빛과 지식을 망가지게 하는 죄의 오염이 있음을 알았습니다. 동료 죄인들과 비교할 때 자기는 "죄인 중의 괴수라."(딤전 1:15)라고 진심으로 고백하지 않을 수 없었습니다. 그래서 이 시편 기자는 '하나님의 종'으로서 하나님께 나아가는 근거는 오직 "주의 인자하심" 뿐임을 알았습니다.

그와 같이 우리가 아무리 최선을 다해서 무엇을 한다 해도 '수를 헤아릴 수 없는 인자하심의 세계'가 필요합니다. 우리 죄를 용서하시고 구원하시는 하나님의 영원한 자비의 세계가 요청된다는 말입니다. 그래서 우리는 예수님의 피를 의지하여 감히 "주의 인자하심대로 주의 종에게 행하소서."라고 아뢰는 것입니다.

"내게 주의 율례들을 가르치소서." 우리는 죄인일 뿐 아니라 무지합니다. 그럼에도 불구하고 '가르쳐 주십시오'라는 기도를 하지 않다니요! 내가 '주의 인자하심'을 얻기까지 많이 시간을 들여 기도해야 함에도 불구하고 그렇게 하지 않는다니요! "주의 인자하심"과 "주께서 가르쳐 주시는" 복락이 함께 작용하여 단번에 복음의 샘으로 우리를 끌어 들입니다. 곧 '그리스도께서 하시는 일'과 '성령께서 하시는 일'로 인도하십니다. "주의 인자하심"은 하나님의 아들 예수님의 피로부터 흘러나옵니다. "우리는 그리스도 안에서 그의 은혜의 풍성함을 따라 그의 피로 말미암아 속량 곧 죄 사함을 받았느니라."(엡 1:7) "주의 가르치심"은 성령님의 직무에 해당합니다. "보혜사 곧 아버지께서 내 이름으로 보내실 성령 그가 너희에게 모든 것을 가르치고 내가 너희에게 말한 모든 것을 생각나게 하리라."(요 14:26) "그러나 진리의 성령이 오시면 그가 너희를 모든 진리 가운데로 인도하시리니 그가 스스로 말하지 않고 오직 들은 것을 말하며 장래 일을 너희에게 알리시리라."(요 16:13)

"주의 인자하심"이 첫번째 복락입니다. 중요성 뿐 아니라 순서에 있어서도 그러합니다. 구주 예수님을 구주로 아는 일이 예수님을 나의 선생님으로 신뢰하는 일 보다 앞서야 합니다. 그러나 일단 "주의 인자하심대로 주의 종에게 행하소서."라는 간구를 하나님이 받으셨다 확신하면 간구의 폭을 넓혀야 합니다. "내게 주의 율례들을 가르치소서 나는 주의 종이오니 나를 깨닫게 하사 주의 증거들을 알게 하소서." 그리하면 우리는 지적인 깨달음을 얻게 됩니다. "주께서 내 마음을 넓히시면 내가 주의 계명들의 길로 달려가리이다."(시 119:32) 우리가 잊지 말 것은, 우리가 저주에서 구속(救贖)되었다는 사실입니다. 물론 그 말은 '율법을 섬김'에서 벗어났다는 말이 아니라, 다만 저주에서 구속되었다는 말입니다. "내가 율법으로 말미암아 율법에 대하여 죽었나니 이는 하나님에 대하여 살려 함이라."(갈 2:19) "우리가 원수의 손에서 건지심을 받고 종신토록 주의 앞에서 성결과 의로 두려움이 없이 섬기게 하리라 하셨도다."(눅 1:74,75) 하나님의 '종'이 된 관계는 하나님께서 기뻐하시는 사람이 되겠다는 서약이 함축된 것이 아니겠습니까? "나는 주의 것이오니 나를 구원하소서 내가 주의 법도들만을 찾았나이다."(시 119:94) "주의 인자하심으로 나의 원수들을 끊으시고 내 영혼을 괴롭게 하는 자를 다 멸하소서 나는 주의 종이니이다."(시 143:12) "주의 인자하심이 땅에 충만하다면" 주의 집에 속한 우리는 "주께서 그 언약을 가르쳐 주시는 인자하심"의 은혜를 간구해야 마땅합니다. "여호와여 주의 인자하심이 땅에 충만하였사오니 주의 율례들로 나를 가르치소서."(시 119:64) 주님의 종된 사람이 그 뜻을 행하기 위하여 언약을 아는 일은 정말 중요하기 이를 데 없습니다. "여호와여 주의 율례들의 도를 내게 가르치소서 내가 끝까지 지키리이다 나로 하여금 깨닫게 하여 주소서 내가 주의 법을 준행하며 전심으로 지키리이다."(시 119:33,34) "여호와여 주의 도를 내게 가르치소서 내가 주의 진리에 행하오리니 일심으로 주의 이름을 경외하게 하소서."(시 86:11)

"나의 주의 종이오니." 그러면 어떻게 내가 주의 종이 되었습니까? 나는 이전에 다른 상전을 섬기며 다른 일에 마음을 쓴 적도 있었습니다. 그 일을 생각하면 정말 부끄럽고 마음이 산란해 질 정도입니다. "너희 자신을 종으로 내주어 누구에게 순종하든지 그 순종함을 받는 자의 종이 되는 줄을 너희가 알지 못하느냐 혹은 죄의 종으로 사망에 이르고 혹은 순종의 종으로 의에 이르느니라… 너희가 죄의 종이 되었을 때에는 의에 대하여 자유로웠느니라."(롬 6:16,20) "우리도 전에는 어리석은 자요 순종하지 아니한 자요 속은 자요 여러 가지 정욕과 행락에 종 노릇 한 자요 악독과 투기를 일삼은 자요 가증스러운 자요 피차 미워한 자였으나."(딛 3:3) 그러나 하나님께서 주권적인 은혜로 죄의 지배와 사탄의 사슬과 세상의 결박 아래 있는 우리를 불러내시어 당신 자신께로 이끄셨습니다. "내가 속한 바 곧 내가 섬기는 하나님…"(행 27:23) 하나님을 섬기는 것은 우리가 누릴 수 있는 최고의 특권입니다. "사람이 나를 섬기려면 나를 따르라 나 있는 곳에 나를 섬기는 자도 거기 있으리니 사람이 나를 섬기면 내 아버지께서 그를 귀히 여기시리라."(요 12:26)

그러므로 "주의 종"은 주 하나님께서 "주의 인자하심대로 행하실 것"을 확신하고 자신을 "주의 인자하심"에 맡깁니다. 아니 내가 "주의 뜻대로 구한 것" 중에 거절당할 것이 하나도 없을 것입니다. 하나님께서는 자신을 낮추시고 우리에게 '내 종'이라 하지 않으시고 '내 친구'라 부르십니다. "이제부터는 너희를 종이라 하지 아니하리니 종은 주인이 하는 것을 알지 못함이라 너희를 친구라 하였노니 내가 내 아버지께 들은 것을 다 너희에게 알게 하였음이라."(요 15:15) 더 나아가 우리를 '내 형제'라 부르십니다. "예수께서 이르시되 나를 붙들지 말라 내가 아직 아버지께로 올라가지 아니하였노라 너는 내 형제들에게 가서 이르되 내가 내 아버지 곧 너희 아버지, 내 하나님 곧 너희 하나님께로 올라간다 하라 하시니."(요 20:17) "거룩하게 하시는 이와 거룩하게 함을 입은 자들이 다 한 근원에서 난지라 그러므로 형제라 부르시기를 부끄러워하지 아니하시고 이르시되 내가 주의 이름을 내 형제들에게 선포하고 내가 주를 교회 중에서 찬송하리라 하셨으며."(히 2:11,12)

시편 기자는 말합니다. "주여, 주께서 제게 이 위대한 은총과 은혜를 베푸시어 종 삼으셨나이다. 이제 저는 영원히 주의 것이 되었나이다. 저는 주님을 섬기는 종이 된 것이 너무나 좋아 이 영예를 빼앗기고 싶지 않나이다. 그러나 제 자신의 우둔함과, 주의 뜻을 행하여 말씀의 길로 행하는 일에 더딤을 인하여 애통하지 않을 수 없나이다! 오 제게 주의 율례들을 '더 분명하고 풍성하게' 가르쳐 주소서. 저로 '깨닫게 하사' 주의 율례들이 가진 하늘에 속한 단맛과 거룩한 자유를 분별하게 하소서. 그리하시면 더 순전한 마음으로 주의 율례들에 헌신하며 순종하리이다. 그런 중에 하늘의 성전에서 주의 얼굴을 뵈옵고 주의 종으로 더 섬기게 되리니 더 이상 그 자리를 벗어나 나가지 못하게 저를 지키소서."[11]

시편 119:126
"그들이 주의 법을 폐하였사오니
지금은 여호와께서 일하실 때니이다."

우리가 하나님의 계시의 말씀을 더 신령하게 이해하기를 소원한다면, 감히 그것을 경멸하는 이들을 보며 애통하지 않을 수 있습니까? 경건치 않은 악인들은 하나님의 계시의 말씀에 대항하여 죄를 짓는 데서 더 나아가 아예 세상에서 그것을 추방하였으면 좋겠다는 식으로 행동합니다. "그들이 말하기를 우리의 혀가 이기리라 우리 입술은 우리 것이니 우리를 주관할 자 누구리요 함이로다."(시 12:4)

"그들이 주의 법을 폐하였사오니." 그들은 주의 법이 가진 통치의 능력을 부인하고 심판 권세를 파기하고자 합니다. 오! 우리는 주의 백성들의 독특한 특징을 지원해야 합니다. "여호와께서 이르시되 너는 예루살렘 성읍 중에 순행하여 그 가운데에서 행하는 모든 가중한 일로 말미암아 탄식하며 우는 자의 이마에 표를 그리라."(겔 9:4) 그러니 우리는 하나님의 이름이 모독 당하는

---

11) "그러므로 그들이 하나님의 보좌 앞에 있고 또 그의 성전에서 밤낮 하나님을 섬기매 보좌에 앉으신 이가 그들 위에 장막을 치시리니."(계 7:15) "이기는 자는 내 하나님 성전에 기둥이 되게 하리니 그가 결코 다시 나가지 아니하리라 내가 하나님의 이름과 하나님의 성 곧 하늘에서 내 하나님께로부터 내려오는 새 예루살렘의 이름과 나의 새 이름을 그이 위에 기록하리라."(계 3:12) 종교개혁 기념일마다 안할트(Anhalt)의 George 왕자를 아름답게 기념하는 일이 있다. - '경건한 12살 박이 어린 왕자 조지.' "그는 불타는 간절한 기도를 끊임없이 하나님께 올려 드렸다. 자기 마음을 진리의 능력 아래 있게 하여 주시기를 위하여 말이다. 그는 자주 자기 개인 집무실에서 눈물로 소리치며 기도하였다. '주의 인자하심대로 주의 종에게 행하사 내게 주의 율례들을 가르치소서.' 그의 기도는 응답되었다. 그는 강한 확신을 가지게 되어 그에 따라 행동하여 나가지 않을 수 없게 되어 두려움 없이 복음 편에 섰다." - D'Aubigne's History of the Reformation, Book v. ch vi.

것을 보거나 들으면 우리 아버지의 평판에 흠집이 생기는 것 같이 느끼지 않을 수 없습니다.[12] 세상 사람들이 자기들의 길로 행하는 것을 보고 아무 느낌없이 가만히 있을 수 있습니까? 우리는 우리 영향력의 무게가 어떠하든 그 도도한 흐름을 끊기 위하여 무엇인가 해야 하지 않습니까? 안타깝게도 정말 자주 우리의 모든 노력이 무산될 때가 있습니다. 그 때는 그 문제를 주님께 가지고 나아서 "지금은 여호와의 일하실 때니이다."라고 아뢰어야 하겠지요. 그렇다고 이 간구가 사랑의 법을 어기는 것은 아닙니다. 사랑의 법은 우리의 원수들을 사랑하고 위하여 기도하고 축복하라고 가르치지요(마 5:44). 주님의 백성들이 분노하는 것은 자신들의 일 때문이 아니라 주님의 일 때문입니다. 다윗은 자신의 영에 보다 하나님의 율법을 마음에 두었습니다. 그렇게 함으로 원수들을 해롭게 하지 않았습니다. 다윗은 선으로 악을 이기려고 무던히도 애를 썼습니다(시 35:11-14).[13] 악인들의 죄를 보고 자주 울었으며(시 119:136,158), 그들의 회개를 위하여 기도하였습니다(시 88:16). 그러나 그런 그의 노력은 허사였습니다. 그래서 "주여, 지금은 매를 드실 때입니다. 지금은 여호와의 일하실 때이니다."라고 말하였습니다.

---

12) 우리는 저 성자다운 Martyn의 일기의 한 대목을 뽑아 읽으면 그리스도인이 이런 상황 속에서 어떻게 느껴야 할지를 배우게 된다. 쉬라즈(Shiraz)에서 누구와 논쟁을 벌이다 구주의 이름을 능욕하는 발언을 하는 것을 들은 일에 대하여 일기장에 이렇게 써 놓았다. "이 신성모독을 듣고 내 영혼이 절렸다. 기도하면서 나는 하나님의 아들이신 구주께서 하늘 구름을 타고 오실 큰 날 이외에 다른 것을 생각할 수 없었다. 그날 구주께서 '하나님을 알지 않는 자들에게 보응 하실 것이 아닌가.' 그날 구주께서 당신을 거스르고 떠들어댄 모든 완악한 말들의 책임을 물어 정죄하실 것이다." (우리는 이 대목을 읽으면서 시 119:126의 말씀을 떠올리지 않을 수 없다.) "Mirza Seid Ali 는 내 심사가 매우 사나움을 눈치 채고는 내가 그 구절을 반복하여 읽는 것을 듣고 미안해하였다. 그러나 그가 내게 물었다. '무엇이 당신 마음을 그렇게 상하게 하는가?' 나는 그에게 말해 주었다. '나는 예수님의 이름이 영화롭게 되지 못한다면 차라리 없어지는 편을 택하고 싶다. 만일 주님의 이름이 그렇게 항상 모욕을 받아야 한다면 그것은 내게 지옥과 같을 것이다.' 그가 내 말을 듣더니 놀라서 다시 그 이유를 물었다. 그래서 이렇게 대답하였다. '어느 사람이 당신의 두 눈을 뽑아버린다면 왜 고통스러워하느냐고 묻는 자가 있겠는가? 나는 그런 식의 고통을 느낀다. 나와 그리스도는 하나이기 때문에 그리스도께서 모욕을 받으면 그렇게 나도 무섭게 상처를 입는다.' 이 말을 들은 그가 변명을 하길래 나는 다시 그에게 말해 주었다. '내가 주님께 그 어느 때 보다 더 가까이 있다는 느낌을 주는 일이라면 그것이 무엇이든 나는 기뻐한다. 머리나 가슴이 타격을 입으면 몸의 모든 지체는 다 같은 고통을 입기 마련이다.' - Martyn's Life에서 발췌

13) "불의한 증인이 일어나서 내가 알지 못하는 일로 내게 힐문하며 내게 선을 악으로 갚아 나의 영혼을 외롭게 하나 나는 저희가 병들었을 때에 굵은 베옷을 입으며 금식하여 내 영혼을 괴롭게 하였더니 내 기도가 내 품으로 돌아왔도다 내가 나의 친구와 형제에게 행함같이 저희에게 행하였으며 내가 굽히고 슬퍼하기를 모친을 곡함같이 하였도다."(시 35:11-14)

이것이 바로 참된 열심입니다. 육체에서 난 것이 아닌 성령님께 속한 열심입니다. 우리 하나님께서 당신의 종들에게 그렇게 탄원하도록 허락하시다니 얼마나 놀라운 은혜입니까! 여호와께서 일어나시어 일하시고, 지상 왕국의 보좌에 앉은 이들을 주장하실 때까지 간구하게 하시는 은혜가 놀랍습니다. "또 여호와께서 예루살렘을 세워 세상에서 찬송을 받게 하시기까지 그로 쉬지 못하시게 하라."(사 62:7)

그런데 어째서 다윗은 자기에게 주어진 막강한 권세를 활용하지 않나요? 하나님께서 백성들이 늘 깨어 있게 하시려고 악인들을 징계의 '칼과 매'로 사용하십니다(시 17:13,14 ; 사 10:5,6 ; 시 59:11). 악인들은 주님 백성들의 믿음을 단련하는 도구입니다. 주님의 백성들이 주님의 공의를 믿고 앞뒤가 맞지 않아 보이는 현실을 극복하는지의 여부를 시험하는 도구란 말입니다(시 73:16-18).[14] 또 주님은 그들을 들어 백성들의 믿음의 인내를 단련하기도 하십니다. "사로잡힐 자는 사로잡혀 갈 것이요 칼에 죽을 자는 마땅히 자기도 칼에 죽을 것이니 성도들의 인내와 믿음이 여기 있느니라."(계 13:10) 그래서 악인들이 교회를 위하여 유익하게 쓰이도록 주장하시는 주님을 찬미해야 합니다. 하나님께서는 그 귀한 목표를 이루시고 나서 악인들을 벌하십니다. "그러므로 주께서 주의 일을 시온 산과 예루살렘에 다 행하신 후에 앗수르 왕의 완악한 마음의 열매와 높은 눈의 자랑을 벌하시리라."(사 10:12) "내가 너희에게 이르노니 속히 그 원한을 풀어 주시리라 그러나 인자가 올 때에 세상에서 믿음을 보겠느냐 하시니라."(눅 18:8)

그런데 우리가 믿음을 지키려면 '잠시' 기다리면서 '믿음으로 살아야' 합니다. 주님 편에 서서 죄인들을 위해 수고하되, 우리 주님의 이름으로 그들이 완

---

14) "내가 만일 스스로 이르기를 내가 그들처럼 말하리라 하였더라면 나는 주의 아들들의 세대에 대하여 악행을 행하였으리이다 내가 어쩌면 이를 알까 하여 생각한즉 그것이 내게 심한 고통이 되었더니 하나님의 성소에 들어갈 때에야 그들의 종말을 내가 깨달았나이다."

고하고 패역한 마음을 돌려 주님께 향하도록 최선을 다해 애써야 합니다. 우리가 가진 개인의 역량과 감화력을 총동원하여 부단하게 본을 보이며, 주님과 씨름하며 간구해야 하며, 마음을 집중하며 "여호와를 도와 용사를 치는 일에" 최선을 다해야 합니다(삿 5:23). 우리가 하고 싶은 일을 하지 못할 때라면 우리가 할 수 있는 일을 해야 합니다. "그는 힘을 다하여 내 몸에 향유를 부어 내 장례를 미리 준비하였느니라."(막 14:8) 우리가 경건치 않는 악인들의 당당한 세력에 위협을 당할 때에는 잠시 피하여 있다가, 주님의 이름을 위하여 일어나야 할 때를 기다리며 주님께 간구하고 있어야 합니다. "하나님이여 대적이 언제까지 비방하겠으며 원수가 주의 이름을 영원히 능욕하리이까 주께서 어찌하여 주의 손 곧 주의 오른손을 거두시나이까 주의 품에서 손을 빼내시어 그들을 멸하소서… 여호와여 이것을 기억하소서 원수가 주를 비방하며 우매한 백성이 주의 이름을 능욕하였나이다."(시 74:10,11,18) "여호와께서 이르시되 나의 영이 영원히 사람과 함께 하지 아니하리니."(창 6:3)

"지금은 여호와께서 일하실 때니이다." 주님께서 "지금 내가 일할 때로다."라고 여기시어 판단하셨을 때에 온 땅이 두려워 떨었습니다. 소돔과 고모라를 보십시오. "소돔과 고모라와 그 이웃 도시들도 저희와 같은 모양으로 간음을 행하며 다른 색을 따라가다가 영원한 불의 형벌을 받음으로 거울이 되었느니라."(유 7 - 개역한글) 실로 하나님께서 "일하실 때가 되었을 때" 세상과 지옥이 모두 합세하여 하나님을 대항하여 싸워도 그것들은 찔레와 가시덤불로 막는 것과 일반일 것입니다. "나는 포도원에 대하여 노함이 없나니 질려와 형극이 나를 대적하여 싸운다 하자 내가 그것을 밟고 모아 불사르리라."(사 27:4) 하나님께서 한번 말씀을 발하시거나 눈살을 찌푸리시거나 바라보기만 하셔도 원수들을 멸하실 수 있습니다. "그는 마음이 지혜로우시고 힘이 강하시니 그를 거슬러 스스로 완악하게 행하고도 형통할 자가 누구이랴."(욥 9:40) "누

가 그 뜻을 대적하느냐."(롬 9:19)

"그들이 주의 법을 폐하였사오니 지금은 여호와께서 일하실 때니이다." 사람들이 "주의 법을 폐하여" 굴레 없는 망아지 같이 되어 하나님의 오래 참으심이 더 이상 의미 없어 보일 정도가 되었다 합시다. 바로 그 때가 하나님께서 보시기에, '사람다운 사람이 없고 그들을 위해 대신 간구할 자도 없는 기이할 때'입니다. "사람이 없음을 보시며 중재자가 없음을 이상히 여기셨으므로 자기 팔로 스스로 구원을 베푸시며 자기의 공의를 스스로 의지하사 공의를 갑옷으로 삼으시며 구원을 자기의 머리에 써서 투구로 삼으시며 보복을 속옷으로 삼으시며 열심을 입어 겉옷으로 삼으시고 그들의 행위대로 갚으시되 그 원수에게 분노하시며 그 원수에게 보응하시며 섬들에게 보복하실 것이라."(사 59:16-18) 그런 하나님의 행사에 대해서 우리가 무슨 말을 해야 할 것입니까?

이런 때에 하늘에 있는 천군천사들이 하나님의 영광을 위한 간절한 열심에서 시편 기자의 표현대로, "지금은 여호와께서 일하실 때니이다."라고 말하였다 상상해 보기는 하나, 분명 천사들은 이와 같은 '일'을 거의 생각하지 못하였을 것입니다. 분명 그들은 권능과 공의와 인자를 한꺼번에 드러내시는 하나님의 '행사'를 상상해 본적이 없을 것입니다. 하나님의 일을 깔보다니요! 그런 경우에는 아무 소망도 없고 대처할 처방도 전혀 없지 않겠습니까? 그렇게 "하나님의 법을 폐한 일"을 계속 고집하면 "전능하신 하나님의 행사"의 장엄한 광경을 보게 됩니다. 그로 인하여 회개하지 않고 완고하게 행한 열매를 딴 범죄자들은 자기들을 재판하시는 하나님을 반드시 대면해야 하지 않겠습니까? 그들은 하나님을 자기들의 구주로 받기를 거절하였습니다. 반면에 주의 백성들은 죄에 대한 거룩한 의분(義憤)과 하나님의 영광에 대한 불타는 열심을 가지고 하나님의 미쁘심에 호소하며 이 일을 판단하시기를 간청합니다. "그들이 주의 법을 폐하였사오니 지금은 여호와께서 일하실 때니이다."(시 119:126)

시편 119:127

"그러므로 내가 주의 계명들을

금 곧 순금보다 더 사랑하나이다."

"그러므로 내가 주의 계명들을… 사랑하나이다." 그렇습니다. 세상이 "주의

계명들"을 조롱하고 능멸하는 것을 보면, 믿는 우리 눈에는 그 계명들이 갑

절로 더 귀하게 보이지 않습니까? 그들은 "주의 계명들"을 찌꺼기같이 여깁

니다. 그러나 나는 "주의 계명들을 금 곧 순금보다 더 사랑"하나이다. 세상에

속한 사람들은 오직 금을 얻을 소망과 기대감에서 우상을 섬깁니다.[15] 금을

사랑함이 천만인을 멸망하게 하였습니다. "이는 지혜를 얻는 것이 은을 얻는

것보다 낫고 그 이익이 정금보다 나음이니라 지혜는 진주보다 귀하니 네가

사모하는 모든 것으로도 이에 비교할 수 없도다."(잠 3;14,15) 주 하나님께서

당신의 금고(金庫)를 여시어 "측량할 수 없는 그리스도의 풍성"으로 우리 영

혼을 부요(富饒)하게 하셨습니다.

　이 진리를 마음에 떠올리면 수전노(守錢奴)가 생각납니다. 그가 보물로 여

기고 마음에 두는 것은 금입니다. 쌓인 금을 헤아려 만져 보면서 얼마나 기

뻐하며, 그 금을 지키는 일에 얼마나 간절합니까! 얼마나 안전하게 관리하

는지, 자기에게는 생명보다 더 애착하는 금을 도둑맞지 않으려고 애를 씁니

다. 그렇다면, 우리 그리스도인은 어떻게 해야 합니까? 우리도 그래야하지

않습니까? 우리는 '신령한 수전노'여야 합니다. 자기들의 부요가 얼마나 큰

지를 헤아리며, 그것을 "순금보다 더 귀하게 여겨 마음에 숨겨 두어야" 합니

---

15) "나는 하나님의 재앙을 심히 두려워하고 그의 위엄으로 말미암아 그런 일을 할 수 없느니라 만일 내가 내 소망을 금에다 두고 순
금에게 너는 내 의뢰하는 바라 하였다면 만일 재물의 풍부함과 손으로 얻은 것이 많음으로 기뻐하였다면 만일 해가 빛남과 달이 밝게
뜬 것을 보고 내 마음이 슬며시 유혹되어 내 손에 입맞추었다면 그것도 재판에 회부할 죄악이니 내가 그리하였으면 위에 계신 하나님
을 속이는 것이리라."(욥 31:23-28)

다.16) 큰 약탈자 마귀의 손이 미치지 못할 곳에 숨겨 안전하게 지켜야 합니다. 오, 그리스도인들이여! 수전노의 금고에 있는 것 보다 그대들에게 주어진 분깃이 얼마나 훨씬 더 큰지 생각하십시오. 여러분이 신령한 일들에 욕심을 가지는 것을 두려워 할 필요가 없습니다. 도리어 여러분의 보고에 영적인 것들이 더 쌓이기를 위해서 '간절하게 탐해야' 합니다. "너희는 더욱 큰 은사를 사모하라 내가 또한 가장 좋은 길을 너희에게 보이리라."(고전 12:31) 영적인 것을 의존하여 살며 그것 안에서 삶을 영위해야 합니다. 그래야 삶의 폭이 더 확장되고 가치에 있어서 더 존귀하게 될 것입니다.

"그러므로 내가 주의 계명들을 금 곧 순금보다 더 사랑하나이다." 독자 여러분, 하나님의 은혜로 말미암아 이전에 내가 애착하던 무가치한 대상들에서 마음을 떼어 오직 진정한 만족을 주는 것만을 사랑합니까? 시편 기자는 말합니다. "세상은 잠시 행복하게 하는 것들을 얻기 위해 모든 것을 건다. 그러나 세상이 추구하는 것들 보다 더 가치가 있다 여겨 내가 붙들고 있는 주의 계명들이 존귀한 이유를 설명해주려 한다. '그러므로 내가 주의 계명들을 금 곧 순금보다 더 사랑하나이다.' 세상과 내 마음이 합세하여 나로 출싹거리게 높여주는 척 하나, 주의 계명들은 내 실상을 드러낸다. 나는 하나님께서 보실 때 자신을 속이는 자요(롬 7:9), 죄가 있으며(약 2:10), 죄의 오염으로 더러워진 사람이라는 것을 드러내는 것이 바로 주의 계명들이다. 또 그것들이 그리스도께 인도하는 '몽학선생'의 역할을 한다. 그리스도께서는 죄에 대한 유일한 처방이요 내 영혼의 유일한 안식처다. 그래서 나는 '주의 계명들을 사

---

16) "내가 주께 범죄하지 아니하려 하여 주의 말씀을 내 마음에 두었나이다."(시 119:11) Augustine 은 자신에 관하여 이렇게 말한 바 있다. "내가 마니교에 빠졌을 때 성경이 평이한 문체로 되어 있는 것을 보고 깔보았다. (비평주의의 거짓된 기준으로 볼 때) 성경은 키케로파의 웅변(Ciceronian eloquence)의 품격에 비할 바가 아니라고 생각되었다. 그러나 복되게도 내가 그리스도를 알고 난 후에도 키케로(Marcus Tullius Cicero)의 책을 즐겁게 읽고는 있지만 이것 하나만은 분명하다. 이전에 이 책에 대해 가졌던 나의 흥미가 약화되었는데, 그 이유는 '그 책 속에 그리스도의 이름이 없기' 때문이다.

랑'한다. 주의 계명들은 내가 자주 방황할 때에 건전하게 책망하며, 내가 혼란스러워할 때 분명한 길을 제시한다. '나는 주의 계명들을 사랑한다.' 그 계명들이 패망으로 인도하는 길에서 돌아서도록 제어하기 때문이다. 주의 계명들을 순종하는 가운데 주님께서 '나를 향기로 받으시기' 때문이다(겔 20:41 ; 사 44:5). 17) 그러니 내가 어떻게 주의 계명들을 사랑하지 않을 수 있겠는가? '순금'이 내게 그와 같은 복락들을 제공할 수 있는가? 순금이 내 상한 마음을 치료할 수 있는가? 그것이 내 상처난 심령의 고통을 어루만져 순화시켜 주나? 내 운명(殞命)의 병상에서 평안과 위로와 하늘의 소망을 줄 수 있나? 하나님의 귀한 말씀이 무서운 시련의 때에 무엇을 못하겠으며, 무엇이 모자라겠으며, 무엇에 능하지 못하겠는가?"

오, 나의 하나님이시여, 내가 주의 계명들을 차갑게 대한 잘못과, 주의 계명들이 내 행실에 미친 영향력이 적은 것과, 하나님 보시기에 아무 것도 아닌 대상들에 마음을 빼앗겼던 모든 일들이 부끄럽습니다. 오, 제 마음을 다하여 습관적으로 주의 계명들을 따라 행하는 경건의 연습을 하게 하시어 이 말씀의 진리를 더 알아가게 하옵소서. "공의의 열매는 화평이요 공의의 결과는 영원한 평안과 안전이라."(사 32:17)

시편 119:128
"그러므로 내가 범사에 모든 주의 법도들을 바르게 여기고 모든 거짓 행위를 미워하나이다."

---

17) "내가 너희를 인도하여 여러 나라 가운데에서 나오게 하고 너희가 흩어진 여러 민족 가운데에서 모아 낼 때에 내가 너희를 향기로 받고 내가 또 너희로 말미암아 내 거룩함을 여러 나라의 목전에서 나타낼 것이며."(겔 20:41)
"한 사람은 이르기를 나는 여호와께 속하였다 할 것이며 또 한 사람은 야곱의 이름으로 자기를 부를 것이며 또 다른 사람은 자기가 여호와께 속하였음을 그의 손으로 기록하고 이스라엘의 이름으로 존귀히 여김을 받으리라."(사 44:5)

믿음을 경멸하는 일반적인 추세가 그리스도인의 정서 뿐 아니라 그 판단에도 자극을 줍니다. 세상에 득세하는 악행들은 속박을 싫어하여 "주의 법을 폐하려" 하지 않습니까? "그러므로 내가 범사에 주의 모든 주의 법도들을 바르게 여기고." 시편 기자는 악행들이 득세하는 것을 보고 판단이 흐려지는 것이 아니라 도리어 더 견고하게 됩니다. 은혜의 누룩이 사람 전인(全人)에 퍼져 영향을 미치는 것을 보면 얼마나 아름답습니까! 그는 불타는 마음으로 "주의 계명들을 금 곧 순금 보다 더" 사랑합니다. 여전히 그의 사랑은 "지식과 모든 총명으로 점점 더 풍성해질" 것입니다. "내가 기도하노라 너희 사랑을 지식과 모든 총명으로 점점 더 풍성하게 하사."(빌 1:9) 그는 지성적이고 보편적인 자세로 "주의 계명들"을 존중합니다. "내가 범사에 주의 모든 주의 법도들을 바르게 여기고." 이것은 시편 기자 다윗의 구별되고 독특한 성품을 반영합니다. 그는 생각없이 행하는 세상적인 정신을 반면교사(反面敎師) 삼아 익히 배웠습니다. 겉으로만 믿는다고 하는 외식자들과 다른 그의 자세를 하나님께서는 유념하시지만 세상의 일반인들은 별로 주목하지 않습니다. 주권적인 권세로 사람의 "심장을 살피시며"(렘 17:10) "심령을 감찰하시는"(잠 16:2) 하나님께서는 믿음의 외적인 표지보다 마음의 상태를 더 중요하게 보십니다.

많은 신앙고백자들이 "나는 모든 주의 법도들을 옳다고 여긴다."고 고백합니다. 그런데 그들의 고백은 그 법도들이 가진 도덕적인 덕행의 실천을 보고 한 고백일 경우가 허다합니다. 그들은 주의 법도들을 도덕적 덕행의 실천 차원에서 희미하게 나타내 보일 수 있습니다. 주의 법도들이 그런 차원에서의 죄들을 버리라고 요청하는 줄로 인식합니다. 그런 입장에서 자기들은 그런 수준의 구원을 받았다고 생각합니다. 그러나 그들이 "계명이 지극히 넓은 것"을 주목하기 시작할 때가 옵니다(시 119:96).[18] 그 때가 되면 그들은 '주의

---

18) "내가 보니 모든 완전한 것이 다 끝이 있어도 주의 계명들은 심히 넓으니이다."(시 119:96)

계명'이 마음으로 인식하는 것을 다루고 있음을 알게 됩니다. 그리고 주의 계명이 세상을 얼마나 무섭게 정죄하며 죄를 십자가에 못 박아 죽일 것으로 여기는지 알게 됩니다. 계명은 실로 마음을 온전하게 하나님께 복종시킬 것을 요구합니다. 그 요점이 밝히 드러나 그들이 주의 계명의 요구를 알게 되는 때는 바로 심판 날인데, 그 날에 그들은 자기들의 진상을 탐사하는 기준 앞에 서게 됩니다. 그래서 그들은 의인의 회중인 교회에 들어와서는 안 되는 자들로 밝혀지고, 그들의 이마에는 '외식자'의 낙인이 찍혀 집니다. 헤롯은 나름대로 요한을 위하여 '많은 일들'을 하였습니다. "헤롯이 요한을 의롭고 거룩한 사람으로 알고 두려워하여 보호하며 또 그의 말을 들을 때에 크게 번민을 하면서도 달갑게 들음이러라."(막 6:20) 그와 같이 하나님을 대적하는 원수들도 '주의 법도들'에 부분적으로 복종하기는 합니다.

그러나 시편 기자는 잘 알고 있습니다. '하나의 죄'가 우리를 사로잡되 '천 가지 죄'가 우리를 사로잡듯 한다는 것을 말입니다. 그래서 '한 가지의 법도'를 고의적으로 멸시하면 사실상 '주의 모든 법도들'을 다 어긴 것입니다. 그래서 시편 기자는 "모든 주의 법도들"이라고 하였지 "주의 많은 법도들"이라고 말하지 않았습니다. 그것이 바로 그리스도인의 어법입니다. 그리스도인도 '주의 법도들' 중에 얼마는 온전하게 지키지 못합니다. 아니 '모든 주의 법도들'을 다 온전하게 지키지 못하는 것이 사실입니다. 그런데도 그리스도인은 '주의 모든 법도들'을 다 최상으로 존중할 대상으로 삼아야 합니다. '주의 모든 법도들'이 그리스도인의 마땅한 도리입니다. 어떤 처지에서도 항상 지켜야 할 도리입니다. "이 두 사람이 하나님 앞에 의인이니 주의 모든 계명과 규례대로 흠이 없이 행하더라."(눅 1:6) 복음적인 도리이든지 '도덕적 법도들'이든지 "모든 주의 법도들"을 다 준행해야 마땅합니다. "모든 주의 법도들"은 그리스도인에게 '모든 부분에서' 자신을 버리라고 가르칩니다(즐거움의 원천으로써의 죄를 버리고 의지할 근거로써 의무를 다하라고 가르칩니다). 아울러 "모든 주의 법도들"은 오직 유일한 소망의 근거이신 하나님의 아들 그리스도를 믿으라고 가르칩니다. "그의 계명은 이것이니 곧 그 아들 예수 그리스도의 이름을 믿고 그가 우리에게 주신 계명대로 서로 사랑할 것이라."(요일 3:23) "예수께서 대답하여 이르시되 하나님께서 보내신 이를 믿는 것이 하나님의 일이니라 하시니."(요 6:29)

그리스도인은 결코 '주의 법도들'의 엄격함을 불평하지 않습니다! 오직 '주의 법도들'을 온전하게 따르지 않은 것을 생각하고 늘 겸손해집니다. 하나님의 계시된 뜻을 대항하여 육체를 기쁘게 하는 '모든 방식'을 미워합니다. 그래서 시편 기자는 말합니다. "내가 범사에 모든 주의 법도들을 바르게 여기고 모든 거짓 행위를 미워하나이다." 하나님의 계시된 뜻을 대항하여 육체를 기쁘게 하는 '모든 방식'은 자체가 '거짓'이고 하나님께도 '거짓된 것'입니다.

이 '경건한 확신'은 '그리스도인의 행동 지침 전체'에 적용될 것입니다. 그러므로 어떤 구실로도 죄는 정직한 마음을 가진 자에게는 전혀 통하지 않는 일입니다. 어떤 부분에서 엄격하지 못한 것을 다른 부분에서 잘하면 보충할 수 있다고 여기거나, 잠시 불가피하게 마지못하여 한 일이니 이해될만한 일이라는 식으로 생각하고 죄를 짓는 일이 그리스도인에게는 통하지 않습니다. 하물며 고의적으로 '순종의 보편적 원칙'에서 물러서는 일은 더 말해서 무엇하겠습니까? 만일 '하나님 앞에서 거룩한 것을 진실로 사랑한다면,' 그 거룩 자체가 사랑할 만하기에 사랑을 받는 것입니다. "그런즉 사랑하는 자들아 이 약속을 가진 우리는 하나님을 두려워하는 가운데서 거룩함을 온전히 이루어 육과 영의 온갖 더러운 것에서 자신을 깨끗하게 하자."(고후 7:1) "지극히 선한 것들"을 온전히 인정하는 자세로 "진실하여 허물없이 그리스도의 날까지" 이르게 될 것입니다(빌 1:10).

오, 나의 영혼이여, 이 정밀한 시금석을 이겨낼 수 있는가? 주의 법도들을 복음의 특권만큼 존중히 여기는가? 반드시 짊어져야 할 십자가가 싫어 얼버무린 법도가 있지는 않은가? 은밀하게 숨긴 정욕으로 주의 법도들을 대항한 적은 없는가? 다른 이들이 자기들의 길로 행하는 것을 보고도 아무렇지 않게 생각하지는 않는가?

우리가 진실로 죄를 미워한다면, 집 밖에 보다 집 안에 있는 죄를 용납하지 않을 것입니다. 무엇보다 자기 마음에 죄가 있는 것을 참지 못할 것입니다. 우리 마음에 외식(外飾)이 자리 잡을 큰 처소가 있습니다. 그러므로 마음을 감찰하시는 주님께서 각자 마음의 깊은 곳을 살피는 능력을 허락하옵소서! 주님의 등불을 들고 악이 은밀하게 숨을 깊숙한 곳을 샅샅이 뒤지게 하옵소서! 우리 각자 자신의 양심에 자주 묻게 하소서. '모든 것을 아시는 재판장께서 내 마음에서 무엇을 보시느냐?' 교회가 내 이름을 크게 높이고 있는 바로 그 때에 하나님의 음성이 발하는 양심의 소리가 우리에게 속삭일 수 있습니다. "사람 중에 높임을 받는 그것은 하나님 앞에 미움을 받는 것이니라."(눅 16:15) 미리 간파해 내지 못한 '거짓 행위'가 우리의 영혼의 생명을 파리하게 하고, 우리를 살리는 은혜의 방편으로 나아가도 열매를 맺지 못하게 할 수 있습니다.

우리 각자 자신의 집, 자신의 일, 자신의 가정, 자신의 영혼을 살펴야 합니다. 그러는 중에 기도하고 통회하고 새롭게 결심하여 하나님을 의뢰하여 처리할 문제를 확실히 발견할 수 있습니다. "내 길을 굳게 정하사 주의 율례를 지키게 하소서… 내가 주의 율례들을 지키오리니 나를 아주 버리지 마옵소서."(시 119:5,8)

오, 죄가 새롭게 발견될 때 마다 상한 심령을 갖게 하소서! 제 영혼으로 하여금 죄와 피 흘리기까지 싸우게 하소서. 그 때마다 '특별히 즉각적으로 죄와 부정(不淨)을 씻는 열린 샘'으로 속히 나아가게 하소서. 그래서 그 샘에서 죄책을 씻게 하시고 하나님의 화평을 회복하게 하소서. 이 샘을 열어 놓으신 주님께 나아가 영적 능력을 크게 공급받아 치료받게 하소서. 주님의 권능과 은혜는 영적 싸움의 무기들을 더 예리하게 만들어, 결국 모든 은밀한 불의를 이기게 하시어 영원히 은밀한 불의가 제 마음을 사로잡지 못하게 하소서!

죄는 죄의 형벌 이외에도 그 자체가 누추함을 불러 옵니다. 그와 같이 온 마음을 정결하게 하는 일은 그 자체로 행복을 불러 옵니다. 하나님의 은혜와 가르침을 받고 자신을 온전하게 드렸을 때(롬 12:1), 곧 자신을 하나님께 거룩하게 구별하여 드릴 헌물로 평가하기 시작하였을 때를 잊을 수 있습니까? 그때가 자신에게 비친 최초의 빛이 아니었나요? 그렇게 자신을 제물로 드림은, 갑자기 흥분하거나 그저 추상적으로 생각하거나 마음은 없는데 마지못해 묵종(默從)하며 찬성하는 것과는 다른 것이었습니다. 자신의 판단과 마음에서 우러나는 최선의 선택과 일치하는 일이었습니다. "주의 법도들"에 비춰 볼 때 옳아서 한 일이었습니다. "주의 법도들"과 반대되는 것은 무엇이든지 다 가증하였습니다. 그런 자세가 바로 하늘의 행복의 진수를 이루는 것 아니겠습니까? 하늘에서는 영원한 생명 가운데 있는 영화롭게 된 영혼의 모든 열망과 동작은 다 하나님 섬김의 거룩함을 드러내는 증거일 것입니다. "하나님의 종 모세의 노래, 어린 양의 노래를 불러 이르되 주 하나님 곧 전능하신 이시여 하시는 일이 크고 놀라우시도다 만국의 왕이시여 주의 길이 의롭고 참되시도다 주여 누가 주의 이름을 두려워하지 아니하며 영화롭게 하지 아니하오리까 오직 주만 거룩하시니이다 주의 의로우신 일이 나타났으매 만국이 와서 주께 경배하리이다 하더라."(계 15:3,4)

129 주의 증거들은 놀라우므로 내 영혼이 이를 지키나이다

130 주의 말씀을 열면 빛이 비치어 우둔한 사람들을 깨닫게 하나이다

131 내가 주의 계명들을 사모하므로 내가 입을 열고 헐떡였나이다

132 주의 이름을 사랑하는 자들에게 베푸시던 대로 내게 돌이키사 내게 은혜를 베푸소서

133 나의 발걸음을 주의 말씀에 굳게 세우시고 어떤 죄악도 나를 주관하지 못하게 하소서

134 사람의 박해에서 나를 구원하소서 그리하시면 내가 주의 법도들을 지키리이다

135 주의 얼굴을 주의 종에게 비추시고 주의 율례로 나를 가르치소서

136 그들이 주의 법을 지키지 아니하므로 내 눈물이 시냇물 같이 흐르나이다

주의 계명을 사모하여
헐떡이는 경지

시편 119:129
"주의 증거들은 놀라우므로
내 영혼이 이를 지키나이다."

아직 미숙한 상태에 머물러 있는 신자가 이 사실을 인정하고 참되게 고백할 수 있겠습니까? 그저 주의 증거들의 문자적인 외양만을 접촉하고 있겠지요. 그 외양은 아무런 흥미를 일으키지 못합니다. 그의 눈에는 보이지 않는 측량할 수 없는 깊음이 숨어 있어서 신자가 평생 자기의 날이 다할 때까지 그 깊음을 배우지 않을 수 없습니다.

사도 바울은 자기의 경험을 말한 바 있습니다. "그가 낙원으로 이끌려 가서 말로 표현할 수 없는 말을 들었으니 사람이 가히 이르지 못할 말이로다."(고후 12:4) 그러나 감탄을 금할 수 없는 하나님의 깊음을 생각하고 이렇게 외쳤습니다. "깊도다 하나님의 지혜와 지식의 풍성함이여, 그의 판단은 헤아리지 못할 것이며 그의 길은 찾지 못할 것이로다."(롬 11:33) "이는 한 아기가 우리에게 났고 한 아들을 우리에게 주신 바 되었는데 그의 어깨에는 정사를 메었고 그의 이름은 기묘자라, 모사라, 전능하신 하나님이라, 영존하시는 아버지라, 평강의 왕이라 할 것임이라."(사 9:6) 하늘의 신령한 은혜로 배운 영혼에게 "눈으로 보지 못하고 귀로 듣지 못하고 사람의 마음으로 생각하지도 못한"(고전 2:9) 세계가 열려지기 시작한 것입니다.

세상을 창조하신 하나님을 생각하면 피조물은 마땅히 "오호라 사람이 저주 아래 있도다."라고 말하지 않을 수 없습니다. 이런 말씀들을 묵상해 보십시오. "태초에 말씀이 계시니라 이 말씀이 하나님과 함께 계셨으니 이 말씀은 곧 하나님이시니라 그가 태초에 하나님과 함께 계셨고 만물이 그로 말미암아 지은 바 되었으니 지은 것이 하나도 그가 없이는 된 것이 없느니라."(요 1:1-3) "그리스도께서 우리를 위하여 저주를 받은 바 되사 율법의 저주에서 우리를 속량하셨으니 기록된 바 나무에 달린 자마다 저주 아래에 있는 자라 하였음이라."(갈 3:13) "그는 근본 하나님의 본체시나 하나님과 동등됨을 취할 것으로 여기지 아니하시고 오히려 자기를 비워 종의 형체를 가지사 사람들과 같이 되셨고 사람의 모양으로 나타나사 자기를 낮추시고 죽기까지 복종하셨으니 곧 십자가에 죽으심이라."(빌 2:6-8)

죄를 지고 정죄 아래 있는 인생이 스스로의 의(義)로 어찌 하나님께 의롭다 하심을 받을 수 있겠습니까? 오직 하나님께로서 난 의(義)가 아니면 하나님께 의롭다 하심을 받을 수 없습니다. "우리가 알거니와 무릇 율법이 말하는 바는 율법 아래에 있는 자들에게 말하는 것이니 이는 모든 입을 막고 온 세상으로 하나님의 심판 아래에 있게 하려 함이라 그러므로 율법의 행위로 그의 앞에 의롭다 하심을 얻을 육체가 없나니 율법으로는 죄를 깨달음이니라 이제는 율법 외에 하나님의 한 의가 나타났으니 율법과 선지자들에게 증거를 받은 것이라 곧 예수 그리스도를 믿음으로 말미암아 모든 믿는 자에게 미치는 하나님의 의니 차별이 없느니라."(롬 3:19-22)

타락으로 인하여 파멸한 인생을 이끌어 내시어 타락 이전 무죄한 상태 보다 더 하나님께 영광이 되고 더 행복한 존재로 사람을 만드신 하나님을 생각해 보십시오. 하나님께서는 그 방식으로 당신의 긍휼과 공의의 영광을 더 드러내셨습니다. 죄인들이 자신들의 의나 완전함이나 공력을 쌓아 상급을 얻게 하는 방식이 아니라 하나님 자신의 의(義)로 옷 입혀 주셨습니다. "그의 날에 유다는 구원을 받겠고 이스라엘은 평안히 살 것이며 그의 이름은 여호와 우리의 공의라 일컬음을 받으리라."(렘 23:6) "너희는 하나님으로부터 나서 그리스도 예수 안에 있고 예수는 하나님으로부터 나와서 우리에게 지혜와 의로움과 거룩함과 구원함이 되셨으니."(고전 1:30) 그리고 죄인들이 하나님의 의(義) 안에서 안전함을 누리게 하셨습니다. "나를 보내신 이의 뜻은 내게 주신 자 중에 내가 하나도 잃어버리지 아니하고 마지막 날에 다시 살리는 이것이니라… 내가 그들에게 영생을 주노니 영원히 멸망하지 아니할 것이요 또 그들을 내 손에서 빼앗을 자가 없느니라."(요 6:39 ; 10:28) 그리고 하나님께서는 죄인들을 죄에서 건지시어 영광의 옷을 입게 하셨습니다. "이는 너희가 죽었고 너희 생명이 그리스도와 함께 하나님 안에 감추어졌음이라 우리 생명이신 그리스도께서 나타나실 그 때에 너희도 그와 함께 영광중에 나타나리라."(골 3:3,4) "아버지여, 아버지께서 내 안에, 내가 아버지 안에 있는 것 같이 그들도 다 하나가 되어 우리 안에 있게 하사 세상으로 아버지께서 나를 보내신 것을 믿게 하옵소서 내게 주신 영광을 내가 그들에게 주었사오니 이는 우리가 하나가 된 것 같이 그들도 하나가 되게 하려 함이니이다 곧 내가 그들 안에 있고 아버지께서 내 안에 계시어 그들로 온전함을 이루어 하나가 되게 하려 함은 아버지께서 나를 보내신 것과 또 나를 사랑하심 같이 그들도 사랑하신 것을 세상으로 알게 하려 함이로소이다 아버지여 내게 주신 자도 나 있는 곳에 나와 함께 있어 아버지께서 창세 전부터 나를 사랑하시므로 내게 주신 나의 영광을 그들로 보게 하시기를 원하옵나이다."(요 17:21-24) "이기는 그에게는 내가 내 보좌에 함께 앉게 하여 주기를 내가 이기고 아버지 보좌에 함께 앉은 것과 같이 하리라."(계 3:21)

하나님께서 "지성소로 들어가는 길"을 어떤 방식으로 나타내셨는지 생각해 보십시오. "성령이 이로써 보이신 것은 첫 장막이 서 있을 동안에는 성소에 들어가는 길이 아직 나타나지 아니한 것이라… 그러므로 형제들아 우리가 예수의 피를 힘입어 성소에 들어갈 담력을 얻었나니 그 길은 우리를 위하여 휘장 가운데로 열어 놓으신 새로운 살 길이요 휘장은 곧 그의 육체니라."(히 9:8 ; 10:19,20)

죄 사함 뿐 아니라, 죽음이나 현재 일이나 영혼의 영원한 생명에 관한 일이 얼마나 넘치는 은혜에 속한 것인지 생각해 보십시오. "율법이 들어온 것은 범죄를 더하게 하려 함이라 그러나 죄가 더한 곳에 은혜가 더욱 넘쳤나니… 그런즉 우리가 무슨 말을 하리요 은혜를 더하게 하려고 죄에 거하겠느냐 그럴 수 없느니라 죄에 대하여 죽은 우리가 어찌 그 가운데 더 살리요 무릇 그리스도 예수와 합하여 세례를 받은 우리는 그의 죽으심과 합하여 세례를 받은 줄을 알지 못하느냐 그러므로 우리가 그의 죽으심과 합하여 세례를 받음으로 그와 함께 장사되었나니 이는 아버지의 영광으로 말미암아 그리스도를 죽은 자 가운데서 살리심과 같이 우리로 또한 새 생명 가운데서 행하게 하려 함이라 만일 우리가 그의 죽으심과 같은 모양으로 연합한 자가 되었으면 또한 그의 부활과 같은 모양으로 연합한 자도 되리라 우리가 알거니와 우리의 옛 사람이 예수와 함께 십자가에 못 박힌 것은 죄의 몸이 죽어 다시는 우리가 죄에게 종 노릇 하지 아니하려 함이니."(롬 5:20 ; 6:1-6) "내가 주는 물을 마시는 자는 영원히 목마르지 아니하리니 내가 주는 물은 그 속에서 영생하도록 솟아나는 샘물이 되리라… 살아 계신 아버지께서 나를 보내시매 내가 아버지로 말미암아 사는 것 같이 나를 먹는 그 사람도 나로 말미암아 살리라… 예수께서 이르시되 내가 곧 길이요 진리요 생명이니 나로 말미암지 않고는 아버지께로 올 자가 없느니라… 조금 있으면 세상은 다시 나를 보지 못할 것이로되 너희는 나를 보리니 이는 내가 살아 있고 너희도 살아 있겠음이라."(요 4:14 ; 6:57 ; 14:6,19)

성경이 말하는 이상의 엄청난 요점들을 발견하게 되면, 겸손하게 머리를 숙이고 시편 기자 같이 고백할 수밖에 없습니다. "주의 증거들은 놀라우므로 내 영혼이 이를 지키나이다." 그러므로 우리는 사도 같이 해야 합니다. "이러므로 내가 하늘과 땅에 있는 각 족속에게… 능히 모든 성도와 함께 지식에 넘치는 그리스도의 사랑을 알고 그 너비와 길이와 높이와 깊이가 어떠함을 깨달아 하나님의 모든 충만하신 것으로 너희에게 충만하게 하시기를 구하노라."(엡 3:14,18,19) "그 안에는 지혜와 지식의 모든 보화가 감추어져 있느니라."(골 2:3)

이러한 증거들이 다 우리의 "영원한 기업"에 관한 것들임을 깊이 상고하면 정말 얼마나 기쁩니까! "주의 증거들로 내가 영원히 나의 기업을 삼았사오니 이는 내 마음의 즐거움이 됨이니이다."(시 119:111) 그 증거들은 우리가 온전한 실천으로 지킬 때 뿐 아니라 밑이 보이지 않는 깊은 사랑의 신비들을 생각할 때에도 놀랍습니다. 이 "기업"이 무한하고 거대하니, 자기 백성들의 마음과 생각 속에 들어오는 모든 생각을 미리 다 아신 하나님께서는 그리스도 안에서 모든 경우와 처지에 해당될 방안과 격려를 미리 은밀하고 세밀하게 마련해 놓으셨습니다. 여기에 다시 지혜로 말미암아 하나님의 계시를 받기에 합당하게 맞추어진 말씀 속에, 교회의 전 시대에 걸쳐 하나님과 사람 사이의 교제에 속한 모든 것이 감춰어 있습니다. 하나님의 목적과 뜻이라는 측량할 수 없는 광대한 보고(寶庫) 속에 하나님과 사람 사이의 교제의 모든 것이 비장(備藏)되어 있습니다. 그러니 우리가 "주의 증거들은 놀랍도다!"라고 거듭 외치지 않을 수 있겠습니까!

그러나 성경의 충만함을 높이고 기리는 것만으로는 충분하지 않습니다.[1] 우리는 성경이 실천하도록 감화를 주는 영광을 흡입하고 나타내야 합니다. 성경의 증거들에 대한 거룩한 감동이 그 가르침에 자신들을 드리고 싶은 신령한 열심의 불을 일으킬 것입니다. 그러므로 "내 영혼이 이를 지키나이다."라고 시편 기자는 외치고 있습니다. 그 증거들에 신적(神的) 권위의 인장(印章)이 찍혀있음을 인식할 때에 성경을 존중히 여기는 거룩한 마음이 깊어질 뿐 아니라, 성경의 증거들에 즐겁게 순종할 마음이 강화될 것입니다. 그 증거들을 지키는 것은 우리의 의무이지만 그에 못지 않은 특권이기도 합니다. 그래서 우리의 순례길이 다하는 날까지 이 길로 행하며 인내할 것입니다. 그러나 놀라운 주님의 증거들을 아무 생각 없이 부주의하게 보며, 그 증거들이 다루는 참으로 중요한 요점에 대하여는 무관심한 대중들을 생각하면 얼마나 애처로운지요! 그들은 그 보물창고에 무엇이 들어있는지 살펴보려고 마음을 쓰지 않은 채 그냥 지나쳐 버립니다. 어떤 경우 흘끔 쳐다보기는 하나 그 보물 창고

---

1) 터툴리안(Tertullian)은 'Adoro plentitudinem Scripturarum(오 성경의 풍성함을 찬탄하도다)'라고 외쳤다. 아주 거룩한 감탄의 자세로 저 깊은 학식의 경건한 존 오웬(John Owen) 박사는 말하였다. "내가 이 세상에 있는 동안에 성경을 경외하는 내 생각을 다른 사람도 이해했으면 한다." "나로 하여금 주님의 말씀을 번역하는 소임을 담당하게 허락하신 주님의 은혜를 무엇으로 보답할꼬! 내가 주님의 말씀을 번역하자니 주님의 말씀의 각 표현을 연구하지 않으면 안 되는 입장에 서게 된 이후, 그 복되신 주님의 책 속에서 만나는 기이함과 지혜와 사랑을 본 적이 없노라. 죽음도 우리로부터 주님의 말씀의 각 표현의 신비를 연구하는 즐거움을 박탈해 갈 수 없다는 것을 생각하니 기쁘기 그지없도다."(Martyn Luther의 생애 속에서 발췌한 루터의 말) 성경을 번역하는 일에 온유한 심령으로 헌신하였던 부캐년(Dr. Buchanan)도 죽기 얼마 전에 동일한 증언을 하였다. 그는 시리아 역본(Syriac Testament)을 위해서 수고롭게 작업하다가 몸이 아파 그 일을 갑자기 중단하게 되었다. 그는 자기 친구 한 사람에게 작업한 자료들 얼마를 주면서 눈물을 왈칵 쏟았다. 그는 의식을 가다듬고 이렇게 말하였다. "나는 지금 아프지 않다. 오직 내가 이 작업을 하면서 누렸던 기쁨을 회상하니 완전히 새 힘이 솟는구나. 처음에는 그 작업이 지루할 것 같아 할 마음이 내키지 않았어. 또 자주 번역을 하는 중에 비평적인 검증을 하다보면 성경이 시시해 보이지 않을까 두려운 생각도 들었다. 그러나 성경을 번역하여 나가면서 내가 염려하였던 것은 사라지고 매번 하나님의 말씀에 새 빛이 비추어지는 것 같았고, 부가적인 기쁨과 위로가 내 마음에 전달되었다." 그의 전기 작가는 관찰한 바는 이러하다. "하늘에 계신 주님의 일에 경건하게 헌신한 그리스도의 종을 깊이 생각하면 얼마나 기쁨이 솟는지! 그 좋은 빛과 진리의 신적 원천이신 주님께 옮겨가는 바로 그 순간까지 거의 자신을 그 일에 헌신하였도다!"

에 들어있는 무궁무진한 보배들에 대하여 아무것도 알지 못한채 그냥 지나가 버립니다. 하나님께서는 말씀하십니다. "내가 그를 위하여 내 율법을 만 가지로 기록하였으나 그들은 이상한 것으로 여기도다."(호 8:12)

그러나 훨씬 더 이상한 일이 있습니다. 기도의 응답으로 빛을 받아[2] '지혜와 계시의 정신'을 가지고 있다(엡 1:17,18)[3] 하면서 성경을 통하여 우리 앞에 펼쳐진 구속적(救贖的) 사랑에 대하여는 그렇게 냉담하고, 성경의 여러 증거들이 말하는 것을 실제로 그렇게 조금 밖에 체험하지 못한다는 것이 훨씬 더 이상한 일입니다. 오! 우리는 주님의 증거들에 대하여 게으르고 부단하게 순종하지 못한 자신들을 되돌아봄으로 항상 겸비하는 일을 멈추지 않아야 합니다. 주님의 증거들을 살펴보는 일을 따분해하거나 일상적인 일이나 공부로 여기지 않아야 합니다. 오직 우리 지성을 집중하고 겸비한 마음과 기도의 정신과 보다 경건한 자세로 깊이 숙고해야 마땅합니다. 우리가 이제까지 잘 알았다고 여기면서 그냥 지나친 부분들도 그러한 자세로 살피고 궁구해야 합니다. 그러면 주님의 증거들의 부분이 가진 놀라운 요점들이 새롭게 보여 우리가 지금까지 알았다고 여긴 이상을 훨씬 뛰어넘는 이해에 도달하게 될 것입니다.[4]

이 계시를 숙고하면서 감탄하는 것 보다 더 즐거운 것이 무엇이겠습니까? 그 일은 천사들에게도 자기들이 섬기는 하나님의 영광을 새롭게 인식하는 일

---

2) "내 눈을 열어서 주의 율법에서 놀라운 것을 보게 하소서."(시 119:18)

3) "우리 주 예수 그리스도의 하나님, 영광의 아버지께서 지혜와 계시의 영을 너희에게 주사 하나님을 알게 하시고 너희 마음의 눈을 밝히사 그의 부르심의 소망이 무엇이며 성도 안에서 그 기업의 영광의 풍성함이 무엇이며."(엡 1:17,18)

4) 어거스틴은 체험적으로 이 요점을 발견하였기에 이렇게 말한다. "내가 만일 어린 시절부터 지금 백발이 될 때까지 지금 내가 성경에 대하여 가지는 열심보다 더 큰 열심과 더 큰 이해력을 가지고 오직 성경만 연구하였다 하자. 그러하였다 할지라도 진리들로 어쩌나 치밀하고 조밀하게 구성되어 있는 것이 성경이다. 그래서 내가 이전에 알지 못하던 것을 매일 배울 수 있도다." 지금은 고인이 된 저 존경할 만한 안티스테스 헤스(Antistes Hess)는 87세에 유대인 선교사로 나아가려는 젊은이에게 다음과 같이 말함으로 어거스틴의 말이 옳음을 드러냈다. "70년 동안 나는 하루도 빠짐없이 하나님의 말씀을 연구해 왔어요. 그런데 여전히 나는 지금도 하나님의 말씀 속에서 하나님의 신비로운 사랑과 지혜의 자취를 새롭게 발견하지요."(Jewish Expositor 1825년 11월호)

입니다. "이는 이제 교회로 말미암아 하늘에 있는 통치자들과 권세들에게 하나님의 각종 지혜를 알게 하려 하심이니."(엡 3:10) "이 섬긴 바가 자기를 위한 것이 아니요 너희를 위한 것임이 계시로 알게 되었으니 이것은 하늘로부터 보내신 성령을 힘입어 복음을 전하는 자들로 이제 너희에게 알린 것이요 천사들도 살펴보기를 원하는 것이니라."(벧전 1:12) 그들이 낮은 자세로 하나님의 영광을 주목하고 경배하면서 드리는 순종은 살아 있는 것이 됩니다. 하나님의 보좌 앞에서 섬기는 스랍들은 자기들의 "두 날개로는 자기의 얼굴을 가리고, 둘로는 자기의 발을 가리고 둘로는 날며" 하나님을 모시고 있습니다(사 6:2). 그들의 모습 속에서 우리는 동일한 교훈과 정신을 배울 수 있습니다. 주여, 저희로 하여금 티끌을 무릅쓰는 겸비한 자세로 하나님의 증거를 묵상하게 하옵시고, 하나님을 섬김으로 저희를 소성케 하옵소서! "주의 증거들은 놀라우므로 내 영혼이 이를 지키나이다."

시편 119:130
"주의 말씀을 열면 빛이 비치어
우둔한 사람들을 깨닫게 하나이다."

오, 은혜로우신 '하나님의 증거들은 너무나 놀라워' 증거들의 깊은 속까지 들어가지 않고 그저 초입(初入)을 넘어서기만 해도 우리 마음은 빛을 얻고 총명을 만납니다. 청결한 마음으로 기도하며 말씀을 연구하기 시작하면 금세 말씀이 새벽 빛 같이 우리 영혼에 비췹니다. 그 빛만으로도 우리 마음에서 어둠을 몰아내기에 충분할 때가 많습니다. "의인의 길은 돋는 햇살 같아서 크게 빛나 한낮의 광명에 이르거니와."(잠 4:18) 실로 어둔 세상에 알려진 모든 신령한 빛은 말씀으로부터 흘러나왔습니다. 말씀을 깊이 연구하면 마치 햇빛같이 영혼에 빛을 쏟아내어 '날 때부터 눈 먼 사람'을 보게 합니다. 이 말씀은 차원이 기이하게 높고 하늘의 신비를 담고 있으면서도 길을 선명하게 보여주기 때문에 가장 무식한 자라도 그 길을 알아 그리로 행할 수 있습니다. "거기에 대로가 있어 그 길을 거룩한 길이라 일컫는 바 되리니 깨끗하지 못한 자는 지나가지 못하겠고 오직 구속함을 입은 자들을 위하여 있게 될 것이라 우매한 행인은 그 길로 다니지 못할 것이며."(사 35:8) 이것이야말로 하나님께서 자비하시어 우리를 향하여 자세를 낮추신 결정적인 실례(實例)입니다.

실로 아는 것도 없고 교양도 없는 사람이 말씀을 열면 생각이 커지고 높아집니다. 그것은 사람이 본래의 영광으로 회복되고 있음을 보여주는 조짐입니다. 본래 사람은 정신적인 면 뿐만 아니라 영적인 면에서도 "하나님의 모든 충만하신 것으로 충만해 있었음"이 분명합니다(엡 3:19와 골 3:10 참조).[5] 하늘의 빛이 가진 능력이 이렇게 놀라우니 어린아이나 어른이나 지능이 낮은 사람이라도 하늘의 가르침을 받으면, 가장 명석하다는 철학자가 도달할 수 있는 교훈보다 더 큰 교훈에 이르게 됩니다! 아니, 아주 여러 해 동안 줄기차게 성경 연구에 전념하면서도 하나님의 성령님의 가르침을 받지 못한 사람이 있다면, 그 사람보다 지능은 낮지만 하늘에 속한 가르침을 받은 이가 성경이 말하는 교훈을 더 잘 이해할 수 있습니다. 왜냐하면 문헌(文獻)들의 보고(寶庫)를 섭렵하면서도 죄인이 알아야 할 가장 중요한 것은 전혀 모를 수 있기 때문입니다.[6] 사도의 역설(逆說)은 그 비밀을 풀어 줍니다. "아무도 자

---

5) "그 너비와 길이와 높이와 깊이가 어떠함을 깨달아 하나님의 모든 충만하신 것으로 너희에게 충만하게 하시기를 구하노라."(엡 3:19)

"새 사람을 입었으니 이는 자기를 창조하신 이의 형상을 따라 지식에까지 새롭게 하심을 입은 자니라."(골 3:10)

6) Cecil의 유고(遺稿) 중에서 뽑은 것을 요기에 소개한다.

"어느 사람이 이런 말을 하더라. '내가 성경을 원어(原語)로 여러 차례 읽었고, 밤낮으로 그 성경을 연구하고 주석하고 여러 논평의 글들을 썼다. 그런 내가 너무나 명료하여 없는 길 가는 행인이라도 금방 알아차릴 성경의 의미를 이해할 수 없게 되는 때가 있으니 참 기이한 일이로다.' 정말 우리가 성경을 열기까지는 그 일이 이상하게 보인다. 성경을 보면 그 사실이 설명되어 있다. 자신의 지혜로 하나님의 말씀을 접근하면 하나님의 지혜로 가르침 받는 바보라도 발견할 것을 전혀 알지 못하게 된다." "기록된바 내가 지혜 있는 자들의 지혜를 멸하고 총명한 자들의 총명을 폐하리라 하였으니…하나님께서 세상의 미련한 것들을 택하사 지혜 있는 자들을 부끄럽게 하려

신을 속이지 말라 너희 중에 누구든지 이 세상에서 지혜 있는 줄로 생각하거든 어리석은 자가 되라 그리하여야 지혜로운 자가 되리라."(고전 3:18) 지혜를 무시하자는 말은 아닙니다. 지혜를 앞세워 복음의 단순성을 대항하는 교만에 빠져 "예수님의 발아래 앉아서 말씀을 듣지" 못하게 하는 악은 행하지 말자는 것입니다. 남을 가르치는 사람에게 그런 교만이 들어오면 "그리스도와 십자가에 못 박혀 죽으심"을 아는 지식 보다 "사람의 지혜의 권하는 말"을 가르치게 됩니다(고전 2:1-4).[7] 또 그런 교만이 배우는 자에게 들어오면 진리의 빛과 사랑 가운데서 그리스도를 받아들이지 않게 됩니다.

사방에서 우리를 둘러 비추는 빛이 그렇게 많은데도 우리 마음에는 한 점의 빛도 들어가지 않는다면 그야말로 큰 고통이 아닐 수 없습니다. "빛이 어둠에 비치되 어둠이 깨닫지 못하더라."(요 1:5) 그 빛이 우리 마음에 들어오지 못하게 막는 것은 인간의 교만과 죄를 사랑하는 본성입니다. "그 정죄는 이것이니 곧 빛이 세상에 왔으되 사람들이 자기 행위가 악하므로 빛보다 어둠을 더 사랑한 것이니라 악을 행하는 자마다 빛을 미워하여 빛으로 오지 아니하나니 이는 그 행위가 드러날까 함이요."(요 3:19,20) "눈이 나쁘면 온 몸이 어두울 것이니 그러므로 네게 있는 빛이 어두우면 그 어둠이 얼마나 더하겠느냐."(마 6:23)

빛과 어둠 사이에 벌어지는 싸움에 대한 안목이 열리면 정말 긴장하지 않을 수 없습니다. "그 중에 이 세상의 신이 믿지 아니하는 자들의 마음을 혼미하게 하여 그리스도의 영광의 복음의 광채가 비치지 못하게 함이니 그리스도는 하나님의 형상이니라."(고후 4:4) 그러나 전능하신 하나님께서 악의 세력

하시고."(고전 1:19,27)

7) "형제들아 내가 너희에게 나아가 하나님의 증거를 전할 때에 말과 지혜의 아름다운 것으로 아니하였나니 내가 너희 중에서 예수 그리스도와 그가 십자가에 못 박히신 것 외에는 아무 것도 알지 아니하기로 작정하였음이라 내가 너희 가운데 거할 때에 약하고 두려워하고 심히 떨었노라 내 말과 내 전도함이 설득력 있는 지혜의 말로 하지 아니하고 다만 성령의 나타나심과 능력으로 하여."(고전 2:1-4)

을 제어하는 영향력을 행사하시어 당신의 백성들의 마음에 "예수 그리스도의 얼굴에 있는 하나님의 영광을 아는 빛을 비추어" 주십니다(고후 4:6). '광명을 배반하는'(욥 24:13)[8] 교만과 그 광명을 차단하는 냉담에 대항하여 얼마나 세심하게 깨어 있어야 하는지요! 그리고 하나님의 말씀을 열어 영혼에 비추는 빛을 더 밝혀야 하며, 하늘에 속한 가르침을 바라고 깨어 기도하는 열심을 버리지 말고, 공적 예배를 통하여 증거되는 말씀을 듣는 일에 얼마나 더 진실해야 하는지요!

그러나 광신자는 말씀의 빛만으로 만족하지 않습니다. 자기 마음의 허망한 속임수가 자기 속에 있는 빛을 꿈꿉니다. 다시 말하면 말씀과 상관없이 성령님의 즉각적인 계시를 받고 싶어 합니다. 그러나 말씀의 빛과 성령님의 빛을 분리시키는 것은 안전할 수 없습니다. 말씀과 성령님이 함께 움직입니다. 성령님의 빛을 말씀과 분리하여 주시겠다고 약속한 데가 하나도 없습니다. 말씀을 읽으면 즉각적으로 성령님의 빛이 항상 비추는 것은 아니라 할지라도, 말씀이 지시하는 방향으로만 성령님의 빛이 나타납니다. 말씀은 성령님의 빛의 양식(樣式)을 결정하는 것은 아니라도 성령님께서 비추는 소재입니다. 성령께서 즉각적인 빛을 비추시어 바른 도리의 길로 우리를 인도하실 수 있다 할지라도, 그 길은 필연적으로 이전에 말씀의 빛으로 지시하여 준 바로 그 길입니다. 그래서 성령님과 말씀은 하나가 되어 우리를 인도합니다. 성령께서는 우리에게 빛을 비추시고 말씀을 깨닫게 하십니다. 말씀은 성령님의 빛을 증거합니다. 하나님의 교회는 다른 등불이 필요 없고 오직 하나님과 어린양의 영광의 등불만 있을 임마누엘의 나라에 기쁨으로 당도하기까지 그 둘이 함께 감동을 주는 일이 절대로 떨어지지 않을 것입니다. 거기서는 하나

---

8) "또 광명을 배반하는 사람들은 이러하니 그들은 그 도리를 알지 못하며 그 길에 머물지 아니하는 자라."(욥 24:13)

님과 어린양의 영광의 등불이 완전하게 된 하나님의 교회 안에서 영원히 비칠 것입니다. "그 성은 해나 달의 비침이 쓸 데 없으니 이는 하나님의 영광이 비치고 어린 양이 그 등불이 되심이라."(계 21:23)

그러나 독자들이여, 지금까지 하나님께서 그대들에게 부어주신 빛의 분량으로 만족하지는 마십시오. 도리어 말씀을 열어 그 빛이 더욱 더 풍성하게 넘치기를 구하십시오. "이같이 하면 우리 주 곧 구주 예수 그리스도의 영원한 나라에 들어감을 넉넉히 너희에게 주시리라."(벧후 1:11) 진정 영적으로 진보한 신자는 아직도 자기 앞에 얼마나 많은 말씀이 탐험되지 않은 채 남아 있는지를 기꺼이 인정하는 사람입니다.[9] 마음의 단순성을 계발하십시오. 어린아이와 같은 마음의 단순성을 계발하라는 말입니다. "이르시되 진실로 너희에게 이르노니 너희가 돌이켜 어린 아이들과 같이 되지 아니하면 결단코 천국에 들어가지 못하리라."(마 18:3) 하나님께서 말씀을 통하여 어떤 깨달음을 주시더라도 기꺼이 받고 환영하며 복종하겠다는 자세를 가져야 합니다. 우리가 이해하지 못하는 것들이 많습니다. 그래도 믿지 못할 것은 하나도 없습니다. "주께서 이르시되." 하나님을 경외하는 믿음의 사람은 이 말씀만으로 충분합니다. 바로 이 정신을 가진 자만을 위하여 하늘에 속한 약속이 주어졌습니다. "여호와의 율법은 완전하여 영혼을 소성시키며 여호와의 증거는 확실하여 우둔한 자를 지혜롭게 하며."(시 19:7) "온유한 자를 정의로 지도하심이여 온유한 자에게 그의 도를 가르치시리로다."(시 25:9)

솔로몬을 보세요. 그는 큰 지혜의 마음을 주님께로부터 받았습니다. "하나님이 솔로몬에게 지혜와 총명을 심히 많이 주시고 또 넓은 마음을 주시되… 사람들이 솔로몬의 지혜를 들으러 왔으니 이는 그의 지혜의 소문을 들

---

9) 시편 119:129에 대한 주해를 통하여 끌어낸 여러 증거들을 참조할 것

은 천하 모든 왕들이 보낸 자들이더라."(왕상 4:29,34) 그럼에도 불구하고 솔로몬은 자기가 어린아이에 불과하다고 말하였습니다. "나의 하나님 여호와여 주께서 종으로 종의 아버지 다윗을 대신하여 왕이 되게 하셨사오나 종은 작은 아이라 출입할 줄을 알지 못하고."(왕상 3:7). 그리고 자신을 의뢰하는 것이 나쁘다는 것을 알고 두려워하며 오직 위로부터 오는 가르침을 구하였습니다. 그러한 사람을 보는 것은 아름답습니다.

그러나 겸손하지 않고 교만한 마음은 하나님의 가르침의 유익이 얼마나 놀라운지 결코 알지 못할 것입니다. 성경은 그런 학생에게는 항상 닫혀져 있는 어두운 책에 불과합니다. 성경을 주신 하나님의 의도 자체가 믿음을 갖지 않고 항상 의문을 제기하는 정신을 파괴합니다. 그러므로 우리로 하여금 하늘로 향하는 길로 들어서지 못하게 하는 지식은, 영적인 빛의 통로를 차단하여 하늘로 들어가는 길을 알지 못하게 하니 복은커녕 저주가 되는 것입니다. 세상의 지혜보다 단순해 보이는 말씀이 얼마나 더욱 영광스러운지요!

"그 때에 예수께서 성령으로 기뻐하시며 이르시되 천지의 주재이신 아버지여 이것을 지혜롭고 슬기 있는 자들에게는 숨기시고 어린 아이들에게는 나타내심을 감사하나이다 옳소이다 이렇게 된 것이 아버지의 뜻이니이다."(눅 10:21)

시편 119:131
"내가 주의 계명들을 사모하므로
내가 입을 열고 헐떡였나이다."

하나님의 '증거들의 기이한 특성'을 이해하고, 그 증거들을 열어 영혼에 빛이 쏟아지게 되면, 우리 내면에서 일상의 정서나 소욕을 훨씬 능가하는 어떤 것이 자극을 받습니다.

"내가 입을 열고 헐떡였나이다." 매우 무더운 날에 목이 마르고 갈한 사람은 속에서 불이 타는듯하여 '입을 벌리고 자기 갈증을 달랠 것을 찾아' 헐떡입니다. 그 사람의 모습은, 하나님의 자녀들이 바라는 것을 얻기 위해 갈망하며 애타는 모습을 상징적으로 나타내기에 매우 좋은 그림입니다. 아니면 경기장에서 경주에 나선 선수가 온 힘을 기울여 달려가느라 입을 벌리고 숨을 몰아쉬며 헐떡이는 모습을 연상해 보세요. 그와 같이 신자는 해가 자기에게 주어진 운행의 길을 가듯이 '즐거워' 하면서 하늘을 향하여 경주하는 사람이라 할 수 있지요.[10)]

신자는 자신의 내면의 소욕을 채우지 못하면 만족이 없습니다. 하나님을 향한 영혼의 활동이 신자의 생명과 기쁨입니다. 그것이 바로 그 사람 속에서 영원토록 솟아나는 샘입니다. 그 이유는 무엇입니까? 그것이 한 번으로 끝나는 황홀경 정도가 아니고 그 사람 속에서 하나의 습관, 하나의 본성(本性), 하나의 원리가 되기 때문입니다. 물론 그것이 연약해져서 기진할 때도 있고, 병약한 상태에 처하기도 합니다. 그러나 이내 다시 생명력을 가진 본래의 샘 근원의 상태로 회복됩니다.

신자의 영혼은 마치 영적 생명의 감동을 충분하게 들이킨 적이 결코 없는 것 같이 하나님의 은혜를 사모합니다. 그 영혼의 갈망은 만족할 줄 모르고 항상 타오릅니다. 마치 마음이 자신의 소욕을 주체할 수 없어 '상하게 된 것' 같이 말입니다. "주의 규례들을 항상 사모함으로 내 마음이 상하나이다."(시 119:20) 그 영혼은 결국 투쟁하느라 기진하여 '입을 벌리고 새 기운을 북돋우는 은혜를 바라고 헐떡이게' 됩니다.

---

10) "해는 그의 신방(新房)에서 나오는 신랑과 같고 그의 길을 달리기 기뻐하는 장사 같아서."(시 19:5)
"그들은 비를 기다리듯 나를 기다렸으며 봄비를 맞이하듯 입을 벌렸느니라."(욥 29:23)

신자는 주님의 계명 안에서 자기 영혼이 '조금만 소생(蘇生)케 되어도' 기뻐합니다. "이제 우리 하나님 여호와께서 우리에게 잠시 동안 은혜를 베푸사 얼마를 남겨 두어 피하게 하신 우리를 그 거룩한 처소에 박힌 못과 같게 하시고 우리 하나님이 우리 눈을 밝히사 우리가 종노릇 하는 중에서 조금 소생하게 하셨나이다."(스 9:8) 그리고 주님 자신을 '우물'처럼, 시원케 하는 샘으로 알고 즐거워합니다.

이 시편 기자가 다른 곳에서 하나님의 은혜를 사모하여 헐떡이는 자신의 모습을 어떻게 표현하였는지 들어 보세요. "하나님이여 사슴이 시냇물을 찾기에 갈급함 같이 내 영혼이 주를 찾기에 갈급하나이다."(시 42:1). "하나님이여 주는 나의 하나님이시라 내가 간절히 주를 찾되 물이 없어 마르고 황폐한 땅에서 내 영혼이 주를 갈망하며 내 육체가 주를 앙모하나이다."(시 63:1) "주를 향하여 손을 펴고 내 영혼이 마른 땅 같이 주를 사모하나이다."(시 143:6) 욥도 그처럼 자기 입을 열고 헐떡였습니다. "내가 어찌하면 하나님을 발견하고 그의 처소에 나아가랴."(욥 23:3) 교회가 주님 앞에 마음을 쏟으며 말해야 합니다. "밤에 내 영혼이 주를 사모하였사온즉 내 중심이 주를 간절히 구하오리니 이는 주께서 땅에서 심판하시는 때에 세계의 거민이 의를 배움이니이다."(사 26:9)

사도 바울도 자기 마음의 강렬한 소원을 이렇게 묘사합니다. "내가 이미 얻었다 함도 아니요 온전히 이루었다 함도 아니라 오직 내가 그리스도 예수께 잡힌 바 된 그것을 잡으려고 달려가노라 형제들아 나는 아직 내가 잡은 줄로 여기지 아니하고 오직 한 일 즉 뒤에 있는 것은 잊어버리고 앞에 있는 것을 잡으려고 푯대를 향하여 그리스도 예수 안에서 하나님이 위에서 부르신 부름의 상을 위하여 달려가노라."(빌 3:12-14)

이런 모든 예 가운데 무한히 더욱 빼어난 경우가 있으니 우리 복되신 구주께서 지상에서 일하실 때의 그 열정을 주목하십시오. 하늘의 아버지 하나님께 받은 사명을 이루시기 위하여 헐떡이시던 모습을 보세요. 전도 여행에 곤하시어 "야곱의 우물 곁에 그대로 앉으신 예수님"께서 죄인을 당신께로 돌이키시는 일에 열중하시어 자신의 육체의 갈증도 잊으셨습니다. "거기 또 야곱의 우물이 있더라 예수께서 길 가시다가 피곤하여 우물 곁에 그대로 앉으시니 때가 여섯 시쯤 되었더라… 그 사이에 제자들이 청하여 이르되 랍비여 잡수소서 이르시되 내게는 너희가 알지 못하는 먹을 양식이 있느니라 제자들이 서로 말하되 누가 잡수실 것을 갖다 드렸는가 하니 예수께서 이르시되 나의 양식은 나를 보내신 이의 뜻을 행하며 그의 일을 온전히 이루는 이것이니라."(요 4:6,31-34)

우리 마음의 정서도 그와 같은 방향으로 온전하게 기울어져야 합니다.[11] 영혼은 하늘의 감화를 위하여 항상 열어 두어야 합니다. 그리하여 주님께서 우리에게 깨달음을 주시느라 만지시고 우리 마음을 이끄시어 당신께 향하게 하시고, 우리를 강권하시어 당신을 섬기게 하실 때에, 기꺼이 "경건에 이르도록 자신을 연단하여"(딤전 4:7) 주님의 계명을 좇는 하늘에 속한 갈망의 마음을 받고 기르고 계발할 수 있어야 합니다. 그리하여 그 갈망을 가지고 더 나아가기 위하여 우리의 입을 열고 헐떡일 수 있어야 합니다.

우리는 믿음의 분량보다는 믿음의 행동에 더 관심을 가져야 합니다. 언제나 일하고 있어서 우리 속에 거룩한 불이 일어나게 분발해야 합니다. 사람이 도달할 수 있는 최고의 경지에 이르기를 늘 사모해야 합니다. 큰 계획을 가지고 높은 지점에 이를 결심을 하는 사람같이 하나님을 더 많이 알려고 항상

---

11) 어거스틴의 말을 들어 보라. "지금 자신의 됨됨이 보다 더 나은 상태가 되기를 원하거든 자신의 현재의 됨됨이를 항상 미워해야 한다. 그렇지 않으면 자신을 기쁘게 하는 바로 그 자리를 좋아하여 거기 머물러 거하기 마련이기 때문이다. 그대가 '나는 충분해요'라고 말하면, 그대는 망한다. 언제나 더하고, 언제나 걸어가고, 언제나 진보해라. 멈추어 서거나 뒤돌아보거나 정로를 벗어나서는 절대로 안 된다."

마음이 깨어 불타고 있어야 합니다. 하나님의 사랑을 더욱 더 누리고 하나님의 뜻에 더욱 더 일치되려는 목적을 가지고 말입니다.

그러한 정서를 갖는 것이 부끄럽습니까? 우리가 하나님을 아는 지식이 그 정도 밖에 안 됨을 생각하고 깊이 겸비하며 용기를 내어 그런 것들을 내는 샘이 있음을 유념하여야 하지 않겠습니까? 우리가 신령한 지식에서 받는 영향이 빈약한 것을 보며 놀라야하지 않겠습니까? 우리 앞에 하나님을 섬길 새 길이 열려 있음을 보면 입을 열고 헐떡여야 하지 않겠어요? 하나님을 갈망하거나 하나님 앞에서 행할 마땅한 도리를 위하여 항상 준비된 상태에 있지 않으면서도 별로 마음 쓰지 않는다면, "항상 주님을 떠나 물러가는 일" 외에 무엇을 기대할 수 있겠습니까? "이 예루살렘 백성이 항상 나를 떠나 물러감은 어찌함이냐 그들이 거짓을 고집하고 돌아오기를 거절하도다."(렘 8:5)

죄는 더하고 사랑은 적어지고 기도하지 않는 습관이 점점 배면, 머지않아 '그리스도 없는 기독교'라는 공허한 이름표가 우리도 알지 못하는 사이에 우리에게 달려 있는 것을 발견할 것입니다. 세상은 하나님을 갈망하는 것을 광신주의로 멸시하거나 상상력이 엇나가서 나타나는 불안증세로 봅니다. 그러나 우리가 갈망하기에 합당한 자격을 갖추신 분을 위하여 우리의 모든 욕심을 포기하는 것이 "영적 예배"이자 마땅한 도리가 아니면 무엇이겠습니까? "그러므로 형제들아 내가 하나님의 모든 자비하심으로 너희를 권하노니 너희 몸을 하나님이 기뻐하시는 거룩한 산 제물로 드리라 이는 너희가 드릴 영적 예배니라."(롬 12:1) 하나님을 갈망하는 것을 최고의 일로 여기지 않으면서 자기들의 신실함을 주장하는 것은 정말 말도 안되는 일입니다.

그러나 그리스도와의 연합으로 말미암아 그에게서 흘러나오는 생명은 거룩한 충정의 마르지 않는 샘입니다. 그래서 이 사랑이 마음에 미치는 감화에 더 습관적으로 자신을 드리려 합니다. 그것이 나를 항상 주장하는 원리가 되어 마음이 냉담하고 죽어있는 상태에서 나오는 모든 불평들을 제어하고, 그리스도를 섬기려는 열망과 간절함으로 충만하기를 원합니다. 그러나 나를 고양시키는 표준에서 내려오려는 마음이 생기면 어떻게 할까요? 그렇게 내 마음이 주춤거리며 뒤로 물러가려 하면, 가만히 있지 말고 그 마음을 다 잡아야 하겠지요. 내 마음이 하고 싶은 대로 내버려 두지 말고 오직 하나님의 명령을 따라서 나아가야 합니다. 양심을 발동시켜 영적인 풍성함의 상태를 알아보는 이 시금석에 내 마음이 가까이 나아가서 거기에 순응하려는 데까지 나아가야 합니다.

내가 지금 영적인 일들을 갈망하고 있음을 보여주는 징표는 무엇인지 자문해 보아야 합니다. 영적인 일들을 통하여 내가 무슨 은혜의 진보를 얻었는가? 나는 지금 하늘에 속한 즐거움을 누리기를 갈급해하고 있는가? 내 믿음의 경주를 그렇게 자주 방해하는 게으름과 냉담에 대하여 탄식하며 그것과 맞서 싸우려 하는가? 오! 저로 하여금 자주 은혜의 보좌에 나아가 제 자신의 연약함을 아뢰며 탄원하게 하소서! 오! 제 자신의 우둔함을 인하여 애통하게 하시고 제 믿음을 분발시키어 나의 주님을 붙잡게 하옵소서. "주의 이름을 부르는 자가 없으며 스스로 분발하여 주를 붙잡는 자가 없사오니 이는 주께서 우리에게 얼굴을 숨기시며 우리의 죄악으로 말미암아 우리가 소멸되게 하셨음이니이다."(사 64:7) 제 눈을 열어 복음의 영광을 더 보게 하시고, 복음의 약속들을 더 뜨겁게 체험하게 하시고, 복음의 영광을 더 맛보게 하시고, 복음을 섬기는 일에 더욱 더 헌신적이게 하소서.

분명하게 말하지만 믿음의 확신 속에서만 그와 같은 거룩한 소욕들이 나오게 될 것입니다. "골수와 기름진 것을 먹음과 같이 나의 영혼이 만족할 것이라 나의 입이 기쁜 입술로 주를 찬송하되."(시 63:5)

시편 119:132

"주의 이름을 사랑하는 자들에게 베푸시던 대로

내게 돌이키사 내게 은혜를 베푸소서."

거룩한 소욕의 가장 높은 경지에 올랐다 해도 그것이 하나님 앞에서 만족할만한 근거는 전혀 아닙니다. 높은 수준의 거룩에 올라간 신자는 자기가 누구인지 알아 자기가 서야할 자리를 결코 잊지 않습니다. 그는 자신이 죄인임을 항상 알고 있습니다. 그래서 모든 행사 속에서 하나님의 긍휼이 항상 필요함을 의식합니다. 시편 기자는 주님께 대한 높은 사랑을 표현한 다음에 곧장 자기에게 오시어 긍휼의 은혜 베푸시기를 하나님께 탄원하십니다. 실로 그 은혜를 받아야 그에게서 은혜를 빼앗아가려는 세상과 지옥을 능히 이길 수 있습니다. 그런데 이 은혜가 주는 위로를 느끼는 일은 하나님께 간절하게 그 은혜를 구하고 믿음으로 순전하게 기다리는 자에게만 내려지는 선물입니다. 실로 이는 세상에서 사람을 만족하게 하는 모든 자원(資源)을 다 합해도 비교되지 않는 복락입니다. "여러 사람의 말이 우리에게 선을 보일 자 누구뇨 하오니 여호와여 주의 얼굴을 들어 우리에게 비추소서 주께서 내 마음에 두신 기쁨은 그들의 곡식과 새 포도주가 풍성할 때보다 더하니이다."(시 4:6,7)

"내게 돌이키사 내게 은혜를 베푸소서." 그 복락이 없이 세상의 모든 풍부가 무슨 소용이겠습니까? 그러나 영혼 속에 그리스도를 위하여 작은 자리를 내어 드릴만 하면 아무리 궁핍하여도 그 궁핍은 찬란한 궁핍입니다. 하늘에 가득하게 빛나는 별들이 태양을 대신할 수 있겠습니까? 하나님의 자녀는 자기의 태양이신 그리스도께서 나타나 자기의 어둠을 물리치시고, "내게 돌이키사 내게 은혜를 베푸소서."라고 부르짖는 기도를 들으심을 믿습니다. 만일 그렇지 않다면 하나님의 자녀는 그 상태를 '애굽을 덮던 흑암'의 상태로 봅니다. "여호와께서 모세에게 이르시되 하늘을 향하여 네 손을 내밀어 애굽 땅 위에 흑암이 있게 하라 곧 더듬을 만한 흑암이리라."(출 10:21)

"주의 이름을 사랑하는 자들에게 베푸시던 대로." 하나님의 이름을 사랑하는 자들에게는 하나님의 은혜의 몫을 받는 것이 장엄한 목표입니다. 하나님께서 아벨의 제물처럼 우리의 제물을 받으시고,[12] 에녹과 동행하셨던 하셨던 것 같이 우리와 동행하시고,[13] 아브라함과 교제하시던 것 같이 우리와 교제하시고,[14] 모세에게 특권을 주시어 행하게 하신 것 같이 우리에게도 그리하게 하시며,[15] 거룩한 사도처럼 그리스도의 죽으심을 본받게 하시고,[16] 구주 그리스도의 피로 산 은택에 참여하게 하시기를 바랍니다. 바로 이것이 주

---

[12] "아벨은 자기도 양의 첫 새끼와 그 기름으로 드렸더니 여호와께서 아벨과 그의 제물은 받으셨으나."(창 4:4)

[13] "에녹이 하나님과 동행하더니 하나님이 그를 데려가시므로 세상에 있지 아니하였더라."(창 5:24)

[14] "여호와께서 이르시되 내가 하려는 것을 아브라함에게 숨기겠느냐 아브라함은 강대한 나라가 되고 천하 만민은 그로 말미암아 복을 받게 될 것이 아니냐 내가 그로 그 자식과 권속에게 명하여 여호와의 도를 지켜 공의와 정의를 행하게 하려고 그를 택하였나니 이는 나 여호와가 아브라함에게 대하여 말한 일을 이루려 함이니라 여호와께서 또 이르시되 소돔과 고모라에 대한 부르짖음이 크고 그 죄악이 심히 무거우니 내가 이제 내려가서 그 모든 행한 것이 과연 내게 들린 부르짖음과 같은지 그렇지 않은지 내가 보고 알려 하노라 그 사람들이 거기서 떠나 소돔으로 향하여 가고 아브라함은 여호와 앞에 그대로 섰더니 아브라함이 가까이 나아가 이르되 주께서 의인을 악인과 함께 멸하려 하시나이까 그 성 중에 의인 오십 명이 있을지라도 주께서 그 곳을 멸하시고 그 오십 의인을 위하여 용서하지 아니하시리이까 주께서 이같이 하사 의인을 악인과 함께 죽이심은 부당하오며 의인과 악인을 같이 하심도 부당하니이다 세상을 심판하시는 이가 정의를 행하실 것이 아니니이까 여호와께서 이르시되 내가 만일 소돔 성읍 가운데에서 의인 오십 명을 찾으면 그들을 위하여 온 지역을 용서하리라 아브라함이 대답하여 이르되 나는 티끌이나 재와 같사오나 감히 주께 아뢰나이다 오십 의인 중에 오 명이 부족하다면 그 오 명이 부족함으로 말미암아 온 성읍을 멸하시리이까 이르시되 내가 거기서 사십오 명을 찾으면 멸하지 아니하리라 아브라함이 또 아뢰어 이르되 거기서 사십 명을 찾으시면 어찌 하려 하시나이까 이르시되 사십 명으로 말미암아 멸하지 아니하리라 아브라함이 이르되 내 주여 노하지 마시옵고 말씀하게 하옵소서 거기서 삼십 명을 찾으시면 어찌 하려 하시나이까 이르시되 내가 거기서 삼십 명을 찾으면 그리하지 아니하리라 아브라함이 또 이르되 내가 감히 내 주께 아뢰나이다 거기서 이십 명을 찾으시면 어찌 하려 하시나이까 이르시되 내가 이십 명으로 말미암아 그리하지 아니하리라 아브라함이 또 이르되 주는 노하지 마옵소서 내가 이번만 더 아뢰리이다 거기서 십 명을 찾으시면 어찌 하려 하시나이까 이르시되 내가 십 명으로 말미암아 멸하지 아니하리라 여호와께서 아브라함과 말씀을 마치시고 가시니 아브라함도 자기 곳으로 돌아갔더라."(창 18:33)

[15] "사람이 자기의 친구와 이야기함 같이 여호와께서는 모세와 대면하여 말씀하시며 모세는 진으로 돌아오나 눈의 아들 젊은 수종자 여호수아는 회막을 떠나지 아니하니라."(출 33:11)
"그 후에는 이스라엘에 모세와 같은 선지자가 일어나지 못하였나니 모세는 여호와께서 대면하여 아시던 자요."(신 39:10)

[16] "내가 그리스도와 그 부활의 권능과 그 고난에 참여함을 알고자 하여 그의 죽으심을 본받아."(빌 3:10)
"내가 그리스도와 함께 십자가에 못 박혔나니 그런즉 이제는 내가 사는 것이 아니요 오직 내 안에 그리스도께서 사시는 것이라 이제 내가 육체 가운데 사는 것은 나를 사랑하사 나를 위하여 자기 자신을 버리신 하나님의 아들을 믿는 믿음 안에서 사는 것이라."(갈 2:20)

님의 종들의 유업(遺業)입니다. 이것이 다윗이 구하던 바로 그것입니다.[17] 이 것이 시편 기자가 말한 대로 "우리의 모든 구원과 우리의 모든 바라는 것"입니다.[18]

"여호와여 주의 백성에게 베푸시는 은혜로 나를 기억하시며 주의 구원으로 나를 돌보사 내가 주의 택하신 자가 형통함을 보고 주의 나라의 기쁨을 나누어 가지게 하사 주의 유산을 자랑하게 하소서."(시 106:4,5)

그러나 참 안타깝습니다! 죄의 세력과 기만성이 우리를 생명력 없는 상태로 얼마나 자주 내던지는지요! 그래서 우리는 우리에게 허락된 이 몫을 누리지 못하고 살아가고 있습니다. 그런 복을 누리지 못하며 주님께서 우리를 돌보고 계신지 아닌지도 알지 못한 채 안식이 있을 수 있나요? 우리가 그런 상태에 있을 때에 거룩하시고 질투하시는 하나님께서 "얼굴을 가리시고 하나님 당신의 처소로 돌아가 계시는 것"이 이상합니까? "그의 탐심의 죄악으로 말미암아 내가 노하여 그를 쳤으며 또 내 얼굴을 가리고 노하였으나 그가 아직도 패역하여 자기 마음의 길로 걸어가도다."(사 57:17) "그들이 그 죄를 뉘우치고 내 얼굴을 구하기까지 내가 내 곳으로 돌아가리라 그들이 고난 받을 때에 나를 간절히 구하리라."(호 5:15) 그러므로 하나님께서 다시 나타나시면 죄에 대한 예리한 각성을 주시어 우리가 하나님으로부터 멀리 떨어져 마음이 냉담하고 메마른 상태임을 알게 하실 것입니다. 그리하여 우리가 어떻게 그렇게 되었는지 그 원인을 탐문하게 하실 것입니다. 우리의 서글픈 상태와 하나님의 은혜 중에서 행하는 자들을 비교하며 다시 하나님께 울부짖습니다.

---

17) "내가 여호와께 바라는 한 가지 일 그것을 구하리니 곧 내가 내 평생에 여호와의 집에 살면서 여호와의 아름다움을 바라보며 그의 성전에서 사모하는 그것이라."(시 27:4)

18) "내 집이 하나님 앞에 이같지 아니하냐 하나님이 나와 더불어 영원한 언약을 세우사 만사에 구비하고 견고하게 하셨으니 나의 모든 구원과 나의 모든 소원을 어찌 이루지 아니하시랴."(삼하 23:5)

"주의 이름을 사랑하는 자들에게 베푸시던 대로 내게 돌이키사 내게 은혜를 베푸소서." 겸손하게 인내하면서 드리는 기도는 진실성 여부를 검증받는 잠깐의 기간을 거칠 수는 있으나 반드시 하나님의 응답을 받을 것입니다. "그러나 여호와께서 기다리시나니 이는 너희에게 은혜를 베풀려 하심이요 일어나시리니 이는 너희를 긍휼히 여기려 하심이라 대저 여호와는 정의의 하나님이심이라 그를 기다리는 자마다 복이 있도다."(사 30:18) "이 묵시는 정한 때가 있나니 그 종말이 속히 이르겠고 결코 거짓되지 아니하리라 비록 더딜지라도 기다리라 지체되지 않고 반드시 응하리라."(합 2:3) 그러므로 우리가 "여호와의 도를 노래"할 수는 없다 해도(시 138:5),[19] 하나님께서 우리를 돌아보시며 "주님의 인자하심으로 우리를 만족하게" 하시기까지 하나님 앞에서 애통하는 것을 중단하지 맙시다(시 90:14).[20]

하나님께서 우리 영혼을 돌아보시고 자애로우신 얼굴을 보여주는 통로는 오직 하나 밖에 없음을 기억해야 합니다. 곧, 우리 마음의 눈으로 예수 그리스도를 집중하는 것입니다. 주 하나님께서 우리를 돌아보시되 '우리 안에 있는 불의'를 보지 않으시는 것은, 오직 하나님의 '사랑하시는 자' 안에서만입니다. 하나님께서는 우리를 "그리스도 안에서 완전한 자"로 보십니다(민 23:21 ; 엡 1:6 ; 골 2:10).[21]

그러나 우리는 여기서 잠깐 기다려야 합니다. 우리의 기도를 하나님께서 가장 적당한 때에 응답하여 주셨다 합시다. 그러면 그 일이 "하나님께서 성

---

19) "그들이 여호와의 도를 노래할 것은 여호와의 영광이 크심이니이다."(시 138:5)

20) "아침에 주의 인자하심이 우리를 만족하게 하사 우리를 일생 동안 즐겁고 기쁘게 하소서."(시 90:14)

21) "야곱의 허물을 보지 아니하시며 이스라엘의 반역을 보지 아니하시도다 여호와 그들의 하나님이 그들과 함께 계시니 왕을 부르는 소리가 그 중에 있도다."(수 23:21)
"이는 그가 사랑하시는 자 안에서 우리에게 거저 주시는 바 그의 은혜의 영광을 찬송하게 하려는 것이라."(엡 1:6)
"너희도 그 안에서 충만하여졌으니 그는 모든 통치자와 권세의 머리시라."(골 2:10)

소에서 행차하심"의 결과인지(시 68:24), 22) 하나님의 사랑이 더 은밀하게 드러난 결과이든지 간에(마 6:6 ; 요 14:21-23), 23) 우리 그리스도인들은 "일어나 빛을 발해야" 합니다. "일어나라 빛을 발하라 이는 네 빛이 이르렀고 여호와의 영광이 네 위에 임하였음이니라."(사 60:1) 산에서 하나님과 함께 있음으로 인하여 얻은 그 얼굴의 광채를 세상에 비추어 여러분의 믿음의 진정성을 보이라는 말입니다. 주 하나님이시여, 주님을 바라보는 우리의 시선이 너무 미약하고 차갑고 너무 희미하여 우리 마음에 끼치는 거룩한 인상이 전혀 남지 않지 않나이다. 오직 주 하나님께서 자비와 권능으로 우리에게 계속 하감하시옵소서. 우리를 돌아보시어 사랑하시는 구주의 손과 발과 마음을 찌른 우리의 죄와 불신앙과 불순종을 기억하고 통회하는 마음을 갖게 하옵소서. 24) 우리를 돌아보시며 특별한 은혜를 주시는 하나님을 통회하는 심령으로 즐거워할 것입니다. 하나님의 사랑에 대하여 어렴풋이 알기만 하여도 우리 영적인 원수들을 부끄럽게 할 것입니다. "은총의 표적을 내게 보이소서 그러면 나를 미워하는 그들이 보고 부끄러워 하오리니 여호와여 주는 나를 돕고 위로하시는 이시니이다."(시 86:17) 오, 하나님 얼굴의 해와 같이 빛나는 광채가 우리 영혼에 구원을 선포할 것입니다. "만군의 하나님 여호와여 우리를 돌이켜 주시고 주의 얼굴의 광채를 우리에게 비추소서 우리가 구원을 얻으리이

---

22) "하나님이여 그들이 주께서 행차하심을 보았으니 곧 나의 하나님, 나의 왕이 성소로 행차하시는 것이라."(시 68:24)

23) "너는 기도할 때에 네 골방에 들어가 문을 닫고 은밀한 중에 계신 네 아버지께 기도하라 은밀한 중에 보시는 네 아버지께서 갚으시리라."(마 6:6)
"나의 계명을 지키는 자라야 나를 사랑하는 자니 나를 사랑하는 자는 내 아버지께 사랑을 받을 것이요 나도 그를 사랑하여 그에게 나를 나타내리라 가룟인 아닌 유다가 이르되 주여 어찌하여 자기를 우리에게는 나타내시고 세상에는 아니하려 하시나이까 예수께서 대답하여 이르시되 사람이 나를 사랑하면 내 말을 지키리니 내 아버지께서 그를 사랑하실 것이요 우리가 그에게 가서 거처를 그와 함께 하리라."(요 14:21-23)

24) "주께서 돌이켜 베드로를 보시니 베드로가 주의 말씀 곧 오늘 닭 울기 전에 네가 세 번 나를 부인하리라 하심이 생각나서 밖에 나가서 심히 통곡하니라."(눅 22:61,62)
"나 여호와가 말하노라 내 손이 이 모든 것을 지었으므로 그들이 생겼느니라 무릇 마음이 가난하고 심령에 통회하며 내 말을 듣고 떠는 자 그 사람은 내가 돌보려니와."(사 66:2)

다."(시 80:19)

시편 119:133
"나의 발걸음을 주의 말씀에 굳게 세우시고[25]
어떤 죄악도 나를 주관하지 못하게 하소서."

　주님의 형상을 본받으려는 간절한 소원에 일관성 없이 주님의 은혜를 기대하는 것이야말로 자신을 속이는 마음에서 나오는 많은 만상들 중에 하나입니다. 그리스도인의 고유한 특성은 죄의 형벌에서 건짐 받는 것 못지않게 죄의 세력에서 벗어나고자 하는 간절한 열심을 갖게 합니다. 그래서 그는 하나님의 용서와 용납 뿐 아니라 자신의 성결을 위하여도 울부짖습니다. 왜냐하면 그는 하나님께서 자신에게 "돌이키시어 은혜를 베푸신다."는 의식이 있지만 여전히 자신의 기도, "어떤 죄악도 나를 주관하지 못하게 하소서."라는 기도의 응답을 받기까지 자신이 '가련하기 짝이 존재'라는 의식을 떨칠 수 없기 때문입니다.

　"어떤 죄악도 나를 주관하지 못하게 하소서." 흔히 죄의 세력과 시험의 권세를 구분하는 것이 어려울 때가 있습니다. 그래서 언제 어떤 죄악이 우리를 주관한다고 말할 수 있는지 확실하게 알기란 어렵습니다. 그러나 시험이 밀려와 우리 생각이 그리로 기울어 시험에 빠지지 않았을지라도 우리 마음에 그 시험이 밀고 들어오는 것을 막지 않고 허용하였다면, 그것이 바로 시험의 영향이 아닙니까? 죄가 우리를 실질적으로 주관하는 것을 보여주는 표증은 의지가 실제로 그 일에 동의할 때입니다. 빛과 지식과 양심이 성결의 통로를 열어

---

25) KJV 은 이 대목을 Oder my steps in word(내 걸음을 말씀 안에서 세우소서)라고 하였는데, 칠십인경(LXX)에서는 Set straight my steps(내 걸음을 곧게 하소서)로 번역하였고, Ainsworth 는 Firmly Direct 〈확고하게 바른 방향을 잡게 하소서)로 번역한다.

줄 수 있습니다. 그러나 의지가 거부하는데도 왕노릇 하는 죄의 세력은 나가지 않고 당연하다는 듯이 계속 존재합니다.

어찌하였든 우리 행위들의 근원을 아주 세심하고 사심 없이 정밀하게 살펴야 합니다. 그래야 우리의 의지가 어디로 기울어졌는지 정확하게 판별하고, "어떤 죄악이 우리를 주관하는지" 알아낼 수 있습니다. 당황하고 갈등하기 쉬운 영혼이 "죄악이 주관하는 것"을 물리친다고 한 것이 그만 잘못되는 경우도 있습니다. 그 쪽으로 계속 가는 것을 막는다 하면서도 불의가 계속 마음에 인상을 끼쳐 오류를 범할 수도 있다는 말입니다. 어떤 특별한 죄를 이기겠다는 현재의 결심이 약화될 수 있습니다. 그 죄를 사랑하는 마음의 습관이 여전히 그대로 남아 있게 될 수 있습니다. 죄를 알아내어 죄를 버리고 난 다음에 죄를 항상 미워하지 않는 경우가 그 경우입니다. 이런 경우 마땅한 도리를 실제 행하겠지만 항상 사랑하는 마음으로 하는 것이 아닙니다. 피상적으로 각성한 신앙고백자가 죄를 대적하는 마음을 자기가 정직하다는 증거로 여기는 경우가 있습니다. 그런데 그런 식으로 죄를 대적하는 것은 흔히 마음을 지배하는 원리에 대해 본성적인 양심을 깨우치는 수준이라서 결국 죄를 이겨내는 데는 아무 소용이 없습니다. 양심의 빛과 힘은 알려진 모든 죄를 정죄하고 많은 죄를 대항하는 것으로 나타납니다. 때로는 모든 알려진 의무를 본보기로 행하고, 외적으로 많은 도리를 일관성 있게 수행하는 것 같아 보일 수 있습니다. 그러나 그를 주관하는 죄악의 지배력은 하나도 상하지 않고 건재합니다.

구약 시대의 아합 왕과 신약 시대의 가룟 유다가 바로 그런 경우를 보여주는 사례들이 아닙니까? 그들이 잘못을 뉘우친 후에도 여전히 '죄가 그들을 저주하는 지배력'은 여전히 건재하였습니다. "아합이 이 모든 말씀을 들을 때에 그의 옷을 찢고 굵은 베로 몸을 동이고 금식하고 굵은 베에 누우며 또 풀이 죽어 다니더라."(왕상 21:27) "그 때에 예수를 판 유다가 그의 정죄됨을 보고 스스로 뉘우쳐 그 은 삼십을 대제사장들과 장로들에게 도로 갖다 주며 이르되 내가 무죄한 피를 팔고 죄를 범하였도다 하니 그들이 이르되 그것이 우리에게 무슨 상관이냐 네가 당하라 하거늘 유다가 은을 성소에 던져 넣고 물러가서 스스로 목매어 죽은지라."(마 27:3-5)

발람을 보세요. 그는 자기의 모든 지식으로 진실함을 사랑하고 본받으려는 본성의 소욕이 있었습니다. 그러나 "한 가지 부족한 것"이 있었습니다. 그를 지배하는 세력에서 구원받을 마음, 바로 그 사실 하나가 부족하였던 것입니다. "그들이 바른 길을 떠나 미혹되어 브올의 아들 발람의 길을 따르는 도다 그는 불의의 삯을 사랑하다가."(벧후 2:15) "예수께서 그를 보시고 사랑하사 이르시되 네게 아직도 한 가지 부족한 것이 있으니 가서 네게 있는 것을 다 팔아 가난한 자들에게 주라 그리하면 하늘에서 보화가 네게 있으리라 그리고 와서 나를 따르라 하시니 그 사람은 재물이 많은 고로 이 말씀으로 인하여 슬픈 기색을 띠고 근심하며 가니라."(막 10:21,22) 발람에게 갑작스럽게 악하고 신성모독적인 생각들이 일어나 혐오스런 정욕으로 급격하게 힘을 쓴 게 아니라는 말입니다. 그 사람의 정서 속에 '득세하던 죄의 세력,' 즉 왕 노릇하던 권세가 영향력을 나타낸 것입니다. 왕의 보좌에는 한 사람의 통치자만 앉는 법입니다. 비록 은혜와 죄악이 마음속에 공존(共存)하기는 하나, 주권을 부리는 일을 둘이 함께 하지는 못합니다. 죄악에 빠질 때마다 우리의 가장 악한 원수들의 손에 왕의 규(圭)를 들려주는 것이나 마찬가지라는 점을 잊지 마십시오. 찬탈자(簒奪者)를 세우는 것은 의로운 주권자를 보좌에서 밀어내는 것입니다. 죄에 복종하는 것은 그리스도를 배척하는 일입니다.

우리 속에 왕 노릇하던 그 저주스런 지배권에서 벗어나는 것과 우리가 하나님을 모시는 것이 불가분적으로 연결되어 있다고 생각하는 것은 형언하기 힘들 정도로 보배롭습니다!

죄 사함을 받는 말할 수 없이 놀라운 복을 누리는 사람은 "마음에 간사함"이 없습니다(시 32:1,2). 그 사람은 자기 속에서 일이 이루어지게 하는 사람입니다. 그의 구주는 완전하신 그리스도십니다. 그리스도께서는 그 사람에게 "지혜와 의로움과 거룩함과 구원함"이 되십니다(고전 1:30). 그 사람은 정결하게 하는 샘으로 나옵니다. 그는 죄의 저주에서 이중적으로 벗어납니다. 죄의 책임으로부터 뿐 아니라 죄의 세력에서 정결함을 입는 효력을 받습니다. "그 날에 죄와 더러움을 씻는 샘이 다윗의 족속과 예루살렘 주민을 위하여 열리리라."(슥 13:1)

우리는 다윗이 자기를 보호하던 모습을 면밀하게 평가해야 합니다. 그는 죄에 빠지지 않기 위해 "주의 말씀을 마음에" 두곤 하였습니다(시 119:11). 그리고 말씀의 능력을 체험한 사람으로서 젊은이들에게 바로 그 점을 유의하라고 촉구하였습니다. "청년이 무엇으로 그의 행실을 깨끗하게 하리이까 주의 말씀만 지킬 따름이니이다."(시 119:9) 그러면서 자신도 그 중요한 요점을 망각하는 연약을 의식하고 자신의 생활 법칙을 기도의 소재로 삼습니다. "나의 발걸음을 주의 말씀에 굳게 세우시고." 이 기도를 드리는 그의 생각은 이렇습니다. '내 발걸음을 주의 말씀에 세워주시는 은혜를 입지 않고는 죄악이 다시 나를 주관할 것이다.'

우리 중에 매일 자신을 제어하는 법칙을 지키지 않아도 될 사람이 있습니까? 그 법칙을 지키지 않으면 모든 것이 엉클어집니다. 우리의 정서들이 분산되지 않기 위하여 말씀의 지시를 따라서 이 중심원리 안에서 '하나로 모아져야' 합니다. "여호와여 주의 도를 내게 가르치소서 내가 주의 진리에 행하오리니 일심으로 주의 이름을 경외하게 하소서."(시 86:11) 이 법칙을 고수함으로 받는 감화는 참으로 중요합니다. 말씀은 우리가 가야할 길로 가도록 격려할 뿐 아니라 우리가 바르게 걷도록 조정해 줍니다. "주의 말씀은 내 발에 등이요 내 길에 빛이니이다."(시 119:105) "사람의 행사로 논하면 나는 주의 입술의 말씀을 따라 스스로 삼가서 포악한 자의 길을 가지 아니하였사오며."(시 17:4) "또 주의 종이 이것으로 경고를 받고 이것을 지킴으로 상이 크니이다."(시 19:11) "대저 명령은 등불이요 법은 빛이요 훈계의 책망은 곧 생명의 길이라."(잠 6:23) 하나님 앞에서 바른 도리를 행할 때마다 하늘을 향하여 걸어가는 것이고, 이리 저리로 벗어나게 하는 유혹을 이기게 합니다. 유혹에 끌려 곁길로 가면 알아차리기 힘든 위험이 사방에 도사리고, 사냥꾼들이 쳐 놓은 덫이 널려 있습니다. 그러니 우리가 청결하고 순전한 마음으로 나아가면 하나님께서 말씀으로 지시하신 길은 얼마나 복된 길인지요! "네 눈은 바로 보며 네 눈꺼풀은 네 앞을 곧게 살펴 네 발이 행할 길을 평탄하게 하며 네 모든 길을 든든히 하라."(잠 4:25, 26)

그러나 안타까운 것은 우리가 영적인 길을 가기 위하여 마음을 반만 쓰는 일이 흔하다는 사실입니다. 말씀을 망각하거나, 말씀이 우리 마음에 각인시키는 영적인 인상(印象)을 건성으로 받는 잘못을 범할 때가 흔하다는 것입니다. 그런 경우 우리 자신의 지혜에 호소합니다. 그럴 때 마다 "죄악이 우리를 주관할 힘을 다시 얻었다."는 것을 인식하게 됩니다.

우리 자신에게 물어야 합니다. 내가 이 경건하고 사려 깊은 행보에 대해 무엇을 아는가? 하루 동안은 하늘로 나를 인도하시는 주님을 자주 우러르며, 하늘가는 길을 지시하는 주님의 말씀을 자주 들여다보았는가? 결국 정말 말씀이 명하는 대로 마음과 행실을 돌이켰는가? "마음에 하나님의 법이 있는 사람"만이 영적 안전을 기하고 있는 사람입니다. "그의 마음에는 하나님의 법이 있으니 그의 걸음은 실족함이 없으리로다."(시 37:31) 그러므로 세상으로 한 걸음을 떼어 놓을 때에 자문해야 합니다. '내 걸음이 하나님의 말씀

안에 굳게 선 것인가?' 하나님의 말씀은 그리스도를 나의 완전한 본으로 보여줍니다. 그래서 우리의 걸음은 그리스도를 본받아 그 발자취를 따라가는 것이어야 합니다. 그러면 우리 성품과 행실을 오염되지 않은 본에 따라 지어나갈 수 있습니다.

"나의 발걸음을 주의 말씀에 굳게 세우시고 어떤 죄악도 나를 주관하지 못하게 하소서." 우리는 이 기도가 복음의 특별한 약속으로 말미암아 그 응답이 얼마나 보장된 기도인지 주목해야 합니다. "그러므로 너희는 죄가 너희 죽을 몸을 지배하지 못하게 하여 몸의 사욕에 순종하지 말고… 죄가 너희를 주장하지 못하리니 이는 너희가 법 아래에 있지 아니하고 은혜 아래에 있음이라."(롬 6:12,14) 율법 자체로는 죄를 더 자극하여 죄의 힘을 더 북돋습니다. 그래서 율법만으로는 죄를 이기려 아무리 결심하고 주의하고 기도해도 소용이 없습니다. 정말 안타깝습니다! 죄가 우리를 조롱하고 이전보다 더 세력을 부리며 폭군처럼 굽니다. "전에 율법을 깨닫지 못했을 때에는 내가 살았더니 계명이 이르매 죄는 살아나고 나는 죽었도다."(롬 7:8) "사망이 쏘는 것은 죄요 죄의 권능은 율법이라."(고전 15:56) 그러나 갈보리의 십자가가 하나님의 자녀로 하여금 죄를 새롭게 보고 죄를 혐오하게 만들며, 두려움 없이 담대한 확신으로 거룩하신 하나님을 숙고하게 합니다. 이것만이 하나님의 자녀로 하여금 교만과 패역과 이기심과 적대감을 제압할 수 있게 합니다. 갈보리 십자가에 매달리신 분을 전능하신 정복자로 신뢰하며, 그 분 안에서만 우리 자신을 "우리를 사랑하시는 이로 말미암아 넉넉히 이기는 자"로 만듭니다(롬 8:37). '예수'라는 이름 자체가 그분의 직무와 가시 면류관과 영광을 표시합니다. "아들을 낳으리니 이름을 예수라 하라 이는 그가 자기 백성을 그들의 죄에서 구원할 자이심이라 하니라."(마 1:21) 그러므로 그 이름 안에 의심과 죄에 대한 두려움, 죄를 보고도 나약함으로 신음하는 것을 불식하고 소성함을 입는 비밀, 궁극적 승리의 오직 유일한 소망이 있습니다.

"어떤 죄악도 나를 주관하지 못하게 하소서." 우리가 어떤 죄악을 이기면 거기서 끝나는 것이 아닙니다. 죄는 끝까지 지배력을 되찾으려고 싸울 것입니다. 그러나 우리가 예수님을 우러르고 의지하면 죄를 이겨낼 것입니다. 우리가 예수님을 바라보면 볼수록, 우리의 승리는 그만큼 확실합니다. 예수님은 죄의 지배력을 제어하는 능력을 계속 공급하시어 날마다 죄가 발호하지 못하게 '제압하실' 것입니다. 매일 죄가 발호하려 하니 그만큼 매일 은혜가 필요합니다. 그리함으로 결국 죄의 발호를 억제하여 우리 신실하신 하나님의 영광을 찬미하기에 이릅니다.

> 시편 119:134
> "사람의 박해에서 나를 구원하소서
> 그리하시면 내가 주의 법도들을 지키리이다."

"의인은 고난이 많으나 여호와께서 그의 모든 고난에서 건지시는도다."(시 34:19) 안팎으로 원수들이 우리를 괴롭게 합니다. 죄악만이 아니라 사람의 압제가 고통을 줍니다. 그러나 사람은 "주의 손에 들린 칼"에 불과합니다(시 17:13,14). 믿는 자는 개인적으로 당하는 아픔이나 고통 그 자체 때문에 압박에서 벗어나고 싶은 것이 아닙니다. 오직 그는 모든 일을 그 하나님의 뜻에 복종하기 위해서만 행하기 때문입니다.[26] 그래서 때로 하나님을 섬기기 위하

---

26) 사무엘하 15:25,26에서 다윗의 경우를 보라. "왕이 사독에게 이르되 보라 하나님의 궤를 성읍으로 도로 메어 가라 만일 내가 여호와 앞에서 은혜를 입으면 도로 나를 인도하사 내게 그 궤와 그 계신 데를 보이시리라 그러나 그가 이와 같이 말씀하시기를 내가 너를 기뻐하지 아니한다 하시면 종이 여기 있사오니 선히 여기시는 대로 내게 행하시옵소서 하리라." 누가복음 22:42에서 예수님의 자세를 보라. "이르시되 아버지여 만일 아버지의 뜻이거든 이 잔을 내게서 옮기시옵소서 그러나 내 원대로 마시옵고 아버지의 원대로 되기를 원하나이다 하시니."

여 자기에게 주어진 시련의 환경을 피하지 않고 극복할 장애로 여깁니다. 그리고 자신의 죄가 생각나서 뉘우치면 하나님의 은혜의 보좌 앞에 나아갑니다. 은혜의 보좌 앞에서 아무 소득도 없이 나오지 않습니다. "이것이 애굽 땅에서 만군의 여호와를 위하여 징조와 증거가 되리니 이는 그들이 그 압박하는 자들로 말미암아 여호와께 부르짖겠고 여호와께서는 그들에게 한 구원자이자 보호자를 보내사 그들을 건지실 것임이라."(사 19:20)

민음의 능력은 전능자의 능력을 힘입은 것입니다. 산들이 제자리에서 옮겨지거나 있던 자리가 평지가 되는 일이 일어납니다. "예수께서 대답하여 이르시되 내가 진실로 너희에게 이르노니 만일 너희가 믿음이 있고 의심하지 아니하면 이 무화과나무에게 된 이런 일만 할 뿐 아니라 이 산더러 들려 바다에 던져지라 하여도 될 것이요 너희가 기도할 때에 무엇이든지 믿고 구하는 것은 다 받으리라 하시니라."(마 21:21,22) "큰 산아 네가 무엇이냐 네가 스룹바벨 앞에서 평지가 되리라 그가 머릿돌을 내놓을 때에 무리가 외치기를 은총, 은총이 그에게 있을지어다 하리라 하셨고."(슥 4:7) '벌레같은 자'가 하나님의 손에서 날카로운 타작기계가 되어 "산들을 쳐서 부스러기를 만들 것이며 작은 산들을 겨 같이" 만들 것입니다(사 41:14,15).

때로 그리스도인이 능력을 받아 정말 대항할 수 없어 보이는 대적을 이기고 "많은 증인 앞에서 선한 증언을 하는 경우"도 있습니다(딤전 6:12). 악인들은 믿음의 사람들이 주춤거리며 뒤로 물러나는 모습을 보려고 노리고 있습니다. "나는 무리의 비방과 사방이 두려워함을 들었나이다 그들이 이르기를 고소하라 우리도 고소하리라 하오며 내 친한 벗도 다 내가 실족하기를 기다리며 그가 혹시 유혹을 받게 되면 우리가 그를 이기어 우리 원수를 갚자 하나이다."(렘 20:10) 그러나 악인들의 기대가 무너집니다. 그리스도의 은혜는 가장 힘든 의무도 능히 감당하게 만들 것입니다. 그리스도의 사랑은 가장 예리한 시련도 달콤하게 만들 것입니다. 믿음의 행사를 계속 견지하는 데도 양심적으로 하나님을 섬기지 못하게 방해하는 것들이 존재할 때 하나님의 가르침을 따르기 위하여 사람의 압제에서 벗어나게 해 주십사고 기도하는 것은 합당한 일입니다. 예를 들어 육신의 가족들이 막아 하나님을 양심대로 섬기는 일을 하지 못하는 경우에도 기도할 수 있습니다. 하나님의 교회가 특별하게 번성하는 시절임을 보여주는 표지는 박해(迫害)가 일어나는 방식으로 나타나기도 하고 그 박해에서 벗어나는 방식으로 나타나기도 합니다. 교회들이 온 유대와 갈릴리와 사마리아 온 지역에 퍼져 '세워졌을 때'에 그 정황이 어떠하였습니까? "그리하여 온 유대와 갈릴리와 사마리아 교회가 평안하여 든든히 서 가고 주를 경외함과 성령의 위로로 진행하여 수가 더 많아지니라."(행 9:31) 박해로 인하여 주어진 은택이 어떠하다 해도 개인의 체험으로는 오랜 갈등으로 지쳐 육신으로는 참아내기 힘든 경우들이 흔합니다. "우리의 체질을 아시는 하나님"(시 103:14)께서는 환난 중에 있는 백성들을 하감하시고 드린 기도에 응답하시어 그들이 당한 압제를 제거하실 것입니다. "악인의 규가 의인들의 땅에서는 그 권세를 누리지 못하리니 이는 의인들로 하여금 죄악에 손을 대지 아니하게 함이로다."(시 125:3) "사람이 감당할 시험 밖에는 너희가 당한 것이 없나니 오직 하나님은 미쁘사 너희가 감당하지 못할 시험 당함을 허락하지 아니하시고 시험 당할 즈음에 또한 피할 길을 내사 너희로 능히 감당하게 하시느니라."(고전 10:13)

동시에 자기 생각에 쉽게 빠지고 연단받기를 싫어하는 우리의 본성 때문에 아주 조심하고 자기를 엄중하게 제어하기 위해 기도할 필요가 있습니다. 우리는 길에서 난제들을 만나면 피하여 달아나려고 안달하는 경향이 있습니다. 사실은 그 난제들을 통하여 가장 중요한 은택을 얻는데도 말입니다. 그러므로 우리는 압제에서 구원받는 것을 위하여 간청하면서 여전히 하나님의 가르침을 지키려는 진지한 목적을 함께 견지해야 합니다. "우리가 원수의 손에서 건지심을 받고."(눅 1:74) 하나님께서 간구를 들어 주셔서 그 압제에서 벗어나게 되면 그만 하나님께 순종하겠다는 약속은 까맣게 잊어버리기 쉽습니다. 그런 일들로 우리 마음이 견실하지 못한 것이 얼마나 많이 노출되는지 모릅니다!

그리스도인들이여! 여러분의 어려운 환경이 늘 이런 기도를 드리도록 유도하지 않던가요? 드린 기도에 대한 응답이 주어질 때 여러분은 그 자유를 보람있게 활용하였습니까? 여러분을 위하여 "피할 길이 마련되면" 시련 때에 드렸던 기도대로 감사함으로 "주의 법도를 지키었습니까?"(역대하 32:22-25와 시 9:13,14를 참조 비교) 27) 시련에서 벗어난 일이 여러분으로 하여금 주님을 사랑하고 헌신하는 일을 상승시켜 더욱 주님을 잘 섬기게 하였습니까? 오, 주여! 사무엘 같이 기도의 응답을 기념하여 표지석을 세우게 하소서. "사무엘이 돌을 취하여 미스바와 센 사이에 세워 이르되 여호와께서 여기까지 우리를 도우셨다 하고 그 이름을 에벤에셀이라 하니라."(삼상 7:12) 우리가 하나님의 자비하심을 입을 때에 "우리의 자비하고 신실한 대제사장"이신 우리 주님의 동정심을 기억하게 하소서. "우리에게 있는 대제사장은 우리의 연약함을 동정하지 못하실 이가 아니요 모든 일에 우리와 똑같이 시험을 받으신 이로되 죄는 없으시니라. 그러므로 그가 범사에 형제들과 같이 되심이 마땅하도다 이는 하나님의 일에 자비하고 신실한 대제사장이 되어 백성의 죄를 속량하려

---

27) "이와 같이 여호와께서 히스기야와 예루살렘 주민을 앗수르 왕 산헤립의 손과 모든 적국의 손에서 구원하여 내사 사면으로 보호하시매 여러 사람이 예물을 가지고 예루살렘에 와서 여호와께 드리고 또 보물을 유다 왕 히스기야에게 드린지라 이 후부터 히스기야가 모든 나라의 눈에 존귀하게 되었더라 그 때에 히스기야가 병들어 죽게 되었으므로 여호와께 기도하매 여호와께서 그에게 대답하시고 또 이적을 보이셨으나 히스기야가 마음이 교만하여 그 받은 은혜를 보답하지 아니하므로 진노가 그와 유다와 예루살렘에 내리게 되었더니."(대하 32:22-25)
"여호와여 내게 은혜를 베푸소서 나를 사망의 문에서 일으키시는 주여 나를 미워하는 자에게서 받는 나의 고통을 보소서 그리하시면 내가 주의 찬송을 다 전할 것이요 딸 시온의 문에서 주의 구원을 기뻐하리이다."(시 9:13,14)

하심이라 그가 시험을 받아 고난을 당하셨은즉 시험 받는 자들을 능히 도우실 수 있느니라."(히 4:15 ; 2:17,18) 그러니 그로부터 더욱 확고하고 지각 있게 하나님의 도(道)를 밟게 하여 주시어 "평안의 복음이 준비한 것으로 신을 신고" 행하게 하소서(엡 6:15).

그러나 우리가 꼭 유념할 요점이 있습니다. 십자가의 복락을 기억하고 찬미의 노래를 부르지 못하고 있거나, 십자가를 하나님 아버지의 사랑의 표지로 여기기 않았다면, 그 복을 상실한 셈이라는 사실입니다. 어느 때에든지 평안에 이르는 가장 안전한 첩경(捷徑)은 하나님께서 우리에게 허락하신 은혜의 방편들을 활용하는 것입니다. 그래서 하나님께서 섭리적으로 우리를 놓으신 바로 그 상황 속에서 매순간 하나님의 영광을 위하여 살아야 합니다. 우리가 더 좋은 다른 환경에 있었더라면 영적으로 더욱 풍성하였을 것이라는 망상을 가지지 않아야 합니다. 오히려 우리 자신과 우리의 난제들과 우리를 낙담하게 하는 것들을 어떤 섭리 속에서도 결코 실수하지 않으시는 주 하나님의 손에 맡겨야 합니다. 그분은 모든 것들을 주장하시어 능히 우리를 구원하십니다. "이것이 너희의 간구와 예수 그리스도의 성령의 도우심으로 나를 구원에 이르게 할 줄 아는 고로."(빌 1:19)

시편 119:135
"주의 얼굴을 주의 종에게 비추시고
주의 율례로 나를 가르치소서."

주께서 원하시면 우리를 박해하는 자의 손에서 건지시고, "우리 원수라도 우리와 화목하게" 만드십니다(잠 16:7). 우리가 영적으로 건강하면, 우리는 쉼을 얻을 것입니다. 그러나 주님께서 당신의 얼굴을 우리에게 비추시기 전까지는 불안합니다. 하나님의 계시의 말씀인 성경에는 하나님께서 "그룹 사이에 거하시는 분"으로 묘사되어 있습니다(왕하 19:15 ; 시 99:1 ; 겔 10:1-5). 28) 그리고 하나님께서는 속죄소(贖罪所, 또는 施恩座 - mercy seat) 위에 거하십니다(출 25:17-22 ; 롬 3:25). 29) '은혜언약'의 표지인 '무지개'가 하나님의 보좌에 둘려 있습니다(계 4:3). 30) 성전의 이런 규례는 마치 죄인들에게 어느 방향에서든지 나아오라 초청하는 것 같지 않습니까? 우리로 하여금 다음과 같이 간구하게 하시는 하나님의 보장이 여기 있지 않습니까? "그룹 사이에 거하시는 주여, 당신의 얼굴빛을 우리에게 비추시고, 떨쳐 일어나 주의 능력을 나타내사 우리를 구원하러 오소서."라고 말입니다. 그래서 다시 우리에게 이렇게 기도하게 보장하시지 않습니까? "주의 얼굴빛을 비추사 우리가 구원을 얻게 하소서."(시 80:3) 시편에서 이런 기도를 간절하게 드리던 이들이 있었습니다. "여러 사람의 말이 우리에게 선을 보일자 누구뇨 하오니 여호와여 주의 얼굴을 들어 우리에게 비추소서."(시 4:6) 안타까운 일은 결국 사람들이 나중에 알게 되리라는 것입니다. "우리가 양식 아닌 것을 위하여 은을 달아주며 배

---

28) "그 앞에서 히스기야가 기도하여 이르되 그룹들 위에 계신 이스라엘의 하나님 여호와여 주는 천하 만국에 홀로 하나님이시라 주께서 천지를 만드셨나이다."(왕하 19:15)

"여호와께서 다스리시니 만민이 떨 것이요 여호와께서 그룹 사이에 좌정하시니 땅이 흔들릴 것이로다."(시 99:1)

"이에 내가 보니 그룹들 머리 위 궁창에 남보석 같은 것이 나타나는데 그들 위에 보좌의 형상이 있는 것 같더라 하나님이 가는 베 옷을 입은 사람에게 말씀하여 이르되 너는 그룹 밑에 있는 바퀴 사이로 들어가 그 속에서 숯불을 두 손에 가득히 움켜 가지고 성읍 위에 흩으라 하시매 그가 내 목전에서 들어가더라 그 사람이 들어갈 때에 그룹들은 성전 오른쪽에 서 있고 구름은 안 뜰에 가득하며 여호와의 영광이 그룹에서 올라와 성전 문지방에 이르니 구름이 성전에 가득하며 여호와의 영화로운 광채가 뜰에 가득하였고 그룹들의 날개 소리는 바깥뜰까지 들리는데 전능하신 하나님이 말씀하시는 음성 같더라."(겔 10:1-5)

29) "순금으로 속죄소를 만들되 길이는 두 규빗 반, 너비는 한 규빗 반이 되게 하고 금으로 그룹 둘을 속죄소 두 끝에 쳐서 만들되 한 그룹은 이 끝에, 또 한 그룹은 저 끝에 곧 속죄소 두 끝에 속죄소와 한 덩이로 연결할지며 그룹들은 그 날개를 높이 펴서 그 날개로 속죄소를 덮으며 그 얼굴을 서로 대하여 속죄소를 향하게 하고 속죄소를 궤 위에 얹고 내가 네게 줄 증거판을 궤 속에 넣으라 거기서 내가 너와 만나고 속죄소 위 곧 증거궤 위에 있는 두 그룹 사이에서 내가 이스라엘 자손을 위하여 네게 명령할 모든 일을 네게 이르리라."(출 25:17-22)

"이 예수를 하나님이 그의 피로써 믿음으로 말미암는 화목제물로 세우셨으니 이는 하나님께서 길이 참으시는 중에 전에 지은 죄를 간과하심으로 자기의 의로우심을 나타내려 하심이니."(롬 3:25)

30) "앉으신 이의 모양이 벽옥과 홍보석 같고 또 무지개가 있어 보좌에 둘렸는데 그 모양이 녹보석 같더라."(계 4:3)

부르게 못할 것을 위하여 수고하였도다."(사 55:2)

그러함에도 믿는 자는 "나로 하여금 왕의 얼굴을 보게 하소서."라고 간구합니다. "왕의 희색은 생명을 뜻하나니 그의 은택이 늦은 비를 내리는 구름과 같으니라."(잠 16:15) 정말 기도할만한 가치가 있습니다. 믿는 자는 그런 소원을 갖는 특권을 지금 누리고 있습니다. 무한히 더 영화로운 사실은 그것이 확실하고 영원한 기쁨이라는 것입니다. "그의 얼굴을 볼 터이요 그의 이름도 그들의 이마에 있으리라."(계 22:4)

이 아름다운 시편 속에 들어있는 간구들을 언제나 새롭게 주목하는 것은 중요하기도 하고 흥미롭기도 합니다. 다윗은 조금 전에 이렇게 기도하였습니다. "주께서 내 마음을 넓히시면 내가 주의 계명들의 길로 달려가리이다."(시 119:132) 그런데 여기 135절에서 이런 간구를 하는 것을 보니 지나가는 어떤 구름이 그의 마음의 하늘을 어둡게 한 것이 틀림없습니다. 그래서 그는 이 기도를 하나님께 쏘아 올렸던 것입니다.

"주의 얼굴을 주의 종에게 비추소서." 그는 하나님께 가까이 나아가는 오직 유일한 참된 길을 알아 다른 길을 미련 없이 기쁨으로 버리고 하나님께 가까이 나아갈 길로 담대하게 나아갑니다. 만일 그런 것도 알지 못한 채 그런 울부짖음을 토하여 냈다면 분명 가장 희망 없는 간구, 아니 정말 주제넘기 짝이 없는 불손한 기도였음에 틀림없습니다. 실로 구약 신자들의 믿음을 보면 그들은 선명하지 못한 것이 발견되면 그것이 무엇이라도 은혜의 보좌에 확신 있게 담대히 나아갔습니다. 그런 모습은 그리스도인이 누리는 특권에 대하여 그들이 우리가 상상한 것 이상으로 훨씬 더 뚜렷하게 지각하고 있었음을 드러냅니다. 그들이 가진 율법의 여러 규례들이 아직 선명하지 않고 희미하게만 보였는데도 불구하고 말입니다. 그렇지 않았으면 어떻게 그들이 그렇게 씨름하면서 부단히 간구할 수 있었겠습니까? 그들이 자기들의 부족함을 인식하고 주님 앞에서 바랐던 바가 무엇인지를 보면, 그들이 종의 정신을 극복하고 양자(養子)의 정신을 발휘하고 있음을 봅니다(롬 8:15). 구약시대 교회의 기도들은 청결함과 영성과 간절함을 통하여 복음적인 자유의 확신을 가지고 있었음을 여실히 보여줍니다. 그들은 여러 간구들을 통하여 하나님의 존전 앞에 부복하여 "주의 얼굴을 주의 종에게 비추소서."라고 기도하였습니다. "그룹 사이에 거하시는 주여, 빛을 비추어 주소서." 마치 이렇게 간구한 것과 같습니다. "화목하시는 아버지, 은혜의 보좌에 앉으신 아버지께서 우리를 돌아보소서. 아바, 아버지여 우리에게 은혜를 베푸소서!"

그러나 이런 어린아이 같은 확신을 멸시하는 것 같이 보이는 이들이 많습니다. 그들은 자기들의 상태에 대하여 바른 이해를 하지 못한 채 되는 대로 불만을 표출합니다. 마치 의심하는 것이 자기들의 삶의 주제인양 합니다. 하나님께서 얼굴빛을 비추어주시는 일이 자기들의 구원에 반드시 필요하지는 않다는 식으로 주제넘게 안심하고 있습니다. "우리 주 곧 구주 예수 그리스도의 영원한 나라에 들어감을 넉넉히 얻는 것" 대신 "불 가운데서 구원받는 것" 정도로 만족하겠다는 말인가요?(고전 3:15 ; 벤후 1:11 참조)31) 살았다 하는 이름은 가졌으나 제대로 먹지 못하여 "남은 것들 마저 죽을 지경인 상태"로 충분하다는 식인가요? 하나님의 은혜에 대한 의도적인 관심도 없이 자기들이 안전할 수 있다면, 하나님의 은혜를 소원하지 않고도 안전할 수 있다는 말입니까? 이 시편 기자의 확신에 이를 수 없다는 말입니까? 주님께서 이런 자세를 명하지 않으십니까?(고후 13:5 ; 히 6:11 ; 벤후 1:10 참조)32) 이것이

---

31) "누구든지 공적이 불타면 해를 받으리니 그러나 자신은 구원을 받되 불 가운데서 받은 것 같으리라 ."(고전 3:15)
"우리가 간절히 원하는 것은 너희 각 사람이 동일한 부지런함을 나타내어 끝까지 소망의 풍성함에 이르러."(히 6:11)
"그러므로 형제들아 더욱 힘써 너희 부르심과 택하심을 굳게 하라 너희가 이것을 행한즉 언제든지 실족하지 아니하리라."(벤후 1:10)

32) 너희는 믿음 안에 있는가 너희 자신을 시험하고 너희 자신을 확증하라 예수 그리스도께서 너희 안에 계신 줄을 너희가 스스로 알지 못하느냐 그렇지 않으면 너희는 버림받은 자니라."(고후 13:5)
"우리가 간절히 원하는 것은 너희 각 사람이 동일한 부지런함을 나타내어 끝까지 소망의 풍성함에 이르러."(히 6:11)
"그러므로 형제들아 더욱 힘써 너희 부르심과 택하심을 굳게 하라 너희가 이것을 행한즉 언제든지 실족하지 아니하리라."(벤후 1:10)

정말 바람직한 자세 아닙니까? 냉담한 상태로 만족하는 것은 신앙고백의 진정성을 의심하게 합니다. 하나님의 참 백성들은 그 성향이 영적인 기쁨을 누리거나, 아니면 그런 상태에 이르지 못하여 불안해 하거나 둘 중 하나입니다. 하나님의 백성들에게 있어서 어두운 날은 간구로 씨름할 때입니다.

"여호와 내 구원의 하나님이여 내가 주야로 주 앞에서 부르짖었사오니 나의 기도가 주 앞에 이르게 하시며 나의 부르짖음에 주의 귀를 기울여 주소서 무릇 나의 영혼에는 재난이 가득하며 나의 생명은 스올에 가까웠사오니"(시 88:1-3) "여호와여 내가 깊은 곳에서 주께 부르짖었나이다 주여 내 소리를 들으시며 나의 부르짖는 소리에 귀를 기울이소서."(시 130:1,2) 그리고 그런 시절에 자기를 낮추고 겸비해집니다. "내 마음이 그것을 기억하고 내가 낙심이 되오나 이것을 내가 내 마음에 담아 두었더니 그것이 오히려 나의 소망이 되었사옴은 여호와의 인자와 긍휼이 무궁하시므로 우리가 진멸되지 아니함이니이다."(애 3:20-22) "내가 여호와께 범죄하였으니 그의 진노를 당하려니와 마침내 주께서 나를 위하여 논쟁하시고 심판하시며 주께서 나를 인도하사 광명에 이르게 하시리니 내가 그의 공의를 보리로다."(미 7:9) 하나님의 사람들은 상한 마음으로 부단하게 하나님을 기다립니다(시 40:1-3 ; 130:5,6 ; 사 8:1 ; 50:10).[33] 자기들의 간구가 응답받아 "주께서 그 얼굴빛으로 비추시기까지" 멈추지 않습니다. 일상적인 위로가 없이도 견딜 수 있습니다. 그러나

---

33) "내가 여호와를 기다리고 기다렸더니 귀를 기울이사 나의 부르짖음을 들으셨도다 나를 기가 막힐 웅덩이와 수렁에서 끌어올리시고 내 발을 반석 위에 두사 내 걸음을 견고하게 하셨도다 새 노래 곧 우리 하나님께 올릴 찬송을 내 입에 두셨으니 많은 사람이 보고 두려워하여 여호와를 의지하리로다."(시 40:1-3)
"나 곧 내 영혼은 여호와를 기다리며 나는 주의 말씀을 바라는도다 파수꾼이 아침을 기다림보다 내 영혼이 주를 더 기다리나니 참으로 파수꾼이 아침을 기다림보다 더하도다"(시 130:5-6)
"이제 야곱의 집에 대하여 얼굴을 가리시는 여호와를 나는 기다리며 그를 바라보리라"(사 8:17)
"너희 중에 여호와를 경외하며 그의 종의 목소리를 청종하는 자가 누구냐 흑암 중에 행하여 빛이 없는 자라도 여호와의 이름을 의뢰하며 자기 하나님께 의지할지어다."(사 50:10)

주님이 없으면 죽은 것이나 마찬가지로 여깁니다. "우리의 모든 근원이 주님 안에 있도다."[34]

그들은 주님께서 얼굴빛을 비추어 주시는 것을 행복으로 알고, 주님이 얼굴빛을 가리시면 비극으로 여깁니다. 이 중요한 복락을 확실하게 누리지 못하더라도 여전히 이것은 구원의 확신의 참된 원리입니다.

그러면 우리와 하나님 사이에 어떻게 그런 논리가 설 수 있습니까? 우리에게서는 하나님의 얼굴빛을 가리는 안개가 나옵니다. "그의 탐심의 죄악으로 말미암아 내가 노하여 그를 쳤으며 또 내 얼굴을 가리고 노하였으나 그가 아직도 패역하여 자기 마음의 길로 걸어가도다."(사 57:17) 그러나 하나님의 주권적인 은혜가 안개를 흩어 버립니다. "내가 네 허물을 빽빽한 구름 같이, 네 죄를 안개 같이 없이하였으니 너는 내게로 돌아오라 내가 너를 구속하였음이니라."(사 44:22) 우리가 하나님과 우리 사이를 가로 막는 높은 장벽을 만들어 냅니다. "오직 너희 죄악이 너희와 너희 하나님 사이를 갈라놓았고 너희 죄가 그의 얼굴을 가리어서 너희에게서 듣지 않으시게 함이니라."(사 59:2) 위대한 스룹바벨의 전능하신 능력이 그 장벽을 멀리 옮겨 버립니다. "큰 산아 네가 무엇이냐 네가 스룹바벨 앞에서 평지가 되리라 그가 머릿돌을 내놓을 때에 무리가 외치기를 은총, 은총이 그에게 있을지어다 하리라 하셨고."(슥 4:7) 우리 자신만을 향하면 부끄러울 뿐입니다. 오직 주님께만 모든 찬미를 올려야 합니다!

어떻게 하면 우리가 주님의 얼굴빛을 항상 누릴 수 있나요? 앞에서 말씀드린 장애들 외에 복음에 대한 그릇되거나 타협적인 관점이 우리와 하나님 사이를 가로 막습니다. 그러므로 우리는 하나님의 복음에 대한 이해를 확대하는 것이

---

34) "노래하는 자와 뛰어 노는 자들이 말하기를 나의 모든 근원이 네게 있다 하리로다."(시 87:7)의 말씀에 빗대어 저자가 한 말임 - 역자 주

얼마나 귀한가를 알게 됩니다. 하나님의 은혜의 복음의 충만함과 거룩함과 안전을 영원히 보장하는 것에 대해 더 알아야 합니다.

복음의 충만함은 무엇입니까? 영혼의 모든 요구를 만족시키며 모든 부족한 것을 채워주되, 공로나 다른 부가적인 조건들을 제시하지 않습니다. 그래서 가장 비열하게 보이는 이도 복음의 은혜로 나아올 용기를 갖게 합니다. 복음의 거룩성은 주님의 얼굴빛을 가리는 여러 죄악적인 장애들을 걸러냅니다. 복음은 영혼의 영원한 안전을 보장합니다. 복음은 은혜언약의 초석들 안에서 영구한 안식을 제공합니다.

그러니 믿음의 삶이란 예수님을 더욱 충만하게 묵상하는 데서 영위됩니다. 예수님을 더욱 새롭게 의존해 나가며, 예수님과 더욱 친밀하게 교통하며 행하는 것이 믿음의 삶입니다. 그런 과정을 통해 그리스도 안에서 우리와 화해하신 하나님의 사랑에 대한 의식이 무한히 더 확대되어 소망이 더욱 더 커집니다.

시편 기자가 그렇게 결연한 자세로 주님의 얼굴빛을 구하는 모습을 보면서 놀랄 필요가 없습니다. 이 높은 특권은 그리스도인 개인의 행복 못지않게 사회 속에서 많은 이웃들을 돕는 것과도 연관이 있습니다. 다른 사람들을 인도하고 구세주의 사랑을 알게 하여 하나님을 섬기게 하고, 이웃의 침체된 영혼을 살리거나 뒤로 물러가 죄에 깊이 빠져 있는 사람을 회복하는 일에 가장 유용한 사람이 누구이겠습니까? 늘 복음의 광채 속에서 살아 다른 이들에게 복음이 주는 하늘에 속한 기쁨을 가장 잘 말해줄 만한 사람이 아니면 누구겠습니까?

그러나 이 말을 들으면 여러분은 이렇게 말하고 싶어질 것입니다. "내 마음은 정말 너무나 싸늘하고 메말라 있고, 정서도 너무나 무너졌고 열정은 너무나 약해서 내 마음은 흐린 날씨가 너무 잦아요. 내가 하나님의 자녀라는 사실은 잊지 않고 있어요. 그러나 내 성품과 마음은 너무 자주 비열하고 곤고 해서 하나님의 은혜를 모독하는 자녀같아요."

그러니 여러분은 믿음을 의지하여 다윗이 늘 찾던 곳을 찾아야지요. 죄를 뉘우치며 회개하는 자녀같이 '일어나 하늘 아버지께' 나아가십시오. "너는 오직 네 죄를 자복하라 이는 네 하나님 여호와를 배반하고 네 길로 달려 이방인들에게로 나아가 모든 푸른 나무 아래로 가서 내 목소리를 듣지 아니하였음이라 여호와의 말씀이니라."(렘 3:13) 주님 앞에 자신의 고충을 털어 놓고, 주님을 자주 찾아 귀찮고 성가시게 해 드리십시오. 주님의 이름을 의뢰하며 하나님께 탄원하고 변론하십시오. "너희가 내 이름으로 무엇을 구하든지 내가 행하리니 이는 아버지로 하여금 아들로 말미암아 영광을 받으시게 하려 함이라 내 이름으로 무엇이든지 내게 구하면 내가 행하리라."(요 14:13,14) 예수님의 공로를 의지하여 아뢰세요. 그러면 여러분의 탄원이 헛되지 않을 것입니다. 아니 헛될 수가 없습니다. 그래서 여러분은 다시 더 행복하고 거룩하고 담대하게 아버지의 얼굴빛 안에서 행하게 될 것입니다. 여러분의 영혼을 은혜롭게 다루시는 아버지의 사랑을 더욱 세심하게 주목한다면 형식에 치우치거나 완고해지거나 낙담에 빠지지 않을 것입니다.

"주의 율례로 나를 가르치소서." 그러나 하나님께서 지정하신 길이 아니면 주님의 얼굴빛을 기대할 수 없습니다(요 14:21-23 ; 사 64:5 ; 갈 6:16).[35] 자기가 주님 앞에서 할 도리는 생각하지 않고 오직 위로만 구하는 사람은 자기

---

35) "나의 계명을 지키는 자라야 나를 사랑하는 자니 나를 사랑하는 자는 내 아버지께 사랑을 받을 것이요 나도 그를 사랑하여 그에게 나를 나타내리라 가룟인 아닌 유다가 이르되 주여 어찌하여 자기를 우리에게는 나타내시고 세상에는 아니하려 하시나이까 예수께서 대답하여 이르시되 사람이 나를 사랑하면 내 말을 지키리니 내 아버지께서 그를 사랑하실 것이요 우리가 그에게 가서 거처를 그와 함께 하리라."(요 14:21-23)

"주께서 기쁘게 공의를 행하는 자와 주의 길에서 주를 기억하는 자를 선대하시거늘 우리가 범죄하므로 주께서 진노하셨사오며 이 현상이 이미 오래 되었사오니 우리가 어찌 구원을 얻을 수 있으리이까."(사 64:5)

"무릇 이 규례를 행하는 자에게와 하나님의 이스라엘에게 평강과 긍휼이 있을지어다."(갈 6:16)

기만의 희생물입니다. 그러므로 주님의 얼굴빛을 더 선명히 누리기를 갈망하고 더 배우기를 원하는 하나님의 자녀는 자신의 무지를 깨달아, "주의 율례로 나를 가르치소서."라고 기도할 수밖에 없습니다. 그리고 우리에게 이 간구를 드리게 하신 성령 하나님께서는 당신의 약속의 말씀을 따라 거룩한 길에서 우리를 가르쳐 주시는 선생이십니다. "또 내 영을 너희 속에 두어 너희로 내 율례를 행하게 하리니 너희가 내 규례를 지켜 행할지라."(겔 36:27) 성령님의 가르치심을 따라서 하나님을 영화롭게 하는 길로 행하여 하나님의 얼굴빛을 우리에게 비춰주신다면, 그 길을 가는 수고와 지루함을 달래는 데 다른 무엇을 더 원하겠습니까? 주님의 얼굴빛의 한 가닥 광선이 죄 있는 종에게 희미하게나마 비춰지면, 그 광선은 일천 세계의 영광을 능가합니다. 하물며 주님의 얼굴빛이 한 점 구름 없이 청명한 하늘에 떠서 비취는 태양 같이 영구히 비춰지는 곳에서 산다는 것이 무엇이겠습니까!

믿음의 사람들이여, 여러분이 순례의 길을 걷는 발걸음에 힘을 얻으려면 이 소망을 항상 견지하십시오. 여러분의 주님을 이제 곧 뵙게 될 터이니 말입니다. 주님을 만날 준비를 하며 순례의 길을 가는 영혼마다 말로 다 할 수 없이 반기시는 주님의 미소 띤 얼굴을 금방 뵙게 될 것입니다. 자기를 반기실 주님의 음성을 생각하며 거룩한 감탄과 기쁨에 찬 기대감으로 넘치게 될 것입니다. "이것들을 증언하신 이가 이르시되 내가 진실로 속히 오리라 하시거늘 아멘 주 예수여 오시옵소서."(계 22:20)

시편 119:136

"그들이 주의 법을 지키지 아니하므로

내 눈물이 시냇물 같이 흐르나이다."[36]

하나님께서 우리에게 당신의 율례의 특권들을 가르쳐 주실 때, 그 율례들을 지키지 않는 자들을 불쌍하게 여기는 연민의 마음도 갖게 가르치실 것입니다. 그것이 바로 예수님의 마음입니다. 예수님의 삶은 '마음이 연민에 쉽게 싸이게 되는 이'의 모습을 보여줍니다. 예수님의 긍휼을 아주 독특하게 보여주는 몇 가지 경우들이 있습니다. 지상 생애의 마지막이 임박하였을 때 예루살렘 성에 가까이 오셨습니다. 정말 그 성은 "터가 높고 아름다워 온 세계가 즐거워함이여 큰 왕의 성 곧 북방에 있는 시온 산"이었습니다(시 48:2). 그러나 이제는 제 길로 가 버려 그 성에 대한 하나님의 극한 진노가 임박하였습니다. 예수님은 "가까이 오사 성을 보시고 우셨다."고 기록되어 있습니다(눅 19:41). "예루살렘아 예루살렘아 선지자들을 죽이고 네게 파송된 자들을 돌로 치는 자여 암탉이 그 새끼를 날개 아래에 모음 같이 내가 네 자녀를 모으려 한 일이 몇 번이더냐 그러나 너희가 원하지 아니하였도다."(마 23:37)

그 때는 승리의 순간이었습니다. 분위기는 호산나 찬미하는 이들로 인하여 들떠 있었습니다. 길에는 종려나무 가지가 뿌려지고, 모두 기쁨으로 찬미하고 있었습니다(눅 19:36-40).[37] 이렇게 환희로 가득 찬 분위기 속에서도 구

---

36) "어찌하면 내 머리는 물이 되고 내 눈은 눈물 근원이 될꼬 죽임을 당한 딸 내 백성을 위하여 주야로 울리로다."(렘 9:1)

"이는 내 눈이 그들의 행위를 살펴보므로 그들이 내 얼굴 앞에서 숨기지 못하며 그들의 죄악이 내 목전에서 숨겨지지 못함이라."(렘 16:17)

"그들의 마음이 주를 향하여 부르짖기를 딸 시온의 성벽아 너는 밤낮으로 눈물을 강처럼 흘릴지어다 스스로 쉬지 말고 네 눈동자를 쉬게 하지 말지어다."(애 2:18)

37) "가실 때에 그들이 자기의 겉옷을 길에 펴더라 이미 감람 산 내리막길에 가까이 오시매 제자의 온 무리가 자기들이 본 바 모든 능한 일로 인하여 기뻐하며 큰 소리로 하나님을 찬양하여 이르되 찬송하리로다 주의 이름으로 오시는 왕이여 하늘에는 평화요 가장 높은 곳에는 영광이로다 하니 무리 중 어떤 바리새인들이 말하되 선생이여 당신의 제자들을 책망하소서 하거늘 대답하여 이르시되 내가 너희에게 말하노니 만일 이 사람들이 침묵하면 돌들이 소리 지르리라 하시니라."(눅 19:36-40)

주께서만은 승리를 자축하는 소리도 내지 않으셨고 기쁜 마음을 표하지 않으셨습니다. 모든 것을 아시는 전능자의 마음은 영적으로 황폐한 서글픈 현실을 주목하고 있었습니다. 그래서 엄숙한 승리의 개선 속에서도 울기만 하셨습니다. "그들이 주의 법을 지키지 아니하므로 내 눈물이 시냇물 같이 흐르나이다."

자, 그리스도인이여, 다른 모든 경우와 같이 이 경우에도 주님의 형상을 본받아야 합니다. 주님의 마음은 하나님의 영예에 집중되어 있으면서 곤고한 죄인들을 불쌍하게 여기는 연민도 가집니다. 그들이 하나님의 율법을 지키지 않으며 자기 죄악 중에서 멸망해 가고 있으니 말입니다.

소돔 땅에 있던 "의인 롯"도 그러하였습니다. 부정하기 짝이 없는 악인들의 행실을 보고 마음이 상해 있었습니다. "무법한 자들의 음란한 행실로 말미암아 고통 당하는 의로운 롯을 건지셨으니(이는 이 의인이 그들 중에 거하여 날마다 저 불법한 행실을 보고 들음으로 그 의로운 심령이 상함이라)."(벧후 2:7,8)

모세도 그러하였습니다. "그리고 내가 전과 같이 사십 주 사십 야를 여호와 앞에 엎드려서 떡도 먹지 아니하고 물도 마시지 아니하였으니 이는 너희가 여호와의 목전에 악을 행하여 그를 격노하게 하여 크게 죄를 지었음이라 여호와께서 심히 분노하사 너희를 멸하려 하셨으므로 내가 두려워하였노라 그러나 여호와께서 그 때에도 내 말을 들으셨고."(신 9:18,19)

사무엘은 사울에게 내릴 하나님의 판단들을 내다보면서 슬퍼하였습니다. "내가 사울을 왕으로 세운 것을 후회하노니 그가 돌이켜서 나를 따르지 아니하며 내 명령을 행하지 아니하였음이니라 하신지라 사무엘이 근심하여 온 밤을 여호와께 부르짖으니라… 사무엘이 죽는 날까지 사울을 다시 가서 보지 아니하였으니 이는 그가 사울을 위하여 슬퍼함이었고 여호와께서는 사울을 이스라엘 왕으로 삼으신 것을 후회하셨더라."(삼상 15:11,35)

에스라도 유사한 경우에 부복하여 가장 깊은 슬픔의 자세를 보였습니다. "내가 이 일을 듣고 속옷과 겉옷을 찢고 머리털과 수염을 뜯으며 기가 막혀 앉으니 이에 이스라엘의 하나님의 말씀으로 말미암아 떠는 자가 사로잡혔던 이 사람들의 죄 때문에 다 내게로 모여 오더라 내가 저녁 제사 드릴 때까지 기가 막혀 앉았더니."(스 9:3,4)

다윗이 사람들로부터 박해를 당하고 있었지만(시 119:134), 그를 압도적인 슬픔에 빠지게 한 것은 박해 자체가 아니라 하나님의 율법을 멸시하는 그들의 태도였습니다.

우리는 '하나님의 종들의 구별된 특징'이던 이 연민의 심정에 유의해야 하지 않겠습니까? 자기들이 섬기는 기업에서 악이 넘치는 것을 보며 낭실과 제단 사이에서 울며 간구하라는 주님의 촉구하시는 음성을 듣지 못하였습니까? "여호와를 섬기는 제사장들은 낭실과 제단 사이에서 울며 이르기를 여호와여 주의 백성을 불쌍히 여기소서 주의 기업을 욕되게 하여 나라들로 그들을 관할하지 못하게 하옵소서 어찌하여 이방인으로 그들의 하나님이 어디 있느냐 말하게 하겠나이까 할지어다."(욜 2:17)

옛 선지자 예레미야의 자세는 얼마나 교훈적입니까! 처음에는 백성들의 패역을 보며 공개적으로 탄원하였습니다. 그런 다음에 백성들의 교만 때문에 은밀한 곳에서 울었습니다. "너희가 이를 듣지 아니하면 나의 심령이 너희 교만으로 말미암아 은밀한 곳에서 울 것이며 여호와의 양 떼가 사로잡힘으로 말미암아 눈물을 흘려 통곡하리라."(렘 13:17)

위대한 사도의 자세 또한 우리에게 결코 적지 않은 교훈을 줍니다. "내가 그리스도 안에서 참말을 하고 거짓말을 아니하노라 나에게 큰 근심이 있는 것과 마음에 그치지 않는 고통이 있는 것을 내 양심이 성령 안에서 나와 더불어 증언하노니 나의 형제 곧 골육의 친척을 위하여 내 자신이 저주를 받아 그리스도에게서 끊어질지라도 원하는 바로라."(롬 9:1-3) 그가 범법자들을 책망하면서 편지를 써 보낼 때 어떤 마음이었습니까? "내가 마음에 큰 눌림과 걱정이 있어 많은 눈물로 너희에게 썼노니."(고후 2:4) 다른 이들에게 범법자들에 대해 말하면서 연민의 마음을 드러내었습니다. "내가 여러 번 너희에게 말하였거니와 이제도 눈물을 흘리며 말하노니 여러 사람들이 그리스도의 십자가의 원수로 행하느니라."(빌 3:18) "곧 모든 겸손과 눈물이며 유대인의 간계로 말미암아 당한 시험을 참고 주를 섬긴 것과."(행 20:19) 눈물은 그리스도인의 긍휼을 보여주는 웅변과 같은 것입니다. 하나님의 백성들의 성품을 보여주는 한결같은 표지입니다. 하나님의 백성들은 자기 나라에서 일어나는 모든 가증한 일들에 대하여 초연한 사람들이 아닙니다. 도리어 그 일들을 보고 탄식하며 슬피 우는 자들입니다. "여호와께서 이르시되 너는 예루살렘 성읍 중에 순행하여 그 가운데에서 행하는 모든 가증한 일로 말미암아 탄식하며 우는 자의 이마에 표를 그리라 하시고."(겔 9:4) 이런 심정이 없으면 분명 그것은 마음이 완고하고 교만한 상태에 있음을 보여주는 셈입니다. 그래서 사도가 그렇게 말한 것입니다. "그리하고도 너희가 오히려 교만하여져서 어찌하여 통한히 여기지 아니하고 그 일 행한 자를 너희 중에서 쫓아내지 아니하였느냐."(고전 5:2)

이런 애타는 연민의 심정이 사방으로 얼마나 넓게 뻗어 있습니까! 하나님을 등진 배도의 당당한 물결을 보면 소름이 돋습니다. 허다한 무리들이 자기들에게 임할 영원한 멸망을 유회 거리로 삼고 있습니다. 마치 하늘의 하나님이 사람처럼 '거짓말쟁이'라는 식입니다(수 23:19).[38] 이런 상황을 보면 하나님의 영예를 전심으로 좇는 이들은 분명 눈물을 시냇물 같이 흘리지 않을

---

38) "하나님은 사람이 아니시니 거짓말을 하지 않으시고 인생이 아니시니 후회가 없으시도다 어찌 그 말씀하신 바를 행하지 않으시며 하신 말씀을 실행하지 않으시랴."(수 23:19)

수 없습니다. 주님이 보실 때에는 단 한 사람의 마음에서도 얼마나 무서운 죄 덩어리가 떠오릅니까! 거기에 한 작은 마을에 사는 이들을 더해 보십시오. 아니 한 도시, 더 나아가 한 나라, 전 세계에 사는 사람들 속에서 떠오르는 죄 덩어리는 어떠하겠습니까! 그것을 마음에 두면 매일, 매 시간, 매 순간 눈물이 강물처럼 물결을 이루어 그 앞에 있는 모든 것을 쓸어갈 정도가 되지 않겠습니까! 우리는 겉으로 보이는 민감성을 말하는 것이 아닙니다. 어떤 사람은 체질적으로 그런 심정이 부족할 수도 있습니다. 때로 그런 심정을 크게 드러내지만, 진정한 영적인 정서를 보여주는 표징이 전혀 아닐 수도 있습니다. 우리가 묻는 바는, 이웃의 죄인들이 멸망해 가는 것을 염두에 두며 진정 애타 하느냐는 것입니다. 불난 집을 보면 거기 거주하는 사람들이 다치지 않게 하려고 실제적인 행동을 신속하게 보여야지 않겠습니까? 안타깝습니다! 멸망의 포구에 앉아 있는 영혼들을 보면서도 초연하며 냉담한 자세를 자주 보이는 우리 자신을 생각하니 부끄럽습니다. 그들은 자기들이 멸망의 포구에 있음을 전혀 의식하지 않습니다. 그들에게 그 멸망을 피하라고 소리치는 것이 마땅합니다. 그들이 처한 위험을 경고하는 성경을 믿지 않는다면 어떻게 그리스도인일 수 있습니까? 아니면 그 경고의 말씀을 믿고 있으면서도 그들을 위험에서 건지려고 떨쳐 일어나지 않는다면 어떻게 그리스도인일 수 있습니까? 그들의 회심을 도우려고 애를 쓰지 않으면서 그들이 회심하기를 위하여 기도하는 것은 정말 얼마나 큰 외식입니까?

오, 멸망에 처한 사람들의 영원한 상태를 보고 냉담하던 심령을 바꾸어 연민의 심정으로 눈물을 흘릴 수 있는 마음을 갖게 하여 달라고 매일 간구해야 합니다. 마치 이 세상을 영혼들이 전혀 없는 세상으로 여기며 살지 않게 해달라고 기도해야 합니다. 그래서 하나님의 안식일이 모독당하고 악인들이 하나님의 율법을 짓밟아 버리는 일을 목도하지 않게 하여 주십사하고 간구해야 합니다. "우리가 그들의[39] 맨 것을 끊고 그의 결박을 벗어 버리자 하는도다."(시 2:3) 우리가 우리 하나님의 율법을 지키려고 더 결연해져야 하거나, 완고한 범죄자들에게 하나님과 그리스도를 나타내 달라고 간구하지 않아도 되는 세상이 오게 하여 주십사하고 매일 간구해야 합니다. 가깝고 친애하는 친척 중에 "악행에 빠져 있고 죄와 허물로 죽어 있는 자"는 없습니까? 사랑하는 독자여, 영적으로 불쌍하게 여길 대상이 전혀 없을 정도로 복된 가정에 속하여 있습니까? 아마도 그런 대상이 있을 것입니다. 그런데도 여러분은 그냥 잠잠히 있겠습니까? 여러분 주위에 경건치 않고 무지한 이웃들은 없습니까? 그런데도 그들에게 경고하지 않고 회개하지 않은 채로 있게 내버려 두고 있습니까? 친절하고 정중한 자세로 그들에게 방문하면서도 영원에 대하여는 애정 어린 말 한 마디 하지 않고 그냥 나오지 않습니까? 이 긍휼의 문제에 대하여 가장 먼저 생각할 대상은 우리의 가족들입니다. 마땅히 그래야 합니다. 그 다음 우리의 교구와 이웃과 나라를 마음에 두고 진지하게 기도할 제목이 되어야 합니다.

하나님의 주권과 효력 있는 부르심의 은혜를 빙자하여 우리가 마땅히 할 일을 하지 않아도 되는 것 같이 여기는 일은 금물입니다. 도리어 그 교리는 우리가 마땅히 해야할 일을 포기하지 않고 해내게 하는 가장 강력한 지원을 제공하는 원천입니다. 복음 전도의 말씀만 있고 전능하신 하나님의 역사(役事)가 없다면, 자기의 힘으로는 구원받을 사람이 없습니다. 복음 전도의 말씀에 하나님의 능력이 더해져야 합니다. 하나님께서 은밀한 목적을 가지고 죄인의 의지를 움직이고 마음을 하나님 당신께로 향하게 하시는 일이 있어야 합니다.

---

39) 여기서 '그들'은 성부 하나님과 그리스도를 가리킨다. - 역자 주

하나님의 그런 주권적인 역사가 누군가가 구원받는 일을 방해한다고 생각하지 말아야 합니다. 다만 하나님의 역사를 통해 누군가에게 복음의 말씀이 안전하게 작용하도록 함으로써 그 말씀이 다른 사람들에게도 허사(虛事)가 되지 않게 합니다. 복음을 믿으라고 요청하는 말씀들은 용서하시는 하나님의 사랑을 나타냅니다. 그러나 복음적인 초청의 말씀 자체로는 사람의 패역(悖逆)한 마음을 돌이키지 못합니다. 복음적 초청의 말씀들은 하나님을 미워하는 인간 마음의 실상을 보여줍니다. 그러니 그 말씀 자체만으로는 하나님을 미워하는 인간 마음의 적의(敵意)를 죽이지 못합니다. 그 말씀들은 사람이 핑계할 구실을 없애버립니다. 그렇지만 그 말씀들이 듣는 이들을 구원에 이르게 할 정도로 마음에 적용되지 않을 수 있습니다. 한 죄인이 구원 받아 생명을 얻는 순간은 주 하나님의 권능으로 말미암아 그 사람이 자원하는 마음을 갖게 될 때입니다(시 110:3). 그때가 '그가 왔고 보았고 살았노라'고 할 수 있는 때입니다. 기독교 사역자들에게 힘과 소망의 원천을 제공하는 것이 바로 그런 하나님의 경륜(經綸)입니다.

사방에 '하나님을 대적하는 육신의 생각의 악독'을 보여주는 무섭고 뚜렷한 증거들이 난무합니다. 육신의 생각은 하나님의 율법과 복음 모두를 거부하며 믿는 자를 의기소침의 구렁에 빠뜨리려 위협합니다. 믿는 자가 믿지 않는 이들에 대한 자애롭고 긍휼어린 관심을 계속 유지하게 하는 것은 오직 하나님의 능력에 대한 확신 밖에 없습니다. 하나님은 당신을 거스르는 수단을 제거하시고 당신의 구속(救贖) 받은 백성들 속에 있는 수를 헤아릴 수 없이 많은 부패한 본성을 완전히 제압하실 능력을 가지셨습니다. 이 하나님의 능력을 확신해야 대항하는 악의 세력을 이겨 나갈 수 있습니다.

바로 이 거룩한 열망에서 난 동정심이 선교 활동의 생명과 고동(鼓動)과 힘입니다. 시간과 건강과 재능 등 자기 전체를 영혼들을 파멸에서 구하고 무수한 죄악들을 덮는 일에 드린 하나님의 존귀한 종들이 다른 이들과 같지 않음은 바로 그 열망을 가졌기 때문입니다. "너희가 알 것은 죄인을 미혹된 길에서 돌아서게 하는 자가 그의 영혼을 사망에서 구원할 것이며 허다한 죄를 덮을 것임이라."(약 5:20) 선교사가 선교의 일을 감당할 때 사방에 미친 우상숭배자들에 둘러싸이고, 그들이 떠들고 고함치며 가증스럽게 행하는 일들을 항상 접하게 됩니다. 그런 그들을 보면서 울며 애통하는 심정 없이 선교사의 직무를 감당한다는 것을 상상할 수 있겠습니까? 하나님을 대적하여 자행되는 악독을 보면서 의분에 찬 슬픔을 맛보아야 하고, 눈먼 인간의 참상을 목격하면서 놀라지 않을 수 없으며, 하나님이 없다는 인간의 사상과 소위를 보면서 역겹지 않을 수 없겠지요. 그러면서도 곤고함과 파멸에 처한 인생의 실상에 불쌍한 마음을 갖지 않을 수 없습니다. 이런 모든 것들이 조합되어 빛을 받아 구주의 사랑의 강권하심을 알게 된 마음을 자극하여 가장 깊은 슬픔의 정서를 터트려 눈물이 나오지 않을 수 없을 것입니다.

오 나의 하나님! 애통하는 마음으로 참상을 보오며
죽어가는 사람들을 향한 민망함으로 내 창자가 끊어질 듯하오니
내 동정심을 더 분발하여
불길 속에서 타고 있는 저들을 황급히 끄집어내나이다.

우리가 알았듯이 이것이 바로 우리 구주 예수님의 심령이었습니다. 그러니 "그리스도 예수님 안에 있는 이 마음"이 없는 사람은 감히 자신이 그리스도인이라 자처하는 일은 삼가야 합니다(빌 2:4-8). 그런 마음이 없는 자들은 잃어버린 세상 사람들을 불쌍하게 여기시는 그리스도의 연민의 깊은 심정을 전혀 알지 못합니다. 그리고 그런 이는 하늘에 계신 하나님 아버지의 영광을 위하여 불타는 열심을 가지셨던 그리스도의 심정을 전혀 이해할 수 없습니다.

오, 불멸하는 영혼의 가치를 깊이 인식한다면 우리가 만나는 죄인에 대하여 어떤 느낌을 가져야 하나요? '저 사람도 불에서 끄집어내서 그리스도께 인도해야 할 사람이다.'라고 느껴야 합니다. 불멸하는 영혼의 보배로움을 깊이 인식하면 고난도 견뎌내며, 능욕을 받거나 모든 것을 상실해도 한 영혼을 얻어 하나님께 인도하며 하나님의 영원한 영광을 찬미하는 하나의 기념비를 세우는 일을 감당하게 됩니다. 시온에서 애통에 빠진 복 있는 자들이여! 멸망하는 세상의 죄와 곤고함을 인하여 흘리는 눈물은 그들을 위하여 하나님께 은밀하게 탄원하는 심정의 표지이며, 동료 죄인들의 구원에 엄숙하게 자신을 드리는 심정의 분출입니다! "또 어떤 자를 불에서 끌어내어 구원하라 또 어떤 자를 그 육체로 더럽힌 옷까지도 미워하되 두려움으로 긍휼히 여기라."(유 1:23)

제 연민의 심정은 미약하여
연민으로 가장 사랑해야 할 곳에서 울지 않을 수 없사오니
모든 이들을 구원하시는 주님의 팔을 드러내시어
이 슬픔의 눈물방울들이 기쁨의 소재가 되게 하소서!

137 여호와여 주는 의로우시고 주의 판단은 옳으니이다

138 주께서 명령하신 증거들은 의롭고 지극히 성실하니이다

139 내 대적들이 주의 말씀을 잊어버렸으므로 내 열정이 나를 삼켰나이다

140 주의 말씀이 심히 순수하므로 주의 종이 이를 사랑하나이다

141 내가 미천하여 멸시를 당하나 주의 법도를 잊지 아니하였나이다

142 주의 공의는 영원한 공의요 주의 율법은 진리로소이다

143 환난과 우환이 내게 미쳤으나 주의 계명은 나의 즐거움이니이다

144 주의 증거들은 영원히 의로우시니 나로 하여금 깨닫게 하사 살게 하소서

Psalm 119:137-144

18

주의 판단은
옳으니이다

시편 119:137,138
"여호와여 주는 의로우시고
주의 판단은 옳으니이다
주의 말씀이 심히 순수하므로
주의 종이 이를 사랑하나이다."

그리스도인은 영적으로 성장하면서 무서울 정도로 완전하신 하나님을 앙망하는 법을 배워 나갑니다. 하나님의 성품과 통치를 옳다 인정하지 않을 수 없게 됩니다. 심지어 "주의 길이 바다에 있었고 주의 곧은 길이 큰 물에 있었을"(시 77:19) 때에도 그 옳으심을 찬미하지 않을 수 없습니다. "구름과 흑암이 그를 둘렀고 공의와 정의가 그의 보좌의 기초로다."(시 97:2) "그는 반석이시니 그가 하신 일이 완전하고 그의 모든 길이 정의롭고 진실하고 거짓이 없으신 하나님이시니 공의로우시고 바르시도다."(신 32:4) 우리는 이미 괴롭게 하시는 하나님의 경륜 속에 잡혔던 자들이 한결같이 그 의로우심을 증거하는 것도 들었습니다. "여호와여 내가 알거니와 주의 심판은 의로우시고 주께서 나를 괴롭게 하심은 성실하심 때문이니이다."(시 119:75) 교만하여 콧대가 높던 바로도 입을 벌려 그 사실을 실토하지 않을 수 없었습니다. "바로가 사람을 보내어 모세와 아론을 불러 그들에게 이르되 이번은 내가 범죄하였노라 여호와는 의로우시고 나와 나의 백성은 악하도다."(출 9:27) 하나님의 치심을 당한 아도니 베섹도 울부짖었습니다. "하나님이 내가 행한 대로 내게 갚으심이로다."(삿 1:7) "이에 이스라엘 방백들과 왕이 스스로 겸비하여 이르되 여호와는 의로우시다 하매."(대하 12:6)

그러니 이 길을 따라 "우리가 믿음으로 행하고 보는 것으로 행하지 않아야"합니다(고후 5:7). 우리는 자주 '섭리 속에서 행하시는 주의 발자취'를 알 수 없습니다(시 77:9). 하나님 마음의 생각의 행로를 추적할 수 없습니다. 그러니 섭리의 여러 조각들이 합해져 하나의 완벽한 그림을 이루는 때, 곧 "주께서 결말을 주실 때" 까지 기다려야 합니다. "여호와의 아시는 한 날이 있으리니 낮도 아니요 밤도 아니라 어두워 갈 때에 빛이 있으리로다."(슥 14:7) 우리는 "은혜의 경륜 속에서" 더 많은 소리를 듣게 됩니다. "이르시기를 너희는 가만히 있어 내가 하나님 됨을 알지어다."(시 46:7) 의심할 여지없이 하나님께서는 몇 사람에게만이 아니라 모든 이들에게 은혜를 주실 수 있었습니다. 그러나 누구도 하나님의 은혜를 권리로 주장할 수 없습니다. "내 것을 가지고 내 뜻대로 할 것이 아니냐 내가 선하므로 네가 악하게 보느냐."(마 20:15) "이 사람아 네가 누구이기에 감히 하나님께 반문하느냐 지음을 받은 물건이 지은 자에게 어찌 나를 이같이 만들었느냐 말하겠느냐."(롬 9:20) "세상을 심판하시는 이가 정의를 행하실 것이 아니니이까."(창 18:25)

그러니 분명합니다. 하나님의 행사를 트집 잡으려는 자세를 죽이고 오직 하나님의 의로우심을 높여야 합니다. 하나님께서는 모든 이들에게 은혜의 문을 열어 놓으셨습니다. 다만 그것을 거부하는 것은 사람의 의지입니다.

그러니 은혜를 받지 못한 데 대하여 어떤 구실도 대지 못합니다. "예루살렘아 예루살렘아 선지자들을 죽이고 네게 파송된 자들을 돌로 치는 자여 암탉이 그 새끼를 날개 아래에 모음같이 내가 네 자녀를 모으려 한 일이 몇 번이더냐 그러나 너희가 원하지 아니하였도다."(마 23:37) "그러나 너희가 영생을 얻기 위하여 내게 오기를 원하지 아니하는도다."(요 5:40)

'유효한 은혜(effectual grace)'가 누구에게든지 주어집니다. 다만 유효한 은혜를 거두어야 마땅한 자들에게는 주지 않습니다. 죄를 짓도록 강요당하는 이는 아무도 없습니다. 죄가 없는데 정죄를 당할 사람도 없습니다. 그러므로 우리는 하나님의 지혜의 '깊은 대양'의 벼랑에 서서 찬탄을 금할 수 없습니다. "깊도다 하나님의 지혜와 지식의 풍성함이여, 그의 판단은 헤아리지 못할 것이며 그의 길은 찾지 못할 것이로다."(롬 11:33) 그와 같이 우리는 하나님의 의로우심을 인정하지 않을 수 없습니다. **"여호와여 주는 의로우시고 주의 판단은 옳으니이다."** 우리가 지상에 있을 때에 "거울로 보는 것 같이 희미하게 보고 부분적으로 아는" 동안에도 하나님께 올릴 찬미가 그러하다면, "얼굴과 얼굴을 대하여 볼 것이요 … 주께서 나를 아신 것 같이 내가 온전히 알게 될" 때에는 얼마나 놀라운 찬미를 올려 드려야겠습니까!(고전 13:12) 그 때에는 경외어린 기쁨으로 '어린양의 노래'를 불러야겠지요! "주 하나님 곧 전능하신 이시여 하시는 일이 크고 놀라우시도다 만국의 왕이시여 주의 길이 의롭고 참되시도다."(계 15:3)

이 하나님의 완전하심의 깊이를 덜 이해할 수밖에 없는 미숙한 그리스도인은 하나님의 오래 참으심과 선하심과 사랑의 완전함에 더욱 많이 착념하며 하나님을 찬미해야 마땅합니다. 우리가 하나님의 성품보다 더 충만하고 경외어린 행사들을 습관적으로 묵상한다면, 그것은 그 사람이 은혜 안에서 자라고 있다는 만족할만한 증거가 됩니다. 그런 묵상의 습관을 통하여 마음의 빛과 평안과 겸손과 위로가 점증될 것입니다.

갈보리의 십자가에서 우리 보기에 가장 큰 경외어린 두려움과 용기를 주는 하나님의 속성들이 서로 짝이 맞습니다. 하나님께서 "결단코 벌은 면제하지 않으리라"(출 34:7)[1]하신 말씀과 같이 인자하심의 목적을 막는 장애를 수도 없이 놓으신 것 같습니다. 그러나 사랑의 하나님께서는 당신의 영광이 흐려지거나 하나님의 의로운 율법이 무력화(無力化) 되기보다는 차라리 "자기 아들을 아끼지 않으시는 편"을 택하셨습니다. "자기 아들을 아끼지 아니하시고 우리 모든 사람을 위하여 내주신 이가 어찌 그 아들과 함께 모든 것을 우리에게 주시지 아니하겠느냐."(롬 8:32) "하나님이 죄를 알지도 못하신 이를 우리를 대신하여 죄로 삼으신 것은 우리로 하여금 그 안에서 하나님의 의가 되게 하려 하심이라."(고후 5:21)

"주께서 명령하신 증거들은 의롭고 지극히 성실하니이다." 주 하나님의 성품에 비추면 "주께서 명령하신 증거들이 의롭다."는 논리가 아주 자연스럽지 않습니까? 주님께서 '의로우시다면,' 주님으로부터 나오는 그 어떤 것도 불의할 수 없습니다. "주께서 명령하신 증거들"은 주님의 살아있는 형상이라 "옳고 매우 신실하여" 하나님과 사람을 완전하게 사랑하는 것과 부합하지 않는 것을 요구할 수 없습니다(마 22:37-39).[2] 주님의 증거들이 요구하는 바는 우리가 "마땅히 드릴 영적 예배"이며, 마땅한 도리이면서도 우리의 특권이기도 합니다. "주님의 판단들"의 영적 중심을 아는 총명을 받아 그 판단에 자신을 순응하는 자들은 어느 누구를 막론하고 서슴없이 다음의 말씀이 전적으로 옳다고 인(印)을 칠 것입니다. "여호와를 경외하는 도는 정결하여 영원까지 이르

---

1) "인자를 천대까지 베풀며 악과 과실과 죄를 용서하리라 그러나 벌을 면제하지는 아니하고 아버지의 악행을 자손 삼사 대까지 보응하리라."(출 34:7)

2) "예수께서 이르시되 네 마음을 다하고 목숨을 다하고 뜻을 다하여 주 너의 하나님을 사랑하라 하셨으니 이것이 크고 첫째 되는 계명이요 둘째도 그와 같으니 네 이웃을 네 자신 같이 사랑하라 하셨으니 이 두 계명이 온 율법과 선지자의 강령이니라."(마 22:37-40)

고 여호와의 법도 진실하여 다 의로우니."(시 19:9) "이로 보건대 율법은 거룩하고 계명도 거룩하고 의로우며 선하도다.'(롬 7:12)

우리는 하나님의 성품과 통치에 대하여 깊이 묵상함으로 얻는 실천적인 감화가 무엇인지 표현하려고 각별하게 마음을 써야 합니다. 회심하지 않은 이들은 우리가 인식하는 바를 이해하지 못하니 동의하지 않을 것이뻔합니다. 도리어 불평합니다. "그런데 너희는 이르기를 주의 길이 공평하지 아니하다 하는도다."(겔 18:25) "가인이 여호와께 아뢰되 내 죄짐을 지기가 너무 무거우니이다."(창 4:13) 그러니 "하나님의 의로운 판단"은 부패한 인간의 성품과 정반대가 됩니다. 심지어 하나님의 자녀들이 속으로 '하나님의 판단들'에 불만을 품는 일도 흔합니다. 그런 불평은 잠재워야 합니다. 참지 못하고 불만을 토로하는 그런 것들은 억제되어야 합니다. 완고한 생각들이 하나님의 자녀들 속에서도 나옵니다. 그런 생각들이 일어나다니 참으로 서글픕니다. 그런 것들은 반드시 억제되고 추방되어야 합니다. 우리가 하나님을 더 단순하게 믿었어야 합니다. 믿음 안에서 얼마나 더 기뻐했어야 하며, 얼마나 더 기꺼이 주님의 판단에 복종했어야 하는지요! 그렇게 하였다면 "여호와의 정직하심과 나의 바위 되심과 그에게는 불의가 없음"(시 92:15)을 얼마나 더 선명하게 체험했겠습니까! "주 여호와 이스라엘의 거룩하신 이가 이같이 말씀하시되 너희가 돌이켜 조용히 있어야 구원을 얻을 것이요 잠잠하고 신뢰하여야 힘을 얻을 것이거늘 너희가 원하지 아니하고."(사 30:15)

진정 우리가 주님의 경륜(經綸)을 인정하며 복종하는 마음을 가질 때 "네 평강이 강과 같았겠고 네 공의가 바다 물결 같았을 것이라."(사 48:18)는 말씀을 체험할 것입니다. 그 평강은 바다같이 더 깊어지고 넓어져 우리 영혼을 풍성한 영적 평안과 즐거움으로 충만하게 할 것입니다.

시편 119:139

"내 대적들이 주의 말씀을 잊어버렸으므로

내 열정이 나를 삼켰나이다."

다윗이 "하나님의 명하신 증거들"을 그렇게 높이 평가하니 그 증거들을 태만히 여기는 자들을 보면 격렬한 슬픔으로 녹아질 정도였습니다. 그는 대적들이 자기를 잊는 것은 참을 수 있었습니다. 그러나 "내 대적들이 주의 말씀을 잊어버렸다."는 것은 참을 수 없었습니다. '열정(zeal)'[3]은 하나의 소욕(passion)입니다. 그 사람의 진정한 성품이 어떠한가는, 그가 무엇에 간절한 소욕을 부리는지, 또한 어떤 방법으로 원하는 바를 취하는지로 알려집니다.

'참된 열정'과 '거짓된 열정'의 차이는 하늘의 불꽃과 지옥불 사이처럼 광대합니다. '참된 열정'은 간절하고 편벽되지 않는 정서로 마음을 넓히고 선을 추구하면서 하나님 나라 전체의 유익에 자신을 순응시키기를 기뻐하는 것으로 나타납니다. 반면에 '거짓된 열성'을 가진 자는 이기적이고, 편향된 원리로 마음의 안정을 찾지 못하고, 개인의 이익을 위하여 필요하면 인류 전체의 선을 희생할 준비가 되어 있습니다. 심지어 하나님의 영광도 내버릴 각오가 되어 있습니다(마 23:15 ; 갈 6:12,13).[4] '거짓된 열정'을 가진 자의 세력은 본래의 성향에 따라 나눠지기 마련입니다. 아니면 그 사람이 몸담고 있는 집단 전체에 열성이 광범위하게 흩어져 작용하게 됩니다. 그래서 결국 단체의 각

---

3) 개역한글의 역문은 이 부분을 '열성'이라고 읽는다. 개역개정의 '열정'보다는 '열성'이라고 하는 편이 나을 것 같다. 영어 번역들에서는 zeal로 읽는다. - 역자 주

4) "화 있을진저 외식하는 서기관들과 바리새인들이여 너희는 교인 한 사람을 얻기 위하여 바다와 육지를 두루 다니다가 생기면 너희보다 배나 더 지옥 자식이 되게 하는도다."(마 23:15)
"무릇 육체의 모양을 내려 하는 자들이 억지로 너희에게 할례를 받게 함은 그들이 그리스도의 십자가로 말미암아 박해를 면하려 함뿐이라 할례 받은 그들이라도 스스로 율법은 지키지 아니하고 너희에게 할례를 받게 하려 하는 것은 그들이 너희의 육체로 자랑하려 함이라."(갈 6:12,13)요 16:2 ; 롬 10:2, 3 ; 갈 1:13,14 ; 빌 3:6)

기관들이 본래의 고유한 자리를 지키지 못하고, 서로 조화를 이루는 데서 벗어나 분열됩니다. 거짓된 열성이 영향을 미치는 한계 안에서 그 단체를 붙잡아 주던 도덕체계가 와해되고 무질서한 형국이 벌어집니다.

이런 파괴적인 원리가 교회 안에서 작용하여 모습을 드러내는 일은 매우 흔합니다. 그 원리가 작용하여 진리의 복음을 완강하게 거부하는 현상이 연출되기도 합니다(요 16:2 ; 롬 10:2, 3 ; 갈 1:13,14 ; 빌 3:6).5) 또 자기편을 위하여 고의적으로 일을 끌고 나가는 모양으로 나타나기도 합니다. "그들이 너희에게 대하여 열심 내는 것은 좋은 뜻이 아니요 오직 너희를 이간시켜 너희로 그들에게 대하여 열심을 내게 하려 함이라."(갈 4:17) "이러한 지혜는 위로부터 내려온 것이 아니요 땅 위의 것이요 정욕의 것이요 귀신의 것이니."(약 3:15)

이같이 잘못된 원리에서 나온 열정은 '신앙의 외양(外樣)'에 치중하는 모습을 보이기도 합니다. "그 때에 바리새인과 서기관들이 예루살렘으로부터 예수께 나아와 이르되 당신의 제자들이 어찌하여 장로들의 전통을 범하나이까 떡 먹을 때에 손을 씻지 아니하나이다."(마 15;1,2) "화 있을진저 외식하는 서기관들과 바리새인들이여 잔과 대접의 겉은 깨끗이 하되 그 안에는 탐욕과 방탕으로 가득하게 하는도다."(마 23:25) 아니면 "하늘로부터 불을 내려오게" 할 것 같은 열심으로 근본적인 진리들을 수호하는 것 같지만, 사실 주님의 은근한 책망을 받는 일이 우리 중에서도 발견됩니다. "제자 야고보와 요한이 이를 보고 이르되 주여 우리가 불을 명하여 하늘로 부터 내려 저들을

---

5) "사람들이 너희를 출교할 뿐 아니라 때가 이르면 무릇 너희를 죽이는 자가 생각하기를 이것이 하나님을 섬기는 일이라 하리라."(요 16:2)
"내가 증언하노니 그들이 하나님께 열심히 있으나 올바른 지식을 따른 것이 아니니라 하나님의 의를 모르고 자기 의를 세우려고 힘써 하나님의 의에 복종하지 아니하였느니라."(롬 10:2,3)
"내가 이전에 유대교에 있을 때에 행한 일을 너희가 들었거니와 하나님의 교회를 심히 박해하여 멸하고 내가 내 동족 중 여러 연갑자보다 유대교를 지나치게 믿어 내 조상의 전통에 대하여 더욱 열심이 있었으나."(갈 1:13,14)
"열심으로는 교회를 박해하고 율법의 의로는 흠이 없는 자라."(빌 3:6)

멸하라 하기를 원하시나이까 예수께서 돌아보시며 꾸짖으시고(너희가 무슨 정신으로 그런 말을 하는지 알지 못하는도다).⁶⁾"(눅 9:54,55)

우리는 혼히 절제되지 않은 과격한 열심으로 중구난방 균형을 잃어 체계의 본질이 아닌 부수적인 데 힘을 너무 쏟은 나머지 사활을 좌우하는 그리스도의 여러 교리들을 견지하는 데에는 미약하게 되기도 합니다(롬 14:1-6).⁷⁾ 보다 중요한 논점(論點)들을 강화함으로 교회의 응집력을 키우지 않고 도리어 견해 차이를 보일 수 있는 여러 요점들에 집착하여 교회의 연합을 깨뜨리기도 합니다. 믿음을 실천할 때에도 그와 같은 일이 너무 자주 일어납니다. "율법의 더 중한 것"은 별로 중요하게 여기지 않고 대신 '박하와 회향과 근채의 십일조'를 드리는 문제에 집착합니다(마 23:23).

'참된 열심'은 주님의 참된 제자의 표지들인데, 이기적인 열심과는 광대한 차이가 납니다. 그 열심은 하나님의 말씀의 빛을 받고 그리스도의 사랑 안에서 활기를 얻어 밝음도 주고 뜨거움도 있습니다. 그 열심은 하늘에 속한 사랑으로 붙여진 불꽃으로 정말 하늘에 속한 열망과 부단한 노력을 자극합니다. 그리하여 할 수 있는 한 모든 사람의 최선의 유익을 도모하게 됩니다. 그래서 그 열심은 전체의 보편적 복락을 위하여 부단히 정진하도록 사람을 이끌어 갑니다. 그러니 그 열심 안에 들어 있는 간절함과 긍휼의 심정으로 불멸하는 영혼들의 보배로움에 대한 바른 인식을 갖게 됩니다. 아울러 '영원'이말로 할 수 없이 중요하다는 압도적인 의식을 품고 있습니다. 그래서 참된

---

6) 우리말 개역한글이나 개역개정에는 괄호 안의 대목은 없는 사본을 취하였다. 그러나 KJV은 'Ye know not what manner of spirit ye are of.'를 첨가하였다. - 역자 주

7) "믿음이 연약한 자를 너희가 받되 그의 의견을 비판하지 말라 어떤 사람은 모든 것을 먹을 만한 믿음이 있고 믿음이 연약한 자는 채소만 먹느니라 먹는 자는 먹지 않는 자를 업신여기지 말고 먹지 않는 자는 먹는 자를 비판하지 말라 이는 하나님이 그를 받으셨음이라 남의 하인을 비판하는 너는 누구냐 그가 서 있는 것이나 넘어지는 것이 자기 주인에게 있으매 그가 세움을 받으리니 이는 그를 세우시는 권능이 주께 있음이라 어떤 사람은 이 날을 저 날보다 낫게 여기고 어떤 사람은 모든 날을 같게 여기나니 각각 자기 마음으로 확정할지니라 날을 중히 여기는 자도 주를 위하여 중히 여기고 먹는 자도 주를 위하여 먹으니 이는 하나님께 감사함이요 먹지 않는 자도 주를 위하여 먹지 아니하며 하나님께 감사하느니라."

열심을 가진 사람은 멈추지 않고 열렬하게 일해야 할 범주가 엄청나게 넓다는 것을 발견해도 결코 당황하지 않습니다.

그 '참된 열심'을 가진 자는 사방에서 보는 죄악들은 혐오하면서도 죄인들을 바라봅니다. 말씀으로 설득하여도 귀머거리 같이 듣지 않는 이들을 위하여 기꺼이 피눈물을 흘릴 각오가 되어 있습니다. 그들이 불의에서 돌이키기 위하여 필요하다면 눈물을 흘릴 수 있습니다.

그 열심을 가진 사람은 하나님의 능력을 힘입지 않은 인간적인 노력으로는 부족함을 알면서도 가증한 일들은 참지 못함을 세상에 보여줍니다. 물론 그 가증한 일들을 혼자 힘으로 막기에는 역부족입니다. 그래서 은밀한 골방으로 서둘러 달려가서 우리를 위하여 대언의 기도를 하시는 구주의 인자하심에 우리의 소원을 토설합니다. "아버지 저들을 사하여 주옵소서 자기들이 하는 것을 알지 못함이니이다."(눅 23:34)

옛적에 주님께로부터 율법을 받아 반포한 사람 모세의 열성이 그러하였습니다. 자신의 이익을 위하는 차원에서 보면, 그는 "온유함이 지면의 모든 사람보다 더" 하였습니다(민 12:3). 그러나 그는 공적인 전체의 유익을 위하여 '크게' 노하였습니다. "진에 가까이 이르러 그 송아지와 그 춤추는 것들을 보고 크게 노하여 손에서 그 판들을 산 아래로 던져 깨뜨리니라."(출 32:19) 자기가 산위에 있을 동안 백성들이 하나님을 심각하게 모독했던 일을 목격하면서 '크게' 노하였습니다. 그러면서도 회중 앞에서 하나님의 영예를 크게 높이는 일에 간여할 때와 같이 은밀하게 자기 백성들을 위하여 하나님께 열렬히 탄원하였습니다. [8] 바로 이것이 그 간절함이 자신의 마음에서 난 것에서 난

---

8) "이튿날 모세가 백성에게 이르되 너희가 큰 죄를 범하였도다 내가 이제 여호와께로 올라가노니 혹 너희를 위하여 속죄가 될까 하노라 하고 모세가 여호와께로 다시 나아가 여짜오되 슬프도소이다 이 백성이 자기들을 위하여 금 신을 만들었사오니 큰 죄를 범하였나이다 그러나 이제 그들의 죄를 사하시옵소서 그렇지 아니하시오면 원하건대 주께서 기록하신 책에서 내 이름을 지워 버려 주옵소서."(출 32:30-31)

것이 아니라 거룩한 믿음에서 난 것임을 분명하게 드러냅니다. 그는 분명히 하나님께 이 시편 기자의 말로 아뢸 수 있었음을 보여준 것입니다. "내 대적들이 주의 말씀을 잊어버렸으므로 내 열정이 나를 삼켰나이다."

구약시대의 종교개혁자 엘리야도 동일한 거룩한 열심을 가지고 있었습니다. 백성들 중에 만연한 우상숭배를 쳐서 증거하였습니다. 당시 왕인 아합의 권세를 이용하기도 하였고(왕상 18:17-40), 하나님 앞에 은밀하게 탄원하는 더 큰 권세를 힘입어(왕 19:10) 불의의 탁류(濁流)를 끊고자 하였습니다. 후일에 동일한 고동(鼓動)이 사도들의 행실 속에서 느껴졌습니다. "두 사도 바나바와 바울이 듣고 옷을 찢고 무리 가운데 뛰어 들어가서 소리 질러" 자기들이 가진 모든 간청의 힘을 동원하여 거기 있었던 허다한 무리들의 우상숭배의 어리석음을 탄핵하며 거기서 떠날 것을 탄원하였습니다. 왜냐하면 사람들이 바나바와 바울에게 제사를 드리려고 소와 화환들을 가지고 그들이 거하던 대문 앞에 왔기 때문입니다(행 14:13-18). 또 다른 곳에서 위대한 사도 바울은 아덴에서 보게 된 '잘 다듬은 돌로 지은 건물들'에는 관심을 두지 않고 오직 "그 성에 우상이 가득한 것"을 보고 마음에 격분하였습니다(행 17:16). 또 다른 도시에서는 죄인들의 영혼과 구주의 일을 위한 특심이 깊어 "심령에 눌림"이 있었습니다(행 18:5).[9]

이런 거룩한 열심을 가진 사람은 자기의 열심을 규모있는 대상을 향해서만 힘을 씁니다. 하나님의 진리가 바로 그가 간절하게 주목하는 장엄한 대상입니다. 그는 하나님의 진리에 대해서는 아주 작은 미세한 부분도 헛되이 지나치지 않습니다. 왜냐하면 하나님의 진리의 근본적인 요소들을 무시하면 결과 전부 손상을 입기 때문입니다. 사도 바울은 갈라디아에 들어온 거

---

9) 우리말 개역개정이나 개역한글에서는 행 18:5를 "바울이 하나님의 말씀에 붙잡혀"라고 되어 있으나 KJV에서는 'Paul was pressed in the spirit(바울이 심령에 눌림이 있어)'로 되어 있다. - 역자 주

짓 형제들에 대하여 단호하게 말하였습니다. "그들에게 우리가 한시도 복종하지 아니하였으니 이는 복음의 진리가 항상 너희 가운데 있게 하려 함이라."(갈 2:5) 사도 바울은 하나님의 진리를 위해 필요하다면 자기 목숨도 드릴 각오가 되어 있었습니다. 생명의 근본적인 요소들을 무시하면 필시 생명 자체를 상실할 수 있습니다. "내가 달려갈 길과 주 예수께 받은 사명 곧 하나님의 은혜의 복음을 증언하는 일을 마치려 함에는 나의 생명조차 조금도 귀한 것으로 여기지 아니하노라."(행 20:24) "만일 너희 믿음의 제물과 섬김 위에 내가 나를 전제로 드릴지라도 나는 기뻐하고 너희 무리와 함께 기뻐하리니."(빌 2:17) "또 우리 형제들이 어린 양의 피와 자기들의 증언하는 말씀으로써 그를 이겼으니 그들은 죽기까지 자기들의 생명을 아끼지 아니하였도다."(계 12:11)

이런 거룩한 열심을 가진 자는 열매 없는 일에 자신을 밀어넣는 일은 절대 하지 않습니다. 거룩한 열심을 가진 자는 오직 "좋은 선한 일"에 대해서만 부단한 관심을 갖습니다. "좋은 일에 대하여 열심으로 사모함을 받음은 내가 너희를 대하였을 때뿐 아니라 언제든지 좋으니라."(갈 4:18) 거룩하고 간절한 열정은 뜨거운 감정이 절제되지 않은 채 폭발하는 것과 같은 것이 아닙니다. 그리스도인의 분별력을 따라서 진지하게 조절된 것입니다. 사도 바울은 우상숭배에 대하여 말로 표현하기 힘들 정도의 혐오감을 가지면서도 그 우상숭배가 가득한 에베소에 3년 동안 거하면서 구주께서 맡기신 일에 충성을 다하였습니다. 그러면서 그는 다이애나 여신을 섬기는 우상숭배를 공개적으로 탄핵할 가장 적절한 때를 기다리고 있었습니다(행 19:19 ; 20:21,21) 실로 "근신하는 마음으로" 절제된 사도 바울의 "능력과 사랑의 정신"은 감탄을 자아냅니다. "하나님이 우리에게 주신 것은 두려워하는 마음이 아니요 오직 능력과 사랑과 절제하는 마음이니."(딤후 1:7)

그러나 우리는 "구름같이 허다한 증인들에 둘러 싸여 있으니"(히 12:1) 모든 이 보다 더 위대하신 오직 한 분을 바라보는 데로 나아갑시다. 그분은 모든 방면에서 그리스도인의 행실에 대한 본을 보이시며 그 행실의 방향과 용기를 공급하십니다. 예수님께서 아버지 하나님을 향하여 증거하실 수 있으셨습니다. "주의 집을 위하는 열성이 나를 삼키고 주를 비방하는 비방이 내게 미쳤나이다."(시 69:9) "제자들이 성경 말씀에 주의 전을 사모하는 열심이 나를 삼키리라 한 것을 기억하더라."(요 2:17) "공의를 갑옷으로 삼으시며 구원을 자기의 머리에 써서 투구로 삼으시며 보복을 속옷으로 삼으시며 열심을 입어 겉옷으로 삼으시고."(사 59:17) 주님께서는 이 장엄한 열심을 방해한다 여기시면 마땅한 행사와 도리도 옆으로 제쳐 놓으실 준비가 항상 되어 있었습니다. "예수께서 이르시되 어찌하여 나를 찾으셨나이까 내가 내 아버지 집에 있어야 될 줄을 알지 못하셨나이까 하시니."(눅 2:49) 그렇다고 주님의 '열심'이 불필요하게 마구잡이로 정한 도리를 무시하는 것으로 나타나지 않게 주의 깊게 조절되어 있었습니다. 어떤 경우에는 이적을 행하시는 편을 택하셨습니다(마 17:24-27). 그러면서도 사람들이 자기를 억지로 임금 삼으려 할 때는 그들 소원하는 대로 하기보다는 피하셨습니다(요 6:15).

우리는 주님의 제자라는 표지를 달고 방황하는 우리 심령의 과격한 소욕을 제어하고, 기꺼이 우리 자신의 이름은 "악하다" 하여 버릴 정도라 합시다(눅 6:22 ; 행 5:41). 그러면 우리는 하나님의 이름을 존귀하게 나타내기를 좋아하는 사람으로 나타날 것입니다. 하나님을 우리가 가장 사랑하는 친구요 은택을 베푸시는 분으로 여기고 있다는 말입니다. 그래서 하나님의 이름이 조금이라도 모독당하는 것 같이 느껴지면 마치 우리의 평판이 손상되는 것 같이 예민해질 것입니다. 그런 경우 서슴없이 끼어들어 하나님의 이름을 비방하는 그 비방을 자기가 대신 막아내려 할 것입니다. "주의 집을 위하는 열성이 나를 삼키고 주를 비방하는 비방이 내게 미쳤나이다."(시 69:9) "그리스도께서도 자기를 기쁘게 하지 아니하셨나니 기록된 바 주를 비방하는 자들의 비방이 내게 미쳤나이다 함과 같으니라."(롬 15:3) "주는 주의 종들이 받은 비방을 기억하소서 많은 민족의 비방이 내 품에 있사오니 여호와여 이 비방은 주의 원수들이 주의 기름 부음 받은 자의 행동을 비방한 것이로소이다."(시 89:50,51)

이렇게 '자기 부인'과 '자기희생'이 합해져 '거룩한 열성'의 불쏘시개가 되어 불길을 일으키면 "많은 물도 끄지 못하고 홍수라도 삼키지 못할" 것입니다(아 8:7). 거룩한 사람 브레이너드(Brainerd)는 말하였습니다. "내가 영적으로 갈등을 겪고 버려둠을 당하고 있을지라도 하나님을 사랑하고 하나님의 영광을 위하는 열심의 불을 내 마음을 항상 견지할 수만 있다면 오죽 좋으랴!"(Jonathan Edwards 의 전작집에 나오는 Brainerd의 일기에서) 우리 주님께서는 우리를 위한 간절한 특심에 삼켜진 분이셨습니다. "나는 받을 세례가 있으니 그것이 이루어지기까지 나의 답답함이 어떠하겠느냐."(눅 12:50)[10] 우리가 그분을 섬기기 위하여 자신이 '닳아지도록 허비가' 되는 일은 즐겁고 기쁜 일입니다. 바로 그것이 '거룩한 열성'입니다.

어쨌든 그리스도인이 갖는 '거룩한 열심'의 가장 확실한 증거는 엄밀한 의미에서 우리의 마음의 죄를 대항하는 '격렬한 복수'의 정신으로 나타납니다. "보라 하나님의 뜻대로 하게 된 이 근심이 너희로 얼마나 간절하게 하며 얼마나 변증하게 하며 얼마나 분하게 하며 얼마나 두렵게 하며 얼마나 사모하게 하며 얼마나 열심 있게 하며 얼마나 벌하게 하였는가 너희가 그 일에 대

---

10) 우리 주님께서 "나의 답답함"이란 우리를 구원하시기 위하여 자신을 드리실 그 거룩한 열심에 사로잡힌 마음의 간절한 소원을 이름이다. 소원이 간절하면 할수록 그 이루기까지 오직 일념 거기에만 마음이 사로잡혀 있으니 어서 이루기를 원하나 때가 더디 오는 것 같아 '답답함'의 정서가 일어나기 마련이다. - 역자 주

하여 일체 너희 자신의 깨끗함을 나타내었느니라."(고후 7:11) "무릇 내가 사랑하는 자를 책망하여 징계하노니 그러므로 네가 열심을 내라 회개하라."(계 3:19) 우리 각자 스스로에게 물어야 합니다. 진정 내가 "하나님의 말씀을 잊어버린 것을 생각하고 분개하며" 애통하는가? 죄악적인 게으름에서 구주의 일을 건져내기 위하여 필요한 대가를 지불할 거룩한 열성이 있는가? 경건치 않은 악인들 속에서 보이는 죄에 대한 우리의 대항심리가 사랑에서 나오는 것임을 분명하게 보여주는가? 교리나 행실로는 도저히 받아 드릴 수 없는 이들이라도 그들의 영혼을 향하여는 이 사랑을 나타내고 있는가? 그들을 상대하는 "영적인 씨름"에서 거룩하지 못한 '육신적인 무기'를 사용하지 않으려고 각별히 조심하고 있는가? "우리의 싸우는 무기는 육신에 속한 것이 아니요 오직 어떠한 진도 무너뜨리는 하나님의 능력이라 모든 이론을 무너뜨리며."(고후 10:4) "사람이 성내는 것이 하나님의 의를 이루지 못함이라."(약 1:20)

하나님의 자녀 중에 유약하고 겁이 많은 자녀가 이렇게 말할 수 있습니다. "나는 하나님을 위하여 아무 것도 할 수 없어요. 그렇게 하지 않으려고 여러 번 노력해 보아도 '하나님의 말씀'을 잊어버리는 일을 거의 막을 수가 없어요." 그런 다음에 포기했습니까? 아니면 아직도 노력은 하고 있습니까? 믿음으로 하는 모든 일마다 하나님과 교회에 열매를 냅니다. 그것이 눈에는 보이지 않을 수 있습니다. 그러나 여러분의 열심을 증거할 골방의 증인이 있어요. "하나님이 불의하지 아니하사 너희 행위와 그의 이름을 위하여 나타낸 사랑으로 이미 성도를 섬긴 것과 이제도 섬기고 있는 것을 잊어버리지 아니하시느니라."(히 6:10) 하나님께서는 당신을 믿는 믿음의 고백을 여러 사람들 앞에서 당당하게 하셔서 무서운 갈등을 겪는 자녀들에게 능력을 주실 것입니다. "하나님께서 세상의 미련한 것들을 택하사 지혜 있는 자들을 부끄럽게 하려 하시고 세상의 약한 것들을 택하사 강한 것들을 부끄럽게 하려 하시며."(고전 1:27) 특별한 어려운 시련을 만나서 담대한 신앙고백을 하기가 어렵다면, 하나님 앞에 자신의 입장을 아뢰어 간구함으로써 죄의 진행을 막는 데 도움을 받을 자로 발견될 수 있습니다. 여러분이 곤란에 처하여 그리하면 세상 앞에서 담대하게 자기 믿음을 고백한 자들 못지않게 그런 도움을 받은 자로 나타날 수 있다는 말입니다.

시편 119:140
"주의 말씀이 심히 순수하므로
주의 종이 이를 사랑하나이다."

하나님의 율법을 향한 시편 기자의 사랑은 율법을 소홀히 여기는 일을 봤을 때 느낀 '열정'을 설명하여 줄 수 있습니다. 다른 종교의 모든 체계들(아니면 철학에 불과하면서 종교라는 이름으로 거짓되게 부르는)은 육체적인 정욕이나 자기만족의 교만을 부추기는 방식으로 추종자들을 유혹합니다. 그러나 "하나님의 말씀"은 순수함에 있어서 다른 모든 체계들을 능가하는 탁월함을 보입니다. "하나님의 말씀"은 순수함이라는 그 자체의 고유한 특성을 지니고 있습니다. "하나님의 말씀은 다 순전하며 하나님은 그를 의지하는 자의 방패시니라."(시 30:5) "하나님의 말씀"은 도가니에서 완전하게 절대적으로 단련된 금과 같아서 찌꺼기가 전혀 없습니다. "여호와의 교훈은 정직하여 마음을 기쁘게 하고 여호와의 계명은 순결하여 눈을 밝게 하시도다."(시 19:9) 하나님의 약속의 말씀들은 변하거나 믿지 못할 요소가 전혀 없습니다. 하나님의 말씀의 법도는 하나님의 거룩한 성품을 반영합니다. 한 마디로 "하나님의 말씀"은 그 내용 속에 '어떤 오류나 불완전이 완전하게 배제된 진리'를 품고 있습니다. "주의 말씀이 심히 순수하므로 주의 종이 이를 사랑하나이다."

혼 감독(Bishop Horne)의 말을 들어 보십시오. "하나님의 참된 종이 아니고는 '주의 말씀이 순수하므로 사랑하나이다.'라고 말할 수 없다. 하나님의 말씀을 사랑하는 자는 하나님의 말씀이 지시하는 대로 하길 원하고 그 말씀의 효력을 느끼고 싶어하기 마련이다." 학식이 부족한 신자는 하나님 말씀의 '장엄함(sublimity)'을 잘 분별하지 못하겠지요. 그러나 그런 신자라도 참된 믿음을 가졌다면 그 '거룩성(holiness)' 때문에 하나님의 말씀을 사랑합니다. 학자이면 믿지는 않아도 하나님의 말씀의 장엄함이 보여 '감탄'을 연발할 수 있습니다. 그러나 하나님의 말씀이 계시하는 '비밀'(거듭나지 못한 자의 교만한 마음이 감추려고 하는 비밀) 때문에 결코 그 말씀을 사랑하지 않게 됩니다. "악을 행하는 자마다 빛을 미워하여 빛으로 오지 아니하나니 이는 그 행위가 드러날까 함이요."(요 3:20) 거듭난 신자는 하나님의 말씀의 순수함 때문에 그 말씀을 사랑하지만, 거듭나지 못한 자연인은 그 순수함 때문에 하나님 말씀에 대하여 반감(反感)을 가집니다. 하나님의 말씀은 거울 같이 거듭나지 못한 자연인의 본 얼굴을 보여줍니다. 그리고 하나님의 말씀은 자연인이 만홀히 여기는 여러 도리들을 보여주고, 자기기만에 빠진 상태를 무섭게 보여줍니다. 자연인은 그것을 보여주는 하나님의 말씀에 염증을 느끼고 돌아섭니다. 죄에 빠져있으면 하나님의 말씀을 애써 자세하게 살핌으로 얻는 은택을 여지없이 차단해 버립니다. 마음이 참된 분별력을 가지고 하나님의 말씀의 수순함을 사랑할 수 있으려면 반드시 먼저 근본적으로 새로워지는 일을 거쳐야 합니다. 정결함을 입고 거룩함을 입어야 합니다. "성령의 세례"를 받아야 합니다. "나는 너희로 회개하게 하기 위하여 물로 세례를 베풀거니와 내 뒤에 오시는 이는 나보다 능력이 많으시니 나는 그의 신을 들기도 감당하지 못하겠노라 그는 성령과 불로 너희에게 세례를 베푸실 것이요."(마 3:11)

브레이너드(Brainerd)가 이 거룩한 정서 속에서 영혼의 호흡을 하였던 모습을 그려 보십시오. "오, 주님께서 거룩하신 것 같이 내 영혼이 거룩할 수만 있다면! 오, 그리스도께서 순수하신 것 같이 내 영혼도 순수하고, 하늘에 계신 아버지께서 완전하신 것 같이 내 영혼도 완전하여질 수만 있다면! 하나님의 책인 성경 속에 들어있는 가장 달콤한 주님의 명령들이 모든 것을 다 함축하고 있다는 느낌을 가지노라."

하나님의 사랑하심을 받은 마틴(Martyn)이 부르짖었던 것을 들어 보십시오. "하나님의 말씀의 거룩함을 묵상하는 것이 내 영혼을 얼마나 견지해주는지요! 지금 이 때에 가장 달콤한 약속보다 더 달콤한 것은 말씀이 명백하고 부단하게 사람들을 거룩과 가장 깊은 진지함으로 이끌어가는 성향 그 자체로다!"

우리가 '하나님의 말씀을 소원하는' 존귀한 목적은 "이로 말미암아 자라게 하려" 함입니다(벧전 2:1). 순수한 마음과 행실에서 자라고, 갈수록 죄의 오염을 피하여 몸을 사리는 법을 배우기 위함입니다. "그런즉 사랑하는 자들아 이 약속을 가진 우리가 하나님을 두려워하는 가운데서 거룩함을 온전히 이루어 육과 영의 온갖 더러운 것에서 자신을 깨끗게 하자."(고후 7:1) 하나님의 말씀을 '존귀하게 여기는' 이유는 그 자세에 비례하여 은혜 안에서 자라기 때문입니다. 그것이 영적 성장의 증거요, 거룩한 기쁨을 솟구쳐 내는 샘이 될 것입니다.

"하나님의 말씀의 순수함 때문에 그것을 사랑하는 마음"에 도전적 자극을 주는 것은 말씀의 순수함을 완전하게 구현(具現)하신 완전한 본보기 되시는 분 때문입니다. "거룩하고 악이 없고 더러움이 없고 죄인에게서 떠나 계시고 하늘보다 높이 되신 자라."(히 7:26) '말씀의 거울을 통해서 믿음의 눈으로 우리 구주를 바라보는 습관'은 우리로 그 형상을 본받아 나아가게 합니다. "우리가 다 수건을 벗은 얼굴로 거울을 보는 것 같이 주의 영광을 보매 저와 같은 형상으로 화하여 영광으로 영광에 이르니 곧 주의 영으로 말미암음이니라."(고후 3;18)

그러나 하나님의 말씀이 가진 거룩함 자체로 만족하지 않으면 아무도 하나님과 교제를 누리지 못하며 주시는 생명에 속한 은혜를 받지 못함을 기억해야 합니다. 우리 영혼을 감동하시는 성령님의 강력한 역사 속에서만 하나님 말씀의 순수함을 기뻐할 수 있음을 기억해야 합니다. 그런 성령님의 감동하심 속에서만 말씀 안에서 살고 말씀으로 말미암아 우리를 사랑하시는 구속의 영광을 위해서 살고 교회의 덕을 끼칠 수 있습니다!

시편 119:141
"내가 미천하여 멸시를 당하나
주의 법도를 잊지 아니하였나이다."

다윗이 "주의 말씀을 사랑하는 것"은 이기적인 이익을 얻기 위함이 아니었습니다. 주님께서 처음 그를 불러내셨을 때 그의 조건은 "미천하며 멸시를" 받을 만하였습니다. "또 이새에게 이르되 네 아들들이 다 여기 있느냐 이새가 가로되 아직 말째가 남았는데 그가 양을 지키나이다 사무엘이 이새에게 이르되 보내어 그를 데려오라 그가 여기 오기까지는 우리가 식사 자리에 앉지 아니하겠노라."(삼상 16:11) 그는 높은 지위에서 영광을 누릴 때에도 하나님의 이름을 위해서 능욕을 참아내었습니다. "다윗이 자기의 가족에게 축복하러 돌아오매 사울의 딸 미갈이 나와서 다윗을 맞으며 가로되 이스라엘 왕이 오늘날 어떻게 영화로우신지 방탕한 자가 염치없이 자기의 몸을 드러내는 것처럼 오늘날 그 신복의 계집종의 눈앞에서 몸을 드러내셨도다."(삼하 6:20) 그의 상황이 마치 발가벗김을 당한 것 같고 궁핍했을지라도 "주의 법도를 잊지" 않았습니다. 비천한 상황에서 자기 하나님을 기억함으로 새로운 용기를 내었습니다(삼상 17:34-36).[11] 다윗이 더 큰 시련을 만났을 때에도 주님의 붙들어 주심이 아니면 온전치 못하였을 것입니다. 그는 습관적으로 항상 자기와 함께 하시는 하나님을 누리는 말로 다 할 수 없는 특권을 인식하였습니다!

"내가 미천하여 멸시를 당하나." 하나님께서는 주권적으로 택하신 자기 백성들을 "모든 민족 위에 뛰어난 보배"로 인치셨습니다. "세계가 다 내게 속하였나니 너희가 내 말을 잘 듣고 내 언약을 지키면 너희는 모든 민족 중에서 내 소유가 되겠고."(출 19:5) 주님께서 나타나시는 날에는 그 백성들을 머리에 쓰신 왕관에 박힌 '보석들' 같이 함께 데리고 오실 것입니다. 그들의 세상적인 조건은 이 세상 사람들의 눈에 보기에, 아니 그들 자신들이 보기에도 너무나 "미천하고 멸시를 당할 만한" 것이었습니다(고전 1:27-29 ; 4:9-13 ; 15:9 ; 약 2:5 ; 시 40:17 ; 엡 3:8). 그런데 본성은 교만하고 외식에 빠져 있는데 이기적인 목적으로 '미천하고 멸시를 당할 만한' 행세를 하는 경우가 있습니다. 겉으로만 신앙을 가진 체 하는 사람도 이런 겸손의 어법을 드물지 않게 씁니다. 그래야 하나님의 교회에서 '행세할 이름'을 얻을 수 있기 때문입니다.

그러나 그들이 정말 그 말대로 스스로를 '나는 미천하고 멸시를 당할 자'로 자처하겠습니까? 겉치레로 자기 안일을 도모하려고 '일부러 겸손한 척 하는 것'을 중요하게 여기는 자들이 진정 멸시를 당하여도 만족하게 여기겠습니까? 신앙고백의 표현대로 '나야 말로 진정 거짓되고 비열하고 미천하고 속임수를 가진 자'라고 믿습니까? 정말 자기들의 내면의 악함의 깊이를 체험적

---

11) "다윗이 사울에게 말하되 주의 종이 아버지의 양을 지킬 때에 사자나 곰이 와서 양 떼에서 새끼를 물어가면 내가 따라가서 그것을 치고 그 입에서 새끼를 건져내었고 그것이 일어나 나를 해하고자 하면 내가 그 수염을 잡고 그것을 쳐죽였나이다 주의 종이 사자와 곰도 쳤은즉 살아 계시는 하나님의 군대를 모욕한 이 할례 받지 않은 블레셋 사람이리이까 그가 그 짐승의 하나와 같이 되리이다."(삼상 17:34-36)

으로 아는 지식이 조금이라도 있습니까? 하나님께서 그들의 '상상(像想)의 방' 문을 열어젖혀 그 속에 있는 큰 악과 '더 큰 가증한 것'이 다 드러나게 하시어 당황하게 하신 적이 있었느냐는 말입니다(겔 8:5-15).[12] 만일 그들이 그러한 체험을 통해서 자기들의 내면의 악함을 알았으면 그들이 '가장 비천한 자리'에 처하여도, 그 자리가 '내가 마땅히 처할 자리'라고 느낄 것입니다. 정말 그들이 그렇게 느끼고 있습니까?

진정 자기를 낮추어 말하는 사람이 "나는 미천하여 멸시를 당한다."고 말하면, 그 말이 "보세요. 내가 얼마나 비천한 사람인지요!"라는 의미로 말하고 있는 것이겠지요.[13]

그리스도인이여! 자신의 마음을 주의 깊게 탐구한다는 구실로 불필요하게 자신의 기준으로 '자기를 아무 것도 아닌 것' 같이 생각하지 마십시오. 우리가 교회에서 좋은 평판을 얻고 있을 때 하나님 앞에서만이 아니라 '사람들 앞에

---

12) "그가 내게 이르시되 인자야 이제 너는 눈을 들어 북쪽을 바라 보라 하시기로 내가 눈을 들어 북쪽을 바라보니 제단문 어귀 북쪽에 그 질투의 우상이 있더라 그가 또 내게 이르시되 인자야 이스라엘 족속이 행하는 일을 보느냐 그들이 여기에서 크게 가증한 일을 행하여 나로 내 성소를 멀리 떠나게 하느니라 너는 다시 다른 큰 가증한 일을 보리라 하시더라 그가 나를 이끌고 뜰 문에 이르시기로 내가 본즉 담에 구멍이 있더라 그가 내게 이르시되 인자야 너는 이 담을 헐라 하시기로 내가 그 담을 허니 한 문이 있더라 또 내게 이르시되 들어가서 그들이 거기에서 행하는 가증하고 악한 일을 보라 하시기로 내가 들어가 보니 각양 곤충과 가증한 짐승과 이스라엘 족속의 모든 우상을 그 사방 벽에 그렸고 이스라엘 족속의 장로 중 칠십 명이 그 앞에 섰으며 사반의 아들 야아사냐도 그 가운데에 섰고 각기 손에 향로를 들었는데 향연이 구름 같이 오르더라 또 내게 이르시되 인자야 이스라엘 족속의 장로들이 각각 그 우상의 방안 어두운 가운데에서 행하는 것을 네가 보았느냐 그들이 이르기를 여호와께서 우리를 보지 아니하시며 여호와께서 이 땅을 버리셨다 하느니라 또 내게 이르시되 너는 다시 그들이 행하는 바 다른 큰 가증한 일을 보리라 하시더라 그가 또 나를 데리고 여호와의 전으로 들어가는 북문에 이르시기로 보니 거기에 여인들이 앉아 담무스를 위하여 애곡하더라 그가 또 내게 이르시되 인자야 네가 그것을 보았느냐 너는 또 이보다 더 큰 가증한 일을 보리라 하시더라."(겔 8:5-15)

13) Jonathan Edwards는 그의 「신앙과 정서(On Religious Affections)」 제 3부6장에서 이와 관련하여 이렇게 진술하였다. "많은 거짓 신앙고백자들도 다른 은혜를 가지고 있는 것처럼 가장하듯이 큰 겸손을 가진 척하기를 잘 한다. 그러나 그들이 아무리 그럴듯한 말씨와 외양으로 겸손한 어투와 행실을 보이는 것 같아도 참된 그리스도인이 가진 겸손의 향기를 그 말씨와 외적 행위 속에 담아낼 수는 없다. 그리스도인다운 겸손의 모습과 품격은 그들이 인위적으로 만들어 낼 수 있는 영역 밖에 있다. 그들은 '성령의 인도하심'을 받고 있지 않다. 그러니 그들의 행실 속에 겸비한 심령의 열기를 담고 있지 않기 때문에 거룩한 겸손에 부합한 행실을 자연스럽게 내지 못한다. 그래서 그들은 다른 이들이 보이게 과장하여 선언하는 일 밖에는 하지 못한다. 아니면 자기들은 이러저러한 때에 어떻게 겸손하게 되었다는 말을 많이 하게 된다. 또 자기들을 아주 나쁘게 낮추어 말하는 표현을 아주 많이 쓴다. '내가 정말 무섭게 악한 마음을 가지고 있어요' '오, 이 내 저주받기에 합당한 마음이여.' 상한 심령은 전혀 없으면서도 그런 표현들을 매우 자주 쓴다. 그런 표현을 쓰면서도 '예수님의 발을 씻는 눈물'은 전혀 없다. 또 자기의 '행한 모든 일을 기억하고 놀라고 부끄러워서 용서받은 후에 다시는 입을 열지 못하는' 마음은 전혀 없다(겔 16:63). 그런 표현을 쓰면서도 경박한 자세로, 아니면 바리새인의 정서를 보인다."

서' 자신이 정말 아무 것도 아니라는 의식을 가지는 것, 곧 "나는 미천하고 멸시를 당할 만하다."고 여기는 것은 하나님 은혜의 영광스러운 승리입니다. 그 것은 보통 예리한 환난의 열매로 나타납니다. 그런 경지는 쉽게 볼 수 있는 것이 아닙니다. 브레이너드(Brainerd)가 바로 그런 심령을 가지고 있었습니다. 그는 구주 예수님의 온유하고 겸손한 제자로 자기의 놀라운 발견을 다음과 같은 양식으로 표현하고 싶은 사람이었습니다. "'멸망하는 짐승' 보다 위에 있는 어떤 존재라도 나를 보려면 고개를 수그려야 할 정도로 나는 작다."

우리가 사람들의 평가에서 "미천하고 멸시"를 당하여도, "사람이 멸시하는 자, 민족이 미워하는 자"가 되어야 합니다. "이스라엘의 구속자, 이스라엘의 거룩한 이이신 여호와께서 사람에게 멸시를 당하는 자, 백성에게 미움을 받는 자, 관원들에게 종이 된 자에게 이같이 이르시되 왕들이 보고 일어서며 고관들이 경배하리니 이는 이스라엘의 거룩하신 이 신실하신 여호와 그가 너를 택하였음이니라."(사 49:7) "나는 벌레요 사람이 아니라 사람의 비방 거리요 백성의 조롱거리니이다."(시 22:6) 빌라도가 조롱하며 왕복을 입힌 복되신 예수님을 사람들 앞에 끌고 나왔을 때 어떠하셨습니까? '위엄'을 과시하는 모습이 아니셨습니다. 예수님이 입은 옷은 빌라도의 궁전에서부터 흘리신 피로 얼룩져 있었습니다. 빌라도가 사람들 앞에 예수님을 가리키며 "보라 이 사람이로다."(요 19:5)라고 했을 때 예수님께서는 조롱하는 만 사람의 얼굴 앞에서 오직 하나님의 붙들어 주심만 의식하며 자신을 가누고 계셨습니다. 이것은 자립심이었고, 참으로 위대한 모습이었습니다.

우리도 바로 그 본을 주목하며 마음을 감동시키는 동기로 삼아야 합니다. 그러면 "사람의 판단을 받는 것"을 작은 일로 여길 수 있습니다. "너희에게나 다른 사람에게나 판단 받는 것이 내게는 매우 작은 일이라 나도 나를 판단하지 아니하노니"(고전 4:3). "욕을 당하시되 맞대어 욕하지 아니하시고 고난을 받으시되 위협하지 아니하시고 오직 공의로 심판하시는 이에게 부탁하시며."(벧전 2:23) "그리스도의 고난에 동참함"을 알려 하지 않아야겠습니까? 그리스도의 고난에 동참하는 일이 예상되면 즐거워해야 합니다. "내가 그리스도와 그 부활의 권능과 그 고난에 참여함을 알고자 하여 그의 죽으심을 본받아 어떻게 해서든지 죽은 자 가운데서 부활에 이르려 하노니."(빌 3:10,11) "오히려 너희가 그리스도의 고난에 참여하는 것으로 즐거워하라 이는 그의 영광을 나타내실 때에 너희로 즐거워하고 기뻐하게 하려 함이라."(벧전 4:13)

그리스도인이여, 낮아지는 것을 사랑하고 있습니까? 아니 이전보다 더 낮아지기를 소원합니까? 그대와 세상의 눈으로 보기에 아무리 "미천하고 멸시를 받아도" 자기 피로 '속전(贖錢)'을 지불하여 사신 분의 눈에는 "보배롭고" 존귀합니다. "애굽과 에디오피아와 스바보다" 그대를 무한히 더 보배롭게 여기십니다. "대저 나는 여호와 네 하나님이요 이스라엘의 거룩한 이요 네 구원자임이라 내가 애굽을 너의 속량물로, 구스와 스바를 너를 대신하여 주었노라 네가 내 눈에 보배롭고 존귀하며 내가 너를 사랑하였은즉 내가 네 대신 사람들을 내어 주며 백성들이 네 생명을 대신하리니."(사 43:3,4) "여러분은 자기를 위하여 또는 온 양 떼를 위하여 삼가라 성령이 그들 가운데 여러분을 감독자로 삼고 하나님이 자기 피로 사신 교회를 보살피게 하셨느니라."(행 20:28) 그리스도인이여, 그대를 주님의 손에서 낚아 채 갈 자가 없을 것입니다. "내가 그들에게 영생을 주노니 영원히 멸망하지 아니할 것이요 또 그들을 내 손에서 빼앗을 자가 없느니라."(요 10:28) 많은 사람들이 믿는 그대를 조롱할 수도 있고, 어리석은 짓을 한다고 나무랄 수도 있습니다. 그대의 육신의 형제까지도 경멸할 수 있습니다. 그럼에도 그대의 하나님, 그대를 구속하신 주께서 그대를 떠나지 않으실 것이고, 주님의 성령님을 그대 속에 거하게 하실 것입니다. 성령께서 주님의 법도를 생각나게 하시어 그 법도를 지킬 수 있게 하실 것입니다. 그리고 그대를 위로할 달콤한 많은 약속들로 그대를 지탱하여 주실 것입니다. "이는 나 여호와 너의 하나님이 네 오른손을 붙들고 네게 이르기를 두려워하지 말라 내가 너를 도우리라 할 것임이니라."(사 41:14)

시편 119:142
"주의 공의는 영원한 공의요
주의 율법은 진리로소이다."

시편 기자는 시련 중에서도 '주의 법도'를 잊을 수가 없었습니다. 주의 법도가 가진 높은 품격에 대한 지각을 조금도 감하지 않고 그대로 유지하고 있었습니다. 이때 그의 마음은 하나님의 의로우신 통치를 깊이 생각하는 일로 채워져 있었던 것 같습니다. 그래서 그는 137절에서 하나님을 높여 찬미한 것을 여기서 반복하고 있습니다. "여호와여 주는 의로우시고 주의 판단은 옳으니이다." 이는 어느 특별한 경우에만 해당되는 것이 아니라 영원 전부터 하나님의 통치의 보편적인 특징입니다.

"주의 공의는 영원한 공의요." 그러나 이 하나님의 의로우신 통치권이 누구에 의하여 시행될 것이라고 정해졌습니까? 우리의 임마누엘을 생각하십시오. 인간이신 그분의 이마는 하나님의 영광으로 둘려있고, 십자가에 못 박히신 그분의 손에 우주 전체를 다스리는 권능의 규(scepter)가 쥐어져 있습니다. 사람들이 '네가 유대인의 왕이냐'며 조롱하던 그분이 지금은 자기 영광의 보좌에 '왕중의 왕이요 주의 주'로 앉아 계십니다. "그의 어깨에는 정사를 메었고 그의 이름은 기묘자라, 모사라, 전능하신 하나님이라, 영존하시는 아버지라, 평강의 왕이라 할 것임이라 그 정사와 평강의 더함이 무궁하며."(사 9:6,7) 그분을 찬미하는 송영(誦詠)에 그분을 '여호와 하나님'으로 지칭하는 것은 얼만 즐거운 일인지요! "하나님이여 주의 보좌는 영원하며 주의 나라의 규는 공평한 규이니이다."(시 45:6) "아들에 관하여는 하나님이여 주의 보좌는 영영하며 주의 나라의 규는 공평한 규이니이다."(히 1:8) "영원한 공의"을 찬미하다니 얼마나 영광스러운지요! 그 '영원한 공의'를 기초하여 하나님의 교회의 통치가 서 있습니다. 그 통치는 예수님께서 '불러 들이셨고,' '모든 믿는 자들에게' 그 영원한 공의가 적용됩니다. "네 백성과 네 거룩한 성을 위하여 일흔 이레를 기한으로 정하였나니 허물이 그치며 죄가 끝나며 죄악이 용서되며 영원한 의가 드러나며 환상과 예언이 응하며 또 지극히 거룩한 이가 기름부음을 받으리라."(단 9:24) "곧 예수 그리스도를 믿음으로 말미암아 모든 믿는 자에게 미치는 하나님의 의니 차별이 없느니라."(롬 3:22) 우리가 '영원한 의'로 옷 입기만 하면, 그 의는 우리에게 무한한 영광과 상급이 될 것입니다!

'사람이 세운 모든 규례'는 한시적입니다. 하나님의 통치는 항상 영원과 연결되어 있습니다. 과거와 미래 모두가 그 통치의 연장선상에 있습니다. 사도 요한은 환희에 찬 메시지를 들었습니다. "내가 들으니 물을 차지한 천사가 이르되 전에도 계셨고 지금도 계신 거룩하신 이여 이렇게 심판하시니 의로우시도다."(계 16:5) 그러므로 하나님의 의로우신 경륜의 모든 상황은 하늘의 천사들이 찬미하지 않을 수 없는 '신적 품격'을 나타냅니다. "주의 말씀의 강령은 진리이오니 주의 의로운 모든 규례들은 영원하리이다."(시 119:160)

"주의 율법은 진리로소이다." 이 진리는 "의의 율법"입니다. 예수님께서는 '의의 율법을 이루시는 일'에 집중하셨습니다. "예수께서 대답하여 이르시되 이제 허락하라 우리가 이와 같이 하여 모든 의를 이루는 것이 합당하니라 하시니 이에 요한이 허락하는지라."(마 3:15) 또 주님께서는 바로 그 "진리에 대하여 증언하러" 오셨다고 말씀하셨습니다(요 18:37). 또 그 진리를 백성들의 성화(聖化, sanctification)를 위한 방편으로 아버지께 천거하셨습니다. "또 그들을 위하여 내가 나를 거룩하게 하오니 이는 그들도 진리로 거룩함을 얻게 하려 함이니이다."(요 17:17) 성도들이 그 진리를 소화하여 삶과 행실 속에서 실천하며 적용함으로 감화되지 않으면 다른 무엇으로 거룩함을 이루어 나가겠습니까?

"주의 율법"이 아닌 다른 것에서도 '진리의 파편들'이 발견될 수 있습니다. 인간 타락에도 불구하고 타락 이전의 진리의 잔재들이 여기 저기 흩어져 있습니다. 또 이 '율법'에서 추론된 큰 분량의 '진리'가 존재할 수도 있습니다. 그러나 오염되지 않는 완전한 '진리'는 바로 율법 안에서만 발견됩니다. 그러므로 우리는 이 표준으로 모든 교리와 계시를 세심하게 달아 보아야 합니다. "범사에 헤아려 좋은 것을 취하고."(살전 5:21) "사랑하는 자들아 영을 다 믿지 말고 오직 영들이 하나님께 속하였나 분별하라 많은 거짓 선지자가 세상에 나왔음이라."(요일 4:1) 그 표준에 부합한 모든 것은 절대로 복종하고(행 17:12), 불같은 시험을 견뎌내지 못하는 것은 무엇이든지 단호하게 거부해야 합니다. "마땅히 율법과 증거의 말씀을 따를지니 그들의 말하는 바가 이 말씀에 맞지 아니하면 그들이 정녕 아침 빛을 보지 못하고."(사 8:20) "다른 복음은 없나니… 우리나 혹 하늘로부터 온 천사라도 우리가 너희에게 전한 복음 외에 다른 복음을 전하면 저주를 받을지어다."(갈 1:8,9) 하나님의 율법과 복음의 진리에 합당한 순전함을 흐트러지지 않게 유지하려면 정말 각별히 조심해야 합니다. "우리는 수많은 사람들처럼 하나님의 말씀을 혼잡하게 하지 아니하고 곧 순전함으로 하나님께 받은 것 같이 하나님 앞에서와 그리스도 안에서 말하노라."(고후 2:17) "이에 숨은 부끄러움의 일을 버리고 속임으로 행하지 아니하며 하나님의 말씀을 혼잡하게 하지 아니하고 오직

진리를 나타냄으로 하나님 앞에서 각 사람의 양심에 대하여 스스로 추천하노라."(고후 4:2)

실로 아주 사소해 보이나 근본적인 오류를 범하면 그것은 마치 독이 묻은 곡식을 음식에 섞는 것이나 마찬가지입니다. 그래서 그것이 그 음식을 먹는 자에게 "사망에서 사망에 이르는" 냄새가 되게 하는 격입니다. 갈라디아교회에 그런 오류가 들어 왔습니다. 곧 "다른 복음"이 들어 왔습니다. 사실 그 거짓된 교훈은 '복음'이라는 말 자체도 붙일 만한 가치가 없었습니다(갈 1:6,7). '그리스도의 자리에 다른 규례들을 놓는' 악행을 저질렀습니다. 그 오류는 너무나 커서 진정한 신앙고백자라면 금방 알아 볼만한 것이었습니다. 그러나 훨씬 더 교활하면서도 망할 것이 있는데 그것은 '그리스도와 여러 규례들을 혼합'시키는 것입니다. 그것은 샘의 순결성을 손상시키고, 거기서 나오는 샘물들을 못 쓰게 만들고, 생명의 원천에 독을 풀어 넣는 격입니다. 그러니 그자체가 생명을 죽이는 일이었습니다(갈 4:9-11 ; 5:1-4). 교회의 지체들 각자가 갈라디아 교회를 귀감으로 삼아 그런 오류에 빠지지 않도록 지극히 경계하고 삼갈 필요가 있습니다.

보다 일반적인 관점으로는 하나님의 계시의 말씀인 성경을 높여야 합니다. 성경은 "거짓말 하실 수 없으시고, 약속하신 것을 이루시되 범사에 인간의 모든 궁리의 차원을 뛰어 넘어 확실하게 이행하시는 하나님"에 대한 인상으로 충만해 있습니다. "영생의 소망을 위함이라 이 영생은 거짓이 없으신 하나님이 영원 전부터 약속하신 것인데."(딛 1:2) "내 집이 하나님 앞에 이같지 아니하냐 하나님이 나와 더불어 영원한 언약을 세우사 만사에 구비하고 견고하게 하셨으니 나의 모든 구원과 나의 모든 소원을 어찌 이루지 아니하시랴."(삼하 23:14) 그 보배로운 약속들의 진리를 죽어가면서도 증언한 자들이 얼마나 많은지요! 그 중에 여호수아(수 23:14), 시므온(눅 2:25-29), 그리고

"구름같이 둘러싼 허다한 증인들"이 있습니다(히 12:1). 그리스도의 증언을 받는 자들은 "하나님이 참되시다는 것"을 인쳤습니다. (요 3:33) "하나님의 약속은 얼마든지 그리스도 안에서 예가 되니 그런즉 그로 말미암아 우리가 아멘 하여 하나님께 영광을 돌리게 되느니라."(고후 1:20) "너희의 하나님 여호와께서 너희에게 대하여 말씀하신 모든 선한 말씀이 하나도 틀리지 아니하고 다 너희에게 응하여 그 중에 하나도 어김이 없음을 너희 모든 사람은 마음과 뜻으로 아는 바라."(수 23:14)

동일하게 그리스도의 위협의 말씀도 분명합니다. 지옥에 가는 사람들은 돌이키기에 너무 늦게 그 진리를 알게 될 것입니다. 하나님의 큰 날에 우편에 있는 자들과 좌편에 있는 자들 모두 다 "충성되고 참된 증인이신 그리스도의 증언"이 참됨을 선언할 것입니다. "천지는 없어질지언정 내 말은 없어지지 아니하리라."(마 24:35)

시편 119:143
"환난과 우환이 내게 미쳤으나
주의 계명은 나의 즐거움이니이다."

그리스도인들이여, 그대들은 세상에서는 아무런 위로도 없는 완전한 슬픔이나 전혀 방해받지 않는 완전한 기쁨을 자신의 몫으로 받을 것을 기대하지 말아야 합니다. 하늘나라는 슬픔이 전혀 없는 기쁨의 처소요, 지옥은 기쁨이 전혀 없는 슬픔의 처소일 것입니다. 지상에서는 어떤 기쁨이라도 그 속에 슬픔이 함께 섞여 있습니다. 모든 슬픔에도 기쁨이 함께 섞여 있어 그 고통이 완화됩니다. 사람이 시련을 받을 때에 "나는 미천하고 멸시만 당한다."고 해서는 안 됩니다. 위대한 사도 바울처럼 자기 밖에서 오는 '고통'과 자기 안에 있는 '고뇌'를 각오하고 있어야 합니다. "우리가 마게도냐에 이르렀을 때에도 우리 육체가 편하지 못하였고 사방으로 환난을 당하여 밖으로는 다툼이요 안으로는 두려움이었노라."(고후 7:5) "형제들아 우리가 아시아에서 당한 환난을 너희가 모르기를 원하지 아니하노니 힘에 겹도록 심한 고생을 당하여 살 소망까지 끊어지고."(고후 1:8) 그리스도 밖에 있는 다른 이들은 그와 같은 고통들을 겪지 않을 수도 있습니다. "이는 내가 악인의 형통함을 보고 오만한 자를 질투하였음이로다 그들은 죽을 때에도 고통이 없고 그 힘이 강건하며 사람들이 당하는 고난이 그들에게는 없고 사람들이 당하는 재앙도 그들에게는 없나니."(시 73:3-5) 그러나 우리의 구주께서는 "너희가 당하리라"고 힘주어 말씀하셨습니다. "세상에서는 너희가 환난을 당하나 담대하라 내가 세상을 이기었노라."(요 16:33. 참조 비교할 성구 14:22 ; 살전 3:2,3 ; 딤후 3:12 ; 계 7:14)

물론 모든 백성들에게 골고루 같은 분량의 고통을 분배하시지는 않습니다. 어떤 사람은 견책을 받습니다. 다른 사람은 채찍을 당합니다. 그러나 하나님의 자녀들 모두가 십자가를 지고 있으며, 그 짐은 매일 감당해야 할 것입니다. "또 무리에게 이르시되 아무든지 나를 따라오려거든 자기를 부인하고 날마다 제 십자가를 지고 나를 따를 것이니라."(눅 9:23) 그리고 고통은 한 가지나 간헐적으로 찾아 오는 것이 아닙니다. 오히려 일생이 시련의 과정으로 자기 육체적 본성의 뜻과는 다릅니다. 그래서 부단하게 육체를 죽이는 일(mortification of trial)이 진행됩니다. 그리고 이 일이 우리를 '붙들어' 줍니다. 거기서 빠져 나가려고 해도 할 수 없습니다. 그것을 피하기를 원해야 합니까? 마틴 루터(Martin Luther)가 자기 방식대로 관찰한 것과 같이(그는 이 학교에서 더 잘 계산하였다) 이 훈련은 '온 세상의 부요와 존귀 전체' 보다 우리에게 더 필요합니다. 이런 가운데서 믿음으로 참고 인내하면, 평안하게 탐닉에 빠져 사는 것 보다 하나님을 더 존귀하게 해드리고 우리 자신에게 더 큰 유익이 됩니다. 회초리로 초달하여 교육하면 율법의 저주에서 벗어나게 되고, 본질적이고 풍요한 복락을 가져다줍니다. "여호와여 주로부터 징벌을 받으며 주의 법으로 교훈하심을 받는 자가 복이 있나니."(시 94:2)

예수님의 동정심은 얼마나 보배롭습니까? "그러므로 그가 범사에 형제들과 같이 되심이 마땅하도다 이는 하나님의 일에 자비하고 신실한 대제사장이 되어 백성의 죄를 속량하려 하심이라 그가 시험을 받아 고난을 당하셨은즉 시험 받는 자들을 능히 도우실 수 있느니라."(히 2:17,18) 주님께서 사랑하시는 백성들을 위해 질고를 당하셨습니다. 그래서 백성들은 쓴 맛이 빠진 더 가벼운 잔을 마실 수 있게 하셨습니다. 우리는 격랑의 난항 속에서도 주님과 교제하면서 그 사실을 상기하면 우리 머리를 들 수 있습니다!

시편 기자는 주 하나님께서 자기에게 환난을 겪게 하시어 일부러 비참하게 하신 경우를 본 적이 없습니다. 도리어 행복을 더하시는 하나님의 행사를 보았습니다. 시편 기자가 잊은 적이 없는 주의 법도들이(시 119:14) 지금은 자기의 기쁨이 되었습니다. 주님의 백성들이 당한 여러 시련들을 보고하는 성경의 기록들은 '하나님의 책 속에 들어있는 무궁무진한 풍성한 자원'을 증거합니다. 우리에게 교훈을 주기 위해 그것이 기록된 것입니다. "무엇이든지 전에 기록된 바는 우리의 교훈을 위하여 기록된 것이니 우리로 하여금 인내로 또는 성경의 위로로 소망을 가지게 함이니라."(롬 15:4)

"주의 계명은 나의 즐거움이니이다." 늘 하나님의 말씀에 사로잡혀 있는 하나님의 자녀는 항상 그 말씀이 자기의 음식과 빛과 기쁨과 능력임을 발견할 것입니다. 말씀이 그 마음 속에서 하나님의 임재와 권능을 증거합니다. 그런 속에서도 육신의 위안은 누리지 못할 수 있습니다.

"환난과 우환이 내게 미쳤으나." 환난의 때는 "말씀의 법을 즐거움으로 삼아야 할" 특별한 때입니다. "주의 법이 나의 즐거움이 되지 아니하였더면 내가 내 고난 중에 멸망하였으리이다."(시119:92) "주의 법의 즐거움"은 '육체적 고통과 괴로움'을 상쇄하는 것 이상의 힘이 있습니다. "주의 말씀의 법"은 주님을 바라게 하고 구원을 기대하게 하는 용기를 북돋아 줍니다! 말씀을 즐거워함이 시련을 견뎌내게 하는 강력한 힘을 지원합니다. 주님의 말씀에 대한 체험적 권능은 영혼을 소성(蘇醒)케 할 뿐 아니라, 더 나아가 우리의 마음을 붙들어 북돋우며 세워줍니다. "너를 낮추시며 너를 주리게 하시며 또 너도 알지 못하며 네 조상들도 알지 못하던 만나를 네게 먹이신 것은 사람이 떡으로만 사는 것이 아니요 여호와의 입에서 나오는 모든 말씀으로 사는 줄을 네가 알게 하려 하심이니라."(신 8:3) "예수께서 대답하여 이르시되 기록되었으되 사람이 떡으로만 살 것이 아니요 하나님의 입으로부터 나오는 모든 말씀으로 살 것이라 하였느니라."(마 4:4) '십자가의 열매'라 할 수 있는 이런 복이 또 어디 있습니까? 그러니 그렇게 풍성한 추수를 가져오는 십자가 때문에 슬퍼할 수 있습니까? 십자가의 쓴 맛을 느낄 바로 그 때가 "주의 계명의 즐거움"을 가장 풍성히 느낄 때입니다. 그러니 신자는 "환난 중에서도" 자기가 당하는 괴로움과 고통이 친애하는 주님을 향한 사랑 때문임을 알게 될 때, 그보다 더 큰 기쁨이 없습니다. "사도들은 그 이름을 위하여 능욕 받는 일에 합당한 자로 여기심을 기뻐하면서 공회 앞을 떠나니라."(행 5:41) 주님을 위한 박해가 무서워 움츠러들게 만들기는커녕 주님을 사랑하는 마음으로 섬기게 도전합니다. 믿음의 사람의 눈에 '주님의 이름을 위해 고난당하는 것은 형벌을 견디는 것이 아니라 자기에게 부여된 특권을 누리는 것'으로 보입니다.14)

---

14) "그리스도를 위하여 너희에게 은혜를 주신 것은 다만 그를 믿을 뿐 아니라 또한 그를 위하여 고난도 받게 하려 하심이라."(빌 1:29) 영국의 메리 여왕이 교회를 박해하던 시절에 진리를 증언하다가 여러 사람이 옥에 갇히었다. 그 중 한 사람이 자기 친구에게 보낸 편지에 이렇게 썼다고 한다. "그리스도를 위해 옥에 갇히다니! 이 가련한 벌레 같은 내가 이런 특권을 누리다니! '그런 영예를 모든

"환난과 우환이 내게 미쳤으나." "환난의 때에" 하나님의 자녀들의 조건과 세상에 속한 자들의 조건을 대조해 보십시오. 환난 중에 있는 하나님의 자녀는 모든 충만한 샘에서 나는 물을 마십니다. 그의 마음의 평안과 안전함이 바로 그것 때문입니다. "진실로 홍수가 범람할지라도 그에게 미치지 못하리이다."(시 32:6) 그러나 세상에 속한 사람은 "풍족할 때에도" 괴로움이 이릅니다(욥 20:22). 다윗은 "환난과 우환의 때"에 위를 쳐다 보고 피할 길을 발견합니다. 그러나 사울은 고뇌와 고통이 그를 사로잡을 때 위로의 원천이 전혀 보이지 않았습니다(삼상 28:15,16). [15] 환난을 당해도 지탱하여 주는 자가 없고, 고뇌를 받아도 위로를 받지 못하고 오직 괴로움만 있습니다. 아무것도 남은 것이 없고, "산들과 바위에게 말하되 우리 위에 떨어져 보좌에 앉으신 이의 얼굴에서와 그 어린 양의 진노에서 우리를 가리라."(계 6:16) 울부짖어도 소용이 없습니다. 하나님을 잊어버린 사람들의 결국이 그러합니다.

이런 무서운 장래의 심판에서 구원받은 것을 인하여 하나님께 감사하리로다! 지상의 모든 즐거움이 사라졌을 때 꺼지지 않는 '즐거움'의 소망을 주신 하나님께 감사하십시오. '하늘에 속한 복락의 열매가 달린 곡식단 한 묶음'을 손에 들었을 때에 눈물을 흘리며 씨를 뿌리던 때의 고통의 기억이 싹 가시게 될 것입니다. "눈물을 흘리며 씨를 뿌리는 자는 기쁨으로 거두리로다 울며 씨를 뿌리러 나가는 자는 반드시 기쁨으로 그 곡식 단을 가지고 돌아오리로다."(시 126:5,6) 하늘에 당도한 첫 순간에 지상에서 겪은 "모든 환난과

이들에게 주어지는 것이 아닌데.' 내가 대학에서 취득한 학위들도 나를 그렇게 높은 영예를 받게 하지 못하였다네. '주님을 위해 옥에 갇히는 자'의 영예를 내가 얻다니!" Philpot 도 자기가 옥에 갇힌 것에 대하여 이렇게 말할 수 있었다. "세상 사람들이 보기에 우리는 지옥에 있는 사람처럼 보이겠지. 그러나 나는 감옥에서 하늘에 속한 가장 달콤한 위로를 맛 보았네." 저 거룩한 Bradford도 그렇게 말하였다. "내가 갇힌 감옥은 큰 저택의 응접실 보다 더 달콤하고, 내 평생 누려 보았던 그 어떤 쾌락 보다 더 달콤하다."

15) "사무엘이 사울에게 이르되 네가 어찌하여 나를 불러 올려서 나를 성가시게 하느냐 하니 사울이 대답하되 나는 심히 다급하나이다 블레셋 사람들은 나를 향하여 군대를 일으켰고 하나님은 나를 떠나서 다시는 선지자로도, 꿈으로도 내게 대답하지 아니하시기로 내가 행할 일을 알아보려고 당신을 불러 올렸나이다 하더라 사무엘이 이르되 여호와께서 너를 떠나 네 대적이 되셨거늘 네가 어찌하여 내게 묻느냐."(삼상 28:15,16)

우환"의 보상을 다 받게 될 것입니다. 이런 순간들이 영원토록 지속될 것입니다. "너희는 의인에게 복이 있으리라 말하라 그들은 그들의 행위의 열매를 먹을 것임이요."(사 3:10) 그들 의인들은 '영원히' 먹을 것입니다.

> 시편 119:144
> "주의 증거들은 영원히 의로우시니
> 나로 하여금 깨닫게 하사 살게 하소서."

시편 기자의 마음에 얼마나 깊고 무게 있고 인상적인 생각들이 작용하고 있었을까요(137, 138절 참조)![16] 그는 믿는 자의 마음에 "주의 증거들"이 얼마나 행복을 끼치는지를 이전 구절에 기록하였습니다. 지금 시편 기자는 "주의 증거들의 의로움"을 상기하고 있습니다. 곧 하나님의 섭리의 경륜이 의롭다는 것을 생각하고 있는 것입니다. 인간의 표준은 나날이 바뀌지만 "주의 증거들"은 영원히 의로워 항상 변치 않는 마땅한 도리라서 하나님을 향하여 우리를, 우리를 향하여 하나님을 연결하는 끈으로 존재합니다. 피조물에 불과한 인생들이 자기들의 패역을 따라 "주의 법을 폐하였으나"(126절), "주의 법의 품격"을 바꾸거나 그 기초를 흔들어 댈 수 없습니다. 도리어 인생들은 "주의 법"을 이루는 통로들로 사용될 뿐입니다. 실로 주의 모든 말씀마다 순종하는 종들을 통하여 세워지기도 하고, 패역한 범죄자들로 말미암아 세워지기도 할 것입니다. 그러므로 우리는 이 '신적 표준'을 얼마나 중한 것으로 알고 엄숙하게 존중해야 하는지요!

"주의 증거들은 영원히 의로우시니." "주의 증거들"이 패역자들에게 짓밟히

---

16) "여호와여 주는 의로우시고 주의 판단은 옳으니이다 주께서 명령하신 증거들은 의롭고 지극히 성실하니이다."(시 119:137,138)

는 것 같이 보입니다. 그러나 그 '의로움'은 결코 굽혀지지 않으며 그 당당한 주장도 바뀌지 않습니다. 다른 모든 기준이 다 무너져도 세상에 대한 "주의 증거들"의 주권적인 통제권은 결코 철회되지 않습니다.

"주의 증거들"은 주의 뜻이 성취되는 '큰 날'을 위한 하나님의 경륜의 법칙입니다. 그 날에 "크고 흰 보좌"가 세워질 것입니다. "또 내가 크고 흰 보좌와 그 위에 앉으신 이를 보니 땅과 하늘이 그 앞에서 피하여 간 데 없더라 또 내가 보니 죽은 자들이 큰 자나 작은 자나 그 보좌 앞에 서 있는데 책들이 펴 있고 또 다른 책이 펴졌으니 곧 생명책이라 죽은 자들이 '자기 행위를 따라' 책들에 기록된 대로 심판을 받으니."(계 20:11,12) 그 날에 "주의 증거들이 영원히 의롭다"는 것이 하나님이 지으신 우주 전체에 알려질 것입니다. 그 큰 날에 '영원한 의의 기초'에 근거하여 자신이 대접을 받으리라는 확신을 갖는 것은 얼마나 영광스러울까요! "이는 정하신 사람으로 하여금 천하를 공의로 심판할 날을 작정하시고 이에 그를 죽은 자 가운데서 다시 살리신 것으로 모든 사람에게 믿을 만한 증거를 주셨음이니라 하니라."(행 17:31)

"나로 하여금 깨닫게 하사 살게 하소서." "주의 증거들이 의롭고 영원히 정당하다."는 이런 관점은 그 '주의 증거들'을 영적이고 체험적으로 더 잘 알기 위하여 기도할 절대적 필요를 자연스럽게 일깨워 줍니다(33,34,73절).[17] 그러나 너무 자주 하나님께 부르짖고 너무 지나치게 간절하게 기도한다는 말을 들을 만큼 하나님께 간구하는 자가 누구입니까? "주의 증거들"을 깨닫게 하시려고 주시는 '총명의 빛 한 줄기'는 지성적이고 사변적(思辨的)인 지식을 자랑하는 모든 이들이 가진 것보다 훨씬 더 높은 가치가 있습니다. "여호와께서 이와 같이 말씀하시되 지혜로운 자는 그의 지혜를 자랑하지 말라 용사는

---

17) "여호와여 주의 율례들의 도를 내게 가르치소서 내가 끝까지 지키리이다 나로 하여금 깨닫게 하여 주소서 내가 주의 법을 준행하며 전심으로 지키리이다…주의 손이 나를 만들고 세우셨사오니 내가 깨달아 주의 계명들을 배우게 하소서."(시119:33,34,73)

그의 용맹을 자랑하지 말라 부자는 그의 부함을 자랑하지 말라 자랑하는 자는 이것으로 자랑할지니 곧 명철하여 나를 아는 것과 나 여호와는 사랑과 정의와 공의를 땅에 행하는 자인 줄 깨닫는 것이라 나는 이 일을 기뻐하노라 여호와의 말씀이니라."(렘 9:23,24) 영적 총명의 여명(黎明)은 빛과 어둠 사이를 가르는 무한한 차이를 드러냅니다. 만일 총명을 얻기 위해 기도하여 이미 어느 정도 분량의 총명을 받았다 해도 여전히 "제게 총명을 더하여 주소서."라고 부르짖어야 할 것입니다. 이제 막 영적인 지각이 열린 '어린 아이'의 총명이 아니라 "처음부터 계신 분을 아는 장성한 어른"의 총명을 주십사고 기도해야 합니다(요일 2:13,14).[18] 우리는 이렇게 기도해야 합니다. "저로 하여금 주님의 증거들의 거룩함을 알게 하시되, 그 넓이와 완전함과 제 일상의 모든 부분과 친밀하게 연관된 거룩함을 알게 하소서. 아울러 그 거룩함이 제 마음의 성향을 제어하고 성품을 조절하고 행보의 세밀한 부분과 그 방향을 제시하는 영향력을 가진 것임을 알게 하소서.

실로 우리가 "주의 증거들"을 경건하게 연구할수록, 하나님의 가르침을 위하여 간구할 필요성을 더욱 실감하게 될 것입니다. 그래야 하나님의 통치를 높이고 존중하고 감사하는 관점을 가지게 되어, 트집 잡기를 좋아하는 우리 마음의 정서를 믿음으로 다스려 겸손한 자세를 견지할 수 있습니다.

영적이고 영원한 생명의 원리는 총명의 빛을 받아 하나님의 증거들의 의도를 밝히 앎을 통하여 흘러나옵니다. "나로 하여금 깨닫게 하사 살게 하소서." "영생은 곧 유일하신 참 하나님과 그가 보내신 자 예수 그리스도를 아는 것이니이다."(요 17:3) "주 하나님의 증거들"은 주 하나님을 계시합니다.

---

18) "아비들아 내가 너희에게 쓰는 것은 너희가 태초부터 계신 이를 알았음이요 청년들아 내가 너희에게 쓰는 것은 너희가 악한 자를 이기었음이라 아이들아 내가 너희에게 쓴 것은 너희가 아버지를 알았음이요 아비들아 내가 너희에게 쓴 것은 너희가 태초부터 계신 이를 알았음이요 청년들아 내가 너희에게 쓴 것은 너희가 강하고 하나님의 말씀이 너희 안에 거하시며 너희가 흉악한 자를 이기었음이라."(일 2:13,14)

"너희는 거룩하신 자에게서 기름 부음을 받고 모든 것을 아느니라."(요일 2:20) 그렇다면 주의 증거들을 아는 우리의 지식은 그 성격상 보다 더 영적인 것이 될 것입니다. 더 나아가 위로를 더 체험하게 될 것이고, 실천적으로 그 열매가 더욱 풍성해 질 것입니다. 그리하여 '영혼 안에 있는 하나님의 생명'은 더 활력을 얻어 우리로 하여금 더 높은 수준의 복음을 아는 지식으로 나아가게 할 것입니다.

그러나 우리가 지상에 있는 동안 "주의 증거들" 안에 있는 하나님을 아는 특권을 완전히 누리기에 얼마나 낮은 수준에 있는지요! 성경적인 표준을 따라 사는 그리스도인들은 "뒤에 있는 것은 잊어버리고 앞에 있는 것을 잡으려고 푯대를 향하여 그리스도 예수 안에서 하나님이 위에서 부르신 부름의 상을 위하여 달려가는"(빌 3:13,14) 사람들입니다. "그러므로 누구든지 우리 온전히 이룬 자들은 이렇게 생각할지니 만일 어떤 일에 너희가 달리 생각하면 하나님이 이것도 너희에게 나타내시리라."(빌 3:15)

그러니 하나님의 뜻이 완전하게 성취되는 날에는 어떠할까요? 그날은 우리 사랑의 하나님께서 당신의 영광스러운 작품에 마지막 손을 대시는 날입니다. 그날 우리가 목표하는 푯대, 우리가 소망하는 모든 것. 그토록 바라고 소원하여 수고하며 간절하게 간구하는 바에 도달하게 될 것입니다. 실로 그날에는 명실상부한 삶을 영위하게 될 것입니다. 그림자와 어둔 그늘이 있는 지금과 같지 않을 것입니다. 하나님의 사랑과 빛을 온전히 아는 영광스러운 안목으로 사는 삶이 될 것입니다. 생명을 위협하는 모든 것, 곧 죄와 죄로 인한 사망의 공포가 전혀 없는 삶을 누리게 될 것입니다.

145 여호와여 내가 전심으로 부르짖었사오니 내게 응답하소서

　　내가 주의 교훈들을 지키리이다

146 내가 주께 부르짖었사오니 나를 구원하소서 내가 주의 증거들을 지키리이다

147 내가 날이 밝기 전에 부르짖으며 주의 말씀을 바랐사오며

148 주의 말씀을 조용히 읊조리려고 내가 새벽녘에 눈을 떴나이다

149 주의 인자하심을 따라 내 소리를 들으소서 여호와여 주의 규례들을 따라 나를 살리소서

150 악을 따르는 자들이 가까이 왔사오니 그들은 주의 법에서 머니이다

151 여호와여 주께서 가까이 계시오니 주의 모든 계명들은 진리니이다

152 내가 전부터 주의 증거들을 알고 있었으므로 주께서 영원히 세우신 것인 줄을 알았나이다

Psalm 119:145-152

19

말씀을 바라고 새벽을 깨워
부르짖는 사람

시편 119:145,146
"여호와여 내가 전심으로 부르짖었사오니
내게 응답하소서
내가 주의 교훈들을 지키리이다
내가 주께 부르짖었사오니 나를 구원하소서
내가 주의 증거들을 지키리이다."

이 짧은 문장들 속에 하나님과 씨름하는 영혼의 아름답고 용기를 주는 그림이 보입니다. 이는 "여호와 앞에 영혼을 토하여 놓은 것"이라고 할 수 있습니다(삼상 1:15). 시편 기자는 길게 계속되는 간구를 동일한 힘으로 줄기차게 이끌어가고 있습니다. 그의 간구들이 간명합니다. 그럴지라도 그 간명한 간구에 쓰인 언어들은 그보다 더 포괄적인 풍부한 내용을 담아낼 수 없을 정도입니다. "내게 응답하소서(hear me)." 이 부르짖음 속에 그의 "전심"이 들어 있습니다. "나를 구원하소서." 한 죄인이 필요로 하는 전체가 응집되어 있습니다. 죄 용서, 자녀로 받아 주심, 아버지의 보좌로 나아감, 거룩, 능력, 위로,

하늘의 한 마디 말이 '그리스도'라는 말 속에 다 들어 있습니다. "나를 구원하소서." 나를 사탄과 세상과 죄의 저주와 하나님의 진노에서 구원하소서.

"내가 주께 부르짖었사오니." 우리가 어디로 가서 부르짖어야 할지 아는 것은 얼마나 놀라운 은혜입니까! 아버지께 나아가는 길이 그 짧은 외침 속에 표현되지는 않았지만 그 속에 함축되어 있습니다. "내게 응답하소서." 그 속에 모든 것을 이기는 '대언자(Advocate)' 예수님의 이름이 들어 있습니다. "나를 구원하소서." 그 이름으로 말미암아 하나님께서 우리를 구원하십니다. 잠시라도 예수님을 바라보는 우리의 시야가 흐려지면 '그 동안' 하나님께 이르는 우리의 길을 헤쳐 버릴 수 있는 구름이 드리워 막고 있어 기도의 정신이 마비 됩니다.

기도는 자기가 죄인임을 인식하고 오직 주님의 자비를 바라고 간청하는 것일 뿐 아니라, 믿음의 행사이기도 합니다. 하나님께 나아갈 때 항상 내 손에 아뢸 탄원의 제목과 그리스도의 피를 함께 가지고 나아갑니다. 그것이 나를 위하여 지불된 값입니다. 하나님께서 내 탄원을 모른다 하고 내던질 수 없습니다. 그래서 내가 "하나님과 더불어 겨루어 이긴 왕자"가 되는 셈입니다. "그가 이르되 네 이름을 다시는 야곱이라 부를 것이 아니요 이스라엘이라 부를 것이니 이는 네가 하나님과 및 사람들과 겨루어 이겼음이니라."(창 32:28) 여기에 내 하나님께서 행하시니 "내게 응답하실 것이라."고 믿을 보장이 있는 것입니다. 여기서 내가 "하나님께 기도하고 바랄" 용기를 얻고(시 5:3), "하나님의 문 곁에서 기다릴" 담력을 얻습니다. "누구든지 내게 들으며 날마다 내 문 곁에서 기다리며 문설주 옆에서 기다리는 자는 복이 있나니."(잠 8:34) 그리고 여기 주님 안에서 "성전 미문에 앉아 구걸하던 앉은뱅이가 무엇을 얻을까 하여 바라보던" 것과 같이 할 담력을 얻습니다(행 3:2-5).

"내가 주께 부르짖었사오니." 그런 믿음으로 드리는 기도 중에는 한 마디도 응답되지 않거나 무시될 것이 없습니다. 하나님의 품에 떨어진 기도의 말은 "길가에 떨어져 새가 와서 주워 먹어 버리는 씨"와 같지 않습니다(마 13:3-7). 도리어 풍성한 추수를 하는 씨와 같습니다. "이것이 곧 적게 심는 자는 적게 거두고 많이 심는 자는 많이 거둔다 하는 말이로다."(고후 9:6) 자주 하나님께 나아가는 자들은 가장 크게 응답 받습니다. 그들은 언제나 자기들이 궁핍하다는 의식으로 구합니다. 자기들이 가진 것을 따라 살아가나 여전히 주려 있어 더 많은 것을 아버지께 받아야 할 것입니다.

그런데 기도의 모양과 차림새는 대단하나 그것만 있을 뿐인 자들도 있습니다. 기도에 대한 어떤 생각이나 소원이나 간절함이나 응답을 기다림이 없습니다. 기도를 이렇게 가볍게 다루는 처사는, 하나님에 대한 생각들이 얼마나 낮으며 죄에 대한 감각이 얼마나 심각하게 무뎌있는지를 보여주는 증표들입니다. 과거 하나님께 사랑받은 자녀들 중에 '하나님의 임재 의식(the presence of God)'이 없는 사람은 하나도 없었습니다. 오히려 그들은 눈물로 "하나님의 임재 의식"을 주십사하고 하나님께 구하였습니다. 그런데 지금 하나님의 자녀라는 자들은 '기도의 위대한 목적', 곧 '하나님을 즐거워함(the enjoyment of God)'[1] 없이 기도행위 자체로 너무 쉽게 만족합니다.

시험의 때에 그것을 이기기에 부족한 자신의 연약함과, 안일에 잘 빠지는 불신앙적인 마음의 상태로 인하여 슬퍼합니까? 여러분은 "전심으로 부르짖

---

1) "기도의 위대한 목적은 부단하게 하나님을 즐거워하는 것이 되어야 한다. 믿는 자의 발상들이 아무리 미숙하여도 이 목적에 있어서 분명한 의식이 있어야 한다. 그런 의식이 너무나 뚜렷한 참 성도에게 그것 대신 다른 것을 기도의 목적으로 삼으라고 제안해 보아도 소용이 없을 것이다. 그는 자기에게 무엇이 필요한지를 진정 알고 있다. 그런 사람은 이런 저런 다른 것을 제시하여도 그것이 자기에게 진정 필요한 것이 안임을 안다."- Augustine 의 서간문 121.

Augustine은 이 서간문에서 열망을 담기 위하여 불가피한 경우가 아니라면 간명하고 짧은 외마디 간구를 매우 열심히 권장한다(우리가 지금 숙고하는 바와 같이). 그렇게 하지 않으면 마태복음 6:7에서 주님께서 나무라신 '중언부언'의 기도가 아니라도 간구하는 바를 장황하게 늘어 늘어놓을 수 있다. "또 기도할 때에 이방인과 같이 중언부언하지 말라 그들은 말을 많이 하여야 들으실 줄 생각하느니라."(마 6:7) 한 번은 Luther가 자기 체험을 언급하며 이런 말을 했다고 한다. "내가 입을 열 수 조차 없었다. 그런 때가 내가 내 마음을 부추겨 성경의 표현들을 활용하여 기도하자마자 그 차가운 기운이 마음을 주장하던 것이 즉시 멈춘다. 하나님께서 기도하자마자 곧장 그런 마음을 주시기를 기뻐하신다."- Milner, vol. v. p. 484

는 일"을 계속해야 합니다. 만일 여러분의 입에서 기도가 떠나지 않았으면 여러분의 영혼은 위로가 없는 텅 빈 상태일 수 없습니다. 하나님께서는 여러분이 드리는 간구의 폭이나 빈번함을 보시고 결코 "주제넘다" 하시지 않습니다. 오히려 "믿음 없는 것과 마음이 완악한 것"을 꾸짖으십니다(막 16:14). 믿음 없고 완악한 마음의 상태가 하나님께 나아감을 더디게 하고 소원을 가지고 아뢰는 폭을 좁게 만듭니다. 그리하여 하나님께서 주시려고 예비하신 것도 받을 준비가 되어있지 않습니다. 여러분의 그릇은 하나님의 충만한 복락을 담기에 너무나 용량이 적습니다. 하나님께서는 '홍수'를 약속하셨는데 '몇 방울 물'로 만족합니다. 하나님께서는 여러분에게 "강수가 흘러넘칠 것"을 약속하셨습니다. "나는 목마른 자에게 물을 주며 마른 땅에 시내가 흐르게 하며 나의 영을 네 자손에게, 나의 복을 네 후손에게 부어 주리니."(사 44:3) " 나를 믿는 자는 성경에 이름과 같이 그 배에서 생수의 강이 흘러나오리라."(요 7:38) 무엇보다 이미 받은 것을 인하여 하나님을 찬미하는 일을 너무 태만히 합니다.

우리는 하나님께 청원한 것을 쉽게 포기하지 말아야 합니다. 또한 의무를 감당하면서 "기도에 힘쓰는 일"은 하지 않는 잘못에 빠지지 말아야 합니다. "소망 중에 즐거워하며 환난 중에 참으며 기도에 항상 힘쓰며."(롬 12:12) 그런 방식은 우리로 늘 시험 가운데 있게 할 뿐입니다. 사탄은 영혼 속에 있는 하나님께 속한 것 전부를 타격합니다. 불신앙은 사탄의 여러 유혹들에 걸려듭니다.

우리는 그런 가능성을 항상 지니고 살아갑니다. 매 순간 영적 전투의 현장에 있는 셈이지요. 아침저녁으로 습관을 따라 하나님께 경건의 시간을 갖는 것으로 긴박한 상황을 대처하기에 족하다 여깁니까?(그 경건의 시간이 아무리 진지하다 할지라도) 아니지요. 그리스도인은 "하나님의 전신갑주"를 입어야 합니다. 그리고 그 무장(武裝)에 "무시로 깨어 쉬지 않고 성령 안에서 항상 기도에 힘쓰는 것"을 더해야 합니다.[2] 만일 마음이 죽어 있어 차가우면, 루터(Luther)가 늘 하던 대로 하나님께 부르짖고 다시 뜨거워지고 소성케 되기를 기다려야 합니다.

참 믿음이 없는 외식자는 사무적으로 의무만 행하고 있으면 그것으로 족하다 여깁니다. 그러나 하나님의 자녀는 티끌 가운데서 울며 "나는 비천하오니!"라고 외치면서(욥 40:4 ; 42:5,6), 입술로는 표현하기 힘들어 크게 소리 내어 부르짖어 울며(출 14:15 ; 삼상 1:13 ; 느 2:4), 눈물로 마음을 표현하며 "말할 수 없는 탄식으로" 간구하는 일을 멈추지 않습니다(롬 8:26).[3] 그렇게 '우는 것'이 만군의 여호와의 귀에 들어가지 않겠습니까? "악을 행하는 너희는 다 나를 떠나라 여호와께서 내 울음 소리를 들으셨도다."(시 6:8) "주여 나의 모든 소원이 주 앞에 있사오며 나의 탄식이 주 앞에 감추이지 아니하나이다."(시 38:9)

"내게 응답하소서… 나를 구원하소서." 어째서 믿는 자는 하나님의 응답을 바라고 그렇게 간절하게 기도해야 합니까? 그렇게 자기 구원을 위하여 쉬지 않고 부르짖는 이유가 무엇인가요? 하나님의 교훈들을 사랑하기 때문이 아닌가요? 그는 자신의 힘으로는 하나님의 교훈들을 지킬 수 없어 슬퍼합니

---

2) "그러므로 하나님의 전신 갑주를 취하라 이는 악한 날에 너희가 능히 대적하고 모든 일을 행한 후에 서기 위함이라 그런즉 서서 진리로 너희 허리띠를 띠고 의의 호심경을 붙이고 평안의 복음이 준비한 것으로 신을 신고 모든 것 위에 믿음의 방패를 가지고 이로써 능히 악한 자의 모든 불화살을 소멸하고 구원의 투구와 성령의 검 곧 하나님의 말씀을 가지라 모든 기도와 간구를 하되 항상 성령 안에서 기도하고 이를 위하여 깨어 구하기를 항상 힘쓰며 여러 성도를 위하여 구하라."(엡 6:13-18)

3) "보소서 나는 비천하오니 무엇이라 주께 대답하리이까 손으로 내 입을 가릴 뿐이로소이다…내가 주께 대하여 귀로 듣기만 하였사오나 이제는 눈으로 주를 뵈옵나이다 그러므로 내가 스스로 거두어들이고 티끌과 재 가운데에서 회개하나이다."(욥 40:4 ; 42:5,6)
"여호와께서 모세에게 이르시되 너는 어찌하여 내게 부르짖느냐 이스라엘 자손에게 명령하여 앞으로 나아가게 하고."(출 14:15)
"한나가 속으로 말하매 입술만 움직이고 음성은 들리지 아니 하므로 엘리는 그가 취한 줄로 생각한지라."(삼상 1:13)
"왕이 내게 이르시되 그러면 네가 무엇을 원하느냐 하시기로 내가 곧 하늘의 하나님께 묵도하고."(느 2:4)
"이와 같이 성령도 우리의 연약함을 도우시나니 우리는 마땅히 기도할 바를 알지 못하나 오직 성령이 말할 수 없는 탄식으로 우리를 위하여 친히 간구하시느니라."(롬 8:26)

다. 그래서 그는 하나님께 순종할 힘을 공급하는 원천으로서 하나님의 자비하심을 갈망하는 것입니다. "내게 응답하소서 내가 주의 교훈들을 지키리이다 나를 구원하소서 내가 주의 증거들을 지키리이다." 이러한 기도를 드리는 성도의 모습은 그가 정직한 마음을 가지고 있음을 보여주는 아주 충분한 증거입니다. 죄는 '하나님의 교훈들'과 결코 어울릴 수 없습니다. 우리가 죄인이지만 구원을 받으면, 하나님의 교훈들은 "우리의 즐거움"이 됩니다.

주 하나님이시여! 주께서는 우리 마음이 기도라는 영적인 일에서 물러서는 방식을 아시나이다. 아울러 주님께 멀어짐으로 불신앙을 조장하는 방식도 아십니다. 그러하오니 오, "이 은혜와 간구의 영을 부어 주소서." "우리에게 기도를 가르쳐 주소서."(눅 11:1) "전심을 다해 주께 부르짖는 법"을 가르쳐 주소서. 우리로 하여금 주님과 참되게 교제하는 특권을 주소서. 그것이 바로 우리가 땅에 있든지 하늘에 있는지 우리로 진정 만족하게 하는 오직 유일한 기쁨입니다. 그런 다음에 "주께서 내 마음을 넓히시면 내가 주의 계명들의 길로 달려가리이다."(시 119:32)

시편 119:147,148
"내가 날이 밝기 전에 부르짖으며
주의 말씀을 바랐사오며
주의 말씀을 조용히 읊조리려고
내가 새벽녘에 눈을 떴나이다."

시편 기자는 우리에게 간구하는 기도의 간절한 열심뿐 아니라 그 기도를 올리는 시간대도 보여 줍니다. 다니엘과 같이 그는 하루에 기도하는 시간을 따로 정하여 놓았습니다. "다니엘이 이 조서에 왕의 도장이 찍힌 것을 알고도 자기 집에 돌아가서는 윗방에 올라가 예루살렘으로 향한 창문을 열고 전에 하던 대로 하루 세 번씩 무릎을 꿇고 기도하며 그의 하나님께 감사하였더라."(단 6:10) "저녁과 아침과 정오에 내가 근심하여 탄식하리니 여호와께서 내 소리를 들으시리로다."(시 55:17) 그는 자주 하나님께 부르짖는 것만으로 만족하지 않고 "종일 주를 기다리는" 습관을 가졌습니다. "주의 진리로 나를 지도하시고 교훈하소서 주는 내 구원의 하나님이시니 내가 종일 주를 기다리나이다."(시 25:5) 실로 기도가 그의 음식이요 호흡이었습니다. "나는 기도할 뿐이라."(시 109:4)[4] '하나님의 율법을 즐거워하는 복 있는 사람'에 대한 시편 기자 다윗의 묘사를 자세히 들어 보십시오. 주의 율법을 즐거워함을 보여주는 증거는 "주야로 그 율법을 묵상하는 것"입니다(시 1:2). 다윗은 시편 1편에서 자기도 알지 못하는 사이에 자신의 모습을 정확하게 그리고 있습니다. 아침 이른 시간이나 밤에도 그는 하나님의 일을 하고 있었기 때문입니다. "내가 날이 밝기 전에 부르짖으며 주의 말씀을 바랐사오며 내가 주의 말씀을 조용히 읊조리려고(묵상하려고) 내가 새벽녘에 눈을 떴나이다."

그러니 다윗이 자기의 주되신 하나님을 우러러 본 일이 기록된 것은 분명히 '그로부터 우리가 배울 교훈' 때문입니다. 예수님께서는 안식일에도 수고를 아끼지 않으셨습니다. 안식일의 매 순간도 죄인들을 위하여 은택을 쏟으신 것으로 보입니다. 여전히 낮은 몸을 가지고 계시니 우리와 동일한 연약함을 짊어지고 계셨습니다. 그래서 우리의 육신처럼 쉬며 새 힘을 회복하는 일이 필요하였습니다. 그런데 주님은 이른 아침이 되기 전에 일어나셔서 밖으로 나가 홀로 떨어진 곳으로 가시어 기도하셨습니다(마 1:21-35). 또 당신의 교회를 섬기는 일에 착념하시어 사역할 일꾼들을 선택하시고 교회의 기초를

---

4) 그 말은 내 삶 전체가 기도라는 의미이다. 항상 기도할 준비가 되어 있도다. 어느 때에나 주님과 교제하기 위하여 따로 시간을 떼어 놓은 일 외에 항상 기도하는 삶을 영위하였다는 말이다. "쉬지 말고 기도하라."(살전 5:17)

놓는 일에 매진하셨습니다. 주님은 눈을 붙이지 않으시고 '밤이 새도록' 기도하셨습니다(눅 6:12-16).

우리가 기도하는 일을 '의무'로 여긴다면 어떤 정해진 시간에 기도하는 것만으로 만족할 것입니다. 그런데 우리가 기도하는 것을 '특권'이라 느낀다면 아침 일어나 기도하며, 밤낮없이 그 일에 착념할 것입니다. "여호와여 아침에 주께서 나의 소리를 들으시리니 아침에 내가 주께 기도하고 바라리이다."(시 5:3) "여호와여 오직 내가 주께 부르짖었사오니 아침에 나의 기도가 주의 앞에 이르리이다."(시 88:13) "밤에 내 영혼이 주를 사모하였사온즉 내 중심이 주를 간절히 구하오리니 이는 주께서 땅에서 심판하시는 때에 세계의 거민이 의를 배움이니이다."(사 26:9)

우리의 가족이나 사회적인 관계 속에서도 다시 새 힘을 얻습니다. 그러면 우리가 보기에 "주의 장막이 어찌 그리 아름다운지요."(시 84:1) 그래서 우리는 "주님의 문 곁에서 기다리며 문설주 옆에서" 기다립니다. 그럼에도 불구하고 홀로 '문을 닫고 골방'에서 하나님과 교제하는 일을 해야 합니다. 그러니 기도는 세상 뿐만 아니라 교회의 여러 성도들과의 교제도 일단 배제시키고 홀로 하나님과 가장 밀접한 동행을 하는 것입니다. "너는 기도할 때에 네 골방에 들어가 문을 닫고 은밀한 중에 계신 네 아버지께 기도하라 은밀한 중에 보시는 네 아버지께서 갚으시리라."(마 6:6) '은밀하게 혼자 드리는 기도'가 참된 기도이기 쉽습니다. 적어도 그렇게 은밀하게 하나님과 교제하는 기도가 아니면 참된 기도는 없습니다. 주님께서는 '겟세마네 동산에서' 기도하셨습니다. 제자들과 떨어져서 한 그 기도는 예수님의 잦아지는 인성(人性)을 특별하게 지원했습니다. "그들을 떠나 돌 던질 만큼 가서 무릎을 꿇고 기도하여 이르시되 아버지여 만일 아버지의 뜻이거든 이 잔을 내게서 옮기시옵소서 그러나 내 원대로 마시옵고 아버지의 원대로 되기를 원하나이다 하시니 천사가 하늘로부터 예수께 나타나 힘을 더하더라."(눅 22:41-43) 예수님께도 홀로 하나님과 은밀하게 교제하며 기도하는 것이 필요하였습니다. 예수님의 정서 전체가 바로 그 중심을 항상 지키고 있었습니다. 그렇다면 하물며 우리 자신에게는 그런 일이 얼마나 필요하겠습니까! 우리가 무엇을 소원하더라도 그 강도는 약해지고 불안정합니다. 그분이 우리를 향하여 구원자로서 긍휼을 베푸시다니 얼마나 격려가 됩니까! 예수님은 체험적으로 은밀하고 간절한 탄원자의 마음을 아십니다. 다윗의 '부르짖음'을 들으며 귀를 기울인 사람은 없고, 오직 하나님 아버지의 귀에 들렸을 뿐입니다. 그래서 그 '부르짖음'은 하나님의 보시기에 즐거운 향기입니다(시 56:8 ; 잠 15:8 ; 시 141:2 ; 아 2:14).5)

그러나 이스라엘 왕이 긴박한 모든 책임을 지고 있는 사람으로서 "하나님의 말씀과 기도"에 매일 정해 놓고 자주 '거룩한 경건의 시간'을 가졌다는 것을 생각하십시오. 하루 일과가 너무 바빠서 하나님을 섬길 시간이 없다는 핑계는 자신의 세상적인 불성실을 단박에 드러내는 일입니다! 그렇게 핑계대는 이들은 너무나 바빠서 시간이 없는 것이 아니라, 그 마음이 세상적이고 기도할 뜻이 없는 것입니다. 마음을 집중하면 그 은밀한 도리를 행할 시간은 언제라도 낼 수 있습니다. 그런 이들은 다윗같이 잠을 덜 자고라도 기도를 하는 것이지 기도하느라고 잠을 설쳤다 소리는 하지 않습니다.6)

---

5) "나의 유리함을 주께서 계수하셨사오니 나의 눈물을 주의 병에 담으소서 이것이 주의 책에 기록되지 아니하였나이까."(시 56:8)
"악인의 제사는 여호와께서 미워하셔도 정직한 자의 기도는 그가 기뻐하시느니라."(잠 15:8)
"나의 기도가 주의 앞에 분향함과 같이 되며 나의 손드는 것이 저녁 제사 같이 되게 하소서."(시 141:2)
"바위 틈 낭떠러지 은밀한 곳에 있는 나의 비둘기야 내가 네 얼굴을 보게 하라 네 소리를 듣게 하라 네 소리는 부드럽고 네 얼굴은 아름답구나."(아 2:14)

6) Cadogan 목사의 놀라운 전기에 나타난 그의 본은 매우 교훈적이다. "어찌하든지 하나님과 은밀하게 동행해야 한다고 강하게 느꼈다. 그는 여러 친구들과 함께 있다가도 때가 되면 혼자 자기 서재로 들어갔다. 하나님을 기다리는 습관을 생략하는 대신에 그 길을 택하였다. 가족들과의 관계에서도 그러하였다. 가족들이 다 쉬러 각자의 방에 들어가도 그는 홀로 서재에 남아 무릎을 꿇고 있었다. 그래서 집안 가족들이 다 각기 제 방에 들어간 뒤 집안 구석구석을 돌아보고 살피는 하녀가 깜짝 놀라기도 하였다." - Cecil's Life of Cadogan
탁월한 한 목사를 주목하면서 우리가 붙잡아야 하는 요점은 이것이다. 곧 진리가 중요하니 그가 입은 옷의 모양새가 좀 이상해도 별

"내가 날이 밝기 전에 부르짖으며." 주님의 백성들의 한결같은 체험이 중요한 이 요점을 보증하지 않습니까? 매일 '우리 시간의 첫 열매를 주님께 드리는 것'에 생명력 있는 영성의 성패가 얼마나 크게 달려 있는지를 보여 주지 않느냐는 말입니다. 어쩔 수 없이 짧기만 한 낮 동안에 하늘에 속한 신령한 교제의 기회가 얼마나 자주 있습니까? 다만 "밤에 깨어 있는 시간과 새벽의 시간들"이 방해 받지 않는 기회들을 제공합니다. 그런 때에 하나님께서 우리의 기도를 들으시기를 기대하신다는 것과 "하나님과 교제하는 기쁨이 우리의 힘"이 됨을 알 것입니다. "이 날은 우리 주의 성일이니 근심하지 말라 여호와로 인하여 기뻐하는 것이 너희의 힘이니라."(느 8:10) 그 힘으로 주님을 활력 있게 섬기고 세상의 많은 올무에 걸리지 않고 우리 믿음을 보전합니다.

'밤에 깨어 잠들기 전에 해야 할 생각들을 정돈하고 우리 마음을 주께 맡기고 아침에 잠들기 전에 했던 하늘에 속한 생각들을 가지고 깨어 일어나는 것,' 그것이 얼마나 놀라운 즐거움을 주는 표준입니까! 우리가 날마다 새롭게 하나님을 찾음으로 우리와 함께 거하시는 하나님의 은혜를 옷 입고 있으면, 우리는 이렇게 고백하지 않을 수 없습니다. "우리의 사귐은 아버지와 그의 아들 예수 그리스도와 더불어 누림이라."(요일 1:3)

분명 다윗은 아침에 일어날 때 즉시 마음을 하나님의 생각들로 채웠습니다. "하나님이여 주의 생각이 내게 어찌 그리 보배로우신지요 그 수가 어찌 그리 많은지요 내가 세려고 할지라도 그 수가 모래보다 많도소이다 내가 깰 때에도 여전히 주와 함께 있나이다."(시 139:17,18) 그러니 낮 동안에 '내가 하나님의 존전에 있다.'는 의식이 습관적으로 그를 장악할 수 밖에 없었습니다. 우리의 영적인 즐거움이 부족하고 믿음의 열심이 식어있는 이유를 추적

문제가 되지 않는다는 사실이다. "만일 자기의 골방에서 쟁기질을 하지 않으면, 강단에서 열매를 따지 못한다."

하여 보면 아침에 일어나서 하나님을 찾지 않고 다른 일에 착념하는 습관을 발견합니다. 악인들이 자기들의 일에 열심 내는 것을 생각하면 부끄럽습니다(출 32:4 ; 사 5:11 ; 미 2:1). [7] 그렇게 아침에 영적인 일을 소홀히 하면 낮 동안 하는 일이 혼돈에 빠지고 자기의 사소한 일에 몰두하느라 시간을 다 보냅니다. 사실 그 시간을 거룩한 교제를 위하여 드렸어야 합니다. 이른 아침 시간을 경건에 드리는 것이 시의 적절하다는 것을 언급하지 않아도, '육체의 정욕'을 극복하기 위하여 매우 힘쓸 필요가 있으니 마땅히 그래야 합니다. 세상의 요구보다 영적인 일을 앞세우는 것이야말로 자기를 부인하고 하나님을 영예롭게 하는 일입니다. 그 일은 "결단코 상을 잃지 않을" 일입니다. 사람이 죽어가며 과거 지나온 길을 생각할 때 하나님과 교제하기 위하여 들인 시간을 기억하는 것만큼 영혼에 힘을 주는 것이 무엇이겠습니까?

"내가 주의 말씀을 바랐으며." [8] 능동적으로 영적 즐거움을 누리는 일이 없다 할지라도, 적어도 기대감을 가지고 하나님을 존귀하게 해 드려야 합니다. 기도를 게을리 하면서 믿음을 행사하는 일같은 것은 있을 수 없습니다.

---

7) "이튿날에 그들이 일찍이 일어나 번제를 드리며 화목제를 드리고 백성이 앉아서 먹고 마시며 일어나서 뛰놀더라"(출 32:6)
"아침에 일찍이 일어나 독주를 마시며 밤이 깊도록 포도주에 취하는 자들은 화 있을진저."(사 5:11)
"그들이 침상에서 죄를 꾀하며 악을 꾸미고 날이 밝으면 그 손에 힘이 있으므로 그것을 행하는 자는 화 있을진저."(미 2:1)

8) Melancthon 이 여러 사람들에게 보낸 편지 가운데 Luther 에 대해서 말한 대목이 있다. "이렇게 어려운 시련으로 괴롭기 그지없는 시대에 그 사람 같이 특이한 힘으로 부단하게 믿음과 소망을 견지하는 사람을 충분하게 칭찬할 말을 나는 아직 찾지 못하였습니다. 그는 하나님의 말씀을 매우 부지런히 연구함으로 자기 마음의 정서들을 은혜로 먹이는 일에 진력합니다. '그는 적어도 가장 좋은 시간 두 세 시간을 기도로 보내지 않고 하루를 넘기는 일이 없습니다.' 한번은 그가 기도하는 소리를 우연히 듣게 되었습니다. 그런데 그의 기도 속에 '은혜로우신 하나님'의 영광이 얼마나 충만하게 드러나는지요, 그가 얼마나 놀라운 심령과 믿음이 그 기도 속에 드러나 있는지요!. 그는 마치 하나님의 존전에 있는 것 같이 그의 간구의 제목들을 올렸습니다. 그리고 그의 기도는 마치 자기 아버지와 친구에게 말하듯이 소망과 확신이 넘쳐 있었어요. 그는 기도에서 이렇게 말하였습니다. '저는 하나님께 우리의 아버지시며 우리의 하나님이신 줄을 아나이다. 그러므로 저는 아버지의 자녀들을 박해하는 이들을 아무 것도 아닌 것으로 만드실 것을 확신하나이다. 그럴 리 없지만 만일 하나님 아버지께서 그런 일을 하지 못하시면, 아버지의 대의와 그와 연관된 우리의 싸움은 위험에 처하고 말겠지요. 그 일은 전적으로 아버지 자신의 일이니이다. 우리는 아버지의 섭리로 말미암아 그 일의 한 부분을 담당하지 않을 수 없나이다. 그러니 아버지께서 우리의 보호자시니이다.' 내가 멀찍이서 Luther의 이 기도를 듣고 있는데 내 영혼도 속에서 불이 붙는 것 같았고, 사람이 친구처럼 하나님께 아뢰는 말씀을 듣고 있는 것 같았습니다. 그의 기도가 그렇게 친밀한 성격을 띠고 있으면서도 장중함과 경외함이 서려 있었습니다. 그가 기도하면서 시편에 나와 있는 여러 하나님의 약속들을 강조하였습니다. 마치 자기의 간구들이 허락될 것을 확신하듯이 말입니다." Milner's History, vol V. p. 565.
이것이야 말로 다윗이 "내가 주의 말씀을 바랐사옵나이다."라고 기도하면서 가진 확신을 실제로 보여주는 실례가 아닌가?

그러나 기도에 생명력을 주는 '믿음과 소망과 기쁨의 근거'는 하나님의 말씀 속에 드러난 대로 하나님을 '약속하시는 하나님'으로 보는 관점입니다. "주의 말씀을 바란다."함은 우리 자신을 우리의 가장 거룩한 믿음 위에 세운다는 말입니다. "사랑하는 자들아 너희는 너희의 지극히 거룩한 믿음 위에 자신을 세우며."(유 20) 그리고 그것은 우리의 소원과 염려와 근심과 짐을 견고하며 가라앉지 않는 기초 위에 맡긴다는 말입니다.

그러므로 다윗이 "주의 말씀을 묵상하려고 새벽녘에 눈을 떴다면," 필요할 때에 우리가 주의 말씀을 묵상하는 일을 습관으로 삼으려면 말씀을 연구하고 생각하고 바라는 일이 우리의 전인(全人)을 주장해야 합니다. 우리 믿음이 견고하지 못하고 자주 흔들리는 것은 하나님의 말씀을 '확정적인 습관을 따라 집중적으로 상기하는 것'이 부족하기 때문입니다. 피상적인 습관으로도 잠잠할 때에는 충분할 수 있습니다. 그러나 시험의 격랑이 일어나는 때에는, 은혜로 허락하신 완전하고 확정된 주님의 약속의 말씀에 "우리의 닻을 확실하게 던져야" 합니다. 그러기 위하여 평소에 습관적으로 하나님의 약속의 말씀을 늘 상고하며 신뢰해야 합니다. 은혜의 보좌 앞에 나아가 매달리는데도 하나님께서 은혜를 베풀지 않으시는 것 같을 때 하나님의 약속의 말씀을 우리 묵상의 재료로 삼고 우리를 지탱하는 근거로 삼읍시다. 그러면 아래로 처지던 우리의 손에 힘이 생기고, 영적 싸움에 나가 싸우면 복된 승리를 거둘 것 같은 확신이 생깁니다. 근거가 분명하면 확신이 생깁니다. 주님께서 우리가 매일 일하고 영적으로 싸우고 위로를 얻기에 필요한 은혜를 충분하게 주시리라는 믿음을 갖게 하옵소서!

시편 119:149

"주의 인자하심을 따라 내 소리를 들으소서
여호와여 주의 규례를 따라 나를 살리소서."

세상 사람들의 눈에는 다윗이 임금의 위의(威儀)를 갖추고 보좌에 앉아 있을 때가 '가장 영화롭게' 보였을 것입니다. 그러나 하나님 보시기에 다윗이 그렇게 영광스러울 때는 언제였습니까? 왕 중 왕이신 하나님의 은혜의 보좌 앞에 나아가 자기 영혼에 새 힘을 달라고 반복적으로 탄원할 때였습니다. 우리도 하나님 앞에 행할 마땅한 도리를 위하여 바로 그 은혜가 필요하지 않습니까? "그러므로 내가 나의 안수함으로 네 속에 있는 하나님의 은사를 다시 불일 듯 하게 하기 위하여 너로 생각하게 하노니."(딤후 1:6) "일깨어 그 남은 바 죽게 된 것을 굳건하게 할" 각오가 되어 있지 않습니까?(계 3:2) "**주의 인자하심을 따라 내 소리를 들으소서 여호와여 주의 규례들을 따라 나를 살리소서.**"

내 탄원을 성공적으로 하나님 앞에 제기하기 위해서는 '나의 탄원의 이유를 질서 정연하게 정돈하여 아뢰어야' 합니다. "호소하며 변론할 말을 내 입에 채워야" 합니다(욥 23:4). 나를 재판하시는 하나님의 성품에 비추어 호소하기에 합당한 탄원을 끌어내고, 하나님께서 하신 약속이 바로 나를 위하여 주어진 것임을 입증할 수만 있다면, 그야말로 내가 탄원하는 제목이 용납을 받을 것이라는 확신과 용기를 갖게 하는 데 더할 나위가 없을 것입니다. 다윗은 극한 여러 상황 속에서 하나님께 탄원하는 데 너무 익숙한 나머지 곤란한 처지에 제출할 논증들이 항상 준비되어 있었습니다.

"**주의 규례를 따라 나를 살리소서.**" 그는 지금 "살려주시는 은혜"를 하나님께 간청합니다. 어떤 근거입니까? "하나님의 인자하심과 판단 규례"가 근거입니다. 하나님께서 자신을 부인하실 수 없지요?

우리가 간구할 때 얼마나 "온전한 믿음으로" 하나님께 나아갈 수 있습니까! 사랑하시는 아들까지 우리 위해 내어주신 "인자하심"의 초월적인 증거가 있으니 말입니다(요 3:16). 그 증거는 하나님의 자비에 대한 최고의 증표일 뿐 아니라 다른 모든 자비의 보증입니다. "자기 아들을 아끼지 아니하시고 우리 모든 사람을 위하여 내주신 이가 어찌 그 아들과 함께 모든 것을 우리에게 주시지 아니하겠느냐."(롬 8:32) 이성의 힘으로는 도저히 따라 잡을 수 없는 "주의 판단에 따라" 가장 적절한 때에9) 자비를 베푸시리라는 보증이 되는 것입니다. 아들을 내어 주신 하나님의 행사는 율법이 명시한 제재 사항들을 극복하여 마음을 감동하실 것임을 보여주는 가장 확실한 표증으로 매우 명백히 제시된 바입니다(렘 31:31-33). 10) "살려주시는 은혜"를 탄원하는 것은 얼마나 놀라운 일인가요! 그것이 바로 하나님께서 "인자하심의 선물을 베푸신 목적"이 아니고 무엇이겠습니까? "내가 문이니 누구든지 나로 말미암아 들어가면 구원을 받고 또는 들어가며 나오며 꼴을 얻으리라."(요 10:9) "하나님의 사랑이 우리에게 이렇게 나타난바 되었으니 하나님이 자기의 독생자를 세상에 보내심은 그로 말미암아 우리를 살리려 하심이라."(요일 4:9) 아들을 내어주신 하나님의 행사 자체가 살리시는 능력을 전달하는 통로입니다. "또 증거는 이것이니 하나님이 우리에게 영생을 주신 것과 이 생명이 그의 아들 안에 있는 그것이라."(요일 5:11)

"주의 인자하심을 따라 내 소리를 들으소서." "주의 인자하심" 아닌 다른 어떤 것을 근거로 이 은혜를 구할 수 있겠습니까? 우리가 쌓아 올린 공력과

---

9) "하나님의 지혜에 있어서는 이 세상이 자기 지혜로 하나님을 알지 못하므로 하나님께서 전도의 미련한 것으로 믿는 자들을 구원하시기를 기뻐하셨도다."(고전 1:21)

10) "여호와의 말씀이니라 보라 날이 이르리니 내가 이스라엘 집과 유다 집에 새 언약을 맺으리라 이 언약은 내가 그들의 조상들의 손을 잡고 애굽 땅에서 인도하여 내던 날에 맺은 것과 같지 아니할 것은 내가 그들의 남편이 되었어도 그들이 내 언약을 깨뜨렸음이라 여호와의 말씀이니라 그러나 그 날 후에 내가 이스라엘 집과 맺을 언약은 이러하니 곧 내가 나의 법을 그들의 속에 두며 그들의 마음에 기록하여 나는 그들의 하나님이 되고 그들은 내 백성이 될 것이라 여호와의 말씀이니라."(렘 31:31-33)

다른 모든 합리성에 근거하는 일은 이 은혜를 구하는 것과 전혀 상관이 없습니다. "이스라엘 족속아 너희 행위로 말미암아 부끄러워하고 한탄할지어다."(출 36:32) 하나님의 긍휼에만 의존하여 하나님 앞에 설 수 있습니다. "이는 그리스도 예수 안에서 우리에게 자비하심으로써 그 은혜의 지극히 풍성함을 오는 여러 세대에 나타내려 하심이라."(엡 2:7) "우리 구주 하나님의 자비와 사람 사랑하심이 나타날 때에 우리를 구원하시되 우리의 행한 바 의로운 행위로 말미암지 아니하고 오직 그의 긍휼하심을 따라 중생의 씻음과 성령의 새롭게 하심으로 하셨나니."(딛 3:4,5) 처음부터 내 영혼이 걸어온 행로의 기록들을 다시 추적하여 보면 내 믿음이 생기를 얻을 수 있겠습니까? 나의 신랑 예수님께서 어떻게 나와 정혼(定婚)하였으며(호 2:19), 어떻게 나를 이끄셨습니까? "옛적에 여호와께서 나에게 나타나사 내가 영원한 사랑으로 너를 사랑하기에 인자함으로 너를 이끌었다 하였노라."(렘 31:3) 나는 "오, 주의 인자하심을 계속 베푸소서."라고 울부짖을 수 있습니다! 내 필요를 정확하게 아시는 하나님께서 나를 지혜롭고 자애롭게 다루시는 "판단 규례"에 대한 확신을 충만하게 가질 수 있습니다. 내 자신의 판단에 맡기면, 스스로를 악으로 몰아가는 기도를 자주 하였을 것이고, 내가 구한 대로 주셨다면 내게 도리어 저주가 되었을 일이 잦았을 것입니다. "그러므로 여호와께서는 그들이 요구하는 것을 그들에게 주셨을지라도 그들의 영혼은 쇠약하게 하셨도다."(시 106:15)

"여호와여 주의 규례(판단)를 따라 나를 살리소서." 자녀는 자신의 고집대로 하게 내버려 두지 말고 아버지의 더 나은 생각의 지도를 받아야 하며, 환자는 자기 기분으로가 아니라 의사의 의술의 진료를 받아야 합니다. 실로 하나님의 교정(敎正)도 "주의 판단 규례"를 따라 주어졌습니다. "여호와여 나를 징계하옵시되 너그러이 하시고 진노로 하지 마옵소서 주께서 내가 없어지게 하실까 두려워하나이다."(렘 10:24) 하나님께서 나를 지도하시어 고쳐주신 일들을 기억하며 감사하면 내세에 대한 확신이 더 견고해 집니다. 그래서 나는 기쁨으로 다음의 말씀을 내 마음에 도장같이 새깁니다. "여호와께서 기다리시나니 이는 너희에게 은혜를 베풀려 하심이요 일어나시리니 이는 너희를 긍휼히 여기려 하심이라 대저 여호와는 정의의 하나님이심이라 그를 기다리는 자마다 복이 있도다."(사 30:18) 주님께서는 내게 무슨 은혜가 필요한지 아실 뿐 아니라 그 은혜를 베푸실 시기도 아십니다. 그래서 너무 이르지도 않고 너무 늦지도 않은 정확한 때에 은혜를 베푸십니다. '주께서 원하시는 일을 원하시는 때에 하실 것이라.'(Thomas a Kempis)는 것이 믿음으로 참고 인내하는 자의 고백입니다. "주의 인자하심을 따라" 내 탄원을 들으시기를 바라며 간구하면서도 자신의 가련하고 오염되고 생명력 없는 간청들을 가지고 하나님께 나아가기가 거북하다면, "보좌와 네 생물과 장로들 사이에 거하시는 어린 양"(계 5:6)을 믿는 마음으로 우러러 볼 수 있는 능력이 주어지기를 바랍니다. 그리하기만 하면 나의 가장 미약한 기도도 하나님 앞에 하나의 기념비처럼 올려 질 것을 의심하지 않을 수 있습니다.

시편 119:150,151
"악을 따르는 자들이 가까이 왔사오니
그들은 주의 법에서 머니이다
여호와여 주께서 가까이 계시오니
주의 모든 계명들은 진리니이다."

다윗이 처한 절박한 상황은 그로 하여금 하나님께 울부짖게 하였습니다. "내 영혼이 사자들 가운데에서 살며 내가 불사르는 자들 중에 누웠으니 곧 사람의 아들들 중에라 그들의 이는 창과 화살이요 그들의 혀는 날카로운 칼 같도다."(시 57:4) 흔히 하나님께서는 우리를 압박하는 시련을 허용하십니다! 극한 시련이 아니라면 주님께서 우리에게 베푸신 은혜가 얼마나 충만한지 검증되기가 쉽지 않습니다. 왜냐하면 그런 때에 우리가 하나님을 "환난 중에 만날 큰 도움"으로 누리며(시 46:1), "주의 모든 계명들"을 의존함이 우리 영혼을 위로하는 참되고 견고한 기초임을 알게 되기 때문입니다.

"그들은 주의 법에서 머니이다." 경건치 않은 악인들의 무서운 성품을 묘사하는 대목입니다. 그들은 주님의 법을 몰라서가 아니라 고의적으로 대적합니다. 하나님께서 그들을 쳐서 친히 증거하십니다. "네가 교훈을 미워하고 내 말을 네 뒤로 던지며."(시 50:17) "너희 어리석은 자들은 어리석음을 좋아하며 거만한 자들은 거만을 기뻐하며 미련한 자들은 지식을 미워하니 어느 때까지 하겠느냐."(잠 1:22) "내가 불렀으나 너희가 듣기 싫어하였고 내가 손을 폈으나 돌아보는 자가 없었고 도리어 나의 모든 교훈을 멸시하며 나의 책망을 받지 아니하였은즉 너희가 재앙을 만날 때에 내가 웃을 것이며 너희에게 두려움이 임할 때에 내가 비웃으리라."(잠 1:24-26) 그들은 부끄러워하지도 않고 "이 증거가 참이라."고 당당하게 수긍합니다. 그러므로 "주의 법에서 먼 자들이 가까이 와 악행을 저지르려 한다."는 것이 전혀 이상한 일이 아닙니다. 11)

---

11) Bradford 는 자기의 서간문에서 다음과 같이 말한다. "그는 아버지를 미워하는 자식을 용납할 수 없습니다. 상전을 배려하지 않는 종을 아낄 수 없습니다. 여러분이 세상에 속하면 어떻게 되겠습니까? 세상이 여러분을 사랑할 것이고 안연하게 살 것입니다. 마귀가 여러분 속에 거하면(정말 있어서는 안되는 일이지만) 슬픈 일이나 성가시게 하는 일이 없을 것입니다. 마귀가 자기 심복들을 보내어 세상에 속한 여러분의 집을 포위하는 일을 하지 않을 것입니다…그러나 그리스도께서 여러분 안에 거하시면(그리스도께서 믿음으로 말미암아 그리 하심), 마귀는 자기의 장자(長子)인 세상을 일으켜 여러분을 괴롭히고 빼앗고 망하게 할 방도를 궁리할 것입니다. 그때 여러분을 사랑하시는 아버지께서 여러분에게 세상의 실상을 알리시어 여기 지상의 거처 보다 저 하늘의 거처를 목적하게 하실 것입니다. 어느 때에든지 사람의 눈에 와 닿는 이 세상 보다는 다른 하늘의 도성을 바라보게 하실 것입니다. 하나님 아버지께서 여러분에게 잠깐 쓰도록 하신 것들을 빼앗을 힘을 사탄과 세상에게 허용하고 앞으로도 그리하실 것입니다. 그리하여 여러분의 하나님에 대한 충성심과 순종과 사랑을 탈취하거나 시험하게 허용할 것입니다. 왜냐하면 여러분이 하나님 보다 사탄과 세상을 더 사랑할 수 없기 때문입니다. 하나님께서는 여러분이 소유하여 지키고 있는 것을 주심으로써 여러분을 향하신 사랑을 선포하셨습니다." - Bradford's Epistle - Fathers of the English Church, vol. vi. pp. 58,59,

"악을 따르는 자들이 가까이 왔사오니… 여호와여 주께서 가까이 계시오니." 그들이 악을 행하려고 가까이 오면, 주 하나님께서는 우리에게 더 가까이 계십니다. 곤고함에 빠졌어도 여전히 기운 찬 믿음으로 약속을 기대고 있는 자녀에게 주 하나님께서는 "나는 너의 방패라."(창 15:1)고 말씀하십니다. "주는 나의 은신처요 방패시라 내가 주의 말씀을 바라나이다."(시 119:114) 엘리사가 '이 방패'의 힘을 알고 있기에 두려워 떨며 놀라는 종을 달랬던 것입니다. 엘리사는 "악을 따르는 자들이 가까이 오고 있음을" 보았습니다. 그는 믿음의 눈으로 본 것으로 마음의 확신을 가졌습니다. "기도하여 이르되 여호와여 원하건대 그의 눈을 열어서 보게 하옵소서 하니 여호와께서 그 청년의 눈을 여시매 그가 보니 불말과 불병거가 산에 가득하여 엘리사를 둘렀더라."(왕상 6:17)

그러나 주님께서 자기 백성들에게 그런 외적인 방패로 가까이 계신다 해도, 그들의 마음에 계시는 것 보다 더 가까이 계실 수 있겠습니까? 주님께서는 '백성들의 마음'을 당신의 성전으로 삼고 계십니다. "우리는 살아 계신 하나님의 성전이라."(고후 6:16) 주님께서는 그들의 마음을 옛 시온과 같이 원하시는 거처로 삼으십니다. 옛 시온에 대하여 하신 말씀을 들어 보세요. "여호와께서 시온을 택하시고 자기 거처를 삼고자 하여 이르시기를 이는 내가 영원히 쉴 곳이라 내가 여기 거주할 것은 이를 원하였음이로다."(시 132:13,14) "너희도 성령 안에서 하나님이 거하실 처소가 되기 위하여 예수 안에서 함께 지어져 가느니라."(엡 2:22) 일단 하나님께서 그들의 마음을 거룩하게 거하실 처소로 삼으셨으니, 결코 그들 마음이 우울하게 내버려 두실 리가 없습니다.

다윗을 박해한 자들과 같이 우리의 영적 대적자들이 항상 활동하고 있습니다. "삼킬 자를 찾아 두루 다니는 우는 사자"(벧전 5:8)와 같고, 유혹하여 죄짓게 "천하를 꾀는 옛 뱀"(계 12:9)은 "악을 따르려고 가까이" 옵니다. 또 그들이 가까이 오는 것이 눈에 보이지 않으니 그만큼 더 위험합니다. 우리를 늘 시험하고 함정에 빠지게 하려고 노리는 세상이 가까이 있습니다. 또 '우리 속에 있는 세상'이 우리 하나님과의 교제를 끊어 내려고 여전히 수작을 부리고 있습니다.

그러나 우리는 습관을 따라 즉시 우리의 요새(要塞)이신 주님께 돌이킴으로써 즐거이 확신할 수 있습니다. "여호와여 주께서 가까이 계시오니." 하나님께서는 "지극히 존귀하며 영원히 거하시며 거룩하다 이름하는 분"이십니다 (사 57:15). 하나님께서는 의로우시고 그 앞에서 두려워 떨 수밖에 없는 분이십니다. 그럼에도 불구하고 하나님께서는 백성들에게 가까이 오셨고, 백성들이 당신께 가까이 오게 하셨습니다. "그의 십자가의 피로 화평을 이루사 만물 곧 땅에 있는 것들이나 하늘에 있는 것들이 그로 말미암아 자기와 화목하게 되기를 기뻐하심이라."(골 1:20) "이제는 전에 멀리 있던 너희가 그리스도 예수 안에서 그리스도의 피로 가까워졌느니라."(엡 2:13) 하나님께서는 "사랑하시는 아들" 안에서 백성들에게 늘 가까이 계심을 나타내십니다.

하나님께서 당신의 아들 그리스도와 함께 계시는 그 친밀함이 "악을 따르는 자들이 가까이 올 때" 우리를 위로하고 지탱해 주는 원천입니다. 아들이 말씀하십니다. "나를 의롭다 하시는 이가 가까이 계시니 나와 다툴 자가 누구냐 나와 함께 설지어다 나의 대적이 누구냐 내게 가까이 나아올지어다 보라 주 여호와께서 나를 도우시리니 나를 정죄할 자 누구냐 보라 그들은 다 옷과 같이 해어지며 좀이 그들을 먹으리라."(사 50:8,9) 또 그리스도께서는 십자가에 못 박혀 죽으실 때가 가까이 왔을 때 황망해하는 제자들에게 말씀하셨습니다. "보라 너희가 다 각각 제 곳으로 흩어지고 나를 혼자 둘 때가 오나니 벌써 왔도다 그러나 내가 혼자 있는 것이 아니라 아버지께서 나와 함께 계시느니라."(요 16:32)

"주의 모든 계명들은 진리니이다." 하나님의 백성들은 지상 생애 동안 곤고할 때에 하나님의 약속의 말씀으로 피하여 달아납니다. 그리고 항상 신실하게 도우시는 하나님의 도우심을 상기하고 "주의 모든 계명들은 진리니이이다."라는 사실을 자기 마음에 도장같이 새깁니다. 악인들이 의도한 대로 행하는 악행은 결국 다음과 같은 진리를 확증하는 것 밖에 되지 않습니다. "여호와여 주는 의인에게 복을 주시고 방패와 같은 은혜로 그를 호위하시리이다."(시 5:12)

주 하나님께서는 우리가 하나님의 은택에 참여하게 하심에 있어서 '가까이' 계실 뿐 아니라, 우리로 하나님과 교제함으로 늘 하나님께 '가까이' 있게 하시옵소서. 우리의 마음이 구별되어 하나님을 향하게 하소서. 우리가 각별히 조심하여 사랑하시는 아버지 하나님과의 교제를 어긋나게 하는 어떤 행동도 삼가게 하옵소서. 또한 주님과 정중하고 친밀하게 동행하는 면에서도 자라게 하옵소서. 우리의 성품이 사귀는 친구와의 교제를 통해서 형성된다면, 하나님과 더 친밀하고 더욱 부단히 교제함으로 인하여 얼마나 놀라운 "지혜와 지식의 보화"를 얻게 될 것이며, 얼마나 한량없는 사랑의 정신을 품게 될는지요! 하나님께서 우리에게 은혜로 값없이 당신 자신을 다함 없이 나눠주려하시니 얼마나 놀라운 일입니까!

반면에 우리가 거기서 물러나 침륜에 빠진다면, '하늘에 속한 친밀함'을 상실할 각오를 해야 합니다(아 5:2-6).[12] 어둠의 상태에 있더라도 하나님께서 눈에 보이지 않게 '가까이 계심'을 믿는다면, 그것은 믿음의 행사입니다. 믿

---

12) "내가 잘지라도 마음은 깨었는데 나의 사랑하는 자의 소리가 들리는구나 문을 두드려 이르기를 나의 누이, 나의 사랑, 나의 비둘기, 나의 완전한 자야 문을 열어 다오 내 머리에는 이슬이, 내 머리털에는 밤이슬이 가득하였다 하는구나 내가 옷을 벗었으니 어찌 다시 입겠으며 내가 발을 씻었으니 어찌 다시 더럽히랴마는 내 사랑하는 자가 문틈으로 손을 들이밀매 내 마음이 움직여서 일어나 내 사랑하는 자를 위하여 문을 열때 몰약이 내 손에서, 몰약의 즙이 내 손가락에서 문빗장에 떨어지는구나 내가 내 사랑하는 자를 위하여 문을 열었으나 그는 벌써 물러갔네 그가 말할 때에 내 혼이 나갔구나 내가 그를 찾아도 못 만났고 불러도 응답이 없었노라."(아 5:2-6)

음이 우리를 주장하여 실제로 감화를 받게 되면, 우리는 "눈에 보이지 않으시는 하나님을 보는 것" 같이 말하고 기도하고 생각할 것입니다. "믿음으로 애굽을 떠나 왕의 노함을 무서워하지 아니하고 곧 보이지 아니하는 자를 보는 것같이 하여 참았으며."(히 11:27) 즐거운 때에는 하나님께서 '영원히' 우리와 함께 하실 때를 내다봅시다.

"내가 들으니 보좌에서 큰 음성이 나서 이르되 보라 하나님의 장막이 사람들과 함께 있으매 하나님이 그들과 함께 계시리니 그들은 하나님의 백성이 되고 하나님은 친히 그들과 함께 계셔서."(계 21:3)

시편 119:152
"내가 전부터 주의 증거들을 알고 있었으므로
주께서 영원히 세우신 것인 줄을 알았나이다."

시편 기자가 앞에서 말한 바, "주의 계명의 진리 됨"은 "영원이 무너지지 않는 터"였습니다. 그는 그 요점을 '그저 희미한 깨달음'에 의지하여 진술한 것이 아닙니다. "진실로 알았습니다." 최근에 안 것이 아니라 전부터 숙고하고 알았습니다. "옛부터" 알았습니다. 우리의 믿음의 터에 대한 충만한 확신은 매우 중요합니다. 그런 확신 없이 어찌 "은혜로 마음을 굳게 하는 좋은 것"을 가질 수 있겠습니까? "여러 가지 다른 교훈에 끌리지 말라 마음은 은혜로써 굳게 함이 아름답고."(히 13:9) 그런 것이 없이 터를 잡고 "계속 정착하는 믿음"을 갖는 것이 어떻게 가능하겠습니까? "복음의 소망에서 흔들리지 아니하는 일"이 어떻게 가능하겠습니까?(골 1:13) 하나님을 찬미하리로다! 우리는 우리의 터가 확고하다고 느껴야 합니다. 하나님께서 항상 동일하시니

"하나님의 증거들도" 그렇기 마련입니다(시 89:34 ; 111:7-9).13) 이루어지지 않는 하나님의 약속의 말씀은 생각할 수 없고, 아무 효험도 없는 위협의 말씀도 생각할 수 없습니다. "하나님은 사람이 아니시니 거짓말을 하지 않으시고 인생이 아니시니 후회가 없으시도다 어찌 그 말씀하신 바를 행하지 않으시며 하신 말씀을 실행하지 않으시랴."(민 23:19) 하나님의 약속의 말씀들은 확실한 터로 계시되었습니다. 하나님의 약속들은 세상이 아름다워 보이도록 그럴듯하게 꾸민 약속과 분명한 대조를 이룹니다(사 40:1-8).14)

"내가 전부터 주의 증거들을 알고 있었으므로 주께서 영원히 세우신 것인 줄을 알았나이다." 주님의 증거들의 영원한 기초를 주목합시다. 구속(救贖)의 전체 계획은 영원(永遠)에 강조를 두고 수립되었습니다. 누가 구주(救主)가 되실 것인지 '창세전에 미리' 정해졌습니다. "그는 창세전부터 미리 알린 바 된 이나 이 말세에 너희를 위하여 나타내신 바 되었으니."(벧전 1:20) 하나님의 백성들은 창세전에 "그리스도 안에서 택정된 자들"이었습니다(엡 1:4). "하나님이 우리를 구원하사 거룩하신 소명으로 부르심은 우리의 행위대로 하심이 아니요 오직 자기의 뜻과 영원 전부터 그리스도 예수 안에서 우리에게 주신 은혜대로 하심이라."(딤후 1:9) 위대하신 창조주께서 "시초부터 종말"을 알리셨습니다(사 46:9,10). 그리고 예정하신 뜻을 이루실 때에 우연이나 변덕스러움에 맡기지 않으십니다. 교회에서 일어나는 모든 사건들은 지나가는 순

---

13) "내 언약을 깨뜨리지 아니하고 내 입술에서 낸 것은 변하지 아니하리로다."(시 89:34)
"그의 손이 하는 일은 진실과 정의이며 그의 법도는 다 확실하니 영원무궁토록 정하신 바요 진실과 정의로 행하신 바로다 여호와께서 그의 백성을 속량하시며 그의 언약을 영원히 세우셨으니 그의 이름이 거룩하고 지존하시도다."(시 111:7-9)

14) "너희 하나님이 이르시되 너희는 위로하라 내 백성을 위로하라 너희는 예루살렘의 마음에 닿도록 말하며 그것에게 외치라 그 노역의 때가 끝났고 그 죄악의 사함을 받았느니라 그의 모든 죄로 말미암아 여호와의 손에서 벌을 배나 받았느니라 할지니라 하시니라 외치는 자의 소리여 이르되 너희는 광야에서 여호와의 길을 예비하라 사막에서 우리 하나님의 대로를 평탄하게 하라 골짜기마다 돋우어지며 산마다, 언덕마다 낮아지며 고르지 아니한 곳이 평탄하게 되며 험한 곳이 평지가 될 것이요 여호와의 영광이 나타나고 모든 육체가 그것을 함께 보리라 이는 여호와의 입이 말씀하셨느니라 말하는 자의 소리여 이르되 외치라 대답하되 내가 무엇이라 외치리이이까 하니 이르되 모든 육체는 풀이요 그의 모든 아름다움은 들의 꽃과 같으니 풀은 마르고 꽃이 시듦은 여호와의 기운이 그 위에 붊이라 이 백성은 실로 풀이로다 풀은 마르고 꽃은 시드나 우리 하나님의 말씀은 영원히 서리라 하라."(사 40:1-8)

간이 아닌 영원한 하나님의 뜻 안에서 확정되고 허용되고 제공됩니다. 옛 백성들을 다루시는 하나님의 신실하신 행사는 모두 '영원'을 내다보시고 '맹세하시고 약속하신 말씀'에 기초한 것입니다. "이는 하나님이 거짓말을 하실 수 없는 이 두 가지 변하지 못할 사실로 말미암아 앞에 있는 소망을 얻으려고 피난처를 찾은 우리에게 큰 안위를 받게 하려 하심이라."(히 6:18)

그러니 우리가 이 반석에 의지하여 감히 영원한 소망을 견지하면 "큰 위로"를 받을 수 없겠습니까? 지상에서 만나는 모든 일들로 우리가 당황할 필요가 있겠습니까? "이 세상도, 그 정욕도 지나가되 오직 하나님의 뜻을 행하는 자는 영원히 거하느니라."(요일 2:17) "세상 물건을 쓰는 자들은 다 쓰지 못하는 자 같이 하라 이 세상의 외형은 지나감이니라."(고전 7:31)

그러나 우리는 거의 모두가 이 지나가는 덧없는 모형에 이상할 정도로 집착합니다. 우리가 그 허망함을 경험하기도 하고 하나님의 교훈을 통해 경계 받으면서도 그리합니다. 우리는 일반적으로 가장 소중히 여기는 위로들이 무너짐으로 인해 "주의 증거들이 영원하다."는 진리를 반복적으로 체험하게 됩니다. 그런 뒤에야 영원한 터 위에 서 있는 "주의 증거들"로부터 오는 충만한 위로를 취하게 됩니다. 아울러 주의 증거들이 멸망할 수 없는 보배로운 특성을 갖추고 있음을 알고 거기서 온전한 위로를 취하게 됩니다.

주여, 내가 죽을 때에 이 진리를 유념함으로 특별한 힘을 내게 주소서. "저는 지금 이 세상을 떠나 알지 못하는 세계로 넘어가려 하나이다. 죽는 이 순간에도 '소망이 부끄럽지' 않나이다(롬 5:5). 그것은 진리가 '견고하고 확실한 영혼의 닻'과 같기 때문이나이다. 그 진리를 힘입어 영원한 세계로 나를 온전히 던져도 두렵지 않나이다. '내가 알고 또한 내가 의탁한 것을 그 날까지 그가 능히 지키실 줄을 확신함이라.'(딤후 1:12) 저는 그리스도의 충분함을 알되 '하나도 빠짐이 없이 충분하심'을 아나이다. 내 영혼의 모든 대적들을 능히 이기실 그리스도의 능력을 아나이다. '통치자들과 권세들과 지옥의 세력을 무력화하여' 구속받은 백성들을 건지셨음을 아나이다(골 2:15). 또한 주님은 '여호와로서 변하지 않으시는' 분이심을 아나이다(말 3:6). 주님의 말씀도 변하지 않습니다. '주님의 증거들도 영원하다'는 것을 아나이다. '내가 전부터 주의 증거들을 알고 있으므로 주께서 영원히 세우신 것을 줄을' 알았나이다."

그렇게 우리는 고대하고 있습니다. "진동하지 아니하는 것을 영존하게 하기 위하여 진동할 것들 곧 만드신 것들이 변동될 것을 나타내시는 때"를 기다리고 있습니다(히 12:27). 조소하는 이들은 말할 수 있습니다. "터가 무너지면 의인이 무엇을 하랴."(시 11:3) 그에 대해 하나님께서 친히 대답하십니다. "너희는 하늘로 눈을 들며 그 아래의 땅을 살피라 하늘이 연기 같이 사라지고 땅이 옷 같이 해어지며 거기에 사는 자들이 하루살이 같이 죽으려니와 나의 구원은 영원히 있고 나의 공의는 폐하여지지 아니하리라."(사 51:6)

153 나의 고난을 보시고 나를 건지소서 내가 주의 율법을 잊지 아니함이니이다

154 주께서 나를 변호하시고 나를 구하사 주의 말씀대로 나를 살리소서

155 구원이 악인들에게 멀어짐은 그들이 주의 율례들을 구하지 아니함이니이다

156 여호와여 주의 긍휼이 많으오니 주의 규례들에 따라 나를 살리소서

157 나를 핍박하는 자들과 나의 대적들이 많으나

나는 주의 증거들에서 떠나지 아니하였나이다

158 주의 말씀을 지키지 아니하는 거짓된 자들을 내가 보고 슬퍼하였나이다

159 내가 주의 법도들을 사랑함을 보옵소서 여호와여 주의 인자하심을 따라 나를 살리소서

160 주의 말씀의 강령은 진리이오니 주의 의로운 모든 규례들은 영원하리이다

Psalm 119:153-160

20

말씀의 강령을 따라
주의 변호를 탄원하는 사람

시편 119:153
"나의 고난을 보시고 나를 건지소서
내가 주의 율법을 잊지 아니함이니이다."

"**나의 고난을 보시고.**" 우리는 이 대목에서 슬픔의 자녀가 하나님께 부르짖는 또 다른 어조(語調)를 만납니다. 세상이 미워하고(요 15:19), 원수들이 쉬지 않고 덤벼들고(욥 1:7 ; 눅 22:31 ; 벧전 5:8), 하나님의 징계를 받으며(고전 11:32 ; 히 12:10,11), "사망의 몸"의 무게로 고통을 당합니다(롬 7:24 ; 8:23). 그러니 "나의 고난을 보옵소서."라고 울부짖지 않고야 어찌 견디겠습니까? 이 세상은 분명히 우리의 쉴 곳이 아니라 안식을 바라고 일하는 곳이로다! 진정 "우리의 날들이 얼마 못되나 험악하다."는 말이 맞습니다(창 47:9). 그러니 우리 구주께서 우리를 불쌍히 여기시고 전능하신 팔로 돕지 않으시면, 우리가 이 세상에서 믿음을 지켜 나가는 것이 어떻게 가능하겠습니까? 만일 이런 주님의 불쌍히 여기심이 없다면 우리는 슬픔에 압도당하기 십상입니다. 아니 '슬픔으로 상하여 마음이 거의 깨질' 지경입니다. "비방이 나의 마음을 상하게 하여 근심이 충만하니 불쌍히 여길 자를 바라나 없고 긍휼히 여길 자를 바라나 찾지 못하였나이다."(시 69:20) "나를 멀리 하지 마옵소서 환난이 가까우나 도울 자 없나이다."(시 22:11)

그리스도께서 이런 깊은 시련과 우리에게 알리지 않으신 다른 모든 고난들로 인하여 "우리에게 합당한 대제사장"이 되셨습니다(히 7:26). "우리에게 있는 대제사장은 우리의 연약함을 동정하지 못하실 이가 아니요 모든 일에 우리와 똑같이 시험을 받으신 이로되 죄는 없으시니라."(히 4:15) "그가 시험을 받아 고난을 당하셨은즉 시험 받는 자들을 능히 도우실 수 있느니라."(히 2:18)

주 하나님께서는 애굽에 있는 자기 백성들의 '고난'을 얼마나 깊은 연민으로 생각하셨는지요! "여호와께서 이르시되 내가 애굽에 있는 내 백성의 고통을 분명히 보고 그들이 그들의 감독자로 말미암아 부르짖음을 듣고 그 근심을 알고."(출 3:7) "하나님이 이스라엘 자손을 돌보셨고 하나님이 그들을 기억하셨더라."(출 2:25) 그 다음 세대에서는 어찌 하셨습니까? "여호와께서 이스라엘의 곤고로 말미암아 마음에 근심하시니라."(삿 10:16) 주님께서 백성들의 행복에 대하여 얼마나 연민어린 심정으로 관심을 가지시는지를 보여주는 말씀을 들어 보십시오. "그들의 모든 환난에 동참하사 자기 앞의 사자로 하여금 그들을 구원하시며 그의 사랑과 그의 자비로 그들을 구원하시고."(사 63:9) 그러니 하나님의 백성들이 "나의 고난을 보옵소서."라고 기도할 용기를 내는 것이 좋습니다. "우리 하나님이여 광대하시고 능하시고 두려우시며 언약과 인자하심을 지키시는 하나님이여 우리와 우리 왕들과 방백들과 제사장들과 선지자들과 조상들과 주의 모든 백성이 '앗수르 왕들의 때로부터 오늘까지 당한 모든 환난을 이제 작게 여기지' 마옵소서."(느 9:32) "여호와여 다윗을 위하여 그의 모든 근심한 것을 기억하소서."(시 132:1-개역한글)

"나를 건지소서." 주님께서는 우리를 '유념하시는' 방식으로 동정하실 뿐 아니라 "건지시는" 능력을 베푸십니다. '붉은 옷을 입으시고 지극히 큰 권능으로 행차하시는 이 영광스러운 정복자'가 누구십니까? "공의를 말하는 자요 구원하는 능력을 가진 이니라."(사 63:1) 바벨론의 존귀한 신앙고백자들이 그렇게 믿었습니다. "왕이여 우리가 섬기는 하나님이 계시다면 우리를 맹렬히 타는 풀무불 가운데에서 능히 건져내시겠고 왕의 손에서도 건져내시리이다… 이 세 사람 사드락과 메삭과 아벳느고는 결박된 채 맹렬히 타는 풀무불 가운데에 떨어졌더라… 느부갓네살이 말하여 이르되 사드락과 메삭과 아벳느고의 하나님을 찬송할지로다 그가 그의 천사를 보내사 자기를 의뢰하고 그들의 몸을 바쳐 왕의 명령을 거역하고 그 하나님 밖에는 다른 신을 섬기지 아니하며 그에게 절하지 아니한 종들을 구원하셨도다."(단 2:17,23,28) 하나님께서는 사자 굴에 들어갔던 다니엘에게도 그리 하셨습니다(단 5:23,27).

주 하나님께서는 "경건한 자들을 시험에서 건지실 방도"를 아시고(벧후 2:9), "큰 사망에서 우리를 건지셨고 또 건지실 것이며 이 후에도 건지실" 것을 아십니다(고후 1:10). 교회 시대 중 어느 때에 그 진리에 대한 증거가 부족하습니까?

"내가 주의 율법을 잊지 아니함이니이다." 이 의식이 바로 "우리의 고난을 보시고 건지시기"를 탄원하게 만듭니다.[1] 또 그런 의식이 있다는 것은 주님의 정하신 뜻대로 고난이 그 사람 속에서 할 일을 제대로 해 내고 있다는 증거이기도 합니다. 그러니 우리는 고난당할 때에 하나님의 은혜로운 약속이 우리 속에서 성취될 것을 기대해야 합니다. "하나님이 이르시되 그가 나를

---

[1] 시편 119:94,173,176에서 동일한 탄원이 표현되어 있다. "나는 주의 것이오니 나를 구원하소서 내가 주의 법도들만을 찾았나이다.""내가 주의 법도들을 택하였사오니 주의 손이 항상 나의 도움이 되게 하소서." "잃은 양 같이 내가 방황하오니 주의 종을 찾으소서 내가 주의 계명들을 잊지 아니함이니이다."

사랑한즉 내가 그를 건지리라 그가 내 이름을 안즉 내가 그를 높이리라 그가 내게 간구하리니 내가 그에게 응답하리라 그들이 환난 당할 때에 내가 그와 함께 하여 그를 건지고 영화롭게 하리라."(시 91:14,15) 그러므로 우리는 시련 속에서 주님의 자비하신 '생각'과 신실한 '구원'을 찬양할 준비를 하는 것이 좋습니다. "내가 주의 인자하심을 기뻐하며 즐거워할 것은 주께서 나의 고난을 보시고 환난 중에 있는 내 영혼을 아셨으며 나를 원수의 수중에 가두지 아니하셨고 내 발을 넓은 곳에 세우셨음이니이다."(시 31:7,8)

주여, 우리가 '환난'을 기억할 때 '자비하시고 전능하신 친구'와 더 친밀해진 통로로만 기억하게 하소서. "주께서 나를 생각하신다."는 새로운 증거를 더 가질 수만 있다면, 지금 당하는 것 보다 더 큰 궁핍과 환난도 당하게 하소서. 주님께서 "내 고난을 생각하시고 당신이 정하신 은혜의 때와 방식을 통해서 나를 건지실 것이라."는 새로운 증거를 더 갖게 된다면 말입니다.

시편 119:154
"주께서 나를 변호하시고 나를 구하사
주의 말씀대로 나를 살리소서."

시편 기자는 당한 '고난'의 무게로 압박을 받으나 도움을 요청할 데를 알고 있으니 전혀 손해를 보지 않습니다. 자기의 의로운 탄원을 "원수들과 보복자들을 잠잠하게 하시는" 분께 가지고 갑니다(시 8:2). "여호와여 나와 다투는 자와 다투시고 나와 싸우는 자와 싸우소서 방패와 손 방패를 잡으시고 일어나 나를 도우소서 창을 빼사 나를 쫓는 자의 길을 막으시고 또 내 영혼에서 나는 네 구원이라 이르소서."(시 35:1-3)

그와 같이 우리도 "소망의 인내"를 견지하며(살전 1:3), "주께서 나를 위하여 논쟁하시고 심판하실 때"까지 기다려야 합니다(미 7:9). 만일 우리에게 억울한 누명을 씌워 고발하는 참소자가 있다면(슥 3:1 ; 계 12:10), 우리를 위해 간구할 "대언자"도 계십니다(요일 2:1). 그분은 하늘 법정에서 아버지께서 인정하신 변론을 가지고 증언하실 수 있습니다. "아버지여 내 말을 들으신 것을 감사하나이다 항상 내 말을 들으시는 줄을 내가 알았나이다."(요 11:41,42)

구속주께서 우리의 '구원'을 위해 성공적인 변론을 능히 하십니다. 우리 스스로는 하늘 법정에 제출할 것이 전혀 없어 아무 말도 못하고 힘없이 서 있었을 뿐입니다. 구주께서 다루셔야 할 송사(訟事)는 실로 무시무시한 문제였습니다. 원수 마귀는 율법을 자기 무기 삼아 우리를 참소하였습니다. 그리고 그 마귀가 율법을 가지고 우리를 참소하며 고발하는 논리를 부인하거나 대응할 수 없었습니다. 우리는 "법정에서 내려질 선고"를 감당할 수도 없었고, 임박한 하나님의 진노를 피하여 달아날 수도 없었습니다. 그러나 끝없는 위기의 순간에 우리를 위해 변론을 맡으실 '대언자(Advocate)'가 우리의 입장을 변호하셨으니 그 이름은 '모사(謀士, Counsellor)'입니다(사 9:6).[2] 그분이 법정에서 변론하실 때 기각당한 적이 없었습니다. 그분은 아무도 반박하거나 부인할 수 없는 만족스러운 변론을 하시는 분이십니다. 그분의 변론이 끝나자마자 하늘에서 '구원의 소리'가 들려왔습니다. "하나님이 그 사람을 불쌍히 여기사 그를 건져서 구덩이에 내려가지 않게 하라 내가 대속물(代贖物, ransom)을 얻었도다."(욥 33:24) 그 '대속물'은 다름 아닌 "죄 사함을 얻게 하려고 많은 사람을 위하여 흘리신" 그분의 "보배로운 피"입니다(벧전 1:19 ; 마 26:28). 그 '대속물'은 자기 백성들을 '영원히 구원'하시기에 합당한 가치가 있었습니다. "염소와 송아지의 피로 하지 아니하고 오직 자기의 피로 영원한

---

2) "이는 한 아기가 우리에게 났고 한 아들을 우리에게 주신 바 되었는데 그의 어깨에는 정사를 메었고 그의 이름은 기묘자라, 모사라, 전능하신 하나님이라, 영존하시는 아버지라, 평강의 왕이라 할 것임이라."(사 9:6)

속죄를 이루사 단번에 성소에 들어가셨느니라."(히 9:12) 여전히 그 피는 백성들의 죄를 속(贖)하는 통로입니다. 백성들이 최선을 다해 거룩하게 하나님을 섬긴다 해도 거기에는 여전히 죄가 묻어 있어 하나님께 복된 접근을 더럽힙니다. 우리 구주의 보배 피는 여전히 그것을 속합니다.

그러므로 사탄이 우리를 참소하고, 내 마음이 나를 정죄할 때, 우리는 하늘에 계신 우리의 '대언자'를 우러러 보며 "나를 변호하시고 나를 구하소서."3)라고 기도할 수 있습니다. "오, 주여, 내가 압제를 당하고 있나이다. 나를 맡으소서. 주께서 응답하실 것을 믿나이다. 오, 주 나의 하나님이시여."

"주께서 나를 변호하시고." 두려워 떨며 서 있는 가련한 죄인이여! 용기를 낼지어다. "너희의 구속자는 강하시니 너의 송사를 맡아 철저하게 변론하시리라."4) 주께서는 그대가 억울하여 송사하는 일에 무응답으로 대처하지 않으실 것입니다. 그러나 이렇게 말하고 싶겠지요? "주께서 나를 위해 대신 말씀하신다는 것을 어떻게 아나요?"라고 되묻겠습니까? 주께서 그대를 위해 변론하지 않으시면 누구를 위해서 하시겠습니까? 죄인이여, 그대만큼 대언하는 변호인이 필요한 자가 누구입니까?

그분이 우리 죄인들 위해서 변론하신다는 것은 '우리에게 속한 것' 중에서 좋은 것을 들어 변론하신다는 뜻이 아닙니다. 우리 속에 하나님 앞에 추천할 만한 것이 무엇이 있습니까? 아무 것도 없습니다. 도리어 '우리를 위해서'

---

3) Scott의 말을 들어 보라. "여기 '나를 구하소서'라고 번역된 말은 구속자(救贖者)의 직무를 염두에 두고 쓰인 용법이다. 이스라엘 중에 파산하였거나 종으로 팔린 사람을 속량해 내거나 잃어버린 기업을 값을 주고 다시 무를 권한이 있는 친척을 구속자라 하였는데, 그가 감당할 일을 염두에 두고 이 표현을 쓴 것이다. 구속자는 자기가 속량해 내려는 자의 보호자와 변호인으로 행세하며 그 사람에게 불의와 압박을 더 이상 가하지 못하게 막아 설 권한이 있었다. 만일 자기가 속량하고자 하는 자가 남에게 살해를 당하면 그 원수를 보복할 권한을 가졌다."

그러므로 이 구절의 원어에서 이 말은 자연스럽게 자기에게 진정 친밀하신 하나님을 바라보며 탄원하는 신자의 자세를 가리키는 말로 쓰인 것이다. 하나님께서는 고대 구속자가 가진 모든 직무들을 그 사랑하시는 한 분 예수 그리스도의인격 안에 종합시키셨다. 그러므로 '나를 구하소서'라는 표현은 대번에 여기 이 구절을 그런 관점으로 해석하도록 예중도 해 주고 보장도 해 준다.

4) "그들의 구원자는 강하니 그의 이름은 만군의 여호와라 반드시 그들 때문에 싸우시리니 그 땅에 평안함을 주고 바벨론 주민은 불안하게 하리라."(렘 50:34)

많이, 자주 변론하신다는 뜻입니다. 자신의 피의 공력을 가지고 하나님 앞에 우리를 대신하여 아뢰시는 것입니다. "세상 죄를 지고 가는 어린양으로서" 흘리신 자신의 피를 가지고 우리 위해 대변하시는 것입니다(요 1:29).

주님께서는 "불신앙의 큰 죄"까지도 짊어지시고 피를 흘리셨습니다. 성령께서 지금 그 죄 때문에 여러분을 책망하시지요. "그가 와서 죄에 대하여, 의에 대하여, 심판에 대하여 세상을 책망하시리라."(요 16:8,9) 지금도 우리는 죄를 느끼고, 그 때문에 슬퍼합니다. 그래서 그 죄에 빠지지 않으려고 저항하지요. 불신앙의 죄야말로 우리의 평안을 깨는 가장 극렬한 원수입니다. 실로 주님께서는 "항상 살아계시며 여러분을 위해서 중보의 기도를" 하시지 않습니까? "그러므로 자기를 힘입어 하나님께 나아가는 자들을 온전히 구원하실 수 있으니 이는 그가 항상 살아 계셔서 그들을 위하여 간구하심이라."(히 7:25) 그러니 죄, 시험, 낙담하여 뒤로 물러가는 이들의 모습, 어려운 난제가 사방에서 여러분을 대적하여 일어나는 것을 보고 낙심될 때 어떻게 해야겠습니까? 자신에게 닥친 슬픔이 자기에게 끼칠 해의 가능성이 아무리 커 보여도, "자기를 힘입어 하나님께 나아가는 자들을 온전히 구원하실 수 있다."하신 말씀을 붙잡으면 이겨낼 수 있지 않습니까? 말씀의 약속을 믿기가 어렵다면, 부르짖으세요. "나의 믿음 없는 것을 도와주소서."(막 9:24) 의도적으로 침울해져 낙담함으로 주님의 이름을 모독하지 마세요. 즉시 주님께 나아감으로 불순종의 죄를 더하지 마세요.

"주의 말씀대로 나를 살리소서." 하늘에 계신 우리 '대언자'를 믿는 믿음으로 행하며 섬기더라도 우리의 게으름으로 인해 애통해야 합니다. 그러므로 "나를 살리소서(Quicken me, 나를 소성시키소서)"라고 간구할 때 '구원(deliverance)'을 위한 탄원의 기도도 함께 올려야 합니다. 우리가 순간순간 믿음을 견지하는 일은 하나님이 공급하시는 은혜에 달렸습니다. 우리가 "주의 말씀대로" 기대하도록 확실하게 보장하신 하나님을 찬양할지어다!

우리는 "주의 말씀" 속에서 살아있는 원리뿐만이 아니라 그 원리가 생동적으로 작용하는 은혜를 받아야 할 것입니다. 등불을 켤 불(fire)만이 아니라 불꽃이 일어나게 할 기름도 받아야할 것입니다. 우리를 위해서 간구하시는 '대언자'이시며 구원하시는 '구주'되시는 그리스도께서 우리를 살리시는 '머리'이십니다. 그리스도께서는 '당신의 일을 부흥케 하시는 성령님'의 역사로 충만하신 분이십니다. "주께서 높은 곳으로 오르시며 사로잡은 자들을 취하시고 선물들을 사람들에게서 받으시며 반역자들로부터도 받으시니 여호와 하나님이 그들과 함께 계시기 때문이로다."(시 68:18) 그래서 우리가 진정으로 기도하고 찬미하고 믿고 사랑하는 마음을 원하십니다. 당신의 피로 사시고 간구의 열매인 생명과 감동을 위에서 내려주시는 구주께 올라가십시다.

시편 119:155
"구원이 악인들에게서 멀어짐은
그들이 주의 율례들을 구하지 아니함이니이다."

믿음의 사람과 믿지 않는 악인들 사이에 얼마나 큰 간격이 있습니까! 악인들은 정말 곤고하기 짝이 없습니까! 그들은 '자기들의 고난'을 생각해 줄 이도 없고, 자기들을 '구원해 주실 자'도 없고, 자기들의 송사(訟事)를 '대변할 자'도 없습니다. 실로 불멸의 영혼이 영원토록 견뎌내야 할 모든 비참함은 **"구원이 악인들에게서 멀다."** 는 한 문장 속에 응축되어 있습니다. 그 참상을 주님께서 친히 묘사하여 주셨습니다. "부자도 죽어 장사되매 그가 음부에서 고통 중에 눈을 들어 멀리 아브라함과 그의 품에 있는 나사로를 보고 이르되 아버지 아브라함이여 나를 긍휼히 여기사 나사로를 보내어 그 손가락 끝

에 물을 찍어 내 혀를 서늘하게 하소서 내가 이 불꽃 가운데서 괴로워하나이다."(눅 24:22-24)

현세에서도 악인의 "구원"은 멉니다. "내 하나님의 말씀에 악인에게는 평강이 없다 하셨느니라."(사 57:21) 그들의 삶에 전반적인 흐름이 '죄'입니다. "눈이 높은 것과 마음이 교만한 것과 악인이 형통한 것은 다 죄니라."(잠 21:4) "악인의 제사는 여호와께서 미워하셔도."(잠 15:8) 그들의 삶은 "그리스도 밖에 있고 소망도 없고 하나님도" 없습니다(엡 2:12). "악인들에게서 먼 구원"을 생각하며 그들이 받을 영원한 저주를 누가 그들에게 말해 줄 수 있습니까? 영원히 하나님과 하늘의 영광과 단절되어 존재하다니요! 하나님의 원수들과 지옥의 상속자들에게는 하늘 문이 영원히 닫혀 있습니다! 동료 그리스도인들이여! 그대들이 피하여 빠져 나온 그 비참함을 생각해 보십시오. 하나님에게서 "멀리 떨어져 있었을 때"를 생각해 보십시오. 만일 여러분이 "그리스도 예수 안에서 그리스도의 피로 가까워지지 않았다면," 여러분은 현세나 영원 세계에서 그 비참함을 벗어나지 못하였을 것입니다(엡 2:13) 우리 주 예수님께서 비방하는 자들을 향하여 무어라 말씀하셨습니까? "만일 이 사람들이 침묵하면 돌들이 소리 지르리라 하시니라."(눅 19:40)

"구원이 악인들에게서 멀어짐은." 형언할 수 없이 비참하고 무서운 '악인들의 조건'은 어디서 연유한 것입니까? 그들에게는 "구원받으라"는 제안이 없었습니까? 그들에게는 애초부터 소망의 문이 열리지 않거나 하나님의 언약에 참여하는 것이 단호하게 거부당하였습니까? 오, 아닙니다! 그들 스스로 그런 일을 초래했습니다. 만일 그들이 자기들의 '구원'을 위하여 탄원할 길을 찾기만 하였다면 일은 달라졌을 것입니다. 그들도 '대언자'께 자신들의 구원을 위하여 탄원해 주십사고 간청만 하였다면 얼마나 좋았겠습니까! 그러나 지금 그들은 "멀어져" 있습니다. 이유는 오직 "그들이 하나님의 율법에서 멀리 떨어져 있기" 때문입니다(시 73:27). 하나님의 율법이 그들에게서 멀리 달아난 것이 아니라 그들이 하나님의 율법에서 멀리 달아났습니다.

"그들이 주의 율례들을 구하지 아니함이니이다." 그들의 모든 행실 하나하나는 크고 작은 일에 하나님으로부터 떠나는 일에 열심을 낸 그들의 마음의 행로를 반영한 것입니다. 그들의 마음이 교만하여 "주의 율례들을 구하지 아니함"이었습니다. 그의 모든 사랑에 하나님이 반영된 것입니다. 그들은 "하나님의 길을 아는 지식을 구하지" 않을 것입니다. 도리어 그들은 "하나님이 시여 우리를 떠나소서"(욥 21:14)라고 말할 지경입니다. 그래서 심판 날에는 하나님께서 그들에게 "나를 떠날지어다"라고 말씀하실 것입니다(눅 7:23 ; 25:41). 악인들은 그리스도께 "우리는 이 사람이 우리의 왕이 되길 원하지 않는다."고 말할 것입니다. 그래서 그들에 대하여 그리스도께서도 이렇게 말씀하실 것입니다. "그 백성이 나를 미워하여 사자를 뒤로 보내어 이르되 우리는 이 사람이 우리의 왕 됨을 원하지 아니하나이다 하였더라… 그리고 내가 왕 됨을 원하지 아니하던 저 원수들을 이리로 끌어다가 내 앞에서 죽이라 하였느니라."(눅 19:14,27) 하나님께서 그들을 심판하시기보다 그들이 스스로를 심판하고 있습니다. 자신들의 죄가 필연적으로 그들을 심판합니다. "그러나 너희가 영생을 얻기 위하여 내게 오기를 원하지 아니하는도다."(요 5:40) 그러니 그들은 유구무언입니다. 그들은 반드시 죽어야 합니다. "예루살렘아 예루살렘아 선지자들을 죽이고 네게 파송된 자들을 돌로 치는 자여 암탉이 그 새끼를 날개 아래에 모음같이 내가 네 자녀를 모으려 한 일이 몇 번이더냐 그러나 너희가 원하지 아니하였도다 보라 너희 집이 황폐하여 버려진 바 되리라."(마 23:37,38)

누가 "악인들"입니까? 안타깝습니다! 이 질문은 참으로 서글픈 질문입니다. 그 범주 안에 세상 사람들의 평가로는 상냥하고 덕 있고 사랑스럽게 행세하는 많은 이들이 포함될 것이기 때문입니다. '나는 악인이다.'라고 자기 이마에 크게 쓰고 다니는 듯 행하는 자들만이 아닙니다. 그 질문의 답에는 "하나님을 잊어버린 모든 이들"이 포함됩니다(시 9:17). 물론 그들 중에는 도덕적인 성품에 흠이 없어 보이는 자들도 있고, 입으로는 자기가 그리스도를 믿는다고 고백하는 자들도 있을 수 있습니다. 그 범주에 드느냐 아니냐는 불변하는 권위에 입각하여 결정됩니다. 영원하신 재판장의 판결은 이러합니다. "누구든지 그리스도의 영이 없으면 그리스도의 사람이 아니라."(롬 8:9) 그리스도의 사람 중에 성령님을 모시지 않은 이가 하나도 없다면, "구원이 그 사람에게는 멀다."는 필연적인 논리가 성립됩니다.

"그들이 주의 율례들을 구하지 아니함이니이다." 오, 우리는 악인들의 무서운 상태를 확신하지 않을 수 없습니다. 그들의 죽은 것 같은 상태, 파멸의 벼랑인줄 모르고 여유를 부리며 사망의 잠을 자고 있는 모습이라니! 우리는 그들의 모습을 보고 정신을 차리게 됩니다. 그러나 악인들이 스스로를 평가하는 어리석음 속에 갇혀 있거나, 그들 주위의 다른 많은 이들과 자신을 비교하면서 흐뭇해하는 꼴이라니요! 그들은 하나님께서 자기들을 판단하는 법칙을 잊었습니다. 하나님의 판단 법칙은 세상의 도덕적인 정직의 표준과는 전혀 다른 '거룩한 주의 율례들'입니다. 그들은 마음을 감찰하시는 하나님도 잊어 버렸으니 사람들 앞에서는 그럴듯하게 근사하지만 마음속에는 각종 부패가 가득합니다.

그들이 기도하는 정직한 마음으로 "주의 율례들"로 자기들을 살피게 하옵소서. 악인들은 하나님 앞에 자신들의 죄악을 고백하며, 자신들이 처한 위험을 의식하고 깨어 진심으로 자기들의 구원을 위하여 울부짖어야 합니다. "선생들이여 내가 어떻게 하여야 구원을 받으리이까."(행 16:30) 그렇게만 한다면 "구원이 그들에게 멀리 있지" 않을 것입니다. "진실로 그의 구원이 그를 경

외하는 자에게 가까우니 영광이 우리 땅에 머무르리이다."(시 85:9) "여호와
께서는 자기에게 간구하는 모든 자 곧 진실하게 간구하는 모든 자에게 가까
이 하시는도다 그는 자기를 경외하는 자들의 소원을 이루시며 또 그들의 부
르짖음을 들으사 구원하시리로다."(요 4:18,19)

오, 전능하신 성령님이시여, 당신의 능력은 "불순종하는 자들의 마음을 돌
려 의인의 지혜로 돌아서게" 하기에 족하나이다(눅 1:17). 또한 주 성령께서는
"그 능력을 발하시며 우리 중에 오시어 하늘을 가르고 강림하시는" 분이시
나이다(사 64:1). 그러하오니 죄인들, 곧 경건치 않은 이들, 본성적으로 그럴
듯하게 자기들의 도덕을 의(義)로 삼는 자들의 마음을 가르소서. "여호와여
그들의 얼굴에 수치가 가득하게 하사 그들이 주의 이름을 찾게 하소서."(시
83:16)

시편 119:156
"여호와여 주의 긍휼이 많으오니
주의 규례들에 따라 나를 살리소서."

"주의 긍휼이 많으오니." 이제 '하나님의 무서운 판단'이라는 주제에서 '하
나님의 긍휼'이라는 주제로 나아가니 참으로 힘이 납니다. 다시 말하면, "악
인들의 무서운 상태"라는 주제에서 자기 백성들을 향하신 "하나님의 긍휼"
이라는 주제로 나아가니 참으로 좋습니다. 우리도 악인들 보다 결코 더 선
하지 않았습니다. 구원받아 아무리 탁월한 믿음을 보이는 사람이라도 자신
을 보면서 놀라지 않을 수 없습니다. "이는 불에서 꺼낸 그슬린 나무가 아니
냐."(슥 3:2) 그는 결코 잊지 않을 것입니다. "누가 너를 남달리 구별하였느
냐."(고전 4:7) "허물과 죄로 죽었던 자리에서 살리심을 받은 자"와 아직도 여

전히 "죽은 상태"에 머물러 있는 자 사이의 차이를 추적하면 반드시 "하나님의 긍휼"을 만나게 됩니다. 정말 '풍성한 하나님의 긍휼'만이 그 차이를 가져온 것입니다. "그는 허물과 죄로 죽었던 너희를 살리셨도다… 긍휼이 풍성하신 하나님이 우리를 사랑하신 그 큰 사랑을 인하여 허물로 죽은 우리를 그리스도와 함께 살리셨고(너희는 은혜로 구원을 받은 것이라)."(엡 2:1,4,5)

"주의 긍휼." 이제 하나님의 긍휼의 여러 특징들을 살펴 봅시다. 하나님의 긍휼의 범위는 '얼마나 광대한지요!' 그 긍휼이 도말(塗抹)하고 탕감한 '빚'이 얼마나 크고 무한한지 생각해 보세요. "그러나 야곱아 너는 나를 부르지 아니하였고 이스라엘아 너는 나를 괴롭게 여겼으며 네 번제의 양을 내게로 가져오지 아니하였고 네 제물로 나를 공경하지 아니하였느니라 나는 제물로 말미암아 너를 수고롭게 하지 아니하였고 유향으로 말미암아 너를 괴롭게 하지 아니하였거늘 너는 나를 위하여 돈으로 향품을 사지 아니하며 희생의 기름으로 나를 흡족하게 하지 아니하고 네 죄짐으로 나를 수고롭게 하며 네 죄악으로 나를 괴롭게 하였느니라 나 곧 나는 나를 위하여 네 허물을 도말하는 자니 네 죄를 기억하지 아니하리라."(사 43:22-25) "여호와께서 말씀하시되 오라 우리가 서로 변론하자 너희의 죄가 주홍 같을지라도 눈과 같이 희어질 것이요 진홍 같이 붉을지라도 양털 같이 희게 되리라."(사 1:18)

하나님께서 긍휼히 여기시어 '영원한 파멸'에서 우리를 구원하신 것을 생각하세요. "이는 내게 향하신 주의 인자하심이 크사 내 영혼을 깊은 스올에서 건지셨음이니이다."(시 86:13) 또한 하나님께서 긍휼히 여기셔서 우리로 하여금 '하늘의 왕관'을 쓰게 하셨습니다. "우리를 사랑하사 그의 피로 우리 죄에서 우리를 해방하시고 그의 아버지 하나님을 위하여 우리를 나라와 제사장으로 삼으신 그에게 영광과 능력이 세세토록 있기를 원하노라 아멘."(계 1:5,6)

하나님의 긍휼의 행사를 추적하면 하나님의 마음과 생각을 만나게 됩니다. 다시 말하면 처음부터 우리를 당신의 영광을 위하여 구별하여 놓으신 영원하신 긍휼의 목적을 만나게 된다는 말입니다(엡 1:4-6). 그리고 우리를 사탄과 죄와 사망과 지옥에서 건지시어 다시 자신께로 이끄신 '사랑의 때'를 주목하세요. " 내가 네 곁으로 지나갈 때에 네가 피투성이가 되어 발짓하는 것을 보고 네게 이르기를 너는 피투성이라도 살아 있으라 다시 이르기를 너는 피투성이라도 살아 있으라 하고 내가 너를 들의 풀 같이 많게 하였더니 네가 크게 자라고 심히 아름다우며 유방이 뚜렷하고 네 머리털이 자랐으나 네가 여전히 벌거벗은 알몸이더라 내가 네 곁으로 지나며 보니 네 때가 사랑을 할 만한 때라 내 옷으로 너를 덮어 벌거벗은 것을 가리고 네게 맹세하고 언약하여 너를 내게 속하게 하였느니라 나 주 여호와의 말이니라."(겔 16:6-8)

우리가 눈을 들어 하늘의 궁창을 훑어보자마자 "하나님의 인자하심의 광대함"에 사로잡히기 마련입니다. "이는 하늘이 땅에서 높음 같이 그를 경외하는 자에게 그의 인자하심이 크심이로다."(시 103:11) "이는 내 생각이 너희 생각과 다르며 내 길은 너희의 길과 다름이니라 여호와의 말씀이니라 이는 하늘이 땅보다 높음 같이 내 길은 너희의 길보다 높으며 내 생각은 너희의 생각보다 높으니라."(사 55:8,9)

그리고 하나님께서 긍휼을 베푸시는 방식은 얼마나 '자애로우신지요!' "우리에게 임한" 긍휼의 첫 빛이 그러합니다. "이는 우리 하나님의 긍휼로 인함이라 이로써 돋는 해가 위로부터 우리에게 임하여 어둠과 죽음의 그늘에 앉은 자에게 비치고."(눅 1:78,79) 그리고 그 빛은 꺼지지 않고 계속 비춰집니다.

그 긍휼은 아버지가 자식을 향하여 가진 것과 같습니다. "우리 주 예수 그리스도의 하나님이시요 자비의 아버지시요 모든 위로의 하나님이시며."(고후 1:3) "아버지가 자식을 긍휼히 여김 같이 여호와께서는 자기를 경외하는 자를 긍휼히 여기시나니."(시 103:13) "어머니가 자식을 위로함 같이 내가 너희를 위로할 것인즉 너희가 예루살렘에서 위로를 받으리니."(사 66:13)

하나님의 '인자하신 긍휼'에 대한 약속이 이렇게나 많습니다. 광야와 같은 우리 순례 여정의 매 걸음마다 긍휼과 위로의 물줄기가 강하게 부어집니다. 하나님의 주신 복락이 '우리 주위에 둘려 있고, 우리를 향하여 넘치고, 우리를 견고하게 지키며, 길을 잃고 방황할 때 우리를 다시 돌이켜' 끝까지 우리를 보전할 것입니다. 우리의 행복은 일반적인 의식이나 떠도는 소문에서 난 것이 아닙니다. "그 여자에게 말하되 이제 우리가 믿는 것은 네 말로 인함이 아니니 이는 우리가 친히 듣고 그가 참으로 세상의 구주신 줄 앎이라 하였더라."(요 4:42) 오히려 우리가 직접 체험하고 누림으로 말미암습니다. "내 영혼아 여호와를 송축하라 내 속에 있는 것들아 다 그의 거룩한 이름을 송축하라 내 영혼아 여호와를 송축하며 그의 모든 은택을 잊지 말지어다 그가 네 모든 죄악을 사하시며 네 모든 병을 고치시며."(시 103:1-3)

그러나 하나님의 무한하신 사랑에도 불구하고 우리의 실상은 얼마나 가련한 몰골입니까! 분명하게 말하지만 "나를 살리시는 은혜"를 탄원하는 것은 참으로 잘하는 것입니다. 다윗은 그 은혜를 부단하게 구하지 않으면 안 된다는 부담감을 안고 있었습니다. 다윗은 더 누추하고 부주의한 행실을 버리지 않으면서도 자기들은 구원받았다고 확신하는 다른 많은 신앙고백자들과 달랐기 때문입니다. 그는 매우 높은 기준의 신자였습니다. 하나님의 구원의 복락에 참여할 권리가 있다는 증거만으로 만족할 사람이 아니었습니다. 도리어 그 복락을 능동적이고 습관적으로 누리며 살기를 간절히 바란 사람입니다.

"주의 규례들에 따라 나를 살리소서." 우리가 이 시편을 공부해 나가면서 이 간구를 대면할 때 그냥 지나칠 수 없습니다. 왜냐하면 그것은 항상 매우 중요하기 때문입니다. 우리 이 시간에 이 간구로 자신에게 탐문해 봅시다. 내 마음의 죄를 보면서 그냥 피상적으로 넘겨 버리는가? 그런 실상을 접하면 겸비해져 내 자신을 낮추고, 민감한 양심을 회복하여 근실한 자세를 갖게 되는가? 그렇다면 "오, 나의 하나님이시여 나를 살리소서."라고 기도하는가? 구주의 사랑을 생각하며 나의 죄를 보면 통렬한 아픔을 느끼는가? 내 안에 있는 죄를 십자가에 못 박고, 주님을 사랑하는 뜨거운 마음을 되찾고 주님을 섬기려는 간절한 열심을 갖는가?

그런 구주께 냉담한 자세로 대하고 주님을 섬기는 데 게으른 자신을 보며 가책을 느낀다면, "오, 주여, 나를 살리소서."라고 기도할 필요가 있습니다. 우리가 그 기도 자체를 보면서 그런 의식을 가질 필요를 느끼는데 어떻게 그 일이 가능합니까? 우리는 자주 그런 기도도 못하고 기도의 줄이 느슨하여 헤매지 않았습니까? 주님을 섬기는 마땅한 일을 우리에게 주어진 특권으로 알고 기쁨으로 해야 마땅한데도 불구하고 마지못해 억지로 한 적이 많지 않았나요? "오, 주여 나를 살리소서!"

많은 그리스도인들이 잘못된 지각으로 자기들이 언제 구원의 복락을 받았는지 모릅니다. 대부분 자기들이 크게 흥분하고 감동받았을 때에 구원을 받았다고 생각합니다. 이런 그릇된 의식을 견지하면, 감동과 흥분이 사라졌을 때 금방 낙담합니다. 하나님의 견고한 감화는 감정적인 기분과 아무 상관이 없습니다. 그 신적 감동은 죄에 대한 민감한 의식, 복음에 대한 영적인 관심, 그리스도인의 의무들에 능동적인 활력, 하늘에 속한 경건의 연습이 진보하는 것을 내용으로 하고 있습니다. 그런 감동 아래 있으면 어떤 환경 속에서도 자기들의 마음 상태가 생기를 잃고 의기소침해지는 것을 가볍게 넘기지 않습니다. 믿는 자와 세상에 속한 사람 사이의 차이, 아니면 참 신자와 명목상 신자 간의 차이가 사람의 눈으로 보기에는 미미하게 보여도, 신적 감동 아래 있는 사람은 자신의 상태에 대하여 크게 불만을 느끼고 거듭 주님께 간구할 필요를 의식합니다.

"오, 주여, 주의 규례들에 따라 나를 살리소서. 주님의 은혜의 약속들에 따라 저를 영적으로 소성(蘇醒)시켜 주소서. 주님의 은혜의 약속들에 따라 나를 살리소서. 주님의 약속의 말씀들은 주님께서 은혜로 일하시는 질서와 방식과 법칙을 보여주나이다."

우리 심령에 끼치는 하나님의 은혜를 우리의 게으름이 가로막지 못하도록 성령님의 감동하심을 아무리 간절히 구하여도 지나치지 않으며, 각별히 경계를 늦추지 않는 일도 지나치지 않습니다. 성령님의 감동으로 우리 영혼을 소성시키실 때, 여전히 우리는 다음과 같은 간절한 마음을 하나님께 올려야 합니다. "북풍아 일어나라 남풍아 오라 나의 동산에 불어서 향기를 날리라 나의 사랑하는 자가 그 동산에 들어가서 그 아름다운 열매 먹기를 원하노라."(아 4:16) 하나님께 간청하며 머물러 역사하여 주십사고 탄원하여야 합니다. 하나님의 능력으로 살리심을 받게 되면 얼마나 행복할 것이며, 그리스도의 교회에서 얼마나 쓸모있는 지체가 될까요! 그러면 여러분의 영혼은 생기를 얻고, 은혜로 강해지며, 마음의 정서들이 고조되면서도 겸손과 용기로 끈질기게 구주를 의뢰하게 됩니다. 매일 그리스도께 헌신하며 섬기는 일이 새로워질 것입니다. 영적 생명이 '경건에 이르기를' 연습할수록, 기쁨에 차서 주님을 능동적으로 섬기고 영원히 찬미하는 것이 무엇인지를 더 깨달아 갈 것입니다. 그 완성이 바로 하늘에 속한 희락의 내용이 될 것입니다.

시편 119:157

"나를 핍박하는 자들과 나의 대적들이 많으나

나는 주의 증거들에서 떠나지 아니하였나이다."

다윗의 체험은 모든 이들에게 해당됩니다. 실로 "나를 핍박하는 자들과 나의 대적들이" 많습니다. 우리의 믿음을 지키기 위해서는 엄숙한 대가가 요구됩니다. 많은 사람들이 시작은 잘 하나 주님께서 말씀하신 대로 '성경적인 계산'을 대수롭지 않게 여기다가 믿음을 저지하는 세력을 만나면 허둥댑니다 (눅 14:28-33).[1] "너희가 달음질을 잘하더니 누가 너희를 막아 진리를 순종하지 못하게 하더냐."(갈 5:7) "너희가 이같이 어리석으냐 성령으로 시작하였다가 이제는 육체로 마치겠느냐."(갈 3:3) 믿음의 저지 세력을 만나면 그런 식으로 돌아섭니다. 열심은 있으나 계산하지 않고 나갑니다. 마음은 뜨거운데 자신들을 모르고, 자기들의 할 일과 자기들을 받쳐주는 공급원을 전혀 알지 못합니다. 처음에는 복음에 매력을 느끼고 동참할 생각을 합니다. 구주께 대한 막연한 흥분을 사랑으로 착각하기도 합니다. 그저 주님을 믿고 따르면 "그 길은 즐거운 길이요 그의 지름길은 다 평강이니라."(잠 3:17)는 식으로 막연하게 생각합니다. '하늘의 기쁨'을 단순한 차원으로만 생각합니다. 그 길은 십자가를 지고 가야 한다는 생각이 전혀 마음에 들어오지 않습니다. 그러나 잠언이 약속하는 '즐거움과 평강'은 어리석고 대책 없는 자들을 향한 것이 아니라 그리스도의 군사로 자기 일을 돌아보지 않고 나아가는 용기있

---

1) "너희 중의 누가 망대를 세우고자 할진대 자기의 가진 것이 준공하기까지에 족할는지 먼저 앉아 그 비용을 계산하지 아니하겠느냐 그렇게 아니하여 그 기초만 쌓고 능히 이루지 못하면 보는 자가 다 비웃어 이르되 이 사람이 공사를 시작하고 능히 이루지 못하였다 하리라 또 어떤 임금이 다른 임금과 싸우러 갈 때에 먼저 앉아 일만 명으로써 저 이만 명을 거느리고 오는 자를 대적할 수 있을까 헤아리지 아니하겠느냐 만일 못할 터이면 그가 아직 멀리 있을 때에 사신을 보내어 화친을 청할지니라 이와 같이 너희 중의 누구든지 자기의 모든 소유를 버리지 아니하면 능히 내 제자가 되지 못하리라."(눅 14:28-33)

는 신자들에게 주어진 것입니다. 소명을 받고 전쟁터로 나가게 된 그리스도의 군사는 자신에게 그 약속을 들려주라는 말입니다. 고대에 하나님의 백성들과 같이 해가 쨍쨍 비치는 좋은 날씨로 길을 떠난다 할지라도 금방 덮쳐올 폭풍을 미리 대비하는 것이 좋습니다(출 15:1 ; 16:1-3). 그래서 우리는 처음에 해가 빛나는 좋은 조건 속에서 의기양양하게 시작하는 모든 자들에게 말하고 싶습니다. 그대들이 길을 떠날 때 먼저 진지하게 숙고하고 세밀하게 자신을 점검해야 합니다. 서둘러 결정하지 말고, 여러분이 의지하던 자원이 바닥이 날 때를 생각해야 합니다. 그런 일은 여러분이 마음대로 할 수 있는 것이 아닙니다. 여러분의 사랑이 진지하고 그 열기가 아무리 뜨거워도 그런 경우를 고려해야 합니다. 여러분에게 필요한 힘을 공급하는 원천은 지금 당하는 곤고함을 위하여 예수님 앞에 쌓여있는 충만입니다. 여러분의 길의 모든 행보가 항상 거룩한 하나님의 말씀의 비추심을 수반해야 합니다.

여러분이 그리스도인으로서의 일관성을 유지한다면서 세상의 경건치 않은 이들이 좋은 평가를 해줄 것이라고 기대하고 있습니까? 그렇다면 우리 구주께서 하신 말씀과 보여주신 본 모두를 망각하는 셈입니다. "내가 너희에게 종이 주인보다 더 크지 못하다 한 말을 기억하라 사람들이 나를 박해하였은즉 너희도 박해할 것이요 내 말을 지켰은즉 너희 말도 지킬 것이라."(요 15:20) 머지않아 여러분도 "나를 핍박하는 자들과 나의 대적들이 많습니다!"라고 소리 지를 것입니다. 그들의 적의(敵意)가 항상 노골적으로 드러나지는 않아서 잠들어 있는 것 같을 때도 있습니다. 그러나 아주 없어진 것이 아닙니다. 예기치 않게 그들의 적의가 불쑥 튀어나와 여러분의 의지가 꺾이고 어찌할 바를 모르게 된다면, 여전히 급박한 위기에 처한 여러분에게 용기를 주기 위해 하신 말씀을 잊고 있는 것입니다. "내 은혜가 네게 족하도다 이는 내 능력이 약한 데서 온전하여짐이라."(고후 12:9)

이와 같이 하나님의 말씀은 "좌우에 의(義)의 무기"가 될 것입니다(고후 6:7). 그래서 말씀을 통하여 교만함은 던져 버리고, 자기 확신도 버리고 겸손해집니다. 아울러 말씀으로 말미암아 두렵고 떠는 마음으로 전능하신 이의 팔을 의지하면서 귀하게 높여집니다.

하늘을 향하는 순례의 길을 막고 서 있는 여러 난제들을 계산하십시오. 우리를 둘러 감싸고 있는 가시에 찔릴까 겁을 내면 샤론의 장미를 갖는 일은 결코 없을 것입니다. 영광의 면류관을 얻는 길에서 져야 할 십자가를 싫어하면 면류관을 쓰는 일은 결코 일어나지 않을 것입니다. 오! 십자가를 지는 자의 존귀함을 생각하여 보세요. 그것은 바로 하나님의 아들을 본받는 일입니다. 매일 고난과 능욕의 십자가를 지시던 주님을 기억하는 일에 깊이 착념하십시오. 그러면 여러분은 "그의 치욕을 짊어지고 영문 밖으로 그에게 나아가는 일"을 기쁘게 감당할 것입니다(히 13:13). 심지어 "그 이름을 위하여 능욕받는 일에 합당한 자로 여기심을 기뻐하는 일"이 있게 될 것입니다(행 5:41). 실로 우리가 그리스도를 위하여 십자가를 지지 않는다면 우리가 그리스도를 사랑한다는 것은 무엇입니까? 십자가를 지는 일 없이 어떻게 주님을 따르는 제자라고 할 수 있나요?(마 16:24) 그리스도의 복음을 멸시하는 세상 앞에 신앙고백을 분명하게 드러내지 못한다면 어떻게 우리가 그리스도인일 수 있습니까?

초지일관 믿음을 고백한다는 것은 아주 쉽고 당연하게 주어지는 것이 아님을 알아야 합니다. 면류관은 쉽게 얻어지는 것이 아닙니다. "나를 핍박하는 자들과 나의 대적들이 많으나." 믿음이 참되지 않고 거짓되다면, 그에게 찾아오는 박해는 배도(背道)의 기회가 됩니다(마 18:20,21). 그러나 그리스도의 신실한 종에게 '핍박'은 믿음의 시련(試鍊)으로 작용하고(벧전 1:6,7), 그리스도의 참으로 풍성한 위로의 원천을 제공하며(마 5:10-12 ; 행 13:50-52), 견인의 능력을 맛보게 합니다(행 20:22-24). 그래서 '핍박'은 참 그리스도인으로 하여금 하나님께 더욱 바싹 달라붙게 합니다. 그 때 그리스도인은 즉각적인 피난처와 지원자인 구주께 자신을 던집니다.

"**나는 주의 증거들에서 떠나지 아니하였나이다.**" 다윗은 앞에서 말해왔던 "살리시는 하나님의 감동하심"으로 인하여 "주의 증거들에게 떠나지 아니하였나이다."라고 말할 수 있었습니다.

위대한 사도 바울도 자기를 핍박하는 자들이 많고 자기를 돕던 친구들이 떠날 때에 흔들리지 않는 확신 속에서 하나님을 섬기는 일을 계속해 나갔습니다. "내가 처음 변명할 때에 나와 함께 한 자가 하나도 없고 다 나를 버렸으나 그들에게 허물을 돌리지 않기를 원하노라 주께서 내 곁에 서서 나에게 힘을 주심은…"(딤후 4:16,17) 다윗도 사도와 유사한 시련을 당해서 동일한 견인(堅忍)의 원리를 자주 활용하였습니다. "여호와여 나의 대적이 어찌 그리 많은지요 일어나 나를 치는 자가 많으니이다 많은 사람이 나를 대적하여 말하기를 그는 하나님께 구원을 받지 못한다 하나이다(셀라) '여호와여 주는 나의 방패시요 나의 영광이시요 나의 머리를 드시는 자이시니이다.'"(시 3:1-3) "내 구원의 능력이신 주 여호와여 전쟁의 날에 주께서 내 머리를 가려 주셨나이다."(시 140:7)

그러나 우리는 "주의 증거들에서 떠나" 주께서 지게 하신 십자가를 피하여 달아난 적이 전혀 없습니까? '주님을 능욕하고 모독하는 자'의 음성을 듣고 복수를 무서워하여 물러 선 적은 없었습니까? 항상 마음의 정직을 지키며 모든 것을 아시는 하나님께 호소할 수 있습니까? "나를 비방하고 욕하는 소리 때문이요 나의 원수와 나의 복수자 때문이니이다 이 모든 일이 우리에게 임하였으나 우리가 주를 잊지 아니하며 주의 언약을 어기지 아니하였나이다 우리의 마음은 위축되지 아니하고 우리 걸음도 주의 길을 떠나지 아니하였으나 주께서 우리를 승냥이의 처소에 밀어 넣으시고 우리를 사망의 그늘로 덮으셨나이다."(시 44:16-19)

"나는 주의 증거들에서 떠나지 아니하였나이다." 다윗의 이런 고백은 육신적인 확신이나 자랑에서 나온 것이 아닙니다. 오히려 하나님의 언약의 말씀이 성취되어 나온 것입니다. "내가 그들에게 복을 주기 위하여 그들을 떠나지 아니하리라 하는 영원한 언약을 그들에게 세우고 나를 경외함을 그들의 마음에 두어 나를 떠나지 않게 하고."(렘 32:40) 우리를 버리지 않으시고 끝까지 붙들어 주신다는 주님의 '견인의 약속'이 우리의 '견인의 의무'와 얼마나 아름답게 연결되어 있는지요! "나를 경외함을 그들의 마음에 두어 나를 떠나지 않게 하고."(렘 32:40)

다른 모든 길에서와 같이 바로 이 길에서도 '사람의 분노'가 '하나님의 찬미'로 변하게 되는 일은 분명하게 드러납니다(다윗은 그렇게 할 의도도 없었고 그 마음으로 그렇게 생각한 적도 없었습니다). "그의 뜻은 이와 같지 아니하며 그의 마음의 생각도 이와 같지 아니하고 다만 그의 마음에 허다한 나라를 파괴하며 멸절하려 하는도다."(사 10:7) "진실로 사람의 노여움은 주를 찬송하게 될 것이요 그 남은 노여움은 주께서 금하시리이다."(시 76:10)

하나님께서 자기 백성들이 같은 믿음을 늘 견지하는 것을 통하여 당신의 은혜의 능력을 얼마나 영광스럽게 나타내시는지요! 그 하나님의 은혜의 능력은 바다의 흉흉한 거센 파도가 계속 부딪쳐도 끄덕하지 않고 서 있는 반석과 같고, 대풍이 일어나 마구 흔들어도 "뿌리를 굳게 내리고" 버티고 있는 숲의 나무들과 같습니다.

세상은 결국 자기들의 힘을 다하여 하나님의 백성들을 대적하여 부수려 하였지만 전적으로 실패하였음을 인정하지 않을 수 없습니다(하나님의 백성들은 핍박을 받을수록 결국 더 번성하게 됩니다). 그것이 바로 하나님의 영광을 인정하는 것이 아니면 무엇입니까! "야곱을 해할 점술이 없고 이스라엘을 해할 복술이 없도다 이때에 야곱과 이스라엘에 대하여 논할진대 하나님께서 행하신 일이 어찌 그리 크냐 하리로다."(민 23:23)

> 시편 119:158
> "주의 말씀을 지키지 아니하는 거짓된 자들을
> 내가 보고 슬퍼하였나이다."

하나님의 존귀함을 생각하고 연민의 정에 사로잡힌 시편 기자의 표현은 반복적으로 들어도 질리지 않습니다(이 대목과 유사한 표현이 53절과 136절에도 나타나 있습니다).[2] 다윗을 "핍박하는 자들과 많은 대적들"이 그의 마음에 가장 큰 괴로움을 주었던 것은 그들이 하나님의 말씀을 모독하고 멸시하는 모습이었습니다. 다윗에게 있어서는 하나님의 영광이 자기 목숨보다 더 귀한 것이었습니다. 오! 이 시련을 겪었던 다윗의 일을 회상할 때마다 하나님이 받으실만한 자세가 무엇인지 보여주는 특별한 표지를 더욱 선명하게 인식하게 되어 우리 냉담하고 무관심한 마음을 각성하게 됩니다(겔 9:4-6).[3] 기쁨과 슬픔은 우리 영혼의 고동이라고 할 수 있습니다. 회개하는 죄인들로 인하여 천사들과 함께 기뻐하는 모습(눅 15;10)은 "하나님의 말씀을 지키지 않는" 이들의 완고함과 회개하지 않는 모습을 보고 경건히 분노함으로도 그 모습을 드러낼 것입니다.

---

2) "주의 율법을 버린 악인들로 말미암아 내가 맹렬한 분노에 사로잡혔나이다."(시 119:53)
"주의 율법을 버린 악인들로 말미암아 내가 맹렬한 분노에 사로잡혔나이다."(시 119:136)

3) "여호와께서 이르시되 너는 예루살렘 성읍 중에 순행하여 그 가운데에서 행하는 모든 가증한 일로 말미암아 탄식하며 우는 자의 이마에 표를 그리라 그들에 대하여 내 귀에 이르시되 너희는 그를 따라 성읍 중에 다니며 불쌍히 여기지 말며 긍휼을 베풀지 말고 쳐서 늙은 자와 젊은 자와 처녀와 어린이와 여자를 다 죽이되 이마에 표 있는 자에게는 가까이 하지 말라 내 성소에서 시작할지니라 하시매 그들이 성전 앞에 있는 늙은 자들로부터 시작하더라."(겔 9:4-6)

우리는 참된 원리들에 대한 분명한 지각을 얻기 위하여 열심히 기도할 필요가 있습니다. 죄의 성질과 작용이 어쩌나 교활하던지 가장 거룩한 소욕을 행사할 때에도 파고들어 작용하고, 심지어 성령님께서 우리 마음에 주신 은혜들 속에도 그 씨를 섞어 놓습니다. 그래서 나중에 보면 은혜의 아름다움을 크게 망가뜨리고 그 은혜의 작용을 저해(沮害) 합니다. 하나님을 위한 우리의 열심 속에 마음의 소욕의 거룩하지 못한 불이 함께 섞여있는 경우가 얼마나 잦습니까! "제자 야고보와 요한이 이를 보고 이르되 주여 우리가 불을 명하여 하늘로 부터 내려 저들을 멸하라 하기를 원하시나이까 예수께서 돌아보시며 꾸짖으시고."(눅 9:54,55)

실로 참된 열심은 성령님의 보배로운 열매입니다. 그것의 다른 이름은 사랑, 자기를 부인하면서 능동적으로 죄인들을 사랑하는 것입니다. 우리는 높은 수준의 성화에 이른 마틴(Martyn)이란 성도가 드린 기도를 드려야 합니다. "제가 살아있는 모든 각 사람을 사랑하는 마음으로 넘치도록 참된 열심을 가졌다는 망상에 빠지지 않게 하소서." 우리가 진정 거룩하게 감동받고 있다면, '곤고한 범죄자들'을 위해 능동적으로 힘쓰는 일을 결코 놓치지 않을 것입니다. 우리의 열심은 타락한 세상에 있는 사람들의 회심에 집중될 것입니다. 특히 우리의 영향이 미치는 범위 안에서 수고와 노력을 기울여 불의의 조수(潮水)들을 차단하려 할 것입니다. "내가 오만한 자들에게 오만하게 행하지 말라 하며 악인들에게 뿔을 들지 말라 하였노니 너희 뿔을 높이 들지 말며 교만한 목으로 말하지 말지어다."(시 75:4,5) "너희 어리석은 자들은 어리석음을 좋아하며 거만한 자들은 거만을 기뻐하며 미련한 자들은 지식을 미워하니 어느 때까지 하겠느냐."(잠 1:22) "너는 그들에게 말하라 주 여호와의 말씀이니라 나의 삶을 두고 맹세하노니 나는 악인이 죽는 것을 기뻐하지 아니하고 악인이 그의 길에서 돌이켜 떠나 사는 것을 기뻐하노라 이스라엘

족속아 돌이키고 돌이키라 너희 악한 길에서 떠나라 어찌 죽고자 하느냐 하셨다 하라."(겔 33:11)

"**내가 슬퍼하였나이다.**" 간절한 참된 열심은 자신의 힘에 부치는 어려운 일을 하려는 열기로 그 정체를 드러내곤 합니다. 우리가 범죄자들을 위하여 탄식하고 외치는 일을 멈추고 방관하는 자세로 연약해질 때도, 여전히 그들에게 자주 경고하고 탄원은 할 수 있습니다. 그리고 영적인 나병에 걸린 가련한 이들을 "병을 고치는 능력을 분명하게 보이시던" 위대하신 의사(눅 5:17)에게 인도하는 열심을 다하지 않고 방관할 때에도 경고와 탄원은 할 수 있습니다. 이런 열심은 우리의 불신앙으로는 거의 오르기 힘든 경지입니다. 그러나 이런 열심만으로도 영혼에 풍성한 복락을 가져옵니다. 왜냐하면 그 열심은 죄인을 불쌍히 여기시는 예수님의 열심이기 때문입니다. 예수님은 죄인들을 분노에 차서 둘러 보셨지만 여전히 "그들의 마음이 완악함을 탄식하셨고" 그들을 위하여 하나님께 탄원하는 일을 잊지 않으셨습니다(막 3:5). "이에 예수께서 이르시되 아버지 저들을 사하여 주옵소서 자기들이 하는 것을 알지 못함이니이다 하시더라."(눅 23:34) "그들의 마음이 완악함을 탄식하사 노하심으로 그들을 둘러 보시고 그 사람에게 이르시되 네 손을 내밀라 하시니 그가 내밀매 그 손이 회복되었더라."(막 3:5)

예수님께서는 아버지 하나님의 관심을 자신의 관심으로 여기시고 자기를 모독하는 자들이 주는 능욕(凌辱)을 자신의 가슴에 담고 사랑으로 견뎌내셨습니다. "주의 집을 위하는 열성이 나를 삼키고 주를 비방하는 비방이 내게 미쳤나이다… 비방이 나의 마음을 상하게 하여 근심이 충만하니 불쌍히 여길 자를 바라나 없고 긍휼히 여길 자를 바라나 찾지 못하였나이다."(시 69:9,20) "그리스도께서도 자기를 기쁘게 하지 아니하셨나니 기록된 바 주를 비방하는 자들의 비방이 내게 미쳤나이다 함과 같으니라."(롬 15:3)

머리가 상처를 입으면 몸의 지체들도 함께 고통을 느끼지 않습니까? 예수님이 당하신 모든 수치를 마치 우리 가슴을 칼로 찌르는 아픔으로 생각해야 하지 않습니까? 우리 주위의 모든 이들이 연합하여 우리가 가장 사랑하는 친구요 은인(恩人)된 이를 모독하는 것을 보고 있다고 합시다. 할 수만 있다면 그들은 은인을 죽이려 합니다. 이것을 고통스럽게 슬퍼하지도 않고 가만히 보고만 있어도 되느냐는 말입니다.⁴⁾

참된 '슬픔'은 우리 마음에 대한 것으로부터 시작해야 합니다. "각기 자기 죄악 때문에 골짜기의 비둘기들처럼 슬피 울 것이며."(겔 7:16) 다른 이들의 악행이 우리 양심 안에서 자신의 죄의 각성을 불러일으킬 것입니다. "내가 오늘 내 죄를 기억하나이다."(창 41:9) 우리 죄의 수를 헤아리기 시작하면 언제 끝날까요? "자기 허물을 능히 깨달을 자 누구리요 나를 숨은 허물에서 벗어나게 하소서."(시 19:12) "주의 종에게 심판을 행하지 마소서 주의 눈앞에는 의로운 인생이 하나도 없나이다."(시 143:2)

> 시편 119:159
> "내가 주의 법도들을 사랑함을 보옵소서
> 여호와여 주의 인자하심을 따라 나를 살리소서."

"내가 주의 법도들을 사랑함을 보옵소서." 시편 기자가 묘사한 "주의 법도들을 사랑함"은 하나님의 자녀의 독특한 특성입니다. "주의 말씀을 지키지 않는 거짓된 자들"은 '주의 법도들'을 사랑하지도 않고 그 법도들을 지키기

---

4) 키프리안(Cyprian)이 쓴 서신들에서 보면, 켈러리너스(Celerinus)는 박해를 두려워하여 한 여인이 배도한 일을 슬퍼하는 마음을 자기 친구에게 알린다. 그는 그 일로 너무 괴로운 나머지 부활절 축제기간(초대교회 시에는 교회 축제 중에서 최고의 축제였다)에 밤낮 울며, 하나님의 긍휼로 그녀의 믿음이 회복되기까지 한 순간도 기쁨을 알지 않겠다는 결심을 하였다. 그 일을 자기 친구에게 보내는 편지에서 밝혔다.

위해서 필요한 '살리시는 은혜'도 전혀 바라지 않습니다. 주의 계명들 자체가 결코 무겁지 않음에도 불구하고(요일 5:1-3),[5] 거듭남으로 새롭게 하심을 입지 못한 세상적인 마음을 가진 교만한 자들에게는 너무나 엄격해 보이고, 또 너무 비천해 보입니다. 그러니 그들에게 있어서 "주의 법도들을 사랑함"은 거듭나지 않은 자연인을 자라게 한다고 나올 수 있는 것이 아닙니다. 우리 하늘에 계신 아버지께서 '심으신 나무'요, 양자의 영이신 성령님의 증거요, 그리스도인다운 경건의 원리입니다.

우리 주 하나님께서 "우리가 주의 법도들을 사랑하는 모습"을 아주 귀한 일로 여겨주시는 것을 생각하면 얼마나 큰 용기가 나는지요! "내가 그로 그 자식과 권속에게 명하여 여호와의 도를 지켜 공의와 정의를 행하게 하려고 그를 택하였나니 이는 나 여호와가 아브라함에게 대하여 말한 일을 이루려 함이니라."(창 18:19) 그래서 하나님께서는 '형제들을 참소하는 자' 마귀에게 "내 종 욥을 유의하여 보라."고 요구하셨습니다. "여호와께서 사탄에게 이르시되 네가 내 종 욥을 주의하여 보았느냐 그와 같이 온전하고 정직하여 하나님을 경외하며 악에서 떠난 자는 세상에 없느니라."(욥 1:8)

"주의 법도들을 사랑함." 이 '사랑'은 '당신의 법도들을 사랑하는 자들을 귀하게 여기시는 하나님'을 온전하게 확신함을 반영합니다. 그럼에도 불구하고 그 사랑은 '불완전하고 분량이 부족하여' 그것을 하나님의 자녀가 되는 근거로 제시하기는 불가합니다. 그리스도인이여! 그대는 '거만하게 자랑하는 일'하고는 상관이 없어야 합니다! 적어도 그런 악이 마음에 들어오는 것을 그냥 내버려 두지 않아야 합니다! "바리새인은 서서 따로 기도하여 이르

---

5) "예수께서 그리스도이심을 믿는 자마다 하나님께로부터 난 자니 또한 낳으신 이를 사랑하는 자마다 그에게서 난 자를 사랑하느니라 우리가 하나님을 사랑하고 그의 계명들을 지킬 때에 이로써 우리가 하나님의 자녀를 사랑하는 줄을 아느니라 하나님을 사랑하는 것은 이것이니 우리가 그의 계명들을 지키는 것이라 그의 계명들은 무거운 것이 아니로다."(요일 5:1-3)

되 하나님이여 나는 다른 사람들 곧 토색, 불의, 간음을 하는 자들과 같지 아니하고 이 세리와도 같지 아니함을 감사하나이다."(눅 18:11) 아니 오히려 우리는 지상생애 끝 날까지 울부짖어야 합니다. "나를 살리소서."

"**주의 인자하심을 따라.**" 그리스도인이 하나님께 나아가 탄원하는 근거는 '자신의 공로'가 아니라 "주의 인자하심"입니다. "내가 주의 법도를 사랑하오니 그것을 보시고 나를 도우소서."라고 하지 말아야 합니다. 오히려 "무한하신 사랑의 주 하나님의 인자하심을 따라 도움을 받기를 소원하오며, 또 그렇게 도움을 주실 줄 믿나이다."라고 해야 합니다.

그리고 그저 가만히 앉아서 '주님의 사랑의 미풍'을 기다리지 말고, "북풍아 일어나라 남풍아 오라 나의 동산에 불어서(아 4:16) 내 향기를 날려 나아가게 하라."고 외쳐야 합니다. 하나님의 말씀과 행사들과 사랑과 은혜와 거룩, 그리고 예수님의 동정심과 사랑과 은혜가 그리스도인 여러분의 제일의 기쁨이 되게 하십시오. 그러나 성경이 제시하는 표준대로 우리의 특권을 행사하고, 그 표준대로 올라야 할 꼭대기까지 이르고, 마땅히 기대해야 할 분량에 미쳤습니까? 우리가 실제로 성취한 정도는 그 표준에서 얼마나 무한히 부족한지요!

마지못해 이끌려 가는 식으로 소원을 아뢰는 좋지 않은 상황에서 괴로움을 당할 때가 있습니다. 그 때에 "주의 인자하심"에서 흘러나오는 생명 샘물을 주목하면 얼마나 좋은 새 힘을 얻는지요! 그러합니다. 실로 주 하나님께서는 당신의 교회에 흘러넘치는 샘 근원이십니다. 인자하신 주님의 행사는 다 은혜입니다. 거룩한 생각이 우리 마음에 일어나는 것도 주님의 감동하심의 소산입니다. 우리 마음에 지나가는 방식으로 일어나는 생각은 우리 자신에게서 난 것입니다. 그런 지나가는 생각은 무엄하게도 마음에 하나님을 떠날 문을 만들어 놓습니다. 우리는 마음에 자기 기만적인 요소를 가지고 있습니다. 그래서 전능하신 하나님의 눈은 "내가 예수 그리스도를 즐거워한다."고 고백하는 우리의 행동 속에서도 육체를 신뢰함이 있음을 간파하십니다. "하나님의 성령으로 봉사하며 그리스도 예수로 자랑하고 육체를 신뢰하지 아니하는 우리가 곧 할례파라."(빌 3:3) 우리가 '주님을 진실로 의뢰한다.' 하나 '강하게 굳게 선 산'을 의뢰하는 것이지 '그 산이 그리 되게 하신 주님의 은혜'는 의지하지 않을 수 있습니다. "여호와여 주의 은혜로 나를 산 같이 굳게 세우셨더니 주의 얼굴을 가리시매 내가 근심하였나이다."(시 30:7)

하와는 본래의 완전한 능력을 가지고도 '자신의 영혼을 살릴 수' 없었습니다. "세상의 모든 풍성한 자가 먹고 경배할 것이요 진토 속으로 내려가는 자 곧 자기 영혼을 살리지 못할 자도 다 그 앞에 절하리로다."(시 22:29) 하물며 타락한 본성을 가진 우리가 부분적으로 붙잡아 주시는 하나님의 은혜 가운데 있으면서도 변하고 요동할 수 있다는 것이 이상한 일입니까? 아무리 성숙한 그리스도인이라도 끝까지 주님이 공급하시는 은혜를 힘입어야 합니다. 그가 처음 주님을 믿어 아주 연약한 상태에 있었을 때와 똑같이 은혜를 힘입어야 합니다. 그러니 그리스도인이 영원히 존재하는 일 뿐 아니라 주님을 경외하며 섬기는 모든 행사에 계속 주님이 공급하시는 은혜가 필요하지 않겠습니까?

그러나 우리가 하나님께 "나를 살리소서."라고 구하면서 주님께서 당연히 크게 응답하시리라고 기대합니까? "나는 너를 애굽 땅에서 인도하여 낸 여호와 네 하나님이니 네 입을 크게 열라 내가 채우리라."(시 81:10) 우리 자신의 모자란 믿음의 분량대로 이해하여 하나님을 '제한하는' 어리석음에 빠지지는 않습니까? "그들이 돌이켜 하나님을 거듭거듭 시험하며 이스라엘의 거룩하신 이를 노엽게 하였도다."(시 78:41) 주님께서는 당신의 은사들을 소유하고 계심으로써가 아니라 나눠주심으로써 영광을 받으신 분임을 기억하세요. "이에 거두니 보리떡 다섯 개로 먹고 남은 조각이 열두 바구니에 찼더라."(요 6:13) 진정 주님께서 나눠주시는 복락을 기대한다면 그 복락이 아닌 다른 것으로 만족할 수 있겠습니까? 주님의 주시는 복락의 흐름을 막는 것은 우리의 무가치함이 아니라 우리의 불신앙입니다. "그들이 믿지 않음으로 말미암아 거기서 많은 능력을 행하지 아니하시니라."(마 13:58) "예수께서 그들에게 이르시되 선지자가 자기 고향과 자기 친척과 자기 집 외에서는 존경을 받지 못함이 없느니라 하시며 거기서는 아무 권능도 행하실 수 없어 다만 소수의 병자에게 안수하여 고치실뿐이었고."(막 6:4,5) 대가를 요구하지 않으시고 넘치게 부어주시는 주님의 풍성한 자비하심을 온전히 신뢰할 수만 있다면 얼마나 좋겠습니까!

오, 예수님을 찬미하리로다! 주님의 약속을 이루어 주십사하고 탄원하게 하소서. "의에 주리고 목마른 자는 복이 있나니 그들이 배부를 것임이요."(마 5:6) 우리는 주님께로부터 오는 생명을 누리고 있나이다. 그러나 주님께서 친히 약속하신 대로 우리에게 "더욱 풍성한 생명"을 더하여 주소서. "내가 온 것은 양으로 생명을 얻게 하고 더 풍성히 얻게 하려는 것이라."(요 10:10) 질그릇 같은 저라도 채울 수 있는 풍성함의 한계까지는 채워 주소서! 주님의 사랑을 맛보게 하시고, 주님의 한없는 사랑을 아는 지식으로 용기를 가져 계속 "주의 인자하심을 따라 나를 살리소서"라고 탄원하게 하소서! 시편 기자가 살리시는 은혜를 구하는 기도를 반복하는 것을 보면[6] 그렇게 기도드리는 것이 결코 헛되지 않습니다. 그것은 "기도할 때에 이방인과 같이 중언부언하지 말라 그들은 말을 많이 하여야 들으실 줄 생각하느니라."(마 6:7)고 하신 예수님의 말씀과 상충되지 않습니다. 우리 자신의 연약함과 냉담함을

---

6) 이 시편 119편 속에서 9번이나 반복적으로 그 기도를 드리고 있다(25,37,40,99,107,149,154,156,159절).

의식할 때 마다 믿음으로 다시 살리심을 받는 은혜를 구하여 뜨거운 마음을 갖는 것은 정말 필요합니다. 하루에 백 번이라도 그 기도를 드려야 합니다. 그렇게 기도 드릴 때마다 하나님의 응답을 다시 받게 될 것입니다.

> 시편 119:160
> "주의 말씀의 강령은 진리이오니[7]
> 주의 의로운 모든 규례들은 영원하리이다."

"하나님의 인자하심과 진리"는 둘 다 하늘에 속한 특성을 갖추고 있습니다. 그래서 '이스라엘의 아름다운 시인'이 항상 "하나님의 인자하심과 진리"에 착념하기를 좋아하였던 것입니다.[8] 하나님께서는 사랑하시는 자들에게 "인자하심"을 베푸시기를 즐겨하시고, "진리의 말씀"을 성취하시기를 기뻐하십니다. 하나님께서는 그것을 약속하셨습니다. 실로 하나님께서는 집합적으로 교회를 향해서나 백성들 개개인에게든지 당신의 진리를 드러내시되, 모든 방면에서 당신 자신의 이름에 부합하게 드러내십니다.

"주의 말씀의 강령은 진리이오니." 때로는 하나님의 말씀이 우리가 보기에 거짓으로 판명 날 것 같아 보일 때도 있습니다. 그러나 사실은 하나님의 말씀의 신실함을 더 밝고 더 두드러지게 하시려는 의도를 가지고 계시기에 그렇게 하십니다. 이스라엘이 애굽에 거주한 지 430년이 끝나는 바로 그 날 밤에 이스라엘이 애굽에서 구원되리라고 아무도 기대하지 않았습니다. 그런 일

---

7) KJV 은 이 대목을 Thy word [is] true [from] the beginning(주의 말씀은 처음부터 진리오니이다.)라고 번역하였다.

8) 시편 기자가 하나님의 성품을 묘사하는 것을 보라. "여호와는 선하시고 정직하시니."(시 25:8) 이 하나님의 완전하심을 하나님의 은혜의 목적과 결합시켜 하나님의 긍휼을 탄원하는 기도를 들어 보라. "주께서 옛적에 우리 조상들에게 맹세하신 대로 야곱에게 성실을 베푸시며 아브라함에게 인애를 더하시리이다(Thou wilt perform the truth to Jacob, and the mercy to Abraham.)"(미 7:20) 처음에 '인애'를 베푸시며 그 후에만 '인애'를 따라 진리를 이루시는 하나님을 생각한다. "우리 조상을 긍휼히 여기시며 그 거룩한 언약을 기억하셨으니 곧 우리 조상 아브라함에게 하신 맹세라."(눅 1:72,73)

은 요원해 보이기만 하였습니다. 지나간 세월과 다름없이 여전히 애굽의 압제 아래 있으려니 하였습니다. 그러나 "이 묵시는 정한 때가 있나니."(합 2:3) 그 '정한 때'를 앞당기거나 지연시킬 것이 전혀 없었습니다. "사백삼십 년이 끝나는 그 날에 여호와의 군대가 다 애굽 땅에서 나왔은즉 이 밤은 그들을 애굽 땅에서 인도하여 내심으로 말미암아 여호와 앞에 지킬 것이니 이는 여호와의 밤이라."(출 12:41-42)

그 뒤 역사의 어느 시점에서는 다윗의 가문이 멸절될 것 같은 모양새였습니다. 그래서 "네 집과 네 나라가 내 앞에서 영원히 보전되고 네 왕위가 영원히 견고하리라."(삼하 7:16) 하신 하나님의 약속이 땅에 떨어질 것 같이 보였습니다. 그러나 "하나님의 말씀은 처음부터 진리였다."는 것을 드러내기 위해서 섭리적인, 아니 거의 이적적인 간섭의 손이 나타났습니다. "아하시야의 어머니 아달랴가… 유다 집의 왕국의 씨를 모두 진멸하였으나… 아하시야의 아들 요아스를 왕자들이 죽임을 당하는 중에서 몰래 빼내어 그와 그의 유모를 침실에 숨겨 아달랴를 피하게 하였으므로 아달랴가 그를 죽이지 못하였더라 여호사브앗은 여호람 왕의 딸이요 아하시야의 누이요 제사장 여호야다의 아내이더라 요아스가 그들과 함께 하나님의 전에 육 년을 숨어 있는 동안에 아달랴가 나라를 다스렸더라."(대하 22:10-12) "온 회중이 하나님의 전에서 왕과 언약을 세우매 여호야다가 무리에게 이르되 여호와께서 다윗의 자손에게 대하여 말씀하신 대로 왕자가 즉위하여야 할지니."(대하 23:3) 그래서 하나님이 정하신 때에 하나님의 성전에 숨어 있던 다윗의 후손 요아스는 왕이 되어 백성들 앞에 섰습니다. "지혜 있는 자들은 이러한 일들을 지켜보고 여호와의 인자하심을 깨달으리로다."(시 107:43)

하나님의 백성들 중에도 많은 이들이 낙담케 되는 때에 시험을 받아 "하나님을 어리석게 원망하는" 악을 저질렀습니다. 그러나 그런 이들이 후에 예기

치 않게 곤고한 처지에서 구출될 때 "주의 말씀의 강령이 처음부터 진리니이
다."는 사실을 '인정하지 않을 자'가 누구입니까? 야곱을 예로 들어 봅시다.
"그들의 아버지 야곱이 그들에게 이르되 너희가 나에게 내 자식들을 잃게 하
도다 요셉도 없어졌고 시므온도 없어졌거늘 베냐민을 또 빼앗아 가고자 하
니 이는 다 나를 해롭게 함이로다."(창 42:36) 그러나 나중에 야곱이 요셉의
아들들에게 축복의 기도를 드리는 모습을 보십시오. "그가 요셉을 위하여 축
복하여 이르되 내 조부 아브라함과 아버지 이삭이 섬기던 하나님, 나의 출생
으로부터 지금까지 나를 기르신 하나님, 나를 모든 환난에서 건지신 여호와
의 사자께서 이 아이들에게 복을 주시오며 이들로 내 이름과 내 조상 아브라
함과 이삭의 이름으로 칭하게 하시오며 이들이 세상에서 번식되게 하시기를
원하나이다."(창 48:15,16) "참으로 여호와께서 자기 백성을 판단하시고 그
종들을 불쌍히 여기시리니 곧 그들의 무력함과 갇힌 자나 놓인 자가 없음을
보시는 때에로다."(신 32:36) "이는 여호와께서 이스라엘의 고난이 심하여 매
인 자도 없고 놓인 자도 없고 이스라엘을 도울 자도 없음을 보셨고 여호와
께서 또 이스라엘의 이름을 천하에서 없이 하겠다고도 아니하셨으므로 요아
스의 아들 여로보암의 손으로 구원하심이었더라."(왕하 14:25-27)

이런 일들을 상기하면, 불신앙에 빠졌던 우리 자신이 얼마나 부끄러워지는
지요! 아울러 앞을 바라보는 담대한 확신의 소망을 갖게 되어 현재 당하는
'여러 가지 시험들'까지 참아내는 힘을 얼마나 놀랍게 얻게 되는지요!

"주의 말씀의 강령은 진리이오니." 하나님의 말씀이 진리임을 완전하게 인
정하는 것이 우리 모든 평안과 위로의 근거입니다. 하나님의 증거를 믿음
으로 받으면 하나님께 담대하게 나아감을 얻습니다. "우리가 그 안에서 그
를 믿음으로 말미암아 담대함과 확신을 가지고 하나님께 나아감을 얻느니
라."(엡 3:12) 우리는 하나님 앞에서 죄인임을 알고 있습니다. "우리가 알거

니와 무릇 율법이 말하는 바는 율법 아래에 있는 자들에게 말하는 것이니 이는 모든 입을 막고 온 세상으로 하나님의 심판 아래에 있게 하려 함이라."(롬 3:19) 그러면서도 "이제 그리스도 예수 안에 있는 자에게는 결코 정죄함이 없나니."(롬 8:1)라는 말씀을 믿습니다. "성령이 친히 우리의 영과 더불어 우리가 하나님의 자녀인 것을 증언하시나니."(롬 8:16) "이 하나님은 영원히 우리 하나님이시니 그가 우리를 죽을 때까지 인도하시리로다."(시 48:14) 죽을 때에도, 아니 더 나아가 영원히 그리 하실 것입니다. "내 육체와 마음은 쇠약하나 하나님은 내 마음의 반석이시요 영원한 분깃이시라."(시 73:26) "내가 들으니 보좌에서 큰 음성이 나서 이르되 보라 하나님의 장막이 사람들과 함께 있으매 하나님이 그들과 함께 계시리니 그들은 하나님의 백성이 되고 하나님은 친히 그들과 함께 계셔서."(계 21:3)

이렇게 하나님을 단순하게 의지함으로 우리 하나님께 나아갑시다. 아브라함이 자기 몸의 죽은 것 같음을 알고도 담대한 확신으로 "하나님의 약속을 의심하지 않고 믿음으로 견고하여져서 하나님께 영광을 돌린 것" 같이 말입니다(롬 4:19,20).

그러나 많은 사람들이 교만하여 자신들의 논리에 얼마나 잘 빠지는지 '하나님의 책'을 읽으면서 트집을 잡지 않고는 배기지 못합니다. 하나님의 말씀의 책인 성경을 자기들이 요리할 수 있다고 믿으면 하나님을 믿을 이유가 없죠. 그들은 검증되지 않은 갑옷을 입고 원수와 싸우는 모험을 하다가 흔들리고 괴로움을 당하곤 하였습니다. 그들의 믿음이 '성경 전체 증거에 미치지 못하는' 처지에 있습니다. 그저 부분적으로만 받아들이니 그 믿음이 순전할리가 없습니다. 성경 말씀을 전적으로 신뢰하지 않으면, 성경의 어느 말씀도 진정으로 믿을 수 없습니다. 성경을 하나님의 권위에 입각하여 받지 않고, 그저 우리 이해의 한계 내에서 설명될 때에나 받을 뿐입니다. 그러니 배우기 위해서 순전한 믿음으로 기도할 필요가 있겠습니까? '주여, 무슨 의도로 이 말씀을 하셨나요? 가르쳐 주세요'라고 구하지 않고, 그저 '주께서 이 말씀을 어떻게 읽으시나요?'라고 묻는 정도입니다.

견고한 기반 위에 우리의 닻을 내려야 할 것입니다. 우리가 "파도에 밀려 요동하게 될 때" 마다 바람과 파도에게 "잠잠하라 명하시어 잔잔케" 하신 주님을 바라보아야 합니다(막 4:39). 단순하게 하나님의 말씀에 굳게 선 확신의 사람은 세상과 지옥의 격랑을 견디어 낼 것입니다.

"주의 의로운 규례들은 영원하리이다." 우리가 성경의 모든 말씀을 믿는다 해도 그 자세가 느슨하면 행동으로는 아무것도 믿지 못합니다. 진리의 각 부분을 자기에게 그대로 적용하지 않는다면 진리 전체도 자기에게 아무 영향을 미치지 못합니다. 다 아는 것이라고 하면서 대충 훑어보는 식으로 하면 하나님을 경외하는 체험적인 믿음의 견고한 복락을 다 놓치고 맙니다. "하나님의 말씀의 강령 전체가 다 진리"라는 것을 발견해야 합니다. 하나님의 말씀은 우리의 죄를 깨닫게 하고 우리의 부족함이 무엇인지 알게 하고 정서를 움직입니다. 사마리아 여인은 예수님에게서 그것을 발견하였습니다. "나의 행한 모든 일을 내게 말한 사람을 와서 보라 이는 그리스도가 아니냐 하니."(요 4:29) 하나님의 약속들이 진리인 이유는 우리 속에서 그 약속들이 이루어졌기 때문임을 알아야 합니다. 우리가 하나님의 말씀을 맛보고 느끼고 만져 보면 정말 복되다는 것을 알게 되고, 그래서 하나님의 말씀이 우리에게 말로 다 할 수 없이 보배롭게 여겨지는 것입니다. "지혜 있는 자의 집에는 귀한 보배와 기름이 있으나 미련한 자는 이것을 다 삼켜 버리느니라."(잠 21:20) "우리가 공교하게 만든 이야기를 따르는 것이 아니라."는 것을 증거하는 증인을 우리 속에 모셔야 합니다. "미쁘다 모든 사람이 받을 만한 이 말이여 그리스도 예수께서 죄인을 구원하시려고 세상에 임하셨다 하였도다 죄인

중에 내가 괴수니라.”(딤전 1:15) 실로 이분 예수 그리스도께서는 “죽은 자 가운데서 사신 분”입니다.

오! 우리가 하나님의 말씀을 “큰 확신으로” 받아들이기를 구해야 합니다. “이는 우리 복음이 너희에게 말로만 이른 것이 아니라 또한 능력과 성령과 큰 확신으로 된 것임이라.”(살전 1:5) 이스라엘 사람들은 만나를 보고 “이것이 무엇이냐”(출 16:5)고 묻거나 하늘에서 내려왔다는 것을 아는 데 만족하지 않고 각 사람이 자신을 위해서 모아 자기들의 매일의 양식으로 삼아 먹었습니다. 하나님의 말씀에 모순이 없음을 알고 더 이상 의심 없는 완전한 확신으로 진리의 말씀임을 인정하여 우리의 하늘 분깃으로 알고 받지 않으면, 우리에게 아무 소용이 없습니다. 믿음만이 그런 신령한 이해를 줄 수 있습니다. “하나님의 아들을 믿는 자는 자기 안에 증거가 있고.”(요일 5:10)

“주의 의로운 모든 규례들은 영원하리이다.” 하나님의 말씀이 “처음부터” 진리였다면, 말씀의 성격과 결과에 있어서도 영원하기 마련입니다. 모든 세밀한 부분까지 그 말씀의 위대한 주인이신 하나님과 같이 말입니다. “주의 의로운 모든 규례들은 영원하리이다.” “여호와여 주의 말씀은 영원히 하늘에 굳게 섰사오며 주의 성실하심은 대대에 이르나이다 주께서 땅을 세우셨으므로 땅이 항상 있사오니.”(시 119:89,90)

여기에 우리 확신의 반석이 있나이다. 항상 변하지 않으시고 영원히 동일하신 마음을 지닌 분으로부터 나온 구원이 아니라면 거기에 내 소망을 두겠습니까? 예기치 못하게 공격하는 어떤 세력들에게도 결코 패배당하지 않을 원대한 계획이 아니라면 어떻게 확신을 가지겠습니까? 주님의 신실하심을 의뢰하는 모든 행위는 주님의 이름을 더욱 더 확고하게 의지하게 하고, 아울러 영혼에 힘을 주어 습관적으로 힘 있는 논리로 믿음을 견지하게 할 것입니다.

주여, 우리에게 “처음부터 주님의 말씀이 진리이며 영원함”을 인정하는 ‘보

배로운 믿음'을 허락하소서. 주님의 말씀은 우리 영혼에 계속 생명과 위안을
공급하는 샘이니이다.

161 고관들이 거짓으로 나를 핍박하오나 나의 마음은 주의 말씀만 경외하나이다

162 사람이 많은 탈취물을 얻은 것처럼 나는 주의 말씀을 즐거워하나이다

163 나는 거짓을 미워하며 싫어하고 주의 율법을 사랑하나이다

164 주의 의로운 규례들로 말미암아 내가 하루 일곱 번씩 주를 찬양하나이다

165 주의 법을 사랑하는 자에게는 큰 평안이 있으니 그들에게 장애물이 없으리이다

166 여호와여 내가 주의 구원을 바라며 주의 계명들을 행하였나이다

167 내 영혼이 주의 증거들을 지켰사오며 내가 이를 지극히 사랑하나이다

168 내가 주의 법도들과 증거들을 지켰사오니 나의 모든 행위가 주 앞에 있음이니이다

Psalm 119:161-168

21

하루 일곱 번씩
주를 찬양하는 사람

시편 119:161
"고관들이 거짓으로 나를 핍박하오나
나의 마음은 주의 말씀만 경외하나이다."

"고관들이 거짓으로 나를 핍박하오나." 지상에서 하나님의 원리들과 세상의 원리들이 어찌나 서로 대적하는지요! 하나님께서는 자기 백성을 그 죄로 인하여 징계하십니다. "야곱의 불의가 속함을 얻으며 그의 죄 없이함을 받을 결과는 이로 말미암나니 곧 그가 제단의 모든 돌로 부숴진 횟돌 같게 하며 아세라와 태양상이 다시 서지 못하게 함에 있는 것이라."(사 27:9) 세상은 하나님의 백성들의 경건함을 참지 못해 그들을 핍박합니다. "아버지께서 나를 사랑하신 것 같이 나도 너희를 사랑하였으니 나의 사랑 안에 거하라."(요 15:9) 처음부터 그러하였습니다. "그러나 그 때에 육체를 따라 난 자가 성령을 따라 난 자를 박해한 것 같이 이제도 그러하도다."(갈 4:29) 또 끝까지 그리할 것입니다. "무릇 그리스도 예수 안에서 경건하게 살고자 하는 자는 박해를 받으리라."(딤후 3:12) 다윗은 157절에서 "나를 핍박하는 자들과 나의

21 하루 일곱 번씩 주를 찬양하는 사람 시 119:161-168 **731**

대적들이 많다."고 하였습니다. 이제는 자기를 핍박하는 이들이 세상의 "고관들(princes, 또는 군왕들)"이라고 말합니다(시 119:23 ; 삼하 18:8,28,29 ; 시 2:3 ; 고전 2:8). 앞의 두 경우 고관들이 다윗을 박해할 마땅한 이유가 없었습니다. "다윗에게 이르되 나는 너를 학대하되 너는 나를 선대하니 너는 나보다 의롭도다."(삼상 24:17 ; 삼상 26:21 ; 요 15:25 ; 마 26:59,60 ; 단 6:4,5) 만일 다윗이 그런 비방과 박해를 받을 만한 이유가 정말 있었다면 다윗의 수치였겠지요(시 119:39 ; 벧전 2:20 ; 3:17 ; 4:5). 그러나 이제 그것은 다윗의 영광입니다(시 119:46 ; 삼하 6:22 ; 마 5:10-12 ; 벧전 4:14). 그 당시 그 일을 당할 때는 다윗의 십자가였습니다. 그러나 다윗에게서 우리는 구주의 십자가의 모형을 발견합니다.

"나의 마음은 주의 말씀만 경외하나이다." 다윗에게는 "하나님의 말씀을 경외함"이 자신의 마음을 제어하는 은혜였습니다. 사울 왕의 박해에 대한 다윗의 대처에서 그 점이 엿보입니다. "자기 사람들에게 이르되 내가 손을 들어 여호와의 기름 부음을 받은 내 주를 치는 것은 여호와께서 금하시는 것이니 그는 여호와의 기름 부음을 받은 자가 됨이니라 하고."(삼상 24:6) 다윗의 경건한 두려움은 언제나 하나님 백성들의 표지가 되어 왔습니다. 요셉(창 39:9), 모세(히 11:27), 느헤미야(느 5:15), 유다 백성들(스 9:4 ; 10:3), 바벨론 포로가 된 세 사람(단 3:16-18), 요시야도 하나님의 자녀임을 드러내는 특별한 표지를 보였습니다(대하 34:26,27). 그 사람이 왕의 보좌에 앉아있든지 거름 무더기 위에 있는 비천한 처지든지 간에 "하나님의 말씀을 두려워하여 떠는" 사람은 하나님께서 "돌보시는 사람"입니다(사 66:2). 세상의 군왕들의 노와 하나님의 진노를 저울에 달아볼 때, 세상의 군왕들 편에 서서 하나님의 진노를 사느니 하나님의 말씀에 밀접하기로 뜻을 정하여 사람들의 박해를 감당하는 편이 더 나음을 누가 부인할 수 있겠습니까?

우리 구주께서는 "사람의 속에 무엇이 있는 줄을 아시고" 어려움들을 대비하도록 분명히 예고하셨습니다. "사람이 너희를 회당이나 위정자나 권세 있는 자 앞에 끌고 가거든 어떻게 무엇으로 대답하며 무엇으로 말할까 염려하지 말라 마땅히 할 말을 성령이 곧 그 때에 너희에게 가르치시리라 하시니라."(눅 12:11,12) 단번에 불어 닥친 시련이 너무 혹독했습니다. 베드로는 '박해하는 군왕들'을 무서워하였습니다. 그래서 구주께서 박해를 당하시는 순간에 자기 구주를 부인하였습니다(마 26:69-75).[1]

그러나 권능의 성령님을 위로부터 부어주셨습니다. 그 날에 베드로와 형제들은 '하나님의 말씀을 두려워하는 거룩한 경외심' 속에서 공회에 맞서 선포하였습니다. "베드로와 요한이 대답하여 이르되 하나님 앞에서 너희의 말을 듣는 것이 하나님의 말씀을 듣는 것보다 옳은가 판단하라 우리는 보고 들은 것을 말하지 아니할 수 없다 하니."(행 4:19,20) "만일 하나님께로부터 났으면 너희가 그들을 무너뜨릴 수 없겠고 도리어 하나님을 대적하는 자가 될까 하노라 하니."(행 5:39) 가디너(Gardiner) 대령은 늘 "나는 하나님을 두려워하므로 아무도 두려워하지 않노라." 라고 말하였다 합니다.

"나의 마음은 주의 말씀만 경외하나이다." 실로 양자(養子)의 참된 정신은 그리스도인과 다른 이를 구별하는 독특한 특징이며 특권입니다. 그 정신은 "하나님을 경외하는 마음"을 도출하기 마련입니다. 아울러 그 정신은 자비하신 아버지 하나님을 대항하여 죄를 짓는 것을 너무 무서워하게 하며, 가장 친밀한 친구이신 보혜사 성령님을 근심시키는 일을 아주 두려워하게 합니다.

---

1) "베드로가 바깥 뜰에 앉았더니 한 여종이 나아와 이르되 너도 갈릴리 사람 예수와 함께 있었도다 하거늘 베드로가 모든 사람 앞에서 부인하여 이르되 나는 네가 무슨 말을 하는지 알지 못하겠노라 하며 앞문까지 나아가니 다른 여종이 그를 보고 거기 있는 사람들에게 말하되 이 사람은 나사렛 예수와 함께 있었도다 하매 베드로가 맹세하고 또 부인하여 이르되 나는 그 사람을 알지 못하노라 하더라 조금 후에 곁에 섰던 사람들이 나아와 베드로에게 이르되 너도 진실로 그 도당이라 네 말소리가 너를 표명(表明)한다 하거늘 그가 저주하며 맹세하여 이르되 나는 그 사람을 알지 못하노라 하니 곧 닭이 울더라 이에 베드로가 예수의 말씀에 닭 울기 전에 네가 세 번 나를 부인하리라 하심이 생각나서 밖에 나가서 심히 통곡하니라."(마 26:69-75)

그래서 "하나님을 경외함"이 자연스럽게 "하나님의 말씀을 경외하는 것"으로 확장되어, 아주 충실한 신하가 자기가 사랑하는 군주의 법을 어기는 것을 무서워함보다 아버지 하나님의 말씀의 지시를 무시하는 것을 더 두려워하게 될 사람입니다. 이런 두려움에는 노예적이거나 율법주의적인 요소가 하나도 없습니다. 자원하는 마음에서 우러나며, 복음이 부여하는 거룩함이요, 신앙의 영혼 자체입니다. 그리고 그들의 성경적인 특징을 보여주는 최상의 증거입니다. 우리도 다윗처럼, "하나님을 경외하는" 원리야말로 가장 부요한 미끼이며 사람들의 강력한 비방에 대항하여 자기를 지키는 가치 있는 안전책이라는 것을 알게 될 것입니다. "그 집에 가득한 은금을 내게 줄지라도 내가 능히 여호와 내 하나님의 말씀을 어겨 덜하거나 더하지 못하겠노라."(민 22:18)

그러나 창조주시요 세상을 판단하실 재판장이신 위대하신 하나님의 말씀에 전혀 경의를 표하지 않는 마음의 상태가 어떠하겠습니까! 죄인이 자신을 향하여 하늘에서 들리는 음성을 듣고도 감히 그것을 거부할 수 있겠습니까? 그러나 우리에게는 그보다 "더 확실한 말씀"이 있습니다(벧후 1:19). 그러니 우리는 마땅히 잠잠히 "경외하는" 자세로 그 말씀을 받고 그 앞에 최대한 복종하는 자세로 부복하며 우리 자신을 말씀의 거룩한 감동에 맡겨야 합니다. 그러나 이 말씀이 사람이 만든 '모든 최상의 책들' 보다 무한히 더 가치있다고 여기지 않으면, 말씀의 가치를 전혀 인식하지 못하는 셈입니다. 이 상태로는 말씀의 보화를 우리 마음이 누리는 영광은 기대할 수 없습니다. 하나님의 거룩하심이 성경의 모든 문장마다 각인(刻印)되어 있습니다.[2] 그러니 우리는

---

2) "유대인들이 자기들의 위대한 성경 겉표지 다음 내면지에 야곱이 벧엘에서 하나님의 환상을 보고 두렵고 놀란 일을 적어 놓는다. '이에 두려워하여 이르되 두렵도다 이 곳이여 이것은 다름 아닌 하나님의 집이요 이는 하늘의 문이로다.'(창 28:16) 존 오웬(John Owen) 박사가 이에 대하여 다음과 같이 말한 바 있다. '우리는 말씀을 대할 때에 그 안에 하나님이 함께 계시다는 거룩한 경외심과 공경심으로 바라 보아야 한다.' 우리도 마땅히 그래야 한다. 필자는 그런 심정으로 독자들에게 권고하는 바이다. 하나님의 말씀으로서 땅에 있는 가장 귀한 보석이요 가장 거룩한 유물인 성경을 읽거나 성경을 강론하는 데로 오라고 권하는 바이다. 그럴 때 하나님의 두려워하며 가장 마땅한 존중심을 가지고 와야 하며, 성경에 대한 모든 지식을 활용하라. 사람들로부터 오는 하잖은 평판을 얻으려고 그러기보다는 하나님을 영화롭게 하고 여러분 자신이나 다른 이들을 세워주는 덕을 더하기 위하려 그리해야 한다." - Cranmer 의

하나님 말씀의 책인 성경을 다른 보통 책처럼 사람의 말로 여기지 말고 하나님의 진리의 말씀대로 받아야 합니다. "이러므로 우리가 하나님께 끊임없이 감사함은 너희가 우리에게 들은 바 하나님의 말씀을 받을 때에 사람의 말로 받지 아니하고 하나님의 말씀으로 받음이니 진실로 그러하도다 이 말씀이 또한 너희 믿는 자 가운데에서 역사하느니라."(살전 2:13) 고넬료와 그 권속들이 행한 것 같이 "경외함으로" 받는 일을 해야 합니다. "내가 곧 당신에게 사람을 보내었는데 오셨으니 잘 하였나이다 이제 우리는 주께서 당신에게 명하신 모든 것을 듣고자 하여 다 하나님 앞에 있나이다."(행 10:33)[3]

> 시편 119:162
> "사람이 많은 탈취물을 얻은 것처럼
> 나는 주의 말씀을 즐거워하나이다."

우리가 방금 암시한 바와 같이, "주의 말씀"에 대하여 마땅히 가져야 할 '경외함'은 하나님의 말씀을 즐거워하는 것을 방해하기는커녕, 그 말씀을 행복하게 누릴 가장 합당한 준비를 하게 합니다. "할렐루야, 여호와를 경외하며 그의 계명을 크게 즐거워하는 자는 복이 있도다."(시 112:1) "그리하여 온 유대와 갈릴리와 사마리아 교회가 평안하여 든든히 서 가고 주를 경외함과 성령의 위로로 진행하여 수가 더 많아지니라."(행 9:31) 하나님을 모시고 있는 천사들도 얼굴을 가리고 서 있습니다. 그 하나님께서 자비하시어 하늘에서 우리에게 내려 주시는 메시지로 각 말씀을 받을 때에, 마치 "탈취물을 얻는 것처럼" 그 말씀을 즐거워해야할 것입니다. 다윗은 많은 전쟁을 통하여

책 「성경의 판단」(Judgment of Scripture)'에서 인용.

3) 이와 관련하여 성경에 나오는 한 이방인의 자세로부터 배우는 바가 있다. "에훗이 그에게로 들어가니 왕은 서늘한 다락방에 홀로 앉아 있는 중이라 에훗이 이르되 내가 하나님의 명령을 받들어 왕에게 아뢸 일이 있나이다 하매 왕이 그의 좌석에서 일어나니."(삿 3:20)

21 하루 일곱 번씩 주를 찬양하는 사람 시 119:161-168 **735**

"큰 전리품"을 얻곤 하였습니다.[4] 그러나 그가 가장 크게 이긴 전쟁에서도 하나님의 말씀에서 발견한 것보다 '더 풍요한 탈취물(전리품)'을 얻은 적은 없었습니다. 하나님 말씀의 보고에서 얻은 '기쁨'은 분명 그저 보통의 즐거움이 아닌 것이 명백합니다. 이사야는 그리스도께서 강림하실 때에 교회가 누릴 기쁨을 바로 이 상징으로 묘사하였습니다. "주께서 이 나라를 창성하게 하시며 그 즐거움을 더하게 하셨으므로 추수하는 즐거움과 탈취물을 나눌 때의 즐거움 같이 그들이 주 앞에서 즐거워하오니."(사 9:3) 구약 시대의 성도들은 하나님 말씀의 적은 분량을 통해서도 영혼을 크게 부요하게 하였습니다. 그렇다면 하나님의 계시의 완결편을 소유하는 은총을 받은 우리는 얼마나 더 감사해야겠습니까! "내게 줄로 재어 준 구역은 아름다운 곳에 있음이여 나의 기업이 실로 아름답도다."(시 16:6)

"사람이 많은 탈취물을 얻은 것처럼." 이 함축적인 표현은 "말씀의 탈취물"을 얻는 일이 반드시 갈등을 수반함을 상기하게 합니다. 여기서 우리는 "천국은 침노를 당하나니 침노하는 자는 빼앗느니라."(마 11:12)라는 말씀을 상기하게 됩니다. 우리가 나면서부터 가지고 태어난 본성의 취향은 "주의 말씀"을 역겨워합니다. 우리의 본성적 게으름은 정말 필요한 기도와 자기 부인과 믿음의 습관을 싫어합니다. 그러함에도 불구하고 '천국은 침노하는 자'가 빼앗습니다. 손해로만 끝나는 고통도 없고, 효력 없는 투쟁도 없습니다. 투쟁의 열매로 주어지는 "큰 탈취물"은 얼마나 귀한 것입니까! 하나님의 능력 안에서 투쟁의 열매로 얻게 됩니다.

하나님의 능력을 힘입고 영적인 도리를 꺼려하는 마음의 성향을 극복하기까지 "고난 받을" 결심을 하는 그리스도의 군사가 받을 보상은 얼마나 풍성

---

4) 사무엘상 30:19, 26-31에 보면 시글락에서, 사무엘하 12:30을 보면 암몬 자손들에게서 전리품을 크게 얻었다.

할까요(딤후 2:3)! 탈취물을 나누는 일은 순발력으로 하는 일도 아니며, 상상력을 발휘하여 얻는 것도 아닙니다. 오히려 전투 현장에서 이긴 자로서 탈취물을 나누는 기쁨이기 때문에 견고하고 풍성합니다. 때로는 예기치 않게 "탈취물을 얻는" 경우도 있습니다.[5] 보화를 보기는 하나 우리 자신의 것으로 삼기까지 오랜 시간이 걸릴 때도 있습니다. 우리가 갈등에 빠지고 영적 지각이 약하고 불신앙의 세력이 기승을 부려 아무 진전이 없을 때, 우리는 많은 기도와 탄식을 아버지께 보내며 도움을 청합니다. 그런 다음에야 승리의 면류관을 쓰게 되고, 승리의 열매로 주신 주님의 말씀을 지금 당하는 괴로운 상황을 극복하는 힘으로 활용하게 됩니다.

　그러나 하나님의 말씀을 건성으로 읽으면서 그러한 열매를 얻으리라 기대하지 말아야 합니다. 육신의 생각이나 세상이 말씀에 대한 즐거움을 앗아가서 "큰 탈취물"을 획득하지 못하게 방해하니, 다시 소유하기 위하여 단단히 무장해야 하지 않겠습니까? 우리가 손해를 보는데도 아무 생각 없이 당하고만 있겠느냐는 말입니다. 오, 그 '큰 보화'는 영적 투쟁의 현장에서 얻고 누리게 되는 것이니, 주제넘음이나 진심을 기울이지 않거나 낙담함으로 보화에 대한 흥미를 상실하는 일을 방치해서는 안됩니다. 하나님의 말씀을 읽으려 할 때 먼저 주 하나님께 부르짖어야 합니다. 영적인 하나의 행위도 행할 능력이 우리에게는 없다는 의식으로 하나님의 권능의 도우심과 전능자의 가르침을 간청해야 합니다. 그러면 우리는 지치지 않고 결코 포기하지 않는 열정을 갖추게 되어 복된 승리의 '전리품'을 나누는 일에 실패하지 않을 것입니다. 우리를 사랑하시어 죽음도 불사하신 구주의 사랑을 생각하면 "큰 탈취물"인 '십자가'에서 복되고 보배롭고 "측량할 수 없는 풍성함"이 보입니다. "모든 성도

---

5) 열왕기하 7장을 보라. 거기서 우리는 하나님의 행사로 이스라엘이 싸우지도 않고 아람 군대가 버리고 간 먹을 것과 물건들을 취득하는 장면을 만난다.

중에 지극히 작은 자보다 더 작은 나에게 이 은혜를 주신 것은 측량할 수 없는 그리스도의 풍성함을 이방인에게 전하게 하시고."(엡 3:8)

시편 119:163
"나는 거짓을 미워하며 싫어하고
주의 율법을 사랑하나이다."

우리가 "하나님의 말씀을 경외하거나 그 말씀을 즐거워하면" 그 말씀과 반대되는 모든 길을 싫어하지 않을 수 없습니다. 여기서 영적 갈등이 일어납니다. 우리의 본성이 하나님의 성품과 뜻에 어찌나 위배되는지요! 그래서 하나님께서 미워하시는 것은 사랑하고, 사랑하시는 것은 미워합니다. 그러나 하나님의 율법의 지시에 순응하는 새로운 원리와 성향이 우리에게 주어졌습니다. 그 성향은 우리가 하나님의 율법에서 등을 돌리고 반역하기 전과 같은 성향이지요.

"나는 거짓을 미워하며 싫어하고" 이제 "진리의 하나님"과 위배되는 "거짓을 미워하며 싫어하게" 되었습니다. 그리고 "주의 율법"은 사랑합니다. "주의 율법"은 하나님의 형상을 비춰주며, 하나님의 뜻을 나타냅니다. 다윗은 전에 "거짓 행위를 내게서 떠나게 하시고 주의 법을 내게 은혜로이 베푸소서."(시 119:29)라고 기도한 바 있습니다. 다윗이 "거짓을 아주 미워하고 싫어함"은 '거짓 행위'가 제거되고 '율법을 좋아하는 새로운 성향'이 그에게 심겨졌음을 보여줍니다.

"나는 거짓을 미워하며 싫어하고." 다윗은 자기의 외적인 행실을 규제하는 데 '거짓을 피하고 율법을 실천하는 것' 만으로도 족함을 알았을 것입니다. 그러나 다윗의 종교는 '마음의 종교'였습니다. 자기의 외적인 행실만이 아니라 습관들과 몸짓들과 기질과 성품 모두를 새롭게 하기를 원하였습니다. 그래서 그는 거짓을 멀리하거나 꺼려하는 것만으로는 만족하지 않고, "거짓이 지옥 자체인 것 같이 미워하고 싫어해야" 했습니다.[6]

"주의 율법을 사랑하나이다." 다윗은 '외적으로' 하나님의 율법을 따라가거나 마음으로 율법이 옳음을 찬성하는 수준이 아니라 "하나님의 율법을 사랑하는" 수준을 유지하려 했습니다. 죄를 다른 사람들도 행하는 흔하고 가벼운 일로 여기거나, 죄를 이익의 재료로 삼고 즐거워하면서 '하나님의 율법을 경멸하는 일,' 다윗은 그것을 정말 참을 수 없습니다. 다윗이 보기에, 하나님의 율법의 원칙에서 머리카락 두께만큼만 이탈하여도 죄로 여기고 미워하며 더럽게 여기고 저주하였습니다. 그는 "피흘리기까지 죄와 싸우려" 하였습니다(히 12:4). 어떤 수치를 당하더라도 하나님의 율법에 따른 소욕과 순종의 습관의 행동 하나 하나가 그에게는 즐거움이었습니다. 그리스도인들이여! 그것이 우리의 표준이 되어야 합니다! 주여, 매일 우리 자신이 하나님의 진리의 말씀에서 이탈한 자신의 연약함과 흠을 의식하고 겸손하게 하소서. 주님의 완전한 법칙에 갈수록 더 순종하고픈 거룩한 소원을 허락하소서.

만일 하와의 자녀들이 시험자 마귀의 거짓말을 이렇게 단호한 자세로 물리쳤다면 정말 좋았을 것입니다. "뱀이 여자에게 이르되 너희가 결코 죽지 아니하리라 너희가 그것을 먹는 날에는 너희 눈이 밝아져 하나님과 같이 되어 선악을 알 줄 하나님이 아심이니라 여자가 그 나무를 본즉 먹음직도 하고 보암직도 하고 지혜롭게 할 만큼 탐스럽기도 한 나무인지라 여자가 그 열매를 따먹고 자기와 함께 있는 남편에게도 주매 그도 먹은지라."(창 3:4-6) "너희가

---

6) "거짓을 미워하고 싫어함"이라는 표현을 통하여 '진리로부터 탈선하는 것'을 미워하고 싫어하는 것도 나타내고 싶었다. 그 자신이 그런 적이 있었다(삼상 21:2의 아히멜렉에게 행한 일과, 삼상 21:13 ; 27:10의 아기스에게 행한 일들). 그러니 전에 지적한 바와 같이 어떤 모양이나 어떤 정도라도 하나님의 진리와 어긋나는 일을 하지 않으려 한 다윗의 심정이 이 표현에 나타나 있다. "거짓 행위를 내게서 떠나게 하시고 주의 법을 내게 은혜로이 베푸소서."(시 119:29)

결코 죽지 아니하리라." 이 마귀의 거짓말은 하와가 그것을 듣고 따른 그 치명적인 운명의 순간부터 방종에 사로잡혀 있는 영혼들에게 매우 영향력 있는 도구가 되었습니다. 그 자체만 보면 매우 그럴듯하고, 우리 본성에는 아주 잘 맞아 보입니다. 사실 그 시험의 유혹에 넘어간 곤고한 희생자들도 처음 그 말을 들을 때에는 '저것은 거짓된 속임수라.'는 생각이 확실하게 듭니다. 그런데도 그것을 "미워하거나 싫어하지" 않습니다. 하나님의 이름과 자기 영혼의 안전을 생각하고 펄쩍 뛰면서 그 말을 피해 달아나야 할 판인데도 그렇게 하지 않습니다. 그래서 하나님께서 그들을 미혹의 일에 내버려 두시는 것이 당연한 것입니다. "이러므로 하나님이 미혹의 역사를 그들에게 보내사 거짓 것을 믿게 하심은 진리를 믿지 않고 불의를 좋아하는 모든 자들로 하여금 심판을 받게 하려 하심이라."(살후 2:11,12) 하나님께서는 그들이 불신앙에 빠져 스스로 기만 당한 열매를 맛보게 하심으로 그들을 징계하십니다.

오, 우리는 우리를 유혹하기 위해서 촐싹거리며 아첨을 떠는 세상의 시험에 항상 당합니다. 그러니 우리는 그들의 수준이나 입맛이나 취향과는 정반대로 하나님의 진리를 향해서만 달려갑시다. 그러면 우리는 거짓에 대해 "미워하고 싫어하는" 마음으로 등을 돌리게 될 것입니다.

"하나님께서 자기 피로 사신 교회를 보살피라"는 소명을 받은 감동을 받은 이들, 아니 "성도에게 단번에 주신 믿음의 도를 위하여 힘써 싸우는" 모든 이들은 교리나 원리에 있어서 복음의 단순함에서 조금이라도 빗나가는 것을 심히 근심합니다. 아니 복음의 순전함을 거짓말로 낙인찍는 일은 차마 보지 못할 것입니다. 저 덕망있는 사도는 말하였습니다. "내가 너희에게 쓰는 것은 너희가 진리를 알지 못하기 때문이 아니라 알기 때문이요 또 모든 거짓은 진리에서 나지 않기 때문이라."(요일 2:21,22) 우리가 앞에서 지적하였듯이, "은혜의 교리의 품격을 떨어뜨리는 것"을 어떻게 여기라고 위대한 사도는 가르쳤습니까? 그런 교훈은 믿음에 속한 체계가 아니고 두려움에 속한 체계요, 기쁨에 속한 것이 아니라 '노예적인 무서움'에 속한 체계입니다. 또 확신의 체계가 아니라 의심의 체계요, 생명의 샘을 막아 버려 기능을 못하게 하는 체계입니다.[7] "그런즉 형제들아 우리는 여종의 자녀가 아니요 자유 있는 여자의 자녀니라 그리스도께서 우리를 자유롭게 하려고 자유를 주셨으니 그러므로 굳건하게 서서 다시는 종의 멍에를 메지 말라."(갈 4:31-5:1)

믿음의 용장은 한 순간도 그것을 용납하지 않을 것입니다. "이는 가만히 들어온 거짓 형제들 때문이라 그들이 가만히 들어온 것은 그리스도 예수 안에서 우리가 가진 자유를 엿보고 우리를 종으로 삼고자 함이로되 그들에게 우리가 한시도 복종하지 아니하였으니 이는 복음의 진리가 항상 너희 가운데 있게 하려 함이라."(갈 2:5,6) 사도 바울은 자기 사람들에게 거짓된 형제들의 교훈을 교회를 부패하게 하는 원흉이 되는 '거짓말'로 여겨 "미워하고 싫어하라."고 명합니다. "그러나 우리나 혹 하늘로부터 온 천사라도 우리가 너희에게 전한 복음 외에 다른 복음을 전하면 저주를 받을지어다 우리가 전에 말하였거니와 내가 지금 다시 말하노니 만일 누구든지 너희가 받은 것 외에 다른 복음을 전하면 저주를 받을지어다."(갈 1:8,9 ; 고후 11:2-4) 사도는 우리에게도 동일하게 "복음을 방종의 도구로 남용하려는 자들은 같은 근원에서 났으니 미워하라."고 말하였을 것입니다. "그런즉 우리가 무슨 말을 하리요 은혜를 더하게 하려고 죄에 거하겠느냐 그럴 수 없느니라 죄에 대하여 죽은 우리가 어찌 그 가운데 더 살리요."(롬 6:1,2)

"나는 거짓을 미워하며 싫어하고 주의 율법을 사랑하나이다." 이 구절은 문자 그대로 모든 형태의 '거짓말'을 "미워하고 싫어할 것"을 지시합니다. 한 번

---

7) 이에 대해 상기하고자 하면 본서의 139절 강해 부분을 참조하기 바람 - 역자 주

거짓말을 하는 것이 너무 큰 죄이기 때문에 이 표현으로 그럴듯하게 꾸민다고 분석하기 보다는 영적인 특성을 주목하게 하는 것으로 여겨야 합니다. 그런 죄가 우리 신앙고백의 실상 속에서도 발견될 수 있습니다. 곧고 바른 정로에서 벗어나 과장하거나 거짓으로 허세를 부리거나 조금 이탈하면서도(아무리 우리가 간파해내기 어려울지라도) 서로 핑계를 대려고 합니다. 우리는 감히 그 책임을 하나님께 돌릴 수 없습니다. 그런 것들은 다 우리가 말씀에서 듣는 바를 정확하게 설명하지 못합니다. 모든 형태의 '거짓말'을 피해야 합니다. 실로 "빛 가운데 행하며 하나님과 교제하는" 사람은 거짓말을 '미워하고 싫어해야' 마땅합니다. "우리가 그에게서 듣고 너희에게 전하는 소식은 이것이니 곧 하나님은 빛이시라 그에게는 어둠이 조금도 없으시다는 것이니라 만일 우리가 하나님과 사귐이 있다 하고 어둠에 행하면 거짓말을 하고 진리를 행하지 아니함이거니와 그가 빛 가운데 계신 것 같이 우리도 빛 가운데 행하면 우리가 서로 사귐이 있고 그 아들 예수의 피가 우리를 모든 죄에서 깨끗하게 하실 것이요."(요일 1:5-7)

믿는 자들이여! 여러분은 모든 종류의 '거짓'이 깊은 영향력을 갖는 것을 "미워하고 싫어하길" 원합니까? 영혼의 모든 정서적 기능들, '의분, 격노, 소욕, 열심, 복수심'을 다 동원하여 '거짓'을 대항하고 싶습니까? "보라 하나님의 뜻대로 하게 된 이 근심이 너희로 얼마나 간절하게 하며 얼마나 변증하게 하며 얼마나 분하게 하며 얼마나 두렵게 하며 얼마나 사모하게 하며 얼마나 열심있게 하며 얼마나 벌하게 하였는가 너희가 그 일에 대하여 일체 너희 자신의 깨끗함을 나타내었느니라."(고후 7:11) '거짓'을 여러분의 원수만이 아니라 하나님의 원수로 알고 "미워하는 법"을 배워야 합니다. "여호와여 내가 주를 미워하는 자들을 미워하지 아니하오며 주를 치러 일어나는 자들을 미워하지 아니하나이까 내가 그들을 심히 미워하니 그들은 나의 원수들이니이

다."(시 139:21,22)

죄의 각성(conviction)이라는 독화살이 그리스도의 피로 적셔지게 하옵소서. 그리되면 그로 인한 상처가 아무리 깊고 고통스러워도 그리스도의 피에 적신 그 독화살이 사람을 죽이지는 않을 것입니다. 그 피에 적신 죄책감의 화살이 죄는 죽이겠지만 영혼은 치료할 것입니다. '죄를 미워하는' 마음이 하나님과 화해로부터 흘러나오기를 위하여 기도하세요. 우리가 '죄를 미워하는' 마음을 아무리 가져도 결코 완전한 정도에 이르지는 못할 것입니다. 죄가 가져온 영원한 저주에서 우리가 벗어나게 하신 하나님의 은혜를 생각하면 말입니다. "이는 내가 네 모든 행한 일을 용서한 후에 네가 기억하고 놀라고 부끄러워서 다시는 입을 열지 못하게 하려 함이니라 주 여호와의 말씀이니라."(겔 16:62) "거기에서 너희의 길과 스스로 더럽힌 모든 행위를 기억하고 이미 행한 모든 악으로 말미암아 스스로 미워하리라."(겔 20:42) 우리 죄를 속(贖)하신 구주 앞에 엎드려 눈물로 그 발을 씻는 일이야말로 하늘 이 편에서 누릴 수 있는 최상의 행복과 특권이 될 것입니다. 매일 이런 심령으로 부복하여 "거짓을 미워하며 싫어함"과 "주의 율법을 사랑함" 사이의 분리될 수 없는 끈을 매우 분명히 나타내야 할 것입니다.

시편 119:164
"주의 의로운 규례들로 말미암아
내가 하루 일곱 번씩 주를 찬양하나이다."

다윗은 "두려움과 기쁨과 미움과 사랑"의 정서를 말하였습니다. 그런데 이 시편을 통해 그리스도인의 삶을 완벽하게 나타내는 것은 바로 '찬양과 기도의 어울림'입니다. 이른 아침이나 저녁 늦게, 아니 하루 내내 습관적으로 "자신을 기도하는 일에 드린" 시편 기자의 모습을 우리는 이제까지 보았습니다. "내가 날이 밝기 전에 부르짖으며 주의 말씀을 바랐사오며 주의 말씀을 조용히 읊조리려고 내가 새벽녘에 눈을 떴나이다."(시 119:147,148)

"하루 일곱 번씩 주를 찬양하나이다." 다윗의 이 '간구'는 늘 '감사를 곁들인 간구'와 엄격하게 완벽한 조화를 이룹니다. "아무 것도 염려하지 말고 오직 모든 일에 기도와 간구로 너희 구할 것을 감사함으로 하나님께 아뢰라."(빌 4:6) "대저 의인은 일곱 번 넘어질지라도 다시 일어나려니와 악인은 재앙으로 말미암아 엎드러지느니라."(잠 24:16) 실로 우리 자신을 사랑하는 마음과 자신의 궁핍함의 자극을 받아 기도할 수도 있습니다. 그러나 하나님을 사랑하는 것이 찬양의 정신입니다. 그러므로 찬양을 게을리 하는 것은 하나님의 것을 도적질 하는 것임과 동시에 우리 자신이 손해를 보는 것입니다. 하나님께 찬양을 드리지 않으면 부족해서가 아니라, 하나님은 찬양을 받으실 만하시고 또 받기를 원하십니다. 우리 공로가 생기니 하나님을 찬양하자는 것이 아니라, 하나님을 의존하는 의존성을 강화시키고 하나님을 향한 우리의 사랑을 고양시키기 위해서 찬양하자는 것입니다.

"하루 일곱 번씩." 시편에서 하나님을 찬양하는 것에 대하여 진술하는 말씀을 들어 보십시오. "밤마다 주의 성실하심을 베풂이 좋으니이다."(시 92:3) "너희 의인들아 여호와를 즐거워하라 찬송은 정직한 자들이 마땅히 할 바로다."(시 33:1) "여호와를 찬송하라 여호와는 선하시며 그의 이름이 아름다우니 그의 이름을 찬양하라."(시 135:3) "할렐루야 우리 하나님을 찬양하는 일이 선함이여 찬송하는 일이 아름답고 마땅하도다."(시 147:1) 그러니 하나님을 얼마나 자주 찬양해야 하느냐를 규정할 필요가 없습니다. 마치 사랑하는 친구를 섬기는 일에 한계를 두는 것이 불필요 하듯이 말입니다. 사랑하는 친구에 대해서 할 마땅한 도리는 매일 그 정도를 더해 갑니다. 종이 주인에게 억지로라도 드려야 할 도리들은 복잡하기 그지없지만, 사랑하기만 하면 그 모든 것을 해내는 데 문제가 없을 것입니다. 우리는 찬양의 생활을 목표로 삼아야 합니다. "내가 여호와를 항상 송축함이여 내 입술로 항상 주를 찬양하리이다."(시 34:1) "주를 찬송함과 주께 영광 돌림이 종일토록 내 입에 가득하리이다… 나는 항상 소망을 품고 주를 더욱더욱 찬송하리이다."(시 71:8,14) "늘 성전에서 하나님을 찬송하니라."(눅 24:53) 의무감에 얽매이는 대신 우리 영혼의 중심이 즐거워하며 상 받기 원하는 마음으로 찬송하는 삶을 목표해야 할 것입니다. 그것이 하늘에 참여한 우리 신분의 정체성을 보여 주고, 또한 하늘에 합당한 품격을 갖추게도 할 것입니다.

믿은 지 얼마 되지 않은 미숙한 그리스도인들 중에는 때로 주밀하지 못하게 의무감으로 시간 계획 세우기를 잘합니다. 심지어 현재 자기가 감당할 일상의 일을 방해할 정도로 개인 예배 시간표를 짜서 경건의 시간을 가지려 하여 결국 양심에 압박을 주곤 합니다. 육체의 연약을 생각하지 못하고 무리하게 시간표를 짜기도 합니다. 우리가 주님을 예배할 규칙은 우리 게으름에 맞추지는 말아야 하나 합법적으로 감당해야 할 일상의 일들을 방해하지 않게 짜야 합니다. 일상의 일들도 "주께 하듯 하고 사람에게 하듯 하지 말아야" 합니다(골 3:23 ; 엡 6:7 ; 5:20 ; 히 13:5). 그 일들도 우리 믿음을 위해서 참되고 필수적인 부분임을 알아야 합니다. 그 일들도 기도와 찬양의 신령한 헌신 못지않게 필요하고 진정한 가치가 있습니다. 어떤 특별한 시간을 정해 지킨다 합시다(안식일이나 아침과 저녁의 경건회 시간 이외에). 그런데 '우리 마음이 아무리 곤비하거나 당장 해야 할 일이 방해를 받더라도' 정해진 시간이니 반드시 지켜야 한다는 식으로 한다 합시다. 그러면 그것은 그런 권면을 하기에 충분한 품격을 갖추었던 이의 무게 있는 교훈, 곧 "육체의 연단은 약간의 유익이 있다"는 권면을 망각한 처사입니다(딤전 4:8). 오히려 그런 경우 우리는 "나는 인애를 원하고 제사를 원하지 아니한다."(호 6:6)는 말씀이 무엇을 의미하는지 배우는 것이 좋습니다. 은혜 안에서 자라면서 점진적으로 우리 믿음의 외적 고백이 하나님과 교제하는 습관으로 점점 틀을 잡아 갈 것입니다. 우리의 관점이 더 견고하고 안정될수록 일상의 업무가 제자리를 잡아 갈 것이고, 우리의 예배가 더 자유로워지고 순종이 더 복음적이 될 것입니다.

"하루 일곱 번씩." 형식주의자는 이 시편 기자가 "하루 일곱 번씩 주님을 찬양한 것"은 거룩한 성경을 위반한 처사라고 생각할 수도 있습니다. "지나치게 의인이 되지도 말며."(전 7:16) 그 형식주의자가 관례를 따라 하루에 두 번 예배를 드린다 합시다. 또 기도와 찬양도 그렇게 한다고 합시다. 그러면서도 예배가 끝나면 그의 양심은 다시 활동을 멈춘다 합시다. 그것은 안타까운 일입니다! 우리가 그런 형식주의자와 별 다른 것이 없다면 영적 잠에 빠져 있는 셈입니다. 오! 우리는 그런 상태를 보이는 모든 증상을 크게 염려해야 합니다. 마음에 진실로 넘치는 감사와 기쁨으로 주님을 찬송하는 상태에 이르기 전에는 '우리 심령이 잠들지 못하게' 해야 합니다. 우리에게 하늘에 속한 품격이 있다면, 일을 할 때도 하늘에 속한 그 품격으로 일을 해야 합니다. 우리의 혀와 마음이 사랑으로 함께 불타고 있어야 합니다. 우리가 일상의 일로 돌아가서도 꼭 그와 같은 정신 자세를 유지하여야 합니다. 그 일이 무엇이든 그 일을 하면서 계속 마음으로는 주님을 찬양해야 합니다.

그러나 그리스도인이 때로는 자기가 찬송할 마음도 권리도 없다고 여겨져 두려움에 처하기도 합니다. 주님을 부를 정도의 마음의 정표도 없고, 수금을 "버드나무에 걸어 놓고" 낙담하고 앉아 "우리가 이방 땅에서 어찌 여호와의 노래를 부를까." 하는 식입니다(시 137:2,4). 그러나 얼마나 많은 이들이 존 번연(John Bunyan)과 같은 체험을 하였는지요! "내가 믿고 찬미하니 내 의심이 그쳤어요!" "먹는 자에게서 먹는 것이 나오고."(삿 14:14) 참으로 검은 구름 가운데서 격려의 빛이 쏟아져 내 마음을 일으켜 세우는 것과 같은 일이 일어나지 않았습니까! 그러므로 어떤 신령한 긍휼, 아니 지금 삶을 위해서 필요한 쓸 것을 공급해 주셨던 과거 주님의 은혜를 열심히 회상해 보세요. 회상하기가 어려우면 성경으로 나아가십시오. 우리 구주의 탄생을 알리는 천사들의 노래와 같은 찬송의 주제를 생각하세요. "홀연히 수많은 천군이 그 천사들과 함께 하나님을 찬송하여 이르되 지극히 높은 곳에서는 하나님께 영광이요 땅에서는 하나님이 기뻐하신 사람들 중에 평화로다 하니라."(눅 2:13,14) 아니면 구속(救贖)받은 백성들이 어린양의 이름을 찬송하는 것으로 나아가 보세요. "큰 음성으로 이르되 죽임을 당하신 어린 양은 능력과 부와 지혜와 힘과 존귀와 영광과 찬송을 받으시기에 합당하도다 하더라."(계 5:12) 여러분은 그 일에 참여한 사람이 아닙니까? 구주가 필요하지 않으세요? 그리스도 없이도 행복할 수 있습니까? 그러니 여러분은 "말할 수 없는 그의 은사로 말미암아 하나님께 감사하노라."(고후 9:15)라고 한 사도의 말에 동참할 사람이 아닌지 자신을 시험해 보고 사도와 같이 하세요. 아마 주님을 찬송하는 여러분의 마음의 생각이 찬송으로 발전할 것이요, 기도를 올리고 싶은 열정이 생기고, 기도가 다시 즐거운 습관으로 승화될 것입니다.

여러분이 침체에 계속 빠져 있는 일은 참 죄악되고 어리석은 일입니다. 그렇게 하면 마땅한 도리를 특권처럼 감당하는 마음의 상태를 유지할 수 없습니다. 예배의 본보기를 따라서 하나님을 예배하는 것이 영혼으로 하여금 얼마나 하늘을 향하게 고양시키는지요! 열심을 잃어버린 영혼에 힘을 주기에 합당한 더 선한 말을 쉽게 찾기가 어려울 것입니다. 역사상 이어지는 여러 세대 중에서 하나님께 은총을 받은 수다한 백성들이 지금은 다 하늘에 총회를 이루고 "하나님과 어린양의 보좌 앞에서" 영원히 받으시기에 합당한 예배를 드리고 있습니다. 그들이 지상에 있을 때 즐겨 쓰던 격려의 말과 찬양을 기억해 내려면 주밀하게 전념해야 할 것입니다. 집중하고 기억하면서 찬양하는 일에 전념하십시오.

"주의 의로운 규례들로 말미암아…" 주 하나님의 말씀 속에 나타나 있는 "의로운 규례(판단, judgments)"는 성도가 계속 주님을 찬양할 주제가 됩니다. 빛과 양식과 위로를 주신 하나님을 찬양하리로다! 그렇게 놀라운 하나님의 요새를 높이 말할지어다! 견고한 소망의 닻을 내릴지어다! 우리가 걸어갈 행로가 그렇게 분명하도다! 진실로 이런 은혜의 선물들을 복으로 받은 이들은 주님을 향해 찬송하지 않을 수 없습니다. "그가 그의 말씀을 야곱에게 보이시며 그의 율례와 규례를 이스라엘에게 보이시는도다 그는 어느 민족에게도 이와 같이 행하지 아니하셨나니 그들은 그의 법도를 알지 못하였도다 할렐루야."(시 147:19, 20) 그 "의로운 규례들"에 더하여 당신에게 교회를 위하여 선포하신 법도들을 주셨습니다. 그것을 생각하는 시편 기자는 낮 뿐 아니라 "밤중에도" 노래하지 않을 수 없었습니다. "내가 주의 의로운 규례들로 말미암아 밤중에 일어나 주께 감사하리이다."(시 119:62) 이사야는 환희에 차서 교회의 이름으로 말하였습니다. "여호와여 주는 나의 하나님이시라 내가 주를 높이고 주의 이름을 찬송하오리니 주는 기사를 옛적의 정하신 뜻대로 성실함과 진실함으로 행하셨음이라."(사 25:1) "주의 의로운 규례들(판단들)"은 측량할 수 없어 보일 때가 있습니다. 아니 우리의 최상의 행복을 위하는 방향과는 정반대로 보일 적도 있습니다. 그렇게 가장 어두워 보일 때에도 믿음있는 자는 이렇게 말할 것입니다. "우리가 알거니와 하나님을 사랑하는 자 곧 그 뜻대로 부르심을 입은 자들에게는 모든 것이 합력하여 선을 이루느니라."(롬 8:28)

하늘에 가면 "하루에 일곱 번" 아니라 "하루에 일곱 번의 일곱 번씩" 주님을 찬양하여도 성에 차지 않을 것입니다. 하늘에서 우리가 부를 노래는 '모세와 어린양의 노래'일 것인데, 여전히 "주의 의로운 규례들(판단들)"을 찬미하는 것이 그 내용이 될 것입니다. "하나님의 종 모세의 노래, 어린 양의 노래를 불러 이르되 주 하나님 곧 전능하신 이시여 하시는 일이 크고 놀라우시도다 만국의 왕이시여 주의 길이 의롭고 참되시도다 주여 누가 주의 이름을 두려워하지 아니하며 영화롭게 하지 아니하오리까 오직 주만 거룩하시니이다 주의 의로우신 일이 나타났으매 만국이 와서 주께 경배하리이다 하더라."(계 15:3,4) "또 내가 들으니 제단이 말하기를 그러하다 주 하나님 곧 전능하신 이시여 심판하시는 것이 참되시고 의로우시도다 하더라."(계 16:7) 하나님의 비파들은 영원토록 "새 노래"를 연주하여도 그 줄이 느슨해져 조율해야 할 일이 결코 일어나지 않는 영원한 찬미의 도구가 될 것입니다. "네 생물은 각각 여섯 날개를 가졌고 그 안과 주위에는 눈들이 가득하더라 그들이 밤낮 쉬지 않고 이르기를 거룩하다 거룩하다 거룩하다 주 하나님 곧 전능하신 이여 전에도 계셨고 이제도 계시고 장차 오실 이시라 하고."(계 4:8) 순식간에 우리도 하늘의 찬양 대열에 참여하게 될 것입니다. 내키지 않은 심령의 상태나 곤비한 육체의 기진함 없이 찬미하는 그 대열에 말입니다. 매 순간 바로 그 벅찬 영광의 소망을 바라보고 더 가까이 나아가니 힘이 납니다. 하나님을 찬양하리로다!

시편 119:165
"주의 법을 사랑하는 자에게는 큰 평안이 있으니
그들에게 장애물이 없으리이다."

여기 "큰 평안"이라는 말 속에 하나님 자녀의 행복이 다 응축되어 있습니다. 지각 있는 안목으로 하나님의 자녀가 '환난의 매'로 받는 징계를 보아야 합니다. 세상 사람들은 그 깊은 것을 알지 못하고 지나칩니다. 하나님의 자녀는 하나님의 긍휼히 여기심을 받는 자입니다. 믿음의 눈으로 보면 그는 "주의 법을 사랑하는 자"이며 그가 받는 기업은 "큰 평안"입니다. 성경에 제시된 언약마다 가진 특징은 그 언약의 성질을 반영하기 마련입니다. 곧 하나님의 언약은 '은혜와 평안과 사랑'으로 충만합니다. 세 가지 특성 중 두 가지를 나타내는 적합한 상징은 '어린양'과 '비둘기'입니다. '어린양'과 '비둘기'는 평안의 표상이지요. 그런데 그 원리들의 성향은 깨끗함이 먼저이고 그 다음이 '평화로움'입니다. "오직 위로부터 난 지혜는 첫째 성결하고 다음에 화평하고 관용하고 양순하며 긍휼과 선한 열매가 가득하고 편견과 거짓이 없나니."(약 3:17) 그 언약을 믿는 하나님의 자녀가 현세에서 누리는 기쁨과 특권은 "큰 평안"입니다.[8] 하나님의 언약의 목적은 전 우주적이고 영원한 평안입니다. "온전한 사람을 살피고 정직한 자를 볼지어다 모든 화평한 자의 미래는 평안이로다."(시 37:37) "선을 행하는 사람에게는 영광과 존귀와 평강이 있으리니 먼저는 유대인에게요 그리고 헬라인에게라."(롬 2:10)

"주의 법을 사랑하는 자에게는 큰 평안이 있으니." 그리스도인이여! 여러분은 하나님의 온전한 계시로써 "주의 법을 사랑하는 것"과 "평안"과의 연관을 발견하지 않았습니까?

우리는 "주의 법"을 '진리의 법'으로 보아야 합니다. "주의 법"이 진리의 법이라서 '견실한 평안'으로 나아가는 첫 걸음을, 바로 여러분의 자기만족과 자기기만의 '평안'을 깨뜨리는 것임을 알았습니까? 하나님께서 여러분을 보

---

8) "그가 열방 사이에 판단하시며 많은 백성을 판결하시리니 무리가 그들의 칼을 쳐서 보습을 만들고 그들의 창을 쳐서 낫을 만들 것이며 이 나라와 저 나라가 다시는 칼을 들고 서로 치지 아니하며 다시는 전쟁을 연습하지 아니하리라."(사 2:4)
"그 때에 이리가 어린 양과 함께 살며 표범이 어린 염소와 함께 누우며 송아지와 어린 사자와 살진 짐승이 함께 있어 어린 아기에게 끌리며 암소와 곰이 함께 먹으며 그것들의 새끼가 함께 엎드리며 사자가 소처럼 풀을 먹을 것이며 젖 먹는 아기가 독사의 구멍에서 장난하며 젖 뗀 어린아기가 독사의 굴에 손을 넣을 것이라 내 거룩한 산 모든 곳에서 해 됨도 없고 상함도 없을 것이니 이는 물이 바다를 덮음 같이 여호와를 아는 지식이 세상에 충만할 것임이니라"(사 11:6-9).

시는 것과 같은 방식으로 자신을 보는 법을 배웠습니까? 그런 식으로 자신을 볼 때 마다 더 깊이 겸비하지 않을 수 없습니다. '참된 평안'을 부지런히 찾으려는 간절함 때문에 다른 것으로는 만족하지 못하는 사람이 되어야 합니다.

우리는 "주의 법"을 '믿음의 법'으로 보아야 합니다. 여기에 우리를 위한 평안의 땅이 열려 있음을 발견합니다. 하나님께 나아가는 길은 분명합니다. 하나님께서 당신께 나아올 때 값없이 오라 하십니다. 그러니 확신을 가지고 하늘의 하나님과 교제를 누릴 수 있습니다. "그러므로 우리가 믿음으로 의롭다 하심을 받았으니 우리 주 예수 그리스도로 말미암아 하나님과 화평을 누리자… 곧 우리가 원수 되었을 때에 그의 아들의 죽으심으로 말미암아 하나님과 화목하게 되었은즉 화목하게 된 자로서는 더욱 그의 살아나심으로 말미암아 구원을 받을 것이니라 그뿐 아니라 이제 우리로 화목하게 하신 우리 주 예수 그리스도로 말미암아 하나님 안에서 또한 즐거워하느니라"(롬 5:1,10,11) "소망의 하나님이 모든 기쁨과 평강을 믿음 안에서 너희에게 충만하게 하사 성령의 능력으로 소망이 넘치게 하시기를 원하노라."(롬 15:13)

또한 이 "주의 법"을 '순종의 법'으로 사랑해야 할 동일한 이유를 발견하였습니까? "주님 무엇을 하리이까."(행 22:10) "그리스도의 말씀이 너희 속에 풍성히 거하여 모든 지혜로 피차 가르치며 권면하고."(골 3:16) 그러면 그 말씀이 매일 여러분의 삶에 지침이 되어 "속사람으로 하나님의 법을 즐거워하게" 할 것입니다(롬 7:22). 주의 말씀의 법에 비추어 행하면 "큰 평안"을 계속 충만하게 누리는 데로 나아갈 것입니다. 구주의 멍에를 메고 기쁘게 배우면 여러분의 영혼이 '쉼'을 얻을 것이고, 여러분은 평안의 길로 행할 것입니다. "나는 마음이 온유하고 겸손하니 나의 멍에를 메고 내게 배우라 그리하면 너희 마음이 쉼을 얻으리니."(마 11:29) " 그 길은 즐거운 길이요 그의 지름길은 다 평

강이니라."(잠 3:17)

명목상의 그리스도인들이여! 그대들은 "하나님의 법"에 냉담한 자세를 견지함으로 무엇을 얻었는가? 그대들의 양심이 말할 것이로다. "그대는 이 큰 평안에 대하여는 외인이다."

우상숭배를 서 있게 하는 은밀한 뿌리는 평안의 원리들을 부식시킵니다. 관념만으로는 평안을 가져 올 수 없습니다. 살아있는 경건, 곧 "하나님의 법을 사랑하는 것" 하나님의 법을 사랑함으로 진리를 받는 자세가 아니고는 그런 복을 실현할 수 없습니다.

믿은지 오래지 않은 그리스도인들이여! "하나님의 법을 사랑하는" 정도가 미약하여 자주 의기소침해지고, 어떤 때에는 '나는 하나님의 법을 전혀 사랑하지 않는가?'하고 두려움이 밀려와 우울할 수 있습니다. 그래도 낙심하지 마십시오. 하나님의 법을 사랑하는 열기가 식어져 울고 싶지 않나요? 정말 하나님의 법을 사랑하기를 원하지 않습니까? 그렇다면 그리스도의 사랑이 강권하는 힘을 더 알기를 추구하세요. 여러분의 '병거의 바퀴'가 마치 애굽 병거들의 바퀴와 같이 달리기가 극히 어렵게 되었다 해도(출 14:25), 선지자의 환상 속에 나타난 병거와 같이 "바퀴와 날개"을 가지고 진행하게 될 것입니다(겔 1:15,23).⁹⁾ 적어도 평안으로 나아가는 길목에 있게 될 것입니다. 부지런히 믿음의 습관을 기르세요. 주님을 의뢰하는 일에 능동적으로 더 열심을 내세요. 머지않아 기운찬 태양처럼 주님의 위로가 여러분을 찾아 올 것입니다. "내 이름을 경외하는 너희에게는 공의로운 해가 떠올라서 치료하는 광선을 비추리니 너희가 나가서 외양간에서 나온 송아지 같이 뛰리라."(말 4:2) 하나님께서 하늘에 속한 "큰 평안"으로 여러분을 복되게 하실 것입니다. 주

---

9) "내가 그 생물들을 보니 그 생물들 곁에 있는 땅 위에는 바퀴가 있는데 그 네 얼굴을 따라 하나씩 있고… 그 궁창 밑에 생물들의 날개가 서로 향하여 펴 있는데 이 생물은 두 날개로 몸을 가렸고 저 생물도 두 날개로 몸을 가렸더라."(겔 1:15,23)

님께서 여러분의 목자시니 목자의 장막 가까이 거하는 여러분은 부족함이 없을 것입니다. "여호와께서 자기 백성에게 힘을 주심이여 여호와께서 자기 백성에게 평강의 복을 주시리로다."(시 29:11) "주께서 우리에게 영원히 노하시며 대대에 진노하시겠나이까."(시 85:5) "여호와는 나의 목자시니 내게 부족함이 없으리로다."(시 23:1) 하나님께서 약속하신 것은 반드시 받게 되어 있습니다. 우리에게서 무엇을 거두어 가신다 하여도 사실은 우리에게 주신 것을 가져 가시는 것입니다. 그래서 우리는 "여호와의 이름이 찬송을 받을지니이다."(욥 1:21)라고 말할 수밖에 없습니다. 하나님께서 우리에게 징계의 손을 대신다 하여도 우리가 마땅하게 받아야 할 분량에 비하면 극도로 적은 것입니다. 하나님께서 멀리 내다보시며 "마침내 복을 주려" 하심입니다. "네 조상들도 알지 못하던 만나를 광야에서 네게 먹이셨나니 이는 다 너를 낮추시며 너를 시험하사 마침내 네게 복을 주려 하심이었느니라."(신 8:16) 주님께서 무엇을 주시든지 결국 "큰 평안, 완전한 평강"에 이르게 하십니다. "주께서 심지가 견고한 자를 평강하고 평강하도록 지키시리니 이는 그가 주를 신뢰함이니이다."(사 26:3) 우리가 이 세상에서 누리는 평안은 아무리 대단해 보여도 변화무쌍하고 "이 세상의 환난"과 연결 되어 깨어질 뿐입니다. "이것을 너희에게 이르는 것은 너희로 내 안에서 평안을 누리게 하려 함이라 세상에서는 너희가 환난을 당하나 담대하라 내가 세상을 이기었노라."(요 16:33) 우리가 세상에서 만나는 환난은 의인들이 악한 자들 앞에서 불려 들어갈 평안의 보증입니다. "의인들은 악한 자들 앞에서 불리어가도다 그들은 평안에 들어갔나니 바른 길로 가는 자들은 그들의 침상에서 편히 쉬리라."(사 57:2) 그러니 우리가 진실로 누릴 '그 평안'은 측량할 수 없는 복락입니다.

"그들에게 장애물이 없으리이다." 우리의 건실한 신앙고백은 이 복락의 매우 중요한 열매입니다. "그들에게 장애물이 없으리이다."[10] 우리가 매일 져야 하는 십자가(막 10:21,22), 우리를 겸비하게 하는 교훈(요 6:60,65,66), 사탄의 불같은 시험(마 13:21), 이것들이 '우리를 가로 막아' 우리 마음에 숨어 있는 건전치 못한 생각을 찾게 합니다. [11] 이런 장애들이 사실은 "하나님의 법을 사랑하는 자들"에게는 힘과 위로를 주는 원리들로 변합니다. "환난이나 박해"를 인하여 넘어진 자들은 "그 속에 뿌리가 없는" 자들입니다(마 4:17). 마음에 "주의 법을 사랑하는 것"이 전혀 없는 자들은 삶의 체험 속에서 "평안"을 전혀 맛보지 못하고, 행함에도 견실함이 없습니다.

신앙을 가졌다는 고백자들의 행로에서 그런 경우들이 자주 발견된다면 정말 심각한 고통 거리입니다. 처음에는 대단한 감격으로 출발하였는데 믿음을 행사하여 나아가는 길에서 즉시 "바람에 꺾이는 갈대"와 같은 모습을 보입니다. 폭풍이 몰아치는 초기에 모든 결심의 고동이 멈추어 버립니다. 그 이유는 자신이 얼마나 철저하게 무능한지 깨달아 온전히 하나님의 은혜만 의존해야만 한다는 의식에서 난 결심이 아니었기 때문입니다. "나는 포도나무요 너희는 가지라 그가 내 안에, 내가 그 안에 거하면 사람이 열매를 많이 맺나니 나를 떠나서는 너희가 아무 것도 할 수 없음이라."(요 15:5) "나에게 이르시기를 내 은혜가 네게 족하도다 이는 내 능력이 약한 데서 온전하여짐이라 하신지라 그러므로 도리어 크게 기뻐함으로 나의 여러 약한 것들에 대하여 자랑하리니 이는 그리스도의 능력이 내게 머물게 하려 함이라."(고후 12:9)

---

10) Ainsworth는 이 대목을 이렇게 번역한다. '그들에게는 거침돌이 없으리로다(To them is no stumbling-block).'

11) "예수께서 그를 보시고 사랑하사 이르시되 네게 아직도 한 가지 부족한 것이 있으니 가서 네게 있는 것을 다 팔아 가난한 자들에게 주라 그리하면 하늘에서 보화가 네게 있으리라 그리고 와서 나를 따르라 하시니 그 사람은 재물이 많은 고로 이 말씀으로 인하여 슬픈 기색을 띠고 근심하며 가니라."(막 10:21,22)
"제자 중 여럿이 듣고 말하되 이 말씀은 어렵도다 누가 들을 수 있느냐 한 대⋯또 이르시되 그러므로 전에 너희에게 말하기를 내 아버지께서 오게 하여 주지 아니하시면 누구든지 내게 올 수 없다 하였노라 하시니라 그 때부터 그의 제자 중에서 많은 사람이 떠나가고 다시 그와 함께 다니지 아니하더라."(요 6:65,66)
"그 속에 뿌리가 없어 잠시 견디다가 말씀으로 말미암아 환난이나 박해가 일어날 때에는 곧 넘어지는 자요."(마 13:21)

"주의 법을 사랑함"이 없는 빛은 무서운 파멸의 종말을 불러 옵니다. "악한 자의 나타남은 사탄의 활동을 따라 모든 능력과 표적과 거짓 기적과 불의의 모든 속임으로 멸망하는 자들에게 있으리니 이는 그들이 진리의 사랑을 받지 아니하여 구원함을 받지 못함이라 이러므로 하나님이 미혹의 역사를 그들에게 보내사 거짓 것을 믿게 하심은 진리를 믿지 않고 불의를 좋아하는 모든 자들로 하여금 심판을 받게 하려 하심이라."(살후 2:10-12) 참으로 "주의 법을 사랑하는 것"만이 영혼을 지켜 줍니다. 그 사랑은 보통의 성질을 가진 것이 아니라 헌신되어 끝까지 견디어낼 정도로 주의 법에 밀착하는 성질을 가진 사랑입니다. 하나님의 법은 다른 모든 것을 능가하는 것을 요구합니다. 모든 것, 심지어 목숨까지도 하나님의 법을 위하여 희생당할 각오를 해야 합니다. "또 우리 형제들이 어린 양의 피와 자기들의 증언하는 말씀으로써 그를 이겼으니 그들은 죽기까지 자기들의 생명을 아끼지 아니하였도다."(계 12:11) 하나님의 법의 가치를 제대로 깊이 의식하고, 그 법의 성격을 영적으로 깨닫고 그것을 우리의 필요에 적용함으로 얻을 수 있는 유익을 제대로 잘 계산하고 나서 어떤 대가를 치르더라도 그것을 받는 자세를 가진다 합시다. 그러면 거기에는 '걸려 넘어지게 하는 거치는 돌'이 있을 수 없습니다.

우리가 진정 하나님을 사랑하면, '장애가 되는 모든 근거들'이 우리를 위협하지 못할 안전지대에 있음을 드러내는 셈입니다. '인간의 전적 부패(Total depravity of man)'의 교리가 우리에게 거부감을 줍니다. 그러나 "하나님의 법을 사랑함"은 우리 마음의 생각들을 하늘에 속한 인상(印象)으로 채색하기에 '모든 장애물들'을 능히 극복하게 할 것입니다. 인간이 자신의 지혜를 자랑함으로 십자가의 교리와 우리 자신에게서 공로를 요구하지 않고 값없이 베푸시는 하나님의 은혜를 대적합니다. 우리는 '십자가의 교리'를 '믿음의 법'에 속한 부분으로 받아 사랑합니다. 그것이 우리의 입장에 잘 맞습니다. 그리고 우리의 필요에 적절합니다. 그러니 여기서 우리는 '아무 것도 우리를 막지 못함'을 발견합니다. 그래서 사탄이 방해하든지 우리의 본성이 일어서 막든지, 아니면 영원한 하늘에서 왔든지 땅에 속한 것이든지, 교회의 일관성 없음으로 인하여 생긴 어떤 장애든지 그것들로 인하여 믿음의 사람들이 신음합니다. 그럼에도 불구하고 믿음의 사람들에게는 '어떤 장애물'도 없을 것입니다. 또 그런 것들을 인하여 복음을 훼손하는 어떤 일도 일어나지 않습니다.

　믿음의 사람들은 그런 것들을 통하여 분별력 있는 판단력을 더 기르게 될 것입니다. "하나님의 법을 사랑함"은 그로 하여금 의심하면서 복잡한 생각 속에서 "이리 저리" 요동하는 대신, "발을 위하여 곧은 길을 만들어 저는 다리로 하여금 어그러지지 않고 고침을 받게"할 것입니다(히 12:13). "네 눈은 바로 보며 네 눈꺼풀은 네 앞을 곧게 살펴 네 발이 행할 길을 평탄하게 하며 네 모든 길을 든든히 하라 좌로나 우로나 치우치지 말고 네 발을 악에서 떠나게 하라."(잠 4:25-27) 십자가가 무거우면 주님께 고요한 마음의 평강을 요구합니다. 그래서 그는 "인내로 자기 영혼을" 얻을 것입니다(눅 21:19). 아울러 "주님의 멍에는 쉽고 짐은 가볍다."는 것을 발견합니다(마 11:30). 믿는 자가 당하는 여러 난제들은 그의 믿음을 단련하여 더 강화시킵니다. 그에 더하여 하나님의 약속의 신실함을 증거하는 새로운 은혜를 얻게 됩니다. 그러므로 그가 가는 길이 밝거나 어둡거나 늘 평안합니다. 구주의 사랑을 즐거워함으로 자기 마음에 증인을 두고 있는 셈입니다. "공의의 열매" 즉 하나님의 법을 사랑하는 열매는 "화평이요 공의의 결과는 영원한 평안과 안전이라."(사 32:17)

시편 119:166

"여호와여 내가 주의 구원을 바라며

주의 계명들을 행하였나이다."

"하나님의 법을 사랑하는 것"과 연관된 "큰 평안"은 즉시 믿음의 열매와 순종의 동기가 됩니다. "큰 평안"을 누리는 하나님의 사람은 믿음과 헌신을 새롭게 표현하는 것으로 나아갑니다. "그리스도 예수 안에서는 할례나 무할례나 효력이 없으되 사랑으로써 역사하는 믿음뿐이니라."(갈 5:6) 그 믿음은 신약의 교회 뿐 아니라 구약의 교회의 특성도 됩니다. 이 본문에 믿음의 원리와 목적이 분명하게 기술되어 있습니다. "여호와여 내가 주의 구원을 바라나이다." 또한 믿음의 실천적 영향이 기술되어 있습니다. "내가 주의 계명을 행하였나이다." 믿는 자는 항상 그 정신으로 행해야 하지 않습니까? 같은 행보를 견지해야하지 않습니까?

믿음은 궁핍의 지각을 가지고 "바라고 신뢰하는" 영혼의 행사입니다. 믿음은 약속을 근거로 하나님께 나아가는 것입니다. '소망'은 약속된 것을 기대함으로 하나님께 나아가는 것입니다. 그래서 '소망'은 믿음의 역사(役事)를 함축합니다. 소망은 믿음의 대상을 자신에게 적용합니다. 믿음으로 약속들을 부여잡고 거기서 영혼으로 '영원한 위로'를 받게 하는 능력은 "은혜로 말미암은 선한 소망"입니다. 그 소망은 "부끄럽지 않게 하는" 소망입니다. "우리 주 예수 그리스도와 우리를 사랑하시고 영원한 위로와 좋은 소망을 은혜로 주신 하나님 우리 아버지께서 너희 마음을 위로하시고 모든 선한 일과 말에 굳건하게 하시기를 원하노라."(살후 2:16) "소망이 우리를 부끄럽게 하지 아니함은 우리에게 주신 성령으로 말미암아 하나님의 사랑이 우리 마음에 부은 바 됨이니."(롬 5:5)

"여호와여 내가 주의 구원을 바라며." 우리 자신이 무가치하다는 의식이 두려움을 가져와 믿음의 손을 약화시킬 수 있습니다. 하나님의 약속들 중에서 아주 작아 보이는 것이라도 조금만 이해심을 갖고 보게 되면 하나님의 약속들 모두가 우리와 관계있다는 확신을 갖게 됩니다. 우리가 하나님의 언약 전체를 믿음이 강하든 약하든 모든 믿는 자들에게 차별 없이 제시하지 못할 이유가 어디에 있습니까? 모든 믿는 자들에게 거침없는 승리에 찬 도전장을 제시하듯 하나님의 언약 전체를 선포해야 마땅합니다. "누가 능히 하나님께서 택하신 자들을 고발하리요 의롭다 하신 이는 하나님이시니 누가 정죄하리요 죽으실 뿐 아니라 다시 살아나신 이는 그리스도 예수시니 그는 하나님 우편에 계신 자요 우리를 위하여 간구하시는 자시니라."(롬 8:33,34) 믿는 자는 모두 다 은혜의 복음에 참여한 자들입니다. 복음의 '의,' 곧 '하나님의 의'를 전가 받는 면에서 동일합니다. 그 혜택을 받는 장본인인 '믿는 자 모두'에게 동일하며 그 의가 전가되며, 그것을 적용받는 방편, 곧 '예수 그리스도를 믿음으로 말미암아'에 있어서도 차이가 없습니다. "곧 예수 그리스도를 믿음으로 말미암아 모든 믿는 자에게 미치는 하나님의 의니 차별이 없느니라 모든 사람이 죄를 범하였으매 하나님의 영광에 이르지 못하더니 그리스도 예수 안에 있는 속량으로 말미암아 하나님의 은혜로 값없이 의롭다 하심을 얻은 자 되었느니라."(롬 3:22-24) '범죄' 면에서도 차이가 없습니다. 그러므로 '믿음으로 말미암아 의롭다 하심을 받는' 면에서도 차이가 없습니다.

물론 믿음이 '크고 작은 차이'는 '그리스도의 의'를 이해하는 선명도나 복락을 자기에게 적용하여 누리는 정도에 따른 것이지요. 믿음의 손으로 그리스도의 약속을 부여잡는 영혼은 결코 멸망하지 않습니다. 아무리 믿음의 손의 힘이 약하고 두려워 떤다 할지라도 말입니다. 만일 그 약속이 우리가 그것을 붙잡는 믿음의 손의 힘에 따라서만 우리와 관계한다면 그 약속의 복락을 누릴 자가 누구란 말입니까? 오히려 약속의 불변성이 우리가 그 약속을 붙잡는 것 보다 더 힘 있게 우리를 견지합니다.

또한 복음에 우리 믿는 이들 모두가 참여하는 일은 잠정적이거나 불확실하지도 않습니다. 복음의 복락을 인식하는 면에서 자주 방해를 받을 수 있지만 그 복락에 참여한 우리의 권리가 성경과 하나님의 언약과 하나님의 마음에 여전히 존재하지 않습니까? 복음에 대한 인식이 믿음을 행사하면서 꾸준히 증가하지 않습니까? 그러므로 동일한 믿음의 행사를 반복하는 것은 우리의 영적 생명의 시작과 그 이후 이어지는 모든 순간에 동일하게 필요합니다. 복음 안에 서 있는 우리의 실상이 어떠해도, 그 믿음은 "하나님의 구원을 바라는" 동일한 소망을 끝까지 실현할 것입니다. 실로 믿음의 습관적 행사를 계발하는 것을 게을리 하면 실질적으로 큰 위기의 때에 믿음의 역사(役事)를 약화시킵니다. 그러니 계속적인 믿음의 행사를 영혼의 '호흡'같이 여겨야 합니다. 매일 때를 따라 부지런히 믿음을 행사해야 합니다. 그러면 우리는 믿음의 특별한 활력이 요구될 때 믿음의 선명하고 능동적인 영향력을 맛보게 될 것입니다.

자, 이것이 여러분 자신의 체험입니까? 여러분은 방황하는 마음과 씨름하였으나 실패하고 마음을 더럽게 하는 상상들을 이겨내지 못하여 괴롭습니다. 그 때 하나님의 약속과 처방을 알고 있습니다. 그러나 "믿음의 방패"를 내려놓고 있는 처지입니다. 그러니 필요한 순간에는 그것이 손에 없어서 찾아야 할 형편입니다. 그러니 힘도 없고 치료책도 멀리 있습니다. 다시 말하면, 여러분의 죄를 즉시로 예수님께 가져가지 못할 형국이란 말입니다. "오, 주여 이것이 제 고통거리입니다. 이는 '내 마음의 역병'입니다. 그러니 말씀으로만 하옵소서. 그리하면 당신의 종이 나으리이다." "백부장이 대답하여 이르되 주여 내 집에 들어오심을 나는 감당하지 못하겠사오니 다만 말씀으로

만 하옵소서 그러면 내 하인이 낫겠사옵나이다."(마 8:8) 그러므로 영혼을 소성하게 하는 원리를 활용하기에 게으른 사람은 그 원리의 권능을 크게 떨어뜨리고, 거기서 흘러 나오는 "소망의 확신을 가지고 즐거워하는 것"을 약화시킵니다(히 3:6,14). 12) 만일 '육신으로 사는 동안의 삶'이 '하나님의 아들을 믿는 생활' 아니라면, 견고한 안식이나 하나님께 용납되는 즐거움을 누리리라 기대하지 말아야 합니다.

　"여호와여 내가 주의 구원을 바라며." 그러나 무슨 근거로 "주님의 구원을 바라는 이 소망"을 갖습니까? 우리의 자신의 진지함이 아니라 '주님의 신실하심에 근거합니다. 하나님의 약속들을 근거한 것이지 우리 자신의 꾸준함을 근거한 것이 아닙니다. "사람들은 자기보다 더 큰 자를 가리켜 맹세하나니 맹세는 그들이 다투는 모든 일의 최후 확정이니라 하나님은 약속을 기업으로 받는 자들에게 그 뜻이 변하지 아니함을 충분히 나타내시려고 그 일을 맹세로 보증하셨나니 이는 하나님이 거짓말을 하실 수 없는 이 두 가지 변하지 못할 사실로 말미암아 앞에 있는 소망을 얻으려고 피난처를 찾은 우리에게 큰 안위를 받게 하려 하심이라."(히 6:17,18) 그 '소망'은 '우리 안에 있는 은혜의 역사'를 기반으로 서 있는 것이 아니라, 우리를 위해 일하신 예수 그리스도의 역사에 있습니다. 주님께서 우리를 위해서 행하신 일은 하나님 율법의 모든 요구를 만족시켰으며, 모든 완전한 근거를 제공하셨으며, 하나님께서 우리를 위해서 약속하신 모든 완전한 것들을 보증하셨습니다. 그리스도께서 우리를 위해서 어찌나 완전하고 완벽한 일을 하셨던지, 하나님 편에서 우리 구원을 위해서 감당하셔야 할 모든 난제들을 제거하셨습니다. 이제 '자신' 외에 다른 장애가 없는 사람, 죄책과 오염만으로 덮여있는 '죄인'이 즉각적이

---

12) "그리스도는 하나님의 집을 맡은 아들로서 그와 같이 하셨으니 우리가 소망의 확신과 자랑을 끝까지 굳게 잡고 있으면 우리는 그의 집이라…우리가 시작할 때에 확실한 것을 끝까지 견고히 잡고 있으면 그리스도와 함께 참여한 자가 되리라."(히 3:6, 14)

고 무조건적이고 완전한 죄 용서의 보장을 주님께 받았습니다. 이 경우에 기록된 말씀을 믿지 않는 불신앙이 아닌 무엇이 그 특권을 즉시로 받지 못하게 방해할까요? 그 불신앙이 감히 "하나님을 거짓말쟁이"로 만듭니다. "하나님의 아들을 믿는 자는 자기 안에 증거가 있고 하나님을 믿지 아니하는 자는 하나님을 거짓말하는 자로 만드나니 이는 하나님께서 그 아들에 대하여 증언하신 증거를 믿지 아니하였음이라."(요일 5:10) 불신앙이야말로 단순한 하나의 연약함으로 보기보다는 지극히 삼가고 경계하고 기도해야 할 깊고 악한 죄로 여겨야 합니다(체질적으로 연약하여 그런 악에 빠지는 것이 아니라면). 그런데 그런 불신앙의 죄를 너무 자주 짓습니다.

'믿음의 열매들(통회와 사랑과 근면과 같은)'을 '믿음을 갖기 위한 선결 조건들'로 생각함으로 복음의 복락을 현재 누리지 못하게 되는 일이 자주 발생합니다. 우리는 우리의 죄를 씻고 우리 속에 그런 열매들을 맺기 위해서 믿음의 '대상'이신 그리스도를 바라보아야 합니다. 그렇지 않고 '죄를 씻고 열매를 맺는 것'을 믿음의 선결 조건들로 여기면, 우리의 죄를 여전히 우리에게 묶어 놓는 셈입니다. 그뿐 아니라 하나님의 영예도 모독하는 것이 됩니다.[13] 그런 식의 발상은 우리 영혼이 하나님의 주신 복을 누리지 못하게 하고, 하나님의 지혜와 은혜의 체면을 손상시킵니다. 하나님께서는 먼저 당신이 사랑하시는 아들을 의지하고 죄인이 소망을 갖도록 하셨습니다. "그러므로 주 여호와께서 이같이 이르시되 보라 내가 한 돌을 시온에 두어 기초를 삼았노니 곧 시험한 돌이요 귀하고 견고한 기촛돌이라 그것을 믿는 이는 다급하게 되지 아니하리로다."(사 28:16) 누가 '하나님의 아들' 말고 '어느 다른 근거로 하나님

---

13) 복음의 영적 질서와 논리적 순서가 우리 믿음에 있어서 정말 사활을 좌우하는 문제이다. 하나님의 복음의 은혜를 믿는 것이 먼저이지 하나님이 기뻐하시는 열매를 맺는 것이 먼저가 아니다. 그것은 마치 말 앞에 마차를 두는 것이나 마찬가지이다. 칭의 다음에 성화가 있는 것이지 성화가 칭의의 조건이 되는 것이 아니다. - 역자 주

자신을 믿는다 해도' 하나님과는 관계 없는 일입니다.

우리가 흔히 '피부에 와 닿는 위로'로 영적 소생 받기를 원합니다. 다른 말로 해서 '우리가 그리스도를 믿는 믿음을 위한 근거'를 마련하여 그것으로 위로를 받고 영적 힘을 얻으려 한다는 말입니다. 아니면 이런 식이지요. '믿음'으로부터 그런 위로를 찾고 있다고 해도 사실은 '행위'로써의 믿음에서 찾고 있는 셈이지요(믿음을 그런 식의 행위로 이해한다면, 그것은 다른 어떤 은혜보다 더 온전한 위로의 근거는 결코 되지 못합니다.) 그런 방식은 '믿음의 대상이신 그리스도'로부터 오는 위로를 찾는 것이 아닙니다. 그런 식으로 우리는 우리가 찾는 평안이나 기쁨을 상실합니다. 그뿐 아니라 그것을 찾는 그릇된 방식으로 말미암아 평안을 얻지 못합니다.

'그리스도의 충만, 그리고 그리스도 안에 있는 하나님의 약속들'만이 우리 구원의 완전한 확신의 '오직 유일한 기반'입니다. '그 기반'은 언제나 어떤 환경에서나 항상 동일하게 확고합니다. "너희도 그 안에서 충만하여졌으니."(골 2:10) 바로 이 순간에도 여러분의 신분은 앞으로 그리스도께서 오시는 날, '값을 지불하고 산 것을 찾는 구속(救贖)의 날'과 동일하게 항상 완전하고 안전하고 영원합니다. "이는 우리의 기업의 보증이 되사 그 얻으신 것을 속량하시고 그의 영광을 찬송하게 하려 하심이라."(엡 1:14)

각성한 죄인이여! 그러니 자기가 무가치하다는 의식 때문에 그리스도를 믿는 자신의 믿음을 마비시키지 못하게 하십시오. 죄책있는 죄인이여! 주님께서 그대를 초청하십니다. 그리스도께 가까이 나오시면 주님께서 여러분을 기꺼이 받으십니다. 믿고 있는 죄인이여! 그대는 확신을 가져야 합니다. 어째서 '영생을 견고하게 붙잡기를' 꺼려합니까? 물에 빠져 허우적이던 사람이 안전한 반석에 이르려고 헤엄쳐 가는 것이 주제넘습니까? 멸망을 향하여 가라앉고 있던 영혼이 "만세 반석"에 자신을 던지는 것이 어째서 부당합니까?

"여호와여 내가 주의 구원을 바라나이다."

믿는 자들이여! 주님께서 하신 말씀을 들을지어다. "내가 속히 임하리니 네가 가진 것을 굳게 잡아 아무나 네 면류관을 빼앗지 못하게 하라."(계 3:11) "그리스도는 그의 집 맡은 아들로 충성하였으니 우리가 소망의 담대함과 자랑을 끝까지 견고히 잡으면 그의 집이라."(히 3:6) 이 점은 별로 중요하지 않게 여길 것이 아닙니다. 분명한 확신은 주님의 구원에 자신이 참여하였다는 데서 나온 것이어야 하고, 또 증거하는 것이어야 합니다.[14] 그것이 아니고는 종의 정신에서 자유함을 얻을 수 없습니다. 그것이 아니고는 자신의 도리를 확대하여 나가거나 특권들을 누리는 일도 없으며, "그리스도의 은혜와 그를 아는 지식에서 자라는 일"도 있을 수 없습니다. 그런 확신이 없이는 하나님의 교회에서 영예롭게 쓰임을 받을 수도 없습니다. "너는 일깨워 그 남은 바 죽게 된 것을 굳게 하라."(계 3:2)

지평선은 의심과 두려움의 구름으로 덮여 있는데 잠시 기쁨의 광선이 언뜻 비친다고 해서 안심하며 만족하지 말아야 합니다. 마음을 잡지 못하고 불평하면서 하릴없이 시간을 낭비하지 말아야 합니다. 도리어 그 시간을 힘있는 믿음의 습관을 기르는 더 좋은 일에 써야 합니다. 기분이나 감정을 극복하고 영광스런 진리를 따라 사는 삶을 영위하십시오. "그리스도께서 나를 위하여 담당하신" 그 영광스러운 진리에 입각하여 사십시오. 그리스도를 의뢰하여 끊임없이 끈질기게 간구하는 일에 전념하십시오. 어느 때에나 공적인 일이든지 개인의 일이든지 "때를 얻든지 못 얻든지" 힘쓰십시오. 그러면 희락과 평강과 영광의 영원한 나라, 우리 구주 예수 그리스도의 영원한 나

---

14) "그리스도는 그의 집 맡은 아들로 충성하였으니 우리가 소망의 담대함과 자랑을 끝까지 견고히 잡으면 그의 집이라."(히 3:6) 여기서 "그의 집이라"는 말을 주목해야 한다. "우리가 시작할 때에 확실한 것을 끝까지 견고히 잡으면 그리스도와 함께 참여한 자가 되리라."(히 3:14)

라에 넉넉히 들어감을 얻을 것입니다(벧후 1:5-11). 그러면 낙담의 감옥에서 벗어나 하나님 아버지의 자녀답게 하늘에 속한 사랑의 자유로운 기상을 호흡할 것입니다.

"주의 계명들을 행하였나이다." "소망의 확신"은 가장 약하고 영향력이 가장 낮은 상태라도 하나의 실천적인 원리가 됩니다. 그래서 시편 기자는 "내가 주의 계명들을 행하였나이다."라고 한 것입니다. 자기 속에 이 소망을 두고 있는 자들은 누구나 그리스도의 깨끗하심과 같이 자신도 깨끗하게 합니다. "주를 향하여 이 소망을 가진 자마다 그의 깨끗하심과 같이 자기를 깨끗하게 하느니라."(요일 3:3) 이 원천에서 솟구쳐 나오지 않은 순종은 다 낮고 율법주의적인 성격을 띠고 있습니다. 곧 자기의 의지, 자기 의, 자기 만족의 성격을 가집니다. 그리스도를 사랑하는 마음은 그리스도께서 나를 사랑하심을 깨닫는데서 그 불을 얻습니다. 이런 깨달음 없이 그리스도를 섬기면 모든 것이 지루하고 힘이 들고 영혼은 곤비해집니다. 특권을 기뻐함이 의무만 감당하는 것이 되고, 즐거움이 없이 억지로 하게 되고, 양심을 따라서 하기는 하나 사랑하는 마음이 없습니다. "여호와를 기뻐하는 것이 너희의 힘이니라."(느 8:10) "여호와를 기뻐함"은 믿음의 기쁨, 하나님의 자녀의 특권으로 인한 기쁨, 하나님과 교제하는 기쁨입니다. 그런 이들은 믿음으로 살지요. 그들이 믿는 대로 사랑합니다. 그리고 믿음을 따라 자신들을 부인하고, 구주의 일을 위하여 자신들을 드립니다. 그리고 자기들이 나아가는 영적 진로를 방해하는 모든 것을 이깁니다.

"주의 계명들을 행하였나이다." 우리는 "주의 구원에 대한 소망"이 없으면 주의 계명을 지킬 수 없습니다. 우리가 하나님의 복음의 약속들에 참여할 권한이 있다고 확신하는 것에 비례하여 그 약속들을 부여잡을 수 있고, 또 그만큼만 그 약속들로 자기를 지탱할 수 있습니다. 그러므로 우리의 소망이 회미하면 결국 아무런 도움이 되지 않는 우리의 자원에 자신을 맡기는 셈이 됩니다. 그래서 우리의 행로가 '계속 뒤로 미끄러져 침륜에 빠지는' 형국을 맞게 됩니다. 그러니 '능동적인 헌신은 하나님의 자녀라는 확신으로부터' 흘러나옵니다. "그러므로 내 사랑하는 형제들아 견실하며 흔들리지 말며 항상 주의 일에 더욱 힘쓰는 자들이 되라 이는 너희 수고가 주 안에서 헛되지 않은 줄을 앎이라."(고전 15:58) 확신이 전혀 없으면 사랑이 거의 없습니다. 그런 경우 열심도 없어집니다. 우리는 하나님께서 우리를 구원하셨다는 사실을 인식하고 그 햇빛 아래서 걷습니다. 그러면 하나님의 영예를 위하여 기꺼이 일하게 될 것입니다. "때에 그 스랍 중의 하나가 부젓가락으로 제단에서 집은 바 핀 숯을 손에 가지고 내게로 날아와서 그것을 내 입술에 대며 이르되 보라 이것이 네 입에 닿았으니 네 악이 제하여졌고 네 죄가 사하여졌느니라 하더라 내가 또 주의 목소리를 들으니 주께서 이르시되 내가 누구를 보내며 누가 우리를 위하여 갈꼬 그 때에 내가 이르되 내가 여기 있나이다 나를 보내소서."(사 6:6-8)

우리의 시선을 '우리 소망의 근거'이신 그리스도께 집중하고, '우리 소망의 증거'로서 그리스도께 대한 순종을 보여야 할 것입니다. 그러면 우리 자신도 확신이 더욱 견고해지고, 다른 사람들이 우리 속에서 그리스도인의 소망의 힘을 보면서 이렇게 말하고 싶은 마음이 들 것입니다. "하나님이 너희와 함께 하심을 들었나니 우리가 너희와 함께 가려 하노라."(슥 8:23)[1]

---

1) **구원의 확신 문제에 대하여** : 필자는 그리스도인 구원의 확신의 원리와 성격에 대하여 성경적으로 보는 완전한 관점을 제시함으로 이 166절을 마무리 하려고 한다. '하나님의 증거들에 입각하여 우리가 하나님의 자녀로 받아 주셨다는 온전한 지각을 가지게 됨'은 의심할 여지가 없다. "하나님이 나와 더불어 영원한 언약을 세우사 만사에 구비하고 견고하게 하셨으니 나의 모든 구원과 나의 모든 소원을 어찌 이루지 아니하시랴,"(삼하 23:5) 그 영원한 언약은 구원의 확신에 대한 가장 충분한 보증이다. 이 언약의 약속들은 온전하고 다발적이고 공로를 요구하지 않고 은혜로 주어진 것들이다. 그 약속들은 모든 다양한 상황들에서 다 통용되며, 히브리서 6:11-18에서 말하는 하나님의 백성들의 '소망의 풍성'과 '강력한 위로'라는 천명된 목적을 위하여 맹세하시고 인치신 하나님의 행사로 인증되었다. 우리 주님과 사도들의 가르침들도 동일한 복된 목적을 담고 있다(요 15:11 ; 16:33 ; 요일 5:13). 그리스도의 속죄 희생의 목적과 효력은 구약 시대의 제사와 대조가 된다. 그리스도의 속죄는 그 백성들로 하여금 "그 양심상 온전하게" 하려는 목적을 효력 있게 성취하였도(히 9:9 ; 10:14). 구약 시대나 신약의 그리스도의 경륜 모두 다 백성들의 양심을 온전하게 세우려는 하나님의 의도를 분명하게

드러내었다(욥 19:25 ; 시 18:1 ; 아 2:16 ; 7:10 ; 딤후 1:12 ; 요일 4:16 ; 5:19,20). 그 소망의 기반은 그리스도를 통하여 이룬 그 목적과 그 효력에 있으며, 그 기반은 모든 믿는 백성들에게 동일한 초석이 된다(롬 8:31-39). 그것이 없으면 대변에 질책을 받는다(고후 13:5). 여러 권고의 말씀들은 한결같이 그리스도의 이루신 속죄의 효력을 의지한 구원의 소망을 주문한다(히 6:11 ; 벧후 1:10). 그 소망의 복된 열매들을 위한 방편들과 그 열매들을 지원하는 성구들과 함께 제시하고자 한다.

먼저 방편들을 말하면 다음과 같다. '믿음' - 엡 1:13 ; 히 4:17,18. '하나님을 경외함(두려워함)' - 시 25:14. '사랑' - 요일 3:14,18-21 ; 4:12). '믿음의 근면(열심)' - 히 6:11 ; 벧후 1:5-11. '성도의 견인' - 호 6:3. '믿음을 위하여 환난도 불사' - 숙 13:9. '우리를 위하여 하나님께서 허락하시는 성령님의 은사' - 롬 8:16 ; 요일 3:24 ; 4:13.

그 방편들을 통하여 우리에게 열리는 그 소망의 복된 열매들은 다음과 같다. '능동적인 헌신' - 사 6:1-8. '시험을 받을 때에 믿음을 지탱하여 나감' - 욥 19:21-25. '고난에서 우리의 믿음을 지킴' - 딤후 1:12. '영원에 대한 전망을 가짐' - 고후 5:1 ; 딤후 4:6-8.

그러므로 자기 자녀들이 확실하게 구원받았음을 현세에서는 아직 명확하게 알지 못한 상태에 있게 하신 것이 하나님 아버지의 뜻이 아니다. 지상에 있는 자녀들이 결국에는 하늘에 이르게 될 것임을 알게 하셨을 뿐 아니라, 의식적인 안전감과 평안한 마음의 상태로 하늘이 지상에서부터 시작되게 하시도록 의도하신다. 하나님께서는 자녀들로 하여금 '영생을 얻게 하실 뿐 아니라 영생을 가지고 있음을 알게' 하신다. "내가 하나님의 아들의 이름을 믿는 너희에게 이것을 쓰는 것은 너희로 하여금 너희에게 영생이 있음을 알게 하려 함이라."(요일 5:13)

복음은 이 특권을 가지지 못하게 하기는커녕 영생을 가지고 있음을 알게 하는 특권을 보장하고 산출하고 확고하게 한다. 그럼으로써 그 의식은 신앙고백자들로 하여금 자신의 죄를 깨닫고 각성받게 하며, 나태한 자리에서 일어서게 하며, 연약한 자리에서 용기를 가지게 한다.

그럼에도 불구하고 우리는 믿음과 구원의 확신을 동일한 것으로 취급하지는 말아야 한다. 구원의 확신이 없으면 누구나 불신자라는 식으로 단정하지는 말아야 한다. 구원의 확신은 믿음으로부터 나오는 것이지 어느 것이든지 다른 뿌리에서는 날 수 없는 것이다. 이 구원의 확신을 가지는 특권을 우리에게 적용하시는 성령의 약속을 받는 것도 믿음으로 말미암는다. "이는 그리스도 예수 안에서 아브라함의 복이 이방인에게 미치게 하고 또 우리로 하여금 믿음으로 말미암아 성령의 약속을 받게 하려 함이라."(갈 3:14) 구원의 확신이 부족한 것도 믿음의 부족 때문이다. 구원의 확신이 부족한 것을 추적하면, 영혼이 '그리스도 예수님을 즐거워하는 대신 육체를 신뢰하기'를 추구하였음이 발견된다. '속죄로 죄를 덮어주는 하나님의 은혜'를 전혀 생각하지 않고 육신의 본성이 내는 죄 자체를 보고 발끈 하는 것만 가지고는 결국 '구원의 확신' 대신 낙담(despondency)을 산출하기 마련이다. 반면에 복음의 교리들에 대한 선명한 이해가 언제나 믿음의 행사의 근거로 작용한다. 그것이 그리스도의 확신을 확고하게 하는 방편이다.

그런데도 그 '원리'와 '믿음의 대상들에 자신이 직접 관계되어 있다는 의식' 사이에는 구분이 있어야 한다. 그렇지 않으면 복음을 믿는다면서 '자기 의'의 정신에 빠져 우리 구원을 그리스도를 부여잡는 방편으로서의 믿음에 의존시키지 않고 우리 자신의 마음의 기분이나 감성에 의존시키는 오류에 빠지게 된다. 구약성경에 등장하는 성도들도 간혹 '하나님께서 자기들을 사랑하시어 은혜를 주고 계시다.'는 의식을 상실하곤 하였다. 다시 말하면 '자기들이 하나님께 구원을 받았다는 확신'을 상실하곤 하였다. "주께서 어찌하여 얼굴을 가리시고 나를 주의 원수로 여기시나이까."(욥 13:24) "나를 향하여 진노하시길 끝 같이 원수 같이 보시는구나."(욥 19:11) "여호와여 어느 때까지나이까 나를 영원히 잊으시나이까 주의 얼굴을 나에게서 어느 때까지 숨기시겠나이까."(시 13:1) "내가 놀라서 말하기를 주의 목전에서 끊어졌다 하였사오나 내가 주께 부르짖을 때에 주께서 나의 간구하는 소리를 들으셨나이다."(시 31:22) "주께서 영원히 버리실까, 다시는 은혜를 베풀지 아니하실까, 그의 인자하심은 영원히 끝났는가, 그의 약속하심도 영구히 폐하였는가, 하나님이 그가 베푸실 은혜를 잊으셨는가, 노하심으로 그가 베푸실 긍휼을 그치셨는가 하였나이다."(시 77:7-9) "주의 노가 나를 심히 누르시고 주의 모든 파도가 나를 괴롭게 하셨나이다 ... 주께서 내가 아는 자를 내게서 멀리 떠나게 하시고 나를 그들에게 가증한 것이 되게 하셨사오니 나는 갇혀서 나갈 수 없게 되었나이다 곤란으로 말미암아 내 눈이 쇠하였나이다 여호와여 내가 매일 주를 부르며 주를 향하여 나의 두 손을 들었나이다 여호와여 어찌하여 나의 영혼을 버리시며 어찌하여 주의 얼굴을 내게서 숨기시나이까 내가 어릴 적부터 고난을 당하여 죽게 되었사오며 주께서 두렵게 하실 때에 당황하였나이다 주의 진노가 내게 넘치고 주의 두려움이 나를 끊었나이다."(시 88:7, ·10-16) 그런데도 '문제의 뿌리', 곧 "믿음의 뿌리"는 여전히 그들 속에 있었다. 제자들이 '믿음'으로 말미암아 참된 포도나무인 그리스도의 살아있는 가지들로 접붙임을 받았으니 '구원의 확신의 특권'을 누릴 전망을 가지게 되었다(요 15:1-5 ; 14:20). 믿음은 구원의 방편으로서 '복음 안에 참여하여 그 은택을 적용하여 누리기 위하여 반드시 필수적인 사항이 아닌 것 같이 보인다'(요 1:49,50 ; 행 8:37 ; 롬 10:9 ; 요일 5:1). 사도들은 자기들과 동일하게 "보배로운 믿음"을 가진 자들에게 '구원의 확신'을 가지라고 권한다(벧후 1:1-10). 사도들은 참된 믿음을 가진 신실한 자들이 자신들의 구원을 확신하게 하려고 편지하였다. 그러면서 그들은 '생명에 이르는 믿음'과 '우리가 영생을 얻은 사실을 아는 것' 사이를 구분한다. 사도들은 '구원의 확신'을 규정한다. 믿음의 본질적인 원리라기보다는 강화된 믿음의 행사로 규정한다. "내가 하나님의 아들의 이름을 믿는 너희에게 이것을 쓰는 것은 너희로 하여금 너희에게 영생이 있음을 알게 하려 함이라."(요일 5:13). 다시 사도들은 '말씀을 들음으로 인하여 생긴 믿음'과 '성령님의 인침의 소산인 구원의 확신' 사이를 구분한다. '구원의 확신'은 믿음의 결과이지 믿음의 시발이 아니라는 말이다. "그 안에서 너희도 진리의 말씀 곧 너희의 구원의 복음을 듣고 그 안에서 또한 믿어 약속의 성령으로 인치심을 받았으니."(엡 1:13) 그리고 '우리에게 은혜로 주신 하나님께 속한 것들'과 '하나님의 성령님으로 말미암아 그것들을 알거나 깨닫는 것' 사이를 구분한다. "우리가 세상의 영을 받지 아니하고 오직 하나님으로부터 온 영을 받았으니 이는 우리로 하여금 하나님께서 우리에게 은혜로 주신 것들을 알게 하려 하심이라."(고전 2:12)

우리가 이런 은사들을 아는 지식이 항상 선명한가? 은사들에 참여함에 대하여 충분한 지식을 가지기 전에는 그런 은사들에 전혀 참여하지 않고 있는 셈인가? 상속자의 권리가 자기 신분의 확고함을 의식하는 것에 따라 좌우되는가? '즉시로' "주 예수 그리스도를 믿으라"는 명령은 실로 십계명의 어느 조목과 같이 우리 모두에게 해당되는 명령이다. "그들이 묻되 우리가 어떻게 하여야 하나님의 일을 하오리이까 예수께서 대답하여 이르시되 하나님께서 보내신 이를 믿는 것이 하나님의 일이니라 하시니."(요 6:28,29) "그의 계명은 이것이니 곧 그 아들 예수 그리스도의 이름을 믿고 그가 우리에게 주신 계명대로 서로 사랑할 것이라."(요일 3:23) 그러나 '믿음'이 '죄 용서를 받는' 방편이니(행 10:43 ; 13:38,39 ; 26:18), 믿음을 '죄 용서 받음을 확신하는 것'을 함축하는 것으로 여긴다면 문제가 달라진다. 그렇게 되면 '우리가 하나님께 받아 들여지기 위하여' 우리 측에서 하나님께서 받으실 조건을 제시하는 셈이 된다. 그러면 '죄 용서'가 믿음의 결과로 주어지는 것이 아니라 믿음 이전에 선행하는 것이 된다. 다시 말하지만, 믿음은 우리가 그리스도께 접붙임을 받는 방편이다(요 15:4). 믿음으로 말미암아 하나님께서 우리를 받으시는 상태에 진입하는 것이다. 그러니 믿음을 가진 후에 그런 상태에 들어가는 것이다. 따라서 '우리가 하나님께 받아 들여진 상태에 있다는 확신'은 믿음을 가진 후의 일이다. 그러니 믿음을 '구원의 확신' 보다 앞서는 것으로 분리시켜 생각해야 한다. '구원의 확신'을 바르게 규정한다면, 우리가 이미 믿는 대상에 대한 믿음을 행사하였음을 의식적으로 상정한 것이다. "내가 (이미) 믿는 자를 내가 알고(knowing whom we have believed)"(딤후 1:12) 그와 같이 믿음이 구원의 확신 보다 앞선다.

복음서들에 나와 있는 여러 믿음의 사례들 중 구원을 확신하고 있다는 표지를 보이는 경우는 하나도 없다. 자신이 부족하여 지정된 방편을 통해서 은혜를 받기를 원하여 주님을 의뢰하는 정신이 구주의 긍휼을 받기에 합당한 마음의 주요한 특징이다. 그런데 구주께서 은혜 주시려고 예비하고 계신데도 그것을 의심하거나(마 8:2,3) 구주의 능력을 믿지 않는 마음(막 9:22)이 진실한 믿음의 역사를 방해하는 경우가 허다하다. 우리 주님께서 친히 백부장의 경우를 특이한 경우로 여기시는 모습을 보이신다. "백부장이 대답하여 이르되 주여 내 집에 들어오심을 나는 감당하지 못하겠사오니 다만 말씀으로만 하옵소서 그러면 내 하인이 낫겠사옵나이다 나도 남의 수하에 있는 사람이요 내 아래에도 군사가 있으니 이더러 가라 하면 가고 저더러 오라 하면 오고 내 종더러 이것을 하라 하면 하나이다 예수께서 들으시고 놀랍게 여겨 따르는 자들에게 이르시되 내가 진실로 너희에게 이르노니 이스라엘 중 아무에게서도 이만한 믿음을 보지 못하였노라."(마 8:8-10) 믿고 의뢰하면서도 '확신'에 이르는 경우는 좀체 드물다. 보통 믿음의 '활용'은 적용의 원리이기 보다는 결과다.

'믿음의 확신'은 기록된 말씀을 의뢰하는 것이라고 할 수 있는데, 그것이야 말로 그리스도인 삶의 본질적인 원리다. 그러나 '소망의 확신'은 기록된 말씀에 의식적으로 관심을 가지고 참여하는 것으로서 '구원의 확신의 실질적인 특권'이다. 그 '소망의 확신'은 독특하고 구별되는 개념으로 보인다. '기록된 말씀'의 진리, 곧 "내게 오는 자는 내가 결코 내어 쫓지 아니 하리라"는 말씀 진리를 마음으로는 받는 것만으로는 모자라다. 의식적으로 정말 주님께 나아가는 것이 있어야 한다. 그런데 많은 경우 게으름과 자기 의에 빠져 그런 일이 크게 방해를 받는다. 그래서 믿음의 행위들의 필요성을 지각하는 일이 매우 희미하다. 아니면 여러 형태의 불신앙의 세력이 진실로 주님께 나아가는 것을 방해한다. 따라서 기록된 말씀이 자기에게 해당되는 지에 대하여 의심이 일어나 '구원의 확신의 결여'를 가져 온다. 성경은 '어린양의 생명책,' 곧 하나님의 택한 백성들의 명부가 아니다. 그러므로 어느 사람도 성경에서 자기가 정말 구원을 받았다는 직접적인 증거를 끌어낼 수 없다. 성경에 택한 백성들의 이름이 기록되어 있는 것이 아니라 그 백성들의 특성이 기록되어 있다. 성경에 '믿는 자는 구원을 얻을 것이라."는 식으로 되어 있지 '구원받은 개인의 이름이 등재 되어' 있는 일은 없다. 성경에 어느 사람에게도 대번에 '그리스도께서 너를 위하여 죽으셨다'고 기록되어 있는 일이 없다. 다만 '무가치한 죄인과 정죄 아래 있어 멸망에 처한 자들을 위하여 그리스도께서 죽으셨다.'고만 말하고 있다. 바로 그런 성경의 진술을 자기에게 적용해야 하는 것이다. 그래서 그것을 자신에게 적용하는 놀라운 일이 일어날 때에 - 믿는 즉시로 일어나지 않더라도 궁극적으로 언젠가는 - 자신의 것으로 삼아서 구원의 확신에 이르게 되는 것이다.

그래서 우리는 다음과 같은 요점을 깊이 인식하게 된다. 이런 보배로운 교리와 평가하기 어려울 정도의 가치를 지니고 있는 특권을 드러내는 것을 낮게 평가하는 것이 복음을 믿는 기독교의 수준을 떨어뜨린다는 점이다. 그런 과시를 하지 못하게 하는 여러 반론들은 무지와 잘못된 개념에서 나오는 것이다. 그것은 '주제넘음'을 드러내기 보다는 도리어 겸손의 원리 자체이다. 그것은 따지거나 논박하지 않고 그저 하나님의 증언을 그대로 받는 것이다. 의심하는 것은 (속된 표현을 빌리자면) '거만한 겸손'으로 보는 것이 합당할 수 있다. 우리 자신의 무가치하다는 것을 의심하게 되면 거기에는 하나님께서 자신을 받기에 합당한 가치가 자기에게 있다는 의식을 은근하게 가지고 있음을 보여주는 것이기 때문이다. 다시 강조하거니와 '구원의 확신은 경건한 두려움의 감화를 지워버리지 않는다.' 경건한 두려움은 우리 믿음의 확실성을 결코 손상하는 것이 아니다. 도리어 육신적인 안일과 자기 신뢰에 빠지지 않게 우리를 지켜주는 역할을 한다. 우리는 '구원의 확신'을 근거로 하여 '두렵고 떨림으로 우리 구원을 이루되, 우리 속에서 우리의 모든 일을 이루시는 하나님을 신뢰함으로' 구원을 이루는 것이다. "그러므로 나의 사랑하는 자들아 너희가 나 있을 때뿐 아니라 더욱 지금 나 없을 때에도 항상 복종하여 두렵고 떨림으로 너희 구원을 이루라 너희 안에서 행하시는 이는 하나님이시니 자기의 기쁘신 뜻을 위하여 너희에게 소원을 두고 행하게 하시나니."(빌 2:13,13) "여호와여 주께서 우리를 위하여 평강을 베푸시오리니 주께서 우리 모든 일도 우리를 위하여 이루심이니이다."(사 26:12) 복음의 확실한 소망은 경건한 두려움의 장애 요소가 아니라 '원리'가 된다. "그러므로 우리가 흔들리지 않는 나라를 받았은즉 은혜를 받자 이로 말미암아 경건함과 두려움으로 하나님을 기쁘시게 섬길지나."(히 12;28) 성경적으로 진술하여, 이 교리야 말로 금생에서 우리가 누리는 특권적인 생명적이요 실천적 경건의 샘으로 알아야 한다. 그런 확신을 너무 남용할까 두려워한 나머지 그 특권을 표방하는 일에 둔하고 어떤 경우에는 전혀 드러내지를 않고 있다. 아니 아예 그 특권을 모르고들 있다. 능동적 삶의 샘들은 활용하지 못하니 연약하고 불확실한 마음의 상태를 지속하고 있다. 그래서 믿는다면서도 무기력하고 이 생명의 원리를 활용하지 못하는 불신앙적인 상태를 용인하기 까지 한다. 그러니 힘있고 건전한 믿음의 습관을 위한 노력을 전혀 기울이지 않고들 있다. 세상에서 자기에게 주어진 일들만 골몰하며 정신이 없다. 시간 세계에 속한 일에만 골몰하고 있는 실정이다. 그러니 병이 들었는데도 의사에게 가서 처방을 받고 치료하는 마땅한 일을 포기한 상태이다. 이 경우는 그 병증의 징후와 성질을 주목하고 거기에 지정된 방편을 활용하면 얼마든지 완전하게 회복될 수 있다. 그런데도 아무런 대책 없이 앉아서 자기들은 그럴 힘이 없다는 절망적인 결론을 내리고 있다. 영적 생활에 대한 개념과 마지막에 구원받을 소망에 대한 생각을 견지하고 있으면서도 그저 희미한 자세로 위로 없이 무익한 모습을 취하고 있다.

이런 특권을 영적으로 높은 성화의 수준에 이른 그리스도인들에게나 해당된다고 여김으로 많은 손해를 보고 있다. 많은 이들이 성경에 기록된 것을 보다 단순하게 믿기를 목적하지 않음으로 인해 복음의 확실하고 보장된 위로를 빼앗기고 있는 셈이다. 그들로 확신을 가지는 것이 마땅하다는 것을 알고 있다. 또 아주 먼 장래 어느 시점에서는 그 확신을 누리게 될 것이라고 기대하고 있기도 하다. 그러나 사도는 복음을 받는 바로 그 처음 시작 때부터 그 '구원의 확신'이라는 특권을 자기들의 행복으로 삼으라고 하지 않는가? 사도 요한은 예수님을 믿은 지 아주 얼마되지 않는 '어린 자녀들'에게 편지하고 있지 않은가? 그들이 그리스도를 인하여 죄 용서를 받았기 때문에 그 확신을 가지라고 권하고 있는 것이다. "자녀들아 내가 너희에게 쓰는 것은 너희 죄가 그의 이름으로 말미암아 사함을 받았음이요."(요일 2:12) 우리 그리스도인들이 은혜언약의 조항에 비추어 분발하여 히브리서 기자가 말하는 바를 실천해야 하지 않는가! "우리가 간절히 원하는 것은 너희 각 사람이 동일한 부지런함을 나타내어 끝까지 소망의 풍성함에 이르러 게으르지 아니하고 믿음과 오래 참음으로 말미암아 약속들을 기업으로 받는 자들을 본받는 자 되게 하려는 것이니라."(히 6:11,12) 그 일은 영적으로 노숙한 자나 어린 자나 할 것 없이 하나님의 권속에 속한 모든 자녀들이 동일하게 함께 누릴 권리다. 물론 한 동안 불신앙과 게으름과 이전 습관으로 다시 돌아가고자 하는 마음이 그것을 누리지 못하게 방해할 수도 있다. 그러나 우리 은혜의 주님께서 믿음의 역사의 처음부터 끝까지 그 특권과 항상 연결되어 있게 하셨다. 아주 침착할 때 뿐 아니라 매우 두려워 떠는 행위 속에서도 항상 '구원의 확신'이라는 특권과 연결 짓게 하셨다. "그러므로 형제들아 너희가 알 것은 이 사람을 힘입어 죄 사함을 너희에게 전하는 이것이며 또 모세의 율법으로 너희가 의롭다 하심을 얻지 못하던 모든 일에도 이 사람을 힘입어 믿는 자마다 의롭다 하심을 얻는 이것이라."(행 13:38,39) 참된 믿음의 첫 번째 행위라도 그 뒤에 행해지는 믿음의 어떤 행사만큼 전력을 기울인 것이다. 성숙한 자가 아무리 위대한 결심을 하고 용기를 내어 행동할 때도 손은 여전히 떨고 있다. 그 특성이 성숙한 그리스도인들에게 나타나야 한다. 자원하는 겸손으로 말미암은 우리가 상을 받는다고 하고 우리 자신을 위로하거나 또 우리를 위로할 것이 나는 없는 셈이다.

그런데 '구원의 확신'이라는 특권의 성질과 근거에 대하여 심각한 오해들을 하고 있다. '구원의 확신'은 그 사람의 영적인 기질 뿐 아니라 몸의 기질과 연관이 없을 수 없는 뜨겁고 민감한 흥분으로 오인하는 일이 적지 않다. 그리고 '구원의 확신'이 그 사람의 기질의 다양성에 따라 좌우되기도 한다고 생각한다. 그래서 '구원의 확신'을 감정의 확신이라고 생각한다. 그러나 '믿음의 확신'은 흔히 감정과는 상관없이, 어떤 경우에는 느낌으로는 안 될 것도 그것과 상관없이 주어지는 참된 복락이다. "그가 나를 죽이시리니 내가 희망이 없노라 그러나 그의 앞에서 내 행위를 아뢰리라."(영어 KJV의 역문은 Though he slay me, yet will I trust in him<그가 나를 죽이실지라도 나는 그를 신뢰하리니>) "너희 중에 여호와를 경외하며 그의 종의 목소리를 청종하는 자가 누구냐 흑암 중에 행하여 빛이 없는 자라도 여호와의 이름을 의뢰하며 자기 하나님께 의지할지어다."(사 50:10)

그리스도인의 확신은 '내가 느끼는 것'이 아니라 '내가 아는 것'을 기초로 한다. "내가 믿는 자를 내가 알고 또한 내가 의탁한 것을 그 날까지 그가 능히 지키실 줄을 확신함이라."(딤후 1:12) 그리스도인의 확신은 자기 속에 있는 신령한 감각에 의존하는 것이 아니다. 성경의 기록으로 제시된 구주의 인격과 행사와 직무를 근거로 한다. "그러므로 형제들아 우리가 예수의 피를 힘입어 성소에 들어갈 담력을 얻었나니 그 길은 우리를 위하여 휘장 가운데로 열어 놓으신 새로운 살 길이요 휘장은 곧 그의 육체니라 또 하나님의 집 다스리는 큰 제사장이 계시매 우리가 마음에 뿌림을 받아 악한 양심으로부터 벗어나고 몸은 맑은 물로 씻음을 받았으니 참 마음과 온전한 믿음으로 하나님께 나아가자."(히 10:19-20) 그리스도인의 확신은 바로 이 반석 위에 서 있는 것이다. 그 반석은 반석을 휴내낸 것과는 전혀 다르다. 그 반석의 강화는 견고하고 힘있는 효력을 가지고 있다. 우리는 실로 느낌이 전혀 없는 무미한 종교를 가지고 있는 것이 아니다. 마음의 정서가 피어오르는 것이야 말로 삶 중에서 최상의 기쁨이다. 그러나 감정에 의존하는 종교는 기만에 불과하다. 지성적이고 자기를 살피는 그리스도인은 자기 감정을 의뢰하지 않는다. 흥분할수록 믿지 못할 것이라고 여기기 때문이다. 흥분이 되면 자기도 알지 못하는 사이에 '그리스도 안에 있는 단순성'에서 이탈하여 부패하게 되어 교묘하게 '자기 의'에 빠져 들게 되는 것이다.

구원의 확신의 본질을 그릇되게 이해하게 하는 또 다른 것이 있어 보인다. '자기 구원을 이루어 나가고 있는' 진지한 그리스도인이라도 겉으로 보아 이 의문의 여지없이 중요한 도리와 대치되어 보이는 어떤 교리라도 꺼리기 마련이다. 이런 경우는 이 큰 일에 있어서 그리스도와 우리 자신을 바라보는 독특한 바른 관점들을 분명하게 이해하지 못하는 경우이다. 자기 자신의 연약과 무가치함에 대하여 항상 생각하는 것은 옳은 일이다. 그러면서도 그리스도 안에서 하나님께서 사랑으로 받아주심으로 말미암아 강하게 될 수 있다. 그 두 요점을 함께 견지해야 하는데도 그 두 요점 사이가 서로 일치 않아 보이는 것이다. 그런 경우는 자기 자신을 신뢰하지 않는 것과 그리스도 안에서 확신을 가지고 즐거워하는 것 사이의 구분을 못하는 경우다. 그러나 자기가 구원받았음을 가장 담대하게 표현할 수 있는 사람은 알고 있다. 주님께서 자신을 낮추시고 붙잡아 주시고 근면하게 하시지 그러면 쉽게 넘어질 수 있는 연약한 사람임을 말이다. "이로 말미암아 내가 또 이 고난을 받되 부끄러워하지 아니함은 내가 믿는 자를 내가 알고 또한 내가 의탁한 것을 그 날까지 그가 능히 지키실 줄을 확신함이라."(딤후 1:12) "내가 내 몸을 쳐 복종하게 함은 내가 남에게 전파한 후에 자신이 도리어 버림을 당할까 두려워함이로다."(고전 9:27)

전체에 비추어 볼 때 구원을 확신을 가지라고 모든 사람에게 권고해야 한다. 가장 최근에 믿는 자라도 구원의 확신을 가지지 않은 채 있는 것을 족하게 여기지 말아야 한다. 회심자들 중에 매우 초기에 구원의 확신을 가지게 된 사례가 매우 많다. 회심한지 오래되지 않은 이들이 구원의 확신에 이르지 못하는 것은 그들이 믿는 대상이 가진 결함 때문이 아니다. 또는 그런 구원의 확신을 가지기에 합당한 근거가 없어서도 아니다. 그들이 아직 주어진 방편을 충분하게 활용하지 못하기 때문이다. 구원의 확신은 믿는 모든 이들이 가지게 제시되어 있다. 또 누구든지 다 그 확신에 이르라는 청을 받고 있다. 그래서 구원의 확신을 얻지 못하게 방해하는 장애들만 없다면 거의 모든 신자들이 상당한 정도의 확신에 이를 수 있다. 그것도 믿음의 초기에 그럴 수 있다. 그러나 '구원의 확신'의 특권을 위한 오직 유일한 근거가 되는 성경의 증언을 단순하게 받고 활용하면 되는 데도 그렇게 하지 않는다. 그렇게만 하면 '믿음을 통해서 기쁨과 평안'을 누릴 텐데 말이다(행 8:5,8,39 ; 16:31-34 ; 살전 1:6 참조).

그러함에도 불구하고 '믿음'과 '구원의 확신'을 절대 동일한 것으로 취급하지는 말아야 한다. 우리가 '믿음으로 말미암아' 하나님의 자녀로 받아들여지는 것(갈 3:16)은 우리가 생각한 대로 '믿음'과 '구원의 확신'과의 관계를 의식하는 것에 달려 있거나 연관된 것이 전혀 아니다. 자녀는 자기가 가족의 일원이요 상속권을 가지고 있음을 확신할 수 있다. 물론 어릴 때에도 관계에 있어서는 컸을 때와 꼭 같지만 아직은 자기가 그런 위치인지를 전혀 의식하지 못할 수도 있다. 하나님의 자녀들 중에 자기가 정말 하나님의 자녀라는 의식을 전혀 가지고 있지 않은 이들이 많다. 다만 어린 아이 때는 울기도 하고 걸음마 연습도 하지만 여전히 자녀인 것은 틀림없다. 그럼으로써 자기들이 자녀임을 확증한다. 다른 예를 들어 보자. 우리가 사물들을 분간하기에 충분한 빛이 없어서 제 길을 가기가 어려울 수도 있다. 그렇게 분명하게 볼 수 없어 자기가 분명하게 본다고 의식할 수는 없다. 그런 어려운 경우들에 대해서 우리가 판단을 내려야 할까? 그런 경우들의 특성은 불신앙이라고 하기 보다는 지적 능력의 부족이라고 할 수 있다. 그런 경우 불신앙의 원리를 나타내는 여러 징후들이 보인다 할지라도 '불신앙'이라고 판단하기에는 지나치다. 지적 능력이 모자라서 갑자기 계산능력을 상실한 경우와 같이 뚜렷한 복음적 관계에 입각하여 믿음의 대상들을 이해하기에 어려운 경우라고 하는 것이 낫다. 그런 경우에는 참 빛과 열매가 보이지 않을 수 있다. 영적인 시력이 아주 없어진 것은 아니나 매우 크게 희미하다. 그래서 신령한 지각은 부족하고 본성의 양심의 눈만으로 믿음의 대상들을 숙고하고 있는 실정이다 그 경우 참 빛은 본성적인 거짓된 관점들을 빌어 믿음의 대상들을 숙고하는 셈이다. 이런 경우는 영적인 것으름과는 전혀 구별되어야 한다. 분명한 믿음의 고백을 진술하려고 애쓰지 않는 경우와도 구별해 보아야 한다. 믿음의 초보적인 내용들을 보는 관점은 분명하지만 여전히 그것들을 정돈하려 이해하려고 애를 쓰는 것이 부족한 경우가 있다. 그러나 여기서 지적하고 있는 것은 그런 경우와 구별되어야 한다. 마치 죽은 것은 아니고 기절하여 있는 사람의 상태와 같은 것이다. 생명의 원리가 없어진 것은 아니다. 다만 그 생명의 원리가 있음을 의식하는 것이 부족한 상태이다. 그런 상태를 한 동안 지속할 수 있다.

만일 구원의 확신이 믿음의 본질적인 원리라고 한다면, 불완전한 상태의 믿음은 상상할 수 없는 것이 된다. 그런 경우라면, 믿음이 자라거나 믿음이 정로에서 벗어나는 여러 다양한 상태, 또 영적 지성의 성숙도의 다양성에 대해서는 전혀 생각해서는 안 된다는 말이다. '구원의 확신'이 빠지면 그것은 전적인 불신앙의 상태에 있다고 말해야 할 판이다. 그러면 불신앙자들이 '자기 마음의 패괴함을 아는' 이상한 경우를 설명해야 한다. 그들이 '죄'를 미워하고 세상과 자신을 분리하려고 애를 쓰고 마음과 기질과 생활과 행실을 새롭게 하려는 모습에 대해서 설명해야 한다. 의심할 여지없이 많은 사람들이 그리스도를 의식적으로 믿는 믿음에는 도달하지 않았으면서도 의심과 두려움에 싸여 있다. 그런 이들은 마치 불신앙의 뿌리에서 믿음의 열매를 내는 것과 같은 모습을 보이는 기현상을 보이고 있도다! 이점이 회심하지 않은 이들에게 거침돌이 되지 않는가? 또 '작은 일의 날'을 기다리기 보다는 '멸시하고 있는 것'이 아닌가? 이것이 '상한 갈대를 세우기' 보다 꺾는 것이 아닌가? 우리는 '충만한 복과 위에서 부르신 부름'을 받고 그것을 우리 인격 활동을 통해서 드러내는 믿음을 위해서 기도하자. 그러나 우리 진(陣) 속에 있는 '어린 자들'을 내어 쫓지는 말자. 옛적에 야곱같이, 그 보다 더 지혜롭고 더 자애롭던 목자의 본을 따라서 '어린 자들을 유순하게' 인도하여야 한다. "야곱이 그에게 이르되 내 주도 아시거니와 자식들은 연약하고 내게 있는 양 떼와 소가 새끼를 데리고 있은즉 하루만 지나치게 몰면 모든 떼가 죽으리니 청하건대 내 주는 종보다 앞서 가소서 나는 앞에 가는 가축과 자식들의 걸음대로 천천히 인도하여 세일로 가서 내 주께 나아가리이다."(창 33:14,15) "그는 목자같이 양 떼를 먹이시며 어린 양을 그 팔로 모아 품에 안으시며 젖 먹이는 암컷들은 온순히 인도하시리로다."(사 40:11)

시편 119:167,168

"내 영혼이 주의 증거들을 지켰사오며

내가 이를 지극히 사랑하나이다

내가 주의 법도들과 증거들을 지켰사오니

나의 모든 행위가 주 앞에 있음이니이다."

"**내가 이를 지극히 사랑하나이다.**" '주의 구원을 바란 자들만' 이렇게 "주의 법도들과 증거들"에 대한 즐거움을 표현할 수 있습니다. 그리스도인은 의무와 특권을 분리하기를 좋아하는 일반인들의 성향을 인정하지 않습니다. 물론 그럴 수밖에 없다든지 자기의 성향에 빠지는 경우에는 나누어 생각해 보는 것이 좋지만 말입니다. 그리스도인의 행보의 모든 부분에서 의무와 특권은 구별하지 않고 하나로 봅니다. 만일 "주의 법도들을 사랑하는 것"이 의무라면, 그것은 또한 적지 않은 '특권'입니다. 그리스도인으로 하여금 "주의 법도들과 증거들"에 밀접하게 하는 것이 무엇이겠습니까? 그로 하여금 "주의 법도들과 증거들을 그렇게 철저하게 지키게" 하는 것이 무엇이겠습니까? 사

성경은 이 문제와 관련하여 청교도 신학자들 중에서 우세한 의견을 정립하기에 족한 충분한 증거들을 제시하고 있다고 하겠다. 그들은 이렇게 말하였다. '구원의 확신은 그리스도인에게 필요하다. 정말 그리스도인의 복된 처신을 위해서 필요하다. 그러나 그리스도인 되기 위해 구원의 확신이 필요한 것은 아니다.' '구원의 확신'이 그리스도인들의 위로와 굳건한 믿음의 진보를 위해서 정말 필요하다. 그러나 '구원의 확신'이 있어야 구원받는 것은 아니다. 우리 자신도 "믿지 않는 자는 정죄를 받으리라."(막 16:16)라고 말하는 데 서슴없다. 그렇다고 '구원의 확신이 없는 자는 정죄를 받으리라'고 감히 말하지는 않는다. 의식적으로 자유하는 마음으로 하나님을 우리 하나님으로 부르지 않고는 진정한 평안은 없다. 그리고 믿음으로 자유의 행사를 하지 않은 자신의 상태로 있는 것을 만족하게 여기면 하나님의 영광과 우리 자신의 영광을 다 같이 더럽히는 것이다.

믿으면서도 두려워 떠는 이들이 '우리가 구원의 확신을 가지려 하는 것은 너무 성급한 일이라.'는 결론을 내리지 못하게 해야 한다. 부지런히 주님의 은혜를 의존하는 것은 우리가 받은 복락을 확실하게 할 것이다. 이미 주어진 믿음을 행사하기 위해서 더 강한 믿음을 위해서 기도해야 한다. 그럴 때에 본성의 불가능을 보고 주저앉지 말고 '믿을 열심'을 바라는 사람에게 능력이 주어짐을 믿어야 한다. "예수께서 다시 회당에 들어가시니 한쪽 손 마른 사람이 거기 있는지라 사람들이 예수를 고발하려 하여 안식일에 그 사람을 고치시는가 주시하고 있거늘 예수께서 손 마른 사람에게 이르시되 한 가운데에 일어서라 하시고 그들에게 이르시되 안식일에 선을 행하는 것과 악을 행하는 것, 생명을 구하는 것과 죽이는 것, 어느 것이 옳으냐 하시니 그들이 잠잠하거늘 그들의 마음이 완악함을 탄식하사 노하심으로 그들을 둘러 보시고 그 사람에게 이르시되 네 손을 내밀라 하시니 그가 내밀매 그 손이 회복되었더라."(막 3:1-5) "이로 말미암아 내가 또 이 고난을 받되 부끄러워하지 아니함은 내가 믿는 자를 내가 알고 또한 내가 의탁한 것을 그 날까지 그가 능히 지키실 줄을 확신함이라."(딤후 1:12)

랑이 아니면 그 어느 것도 그렇게 하지 못합니다. 결심을 하고 서원을 하고 약속을 아무리 해도 그것 자체로는 그리스도인을 묶어 놓는 효력이 없습니다. 풀줄기로 만든 끈으로 거인을 포박할 수 없듯이 말입니다. "삼손이 그에게 이르되 만일 마르지 아니한 새 활줄 일곱으로 나를 결박하면 내가 약해져서 다른 사람과 같으리라 블레셋 사람의 방백들이 마르지 아니한 새 활줄 일곱을 여인에게로 가져오매 그가 그것으로 삼손을 결박하고 이미 사람을 방안에 매복시켰으므로 삼손에게 말하되 삼손이여 블레셋 사람들이 당신에게 들이닥쳤느니라 하니 삼손이 그 줄들을 끊기를 불탄 삼실을 끊음 같이 하였고 그의 힘의 근원은 알아내지 못하니라."(삿 16:7-9)

다윗은 '마지못해' 주의 증거들을 지킨 것이 아니라 자기 혼을 다해서 성심으로 지켰습니다. "내가 이를 지극히 사랑하나이다." "또 내가 사랑하는 주의 계명들을 향하여 내 손을 들고 주의 율례들을 작은 소리로 읊조리리이다… 내가 주의 법을 어찌 그리 사랑하는지요 내가 그것을 종일 작은 소리로 읊조리나이다… 그러므로 내가 주의 계명들을 금 곧 순금보다 더 사랑하나이다."(48,97,127절).

실로 옛 본성은 "주의 법도들"을 어기는 것이 다반사였다면, 이제 그리스도 안에서 새 성품을 받는 자는 "주의 법도들을 지키는" 성향을 주도적으로 보여줍니다. 예수님을 믿기 이전에는 자기 멋대로 하고 싶어 우주에서 하나님의 법이 지워 없어져 버리거나 적어도 자기 원하는 쪽으로 바뀔 수만 있다면 좋겠다고 생각하였습니다. 그러나 이제 하나님의 법이 자기 마음에 기록되어있는 마당에 주의 법도가 하지 말라고 명하는 것도 즐겁습니다. 주의 법과 더 친밀해지고 그것이 지닌 영적인 특성을 더 선명하게 이해하게 되니 "내가 이를 지극히 사랑하나이다."라고 말하게 되었습니다. "주의 법도들과 증거들" 중 어느 하나도 마땅한 의무나 자기의 소욕 때문에 지키는 것이 아닙니다. 오히려 그 중에 하나도 즐거워하지 않는 것이 없어 간절한 마음으로 지킨 것입니다. 그래서 하나님 형상의 모든 특징이 그 영혼 속에 기록되어 있는데, 어느 부분이나 어떤 국면에도 다 아름답습니다. 다른 모든 은혜들이 "주의 증거들을 사랑하는 것"과의 관계 속에서 자랍니다.

그러므로 우리가 매일 넘어짐을 의식하더라도 주님께 대한 이러한 강한 확신의 표현을 금하지 말아야 합니다. 가장 낮은 수준의 신자라도 주님께 대한 확신을 '공로'가 아니라 은혜의 증거로 받는 데 주저할 필요가 없습니다. 이런 확신을 자주 표현하는 것이 하나님 사람의 경건한 열심의 표지입니다. 다윗은 자신이 속에 속임수와 여러 연약함을 지니고 있음을 유념하면서, "하나님의 부르심과 택하심을 굳게 하려" 합니다. 그런 의식으로 "내가 이를 지극히 사랑하나이다."라고 말한 것입니다(벧후 1:5-10). 실로 다윗은 자신이 가련한 죄인임을 압니다. 그러나 여전히 하나님께 순종함의 영적 복락을 의식합니다. 그래서 "주의 말씀에 대한 지극한 사랑"을 소유하고 있습니다. 그래서 하나님이 감찰하시는 중에 자기의 행보를 견지했습니다. 그는 "완전한 마음의 증거들" 의식하고 있었습니다(구약성경에서 그런 표현이 자주 발견됨).[2] 혼 감독(Bishop Horn)은 이와 관련하여 이렇게 말하였습니다. "그리스도만이 옛 율법을 지키셨고, 우리에게 새 법을 지키게 능력을 주시는 분이 그리스도시다."

하나님의 말씀을 능동적으로 사랑하는 것은 하나님 앞에서 행하는 공적

---

[2] 시편 119:1과 역대하 15:17과 16:9, 열왕기하 20:3을 참조하고 비교하여 보라. "행위가 온전하여 여호와의 율법을 따라 행하는 자들은 복이 있음이여."(시 119:1) "산당은 이스라엘 중에서 제하지 아니하였으나 아사의 마음이 일평생 온전하였더라."(대하 15:17) "여호와의 눈은 온 땅을 두루 감찰하사 전심으로 자기에게 향하는 자들을 위하여 능력을 베푸시나니."(대하 16:9) "여호와여 구하오니 내가 진실과 전심으로 주 앞에 행하며 주께서 보시기에 선하게 행한 것을 기억하옵소서."(왕하 20:3) '온전한 마음'은 그 마음과 연합되어 있는 '정직'이라는 말로 수식되고 설명된다(욥 1:8 ; 37:37). 성경에서 그 말이 사용될 때는 우리의 소욕 보다는 우리의 행적을 가리킨다(빌 3:13-15 참조). 그리고 그 말이 사용될 때는 보편적으로 그리스도 안에 갓난아이와 같은 어린 신자와 대조되는 성숙한 그리스도인의 특성을 지적하는 것 같다. 그 특성은 그리스도 안에 있으나 아직 미숙한 자들의 체험 속에서는 나오지 않는 특성이다(고전 2:6과 14:20, 히 5:14에서도 '온전한 자들'이라는 표현이 나온다).

인 행실의 원리를 계발하여 나옵니다. 우리는 성경을 연구할 때 자신의 만족만을 위하지 않도록 조심해야 합니다. 그리스도인의 상호 교제를 위한 재료들을 갖추기 위하여 성경을 공부하는 것이어서도 안 됩니다. 도리어 "내가 여호와를 항상 내 앞에 모시는 데" 도움을 얻기 위하여 성경을 공부해야 합니다(시 16:8). 우리는 그런 삶의 방식을 그리스도의 지상생애의 모든 행보 속에서 발견하며, 사도들의 여러 서신들에서도 그 방식을 배웁니다. 그리하여 하나님께서 우리에 대하여 관심이 있음을 인식하고, 하나님께서 우리 '아버지와 통치자와 선생과 위로자와 친구'로 늘 함께 하심을 더 알게 됩니다.

자, 이제 이런 질문을 우리 자신에게 던져 봅시다. '내 영혼이 주의 증거들을 습관적으로, 항상 지속적으로 지키고 있는가?' 모든 부족과 죄악적인 성향이 섞여 있는 우리 마음속에서 주님의 증거들이 '가장 우선'이라고 양심이 증거합니까? 주님의 증거들을 사랑하는 것이 세상의 편의한 신중의 법칙이나 주위의 사람들이 보이는 본(부족하기 그지없는 보통 순종의 모습)을 훨씬 능가합니까? "나를 사랑하사 자기 몸을 내어 주신"(갈 2:20) 주님을 섬기는 일에 아무리 열심을 낸다 하여도 지나치지 않은 것처럼 하였습니까?

그러니 "단순성과 경건한 진실함"을 인정하는 이런 마음에 인색할 이유가 어디 있습니까? "그리스도 없이는 우리가 아무 것도 아니라."고 인정합니까? 그리스도의 성령께서 "우리 안에서 우리의 모든 일을 이루셨다"고 인정합니까? "여호와여 주께서 우리를 위하여 평강을 베푸시오리니 주께서 우리 모든 일도 우리를 위하여 이루심이니이다."(사 26:12) "나는 포도나무요 너희는 가지라 그가 내 안에, 내가 그 안에 거하면 사람이 열매를 많이 맺나니 나를 떠나서는 너희가 아무 것도 할 수 없음이라."(요 15:5) "그러나 내가 나 된 것은 하나님의 은혜로 된 것이니."(고전 15:10) 하나님께서 우리를 받아 주시리라는 소망은 오직 '그리스도께서 십자가에서 이루신 일'에 근거한 일입니다. 그런데 하나님의 은혜를 고백하기를 거절할 이유가 어디 있습니까?

우리는 여전히 연약하고 신실하지 못하고 은밀한 기도를 게을리 하고 동기가 불순하기도 하며 '마음으로 불의를' 품습니다. 물론 그런 것들이 우리 소망의 근거를 앗아가지는 못합니다. 그럼에도 그런 우리 소행들은 그리스도인으로서 우리가 갖는 확신이 주는 위로를 온전히 누리지 못하게 방해합니다. "값 없이는 내 하나님 여호와께 번제를 드리지 아니하리라."(삼하 24:24)는 다윗 왕이 가졌던 정신은 얼마나 아름답습니까! 하늘로 통하는 길은 거룩한 길이니 거룩을 갈망해야 하는 것이 사실입니다. 하늘을 사랑하면 하늘로 향하는 길로써의 거룩을 더 사랑하게 됩니다. 거기서는 완전한 거룩이 영원히 왕 노릇하리로다!

그러나 우리가 결코 잊지 말고 항상 상기해야 하는 것이 있습니다. 우리의 모든 행실과 생각과 소원과 말을 하나님의 부관으로 섬기는 양심이 하나님의 책에 다 기록한다는 사실입니다! 우리가 사람들 앞에서 보다 하나님 앞에서 행하는 것을 더 삼가고 조심하면 양심은 우리 편이 될 것입니다. 집에서나 사업장에서나 밖에 나가서나 우리는 엄숙한 소리를 듣습니다. "나는 전능한 하나님이라 너는 내 앞에서 행하여 완전하라."(창 17:1) 우리가 가식적으로 행하여도 외모만 보는 사람들 앞에서는 비난 받지 않을 수 있습니다. 그러나 그런 경우는 "육체를 따라" 행하는 것이지 "하나님 앞에서" 행하는 것이 아닙니다.

심지어 능동적으로 의무를 수행하는 것이 우리로 개인적 신앙심으로 떼어 내려는 원수 마귀의 교묘한 올무로 사용될 수 있습니다. 다시 말하면 의무를 감당하게 하면서 더 유익해 보이는 공적인 직무에만 관심을 갖게 하고 하나님과 은밀한 개인적 교제를 빼앗아가는 마귀의 올무에 떨어질 수 있다는 말입니다. 그런 경로로 신앙의 사활을 좌우하는 원리가 형식적인 습관에 묻혀 버리어 기동을 못하게 됩니다. "하나님과 동행하는 일"은 그리스도인의 은밀한 샘입니다. "에녹이 하나님과 동행하더니 하나님이 그를 데려가시므로 세상에 있지 아니하였더라."(창 5:24) "노아는 의인이요 당대에 완전한 자라 그는 하나님과 동행하였으며."(창 6:9) "하나님과 동행"이라는 은밀한 원리가 밖으로 드러나 기동하는 것이지요. 왜냐하면 공적이든 개인적이든, 사소해 보이는 일이든 정말 무게 있는 일이든 범사에 전능자를 경외하며 우러르는 마땅한 도리로 행하면 얼마나 놀랍습니까! 전능하신 여호와 하나님의 감찰하심을 의식한다면 그것이 우리의 행실 전체에 얼마나 엄숙한 감화를 끼치겠습니까! 그 의식이 우리로 하여금 여러 사람 앞에서 하나님을 믿는 믿음을 얼마나 분명하게 드러내게 하며, 우리의 일반적인 행실과 은밀하게 수행하는 여러 도리들 전반에 얼마나 좋은 영향을 끼치겠습니까! "하나님의 뜻을 따라 우리가 사는 세대를 섬기는 일"에도 힘이 있어야 마땅합니다. "다윗은 당시에 하나님의 뜻을 따라 섬기다가 잠들어 그 조상들과 함께 묻혀…"(행 13:36) 사람들 앞에서 행하는 일도 진실로 '하나님 앞에서 행하는 일'이 되어야 합니다. 눈가림만 하지 않고 하나님께 하듯이 행하는 우리 모든 일들이 '하나님 앞에서 행한 일'로 여겨져 하늘에 상달될 것입니다. "기쁜 마음으로 섬기기를 주께 하듯 하고 사람들에게 하듯 하지 말라."(엡 6:7)

그러므로 우리의 어떤 행실도 다 하나님의 감찰하시는 눈앞에 드러남을 알고 행해야 할 것입니다. 하나님의 감찰하시는 눈은 내 생각의 깊은 구석까지 다 꿰뚫어 보십니다. 하나님께서는 우리의 원리와 동기와 목적을 훤하게 아십니다.

무엇보다 항상 기억해야 할 것은 이것입니다. 나의 모든 길이 내 죄를 위하여 십자가에 달리셨던 바로 그분 앞에 밝히 드러난다는 점입니다. 내가 그리스도의 사랑의 강권하심을 따라 아름다운 모든 도리들을 행할 때에 그리스도께서 보신다고 여겨야 합니다. 그분이 나를 위하여 희생제물이 되셨으니 나를 그분께 제물로 드려야 하지 않나요? 그분이 나를 생각하시고 자신의 목숨을 드려 나를 살리셨으니 나도 그분을 위하여 그래야 마땅하지 않습니까?

그러니 분명하게 말하지만 "주의 법도들과 증거들을 지키는" 일에 내가 죽은 자 같이 둔하거나 무감각하거나 게으를 수 없습니다. 내가 주님을 사랑하는 실천적인 증거를 보여 주기를 마다하지 않게 하소서. "너희가 나를 사랑하면 나의 계명을 지키리라."(요 14:15) 율법주의적인 두려움에 빠져 내 사랑하시는 구주의 "계명들을 지키는" 특권을 누리는 일에 게으르지 않게 하소서. "하나님은 나를 살피시는 하나님이시라."는 엄숙한 사실을 기억하며 살게 하소서(창 16:13). "나다나엘이 이르되 어떻게 나를 아시나이까 예수께서 대답하여 이르시되 빌립이 너를 부르기 전에 네가 무화과나무 아래에 있을 때에 보았노라."(요 1:48) 구원의 확신을 가지고 즐거워하며 살게 하소서. "옛적에 여호와께서 나에게 나타나사 내가 영원한 사랑으로 너를 사랑하기에 인자함으로 너를 이끌었다 하였노라."(렘 31:3) "유월절 전에 예수께서 자기가 세상을 떠나 아버지께로 돌아가실 때가 이른 줄 아시고 세상에 있는 자기 사람들을 사랑하시되 끝까지 사랑하시니라."(요 13:1) 하나님의 길은 내게 거룩과 행복과 하늘이 될 것이니이다.

169 여호와여 나의 부르짖음이 주의 앞에 이르게 하시고 주의 말씀대로 나를 깨닫게 하소서

170 나의 간구가 주의 앞에 이르게 하시고 주의 말씀대로 나를 건지소서

171 주께서 율례를 내게 가르치시므로 내 입술이 주를 찬양하리이다

172 주의 모든 계명들이 의로우므로 내 혀가 주의 말씀을 노래하리이다

173 내가 주의 법도들을 택하였사오니 주의 손이 항상 나의 도움이 되게 하소서

174 여호와여 내가 주의 구원을 사모하였사오며 주의 율법을 즐거워하나이다

175 내 영혼을 살게 하소서 그리하시면 주를 찬송하리이다 주의 규례들이 나를 돕게 하소서

176 잃은 양 같이 내가 방황하오니 주의 종을 찾으소서

　　내가 주의 계명들을 잊지 아니함이니이다

22

내 혀가 주의 말씀을
노래하리이다

시편 119:169, 170
"여호와여 나의 부르짖음이 주의 앞에 이르게 하시고
주의 말씀대로 나를 깨닫게 하소서
나의 간구가 주의 앞에 이르게 하시고
주의 말씀대로 나를 건지소서"

"여호와여 나의 부르짖음이 주의 앞에 이르게 하시고." 우리는 여기서 다윗이 은혜의 보좌 앞에 나아가 간구하기를 항상 좋아하였음을 발견합니다. 그는 주님 앞에 많은 "부르짖음과 간구"를 올렸습니다. 다윗은 "나의 부르짖음이 주의 앞에 이르게 하소서."라고 간청합니다. 우리에게도 다윗이 느꼈던 궁핍함이 매 순간 있으니 다윗과 같은 믿음으로 간절하고 겸손하게 주님께 나아갔었지요.

아무리 표현이 그럴듯 하고 자주 아뢴다 해도 기도의 모습만 있고 그 속에 마음이 없다면 무슨 의미가 있겠습니까? 기도의 생명력은 '마음으로 하나님께 부르짖는 데' 있습니다. 기도의 설득력은 그 기도의 간절함에 있습니다.

기도의 권능은 단순한 교육을 통해서 나는 것도, 그 사람의 본성적 소욕에서 나는 것도 아닙니다. '위로부터'부터 나는 것입니다. '간구의 영'과 '양자(養子)의 영' 모두 '위로부터' 나는 것입니다. 지금 당장 나의 필요를 위하여 순간적인 기도가 요청될 때가 있습니다. 영혼이 급박한 위기에 처하여 있습니다. 원수에게 둘러싸여 빠져 나갈 길이 보이지 않습니다. 오, 그 순간 '우리가 부단하게 의뢰할 강한 거처가 있다.'는 것을 아는 것은 얼마나 놀라운 특권인지요! 그런 급박한 경우 주님이 생각나 다음과 같이 간구할 수 있다면 얼마나 대단한 특권입니까! "주께서 나를 구원하라 명령하셨으니 이는 주께서 나의 반석이시요 나의 요새이심이니이다."(시 71:3)

　　그러나 우리가 알아야 할 것은 "부르짖음이 주님 앞에 이르게 해야" 한다는 점입니다. 주님과의 교통을 막거나 방해할 것이 전혀 없음을 또한 알아야 합니다. 우리가 믿는 자라면, 길은 항상 열려 있습니다. "중간에 막힌 담을 자기 육체로 허시고."(엡2:14) 오, 우리가 하나님과 얼마나 놀랍게 친밀한 교제를 나눌 수 있는지에 대해 늘 감격합시다. "그러므로 형제들아 우리가 예수의 피를 힘입어 성소에 들어갈 담력을 얻었나니 그 길은 우리를 위하여 휘장 가운데로 열어 놓으신 새로운 살 길이요 휘장은 곧 그의 육체니라."(히 10:19,20) 그런데 어째서 하나님과의 교제 누리기를 꺼려 뒤로 물러갑니까? 만일 우리가 그리스도의 피 뿌리심으로 난 길을 알지 못한다면, 아무리 우리 마음을 들여다보는 통찰력이 있다해도 감히 하나님의 무서운 면전을 향하여 어떻게 한 발자국이라도 떼어 놓을 수 있겠습니까? 그것은 우리를 삼킬만한 화염에 뛰어 드는 것 보다 더 못할 일입니다.

　　"이제는 전에 멀리 있던 너희가 그리스도 예수 안에서 그리스도의 피로 가까워졌느니라."(엡 2:13) 이것이 아니라면, 우리가 극단적인 순간에 기도하거나 아니면 죽거나 둘 중 하나 밖에 없다고 느껴져도 '우리 간구가 하나님께 가까이 이르게 되리라.'는 기대는 더 더욱 못할 것입니다. 그러나 하나님께 나아갈 길이 항상 열려 있다는 것은 얼마나 엄청난 특권입니까! 우리가 그리스도의 지체로서 그리스도를 힘입어 하나님 보시기에 그리스도처럼 정결한 자로 서다니요! 우리가 하나님께 단지 "나아감"을 얻었을 뿐 아니라 "담대하게 나아감"을 얻게 되었습니다.[1] 그렇습니다. 하나님의 아들 예수님께서 하나님께 담대히 나아가시듯 우리가 예수님을 힘입어 하나님께 담대하게 나아갈 수 있습니다! 아버지 하나님께서는 당신의 사랑하시는 아들을 기뻐하시는 일에 결코 지치지 않으시는 분이십니다. 그러니 그 아들과 하나 된 자들을 그렇게 기뻐하시는 것입니다. 그러므로 그리스도께서 우리의 이름을 메고 성소에 들어가시고, 우리를 위한 희생제물과 향을 가지고 나아가시고 우리에게 자기 피를 뿌리신다면, 우리는 하나님 앞에서 과연 어떤 존재입니까? "너희도 그 안에서 충만하여졌으니"(골 2:10) 그러니 우리는 자랑해야 합니다. "이스라엘 자손은 다 여호와로 말미암아 의롭다 함을 얻고 자랑하리라 하느니라."(사 45:25) "또 하나님의 집 다스리는 큰 제사장이 계시매 우리가 마음에 뿌림을 받아 악한 양심으로부터 벗어나고 몸은 맑은 물로 씻음을 받았으니 참 마음과 온전한 믿음으로 하나님께 나아가자."(히 10:21,22)

그러나 우리가 은혜의 보좌 앞에 나아가지도 않고 그리 할 수도 없다고 느끼는 건 무슨 이유입니까? 하나님께 가까이 하지 못하고 멀리 있는 이유를 추적해 보면 우리 마음이 둔하여 지각이 없어진 경우보다 더 한 이유를 발견하기 마련입니다. 기도하기 어렵고 실제로 기도할 능력도 없다면 많은 경우, 아니 거의 모든 경우에 하나님께 나아가는 길에 대한 뚜렷한 인식이 없기 때

---

1) "이제는 전에 멀리 있던 너희가 그리스도 예수 안에서 그리스도의 피로 가까워졌느니라."(엡 2:13) 에스더는 왕 앞에 '나아가되' '대담한 확신'으로 나아갔다. "당신은 가서 수산에 있는 유다인을 다 모으고 나를 위하여 금식하되 밤낮 삼 일을 먹지도 말고 마시지도 마소서 나도 나의 시녀와 더불어 이렇게 금식한 후에 규례를 어기고 왕에게 나아가리니 죽으면 죽으리이다 하니라."(에 4:16)

문입니다. 그리스도를 전혀 알지 못하는 자들 뿐만이 아니라, 그리스도인이지만 연약하거나 견고하지 못하거나 무지한 상태에 머물러 있는 자들에게도 이 점을 발견합니다. 연약한 그리스도인들은 복음의 완전함과 충만함에 대해 무지하고, 그리스도를 전혀 알지 못하는 불신자들은 죄에 빠져 방탕해져 있습니다.

하나님께 나아가는 길은 믿음의 눈에만 보이는 것인데, 믿음이 연약해지면 그 길이 희미하게만 보이고, 하나님께 나아갈 마음의 소원도 희미해지고 영적인 힘도 떨어지게 됩니다. "여호와께서 내 간구를 들으셨음이여 여호와께서 내 기도를 받으시리로다."(시 6:9) 믿음이 연약해지면 진리를 인정하지 못하고 탄식하지 않을 수 없습니다. "내 영혼이 진토에 붙었사오니 주의 말씀대로 나를 살아나게 하소서."(시 119:25) "나는 지난 세월과 하나님이 나를 보호하시던 때가 다시 오기를 원하노라."(욥 29:2)

정말 그렇습니다. 믿음없는 기도는 종의 정신으로 마음도 없이 치르는 의식(儀式)에 지나지 않습니다. 기도에 생명력을 불어넣어 하나님께 상달되게 하는 것은 그리스도를 믿음으로 되는 것입니다. "그러므로 우리에게 큰 대제사장이 계시니 승천하신 이 곧 하나님의 아들 예수시라 우리가 믿는 도리를 굳게 잡을지어다 우리에게 있는 대제사장은 우리의 연약함을 동정하지 못하실 이가 아니요 모든 일에 우리와 똑같이 시험을 받으신 이로되 죄는 없으시니라 그러므로 우리는 긍휼하심을 받고 때를 따라 돕는 은혜를 얻기 위하여 은혜의 보좌 앞에 담대히 나아갈 것이니라."(히 4:14-16) "그러므로 형제들아 우리가 예수의 피를 힘입어 성소에 들어갈 담력을 얻었나니 그 길은 우리를 위하여 휘장 가운데로 열어 놓으신 새로운 살 길이요 휘장은 곧 그의 육체나라 또 하나님의 집 다스리는 큰 제사장이 계시매 우리가 마음에 뿌림을 받아 악한 양심으로부터 벗어나고 몸은 맑은 물로 씻음을 받았으니 참 마음과 온전한 믿음으로 하나님께 나아가자."(히 10:19-22) 영적으로 무지하고 자기 의에 충만한 사람도 기도의 형식으로 무릎을 꿇는 것을 당연하게 여길 수 있습니다(쉬운 일로 여기니 열매가 있을 턱이 없습니다.) 그러나 각성된 양심을 뚫고 들어가는 빛을 비추면 하나님과 자신에 대해서 지금까지 전혀 알지 못하던 것에 눈을 뜨게 되고, 자기를 정죄하는 죄인으로서 스스로 하나님 앞에서 확신할 근거가 전혀 없음을 알게 됩니다. 그런데 그 근거를 하나님께서 친히 우리에게 열어 놓으셨습니다. 이제 그 열어 주신 길을 활용하는 것 보다 하나님을 더 존귀하게 해드리는 것은 없습니다. 예수님의 이름으로 오는 모든 이들을 하나님께서 기쁘게 환영하십니다.

회개하는 죄인이여, 하나님께서 어찌하여 여러분을 환영하지 않으시겠습니까? 은혜의 보좌가 여러분과 죄인들을 위해서 세워졌습니다. 여러분은 그보다 더 큰 약속과 더 큰 구실을 원해서는 안 됩니다. 여러분 자체가 가치가 있어 오라 하시는 것이 아닙니다. 여러분에게 명령이 떨어졌으니 오십시오. 하나님의 명하심을 취하여 여러분의 양심에 새기십시오. 그리스도만이 하나님께 나아가는 오직 유일한 길이십니다. 믿음은 그리스도께 나아가는 행위와 행사입니다. 아직까지 하나님께 나아가지 못했다 해도 이제 믿음으로 하나님께 나아가십시오. 하나님을 떠나 방황하였다면 이제 하나님께 돌이키십시오.

그러나 겉으로 보기에는 하나님을 열심히 섬기는 것 같지만 속으로는 은밀하게 하나님을 떠나 있는 경우가 있을 수 있습니다. 사회적으로 믿음에 합당하게 섬기는 것 같으나 마음은 은밀하게 하나님을 떠나 있을 수도 있습니다. 이런 의무들을 수행하는 것으로 하나님과의 은밀한 교제를 대체하면, '남아 있는 것들마저' 죽을 위기에 처합니다. "너는 일깨어 그 남은 바 죽게 된 것을 굳건하게 하라 내 하나님 앞에 온전한 것을 찾지 못하였노니."(계 3:2) 이럴 때 여러 규례들을 통해 주시는 하나님의 은혜의 풍성에 이르지 못할 것입니다. 또 그리스도인의 교제에도 신선함이 전혀 없을 것입니다. 은혜의 통로로 풍성한 복을 받았음에도 영혼은 "풍족할 때에도 괴로움이 이르는 것" 같을 수 있습니다(욥 20:22). 실로 우리가 사회적인 활동을 할 때에는 열심을 내어도, 하나님과 홀로 교제할 때 차갑고 둔하면 그것은 우리의 상태가 나쁘다는 징후입니다. 주님께서는 우리가 은밀하게 주님과 교제하는 일들을 세고 계시지요. 그 일들은 우리 마음이 진실로 주님께 가까이 이끌리고 있음을 보여줍니다. 우리 영혼의 구원이라는 급박한 일 때문에 하나님께 나아갑니까? 그리스도의 여러 영적 표증들로 인하여 우리의 섬김이 활력을 얻습니까? 우리가 오랫동안 의무를 준행하면서 살더라도 우리의 기도 중에 "하나님께 이른" 기도가 하나도 없을 수 있습니다. 우리가 지정한 방식으로는 하나님께 나아가지 못하였습니다. 그러니 진실로 하나님께 이르지는 못한 것입니다. 기도드릴 때 그리스도의 이름을 붙이기는 하나 형식일 뿐, 하나님께서 받으실 것을 간절하게 바라며 의지하는 마음은 없이 그리 한 것입니다.

차가운 마음과 고집으로 불의가 습관이 되어 하나님께 가까이 하지 못하고 뒤로 물러난 경우도 있습니다. 진정 우리가 이전의 복된 상태를 기억하고 우리 특권을 회복하기를 원한다면 어떻게 해야겠습니까? "그 때에는 그의 등불이 내 머리에 비치었고 내가 그의 빛을 힘입어 암흑에서도 걸어 다녔느니라 내가 원기 왕성하던 날과 같이 지내기를 원하노라 그 때에는 하나님이 내 장막에 기름을 발라 주셨도다."(욥 29:3,4) 진정한 회복을 원한다면, 우리는 우리 특권들의 완전한 회복에 조금이라도 미치지 못하면 어느 것에도 만족해서는 안 됩니다. 우리는 주님의 방식을 따라 깊은 참회로 주님께 돌이켜야 합니다. 주님께서 우리를 돌아보시고 "우리의 간구가 주의 앞에 이르게" 하시는 은혜를 더하시기를 바라야 합니다. 우리의 범죄를 인정하고 하나님의 얼굴을 구할 때까지 하나님께서는 물러가 당신의 처소에 계십니다. "그들이 그 죄를 뉘우치고 내 얼굴을 구하기까지 내가 내 곳으로 돌아가리라 그들이 고난 받을 때에 나를 간절히 구하리라."(호 5:15) 하나님께서는 지금 "은혜를 베푸시기 위해 은혜의 보좌에 앉아" 계십니다. "그러나 여호와께서 기다리시나니 이는 너희에게 은혜를 베풀려 하심이요 일어나시리니 이는 너희를 긍휼히 여기려 하심이라 대저 여호와는 정의의 하나님이심이라 그를 기다리는 자마다 복이 있도다."(사 30:18)

그러므로 거듭해서 하나님 앞에 무릎을 꿇고 기도를 중단하지 마십시오. 우리의 '부르짖음과 간구'가 주님 앞에 이르렀고, 주님의 은혜로 스스로를 보는 영적 안목이 생겼으며, 위험에서 건짐받았다는 느낌을 갖기 전에는 기도를 멈추지 말아야 합니다. 지혜와 긍휼을 베푸시는 하나님께서 "우리를 위해서 모든 일을 행하실" 것을 믿습니다. "내가 지존하신 하나님께 부르짖음이여 곧 나를 위하여 모든 것을 이루시는 하나님께로다."(사 57:2) 우리가 '우리의 처한 위험에서 건지시는' 때와 방법은 다 하나님께 맡겨야 합니다. 오직 주님께서 당신의 신실한 말씀대로 그 일을 이루실 것입니다. 그러니 우리는 "하나님을 여전히 찬송"해야 합니다(시 42:11).

"주의 말씀대로 나를 건지소서." 시편 기자가 자기 간구의 화염에 계속 기름을 공급하는 믿음을 보는 것이 참 아름답습니다. 모든 간구는 다 "주의 말씀대로" 보장된 약속을 아뢴 것입니다. 하나님의 약속의 말씀이 우리 간구의 호흡입니다. 기도가 응답될 때까지 하나님께서 은총어린 응답을 주시리라는 기대감을 가지고 인내합니다. 다윗은 우리가 가진 복된 성경 전체에 비하여 적은 분량의 말씀을 가지고 있었지만, 항상 자기가 처한 입장에 적용할 말씀을 발견한 것 같습니다. 그러면서 하나님의 손으로 인(印) 치신 약속의 말씀을 들고 하나님 앞에 나아갈 수 있었습니다.

정말 안타깝습니다! 우리는 성경 전체를 가지고 있어 수로 헤아릴 수 없는 말씀의 약속이 있음에도 불구하고 위급한 상황에서 적당한 말씀 하나 찾아내지 못하고 당황하곤 하다니요! 그러나 우리가 하나님의 말씀의 언약을 계약자의 시각으로 바라보면 하나님의 언약에 우리가 참여하였다는 것을 알게 됩니다. 자애로우신 하나님 우리 아버지께서 자녀들의 더듬거리는 말도 다 받아 주실 정도로 굽어 살피시다니요! 루터는 하나님을 아버지로 부르는 자녀의 외침을 이렇게 아름답게 표현하였습니다. "'아바, 아버지'라는 부르는 소리가 하나의 외침에 불과할지라도 여전히 그 외침은 구름을 뚫고 하늘에까지 올라간다. 하나님과 그분의 천사들이 거하는 하늘에는 바로 그 하나님 아버지를 부르는 소리만 들린다."2)

상상을 해 보십시오! 그러면 그 아름다운 정경이 마음에 떠오를 것입니다. 곧, 머지않아 수를 헤아릴 수 없는 하나님의 택한 백성들이 하늘 보좌 주위에 모여(계 7:9) 서로 교통하며, 하나님의 은혜의 보좌 앞에서 '밤낮 부르짖게' 될 것입니다(눅 18:7)! 실로 그렇습니다. 택한 백성들마다 하나님을 '아버지'로 부르나 사람들마다 쓰는 언어가 달라서 서로 알아듣지 못합니다. 그러나 사랑하는 하나님 아버지께서 우리 모두를 이해하십니다. 하늘에는 방언이 달라서 서로 간에 알아듣지 못하여 혼란이 야기되는 일이 전혀 없습니다. 하늘에서 택한 백성들이 하나로 연합하여 기쁨의 향연(香煙)을 하나님께 올려 드리고 받으시는 일이 계속됩니다. 그 기쁨을 말로 다 형언할 수 없습니다. 하나님의 사랑을 받는 우리 주님께서 '자기 피로 값 주고 사신' 자기 백

---

2) 루터의 갈라디아서 4:6의 주해에서 인용한 것인데, 그의 말을 더 들어 보라. "' 아버지' - 이 작은 말이 의미하는 바를 마음에 효과적으로 적용하면 그 효과는 데모스데네스나 키케로의 웅변을 능가하고, 역사상 가장 웅변적인 수사술사들의 모든 능변을 초월한다. '아버지'라고 부르는 것을 여러 말로 설명된 것이 아니라 하나의 신음소리와도 같다. 그 신음을 웅변적인 여러 말로 표현될 수 없다. 어떤 방언으로도 그 신음을 표현할 수 없다."

시편 119 말씀 사모하여 헐떡이는 사람

성들과 교제하되, 바로 그 기쁨으로 교제하십니다. "바위 틈 낭떠러지 은밀한 곳에 있는 나의 비둘기야 내가 네 얼굴을 보게 하라 네 소리를 듣게 하라 네 소리는 부드럽고 네 얼굴은 아름답구나."(아 2:14) "내 신부야 네 입술에서는 꿀 방울이 떨어지고 네 혀 밑에는 꿀과 젖이 있고 네 의복의 향기는 레바논의 향기 같구나."(아 4:11)

시편 119:171
"주께서 율례를 내게 가르치시므로
내 입술이 주를 찬양하리이다."

기도와 같이 찬양을 통하여 우리 마음을 하나님께 올리는 것은 참으로 복된 것이로다! '신령한 총명으로 궁지에서 건져 주십사'하는 우리의 간구에 응답하신 하나님께 찬양의 제물을 드리는 것은 아주 자연스럽습니다. 다윗이 죄에 빠져 있을 때에는 다윗의 입술이 닫혀 있었습니다. 죄 중에 살면 하나님을 찬미하거나 기도하는 일 모두 제약을 받습니다. 그러나 그가 각성하고 자기의 죄를 알게 되니 얼마나 간절하게 부르짖었습니까! "주의 구원의 즐거움을 내게 회복시켜 주시고 자원하는 심령을 주사 나를 붙드소서… 주여 내 입술을 열어 주소서 내 입이 주를 찬송하여 전파하리이다."(시 51:12,15)

"처음 사랑"의 때를 기억하지 못합니까? 우리 자신이 마치 "불에서 꺼낸 그을린 나무" 같음을 알았던 때를 말입니다. 그 때 우리는 자신이 죄인이지만 구속(救贖) 받고, 패역자이나 용서 받고, 결국 하나님의 은혜의 보좌 앞에 나아가기로 이미 정해진 사람이었음을 알게 되었습니다. 그 때 우리는 하늘에 속한 복락의 영광을 처음 맛보았고 결국 하나님의 뜻의 완성에 참여하게 되리라는 확신을 갖게 되었습니다. 이 복락은 실로 하나님다운 보배로운 일이었습니다. 하나님이 아니시면 누가 그런 일을 이루겠습니까? 오, 놀라운 자비하심이여! "주께서 율례를 내게 가르치시므로 내 입술이 주를 찬양하리이다." "그 날에 네가 말하기를 여호와여 주께서 전에는 내게 노하셨사오나 이제는 주의 진노가 돌아섰고 또 주께서 나를 안위하시오니 내가 주께 감사하겠나이다 할 것이니라."(사 12:1)

우리가 전혀 도움을 받을 수 없는 지경에 처한 것 같이 보일 때가 있습니다. 방도도 보이지 않고 곁에서 도울 사역자도 없고 하나님의 섭리의 돕는 손길도 없어서 벼랑에 서 있는 것 같습니다. 욥이 자기 친구들에게 "너희는 … 다 쓸모없는 의원이니라."(욥 13:4)라고 한 것과 같은 상황입니다. 환난에 이어 또 다른 환난이 닥쳐 옵니다. 갖은 노력을 다 해도 소용이 없습니다. 그러나 사도 바울이 "내 능력이 약한 데서 온전하여짐이라."(고후 12:9)고 한 것 같이, 자신이 철저하게 약하다고 느낄 바로 그 때에 주님의 능력이 온전하게 나타납니다. 그래서 위협하던 구름은 흩어지고, 찢어진 상처가 치료 되고, 불신앙의 휘장이 찢어집니다. "여호와의 오른손이 높이 들렸으며 여호와의 오른손이 권능을 베푸시는도다."(시 118:16) "주께서 내게 말씀하시고 또 친히 이루셨사오니."(사 38:15) "이는 여호와께서 행하신 것이요 우리 눈에 기이한 바로다."(시 118:23) 우둔한 입술이라도 찬미를 발하게 하소서! 오 놀라운 권능을 노래하게 하소서! 이는 대양(大洋)의 물로 끌지라도 꺼지지 않는 '불'이요, 화염 속에 떨어져도 소멸되지 않는 '물방울'이요, 폭풍을 맞아도 날아가지 않을 '깃털'입니다. "경건한 자가 세상에서 끊어졌고 정직한 자가 사람들 가운데 없도다 무리가 다 피를 흘리려고 매복하며 각기 그물로 형제를 잡으려 하고."(미 7:18) "여호와여 영광을 우리에게 돌리지 마옵소서 우리에게 돌리지 마옵소서 오직 주는 인자하시고 진실하시므로 주의 이름에만 영광을 돌리소서."(시 115:1)

빛이 없이 캄캄한 밤에 길을 가는데 어디가 어디인지 분간하기가 어려워 당황할 때가 있습니다. 일어나는 모든 일들이 다 나를 괴롭게 하려고 벼르는 것 같습니다. 완전한 어둠에 갇힌 채 한 시간만 지내도 이전에 받았던 모든 위로가 생각나지 않습니다. 그러나 그런 행위는 "모든 지혜와 총명을 우리에게 넘치게 하시는"(엡 1:8) 주님의 행사를 얼마나 작게 여긴 것입니까? "네 하나님 여호와께서 이 사십 년 동안에 네게 광야 길을 얻게 하신 것을 기억하라 이는 너를 낮추시며 너를 시험하사 네 마음이 어떠한지 그 명령을 지키는지 지키지 않는지 알려 하심이라."(신 8:2) 하나님께서 우리를 사랑하심으로 당신의 화살촉을 날카롭게 하신다는 것을 잊지 말아야 합니다. 징계의 때에 주님께서 우리에게 하신 말씀을 기억하세요. "여호와의 말씀이니라 너희를 향한 나의 생각을 내가 아나니 평안이요 재앙이 아니니라 너희에게 미래와 희망을 주는 것이니라."(렘 29:11) 하나님의 지혜가 얼마나 놀랍게 드러났습니까! "내 입술이 주를 찬양하리이다." "대답하여 이르시되 내가 너희에게 말하노니 만일 이 사람들이 침묵하면 돌들이 소리 지르리라 하시니라."(눅 19:40)

내가 회심하기 전에 어떤 사람이었는지 생각하면 수치감에 사로잡히고, 회심 이후 지금 내가 어떤 사람인지를 생각하면 찬양할 이유가 우리를 압도합니다. '주여, 주께서 세상에는 나타내지 않으신 당신의 영광을 제게 나타내셨나이다. 어찌 된 일이니이까? 오 주 나의 하나님이시여 제가 무엇이기에 여기까지 나를 인도하셨나이까?' "다윗 왕이 여호와 앞에 들어가 앉아서 이르되 주 여호와여 나는 누구이오며 내 집은 무엇이기에 나를 여기까지 이르게 하셨나이까 주 여호와여 주께서 이것을 오히려 적게 여기시고 또 종의 집에 있을 먼 장래의 일까지도 말씀하셨나이다 주 여호와여 이것이 사람의 법이니이다."(삼하 7:18,19) 주께서는 우리가 당신의 찬란한 안전에서 영원히 행복하게 하려고 예비하셨습니다. 그러니 주께 드리는 우리의 찬양이 샘에서 솟구치는 생수와 같지 않을 수 있나이까! "내 마음에서 좋은 말이 넘쳐 왕에 대하여 지은 것을 말하리니 내 혀는 필객의 붓과 같도다."(시 45:1-개역한글) 우리의 찬양은 풍성한 보고(寶庫)에서 쏟아져 나오는 보석들과 같습니다(마 12:34) 우리가 하나님을 찬송하는 도구를 항상 사용하지는 않는다 해도 언제나 조율하여 맞춰 놓아야 하지 않겠습니까? "하나님이여 내 마음이 확정되었고 내 마음이 확정되었사오니 내가 노래하고 내가 찬송하리이다."(시 57:7) "하나님이여 내 마음을 정하였사오니 내가 노래하며 나의 마음을 다하여 찬양하리로다."(시 108:1)

우리가 기도에는 선뜻 나서면서도 주님을 찬양하는 일은 꺼려 할 수도 있습니다. 자기를 사랑하는 마음에 기도하지 않으면 안되겠다 여길 수 있습니다. 그러나 찬양하는 마음을 일깨우는 것은 하나님을 사랑하는 것 밖에 없습니다. 기도로 무엇을 구하기보다 하나님이 주신 은혜에 감격하는 일을 더 해야 마땅하지 않습니까? 우리가 기도로 무엇을 구할 마음은 하나님 말씀의 기록이나 남의 간증만 들어도 일어날 수 있습니다. 그러나 찬양의 행복은 자신의 체험을 통하여만 알게 됩니다. 우리 주님께서는 "많이 용서 받은 사람이 많이 사랑할 것이라."는 논리의 말씀을 하셨습니다. "이러므로 내가 네게 말하노니 그의 많은 죄가 사하여졌도다 이는 그의 사랑함이 많음이라 사함을 받은 일이 적은 자는 적게 사랑하느니라."(눅 7:47) 우리 많은 죄가 용서받았습니다. 우리는 하나님의 많은 긍휼을 받았습니다. 그러니 하나님께서 우리 '입술이 더 많은 찬미를 발할 것'을 기대하는 것이 당연하지 않습니까?

하나님께 배운 자들이 아니라면 '찬양하기에' 합당한 자가 누구입니까? '새 노래'는 옛 사람의 마음과는 전혀 어울리지 않습니다. 하나님께서 당신의 은혜의 영광을 찬송하게 하시려고 우리에게 은혜를 베푸셨습니다. "이는 우리가 그리스도 안에서 전부터 바라던 그의 영광의 찬송이 되게 하려 하심이라."(엡 1:12) "그러나 너희는 택하신 족속이요 왕 같은 제사장들이요 거룩한 나라요 그의 소유가 된 백성이니 이는 너희를 어두운 데서 불러내어 그의 기이한 빛에 들어가게 하신 이의 아름다운 덕을 선포하게 하려 하심이라."(벧전 2:9) 우리 구주를 자랑하는 것이 마땅합니다. 그것은 그리스도 구주의 은택을 누리는 것 만큼이나 높은 특권입니다. 아니 우리가 누리는 그리스도의 은택을 더 풍성하게 하는 방편입니다. 우리를 향하신 하나님의 사랑과 그리스도의 이름으로 주신 하나님의 모든 은혜를 감격하는 일로 드러납니다. 그렇지 않습니까?

주여, 원수가 우리의 그 높은 특권을 앗아가지 못하게 하소서. 이제까지 그런 일을 너무 자주 당하지 않았습니까? 우리 각자 은밀한 기도를 귀히 여기게 하소서. 또한 올무를 놓아 넘어지게 하려는 세상과 구별되게 하소서. 하나님으로부터 분리되는 일이 얼마나 끔찍한 일인지 알게 하소서. 하나님과의 사이가 멀어진 듯하면, 다시 하나님의 얼굴 빛 안에서 우리의 행보를 찾기 전에는 쉬지 말게 하소서. 우리의 영적인 눈이 흐리고 약하다 할지라도 오직 예수님만 늘 바라보게 하소서. 그리하여 주께서 내게 율례를 더 가르치시므로 내 마음과 입술로 '주의 은혜의 영광을 찬송하는 일'에 전념하게 하소서.

시편 119:172
"주의 모든 계명들이 의로우므로
내 혀가 주의 말씀을 노래하리이다."

하나님에 대하여, 또한 하나님을 위하여 말하는 것은 마음과 입술로 "하나님을 찬미하는 법"을 배운 사람의 소원과 즐거움입니다. 그러나 얼마나 안타까운지요! "우리 말을 항상 은혜 가운데서 소금으로 맛을 냄과 같이 하라."(골 4:7)는 권면의 말씀을 따르는 일이 얼마나 귀합니까! 반면에 세상에 속한 정말 무의미하고 가련한 일에 대한 대화가 얼마나 많은지요! 딱 5분만이라도 기도와 성경 읽기와 묵상을 위하여 떼어 놓는다면, 그것은 정말이지 형언할 수 없는 보석과 같이 여겨져야 마땅합니다. 어리석고 영혼들을 함정에 빠지게 하는 일에 어울리는 시간 중에 5분만 줄인다면, 참으로 엄청난 유익을 확보할 것입니다.[3] 헛된 말들이 마음의 근처에서 우러나온다면, 헛된 말이 우리 입술에서 나는 것을 제어하여 이기게 하시는 하나님의 자비를 구해야 합니다.

그리스도인의 절제의 활력은 우리의 대화에 향기를 불어 넣을 것이고, 우리를 사랑하시는 주님께서 그것을 기뻐하실 것입니다. "내 신부야 네 입술에서는 꿀방울이 떨어지고 네 혀 밑에는 꿀과 젖이 있고 네 의복의 향기는 레바논의 향기 같구나."(아 4:11) 그 절제가 우리의 입술의 열매를 풍성하게 하여 교회에 덕을 끼칠 것입니다. "의인의 혀는 순은과 같거니와 악인의 마음은 가치가 적으니라."(잠 10:20) 또한 그것은 다른 이들의 영혼을 살찌게 하고 교훈을 줄 것입니다. "의인의 입술은 여러 사람을 교육하나 미련한 자는 지식이 없어 죽느니라."(잠 10:21) "지혜로운 자의 입술은 지식을 전파하여도 미련한 자의 마음은 정함이 없느니라."(잠 15:7) 오늘날 하나님을 바르게 판단하는 소리를 듣기가 참으로 어렵습니다. 얼마나 많은 이들이 '하나님의 계명은 무겁고 공평하지 않다.'[4]는 식으로 말하는지요. 이럴 때 우리가 "주의 모든 계명들이 의롭도다."라고 증거하면 그것은 매우 유쾌한 일이 될 것입니다. 그것이 죄의 세력을 제어하고 다른 이의 영혼으로 하여금 그리스도의 형상을

---

3) 노티쥐(Nottidge)의 서간문집(書簡文集)에서

4) "그런데 너희는 이르기를 주의 길이 공평하지 아니하다 하는도다 이스라엘 족속아 들을지어다 내 길이 어찌 공평하지 아니하냐 너희 길이 공평하지 아니한 것이 아니냐."(겔 18:25)

본받게 하는 효과를 일으킬 것입니다.

주여, 저의 입술을 열어 "내 혀가 주의 말씀을 노래하게 하소서." 오 나의 하나님이시여, 저를 영화롭게 하시고 도우시어 "주의 모든 계명들의 의로움"을 보게 하시옵소서. 우리는 본성의 마음과 정신으로 주님께서 기름부어 주시기를 기다리지 않고 그냥 입술을 벌려 자신의 말을 쏟아 놓을 때가 얼마나 잦은지요! 하나님의 일들을 말하면서도 하나님의 임재와 복락을 기억하지 않고 말하는 경우가 정말 허다합니다. 우리가 기도의 호흡과 주님의 말씀 안에서 사는 습관이 되어 있는 풍성한 삶의 자세를 유지한다면, 우리 입술로 하는 말이 "주의 말씀을 말하는 것"이 되어 다른 이들을 얼마나 세워주겠습니까! "무릇 더러운 말은 너희 입 밖에도 내지 말고 오직 덕을 세우는 데 소용되는 대로 선한 말을 하여 듣는 자들에게 은혜를 끼치게 하라."(엡 4:29) "그리스도의 말씀이 너희 속에 풍성히 거하여 모든 지혜로 피차 가르치며 권면하고 시와 찬송과 신령한 노래를 부르며 감사하는 마음으로 하나님을 찬양하고."(골 3:16) 이 권면의 말씀들에 우리를 복종하여 행하면 진정 놀라운 일을 체험하되, 하나님의 사람의 대화에 생명력을 불어 넣는 일을 맛보게 될 것입니다. "이같이 너희 빛이 사람 앞에 비치게 하여 그들로 너희 착한 행실을 보고 하늘에 계신 너희 아버지께 영광을 돌리게 하라."(마 5:16)

"주의 모든 계명들이 의로우므로." 믿는 자로서 능력도 없고 본성적으로 수줍음도 잘 타고 적절한 기회도 만나지 못하여 입술로 "주의 말씀의 옳음"을 말하지 않고 있을 수도 있습니다. 그러나 때를 얻지 못했다 여겨지는 모든 상황에서도 하나님을 섬기기 위하여 말이나 행동을 통하여 무엇인가를 하게 되어 있습니다. 그리고 덕을 세우지 못하는 말을 하지 않도록 '입술'을 세심하게 지키는 것은 잘하는 일입니다. "모든 수고에는 이익이 있어도 입술의 말은 궁핍을 이룰 뿐이니라."(잠 14:23) 양심의 민감함을 구실로 사탄이 하나님의 진실한 증인들의 입을 막을 강력한 입지에 서게 하는 일'을 극히 경계하는 것이 좋습니다. 만일 그 일을 경계하지 못하고 실패하면 처음에 진정 원하던 대의를 약화시킬 수 있습니다.[5] 불신앙의 영향을 경계하여야 합니다. 여러분의 연약함과 무능함을 매일 주님께 아뢰십시오. 자신의 행위에 믿음이 부합하지 않는 일이 있는지 점검하고, 있으면 지극히 큰 염려거리로 여기고 슬퍼하며 주님 앞에 아룁시다. 다시는 그런 일에 빠져들지 않도록 주님의 은혜를 의지합시다. 그런 연약함을 게으름의 이유로 삼지 말아야 하며, 낙담에 빠질 구실로 삼는 일은 더 더욱 하지 말아야 합니다. 도리어 하나님의 아들 구주를 믿음으로 말미암아 자신의 모든 연약함을 주님께 가져갈 길이 어떻게 열렸는지 깊이 숙고해야 합니다.

"내 혀가 주의 말씀을 노래하리이다." 그러므로 성령님께서 여러분의 입술을 주장해 달라고 기도하십시오. 그리하여 가련하기 짝이 없는 연약한 죄인이라도 '하늘의 허다한 군사들에 둘러 싸인 주님을 찬양하는 노래를 발하게 하는' 은혜를 받으십시오.

우리 본성의 부주의함과 나태함을 저항하는데 우리가 너무 미약하다는 생각으로 침묵을 지키고 있었다 할지라도, 우리 구주를 자랑하던 많은 중요한 기회들을 회상해 보십시오. 우리가 그 기회들을 다 기억해 내지는 못하겠지만 그런 회상이 우리를 자극하여 기도하게 할 수 있습니다. "하나님이여 나의 구원의 하나님이여 피 흘린 죄에서 나를 건지소서 내 혀가 주의 공의를 높이 노래하리이다."(시 51:14)

오! 영혼이 보배롭다는 의식이 우리 마음에 깊이 각인되는 것은 얼마나 중요한지요! 그런 의식으로 자기와 같은 죄인을 만나면 긍휼을 가지고 그 사

---

5) 이 말은 어셔(Usher) 대 주교의 놀라운 말이다. 그는 그런 함정에 빠지지 않기 위하여 자기 친구들과 교제하다 헤어지기 전에 반드시 '그리스도의 말씀'을 상고하였다고 한다.

람을 위하여 하나님께 기도할 마음이 일어나지 않을 수 없을 것입니다. 또한 그 영혼을 그리스도께 인도하여 자기와 같이 구원받게 하고 싶다는 간절한 소원을 갖게 될 것입니다! 다른 영혼에 복이 될 기회들을 놓치는 것은 얼마나 큰 손해입니까! 왜냐하면 다른 이들에게 영향을 미치는 행위나 수고만큼 우리 자신에게 더 풍성한 열매를 가져야 주는 것은 없기 때문입니다. 그리스도의 사랑을 실천할 때마다 우리 마음은 그만큼 커집니다.

매일의 삶 속에서 더 많은 믿음의 단순함과 위로부터 주시는 기름 부으심으로 말미암아 우리 마음이 부드러워지는 일, 많은 지혜와 담대함을 갖는 것이 절실합니다. 그리하여야 "각처에서 그리스도를 아는 냄새를 나타낼" 수 있습니다(고후 2:14). 죄인들이 복음을 듣도록 인도하고 싶은 간절한 마음은 양심을 자극한다고 나올 수 있는 것이 아닙니다. 교만하고 허영에 찬 마음에서는 더 더욱 어려운 일이지요. 그런 마음은 오직 그리스도와 동료 죄인들을 사랑하게 하는 순전한 원천에서만 납니다. 우리가 엘리후 같이 '할 말이 너무 많은' 사람이라도(욥 32:18-20), 성령님의 감동하심(엡 5:18,18)이 "영생하도록 솟아나는 샘물"(요 4:14)과 같이 우리 마음을 채우시기 전까지는, 하나님을 위하여 말한다 해도 듣는 자들에게 은혜로 작용할 것은 하나도 없을 것입니다.

시편 119:173
"내가 주의 법도들을 택하였사오니
주의 손이 항상 나의 도움이 되게 하소서."

다윗은 하나님을 향한 담대한 신앙을 선포한 뒤에 이제는 하나님의 도우심을 절실하게 간구합니다. "주의 손이 항상 나의 도움이 되게 하소서." 우리가 "때를 따라 돕는 은혜를 얻기 위하여 은혜의 보좌"에 나아갈 수 있다면 (히 4:16), 나아가지 않아야 할 때는 언제인가요? '매 순간의 필요'가 우리를 각성시켜 '견고한 망대'로 피하게 하지 않습니까? "여호와의 이름은 견고한 망대라 의인은 그리로 달려가서 안전함을 얻느니라."(잠 18:8) 밖에서 우리를 에워싸고 안으로는 억울한 마음으로 괴로울 때, "우리의 씨름은 혈과 육을 상대하는 것이 아닌데도 불구하고" 여전히 그렇게 하고 있을 때(엡 6:12), 한 치의 땅도 빼앗기지 않으려고 서로 쟁론할 때, 그러면서도 얻은 것이 얼마 되지 않아서 낙담하게 될 때, 엄청난 갈등의 매 순간마다 우리를 붙들어 주시는 전능자의 도움이 우리 모두는 필요합니다. 하나님의 도우심을 구하면서 "하나님의 법도들만을 택하게 해 주십사"하는 기도를 할 수도 있습니다. "나는 주의 것이오니 나를 구원하소서 내가 주의 법도들만을 찾았나이다."(시 119:94) 다윗은 앞에서 고백하였습니다. "주의 증거들로 내가 영원히 나의 기업을 삼았사오니 이는 내 마음의 즐거움이 됨이니이다."(시 119:111)

복음의 보배로운 약속들을 우리에게 다 적용시켜야 합니다. 그 약속들은 우리가 현세에 있을 때 필요한 하나님의 도우심과 영원을 내다보는 우리의 영적인 모든 비전에 필요한 도우심을 다 포괄합니다. 다윗은 여기서 "주의 법도들을 택하는 것"이 마땅한 도리라고 고백합니다. 그것은 마음에 역사하시는 성령님의 감동하심으로 인한 행복한 선택입니다. "내가 그들에게 한 마음을 주고 그 속에 새 영을 주며 그 몸에서 돌 같은 마음을 제거하고 살처럼 부드러운 마음을 주어 내 율례를 따르며 내 규례를 지켜 행하게 하리니 그들은 내 백성이 되고 나는 그들의 하나님이 되리라."(겔 11:19,20)

"내가 주의 법도들을 택하였사오니." 이런 선택이 주님의 백성들의 독특한 표지입니다. "여호와께서 이와 같이 말씀하시기를 나의 안식일을 지키며 내가 기뻐하는 일을 선택하며 나의 언약을 굳게 잡는 고자들에게는 내가 내 집에서, 내 성 안에서 아들이나 딸보다 나은 기념물과 이름을 그들에게 주며 영원한 이름을 주어 끊어지지 아니하게 할 것이며."(사 56:4) 그 선택은 가르침을 잘 받아 신중하게 판단하여 순전한 믿음으로 신속히 순종한 행위입니다.

"내가 주의 법도들을 택하였사오니." 이는 다름 아니라 우리가 세례를 받을 때에 서약한 것을 자원함으로 지키는 행위입니다. 그런 선택을 하려고 할 때 육신적인 생각의 제안들이 많이 떠오릅니다. "그러나 무엇이든지(이전에) 내게 유익하던 것을(이제는) 내가 그리스도를 위하여 다 해로 여길뿐더러."(빌 3:7) 이런 위기의 순간에 저울질을 하느라고 시간을 보내면 주저하고 당황합니다. "혈육과 의논하는 일"은 그리스도인의 결심에 가장 교활한 장애가 됩니다(갈 1:16에서 사도가 한 말을 참조 비교하여 볼 것).[6] 그래서 우리가 주님의 법도를 택할 결심을 할 때 우리 마음에서 이런 소리가 있어야 합니다. '세상이 무어라 할까? 내가 너무 멀리 나간다 할지 모르나, 공격적으로 나갈 것이다. 나의 모든 영향력을 상실하고 큰 이익을 얻을 희망도 내 주위에 있는 이들에게 던져 버린다 할지라도 나는 주의 법을 택할 것이다.'

우리가 마음으로 아끼는 사람들이 우리를 오해하거나 불쾌하게 하는 것은 정말 끔찍한 일입니다. 그런 좋은 관계를 희생하는 것은 너무 엄청난 대가를 지불하는 셈입니다. 우리에게 애정이 있던 이들을 빼앗기는 것은 정말 참기 어려운 일입니다. "주의 법도들을 택하려" 할 때 그런 것들을 갖고 시험자 사탄이 문 앞에 당도할 것입니다. 그 시험을 이기기 위하여 우리 편에서 힘있게 저항을 해 보지만 싸움은 격렬할 것입니다. 그러나 마음을 장악한 오직 한 가지 소원 때문에 "주님, 제가 무엇을 하리이까?"라고 진실로 기도할 수만 있다

---

6) "그의 아들을 이방에 전하기 위하여 그를 내 속에 나타내시기를 기뻐하셨을 때에 내가 곧 혈육과 의논하지 아니하고."(갈 1:16)

면 그런 갈등 속에서 큰 도움이 될 것입니다(행 9:6). [7] 우리가 세상의 영향력에 대하여 그렇게 십자가에 못 박히는 일, 다시 말하면 세상에서 누리는 즐거움과 이익이나 세상의 평가가 어떠하든 개의치 않고 결심대로 행할 각오가 되어 있다면, 갈등 속에서 큰 힘이 될 것입니다. "우리가 이제부터는 어떤 사람도 육신을 따라 알지 아니하노라."(고후 5:16) 자, 복음이 가진 하늘에 속한 아름다움이 우리 속에서 토하여 나옵니다.

우리 자신의 연약함과 세상의 세력이 강력함을 경험하는 것이 점진적으로 세상을 이길 준비를 하게 합니다. 그 때에 우리의 뜻을 이루지 못한 것이 얼마나 복된 것인지를 분명히 발견하게 될 것입니다. 그때 우리 구주께서 우리에게 주신 십자가를 기꺼이 질 마음이 생깁니다. 마치 새가 날개를 달듯이, 배의 돛이 펼쳐지듯이 힘이 생깁니다. 그렇게 되면 우리의 진로가 늦어지기는커녕 주님을 범사에 의뢰하게 되고, 그럴수록 행할 능력을 갖추게 될 것입니다. 또 하나님을 섬기는 것이 우리에게 더 큰 즐거움이 될 것입니다.

우리 중에서 믿음의 행동이 힘을 얻지 못하는 이유는 바로 결심의 부족에 있습니다. 세상과 타협하면 "십자가의 거치는 것"이 없어지기 시작합니다. 그래서 진지한 신앙의 정로는 '불필요한 공격성을 갖춘 것'이란 평가를 받습니다. 그러나 세상을 좋아하는 종교는 결단코 하나님께 용납 받지도 못하고, 하나님이 기뻐하시는 종교일 수도 없습니다. 그런 종교는 항상 세상의 성향에 맞추어가기 마련입니다. 오! "주의 법도의 길"이 너무 어렵고 매우 협소하고 눈에 잘 띄지 않는다는 것을 잘 숙고해야 할 것입니다. 또 정말 믿음을 지키기 위해서 경건치 않은 악인들의 손가락질과 조소(嘲笑), 친밀한 친구

---

7) 이 구절의 KJV 역본은 이러하다. And he trembling and astonished said, Lord, what wilt thou have me to do? And the Lord [said] unto him, Arise, and go into the city, and it shall be told thee what thou must do(그가 떨며 놀라서 이르되, 주여 제가 무엇을 하리이까? 주께서 저에게 이르시되 일어나 도성으로 들어가라 그러면 네가 행할 것을 네게 이를 자를 있으리라 하시니라) -역자 주

들에게 오해를 받을 각오가 되어 있는지 잘 생각해야 합니다. "무릇 내게 오는 자가 자기 부모와 처자와 형제와 자매와 더욱이 자기 목숨까지 미워하지 아니하면 능히 내 제자가 되지 못하고."(눅 14:26) 그리스도를 믿는 믿음을 지키겠다 장담하며 나섰다가 금방 철회하는 경우가 흔합니다. "한 서기관이 나아와 예수께 말씀하되 선생님이여 어디로 가시든지 저는 따르리이다 예수께서 이르시되 여우도 굴이 있고 공중의 새도 거처가 있으되 인자는 머리 둘 곳이 없다 하시더라."(마 8:19,20) 매일 믿음을 견지하고 하는 자는 매일 "나를 떠나서는 너희가 아무 것도 할 수 없음이라."(요 15:5)는 말씀의 교훈을 배워야 합니다. 자신의 무능을 의식하고 자주 "주의 손이 항상 나의 도움이 되게 하소서."라고 부르짖어야 합니다.

이런 간구는 처음 주의 법도를 택하겠다고 결심할 때만 필요한 것이 아닙니다. 그 결심이 주는 더 우월한 복락에 대한 확신이 자라면서 매일 주의 법도 안에서 살려고 애를 써야 합니다. 그럴 때 자신의 무능과 하나님의 도우심의 필요를 더욱 더 의식하게 되어 동일한 간구를 계속 드리게 됩니다. '의존'은 깊은 겸손과 능한 능력의 원리입니다. 우리가 주님의 능력 안에서 일을 해나가고 있다는 생각은 정말 큰 버팀줄입니다. 구주의 품에 의지하여 힘을 얻게 하는 무능함의 인식은 정말 복된 것입니다! "그 때에 주께서 환상 중에 주의 성도들에게 말씀하여 이르시기를 내가 능력 있는 용사에게는 돕는 힘을 더하며 백성 중에서 택함 받은 자를 높였으되."(시 89:19) 우리를 위해 돕는 은혜를 쌓아 놓으신 하나님을 찬미하리로다! 그래서 우리의 부족과 주님 안에 있는 완전한 충분함이 한 눈에 보입니다. "그러므로 내가 그리스도를 위하여 약한 것들과 능욕과 궁핍과 박해와 곤고를 기뻐하노니 이는 내가 약한 그 때에 강함이라."(고후 12:10) "네가 찾아도 너와 싸우던 자들을 만나지 못할 것이요 너를 치는 자들은 아무것도 아닌 것 같고 허무한 것 같이 되리니 이는 나 여호와 너의 하나님이 네 오른손을 붙들고 네게 이르기를 두려워하지 말라 내가 너를 도우리라 할 것임이니라."(사 41:12,13) [8]

시편 119:174
"여호와여 내가 주의 구원을 사모하였사오며
주의 율법을 즐거워하나이다."

우리가 이 시편을 마무리하기 전에 '주의 구원'이라는 말을 다시 숙고해 보기를 원합니다. 그 말이 신자들에게는 아주 익숙하나 그 말이 가리키는 것을 숙고하면 항상 새롭고 무한한 의미를 만나기 마련입니다. 다윗이 "내가 주의 구원을 사모하였사옵니다."라고 말한 것이 낯선 일입니까? 영원한 긍휼의 언약을 모두 담고 있는 '주의 구원의 충만함'을 다시 살펴봅시다. '주의 구원에 대한 완전하고 충분한 근거'는 갈보리의 십자가에서 그리스도께서 '이루신 일'입니다. "예수께서 신 포도주를 받으신 후에 이르시되 다 이루었다 하시고 머리를 숙이니 영혼이 떠나가시니라."(요 19:30) '그 일'은 부족함이 발견되어 고치거나 더 채워 넣을 것이 전혀 없는 완전한 일이었습니다. '그 일'은 항상 영광스러운 완벽성을 갖춘 채 서 있습니다. '그 일'이 죄인 중 괴수인 사람을 강권하고, 권면하고 확신하도록 용기를 줍니다. '그 일'은 '탁월한 성자'로부터 오는 어떤 보조도 필요하지 않습니다.

---

8) 참고적으로 이사야 41:10-16의 말씀을 읽어 보고 문맥의 의도를 살펴라. "두려워하지 말라 내가 너와 함께 함이라 놀라지 말라 나는 네 하나님이 됨이라 내가 너를 굳세게 하리라 참으로 너를 도와주리라 참으로 나의 의로운 오른손으로 너를 붙들리라 보라 네게 노하던 자들이 수치와 욕을 당할 것이요 너와 다투는 자들이 아무것도 아닌 것 같이 될 것이며 멸망할 것이라 네가 찾아도 너와 싸우던 자들을 만나지 못할 것이요 너를 치는 자들은 아무것도 아닌 것 같고 허무한 것 같이 되리니 이는 나 여호와 너의 하나님이 네 오른손을 붙들고 네게 이르기를 두려워하지 말라 내가 너를 도우리라 할 것임이니라 버러지 같은 너 야곱아, 너희 이스라엘 사람들아 두려워하지 말라 나 여호와가 말하노니 내가 너를 도울 것이라 네 구속자는 이스라엘의 거룩한 이이니라 보라 내가 너로 이가 날카로운 새 타작기로 삼으리니 네가 산들을 쳐서 부스러기를 만들 것이며 작은 산들을 겨 같이 만들 것이라 네가 그들을 까부른즉 바람이 그들을 날리겠고 회리바람이 그들을 흩어 버릴 것이로되 너는 여호와로 말미암아 즐거워하겠고 이스라엘의 거룩한 자로 말미암아 자랑하리라."

'주의 구원의 단순함'을 주목하십시오. 죄인이 구주께 나오지 못하게 막는 것이 전혀 없습니다. 은혜로 모든 이에게 열려진 주님께로 오는 길을 방해할 울타리나 어리둥절하게 할 것이 전혀 없습니다. 죄인이 즉시 복음의 대속죄의 은택으로 나아오되, 화평과 기쁨 중에 나아오게 합니다(행 2:37-47 ; 8:58,39 ; 16:31-34 ; 살전 1:6 참조).

'주의 구원의 불변성'을 주목하십시오. 그것이 사람의 느낌이나 감정의 격정과 아무 상관이 없습니다. '흑암에 다닐지라도' 우리 하나님을 의뢰할 수 있습니다. "너희 중에 여호와를 경외하며 그의 종의 목소리를 청종하는 자가 누구냐 흑암 중에 행하여 빛이 없는 자라도 여호와의 이름을 의뢰하며 자기 하나님께 의지할지어다."(사 50:10) 우리는 곧 망할 것 같은 상황에서도 주의 구원을 기대할 수 있습니다. "그가 나를 죽이시리니 내가 희망이 없노라 그러나 그의 앞에서 내 행위를 아뢰리라."(욥 13:15)[9] 우리의 날들이 맑거나 흐리거나 다 하나님 아버지가 원하시는 대로 맡겨 버리며, 형언하지 못할 부성애(父性愛)의 변치 않는 속성들이 경우에 따라 다른 순서로 나타나는 것뿐임을 알고 그 얼굴을 바랍니다. 변치 않는 언약의 사랑이 상황에 맞게 다른 표현으로 다양하게 나타날 뿐임을 우리는 믿습니다.

자신의 영혼의 부족함을 절실히 느끼고, "주의 구원" 속에서 즉각적이고 완전한 도움을 받게 될 것을 아는 영혼이 **"주의 구원을 사모하는 것"**이 이상한 일입니까? "주의 구원을 사모함"은 복음적 신앙의 특성입니다. 마지못해 하는 '의무감'이 아니라 '즐거움'으로 그리합니다. '의무감' 속에서 계속 일을 하다 보면 마음이 지칠 수 있습니다. '기쁨으로' 하면 그 마음도 힘을 얻습니다. 우리가 행할 의무들이 특권이 되는 때는 언제입니까? 그리스도께서 명하신 의

---

9) KJV 역본은 이 구절을 이렇게 읽고 있다. Though he slay me, yet will I trust in him: but I will maintain mine own ways before him(그가 나를 죽이실지라도 나는 그를 의뢰하리니 오직 그 앞에 나의 길을 계속 견지하리라)- 역자 주

무들에 생명력을 주실 때입니다. 그러면 영적 모든 행보가 행복함 속에서 진행됩니다.

믿는 자에게 있어서 세상의 모든 것은 실로 아무 것도 아닙니다. 세상의 모든 것이 불멸의 영혼에게 무슨 맛이 있으며 갈증을 어떻게 해소해 줍니까? 피조물들은 주님께 명령을 받았습니다. 오직 단 한 가지의 목적에 전념할 때 위로하겠다고 나서지 말라는 명령 말입니다. "오 하나님이시여, 제가 갈망하는 것은 주님 당신이십니다(Thou, O God art the thing that I long for)." "나는 네 구원이라 이르소서."(시 35:3)라는 기도의 응답 속에서 안식 할 때까지 피조물들에게 진정한 위로가 없습니다.

믿는 자는 자기에게 주어진 지상의 위로들을 남용하지 않는 한에서 누립니다. "세상 물건을 쓰는 자들은 다 쓰지 못하는 자 같이 하라 이 세상의 외형은 지나감이니라."(고전 7:31) 신자는 하나님께서 허용하시는 한도 내에서 지상의 위로를 누립니다. 그리고 '그 모든 것 보다' "주의 구원"을 사모합니다. 이것이 바로 참된 종교입니다. 만유의 주님께서 사람의 마음에 그렇게 차지하고 있을 때에 그것이 참 종교입니다. 주님께서 "만물 안에서 만물을 충만케 하시는" 이십니다(엡 1:23).

이 땅에서 신자는 부르짖습니다. "하늘에서는 주 외에 누가 내게 있으리요 땅에서는 주 밖에 내가 사모할 이 없나이다."(시 73:25) 오, 마음과 생각과 관점 속에서 주님을 모시는 것은 얼마나 놀라운 특권입니까! 주님 앞에서 즐거워하다니요! 주님의 형상을 더 본받기 위하여 갈망하다니요! 더 생생하게 주님의 사랑을 누리기를 갈망하다니 그것이 특권이 아니면 무엇이겠습니까?

땅에서 그러하다면 하늘에서 어떠하겠습니까! "주의 구원을 사모함"은 하나님께서 우리 속에서 일하심을 보여주는 충분한 증거입니다. 느헤미야의 기도를 들어 보세요. "주여 구하오니 귀를 기울이사 종의 기도와 주의 이름을 경외하기를 기뻐하는 종들의 기도를 들으시고 오늘 종이 형통하여 이 사람들 앞에서 은혜를 입게 하옵소서 하였나니 그 때에 내가 왕의 술 관원이 되었느니라."(느 1:11)

"주의 구원을 사모함"은 영혼이 구주를 습관적으로 늘 묵상함을 보여주는 증거입니다. 주님과 더 가까이 교제하며, "주의 율법을 최고로 즐거워하는" 실제입니다. 이런 경우 그런 소원이 우리 입술에서 갈수록 더 발해지고, '주님의 영광스런 신성(神性)의 열매'에 무한히 만족하게 될 것입니다.

그러나 주님께서는 믿음을 고백하는 자들에게 자주 이런 책망을 하십니다. "너의 처음 사랑을 버렸느니라."(계 2:4) 그들의 믿음의 원리가 아예 죽은 것은 아니지만 활력이 떨어져 후패합니다. 나태함은 알지 못하는 사이에 영혼에서 힘을 빼냅니다. 경건의 연습도 하지 않고, 구주에 대한 매력도 느끼지 못하고, 그리스도의 사랑도 묵상하지 않습니다. 이전에 영혼이 주님에 대하여 가졌던 좋은 정서만으로 만족하는 정도입니다. 주님을 위하여 수고할 마음도 거의 없습니다. 주님과의 교제도 가까이 하지 않습니다. 대신 세상을 추구하는 마음에 더 열을 내는 실정입니다. 너무 자주 주님도 섬기고 세상도 섬기면서도 거의 양심의 찔림도 없습니다.

어떤 신앙고백자들은 주님을 향한 자기들의 마음이 희미해지는 것을 으레 그러려니 하고 대수롭지 않게 생각합니다. 주님을 뜨겁게 사랑하는 일은 회심한 지 얼마 되지 않는 신자들에게나 해당되는 것이고, 믿음이 자라면서 점차 그 열기는 성숙한 분별력으로 바뀌게 된다는 식으로 생각합니다. 믿음의 "뿌리가 없는" 이들은 살아있는 뜨거운 정서를 상실하고, 결국 자기들의 믿음마저 버리게 됩니다. "돌밭에 뿌려졌다는 것은 말씀을 듣고 즉시 기쁨으로 받되 그 속에 뿌리가 없어 잠시 견디다가 말씀으로 말미암아 환난이나 박해가 일어날 때에는 곧 넘어지는 자요."(마 13:20,21)

그러나 사랑의 '진정한' 원리는 후패하지 않습니다. 다시 말하면, 하나님에 대한 우리의 평가는 낮아질 수 없습니다. "주의 구원을 사모함"은 결코 희미해질 수 없습니다. 주님의 구원을 즐거워하는 마음이 줄어들면 거기에는 반드시 죄가 있으며, 영혼은 손해를 입기 마련입니다. "내 아들아 네 마음을 내게 주며 네 눈으로 내 길을 즐거워할지어다."(잠 23:26) 주님을 자기의 주님으로 삼기를 거절하는 것이야말로 가장 이치에 맞지 않는 일입니다. 우리 주님은 우리가 처음 사랑을 드렸을 때와 동일하신 분이십니다. 실로 우리 주님이야말로 우리가 최고로 사랑할만한 분이십니다. 주님을 지극히 사랑한 일을 후회합니까? 우리가 기대하던 정도는 아니시던가요? 우리가 더 엄정한 정의나 더 나은 유익을 얻으려면 다른 데로 우리 마음을 돌리는 편이 낫던가요? 우리가 주님을 사랑할 모든 근거들이 계속 충만한 세력으로 우리를 주장하지 않던가요? 우리가 주님을 사랑할 근거들이 매일 매 순간 더 많아지지 않던가요? 아내가 자기를 위하여 부지런하게 시중을 들거나 배려해도 그 마음이 줄어 들었다 여기면 아무리 관대한 남편이라도 어떻게 생각하겠습니까?

오! 우리의 게으름을 부끄럽게 여겨야 합니다. "주의 구원을 사모함이 깊었을 때"를 기억하십시오. 지금에 비해 그 때 우리와 주님의 교제는 정말 더 천상적이었습니다. 그때에 주님을 위하여 수고도 하고 고난도 받을 각오가 되어 있었고, 심지어 죽어 본향으로 가서 주님을 뵈올 각오까지 했었습니다. 우리는 자신의 죄를 더 깊게 회개하고 처음 행위를 회복해야 합니다. "그러므로 어디서 떨어진 것을 생각하고 회개하여 처음 행위를 가지라."(계 2:5) 기쁨으로 "오, 주 여호와여 내가 주의 구원을 사모하였나이다."라고 외치며 즐거워하는 말을 새롭게 할 수 있을 때까지 결코 안주하지 마십시오.

주님이 사랑하시는 자녀들 중 어떤 이들은 영적인 열정이 식어 괴로워합니다. '처음 사랑을 잃은 것'이 그 속에 은혜가 말랐다는 것을 보여주는 표지였다면, 그것을 잃은 일에 대하여 애통하는 것은 적어도 은혜가 여전히 그 속에 있음을 드러내는 표지입니다. "의에 주리고 목마른 자들은 복이 있나니."(마 5:6) 이런 열망하는 소원들은 그 속에 숨겨진 생명의 소리 자체입니다. 항상 그런 거룩한 소욕이 눈에 띄게 성장하거나 즐거워하는 일이 늘 상승되지 않는다 할지라도, (겨우내 나무들과 같이) 뿌리는 여전히 자라고 있을 수 있습니다. 은혜와 사랑을 즐거워하는 확정된 습관과 더 깊은 겸손의 정신을 갖고, 자기를 제대로 알아 더 견고한 단순성 안에 있다고 합시다. 그런 경우 가장 빠른 길은 "구원 자체를 사모함"에서 눈을 떼는 일이 될 것입니다. "믿음의 주요 또 온전하게 하시는 이인 예수를 바라보자 그는 그 앞에 있는 기쁨을 위하여 십자가를 참으사 부끄러움을 개의치 아니하시더니 하나님 보좌 우편에 앉으셨느니라."(히 11:2) 우리 주님을 바라보는 이 위대한 일을 가장 크게 망치는 일은 무엇일까요? 자신의 체험을 소망의 근거로 섞어 넣는 것이 아니겠습니까? 그리스도인의 감정은 믿음의 기반이 되지 말아야 합니다. 감정들은 수시로 변합니다. 특히 시험 당할 때는 변화가 심하여 아주 불확실합니다. 이런 모든 요동하는 변화 속에서 항상 안전하게 믿을 이는 그리스도이십니다.

우리 마음의 차가움이 자신을 주님 앞에 낮추게는 하나, 지나친 생각으로 낙담하여 그리스도의 보배로운 십자가를 바라보지 못할 지경에 들어가지는 말아야 합니다. 참회의 눈물이 너무 많아 눈을 덮어 주님께서 주시는 "은혜의 완전한 구원"을 바라보는 시력이 약화되지 않게 조심하십시오. 예수님이 우리의 평안과 생명이라는 의식으로 "단순하게 예수님을 바라보는 것"이 우리의 도리이면서 우리의 안전입니다. 그것이 또한 매일 하늘을 향하여 나가는 순례길의 은밀한 원리가 됩니다. 그리스도 예수님의 무한한 충만함을 묵상하기만 해도 우리 자신이 아무 것도 아니라는 인식을 하지 않을 수 없을 것입니다.

"여호와여 내가 주의 구원을 사모하였사오며 주의 율법을 즐거워하나이다." "주의 구원을 사모함"과 "율법을 즐거워함" 사이가 서로 연관되어 있음을 발견합니다. 그 연관성은 우리가 '주의 구원'을 바르게 이해하는 일이 하나님의 '말씀이나 율법'에 기반을 두었음을 단번에 증거합니다. 감정의 종교는 자기기만입니다. '하나님의 사랑'만이 아니라 '하나님의 율법'도 즐거워해야 합니다. 그리스도인의 특권이 어쩌나 특별한지 "주의 구원을 사모함"은 항상 "주의 율법을 늘 즐거워 하는 것"으로 그 정체를 드러낼 것입니다. 바꾸어 말하면 "주의 율법을 즐거워함"이 "주의 구원을 충만하게 누릴 소원"을 넓혀 줄 것입니다. 그러므로 신령한 소욕이 있다해도 그것이 실천적이지 못하면 충동이나 흥분에 불과합니다. 실천이 없는 영적인 소욕은, 시편 기자가 보여주는 '마음과 거룩과 즐거움'의 신앙은 아닙니다.

우리가 이 아름다운 시편을 통하여 영적으로 각성되어 '믿음으로 말미암아 누리는 하늘에 속한 기쁨에 대하여 많은 것을 알았던' 시편 기자를 따르고 싶은 마음이 일어난다면 얼마나 좋겠습니까! 우리라고 할 수 있는 만큼 하나님을 더 많이 알기로 결심하지 못하겠습니까? 어째서 "주의 구원을 사모함"이 우리에게는 그렇게 미미하고 제자리를 잡지 못하는 것입니까? 기독교라는 이름은 다 달고 있으면서 이것과는 매우 다른 인상을 끼치는 종파들이 수도 없이 많습니다. 견실하지 않고 내용이 없고, 풍성한 이익을 주지 못하고 메말라 있고, 즐거움이 없고 그저 무미건조할 뿐입니다. 어떤 일을 해도 그저 돌쩌귀에 붙어 돌아가기만 하는 문짝과 같을 뿐입니다. "문짝이 돌쩌귀를 따라서 도는 것같이 게으른 자는 침상에서 도느니라."(잠 26:14) 움직이기는 하는데 진전이 전혀 없습니다. 머리에 지식은 쌓여 있어도 마음에 '기름 부으심'의 은혜가 전혀 없습니다. "항상 배우나 끝내 진리의 지식에 이를

수 없느니라."(딤후 3:7)

그러나 진실로 "주의 구원을 사모하는" 영혼은 '소망이 부끄럽지' 않습니다. "소망이 우리를 부끄럽게 하지 아니함은 우리에게 주신 성령으로 말미암아 하나님의 사랑이 우리 마음에 부은바 됨이니."(롬 5:5) 현재 누리는 열매의 맛을 보는 것(그것이 맛을 보는 것에 지나지 않더라도), 곧 예수님 안에서 하나님과 화해하여 담대하게 나아갈 수 있다는 의식과, 마음에 비취는 예수님의 사랑의 광선을 누리는 것이야말로 이루 다 말할 수 없는 즐거움입니다. 그런 의식이 시련을 극복하여 인내할 힘을 주고, 자신을 부인하며 주님께 순종하여 섬길 능력을 더합니다. 그러나 아직도 우리는 하나님의 사랑의 높이와 깊이 전체를 다 헤아려 본 것이 아닙니다. "능히 모든 성도와 함께 지식에 넘치는 그리스도의 사랑을 알고 그 너비와 길이와 높이와 깊이가 어떠함을 깨달아 하나님의 모든 충만하신 것으로 너희에게 충만하게 하시기를 구하노라."(엡 3:18,19) 다른 이들에게 하나님의 사랑의 깊이와 높이에 대한 큰 이해를 베푸신 이는 "그를 부르는 모든 사람에게 부요하시도다."(롬 10:12) 영원한 사랑의 원천은 항상 풍성하게 흘러넘칩니다. 우리에게 "네 입을 넓게 열라"고 명하신 이가 "내가 채우리라" 약속하셨습니다. "나는 너를 애굽 땅에서 인도하여낸 여호와 네 하나님이니 네 입을 크게 열라 내가 채우리라."(시 81:10) 결국 "주의 구원을 사모하는 이들"이 열망하며 손을 뻗어 이르려 하는 것은 그리스도의 재림에 있을 '구원의 대 완성'입니다. 그때에 우리는 '하나님의 충만의 완전'과 '하나님의 형상의 완성'에 이르게 될 것입니다(엡 3:19 ; 빌 3:20,21).[10] 그날에 우리는 죄의 모든 결과에서 완전하게, 영원히 구원받게 될 것입니다(롬 8:23 ; 고후 5:1-8). 그리고 '하나님의 아들들이 영광의 자유에

---

10) "그러나 우리의 시민권은 하늘에 있는지라 거기로부터 구원하는 자 곧 주 예수 그리스도를 기다리노니 그는 만물을 자기에게 복종하게 하실 수 있는 자의 역사로 우리의 낮은 몸을 자기 영광의 몸의 형체와 같이 변하게 하시리라."(빌 3:20,21)

이른 모습'을 보게 될 것입니다(롬 8:19-21). "내가 주의 구원을 사모하였사오니" 이는 궁극적으로 주님의 재림을 갈망하는 또다른 표현입니다. "이것들을 증언하신 이가 이르시되 내가 진실로 속히 오리라 하시거늘 아멘 주 예수여 오시옵소서."(계 22:20) 그날이 올때까지 "주의 구원을 사모하는 이들"은 영원히 완전하게 만족하지 않을 것입니다. 하나님을 찬송하리로다! "또한 너희가 이 시기를 알거니와 자다가 깰 때가 벌써 되었으니 이는 이제 우리의 구원이 처음 믿을 때보다 가까웠음이라."(롬 13:11)[11]

모든 권능의 주님이시여, 우리 속에 "주의 구원을 깊이 사모하는" 마음을 창조하여 주소서. 그리고 "주의 법을 더욱 더 열렬히 즐거워하게" 하소서. 오, "주의 구원을 사모하는 열정"이 갈수록 더하게 하소서. 주의 집의 문설주에 우리 귀를 뚫어 영원히 행복하게 주님의 종으로 섬기게 하소서!

시편 119:175
"내 영혼을 살게 하소서 그리하시면 주를 찬송하리이다
주의 규례들이 나를 돕게 하소서."

"**내 영혼을 살게 하소서 그리하시면 주를 찬송하리이다.**" "주를 찬송하려면" 먼저 "살아야" 합니다. 죽은 자가 어떻게 말할 수 있나요? 산 사람이 말을 할 수 있는 것 같이 "살아 있는 영혼"이 주님을 찬양한다는 것은 아주 자연스럽습니다. 시편 기자가 "내 영혼을 살게 하소서."라고 기도하는 것이 그가 그렇게 간절하게 "사모하는 주의 구원"이 아니겠습니까? 그가 주님께 받은 영적

---

11) 혼 감독(Bishop Horn)은 이에 대하여 다음과 같이 주석하였다. "이 구원은 아담으로부터 이 시간까지 신실한 믿음의 사람들의 목적과 소망과 소원이요 갈망이 되어 왔다. 앞으로도 진실로 믿는 이들은 계속 그 날을 갈망할 것이다. 큰 겸손으로 우리를 찾아 오셨던 그 분이 영광스런 위엄으ㄹ입으시고 다시 오시어 우리의 구속을 완성하실 것이고, 우리를 당신 자신과 같이 변하게 하실 것이다."

미각은 더 높은 맛을 계속 누리기를 갈망하게 합니다. 그것은 자신의 이기적인 만족이 아니라 "하나님을 찬송하는 일"에 자신을 드리기 위함입니다.

실로 이 시편 119편의 마지막 부분은, 이 거룩한 시편 책 전체를 마무리하는 마지막 몇 편의 시편들에 보편적으로 배어 있는 찬송의 정신을 그대로 드러내고 있습니다.[12] 여기서 우리가 주목해야 할 요점이 있습니다. "이 내 아들은 죽었다가 다시 살았다."(눅 15:24)라고 말한 탕자의 아버지와 같은 기쁨을 가진 자만이 이 찬송을 부르기에 합당하다는 것입니다. 자기가 어떤 자리에서 구원을 받았는지를 생각하는 사람만이 주께 찬송의 노래를 부르기를 갈망할 것입니다. "의를 따르며 여호와를 찾아 구하는 너희는 내게 들을지어다 너희를 떠낸 반석과 너희를 파낸 우묵한 구덩이를 생각하여 보라."(사 51:1) 무서운 구덩이에 빠졌다가 가까스로 구출된 사람이 각성하여 그 구덩이를 살펴 볼 때에 주님을 찬송하지 않을 수 있겠습니까(벧전 4:19)! 그 사람은 '생명의 주로서 자기를 살리신 주님'이 소성케 하시는 감화를 주시어 기쁨에 찬 특권을 가진 자신의 행복을 알게 하여 달라고 얼마나 간절하게 부르짖을까요! 실로 참된 찬송은 기도를 통하여 흘러나옵니다. "내 영혼을 살게 하소서 그리하시면 주를 찬송하리이다." 우리 영혼이 살아날 바로 그 때에 우리의 섬김의 정신이 소생하고, 그러면 가장 고상한 의미에서의 "산 영혼"이 됩니다(창 2:7).

일관성이 부족하고 부주의하고 영성이 둔해진 것을 생각하면 주님을 찬송할 마음이 위축됩니다. 그러나 우리 죄가 생각날 때마다 겸비하고, 그럴 때

---

12) 시편 119:164,171,172의 말씀을 다시 들어 보라. "주의 의로운 규례들로 말미암아 내가 하루 일곱 번씩 주를 찬양하나이다… 주께서 율례를 내게 가르치시므로 내 입술이 주를 찬양하리이다 주의 모든 계명들이 의로우므로 내 혀가 주의 말씀을 노래하리이다." 그리고 시편 145-150편의 내용은 거의 찬송의 기운으로 가득하다. 아마 그 시편들을 기록한 기자가 삶을 마치면서 기록하였을 것 같다. 그래서 그 시편들은 그 영혼이 하늘의 영광을 누리기에 합당하게 익어 추수할 상태를 반영하는 것이라 여길 수 있다. 들리는 말로는 아라비아 펠릭스(Arabia Felix)의 향수는 그 향기를 이웃 지역들까지 내뿜었다고 한다. 그러하듯이 '이스라엘의 달콤한 시인'이 행복한 하늘나라에 아주 가까워지자 찬송의 향기를 날렸음에 분명하다.

마다 주님이 용서하시는 은혜를 확신해야 합니다. 모질게 악하고 여전히 마음속에 은밀한 속임수가 숨어 있음을 보면서 자신을 가증히 여겨야 합니다. 그런 의식이 우리 스스로 티끌과 재를 무릅쓰게 해야 합니다. "그러므로 내가 스스로 거두어들이고 티끌과 재 가운데에서 회개하나이다."(욥 42:6) 가장 깊이 낮아진 자세로 그리스도의 피를 양심에 적용하면 "모든 죄에서 우리가 정결함"을 입습니다. "그가 빛 가운데 계신 것 같이 우리도 빛 가운데 행하면 우리가 서로 사귐이 있고 그 아들 예수의 피가 우리를 모든 죄에서 깨끗하게 하실 것이요."(요일 1:7) "내가 네 곁으로 지나갈 때에 네가 피투성이가 되어 발짓하는 것을 보고 네게 이르기를 너는 피투성이라도 살아 있으라 다시 이르기를 너는 피투성이라도 살아 있으라."(겔 16:6) 이 말씀이 가리키는 분이 여전히 "우리 영혼을 살려 두시는" 분입니다(시 66:8). 그분이 매일 우리의 연약함을 덮으시고, 하나님 앞에서 우리의 영원한 보장이 되십니다.

그러나 주님께서 우리에게 은혜로 생명 주신 것을 찬송하려 할 때, 그 일이 자라도록 감화를 주시는 성령님의 역사를 방해하는 모든 장애물들을 조심해야 합니다. 우리 영혼의 생명력이 약해지면 우리 찬송도 둔해지고 진심도 옅어집니다. 그러나 확신이 넘치는 신자는 자기의 기도를 받아 주실 것을 위하여 부르짖습니다. "내 영혼을 살게 하소서 그리하시면 주를 찬송하리이다." 시편 기자의 심령이 얼마나 거룩한 불로 가득한지 주목하세요. "우리 주 예수 그리스도의 아버지 하나님을 찬송하리로다 그의 많으신 긍휼대로 예수 그리스도를 죽은 자 가운데서 부활하게 하심으로 말미암아 우리를 거듭나게 하사 산 소망이 있게 하시며."(벧전 1:3)[13]

---

13) D'Aubigne의 '종교개혁사(History of the Reformation)' 제 4권 1장에 이런 내용이 있다. "루터는 마음의 갈등 속에서도 승리감에 차서 이렇게 말했다. '내가 보배로우신 구속주, 권능의 대제사장 예수 그리스도를 내 주로 모셨으니 그것으로 나는 충분하다. 내가 숨 쉬는 한 주님을 찬송할 것이다. 내 찬송을 알아주는 이가 없다 한들 그것이 내게 무슨 상관이랴!'

시편 기자의 성품과 인격과 기쁨의 주축이 바로 주님을 찬송하는 것입니다. 매일 영적 생명의 활력을 갖추기 위하여 계속 은혜를 구하는 것은 이상한 일이 아닙니다. 그래야 그 영적 시선이 저 달콤한 하늘의 영광으로 향할 수 있습니다. "내 영혼을 살게 하소서." 이 요점의 중요성을 알수록 부지런히 기도할 제목이 될 것입니다. 다른 무엇이 하나님의 자녀로 자기 존재감을 가지게 할 수 있습니까? 병들어 역동성이 없는 단순한 활동들이 그를 결코 만족시킬 수 없습니다. 지금까지 하나님께 가까이 한 것 보다 얼마나 더 가까이 할 수 있을지를 숙고하면서 자기 속에 하나님이 주신 생명의 원리가 더 활발하게 작용하기를 갈망하고 있는 것입니다. 그는 자기가 능동적으로 그 생명의 작용을 누리는 일에 무능하다는 것을 의식합니다. 그런 의식이 그를 압박하여 주님의 도우심을 간구하도록 자극합니다. "주의 규례들이[14] 나를 돕게 하소서."

주여, 저의 구원의 하나님이신 당신의 말씀과 성품과 완전하심을 이해하는 총명을 부어 주옵소서. 그리하여 부단하게 주님께 올릴 찬송의 풍성한 소재들을 갖게 하소서. 그러시면 매일 "범사에 우리 주 예수 그리스도의 이름으로 항상 아버지 하나님께 감사하리이다."(엡 5:20)

시편 119:176
"잃은 양 같이 내가 방황하오니 주의 종을 찾으소서
내가 주의 계명들을 잊지 아니함이니이다."

우리 본성은 주님을 떠나려는 성향이 있으니, 주님의 말씀의 원리들을 더

---

14) 여기서 "주의 규례들"을 KJV에서는 Thy judgements(판단들)로 번역하고 있다. - 역자 주

분명히 이해하고 보전하기 위하여 "주의 규례들의 도움"을 위한 기도를 부단히 해야 할 필요가 있습니다. 우리가 그 점을 유념할 필요가 있다는 것이 우리를 가장 겸손하게 하는 진리로 마음을 돌리게 합니다. "우리는 다 양 같아서 제 길로 간다."(사 53:6)고 하신 하나님 말씀의 증언을 부정할 수 있는 자가 누구이입니까? 그 말씀은 하나님 없는 세상 사람들의 삶을 묘사한 것일 뿐 아니라 하나님의 백성들의 고백이기도 합니다! 하나님의 자녀 중에 지난 일을 생각할 때 '나도 잃은 양 같이 제 길로 가서 방황했나이다.'라는 진술이 자기 것이라고 인정하며 부끄러워하지 않을 자가 어디 있습니까? "자기 허물을 능히 깨달을 자 누구리요?"(시 19:12) 베드로 같이 드러내 놓고 넓은 길에서 방황한 적은 없는 자라도 "나를 숨은 허물에서 벗어나게 하소서."(시 19:2)라고 부르짖을 필요가 있지 않습니까? 내면으로나 공상(空想)으로나 육체의 정욕으로 방황한 적이 없었겠습니까? 사람이 아무리 진지한 의지를 가졌더라도 그것은 완전과 얼마나 거리가 멉니까! 마음이 육체의 생각에 조금만 기울어져도 악에 자신을 내어 주게 됩니다. 그렇게 잠깐 굽은 길로 들어선 것이 결국 나중에 어떤 결말을 맞게 될지 누가 압니까? 은혜로우신 주님께서 양같이 제 길을 가기 좋아하는 당신의 사람들에게 능력을 주고 위로하며 인도하시고 계신데도 그 내면에는 교만과 방황과 세상을 사랑하는 마음이 작용하고 있음을 누가 알겠습니까? 그렇게 선하신 하나님이시며 자비하신 목자이신 주님으로부터 받은 그 큰 특권들을 생각하지 않고 두리번거리다니요! 누가 그들을 유인하여 '최고의 친구'에게서 등을 돌리도록 유인할 수 있으며, 누가 그들을 꾀어 이제까지 알려진 사랑 중에서 가장 보배로운 사랑을 대항하여 죄를 짓게 할 수 있겠습니까? 조금만 생각해도, 그렇게 복된 자가 부끄러워 어찌할 줄 모를 일을 자행하다니요! 그 일들이 사탄의 여러 시험들과, 사람을 속이는 세상의 마법사들이나 외적인 세상의 환경들 탓으로 돌릴 만하지요. 그러나 자신을 살피는 사람은 누구든지 자신의 마음에 그 침륜에 빠지는 원인이 있다는 것을 발견할 것입니다. "또 내가 말하기를 이는 나의 잘못이라."(시 77:10) 우리가 의도적으로 포기하여 내어 준 것을 다시 찾으려면 동일한 가치나 그보다 더한 가치를 지불해야하지 않습니까? 우리에게 묻는 말씀에 무엇이라 답하겠습니까? "너희가 그 때에 무슨 열매를 얻었느냐 이제는 너희가 그 일을 부끄러워하나니 이는 그 마지막이 사망임이라."(롬 6:21)

그러나 사랑하는 주님을 떠나서는 어떤 기쁨도 없습니다. 하나님의 자녀가 하나님과 분리되어 마치 영원한 절망의 영역에 있는 것 같을 때 행복해지기란 전혀 불가능합니다.

물론 하나님의 자녀가 자기의 죄 용서 받은 복락을 기억하지 못할 정도가 되는 일은 없습니다. 그럴 수는 없지요. 갈등하면서 울며 믿음으로 부르짖으며 구합니다. "주여, 잃은 양 같이 내가 방황하오니 주의 종을 찾으소서." 어거스틴은 겸손하게 진실로 고백하였습니다. **"주여, 제 자신의 길을 돌이킬 수 없나이다."** 시편 기자는 이렇게 간구합니다. "선한 목자 되신 주님께서 나를 찾으셔야 하나이다. 전에는 길을 알았었는데 지금은 제 길을 벗어나 곁길로 빠져 들어가 헤매고 있나이다. 처음에도 주님께서 저를 찾으시어 제가 길을 찾았나이다. 지금도 여전히 주님께서 저를 찾지 않으시면 길을 찾을 수 없나이다. 저의 길을 인도할 목자는 제가 버리고 떠난 그 목자, 주 밖에 다른 목자가 없나이다."

우리 목자되신 주께서 어떤 직무를 감당하시는지 생각하면 얼마나 큰 위로가 되는지요! "주 여호와께서 이같이 말씀하셨느니라 나 곧 내가 내 양을 찾고 찾되 목자가 양 가운데에 있는 날에 양이 흩어졌으면 그 떼를 찾는 것 같이 내가 내 양을 찾아서 흐리고 캄캄한 날에 그 흩어진 모든 곳에서 그것들을 건져낼지라."(겔 34:11,12) 우리 주님께서 직무를 충실히 감당하심을 보면 안심할 수 있습니다. "그가 … 내 영혼을 소생시키시고."(시 23:3)

하늘 본향을 향하여 가는 우리의 행보에 더 힘을 얻기 원합니까? 우리 주님께서 친히 당신의 길 잃은 양들에 대하여 얼마나 신실하시고 인애하시며 간절한 애정을 갖고 계신지 묘사한 말씀을 생각하십시오. 주님께서는 길 잃은 양을 만나서 돌이키는 방식을 알려 주시기만 하고 가 버리시는 분이 아닙니다. "또 찾아낸즉 즐거워 어깨에 메고 집에 와서 그 벗과 이웃을 불러 모으고 말하되 나와 함께 즐기자 나의 잃은 양을 찾아내었노라 하리라."(눅 15:5,6) 양을 찾으면 길을 잃고 헤매는 양들을 혼내지도 않고, 찾은 기쁨에 자기가 들인 모든 수고를 잊고 오직 "나의 잃은 양을 찾아 내었노라."고 외치신다는 말입니다. 목자되신 주님께서 하늘에서 땅으로 내려오시되, 하나님의 보좌에서 내려와 구유에 누우시고 더 나아가 겟세마네 동산으로, 마지막에는 십자가의 죽으심까지 내려 가신 일을 생각하십시오. 주님께서 받으신 분명한 대사명이 무엇입니까? "인자가 온 것은 잃어버린 자를 찾아 구원하려 함이니라."(눅 19:10) 우리는 그분에게서 "양들을 위하여 자기 목숨을 내어 놓으신 선한 목자"의 분명한 표지를 봅니다. "나는 선한 목자라 선한 목자는 양들을 위하여 목숨을 버리거니와."(요 10:11)

주님께서 자신의 목숨을 희생제물로 내어 주심으로 길을 잃고 헤매고 다닌 죄가 덮어지고, 다시 주님의 울타리에 돌아갈 길이 열린 것을 생각해야 합니다. 주님의 희생이 우리를 이끌어 제 길로 들어서게 했습니다. "그가 찔림은 우리의 허물 때문이요 그가 상함은 우리의 죄악 때문이라 그가 징계를 받음으로 우리는 평화를 누리고 그가 채찍에 맞음으로 우리는 나음을 받았도다 우리는 다 양 같아서 그릇 행하며 각기 제 길로 갔거늘 여호와께서는 우리 모두의 죄악을 그에게 담당시키셨도다."(사 53:5,6) 그러니 참회하는 우리의 고백에 확신의 기도를 더할 수 있습니다.

"주의 종을 찾으소서 내가 주의 계명들을 잊지 아니하나이다." "제가 패역한 탕자이오나 여전히 주의 종, 주의 자녀입니다. 저는 주님의 언약에 참여한 자녀의 표지를 여전히 달고 있나이다. 주님의 울타리를 떠나 배회하였지만 '제 마음과 제 속에 하나님의 손가락과 성령님으로 기록하여 놓으신 주의 법'을 무엇으로 지울 수 있나이까?(렘 31:33) 성령께서는 제 속에서 양자(養子)의 영으로 일하시며 제가 회복되리라고 보증하시나이다. 사람이 기록한 것은 쉽게 지워지나 하나님께서 기록하신 것은 지워질 수 없나이다. 그러하오니 저로 하여금 겸비함으로 자신을 낮추게 하소서. 주께서 저를 위해 이루신 것이 제 권리로 주어진 것은 결코 잊지 않게 하소서. 그래서 하나님께서 저를 '사랑하는 아들 기뻐하는 자식'(렘 31:20)으로 다시 받아 주시리라는 소망을 가지고 있나이다. 다시 아버지의 영원한 사랑을 보여주는 새로운 표로 '가장 좋은 의복'을 제게 입혀 주실 줄 믿나이다(눅 15:22,23). 그리하여 저는 참으로 보배로운 약속을 확신하나이다. '내가 그들에게 영생을 주노니 영원히 멸망하지 아니할 것이요 또 그들을 내 손에서 빼앗을 자가 없느니라.'(요 10:28)

그리스도인으로서 이 책을 읽어 온 독자 여러분, 이 구절을 우리 자신에게 적용해야 할 것입니다. 지난 날 침륜에 빠진 일을 참회하며 거기에 오래 단련하여 순전한 하나님의 은혜와 미쁘심을 의지하는 것이 더해져야 합니다. 그렇게 하면 진정 가장 흥미로운 이 시편을 묵상하는 일을 잘 마무리하는 것이 될 것입니다. 우리는 세리의 기도(눅 18:13)를 드리되 큰 확신으로 드려야 하겠지요. 상한 마음으로 우리 가슴을 치며 "하나님이여 불쌍히 여기소서 나는 죄인이로소이다."라고 말하며 회개해야 합니다. 거기에 거룩한 결심으로 하나님을 위하여 살고 죽을 마음을 가집시다. 우리가 하나님의 아들이 된 사실을 기억하며 담대한 확신으로 이렇게 말해야 합니다. "내가 믿는 자를 내가 알고 또한 내가 의탁한 것을 그 날까지 그가 능히 지키실 줄을 확신함이라."(딤후 1:12)

"잃은 양 같이 내가 방황하오니 주의 종을 찾으소서 내가 주의 계명들을 잊지 아니함이니이다." 정말 이 시편이 다윗의 체험을 나타낸다면, 이 마지막 부분에서 만나는 내용으로 우리는 충격을 받습니다. 전혀 예기하지 못한 것을 만나는 것 같지 않습니까? 지금까지 그는 줄곧 시편 전체에서 하나님의 구원을 인하여 거룩하고, 기쁨에 찬 감동을 어찌나 놀랍게 표현해 왔는지요! 하나님의 사랑을 그렇게 열렬하게 찬송하는 그 앞에서 우리는 주눅이 들 정도였습니다. 우리 보기에 그는 '하나님의 마음에 합한 사람'으로 하늘에 닿아 있는 것 같이 보였습니다. 그런데 이 마지막 부분에서 그는 티끌에 앉은 자신의 모습을 보입니다. 자기 마음의 악을 의식하고, 하나님으로부터 늘 벗어나 방황하려는 성향이 자기 속에 늘 있음을 유념하고 있습니다. 이 다윗을 보며 우리는 본받아야 할 참으로 놀라운 교훈을 받습니다.

그 교훈은 우리로 하여금 믿음의 사람이 겪는 갈등이 지상생애 끝까지 지속됨을 기억하게 합니다. '그 갈등에서 이기려면 끝까지 확신을 가지고 겸손함과 더불어 능력을 힘입어야 한다. 주님을 높이는 가장 고차원적인 찬송의 선율(旋律)과 더불어 우리 자신을 가장 낮춘 표현이 어울려야 한다. 그런 조화를 이룬 섬김을 하나님은 기쁘게 받으시는 것이다.' 그런 섬김이 "향내를 풍기며 연기 기둥처럼"(아 3:6) 하나님께 올라갑니다.

하늘을 향해 가는 우리 그리스도인들의 행로에는 두 요소의 명암(明暗)이 교차되어 있습니다. 물론 하늘에 가서는 그런 두 요소가 섞이지 않는 찬미를 부르게 될 것입니다. 하늘에서는 더 이상 우리의 방황 때문에 애통하는 일이 없을 것이며, 하나님을 등지고 죄 짓고싶은 성향이 더 이상은 없을 것입니다. 하나님을 떠나 방황하는 데서 돌이키느라 겪는 어려움도 더는 없을 것입니다. 거기서는 '하늘의 울타리(heavenly fold)'를 벗어나 뛰쳐나가는 일이 더는 없이 영원히 안전할 것입니다. 왜냐하면 "그가 결코 다시 나가지 아니하리라."(계 3:12)는 이 말씀대로 될 것이기 때문입니다.

"그러므로 그들이 하나님의 보좌 앞에 있고 또 그의 성전에서 밤낮 하나님을 섬기매 보좌에 앉으신 이가 그들 위에 장막을 치시리니 그들이 다시는 주리지도 아니하며 목마르지도 아니하고 해나 아무 뜨거운 기운에 상하지도 아니하리니 이는 보좌 가운데에 계신 어린 양이 그들의 목자가 되사 생명수 샘으로 인도하시고 하나님께서 그들의 눈에서 모든 눈물을 씻어 주실 것임이라."(계 7:15-17)

은혜의 방식 *The Method of Grace in Gospel Redemption*

존 플라벨 지음 | 서문강 옮김 | 신국변형 양장 648면 | 값 27,000원

이 책은 존 플라벨의 저작들 중에 가장 유명하고 가장 많이 읽혀진 책으로 19세기 프린스톤 신학대의 거장 아취빌드 알렉산더(Archibald Alexander)가 회심하는 데 이 책이 결정적 역할을 하였다. 목양적인 저자의 영적 지각과 충정으로 성도들의 마음속을 들여다보며, 그들의 마음을 움직여 구원하시는 하나님의 방식으로 데리고 가서 죄의 각성과 구원의 은혜와 그 확신에 이르게 한다.

영의 생각, 육신의 생각 *On Spiritual Mindedness*

존 오웬 지음 | 서문강 옮김 | 신국변형 양장 360면 | 값 16,000원

원제(原題)는 On Spiritual Mindedness로서 로마서 8장 6절의 "육신의 생각은 사망이요 영의 생각은 생명과 평안이니라."를 기초 본문으로 저자가 당시 목양하던 회중들에게 진정한 '영적 생각의 방식'을 연속 강론한 것이다. 저자는 '마음의 생각과 그 방식'이 구원받은 이후 그리스도인의 성화(聖化) 생활을 지로하는 결정적 방향타(方向舵)임을 역설한다. 이 책을 다 읽고 나서 독자마다 성령께서 마태로 하여금 예수님의 산상설교를 마무리하게 하던 그 진술의 능력을 반드시 음미하게 될 것이다.

고린도전서 13장 사랑 *Charity and Its Fruits*

조나단 에드워즈 지음 | 서문강 옮김 | 신국변형 양장 456면 | 값 20,000원

조나단 에드워즈는 자신의 정체성을 진정한 설교자로서 헌신하는 데서 보여주었는데, 본서가 바로 그에 대한 가장 좋은 예증일 것이다. 성령님께 사로잡힌 사도 바울이 고린도전서 13장에 진술해 놓은 '사랑'의 진면모를 그가 가진 모든 신적 은사와 은혜의 촉수로 더듬어내어 자기 회중들에게 연속 강론한 것을 묶어 이 책을 펴냈다. 이 책은 한번만 읽으면 단맛이 다 빠지는 종류의 책이 아니고 여러 차례 반복하여 읽을수록 그 영적 진미를 더 느끼게 하며, 하나님의 복음의 은혜의 풍성함에 겨워 더욱 더 만족을 주기에 충분하다.

사망의 잠 깨워 거듭나게 하는 말씀 *Sermons in the Natural man*

윌리엄 쉐드 지음 | 서문강 옮김 | 신국변형 양장 336면 | 값 16,000원

"사람이 거듭나지 아니하면 하나님 나라를 볼 수 없느니라…물과 성령으로 나지 아니하면 들어 갈 수 없느니라"(요 3:3)고 하신 말씀은 예수 그리스도를 믿음으로 말미암아 구원에 이르는 복음의 이치에 눈을 뜨는 일은 거듭난 사람에게만 가능하다는 의미이다. 아직 거듭나지 못한 상태에 있는 자연인들은 영적으로 죽은 자들로서 깊은 사망의 잠을 자는 자들이다. 교회를 다니거나 교회 밖에 있거나 자연인의 상태에 있으면 그 이치를 모른 채 사망의 잠에 빠져 있게 된다.

하나님의 열심을 품은 간절목회 *An Earnest Ministry*

존 에인절 제임스 지음 | 서문강 옮김 | 신국변형 양장 392면 | 값 18,000원

이 책은 분명 '진정한 목회'를 지로하는 불후의 고전(古典)이다. 저자는 "하나님의 열심을 품어 사람들을 정결한 처녀로 그리스도께 중매하려 하던"(고후 11:2) 모든 사도들이 견지하던 사역의 본질과 실천을 '간절한 열심'(earnestness)이라는 개념 속에 응집시키고 있다. 그것을 분석하고 종합하고 적용하여 모든 사역자들에게 도전하고 격려한다. 실로 이 책은 리처드 백스터의 '참 목자상'(Reformed Pastor), 찰스 브릿지스(Charles Bridges)의 '참된 목회'(Christian Ministry)와 함께 나란히 '목회학'의 3대 고전이라 불려지기에 충분하다.

구원을 열망하는 자들을 위하여 *The Anxious Inquirer*

존 에인절 제임스 지음 | 서문강 옮김 | 신국변형 양장 256면 | 값 13,000원

영국에서 19세기 후엽 첫 출간 당시 50만부가 팔린 고전으로, 영적 각성을 받아 자신의 죄인 됨과 구원에 대한 '절박한 근심'을 하는 이들을 위한 책이다. 빌립보 감옥의 간수가 바울과 실라에게 "선생들아 내가 어떻게 하여야 구원을 얻으리이까?"(행 16:30)라고 간절하게 물은 것 과 같은 단계에 있는 이들을 가리켜 'Anxious Inquirer'(염려하여 묻는 자)라고 하는데, 이 책은 이 상태에 있는 이들을 구원으로 인도하시는 하나님의 성령님의 말씀이 담겨 있다.

고통 속에 감추인 은혜의 경륜 *The Crook in the Lot*

토마스 보스톤 지음 | 서문강 옮김 | 신국변형 양장 328면 | 값 16,000원

"하나님께서 행하시는 일을 보라 하나님께서 굽게 하신 것을 누가 능히 곧게 하겠느냐?"(전 7:13)를 주제로 지상 성도들의 단골 메뉴인 '고통'의 문제를 하나님의 은혜와 그 능하신 손 아래 서 어떻게 접근해야 하는지를 가르치고 있다. 하나님께서는 지상의 자녀들 각자에게 분정(粉 定)된 몫을 주시되, 그 속에 반드시 '굽은 것'을 넣어 주시어 그로 인해 '고통'을 느끼게 하신다. 그리하시는 하나님의 목적은 그들로 '고통 자체가 아니라 그것을 방편 삼아 사랑하시는 자녀 를 향해 그리스도 안에서 예정하신 그 하늘에 속한 신령한 '은혜의 경륜'을 이루고자 하심이다.

요한계시록 그 궁극적 승리의 보장

서문강 지음 | 신국변형 양장 320면 | 값 16,000원

이 책은 '요한계시록 바르게 깊이 읽기'를 선도할 개혁주의적 강해서다. 저자는 1:3의 말씀, "이 예언의 말씀을 읽는 자와 듣는 자와 그 가운데에 기록한 것을 지키는 자는 복이 있나니 때가 가까움이라." 하신 것에 착안하여, 성경의 다른 65권의 책들과 같이 동등하게 묵상하 고 강론되어 섭취할 영적 양식임을 확신한다. 또한 현대의 그리스도인들은 요한계시록을 처 음 받은 초대교회 성도들보다 그리스도의 재림에 더 가까이 서있으니, 요한계시록의 메시지 야말로 그 어느 때 보다 절박하게 필요함을 저자는 역설한다.

믿음의 깊은 샘 히브리서 시리즈(전 6권 완간)

아더 W. 핑크 지음 | 서문강 옮김 | 신국변형 양장

오늘을 사는 우리에게 로마서가 믿음의 본질을 창조주 하나님과 인간의 관계에 기초하여 접 근하게 한다면, 히브리서는 그리스도를 믿는 자들로 하여금 그 믿음의 절대성을 확신하게 하며, 믿기 이전의 상태로 회귀하게 하려는 사탄의 간계를 물리치고 믿음의 경주를 완주하게 하는 능력과 위로의 깊은 샘을 제공한다.

사도가 자랑한 복음의 진수 로마서 상, 하

서문 강 지음 | 신국변형 반양장 상권 442면, 하권 393면 | 상권 값 20,000원, 하권 값18,000원

이 책은 단순한 주석을 뛰어넘어 로마서 전문(全文)을 관통하여 흐르는 복음의 은혜와 능력 을 목양적인 간절함으로 강해하고 설파하고 있다. 전체 52강을 상, 하 두권으로 나누어 구 성하였다. 이 책을 통해 독자는 '사도가 전한 참된 복음의 진수에 이르러 구원의 기쁨과 확신 과 소망을 뿜어내는 샘'을 갖게 될 것이다.

청교도신앙사

시편 119

말씀 사모하여 헐떡이는 사람

초판 1쇄 펴낸날 2016년 10월 31일
　　 2쇄 펴낸날 2019년 2월 20일

지은이　　 찰스 브리지스
옮긴이　　 서문 강
펴낸이　　 전수빈
펴낸곳　　 청교도신앙사

주소　　　 서울시 은평구 녹번로 3길 2(녹번동 98-3)]
전화　　　 02-354-6985(Fax겸용)
전자우편　 smkline@naver.com
등록　　　 제8-75(2010.7.7)

디자인　　 백현아
교정,교열　 김효정
출력,인쇄　 예원프린팅

파본이나 잘못된 책은 구입처에서 바꾸어 드립니다.

ISBN 978-89-87472-37-9 94230

값 35,000원